하나님의 숨소리

하나님의 숨소리 구약전서 1

2024년 11월 15일 제 1판 인쇄 발행

저 작 자 ㅣ 정남덕
펴 낸 이 ㅣ 박종래
펴 낸 곳 ㅣ 도서출판 명성서림

등록번호 ㅣ 301-2014-013
주   소 ㅣ 04625 서울시 중구 필동로 6(2층·3층)
대표전화 ㅣ 02)2277-2800
팩   스 ㅣ 02)2277-8945
이 메 일 ㅣ ms8944@chol.com

값 30,000원
ISBN 979-11-94200-41-3

하나님의 말씀(음성) 성경 바이블 복음 메시지

하나님의 숨소리

|

저작자 정남덕

구약전서·1

모세5경

창세기, 출애굽기, 레위기, 민수기, 신명기

역사서

여호수아, 사사기, 룻기, 사무엘상, 사무엘하, 열왕기상,

열왕기하, 역대상, 역대하, 에스라, 느헤미야, 에스더

휴대폰으로 QR코드를 스캔하시면 음성으로 들을 수 있습니다.
기독교성서연구원

도서출판 명성서림

서문

이렇게 '하나님의 숨소리'를 출판하게 저희에게 능력 주신 하나님께 감사드립니다.

저는 평신도로서 평범한 신앙생활을 하는 중이었는데 어느 날 갑자기 암 선고를 받아 세브란스 병원에서 2000년 1월 위 절제와 이에 부수하여 임파선 전부를 절제하는 수술을 받았고 2월 중순경에 퇴원하였습니다. 그 와중에 여러 가지 기이한 일들, 즉, 신비한 일들이 나타나서 아프면 그런가 보다 하였습니다. 그러는 중에 미국 국적인 처남이 저의 집을 방문하여 저에게 영어와 함께 기록된 성경을 주었습니다. 그 당시 저는 몸을 뒤척이는 것도 통증으로 어려웠습니다. 그런데 제가 창세기 1장 1절부터 읽어보는데 그 한 구절마다 살아 움직인다는 것을 느끼게 되었습니다.

그래서 하루에 한 장씩 한글번역 성경과 영문 성경을 독파하고 무슨 의미인지를 묵상(렉시오 디비나)을 하였습니다. 그 과정이 2000년 5월에 시작하여 2007년 6월에 끝났습니다.

그리고 다시 2008년 1월부터 2014년 10월까지 그 번역 내용을 USB 와 컴퓨터에 기록하였습니다.

그 후 번역 내용을 수정하여 2018년 10월 한국저작권위원회에 출원하여 10월 30일 저작물 '하나님의 숨소리' 등록 확인을 받았습니다.

저희(기독교성서연구원)들이 이 책을 출시하는 것은 우리가 하나님의 음성을 들으면 하나님을 만나고 그것을 마음에 새기면 우리가 성령으로 봉인된다는 진리를 체험하였기 때문입니다. 반복하여 들으면 명백히 우리가 알지도 못하고 느끼지도 못한 것들이 떠오른다는 것입니다.

그래서 성경에 '귀 있는 자는 들을지어다.'라는 어구가 많이 있습니다.
우리는 예수가 그리스도라는 복음을 듣고 믿음으로써 그 신앙으로 하나님으로부터 의로움을 인정받아, 우리가 의롭게 되는 것입니다.

기독교성서연구원 일동 배

주석문

'하나님의 숨소리' 구약전서 모세오경은 현재의 자료와 방법론의 한계 때문에 그것의 정확한 기원을 확인하는 것은 불가능하나, 하나님이 그분의 계획하에 하늘들과 지구를 창조하시고(창세기 1장 1절), 처음의 하늘과 처음 지구가 없어지고, 새로운 하늘과 새로운 지구나 하나님으로부터 내려오기(요한계시록 21장 1절)까지의 대하 드라마에서 특히 그분의 심상(in his own image)안에서 그분의 본성(his nature)을 반영하여 인간을 창조하시고 그 인간을 통하여 그분의 영광을 나타낸 기록들입니다.

모세오경인 창세기는 최초의 인간 조상인 아담(BC 4000년경 추정)으로부터 노아(BC 2350년 추정) 아브라함(BC 2000년 추정) 야곱 요셉(BC 1900년 추정)이 죽을 때 까지의 이야기 책이고,

출애굽기는 요셉 사후 약 400년 후인 (BC 1500년경) 모세의 인도로 여호와를 섬기는 셈족이 에집트로부터 이탈하는 과정의 이야기 책이며,

레위기는 이스라엘 민족의 여러가지 제사에 대한 규례들을 정리하여 모아 놓은 책이고,

민수기는 가나안 땅을 향해 행진하기 위해서 이스라엘 진영의 최종 편성을 서술하고 행진과정과 거룩한 공동체는 시내산을 출발하여 모압 평지에 이르는 과정을 서술하고 있으며,

신명기는 주로 모세의 설교로 모세가 쓴 세편의 설교가 포함되어 있습니다.

첫번째 역사서인 여호수아는 이스라엘의 가나안 입성의 역사적 사실들, 즉 약속의 땅에 대한 정복과 그 땅을 열두 지파에게 분배하는 것을 기록하고 있습니다.

두번째 역사서인 사사기는 여호수아가 죽은 다음부터 사무엘이 탄생할 때까지의 이스라엘 역사를 상술하고 있습니다

세번째 역사서인 룻기는 왕국 시대 이전인 사사시대에 일어난 일들로써 유대인인 룻이 자신의 이기심뿐만 아니라 민족적인 편견까지도 극복한 한 여인의 사랑과 헌신을 기록한 것입니다.

네번째 역사서인 사무엘상과 다섯번째 책인 사무엘하는 원래 한권의 책으로 되어 있었고, 그 내용은 사무엘, 사울, 다윗의 3인에 대한 이야기로 구성되었습니다.

여섯번째, 일곱번째 책인 열왕기상과 열왕기하는 솔로몬의 즉위에서 시작하여 남 유대왕국과 북 이스라엘의 붕괴까지를 기록하고 있습니다.

여덟번째, 아홉번째 책인 역대상,하도 원래 한권의 책으로 구성되어 있었으며, 이 책들은 아담으로부터 페르시아 왕 고레스에 이르기까지의 인물들과 사건들에 대한 하나의 역사 기록입니다.

열번째 역사서인 에스라를 기록한 에스라는 바벨론에서 스룹바벨과 함께 귀향한 제사장입니다. 그는 예루살렘에 도착한 후 그동안 만연해 있던 이방여인들과의 잡혼에 관한 법령도 제정하였습니다.

열한번째 역사서인 느헤미야서를 기록한 느헤미야는 B.C. 538년에 스룹바벨과 귀환한 이스라엘의 지도자입니다. 느헤미야서는 느헤미야의 귀환 사건들과 그가 유다 총독으로 두 번 부임했던 기간 동안에 일어난 사건들을 기록하였습니다.

열두번째 역사서인 에스더서는 페스시아 왕 크세르크세스 1세(일명 아하수에로 왕) 치하에서 에스더가 왕비로 뽑혀서 유대인들을 기적적으로 구원한 기록입니다.

저는 평신도로서 어떠한 외부적 환경적 간섭을 받지 않고 오직 신앙(faith)에 기초하여 묵상을 거쳐서 최대한 기도하고 기도하면서 하나님의 뜻을 알려고 하였습니다.
하나님은 우리에게 은혜로 내려주실 '만나'를 하늘의 구중궁궐 깊은 곳에 감추어 두시고 우리가 그분에게 접근하도록 기다리고 계십니다.

그래서 이런 말이 성경에 쓰여있습니다.

'귀 있는 자는 들을지어다. 내가 극복하는 자에게 하늘에 숨겨둔 만나를 주고 또 흰돌을 주리니 그 흰돌 위에는 새 이름이 있나니 받은자 외에는 그 이름을 알 수 없느니라.' 하였습니다.

그러므로 우리는 하나님의 음성 듣기를 끊임없는 인내로서 극복하면 각 사람의 처한 환경 안에서 하나님의 은혜가 우리와 함께 함을 느끼게 될 것입니다.

기독교성서구원 일동 배

하나님(하느님)의 숨소리

(디모데 후서 3장 16절)

3장

16. 모든 성경은 하나님(하느님)의 영감으로 나타난 숨소리로 가르침과 훈계 바르게 함과 의로움을 교유하기에 유익하나니,

(All scripture is God - breathed and is useful for teaching, rebuking, correcting and training in righteousness. - NIV)

(Every part of Scripture is God - breathed and useful one way or another - showing us truth, exposing our rebellion, correcting our mistakes, training us to live God's way. -THE MESSAGE)

(All scripture is given by inspiration of God, and is profitable for doctrine, for reproof, for correction, and for instruction in righteousness. -KJV)

(All scripture is inspired by God and is useful for teaching, for refutation, for correction, and for training in righteousness. - NAB)

창세기(GENESIS—만물창조의 기원)

하늘(heaven), 지구(earth), 창공(sky), 땅(land-육지),
바다, 물, 하나님의 영(바람)

1장

① 맨 처음에 유일한 참신이신 하나님께서 하늘들과 지구를 창조하셨
느니라.

(In the beginning God created the heaven and the earth.-KJV)

(In the beginning, God created the heavens and the earth-NIV)

(In the beginning, when God created the heavens and the earth-
NAB)

(First this: God created the heavens and the Earth- THE
MESSAGE)

② 보이는 모든 것과 보이지 않는 모든 것을 창조하셨느니라, 그 때 지구
는 형태가 없고 비어있었으며 칠흑 같은 어둠이 깔려있었고 하나님
의 영(세찬 바람)이 수면위를 맴돌았느니라.

(And the earth without form, and void; and darkness was upon
the face of the deep; And the Spirit of God moved upon the face
of the waters.-KJV)

(Now the earth was formless and empty,darkness was over the
surface of the deep, and the Spirit of God was hovering over the
waters.-NIV)

(and the earth was without form or shape, with darkness over

the abyss and a mighty wind sweeping over the waters-NAB)
(all you see, all you don't see. Earth was a soup of nothingness, a bottomless emptiness, an inkyblackness. God's Spirit brooded like a bird above the watery abyss.-THE MESSAGE)

③ 하나님이 "빛이 있으라" 하시매 빛이 있었느니라.

④ 그 빛이 하나님이 보시기에 좋았고 하나님은 어둠과 빛을 분리하셨느니라.

⑤ 하나님은 빛을 "낮"이라 칭하시고 어둠을 "밤"이라 칭하시니라. 그리고 저녁이 되고 아침이 되니 이는 첫째 날이니라.

⑥ 하나님이 말씀하시길 "물과 물을 분리시켜서 수면사이에 공간이 있으라, 하니라."

(And God said, Let there be a firmament in the midst of the waters, and let it divide the waters from the waters.-KJV)

(And God said, "Let be an expanse between the waters to separate water from water."-NIV)

(Then God said: Let there be a dome in the middle of the waters, to separate one body of water from the other.-NAB)

(God spoke: "Sky! In the middle of the waters; separate water from water!"-THE MESSAGE)

⑦ 그래서 하나님이 공간을 만들고 공간 위에 있는 물로부터 공간 아래에 있는 물을 분리하셨느니라. 그리고 그렇게 되었느니라.

⑧ 하나님이 그 공간을 "창공"이라 말씀하셨느니라. 그리고 저녁이 되고 아침이 되니 둘째 날이니라.

(And God called the firmament Heaven. And the evening and the morning were the second day.-KJV)

(God called the expanse "sky" and there was evening, and there was morning-the second day.-NIV)

(God called the dome "sky" Evening came, and morning followed-the second day.-NAB)

(And there it was: he named sky the Heavens; It was evening, it was morning –Day Two-THE MESSAGE)

⑨ 하나님이 "창공 아래의 물이 한 곳에 모이라 그리고 지면이 드러나라" 하시매 그렇게 되니라.

⑩ 하나님이 그 마른 지면을 "땅"이라 칭하시고 모인 물들을 "바다"라 칭하시니라. 그리고 하나님이 보시기에 좋았더라.

(And God called the dry land Earth, and the gathering together of the waters called he Seas; God saw that it was good.-KJV)

(God called the dry ground "land" and the gathered waters he called "seas" And God saw that it was good.-NIV)

(God called the dry land "earth," and the basin of water he called "sea." God saw that it was good.-NAB)

(God named the earth Earth. He named the pooled water Ocean. God saw that it was good.-THE MESSAGE).

신앙(faith)이란?

히브리서11장

① 신앙은 우리가 희망하는 것들이 이루어진다고 확실히 믿으며, 우리가 보지 못하는 것도 있다고 확신하는 것입니다.(Now faith is the substance of things hoped for, the evidence of things not seen. -KJV)

(Now faith is being sure of what we hope for and certain of what we do not see – NIV)

(Faith is the realization of what is hoped for and evidence of things not seen- NAB)

(The fundamental fact of existence is that this trust in God, ghis faith, is the firm foundation under every thing that makes life worth living. It's our handle on what we can't see- THE MESSAGE)

② 옛사람들도 이 신앙으로써 보지 못하는 것을 확신하였습니다.

③ 신앙으로써 우주가 하나님의 말씀으로 지어진 것과 보이는 것이 보일 수 없는 것으로부터 나왔다는 것을 우리는 깨닫게 됩니다.

차례

창세기

· 본 성경듣기는 QR코드 인식으로 들을 수 있습니다

● 1장

① 맨 처음(태초)에 하느님(하나님)이 하늘들과 지구를 창조하셨느니라.

(In the beginning God created the heaven and the earth.-KJV)

(In the beginning, when God created the heavens and the earth-NAB)

(In the beginning God created the heavens and the earth-NIV)

(First this: God created the Heavens and Earth-THE MESSAGE)

② 그때 지구는 형태가 없고 비어 있었으며 어두움이 심연을 덮고 세찬 바람이 수면 위를 운행하고 있었느니라.

(And the earth was without form, and void; and darkness was upon the face of the deep; And the Spirit of God moved upon the face of the waters.-KJV)

(Now the earth was formless and empty, darkness was over the surpace of the deep, and the Spirit of God was hovering over the waters-NIV)

(and the earth was without form or shape, with darkness over the abyss and a mighty wind sweeping over the waters-NAB)

(all you see, all you don't see. Earth was a soup of nothingness, a bottomless emptiness, an inky blackness. God's Spirit brooded above the watery abyss.-THE MESSAGE)

③ 하느님(하나님)이 "빛이 있으라" 하시매 빛이 있었느니라.

④ 그 빛이 하느님(하나님)이 보시기에 좋았고 하나님은 어둠으로부터 빛을 분리하셨느니라.

⑤ 하느님(하나님)은 빛을 "낮"이라 칭하시고 어둠을 "밤"이라 칭하시니라. 그리고 저녁이 되고 아침이 되니 이 첫째 날이니라.

⑥ 하느님(하나님)이 말씀하시길 물들 사이에 공간이 있으라 하시니 그 공간으로 물과 물이 분리되었느니라

(And God said, Let there be a firmament in the midist of the waters, and let divide the waters from the waters-KJV)

(And God said, "Let there be an expanse between the waters to separate water from water."-NIV)

(Then God said: Let there be a dome in the middle of the waters, to separate one body of water from the other.-NAB)

(God spoke: "Sky! In the middle of the waters; separate water from water!"-THE MESSAGE)

⑦ 그래서 하느님(하나님)은 공간을 만들었고 공간 아래 있는 물을 공간 위에 있는 물로부터 분리하셨느니라.

⑧ 하느님(하나님)은 그 공간을 "창공"이라 불렀느니라. 그리고 저녁이 되었고 아침이 되었으니 이는 둘째 날이니라.

(And God called the firmament heaven.-KJV)

(God called the expanse "sky"-NIV)

(God called the dome "sky."-NAB)

(He named sky the heavens-THE MESSAGE)

⑨ 하느님(하나님)이 "창공 아래의 물이 한 곳에 모이라 그리고 마른 지면이 드러나라." 하시매 그렇게 되니라.

⑩ 하느님(하나님)이 그 마른 지면을 "땅"이라 칭하시고 모인 물들을 "바다"라 칭하시니라. 그리고 하느님(하나님)이 보시기에 좋았더라.

And God called the dry land Earth, and the gathering together of waters called the Seas-KJV

God called the dry ground "land" and gathered waters he called "seas"-NIV

God called the dry land "earth," the basin of water he called "sea."-NAB

God named the land Earth. He named the pooled water Ocean.-THE MESSAGE

⑪ 하느님(하나님)이 "땅은 씨를 맺는 초목과 각기 종류에 따라 그 속에 씨를 가지는 열매를 맺는 나무를 내라하니." 말씀대로 되니라..

⑫ 땅이 식물의 종류에 따라서 씨를 맺는 초목과 식물 속에 과실을 가지는 나무를 생산하였고 하느님(하나님)이 보시기에 좋았더라.

⑬ 저녁이 되고 아침이 되니 이는 셋째 날이니라.

⑭ 하느님(하나님)이 "창공 즉 공간에 빛이 있으라" 하여 낮과 밤을 구별하였고 빛(낮과 밤의 구별)을 계절과 날자와 연도의 표시로써 쓰도록 하라,

⑮ 그리고 지구를 비추기 위하여 창공 즉 공간에 빛이 있으라." 말씀하시니라. 그리고 그렇게 되니라.

⑯ 하느님(하나님)은 두 큰 광명체들을 만들었는데 큰 광명체는 낮을 주관하게 하시고 작은 광명체는 밤을 주관하게 하셨으며 또한 별들을 만드셨느니라.

⑰ 하느님(하나님)이 광명체들을 창공 즉 공간에 두어 지구를 비추게 하셨고,

⑱ 낮과 밤을 주관하게 하시고 밝음과 어둠을 나뉘게 하셨느니라. 하느님(하나님)이 보시기에 좋았더라.

⑲ 저녁이 되고 아침이 되니 이는 넷째 날이시니라.

⑳ 하느님(하나님)은 "물은 살아있는 생물로 충만케 하고 지구위에는 창공 즉 공간을 가로질러 새들이 날으게 하라." 말씀하시니라.

㉑ 그래서 하느님(하나님)은 종류에 따라 바다의 큰 동물들과 바다를 채우고 있는 모든 살아있고 움직이는 생물과 모든 날개있는 새들을 만드셨느니라. 그리고 이는 하느님(하나님)이 보시기에 좋았더라.

㉒ 하느님(하나님)이 그들을 축복하사 가라사대 "생육하고 번성하고 바다에 있는 물에 충만하라 새들도 지구위에서 번성하라 하시니라."

㉓ 저녁이 되고 아침이 되니 이는 다섯째 날이니라.

㉔ 그리고 하느님(하나님)이 "땅은 다양한 종류의 살아있는 생물을 생기게 하라 하시니라. 즉 가축류 와 땅을 따라 움직이는 생물과 야생동물(야수)들을 생기게 하라 하시니라." 그리고 그대로 되니라.

㉕ 하느님(하나님)이 야생동물들을 그 종류대로, 육축을 그 종류대로, 땅에 기는 동물들을 그 종류대로 만드시니 하느님(하나님)이 보시기에 좋았더라.

㉖ 하느님(하나님)께서 우리가 우리의 심상에 따라 인간을 만들고 그들로 하여금 우리의 본성을 반영케하자 그래서 그들로 하여금 바다의 물고기와 공중의 새와 육축

과 온 땅과 땅에 기는 모든 것을 다스리게 하자 하셨느니라.

(And God said, Let us make man in our image, after our likeness:-KJV)

(Then God said, "Let us make man in our image, in our likeness,-NIV)

(Then God said: Let us make human beings in our image, after our likeness.-NAB)

(God spoke: "Let us make human beings in our image, make them reflecting our nature-THE MESSAGE)

⑦ 하느님(하나님)은 인간을 창조하셨고 그들을 하나님의 본성을 반영하여 하나님과 유사하게 창조하셨으며 그들을 남자와 여자로 창조하셨느니라

(So God created man in his own image, in the image of God created he him; male and female created he them-KJV)

(So God created man in his own image, in the image of God he created him; male and female he created them.-NIV)

(God created mankind in his image; in the image of God he created them; male and female he created them.-NAB)

(God created human beings; he created them godlike, Reflecting God's nature. He created them male and female.-THE MESSAGE)

⑧ 하느님(하나님)이 그들을 축복하시고 그들에게 이르시되 "생육하고 번성하여 땅에 충만하라, 땅을 정복하라, 바다의 물고기와 공중의 새와 땅에 움직이는 모든 생물을 다스리라 하시니라."

⑨ 그리고 하느님(하나님)이 말씀하시길 "내가 온 지면의 씨맺는 모든 채소와 씨 가진 열매 맺는 모든 나무를 너희에게 주노니 그것들은 너희 양식이 될것이다 하시느니라."

⑩ 또 땅의 모든 짐승과 공중의 모든 새와 땅에 기는 모든 동물들에게 - 즉 그 속에 생명의 호흡을 가지고 있는 모든 것들에게 - "내가 푸른 풀을 먹이로 주노라." 하니 그렇게 되니라.

⑪ 하느님(하나님)이 그 지으신 모든 것을 보시니 보시기에 심히 좋았더라. 저녁이 되고 아침이 되니 이는 여섯째 날이니라.

● 2장

① 그리하여 하늘과 지구가 거대한 배열을 이루어서 완성되었느니라.

(Thus the heavens and the earth were finished, and all the host of them.-KJV)

(Thus the heavens and the earth were completed in all their vast array.-NIV)

(Thus the heavens and the earth and all their array were completed.-NAB)

(Heaven and Earth were finished, down to the last detail.-THE MESSAGE)

② 일곱번째 날에 이를 때에 하느님(하나님)은 그분이 하셨던 일을 마치셨느니라. 그리고 일곱째 날에는 안식하셨느니라.

③ 하느님(하나님)이 일곱째 날을 축복하고 거룩하게 하셨으니 이는 하느님(하나님)이 그 창조하시며 만드시던 모든 일을 마치시고 이 날에 안식하셨음이더라.

④ 이 것이 하늘과 지구가 창조된 전말이니라. 우리 주 하느님(하나님)이 하늘과 지구를 창조하셨을 때

⑤ 지구에는 들판의 덤불이 하나도 없고 들판의 식물도 나지 않았으니 이는 우리주 하느님(하나님)이 지구에 비를 내리지 아니하셨고 지면을 일굴 사람이 없었기 때문이었느니라

⑥ 안개만 땅에서 올라와 온 지면을 적셨더라.

⑦ 주 하느님(하나님)이 흙으로 사람을 지으시고 생기를 그 코에 불어 넣으시니 사람이 생명체가 되었느니라.

(And the Lord God formed man of the dust of the ground, and breathed into his nostrils the breath of life; and man became a living soul.-KJV)

(The Lord God formed the man from the dust of the ground and breathed into his nostrils the breath of life, and the man became a living being.-NIV)

(Then the Lord God formed the man our of the dust of the ground and blew into his nostrils the breath of life, and the man became a living being.-NAB)

(God formed Man out of dirt from the ground and blew into his nostrils the breath of life. The Man came alive-a living soul!-THE MESSAGE)

⑧ 곧 주 하느님(하나님)은 동쪽 에덴에 동산을 꾸미시고 그 지으신 사람을 거기에 두었느니라.

⑨ 그리고 주 하느님(하나님)이 모든 종류의 나무를 흙에서 자라나게 하셨는데 그 나무들은 보기에 아름답고 먹기에 좋았더라. 동산 가운데에는 생명의 나무와 선악을 알게하는 나무가 있었더라.

(And out of the ground made the Lord God to grow every tree that is pleasant to the sight, and good for food; the tree of life in the midst of the garden, and the tree of knowledge of good and evil.-KJV)

(And the Lord God made all kinds of trees grow out of the ground-trees that were pleasing to the eye and good for food. In the middle of the garden were the tree of life and the tree of the knowledge of good and evil.-NIV)

(Out of the ground the Lord God made grow every tree that was delightful to look at and good for food, with the tree of life in the middle of the garden and the tree of the knowledge of good and evil.-NAB)

(God made all kinds of trees grow from the ground, trees beautiful to look at and good to eat. The Tree of life was in the middle of the garden, also the Tree of Knowledge of Good and Evil-THE MESSAGE)

⑩ 동산을 적시는 강은 에덴으로부터 흘러나왔고 거기로부터 네 개의 주요 강이 분리되었느니라..

⑪ 첫째 강의 이름은 피스혼이고 그 강은 하빌라 온 땅을 굽이쳤는 데 그 곳에는 금이 있더라

⑫ (그 땅의 금은 정금이며 그 곳에는 또한 향기로운 송진과 얼룩한 광석도 있었더라)

⑬ 둘째 강의 이름은 기스혼이고 그 강은 구스의 온 땅을 굽이쳤더라.

⑭ 세번째 강 이름은 티그리스 그 강은 앗시리아 동쪽으로 흘렀더라. 그리고 네번째 강 이름은 유프라테스이더라.

⑮ 주 하느님(하나님)이 그 사람을 데려다 에덴동산에 두사 그 곳을 일구고 돌보게 하셨느니라.

⑯ 그리고 주 하느님(하나님)은 그 사람에게 명하시길 "너는 동산의 각종 나무의 실과

는 임의로 먹되

(And the Lord God commanded the man, saying, Of every tree of garden thou mayest freely eat:-KJV)

(And the Lord God commanded the man, "You are free to eat from any in the garden;-NIV)

(The LORD God gave the man this order: You are free to eat from any of the trees of the garden-NAB)

(God commanded the Man, "You can eat from any tree in the garden,-THE MESSAGE)

⑰ 그러나 선악을 알게하는 나무의 실과는 먹지말라 네가 먹는 날에는 정녕 죽으리라 하시니라.

(But of the tree of the knowledge of good and evil, thou shalt not eat of it; for in the day that thou eatest thereof, shalt surely die.-KJV)

(but you must not eat from the tree of the knowledge of good and evil, for when you eat of it you will surely die."-NIV)

(except the tree of knowledge of good and evil. From that tree you shall not eat; when you eat from it you shall die.-NAB)

(except from the Tree-of-Knowledge-of-Good-and-Evil. Don't eat from it. The moment you eat from that tree, you're dead."-THE MESSAGE)

⑱ 주 하느님(하나님)이 말씀하시기를 "사람이 홀로 있는 것은 좋지 못하니 내가 그에게 맞는 도움되는 것을 지으리라 하시니라."

⑲ 곧 주 하느님(하나님)이 흙으로 각종 들짐승과 공중의 각종 새를 지으시고 아담이 어떻게 이름을 짓나 보시려고 그것들을 그에게 이끌어 이르시니 아담이 각 생물을 일 컫는 바가 곧 그 이름이었느니라.

⑳ 아담이 모든 육축과 공중의 새와 들의 모든 짐승에게 이름을 주었느니라. 그러나 아담에게는 그를 보조하는 배필이 없었느니라.

㉑ 그래서 주 하느님(하나님)은 아담을 깊은 잠에 빠지게 한 후에 그가 잠자는 동안에 그의 갈빗대 하나를 취하고 살로 대신 채우셨느니라.

㉒ 곧이어 주 하느님(하나님)이 아담에게서 취하신 그 갈빗대로 여자를 만드시고 그녀를 아담에게로 데려왔느니라.

㉓ 아담이 말하길 "이는 내 뼈중의 뼈요 살중의 살이라 그녀는 남자로부터 취하였은 즉 이를 여자라 칭할 것이니라." 하였느니라.

㉔ 이러한 이유로 남자는 그의 부모를 떠나 그의 아내와 연합하여 한몸을 이룰지니라.

㉕ 아담과 그의 아내는 벌거 벗었으나 그들은 부끄러워 아니 하였느니라.

● 3장

① 그런데 주 하느님(하나님)이 지으신 들 짐승중 뱀이 가장 간교하더라. 뱀이 여자에게 물어 말하되 하느님(하나님)이 진실로 동산의 어떤 나무의 실과를 먹지 말라 하시더냐?

② 여자가 뱀에게 말하되 동산 나무의 실과를 우리가 먹을 수 있으나

③ 동산 중앙에 있는 나무의 실과는 하나님의 말씀에 너희는 먹지도 말고 만지지도 말라 그렇지 않으면 너희가 죽을 것이라 하셨느니라.

(But of the fruit of tree whih is in the midst of the garden, God hath said, Ye shall not eat of it, neither shall ye touch it, lest ye die.-KJV)

(but God did say, 'You must not eat fruit of from the tree that is in the middle of the garden, and you must not touch it, or you will die.'"-NIV)

(it is only about the fruit of the tree in the middle of the garden that God said, 'You shall not eat it or even touch it, or else you will die.'"-NAB)

(it's only about the tree in the middle of the garden that God said, 'Don't eat from it; don't even touch it or you'll die.'"-THE MESSAGE)

④ 뱀이 여자에게 이르되 너희가 결코 죽지 아니하리라

⑤ 너희가 그 것을 먹는 날에는 너희 눈이 밝아 하느님(하나님)과 같이 되어 선악을 알 줄을 하느님(하나님)이 아심이니라.

⑥ 여자가 보았을 때 그 나무의 과실이 먹음직도 하고 탐스럽기도 하고 지혜를 얻는 데 바람직하기도 한지라 여자가 그 실과를 따 먹고 자기와 함께한 남편에게도 주매 그도 먹은지라.

⑦ 이에 그들의 눈이 밝아 자기들의 몸이 벗은 줄을 알고 무화과 나무 잎을 엮어 치마를 하였더라.

⑧ 그 무렵 그들은 주 하느님(하나님)의 음성을 들었는데 그 때 주 하느님(하나님)은

선선한 날씨에 동산을 거니시고 계셨더라. 이에 그들은 주 하느님(하나님)을 피하여 동산나무 사이들 사이로 숨은지라.

⑨ 그러나 주 하느님(하나님)이 아담을 부르시되 네가 어데 있느냐 하시더라.

⑩ 아담이 대답하기를 내가 동산에서 당신의 소리를 듣고 내가 벗었으므로 두려워하여 숨었나이다.

⑪ 주 하느님(하나님)이 말씀하시길 누가 너의 벗었음을 네게 고하였느냐 내가 너더러 먹지 말라 명한 그 나무 실과를 네가 먹었느냐.

⑫ 아담이 말하되 당신이 주셔서 나와 함께한 그 여자가 그 나무 실과를 내게 주므로 내가 먹었나이다.

⑬ 주 하느님(하나님)이 여자에게 이르시되 네가 어찌하여 이렇게 하였느냐 여자가 가로되 뱀이 나를 꾀므로 내가 먹었나이다.

⑭ 주 하느님(하나님)이 뱀에게 이르되 네가 이렇게 하였으니 네가 모든 육축과 들의 모든 짐승보다 더욱 저주를 받아 배로 다니고 종신토록 흙을 먹을 지니라.

⑮ 내가 너로 여자와 원수가 되게하고 너의 후손도 여자의 후손과 원수가 되게하리요 여자의 후손은 네 머리를 상하게 할 것이요 너는 그의 발꿈치를 상하게 할 것이니라.

⑯ 또 여자에게 이르시되 내가 네게 잉태하는 고통을 크게 더하리니 네가 수고하고 자식을 낳을 것이며 너는 남편을 갈망하고 남편은 너를 다스릴 것이라 하시니라.

⑰ 아담에게 이르시되 네가 네 아네의 말을 듣고 내가 너더러 먹지 말라한 실과를 먹었은 즉 땅은 너로 인하여 저주를 받고 너는 종신토록 수고하여야 그 소산을 먹으리라.

⑱ 땅은 네게 가시덤불과 엉경퀴를 낼 것으로 너는 들판의 초목을 먹을 것이니라 하시니라

⑲ 네가 얼굴에 땀이 흘러야 식량을 먹고 필경은 흙으로 돌아가리니 그 속에서 네가 취함을 입었음니라 너는 흙이니 흙으로 돌아 갈 것이라 하시니라.

⑳ 아담이 그의 아내를 이브라 이름지었는 데 이는 그 여자는 살아있는 모든 사람의 어머니가 될 것이기 때문이더라.

㉑ 주 하나님은 아담과 그 아내를 위하여 가죽 옷을 지어 입히시니라.

㉒ 그리고 주 하나님이 말씀하시길 그는 이제 우리 신들 같이 선악을 알게 되었으니 그의 손을 뻗어 생명 나무로부터 과실을 따서 먹어 영원히 살 수 있어서는 아니되

니라 하시니라.

(And the LORD God said, Behold, the man is become as one of us, to know good and evil: and now, lest he put forth his hand, and take also of the tree of life, and eat, and live for ever:KJV)

(And the Lord God said, "The man has now become like one of us, knowing good and evil. He must not be allowed to reach out his hand and take also from the tree of life and eat, and live forever."NIV)

(Then the Lord God said: See! The man has become like one of us, knowing good and evil! Now, what if he also reaches out his hand to take fruit from the tree of life, and eats of it and lives forever?-NAB)

(God said, "The Man has become like one of us, capable of knowing everything, ranging from good to evil. What if he now should reach out and take fruit from the Tree of Life and eat, and live forever? Never-this cannot happen!"-THE MESSAGE)

㉓ 그리하여 하느님(하나님)이 그들을 에덴동산에서 내쫓고 그들이 만들었던 땅을 일구게 하셨느니라.

㉔ 주 하나님이 그를 에덴동산으로부터 내쫓은 후 그는 에덴동산 동편에 지킴이 천사를 세우고 앞뒤로 회전하며 타오르는 불화염의 검을 두어 생명나무에 이르는 길을 지키게 하셨느니라.

● 4장

① 아담이 그 아내 이브와 동침하매 그 여자가 임신하여 가인을 낳고 이르되 내가 여호와의 도움으로 인하여 득남하였다 하니라

② 그 후에 그녀는 가인의 동생 아벨을 낳았는 데 아벨은 양을 쳤고 가인은 농사를 지었더라

③ 때가 경과함에 따라 가인은 땅의 소산으로 여호와께 드렸고

④ 아벨은 그의 양의 첫 새끼로부터 얻은 지방부분을 여호와께 드렸는 데 여호와는 아벨과 그 제물만 호의를 가지고 보셨느니라

⑤ 그러나 여호와는 가인과 가인의 제물은 호의를 가지고 보시지 않으셨으므로 가인은 대단히 화가 났고 우울한 표정을 지었느니라

⑥ 그 때 여호와가 가인에게 왜 네가 화가 났느냐 왜 네가 우울한 표정을 하느냐고 물으시니라

⑦ 그리고 네가 만약 옳은 일을 행하면 네가 받아들여지지 않겠느냐? 그러나 네게 만약 옳은 일을 행하지 않으면 죄가 너의 문에 웅크리고 있으면서 그 죄는 너를 가지기를 원하고 있으므로 너는 그 죄의 주인이 되어야 만 하느니라 하시니라

⑧ 곧 가인이 아벨에게 들에 나가자 하니라 그리고 그들이 들에 있을 때 가인은 그의 동생 아벨을 공격하여 죽였느니라

⑨ 그 때에 여호와가 가인에게 너의 동생 아벨이 어디있느냐 하고 물으시니라 이에 가인은 모르겠습니다. 내가 나의 동생의 지키는 자입니까? 하고 대답하였더라

⑩ 이에 여호와가 말씀하시되 네가 무슨 일을 하였느냐? 들어봐라 네 아우의 핏소리가 땅으로부터 내게 호소하느니라

⑪ 이제 너는 네가 태어난(유래한) 땅의 입을 열고 너의 손으로부터 살해된 너의 동생의 피를 받았은 즉 너는 이제 저주를 받았느니라 하시니라

⑫ 네가 땅을 갈아도 그 땅은 더 이상 너에게 산출을 주지 않을 것이므로 너는 지구에서 끊임없는 방랑자가 되리라 하시니라

⑬ 가인은 나의 형벌이 내가 감당할 수 없을 정도로 무겁습니다 하고 여호와께 말하였느니라.

⑭ 그리고 여호와께서 나를 땅으로부터 쫓아내시므로 나는 여호와 있는 곳으로부터 숨을 것이며 나는 지구의 끊임없는 방랑자가 될 것이고 나를 발견하는 자는 누구나 나를 죽이겠나이다 하니라.

⑮ 그러나 여호와께서 가인에게 그렇지 않다 만일 어떤 사람이 너를 죽이면 그는 일곱배의 벌을 받을것이니라 하고 말씀하시고 가인을 발견한 어떤 사람도 그를 죽일 수 없도록 가인에게 표시를 하였느니라.

⑯ 가인이 여호와의 앞을 떠나 나가 에덴의 동편 놋 땅에 거하였더라

⑰ 가인이 그의 아내와 동침하니 그여자가 임신하여 에녹을 낳은지라 가인이 성을 쌓고 그 아들의 이름으로 성을 이름하여 에녹이라 하였더라

⑱ 에녹이 이랏을 낳았고 이랏은 므휴야엘을 낳고 므드사엘은 라멕을 낳았더라

⑲ 라멕이 두 아내를 취하였으니 하나의 이름은 아다요 하나의 이름은 씰라며

⑳ 아다는 야발을 낳았으니 그는 장막에 거하여 육축치는 자의 조상이 되었고

㉑ 그 아우의 이름은 유발이니 그는 수금과 통소를 잡는 모든 자의 조상이 되었으며

㉒ 씰라는 두발가인을 낳았으니 그는 동철로 각양 날카로운 기계를 만드는 자요 두발가인의 누이는 나아마이었더라

㉓ 라멕이 아내들에게 이르되 아다와 씰라야 내 소리를 들으라 라멕의 아내들이여 내 말을 들으라 나는 나를 상처낸 자를 죽였고 또한 나를 해한 젊은 사람을 죽였느니라.

㉔ 가인을 위하여는 벌이 칠배일진대 라멕을 위하여는 벌이 칠십 칠배이로다 하였더라

㉕ 아담이 다시 아내와 동침하매 그가 아들을 낳아 그 이름을 셋이라 하였는 데 아담이 말하길 하나님이 내게 가인이 죽인 아벨 대신에 다른 아이를 주셨다 함이라 하니라.

㉖ 셋도 아들을 낳아 그 이름을 에노스라 하였으며 그 때에 비로소 여호와의 이름을 불렀더라.

• 5장

① 아담 자손의 계보가 이러하니라 하나님이 사람을 창조하실 때에 본질적으로 하나님과 유사하게 지으시되

(This is the book of the generations of Adam. In the day that God created man, in the likeness of God made he him;-KJV)

(This is the writren account of Adam's line. When God created man, he made him in the likeness of God.-NIV)

(This is the record of the descendants of Adam. When God created human beings, he made them in the likeness of God;-NAB)

(This is the family tree of the human race: When God created the human race, he made it godlike, with a nature akin to God.-THE MESSAGE)

② 남자와 여자를 창조하셨고 그들이 창조되었을 때 하나님이 그들에게 복을 주었고 그들을 사람이라 일컬으셨느니라

③ 아담이 일백 삼십세에 자기 자신과 유사하며 그의 심상안에 있는 아들을 낳아 이름을 셋이라 하였고

(And Adam lived an hundred and thirty years, and begat a son in his own likeness, after his image; and called his name Seth:-KJV)

(When Adam had lived 130years, he had a son in his own likeness, in his own image; and he named Seth.-NIV)

(Adam was one hundred and thirty years old when he begot a son in his likeness, after his image; and he named Seth.-NAB)

(When Adam was 130years old, he had a son who was just like him, his very spirit and image, and named him Seth.-THE MESSAGE)

④ 아담이 셋을 낳은 후 팔백년을 지내며 자녀를 낳았으며

⑤ 전체적으로 아담은 구백삼십년을 살고 죽었더라

⑥ 셋은 일백 오세에 에노스를 낳고

⑦ 에노스를 낳고 팔백칠년을 지내며 자녀들을 낳았으며

⑧ 전체적으로 에노스는 구백 십 이세를 향수하고 죽었더라

⑨ 에노스는 구십세에 게난을 낳고

⑩ 게난을 낳은 후 팔백 십 오년을 지내며 자녀들을 낳았으며

⑪ 전체적으로 에노스는 구백 오세를 향수하고 죽었더라

⑫ 게난은 칠십세에 마할랄렐을 낳았고

⑬ 마할랄렐을 낳은 후 팔백 사십년을 지내며 자녀를 낳았으며

⑭ 게난은 구백 십세를 향수하고 죽었더라

⑮ 마할랄렐은 육십 오세에 야렛을 낳았고

⑯ 야렛을 낳은 후 팔백 삼십년을 지내며 자녀들을 낳았으며

⑰ 마할랄렐은 팔백 구십 오세를 향수하고 죽었더라

⑱ 야렛은 일백 육십 이세에 에녹을 낳았고

⑲ 에녹을 낳은 후 팔백년을 지내며 자녀들을 낳았으며

⑳ 전체적으로 야렛은 구백 유십 이세를 향수하고 죽었더라

㉑ 에녹은 육십 이세에 므두셀라를 낳았고

㉒ 에녹은 므두셀라를 낳은 후 삼백년을 하나님과 동행하며 자녀들을 낳았으며

㉓ 에녹이 삼백 육십 오세를 살았으나

㉔ 에녹은 하나님과 함께 동행하였는 데 하나님이 그를 데려갔으므로 더 이상 세상에 있지 아니 하였더라

㉕ 므두셀라는 일백 팔십 칠년에 라멕을 낳았고

㉖ 라멕을 낳은 후 칠백 팔십 이년을 지내며 자녀들을 낳았으며

㉗ 므두셀라는 구백 육십 구세를 향수하고 죽었더라

㉘ 라멕은 일백 팔십 이세에 아들을 낳고

㉙ 이름을 노아라 부르고 말하길 이 아이가 여호와가 저주한 땅으로 인하여 야기된 우리의 고심과 수고에 관하여 우리를 안위하리라 하였더라

㉚ 라멕이 노아를 낳은 후 오백 구십 오년을 지내며 자녀들을 낳았으며

㉛ 라멕은 칠백 칠십 칠세를 향수하고 죽었더라

㉜ 노아가 오백세 된 후에 셈과 함과 야벳을 낳았더라

● 6장

① 사람이 지구위에서 번성하기 시작할 때에 딸들이 그들에게 태어나니

② 하느님(하나님)의 아들들이 사람의 딸들의 아름다움을 보고 자기들의 좋아하는 여자들중 여럿을 그들의 아내로 삼은지라

③ 여호와가 말씀하시길 나의 영이 인간과 영원히 같이 있지는 못하니라 이는 인간은 죽을 운명이기 때문이니라 그리고 그들의 수명은 일백 이십세가 될 것이니라

(And the LORD said, My spirit shall not always strive with man, for that he also is flesh: yet his days shall be an hundred and twenty years.-KJV)

(Then the LORD said, "My Spirit will not contend with man forever, for he is mortal; his days will be a hundred and twenty years."-NIV)

(Then the LORD said: My spirit shall not remain in human beings forever, because they are only flesh. Their days shall comprise one hundred and twenty years.-NAB)

(Then God said, "I'm not going to breathe life into men and woman endlessly. Eventually they're going to die; from now on they can expert a life span of 120years.-THE MESSAGE)

④ 그 당시에 지구에 거인들이 있었고 그 들은 하나님의 아들들과 사람의 딸들 사이에서 태어난 자들이었다 그들은 고대의 용사들로서 이름남 사람들이었더라

⑤ 여호와께서 사람의 사악함이 지구에 큰 영향을 미치며 사람 마음의 생각의 성향이 그동안 내내 오로지 악하였다는 것을 아시고

⑥ 여호와께서는 지구위에 사람을 창조하신 것을 한탄하셨고 여호와 마음은 근심으로 가득하셨느니라

⑦ 그래서 여호와는 말씀하시길 나는 내가 창조한 인간을 지구의 표면으로부터 멸절
시키되 이는 사람으로부터 동물 땅을 따라 움직이는 짐승과 공중의 새까지 그리하
리니 이는 내가 창조하였음을 한탄하기 때문이니라 하시니라

⑧ 그러나 노아는 여호와의 눈에 들었느니라

⑨ 노아의 사적은 이러하니라 노아는 의로운 사람이요 그 당시에 흠이 없는 자였으며
하느님(하나님)과 동행하였느니라

(These are the generations of Noah: Noah was a just man and perfect in
his generations, and Noah walked with God.-KJV)

(This is the account of Noah. Noah was a righteous man, blameless
among the people of his time, and he walked with God.-NIV)

(These are the decendants of Noah. Noah was a righteous man and
blameless in his generation; Noah walked with God.-NAB)

(This is the story of Noah: Noah was a good man, a man of integrity in
his community. Noah walked wirh God.-THE MESSAGE)

⑩ 노아는 세 아들이 있었으니 셈과 함과 야벳이라

⑪ 하느님(하나님)이 보시기에 지구는 타락하였고 불경으로 충만하였더라

⑫ 하느님(하나님)은 지구에 있는 사람들이 타락하였으므로 그 지구가 부패되었다는
것을 알게되었느니라

⑬ 하느님(하나님)이 노아에게 모든 혈육있는 자의 강포가 지구에 가득하므로 그 끝
날이 내 앞에 이르렀으니 내가 그들을 지구와 함께 멸하리라 하시니라

⑭ 그리고 노아에게 너는 편백나무로 너를 위하여 방주를 짓되 그 안에 방들을 만들
고 역청으로 그 안팎을 칠하라

⑮ 그 방주를 짓는 방법은 이러하니라 장이 삼백 규빗, 광이 오십 규빗, 고가 삼십 규
빗이며

⑯ 거기 창을 내되 위에서부터 한 규빗에 내고 그 문은 옆으로 내고 상 중 하 삼층으로
할지니라

⑰ 내가 홍수를 지구에 일으켜 하늘 아래 있는 모든 생명체 즉 지구 안에서 숨을 쉬는
모든 생물을 멸절하리니 지구에 있는 모든 것이 소멸할 것이니라

⑱ 그러나 내가 너와는 언약을 세우리니 너는 네 아들들과 네 아내와 네 자부들과 함
께 그 방주로 들어가고

⑲ 너는 살아있는 모든 생물을 각기 암 수 한쌍씩 방주로 이끌어 들여 너와 함께 생명을 보존케 하고

⑳ 새가 그 종류대로 육축이 그 종류대로 땅에 기는 것이 그 종류대로 각기 둘 씩 네게로 나아오리니 그 생명을 보존케 하라

㉑ 너는 먹을 모든 식량을 네게로 가져다가 저축하라 이것이 너와 그들의 양식이 되리라

㉒ 노아는 하느님(하나님)이 명하신대로 준행하였더라

● 7장

① 그 때에 여호와께서 노아에게 이르시되 너와 네 온 집은 방주로 들어가라 네가 이 세대에 내 앞에서 의로움을 내가 보았느니라

② 너는 모든 정결한 짐승은 암수 일곱씩 부정한 것은 암수 둘씩을 네게로 취하며

③ 공중의 새도 암 수 일곱씩을 취하여 그 종을 지구에서 유지케 하라

④ 지금부터 칠일 되는 날부터 사십주야를 땅에 비를 내려 나의 지은 모든 생물을 지면에서 쓸어 버리리라

⑤ 노아는 여호와께서 그에게 명한대로 다 준행하였더라

⑥ 홍수가 지구에 왔을 때 노아가 육백세였더라

⑦ 노아가 아들들과 아내와 며느리들과 함께 홍수를 피하여 방주에 들어갔고

⑧ 정결한 짐승과 부정한 짐승과 새와 땅에 기는 모든 생물들의 짝이

⑨ 노아에게 와서 하느님(하나님)이 노아에게 명하신대로 방주로 들어 갔더니

⑩ 칠일 후에 홍수가 지구에 왔느니라

⑪ 노아가 육백세 되던 해 이월 십칠일에 모든 깊은 샘물들이 터지고 하늘의 창들이 열렸더라.

⑫ 사십주야를 비가 땅에 쏟아졌더라

⑬ 곧 그 날에 노아와 그의 아들 셈 함 야벳과 노아의 처와 세 자부가 다 방주로 들어 갔고

⑭ 그들과 모든 들짐승이 그 종류대로, 땅에 기는 모든 것이 그 종류대로, 모든 새 곧 각양의 새가 그 종류대로

⑮ 생명의 숨을 쉬는 모든 짐승의 짝들이 노아에게 와서 방주로 들어갔으니

⑯ 들어간 동물들은 모든 살아 있는 것들의 암수라 하나님이 노아에게 명하신대로 들

어가며 여호와께서 방주를 닫으시니라

⑰ 홍수가 지구에 사십일을 있었고 물이 많아져 방주가 땅에서 떠 올랐고

⑱ 물이 더 많아져 지구에 창일하매 방주가 물위를 떠 다녔으며

⑲ 물이 지구에 더욱 창일하매 모든 하늘 아래에 있는 높은 산들이 물에 다 덮였더니

⑳ 물이 불어서 20피트보다 더 깊게 산들을 덮었느니라

㉑ 지구위에서 움직이는 모든 것들이 멸망하였느니라 곧 새와 육축과 들 짐승과 지구에서 떼지어 사는 모든 생물과 사람들이 다 죽었느니라

㉒ 마른 땅에서 코로 숨을 쉬었던 모든 것들은 다 죽었느니라

㉓ 지구의 표면에 있던 모든 살아있는 것들이 쓸어 버림을 당하였느니라 곧 사람과 짐승과 기는 것과 공중의 새까지라 이들은 쓸어버림을 당하였으나 오직 노아와 노아와 함께 방주에 있었던 자들만 살아 남았더라

㉔ 물이 일백 오십일을 지구에 창일하였더라

● 8장

① 그러나 하느님(하나님)은 노아와 노아와 함께 방주에 있는 모든 들 짐승과 육축을 잊지 않고 있었으므로 바람을 지구위에 불게 하셔서 물이 줄어들게 하셨느니라

② 이제 땅속 깊은 우물들과 하늘들의 창들이 닫히고 창공으로부터 비가 그쳤더라

③ 물이 점점 감하여 졌고 일백 오십일이 지난 후에는 물이 현저히 줄었더라

④ 칠월 십칠일에 방주가 아라랏산에 머물렀으며

⑤ 물은 시월달까지 줄어 들었는 데 시월 일일에 산들의 봉우리가 보였더라

⑥ 사십일 후 노아는 자기가 만들은 방주의 창문을 열고

⑦ 까마귀를 내어 놓으매 까마귀는 지구로부터 물이 마를때까지 앞뒤로 날아다녔더라

⑧ 그가 또 비둘기를 내어 놓아 지면에 물이 감한 여부를 알고자 하매

⑨ 온 지면에 물이 있으므로 비둘기가 앉을 곳을 찾지 못하고 방주로 돌아온지라 그가 손을 내밀어 방주로 받아들이고

⑩ 또 칠일을 기다려 다시 비둘기를 방주에서 내어 놓으매

⑪ 저녁때에 비둘기가 그에게로 돌아왔는데 그 입에 감람나무 잎사귀가 있는지라 이에 노아가 지구에 물이 감한 줄 알았으며

⑫ 또 칠일을 기다려 비둘기를 내어 놓으매 다시는 그에게 돌아오지 아니하였더라

⑬ 육백일년 정월 곧 그달 일일에 이르러서 지구에서 물이 말라서 건조해진지라 노아가 방주 뚜껑을 열고 본즉 지면에 물이 걷혔더니

⑭ 이월 이십칠일에 땅이 말랐더라

⑮ 하느님(하나님)이 노아에게 말하되

⑯ 너는 네 아내와 네 아들들과 네 며느리들로 더불어 방주에서 나오고

⑰ 너와 함께한 모든 혈육있는 생물 곧 새와 육축과 땅에 기는 모든 것을 다 이끌어 내라 이것들이 땅에서 생육하고 번성하리라 하시매

⑱ 노아가 그 아들들과 그 아내와 그 며느리들과 함께 나왔고

⑲ 땅위의 동물 곧 모든 짐승과 모든 기는 것과 모든 새도 그 종류대로 방주에서 나왔더라

⑳ 노아가 여호와를 위하여 단을 쌓고 모든 정결한 짐승 중에서와 모든 정결한 새 중에서 취하여 태우는 제사로 단에 드렸더니

㉑ 여호와께서 그 향기를 흠향하시고 마음속으로 이르시되 나는 비록 사람 마음속의 성향이 어릴때부터 악할 지라도 다시는 사람 때문에 땅을 저주하지 아니하리라 하시니라. 그리고 내가 행한 것 같이 살아있는 모든 생물을 멸하지 않을 것이라 하시니라

㉒ 지구가 지속되는 한 심으면 거두고 추위가 있고 더위가 있으며 여름이 있고 겨울이 있으며 낮이 있고 밤이 있은 것이 결코 멈추지 않으리라 하시니라

● 9장

① 그 다음에 하느님(하나님)이 노아와 그 아들들에게 복을 주시며 그들에게 이르시되 생육하고 번성하여 땅에 충만하라

② 땅의 모든 짐승과 공중의 모든 새와 땅에 기는 모든 것과 바다의 모든 고기가 너희를 두려워하며 무서워 하리니 이들은 너희에게 붙이웠음이라

③ 살아서 움직이는 모든 것은 너희 식량이 될 것이라. 내가 너희에게 싱싱한 채소를 주었던 것 같이 나는 이제 너희에게 모든 것을 주겠노라

④ 그러나 너희들은 고기를 그 생명되는 피가 아직 그 안에 있으면 먹지 말것이니라
(But flesh with the life thereof, which is the blood thereof, shall ye not eat.-KJV)
("But you must not eat meat that has its lifeblood still in it."-NIV)

(Only meat with its lifeblood still in it you shall not eat.-NAB)

("Except for meat with its lifeblood still in it-don't eat that.-THE MESSAGE)

⑤ 그리고 생명인 피를 흘리게 하는 자는 내가 반드시 계산서를 요구할 것이니라. 짐 승이든 사람이든 피를 흘리게 하는 자에게는 내가 반드시 계산서를 요구할 것이니 라

(And surely your blood of your lives will I require; at the hand of every beast will I require it, and at the hand of every man's brother will I require the life of man.-KJV)

(And for your lifeblood I will surely demand an accounting, I will demand an accounting from every animal. And from each man too, I will demand an accounting for the life of his fellowman.-NIV)

(Indeed for your lifeblood I will demand an accounting: from every animal I will demand it, and from a human being, each one for the blood of another, I will demand an accounting for human life.-NAB)

("But your own lifeblood I will avenge; I will avenge it against both animals and other humans."-THE MESSAGE)

⑥ 사람의 피를 흘리게 하는 자는 누구나 사람에 의하여 그의 피가 흘려 질 것이니라 이는 하느님(하나님)이 사람을 그의 심상안에서 지었기 때문이니라

(Whoso sheddeth man's blood, by man shall his blood be shed: for in the image of God made he man.-KJV)

("Whoever sheds the blood of man, by man shall his blood be shed; for in the image of God has God made man.-NIV)

(Anyone who sheds the blood of a human being, by a human being shall that one's be shed; For in the image of God have human beings been made._NAB)

(Whoever sheds human blood, by humans let his blood be shed, Because God made humans in his image reflecting God's very nature.-THE MESSAGE)

⑦ 너희는 생육하고 번성하라, 지구에서 번식하여 지구에 충만하라 하시니라

⑧ 그 다음에 하느님(하나님)이 노아와 그와 함께 있는 그의 아들들에게 일러 가라사대

⑨ 내가 너희와 너희 후손과

⑩ 너희와 함께한 모든 생물 곧 너희와 함께한 새와 육축과 땅의 모든 생물과 방주에서 나온 모든 것과 언약을 세우리라

⑪ 나는 언약하노라 다시는 모든 생물을 홍수로 멸하지 아니할 것이고 다시는 지구를 파멸시킬 홍수가 있지 아니하리라 하시니라

⑫ 그리고 하느님(하나님)이 말씀하시길 이 것은 내가 나와 너와 또 함께한 모든 살아있는 것과 다가올 모든 세대들과 언약의 표시니라 하시니라

⑬ 즉 나는 나의 무지개를 구름 속에 두었느니라 이 것이 나와 지구위의 모든 살아있는 것과의 언약의 표시이니라

(I do set my bow in the cloud, and it shall be for a token of a covenant between me and the earth.-KJV)

(I have set my rainbow in the clouds, and it will be the sign of the covenant between me and earth.-NIV)

(I set my bow in the clouds to serve as a sign of the covenant between me and earth.-NAB)

(I,m putting my rainbow in the clouds, a sign of the covenant between me and Earth.-THE MESSAGE)

⑭ 내가 지구위에 구름을 두고 무지개가 구름 속에 나타나면,

⑮ 나는 나와 너희와 모든 종류의 살아있는 생물과의 언약을 기억할 것이다. 즉 결코 다시는 물이 홍수가 되어 모든 생명을 멸망시키지 않을 것이다.

⑯ 무지개가 구름 속에 나타날 때마다 나는 그 것을 보고 나 하나님과 지구에 있는 모든 살아있는 생물과의 영속하는 언약을 기억할 것이다 하시니라

⑰ 그래서 하나님이 노아에게 이 것은 내가 나와 지구에 있는 모든 생물과 세운 언약의 표시니라 하시니라

⑱ 방주에서 나온 노아의 아들들은 셈과 함과 야벳이며 함은 가나안 족의 조상이라

⑲ 이들 노아의 세 아들로부터 사람들이 태어나서 온 지구에 퍼지니라

⑳ 흙의 사람인 노아가 포도나무들을 심었느니라

㉑ 노아가 포도주를 마시고 취하여 그의 장막안에서 벌거 벗고 드러 누워 있었는지라

② 가나안 족의 조상인 함이 그의 아버지의 벌거벗음을 보고 나가서 그의 형제들에게
말하였는 데

③ 셈과 야벳은 의복을 그 들의 어깨에 걸치고 뒷 걸음으로 들어가서 그 아비의 벌거
벗은 몸을 덮었느니라. 그들은 얼굴을 다른 쪽으로 돌려서 그들의 아비의 벌거벗
음을 보지 아니하였느니라

④ 노아가 술이 깨어 그 작은 아들이 그에게 하였던 일을 알고서

(And Noah awoke from his wine, and knew what his younger son had
done unto him.-KJV)

(When Noah awoke from his wine and found what his youngest son had
done to him,-NIV)

(When Noah woke up from his wine and learned what his youngest son
had done to him,-NAB)

(When Noah woke up with his hangover, he learned what his youngest
son had done.-THE MESSAGE)

⑤ 그는 말하길 "가나안 족은 저주를 받을 것이라 그의 형제들의 가장 비천한 노예들
이 되리라."하니라

(And he said, Cursed be Canaan; a servant of servants shall he be unto
his brethren.-KJV)

(he said, "Cursed be Canaan! The lowest of slaves will he be to his
brothers."-NIV)

(He said: "The lowest slaves shall he be to his brothers."-NAB)

(He said, Cursed be Canaan! A slave of slaves, a slave to his brothers!-
THE MESSAGE)

⑥ 또 말하길 셈의 하느님(하나님) 여호와는 복이 있도다. 가나안 족은 셈족의 노예가
되게하소서 하니라

(And he said, Blessed be the Lord God of Shem; and Canaan shall be his
servant.-KJV)

(He also said, "Blessed be the Lord, the God of Shem! May Canaan be the
slave of Shem.-NIV)

(He also said, "Blessed be the LORD, the God of Shem! Let Canaan be his slave.-NAB)

(Blessed be God, the God of Shem, but Canaan shall be his slave.-THE MESSAGE)

⑦ 하나님이여 야벳의 영토를 넓혀주시옵소서, 야벳이 셈의 장막에 거하게 하소서, 그리고 가나안 족이 야벳의 노예가 되게하소서 하니라

⑧ 홍수 후에 노아는 삼백 오십년을 살았으며

⑨ 노아는 전체적으로 구백 오십년을 살고 죽었더라.

● 10장

① 이 것은 홍수 후에 노아의 아들들인 셈과 함과 야벳이 낳은 아들의 전말이니라

② 야벳의 아들은 고멜과 마곡과 마대와 야완과 두발과 메섹과 디라스요

③ 고멜의 아들은 아스그나스와 리밧과 도갈마요

④ 야완의 아들은 엘리사와 달시스와 깃딤과 도다님이라

⑤ 이들로부터 여러나라 백성으로 나뉘어서 각기 언어를 가지고 종족과 나라대로 바닷가의 땅에 머물렀더라

⑥ 함의 아들은 구스와 미스라임과 붓과 가나안이요

(And the sons of Ham; Gush, and Mizraim, and Canaan.-KJV)

(The sons of Ham: Gush, Mizraim, Canaan.-NIV)

(The descendants of Ham: Cush, Mizraim, Put and Canaan.-NAB)

(The sons of Ham: Cush, Egypt, Put, Canaan.-THE MESSAGE)

⑦ 구스의 아들은 스바와 하윌라와 삽다와 라아마와 삽드가요 라아마의 아들은 스바와 드단이며

⑧ 구스가 또 니므롯을 낳았으니 그는 세상에 처음 영걸이라

⑨ 그가 여호와 앞에서 특이한 사냥군이 되었으므로 속담에 이르기를 누구는 여호와 앞에 니므롯 같은 특이한 사냥군이로다 하니라

⑩ 그의 나라는 시날 땅의 바벨과 에렛과 악갓과 갈레에서 시작되었으며

⑪ 그가 그 땅에서 앗수르로 나아가 니느워와 르호보딜과 갈라와

⑫ 및 니느웨와 갈라 사이의 레센(이는 큰 성이라)를 건축하였으며

⑬ 미스라임은 루딤과 아나빔과 르하빔과 납두힘과

⑭ 바르두심과 가슬루힘과 갑도림을 낳았더라(팔레스타인은 가슬루힘에게서 나왔더

라)

⑮ 가나안은 장자 시돈과 헷을 낳고

(And Canaan begat Sidon his firstborn, and Heth,-KJV)

(Canaan was the father of Sidon his firstborn, and of the Hittites,-NIV)

(Canaan became the father of Sidon, his firstborn, and of Heth;-NAB)

(Canaan had Sidon his firstborn, Heth,-THE MESSAGE)

⑯ 또 여부스 족속과 아모리 족속과 기르기스 족속과

⑰ 히위 족속과 알가 족속과 신 족속과

⑱ 아르왓 족속과 스말 족속과 하맛 족속의 조상을 낳았더니 이 후로 가나안 자손의 족속이 흩어져 처하였더라

⑲ 가나안의 지경은 시돈에서부터 그랄을 지나 가사까지와 소돔과 고모라와 아드마와 스보임을 지나 라사까지였더라

⑳ 이들은 함의 자손이라 각기 족속과 언어와 지방과 나라대로이었더라

㉑ 셈은 에벨의 조상이요 야벳의 형이라 그에게도 자녀가 출생하였으니

㉒ 셈의 아들은 엘람과 앗수르와 아르박삿과 룻과 아람이요

(The children of Shem; Elam, and Assur, and Arphaxad, and Lud, and Aram.-KJV)

(The sons of Shem: Elam, Assur, Arpaxad, Lud and Aram.-NIV)

(The descendants of Shem: Elam, Asshur, Arpachshad, Lud and Aram.-NAB)

(The sons of Shem: Elam, Asshur, Arphaxad, Lud, and Aram.-THE MESSAGE)

㉓ 아람의 아들은 우스와 훌과 게델과 마스며

㉔ 아르박삿은 셀라를 낳고 셀라는 에벨을 낳았으며

㉕ 에벨은 두 아들을 낳고 하나의 이름을 벨렉이라 하였으니 그 때에 세상이 나뉘었음이요 벨렉의 아우의 이름은 욕단이며

㉖ 욕단은 알모닷과 셀렙과 하살마웻과 예라와

㉗ 하도람과 우살과 디글라와

㉘ 오발과 아비마엘과 스바와

㉙ 오발과 하윌라와 요밥을 낳았으니 이들은 다 욕단의 아들이며

㉚ 그들의 거하는 곳은 메사에서부터 스발로 가는 길의 동편 산이었더라

㉛ 이들은 셈의 자손이라 그 족속과 언어와 지방과 나라대로였더라

㉜ 이들은 노아 자손의 족속들이요 그 세계와 나라대로라 홍수 후에 이들에게서 지구의 열국 백성이 나뉘었더라

● 11장

① 전 세계는 하나의 언어와 공통의 말을 가졌더라

② 사람들이 동방으로 이주하다가 시나르 평원을 발견하고 거기에 거하였더라

③ 그들은 서로 말하길 "자 벽돌을 만들어서 그 것들을 충분히 굽자"고 하고 그들은 돌 대신에 벽돌을 사용하고 역청으로 진흙을 대신하고

④ 그리고 그들은 말하길 하늘에 닿는 탑을 가진 도시를 만들고 그리하여 우리들이 온 지구의 표면으로 흩어지지 않도록 하자고 하였더라

(And they said, Go to, let us build a city, and a tower, whose top may reach unto heaven; and let us make a name, lest we be scattered abroad upon the face of the whole earth.-KJV)

(Then they said, "Come, let us build ourselves a city and with a tower that reaches the heavens, so that we may make a name for ourselves and not be scattered over face of the whole earth.-NIV)

(Then they said, "Come, let's build ourselves a city and a tower that reaches heaven. Let's make ourselves famous so we won't be scattered here and there across the earth."-THE MESSAGE)

(Then they said, "Come, let us build ourselves a city and a tower wirh its top in the sky, and so make a name for ourselves; otherwise we shall be scattered all over the earth."-NAB)

⑤ 그런데 여호와께서 사람들이 쌓고 있는 도시와 탑을 보시고 내려오셨더라

⑥ 여호와께서 말씀하시길 이 무리가 한 족속이요 언어도 하나이므로 이 같이 시작하였으므로 이 후로는 그 경영하는 일을 금지할 수 없으니

⑦ 가자 내려가서 그들의 언어를 혼란케하여 그들이 서로 이해하지 못하도록 하자

⑧ 그리하여 여호와께서 그들을 온 세상에 흩어지게 한 고로 그들은 그 도시를 건설하는 것을 중단하였느니라

⑨ 그 도시를 바벨이라 하는 이유는 여호와께서 온 세상의 언어를 혼란케 하였기 때문이니라. 여호와께서는 거기로부터 그들을 온 지구의 지면에 흩으셨더라

⑩ 셈의 후예는 이러하니라 셈은 일백세 곧 홍수 후 이년에 아르박삿을 낳고

⑪ 아르박삿을 낳은 후 오백년을 지내며 자녀를 낳았으며

⑫ 아르박삿은 삼십오세에 셀라를 낳았고

⑬ 셀라를 낳은 후에 사백 삼년을 지내며 자녀를 낳았으며

⑭ 셀라는 삼십세에 에벨을 낳았고

⑮ 에벨을 낳은 후에 사백 삼년을 지내며 자녀를 낳았으며

⑯ 에벨은 삼십 사세에 벨렉을 낳았고

⑰ 벨렉을 낳은 후에 사백 삼십년을 지내며 자녀를 낳았으며

⑱ 벨렉은 삼십세에 르우를 낳았고

⑲ 르우를 낳은 후에 이백 구년을 지내며 자녀를 낳았으며

⑳ 르우는 삼십 이세에 스룩을 낳았고

㉑ 스룩을 낳은 후에 이백 칠년을 지내며 자녀를 낳았으며

㉒ 스룩은 삼십세에 나홀을 낳았고

㉓ 나홀을 낳은 후에 이백년을 지내며 자녀를 낳았으며

㉔ 나홀은 이십 구세에 데라를 낳았고

㉕ 데라를 낳은 후 일백 십구년을 지내며 자녀를 낳았으며

㉖ 데라는 칠십세에 아브람과 나홀과 하란을 낳았더라

(And Terah lived seventy years, and begat Abram, Nahor, and Haran.-KJV)

(After Terah had lived 70years, he became the father of Abram, Nahor and Haran.-NIV)

(When Terah was seventy years old, he begot Abram, Nahor and Haran-NAB)

(When Terah was seventy years old, he had Abram, Nahor, and Haran.-THE MESSAGE)

㉗ 데라의 후예는 이러하니라 데라는 아브람과 나홀과 하란을 낳았고 하란은 롯을 낳았으며

㉘ 하란은 그 아비 데라보다 먼저 본토 갈데아 우르에서 죽었더라

㉙ 아브람과 나흘이 장가 들었으니 아브람의 아내 이름은 사래며 나흘의 아내 이름은 밀가니 하란의 딸이요 하란은 밀가의 아비며 또 이스가의 아비더라

㉚ 사래는 잉태하지 못하므로 자식이 없었더라

㉛ 데라가 그 아들 아브람과 하란의 아들 그 손자 롯과 그 며느리 사래를 데리고 갈데아 우르에서 떠나 가나안 땅으로 가고자 하더니 하란에 이르러 거기에 거하였으며

㉜ 데라는 이백 오세를 향수하고 하란에서 죽었더라

● 12장

① 여호와께서 아브람에게 말씀하시길 너는 너의 고향과 너의 민족과 너의 친척과 너의 아버지의 가족들을 떠나 내가 너에게 지시하는 땅으로 가라 하시니라

② 내가 너로 하여금 큰 민족을 이루게 하고 너에게 복을 주며 너의 이름을 창대케 하리니 너는 하나님의 은총을 받은자가 될 것이라

③ 나는 너를 축복하는 자를 축복하고 누구든지 너를 저주하는 자는 내가 저주하리니 지구의 모든 족속들이 너를 통하여 복을 얻을 것이니라 하신지라

④ 이에 아브람이 여호와께서 말씀하신대로 하란을 떠났고 롯도 그와 함께 갔으며 아브람이 하란을 떠날때에 그의 나이 칠십 오세였더라

⑤ 아브람이 그 아내 사래와 조카 롯과 하란에서 모은 모든 소유와 얻은 사람들을 이끌고 가나안 땅으로 가려고 떠나서 마침내 가나안 땅에 도착하였더라

⑥ 아브람은 그 땅들을 가로질러서 세겜에 있는 모레의 큰 나무가 있는 지역까지 갔더라 그런데 그 당시에 가나안족속들이 거기에서 살고 있었더라

⑦ 여호와께서 아브람에게 나타나시어 말씀하시길 내가 너의 자손들에게 이 땅을 주리라 하신지라 아브람이 자기에게 나타나신 여호와를 위하여 그 곳에 단을 쌓으니라

⑧ 아브람은 그 곳으로부터 다시 벧엘 언덕을 향하여 옮겨가서 장막을 치니 서편은 벧엘이요 동편은 아이라 그가 그곳에 단을 쌓고 여호와 이름을 불렀느니라

⑨ 그리고 나서 아브람은 다시 출발하여 네게브 방향으로 옮겨갔더라

⑩ 그런데 그 땅에 기근이 심하였으므로 기근이 심한 동안에 에집트에 살기 위하여 에집트로 내려 갔더라

⑪ 그가 에집트에 가까이 이를 때에 그의 아내 사래에게 이르되 그대는 아리따운 여인이라

⑫ 애집트 사람들이 그대를 볼 때에 이르기를 이는 그의 아내라 하고 나는 죽이고 그대는 살리리니

⑬ 원컨데 그대는 나의 누이라 하라 그리하면 그대로 인하여 내가 대우받고 내 목숨이 보존되겠노라 하니라

⑭ 아브람이 에집트에 이르렀을 때에 에집트 사람들이 그 여인의 심히 아리따움을 보았고

⑮ 파라오의 대신들도 그 녀를 보고 파라오에게 그녀를 칭찬하였고 그녀는 파라오의 궁으로 취하여 들인지라

⑯ 이에 파라오가 그녀 때문에 아브람을 후대하였고 아브람은 양과 소와 노비와 암수 나귀와 약대를 얻었더라

⑰ 여호와께서 아브람 아내 사래의 연고로 파라오와 파라오의 가족들에게 여러가지 질병을 내리신지라

⑱ 이에 파라오가 아브람을 불러 네가 어떻게 그렇게 말하였느냐? 왜 그녀가 네 아내라고 말하지 않았느냐?고 하니라

⑲ 네가 어찌하여 그를 누이라 하여 나로 그녀를 취하여 나의 아내로 삼게 하였느냐 네 아내가 여기 있으니 이제 데리고 가라하니라

(Why sadist thou, She is my sister? So I might have taken her to me to wife; therefore behold thy wife, take her, and go thy way.-KJV)

(Why did you say, 'She is my sister,' so that I took her to be my wife. Take her and go!"-NIV)

(Why did you say, 'She's my sister' so that I'd take her as my wife? Here's your wife back-take her and get out!"-THE MESSAGE)

(Why did you say, 'She is my sister,' so that I took her for my wife? Now, here is your wfe. Take her and leave!"-NAB)

⑳ 그리고 나서 파라오는 그의 신하들에게 아브람에 대하여 명령을 발하였으며 그 신하들은 아브람이 떠날 때에 그의 아내와 그가 가졌던 모든 것을 아브람에게 보냈더라

● 13장

① 그래서 아브람은 그의 아내와 그가 가졌던 모든 것을 가지고 에집트로부터 나와

네게브로 올라갔는 데 롯도 그와 함께 갔더라

② 아브람은 육축과 은 금이 많았더라

③ 네게브로부터 그는 이리 저리 돌아가서 벧엘에 도착하였는 데 그가 전에 장막을 쳤던 벧엘과 아이 사이에 있는 지점에 도달하였더라

④ 그 곳은 그가 처음에 제단을 쌓은 곳이었더라. 거기에서 아브람은 여호와의 이름을 불렀더라

⑤ 아브람과 함께 이동한 롯도 양과 소와 장막이 있으므로

⑥ 그러나 그들의 소유물들이 너무 많아서 그들이 함께 그 곳에 머무를 수 없었으므로 그들이 함께 머무르는 동안 그 땅은 그들을 지탱할 수가 없었음이라

⑦ 그리하여 아브람의 목동들과 롯의 목동들이 서로 싸웠고 동시에 가나안 사람들과 브리스 사람들도 그 곳에 살았느니라

⑧ 그래서 아브람이 롯에게 말하길 우리는 한 골육이니 너와 나 또 너의 목동들과 나의 목동들이 싸우지 말자하니라

⑨ 너의 앞에 넓은 땅이 있지 않느냐? 이제 우리가 헤어지자 네가 좌로 가면 나는 우로 갈 것이고 네 우로 가면 나는 좌로 갈 것이다.

⑩ 이에 롯이 눈을 들어 요단 들을 바라본즉 소알까지 온 땅에 물이 넉넉하니 여호와께서 소돔과 고모라를 멸하시기 전이었는고로 여호와의 동산 같고 이집트 땅과 같았더라

⑪ 그러므로 롯이 요단 온 들을 택하고 동으로 옮기니 그들이 서로 떠난지라

⑫ 아브람은 가나안 땅에 거하였고 반면에 롯은 평원의 도시들 가운데 거하였으며 소돔 가까이에 그의 장막을 쳤더라

⑬ 그 때 소돔 사람들은 사악하고 여호와께 큰 죄를 범하고 있었더라

⑭ 롯이 아브람을 떠난 후에 여호와께서 아브람에게 너는 눈을 들어 너 있는 곳에서 동서남북을 바라보라고 하시니라.

⑮ 네가 보는 모든 땅을 너와 너의 자손들에게 영원히 주리라 하시니라

⑯ 나는 너의 자손을 지구의 티끌같이 많게 하리니 만약 사람이 티끌을 셀 수 있다면 너의 자손을 셀 수 있을 것이나 사람이 티끌을 셀수 없듯이 너의 자손도 너무 많아서 셀수 없을 것이니라 하시니라

⑰ 그리고 너는 그 땅의 종과 횡을 걸어가라 내가 그 땅을 너에게 줄 것이니라

⑱ 그래서 아브람은 장막을 옮겨 헤브론에 있는 마므레 상수리 수풀에 이르러 거하며

거기서 여호와를 위하여 단을 쌓았더라

● 14장

① 그 당시에 시날왕 아므라벨과 엘라살왕 아리옥과 엘람왕 그돌라오멜과 고임왕 디달이

② 소돔왕 베라와 고모라왕 비르사와 아드마왕 시납과 스보임왕 세메벨과 벨라(소알)왕에 대하여 전쟁을 하였느니라

③ 소돔왕등 후자의 모든 왕들이 싯딤 골짜기(염해)에 군사들을 연합시켰더라

④ 이들은 십이년을 그돌라오멜에 종속되어 있다가 제 십삼년에 반란을 일으켰느니라.

⑤ 제 십사년에 그돌라오멜과 그와 동맹한 왕들이 나와서 아스드롯 가르나임에서 르바 족속을 함에서 수스 족속을 사웨기랴다임에서 엠 족속을 치고

⑥ 호리 족속을 그 산 세일에서 쳐서 광야 근방 엘바란까지 이르렀으며

⑦ 그들이 돌이켜 엔미스밧 곧 가데스에 이르러 아말렉 족속의 온 땅과 하사손다말에 사는 아모리 족속을 친지라

⑧ 소돔왕과 고모라왕과 아드마왕과 소보임왕과 벨라 곧 소알왕이 나와서 싯딤 골짜기에서 그들과 접전하였으나

⑨ 곧 그 다섯왕이 엘람왕 그돌라오멜과 고임왕 디달과 시닐왕 아므라벨과 엘라살왕 아리옥 네 왕과 교전하였더라

⑩ 싯딤 골짜기에는 역청 골짜기가 많은지라 소돔왕과 고모라왕이 달아날 때에 군사가 거기 빠지고 그 나머지는 산으로 도망하매

⑪ 네 왕이 소돔과 고모라의 모든 재물과 양식을 빼앗아가고

⑫ 소돔에 거하는 아브람의 조카 롯도 사로잡고 그 재물까지 노략하여 갔더라

⑬ 도망한 자가 와서 히브리 사람 아브람에게 고하니 때에 아브람이 아모리 족속 마므리의 상수리 수풀 근처에 거하였더라 마므레는 에스골의 형제요 또 아넬의 형제라 이들은 아브람과 동맹한 자더라

⑭ 아브람이 그 조카의 사로잡혔음을 듣고 집에서 길리고 연습한 자 삼백 십 팔인을 거느리고 단까지 쫓아가서

⑮ 그 가신을 나누어 밤을 타서 그들을 쳐서 파하고 다멕셋 좌편 호바까지 쫓아가서

⑯ 모든 빼앗겼던 재물과 자기 조카 롯과 그 재물과 또 부녀와 인민을 다 찾아 왔더라

⑰ 아브람이 그돌라오멜과 그와 함께한 왕들을 파하고 돌아올 때에 소돔 왕이 사웨 골짜기 곧 왕의 골짜기에서 그를 영접하였고

(And the king of Sodom went out to meet him[after his return from rhe slaughter of Chedorlaomer, and of the kings that were with him] at the valley of Shaveh, which is king's dale.-KJV)

(After Abram returned from defeating Kedorlaomer and the kings allied with him, the king of Sodom came out to meet him in the Valley of Shaveh [that is, the King's valley].-NIV)

(When Abram returned from his defeat of Chedorlaomer and the kings who were allied with him, the king of Sodom went out to greet him in the Valley of Shaveh[that is, the King's Valley].-NAB)

(After Abram returned from defeating Kedorlaomer ane his allied kings, the kings of Sodom came out to greet him in the Valley of Shaveh, the King's Valley.-THE MESSAGE)

⑱ 살렘왕 멜기세덱이 떡과 포도주를 가지고 나왔으니 그는 지극히 높으신 하나님의 제사장이었더라

(And Melchizedek king of Salem brought forth bread and wine: and he qas the priest of the most high God.-KJV)

(Then Melchizedek king of Salem brought out bread and wine. He was priest of God Most High,-NIV)

(Melchizedek, king of Salem, brought out bread and wine. He was a priest of God Most High.-NIV)

(Melchizedek, king of Salom, brought out bread and wine-he was priest of The High God-THE MESSAGE)

⑲ 그가 아브람에게 축복하여 가로되 천지의 주재시오 지극히 높으신 신이시여 아브람에게 복을 주시옵소서

(And he blessed him, and said, Blessed be Abram of the most high God, possessor of heaven and earth:-KJV)

(and he blessed Abram, saying, "Blessed be Abram by God Most High, Creator of heaven and earth.-NIV)

(He blessed Abram with these words: "Blessed be Abram by God Most High, the creator of heaven and earth;-NAB)

(and he blessed him: Blessed be Abram by The High God, Creator of heaven and Earth.-THE MESSAGE)

⑳ 복되시도다. 네 원수들을 네 손에 넘겨주신 지극히 높으신 하나님이시여, 하니 아브람이 모든 것을 십분의 일을 멜기세덱에게 드렸더라

(And blessed be the most high God, which hath delivered thine enemies into your hand: and he gave him tithes of all.-KJV)

(And blessed be God Most High. who delivered your enemies into your hand." Then Abram gave him a tenth of everything.-NIV)

(And blessed be God Most High, who delivered your foes into your hand." Then Abram gave him a tenth of everything.-NAB)

(And blessed be The High God, who handed your enemies over to you. Abram gave him a tenth all the recovered plunder.-THE MESSAGE)

㉑ 소돔왕이 아브람에게 이르되 사람은 내게 보내고 물품은 네가 취하라

㉒ 그러나 아브람이 소돔의 왕에게 말하길 나는 손을 들어 하늘과 지구를 만드신 지극히 높으신 여호와 하나님께 맹세하노니

㉓ 나는 실 한 오라기나 신발 끈 하나라도 너에게 속한 것은 취하지 않으리니 이는 네가 아브람을 부자되게 하였다고 말할 수 없게 하려 함이니라

㉔ 나는 나의 일행이 먹을 것과 나와 함께 갔던 사람들 즉 아넬과 에스골과 마므레에게 속한 것을 제하고는 어떤 것도 취하지 않을 것이니라. 자 그들에게 그들의 몫은 가지도록 하자고 말하니라

● 15장

① 이 후에 여호와 말씀이 환상으로 아브람에게 임하여 말씀하시길 아브람아 두려워 말라 나는 너의 방패며 너의 지극한 보호자니라 하시니라.

(After these things the word of the Lord came unto Abram in a vision, saying, Fear not, Abram: I am thy shield, and thy exceeding great reward.-KJV)

(After this, the word of the Lord came to Abram in a vision: "Do not be afraid, Abram. I am your shield, your very great reward."-NIV)

(Some time afterwaed, the word of the Lord came to Abram in a vision: Do not fear, Abram! I am your shield; I will make your reward very great.-NAB)

(After all these things, this word of God came to Abram in a vision: "Don't be afraid, Abram. I'm your shield. Your reward will be grand!"-THE MESSAGE)

② 그러나 아브람은 "오 주 여호와여 나는 무자하온 데 나에게 무엇을 줄 수 있겠으며 나의 유산은 나의 재산 관리하는 하인 다마스커스 사람 엘리자르가 상속한 단 말입니까?" 하고 물으니라

③ 그리고 다시 아브람은 주께서 나에게 후사를 주지 아니 하였으니 나의 집의 하인이 나의 상속자가 될 것입니다 하니라

④ 여호와의 말씀이 그에게 임하여 "그 사람은 너의 후사가 아니고 네 몸에서 난 자가 너의 후사가 되리라" 하시니라

⑤ 여호와께서 아브람을 밖으로 데리고 나와서 아브람에게 "하늘들을 쳐다보고 진짜로 네가 그 별들을 셀 수 있으면 세어보아라 셀 수 없지 않느냐?"하시니라. 그리고 난 후 아브람에게 여호와께서 "너의 자손들이 이와 같게 될 것이니라"하시니라.

⑥ 아브람이 여호와의 말을 믿으므로 여호와는 이를 아브람의 의로움으로 여기셨느니라

(And he believed in the Lord; and he counted it to him for righteousness.-KJV)

(Abram put his faith in the Lord, who attributed it to him as an act of righteousness.-NAB)

(And he believed! Believed God! God declared him "Set-Right-with-God."-THE MESSAGE)

(Abram believed the Lord, ane he credited it to him as righteousness.-NIV)

⑦ 그리고 역시 여호와는 아브람에게 "나는 너를 갈데아 우르 땅에서 이끌어 내어 이 땅을 너에게 준 여호와니라"하시니라.

⑧ 그러나 아브람은 "주 여호와여 내가 그 땅을 소유할 것이라는 것을 어떻게 알 수가

있나요?"하니라.

⑨ 이에 여호와가 아브람에게 "어린 비둘기와 함께 세살된 숫소와 염소 양을 가져오라"고 하시니라 .

⑩ 아브람이 이 모든 것들을 여호와께 가져가서 두 토막을 내어 각 토막을 서로 마주 정돈하였느니라 그러나 그는 새들은 반으로 자르지 아니하였느니라.

⑪ 솔개가 그 시체들위로 내려 왔으나 아브람은 그들을 쫓았더라

⑫ 해가 지고 아브람이 깊은 잠에 떨어졌을 때 깜깜하고 두려운 어둠이 그에게 엄습하였는지라

⑬ 그 때 여호와께서 아브람에게 너는 확실히 알라 네 자손들이 너의 나라가 아닌 다른 나라에서 이방인이 되어 그들은 그 곳에서 사백년 동안 노예살이를 하면서 구박을 당할 것이라 하시니라.

⑭ 그러나 내가 너의 자손들이 노예로 종살이를 한 나라를 벌할 것이며 그 후에 그들은 많은 재산을 가지고 나올 것이니라 하시니라

⑮ 그러나 너는 장수하다가 평안히 조상에게로 돌아가 장사될 것이요.

(And thou shalt go to thy fathers in peace; thou shalt be buried in a good old age.-KJV)

(You, however, will go to your fathers in peace and be buried at a good old age.-NIV)

(You, however, will go to your ancesters in peace; you will be buried at a ripe old age.-NAB)

(But not you; you'll have a long and full life and die a good and peaceful death.-THE MESSAGE)

⑯ 네 자손은 넷째 세대안에 이 곳으로 돌아올 것이다 이는 아모리 족속의 죄가 아직 완전히 차지 않았기 때문이니라 하시더라

⑰ 해가 지고 어둠이 왔을 때 타는 불이 있으며 연기가 나는 난로가 찢은 고기들을 구웠더라.

⑱ 그 날에 여호와께서 아브람과 언약을 세워 말씀하시길 "내가 너의 자손들에게 에집트의 강으로부터 큰 강인 유프라테스 강

⑲ 즉 겐 족속과 그니스 족속과 갓몬 족속과

⑳ 헷 족속과 브리스 족속과 르바 족속과

㉑ 아모리 족속과 가나안 족속과 기르가스 족속과 여부스 족속의 땅을 주리라" 하시
니라.

● 16장

① 아브람의 아내 사래는 생산치 못하였고 그녀에게 한 여종이 있었으니 에집트 여자
로서 이름은 하갈이라

② 사래가 아브람에게 이르되 여호와께서 나의 생산을 허락치 아니하셨으니 원컨데
나의 여종과 동침하라 내가 혹 그녀로 말미암아 자녀를 얻을까 하노라 하매 아브
람이 사래의 말을 들으니라.

③ 아브람의 아내 사래가 그 여종 이집트 사람 하갈을 그 남편 아브람에게 첩으로 준
때는 아브람이 가나안 땅에 거한지 십년 후이었더라

④ 아브람이 하갈과 동침하였더니 하갈이 잉태하매 그가 자기의 잉태함을 알고 그 여
주인을 멸시한지라

⑤ 사래가 아브람에게 이르되 내가 받는 모욕에 대하여 당신이 책임이 있도다 내가
나의 여종을 당신의 품에 두었거늘 그가 자기의 잉태함을 알고 나를 멸시하니 당
신과 나사이의 관계를 여호와께서 판단하시도록 합시다 하니라

⑥ 아브람이 사래에게 이르되 그대의 여종은 그대의 수중에 있으니 그대의 눈에 좋은
대로 그에게 행하라 하매 사래가 하갈을 학대하였더니 하갈이 사래의 앞에서 도망
하였더라

⑦ 여호와의 천사가 사막의 우물 곁에서 하갈을 발견하였느라 그 우물은 수루로 가는
길가에 있었더라

⑧ 그리고 여호와의 천사가 하갈에게 사래의 여종 하갈아 네가 어디서 왔으며 어디로
가느냐 그녀가 말하길 나는 나의 여주인 사래를 피하여 도망하나이다 하였더라

⑨ 여호와의 천사가 그녀에게 말하길 네 여주인에게로 돌아가서 그 수하에 복종하라
하니라

⑩ 그리고 또 말하길 내가 네 자손이 크게 번성하여 그 수가 많아 셀 수 없게 하리라 하
니라

⑪ 여호와의 천사가 또 말하길 네가 잉태하였은 즉 아들을 낳으리니 그 이름을 이즈
마일이라 하라 이는 여호와께서 네 고통을 들으셨음이니라

⑫ 그는 당나귀 같은 고집쟁이가 될 것이며 그의 손이 모든 사람을 적대하고 모든 사

람의 손이 그를 적대하며 그는 모든 형제들에게도 적개심 속에서 살 것이니라 하더라

⑬ 사갈이 그녀에게 낳을 아들 이름을 알려준 여호와에게 말하기를 "당신은 나를 보고 계시는 하나님이시고 나는 진실로 하느님(하나님)을 보았으며 하느님(하나님) 나를 만난후 나에게도 하느님(하나님)이 생생히 남아 있도다." 하더라.

(And she called the name of the Lord that spake unto her, Thou God sees me: for she said, Have I also here looked after him that seeth me?-KJV)

(She gave this name to the Lord who spoke to her: "You are the God who sees me," for she said, "I have now seen the One who sees me."-NIV)

(To the LORD who spoke tho her she gave a name, saying, "You are God who sees me", she meant, "Have really seen God and remained alive after he saw me?"-NAB)

(She answered God by name, praying to the God who spoke to her, "You're God who sees me! "Yes! He saw me; and then I saw him!-THE MESSAGE)

⑭ 그리하여 그 샘을 브엘라해로라 불렀으며 그 샘은 아직도 가데스와 베렛사이에 있으니라

⑮ 하갈이 아들을 낳으매 아브람이 하갈의 낳은 그 아들을 이름하여 이스마일이라 하였더라

⑯ 하갈이 아브람에게 이스마엘을 낳을 때에 아브람이 팔십 육세이었더라.

● 17장

① 아브람이 구십 구세 때에 여호와께서 아브람에게 나타나사 그에게 말씀하시길 "나는 전능한 하느님(하나님)이라 내 앞에서 정진하여 비난받지 않도록 하라

② 나는 나와 너 사이의 언약을 확약하고 너의 자손들을 크게 번성케 하리라"하시니라

③ 아브람이 엎드렸는 데 하느님(하나님)이 그에게 말씀하시길

④ 나로 말한다면 이 것은 너와의 언약이니라 즉 너는 많은 나라의 아비가 될 것이니라.

⑤ 더 이상 너는 아브람이라 불리지 않을 것이며 너의 이름은 아브라함이라 불릴 것

이다. 이는 내가 너를 많은 나라의 아비로 되게 하려 함이로다.

⑥ 나는 너로 심히 번성케 하여 너의 나라들을 일어나며 너로부터 많은 왕들이 나오게 할 것이니라.

⑦ 내가 내 언약을 나와 네 대대 후손의 사이에 세워서 영원한 언약을 삼고 너와 네 후손의 하느님(하나님)이 되리라.

⑧ 내가 너희들에게는 지금은 이국인 이곳 가나안의 전 영토를 너와 너의 후손들에게 영원한 소유로써 주려 함이로다. 그리하여 나는 너희들의 하느님(하나님)이 되려 함이로다.

⑨ 그리고 나서 하느님(하나님)은 아브라함에게 너는 나와 너 및 너의 후손들과 언약을 꼭 지켜야 하느니라고 말씀하셨느니라.

⑩ 너희 중 남자는 다 할례를 받으라 이 것이 나와 너와 너의 후손 사이에 지킬 언약이니라.

⑪ 너희는 할례를 받아야 한다. 이 것이 나와 너희들 사이의 언약의 표시가 될 것이니라.

⑫ 대대로 남자는 집에서 난 자나 혹 너희 자손이 아니요 이방 사람에게서 돈으로 산 자를 무론하고 난지 팔일만에 할례를 받을 것이라.

⑬ 너희 집에서 난 자든지 너희 돈으로 산 자든지 할례를 받아야 하리니 이에 내 언약이 너희 살 속에 있어 영원한 언약이 되리라.

⑭ 할례를 받지 아니한 남자 곧 그 양피를 베지 아니한 자는 백성에서 배제되리니 그가 내 언약을 배반하였음이니라.

⑮ 하나님이 또 아브라함에게 너의 아내 이름을 사래라 하지 말고 사라라 하라 하시니라

⑯ 내가 그녀에게 복을 주어 그녀로 하여금 네게 아들을 낳아주게 하며 내가 그녀에게 복을 주어 그녀로 하여금 많은 나라들의 어미가 되게 하리니 많은 민족들의 왕들이 그녀로부터 나리라 하시니라.

⑰ 아브라함이 엎드리어 웃으며 혼자 말하길 백세된 사람이 어찌 자식을 낳을까 사라는 구십세니 어찌 생산하리요 하고

⑱ 아브라함이 이에 하나님께 나의 유일한 아들인 이스마일이나 하나님의 은총아래 살게 하소서 말하였느니라.

⑲ 하나님이 말씀하시길 아니다 네 아내 사라가 정녕 네게 아들을 낳으리니 너는 그

이름을 이삭이라 하라 내가 그와 내 언약을 세우리니 그의 후손들에게 영원한 언약이 되리라.

⑳ 이스마일에 이르러는 내가 네 말을 들었나니 내가 그에게 복을 주어 풍성하게 하고 크게 번성케 할 것이며 그가 열두 방백을 낳으리니 내가 그로 큰 나라가 되게 하려함이니라.

㉑ 내 언약은 내가 명년 이 기한에 사라가 네게 낳을 이삭과 세우리라.

㉒ 하느님(하나님)이 아브라함과 말씀을 마치시고 그를 떠나 올라 가셨더라.

㉓ 이에 아브라함이 하느님(하나님)이 자기에게 말씀하신대로 이 날에 그 아들 이스마엘과 집에서 성장한 모든 자와 돈으로 산 모든 자 곧 아브라함 집 사람중 모든 남자를 데려다가 그 양피를 베었으니

㉔ 아브라함이 그 양피를 벤 때는 구십 구세였고

㉕ 그 아들 이스마엘이 양피을 벤 때는 십 삼세이었더라.

㉖ 당일에 아브라함과 그 아들 이스마엘이 할례를 받았고

㉗ 그 집의 모든 남자 곧 집에서 성장한 자와 돈으로 이방 사람에게서 사온 자가 다 그와 함께 할례를 받았더라.

• 18장

① 하느님(하나님)께서 마므레 상수리 수풀 근처에서 아브라함에게 나타나시니라 오정 즈음에 아브라함이 장막 문에 앉았다가

② 눈을 들어 본 즉 사람 셋이 맞은 편에 섰는지라 아브라함이 그들을 보자 곧 장막문에서 달려나가 영접하며 몸을 땅에 굽혀

③ 가로되 내 주여 내가 주께 은혜를 입었사오면 원컨데 종을 떠나 지나가지 마옵시고

④ 물을 조금 가져오게 하사 당신들의 발을 씻으시고 나무 아래서 쉬소서

⑤ 내가 떡을 조금 가져오리니 당신들의 마음을 쾌활케 하신 후에 지나가소서 당신들이 종에게 오셨음이니다 그들이 가로되 네 말대로 그리하라

⑥ 아브라함이 급히 장막에 들어가 사라에게 이르러 속히 고운 가루세 스아를 가져다가 반죽하여 떡을 만들라 하고

⑦ 아브라함이 또 짐승 떼에 달려가서 기름지고 좋은 송아지를 취하여 하인에게 주니 그가 급히 요리한지라

⑧ 아브라함이 뻐터와 우유와 하인이 요리한 송아지를 가져다가 그들의 앞에 펴놓고 나무 아래 모셔 서매 그들이 먹은지라

⑨ 그들 중의 한분이 아브라함에게 이르되 네 아내 사라가 어디있느냐 대답하되 장막에 있나이다

⑩ 이에 그가 말씀하시기를 기한이 이를 때에 내가 정녕 네게로 돌아오리니 네 아내 사라에게 아들이 있으리라 하시니 사라가 그 뒤 장막문에서 들었더라

⑪ 아브라함과 사라가 나이 많아 늙었고 사라의 경수는 끊어졌는지라

⑫ 사라가 속으로 웃고 이르되 내가 노쇠하였고 내 주인도 늙었으니 어떻게 아들을 낳으리요

⑬ 여호와께서 아브라함에게 이르시되 사라가 왜 웃으며 이르기를 내가 늙었거늘 어떻게 아들을 낳으리요 하느냐

⑭ 여호와께 능치 못한 일이 있겠느냐 기한이 이를 때에 내가 네게로 돌아오리니 사라에게 아들이 있으리라

⑮ 사라가 두려운 나머지 내가 웃지 아니하였나이다 하였으나 그분께서는 아니다 네가 웃었느니라 하니라

⑯ 그 사람들이 거기서 일어나 소돔으로 향하고 아브라함은 그들을 전송하러 나가니라

⑰ 그때에 여호와께서 말씀하시기를 나의 하려는 것을 어찌 아브라함에게 숨기겠느냐

⑱ 아브라함은 강대한 나라가 되고 지구상의 만민은 그를 인하여 복을 받게 될 것이 아니냐

⑲ 내가 그로 그 자식과 권속에게 명하여 여호와의 도를 지켜 의와 공도를 행하게 하려고 그를 택하였나니 이는 나 여호와가 아브라함에게 대하여 말한 일을 이루려 함이니라

⑳ 여호와께서 또 가라사대 소돔과 고모라에 대한 부르짖음이 크고 그 죄악이 심히 중하니

㉑ 내가 이제 내려가서 그 모든 행한 것이 과연 내게 들린 부르짖음과 같은지 그렇지 않은지 내가 보고 알려하노라.

㉒ 그 사람들이 거기서 떠나 소돔으로 향하여 가고 아브라함은 여호와 앞에 그대로 섰더니

㉓ 가까이 나아가 말하기를 주께서 의인을 악인과 함께 멸하시려나이까?

(And Abraham drew near, and said, Wilt thou also destroy the righteous with the wicked?-KJV)

(Then Abraham approached him and said: "Will you sweep away the righteous with the wicked?-NIV)

(Then Abraham drew near and said: "Will you really sweep away the righteous and the wicked?-NAB)

(Abraham confronted him, "Are you serious? Are you planning on getting rid of the good people right along with the bad?-THE MESSAGE)

㉔ 그 성중에 의인 오십이 있을지라도 주께서 그 곳을 멸하시고 그 오십 의인을 위하여 용서치 아니하시리이까

㉕ 주께서 이같이 하사 의인을 악인과 함께 죽이심은 불가하오며 의인을 악인과 균등히 하심도 불가하나이다 세상을 심판하시는 이가 공의를 행하실 것이 아니니이까

㉖ 여호와께서 가라사대 내가 만일 소돔 성중에서 의인 오십을 찾으면 그들을 위하여 온 지경을 용서하리라

㉗ 아브라함이 다시 말하기를 내가 비록 먼지나 잿가루 같이 아무것도 아니나 감히 여호와께 한 말씀 하나이다.

(And Abraham answered and said, Behold now, I have taken upon me to speak unto the Lord, which am but dust and ashes:-KJV)

(Then Abraham spoke up again: "Now that I have been so bold as to speak to the Lord, though I am nothing but dust and ashes,-NIV)

(Abraham spoke up again: " See how I am presuming to speak to my Lord, though I am only dust and ashes!-NAB)

(Abraham came back, "Do I, a mere mortal made from a handful of dirt, dare open my mouth again to mt Master?-THE MESSAGE)

㉘ 오십 의인중에 오인이 부족할 것이면 그 오인 부족함을 인하여 온 성을 멸하시리이까 가라사대 내가 사십 오인을 찾으면 멸하지 아니하리라

㉙ 아브라함이 또 고하여 가로되 거기서 사십 인을 찾으시면 어찌 하시려나이까 여호와께서 가라사대 사십 인을 인하여 멸하지 아니하리라

㉚ 아브라함이 가로되 내 주여 노하지 마옵시고 말씀하게 하옵소서 거기서 삼십 인을

찾으시면 어찌하시려나이까 여호와께서 가라사대 내가 거기서 삼십 인을 찾으면 멸하지 아니하리라

㉛ 아브라함이 또 주께 가로되 내가 감히 내 주께 고하나이다 거기서 이십 인을 찾으시면 어찌하시려나이까 여호와께서 가라사대 내가 이십 인을 인하여 멸하지 아니하리라

㉜ 아브라함이 또 가로되 주는 노하지 마옵소서 내가 이번만 더 말씀하리이다 거기서 십 인을 찾으시면 어찌하시려나이까 여호와께서 가라사대 내가 십 인을 위하여도 멸하지 아니하리라

㉝ 여호와께서 아브라함과 말씀을 마치시고 즉시 가시니 아브라함도 자기 곳으로 돌아갔더라

● 19장

① 날이 저물 때에 그 두 천사가 소돔에 이르니 마침 롯이 소돔 성문에 앉아있다가 그들을 보고 일어나 영접하고 땅에 엎드리어 절하여

② 가로되 내 주여 돌이켜 종의 집으로 들어와 발을 씻고 주무시고 일찍이 일어나 갈 길을 가소서 그들이 가로되 아니라 우리가 거리에서 밤을 보낼 것이다

③ 롯이 간청하매 그제야 돌이켜서 그 집으로 들어 오는지라 롯이 그들을 위하여 식탁을 베풀고 부풀지 않은 빵을 구우니 그들이 먹으니라

④ 그들이 눕기전에 그 성 사람 곧 소돔 백성들이 무론 노소하고 사방에서 다 모여 그 집을 애워싸고

⑤ 롯을 부르고 그에게 이르되 이 저녁에 너에게 온 사람이 어디 있느냐 이끌어내라 우리가 그들이 누군지 알아보리라 하니라

⑥ 롯이 문밖의 사람들에게로 나가서 뒤로 문을 닫고

⑦ 이르러 청하노니 내 형제들아 이런 악을 행치 말라

⑧ 내게 남자를 가까이 아니한 두 딸이 있노라 청컨데 내가 그들을 너희에게로 이끌어내리니 너희 눈에 좋은대로 그들에게 행하고 이 사람들은 내 집에 들어왔은즉 이 사람들에게는 아무 짓도 하지말라

(Behold now, I have two daughters which have not known man; Iet me, I pray you, bring them out unto you, and do ye to as is good in your eyes: only unto these men do nothing; for therefore came they under the shadow of my roof.-KJV)

(look, I have two daughters who have never slept with a man. Let me bring them out to you, and you can do what you like with them. But don't do anything to these men, for they have come under the protection of my roof."-NIV)

(I have two daughters who have never had sexual relations with men. Let me bring them out to you, and you may do to them as you please. But do not do anything to these men, for they have come under the shelter of my roof."-NAB)

(I have two daughters, virgins; Let me bring them out; you can take your pleasure with them, but don't touch these me-they're my guests."-THE MESSAGE)

⑨ 그들이 대답하기를 물러가라 하고서 말하기를 이 놈이 들어와서 우거하면서 우리의 법관이 되려 하는도다 이제 우리가 그들보다 너를 해하리라 하고 롯을 밀치며 가까이 나아와서 그 문을 깨치려 하는지라

⑩ 그러나 그 손님들이 손을 내밀어 롯을 집안으로 끌어들이고 문을 닫으니라

⑪ 그리고 그 손님들은 롯의 집 문밖에서 문을 부수려고 하던 주동자들과 추종자들을 무론하고 그 눈을 어둡게 하니 그들은 문을 찾을 수가 없었더라

(And they smote the men that were at the door of the house with blindness both small and great: so that they wearied themselves to find the door.-KJV)

(Then they struck the men who were at the door of the house, young and old with blindness so that they could not find door.-NIV)

(they struck the men at the entrance of the house, small and great, with such a blinding light that they were utterly unable to find the doorway.-NAB)

(Then they struck blind the men who were trying to break down the door, both leaders and followers, leaving them groping in the dark.-THE MESSAGE)

⑫ 그 손님들이 롯에게 이르되 이외에 네게 속한자가 또 있느냐 네 사위나 자녀나 성

중에 네게 속한 자들을 다 성밖으로 이끌어내라

⑬ 그들에 대하여 부르짖음이 여호와 앞에 크므로 여호와께서 우리로 이곳을 멸하려 보내셨나니 우리가 멸하리라

⑭ 롯이 나가서 그 딸들과 정혼한 사위들에게 고하여 이르되 여호와께서 이 성을 멸하실 터이니 너희는 일어나 이곳에서 떠나라 하되 그 사위들이 농담으로 여겼더라

⑮ 동틀 때에 천사가 롯을 재촉하여 가로되 일어나 여기 있는 네 아내와 두 딸을 이끌라 이 성의 죄악중에 함께 멸망할까 하노라

⑯ 그러나 롯이 지체하매 그 사람들이 롯의 손과 아내의 손과 두 딸의 손을 잡아 인도하여 성 밖에 두니 이는 여호와께서 그들에게 자비를 베푸심이었더라

⑰ 그 사람들이 그들을 밖으로 이끌어 낸 후에 이르되 도망하여 생명을 보존하라 돌아보거나 들에 머무르거나 하지 말고 산으로 도망하여 멸망함을 면하라

⑱ 롯이 그들에게 이르되 내 주여 그리 마옵소서

(And Lot said unto them, O, not so, my lord:-KJV)

(But Lot said to them, "No, my lords, please!-NIV)

("Oh, no, my Lords!" Lot replied to them.-NAB)

(But Lot protested, "No, masters, you can't mean it!-THE MESSAGE)

⑲ 종이 주께 은혜를 얻었고 주께서 큰 친절을 내게 베푸사 내 생명을 구원하시오나 내가 도망하여 산까지 갈 수 없나이다 두렵건대 재앙을 만나 죽을까 하나이다

⑳ 보소서 저 성은 도망하기 가깝고 작기도 하오니 나로 그 곳에 도망하게 하소서 이는 작은 성이 아니니이까 내 생명이 보존되리이다

㉑ 그가 그에게 이르되 내가 이 일에도 네 소원을 들었은즉 너의 말하는 성을 멸하지 아니하리니

㉒ 그리로 속히 도망하라 네가 거기 이르기까지는 내가 아무일도 행할 수 없노라 하였더라 그러므로 그 성 이름을 소알이라 불렀더라

㉓ 롯이 소알에 들어갈 때에 해가 돋았더라

㉔ 여호와께서 하늘 곧 여호와에게로서 유황과 불을 비 같이 소돔과 고모라에게 내리사

㉕ 그 성들과 온 들과 성에 거하는 모든 백성과 땅에 난 것을 다 엎어 멸하였더라

㉖ 롯의 아내는 뒤를 돌아본고로 소금기둥이 되었더라

㉗ 아브라함이 그 아침에 일찍이 일어나 여호와의 앞에 섰던 곳에 이르러

㉘ 소돔과 고모라와 그 온 들을 향하여 눈을 들어 연기가 옹기점 연기 같이 치밀음을 보았더라

㉙ 하나님이 들의 성들을 멸하실 때 곧 롯의 거하는 성을 엎으실 때에 아브라함을 생각하사 롯을 그 엎으시는 중에서 내어 보내셨더라

㉚ 롯이 소알에 거하기를 두려워하여 두 딸과 함께 소알에서 나와 산에 올라 거하되 그 두딸과 함께 굴에 거하였더니

㉛ 큰 딸이 작은 딸에게 이르되 우리 아버지는 늙으셨고 이 땅에는 세상의 도리를 좇아 우리의 배필될 사람이 없으니

㉜ 우리가 우리 아버지에게 술을 마시우고 동침하여 우리 아버지로 말미암아 가계를 전하자 하고

㉝ 그 밤에 그들이 아비에게 술을 마시우고 큰 딸이 들어가서 그 아비와 동침하니라 그러나 그 아비는 그 딸의 눕고 일어나는 것을 깨닫지 못하였더라

㉞ 이튿날에 큰 딸이 작은 딸에게 이르되 어제밤에는 내가 우리 아버지와 동침하였으니 오늘밤에도 우리가 아버지에게 술을 마시우고 네가 들어가 동침하고 우리가 아버지로 말미암아 가계를 전하자 하고

㉟ 이 밤에도 그들이 아비에게 술을 마시우고 작은 딸이 일어나 아비와 동침하니라 그러나 아비는 그 딸의 눕고 일어나는 것을 깨닫지 못하였더라

㊱ 롯의 두 딸이 아비로 말미암아 잉태하고

㊲ 큰 딸은 아들을 낳아 이름을 모압이라 하였으니 오늘날 모압 족속의 조상이요

(And the firstborn bare a son, and called his name Moab: the same is the father of the Moabites unto this day.-KJV)

(The older daughter had a son, and she named him Moab; he is the father of the Moabites of today.-NIV)

(The firstborn gave birth to a son whom named Moab, saying, "From my father." He is the ancestor of the Moabites of today.-NAB)

(The older daughterhad a son and named him Moab, the ancestor of the present-day Moabites.-THE MESSAGE)

㊳ 작은 딸도 아들을 낳아 이름을 벤 암미라 하였으니 그는 오늘날 암몬 족속의 조상이었더라

(The younger one, too, gave birth to a son, and she named him Ammon,

"The son of my kin." He is ancestor of the Ammonites of today.-NAB)
(The younger daughter had a son and named him Ben-Ammi, the ancestor of the present-day Ammonites.-THE MESSAGE)
(And the younger, she also bare a son, and called his name Benammi: the same is the father of the children of Ammon unto this day.-KJV)
(The younger daughter also had a son, and she named him Ben-Ammi; he is the father of the Ammonites of today.-NIV)

● 20장

① 이제 아브라함은 거기로부터 네게브 지역으로 옮겨와 카데쓰와 수르 사이에서 살았다. 그리고 그는 게라르에 머물렀다.

② 그런데 거기에서도 아브라함은 자기 아내 사라를 자기의 누이라고 말하였다. 그래서 게라르의 왕 아비멜렉이 사람을 보내 사라를 데려왔다.

③ 그러나 하나님이 어느날 밤 아비멜렉에게 현몽하시어 그에게 이르시되 네가 데려간 여인은 남편이 있으므로 너는 죽은것이나 마찬가지라 하시니라

④ 그래서 아비멜렉은 그 여자 근처에도 가지 않았고 주께 "주께서 죄없는 자를 멸하십니까?" 고 말하였다.

⑤ 그가 나에게 "그녀는 나의 누이다" 또 그녀는 나에게 "그는 나의 오빠다" 라고 말하지 않았습니까? 나는 깨끗한 마음과 손을 가지고 그렇게 했습니다.

⑥ 하나님이 꿈에 그에게 이르시되 네가 깨끗한 마음으로 그렇게 한 줄을 나도 알았으므로 너를 막아 범죄하지 아니하게 하였나니 여인에게 가까이 하지 못하게 함이 이 때문이니라.

⑦ 이제 그 사람의 아내를 돌려보내라 그는 선지자라 그가 너를 위하여 기도하리니 네가 살려니와 네가 돌려보내지 않으면 너와 네게 속한 자가 다 반드시 죽을 줄 알지니라 하시니라.

⑧ 아비멜렉이 다음 날 아침 일찍기 일어나 모든 신려들을 불러 꿈에 일어났던 일들을 말하니 그들이 심히 두려워 하였더라.

⑨ 아비멜렉이 아브라함을 불러드려서 그에게 말하길 네가 어찌하여 이렇게 하였느냐? 내가 너에게 무슨 잘못을 하였기에 네가 나와 나의 나라가 큰 죄에 빠질 뻔하게 하였느냐? 너는 하여서는 안되는 일을 행하였다 하고,

⑩ 그리고 아비멜렉은 아브라함에게 "네가 무슨 이유로 이렇게 하였느냐"고 물었다.

⑪ 이에 아브라함은 "나는 이 곳에서는 하나님을 거의 두려워하지 않으므로 나의 아내 때문에 나를 죽이지 않을까 생각했습니다."고 대답하였다.

⑫ 게다가 그녀는 나의 진짜 누이입니다. 어머니는 다르나 아버지는 같습니다.

(And yet indeed she is my sister; she is the daughter of my father, but not the daughter of my mother; and she beame my wife.-KJV)

(Besides, she really is my sister, the daughter of my father though not my mother; and she became my wife.-NIV)

(Besides, she really is my sister, but only my father's daughter, not my mother's; and she became my wife.-NAB)

(Besides, the truth is that she is my half sister; she is my father's daughter but not my motrer's.-THE MESSAGE)

⑬ 그리고 하나님이 나로 하여금 나의 아버지의 거처를 떠나 여기 저기 돌아다니게 하셨을 때 나는 그녀에게 "우리가 어디에 가나 내가 당신의 오라버니라고 하는 것이 우리에게 좋을 것" 같다고 말하였습니다.

⑭ 아비멜렉이 양과 소와 종들을 이끌어내어 아브라함에게 주고 그의 아내 사라도 그에게 돌려고

⑮ 아브라함에게 이르되 내땅이 네 앞에 있으니 네가 좋은 곳에 살아라 하고

⑯ 사라에게 이르되 내가 은화 천 개를 네 오라버니에게 주어서 그것으로 너와 함께 한 여러 사람 앞에서 네 수치를 가리게 하였노니 네 일이 다 해결되었느니라

⑰ 아브라함이 하느님(하나님)께 기도하매 하느님(하나님)이 아비멜렉과 그의 아내와 여종들의 치유하게 하사 그들이 아이들을 갖게 되었느니라

⑱ 여호와께서 이왕에 아브라함의 아내 사라의 일로 아비멜렉의 가속의 태를 모두 닫으셨었느니라.

● 21장

① 여호와께서 그 말씀대로 사라에게 암시를 하셨고 그 말씀대로 사라에게 행하셨으므로

② 사라가 잉태하고 하나님의 말씀하신 기한에 미쳐 늙은 아브라함에게 아들을 낳으니

③ 아브라함이 그 낳은 아들 곧 사라가 자기에게 낳은 아들을 이름하여 이삭이라 하였고

④ 그 아들 이삭이 난지 팔일만에 그가 하나님의 명대로 할례를 행하였더라

⑤ 아브라함이 그 아들 이삭을 낳을 때에 백세라

⑥ 사라가 가로되 하나님이 나로 웃게 하시니 듣는 자가 다 나와 함께 웃으리로다

⑦ 또 가로되 사라가 자식을 젖 먹이겠다고 누가 아브라함에게 말하였으리요 마는 아브라함 노경에 내가 아들을 낳았도다 하니라

⑧ 아이가 자라매 젖을 떼고 이삭의 젖을 떼는 날에 아브라함이 큰 잔치를 열었더라

⑨ 사라가 본즉 아브라함의 아들 이집트 여인 하갈의 소생이 이삭을 희롱하는지라

⑩ 그가 아브라함에게 이르되 이 여종과 그 아들을 내어 쫓으라 이 종의 아들은 내 아들 이삭과 함께 상속을 얻지 못하리라 하매

⑪ 아브라함이 그 아들을 위하여 그 일이 깊이 근심이 되었더니

⑫ 하느님(하나님)이 아브라함에게 이르시되 네 아이나 네 여종을 위하여 근심치 말고 사라가 이른 말을 다 들으라 이삭에게서 나는 자라야 네 씨라 칭할 것임이니라
(And God said unyo Abraham, Let it not be grievous in thy sight because of the lad, and because of thy bondwoman; in all that Sarah hath said unto thee, hearken unto her voice; for Issac shall thy seed be called.-KJV)
(But God said to him, "Do not be so distressed about the boy and your maidservant. Listen to whatever Sarah tells you, because it is through Issac that your offspring will be reckoned.-NIV)
(But God said to Abraham: Do not be distressed about the boy or about your slave woman. Obey Sarah, no matter what she asks of you; for it through Issac that descendants will bear your name.-NAB)
(But God spoke to Abraham, "Don't feel badly about the boy and your maid. Do whatever Sarah tells you. Your descendants will come through Issac.-THE MESSAGE)

⑬ 그러나 여종의 아들도 네 씨니 내가 그로 한 민족을 이루게 하리라 하신지라

⑭ 아브라함이 아침에 일찍이 일어나 떡과 물 한 가죽부대를 취하여 하갈의 어깨에 메워주고 그 자식을 이끌고 가매 하갈이 나가서 브엘세바 들에서 방황하더니

⑮ 가죽부대의 물이 다한지라 그 자식을 떨기나무 아래 두며

⑯ 가로되 자식의 죽는 것을 참아 보지 못하겠다 하고 한 바탕쯤 가서 마주 앉아 바라 보며 방성대곡하니

⑰ 하나님이 그 아이의 소리를 들으시므로 하나님의 사자가 하늘에서부터 하갈을 불러 가라사대 하갈아 무슨 일이냐 두려워 말라 하나님이 저기 있는 아이의 소리를 들으셨나니

⑱ 일어나 아이를 일으켜 네 손으로 붙들라 그로 큰 민족을 이루게하리라 하시니라

⑲ 하나님이 하갈의 눈을 밝히시매 샘물을 보고 가서 가죽부대에 물을 채워다가 그 아이에게 마시웠더라

⑳ 하나님이 그 아이와 함께 계시매 그가 장성하여 광야에 거하며 활 쏘는 자가 되었더니

㉑ 그가 바란 광야에 거할 때에 그 어미가 그를 위하여 이집트 여인을 취하여 아내를 삼게 하였더라

㉒ 때에 아비멜렉과 그 군대 장관 비골이 아브라함에게 말하여 가로되 네가 무슨 일을 하든지 하나님이 너와 함께 계시도다

㉓ 그런즉 너는 나와 내 아들과 내 손자에게 거짓되이 행치 않기를 이제 여기서 하나님을 가리켜 내게 맹세하라 내가 네게 후대한대로 너도 나와 너의 머무는 이 땅에 행할 것이니라

㉔ 아브라함이 가로되 내가 맹세하리라 하고

㉕ 아비멜렉의 종들이 아브라함의 우물을 늑탈한 일에 대하여 아브라함이 아비멜렉을 책망하매

㉖ 아비멜렉이 가로되 누가 그리하였는지 내가 알지 못하노라 너도 내게 고하지 아니하였고 나도 듣지 못하였더니 오늘이야 들었노라

㉗ 아브라함이 양과 소를 취하여 아비멜렉에게 주고 두 사람이 서로 언약을 세우니라

㉘ 아브라함이 일곱 암양 새끼를 따로 놓으니

㉙ 아비멜렉이 아브라함에게 이르되 이 일곱 암양 새끼를 따로 놓음은 어쩜이뇨

㉚ 아브라함이 가로되 너는 내 손에서 이 암양 새끼 일곱을 받아 내가 이 우물을 판 증거를 삼으라 하고

㉛ 두 사람이 거기서 서로 맹세하였으므로 그 곳을 브엘세바라 이름하였더라

㉜ 그들이 브엘세바에서 언약을 세우매 아비멜렉과 그 군대장관 비골은 떠나 팔레스타인 족속의 땅으로 돌아갔고

㉝ 아브라함은 브엘세바에 에셀나무를 심고 거기서 영생하시는 하나님 여호와의 이름을 불렀으며

㉞ 그가 팔레스타인 족속의 땅에서 여러날을 지내었더라

● 22장

① 그 일 후에 하나님이 아브라함을 테스트하시려고 그를 부르시되 아브라함아 하시니 그가 가로되 내가 여기 있나이다

② 여호와께서 가라사대 네 아들 네 사랑하는 독자 이삭을 데리고 모리아 땅으로 가서 내가 네게 지시하는 산 거기서 그를 태우는 제사로 드리라

③ 아브라함이 아침에 일찍이 일어나 나귀에 안장을 지우고 그의 종 둘과 아들 이삭을 데리고 태우는제사에 쓸 나무를 쪼개어 가지고 떠나 하나님이 자기에게 지시하는 곳으로 가더니

④ 제 삼일에 아브라함이 눈을 들어 그 곳을 멀리 바라본지라

⑤ 이에 아브라함이 종들에게 이르되 너희는 나귀와 함께 여기서 기다리라 내가 아이와 함께 저기 가서 경배하고 너희에게로 돌아오리라 하고

⑥ 아브라함이 이에 태우는 제사 나무를 취하여 그 아들 이삭에게 지우고 자기는 불과 칼을 손에 들고 두 사람이 동행하더니

⑦ 이삭이 그 아비 아브라함에게 말하되 가로되 내 아버지여 하니 그가 가로되 내 아들아 내가 여기 있노라 이삭이 가로되 불과 나무는 있거니와 태우는 제사할 어린 양은 어디 있나이까

⑧ 아브라함이 가로되 아들아 태우는 제사할 어린 양은 하나님이 자기를 위하여 친히 준비하시리라 하고 두 사람이 함께 나아가서

⑨ 하나님이 그에게 지시하신 곳에 이른지라 이에 아브라함이 그곳에 단을 쌓아 나무를 벌여놓고 그 아들 이삭을 결박하여 단 위에 놓고

⑩ 손을 내밀어 칼을 잡고 그 아들을 잡으려 하더니

⑪ 여호와의 천사가 하늘에서부터 그를 불러 가라사대 아브라함아 아브라함아 하시는지라 아브라함이 가로되 내가 여기 있나이다 하매

(And the angel of the LORD called unto him out of heaven, and said, Abraham, Abraham: and he said, Here am I.-KJV)

(But the angel of the Lord called out to him from heaven, "Abraham!

Abraham!" "Here I am," he replied.-NIV)

(But the angel of the LORD called to him from heaven, "Abraham, Abraham!" "Here I am," he answered.-NAB)

(Just then an angel of God called to him out of Heaven, "Abraham! Abraham!" "Yes, I'm listening."-THE MESSAGE)

⑫ 천사가 가라사대 그 아이에게 네 손을 대지마라 아무 일도 그에게 하지 말라 네가 네 아들 네 독자라도 내게 아끼지 아니하였으니 내가 이제야 네가 하나님을 경외하는 줄을 아노라

⑬ 아브라함이 눈을 들어 살펴 본즉 한 수양이 뒤에 있는데 뿔이 수풀에 걸렸는지라 아브라함이 가서 그 수양을 가져다가 아들을 대신하여 태우는 제사를 드렸더라.

⑭ 아브라함이 그 땅 이름을 여호와이레라 하였으므로 오늘까지 사람들이 이르기를 여호와의 산에서 준비되리라 하더라

⑮ 여호와의 천사가 하늘에서부터 두번째 아브라함을 불러

⑯ 가라사대 여호와께서 이르시기를 내가 나를 가리켜 맹세하노니 네가 이같이 행하여 네 아들 네 독자를 아끼지 아니하였은즉

⑰ 내가 네게 큰 복을 주고 네 씨로 크게 성하여 하늘의 별과 같고 바닷가의 모래와 같게 하리니 네 씨가 그 대적의 문을 얻으리라

⑱ 또 네 씨로 말미암아 천하 만민이 복을 얻으리니 이는 네가 나의 말을 준행하였음이니라 하셨다 하니라

⑲ 이에 아브라함이 그 종들에게로 돌아와서 함께 떠나 브엘세바에 이르러 거기 거하였더라

⑳ 이 일 후에 어떤 사람이 아브라함에게 고하여 이르기를 밀가가 그대의 동생 나홀에게 자녀를 낳았다 하였더라

㉑ 그 맏아들은 우스요 우스의 동생은 부스와 아람의 아비 그므엘과

㉒ 게셋과 하소와 빌다스와 이들랍과 브두엘이라

㉓ 이 여덟 사람은 아브라함의 동생 나홀의 처 밀가의 소생이며 브두엘은 리브가를 낳았고

㉔ 나홀의 첩 르우마라 하는 자도 데바와 가함과 다하스와 마아가를 낳았더라

● 23장

① 사라가 일백 이십 칠세를 살았으니 이것이 곧 사라의 향년이라

② 사라가 가나안 땅 헤브론 곧 기럇아르바에서 죽으매 아브라함이 들어가서 사라를 위하여 슬퍼하며 애통하다가

③ 그 시체 앞에서 일어나 나가서 헷 족속에게 말하여 가로되

④ 나는 여러분들 사이에서 이방인이며 낯선 사람이니 청컨데 당신들 중에서 내게 매장지를 팔아주어 나로 내 죽은 자를 내어 장사하게 하여주시오

⑤ 헷 족속이 아브라함에게 대답하여 가로되

⑥ 어르신 들으소서 당신은 우리 중 하나님의 방백이시니 우리 묘실 중에서 좋은 것을 택하여 당신의 죽은 자를 장사하소서 우리 중에서 자기 묘실에 당신의 죽은 자 장사함을 금할 자가 없으리이다

⑦ 아브라함이 일어나 그 땅 거민 헷 족속을 향하여 몸을 굽히고

⑧ 그들에게 말하여 가로되 나로 나의 죽은 자를 내어 장사하게 하는 일이 당신들의 뜻일진대 내 말을 듣고 나를 위하여 소할의 아들 에브론에게 구하여

⑨ 그로 그 밭머리에 있는 막벨라 굴을 내게 주게 하되 충분한 가격을 받고 그 굴을 내게 주어서 당신들 중에 내 소유 매장지가 되게하기를 원하노라

⑩ 때에 에브론이 헷 족속 중에 앉았더니 그가 헷 족속 곧 성문에 들어온 모든 자의 듣는데 아브라함에게 대답하여 가로되

⑪ 아니요 어르신 그리 마시고 내 말을 들으소서 내가 그 밭을 당신께 드리고 그 속의 굴도 내가 당신께 드리되 내가 내 동족 앞에서 당신께 드리오니 당신의 죽은 자를 장사하소서

⑫ 아브라함이 이에 그 땅 백성을 대하여 몸을 굽히고

⑬ 그 땅 백성의 듣는데 에브론에게 말하여 가로되 당신이 합당히 여기면 청컨데 내 말을 들으시오 내가 그 밭 값을 당신에게 주리니 당신은 내게서 받으시오 내가 나의 죽은 자를 거기 장사하겠노라

⑭ 에브론이 아브라함에게 대답하여 가로되

⑮ 어르신 내게 들으소서 땅 값은 은 사백 세겔 가치가 있는데 나와 당신 사이에 무슨 문제가 되리이까 당신의 죽은 자를 장사하소서

⑯ 아브라함이 에브론의 말을 쫓아 에브론이 헷 족속의 듣는데서 말한데로 상인들의 통용하는 은 사백 세겔을 달아 에브론에게 주었더니

⑰ 마므레 앞 막벨라에 있는 에브론의 밭을 바꾸어 그 속의 굴과 그 사방에 둘린 수목을 다

⑱ 성문에 들어온 헷 족속 앞에서 아브라함의 소유로 정한지라

⑲ 그 후에 아브라함이 그 아내 사라를 가나안 땅 마므레 앞 막벨라 밭 굴에 장사하였더라(마므레는 곧 헤브론이라)

⑳ 이와 같이 그 밭과 그 속의 굴을 헷 족속이 아브라함 소유 매장지로 정하였더라

● 24장

① 아브라함이 나이 많아 늙었고 여호와께서 그의 범사에 복을 주셨더라

② 아브라함이 자기집 모든 소유를 맡은 늙은 종에게 이르되 청컨대 네 손을 내 환도뼈 밑에 넣으라

③ 내가 너로 하늘의 하나님, 땅의 하나님이신 여호와를 가리켜 맹서하게 하노니 너는 나의 거하는 이 지방 가나안 족속의 딸 중에서 내 아들을 위하여 아내를 택하지 말고

④ 내 고향 내 족속에게로 가서 내 아들 이삭을 위하여 아내를 택하라

⑤ 종이 가로되 여자가 나를 쫓아 이 땅으로 오고자 아니하거든 내가 주인의 아들을 주인이 나오신 땅으로 인도하여 돌아가리이까

⑥ 아브라함이 그에게 이르되 다짐하노니 내 아들을 그리로 데리고 돌아가지 말라

⑦ 하늘의 하나님 여호와께서 나를 내 아버지의 집과 내 본토에서 떠나게 하시고 내게 말씀하시며 내게 맹서하여 이르시기를 이 땅을 네 씨에게 주리라 하셨으니 그가 그의 천사를 네 앞서 보내실지라 네가 거기서 내 아들을 위하여 아내를 택할지니라

⑧ 만일 여자가 쫓아 오고자 아니하면 나의 이 맹서가 너와 상관이 없나니 오직 내 아들을 데리고 그리로 가지 말지니라

⑨ 종이 이에 주인 아브라함의 환도뼈 아래 손을 넣고 이일에 대하여 그에게 맹서하였더라

⑩ 이에 종이 그 주인의 약대 중 열 필을 취하고 떠났는데 곧 그 주인의 모든 좋은 것을 가지고 떠나 메소포타미아로 가서 나홀의 성에 이르러

⑪ 그 약대를 성밖 우물 곁에 꿇렸으니 저녁 때라 여인들이 물을 길러 나올 때이었더라

⑫ 그가 가로되 우리 주인 아브라함의 하나님 여호와여 원컨대 오늘날 나로 순전히 만나게 하사 나의 주인 아브라함에게 은혜를 베푸시옵소서

⑬ 성중 사람의 딸들이 물 길러 나오겠사오니 내가 우물 곁에 섰다가

⑭ 한 소녀에게 이르기를 청컨데 너는 물항아리를 기울여 나로 마시게하라 하리니 그의 대답이 마시라 내가 당신의 약대에게도 마시우리라하면 그는 주께서 주의 종 이삭을 위하여 정하신 자라 이로 인하여 주께서 나의 주인에게 은혜를 베푸심을 내가 알겠나이다

⑮ 말을 마치지 못하여서 리브가가 물 항아리를 어깨에 메고 나오니 그는 아브라함의 동생 나홀의 아내 밀가의 아들 브두엘의 소생이라

⑯ 그 소녀는 보기에 심히 아리땁고 지금까지 남자가 가까이 하지아니한 처녀더라 그가 우물에 내려와서 물을 그 물 항아리에 채워가지고 올라 오는지라

⑰ 종이 달려가서 가뢰되 청컨데 네 물항아리의 물을 내게 조금 마시우라

⑱ 그가 가로되 어른장 마시소서 하며 급히 그 물 항아리를 손에 내려 마시게 하고

⑲ 마시우기를 다하고 가로되 당신의 약대도 위하여 물을 길어 그 것들로 배불리 마시게 하리이다 하고

⑳ 급히 물 항아리의 물을 구유에 붓고 다시 길으려고 우물로 달려가서 모든 약대를 위하여 긷는지라

㉑ 그 사람이 그를 묵묵히 주목하며 여호와께서 과연 평탄한 길을 주신 여부를 알고자 하더니

㉒ 약대가 마시기를 다하매 그가 반 세겔 중 금고리 한개와 열 세겔중 금 손목고리 한 쌍을 그녀에게 주며

㉓ 가로되 네가 뉘 딸이냐 청컨데 내게 고하라 네 부친의 집에 우리 유숙할 곳이 있느냐

㉔ 그 여자가 그에게 이르되 나는 밀가가 나홀에게 낳은 아들 브두엘의 딸입니다

㉕ 또 가로되 우리에게 집과 보리가 족하며 유숙할 곳도 있나이다

㉖ 이에 그 사람이 머리를 숙여 여호와께 경배하고

㉗ 가로되 나의 주인 아브라함의 하나님 여호와를 찬송하나이다 나의 주인에게 당신의 인자함과 신의를 끊이지 아니하셨사오며 여호와께서 길에서 나를 인도하사 내 주인의 동생 집에 이르게 하셨나이다 하니라

㉘ 소녀가 달려가서 이 일을 어미 집에 고하였더니

㉙ 리브가에게 오라비가 있어 이름은 라반이라 그가 우물로 달려가 그 사람에게 이르니

㉚ 그가 그 누이의 고리와 손목고리를 보고 또 그 누이 리브가가 그 사람이 자기에게 이같이 말하더라 함을 듣고 그 사람에게로 나아감이라 때에 그가 우물가 약대 곁에 섰더라

㉛ 라반이 가로되 여호와께 복을 받은 자여 들어오소서 어찌 밖에 섰나이까 내가 방과 약대의 처소를 예비하였나이다

㉜ 그 사람이 집으로 들어가매 라반이 약대의 짐을 부리고 짚과 보리를 약대에게 주고 그 사람의 발과 그 종자의 발 씻을 물을 주고

㉝ 그 앞에 음식을 베푸니 그 사람이 가로되 내가 내 일을 진술하기 전에는 먹지 아니하겠나이다 라반이 가로되 말하소서

㉞ 그가 가로되 나는 아브라함의 종이니이다

㉟ 여호와께서 나의 주인에게 크게 복을 주어 창성케 하시되 우양과 은금과 노비와 약대와 나귀를 그에게 주셨고

㊱ 나의 주인의 부인 사라가 노년에 나의 주인에게 아들을 낳으매 주인의 그 모든 소유를 그 아들에게 주었나이다

㊲ 나의 주인이 나로 맹서하게 하여 가로되 너는 내 아들을 위하여 나 사는 땅 가나안 족속의 딸 중에서 아내를 택하지 말고

㊳ 내 아비 집, 내 족속에게로 가서 내 아들을 위하여 아내를 택하라 하시기로

㊴ 내가 내 주인에게 말씀하되 혹 여자가 나를 좇지 아니하면 어찌하리이까 한즉

㊵ 주인이 내게 이르되 나의 섬기는 여호와께서 그의 천사를 너와 함께 보내어 네게 평탄한 길을 주시리니 너는 내 족속중 내 아비 집에서 내 아들을 위하여 아내를 택할 것이니라

㊶ 네가 내 족속에게 이를 때에는 네가 내 맹서와 상관이 없으리라 하시기로

㊷ 내가 오늘 우물에 이르러 말씀하시기를 나의 주인 아브라함의 여호와여 만일 나의 행하는 길에 형통함을 주실진대

㊸ 내가 이 우물 곁에 섰다가 청년 여자가 물을 길러 오거든 내가 그에게 청하기를 너는 물 항아리의 물을 내게 조금 마시우라하여

㊹ 그의 대답이 당신은 마시라 내가 또 당신의 약대를 위하여도 길으리라 하면 그 여자는 여호와께서 나의 주인의 아들을 위하여 정하여 주신 자가 되리이다 하며

㊺ 내가 묵도하기를 마치지 못하여 리브가가 물 항아리를 어깨에 메고 나와서 우물로
내려와 긷기로 내가 그에게 이르기를 청컨데 내게 마시우라 한즉
㊻ 그가 급히 물 항아리를 어깨에서 내리며 가로되 마시라 내가 당신의 약대에게도
마시우리라 하기로 내가 마시매 그가 약대에게도 마시운지라
㊼ 내가 그에게 묻기를 네가 뉘 딸이뇨 한즉 가로되 밀가가 나홀에게 낳은 부두엘의
딸이라 하기로 내가 고리를 그코에 꿰고 손 목거리를 그 손에 끼우고
㊽ 나의 주인 아브라함의 하나님 여호와께서 나를 바른 길로 인도하사 나의 주인의
동생의 손녀를 그 아들을 위하여 택하게 하셨으므로 내가 머리를 숙여 경배하고
찬송하였나이다
㊾ 이제 당신들이 인자함과 성실로 나의 주인을 대접하려거든 내게 고하시고 그렇지
않더라도 내게 고하여 나로 좌우간 행하게 하소서
㊿ 라반과 부두엘이 대답하여 가로되 이 일이 여호와께로 말미암았으니 우리는 가부
를 말할 수 없노라
(51) 리브가가 그대 앞에 있으니 데리고 가서 여호와의 명대로 그로 그대의 주인의 아
들의 아내가 되게하라
(52) 아브라함의 종이 그들의 말을 듣고 땅에 엎드리어 여호와께 절하고
(53) 은금 패물과 의복을 꺼내어 리브가에게 주고 그 오라버니와 어미에게도 보물을 주
니라
(54) 이에 그들 곧 종과 종자들이 먹고 마시고 유숙하고 아침에 일어나서 그가 가로되
나를 보내어 내 주인에게로 돌아가게 하소서
(55) 리브가의 오라비와 그 어미가 가로되 소녀로 며칠을 적어도 우리와 함께 있게 하
라 그 후에 그가 갈 것이니라
(56) 그 사람이 그들에게 이르되 나를 만류치 마소서 여호와께서 내게 형통한 길을 주
셨으니 나를 보내어 내 주인에게로 돌아가게 하소서
(57) 그들이 가로되 우리가 소녀를 불러 그에게 물으리라 하고
(58) 리브가를 불러 그에게 이르되 네가 이 사람과 함께 가려느냐 그가 대답하되 가겠
나이다
(59) 그들이 그 누이 리브가와 그의 유모와 아브라함의 종과 종자들을 보내며
(60) 리브가에게 축복하여 가로되 우리 누이여 너는(여호와여 우리 누이에게) 천만인의
어미가 될지어다(되게 하여주소서) 네 씨로(누이의 씨로) 그 원수의 성문을 얻게

할지어다(얻게 하여주옵소서)

㉖ 리브가가 일어나 하녀와 함께(리브가와 그녀의 하녀들은 준비를 한 후) 약대를 타고 그 사람을 따라 가니(종에게 돌아오니) 종이 리브가를 데리고 가니라

㉖ 때에 이삭이 브엘라해로이에서 왔으니 그가 남방에 거하였음이라

㉖ 이삭이 저물 때에 들에 나가 묵상하다가 눈을 들어 보매 약대들이 오더라

㉖ 리브가가 눈을 들어 이삭을 바라보고 약대에서 내려

㉖ 종에게 말하되 들에서 배회하다가 우리에게로 마주 오는 자가 누구뇨 종이 가로되 이는 내 주인이니이다 리브가가 면박을 취하여(그녀의 베일을 내려서) 스스로 가리우더라

㉖ 종이 그 행한 일을 다 이삭에게 고하매

㉖ 이삭이 리브가를 인도하여 모친 사라의 장막으로 들이고 그를 취하여 아내를 삼고 사랑하였으니 이삭이 모친 상사 후에 위로를 얻었더라(모친이 죽은 뒤에도 모친으로부터 받은 배려를 아내로부터도 받았느니라)

● 25장

① 아브라함이 후처를 취하였으니 그 이름은 그두라라

② 그가 시므란과 욕산과 므단과 미디안과 이스박과 수아를 낳았고

③ 욕산은 스바와 드단을 낳았으며 드단의 자손은 앗수르 족속과 르두시 족속과 르움미 족속이며

④ 미디안의 아들은 에바와 에벨과 하녹과 아비다와 엘다아니 다 그두라의 자손이었더라

⑤ 아브라함이 이삭에게 자기 모든 소유를 주었고

⑥ 자기 서자들에게도 재물을 주어 자기 생전에 그들로 자기 아들 이삭을 떠나 동방 곧 동국으로 가게 하였더라

⑦ 아브라함의 향년이 일백 칠십 오세라

⑧ 그가 수가 높고 나이 많아 기운이 진하여 죽어 자기 열조(조상)들에게 돌아가매

⑨ 그 아들 이삭과 이스마엘이 그를 마므레 앞 헷 족속 소할의 아들 에브론의 밭에 있는 막벨라 굴에 장사하였으니

⑩ 이것은 아브라함이 헷 족속에게서 산 밭이라 아브라함과 그 아내 사라가 거기 장사되었느니라

⑪ 아브라함이 죽은 후에 하나님이 그 아들 이삭에게 복을 주셨고 이삭은 브엘라헤로이 근처에 거하였더라

⑫ 사라의 여종 애굽인 하갈이 아브라함에게 낳은 아들 이스마엘은의 후예는 이러하니라

⑬ 이스마엘의 아들들의 이름은 그 이름과 그 세대대로 이와 같으니라 이스마엘의 장자는 느바욧이요 그 다음은 게달과 앗브알과 밋삼과

⑭ 미그마와 두마와 맛사와

⑮ 하닷과 데마와 여둘과 나비스와 게드마니

⑯ 이들은 이스마엘의 아들들이요 그 촌과 부락대로 된 이름이며 그 족속대로는 십이 방백이었더라

⑰ 이스마엘은 향년이 일백 삼십 칠세에 기운이 진하여 죽어 자기 열조에게로 돌아갔고(그의 사람들에게)

⑱ 그 자손들은 하윌라에서부터 앗수르로 통하는 애굽 앞 술까지 이르러 그 모든 형제의 맞은편에 거하였더라

⑲ 아브라함의 아들 이삭의 후예는 이러하니라 아브라함이 이삭을 낳았고

⑳ 이삭은 사십세에 리브가를 취하여 아내를 삼았으니 리브가는 밧단 아람의 아람 족속 중 브두엘의 딸이요 아람 족속 중 라반의 누이였더라

㉑ 이삭이 그 아내가 잉태하지 못하므로 그를 위하여 여호와께 간구하매 여호와께서 그 간구를 들으셨으므로 그 아내 리브가가 잉태하였더니

㉒ 아이들이 그의 태 속에서 서로 싸우는지라 그가 가로되 이같으면 내가 어찌할꼬 하고 가서 여호와께 묻자온대

㉓ 여호와께서 그에게 이르시되 두 국민이 네 태중에 있구나 두 민족이 네 복중에서부터 나누이리라 이 족속이 저 족속보다 강하겠고 큰 자는 어린 자를 섬기리라 하셨더라

㉔ 그 해산 기한이 찬즉 태에 쌍둥이가 있었는데

㉕ 먼저 나온 자는 붉고 전신이 갑옷 같아서 이름을 에서라 하였고

㉖ 후에 나온 아우는 손으로 에서의 발꿈치를 잡았으므로 그 이름을 야곱이라 하였으며 리브가가 그들을 낳을 때에 이삭이 육십세이었더라

㉗ 그 아이들이 장성하매 에서는 익숙한 사냥군인고로 들 사람이 되고 야곱은 조용한 사람인고로 장막에 거하니

㉘ 이삭은 에서의 사냥한 고기를 좋아하므로 그를 사랑하고 리브가는 야곱을 사랑하였더라

㉙ 야곱이 죽을 쑤었더니 에서가 들에서부터 돌아와서 심히 곤비하여

㉚ 야곱에게 이르되 내가 배가 고프니 그 붉은 스튜요리를 나로 먹게 하라 한지라 (그러므로 에서의 별명은 에돔이더라)

㉛ 야곱이 대답하되 지금 즉시 형의 장자권 나에게 팔라 하니라

㉜ 에서가 말하길 그래 나를 포함한 사람은 다 죽을 운명인데 이 장자권이 나에게 무슨 유익이 있겠느냐 하니라

㉝ 야곱이 가로되 오늘 내게 맹서하라 에서가 맹서하고 장자권을 야곱에게 판지라

㉞ 야곱이 떡과 팥죽을 에서에게 주매 에서가 먹으며 마시고 일어나서 갔으니 에서가 장자권을 별 것 아닌거로 여김이었더라

● 26장

① 아브라함 때에 일찌기 흉년이 있었는데 그 땅에 또 흉년이 들매 이삭이 그랄로 가서 블레셋 왕 아비멜렉에게 이르렀더니

② 여호와께서 이삭에게 나타나 말씀하시기를 이집트로 내려가지 말고 내가 네게 지시하는 땅에 거하라

③ 이 땅에 유하면 내가 너와 함께 있어 네게 복을 주고 내가 이 모든 땅을 너와 네 자손에게 주리라 내가 네 아비 아브라함에게 맹서한 것을 이루어

④ 네 자손을 하늘의 별과 같이 번성케 하며 이 모든 땅을 네 자손에게 주리니 네 자손을 인하여 천하 만민이 복을 받으리라

⑤ 이는 아브라함이 내 말을 순종하고 내 명령과 내 계명과 내 율례와 내 법도를 지켰음이니라 하시니라

⑥ 이삭이 그랄에 거하였더니

⑦ 그곳 사람들이 그 아내를 물으매 그는 나의 누이라 하였으니 리브가는 보기에 아리따우므로 그곳 백성이 리브가로 인하여 자기를 죽일까 하여 그는 나의 아내라 하기를 두려워함이었더라

⑧ 이삭이 거기 오래 거하였더니 이삭이 그 아내 리브가를 껴안은 것을 블레셋 왕 아비멜렉이 창으로 내다본지라

⑨ 이에 아비멜렉이 이삭을 불러 이르되 그녀가 정녕 네 아네여늘 어찌 네 누이라 하

였느냐 이삭이 그에게 대답하되 내 생각에 그를 인하여 내가 죽게 될까 두려워하였음이로라

⑩ 아비멜렉이 가로되 네가 어찌하여 이렇게 행하였느냐 백성 중 하나가 네 아내와 동침하였더라면 네가 그 죄를 우리에게 입혔을뻔 하였느니라

⑪ 이비멜렉이 이에 모든 백성에게 명하여 가로되 이 사람이나 그 아내에게 범하는 자는 죽이리라 하였더라

⑫ 이삭이 그 땅에서 농사하여 그 해에 백배나 얻었고 여호와께서 복을 주시므로

⑬ 그 사람이 창대하고 왕성하여 마침내 거부가 되어

⑭ 양과 소가 떼를 이루고 노복이 심히 많으므로 팔레스타인 사람들이 그를 시기하여

⑮ 그 아비 아브라함 때에 그 아비의 종들이 판 모든 우물을 막고 흙으로 메웠더라

⑯ 아비멜렉이 이삭에게 이르되 네가 우리보다 크게 강성한즉 우리를 떠나가라

⑰ 이삭이 그 곳을 떠나 그랄 골짜기에 장막을 치고 거기 거주하며

⑱ 그 아비 아브라함 때에 팠던 우물들을 다시 팠으니 이는 아브라함 죽은 후에 팔레스타인 사람들이 그 우물들을 메웠음이라 이삭이 그 우물들의 이름을 그 아비의 부르던 이름으로 불렀더라

⑲ 이삭의 종들이 골짜기에 파서 샘 근원을 얻었더니

⑳ 그랄 목자들이 이삭의 목자와 다투어 가로되 이물은 우리의 것이라 하매 이삭이 그 다툼을 인하여 그 우물 이름을 에섹이라 하였으며

㉑ 또 다른 우물을 팠더니 그들이 또 다투는고로 그 이름을 싯나라 하였으며

㉒ 이삭이 거기서 옮겨 다른 우물을 팠더니 그들이 다투지 아니하였으므로 그 이름을 르호봇이라하여 가로되 이제는 여호와께서 우리의 장소를 넓게 하셨으니 이 땅에서 우리가 번성하리다 하였도다

㉓ 이삭이 거기서부터 브엘세바로 올라 갔더니

㉔ 그 밤에 여호와께서 그에게 나타나 가라사대 나는 네 아비 아브라함의 하나님이니 두려워 말라 내종 아브라함으로 인하여 내가 너와 함께 있어 네게 복을 주어 네 자손으로 번성케 하리라 하신지라

(And the LORD appeared unto him the same night, and said, I am the God of Abraham thy father: fear not, for I am with thee, and will bless thee, and multiply thy seed for my servant Abraham's sake-KJV)

(That night the LORD appeared to him and said, "I am the God of your father Abraham. Do not be afraid, for I am with you; I will bless you and will increase the number of your descendants for the sake of my servant Abraham."-NIV)

(The same night the LORD appeared to him and said: I am the God of Abraham, your father. Do not fear, for I am with you. I will bless you and multiply your descendants for the sake of Abraham, my servant.-NAB)

(That very night God appeared to him and said, I am the God of Abraham your father; don't fear a thing because I'm with you. I'll bless yoy and make your children flourish because of Abraham my servant.-THE MESSAGE)

⑤ 이삭이 그곳에 단을 쌓아 여호와의 이름을 부르고 거기 장막을 쳤더니 그 종들이 거기서도 우물을 팠더라

⑥ 아비멜렉이 그 친구 아후삿과 군대장관 비골로 더불어 그랄에서부터 이삭에게로 온지라

⑦ 이삭이 그들에게 이르되 너희가 나를 미워하여 나로 너희를 떠나가게 하였거늘 어찌하여 내게 왔느냐

⑧ 그들이 가로되 여호와께서 너와 함께 계심을 우리가 분명히 보았으므로 우리의 사이 곧 우리와 너의 사이에 맹서를 세워 너와 계약을 맺으리라 말하였노라

⑨ 너는 우리를 해하지 말라 이는 우리가 너를 범하지 아니하고 선한 일만 네게 행하며 너로 평안히 가게 하였음이니라 이제 너는 여호와께 복을 받은 자니라

⑩ 이삭이 그들을 위하여 잔치를 베풀매 그들이 먹고 마시고

⑪ 아침에 일찍이 일어나 서로 맹세한 후에 이삭이 그들을 보내매 그들이 평안히 갔더라

⑫ 그 날에 이삭의 종들이 자기들의 판 우물에 대하여 이삭에게 와서 고하여 가로되 우리가 물을 얻었나이다 하매

⑬ 그가 그이름을 세바라 한지라 그러므로 그 성읍 이름이 오늘까지 브엘세바더라

⑭ 에서가 사십세에 헷 족속 브에리의 딸 유딧과 헷 족속 엘론의 딸 바스맛을 아내로 취하였더니

⑮ 그들이 이삭과 리브가의 마음의 근심이 되었더라

● 27장

① 이삭이 나이 많아 눈이 어두워 잘 보지 못하더니 맏 아들 에서를 불러 가로되 내 아들아 하매 그가 가로되 내가 여기 있나이다 하니

② 이삭이 가로되 내가 이제 늙어 어느날 죽을는지 알지 못하노니

③ 그런즉 네 기구 곧 전통과 활을 가지고 들에 가서 나를 위하여 사냥하여

④ 나의 즐기는 별미를 만들어 내게로 가져다가 먹게하여 나로 죽기 전에 내 마음껏 네게 축복하게 하라

⑤ 이삭이 그 아들 에서에게 말할 때에 리브가가 들었더니 에서가 사냥하여 오려고 들로 나가매

⑥ 리브가가 그 아들 야곱에게 일러 가로되 네 부친이 네 형 에서에게 말씀하시는 것을 내가 들으니 이르시기를

⑦ 나를 위하여 사냥하여 가져다가 별미를 만들어 나로 먹게 하여 죽기 전에 여호와 앞에서 네게 축복하게 하라 하셨으니

⑧ 그런즉 내 아들아 내 말을 좇아 내가 네게 명하는대로

⑨ 염소떼에 가서 염소의 좋은 새끼를 내게로 가져오면 내가 그것으로 네 부친을 위하여 그 즐기시는 별미를 만들리니

⑩ 네가 그 것을 가져 네 부친께 드려서 그로 죽으시기 전에 네게 축복하기 위하여 잡수시게 하라

⑪ 야곱이 그 모친 리브가에게 이르되 내 형 에서는 털 사람이요 나는 매끈매끈한 사람인즉

⑫ 아버지께서 나를 만지실진대 내가 아버지를 속이는 자로 뵈일지라 복은 고사하고 저주를 받을까 하나이다

⑬ 어미가 그에게 이르되 내 아들아 너의 저주는 내게로 돌리리니 내 말만 좇고 가서 가져오라

⑭ 그가 가서 취하여 어미에게로 가져왔더니 그 어미가 그 아비의 즐기는 별미를 만들었더라

⑮ 리브가가 집안 자기 처소에 있는 맏아들 에서의 좋은 의복을 취하여 작은 아들 야곱에게 입히고

⑯ 또 염소 새끼의 가죽으로 그 손과 목의 매끈매끈한 곳에 꾸미고

⑰ 그 만든 별미와 떡을 자기 아들 야곱의 손에 주매

⑱ 야곱이 아버지에게 나아가서 내 아버지여 하고 부른대 가로되 내가 여기 있노라 내 아들아 네가 누구야

⑲ 야곱이 아비에게 대답하되 나는 아버지의 맏 아들 에서로소이다 아버지께서 내게 명하신대로 내가 하였사오니 청컨데 일어나 앉아서 내 사냥한 고기를 잡수시고 아버지의 마음껏 내게 축복하소서

⑳ 이삭이 그 아들에게 이르되 내 아들아 네가 어떻게 이같이 속히 잡았느냐 그가 가로되 아버지의 하나님 여호와께서 나로 쉽게 잡도록 하셨음이니다

㉑ 이삭이 야곱에게 이르되 내 아들아 가까이 오라 네가 과연 내 아들 에서인지 아니지 내가 너를 만지려 하노라

㉒ 야곱이 그 아비 이삭에게 가까이 가니 이삭이 만지며 가로되 음성은 야곱의 음성이나 손은 에서의 손이로다 하며

㉓ 그 손이 형 에서의 손과 같이 털이 있으므로 능히 분별치 못하고 축복하였더라

㉔ 이삭이 가로되 네가 진실로 아들 에서냐 그가 대답하되 그러하니이다

㉕ 이삭이 가로되 내게로 가져오라 내 아들의 사냥한 고기를 먹고 내 마음껏 네게 축복하리라 야곱이 그에게로 가져가매 그가 먹고 또 포도주를 가져가매 그가 마시고

㉖ 그 아비 이삭이 그에게 이르되 내 아들아 가까이 와서 내게 입맞추어라

㉗ 그가 가까이 가서 그에게 입 맞추니 아비가 그 옷의 향취를 맡고 그에게 축복하여 가로되 내 아들의 향취는 여호와의 복 주신 밭의 향취로다

㉘ 하나님은 하늘의 이슬과 땅의 기름짐이며 풍성한 곡식과 포도주로 네게 주기를 원하노라

㉙ 만민이 너를 섬기고 열국이 네게 굴복하리니 네가 형제들의 주가 되고 네 어미의 아들들이 네게 굴복하며 네게 저주하는 자는 저주를 받고 네게 축복하는 자는 복을 받기를 원하노라

㉚ 이삭이 야곱에게 축복하기를 마치매 야곱이 그 아비 이삭 앞에서 나가자 곧 그 형 에서가 사냥하여 돌아온지라

㉛ 그가 별미를 만들어 아버지에게로 가지고 가서 가로되 아버지여 일어나서 아들의 사냥한 고기를 잡수시고 마음껏 내게 축복하소서

㉜ 그 아비 이삭이 그에게 이르되 너는 누구냐 그가 대답하되 나는 아버지의 아들 곧 아버지의 맏 아들 에서로소이다

㉝ 이삭이 심히 크게 떨며 가로되 그런즉 사냥한 고기를 내게 가져온 자가 너 오기 전

에 내가 다 먹고 그를 위하여 축복하였은즉 그가 정녕 복을 받을 것이니라

㉞ 에서가 그 아비의 말을 듣고 방성 대곡하며 아비에게 이르되 내 아버지여 내게 축복하소서 내게도 그리하소서

㉟ 이삭이 가로되 네 아우가 간교하게 와서 네 복을 빼앗았도다

㊱ 에서가 가로되 그의 이름을 야곱이라 함이 합당치 아니하니이까 그가 나를 속임이 이것이 두번째니이다 전에는 나의 장자의 명분을 빼았고 이제는 내 복을 빼았았나이다 또 가로되 아버지께서 나를 위하여 빌 복을 남기지 아니하셨나이까

㊲ 이삭이 에서에게 대답하여 가로되 내가 그를 너의 주로 세우고 그 모든 형제를 내가 그에게 종으로 주었으며 곡식과 포도주를 그에게 공급하였으니 내 아들아 내가 네게 무엇을 할 수 있으랴

㊳ 에서가 아비에게 이르되 내 아버지여 아버지의 빌 복이 이 하나 뿐이리이까 내 아버지여 내게 축복하소서 내게도 그리 하소서 하고 소리 높여 우니

㊴ 그 아비 이삭이 그에게 대답하여 가로되 너의 주소는 땅의 기름짐에서 뜨고 내리는 하늘 이슬에서 뜰 것이며

㊵ 너는 칼을 믿고 생활하겠고 네 아우를 섬길 것이며 네가 매임을 벗을 때에는 그 멍애를 네 목에서 떨쳐비리리라

㊶ 그 아비가 야곱에게 축복한 그 축복을 인하여 에서가 야곱을 미워하여 심중에 이르기를 아버지를 곡할 때가 가까왰은즉 내가 내 아우 야곱을 죽이리라 하였더니

㊷ 맏 아들 에서의 이 말이 리브가에게 들리매 이에 보내어 작은 아들 야곱을 불러 그에게 이르되 네 형 에서가 너를 죽여 한을 풀려하나니

㊸ 내 아들아 내 말을 좇아 일어나 하란으로 가서 내 오라버니 라반에게 피하여

㊹ 네 형의 노가 풀리기까지 상당한 기간 동안 그와 함께 거하라

㊺ 네 형의 분노가 풀려 네가 자기에게 행한 것을 잊어버리거든 내가 곧 보내어 너를 거기서 불러오리라 어찌 하루에 너희 둘을 잃으랴

㊻ 리브가가 이삭에게 이르되 내가 헷 사람의 딸들로 인하여 삶에 진저리가 나거늘 야곱이 만일 이 땅의 딸들 곧 그들과 같은 헷 사람의 딸들 중에서 아내를 취하면 나의 삶이 무슨 가치가 있으리요

● 28장
① 이삭이 야곱을 불러 그에게 축복하고 또 부탁하여 가로되 너는 가나안 사람의 딸

들 중에서 아내를 취하지 말고

② 일어나 밧단 아람으로 가서 너의 외조부 브두엘 집에 이르러 거기서 너의 외삼촌 라반의 딸 중에서 아내를 취하라

③ 전능하신 하나님이 네게 복을 주어 너로 생육하고 번성케 하사 너로 여러 족속을 이루게 하시고

④ 아브라함에게 허락하신 복을 네게 주시되 너와 함께 네 자손에게 주사 너로 하나님이 아브라함에게 주신 땅 곧 너의 거주하는 땅을 유업으로 받게 하시기를 원하노라

⑤ 이에 이삭이 야곱을 보내었더니 밧단아람으로 가서 라반에게 이르렀으니 라반은 아람 사람 브두엘의 아들이요 야곱과 에서의 어미 리브가의 오라비더라

⑥ 에서가 본즉 이삭이 야곱에게 축복하고 그를 밧단아람으로 보내어 거기서 아내를 취하게 하였고 또 그에게 축복하고 명하기를 너는 가나안 사람의 딸들 중에서 아내를 취하지 말라 하였고

⑦ 또 야곱이 부모의 명을 좇아 밧단아람으로 갔으며

⑧ 에서가 또 본즉 가나안 사람의 딸들이 그 아비 이삭을 기쁘게 못하는지라

⑨ 이에 에서가 이스마일에게 가서 그 본처들 외에 아브라함의 아들 이스마엘의 딸이요 느바욧의 누이인 마할랏을 아내로 취하였더라

(Then went Esau unto Ishmael, and took unto the wives which he had, Mahalath the daughter of Ishmael Abraham's son, the sister of Nebajoth, tho be his wife.-KJV)

(so he went to Ishmael and married Mahalath, the sister of Nebaioth and daughter of Ishmael son of Abraham, in addition to the wives he already had.-NIV)

(so Easu went to Ishmael, ane in addition to wives he had, married Mahalath, the daughter of Abraham's son Ishmael and sister of Nebaith.-NAB)

(he went to Ishmael and married Mahalath the sister of Nebaioth and daughter of Ishmael, Abraham's son. This was in addition to the wives he already had.-THE MESSAGE)

⑩ 야곱이 브엘세바에서 떠나 하란으로 향하여 가더니

⑪ 한 곳에 이르러 해가 진지라 거기서 유숙하려고 그곳의 한 돌을 취하여 베게하고 거기 누워 자더니

⑫ 꿈에 본즉 사닥다리가 땅위에 섰는데 그 꼭대기가 하늘에 닿았고 또 본즉 하나님의 천사들이 그 위에서 오르락내리락하고

⑬ 또 본즉 여호와께서 그 위에 서서 가라사대 나는 여호와니 너의 조부 아브라함의 하나님이요 이삭의 하나님이라 너 누운 땅을 내가 너와 네 자손에게 주리니

(And, behold the LORD stood above it, and said, I am the LORD God of Abraham thy father, and the God of Isaac: the lane whereon thou liest, to thee will I give it, and to thy seed;-KJV)

(There above it stood the LORD, and he said: " I am the LORD, the God of your father Abraham and the Isaac. I will give you and your descendants the land on which you are lying.-NIV)

(And there was the LORD standing beside him and saying: I am the LORD, the God of Abraham your father and the God of Isaac; the land on which you are lying I will give to you and your descendants.-NAB)

(Then GOD was right before him, saying, "I am GOD, the GOD of Abraham your father and the GOD of Isaac. I'm giving the ground on which you are sleeping to you and to your descendants.-THE MESSAGE)

⑭ 네 자손이 땅의 티끌같이 되어서 동서 남북에 편만할지며 땅의 모든 족속이 너와 네 자손을 인하여 복을 얻으리라

⑮ 내가 너와 함께 있어 네가 어디로 가든지 너를 지키며 너를 이끌어 이 땅으로 돌아오게 할지라 내가 네게 허락한 것을 다 이루기까지 너를 떠나지 아니하리라 하신지라

⑯ 야곱이 잠이 깨어 가로되 여호와께서 과연 여기 계시거늘 내가 알지 못하였도다

⑰ 이에 두려워하여 가로되 두렵도다 이곳이여 다른 것이 아니라 이는 하나님의 전이요 이는 하늘의 문이로다 하고

⑱ 야곱이 아침에 일찍이 일어나 베게하였던 돌을 가져 기둥으로 세우고 그 위에 기름을 붓고

⑲ 그곳 이름을 벧엘이라 하였더라 이 성의 본 이름은 루스더라

⑳ 야곱이 서원하여 가로되 하나님이 나와 함께 계시사 내가 가는 이 길에서 나를 지

키시고 먹을 양식과 입을 옷을 주사

㉑ 나로 평안히 아비 집으로 돌아가게 하시오면 여호와께서 나의 하나님이 되실 것이요

㉒ 내가 기둥으로 세운 이 돌이 하나님의 전이 될 것이요 하나님께서 내게 주신 모든 것에서 십분 일을 내가 반드시 하나님께 드리겠나이다

● 29장

① 야곱이 그 곳을 떠나 동방 사람의 땅에 이르러

② 본즉 들에 우물이 있고 그 곁에 양 세 떼가 누웠으니 이는 목자들이 그 우물에서 물을 양떼에게 먹임이라 큰 돌로 우물 아구를 덮었다가

③ 모든 떼가 모이면 그들이 우물 아구에서 돌을 옮기고 양에게 물을 먹이고는 여전히 우물 아구 그 자리에 돌을 덮더라

④ 야곱이 그들에게 이르되 나의 형제여 어디로서뇨 그들이 가로되 하란에서로라

⑤ 야곱이 그들에게 이르되 너희가 나홀의 손자 라반을 아느냐 그들이 가로되 아노라

⑥ 야곱이 그들에게 이르되 그가 평안하냐 가로되 평안하니라 그 딸 라헬이 지금 양을 몰고 오느니라

⑦ 야곱이 가로되 해가 아직 높은즉 짐승 모일 때가 아니니 양에게 물을 먹이고 가서 뜯기라

⑧ 그들이 가로되 우리가 그리하지 못하겠노라 떼가 다 모이고 목자들이 우물 아구에서 돌을 옮겨야 우리가 양에게 물을 먹이느니라

⑨ 야곱이 그들과 말하는 중에 라헬이 그 아비의 양과 함께 오니 그가 양들을 침이었더라

⑩ 야곱이 그 외삼촌 라반의 딸 라헬과 그 외삼촌 양을 보고 나아가서 우물 아구에서 돌을 옮기고 외삼촌 라반의 양떼에게 물을 먹이고

⑪ 그가 라헬에게 입맞추고 소리내어 울며

⑫ 그에게 자기가 그의 아비의 생질이요 리브가의 아들됨을 고하였더니 라헬이 달려가서 그 아비에게 고하매

⑬ 라반이 그 생질 야곱의 소식을 듣고 달려와서 그를 영접하여 안고 입맞추고 자기 집으로 인도하여 드리니 야곱이 자기의 모든일을 라반에게 고하매

⑭ 라반이 가로되 너는 참으로 나의 골육이로다 하였더라 야곱이 한 달을 그와 함께

거하더니

⑮ 라반이 야곱에게 이르되 네가 비록 나의 생질이나 어찌 공으로 내 일만 하겠느냐 무엇이 네 보수겠느냐 내게 고하라

⑯ 라반이 두 딸이 있으니 언니의 이름은 레아요 동생의 이름은 라헬이라

⑰ 레아는 시력이 약하고 라헬은 곱고 아리따우니

⑱ 야곱이 라헬을 흠모하므로 대답하되 내가 외삼촌의 작은 딸 라헬을 위하여 외삼촌에게 칠년을 봉사하리이다

⑲ 라반이 가로되 그를 네게 주는 것이 타인에게 주는 것보다 나으니 나와 함께 있으라

⑳ 야곱이 라헬을 위하여 칠년 동안 라반을 봉사하였으나 그를 흠모하는 까닭에 칠년을 수일 같이 여겼더라

㉑ 야곱이 라반에게 이르되 내 기한이 찼으니 내 아내를 내게 주소서 내가 그에게 들어가겠나이다

㉒ 라반이 그곳 사람을 다 모아 잔치하고

㉓ 저녁에 그 딸 레아를 야곱에게로 데려가매 야곱이 그에게로 들어가니라

㉔ 라반이 또 여종 실바를 그 딸 레아에게 시녀로 주었더라

㉕ 야곱이 아침에 보니 레아라 라반에게 이르되 외삼촌이 어찌하여 내게 이같이 행하셨나이까 내가 라헬을 위하여 외삼촌께 봉사하지 아니하였나이까 외삼촌이 나를 속이심은 어찜이니이까

㉖ 라반이 가로되 나이 많은 딸보다 나이 적은 딸을 먼저 주는 것은 우리 지방에서 하지 아니하는 바이라

㉗ 이를 위하여 우선 신혼방 칠일을 채우라 우리가 그녀도 네게 주리니 그 대가로 또 칠년을 내게 봉사할 지니라

㉘ 야곱이 그대로 하여 그 칠일을 레아와 채우매 라반이 딸 라헬도 그에게 아내로 주고

㉙ 라반이 또 그 여종 빌하를 그 딸 라헬에게 주어 시녀가 되게 하매

㉚ 야곱이 또한 라헬에게로 들어갔고 그가 레아보다 라헬을 더 사랑하고 다시 칠년을 라반에게 봉사하였더라

㉛ 여호와께서 레아에게 총이 없음을 보시고 그의 태를 여셨으나 라헬은 무자하였더라

(And when the LORD saw that Leah was hated, he opened her womb: but Rahel was barren.-KJV)

(When the LORD saw that Leah was not loved, he opened her womb, but Rahel was barren.-NIV)

(When the LORD saw that Leah was unloved, he made her fruitful, while Rachel was barren.-NAB)

(When GOD realized that Leah was unloved, he opened her womb. But Rachel was barren.-THE MESSAGE)

㉜ 레아가 잉태하여 아들을 낳고 그 이름을 르우벤이라 하여 가로되 여호와께서 나의 괴로움을 아셨기 때문이시니라 이제는 내 남편이 나를 사랑하리로다 하였더라

㉝ 그가 다시 잉태하여 아들을 낳되 가로되 여호와께서 나의 총이 없음을 들으셨으므로 네게 이도 주셨도다 하고 그 이름을 시므온이라 하였으며

㉞ 그가 또 잉태하여 아들을 낳고 가로되 내가 그에게 세 아들을 낳았으니 내 남편이 지금부터 나와 연합하리로다 하고 그 이름을 레위라 하였으며

㉟ 그가 또 잉태하여 아들을 낳고 가로되 내가 이제는 여호와를 찬송하리로다 하고 이로 인하여 그가 그 이름을 유다라 하였고 그녀의 생산이 멈추었더라

● 30장

① 라헬이 자기가 야곱에게 아들을 낳지 못함을 보고 그 형을 투기하여 야곱에게 이르되 나로 자식을 낳게하라

② 야곱이 라헬에게 노를 발하여 가로되 그대로 성태치 못하게 하시는 이는 하나님이시니 내가 하나님을 대신하겠느냐

③ 라헬이 가로되 나의 여종 빌하에게로 들어가라 그가 아들을 낳아 내 무릎에 두리니 그러면 나도 그를 인하여 자식을 얻겠노라 하고

④ 그 시녀 빌하를 남편에게 첩으로 주매 야곱이 그에게로 들어갔더니

⑤ 빌하가 잉태하여 야곱에게 아들을 낳은지라

⑥ 라헬이 가로되 하나님이 내 억울함을 푸시려고 내 소리를 들으사 내게 아들을 주셨다 하고 이로 인하여 그 이름을 단이라 하였으며

⑦ 라헬의 시녀 빌하가 다시 잉태하여 둘째 아들을 야곱에게 낳으매

⑧ 라헬이 가로되 내가 형과 크게 경쟁하여 이기었다 하고 그 이름을 납달리라 하였

더라

⑨ 레아가 자기의 생산이 멈춤을 보고 그 시녀 실바를 취하여 야곱에게 주어 첩을 삼게 하였더니

⑩ 레아의 시녀 실바가 아들을 낳으매

⑪ 레아가 가로되 복되도다 하고 그 이름을 갓이라 하였으며

⑫ 레아의 시녀 실바가 둘째 아들을 야곱에게 낳으매

⑬ 레아가 가로되 기쁘도다 모든 딸들이 나를 기쁜자라 하리로다 하고 그 이름을 아셀이라 하였더라

⑭ 맥추 때에 르우벤이 나가서 들에서 맨드레이크 묘목을 채취하여 그의 모친 레아에게 드렸더니 라헬이 레아에게 이르되 언니 아들이 가져온 맨드레이크 묘목 약간을 나누어 주세요 하니라

(And Reuben went in the days of wheat harvest, and found them unto his mother Leah. Then Rachel said to Leah, Give me, I pray thee, of thy son's mandrakes.-KJV)

(During wheat harvest, Reuben went out intothe fields and found some mandrake plants, which he brought to his mother Leah. Rachel said to Leah, "Please give me some of your son's mandrakes."-NIV)

(One day, during the wheat harvest, Reuben went out and came upon some mandrakes in the field which he brought home to his mother Leah. Rachel said to Leah, "Please give me some of your son's mandrakes."-NAB)

(One day during the wheat harvest Reuben found some mandrakes in the field and brought them home to his mother Leah. Rachel asked Leah, "Could I please have some of your son's mandrakes?"-THE MESSAGE)

⑮ 레아가 그에게 이르되 네가 내 남편을 빼앗은 것이 작은 일이냐 그런데 네가 내 아들의 맨드레이크를 빼앗고저 하느냐 라헬이 가로되 그러면 형의 아들의 맨드레이큰 대신에 오늘 밤에 내 남편이 언니와 동침하리라 하니라

⑯ 저물 때에 야곱이 들에서 돌아오매 레아가 나와서 그를 영접하며 이르되 내게로 들어오라 내가 내 아들의 맨드레이크로 당신을 샀노라 그 밤에 야곱이 그와 동침하였더라

⑰ 하나님이 레아를 들으셨으므로 그가 잉태하여 다섯째 아들을 야곱에게 낳은지라

⑱ 레아가 가로되 내가 내 시녀를 남편에게 주었으므로 하나님이 내게 그 값을 주셨다 하고 그 이름을 잇사갈이라 하였으며

⑲ 레아가 다시 잉태하여 여섯째 아들을 야곱에게 낳은지라

⑳ 레아가 가로되 하나님이 내게 후한 선물을 주시도다 내가 남편에게 여섯 아들을 낳았으니 이제는 그가 나와 함께 거하리라 하고 그 이름을 스불론이라 하였으며

㉑ 그 후에 그가 딸을 낳고 그 이름을 디나라 하였더라

㉒ 하나님이 라헬을 생각하신지라 하나님이 그를 들으시고 그의 태를 여신지라

㉓ 그가 잉태하여 아들을 낳고 가로되 하나님이 나의 부끄러움을 씻으셨다 하고

㉔ 그 이름을 요셉이라 하니 여호와는 다시 다른 아들을 내게 더하시기를 원하노라 함이었더라

㉕ 라헬이 요셉을 낳은 때에 야곱이 라반에게 이르되 나를 보내어 내 고향 내 본토로 가게 하시되

㉖ 내가 외삼촌에게서 일하고 얻은 처자를 내게 주어 나로 가게 하소서 내가 외삼촌께 한 일은 외삼촌이 아시나이다

㉗ 라반이 그에게 이르되 여호와께서 너로 인하여 내게 복 주신줄을 내가 깨달았노니 네가 나를 사랑스럽게 여기거든 유하라

㉘ 또 가로되 네 품삯을 정하라 내가 그것을 주리라

㉙ 야곱이 그에게 이르되 내가 어떻게 외삼촌을 섬겼는지 어떻게 외삼촌의 짐승을 쳤는지 외삼촌이 아시나이다

㉚ 내가 오기 전에는 외삼촌의 소유가 적더니 번성하여 떼를 이루었나이다 나의 공력을 따라 여호와께서 외삼촌에게 복을 주셨나이다 그러나 나는 어느 때에나 내 집을 세우리이까

㉛ 라반이 가로되 내가 무엇으로 네게 주랴 야곱이 가로되 외삼촌께서 아무것도 내게 주실 것이 아니라 나를 위하여 이 일을 행하시면 내가 다시 외삼촌의 양떼를 먹이고 지키리이다

㉜ 오늘 내가 외삼촌의 양떼로 두루 다니며 그 양 중에 아롱진 자와 점 있는 자와 검은 자를 가리어내리니 이 같은 것이 나면 나의 삯이 되리이다

㉝ 후일에 외삼촌께서 오셔서 내 품삯을 조사하실 때에 나의 의가 나의 표징이 되리이다 내게 혹시 염소 중 아롱지지 않은 자나 점이 없는 자나 양 중 검지 아니한 자

가 있거든 다 도적질 한 것으로 인정하소서

㉞ 라반이 가로되 내가 네 말대로 하리라 하고

㉟ 그 날에 그가 수염소 중 얼룩무늬 있는 자와 점 있는 자를 가리고 양 중의 검은 자들을 가려 자기 아들들의 손에 붙이고

㊱ 자기와 야곱의 사이를 사흘길이 뜨게 하였고 야곱은 라반의 남은 양떼를 치니라

㊲ 야곱이 버드나무와 살구나무와 신풍나무의 푸른 가지를 취하여 그것들의 껍질을 벗겨 흰 무늬를 내고

㊳ 그 껍질 벗긴 가지를 양떼가 와서 먹는 개천의 물 구유에 세워 양떼에 향하게 하매 그 떼가 물을 먹으러 올 때에 새끼를 베니

㊴ 가지 앞에서 새끼를 베므로 얼룩얼룩한 것과 점이 있고 아롱진 것을 낳은지라

㊵ 야곱이 새끼 양을 구분하고 그 얼룩무늬와 검은 빛 있는 것으로 라반의 양과 서로 대하게 하며 자기 양을 따로 두어 라반의 양과 섞이지 않게 하며

㊶ 실한 양이 새끼 밸 때에는 야곱이 개천에다가 양떼의 눈 앞에 그 가지를 두어 양으로 그 가지 곁에서 새끼를 베게하고

㊷ 약한 양이면 그 가지를 두지아니하니 이러므로 약한 자는 라반의 것이 되고 실한 자는 야곱의 것이 된지라

㊸ 이와 같은 방법으로 야곱은 대단히 번창하여 가축과 남종들과 여종들 낙타들과 당나귀들이 많아졌더라

● 31장

① 야곱이 들은즉 라반의 아들들의 말이 야곱이 우리 아버지의 소유를 다 빼앗고 우리 아버지의 소유로 인하여 이같이 거부가 되었다 하는지라

② 야곱이 라반의 안색을 본즉 자기에게 대하여 전과 같지 아니하더라

③ 여호와께서 야곱에게 이르시되 네 조상의 땅 네 족속에게로 돌아가라 내가 너와 함께 있으리라 하신지라

④ 야곱이 보내어 라헬과 레아를 자기 양떼 있는데로 불러다가

⑤ 그들에게 이르되 내가 그대들의 아버지의 안색을 본즉 내게 대하여 전과 같지 아니하도다 그러할지라도 내 아버지의 하나님은 나와 함께 계셨느니라

⑥ 그대들도 알거니와 내가 힘을 다하여 그대들의 아버지를 섬겼거늘

⑦ 그대들의 아버지가 나를 속여 품삯을 열번이나 속였느니라 그러나 하나님이 그로

하여금 나를 해치지는 못하게 하셨으며

⑧ 그가 이르기를 반점 있는 것은 네 품삯이 되리라 하면 모든 양떼는 반점 있는 새끼를 낳았고 또 줄무늬 있는 것들이 네 품삯이 되리라 하면 모든 양떼가 줄무늬 새끼를 낳았느니라

⑨ 하나님이 이같이 그대들의 아버지의 짐승을 빼앗아 내게 주셨느니라

⑩ 그 양떼가 새끼 밸 때에 내가 꿈에 눈을 들어 보니 양떼를 탄 수양은 다 얼룩무늬 있는 것, 점 있는 것, 아롱진 것이었더라

⑪ 꿈에 하나님의 천사가 내게 말씀하시기를 야곱아 하기로 내가 대답하기를 여기 있나이다 하매

⑫ 가라사대 네 눈을 들어보라 양떼를 탄 수양은 다 얼룩무늬 있는 것, 점 있는 것, 아롱진 것이니라 라반이 네게 행한 모든 것을 내가 보았노라

⑬ 나는 벧엘 하나님이라 네가 거기서 기둥에 기름을 붓고 거기서 내게 서원하였으니 지금 일어나 이곳을 떠나서 네 출생지로 돌아가라 하셨느니라

⑭ 라헬과 레아가 그에게 대답하여 가로되 우리가 우리 아버지 재산의 상속에서 아직도 무슨 몫을 가지겠습니까

⑮ 아버지가 우리를 팔고 우리의 돈을 다 먹었으니 아버지가 우리를 가족이 아닌 것으로 여기는 것이 아닌가

⑯ 하나님이 우리 아버지에게서 취하신 재물은 우리와 우리 자식의 것이니 이제 하나님이 당신에게 이르신 일을 다 준행하라

⑰ 야곱이 일어나 자식들과 아내들을 약대들에게 태우고

⑱ 그 얻은바 모든 짐승과 모든 소유물 곧 그가 밧단아람에서 얻은 짐승을 이끌고 가나안 땅에 있는 그 아비 이삭에게로 가려할새

⑲ 때에 라반이 양털을 깎으러 갔으므로 라헬은 그 아비의 가족 신상들을 훔쳤느니라

(And Laban went to shear his sheep: and Rachel had stolen the images that qere her father's.-KJV)

(When Laban had gone to shear his sheep, Rachel stole her father's household gods.-NIV)

(Now Laban was away shearing his sheep, and Rachel had stolen her father's household images.-NAB)

(Laban was off shearing sheep. Rachel stole her father's household gods.-

THE MESSAGE)

⑳ 더욱이 야곱은 그의 떠남을 아람인 라반에게 말하지 않으므로 그를 속였느니라

㉑ 그가 그 모든 소유를 이끌고 강을 건너 길르앗산을 향하여 도망한지

㉒ 삼일만에 야곱의 도망한 것이 라반에게 들린지라

㉓ 라반이 그 형제를 거느리고 칠일 길을 쫓아가 길르앗산에서 그에게 미쳤더니

㉔ 밤에 하나님이 아람인 라반에게 현몽하여 가라사대 너는 삼가 야곱에게 선악간 말 하지 말라 하셨더라

㉕ 라반이 야곱을 쫓아 미치니 야곱이 산에 장막을 쳤는지라 라반이 그 형제로 더불 어 길르앗산에 장막을 치고

㉖ 라반이 야곱에게 이르되 네가 내게 알리지 아니하고 가만히 내 딸들을 칼로 잡은 자 같이 끌고 갔으니 어찌 이같이 하였느냐

㉗ 내가 즐거움과 노래와 북과 수금으로 너를 보내겠거늘 어찌하여 네가 나를 속이고 가만히 도망하고 내게 고하지 아니하였으며

㉘ 나로 내 손자들과 딸들에게 입 맞추지 못하게 하였느냐 네 소위가 실로 어리석도 다

㉙ 너를 해할만한 능력이 내 손에 있으나 너희 아버지의 하나님이 어제밤에 내게 말 씀하시길 너는 삼가 야곱에게 선악간 말하지 말라 하셨느니라

㉚ 이제 네가 네 아비 집을 사모하여 돌아가려는 것은 가하거니와 어찌 내 신상들을 도적질 하였느냐

㉛ 야곱이 라반에게 대답하여 가로되 내가 말하기를 외삼촌이 외삼촌의 딸들을 내게 서 억지로 빼앗으리라 하여 두려워하였음이니이다

㉜ 외삼촌의 신상들은 뉘게서 찾든지 그는 살지 못할 것이요 우리 형제들 앞에서 무 엇이든지 외삼촌의 것이 발견되거든 외삼촌에게로 취하소서 하니 야곱은 라헬이 그것을 도적질한 줄을 알지 못함이었더라

㉝ 라반이 야곱의 장막에 들어가고 레아의 장막에 들어가고 두 여종의 장막에 들어갔 으나 찾지 못하고 레아의 장막에서 나와 라헬의 장막에 들어가매

㉞ 라헬이 그 신상들을 가져 약대 안장 아래 넣고 그 위에 앉은지라 라반이 그 장막에 서 찾다가 얻지 못하매

㉟ 라헬이 그아비에게 이르되 마침 경수가 나므로 일어나서 영접할 수 없사오니 아버 지는 노하지 마소서 하니라 라반이 그 신상들을 두루 찾다가 얻지 못한지라

㉟ 야곱이 노하여 라반을 책망할새 야곱이 라반에게 대척하여 가로되 나의 허물이 무엇이니이까 무슨 죄가 있기에 외삼촌께서 나를 불같이 급히 쫓나이까

㊲ 외삼촌께서 내 물건을 다 뒤져 보셨으니 외삼촌의 가장집물 중에 무엇을 찾았나이까 여기 나의 형제와 외삼촌의 형제 앞에 그것을 두고 우리 두 사이에 판단하게 하소서

㊳ 내가 이 이십년에 외삼촌과 함께하였거니와 외삼촌의 암양들이나 암염소들이 낙태하지 아니하였고 또 외삼촌의 양떼의 수양을 내가 먹지 아니하였으며

㊴ 물려 찢긴 것은 내가 외삼촌에게로 가져 가지 아니하고 스스로 그것을 보충하였으며 낮에 도적을 맞았든지 밤에 도적을 맞았든지 내가 외삼촌에게 물어 내었으며

㊵ 내가 이와 같이 낮에는 더위를 무릅쓰고 밤에는 추위를 당하며 눈붙일 겨를도 없이 지내었나이다

㊶ 내가 외삼촌의 집에 거한 이 이십년에 외삼촌의 두 딸을 위하여 십사년 외삼촌의 양 떼를 위하여 육년을 외삼촌을 봉사하였거니와 외삼촌께서 내 품삯을 열번이나 변경하셨으니

㊷ 우리 아버지의 하나님 아브라함의 하나님 곧 이삭의 경외하는 이가 나와 함께 계시지 아니하였더면 외삼촌께서 이제 나를 공수로 돌려 보내셨으리이다 마는 하나님이 나의 고난과 내 수고를 감찰하시고 어제밤에 외삼촌을 책망하셨나이다

㊸ 라반이 야곱에게 대답하여 가로되 딸들은 내 딸이요 자식들은 내 자식이요 양떼는 나의 양떼요 네가 보는 것은 다 내것이라 내가 오늘날 내 딸들과 그 낳은 자식들에게 어찌할 수 있으랴

㊹ 이제 오라 내가 너와 언약을 세워 그것으로 너와 나 사이에 증거를 삼을 것이니라

㊺ 이에 야곱이 돌을 가져 기둥을 세우고

㊻ 또 그 형제들에게 돌을 모으라 하니 그들이 돌을 취하여 무더기를 이루매 무리가 거기 무더기 곁에서 먹고

㊼ 라반은 그것을 여갈사하두라 칭하였고 야곱은 그것을 갈르엣이라 칭하였으니

㊽ 라반의 말에 오늘날 이 무더기가 너와 증거가 된다 하였으므로 그 이름을 갈르엣이라 칭하였으며

㊾ 또 미스바라 하였으니 이는 그의 말에 우리 피차 떠나 있을 때에 여호와께서 너와 나 사이를 감찰하여 주시옵소서 함이라

㊿ 네가 내 딸을 박대하거나 내 딸들 외에 다른 아내들을 취하면 사람은 우리와 함께

할 자가 없어도 보라 하나님이 너와 나 사이에 증거하시느니라 하였더라

㉛ 라반이 또 야곱에게 이르되 내가 너와 나 사이에 둔 이 무더기를 보라 또 이 기둥을 보라

㉜ 이 무더기가 증거가 되고 이 기둥이 증거가 되나니 내가 이 무더기를 넘어 네게로 가서 해하지 않을 것이요 네가 이 무더기 이 기둥을 넘어 내게로 와서 해하지 않을 것이라

㉝ 아브라함의 하나님 나홀의 하나님 그들의 조상의 하나님은 우리 사이에 판단하옵소서 하매 그 아비 이삭의 경외하는 이를 가리켜 맹세하고

㉞ 야곱이 또 산에서 제사를 드리고 형제들을 불러 떡을 먹이니 그들이 떡을 먹고 산에서 밤을 지새고

㉟ 라반이 아침에 일찍이 일어나 손자들과 딸들에게 입맞추며 그들에게 축복하고 떠나 고향으로 돌아갔더라

● 32장

① 야곱이 그 길을 계속하여 갔더니 하나님의 천사들이 그를 만난지라

② 야곱이 그들을 볼 때에 이르기를 이는 하나님의 군대라 하고 그 땅 이름을 마나하임이라 하였더라

③ 야곱이 세일 땅 에돔 들에 있는 형 에서에게로 자기보다 심부름꾼들을 앞서 보내며

④ 그들에게 부탁하여 가로되 너희는 이같이 내 형님 에서에게 고하라 주의 종 야곱이 말하기를 내가 라반과 함께 지금까지 있었사오며

⑤ 내게 소와 나귀와 양떼와 노비가 있사오므로 사람을 보내어 내 형님께 고하고 내 형님께 은혜 받기를 원하나이다 하더라 하라 하였더니

⑥ 심부름꾼들이 야곱에게 돌아와 가로되 우리가 주인의 형님 에서에게 이른즉 그가 사백인을 거느리고 주인을 만나러 오더이다

⑦ 야곱이 심히 두렵고 답답하여 자기와 함께한 종자와 양과 소와 약대를 두 떼로 나누고

⑧ 가로되 에서가 와서 한 떼를 치면 남은 한 떼는 피하리라 하고

⑨ 야곱이 또 가로되 나의 조부 아브라함의 하나님 나의 아버지 이삭의 하나님 여호와여 주께서 전에 내게 명하시기를 네 고향 네 족속에게로 돌아가라 내가 네게 은

혜를 베풀리라 하셨나이다

⑩ 나는 주께서 주의 종에게 베푸신 모든 은총과 모든 진리를 조금이라도 감당할 수 없사오나 내가 내 지팡이만 가지고 이 요단을 건넜더니 지금은 두 떼나 이루었나이다

⑪ 내가 주께 간구하오니 내 형의 에서의 손에서 나를 보호해 주시옵소서(Save me, I pray, from the hand of my brother Esau:) 내가 그를 두려워하옴은 그가 와서 나와 내 처자를 칠까 겁냄이니이다

⑫ 주께서 말씀하시기를 내가 정녕 네게 은혜를 베풀어 네 씨로 바다의 셀 수 없는 모래와 같이 많게 하리라 하셨나이다

⑬ 야곱이 거기서 밤을 지새고 그 소유 중에서 형 에서를 위하여 예물을 택하니

⑭ 암 염소가 이백이요 수염소가 이십이요 암양이 이백이요 수양이 이십이요

⑮ 젖 나는 약대 삼십과 그 새끼요 암소가 사십이요 황소가 열이요 암나귀가 이십이요 그 새끼나귀가 열이라

⑯ 그것을 각각 떼로 나눠 종들의 손에 맡기고 그 종들에게 이르되 나보다 앞서 건너가서 각 떼로 상거가 뜨게 하라 하고

⑰ 그가 또 앞선 자에게 부탁하여 가로되 내 형 에서가 너를 만나 묻기를 네가 뉘 사람이며 어디로 가느냐 네 앞엣 것은 뉘 것이냐 하거든

⑱ 대답하기를 형님의 동생 야곱의 것이요 형님 에서에게로 보내는 예물이오며 야곱도 우리 뒤에 있나이다 하라 하고

⑲ 그 둘째와 셋째와 각 떼를 따라가는 자에게 부탁하여 가로되 너희도 에서를 만나거든 곧 이같이 그에게 고하고

⑳ 또 너희는 말하기를 형님의 동생 야곱이 우리 뒤에 있다 하라 하니 이는 야곱의 생각에 내가 내 앞에 보내는 예물로 형의 감정을 푼 후에 대면하면 혹시 나를 받으리라 함이었더라

㉑ 그 예물은 그의 앞서 행하고 그는 무리 가운데서 밤을 지새고

㉒ 밤에 일어나 두 아내와 두 여종과 열 한 아들을 인도하여 얍복 나루를 건널새

㉓ 그들을 인도하여 시내를 걸으며 그 소유도 건내고

㉔ 야곱은 홀로 남았더니 어떤 사람이 날이 새도록 야곱과 시름하다가

㉕ 그 사람이 자기가 야곱을 이기지 못함을 보고 야곱의 환도뼈를 치매 야곱의 환도뼈가 그 사람과 씨름할 때에 위골되었더라

㉖ 그 사람이 가로되 날이 새려 하니 나로 가게 하라 야곱이 가로되 당신이 축복하지 아니하면 가게 하지 아니하겠나이다

㉗ 그 사람이 그에게 이르되 네 이름이 무엇이냐 그가 가로되 야곱이니이다

㉘ 그 사람이 가로되 네 이름을 다시는 야곱이라 부를 것이 아니요 이스라엘이라 부를 것이니 이는 네가 하나님및 사람들과 겨루어서 이기었음이라

㉙ 야곱이 청하여 가로되 당신의 이름을 고하소서 그 사람이 가로되 어찌 내 이름을 묻느냐 하고 거기서 야곱에게 축복한지라

㉚ 그러므로 야곱이 그곳 이름을 브니엘이라 하였으니 그가 이르기를 내가 하나님과 대면하여 보았으나 내 생명이 보전되었다 함이더라

㉛ 그가 브니엘을 지날 때 해가 돋았고 그 환도뼈로 인하여 절었더라

㉜ 그 사람이 야곱의 환도뼈 큰 힘줄을 친고로 이스라엘 사람들이 지금까지 환도뼈 큰 힘줄을 먹지 아니하더라

• 33장

① 야곱이 눈을 들어 보니 에서가 사백인을 거느리고 오는지라 그 자식들을 나누어 레아와 라헬과 두 여종에게 맡기고

② 여종과 그 자식들은 앞에 두고 레아와 그 자식들은 다음에 두고 라헬과 요셉은 뒤에 두고

③ 자기는 그들 앞에서 나아가되 몸을 일곱번 땅에 굽히며 그 형 에서에게 가까이 하니

④ 에서가 달려와서 그를 맞아서 안고 목을 어긋맞기고 그와 입맞추고 피차 우니라

⑤ 에서가 눈을 들어 여인과 자식들을 보고 묻되 너와 함께한 이들은 누구냐 야곱이 가로되 하나님이 형님의 동생에게 은혜로 주신 자식이니이다

⑥ 때에 여종들이 그 자식으로 더불어 나아와 절하고

⑦ 레아도 그 자식으로 더불어 나아와 절하고 그 후에 요셉이 라헬로 더불어 나아와 절하니

⑧ 에서가 또 가로되 나의 만난 이 모든 떼는 무엇이냐 야곱이 가로되 형님으로부터 호의를 입으려 함이니이다

⑨ 에서가 가로되 내 동생아 내게 있는 것이 족하니 네 소유는 네게 두라

⑩ 야곱이 가로되 그렇지 아니하나이다 형님께 은혜를 얻었사오면 청컨데 내 손에서

이 예물을 받으소서 내가 형님의 얼굴을 뵈온즉 하나님의 얼굴을 본것 같사오며 형님도 나를 기뻐하심이니다

⑪ 하나님이 내게 은혜를 베푸셨고 나의 소유도 족하오니 청컨데 내가 형님께 드리는 이 예물을 받으소서 하고 그에게 강권하매 받으니라

⑫ 에서가 가로되 우리가 떠나가자 내가 너를 앞서서 가리라

⑬ 야곱이 그에게 이르되 형님도 아시거니와 자식들은 유약하고 내게 있는 양떼와 소가 새끼를 젖을 주는데 하루만 과히 몰면 모든 떼가 죽으리니

⑭ 청컨데 형님은 나보다 앞서 가시고 나는 앞에 가는 짐승과 자식의 행보대로 천천히 인도하여 세일로 가서 형님께 나아가리이다

⑮ 에서가 가로되 내가 내 종자 수인을 네게 머물리라 야곱이 가로되 어찌하여 그리 하리이까 나로 내 주께 은혜를 얻게 하소서 하매

⑯ 이 날에 에서는 세일로 돌아가고

⑰ 야곱은 숙곳에 이르러 자기를 위하여 집을 짓고 짐승을 위하여 우릿간을 지은고로 그 땅 이름을 숙곳이라 부르더라

⑱ 야곱이 밧단아람에서부터 평안히 가나안 땅 세겜 성에 이르러 성 앞에 그 장막을 치고

⑲ 그 장막 친 밭을 세겜의 아비 하몰의 아들들의 손에서 은 일백개로 사고

⑳ 거기 단을 쌓고 그 이름을 엘엘로헤이스라엘이라 하였더라

● 34장

① 레아가 야곱에게 낳은 딸 디나가 그 곳의 여자들을 만나러 나갔는데

② 히위 족속 중 하몰의 아들 그 땅 추장 세겜이 그를 보고 끌어들여 강간하여 욕되게 하고

③ 그 마음이 깊이 야곱의 딸 디나에게 연련하며 그 소녀를 사랑하여 그의 마음을 말로 위로하고

④ 그 아비 하몰에게 청하여 가로되 이 소녀를 내 아내로 얻게하여 주소서 하였더라

⑤ 야곱이 그 딸 디나를 그가 더럽혔다 함을 들었으나 자기 아들들이 들에서 목축하므로 그들의 돌아오기까지 잠잠하였고

⑥ 세겜의 아비 하몰은 야곱에게 말하러 왔으며

⑦ 야곱의 아들들은 들에서 이를 듣고 돌아와서 사람이 근심하고 심히 노하였으니 이

는 세겜이 야곱의 딸을 강간하여 이스라엘에게 부끄러운 일 곧 행치 못할 일을 행하였음이더라

⑧ 하몰이 그들에게 이르되 내 아들 세겜이 마음으로 너희 딸을 연련하여하니 원컨데 그를 세겜에게 주어 아내로 삼게하라

⑨ 너희가 우리와 통혼하여 너희 딸을 우리에게 주며 우리 딸을 너희가 취하고

⑩ 너희가 우리와 함께 거하되 땅이 너희 앞에 있으니 여기 머물러 매매하며 여기서 재산을 얻으라 하고

⑪ 세겜도 디나의 아비와 남형들에게 이르되 나로 너희에게 은혜를 입게하라 너희가 내게 청구하는 것은 내가 수용하리니

⑫ 이 소녀만 내게 주어 아내가 되게하라 아무리 큰 빙물과 예물을 청구할지라도 너희가 내게 말한대로 수용하리라

⑬ 야곱의 아들들이 세겜과 그 아들 하몰에게 교묘하게 대답하였으니 이는 세겜이 그 누이 디나를 더럽혔음이라

(And the sons of Jacob answered Shechem and Hamor his father deceitfully, and said, (because he had defiled Dinah their sister:)-KJV)

(Because their sister Dinah had been defiled, Jacob's sons replied deceitfully as they spoke to Shechem and his father Hamor.-NIV)

(Jacob's sons replied to Shechem and his father Hamor with guile, speaking as they did because he had defiled their sister Dinah.-NAB)

(Jacob's sons answered Shechem and his father with cunning. Their sister, after all, had been raped.-THE MESSAGE)

⑭ 야곱의 아들들이 그들에게 말하되 우리는 그리하지 못하겠노라 할례 받지 아니한 사람에게 우리 누이를 줄 수 없노니 이는 우리의 수욕이 됨이니라

⑮ 그런즉 이같이 하면 너희에게 허락하리라 만일 너희 중 남자가 다 할례를 받고 우리 같이 되면

⑯ 우리 딸을 너희에게 주며 너희 딸을 우리가 취하며 너희와 함께 거하여 한 민족이 되려니와

⑰ 너희가 만일 우리를 듣지 아니하고 할례를 받지 아니하면 우리는 곧 우리 딸을 데리고 가리라

⑱ 그들의 말을 하몰과 그 아들 세겜이 좋게 여기므로

⑲ 이 소년이 그 일 행하기를 지체치 아니하였으니 그가 야곱의 딸을 사랑함이며 그는 그 아비 집에 가장 존귀함일러라

⑳ 하몰과 그 아들 세겜이 성문에 이르러 그 고을 사람에게 말하여 가로되

㉑ 이 사람들은 우리와 친목하고 이 땅은 넓어 그들을 용납할만하니 그들로 여기서 거주하며 매매하게 하고 우리가 그들의 딸들을 아내로 삼고 우리 딸들도 그들에게 주자

㉒ 그러나 우리 중에 모든 남자가 그들의 할례를 받음 같이 할례를 받아야 그 사람들이 우리와 함께 거하여 한 민족되기를 허락할 것이라

㉓ 그리하면 그들의 생축과 재산과 그 모든 짐승이 우리의 소유가 되지 않겠느냐 다만 그 말대로 하자 그리하면 그들이 우리와 함께 거하리라

㉔ 성문으로 출입하는 모든자가 하몰과 그 아들 세겜의 말을 듣고 성문으로 출입하는 모든 자가 할례를 받으니라

㉕ 삼일 후 아직 그들이 통증이 가시지 않은 때에 야곱의 두 아들 디나의 오라비 시므온과 레위가 각기 칼을 가지고 가서 부지중에 성을 엄습하여 그 모든 남자를 죽이고

㉖ 칼로 하몰과 그 아들 세겜을 죽이고 디나를 세겜의 집에서 데려오고

㉗ 야곱의 여러 아들이 그 시체있는 성으로 가서 노략하였으나 이는 그들이 그 누이를 더럽힌 연고라

㉘ 그들이 양과 소와 나귀와 그 성에 있는 것과 들에 있는 것과

㉙ 그 모든 재물을 빼앗으며 그 자녀와 아내들을 사로잡고 집속의 물건을 다 노략한지라

㉚ 야곱이 시므온과 레위에게 이르되 너희가 내게 화를 끼쳐 나로 이 땅 사람 곧 가나안 족속과 브리스 족속에게 냄새를 내게 하였도다 나는 수가 적은즉 그들이 모여 나를 치고 나를 죽이리니 그리하면 나와 내 집이 멸망하리라

㉛ 그들이 가로되 그가 우리 누이를 창녀같이 대우함이 가하니이까

● 35장

① 하나님이 야곱에게 이르시되 일어나 벧엘로 올라가서 거기 거하며 네가 네 형 에서의 낯을 피하여 도망하던 때에 네게 나타났던 하나님께 거기서 단을 쌓으라 하신지라

② 야곱이 이에 자기 집 사람과 자기와 함께한 모든 자에게 이르되 너희 중의 이방 신상을 버리고 자신을 정결케 하고 의복을 바꾸라

③ 우리가 일어나 벧엘로 올라가자 나의 환난날에 내게 응답하시며 나의 가는 길에서 나와 함께 하신 하나님께 내가 거기서 단을 쌓으려 하노라 하매

④ 그들이 자기 손에 있는 모든 이방 신상과 자기 귀에 있는 고리를 야곱에게 주는지라 야곱이 그것들을 세겜 근처 상수리나무 아래 묻고

⑤ 그리고 그들이 떠났으나 하나님에 대한 두려움이 그들 주위의 모든 마을에 엄습하였으므로 야곱의 아들들을 추격하는 자가 없었더라

⑥ 야곱과 그와 함께한 모든 사람이 가나안 땅 루스 곧 벧엘에 이르고

⑦ 그가 거기서 단을 쌓고 그곳을 엘벧엘이라 불렀으니 이는 그의 형의 낯을 피할 때에 하나님이 그에게 거기서 나타나셨음이더라

⑧ 리브가의 유모 드보라가 죽으매 그를 벧엘 아래 상수리 나무 밑에 장사하고 그 나무 이름을 알론바굿이라 불렀더라

⑨ 야곱이 밧단아람에서 돌아오매 하나님이 다시 야곱에게 나타나사 그에게 복을 주시고

⑩ 그에게 이르시되 네 이름이 야곱이다마는 네 이름을 다시는 야곱이라 부르지 않고 이스라엘이 네 이름이 되리라 하시고 그가 그의 이름을 이스라엘이라 부르시고

⑪ 그에게 이르시되 나는 전능한 하나님이니라 생육하며 번성하라 나라와 많은 민족이 네게서 나고 왕들이 네 허리에서 나오리라

⑫ 내가 아브라함과 이삭에게 준 땅을 네게 주고 내가 네 후손에게도 그 땅을 주리라 하시고

⑬ 하나님이 그와 말씀하시던 곳에서 그를 떠나 올라 가시는지라

(And God went up from him in the place where he talked with him.-KJV)

(Then God went up from him at the place where God had talked with him.-NIV)

(Then God departed from him.-NAB)

(And then God was gone, ascended from the place where he had spoken with him.-THE MESSAGE)

⑭ 야곱이 하나님이 자기와 말씀하시던 곳에 기둥 곧 돌 기둥을 세우고 그 위에 전제물을 붓고 또 그 위에 기름을 붓고

⑮ 하나님이 자기와 말씀하시던 곳의 이름을 벧엘이라 불렀더라

⑯ 그들이 벧엘로부터 이동하여 에브랏에 이르기까지 얼마 길을 격한 곳에서 라헬이 임산하여 심히 신고하더니

⑰ 그가 난산할 즈음에 산파가 그에게 이르되 두려워 말라 지금 그대가 득남하느니라 하매

⑱ 그가 죽기에 임하여 그 혼이 떠나려 할 때에 아들의 이름을 베노니라 불렀으나 그 아비가 그를 베냐민이라 불렀더라

⑲ 라헬이 죽으매 에브랏 곧 베들레헴에 길에 장사되었고

⑳ 야곱이 라헬의 묘에 비를 세웠더니 지금까지 라헬의 묘비라 일컫더라

㉑ 이스라엘이 다시 이동하여 에델 망대를 지나 장막을 쳤더라

㉒ 이스라엘이 그 땅에 유할 때에 르우벤이 가서 그 서모 빌하와 통간하매 이스라엘이 이를 들었더라 야곱의 아들은 열둘이라

㉓ 레아의 소생은 장자 르우벤과 그 다음 시므온과 레위와 유다와 잇사갈과 스불론이요

㉔ 라헬의 소생은 요셉과 베냐민이며

㉕ 라헬이 여종 빌하의 소생은 단과 납달리요

㉖ 레아의 여종 실바의 소생은 갓과 아셀이니 이들은 야곱의 아들들이요 밧단아람에서 그에게 낳은 자더라

㉗ 야곱이 기럇아르바의 마므레로 가서 그 아비 이삭에게 이르렀으니 기럇아르바는 곧 아브라함과 이삭의 우거하던 헤브론이더라

㉘ 이삭의 나이 일백 팔십세라

㉙ 이삭이 나이 많고 늙어 기운이 진하매 죽어 자기 열조에게로 돌아가니 그 아들 에서와 야곱이 그를 장사하였더라

● 36장

① 에서 곧 에돔의 대략이 이러하니라

② 에서가 가나안 여인 중 헷 족속중 엘론의 딸 아다와 히위 족속중 시브온의 딸 아나의 소생 오홀리바마를 자기 아내로 취하고

③ 또 이스마엘의 딸이며 느바욧의 누이인 바스맛을 취하였더니

④ 아다는 엘리바스를 에서에게 낳았고 바스맛은 르우엘을 낳았고

⑤ 오홀리바마는 여우스와 알람과 고라를 낳았으니 이들은 에서의 아들이요 가나안 땅에서 그에게 낳은 자더라

⑥ 에서가 자기 아내들과 자기 자녀들과 자기 집의 모든 사람과 자기의 가축과 자기의 모든 짐승과 자기가 가나안 땅에서 얻은 모든 재물을 이끌고 그 동생 야곱을 떠나 타처로 갔으니

⑦ 두 사람의 소유가 풍부하여 함께 거할 수 없음이러라 그들의 거주한 땅이 그들의 가축으로 인하여 그들을 용납할 수 없었더라

⑧ 이에 에서 곧 에돔이 세일산에 거하니라

⑨ 세일산에 거한 에돔 족속의 조상 에서의 대략이 이러하고

⑩ 그 자손의 이름은 이러하니라 에서의 아내 아다의 아들 엘리바스요 에서의 아내 바스맛의 아들은 르우엘이며

⑪ 엘리바스의 아들들은 데만과 오말과 스보와 가담과 그나스요

⑫ 에서의 아들 엘리바스의 첩 딤나는 아말렉을 엘리바스에게 낳았으니 이들은 에서의 아내 아다의 자손이며

⑬ 르우엘의 아들들은 나핫과 세라와 삼마와 미사니 이들은 에서의 아내 바스맛의 자손이며

⑭ 시브온의 손녀 아나의 딸 에서의 아내 오홀리마마의 아들들은 이러하니 그가 여우스와 알람과 고라를 에서에게 낳았더라

⑮ 에서 자손 중 족장은 이러하니라 에서의 장자 엘리바스의 자손에는 데만 족장 오말족장 스보 족장 그나스 족장과

⑯ 고라 족장 가담 족장 아말렉 족장이니 이들은 에돔 땅에 있는 엘리바스로 말미암아 나온 족장들이요 이들은 아다의 자손이며

⑰ 에서의 아들 르우엘의 자손에는 나핫 족장 세라 족장 삼마 족장 미사 족장이니 이들은 에돔 땅에 있는 르우엘로 말미암아 나온 족장들이요 이들은 에서의 아내 바스맛의 자손이며

⑱ 에서의 아내 오홀리바마의 아들들은 여우스 족장 알람 족장 고라 족장이니 이들은 아나의 딸이요 에서의 아내인 오홀리바마로 말미암아 나온 족장들이라

⑲ 에서 곧 에돔의 자손으로서 족장된 자들이 이러하였더라

⑳ 그 땅의 원거인 호리 족속 세리의 자손은 로단과 소발과 시브온과 아나와

㉑ 디손과 에셀과 디산이니 이들은 에돔 땅에 있는 세일의 자손 중 호리 족속으로 말

미암아 나온 족장들이요

㉒ 로단의 자녀는 호리와 헤맘과 로단의 누이 딤나요

㉓ 소발의 자녀는 알완과 마나핫과 에발과 스보와 오남이요

㉔ 시브온의 자녀는 아야와 아나며 이 아나는 그 아비 시브온의 나귀를 칠 때에 광야에서 온천을 발견하였고

㉕ 아나의 자녀는 디손과 오홀리바마니 오홀리바마는 아나의 딸이며

㉖ 디손의 자녀는 헴단과 에스반과 이드란과 그란이요

㉗ 에셀의 자녀는 빌한과 사아완과 아간이요

㉘ 디산의 자녀는 우스와 아란이니

㉙ 호리 족속의 족장들은 곧 로단 족장 소발 족장 시브온 족장 아나 족장

㉚ 디손 족장 에셀 족장 디산 족장이라 이들은 그 구역을 따라 세일 땅에 있는 호리 족속으로 말미암아 나온 족장들이렀더라

㉛ 이스라엘 자손을 다스리는 왕이 있기 전에 에돔 땅을 다스리는 왕이 이러하니라

㉜ 브올의 아들 벨라가 에돔의 왕이 되었으니 그 도성의 이름은 딘하바며

㉝ 벨라가 죽고 보스라 사람 세라의 아들 요밥이 그를 대신하여 왕이 되고

㉞ 요밥이 죽고 데만 족속의 땅의 후삼이 그를 대신하여 왕이 되고

㉟ 후삼이 죽고 브닷의 아들 곧 모압들에서 미디안 족속을 친 하닷이 그를 대신하여 왕이 되니 그 도성 이름은 아윗이며

㊱ 하닷이 죽고 마스레가의 삼라가 그를 대신하여 왕이 되고

㊲ 삼라가 죽고 유브라데 하숫가 르호봇의 사울이 그를 대신하여 왕이 되고

㊳ 사울이 죽고 악볼의 아들 바알하난이 그를 대신하여 왕이 되고

㊴ 악볼의 아들 바알하난이 죽고 하달이 그를 대신하여 왕이 되니 그 도성 이름은 바우며 그 처의 이름은 므헤다벨이니 마드렛의 딸이요 메사합의 손녀더라

㊵ 에서에게서 나온 족장들의 이름은 그 종족과 거처와 이름대로 이러하니 딤나 족장 알와 족장 여뎃 족장

㊶ 오홀리바마 족장 엘라 족장 비논 족장

㊷ 그나스 족장 데만 족장 밉살 족장

㊸ 막디엘 족장 이람 족장이라 이들은 그 구역과 거처를 따른 에돔 족장들이며 에돔 족속의 조상은 에서더라

● 37장

① 야곱이 가나안 땅 곧 그 아비의 거주 하던 땅에 거하였으니

② 야곱의 약전이 이러하니라 요셉이 십 칠세의 소년으로서 그 형제와 함께 양을 칠 때에 그 아비의 첩 빌하와 실바의 아들들로 더불어 함께 하였더니 그가 그들의 비행을 아비에게 고하더라

③ 요셉은 노년에 얻은 아들이므로 이스라엘이 여러 아들보다 그를 깊이 사랑하여 위하여 채색 옷을 지었더니

④ 그 형들이 아비가 형제들보다 그를 사랑함을 보고 그를 미워하여 그에게 거칠게 말을 하였더라

⑤ 요셉이 꿈을 꾸고 자기 형들에게 고하매 그들이 그를 더욱 미워하였더라

⑥ 요셉이 그들에게 이르되 청컨데 나의 꾼 꿈을 들으시오

⑦ 우리가 밭에서 곡식을 묶더니 내 단은 일어서고 당신들의 단은 내 단을 둘러서서 절하더이다

⑧ 그 형들이 그에게 이르되 네가 참으로 우리의 왕이 되겠느냐 참으로 우리를 다스리게 되겠느냐 하고 그 꿈과 그 말로 인하여 그를 더욱 미워하더니

⑨ 요셉이 다시 꿈을 꾸고 그 형들에게 고하여 가로되 내가 또 꿈을 꾼즉 해와 달과 열한개 별이 내게 절하더이다 하니라

⑩ 그가 그 꿈을 아버지와 형제들에게 말하매 아비가 그를 꾸짖고 그에게 이르되 너의 꾼 꿈이 무엇이냐 나와 네 모와 네 형제들이 참으로 가서 땅에 엎드려 네게 절하겠느냐

⑪ 그 형들은 시기하되 그 아비는 그 말을 마음에 새겨두었더라

⑫ 그 형들이 세겜에 가서 아비의 양떼를 칠 때에

⑬ 이스라엘이 요셉에게 이르되 네 형들이 세겜에서 양을 치지아니하느냐 너를 그들에게 보내리라 요셉이 아비에게 대답하되 내가 그리하겠나이다

⑭ 이스라엘이 그에게 이르되 가서 네 형들과 양떼가 다 잘 있는 여부를 보고 돌아와 내게 고하라 하고 그를 헤브론 골짜기에서 보내매 이에 세겜으로 가니라

⑮ 어떤 사람이 그를 만난즉 그가 들에서 방황하는지라 그 사람이 그에게 물어 가로되 네가 무엇을 찾느냐

⑯ 그가 가로되 내가 나의 형들을 찾으오니 청컨데 그들의 양치는 곳을 내게 가르치소서

⑰ 그 사람이 가로되 그들이 여기서 떠났느니라 내가 그들의 말을 들으니 도단으로 가자 하더라 요셉이 그 형들의 뒤를 따라 가서 도단에서 그들을 만나니라

⑱ 요셉이 그들에게 가까이 오기 전에 그들이 요셉을 멀리서 보고 죽이기를 꾀하여

⑲ 서로 말하되 꿈 꾸는 자가 오는 도다

⑳ 자, 그를 죽여 한 구덩이에 던지고 우리가 말하기를 악한 짐승이 그를 잡아 먹었다 하자 그 꿈이 어떻게 되는 것을 우리가 볼 것이니라 하는지라

㉑ 르우벤이 듣고 요셉을 그들의 손에서 구원하려하여 가로되 우리가 그 생명은 상하지 말자

㉒ 르우벤이 또 그들에게 이르되 피를 흘리지 말라 그를 광야 그 구덩이에 던지고 손을 그에게 대지 말라 하니 이는 그가 요셉을 그들의 손에서 구원하여 그 아비에게로 돌리려 함이었더라

㉓ 요셉이 형들에게 이르매 그 형들이 요셉의 옷 곧 그 입은 채색 옷을 벗기고

㉔ 그를 잡아 구덩이에 던지니 그 구덩이는 빈 것이라 그 속에 물이 없었더라

㉕ 그들이 앉아 음식을 먹다가 눈을 들어 본즉 이스마엘 족속이 길르앗에서 오는데 그 약대들에 향품과 유향과 몰약을 싣고 에집트로 내려가는지라

㉖ 유다가 자기 형제에게 이르되 우리가 우리 동생을 죽이고 그의 피를 은익한들 무엇이 유익할까

㉗ 자 그를 이스마엘 사람에게 팔고 우리 손을 그에게 대지 말자 그는 우리의 동생이요 우리의 골육이니라 하매 형제들이 그에 동의하였더라

㉘ 때에 미디안 사람 상인들이 지나는지라 그들이 요셉을 구덩이에서 끌어 올리고 은 이십개에 그를 이스마엘 사람들에게 팔매 그 상인들이 요셉을 데리고 에집트로 갔더라

㉙ 르우벤이 돌아와서 구덩이에 이르러 본즉 거기 요셉이 없는지라 옷을 찢고

㉚ 아우들에게 와서 가로되 아이가 없도다 내가 어데가야 찾을 수 있느냐

㉛ 그들이 요셉의 옷을 취하고 수염소를 죽여 그 옷을 피에 적시고

㉜ 그 채색옷을 보내어 그 아비에게로 가져다가 이르기를 우리가 이것을 얻었으니 아버지의 아들의 옷인가 아닌가 보소서 하매

㉝ 아비가 그것을 알아보고 가로되 내 아들의 옷이라 악한 짐승이 그를 먹었도다 요셉이 정녕 찢겼도다 하고

㉞ 자기 옷을 찢고 굵은 베로 허리를 묶고 오래도록 그 아들을 위하여 애통하니

㉟ 그 모든 자녀가 위로하되 그가 그 위로를 받지 아니하여 가로되 내가 슬퍼하며 음부에 내려 아들에게로 가리라 하고 그 아비가 그를 위하여 울었더라

㊱ 미디안 사람이 에집트에서 에집트 왕의 신하 시위대장 보디발에게 요셉을 팔았더라

● 38장

① 그 후에 유다가 자기 형제들을 떠나서 아둘람 사람 히라에게로 가서 머무니라

② 유다가 거기서 가나안 사람의 딸 수아라 하는 자를 보고 그를 취하여 동침하니

③ 그가 잉태하여 아들을 낳으매 유다가 그 이름을 엘이라 하니라

④ 그가 다시 잉태하여 아들을 낳고 그 이름을 오난이라 하고

⑤ 그가 또 다시 아들을 낳고 그 이름을 셀라라 하니라 그가 셀라를 낳을 때에 유다는 거십에 있었더라

⑥ 유다가 장자 엘을 위하여 아내를 취하니 그 이름은 다말이더라

⑦ 유다의 장자 엘이 여호와 보시기에 악하므로 여호와께서 그를 죽인지라

⑧ 유다가 오난에게 이르되 네 형수에게로 들어가서 남편의 아우의 본분을 행하여 네 형을 위하여 씨가 있게하라

⑨ 오난이 그 씨가 자기 것이 되지 않을줄 알므로 형수에게 들어 갔을 때에 형에게 아들을 얻게 아니하려고 그의 정액을 땅에 떨어지게하매

⑩ 그 일이 여호와 보시기에 악하므로 여호와께서 그도 죽이시니

⑪ 유다가 그 며느리 다말에게 이르되 수절하고 네 아비 집에 있어서 내 아들 셀라가 장성하기를 기다리라 하니 셀라도 그 형들 같이 죽을까 염려함이라 다말이 가서 그 아비 집에 있으니라

⑫ 얼마 후에 유다의 아내 수아가 낳은 딸이 죽은지라 유다가 위로를 받은 후에 그 친구 아둘람 사람 히라와 함께 딤나로 올라가서 자기 양털 깎는 자에게 이르렀더니

⑬ 어떤 사람이 다말에게 고하되 네 시부가 자기 양털을 깎으려고 딤나에 올라왔다 한지라

⑭ 그가 그 과부의 의복을 벗고 면박으로 얼굴을 가리고 몸을 휩싸고 딤나 길곁 에나임 문전에 앉으니 이는 셀라가 장성함을 보았어도 자기를 그의 아내로 주지 않음을 인함이라

⑮ 그가 얼굴을 가리웠으므로 유다가 그를 보고 창녀로 여겨

⑯ 길 곁으로 그에게 나아가 가로되 청컨데 나로 네게 들어가게 하라 하니 그 자부인 줄 알지 못하였음이라 그가 가로되 당신이 무엇을 주고 내게 들어 오려느냐

⑰ 유다가 가로되 내가 내 떼에서 염소 새끼를 주리라 그가 가로되 당신이 그것을 줄 때까지 약조물을 주겠느냐

⑱ 유다가 가로되 무슨 약조물을 네게 주랴 그가 가로되 당신의 도장과 그 끈과 당신의 손에 있는 지팡이로 하라 유다가 그것들을 그에게 주고 그에게로 들어갔더니 그가 유다로 말미암아 잉태하였더라

⑲ 그가 일어나 떠나가서 그 면박을 벗고 과부의 의복을 도로 입으니라

⑳ 유다가 그 친구 아둘람 사람의 손에 부탁하여 염소 새끼를 보내고 그 여인의 손에서 약조물을 찾으려 하였으나 그가 그 여인을 찾지 못한지라

㉑ 그가 그곳 사람에게 물어 가로되 길 곁 에나임에 있던 창녀가 어디 있느냐 그들이 가로되 여기는 창녀가 없느니라

㉒ 그가 유다에게로 돌아와 가로되 내가 그를 찾지 못하고 그곳 사람도 이르기를 여기는 창녀가 없다 하더라

㉓ 유다가 가로되 그로 그것을 가지게 두라 우리가 부끄러움을 당할까 하노라 내가 이 염소 새끼를 보내었으나 그대가 그를 찾지 못하였느니라

㉔ 석달쯤 후에 어떤 사람이 유다에게 고하여 가로되 네 며느리 다말이 행음하였고 그 행음함을 인하여 잉태하였느니라 유다가 가로되 그를 끌어내어 불사르라

㉕ 여인이 끌려나갈 때에 보내어 시아버지에게 이르되 이 물건 임자로 말미암아 잉태하였나이다 청컨데 보소서 이 도장과 그 끈과 지팡이가 뉘것이니이까 한지라

㉖ 유다가 그것들을 알아보고 가로되 그는 나보다 옳도다 내가 그를 내 아들 셀라에게 주지 아니하였음이로다 하고 다시는 그를 가까이 하지 아니하였더라

㉗ 임산하여 보니 쌍태라

㉘ 해산할 때에 손이 나오는지라 산파가 가로되 이는 먼저 나온자라 하고 홍사를 가져 그 손에 매었더니

㉙ 그 손을 도로 들이며 그 형제가 나오는지라 산파가 가로되 네가 어찌하여 터치고 나오느냐 한 고로 그 이름을 베레스라 불렀고

㉚ 그 형 곧 손에 홍사 있는 자가 뒤에 나오니 그 이름을 세라라 불렀더라

● 39장

① 요셉이 이끌려 에집트에 내려가매 바로의 신하 친위대장 애굽 사람 보디발이 그를 그리로 데려간 이스마엘 사람의 손에서 요셉을 사니라

② 여호와께서 요셉과 함께 하시므로 그가 형통한 자가 되어 그의 주인 에집트 사람의 집에 있으니

(And the LORD was with Joseph, and he was a prosperous man; and he was in the house of his master the Egyptian.-KJV)

(The LORD was with Joseph and he prospered, and he lived in the house of his Egyptian master.-NIV)

(The LORD was with Joseph and he enjoyed great success and was assigned to the household of his Egyptian master.-NAB)

(As it turned out, God was with Joseph and things went very well with him. He ended up living in the home of his Egyptian master.-THE MESSAGE)

③ 그의 주인이 여호와께서 그와 함께 하심을 보며 또 여호와께서 그의 범사에 형통하게 하심을 보았더라

④ 요셉이 그의 주인에게 은혜를 입어 섬기매 그가 요셉을 가정 총무로 삼고 자기의 소유를 다 그의 손에 위탁하니

⑤ 그가 요셉에게 자기의 집과 그의 모든 소유물을 주관하게 한 때부터 여호와께서 요셉으로 인하여 그 애굽 사람의 집에 복을 내리시므로 여호와의 복이 그의 집과 밭에 있는 모든 소유에 미친지라

⑥ 주인이 그의 소유를 다 요셉의 손에 위탁하고 자기가 먹는 음식 외에는 간섭하지 아니하였더라 요셉은 용모가 빼어나고 아름다웠더라

⑦ 그 후에 그의 주인의 아내가 요셉에게 눈짓하다가 동침하기를 청하니

⑧ 요셉이 거절하며 자기 주인의 아내에게 이르되 내 주인이 집안의 모든 소유를 간섭하지 아니하고 다 내 손에 위탁하였으니

⑨ 이 집에는 나보다 큰 이가 없으며 주인이 내게 아무것도 금하지 아니하였어도 금한 것은 당신뿐이니 당신은 그의 아내임이라 그런즉 내가 어찌 이 큰 악을 행하여 하나님께 죄를 지으리까

⑩ 여인이 날마다 요셉에게 청하였으나 요셉이 듣지 아니하여 동침하지 아니할 뿐더

러 함께 있지도 아니하니라

⑪ 그러할 때에 요셉이 그의 일을 하러 그 집에 들어갔더니 그 집 사람들은 하나도 거기에 없었더라

⑫ 그 여인이 옷을 잡고 이르되 나와 동침하자 그러나 요셉이 자기의 옷을 그 여인의 손에 버려두고 밖으로 나가매

⑬ 그 여인이 요셉이 그의 옷을 자기 손에 버려두고 도망하여 나감을 보고

⑭ 그 여인의 집 사람들을 불러서 그들에게 이르되 보라 주인이 히브리 사람을 데려다가 우리를 희롱하게 하는도다 그가 나와 동침하고자 내게로 들어오므로 내가 크게 소리 질렀더니

⑮ 그가 나의 소리 질러 부름을 듣고 그의 옷을 내게 버려두고 도망하여 나갔느니라 하고

⑯ 그의 옷을 곁에 두고 자기 주인이 집으로 돌아오기를 기다려

⑰ 이 말로 그에게 말하여 이르되 당신이 우리에게 데려온 히브리 종이 나를 희롱하려고 내게로 들어 왔으므로

⑱ 내가 소리 질러 불렀더니 그가 그의 옷을 내게 버려두고 밖으로 도망하여 나갔나이다

⑲ 그의 주인이 자기 아내가 자기에게 이르기를 당신의 종이 내게 이같이 행하였다는 말을 듣고 심히 노한지라

⑳ 이에 요셉의 주인이 그를 잡아 옥에 가두니 그 옥은 왕의 죄수를 가두는 곳이었더라 요셉이 옥에 갇혔으나

㉑ 여호와께서 요셉과 함께 하시고 그에게 사랑을 더하사 간수장에게 은혜를 받게 하시매

㉒ 간수장이 옥중 죄수를 다 요셉의 손에 맡기므로 그 제반 사무를 요셉이 처리하고

㉓ 간수장은 그의 손에 맡긴 것을 무엇이든지 살펴보지 아니 하였으니 이는 여호와께서 요셉과 함께 하심이라 여호와께서 그를 범사에 형통하게 하셨더라

● 40장

① 그 후에 에집트 왕의 술 맡은 자와 떡 굽는 자가 그들의 주인인 에집트왕의 감정을 상하게 한지라

② 에집트 왕이 그 두 관원장 곧 술 맡은 관원장과 떡 굽는 관료들에게 노하여

③ 그들을 시위대장의 집안에 있는 옥에 가두니 곧 요셉의 갇힌 곳이라

④ 시위대장이 요셉으로 그들에게 수종하게 하매 요셉이 그들을 섬겼더라 그들이 갇힌 지 수일이라

⑤ 옥에 갇힌 에집트 왕의 술 맡은 자와 떡 굽는 자 두 사람이 하룻밤에 꿈을 꾸니 각기 몽조가 다르더라

⑥ 아침에 요셉이 들어가 보니 그들에게 근심 빛이 있는지라

⑦ 요셉이 그 주인의 집에 자기와 함께 갇힌 에집트 왕의 관료들에게 묻되 당신들이 오늘 어찌하여 근심 빛이 있나이까

⑧ 그들이 그에게 이르되 우리가 꿈을 꾸었으나 이를 해석할 자가 없도다 요셉이 그들에게 이르되 해석은 하나님께 있지 아니하니이까 청컨데 내게 고하소서

⑨ 술 맡은 관료가 그 꿈을 요셉에게 말하여 가로되 내가 꿈에 보니 내 앞에 포도나무가 있는데

⑩ 그 나무에 세 가지가 있고 싹이 나서 꽃이 피고 포도송이가 익었고

⑪ 내 손에 왕의 잔이 있기로 내가 포도를 따서 그 즙을 왕의 잔에 짜서 그 잔을 왕의 손에 드렸노라

⑫ 요셉이 그에게 이르되 그 해석이 이러하니 세 가지는 사흘이라

⑬ 지금부터 사흘안에 왕이 당신의 머리를 들고 당신의 전직을 회복하리니 당신이 이왕에 술 맡은 자가 되었을 때에 하던 것 같이 왕의 잔을 그 손에 받들게 되리이다

⑭ 모든 일이 당신에게 잘 되거든 나를 생각하고 내게 은혜를 베풀어서 내 사정을 왕에게 고하여 이 집에서 나를 건져 내소서

⑮ 나는 히브리 땅에서 끌려온 자요 여기서도 옥에 갇힐 일은 행치 아니하였나이다

⑯ 떡 굽는 관원장이 그 해석이 길함을 보고 요셉에게 이르되 나도 꿈에 보니 흰떡 세 광주리가 내 머리에 있고

⑰ 그 윗 광주리에 바로를 위하여 만든 각종 구운 음식물이 있는데 새들이 내 머리의 광주리에서 그것을 먹더라

⑱ 요셉이 대답하여 가로되 그 해석은 이러하니 세 광주리는 사흘이라

⑲ 지금부터 사흘안에 바로가 당신의 머리를 끊고 당신을 나무에 달리니 새들이 당신의 고기를 뜯어 먹으리이다 하더니

⑳ 사흘 후는 왕의 탄일이라 왕이 모든 신하를 위하여 잔치할 때에 술 맡은 관료와 떡 맡은 관료로 머리를 그 신하들 면전에서 들어 올리게 하니라

㉑ 바로는 술 맡은 관료의 직책을 복귀시키매 그가 다시 잔을 바로의 손에 받들어 드렸으나

㉒ 떡 굽는 관원장은 매어 다니 요셉이 그들에게 해석함과 같이 되었더라

㉓ 그러나 술 맡은 관원장은 요셉을 기억지 않고 잊었더라

● 41장

① 만 이년 후에 에집트 왕이 꿈을 꾼 즉 자기가 나일 강가에 섰는데

② 보니 윤기나고 살찐 일곱 암소가 강으로부터 올라와 갈대 밭에서 뜯어먹고

③ 그 뒤에 또 흉악하고 파리한 다른 일곱 암소가 나일 강에서 올라와 그 소와 함께 하숫가에 섰더니

④ 그 흉악하고 파리한 소가 그 아름답고 살찐 소를 먹은지라 바로가 곧 깨었다가

⑤ 다시 잠이 들어 꿈을 꾸니 한 줄기에 무성하고 충실한 일곱 이삭이 나오고

⑥ 그 후에 동풍에 시들고 마른 일곱 이삭이 나오더니

⑦ 그 시들은 일곱 이삭이 무성하고 충실한 일곱 이삭을 삼킨지라 바로가 깬즉 꿈이라

⑧ 아침에 그 마음이 번민하여 보내어 에집트의 술객과 박사를 모두 불러 그들에게 그 꿈을 고하였으나 그것을 바로에게 해석하는 자가 없더라

⑨ 술 맡은 관원장이 왕에게 고하여 가로되 내가 전에 있던 일을 오늘에야 기억하나이다

⑩ 왕께서 종들에게 노하사 나와 떡 굽는 관원장을 시위대장의 집에 가두었을 때에

⑪ 나와 그가 하룻밤에 꾼즉 각기 징조가 있는 꿈이라

⑫ 그곳에 시위대장의 종된 히브리 소년이 우리와 함께 있기로 우리가 그에게 고하매 그가 우리의 꿈을 풀되 그 꿈대로 각인에게 해석하더니

⑬ 그 해석한대로 되어 나는 복직하고 그는 매여 달렸나이다

⑭ 이에 에집트 왕이 보내어 요셉을 부르매 그들이 급히 그를 옥에서 낸지라 요셉이 곧 수염을 깎고 그 옷을 갈아입고 에집트 왕에게 들어오니

⑮ 에집트 왕이 요셉에게 이르되 내가 한 꿈을 꾸었으나 그것을 해석하는 자가 없더니 들은즉 너는 꿈을 들으면 능히 푼다더라

⑯ 요셉이 에집트 왕에게 대답하여 가로되 이는 내게 있는 것이 아니라 하나님이 왕에게 평안한 대답을 하시리이다

⑰ 에집트 왕이 요셉에게 이르되 내가 꿈에 하숫가에 서서

⑱ 보니 살찌고 아름다운 일곱 암소가 하숫가에 올라와 갈 밭에서 뜯어 먹고

⑲ 그 뒤에 또 약하고 심히 흉악하고 파리한 일곱 암소가 올라오니 그같이 흉악한 것들은 에집트 땅에서 아직 보지 못한 것이라

⑳ 그 파리하고 흉악한 소가 처음의 일곱 살찐 소를 먹었으며

㉑ 먹었으나 먹은듯하지 아니하여 여전히 흉악하더라 내가 곧 깨었다가

㉒ 다시 꿈에 한 줄기에 무성하고 충실한 일곱 이삭이 나오고

㉓ 그 후에 또 동풍에 시들고 마른 일곱 이삭이 나더니

㉔ 그 시들은 이삭이 좋은 일곱 이삭을 삼키더라 내가 그 꿈을 마술사들에게 말하였으나 그 꿈을 내게 명쾌하게 해석하는 자가 없느니라

㉕ 요셉이 에집트 왕에게 고하되 폐하의 꿈은 하나이라 하나님이 그 하실 일을 폐하에게 보이심이니이다

㉖ 일곱 좋은 암소는 일곱해요 일곱 좋은 이삭도 일곱해니 그 꿈은 하나이라

㉗ 그후에 올라온 파리하고 흉악한 일곱소는 칠년이요 동풍에 말라 속이 빈 일곱 이삭도 일곱해 흉년이니

㉘ 내가 에집트 왕에게 고하기를 하나님이 그 하실 일로 에집트 왕에게 보이신다 함이 이것이라

㉙ 온 에집트 땅에 일곱해 큰 풍년이 있겠고

㉚ 후에 일곱해 흉년이 들므로 에집트 땅에 있던 풍년을 다 잊어버리게 되고 이 땅이 기근으로 멸망되리니

㉛ 후에 든 그 흉년이 너무 심하므로 이전 풍년을 이 땅에서 기억하지 못하게 되리이다

㉜ 폐하께서 꿈을 두번 겹쳐 꾸신 것은 하나님이 이 일을 정하셨음이라 속히 행하시리니

㉝ 이제 폐하께서는 명철하고 지혜있는 사람을 택하여 에집트 땅을 치리하게 하시고

㉞ 폐하께서는 또 이같이 행하사 국중에 여러 관리를 두어 그 일곱해 풍년에 에집트 땅의 오분의 일을 거두되

㉟ 그 관리로 장차 올 풍년의 모든 곡물을 거두고 그 곡물을 폐하의 손에 돌려 양식을 위하여 각 성에 적치하게 하소서

㊱ 이와 같이 그 곡물을 이 땅에 저장하여 에집트 땅에 임할 일곱 흉년을 예비하시면

땅이 이 흉년을 인하여 멸망치 아니하리이다

㊲ 에집트 왕과 그 모든 신하가 이 일을 좋게 여긴지라

㊳ 에집트 왕이 그 신하들에게 이르되 이와 같이 하나님의 영이 감동한 사람을 우리가 어찌 얻을 수 있으리요

㊴ 요셉에게 이르되 하나님이 이 모든 것을 네게 보이셨으니 너와 같이 명철하고 지혜 있는 자가 없도다

㊵ 너는 내 집을 치리하라 내 백성이 다 네 명령을 복종하리니 나는 너 보다 높음이 보좌뿐이니라

㊶ 에집트 왕이 또 요셉에게 이르되 내가 너로 에집트 온 땅을 총리하게 하노라 하고

㊷ 자기의 인장 반지를 빼어 요셉의 손에 끼우고 그에게 세마포 옷을 입히고 금사슬을 목에 걸고

㊸ 자기에게 있는 버금 수레에 그를 태우매 무리가 그 앞에서 소리 지르기를 엎드리라 하더라 에집트 왕이 그로 애굽 전국을 총리하게 하였더라

㊹ 에집트 왕이 요셉에게 이르되 나는 왕이라 에집트 온 땅에서 네 허락 없이는 수족을 놀릴 자가 없으리라 하고

㊺ 그가 요셉의 이름을 사브낫바네아라 하고 또 온의 제사장 보디베라의 딸 아스낫을 그에게 주어 아내를 삼게 하니라 요셉이 나가 애굽 온 땅을 순찰하니라

㊻ 요셉이 에집트 왕앞에 설 때에 삼십세라 그가 왕을 떠나 에집트 온 땅을 순찰하니

㊼ 일곱해 풍년에 토지 소출이 심히 많은지라

㊽ 요셉이 에집트 땅에 있는 그 칠년 곡물을 거두어 각 성에 저축하되 각성 주위의 밭의 곡물을 그 성중에 저장하매

㊾ 저장한 곡식이 바다 모래 같이 심히 많아 세기를 그쳤으니 그 수가 한이 없음이었더라

㊿ 흉년이 들기 전에 요셉에게 두 아들을 낳되 곧 온의 제사장 보디베라의 딸 아스낫이 그에게 낳은지라

51 요셉이 그 장자의 이름을 므낫세라 하였으니 하나님이 나로 나의 모든 고난과 나의 아비의 온 집 일을 잊어 버리게 하셨다 함이요

52 차자의 이름을 에브라임이라 하였으니 하나님이 나로 나의 수고한 땅에서 창성하게 하셨다 함이었더라

53 에집트 땅에 일곱해 풍년이 그치고

㊴ 요셉의 말과 같이 일곱해 흉년이 들기 시작하매 각국에는 기근이 있으나 에집트 온 땅에는 양식이 있더니

㊵ 에집트 온 땅이 주리매 백성이 왕에게 부르짖어 양식을 구하는 지라 왕이 에집트 모든 백성에게 이르되 요셉에게 가서 그가 너희에게 이르는 대로 하라 하니라

㊶ 온 나라에 기근이 있으매 요셉이 모든 창고를 열고 곡식을 에집트 백성에게 팔았더라

㊷ 모든 나라의 백성들이 양식을 사려고 에집트로 들어와 요셉에게 이르렀으니 기근이 온 세상에서 심함이었더라

● 42장

① 그때에 야곱이 에집트에 곡식이 있음을 듣고 아들들에게 이르되 너희는 어찌하여 서로 관망만 하느냐

② 야곱이 또 이르되 내가 들은즉 저 에집트에 곡식이 있다 하니 너희는 그리로 가서 거기서 우리를 위하여 사오라 그리하면 우리가 죽지 아니하리라 하매

③ 요셉의 형 십인이 애굽에서 곡식을 사려고 내려 갔으나

④ 야곱이 요셉의 아우 베냐민을 그 형들과 보내지 아니하였으니 이는 그에게 무슨 해가 미칠까 두려워 함이었더라

⑤ 그래서 이스라엘의 아들들은 곡식을 사러갔는데 이는 가나안 땅에 기근이 있었음이라

⑥ 그 때에 요셉이 나라의 총리로서 그 땅 모든 백성에게 팔더니 요셉의 형들이 와서 그 앞에서 땅에 엎드려 절하매

⑦ 요셉이 보고 형들인줄 아나 모르는체 하고 엄한 소리로 그들에게 말하여 가로되 너희가 어디서 왔느냐 그들이 가로되 곡물을 사려고 가나안에서 왔나이다

⑧ 요셉은 그 형들을 아나 그들은 요셉을 알지 못하더라

⑨ 요셉이 그들에게 대하여 꾼 꿈을 생각하고 그들에게 이르되 너희는 정탐들이라 이 나라의 틈을 엿보려고 왔느니라

⑩ 그들이 그에게 이르되 주인님 아니니이다 종들은 곡물을 사러 왔나이다

⑪ 우리는 다 한 사람의 아들들로서 독실한 자니 종들은 정탐이 아니니이다

⑫ 요셉이 그들에게 이르되 아니라 너희가 이 나라의 틈을 엿보러 왔느니라

⑬ 그들이 가로되 주의 종 우리들은 십 이 형제로서 가나안 땅 한 사람의 아들들이라

말째 아들은 오늘 아버지와 함께 있고 또 하나는 없어졌나이다

⑭ 요셉이 그들에게 이르되 내가 너희에게 이르기를 너희는 정탐꾼이라 한 말이 이것이니라

⑮ 너희는 이같이 하여 너희 진실함을 증명할 것이라 에짚트 왕이 살아있는 한 너희 말째 아우가 여기 오지 아니하면 너희가 여기서 나가지 못하리라

⑯ 너희 중 하나를 보내어 너희 아우를 데려오게 하고 너희는 갇히어 있으라 내가 너희의 말을 테스트하여 너희 중에 진실이 있는지 보리라 에짚트 왕의 생명으로 맹서하노니 그리하지 아니하면 너희는 과연 정탐이니라 하고

⑰ 그들을 다 함께 삼일을 가두었더라

⑱ 삼일 만에 요셉이 그들에게 이르되 나는 하나님을 경외하노니 너희는 이같이 하여 생명을 보전하라

⑲ 너희가 독실한 자이면 너희 형제 중 한 사람만 그 옥에 갇히게 하고 너희는 곡식을 가지고 가서 너희 집들의 주림을 구하고

⑳ 너희 말째 아우를 내게로 데리고 오라 그리하면 너희 말이 진실함이 되고 너희가 죽지 아니하리라 그들이 그대로 하니라

㉑ 그들이 서로 말하되 우리가 아우의 일로 인하여 범죄하였도다 그가 우리에게 애걸할 때에 그 마음의 괴로움을 보고도 듣지 아니하였으므로 이 괴로움이 우리에게 임하도다

㉒ 르우벤이 그들에게 대답하여 가로되 내가 너희더러 그 아이에게 득죄하지 말라고 하지 아니하였느냐 그래도 너희가 듣지 아니하였느니라 그러므로 그의 피 값을 내게 되었도다 하니

㉓ 요셉이 통역을 통하여 그들과 소통하였으므로 그들은 요셉이 그 말을 알아 들은줄을 알지 못하였더라

㉔ 요셉이 그들을 떠나가서 울고 다시 돌아와서 그들과 말하다가 그들 중에서 시므온을 취하여 그들의 목전에서 결박하고

㉕ 명하여 곡물을 그 그릇에 채우게 하고 각인의 돈은 그 자루에 도로 넣게 하고 또 길 양식을 그들에게 주게 하니 그대로 행하였더라

㉖ 그들이 곡식을 나귀에 싣고 그 곳을 떠났더니

㉗ 한 사람이 객점에서 나귀에게 먹이를 주려고 자루를 풀고 본즉 그 돈이 자루 아구에 있는지라

㉘ 그가 그 형제들에게 고하되 내 돈을 도로 넣었도다 보라 자루 속에 있도다 이에 그들이 혼이 나서 떨며 서로 돌아보며 말하되 하나님이 어찌하여 우리에게 이 일을 행하셨는고 하고

㉙ 그들이 가나안 땅에 돌아와 그 아비 야곱에게 이르되 그 만난 일을 자세히 고하여 가로되

㉚ 그 땅의 주인인 그 사람이 엄히 우리에게 말씀하고 우리를 그 나라 정탐자로 여기기로

㉛ 우리가 그에게 이르되 우리는 정직한 자요 정탐이 아니니이다

㉜ 우리는 한 아비의 아들 십 이 형제로서 하나는 없어지고 말째는 오늘 우리 아버지와 함께 가나안 땅에 있다 하였더니

㉝ 그 땅의 주인인 그 사람이 우리에게 이르되 내가 이같이 하여 너희가 정직한 자임을 알리니 너희 형제 중 하나를 내게 두고 양식을 가지고 가서 너희 집들의 주림을 구하고

㉞ 너희 말째 아우를 내게로 데려 오라 그리하면 너희가 정탐이 아니요 정직한 자임을 내가 알고 너희 형제를 너희에게 돌리리니 너희가 이 나라에서 너희가 이 나라에서 무역하리라 하더이다 하고

㉟ 각기 자루를 쏟고 본즉 각인의 돈 뭉치가 그 자루 속에 있는지라 그들과 그 아비가 돈뭉치를 보고 다 두려워하더니

㊱ 그 아비 야곱이 그들에게 이르되 너희가 나로 나의 자식을 잃게 하도다 요셉도 없어졌고 시므온도 없어 졌거늘 베냐민을 또 빼앗아 가고자 하니 이는 다 나를 해롭게 함이로다

㊲ 르우벤이 아비께 고하여 가로되 내가 그를 아버지께로 데리고 오지 아니하거든 나의 두 아들을 죽이소서 그를 내 손에 맡기소서 내가 그를 아버지께로 데리고 돌아오리이다

㊳ 야곱이 가로되 내 아들은 너희와 함께 내려가지 못하리니 그의 형은 죽고 그만 남았음이라 만일 너희 행하는 길에서 재난이 그 몸에 미치면 너희가 나의 백발의 머리로 슬피 음부로 내려가게 함이 되리라

●43장
① 그 땅에 기근이 더 심하여지고

② 그들이 에집트에서 가져온 곡식을 다 먹으매 그 아비가 그들에게 이르되 다시 가서 우리를 위하여 양식을 조금 사라

③ 유다가 아비에게 말하여 가로되 그 사람이 엄히 우리에게 경계하여 가로되 너희 아우가 너희와 함께하지 아니하면 너희가 내 얼굴을 보지 못하리라 하였으니

④ 아버지께서 우리 아우를 우리와 함께 보내시면 우리가 내려가서 아버지를 위하여 양식을 사려니와

⑤ 아버지께서 만일 그를 보내시지 않으시면 우리는 내려가지 아니하리니 그 사람이 우리에게 말하기를 너희 아우가 너희와 함께 하지 아니하면 너희가 내 얼굴을 보지 못하리라 하였음이니이다

⑥ 이스라엘이 가로되 너희가 어찌하여 너희에게 오히려 아우가 있다고 그 사람에게 고하여 나를 해롭게 하였느냐

⑦ 그들이 가로되 그 사람이 우리와 우리의 친족에 대하여 자세히 힐문하여 이르기를 너희 아버지가 그저 살았느냐 너희에게 아우가 있느냐 하기로 그 말에 단순하게 그에게 대답한 것이라 그가 너희 아우를 데리고 내려오라 할줄을 우리가 어찌 알았으리이까

⑧ 그때 유다가 아비 이스라엘에게 말하기를 저 아우를 나와 함께 보내시면 우리가 곧 가리니 그러면 우리와 아버지와 우리 어린 것들이 다 살고 죽지 아니하리이다
(And Judah said unto Israel his father, Send the lad with me, and we will arise and go; that we may live, and not die, both we, and thou, and also our little ones.-KJV)
(Then Judah said to Israel his father, "Send the boy along with me and we will go at once, so that we and you and our children may live and not die.-NIV)
(Then Judah urged his father Israel: "Let the boy go with me, that we may be off and on our way if you and we and our children are to keep from starving to death.-NAB)
(Judah pushed his father Israel. "Let the boy go; I'll take charge of him. Let us go and be on our way-if we don't get going, we're all going to starve to death-we and you and our children, too!-THE MESSAGE)

⑨ 내가 그의 몸을 담보하오리니 아버지께서 내 손에 그를 물으소서 내가 만일 그를

아버지께 데려다가 아버지 앞에 두지 아니하면 내가 영원히 죄를 지리이다

⑩ 우리가 지체하지 아니하였더면 벌써 두번 갔다 왔으리이다

⑪ 그들의 아비 이스라엘이 그들에게 이르되 그러할진데 이렇게 하라 너희는 이 땅의 아름다운 소산을 그릇에 담아가지고 내려가서 그 사람에게 예물을 삼을지니 곧 유황 조금과 꿀 조금과 향품과 몰약과 비자와 파단행이니라

⑫ 너희 손에 돈을 배나 가지고 너희 자루 아구에 도로 넣여 온 그 돈을 다시 가지고 가라 혹 착각이 있었을까 두렵도다

⑬ 네 아우도 데리고 떠나 다시 그 사람에게로 가라

⑭ 전능하신 하나님께서 그 사람 앞에서 너희에게 은혜를 베푸사 그 사람으로 너희 다른 형제와 베냐민을 돌려보내게 하시기를 원하노라 내가 자식을 잃게 되면 잃으리로다

⑮ 그 사람들이 그 예물을 취하고 갑절 돈을 자기들의 손에 가지고 베냐민을 데리고 애굽에 내려가서 요셉의 앞에 서니라

⑯ 요셉이 베냐민이 그들과 함께 있음을 보고 그 청지기에게 이르되 이 사람들을 집으로 인도해 들이고 짐승을 잡고 준비해라 이 사람들이 오정에 나와 함께 먹을 것이니라

⑰ 그 사람이 요셉의 명대로 하여 그 사람들을 요셉의 집으로 인도하니

⑱ 그 사람들이 요셉의 집으로 인도되매 두려워하여 이르되 전일 우리 자루에 넣여 있던 돈의 일로 우리가 끌려왔도다 이는 우리를 억류하고 달려들어 우리를 잡아 노예를 삼고 우리의 나귀를 빼앗으려 함이로다 하고

⑲ 그들이 요셉의 청지기에게 가까이 나아가 그 집 문앞에서 그에게 고하여

⑳ 가로되 여보세요 선생님 우리가 전일에 내려와서 양식을 사가지고

㉑ 객점에 이르러 자루를 풀어본즉 각인의 돈이 본수대로 자루 아구에 있기로 우리가 도로 가져왔고

㉒ 양식 살 다른 돈도 우리가 가지고 내려 왔나이다 우리의 돈을 우리의 자루에 넣은 자는 누구인지 우리가 알지 못하나이다

㉓ 그가 이르되 너희는 안심하라 두려워 말라 너희 하나님 너희 아버지의 하나님이 재물을 너희 자루에 넣어 너희에게 주신 것이니라 너희 돈은 내가 이미 받았느니라 하고 시므온을 그들에게 이끌어내고

㉔ 그들을 요셉의 집으로 인도하고 물을 주어 발을 씻게 하며 그 나귀에게 먹이를 주

더라

㉕ 그들이 여기서 먹겠다 함을 들으므로 예물을 정돈하고 요셉이 오정에 오기를 기다리더니

㉖ 요셉이 집으로 오매 그들이 그 집으로 들어가서 그 예물을 그에게 드리고 땅에 엎드리어 절하니

㉗ 요셉이 그들의 안부를 물으며 가로되 너희 아버지 너희가 말하던 그 노인이 안녕하시냐 지금까지 생존하셨느냐

㉘ 그들이 대답하되 주의 종 우리 아비가 평안하고 지금까지 생존하였나이다 하고 머리 숙여 절하더라

㉙ 요셉이 눈을 들어 자기 어머니의 아들 자기 동생 베냐민을 보고 가로되 이 사람이 내게 말하던 너희 작은 동생이냐 요셉이 또 가로되 하나님이 네게 은혜를 베푸시기를 원하노라

㉚ 요셉이 아우를 인하여 마음이 타는듯 하므로 급히 안방으로 들어가서 울고

㉛ 얼굴을 씻고 나와서 그 정을 억제하고 음식을 차리라 하매

㉜ 그들이 요셉에게 따로 하고 그 형제들에게 따로 하고 배식하는 에집트 사람에게도 따로 하니 에집트 사람은 히브리 사람과 같이 먹으면 부정을 입음이었더라

㉝ 그들이 요셉의 앞에 앉되 그 장유의 차서대로 앉히운바 되니 그들이 서로 이상히 여겼더라

㉞ 요셉이 자기 음식물로 그들에게 주되 베냐민에게는 다른 사람보다 오배나 주었더라 그래서 그들은 요셉과 함께 즐겁게 먹고 마셨더라

● 44장

① 요셉이 그 청지기에게 명하여 가로되 양식을 각인의 자루에 실을 수 있을 만큼 채우고 각인의 돈을 그 자루에 넣고

② 또 내 잔 곧 은잔을 그 소년의 자루 아구에 넣고 그 양식 값 돈도 함께 넣으라 하매 그가 요셉의 명령대로 하고

③ 아침에 동이 트자 사람들과 그 나귀를 보내니라

④ 그들이 성에서 나가 멀리 가기 전에 요셉이 청지기에게 이르되 일어나 그 사람들의 뒤를 따라 미칠 때에 그들에게 이르기를 너희가 어찌하여 악으로 선을 갚느냐

⑤ 이것은 내 주인이 가지고 마시며 늘 점치는데 쓰는 것이 아니냐 너희가 이같이 하

니 악하도다 하라

⑥ 청지기가 그들에게 따라 미쳐 그대로 말하니

⑦ 그들이 그에게 대답하되 여보시요 선생님 어찌 이렇게 말씀하시나이까 이런 일은 종들이 결단코 아니하나이다

⑧ 우리 자루에 있던 돈도 우리가 가나안 땅에서부터 당신에게로 가져왔거늘 우리가 어찌 당신 주인의 집에서 은, 금을 도적질 하리이까

⑨ 종들 중 뉘게서 발견되든지 그는 죽을 것이요 우리는 주의 종이 되리이다

⑩ 그가 가로되 그러면 너희 말고 같이 하리라 그것이 뉘게서든지 발견되면 그는 우리 종이 될 것이요 너희에게는 책망이 없으리라

⑪ 그들이 각각 급히 자루를 땅에 내려놓고 각기 푸니

⑫ 그가 나이 많은 자에게서부터 시작하여 나이 적은 자에게까지 수탐하매 잔이 베냐민의 자루에서 발견된지라

⑬ 그들이 옷을 찢고 각기 짐을 나귀에 싣고 성으로 돌아 오니라

⑭ 유다와 그 형제들이 요셉의 집에 이르니 요셉이 오히려 그곳에 있는지라 그 앞 땅에 엎드리니

⑮ 요셉이 그들에게 이르되 너희가 어찌하여 이런 일을 행하였느냐 나 같은 사람이 점 잘 칠줄을 너희가 알지 못하느냐

⑯ 유다가 가로되 우리가 주인님께 무슨 말을 하오리까 무슨 설명을 하오리이까 어떻게 우리의 정직을 나타내리이까 하나님이 종들의 죄악을 적발하셨으니 우리와 이 잔이 발견된 자가 다 주인님의종이 되겠나이다

⑰ 요셉이 가로되 내가 결코 그리하지 아니하리라 잔이 그 손에서 발견된 자만 나의 종이 되고 너희는 평안히 너희 아버지께로 도로 올라갈 것이니라

⑱ 유다가 그에게 가까이 가서 가로되 주인님 청컨데 종으로 내 주의 귀에 한 말씀을 고하게 하소서 주의 종에게 노하지 마옵소서 주인님은 바로와 같으심이니이다

⑲ 이전에 주인님께서 종들에게 물으시되 너희는 아비가 있느냐 아우가 있느냐 하시기에

⑳ 우리는 대답하였나이다 우리에게 아비가 있으니 노인이요 또 그 노년에 얻은 아들 소년이 있으니 그의 형은 죽고 그 어미의 끼친 것은 그 뿐이므로 그 아비가 그를 사랑하나이다 하였더니

㉑ 주인님께서 또 종들에게 이르시되 그를 내게로 데리고 내려와서 나로 그를 목도하

게 하라 하시기로

㉒ 우리가 주인님께 말씀하시길 그 아이는 아비를 떠나지 못할지니 떠나면 아비가 죽겠나이다

㉓ 주인님께서 주의 종들에게 말씀하시되 너희 말째 아우가 너희와 함께 내려오지 아니하면 너희가 다시 내 얼굴을 보지 못하리라 하시기로

㉔ 우리가 주의 종 우리 아비에게로 도로 올라가서 주인님의 말씀을 그에게 고하였나이다

㉕ 그 후에 우리 아비가 다시 가서 곡물을 조금 사로라 하시기로

㉖ 우리가 이르되 우리가 내려갈 수 없나이다 우리 말째 아우가 우리와 함께하면 내려 가려니와 말째 아우가 우리와 함께함이 아니면 그 사람의 얼굴을 볼 수 없음이니이다

㉗ 주의 종 우리 아비가 우리에게 이르되 너희도 알거니와 내 아내가 내게 두 아들을 낳았으나

㉘ 하나는 내게서 나간고로 내가 말하기를 정녕 찢겨 죽었다 하고 내가 지금까지 그를 보지 못하거늘

㉙ 너희가 이도 내게서 취하여 가려한즉 만일 재해가 그 몸에 미치면 나의 흰 머리로 슬피 음부로 내려가게 하리라 하니

㉚ 아비의 생명과 아이의 생명이 밀접하게 결합되었거늘 이제 내가 주의 종 우리 아비에게로 돌아갈 때에 아이가 우리와 함께 하지 아니하면

㉛ 아비가 아이의 없음을 보고 죽으리니 이같이 되면 종들이 주의 종 우리 아비의 흰 머리로 슬피 음부로 내려가게 함이니이다

㉜ 주의 종이 내 아비에게 아이를 담보하기로 내가 이를 아버지께로 데리고 돌아오지 아니하면 영영히 아버지께 죄를 지리이다 하였사오니

㉝ 청컨데 주의 종으로 아이를 대신하여 있어서 주의 종이 되게 하시고 아이는 형제와 함께 도로 올려보내소서

㉞ 내가 어찌하여 아이와 함께 하지 아니하고 내 아비에게로 올라 갈 수 있으리이까 두렵건데 재해가 내 아비에게 미침을 보리이다

● **45장**
① 요셉이 시종하는 자들 앞에서 정을 억제하지 못하여 소리질러 모든 사람을 자기에

게서 물러가라 하고 그 형제에게 자기를 알리니 때에 그와 함께한 자가 없었더라

② 요셉이 방성대곡하니 에집트 사람들에게 들리며 왕의 궁중에 들리더라

③ 요셉이 그 형들에게 이르되 나는 요셉이라 내 아버지께서 아직 살아 계시니이까 형들이 그 앞에서 능히 대답하지 못하는지라

④ 요셉이 형들에게 이르되 내게로 가까이 오소서 그들이 가까이 가니 가로되 나는 당신들의 아우 요셉이니 당신들이 에집트에 판 자라

⑤ 당신들이 나를 이곳에 팔았으므로 근심하지 마소서 한탄하지 마소서 하나님이 생명을 구원하시려고 나를 당신들 앞서 보내셨나이다

⑥ 이 땅에 이년 동안 흉년이 들었으나 아직 오년은 기경도 못하고 추수도 못할지라

⑦ 하나님이 큰 구원으로 당신들의 생명을 보존하고 당신들의 후손을 세상에 두시려고 나를 당신들 앞서 보내셨나이다

⑧ 그런즉 나를 이리로 보낸자는 당신들이 아니요 하나님이시라 하나님이 나로 에집트 왕의 돌보는 자로 삼으시고 그 온 집의 주인을 삼으시며 에집트 온 땅의 치리자로 삼으셨나이다

⑨ 당신들은 속히 아버지께로 올라가서 고하기를 아버지의 아들 요셉의 말에 하나님이 나를 에집트 전역의 주인으로 세우셨으니 내게로 지체말고 내려오사

⑩ 아버지의 아들들과 아버지의 손자들과 아버지의 양과 소와 모든 소유가 고센 지역에 지내셔서 나와 가깝게 거하소서

⑪ 흉년이 아직 다섯해가 있으니 내가 거기서 아버지를 봉양하리이다 아버지와 아버지의 가속과 아버지의 모든 소속이 결핍할까 하나이다 하더라 하소서

⑫ 당신들의 눈과 내 아우 베냐민의 눈이 보는바 당신들에게 이 말을 하는 것은 내 입이라

⑬ 당신들은 나의 에집트에서의 영화와 당신들의 본 모든 것을 다 내 아버지께 고하고 속히 모시고 내려오소서 하며

⑭ 자기 아우 베냐민의 목을 안고 우니 베냐민도 요셉의 목을 안고 우니라

⑮ 요셉이 또 형들과 입 맞추며 안고 우니 형들이 그제야 요셉과 말하니라

⑯ 요셉의 형들이 왔다는 소문이 왕의 궁에 들리매 왕과 그 신복이 기뻐하고

⑰ 왕은 요셉에게 이르되 네 형들에게 명하기를 너희는 이렇게 하여 너희 양식을 싣고 가서 가나안 땅에 이르거든

⑱ 너희 아비와 너희 가속을 이끌고 내게로 오라 내가 너희에게 에집트 땅 아름다운

것을 주리니 너희가 나라의 기름진 것을 먹으리라

⑲ 이제 명을 받았으니 이렇게 하라 너희는 에집트 땅에서 수레를 가져다가 너희 자녀와 아내를 태우고 너희 아비를 데려오라

⑳ 또 너희의 재산들에 너무 신경쓰지 마라 온 에집트 땅의 좋은 것이 너희 것임이니라 하라

㉑ 이스라엘의 아들들이 그대로 할새 요셉이 왕의 명대로 그들에게 수레를 주고 길 양식을 주며

㉒ 또 그들에게 다 각기 옷 한벌씩 주되 베냐민에게는 은 삼백과 옷 다섯벌을 주고

㉓ 그리고 그가 그 아비에게 보낸 것은 이것으로 즉 에집트의 좋은 물건들을 질머진 열마리 당나귀와 그의 아비의 여행길에 필요한 곡식 빵과 다른 양식들을 질머진 열마리 암 당나귀니라

㉔ 이에 형들을 돌려 보내며 그들에게 이르되 당신들은 노중에서 다투지 말라 하였더라

㉕ 그들이 에집트에서 올라와 가나안 땅으로 들어가서 아비 야곱에게 이르러

㉖ 고하여 가로되 요셉이 지금까지 살아있어 에집트 땅 총리가 되었더이다 그러나 야곱은 놀라서 어안이 벙벙하였으나 그들의 말을 믿지는 아니하였더라

㉗ 그러나 그들이 또 요셉이 자기들에게 부탁한 모든 말로 그 아비에게 고하고 또 그 아비 야곱이 요셉이 자기를 태우려고 보낸 수레를 보고서야 제 정신이 들었더라

㉘ 그제서야 이스라엘이 가로되 나는 확신하노라 내 아들 요셉이 아직도 살아있도다 나는 가서 죽기 전에 그를 보리라

● 46장

① 이스라엘이 모든 소유를 이끌고 출발하여 브엘세바에 이르러 그 아비 이삭의 하나님께 희생제를 드리니

② 밤에 하나님이 환상으로 이스라엘에게 나타나셔서 불러 가라사대 야곱아 야곱아 하시는지라 야곱이 가로되 내가 여기 있나이다 하매

③ 하나님이 가라사대 나는 하나님이라 네 아비의 하나님이니 에집트로 내려가기를 두려워 말라 내가 거기서 너로 큰 민족을 이루게 하리라

④ 내가 너와 함께 에집트로 내려가겠고 정녕 너를 인도하여 다시 올라올 것이며 요셉이 그 손으로 네 눈을 감기울 것이라고 하셨더라

⑤ 그 때 야곱이 브엘세바를 떠날새 이스라엘의 아들들이 에집트 왕이 그들을 태우려고 보낸 수레에 자기들의 아비 야곱과 자기들의 처자들을 태웠고

⑥ 그 생축과 가나안 땅에서 얻은 재물을 이끌었으며 야곱과 그 자손들이 다 함께 에집트로 갔더라

⑦ 이와 같이 야곱이 그 아들들과 손자들과 딸들과 손녀들 곧 그 모든 자손들을 데리고 에집트로 갔더라

⑧ 에집트로 내려간 이스라엘 가족의 이름이 이러하니 야곱과 그 아들들 곧 야곱의 맏아들 르우벤과

⑨ 르우벤의 아들 하녹과 발루와 헤스론과 갈미요

⑩ 시므온의 아들 곧 여무울과 야민과 오핫과 야긴과 스할과 가나안 여인의 소생 사울이요

⑪ 레위의 아들 곧 게르손과 그핫과 므라리요

⑫ 유다의 아들들은 엘과 오난과 셀라와 베레스와 제라였으나 엘과 오난은 가나안 땅에서 죽었으므로 셀라와 베레스와 제라요 또 베레스의 아들들 즉 헤스론과 하물이요

(And the sons of Judah; Er, and Onan, and Shelah, and Perez, and Zohar: but Er and Onan died in the land of Canaan. And the sons of Perez were Herzon and Hamul.-KJV)

(The sons of Judah: Er, Onan, Shelah, Perez and Zerah (but Er and Onan had died in the land of Canaan). The sons of Perez: Hezron and Hamul.-NIV)

(The sons of Judah: Er, Onan, Shelah, Perez, and Zerah – but Er and Onan had died in the land og Canaan; and the sons of Perez were Herzon and Hamul.-NAB)

(Judah's sons: Er, Onan, Shelah, Perez, and Zerah(Er and Onan had already died in the land of Canaan). The sons of Perez were Hezron and Hamul.-THE MESSAGE)

⑬ 잇사갈의 아들 곧 돌라와 부와와 욥과 시므론이요

⑭ 스블론의 아들 곧 세렛과 엘론과 얄르엘이니

⑮ 이들은 레아가 밧단아람에서 야곱에게 낳은 자식이라 그 딸 디나를 포함하여 남자

와 여자의 합이 삼십 삼명이며

⑯ 갓의 아들 곧 시본과 학기와 수니와 에스본과 에리와 아로디와 아렐리요

⑰ 아셀의 아들 곧 임나와 이스와와 이스위와 브리아와 그들의 누이 세라며 또 브리아의 아들 곧 헤벨과 말기엘이니

⑱ 이들은 라반이 그 딸 레아에게 준 실바가 야곱에게 낳은 자손들이라 합 십 육명이요

⑲ 야곱의 아내 라헬의 아들 곧 요셉과 베냐민이요

⑳ 애굽 땅에서 태어난 제사장 보디베라의 딸 아스낫이 요셉에게 낳은 므낫세와 에브라임이요

㉑ 베냐민의 아들 곧 벨라와 베겔과 아스벨과 게라와 나아만과 에히와 로스와 뭅빔과 훕빔과 아릇이니

㉒ 이들은 라헬이 야곱에게 낳은 자손이라 합 십 사명이요

㉓ 단의 아들 후심이요

㉔ 납달리의 아들 곧 야스엘과 구니와 에셀과 실렘이라

㉕ 이들은 라반이 그 딸 라헬에게 준 빌하가 야곱에게서 낳은 자손이니 합이 칠명이라

㉖ 야곱과 함께 애굽에 이른 자는 야곱의 자부 외에 육십 육명이니 이는 다 야곱의 몸에서 나온 자며

㉗ 애굽에서 요셉에게 낳은 아들이 두명이니 야곱의 집 사람으로 애굽에 이른자의 도합이 칠십명이었더라

㉘ 야곱이 유다를 요셉에게 미리 보내어 자기를 고센으로 인도하게 하고 다 고센 땅에 이르니

㉙ 요셉이 수레를 갖추고 고센으로 올라가서 아비 이스라엘을 맞으며 그에게 보이고 그 목을 어긋맞겨 안고 얼마 동안 울매

㉚ 이스라엘이 요셉에게 이르되 네가 지금까지 살아 있고 내가 네 얼굴을 보았으니 지금 죽어도 가하도다

㉛ 요셉이 그 형들과 아비의 권속에게 이르되 내가 올라가서 왕에게 고하여 이르기를 가나안 땅에 있던 내 형들과 내 아비의 권속이 내게로 왔는데

㉜ 그들은 목자라 목축으로 업을 삼으므로 그 양과 소와 모든 소유를 이끌고 왔나이다 하리니

㉝ 왕께서 당신들을 불러서 너희의 업이 무엇이냐 묻거든

㉞ 당신들은 고하기를 주의 종들은 어렸을 때부터 지금까지 목축하는 자인데 우리와 우리 선조가 다 그러하니이다 하소서 에집트 사람들은 모든 양치기들을 몹시 싫어하므로 당신들이 고센 땅에 거하게 되리이다

● 47장

① 요셉이 왕에게 고하여 말하기를 나의 아비와 형들과 그들의 양과 소와 모든 소유가 가나안 땅에서 와서 고센 땅에 있나이다 하고

② 형들 중 오인을 택하여 왕에게 보이니

③ 왕이 요셉의 형들에게 묻되 너희 생업이 무엇이냐 그들이 왕에게 대답하되 종들은 목동이온데 우리와 선조가 다 그러하니이다 하고

④ 그들이 또 왕에게 고하되 가나안 땅에 기근이 심하여 종들의 떼를 칠곳이 없기로 종들이 이곳에 거주하려 왔아오니 청컨데 종들로 고센 땅에 거하게 하소서

⑤ 왕이 요셉에게 일러 말하기를 네 아비와 형들이 네게 왔은즉

⑥ 에집트 땅이 네 앞에 있으니 땅의 좋은 곳에 네 아비와 형들로 거하게 하되 고센 땅에 그들로 거하게 하고 그들 중에 능한자가 있는 줄을 알거든 그들로 나의 짐승을 주관하게 하라

⑦ 요셉이 자기 아비 야곱을 인도하여 왕 앞에 서게 하니 야곱이 왕에게 축복하매

⑧ 왕이 야곱에게 묻되 연세가 얼마나 되십니까

⑨ 야곱이 바로에게 고하되 내 나그네 길의 세월이 일백 삼십년이니이다 나의 연세가 얼마 못되니 우리 조상의 나그네 길의 세월에 미치지 못하나 험악한 세월을 보냈었나이다 하고

⑩ 야곱이 왕에게 축복하고 그 앞에서 나오니라

⑪ 요셉이 왕의 명대로 그 아비와 형들에게 거할 곳을 주되 에집트의 좋은 땅 라암세스를 그들에게 주어 소유로 삼게 하고

⑫ 또 그 아비와 형들과 아비의 온 집에 그 식구를 따라 음식을 주어 준비하였더라

⑬ 기근이 더욱 심하여 사방에 식량이 거의 없고 에집트 땅과 가나안 땅이 기근으로 쇠약하니

⑭ 요셉이 곡식을 팔아 에집트 땅과 가나안 땅에 있는 돈을 몰수히 거두고 그 돈을 에집트 왕의 궁으로 가져오니

⑮ 에집트 땅과 가나안 땅에 돈이 없어진지라 에집트 백성들이 다 요셉에게 와서 말

하기를 우리에게 식량을 주십시요 어찌 우리가 여러분의 앞에서 죽으리이까 우리 돈은 다 써버렸나이다

⑯ 요셉이 가로되 그러면 너희의 가축을 가져오라 너희가 돈이 다 떨어졌으므로 너희 가축과 식량을 교환해 주리라

⑰ 그들이 그 가축을 요셉에게 끌어 오는지라 요셉이 그 말과 양 떼와 소떼와 나귀를 받고 그들에게 식량을 주어 곧 그 모든 가축과 바꾸어서 그 해 동안에 그들을 기르니라

⑱ 그 해가 다하고 새 해가 되매 무리가 요셉에게 와서 그에게 고하되 우리가 주께 숨기지 아니하나이다 우리의 돈이 다 하였고 우리의 가축 떼가 군주께로 돌아 갔사오니 군주께 낼 것이 아무 것도 남지 아니하고 우리의 몸과 토지뿐이라

⑲ 우리가 어찌 우리의 토지와 함께 군주의 목전에서 죽으리이까 우리 몸과 우리 토지를 식량으로 사소서 우리가 토지와 함께 왕의 종이 되리니 우리에게 종자를 주시면 우리가 살고 죽지 아니하고 토지도 황폐치 아니하리이다

⑳ 그러므로 요셉이 에집트 토지를 다 사서 에집트 왕에게 드리니 에집트 사람들이 기근에 몰려서 각기 토지를 팖이라 땅이 왕의 소유가 되니라

㉑ 요셉이 에집트 이 끝에서 저 끝까지의 백성을 성읍들에 옮겼으나

㉒ 제사장의 토지는 사지 아니하였으니 제사장은 왕에게서 녹을 받음이라 왕의 주는 녹을 먹으므로 그 토지를 팔지 아니 않음이었더라

㉓ 요셉이 백성에게 이르되 오늘날 내가 왕을 위하여 너희 몸과 너희 토지를 샀노라 여기 종자가 있으니 너희는 그 땅에 뿌리라

㉔ 추수의 오분의 일을 왕에게 상납하고 사분은 너희가 취하여 토지의 종자도 삼고 너희의 양식도 삼고 너희 집 사람과 어린 아이의 양식도 삼으라

㉕ 그들이 가로되 군주께서 우리를 살리셨사오니 우리가 군주께 은혜를 입고 바로의 종이 되겠나이다

㉖ 요셉이 에집트 토지법을 세우매 그 오분의 일이 왕에게 상납되나 제사장의 토지는 왕의 소유가 되지 아니하여 오늘까지 이르니라

㉗ 이스라엘 족속이 에집트 땅 고센 땅에 거하며 거기서 소유를 얻고 생육하며 번성하였더라

㉘ 야곱이 에집트 땅에 십 칠년을 거하였으니 그의 수가 일백 사십 칠세라

㉙ 이스라엘의 죽을 기한이 가까우매 그 아들 요셉을 불러 그에게 이르되 이제 내가 네게 은혜를 입었거든 청하노니 네 손을 내 환도뼈 아래 넣어서 나를 인애와 성심

으로 대접하여 에집트에 장사하지 않기를 맹서하고

㉚ 내가 조상들과 함께 눕거든 너는 나를 에집트에서 메어다가 선영에 장사하라 요셉
이 가로되 내가 아버지의 말씀대로 행하리이다

㉛ 야곱이 또 가로되 내게 맹서하라 하매 요셉이 맹세하니 이스라엘은 그의 지팡이의
머리 위에 몸을 구부리고 하나님께 경배하니라

● 48장

① 얼마 후에 요셉은 너의 아버지가 병 들었다는 말을 듣고 곧 두 아들 므낫세와 에브
라임과 함께 이르니

② 어떤 사람이 야곱에게 말하되 네 아들 요셉이 네게 왔다 하매 이스라엘이 힘을 얻
어 침상에 앉아

③ 요셉에게 이르되 이전에 가나안 땅 루스에서 전능하신 하나님이 내게 나타나사 복
을 주시며

④ 내게 이르시되 내가 너로 생육하고 번성하게하여 네게서 많은 백성이 나게하고 내
가 이 땅을 네 후손에게 주어 영원한 소유가 되게 하리라 하셨느니라

⑤ 내가 에집트로 와서 네게 이르기 전에 에집트에서 네가 낳은 두 아들 에브라임과
므낫세는 내 아들이라 르우벤과 시므온처럼 내 아들이 될 것이요

⑥ 그들 후의 네 소생은 네 아들이 될 것이며 그들의 유산은 그들의 형제들의 이름으
로 함께 받으리라

(And thy issue, which thou begettest after them, shall be thine, and shall
be called after the name of their brethren in their inheritance.-KJV)

(Any children born to you after them will be yours; in the territory they
inherit they will be reckoned under the names of their brothers.-NIV)

(Progency born to you after them shall remain yours; but their heritage
shall be recorded in the names of their brothers.-NAB)

(But any children born after them are yours; they will come after their
brothers in matters of inheritance.-THE MESSAGE)

⑦ 내게 대하여는 내가 이전에 밧단에서 올 때에 라헬이 나를 따르는 도중 가나안 땅
에서 죽었는데 그 곳은 에브랏까지 길이 아직도 먼 곳이라 내가 거기서 그녀를 에
브랏 길에 장사하였느니라(에브랏은 곧 베들레헴이라)

⑧ 이스라엘이 요셉의 아들들을 보고 이르되 이들은 누구냐

⑨ 요셉이 그의 아버지에게 아뢰되 이는 하나님이 여기서 내게 주신 아들들이니이다 아버지가 이르되 그들을 데리고 내 앞으로 나아오라 내가 그들에게 축복하리라

⑩ 이스라엘의 눈이 나이로 말미암아 어두워서 보지 못하더라 요셉이 두 아들을 이끌어 아버지 앞으로 나아가니 이스라엘이 그들에게 입맞추고 그들을 안고

⑪ 요셉에게 이르되 내가 네 얼굴을 보리라고는 생각하지 못하였더니 하나님이 내개 네 자손까지도 보게 하셨도다

⑫ 요셉이 아버지의 무릎 사이에서 두 아들을 물러나게 하고 땅에 엎드려 절하고

⑬ 오른손으로는 에브라임을 이스라엘의 왼손을 향하게 하고 왼손으로는 므낫세를 이스라엘의 오른손을 향하게 하여 이끌어 그에게 가까이 가매

⑭ 이스라엘이 오른손을 펴서 차남 에브라임의 머리에 얹고 왼손을 펴서 므낫세의 머리에 얹으니 므낫세는 장자라도 팔을 엇바꾸어 얹었더라

⑮ 그가 요셉을 위하여 축복하여 이르되 내 조부 아브라함과 아버지 이삭이 섬기던 하나님, 나의 출생으로부터 지금까지 나를 기르신 하나님,

⑯ 나를 모든 환난에서 건지신 여호와의 사자께서 이 아이들에게 복을 주시오며 이들로 내 이름과 내 조상 아브라함과 이삭의 이름으로 칭하게 하시오며 이들이 세상에서 번식되게 하시기를 원하나이다

⑰ 요셉이 그 아버지가 오른손을 에브라임의 머리에 얹은 것을 보고 기뻐하지 아니하여 아버지의 손을 들어 에브라임의 머리에서 므낫세의 머리로 옮기고자 하여

⑱ 그의 아버지에게 이르되 아버지여 그리 마옵소서 이는 장자이오니 오른손을 그의 머리에 얹으소서 하였으나

⑲ 그의 아버지가 허락하지 아니하며 이르되 나도 안다 내 아들아 나도 안다 그도 한 족속이 되며 그도 크게 되려니와 그의 아우가 그보다 큰 자가 되고 그의 자손이 여러 민족을 이루리라 하고

⑳ 그 날에 그들에게 축복하여 이르되 이스라엘이 너로 말미암아 축복하기를 하나님이 네게 에브라임과 같고 므낫세 같게 하시리라 하며 에브라임을 므낫세보다 앞세웠더라

㉑ 이스라엘이 요셉에게 또 이르되 나는 죽으나 하나님이 너희와 함께 계시사 너희를 인도하여 너희 조상의 땅으로 돌아가게 하시려니와

㉒ 내가 네게 네 형제보다 세겜 땅을 더 주었나니 이는 내가 내 칼과 활로 아모리 족

속의 손에서 빼앗은 것이니라

● 49장

① 야곱이 그 아들들을 불러 이르되 너희는 모이라 후일에 당할 일을 내가 너희에게 이르리라

② 너희는 모여 들으라 야곱의 아들들아 너희 아버지 이스라엘에게 들을지어다

③ 르우벤아 너는 내 장자요 내 능력이요 내 기력의 시작이라 위풍이 월등하고 권능이 탁월하다마는

④ 물의 끓음 같았은즉 너는 탁월하지 못하리니 네가 아버지의 침상에 올라 더렵혔음이로다 그가 내 침상에 올랐었도다

⑤ 시므온과 레위는 형제요 그들의 칼은 폭력의 도구로다

⑥ 내 혼아 그들의 모의에 상관하지 말지어다 내 영광아 그들의 집회에 참여하지 말지어다 그들이 그들의 분노대로 사람을 죽이고 그들의 혈기대로 소의 발목 힘줄을 끊었음이로다

(O my soul, come not thou into their secret; unto their assembly, mine honour, be not thou united: for in their anger they slew a man, and in their selfwill they digged down a wall.-KJV)

(Let me not enter their council, let me not join their assembly, for they have killed men in their anger and hamstrung oxen as they pleased.-NIV)

(Let not my person enter their council, or my honor be joined with their company; For in their fury they killed men, at their whim they maimed oxen.-NAB)

(I don't want anything to do with their vendettas, want no part in their feuds; They kill men in fits of temper, slash oxen on a whim.-THE MESSAGE)

⑦ 그 노여움이 혹독하니 저주를 받을 것이요 분기가 맹렬하니 저주를 받을 것이라 내가 그들을 야곱중에서 이스라엘 중에서 흩으리로다

⑧ 유다야 너는 네 형제의 찬송이 될지라 네 손이 네 원수의 목을 잡을 것이요 네 아버지의 아들들이 네 앞에 절하리로다

⑨ 유다는 사자 새끼로다 내 아들아 너는 움킨 것을 찢고 올라갔도다 그가 엎드리고

웅크림이 수사자 같고 암사자 같으니 누가 그를 범할 수 있으랴

⑩ 규가 유다를 떠나지 아니하며 통치자의 지팡이가 그 발 사이에서 떠나지 아니하기를 실로가 오시기까지 이르리니 그에게 모든 백성이 복종하리로다

⑪ 그의 나귀를 포도나무에 매며 그의 암 나귀 새끼를 아름다운 포도나무에 맬 것이며 또 그 옷을 포도주에 빨며 그의 복장을 포도주에 빨리로다

⑫ 그의 눈은 포도주로 인하여 붉겠고 그의 이는 우유로 말미암아 희리로다

⑬ 스불론은 해변에 거주하리니 그 곳은 배 매는 해변이라 그의 경계가 시돈까지로다

⑭ 잇사갈은 양의 우리 사이에 꿇어앉은 건장한 나귀로다

⑮ 그는 쉴 곳을 보고 좋게 여기며 토지를 보고 아름답게 여기고 어깨를 내려 짐을 메고 압제 아래에서 섬기리로다

⑯ 단은 이스라엘의 여느 지파 처럼 제 백성을 정의로 다스리리라

⑰ 단은 길섶의 뱀이요 샛길의 독사로다 말굽을 물어서 그 탄 자를 뒤로 떨어지게 하리로다

⑱ 여호와여 나는 주의 구원을 기다리나이다

⑲ 갓은 군대의 추격을 받으나 도리어 그 뒤를 추격하리로다

⑳ 아셀에게서 나는 먹을 것은 기름진 것이라 그가 왕의 수라상을 차리리로다

㉑ 납달리는 놓인 암사슴이라 아름다운 소리를 발하는도다

㉒ 요셉은 무성한 가지 곧 샘 곁의 무성한 가지라 그 가지가 담을 넘었도다

㉓ 활쏘는 자가 그를 학대하며 적개심을 가지고 그를 쏘았으나

㉔ 요셉의 활은 도리어 굳세며 그의 팔은 힘이 있으니 이는 야곱의 전능자 이스라엘의 반석인 목자의 손을 힘입음이라

㉕ 네 아버지의 하나님께로 말미암나니 그가 너를 도우실 것이요 전능자로 말미암나니 그가 네게 복을 주실 것이라 위로 하늘의 복과 아래로 깊은 샘의 복과 젖먹이는 복과 태의 복이로다

㉖ 네 아버지의 축복이 네 선조의 축복보다 나아서 영원한 산이 없음 같이 이 축복이 요셉의 머리로 돌아오며 그 형제 중 뛰어난 자의 정수리로 돌아오리로다

㉗ 베냐민은 물어뜯는 이리라 아침에는 빼앗은 것을 먹고 저녁에는 움킨 것을 나누리로다

㉘ 이들은 이스라엘의 열두 지파라 이와 같이 그들의 아버지가 그들에게 말하고 그들에게 축복하였으니 곧 그들 각 사람의 분량대로 축복하였더라

㉙ 그가 그들에게 명하여 이르되 내가 내 조상들에게로 돌아가리니 나를 헷 사람 에 브론의 밭에 있는 굴에 우리 선조와 함께 장사하라

㉚ 이 굴은 가나안 땅 마므레 앞 막벨라 밭에 있는 것이라 아브라함이 헷 사람 에브론 에게서 밭과 함께 사서 그의 매장지를 삼았으므로

㉛ 아브라함과 그의 아내 사라가 거기 장사되었고 이삭과 그의 아내 리브가도 거기 장사되었으며 나도 레아를 그 곳에 장사하였노라

㉜ 이 밭과 거기 있는 굴은 헷 사람에게서 산 것이니라

㉝ 야곱이 아들에게 명하기를 마치고 그 발을 침상에 모으고 숨을 거두어 그의 열조 에게로 돌아갔더라

● 50장

① 요셉이 그의 아버지 얼굴에 구푸려 울며 입 맞추고

② 그 수종 드는 의원에게 명하여 아버지의 몸을 향으로 처리하게 하매 의원이 이스 라엘에게 그대로 하되

③ 사십 일이 걸렸으니 향으로 처리하는 데는 이 날수가 걸림이며 애굽 사람들은 칠 십 일 동안 그를 위하여 곡하였더라

④ 곡하는 기한이 지나매 요셉이 왕궁 사람들에게 말하기를 여러분이 나에게 호의를 베풀어 왕에게 이렇게 말씀을 전해주십시요.

⑤ 우리 아버지가 나로 맹세하게 하여 이르되 내가 죽거든 가나안 땅에 내가 파 놓은 묘실에 나를 장사하라 하였나니 나로 올라가서 아버지를 장사하게 하소서 내가 다 시 오리이다 하라 하였더니

⑥ 왕이 이르되 그가 네게 시킨 맹세대로 올라가서 네 아버지를 장사하라

⑦ 요셉이 자기 아버지를 장사하러 올라가니 왕의 모든 신하와 왕궁의 원로들과 에집 트 땅의 모든 원로와

⑧ 요셉의 온 집과 그의 형제들과 그의 아버지의 집이 그와 함께 올라가고 그들의 어 린 아이들과 양 떼와 소 떼만 고센 땅에 남겼으며

⑨ 병거와 기병이 요셉을 따라 올라가니 그 떼가 심히 컸더라

⑩ 그들이 요단 강 건너편 아닷 타작 마당에 이르러 크게 울고 애통하며 요셉이 아버 지를 위하여 칠 일 동안 애곡하였더니

⑪ 그 땅 거민 가나안 백성들이 아닷 마당의 애통을 보고 이르되 이는 에집트 사람의

큰 애통이라 하였으므로 그 땅 이름을 아벨미스라임이라 하였으니 곧 요단 강 건 너편이더라

⑫ 야곱의 아들들이 아버지가 그들에게 명령한 대로 그를 위해 따라 행하며

⑬ 그를 가나안 땅으로 메어다가 마므레 앞 막벨라 밭 굴에 장사하였으니 이는 아브 라함이 헷 족속 에브론에게 밭과 함께 사서 매장지를 삼은 곳이더라

⑭ 요셉이 아버지를 장사한 후에 자기 형제와 호상꾼과 함께 에짚트로 돌아왔더라

⑮ 요셉의 형제들이 그들의 아버지가 죽었음을 보고 말하되 요셉이 혹시 우리를 미워 하여 우리가 그에게 행한 모든 악을 다 갚지나 아니할까 하고

⑯ 요셉에게 말을 전하여 이르되 당신의 아버지가 돌아가시기 전에 명령하여 이르시 기를

⑰ 너희는 이같이 요셉에게 이르라 네 형제들이 네게 악을 행하였을지라도 이제 바라 건대 그들의 허물과 죄를 용서하라 하였나니 당신 아버지 하나님의 종들인 우리 죄를 이제 용서하소서 하매 요셉이 그들이 그에게 하는 말을 들었을 때에 울었더 라

⑱ 그의 형들이 또 친히 와서 요셉의 앞에 엎드려 이르되 우리는 당신의 종들이니이 다

⑲ 요셉이 그들에게 이르되 두려워 하지 마소서 내가 하나님을 대신하리이까

⑳ 당신들은 나를 해하려 하였으나 하나님은 그것을 선으로 바꾸사 오늘과 같이 많 은 백성의 생명을 구원하게 하려 하셨나니

㉑ 당신들은 두려워 하지 마소서 내가 당신들과 당신들의 자녀들을 기르리이다 하고 그들을 간곡한 말로 위로하였더라

㉒ 요셉이 그의 아버지의 가족과 함께 에짚트에 거주하여 백십 세를 살며

㉓ 에브라임의 자손 삼대를 보았으며 므낫세의 아들 마길의 아들들도 요셉의 슬하에 서 양육되었더라

㉔ 요셉이 그의 형제들에게 이르되 나는 죽을 것이나 하나님이 당신들을 돌보시고 당 신들을 이 땅에서 인도하여 내사 아브라함과 이삭과 야곱에게 맹세하신 땅에 이르 게 하시리라 하고

㉕ 요셉이 또 이스라엘 자손에게 맹세시켜 이르기를 하나님이 반드시 당신들을 돌보 시리니 당신들은 여기서 내 해골을 메고 올라가겠다 하라 하였더라

㉕ 요셉이 백십 세에 죽으매 그들이 그의 몸에 향 재료를 넣고 애굽에서 입관하였더라

출애굽기

(이스라엘 자손들의 이집트 탈출기)

· 본 성경듣기는 QR코드 인식으로 들을 수 있습니다

● **1장**

① 야곱과 함께 각각 자기 가족을 데리고 이집트에 이른 이스라엘 자손들의 이름은 이러하니라,

② 르우벤과 시므온과 레위와 유다와,

③ 잇사갈과 스불론과 베냐민과,

④ 단과 납달리와 갓과 아셀이요,

⑤ 야곱의 허리에서 나온 사람이 모두 칠십인데, 요셉은 이미 이집트에 있었더라

⑥ 요셉과 그의 모든 형제와 그 시대의 사람은 다 죽었고,

⑦ 이스라엘 자손들은 생육하고 불어나 번성하고 매우 강하여 온 땅에 가득하게 되었더라,

⑧ 요셉을 알지 못하는 새 왕이 일어나 이집트를 다스리더니,

⑨ 그가 그의 백성들에게 이르되, 보라 이스라엘 자손들이 우리보다 많고 강하도다,

⑩ 자, 우리가 그들에게 대하여 지혜롭게 하자, 그들이 더 많게 되면 전쟁이 일어날 때에 우리 대적과 합하여 우리와 싸우고 이 땅에서 나갈까 염려하노라, 하니라,

⑪ 그러므로 감독들을 그들위에 세우고, 무거운 짐을 지워 괴롭게 하며, 그들에게 파라오를 위하여 국고성 비돔과 라암셋을 건축하게 하였더라,

⑫ 그러나 학대를 받을수록 더욱 번성하여 퍼져 나가니 이집트 사람들이 이스라엘 자손으로 말미암아 근심하며,

⑬ 이스라엘 자손에게 일을 엄하게 시켜서,

⑭ 어려운 노동으로 그들의 생활을 괴롭게 하니 곧 흙 이기기와 벽돌 굽기와 농사의 여러가지 일이라 그 시키는 일이 모두 엄하였더라,

⑮ 이집트 왕이 히브리 산파들(십브라라 하는 사람과 부아라 하는 사람)에게 말하기를,

⑯ 너희는 히브리 여인을 위하여 해산을 도울 때에 그 자리를 살펴서 아들이거든 그를 죽이고 딸이거든 살려두라, 하니라,

⑰ 그러나 산파들이 하나님을 두려워하여 이집트왕의 명령을 어기고 남자 아기들을 살린지라,

⑱ 이집트왕이 산파를 불러 그들에게 이르되, 너희가 어찌하여 이같이 남자 아기들을 살렸느냐? 하니

⑲ 산파가 이집트왕에게 대답하되, 히브리 여인은 이집트 여인과 같지 아니하고 건장하여 산파가 그들에게 이르기 전에 해산하였더이다, 하매

⑳ 하나님이 그 산파들에게 은혜를 베푸시니 그 백성은 번성하고 매우 강해지니라,

㉑ 그 산파들은 하나님을 경외하였으므로 하나님이 그들의 집안을 흥왕하게 하신지라,

㉒ 그러므로 이집트 왕이 그의 모든 백성에게 명령하여 이르되, 아들이 태어나거든 너희는 그들 모두를 나일 강에 던지고, 딸이거든 모두 살려두라, 하였더라.

● 2장

① 레위 가문의 한사람이 가서 레위족의 딸을 아내로 삼은지라,

② 그 여자가 임신하여 아들을 낳았더니 그녀가 그 아이가 잘 생긴 것을 보고, 그 아이를 석달 동안 숨겼으나,

③ 더 숨길 수 없게 되매, 그 아이를 위하여 갈대 상자를 가져다가 역청과 나무 진을 칠하고 아기를 거기담아 나일 강 가 갈대 사이에 두고,

④ 그 아이의 누이가 그 아이가 어떻게 되는지를 알려고 멀리 떨어져 서 있더라,

⑤ 파라오의 딸이 목욕하러 나일 강으로 내려오고 시녀들은 나일 강 가를 거닐 때에 그녀가 갈대사이의 상자를 보고 시녀를 보내어 가져다가,

⑥ 열고 그 아기를 보니 아기가 우는지라, 그녀가 그 아이를 불쌍히 여겨 말하기를, 이는 히브리 사람의 아기로다, 하니라,

⑦ 그때에 그 아이의 누이가 파라오의 딸에게 말하기를, 내가 가서 히브리 여인 중에서 유모를 불러다가 이 아기에게 젖을 먹이게 하리이까? 하니,

⑧ 파라오의 딸이 그녀에게 말하기를, 가서 데려오라, 하매, 그 소녀가 가서 그 아이의

어머니를 불러오니,

⑨ 파라오의 딸이 그녀에게 말하기를, 아기를 데려다가 나를 위하여 젖을 먹이라, 내가 그 삯을 주리라, 여인이 아기를 데려다가 젖을 먹이고 돌보니라,

⑩ 그 아이가 자라매 파라오의 딸에게 데려가니, 그가 그녀의 아들이 되니라, 그녀가 그의 이름을 '모세'라 하여 이르되 이는 내가 그를 물에서 건져내었음이라, 하였더라,

⑪ 모세가 장성한 후에 한번은 자기 형제들에게 나가서 그들이 고되게 노동하는 것을 보더니 어떤 에집트 사람이 한 히브리 사람 곧 자기 형제를 치는 것을 본지라,

⑫ 좌우를 살펴 사람이 없음을 보고 그 에집트 사람을 쳐죽여 모래 속에 감추니라,

⑬ 이튿날 다시 나가니 두 히브리 사람이 서로 싸우는지라, 그 잘못한 사람에게 말하기를, 네가 어찌하여 동포를 치느냐? 하니

⑭ 그가 말하기를, 누가 너를 우리를 다스리는 자와 재판관으로 삼았느냐? 네가 에집트 사람을 죽인 것처럼 나도 죽이려느냐? 하니, 모세가 두려워하여 말하기를, 분명히 이 일이 탄로되었도다, 하니라,

⑮ 이제 파라오가 이 일을 듣고 모세를 죽이고자 하여 찾는지라, 모세가 파라오의 낯을 피하여 미디안 땅에 머물며 하루는 우물가에 앉아 있었더라,

⑯ 미디안 제사장에게 일곱 딸이 있었더니, 그녀들이 와서 물을 길어 구유에 채우고 그들의 아버지의 양 떼에 먹이려 하는데,

⑰ 목자들이 와서 그녀들을 쫓는지라, 모세가 일어나 그녀들을 도와 그녀들의 양 떼에게 먹이니라,

⑱ 그녀들이 자기들의 아버지 르우엘에게 왔더니, 그가 말하기를, 어찌하여 오늘 이같이 일찍 돌아오느냐? 하매,

⑲ 그녀들이 말하기를, 한 에집트 사람이 목자들의 손에서 우리를 구해주고, 우리를 위하여 물도 충분히 길어 양 떼에게 먹였나이다, 하니

⑳ 그 아버지가 자기 딸들에게 말하기를, 그 사람이 어디에 있느냐? 너희가 어찌하여 그 사람을 남겨두고 왔느냐? 그를 불러 음식을 대접하라, 하였더라,

㉑ 모세가 그 사람과 함께 거하는 것을 만족스럽게 만족스럽게 여기고, 그가 모세에게 자기 딸 십보라를 주었더라,

㉒ 그녀가 모세에게 아들을 낳으매, 모세가 그의 이름을 게르솜이라 하였으니, 이는 그가 말하기를, 내가 낯선 땅에서 나그네가 되었기 때문이라, 하니라,

㉓ 세월이 지난 후에 그 에집트왕은 죽었고, 이스라엘 자손은 강제노역으로 말미암아 탄식하며 부르짖으니, 그 부르짖는 소리가 하나님께 상달된지라,

㉔ 하나님께서 그들의 고통 소리를 들으시고 하나님이 아브라함과 이삭과 야곱에게 세운 그의 언약을 기억하사,

㉕ 하나님께서 이스라엘 자손을 돌아보사, 하나님께서 그들에게 관심을 가지셨더라.

● 3장

① 모세가 그의 장인 미디안 제사장 이드로의 양 떼를 치더니 그 떼를 황야 서쪽으로 인도하여 하나님의 산 호렙에 이르니

② 여호와의 사자가 떨기나무 가운데로부터 나오는 불꽃 안에서 그에게 나타나시니라, 그가 보니 떨기나무에 불이 붙었으나 그 떨기나무가 사라지지 아니하는지라,

③ 이에 모세가 말하기를, 내가 돌이켜 가서 이 큰 광경을 보리라, 떨기나무가 어찌하여 타지 않는고 하니,

④ 그때에 여호와가 그가 보려고 돌이켜 오는 것을 보신지라, 하나님이 떨기나무 가운데서 그를 불러 말씀하시기를, 모세야, 모세야, 하시니, 그가 말씀드리기를, 내가 여기 있나이다, 하매

⑤ 하나님이 말씀하시기를, 이리로 가까이 오지 말라, 네가 선 곳은 거룩한 땅이니 네 발에서 신을 벗으라, 하시고

⑥ 또 이르시되 나는 네 조상의 하나님이니, 곧 아브라함의 하나님, 이삭의 하나님, 야곱의 하나님이니라, 하시니 모세가 하나님 바라보기를 두려워하여 얼굴을 가리니라.

⑦ 또 여호와께서 이르시되, 내가 에집트에 있는 내 백성의 고통을 분명히 보았고 그들의 감독자로 말미암은 그들의 부르짖음을 들었나니 내가 그들의 고통을 아노라,

⑧ 내가 내려가서 그들을 에집트인의 손에서 건져내고, 그들을 그 땅에서 인도하여 아름답고 광대한 땅, 젖과 꿀이 흐르는 땅, 곧 가나안 족속, 헷 족속, 아모리 족속, 브리스 족속, 히위 족속, 여부스 족속의 지역으로 데려가려 하노라.

⑨ 그러므로 이제, 보라, 이스라엘 자손의 부르짖음이 내게 이르렀고, 에집트 사람들이 그들을 억압하는 그 학대도 내가 보았노라,

⑩ 이제 내가 너를 파라오에게 보내어, 너에게 내 백성 이스라엘 자손을 에집트에서 인도하여 내게 하리라, 하시니라.

⑪ 모세가 하나님께 말씀드리기를, 내가 누구이기에 파라오에게 가며, 또 이스라엘 자손을 에집트에서 인도하여 내리이까, 하매

⑫ 하나님이 말씀하시기를, 내가 반드시 너와 함께 하리니, 이것이 내가 너를 보낸 증표가 되리라, 네가 에집트에서 내 백성을 인도하여 나오면 너희는 이 산 위에서 하나님을 섬기리라, 하시니

⑬ 모세가 하나님께 말씀드리기를, 내가 이스라엘 자손에게 가서 이르기를, 너희의 조상의 하나님이 나를 너희에게 보내셨다 하면 그들이 내게 묻기를, 그의 이름이 무엇이냐? 하리니 내가 무엇이라고 그들에게 말하리이까? 하니

⑭ 하나님이 모세에게 말씀하시기를, 나는 원래부터 스스로 있는 자다, 너는 이스라엘 백성들에게 말하기를 '원래부터 스스로 있는 자'가 너를 그들에게 보내셨다 하라, 하시니라.

(And God said unto Moses, I AM THAT I AM: and he said, Thus shalt thou say unto the children of Israel, I AM hath sent me unto you.-KJV)

(God said to Moses, "I AM WHO I AM. This is what you are to say to Israelites: 'I AM has sent me to you.' "-NIV)

(God replied to Moses: I am who I am. Then he added: This is what you will tell the Isralites: I AM has sent me to you.-NAB)

(God said to Moses, "I-AM-WHO-I-AM. Tell the People of Israel, 'I-AM sent me to you.' "-THE MESSAGE)

⑮ 하나님이 또 모세에게 말씀하시기를, 너는 이스라엘 자손들에게 '너희 조상의 하나님, 곧 여호와 이신 아브라함의 하나님, 이삭의 하나님, 야곱의 하나님께서 나를 너희에게 보내셨다.' 하라, 이는 나의 영원한 이름이요, 대대로 기억되어질 나의 칭호(타이틀)이니라, 하시니라.

(And God said moreover unto Moses, Thus shalt thou say unto the children of Israel, THE LORD God of your fathers, the God of Abraham, the God of Issac, and the God of Jacob, hath sent me unto you: this is my name for ever, and this is my memorial unto all generations.-KJV)

(God also said to Moses, "Say to the Israelites, The LORD, the God of your fathers-the God of Abraham, the God of Issac and the God of Jacob-has sent me to you. 'This is my name forever, the name by which I am to be remembered from generation to generation.-NIV)

(God spoke further to Moses: This is what you will say to the Israelites: The LORD, the God of your ancestors, the God of Abraham, the God of Issac, and the God of Jacob, has sent me to you. This is my name forever; this is my title for all generations.-NAB)

(God continued with Moses: "This is what you're to say to the Israelites: 'GOD, the God of your fathers, the God of Abraham, the God of Issac, and the God of Jacob sent me to you,' This has always been my name, and this is how I always will be known.-THE MESSAGE)

⑯ 너는 가서 이스라엘의 장로들을 모으고 그들에게 이르기를 여호와 너희 조상의 하나님 곧 아브라함과 이삭의 하나님이 내게 나타나 이르시되 내가 너희를 돌보아 너희가 에집트에서 당한 일을 확실히 보았노라, 하라

⑰ 내가 말하였거니와 내가 너희를 에집트의 고난 중에서 인도하여 내어 젖과 꿀이 흐르는 땅, 곧 가나안 족속, 헷 족속, 아모리 족속, 브리스 족속, 히위 족속, 여부스 족속의 땅으로 올라가게 하리라 하셨다, 하면

⑱ 그들이 네 말을 들으리니 너는 그들의 장로들과 함께 에집트 왕에게 이르기를, '히브리 사람의 하나님 여호와께서 우리에게 임하셨은즉, 우리가 우리의 하나님 여호와께 제사를 드리려 하오니 시흘길쯤 광야로 가도록 허락하소서.' 하라

⑲ 내가 아노니, 강한 손으로 치기 전에는 에집트왕이 너희가 가도록 허락하지 아니하다가,

⑳ 내가 내 손을 들어 에집트 중에 여러가지 이적으로 그 나라를 친 후에야 그가 너희를 보내리라,

㉑ 내가 에집트 사람들의 눈 앞에서 이 백성에게 은총을 베풀 것인즉, 너희가 나갈 때에 빈손으로 가지 아니하리니,

㉒ 그런즉 여인마다 모두 그 이웃 사람과 및 자기 집에 거하는 자로부터 은 보석과 금 보석과 의복을 요구하여 너희의 자녀를 꾸미라, 너희는 에집트 사람들의 물품을 약취하게 될 것이니라.

● 4장

① 모세가 대답하여 말씀드리기를, 그러나 보옵소서, 그들이 나의 말을 믿지도 아니

하고 내 음성에 귀를 기울이지도 아니하고 말하기를, 여호와께서 네게 나타나지 아니하셨다, 하리이다 하매

② 여호와께서 그에게 이르시되 네 손에 있는 것이 무엇이냐? 그가 말씀드리기를, 지팡이니이다, 하니

③ 여호와께서 또 말씀하시기를, 그것을 땅에 던지라, 하시므로 그가 그것을 곧 땅에 던졌더니, 그것이 뱀이 된지라, 모세가 그 뱀 앞에서 피하매,

④ 여호와께서 모세에게 이르시되 네 손을 내밀어 그 꼬리를 잡으라, 그가 손을 내밀어 잡으니 그 손에서 지팡이가 된지라,

⑤ 또 가라사대 이는 그들로 그 조상의 하나님 곧 아브라함의 하나님,이삭의 하나님, 야곱의 하나님 여호와가 네게 나타난 줄을 믿게 함이니라, 하시고

⑥ 여호와께서 또 가라사대 네 손을 품에 넣으라, 하시매 손을 품에 넣었다가 내어보니 그 손에 문둥병이 발하여 눈 같이 흰지라,

⑦ 가라사대 네 손을 다시 품에 넣으라 하매, 그가 다시 손을 품에 넣었다가 내어보니 손이 다른 살 같이 회복되었더라,

⑧ 여호와께서 가라사대 그들이 너를 믿지 아니하며 그 처음 이적의 표징을 받지 아니하여도, 둘째 이적의 표징은 믿으리라,

⑨ 그들이 이 두 이적을 믿지 아니하며 네 말을 듣지 아니하거든, 너는 강물을 조금 취여야다가 육지에 부으라, 네가 취한 강물이 육지에서 피가 되리라, 하시니라.

⑩ 모세가 여호와께 말씀드리기를, 주여 저는 본래 말에 능치 못한 자라 주께서 주의 종에게 명하신 후에도 그러하니, 나는 입이 뻣뻣하고 혀가 둔한 자이니다,

⑪ 여호와께서 그에게 말씀하시기를, 누가 사람의 입을 지었느뇨? 누가 벙어리나 귀 먹어리나 눈 밝은 자나 소경이 되게 하였느뇨? 나 여호와가 아니뇨?

⑫ 이제 가라 내가 네 입과 함께 있어서 할 말을 가르치리라,

⑬ 모세가 말씀드리기를, 오 주여 보낼만한 자를 보내소서

⑭ 여호와께서 모세를 향하여 노를 발하시고 말씀하시기를, 레위 사람 네 형 아론이 있지 아니하뇨? 그의 말 잘 함을 내가 아노라, 그가 너를 만나러 나오나니, 그가 너를 볼 때에 마음에 기뻐할 것이라,

⑮ 너는 그에게 말하고 그 입에 말을 주라, 내가 네 입과 그의 입에 함께 있어서 너의 행할 일을 가르치리라,

⑯ 그가 너를 대신하여 백성에게 말할 것이니, 그는 네 입을 대신할 것이요, 너는 그에

게 하나님 같이 되리라,

⑰ 너는 이 지팡이를 손에 잡고 이것으로 이적을 행할지니라,

⑱ 모세가 장인 이드로에게 돌아가서, 그에게 말하기를, 내가 에짚트에 있는 내 형제들에게로 돌아가서 그들이 생존하였는지 보려하오니 나로 가게 하소서, 하니 이드로가 그에게 평안히 가라, 하니라,

⑲ 여호와께서 미디안에서 모세에게 말씀하시기를, 에짚트로 돌아가라, 네 생명을 찾던 자가 다 죽었느니라, 하시니

⑳ 모세가 그 아내와 아들들을 나귀에 태우고 에짚트로 돌아가는데 하나님의 지팡이를 손에 잡았더라,

㉑ 여호와께서 모세에게 말씀하시기를, 네가 에짚트로 돌아가거든 내가 네 손에 준 이적을 파라오앞에서 다 행하라, 그러나 내가 그의 마음을 강팍케 한즉 그가 백성을 가게 하지 아니하리니,

㉒ 너는 파라오에게 말하기를, 여호와의 말씀이 '이스라엘은 내 아들이며 특히 첫번째 난 아들이라' 하시었다, 하라

㉓ 그리고 '내가 네게 이르기를 내 아들을 놓아서 나를 섬기게 하라, 만일 네가 보내기를 거절하면 내가 네 아들 네 장자를 죽이리라' 하셨다 하라 하시니라,

㉔ 여정 중에 그들이 밤을 지새우는 곳에서 여호와께서 모세에게 오시어 그를 죽이려 하시니라,

(And it came to pass by the way in the inn, that the LORD met him, and sought to kill him.-KJV)

(At a lodging place on the way, the LORD met Moses, and was about to kill him.-NIV)

(On the journey, at a place where they spent the night, the LORD came upon Moses and sought to put him to death.-NAB)

(On the journey back, as they camped for the night, GOD met Moses and would have killed him-THE MESSAGE)

㉕ 십보라가 차돌을 취하여 그 아들의 양피를 베어 모세의 발 앞에 던지며, 말하기를, 당신은 참으로 나에게 피흘리게 하는 남편이로다, 하니

㉖ 여호와께서 모세를 놓으시니라 그때에 십보라가 피흘리는 남편이라 함은 할례를 인함이었더라,

㉗ 여호와께서 아론에게 말씀하시기를, 광야에 가서 모세를 만나라, 하시니 그가 가서 하나님의 산에서 모세를 만나 그에게 입맞추니,

㉘ 모세가 아론에게 자기를 보내신 여호와의 모든 말씀들과 자기에게 명하신 것과 모든 표적들을 아론에게 말하니라,

㉙ 모세와 아론이 가서 이스라엘 자손의 모든 장로들을 모으고,

㉚ 아론이 여호와께서 모세에게 명하신 모든 말씀들을 전하고 백성 앞에서 표적들을 행하니,

㉛ 백성이 믿으며, 여호와께서 이스라엘 자손을 돌아보시고 그 고난을 살피셨다 함을 듣더니, 그들이 머리를 숙여 경배드렸더라.

● 5장

① 그 후에 모세와 아론이 가서 파라오에게 말하기를, 이스라엘의 하나님 여호와의 말씀에 내 백성을 가게 하여 그들이 광야에서 내 앞에 절기를 지키게 하라, 하셨나이다, 하니

② 파라오가 말하기를, 여호와가 누구관대 내가 그 말을 듣고 이스라엘을 보내겠느냐? 나는 여호와를 알지 못하니 이스라엘도 보내지 아니하리라, 하니

③ 그들이 말하기를, 히브리인의 하나님이 우리에게 나타나셨은즉, 우리가 사흘길쯤 광야에 가서 우리 하나님 여호와께 희생물을 드리게 하소서, 그렇지 아니하면 여호와께서 전염병이나 칼로 우리를 치실까 두려워하나이다, 하니

④ 에집트왕이 그들에게 말하되, 모세와 아론아, 너희가 어찌하여 백성으로 역사를 쉬게 하려 하느냐? 가서 너희는 너희 노역이나 하라, 하고

⑤ 또 말하되, "이제 이나라에 백성이 많은데, 너희가 그들로 노역하는 것을 못하게 하는도다." 하고

⑥ 그 당일에 파라오가 백성들의 공사감독들과 관원들에게 명령하여 말하기를,

⑦ 너희는 백성에게 다시는 벽돌 소용의 짚을 전과 같이 주지 말고 그들로 가서 스스로 짚을 모으게하라,

⑧ 또 그들의 전에 만든 벽돌 수효대로 그들로 만들게 하고 감하지 말라, 그들이 게으르므로 소리질러 이르기를, 우리가 가서 우리 하나님께 희생물을 드리자, 하나니

⑨ 그 사람들의 고역을 무겁게 하므로 수고롭게 하여 그들로 헛된 말들에 관심을 기울이지 못하게 하라, 하니라

⑩ 백성들의 감독들과 관원들이 나가서 백성들에게 전하여 말하기를, 파라오가 이같이 말하니 내가 너희에게 짚을 주지 아니하노라,

⑪ 그리고 너희는 짚을 얻을 곳으로 가서 주우라, 너희 일은 조금도 감하지 아니하리라, 하셨느니라

⑫ 이에 백성들이 에집트의 온 땅에 널리 흩어져서 곡초 구루터기를 모으니라,

⑬ 감독자들이 그들을 독촉하여 말하길, 너희는 짚이 있을 때와 같이 당일 일을 당일에 마치라, 하고

⑭ 파라오의 노예 담당자들에 의하여 임명된 이스라엘인 감독자들은 매를 맞으며 말을 듣기를, "어찌하여 어제와 오늘에 만드는 벽돌의 수효가 전과 같게 맞추지 못하느냐?" 하니라

⑮ 이스라엘 자손들의 감독들이 파라오에게 가서 호소기를, "왕은 어찌하여 당신의 종들에게 이같이 대하시나이까.?

⑯ 종들에게 짚을 주지아니하고 그들이 우리들에게 벽돌을 만들라 하나이다, 종들이 매를 맞으오니 이는 왕의 백성의 허물이니이다,

⑰ 이에 파라오가 말하기를, "너희가 게으르다 게으르다, 그러므로 너희가 이르기를, 우리가 가서 여호와께 희생물을 드리자, 하는도다

⑱ 이제 가서 일하라, 짚은 너희에게 주지 아니할 것이나, 벽돌들의 총수는 여전히 똑같이 마들어야 하느니라," 하니라

⑲ 이스라엘인 감독들이 파라오의 "너희들 이스라엘인 들은 너희들에게 요구된 날마다 만드는 벽돌의 수를 감하지 못하리라." 함을 들었을 때 그들에게 화가 미칠 줄을 아니라,

⑳ 그들이 파라오를 떠나 나올 때에 길에서 기다리고 있는 모세와 아론을 만나니,

㉑ 그들이 말하기를, "너희가 우리로 파라오의 눈과 그 신하의 눈에 미운 물건이 되게 하고, 그들의 손에 칼을 주어 우리를 죽이게 하는도다, 여호와께서 너희를 감찰하시고 판단하시기를 원하노라, 하니

㉒ 모세가 여호와께 돌아와서 말하기를, "주여 어찌하여 이 백성으로 학대를 당하게 하셨나이까? 어찌하여 나를 보냈나이까?

㉓ 내가 당신의 이름으로 말하며 파라오에게 온 이래로, 그가 이 백성들을 더 학대하고 주의 백성들을 전혀 구원치 아니하나이다." 하니라.

• 6장

① 그때에 여호와께서 모세에게 말씀하시기를, 이제 내가 파라오에게 하는 일을 네가 보리라, 이는 강한 손이 함께 함으로 파라오가 그들을 가게 할 것이며, 강한 손을 더하므로 파라오가 그들을 그 땅으로부터 나가게 하리라, 하시고

② 하나님이 역시 모세에게 말씀하시기를, "나는 여호와 이니라." 하시니라.

③ 내가 아브라함과 이삭과 야곱에게 전능의 하나님으로 나타났으나, 나의 이름을 여호와로는 그들에게 알리지 아니하였고,

④ 내가 그들과 함께 내 언약을 세웠은 즉, 그들이 낯선 자들이었던 그 순례의 땅 곧 가나안 땅을 그들에게 주기로 하였으며,

⑤ 더욱이 내가 이집트 사람들이 노예로 삼은 이스라엘 자손의 신음을 듣고 나의 언약을 기억하였노라,

⑥ 그러므로 이스라엘 자손에게 말하라, 나는 여호와니라, 내가 너희를 이집트 사람의 노역에서 빼어내어 그 고역에서 너희를 벗어나게 하고, 내가 펼친 팔과 큰 심판으로 너희를 구속(救贖) 하며,

⑦ 너희로 내 백성을 삼고 나는 너희 하나님이 되리니 나는 이집트 사람의 무거운 짐 밑에서 너희를 빼어낸 너희 하나님 여호와인 줄 너희가 알리라,

⑧ 내가 아브라함과 이삭과 야곱에게 주기로 맹세한 땅으로 너희를 인도하고, 그 땅을 너희에게 주어 유산을 삼게 하리라, 나는 여호와니라, 하시니라.

⑨ 모세가 이와 같이 이스라엘 자손에게 전하였으나, 그들은 그들의 마음의 고뇌와 혹독한 억압으로 인하여 모세의 말에 귀를 기울이지 아니하였더라,

⑩ 그때 여호와께서 모세에게 말씀하시기를,

⑪ "가서, 이집트왕 파라오에게 말하여, 그로 하여금 이스라엘 자손들을 그의 땅에서 나가게 허용하라." 고 말하라, 하시니라.

⑫ 그러자 모세가 여호와께 말씀드리기를, "보옵소서, 이스라엘 자손들도 나의 말을 듣지 아니하는데 파라오가 나같이 입이 둔한 자의 말을 어찌 들으리이까?" 하니라.

⑬ 여호와께서 모세와 아론에게 말씀하사 그들로 이스라엘 자손과 이집트왕 파라오에게 명을 전하고 이스라엘 자손을 이집트 땅에서 인도하여 내게 하시니라,

⑭ 이것들이 그들의 가족들의 어른들이니라, 이스라엘의 장자 르우벤의 아들 하녹과 발루와 헤스론과 갈미니, 이들은 르우벤의 족장이요,

⑮ 시므온의 아들 여무엘과 야민과 오핫과 야긴과 소할과 가나안 여인의 소생 사울이니, 이들은 시므온의 족장이요,

⑯ 레위의 아들들의 이름은 그 연치대로 이러하니 고핫과 므라리요 레위의 수는 일백삼십 칠세이었으며,

⑰ 게르손의 아들들은 그 가족대로 립니와 시므이요,

⑱ 고핫의 아들들은 아므람과 이스할과 헤브론과 웃시엘이요, 고핫의 수는 일백 삼십삼세이었으며,

⑲ 므라리의 아들은 마흘리와 무시니, 이들은 그들의 기록에 따라 레위족의 족장들이요,

⑳ 아므람이 그 아비의 누이 요게벳을 아내로 취하였고, 그가 아론과 모세를 낳았으며 아므람의 수는 일백 삼십 칠세이었으며,

㉑ 이스할의 아들은 고라와 네백과 시그리요,

㉒ 웃시엘의 아들은 미사엘과 엘사반과 시그리요,

㉓ 아론이 암미나답의 딸 나손의 누이 엘리사바를 아내로 취하였고, 그가 나답과 아비후와 엘르아살과 이다말을 낳았으며,

㉔ 고라의 아들은 앗실과 엘가나와 아비아삽이니, 이들은 고라 사람의 족장이요,

㉕ 아론의 아들 엘르아살이 부디엘의 딸 중에서 아내를 취하였고, 그가 비느하스를 낳았으니 이들은 레위 사람의 조상을 따라 가족의 어른들이라,

㉖ 이스라엘 자손들을 군대같이 나누어서 이집트굽 땅에서 인도하라, 하신 여호와의 명을 받은 자는 이 아론과 모세요,

㉗ 이집트왕 파라오에게 이스라엘 자손을 이집트에서 내어 보내라 말한 자도 이 모세와 아론이었더라,

㉘ 그리고 여호와께서 이집트 땅에서 모세에게 말씀하실때,

(And it came to pass on the day when the LORD speak unto Moses, in the land of Egypt,-KJV)

(Now when the LORD spoke to Moses in Egypt,-NIV)

(When the LORD spoke to Moses in the land of Egypt-NAB)

(And that's how things stood when God next spoke to Moses in Egypt.-THE MESSAGE)

㉙ 여호와께서 모세에게 말씀하시기를, 나는 여호와라 내가 네게 이르는 바를 너는

이집트왕 파라오에게 말할지니라, 하시니

㉚ 모세가 여호와 앞에서 말씀드리기를, "나는 더듬거리는 입술로 말을 하는데, 파라오가 나의 말을 듣겠습니까?" 하니라.

● 7장

① 그때에 여호와께서 모세에게 말씀하시기를, "보라, 내가 파라오에게는 너를 신(god)과 같이 되게 하고 너의 형 아론은 너의 대변자가 될 것이니라,

② 너는 내가 네게 명한 모든 것을 네 형 아론에게 말하고 그는 파라오로 하여금 이스라엘 자손을 그 땅에서 가는 것을 허용하도록 말하게 하라,

③ 그러나 내가 파라오의 마음을 강퍅케 할 것으로, 비록 내가 이집트에서 놀랄만한 표적과 경이로운 것들을 많이 행하더라도,

④ 파라오는 너희 말에 귀를 기울이지 않을 것이니라. 그때에 나는 이집트에 나의 손을 내려놓고 강력한 심판을 내려서 나의 군대인 이스라엘 내 백성을 인도하여 나오게 할것이니라,

⑤ 그리고 내가 내 손을 이집트에 펴서 이스라엘 자손을 그 땅에서 인도하여 낼 때에야 이집트 사람들은 나를 여호와인줄 알리라, 하시니라.

⑥ 모세와 아론이 여호와께서 자기들에게 명하신대로 곧 그대로 행하였더라,

⑦ 그들이 파라오에게 말할 때에 모세는 팔십세이었고, 아론은 팔십 삼세이었더라,

⑧ 여호와께서 모세와 아론에게 말씀하시기를,

⑨ "파라오가 너희에게 이르기를 너희는 이적을 보이라 하거든, 너는 아론에게 말하기를, 너의 지팡이를 가져와서 그것을 파라오 앞에 던지라, 그러면 그것이 뱀이 되리라." 하시니라.

⑩ 모세와 아론이 파라오에게 가서 여호와의 명하신대로 행하여, 아론이 파라오와 그 신하 앞에 지팡이를 던졌더니 뱀이 된지라,

⑪ 파라오도 박사와 박수를 부르매, 그 이집트 술객들도 그 술법으로 그와 같이 행하여,

⑫ 각 사람이 지팡이를 던지매 뱀이 되었으나 아론의 지팡이가 그들의 지팡이를 삼켜버리느니라.

⑬ 그리고 여호아께서 파라오의 마음을 강퍅하게 하셨기에 여호와가 말씀하셨던 대로 파라오는 그들의 말에 귀를 기울이지 아니하였더라.

⑭ 여호와께서 모세에게 말씀하시기를, "파라오의 마음이 강퍅하여 이스라엘 백성들이 나가는 것을 거절하는도다,

⑮ 너는 아침에 파라오에게로 가라 그도 물가로 나오리라. 너는 그를 만나기 위하여 나일강의 제방에서 기다리며 전에 뱀으로 변했던 지팡이를 너의 손에 쥐고,,

⑯ 너는 그에게 말할지니 히브리 사람들의 하나님 여호와께서 나를 왕에게 보내시며 말씀하시기를, 내 백성들을 가게 하라, 그들이 황야에서 나를 섬길 것이니라, 하였으나 이제까지 당신이 듣지 아니하였도다,

⑰ 여호와께서 이같이 말씀하셨으니 네가 이것으로 인하여 내가 여호와인 줄을 알리라, 하셨나니 볼지어다, 내가 내 손의 지팡이로 나일강에 있는 물을 치면 그것이 피로 변할 것이라,

⑱ 나일강에 있는 고기가 죽고 그 물에서는 악취가 나리니, 이집트 사람들이 그 물을 마실 수 없을 것이니라.

⑲ 여호와께서 모세에게 말씀하시기를, 아론에게는, 네 지팡이를 들고 이집트의 바다 위에와 시냇 물 위에와 강물 위에와 연못들 위에와 저수지들 위에 네 손을 내밀라, 고 말하여라. 그러면 그 물들이 피로 변할 것이니라, 이집트 온 땅에 피가 있으리니, 나무 그릇에와 돌 그릇에도 모두 피가 있을 것이니라, 하시니라

⑳ 모세와 아론이 여호와께서 명하신대로 행하여, 파라오와 그 신하의 목전에서 지팡이를 들어 나일강의 물을 치니 그 물이 다 피로 변하였더라,

㉑ 나일강의 물고기는 죽었고 그 물에서는 악취가 나니 이집트 사람들이 그 물을 마실 수 없었느니라,이집트 온 땅이 피로 덮혔느니라,

㉒ 이집트 술객들도 그들의 술법으로 그와 같이 행하였으로 파라오의 마음이 강퍅하여져 모세와 아론의 말을 듣지 아니하니, 이는 여호와의 말씀과 같더라,

㉓ 그리고 파라오가 돌이켜 궁으로 들어갔고 그는 그 일에 괘념하지 아니하였더라,

㉔ 그리고 모든 이집트 사람들은 강물을 마실 수 없으므로 먹을 물을 구하기 위하여 나일 강가를 따라서 구덩이를 파서 마실 물을 구하였더라,

㉕ 여호와께서 나일강을 치신 후 칠일이 지나갔느니라.

● 8장

① 여호와께서 모세에게 말씀하시기를, 너는 파라오에게 가서 그에게 말하라, 여호와께서 이같이 말하노라, 내 백성들을 가계하여 그들로 하여금 나를 섬기게 하라,

② 네가 만일 그들을 보내기를 거절하면 내가 개구리들로 너의 온 나라를 칠것이니라,

③ 나일강이 개구리로 꽉 차서, 개구리들이 네 왕궁에와 네 침실과 네 침상 위에와 네 신하의 집에와 네 백성들 위와 네 솥들과 네 빵 반죽 긁는 안으로 들어가고,

④ 그 개구리들이 네 위와 네 백성들 위에와 네 모든 신하들 위에 올라가리라, 하시니라,

⑤ 여호와께서 모세에게 말씀하시기를, 아론에게 명하기를, 네 지팡이를 잡은 네 손을 시내들과 강들과 연못들 위에 내밀어서 개구리들을 이집트 위로 올라오게 하라 할지니라, 하시니

⑥ 아론이 그의 팔을 이집트 물들 위에 펴며 개구리가 올라와서 이집트 땅을 덮었더라,

⑦ 그 마법사들도 그들의 마법으로 그렇게 행하여, 이집트 땅 위로 개구리들이 올라오게 하였더라,

⑧ 그때에 파라오가 모세와 아론을 불러 말하기를, "여호와께 간구하여 그분께서 나와 내 백성에게서 개구리들을 떠나게 하라, 그리하면 내가 너희 백성들을 가도록 허용하여 여호와께 제사드리도록 할 것이니라," 하니라

⑨ 모세가 파라오에게 말하기를, "내가 어느 때에 당신과 당신의 종들과 당신의 백성들을 위하여 간구하여 당신과 당신의 집들로부터 개구리들을 없이하고 그것들이 나일강에만 남아있게 하리이까?" 하니

(And Moses said unto Pharaoh, Glory over me: when shall I intreat for thee, and for thy servants, and for thy people, to destroy the frogs from thee and thy houses, that they may remain in the river only?-KJV)

(Moses said to Pharaoh, "I leave to you the honour of setting the time for me to pray for you and your officials and your people that you and your houses may be rid of the frogs, except for those that remain in the Nile."-NIV)

(and the LORD did as Moses had asked. The frogs died off in the houses, the courtyards, and the fields.-NAB)

(Moses said to Pharaoh, "Certainly. Set the time. When do you want the frogs out of here, away from your servants and people and out of your houses? You'll be rid of frogs except for those in the Nile."-THE MOSSES)

⑩ 그가 말하기를, 내일이니라, 하매 모세가 말하기를, 당신의 말대로 되어 왕으로 하여금 여호와 우리의 하나님과 같으신 이가 없음을 알게 하시리이다,

⑪ 개구리가 왕과 왕궁과 왕의 신하와 왕의 백성을 떠나서 강에만 있게 되리이다, 하고

⑫ 모세와 아론이 파라오를 떠나 나가서 파라오에게 내리신 그 개구리들에 대하여 모세가 여호와께 간구하매,

⑬ 여호와께서 모세의 말대로 하시니 개구리가 집에서 마당에서 밭에서 나와서 죽은 지라,

⑭ 사람들이 모아 무더기로 쌓으니 땅에서 악취가 나더라,

⑮ 그러나 파라오가 약간 안심할 수 있음을 알고 그 마음을 강퍅케 하여 모세와 아론의 말들을 듣지 아니하였으니, 이는 여호와가 이미 말씀하신 것과 같았더라,

⑯ 여호와께서 모세에게 말씀하시기를, "아론에게 말하여, '네 지팡이를 내밀어 땅의 티끌을 치라, 하라,' 그리하면 그것들이 이집트 전역에서 이들이 되리라." 하시니라

⑰ 그들이 그대로 행하여, 아론이 지팡이를 잡고 손을 들어 땅의 티끌을 치매, 이집트 전역의 티끌이 다 이들이 되어 사람과 생축에게 오르니,

⑱ 이때에 마법사들도 자기들의 마법으로 이같이 행하여 이를 만들어 내려 하였으나 못하였더라, 그리하여 아론의 지팡이로 인하여 나타난 이들이 사람과 동물들 위에 있었느니라,

⑲ 이에 마법사들이 파라오에게 말하기를, 이것은 하나님의 권능이 행한 일이니다, 하였으나 여호와께서 말씀하신 바와 같이 파라오의 마음이 강퍅케 되어 그들의 말을 기울여 듣지 아니하니라,

⑳ 여호와께서 모세에게 말씀하시기를, "너는 아침에 일찍이 일어나서 파라오가 물가로 나아오리니 그를 만나서 그에게 말하기를, "여호와의 말씀이 내 백성을 보내어 나를 경배하도록 하라,

㉑ 네가 만일 내 백성을 보내지 아니하면 내가 너와 네 신하와 네 백성과 네 집들에 파리 떼를 보내리니 이집트 사람들의 집집에 파리 떼가 가득할 것이며 그들이 거하는 땅에도 그러하리라,

㉒ 그러나 그날에 내가 내 백성의 거하는 고센 땅을 구별하여 그곳에는 파리 떼가 없

게 하리니, 이로 말미암아 너는 내가 이 세상 중의 여호와인 줄을 알게 될 것이니라,

㉓ 내가 네 백성과 내 백성사이에 구별을 두리니, 내일 신비로운 표적이 있을 것이니라," 하시니라,

㉔ 여호와께서 그와 같이 하시니 무수한 파리 떼가 파라오의 궁에와 그 신하들의 집들에와 이집트 전역이 파리 떼들로 인하여 황폐해졌더라,

㉕ 그때에 파라오가 모세와 아론을 불러 말하기를, 너희는 가서 이 땅에서 너희 하나님께 희생제물을 드려라, 하니라

㉖ 그러나 모세가 말하기를, "그리함은 불가하나이다, 우리가 우리 여호와 하나님께 희생물을 드리는 것은 이집트 사람들에게는 혐오스러운 것인 즉, 만약 우리가 그들이 혐오하는 희생제물을 드리면 그들이 그것을 미워하여 우리를 돌로 치지 아니하리이까?

㉗ 그래서 우리는 여호와께서 우리에게 명한대로 우리 하나님 여호와께 희생제물을 드리기 위하여 사흘 길쯤을 황야로 들어가야만 하나이다." 하니라

㉘ 파라오가 말하기를, "내가 너희가 너희 하나님 여호와를 위하여 희생제물을 드리도록 황야로 가는 것을 허용할 것이니라, 그러나 너희는 너무 멀리 가지는 말지니라, 그리고 이제부터는 나를 위하여 기도하도록 하라." 하니라

㉙ 모세가 대답하여 말하기를, 보소서 내가 왕을 떠나가서 여호와께 기도하리니, 내일이면 파리 떼가 파라오와 파라오의 신하들과 파라오의 백성들을 떠나게 하소서, 하리이다, 오직 이것은 확실히 하여 주시옵소서, 즉 왕께서 우리 백성들이 여호와께 희생제물을 드리는 것을 허용하지 아니하므로써 다시 속이는 행위를 안하신다는 것을 확실히 하여 주소서' 하니라

㉚ 그리고 모세가 파라오에게서 나와서 여호와께 기도하니라,

㉛ 그리고 여호와께서는 모세가 간구한 데로 하셨으니 즉 파리들이 파라오와 그의 신하와 그의 백성들에게서 나가서 한 마리의 파리도 남아있지 아니하니라,

㉜ 그러나 이번에도 파라오는 그의 마음을 강퍅케 하여 이스라엘 백성들을 가도록 하는 것을 허용하지 않으려 하였더라.

● 9장

① 여호와께서 모세에게 말씀하시기를, 파라오에게 들어가서 말해라, 히브리 사람의

하나님 여호와께서 말씀하시기를, 내 백성을 보내어서 그들로 하여금 나를 섬기게
하라,

② 네가 만일 그들 보내기를 거절하고 억지로 잡아 두면,

③ 보라, 여호와의 손이 들판에 있는 너의 가축들과 말들과 나귀들과 낙타들과 소들
과 , 그리고 양들 위에 임하리니 매우 심한 전염병이 있으리라,

④ 여호와가 이스라엘의 가축과 이집트의 가축을 구별하리니 이스라엘 자손에 속한
것은 하나도 죽지 아니하리라, 하라, 하시고

⑤ 여호아께서 기한을 정하여 말씀하시기를, 내일 여호와께서 이 땅에서 이 일을 행
하리라, 하시니라,

⑥ 이튿날에 여호와께서 이 일을 행하시니, 이집트의 모든 가축은 죽었으나 이스라엘
자손의 가축은 하나도 죽지 아니한지라,

⑦ 파라오가 보내어 본즉, 이스라엘의 가축은 하나도 죽지 아니 하였더라, 그러나 바
로의 마음이 강퍅하여 백성을 보내지 아니하니라,

⑧ 여호와께서 모세와 아론에게 말씀하시기를, 너희는 가마의 재들을 양 손아귀에 가
득 쥐고 모세는 파라오의 보는데서 하늘을 향하여 그것을 뿌리라,

⑨ 그 재가 이집트의 온 땅 안에서 작은 티끌이 되어서, 이집트의 온 땅 전역에 걸쳐
사람 위에와 짐승 위에 물집이 생기는 종기가 되리라,

⑩ 그들이 가마의 재를 가지고 파라오 앞에 서서, 모세가 하늘을 향하여 날리니 사람
과 짐승에게 붙어 독종이 발하고,

⑪ 마법사들도 독종으로 인하여 모세 앞에 서지 못하니, 독종이 마법사들과 이집트
모든 사람에게 발생 하였기 때문이라,

⑫ 그러나 여호와께서 파라오의 마음을 강퍅케 하셨으므로, 그가 그들의 말을 듣지
아니하였으니 여호와께서 모세에게 말씀하심과 같더라,

⑬ 여호와께서 모세에게 말씀하시기를, 아침에 일찍기 일어나 파라오 앞에 가서, 그
에게 이르기를, 히브리 사람의 하나님, 여호와의 말씀에 내 백성을 보내어서 그들
이 나를 섬기게 하라,

⑭ 내가 이번에는 모든 재앙을 너와 네 신하와 네 백성에게 내려서 온 지구에 나와 같
은 자가 없음을 알게 하리라,

⑮ 이는 내가 손을 펴서 전염병으로 너와 네 백성을 쳤다면 너희가 세상에서 없어졌
을 것이니라,

⑯ 내가 너를 세웠음은 나의 능력을 네게 보이고 내 이름이 온 천하에 전파되게 하려 하였음이니라,

⑰ 네가 여전히 내 백성 앞에 교만하여 그들을 보내지 아니하느냐?

⑱ 보라, 내일 이맘때면 내가 우박을 내리리니 이는 이집트가 세워진 날로부터 가장 강력한 우박일 것이니라,

⑲ 이제 보내어 네 가축과 네 들에 있는 것을 다 모으라 사람이나 짐승이나 무릇 들에 있어서 집에 돌아오지 않는 자에게는 우박이 그 위에 내리리니 그것들이 죽으리라 하셨다, 하라, 하시니라

⑳ 파라오의 신하 중에 여호와의 말씀을 두려워하는 자는 그 종들과 가축을 집으로 피하여 들였으나,

㉑ 여호와의 말씀을 마음에 두지 아니하는 자는 그 종들과 가축을 들에 그대로 두었더라,

㉒ 여호와께서 모세에게 이르시되 너는 하늘을 향하여 손을 들어 이집트 전국에 우박이 이집트 땅의 사람과 짐승과 밭의 모든 채소에 내리게 하라,

㉓ 모세가 하늘을 향하여 지팡이를 들매, 여호와께서 뇌성과 우박을 보내시고 불을 내려 땅을 달리게 하시니라,

㉔ 우박의 내림과 불덩이가 우박에 섞여 내림이 심히 맹렬하니 이집트 나라가 세워진 이래로 그 같은 것이 한번도 없었더라,

㉕ 우박이 이집트 온 땅에서 사람과 짐승을 무론하고, 무릇 밭에 있는 것을 쳤으며, 우박이 또 모든 밭의 모든 채소를 치고 들의 모든 나무를 꺾었으되,

㉖ 이스라엘 자손이 있는 고센 땅에만 우박이 내리지 아니하였더라,

㉗ 파라오가 사람을 보내어 모세와 아론을 불러 그들에게 말하기를, "이번에 내가 죄를 지었노라, 여호와는 의로우시고, 나와 나의 백성이 잘못하였노니

㉘ 여호와께 기도구하여 이 뇌성과 우박을 그만 그치게 하라, 그러면 내가 너희를 보내리니 너희가 다시는 머물지 아니하리라, 하매

㉙ 모세가 그에게 말하기를, 내가 이 성읍에서 나가서 즉시 내 손을 여호와를 향하여 펴리니, 그리하면 뇌성이 그치고 우박도 더 이상 없으리이다, 이로써 너는 지구가 여호와의 것인 줄을 알 것이니라,

㉚ 그러나 나는 너와 너의 신하들이 아직도 여호와 하나님을 두려워 아니함을 아느니라," 하니라

㉛ 뇌성과 우박이 있을 때에 보리는 이삭이 나왔고 삼은 꽃이 피었으므로 삼과 보리는 훼손되었으나,

㉜ 그러나 밀과 나맥은 자라지 아니한고로 훼손되지 아니 하였더라,

㉝ 모세가 파라오를 떠나 성에서 나가서, 여호와를 향하여 손을 펴매, 뇌성과 우박이 그치고 비가 땅에 내리지 아니하였더라,

㉞ 파라오가 비와 우박과 뇌성의 그친 것을 알았을 때 그는 다시 죄를 지었느니라: 즉 그와 그의 신하들은 그들의 마음을 강퍅케 하였느니라,

㉟ 그렇게 파라오의 마음이 강퍅하여져 그는 이스라엘 자손들이 가는 것을 허용하지 아니하였으니, 이는 여호와께서 모세를 통하여 말씀하심과 같으니라.

● 10장

① 여호와께서 모세에게 말씀하시기를, 파라오 에게로 들어가라, 내가 그의 마음과 그 신하들의 마음을 강퍅케 함은 내가 그들 사이에서 나의 신비스러운 표적들을 보이기 위함이니라,

② 이는 너로 하여금 네 자녀들과 네 후손들에게 내가 어떻게 이집트인들을 거칠게 다루었고 어떻게 내가 신비한 표적들을 그들 사이에서 행하였는 지를 말하여, 너희가 내가 여호와인 줄을 알게하려 함이니라,

③ 그리하여 모세와 아론은 파라오에게 가서 그에게 말하기를, '히브리 사람들의 하나님, 즉 여호와께서 말씀하시기를, 네가 얼마 동안이나 내 말을 안들을 것이냐? 그러지말고 나의 백성들을 보내어 그들로 하여금 나를 경배하도록 하라,

④ 네가 만일 내 백성 보내기를 거절하면 내일 내가 메뚜기들을 네 나라로 불러들이리니,

⑤ 메뚜기가 지면을 덮어서 사람이 땅을 볼 수 없을 것이라, 메뚜기가 네게 남은 그것, 곧 우박을 면하고 남은 것을 먹으며, 들에 너희를 위하여 자라는 모든 나무를 먹을 것이며,

⑥ 또 네 집들과 네 모든 신하의 집들과 모든 이집트 사람들의 집들에 가득하리니, 이는 네 아비와 네 조상이 세상에 있어 옴으로 오늘까지 보지 못하였던 것이라, 하셨다, 하고 돌이켜 파라오에게서 나오니라,

⑦ 파라오의 신하들이 그에게 고하되, "어느 때까지 이 사람이 우리의 올무가 되리이까, 그 사람들을 보내어 그들의 하나님 여호와를 섬기게 하소서, 왕께서는 아직도

이집트가 황폐화된 것을 알지 못하시나이까?" 하고

⑧ 그때 파라오는 모세와 아론을 데려오도록 하고 말하기를, "백성들을 가게 하라, 그래서 그들의 하나님, 여호와를 경배하게 하라, 그런데 누구 누구가 갈 것이냐? 하니라

⑨ 모세가 대답하여 말하기를, 우리는 우리의 젊은이 노인 우리의 손자 손녀 와 우리의 가축 떼를 데리고 가겠나이다, 이는 우리가 여호와께 절기를 지켜야 하기 때문입니다, 하니라

⑩ 파라오가 말하기를, 그러나 만일 내가 너희가 너희들의 부녀자와 어린아이들과 함께 가게 하면, 명백하게 너희에게 어려움이 있을 것이니라,

(And he said unto them, Let the LORD be so with you, as I will let you go, and your little ones: look to it; for evil is before you.-KJV)

(Pharaoh said, "The LOTD be with you-if let you go, along with your women and children! Clearly you are bent on evil.-NIV)

("The LORD help you," Pharaoh replied, "if I let your little ones go with you! Clearly, you have some evil in mind.-NAB)

(He said, "I'd sooner send you off with God's blessing than let you go with your children. Look, you're up to no good-it's written all over your faces.-THE MESSAGE)

⑪ 그러므로 그렇게는 하지말라, 이제 너희 남자들만 가서 여호와를 섬기라, 이것이 너희 구하는 바가 아니냐? 하고 모세와 아론을 파라오의 면전에서 쫓아내니라,

⑫ 이에 여호와께서 모세에게 말씀하시기를, "네 손을 이집트 땅 위에 내어 밀어, 메뚜기들이 이집트 땅에 올라와서 들에 자라는 모든 것을 다 먹어버리게 하라, 우박이 왔는 데도 남아있는 것까지도 다 먹게하라." 하시니라

⑬ 모세가 이집트 땅 위에 그의 지팡이를 내밀매, 여호와께서 동풍을 일으켜 온 낮과 온 밤에 불게 하시니, 아침이 되매 동풍이 메뚜기들을 불러 들였더라,

⑭ 메뚜기가 이집트 온 땅에 이르러 이집트 전역에 머물러 그들을 심히 괴롭게 하니, 그런 메뚜기떼들은 그들에게는 전에도 없었고 후에도 없었을 것이니라,

⑮ 메뚜기들이 온 지면에 덮여 날으매 땅이 어둡게 되었고, 메뚜기가 우박에 상하지 아니한 밭의 채소와 나무 열매를 다 먹었으므로 이집트 전역의 나무나 밭의 채소나 푸른 것은 남지 아니 하였더라,

⑯ 이에 파라오가 모세와 아론을 급히 불러서 말하기를, "내가 너희 하나님 여호와께 와 너희에게 죄를 지었으나

⑰ 이제 나의 죄를 한번만 용서하여 너희 하나님 여호와께 간구하여 이 무시무시한 벌을 내게서 떠나게 하여주라." 하므로

⑱ 모세가 파라오로부터 나가서 여호와께 간구하였더라,

⑲ 이에 여호와께서 그 바람을 강력한 서풍으로 변하게 하시어 그 바람이 메뚜기들을 홍해로 쓸어넣도록 하였더라, 그리하여 이집트 어디에도 메뚜기가 하나도 남지 아 니하였더라,

⑳ 그러나 여호와께서 바로의 마음을 강팍켜 하셨으므로, 그는 이스라엘 자손들을 가 게하지 아니하였더라,

㉑ 이에 여호와께서 모세에게 말씀하시기를, "창공을 향하여 네 손을 펴서 이집트 땅 위에 어둠이 엄습하게 있게 하라, 이는 칠흙 같은 어두움 일 것이니라." 하시니라

㉒ 모세가 창공을 향하여 손을 들매 칠흙 같은 어두움이 삼일 동안 이집트 온 땅을 덮 었느니라,

㉓ 이에 삼일 동안은 어떤 사람도 다른 사람을 볼 수 없고 자기 처소를 떠날 수도 없었 더라, 그러나 이스라엘의 자손들이 거하는 곳에는 빛이 있었더라,

㉔ 그때 파라오가 모세를 불러서 말하기를, " 가서 너희는 여호와를 섬기라, 너희 부 녀자와 너희 어린 자녀들은 너희와 함께 가도 된다, 그러나 오직 너희의 소와 양은 놓아두고 가야하느니라." 하니라

㉕ 그러나 모세가 말하기를, "왕께서는 우리가 우리 하나님 여호와께 봉헌할 번제 물 과 희생물을 우리에게 허용하셔야 합니다.

㉖ 또한 우리의 가축도 역시 우리와 함께 가야합니다, 한 마리도 남길 수 없습니다, 이는 우리가 그 중에서 취하여 우리 하나님 여호와를 섬기겨야 합니다, 그리고 우 리가 거기에 이르기까지는 어떤 것으로 여호와를 섬길 것인지 알지 못함이니이다,

㉗ 그러나 여호와께서 파라오의 마음을 강팍케 하셨으므로, 그는 그들을 보내기를 허 락하지 아니하니라,

㉘ 그리고 모세에게 말하기를, "너는 내 보이는 곳에서 사라지고 다시는 내 앞에 나타 나지 말라! 네가 내 얼굴을 보는 날에는 너는 반드시 죽으리라." 하니라

㉙ 모세가 대답하기를, "왕이 말씀하신 바와 같이 나는 결코 다시는 왕의 앞에 나타나 지 않을 것입니다." 하니라

● 11장

① 그때에 여호와께서 모세에게 말씀하시기를, "내가 파라오와 이집트에 한가지 재앙을 더 내린 후에야 파라오가 너희를 여기서 보낼지라, 그가 너희를 보낼 때에는 여기서 정녕 다 같이 쫓아 내리니,

② 이제 백성들의 귀에 대고, 모든 남자, 여자는 각기 그의 이웃들로부터 금 과 은의 패물을 구하라고, 말하여라." 하시니라

③ 그리고 여호와께서 이집트 사람들이 보는 앞에서 이스라엘 백성들에게 은혜를 베푸시니, 이로 인하여 모세는 이집트에서 파라오의 신하들과 그 백성들에 의하여 높이 칭송을 받았더라,

④ 그리고 모세가 말하기를, "여호와께서 이르시기를 한 밤중에 내가 이집트를 관통하여 갈 것이니라,

⑤ 이집트에서 처음 난 것은 위에 앉은 파라오의 장자로부터 맷돌 뒤에 있는 여종의 장자와 모든 가축의 처음난 것이 죽을 것이라

⑥ 이집트 전국에 전무후무한 큰 곡성이 있으리라,

⑦ 그러나 이스라엘 자손에게는 개도 짖지 않으리니, 그때에 너희는 여호와가 이집트 사람들과 이스라엘을 구별하는 줄을 알리라, 하시니라

(But against any of the children of Israel shall not a dog move his tongue, against man or beast: that ye may know how that the LORD doth put a difference between the Egyptians and Israel.-KJV)

(But among the Israelites not a dog will bark at any man or animal. Then you will know that the LORD makes a distinction between Egypt and Israel.-NIV)

⑧ 그리고 왕의 모든 신하가 내게와서 내게 절하며 말하기를, 당신과 당신을 따르는 모든 백성은 나가소서, 하리이다, 그 후에야 내가 나가리라, 하였더라, 그때 모세는 심히 분노하여 파라오로부터 나왔느니라,

⑨ 여호와께서 모세에게 이르시기를, "파라오가 너의 말을 듣지 아니할지라, 그러므로 내가 이집트 땅에서 나의 기사를 더하리라, 하셨느니라,

⑩ 모세와 아론이 이 모든 기사를 파라오 앞에서 행하였으나, 여호와께서 파라오의 마음을 강팍켜 하셨으므로 그가 이스라엘 자손을 그 나라에서 보내지 아니하였더라.

● 12장

① 여호와께서 이집트 땅에서 모세와 아론에게 말씀하시기를,

② "이 달이 너희에게 첫 달, 곧 너희 년도의 첫 달이 되니라,

③ 너희는 이스라엘 회중에게 말하기를, 이 달 열흘 날에 각 사람은 그의 가족을 위하여 어린 양을 취할지니, 각 가구 당 한 마리의 어린양을 취하도록 하라,

④ 그리고 그 어린 양에 대하여 식구가 너무 적으면 그 집의 이웃과 함께 인수를 따라서 하나를 취하며, 각 사람의 식량을 따라서 너희 어린 양을 계산할 것이며,

⑤ 너희 어린 양은 흠 없고 일년 된 수컷으로 하되 양이나 염소 중에서 취하고,

⑥ 이 달 십 사일까지 간직하였다가 해 질 때에 이스라엘 회중이 그 양을 잡고,

⑦ 그 피로 양을 먹을 집 문 좌우 문 설주와 인방에 바르고,

⑧ 그 밤에 그 고기를 불에 구워 부풀지 않은 빵과 쓴 나물과 아울러 먹되,

⑨ 날로나 물에 삶아서나 먹지 말고 그 머리와 정강이와 내장을 다 불에 구워 먹고,

⑩ 아침까지 남겨두지 말며 아침까지 남은 것은 곧 태울지니라,

⑪ 너희는 이것을 이렇게 먹을지니 허리에 띠를 메고 발에 신을 신고 손에 지팡이를 잡고 급히 먹으라, 이것이 여호와의 유월절이니라

⑫ 내가 그 밤에 이집트 땅에 두루 다니며 사람과 짐승은 무론하고 이집트 나라 가운데 처음 난 것을 다 치고, 이집트의 모든 신에게 벌을 내리리라, 나는 여호와이니라.

⑬ 내가 이집트 땅을 칠 때에 그 피가 너희의 거하는 집에 있어서 너희를 위하여 표적이 될지라, 내가 피를 볼 때에 너희를 넘어가리니 재앙이 너희에게 내려 멸하지 아니하리라,

⑭ 너희는 이 날을 기념하여 여호와의 절기를 삼아 영원한 규례로 대대로 지킬지니라,

⑮ 너희는 칠일 동안 부풀지 않은 빵을 먹을지니 그 첫날에 누룩을 너희 집에서 제하라, 무릇 첫날부터 칠일까지 부풀은 빵을 먹는 자는 이스라엘에서 끊쳐지리라,

⑯ 첫날에 너희에게 거룩한 집회가 있으며 제 칠일에도 거룩한 집회가 있으리니, 이 두 날에는 각자가 반드시 먹어야 하는 것을 준비하는 일을 제외하고는 일을 하지 말지니, 그것이 너희가 하여야 할 일이니라,

⑰ 너희는 부풀지 않은 빵을 먹는 무교절을 지키라, 이 날에 내가 너희를 군대처럼 집단으로 나누어 이집트에서 인도하여 나왔기 때문이라, 그러므로 너희가 영원한 규

례로 삼아 이 날을 대대로 지킬지니라,

⑱ 너희는 정월 열 넷째 날 저녁부터 이십 일일 저녁까지 부풀지 않은 빵을 먹어야 하느니라,

(In the first month, on the fourteenth day of the month at even, ye shall eat unleavened bread, until the one and twentieth day of of the month at even,-KJV)

(In the first month you are to eat bread made without yeast, from the evening of the fourteenth day until the evening of the twenty-first day.-NIV)

⑲ 칠일 동안은 누룩을 너희 집에 있지 않게 하라, 무릇 부풀은 빵을 먹는 자는 타국인이든지 본국에서 난 자든지 무론하고 이스라엘 회중에서 끊쳐지리니라,

⑳ 너희는 아무 부풀은 것을 먹지 말고 너희 모든 유하는 곳에서 부풀지 않은 빵을 먹을지니라,

㉑ 모세가 이스라엘 모든 장로를 불러서 그들에게 이르되, 너희는 나가서 너희 가족대로 어린 양을 택하여 유월절 양으로 잡고,

㉒ 너희는 우슬초 묶음을 취하여 그릇에 담아 피에 적시어서 그 피를 문 인방과 좌우 설주에 뿌리고 아침까지 한 사람도 자기 집 문밖에 나가지 말라,

㉓ 여호와께서 이집트 사람들을 치러 두루 다니실 때에 문 인방과 좌우의 피를 보시면, 그 문을 넘어가서 파괴하는 천사로 하여금 너희 집에 들어가서 너희를 치지 못하게 하실 것임이니라,

㉔ 너희는 이 일을 규례로 삼아 너희와 너희 자손이 영원히 지킬 것이니,

㉕ 너희는 여호와께서 허락하신대로 너희에게 주시는 땅에 이를 때에 이 예식을 지킬 것이니라,

㉖ 이 후에 너희 자녀가 묻기를 이 예식이 무슨 뜻이냐? 하거든

㉗ 너희는 이르기를, 이는 여호와의 유월절 제사라   여호와께서 이집트 사람들을 치실 때에 이집트에 있는 이스라엘 자손의 집을 넘으사 우리의 집을 구원하셨느니라, 하라, 하매, 백성들이 머리를 숙이고 경배드리니라,

㉘ 이스라엘 자손이 물러가서 그대로 행하되 여호와께서 모세와 아론에게 명하신대로 행하니라,

㉙ 밤 중에 여호와께서 이집트 땅에서 모든 처음 난 것 곧 위에 앉은 파라오의 장자로

부터 옥에 갇힌 사람의 장자까지와 생축의 처음 난 것을 다 치시매,

㉚ 그 밤에 파라오와 그 모든 신하와 모든 이집트 사람들이 일어나고 이집트에 큰 호곡이 있었으니 이는 그 나라에 사망치 아니한 집이 하나도 없었음이었더라,

㉛ 밤에 파라오가 모세와 아론을 불러서 이르되, 너희와 이스라엘 자손은 일어나 내 백성들 가운데에서 떠나서 너희의 말대로 가서 여호와를 섬기며,

㉜ 너희의 말대로 너희의 양도 소도 몰아가고 나를 위하여 축복하라, 하고

㉝ 이집트 사람들은 말하기를, 우리가 다 죽은 자가 되도다, 하고 이스라엘 백성들을 재촉하여 그 나라에서 속히 보내려 하므로,

㉞ 그래서 이스라엘 백성들은 누룩이 발효되기 전에 그들의 반죽 그릇을 천으로 싸서 어깨에 메니라,

㉟ 그리고 이스라엘 자손들은 모세가 알려준대로 이집트 사람들에게 은, 금 패물과 의복을 빌렸더라,

㊱ 여호와께서 이집트 사람들로 하여금 이스라엘 백성에게 호의를 가지게 하사, 그들의 구하는 대로 주게 하시므로 그들이 이집트 사람들의 물품을 사취하였더라,

㊲ 이스라엘 자손이 라암셋에서 길을 떠나 숙곳에 이르니, 유아외에 보행하는 장정이 육십만 가량이요,

㊳ 많은 다른 사람들이 그들과 함께 떠났고 많은 가축들 즉 양떼들과 소떼들도 함께 갔더라,

㊴ 그들은 이집트에서 가지고 나온 가루 반죽으로 누룩없는(부풀지않은) 빵을 구웠더라, 이는 그들이 이집트에서 쫓겨났고 이로인하여 그들은 그들 자신들을 위한 음식을 준비할 시간이 없었기 때문이 더라

㊵ 이스라엘 자손들이 이집트에 거주한지 사백삼십년이라,

㊶ 사백삼십년이 마치는 바로 그날에 여호와의 모든 백성들(군대)이 이집트를 떠났더라,

㊷ 그날 밤에 여호와께서는 그들을 이집트 땅에서 인도하여 내시기 위하여 불침번을 서셨나니, 모든 이스라엘은 이 밤에 다가오는 세대를 위하여 철야를 하여야 하느니라,

㊸ 여호와께서 모세와 아론에게 이르시되, 이것이 유월절의 규례이니, 낯선자는 아무도 유월절의 음식(그것)을 먹을 수 없느니라,

㊹ 돈으로 산 각 사람의 종은 네가 그에게 할례를 베푼 후이면, 그가 유월절 음식(그

것)을 먹을 수 있으되,

㊸ 일시적인 거류인과 고용된 품군은 유월절 음식(그것)을 먹지 말것이니라,

㊻ 그것은 한 집안 내에서만 먹어야 하고, 어떤 고기도 조금이라도 집 밖으로 내가지 말고, 뼈도 쪼개지 말지니라,

㊼ 이스라엘 전 회중은 다 이것을 지켜야 하느니라,

㊽ 너희와 함께 거하는 타국인이 여호와의 유월절을 지키고자 하거든 그 모든 남자는 할례를 받고, 그 후에야 그는 본토인과 같이 참여할 것이니라, 즉 할례받지 아니한 자는 먹지 못할지니라,

㊾ 본토인에게나 너희 중에 거하는 이방인에게나 이 법은 동일하게 적용되느니라,

㊿ 모든 이스라엘 자손들이 여호와께서 모세와 아론에게 명하신 모든 것을 정확히 행하였느니라,

㉛ 그리고 바로 그 날에 여호와께서는 이스라엘 자손들을 군대같이 집단으로 하여 이집트 땅에서 이끌어 내었더라,

● 13장

① 여호와께서 모세에게 일러 말씀하시기를,

② "모든 첫번째 태어나는 것은 성별하여 나에게 봉헌하라, 사람이든지 짐승이든지 이스라엘 자손들에게서 첫번째 태어나는 것은 나의 것이니라,."

③ 모세가 백성에게 말하기를, "너희가 이집트로부터 나온 날, 너희가 종살이 하던 땅으로부터 나온 날을 기념하라, 이 날에 여호와께서 전능하신 손으로 이집트에서 너희를 인도하여 내셨느니라, 그리고 누룩이 들어간(부풀린) 빵은 먹지 말지니라,

④ 아빕월의 이 날에 너희는 나왔느니라,

⑤ 여호와께서 너희를 인도하여 가나안 사람과 헷 사람과 히위 사람과 예부스 사람의 땅 곧 네게 주시려고 네 조상들에게 맹세하신바 젖과 꿀이 흐르는 땅에 이르게 하시거든 너는 이 달에 예식을 지켜,

⑥ 칠일 동안 무교병(부풀지않은빵)을 먹고, 제 칠일째에는 여호와께 잔치를 베풀어라,

⑦ 칠일 동안 무교병을 먹고 유교병을 너희 곁에 있게 하지 말며, 네가 있는 곳에서 누룩을 네게 보이지도 말게 하며,

⑧ 너희는 바로 그 날에 네 자손에게 말하기를, '나는 내가 이집트로부터 나올 때 여호

와께서 나를 위하여 행하신 모든 것들로 인하여 이 잔치를 하느니라, 하라

⑨ 이것이 네게는 네 손 위에 표적이 되며 네 눈 사이에 기념이 되리니 여호와의 법이 네 입에 있게 하려 함이니라, 이는 여호와께서 그분의 전능하신 손으로 너희를 이 집트로부터 인도하여 내셨기 때문이니라,

⑩ 너희는 해마다 이 의식을 지켜야 하느니라,

⑪ 여호와께서 너희와 네 조상에게 약속하신대로 너희를 가나안 사람의 땅에 인도하시어 그 땅을 네게 주신 후에는

⑫ 너는 모든 태의 첫번째 나오는 것은 여호와께 드려야 하느니라, 너희 가축들의 첫 번째 태어난 수컷들은 여호와의 것이니라,

⑬ 모든 가축의 첫 새끼는 여호와의 것이니라, 너는 네가 원하면 나귀의 첫 새끼를 어린양으로 대속할 수 있을 것이요, 그렇게 아니하려면 그 목을 꺾을 것이니라, 너희의 자손들 중 모든 장자된 자는 여호아께서 다시 찾아올 것이니라,

(And every firstling of an ass thou shalt redeem with a lamb; and if thou wilt not redeem it, then thou shalt break his neck: and all the firstborn of man among thy children shalt thou redeem.-KJV)

(Redeem with a lamb every firstborn donkey, but if you do not redeem it, break its neck. Redeem every firstborn among your sons.-NIV)

(Every firstborn of a donkey you will ransom with a sheep. If you do not ransom it, you will break its neck. Every human firstborn of your soπns you must ransom.-NAB)

(Every first birth from your livestock belongs to GOD. You can redeem every first birth of a donkey if you want to by substituting a lamb; if you decide not to redeem it, you must break its neck. "Redeem every firstborn child among your sons.-THE MESSAGE)

⑭ 장래에 네 아들이 네게 묻기를 이것이 어쩜이냐? 하거든, 너는 그에게 이르기를 여호와께서 그 손의 권능으로 우리를 이집트에서 곧 종이 되었던 집에서 인도하여 내실새,

⑮ 그 때에 파라오가 강퍅하여 우리를 보내지 아니하매, 여호와께서 이집트 나라 가운데 처음 낳은 것을 사람의 장자로부터 생축의 처음 낳는 것까지 다 죽이신고로, 초태생의 수 컷은 다 여호와께 희생으로 드리고 우리 장자는 다 대속하나니,

⑯ 이것으로 네 손의 기호와 네 미간의 표를 삼으라, 여호와께서 그 손의 권능으로 우리를 이집트에서 인도하여 내셨음이라, 할지니라

⑰ 파라오가 백성을 보낸 후에 팔레스타인 사람들의 땅의 길은 가까울지라도 하나님이 그들을 그길로 인도하지 아니하셨으니, 이는 하나님이 말씀하시기를, 이 백성이 전쟁을 보면 후회하여 이집트로 돌아갈까 하셨음이라

⑱ 그러므로 하나님이 홍해의 광야 길로 돌려 백성을 인도하시매, 이스라엘 자손이 이집트 땅에서 항오를 지어 나올 때에,

⑲ 모세가 요셉의 해골을 취하였으니 이는 요셉이 이스라엘 자손으로 단단히 맹세케 하여 이르기를, 하나님이 필연 너희를 권고하시리니 너희는 나의 해골을 여기서 가지고 나가라 하였음이었더라,

⑳ 그들이 숙곳에서 그들의 여정을 시작하여 광야 끝에 있는 에담에서 장막을 쳤더라,

㉑ 여호와께서 그들 앞에서 행하사, 낮에는 구름 기둥으로 그들의 길을 인도하시고, 밤에는 불 기둥으로 그들에게 비취사, 주야로 가게 하시며

㉒ 여호와께서는 낮에는 구름 기둥을, 밤에는 불 기둥을 그 백성들 앞에서 떠나게 하지 아니하시느니라.

● 14장

① 여호와께서 모세에게 일러 가라사대,

② 너는 이스라엘 자손들에게 명하여 돌아가서 바다와 믹돌 사이의 비하히롯 앞 곧 바알스본 맞은편 바닷가에 장막을 치게하라,

③ 파라오는 '이스라엘 자손들이 사막에 둘러싸여서 그 땅에서 방황할 것이라' 라고 생각할 것이라

④ 그리고 내가 파라오의 마음을 강퍅케 하므로 그가 이스라엘을 추적할 것이니라, 그러나 나는 파라오와 그의 군대를 통하여 나 자신의 영광을 얻으리니 이집트 사람들로 하여금 내가 여호와인 줄 알게 하리라, 하시니 그들이 그렇게 행하느니라,

⑤ 이집트왕이 이스라엘 백성들이 떠나간 것을 들었을 때 파라오와 그의 신하들은 이 백성에 대하여 마음이 변하여 말하기를, "우리가 어찌 이같이 하였는고? 우리는 이스라엘 자손들을 가도록 허용하여 그들의 우리들에 대한 섬김을 잃었도다!" 하니라

⑥ 그래서 파라오는 그의 병거를 갖추고 그와 함께 그의 군대를 데리고 갈새,

⑦ 최상의 병거 육백 대의 병거들, 이집트의 모든 병거들과 그들의 병거 위에 탄 군사들을 거느리고 갔더라,

⑧ 여호와께서 이집트 왕 파라오의의 마음을 강퍅케 하셨으므로 그가 담대히 행진하여 나아가는 이스라엘 자손들의 뒤를 추적하였더라,

⑨ 이집트측의 병력, 즉 모든 파라오의 말들과 병거들 기수들과 병사들이 이스라엘 자손들을 추적하여 바알스본 맞은편 비하히롯 곁 해변에 장막을 치고 있던 그들을 따라잡았느니라,

⑩ 파라오가 가까와 올 때에 이스라엘 자손들이 눈을 들어 본즉, 이집트 사람들이 자기 뒤에 미친지라 이스라엘 자손이 심히 두려워하여 여호와께 부르짖고,

⑪ 그들이 또 모세에게 말하기를, 이집트에 매장지가 없으므로 당신이 우리를 이끌어 내어 이 사막에서 죽게 하느뇨?

⑫ 우리가 이집트에서 당신에게 말하기를, 우리를 내버려두라, 우리가 이집트 사람들을 섬기리라, 하지 아니하였더냐? 우리가 사막에서 죽는 것보다 이집트 사람들을 섬기는 것이 더 나았겠노라, 하니

⑬ 모세가 백성에게 말하기를, 너희는 두려워 말고 가만히 서서 여호와께서 오늘날 너희에게 행하는 구원을 보라, 너희가 오늘 본 이집트 사람들을 다시는 영원히 보지 못하리라,

⑭ 여호와께서 너희를 위하여 싸우시리니 너희는 가만히 있을지니라, 하니라

⑮ 그때 여호와께서 모세에게 말씀하시기를, "너는 어찌하여 내게 부르짖기만 하느뇨? 이스라엘 자손들을 명하여 앞으로 나아가게 하고

⑯ 네 지팡이를 들고 손을 바다 위로 내밀어 물들이 갈라지게 하라, 그리하면 이스라엘 자손들이 마른 땅을 딛고 바다를 건너가리라,

⑰ 내가 이집트 사람들의 마음을 강퍅케 할것인즉, 그들이 그 뒤를 따라 들어갈 것이라, 내가 파라오 와 그 모든 군대와 그 병거와 마병을 인하여 영광을 얻으리니

⑱ 내가 파라오와 그 병거와 마병으로 인하여 영광을 얻을 때에야 이집트 사람들이 나를 여호와인줄 알리라, 하시더니

⑲ 이스라엘 진 앞에 행하던 하나님의 사자가 옮겨 그 뒤로 행하매 구름 기둥도 앞에서 그 뒤로 옮겨

⑳ 이집트 진과 이스라엘 진 사이에 이르러 서니, 저 편은 구름과 흑암이 있고 이 편은

밤이 광명하므로 밤새도록 저 편이 이 편에 가까이 못하였더라,

㉑ 모세가 바다 위로 손을 내밀었더니 여호와께서 큰 동풍으로 밤새도록 바닷물을 물러가게 하시니, 물이 갈라져 바다가 마른 땅이 된지라,

㉒ 이스라엘 자손이 바다 한가운데로 들어가 그 마른 땅 위로 통과하고, 물은 그들의 오른편과 왼편에 벽을 이루었더라,

㉓ 이집트 사람들 곧 모든 파라오의 말들과 그의 병거들과 그의 기병들이 쫓아와 그 바다 한가운데까지 그들을 따라가니

㉔ 새벽녘에 이르러 여호와께서 불기둥과 구름기둥을 통하여 이집트 사람들의 군대를 보시고, 그 군대를 혼란에 빠지게 하시고

㉕ 그들의 병거의 바퀴들이 벗어나게 하시어 병거들이 굴러가지 못하게 하셨느니라, 그러자 이집트 사람들이 말하기를, "이스라엘로 부터 우리가 도망하자! 여호와께서 이스라엘을 위하여 이집트 사람들을 치시는도다." 하니라

㉖ 여호와께서 모세에게 말씀하시기를, "네 손을 바다 위로 내어밀어 물이 이집트 사람들과 그들의 병거들과 그들의 기병들 위에 다시 덮치게 하라." 하시니

㉗ 이에 모세가 곧 손을 바다 위로 내어 밀었고 새벽에 이르러 바다는 다시 물이 들어왔더라, 이집트 사람들이 그 물을 피하여 도망하였으나 여호와께서 이집트 사람들을 바다 속으로 쓸어 넣으시니라,

(And Moses stretched forth his hand over the sea, and the sea returned to his strength when the morning appeared; and the Egyptians fled against it; and the LORD overthrew the Egyptians in the mist of the sea.-KJV)

(Moses stretched out his hand over the sea, and at daybreak the sea went back to its place. The Egyptians were fleeing toward to it, and the LORD swept them into the sea.-NIV)

㉘ 물이 다시 들어와서 이스라엘 자손들을 바다로 따라가 추적했던 병거들, 기병들과 이집트 군인들을 덮쳤더라, 이에 그들의 하나도 살아남지 못하였더라,

㉙ 그러나 이스라엘 자손들은 바다 한가운데 마른 땅 위를 걸어갔으며, 물이 그들의 오른편과 왼편에서 그들을 위하여 벽이 되었더라,

㉚ 그 날에 여호와께서는 이스라엘 자손들을 이집트 사람들의 손에서 구원하셨고 이스라엘 자손들은 바닷가에 널려져 죽어 있는 이집트 사람들을 보았으며,

㉛ 여호와께서 이집트 사람들을 향하여 펼치신 놀랍고 크신 사적을 보았으므로 그들

은 여호와를 경외하며 여호와를 흠숭하였고 그의 종 모세를 믿어 의지하였더라.

● 15장

① 그 때에 모세와 이스라엘 자손이 이 노래로 여호와께 노래하니, "내가 여호와를 찬송하리니, 여호와는 높고 영화로우심이요, 말과 그 탄 자를 바다에 던지셨음이로다,

② 여호와는 나의 힘이요 노래시며 나의 구원이로시다, 그는 나의 하나님이시니, 내가 그를 찬송할 것이요, 내 아비의 하나님이시니 내가 그를 높이리로다,

③ 여호와는 용사이시니, 여호와는 그의 이름이시리로다,

④ 그가 파라오의 병거와 그의 군대를 바다에 던지시고, 파라오가 선택한 장수들도 홍해에 익사하게 하셨도다,

⑤ 깊은 물이 그들을 덮쳤으니 그들이 돌과 같이 깊은 물속에 가라앉았도다,

⑥ 여호와여! 주의 오른 손이 권능으로 영광을 나타내시니이다, 여호와여! 주의 오른 손이 원수를 부수시니이다,

⑦ 주의 큰 위엄으로 주를 거스리는 자를 엎으시니이다, 주께서 진노를 발하시니, 그 진노가 그들을 초개 같이 사르니이다,

⑧ 주의 콧김에 물이 쌓이되, 파도가 언덕 같이 일어서고, 큰 물이 바다 가운데 엉기니이다,

⑨ 그 원수가 말하기를, 내가 쫓아가리라, 내가 따라잡으리라, 내가 탈취물을 나누리라, 그들을 덮쳐 내 욕망을 충족시키리라, 내가 칼을 빼 내 손으로 그들을 멸망시키리라, 하였으나

⑩ 주께서 주의 바람을 일으키시니 바다가 그들을 덮쳐서 그들이 그 강력한 물들 속에서 납덩이 같이 잠겼나이다,

⑪ 오 여호와여! 신들 중에서 주와 같은 자 누구니이까? 주와 같이 거룩하며 영광스럽고, 찬양드리기에도 두려움이 있고, 기적(불가사의한 일)을 행하시는 자 누구니이까?

⑫ 주께서 오른손을 드신즉, 땅이 그들을 삼켰나이다,

⑬ 주께서 그 구속하신 백성을 은혜로 인도하시되, 주의 힘으로 그들을 주의 성결한 처소에 들어가게 하시나이다

⑭ 나라 사람들이 듣고 두려워하리니, 슬픔이 팔레스타인 거주민들을 사로잡으리이

다,

⑮ 그때에 에돔의 두목들이 두려움에 떨며, 모압의 지도자들도 떨림에 사로잡히며, 가나안의 거민들이 흩어지리이니라,

⑯ 두려움과 공포가 그들 위에 내리매, 주님의 위대한 팔로 인하여 그들이 돌같이 침묵하리니, 오 주님, 주님의 백성들이 지나갈 때까지 곧 주의 사신 백성들이 통과하기까지이니이다,

⑰ 주님께서 그들을 데려오셔서, 주님의 상속의 산에 심으시리니, 오 주님, 주님께서 거하시려고 만드신 곳이요, 오 주님, 주님의 두 손으로 세우신 그 성소로소이다,

⑱ 여호와는 영원히 영원히 다스리실 것이니라,

⑲ 이는 파라오의 말이 그의 병거들과 그의 기병들과 함께 바다로 들어가매, 여호와께서 그들 위에 바다의 물을 다시 가져오셨으나, 이스라엘 자손들은 바다 한 가운데에서 마른 땅 위로 걸어갔더라,

⑳ 아론의 누이 여선지자 미리암이 그녀의 손에 템버린을 드니, 모든 여인들이 그녀를 뒤따라 나오며 템버린을 치고 춤을 추니라,

㉑ 미리암이 그들에게 화답하기를, "너희는 여호와를 찬양하라, 그분은 지극히 고귀한 분이시니라, 그분은 말과 말탄 자들을 바에 던져넣으셨음이로다." 하니라

㉒ 그때에 모세는 이스라엘을 홍해로부터 인도하여 수르 사막으로 갔더라, 그들은 삼일 동안 사막을 헤맸으나 물을 찾지 못하였고,

㉓ 그들이 마라에 이르렀더니 물이 있으나, 그곳 물이 써서 마시지 못하겠음으로 그 이름을 마라라 하였더라,

㉔ 그래서 백성들이 모세에 대하여 원망하여 말하기를, "우리가 도대체 무엇을 마셔야 하느냐?" 하니라

㉕ 그때 모세가 여호와께 부르짖었더니 여호와께서 그에게 한 나무 가지를 보여주셨더라, 그가 그 나무 가지를 물에 던지매 물이 달게 되니라, 거기에서 여호와께서 그들을 위하여 법도와 율례를 정하시고, 그들을 시험하셨더라,

㉖ 여호와께서 말씀하시기를, "만약 너희가 너희 하나님 나 여호와의 말을 청종하고, 나의 보기에 의를 행하며, 내 계명에 귀를 기울이며, 내 모든 규례를 지키면, 내가 이집트 사람들에게 내린 모든 질병의 하나도 너희에게 내리지 아니하리니, 나는 너희를 치료하는 여호와임이니라." 하시니라

㉗ 그들이 옐림에 이르렀는데 거기에는 열 둘의 우물과 종려 나무 칠십주가 있는지

라, 그들은 거기에서 물 가까이에 장막을 쳤더라.

● 16장

① 그들이 이집트를 떠나온 후 둘째 달 십 오일에 전체 이스라엘 자손들은 엘림을 떠나서 시나이와 엘림 사이에 있는 신 황야에 왔더라,

② 이스라엘 온 회중이 그 황야에서 모세와 아론을 원망하며,

③ 그들에게 말하기를, 우리가 이집트 땅에서 고기 가마 곁에 앉았던 때와 배불리 먹던 때에 여호와의 손에 죽었더면 좋았을 것을 너희가 우리를 이 황야로 인도하여 내어 온 회중으로 주려 죽게 하는도다,

④ 그때에 여호와께서 모세에게 말씀하시기를, 보라, 내가 너희를 위하여 하늘에서 양식을 비 같이 내리리니, 백성이 나가서 일용할 것을 날마다 거둘 것이라, 이같이 하여 그들이 나의 율법을 준행하나 아니하나 내가 시험하리라,

⑤ 제 육일에는 그들이 거둔 것을 예비 할지니, 날마다 거두던 것의 두배가 되리라

⑥ 그래서 모세와 아론이 온 이스라엘 자손에게 말하기를, 저녁이 되면 너희는 너희를 이집트 땅에서 인도하여 내신 이가 여호와이심을 알 것이라,

⑦ 아침에는 너희가 여호와의 영광을 보리니, 이는 여호와께서 너희가 자기를 향하여 원망함을 들었음이라, 너희도 알다시피 너희는 우리에 대하여는 원망하지 않고 여호와께 대하여 원망하고 있느니라,

(And in the morning, then ye shall see the glory of the LORD; for that he heareth your murmurings against the LORD: and what are we, that ye murmur against us?-KJV)

(and in the morning you will see the glory of the LORD, because he has heard your grumbling against him. Who are we, that you should grumble against us?"-NIV)

(and in the morning you will see the glory of the LORD, when he hears your grumbling against him. But who are we that you should grumbling

(and in the morning you will see the Glory of GOD. Yes, he's listened to your complaints against him. You haven't been complaining against us, you know, but against GOD!"-THE MESSAGE)

⑧ 모세가 말하기를, 여호와께서 저녁에는 너희에게 고기를 주어 먹이시고, 아침에는

떡으로 배불리시리니, 이는 여호와께서 자기를 향하여 너희의 원망하는 그 말을 들으셨음이니라, 우리가 누구더냐? 너희의 원망은 우리를 향하여 함이 아니요, 여호와를 향하여 함이로다,

⑨ 모세가 아론에게 말하기를, 이스라엘 자손의 온 회중에게 말하여 여호와께 가까이 나아오라, 여호와께서 너희의 원망함을 들으셨느니라, 하라

⑩ 아론이 이스라엘 자손의 온 회중에게 말하는 동안 그들이 황야를 향하여 바라보니 여호와의 영광이 구름 속에서 나타나니라

⑪ 여호와께서 모세에게 말씀하시기를,

⑫ 내가 이스라엘 자손의 원망을 들었노라, 그들에게 고하여 이르기를, 너희가 해 질 때에는 고기를 먹고, 아침에는 떡으로 배부르리니, 나는 여호와, 너희의 하나님인 줄 알리라 하라, 하시니라

⑬ 저녁에는 메추라기가 와서 진에 덮이고, 아침에는 이슬이 진 사면에 있더니

⑭ 그 이슬이 마른 후에 황야 지면에 작고 둥글며 서리 같이 세미한 것이 있는지라

⑮ 이스라엘 자손들이 보고 그것이 무엇인지 알지 못하여 서로 말하기를, 이것이 무엇이냐? 하니 모세가 그들에게 이르되 이는 여호와께서 너희에게 주어 먹게 하신 양식이라,

⑯ 여호와께서 이같이 명하시기를, 너희 각 사람의 식량대로 이것을 거둘지니, 곧 너희 인수대로 매명에 한 오멜씩 취하되, 각 사람이 그 장막에 있는 자들을 위하여 취할지니라 하셨느니라,

⑰ 이스라엘 자손이 그같이 하였더니 그 거둔 것이 많기도 하고 적기도 하나,

⑱ 오멜로 되어 본즉 많이 거둔 자도 남음이 없고 적게 거둔 자도 부족함이 없이 각기 식량대로 거두었더라,

⑲ 모세가 그들에게 이르기를 아무든지 아침까지 그것을 남겨 두지 말라 하였으나,

⑳ 그들이 모세의 말을 귀를 기울여 듣지 아니하고, 더러는 아침까지 두었더니 벌레가 생기고 냄새가 난지라, 모세가 그들에게 격노하였더라

㉑ 아침마다 모든 사람은 그들이 필요한 만큼만 거두었고, 해가 뜨겁게 쪼이면 그것이 녹아버리니라,

㉒ 제 육일에는 각 사람이 갑절의 식물 곧 하나에 두 오멜씩 거둔지라 회중의 모든 치리자들이 와서 모세에게 고하매,

㉓ 모세가 그들에게 말하기를, 여호와께서 이같이 말씀하셨느니라, 내일은 휴식이니,

여호와께 거룩한 안식일이라 너희가 구울 것은 굽고, 삶을 것은 삶고, 그 나머지는 다 너희를 위하여 아침까지 간수하라,

㉔ 그들이 모세의 명대로 아침까지 간수하였으나, 냄새도 나지 아니하고 벌레도 생기지 아니한지라,

㉕ 모세가 말하기를, 오늘은 그것을 먹으라, 오늘은 여화께서 안식일인즉 오늘은 너희가 그것을 들에서 얻지 못하리라,

㉖ 육일 동안은 너희가 그것을 거두되, 제 칠일은 안식일인즉 그 날에는 없으리라 하였으나,

㉗제 칠일에 백성 중 더러가 거두러 나갔다가 얻지 못하니라,

㉘ 여호와께서 모세에게 이르시되, 어느 때까지 너희가 내 계명과 율법을 지키지 아니하려느냐?

㉙ 볼지어다, 여호와께서 너희에게 안식일을 줌으로 제 육일에는 이틀 양식을 너희에게 주는 것이니 너희는 각기 처소에 있고 제 칠일에는 아무도 그 처소에서 나오지 말지니라,

㉚ 그러므로 백성이 제 칠일에 안식하니라,

㉛ 이스라엘 족속이 그 이름을 만나라 하였으며 깟씨 같고도 희고 맛은 꿀 섞은 과자 같았더라,

㉜ 모세가 말하기를, "이것은 여호와께서 명하신 것이라: 즉 만나의 한 오멜을 취하여 그것을 너희 대대 후손을 위하여 간수하여라, 이는 내가 너희를 이집트 땅에서 너희를 인도하여 낼 때에 황야에서 너희에게 먹인 양식을 너희 자손들에게 보이기 위함이니라." 하시니라

㉝ 또 아론에게 말하기를, 항아리를 가져다가 그 속에 만나 한 오멜을 담아 여호와 앞에 두어 너희 대대로 간수하라, 하니라

㉞ 아론이 여호와께서 모세에게 명하신대로 그것을 증거판 앞에 두어 간수하게 하였고,

㉟ 이스라엘 자손이 사람 사는 땅에 이르기까지 사십년 동안 만나를 먹었으니 곧 가나안 땅의 경계에 이르기까지 그들이 만나를 먹었더라,

㊱ 오멜은 에바 십분의 일이더라,

● 17장

① 이스라엘 자손의 온 회중이 여호와께서 명령대로 신 황야를 출발하여 그 여정대로 행하여 르비딤에 장막을 쳤으나 백성이 마실 물이 없는지라,

② 그래서 그들은 모세에게 불평하며 말하기를, "우리에게 물을 주라." 이에 모세가 그들에게 대답하기를, "너희가 어찌하여 나와 다투려 하느냐? 너희가 어찌하여 여호와를 시험하느냐?" 하니라

③ 그러나 백성들은 거기에서 목 마르므로 물을 찾으면서 모세에 대하여 불평하여 말하기를, "어찌하여 당신은 우리와 우리의 아들들 우리의 가축들을 이집트에서 나오게 하여 이 사막에서 목말라 죽게 하느냐? 하니

④ 모세가 여호와께 부르짖어 말하기를, 이 백성에게 어떻게 하리이까? 그들이 당장이라도 내게 돌질 하겠나이다, 하매

⑤ 여호와께서 모세에게 말씀하시기를, 백성들 앞을 지나가서 이스라엘 장로들을 데리고 나일강을 쳤던 네 지팡이를 손에 잡고 가라,

⑥ 보라, 내가 거기 호렙산 반석 위에 네 앞에 서리니, 너는 그 바위를 치라, 그리하면 그 곳에서 백성들이 마실 물이 나올 것이니라, 모세가 이스라엘 장로들의 목전에서 그대로 행하니라,

⑦ 그리고 모세는 그 곳을 맛사 와 므리바라 불렀더라, 이는 이스라엘 자손들이 다투었고 그들이 여호와를 시험하여 이르기를, "여호와께서 우리 중에 계신가 아니 계신가?" 말하였기 때문이었더라,

⑧ 그때에 아말렉이 이르러 이스라엘과 르비딤에서 싸우니라,

⑨ 모세가 여호수아에게 이르되, "우리를 위하여 남자들을 택하여 나가서 아말렉과 싸우라, 내일 내가 하나님의 지팡이를 손에 잡고 산꼭대기에 서리라." 하니

⑩ 여호수아가 모세의 말대로 행하여 아말렉과 싸우고 모세와 아론과 훌은 산 꼭대기 가에 올라갔더라,

⑪ 모세가 손을 들면 이스라엘이 이기고, 손을 내리면 아말렉이 이기니라,

⑫ 그러나 모세의 팔이 피곤하매, 그들이 돌을 가져다가 모세의 아래에 놓아 그로 그 위에 앉게 하고,,아론과 훌이 하나는 이편에서 하나는 저편에서 모세의 손을 붙들어 올렸더니 그 손이 해가 지도록 내려오지 아니한지라,

⑬ 여호수아가 칼날로 아말렉과 그 백성을 쳐서 파하니라,

⑭ 여호와께서 모세에게 말씀하시기를, "이것을 책에 기록하여 기념하게 하고 여호수

아가 그것을 들어 마음에 새기도록 하라, 왜냐하면 내가 완전히 하늘 아래에서 마말렉의 기억을 지워버릴 것이기 때문이니라." 하시니라

⑮ 그리고 모세는가 단을 쌓고, 그것의 이름을 여호와 닛시(여호와는 나의 표상)라 하였더라,

⑯ 그는 말하기를, "여호와께서 맹세하시기를, 여호와께서 아말렉을 대항하여 대대로 싸우실 것이니라." 하였느니라.

● 18장

① 모세의 장인 미디안 제사장 이드로가 하나님이 모세에게와 자기 백성 이스라엘에게 하신 일, 곧 여호와께서 이스라엘을 이집트에서 인도하여 내신 모든 일을 들으니라,

② 모세의 장인 이드로가 모세가 돌려보냈던 모세의 아내 십보라와

③ 그 두 아들을 데리고 왔는데, 그 하나의 이름은 게르솜이라, 이는 모세가 이르기를 내가 이방에서 객이 되었다 함이요,

④ 하나의 이름은 에리에셀이라 이는 내 아버지의 하나님께서 나를 도우사 파라오의 칼에서 나를 구원하셨다 함이더라,

⑤ 모세의 장인 이드로가 모세의 아들들과 모세의 아내로 더불어 광야에 들어와 모세에게 이르니, 곧 모세가 하나님의 산에 진 친 곳이라,

⑥ 그가 모세에게 말하기를, "그대의 장인 나 이드로가 그대의 아내와 그와 함께한 그 두 아들로 더불어 그대에게 왔노라." 하니

⑦ 모세가 나가서 그 장인을 맞아 절하고, 그에게 입 맞추고 그들이 서로 문안하고 함께 장막에 들어가서,

⑧ 모세가 여호와께서 이스라엘을 위하여 파라오와 이집트 사람들에게 행하신 모든 일과 길에서 그들의 당한 모든 고난과 여호와께서 그들을 구원하신 일을 다 그 장인에게 말하매,

⑨ 이드로가 여호와께서 이스라엘에게 모든 은혜를 베푸사 이집트 사람들의 손에서 구원하심을 기뻐하며,

⑩ 이드로가 말하기를, "여호와를 찬송하리로다, 너희를 이집트 사람들의 손에서와 파라오의 손에서 건져내시고 백성을 이집트 사람들의 손 밑에서 건지셨도다,

⑪ 이제 내가 알았도다 여호와는 모든 신보다 크시므로 이스라엘에게 교만히 행하는

그들을 이기셨도다." 하고

⑫ 모세의 장인 이드로가 번제물과 희생을 하나님께 가져오매, 아론과 이스라엘 모든 장로가 와서 모세의 장인과 함께 하나님 앞에서 떡을 먹으니라,

⑬ 이튿날에 모세가 재판을 하느라 앉았고 백성은 아침부터 저녁까지 모세의 곁에 섰는지라,

⑭ 모세의 장인이 모세가 백성에게 행하는 모든 일을 보고 말하기를, "그대가 이 백성에게 행하는 이 일이 어쩜이뇨? 그대는 홀로 앉았고, 백성은 아침부터 저녁까지 그대의 곁에 섰느뇨? 하니

⑮ 모세가 그 장인에게 대답하되 "백성이 하나님께 물으려고 내개로 옴이라." 하니라

⑯ 그들이 일이 있으면 내게로 오나니, 내가 그 양형을 판단하여 하나님의 율례와 법도를 알게 하나이다,

⑰ 모세의 장인이 그에게 말하기를, "그대의 하는 것이 현명하지 선하지 못하도다."
(And Moses' father in law said unto him, The thing that thou doest is not good.-KJV)
(Moses's father in law replied, "What you are doing is not good.-NIV)
("What you are doing is not wise," Moses's father in law replied.-NAB)
(Moses's father in law, "This is no way to go about it.-THE MESSAGE)

⑱ 그대와 그대와 함께한 이 백성이 필연 기력이 쇠하리니 이 일이 그대에게 너무 중함이라 그대가 혼자 할 수 없으리라,

⑲ 이제 내 말을 들으라, 그대에게 방침을 가르치리니 하나님이 그대와 함께 계실지라도 그대는 백성을 위하여 하나님 앞에 서서 소송을 하나님께 베풀며,

⑳ 그들에게 율례와 법도를 가르쳐서 마땅히 갈 길과 할 일을 그들에게 보이고,

㉑ 그대는 또 온 백성 가운데서 재덕이 겸전한 자 곧 하나님을 두려워하며 진실무망하며 불의한 이를 미워하는 자를 빼서 백성 위에 세워 천명부장과 백명부장과 오십명부장과 십명부장을 삼아,

㉒ 그들로 때를 따라 백성을 재판하게 하라, 무릇 큰 일이면 그들이 스스로 재판할 것이니, 그리하면 그들이 그대와 함께 담당할 것인즉, 일이 그대에게 쉬우리라,

㉓ 그대가 만일 이 일을 하고, 하나님께서도 그대에게 인가하시면 그대가 이 일을 감당하고 이 모든 백성도 자기 곳으로 평안히 가리라, 하니라

㉔ 이에 모세가 자기 장인의 말을 듣고 그 모든 말대로 하여,

㉕ 이스라엘 무리 중에서 재덕이 겸전한 자를 빼서 그들로 백성의 두목 곧 천명부장과 백명부장과 오십명부장과 십명부장을 삼으매,

㉖ 그들이 때를 따라 백성을 재판하되, 어려운 일은 모세에게 베풀고 쉬운 일은 자단하더라,

㉗ 모세가 그 장인을 떠나 보내니, 그가 자기 고향으로 돌아가니라.

● 19장

① 이스라엘 자손들이 이집트 땅에서 나온 후 셋째 달의 바로 그날(이집트 탈출날)에 그들은 시나이 황야(사막)에 이르니라,

② 그들은 르비듬을 떠나 시나이 황야에 들어갔고 그들은 산 앞에 있는 황야 그곳에 장막을 쳤더라,

③ 모세가 하나님 앞에 올라갔는데 여호와께서 산으로부터 모세를 불러 이르시기를, "이것을 야곱 족속에게 말하고 이스라엘 자손들에게도 말하여야 하느니라: 즉

④ 너희 자신들은, 내가 이집트 사람들에게 행하였던 모든 일과 내가 너희를 어떻게 독수리들의 날개들 위에 실어 내게로 인도하여 왔는지를, 보았느니라.

⑤ 그러므로 이제 만약 너희가 참으로 나의 음성에 복종하고 나와의 언약을 지키면 너희는 다른 모든 백성들보다 나에게 특별한 보물이 되리라, 비록 전 지구가 나의 것이지만

⑥ 너희는 나에게 제사장의 왕국이 되며 거룩한 나라가 될 것이라. '이것들은 내가 이스라엘 백성들에게 할 말들이니라." 하시니라

⑦ 그래서 모세는 돌아가서 백성의 장로들을 불러 여호와께서 자기에게 명하신 그 모든 말씀을 그들 앞에서 전하였더니,

⑧ 백성들이 일제히 응답하기를, "우리가 여호와께서 명하신대로 행하리이다." 하니라 이에 모세가 백성들의 응답을 여호와께 고하니라,

⑨ 여호와께서 모세에게 말씀하시기를, "나는 짙은 구름을 타고 너에게 오리니 이는 백성들이 내가 너와 말하는 것을 듣게 하여 항상 그들이 너를 신뢰하게 하려 함이라." 하시니라 그때 모세는 백성들이 하였던 말들을 여호와께 아뢰었더니

⑩ 여호와께서 모세에게 말씀하시기를, "너는 백성들에게로 돌아가서 오늘과 내일 그들을 성결케 하라, 그들의 의복들을 세탁하고,

⑪ 셋째 날을 대비하라, 왜냐하면 그 날에 여호와께서 모든 백성들이 보는 앞에서 시

나이 산에 강림할 것이니라.

⑫ 너는 백성들을 위하여 산 주위에 경계선을 정하고 그들에게 말하라, '여러분들은 산에 올라가지 않도록 주의하고 그 경계에 접근하지 않도록 주의하라. 누구든지 산을 침범하는 자는 확실히 죽을 것이니라.

⑬ 그는 확실히 돌에 맞아 죽거나 화살로 죽임을 당할 것이니라, 손을 댈 것이 없느니라, 사람이나 동물을 무론하고 살지 못하리라, 오직 나팔(트럼펫)이 길게 울리면 그들은 산에 올라가는 것이 허용되느니라." 하시니라

⑭ 모세가 산에서 내려와서 백성들에게 이르러, 그들을 성결케 하니, 그들은 그들의 옷들을 세탁하니라.

⑮ 그때 모세가 백성들에게 말하기를, "셋째 날을 위하여 네 자신들을 준비하라, 너희 아내와 동침치 말라." 하니라

⑯ 제 삼일 아침에 우뢰와 번개와 짙은 구름이 산 위를 덮고 큰 나팔 소리가 있으니 장막에 있는 모든 사람이 떨고 있더라.

⑰ 그때 모세는 하나님을 맞이하려고 백성들을 이끌고 나와서 그 산 기슭에 섰더라.

⑱ 시나이 산이 연기로 자욱하였는데 이는 여호와께서 불 가운데에서 그곳에 강림하시기 때문이라, 그 연기가 화로의 연기같이 솟아오르니 온 산이 크게 진동하니라.

⑲ 그리고 나팔 소리는 점점 커졌더라, 그때에 모세가 말하였고 하나님이 음성으로 그에게 대답하시었더라.

⑳ 여호와께서 시나이 산 꼭대기에 강림하시고 그리로 모세를 부르시니 모세가 올라가니라.

㉑ 여호와께서 모세에게 말씀하시기를, "내려가서 너희 백성들에게 경고하라, 그들이 나를 보려고 무리하게 올라오지 못하게 하라, 그들이 비명횡사 하지 못하게 하라.

㉒ 또 제사장들일지라도 여호와께 가까이 하는 자들은 그들의 몸을 성결케 하여야 하느니라, 그렇지 않으면 여호와께서 그들에게 화를 내실 것이니라.

㉓ 모세가 여호와께 말씀드리기를, "백성들은 시나이 산에 오를 수 없나이다, 이는 여호와 자신께서 우리에게 '시나이 산 주위에 경계를 세워 그곳을 신성하게 분리하여 두라.' 경고하셨기 때문입니다." 하니라

㉔ 이에 여호와께서 그에게 말씀하시기를, "내려가서 아론과 함께 올라오라, 그러나 제사장들과 백성들은 무리하게 나 여호와에게로 올라오지 않아야 하느니라, 그렇지 않으면 내가(여호와께서) 그들에게 화를 내실 것이니라." 하시니라

㉕ 그래서 모세는 백성들에게 내려가서 그들에게 말하였느니라.

● 20장

① 그리고 하나님은 이 모든 말씀들을 하셨느니라,

② "나는 너희가 종살이 한 땅 이집트로부터 너희를 인도하여 낸 너희 하나님 여호와이니라."

③ "너희는 내 앞에서 다른 신들을 두지 말지니라."

④ "너희는 너희 자신들을 위하여 하늘에 있는 것이나 아래로 땅에 있는 것이나 땅아래 물속에 있는 것의 어떤 형상으로든 조각된 우상물을 만들지 말지니라."

(Thou shalt not make unto thee any graven image, or any likeness of anything that is in heaven above, or that is in the earth beneath, or that is in the water under the earth:-KJV)

("You shall not make for yourself an idol in the form of anything in heaven above or on the earth beneath or in the waters below."-NIV)

(You shall not make for yourself an idol or a likeness of anything in the heavens above or on the earth below or in the waters beneath the earth:-NAB)

(No carved gods of any size, shape, or form of anything whatever, whether of things that fly or walk or swim.-THE MESSAGE)

⑤ 너희는 그것들에게 절하지 말고 신으로 섬기지도 말지니라, 이는 내가 너의 하나님, 여호와이시고 질투심이 많은즉, 나를 몹시 싫어하는 너희 조상들의 죄를 물을 것인즉, 그들의 자손들의 삼 사대까지 이르게 할 것이니라.

(Thou shalt not bow down thyself to them, nor serve them: for I am the LORD thy GOD am a jealous GOD, visiting the iniquity of the fathers upon the children unto the third and fourth generation of them that hate me:-KJV)

(You shall not bow down to them or worship them; for I, the LORD your God, am a jealous God, punishing the children for the sin of the fathers to the third and fourth generation of those who hate me,-NIV)

(you shall not bow down before them or serve them. For I, the

LORD, your God, am a jealous God, inflicting punishment for their ancestors'wickedness on the children of those who hate me, down to the third and fourth generation;-NAB)

(Don't bow down to them and don't serve them because I am GOD, your God, and I am a most jealous God, punishing the children for any sins their parents pass on to them to the third, and yes, even to the fourth generation of those who hate me.-THE MESSAGE)

⑥ 그러나 나를 사랑하고 내 계명들 지키는 자들의 자손들은 천대까지 은혜를 받을 것이느니라.

(And shewing mercy unto thousands of them that love me, and keep my commandments.-KJV)

(But showing love to a thousand 〈generations〉 of those who love me and keep my commandments.-NIV)

(but showing love down to the thousandth generation of those who love me and keep my commandments.-NAB)

(But I'm unswervingly loyal to the thousands who love me and keep my commandments.-THE MESSAHE)

⑦ 너는 너의 하나님 여호와의 이름을 망령되이 일컫지 말라, 나 여호와는 나의 이름을 망령되이 일컫는 자를 죄 없다 하지 아니하리라,

⑧ 안식일을 기억하여 거룩히 지키라,

⑨ 엿새 동안은 힘써 네 모든 일을 행할 것이나,

⑩ 제 칠일은 너의 하나님 여호와의 안식일인즉, 너나 네 아들이나 네 딸이나 네 남종이나 네 여종이나, 네 육축이나 네 문안에 유하는 객이라도 아무 일도 하지 말지니라,

⑪ 이는 엿새 동안에 나 여호와가 하늘과 땅과 바다와 그 가운데 모든 것을 만들고 제 칠일에 쉬었음이라, 그러므로 나 여호와가 안식일을 복되게 하여 그 날을 거룩하게 하였느니라,

⑫ 네 부모를 공경하라, 그리하면 너의 하나님 나 여호와가 네게 준 땅에서 네 생명이 길리라,

⑬ 너희는 살인하지 말지니라,

⑭ 너희는 간음하지 말지니라,

⑮ 너희는 도적질하지 말지니라,

⑯ 너는 네 이웃에 대하여 거짓 증거하지 말지니라,

⑰ 네 이웃의 집을 탐내지 말지니라, 네 이웃의 아내나 그의 남종이나 그의 여종이나 그의 소나 그의 나귀나 무릇 네 이웃의 소유를 탐내지 말지니라,

⑱ 뭇 백성이 우뢰와 번개와 나팔 소리와 산의 연기를 본지라 그들이 볼 때에 떨며 멀리 서서,

⑲ 모세에게 말하기를, 당신이 우리에게 말씀하소서, 우리가 들으리이다, 하나님이 우리에게 말씀하시지 말게 하소서, 그렇지 아니하면 우리가 죽을 것이니다,

⑳ 모세가 백성에게 말하기를, "두려워 말라, 하나님이 강림하심은 너희를 시험하고 너희로 경외하여 범죄치 않게 하려 하심이니라." 하니라

㉑ 백성은 멀리 섰고 모세는 하나님의 계신 짙은 암흑으로 가까이 다가가니,

㉒ 여호와께서 모세에게 말씀하시기를, 너는 이스라엘 자손에게 이같이 말할지니라, 내가 하늘로부터 너희에게 말하는 것을 너희가 친히 보았으니,

㉓ 너희는 은의 신상들과 금의 신상들을 만들지 마라, 그리고 만들었어도 나와 나란히 놓아두지 마라.

(Ye shall not make with me gods of silver, neither shall ye make unto you gods of gold.-KJV)

(Do not make any gods to be alongside me; do not make for yourselves gods of silver or gods of gold.-NIV)

(You shall not make alongside of me gods of silver, nor shall you make for yourselves gods of gold.-NAB)

(Don't make gods of silver and gods of gold and then set them alongside me.-THE MESSAGE)

㉔ 내게 토단을 쌓고 그 위에 너희 양과 소로 너의 번제와 화목제를 드리라 내가 무릇 내 이름을 기념하게 하는 곳에서 네게 강림하여 복을 주리라

㉕ 네가 내게 돌로 단을 쌓거든 다듬은 돌로 쌓지 말라, 네가 정으로 그것을 쪼면 부정하게 함이니라,

㉖ 너는 층계로 내 계단에 오르지 말라, 네 하체가 그 위에서 드러날까 함이니라.

● 21장

① 네가 백성들 앞에 세울 율례는 이러하니라

② 네가 히브리 사람 종을 사면 그가 육년 동안을 섬길 것이로되, 제 칠년째에는 값 없이 나가 자유할 것이니라,,

③ 만일 그가 혼자서 왔으면 혼자 나갈 것이로되, 그가 장가 들었으면 그 아내도 그와 함께 나갈 것이니라,

④ 만일 그의 주인이 그에게 아내를 주어 그녀가 그에게 아들이나 딸들을 낳았으면 그녀와 그 자식들은 그녀의 주인의 것이니 그는 혼자서 나갈 것이니라,

⑤ 만일 종이 분명히 말하기를, 나는 내 주인과 내 아내와 내 자식을 사랑하여 나는 자유로이 나가지 아니하겠노라, 하면

⑥ 그때에 그의 주인은 그를 재판관들에게 데리고 가거나, 문이나 문설주로 데리고 가서 그 주인이 송곳으로 그의 귀를 뚫을지니, 그가 영원히 그의 주인을 섬기리라,

⑦ 만일 어떤 사람이 자기 딸을 여종으로 팔았으면, 그녀는 여섯 해가 지나도 남자 종들이 나가는 것과 같이 할 수 없느니라,

⑧ 만일 주인이 그녀를 기뻐하지 아니하면, 그녀의 가족은 그녀를 다시 사 와야 하느니라, 그러나 그녀의 주인은 약속을 어겼으므로 그녀를 이방인에게 팔 권리는 없느니라,

(If she please not her master, who hath betrothed her to himself: then shall he let her be redeemed: to sell her unto a strange nation he shall have no power, seeing he hath dealt deceitfully with her.-KJV)

(If she does not please the master who has selected her for himself, he must let her redeemed. He has no right to sell her to foreigners, because he has broken faith with her.-NIV)

(But if she displeases her master, who had designated her for himself, he shall let her be redeemed. He has no right to sell her to a foreign people, since he has broken faith with her.-NAB)

(If she does not please her master, her family must buy her back; her master doesn't have the right to sell her to foreigners since he broke his word to her.-THE MESSAGE)

⑨ 만일 그를 자기 아들에게 주기로 하였으면, 그를 딸 같이 대접할 것이요,

⑩ 만일 주인이 달리 장가 들지라도 그여의 의복과 음식과 동침하는 것은 끊지 못할 것이라,

⑪ 만일 그가 그녀에게 이 세가지를 행하지 아니하면, 그때에는 그녀가 속전을 내지 아니하고도 자유로이 나갈 수 있느니라,

⑫ 사람을 쳐 죽인 자는 반드시 죽일 것이나,

⑬ 만일 사람이 계획함이 아니라, 나 하나님이 사람을 그 손에 붙임이면 내가 위하여 한 곳을 정하리니, 그 사람이 그리로 도망할 것이며,

⑭ 사람이 그 이웃을 짐짓 모살하였으면, 너는 그를 내 단에서라도 잡아내려 죽일지니라,

⑮ 자기 아비나 어미를 치는 자는 반드시 죽일지니라,

⑯ 사람을 유괴한 자가 그 사람을 팔았던지 자기 수하에 두었던지 그를 반드시 죽일지니라,

⑰ 그 아비나 어미를 저주하는 자는 반드시 죽일지니라,

⑱ 사람이 서로 싸우다가 하나가 돌이나 주먹으로 그 적수를 쳤으나 그가 죽지 않고 자리에 누워 있다가,

⑲ 그가 다시 일어나서 지팡이를 짚고 기동하면, 그를 친 자는 형벌을 면하되, 그 사람의 시간의 손해를 배상하고 그를 완치하도록 할지니라,

⑳ 만일 어떤 사람이 자기 남종이나 여종을 막대기로 쳐서 그것의 직접적인 결과로 죽으면 그는 반드시 처벌되어야 하느니라,

㉑ 그러나 그가 하루나 이틀 후에 일어나면 주인은 벌하여지지 않느니라, 이는 그 노예는 주인의 재산이기 재산이기 때문이니라,

㉒ 만약 사람들이 서로 싸우다가 아이 밴 여인을 다쳐 낙태케 하였으나 다른 아무런 피해가 없더라도 그녀의 남편이 청구하면 재판장이 허락하는 것들을 벌금으로 반드시 내야 하느니라,

㉓ 그러나 만약 중대한 해가 있으면 갚아야 하나니, 생명은 생명으로 갚아야 하느니라,

㉔ 눈은 눈으로, 이는 이로, 손은 손으로, 발은 발로,

㉕ 데운 것은 데움으로, 상하게 한 것은 상함으로, 때린 것은 때림으로 갚을지니라,

㉖ 만일 어떤 사람이 그의 남종이나 여종의 눈을 쳐서 상하게 하면 그는 그 눈에 대한 보상으로 그 종을 자유로이 가도록 허용하여야 하느니라,

㉗ 그리고 그의 남종이나 여종의 이빨을 쳐서 빠지게 하였으면 그 이빨에 대한 보상으로 그 종을 놓아 주어야 하느니라,

㉘ 만약 어떤 소가 남자나 여자를 받아서 그들이 죽으면, 그 소를 반드시 돌에 쳐서 죽일 것이고 그 고기는 먹지 말것이니라, 그러나 그 소의 주인은 책임이 없을 것이니라,

㉙ 그러나 만일 그 소가 이전에도 뿔로 받는 버릇이 있고 그 사실을 주인이 알았는데도 그가 그 소를 관리하지 못하여 그 소가 남자나 여자를 죽였다면, 그소는 돌로 쳐 죽일 것이고 그 주인도 역시 죽여야 하느니라,

㉚ 그러나 만일 그에게 속죄금을 내도록 명하여 지면 명하여진 모든 것을 내므로써 그의 생명을 구제할 것이니라,

㉛ 소가 아들이나 딸을 받은 경우에도 이 법령이 적용되느니라,

(Whether he have gored a son, or have gored a daughter, according to this judgment shall it be done unto him.-KJV)

(This law also applies if the bull gores a son or daughter.-NIV)

(This ordinance applies if it is a boy or a girl that the ox gores.-NAB)

(If a son or daughter is gored, the same judgment holds.-THE MESSAGE)

㉜ 만일 소가 남종이나 여종을 들이받으면 소 임자는 은 삼십 세겔을 그 종의 주인에게 줄 것이고 그 소는 돌로 쳐죽여야 하느니라,

㉝ 만약 어떤 사람이 구덩이를 열어 두거나 구덩이를 파고 덮지 아니함으로서 소나 나귀가 거기에 빠지면,

㉞ 그 구덩이 주인은 그 손실을 보상하여 그 짐승의 임자에게 돈을 주어야 할 것이고, 죽은 동물은 그의 것이 될지니라,

㉟ 만약 어떤 사람의 소가 다른 사람의 소를 받아 죽이면 산 소를 팔아 그 값을 반분하고 죽은 것도 똑같이 반분할 것이니라,

㊱ 그러나 그 소가 본래 받는 버릇이 있는 줄을 알고도 그 임자가 단속하지 아니하였으면., 그는 소로 소를 갚을 것이요, 죽은 것은 그의 차지가 될 것이니라.

● 22장

① 사람이 소나 양을 도적질하여 잡거나 팔면, 그는 소 하나에 소 다섯으로 갚고, 양 하나에 양 넷으로 갚을지니라,

② 도적이 뚫고 들어오다가 잡혀서 쳐 죽임을 당해도 그를 쳐 죽인 사람은 피 흘림에 대하여 죄가 없으나,

③ 해 돋은 후이면 피 흘림에 대하여 죄가 있으리라, 도적은 반드시 배상하여야 할 것이나 배상할 것이 없으면 그 몸을 팔아 그 도적질한 것을 배상할 것이니라,

④ 도적질한 것이 살아 그 손에 있으면 소나 나귀나 양을 무론하고 갑절을 배상할지니라,

⑤ 사람이 밭에서나 포도원에서 먹이다가 그 짐승을 놓아서 남의 밭에서 먹게 하면, 자기 밭의 제일 좋은 것과 자기 포도원의 제일 좋은 것으로 배상할지니라,

⑥ 불이 나서 가시나무에 미쳐 낟가리나 거두지 못한 곡식이나 전원을 태우면 불 놓은 자가 반드시 배상 할지니라,

⑦ 사람이 은이나 물품을 이웃에게 맡겨서 보관하게 하였다가 그것들이 이웃의 집에서 도둑을 맞았는데, 그 도둑이 잡히면 그 도둑은 두배로 배상하여야 하느니라,

⑧ 도적이 잡히지 아니하면, 그 집 주인이 재판장 앞에 가서 자기가 그 이웃의 물품에 손 댄 여부의 조사를 받을 것이니라,

⑨ 어떤 사람이 "이것은 내것이다."라고 말하는 소, 당나귀, 양, 의복, 또는 다른 분실한 물건에 대한 불법소유의 분쟁에 있어서 양 당사자는 그들의 분쟁의 건을 재판장에게 제기할 것이니라, 재판장이 불법으로 소유하고 있다고 판정받은 자는 그 상대편에게 갑절을 배상할지니라,

⑩ 사람이 나귀나 소나 양이나 다른 짐승을 이웃에게 맡겨 지키게 하였다가 죽거나 상하거나 몰려 가도 본 사람이 없으면,

⑪ 두 사람 사이에 맡은 자가 이웃의 것에 손을 대지 아니하였다고 여호와로 맹세할 것이요, 그 주인은 그 맹세를 받아들일지니, 그리하면 그는 갚지 아니하여도 되니라,

⑫ 그러나 만일 그 동물이 이웃으로부터 도적질 한 것이면 그는 그 동물의 주인에게 배상하여야 하느니라,

⑬ 만약 그것이 어떤 난폭한 동물에 의하여 찢겼고 그가 그 찢겨져 남겨진 것을 증거로써 가져올 것 같으면 그는 그 찢겨진 동물에 대하여 배상이 요구되지 않을 것이니라,

⑭ 만일 어떤 사람이 자기 이웃에게서 무엇을 빌려왔는데, 그 주인이 그것과 함께 있지 아니할 때에 그것이 다치든지 죽으면, 그는 반드시 배상하여야 하느니라,

⑮ 그러나 만약 그 임자가 동물과 함께 있으면, 그는 배상하지 않아도 되며, 만일 그 동물이 세 낸 것이면 세로 지불한 돈이 그 손실을 대신하느니라,

⑯ 만약 어떤 사람이 결혼 서약을 하지 않은 처녀를 꾀어 그녀와 동침하면, 그는 신부의 값을 지불하여야 하고, 그녀는 그의 아내가 되느니라,

⑰ 만일 그 아비가 그녀를 그에게 주기를 완강하게 거절하면, 그는 처녀들에게 지불하는 예에 따라 신부값을 지불하여야 하느니라,

(If her father utterly refuse to give her unto him, he shall pay money according to the dowry of virgins.-KJV)

(If her father absolutely refuses to give her to him, he must still pay the bride-price for virgins.-NIV)

⑱ 너는 무당을 살려 두지 말지니라,

⑲ 짐승과 행음하는 자는 반드시 죽일지니라,

⑳ 여호와외에 다른 신에게 희생을 드리는 자는 멸절할 지니라,

㉑ 너는 이방 나그네를 압제하지 말며 그들을 학대하지 말라, 너희도 이집트 땅에서 나그네이었음이니라,

㉒ 너는 과부나 고아를 해롭게 하지 말라,

㉓ 네가 만일 그들을 해롭게 하므로 그들이 내게 부르짖으면 내가 반드시 그 부르짖음을 들을지니,

㉔ 나의 노가 맹렬하므로 내가 칼로 너희를 죽이리니, 너희 아내는 과부가 되고 너희 자녀는 고아가 되리라,

㉕ 네가 만일 너와 함께한 나의 백성 중 가난한 자에게 돈을 빌려주거든 너는 그에게 채권자 같이 하지 말고 이자도 받지 말것이니라,

㉖ 네가 만일 이웃의 옷을 전당 잡거든 해가 지기 전에 그에게 돌려보내라,

㉗ 그 몸을 가릴 것이 이뿐이라, 이는 그 살의 옷인즉 그가 무엇을 입고 자겠느냐? 그가 내게 부르짖으면 내가 들으리니 나는 자비한 자임이니라,

㉘ 너는 하나님에 대하여 불경스러운 말을 하지 말며 또 너희 백성들의 지도자를 저주하지 말지니라,

㉙ 너는 너의 익은 열매들의 첫 것과 너의 포도즙의 첫 것을 드리는데 지체하지 말며 네 아들들의 처음 난 것을 내게 줄지니라,

㉚ 너의 소와 양도 그렇게 하되 칠 일 동안은 그 어미와 함께 있게 하고, 제 팔일에 그

것을 내게 줄지니라,

㉛ 너희는 내게 거룩한 백성들이 되니라, 그래서 야생 짐승들에게 찢긴 동물의 고기는 먹지 말고 그것을 개들에게 던져 줄지니라,

● 23장

① 너는 거짓 소문을 퍼뜨리지 말며, 사악한 자들과 네 손을 잡고 불의한 증인이 되지 말지니라,

② 다수를 따라 악을 행하지 말며 송사에 다수에 편승하여 정의를 왜곡하지 말며,

③ 또 어떤 사람이 가난하다고 해서, 소송에서 그를 편들지도 마라,

④ 네가 만일 네 원수의 길 잃은 소나 나귀를 만나거든, 그 주인에게 데려다 주어라,

⑤ 네가 만일 너를 미워하는 자의 나귀가 짐을 싣고 엎드러짐을 보거든, 그냥 지나치지 말고 가서 그와 함께 일으켜 주어라,

⑥ 가난한 자들의 소송에서 너는 그들에게 돌아가야 할 마땅한 권리를 부인하지 마라,

⑦ 거짓일을 멀리 하며 무죄한 자와 의로운 자를 죽이지 말라, 나는 악인을 의롭다 하지 아니하겠노라,

⑧ 너는 뇌물을 받지 말라, 뇌물은 밝은 자의 눈을 어둡게 하고, 의로운 자의 말들을 왜곡 하느니라,

⑨ 너는 이방 나그네를 학대하지 말라, 너희가 이집트 땅에서 나그네 되었었은즉, 너희가 나그네의 마음을 아느니라,

⑩ 너는 육년 동안은 너의 땅에 파종하여 거기서 열매를 거둘 것이나,

⑪ 제 칠년에는 그 땅을 쉬게 하여 묵혀 둘지니, 네 백성들 중에 가난한 자들이 먹게하고, 그들이 남은 것은 들짐승들이 먹을 것이니라, 너는 너의 포도원과 감람원도 그리할지니라,

⑫ 너는 육일 동안에 네 일을 하고 제 칠일에는 쉬라, 네 소와 나귀가 쉴 것이며, 네 여종의 자식과 나그네가 쉬게 할지니라,

⑬ 내가 네게 이른 모든 일을 삼가 지키고, 다른 신들의 이름은 부르지도 말며, 네 입에서 들리게도 않게 할지니라,

⑭ 너는 한 해에 나에게 세 번 절기(잔치)를 베풀어야 하느니라,

⑮ 너는 무교병(부풀지않은 빵)의 절기를 지키라, 내가 네게 명한대로 아빕월의 정한

때에 칠일 동안 무교병을 먹을지니, 이는 그 달에 네가 이집트에서 나왔음이라, 빈 손으로 내게 보이지 말지니라,

⑯ 맥추절을 지키라, 이는 네가 수고하여 밭에 뿌린 것의 첫 열매를 거둠이니,라 수장 절을 지키라 이는 네가 수고하여 이룬 것을 그 해 말에 밭에서부터 거두어 저장함 이니라,

⑰ 너의 모든 남자는 매년 세번씩 주 여호와 하나님 앞에 나올지니라,

⑱ 너는 내 희생의 피를 유교병(부풀은 빵)과 함께 드리지 말며, 내 절기 희생의 기름 을 아침까지 남겨 두지 말지니라,

⑲ 너의 토지에서 처음 익은 열매의 첫것을 가져다가 너의 하나님 여호와의 전에 드 릴지니라, 너는 염소 새끼를 그 어미의 젖으로 삶지 말지니라,

⑳ 보라, 내가 한 천사를 너희 앞에 보내어 길에서 너희를 보호하게 하고 내가 예비해 둔 곳으로 너희를 인도하게 하리니,

㉑ 너희는 삼가 그 목소리를 청종하고 그를 노엽게 하지 말라, 그가 너희의 허물을 사 하지 아니할 것은 내 이름이 그에게 있음이니라,

㉒ 네가 그 목소리를 잘 청종하고 나의 모든 말대로 행하면, 내가 네 원수에게 원수가 되고 네 대적에게 대적이 될지라,

㉓ 이는 나의 천사가 네 앞서 가서 너희를 아모리 사람과 헷 사람과 브리스 사람과 가 나안 사람과 히위 사람과 여부스 사람에게로 인도하고, 나는 그들을 끊어버리리 라,

㉔ 너희는 그들의 신들에게 절하지 말고 또 경배하지도 말며, 그들의 행실을 따라 하 지도 마라, 너희는 그들을 분쇄하여 그들의 돌 신상들을 부숴 버려라,

㉕ 너희 하나님 여호와를 섬기라, 그리하면 여호와가 너희의 양식과 물에 복을 내리 고, 너희 중에 질병을 제거하리니라,

㉖ 네 나라에 낙태하는 자가 없고 잉태치 못하는 자가 없을 것이며, 내가 너희가 장수 하게 할 것이니라,

㉗ 나는 네 앞에서 네가 만나는 모든 나라에게 공포심을 주어서 혼란케 할 것이니라, 또 나는 너의 모든 적들이 돌아서서 도망가게 할 것이니라,

㉘ 내가 왕 벌을 네 앞에 보내리니, 그 벌이 히위 족속과 가나안 족속과 헷 족속을 네 앞에서 쫓아내리라,

㉙ 그러나 그 땅이 황무하게 되어 들 짐승이 번성하여 너희를 해할까 하여, 일년 안에

는 그들을 네 앞에서 쫓아내지 아니하고,

㉚ 너희가 번성하여 그 땅을 충분히 소유할 때 까지는 조금씩 조금씩 내가 그들을 네 앞에서 쫓아내리나,

㉛ 내가 너희 경계를 홍해에서부터 팔레스타인 바다까지와 사막에서부터 강까지로 정할 것이니라, 내가 그 땅의 거민들을 너희 손에 붙이리니 너희는 그들을 네 앞에서 쫓아낼지니라,

㉜ 너희는 그들이나 또는 그들의 신들과 언약하지 말지니라,

㉝ 그리고 그들을 너희 땅에 살도록 허용하지 말지니라, 그렇지 않으면 그들이 너희를 나에게 죄를 짓도록 할 것이니라, 왜냐하면 그들의 신들을 섬기는 것은 확실히 너희에게 올무가 될 것이기 때문이니라.

● 24장

① 또 모세에게 말씀하시기를, 너는 아론과 나답과 아비후와 이스라엘 장로 칠십인과 함께 여호와께로 올라오되, 너희는 멀리 떨어져서 경배하라,

② 그러나 너 모세만 여호와에게 가까이 나아오고, 그들은 가까이 나아오지 말며, 백성들도 함께 올라오지 말지니라,

③ 모세가 와서 여호와의 모든 말씀과 그 모든 율례를 백성에게 고하매, 그들이 한 목소리로 응답하여 말하기를, 여호와의 명하신 모든 말씀을 우리가 준행하리이다, 하니라,

④ 모세가 여호와의 모든 말씀을 기록하고, 이른 아침에 일어나 산 아래 단을 쌓고, 이스라엘 십 이 지파대로 열 두 기둥을 세우고,

⑤ 이스라엘 자손의 청년들을 보내어, 번제와 소로 화목제를 여호와께 드리게 하고,

⑥ 모세가 피를 취하여 반은 여러 양푼에 담고, 반은 단에 뿌리고,

⑦ 언약서를 가져 백성에게 낭독하여 드리매, 그들이 말하기를, 여호와의 모든 말씀을 우리가 준행하리이다, 하니라,

⑧ 모세가 그 피를 취하여 백성에게 뿌리며 말하기를, 이는 여호와께서 이 모든 말씀에 대하여 너희와 세우신 언약의 피니라, 하니라,

⑨ 모세와 아론과 나답과 아비후와 이스라엘 장로 칠십인이 올라가서,

⑩ 이스라엘 하나님을 보니 그 발 아래에는 청옥을 편듯하고 하늘 같이 청명하더라,

⑪ 하나님이 이스라엘의 존귀한 자들에게 손을 대지 아니 하셨고, 그들은 하나님을

보고 먹고 마셨더라,

⑫ 여호와께서 모세에게 말씀하시기를, 너는 산에 올라 내게로 와서 거기 있으라, 너로 그들을 가르치려고 내가 율법과 계명을 친히 기록한 돌판을 네게 주리라, 하시니라,

⑬ 모세가 그를 보좌하는 여호수아와 함께 일어나 하나님의 산으로 올라가며,

⑭ 장로들에게 말하기를, 너희는 여기서 우리가 너희에게로 돌아오기까지 기다리라, 아론과 훌이 너희와 함께 하리니, 무릇 일이 있는 자는 그들에게로 나아갈지니라, 하고

⑮ 모세가 산에 오르매, 구름이 산을 가리며,

⑯ 여호와의 영광이 시나이 산 위에 머무르고 구름이 육일 동안 산을 가리더니, 제 칠일에 여호와께서 구름 가운데서 모세를 부르시니라,

⑰ 이스라엘 자손들에게는 여호와의 영광이 산의 꼭대기 위에서 타오르는 맹렬한 불(봉화) 같이 보였더라,,

⑱ 그때 모세는 구름 속으로 들어가서 산 위로 나아갔더라, 그리고 그는 산 위에서 사십 주야를 머물었느니라.

● 25장

① 여호와께서 모세에세 말씀하시기를,

② "너는 이스라엘 자손들에게 명하여, 내게 예물을 드리도록 하라, 즐거운 마음으로 예물을 드리는 자에게서 너는 그것을 받을 것이니라,

③ 너희가 그들에게서 받을 예물은 이러하니 금과 은과 놋과,

④ 청색 자색 홍색실과 가는 베실과 염소털과,

⑤ 붉은 물 들인 수양의 가죽과 해달의 가죽과 조각목과,

⑥ 등유와 관유에 드는 향품과 분향할 향을 만들 향품과,

⑦ 호마노며 에봇과 흉패에 물릴 보석이니라,

⑧ 그리고 그들로 하여금 내가 거할 성소를 짓게 하라, 내가 저희 중에 거하리니,

⑨ 이 성막과 성막 안의 모든 비품들을 내가 너에게 알려주는 양식대로 만들 것이니라,

⑩ 그들은 조각목으로 궤를 짓되 장이 이 규빗 반 광이 일 규빗 반 고가 일 규빗 반이 되게 하고,

⑪ 너는 정금으로 그것을 싸되 그 안팎을 싸고 윗가로 돌아가며 금테를 두르고,

⑫ 금고리 넷을 부어 만들어 그 네 발에 달되 이편에 두 고리요 저편에 두 고리며,

⑬ 조각목으로 채를 만들고 금으로 싸고,

⑭ 그 채를 궤 양편 고리에 꿰어서 궤를 메게 하며,

⑮ 채를 궤의 고리에 꿴대로 두고 빼어내지 말지며,

⑯ 내가 네게 줄 증거판을 궤 속에 둘지며,

⑰ 정금으로 속죄소를 만들되 장이 이규빗 반 광이 일 규빗 반이 되게 하고,

⑱ 금으로 그룹 둘을 속죄소 두 끝에 쳐서 만들,

⑲ 한 그룹은 이 끝에 한 그룹은 저 끝에 곧 속죄소 두 끝에 속죄소와 한 덩이로 연하게 할지며,

⑳ 그룹들은 그 날개를 높이 펴서 그 날개로 속죄소를 덮으며 그 얼굴을 서로 대하여 속죄소를 향하게 하고,

㉑ 속죄소를 궤 위에 얹고 내가 네게 줄 증거판을 궤 속에 넣으라,

㉒ 거기서 너와 내가 만나고 속죄소 위 곧 증거궤 위에 있는 두 그룹 사이에서 내가 이스라엘 자손을 위하여 네게 명할 모든 일을 네게 이르리라,

㉓ 너는 조각목으로 상을 만들되 장이 이규빗 광이 일 규빗 고가 일 규빗 반이 되게 하고,

㉔ 정금으로 싸고 주위에 금 테를 두르고,

㉕ 그 사면에 손바닥 넓이만한 턱을 만들고 그턱 주위에 금으로 테를 만들고,

㉖ 그것을 위하여 금고리 넷을 만들어 그 네 발위 네 모퉁이에 달되,

㉗ 턱 곁에 달라 이는 상 멜 채를 꿸 곳이며,

㉘ 또 조각목으로 그 채를 만들고 금으로 싸라 상을 이것으로 멜 것이니라,

㉙ 너는 대접과 숟가락과 병과 붓는 잔을 만들되 정금으로 만들지며,

㉚ 제삿 상 위에 빵을 두어 항상 내 앞에 있게 할지니라,

(And thou shalt set upon the the table showbread before me always.-KJV)

(Put the bread of the Presence on this table to be before me at all times.-NIV)

(On the table you shall always keep showbread set before me.-NAB)

(Always keep fresh bread of the Presence on the Table before me.-THE MESSAGE)

㉛ 너는 정금으로 등대를 쳐서 만들되 그 밑판과 줄기와 잔과 꽃받침과 꽃을 한 덩이로 연하게 하고,

㉜ 가지 여섯을 등대 곁에서 나오게 하되 그 세 가지는 이 편으로 나오고 그 세 가지는 저편으로 나오게 하며,

㉝ 이 편 가지에 살구꽃 형상의 잔 셋과 꽃 받침과 꽃이 있게 하여 등대에서 나온 여섯 가지를 같게 할지며,

㉞ 등대 줄기에는 살구꽃 형상의 잔 넷과 꽃받침과 꽃이 있게 하고,

㉟ 등대에서 나온 여섯가지를 위하여 꽃받침이 있게 하되 두가지 아래 한 꽃받침이 있어 줄기와 연하게 하고,

㊱ 그 꽃받침과 가지를 줄기와 연하게 하여 전부를 정금으로 쳐 만들고,

㊲ 등잔 일곱을 만들어 그 위에 두어 앞을 비추게 하며,

㊳ 그 불집게와 불 똥 그릇도 정금으로 만들지니,

㊴ 등대와 이 모든 기구를 정금 한 달란트로 만들되,

㊵ 보라, 너는 산 위에서 내가 네게 보인 양식에 따라 그것들을 만들지니라.

(And look that thou make them after their pattern, which was shewed thee in the mount.-KJV)

(See that you make them according to the pattern shown you on the mountain.-NIV)

(See that you make them according to the pattern shown you on the mountain.-NAB)

(Study and design you were given on the mountain and make everything accordingly.-THE MESSAGE)

● 26장

① 너는 성막을 만들되 양장 열 폭을 가늘게 꼰 베실과 청색 자색 홍색실로 그룹을 정교하게 수 놓아 만들지니라,

② 매 폭의 장은 이십 팔 규핏 광은 사 규핏으로 각 폭의 장단을 같게 하고,

③ 그 양장 다섯 폭을 서로 연하며 다른 다섯 폭도 서로 연하고,

④ 그 양장의 연락할 말폭 가에 청색 고를 만들며 다른 연락할 말폭 가에도 그와 같이 하고,

⑤ 양장 말폭 가에 고 오십을 달며 다른 양장 말폭 가에도 고 오십을 달고 그 고들을 서로 대하게 하고,

⑥ 금 갈고리 오십을 만들고 그 갈고리로 양장을 연합하여 한 성막이 되게 할지니라,

⑦ 그 성막을 덮는 막 곧 양장을 염소 털로 만들되 열 한 폭을 만들지며,

⑧ 각 폭의 장은 삼십 규빗 광은 사 규빗으로 열 한 폭의 장단을 같게 하고,

⑨ 그 양장 다섯 폭을 서로 연하며 또 여섯 폭을 서로 연하고 그 여섯 째 폭 절반은 성막 전면에 접어 드리우고,

⑩ 양장을 연락할 말폭가에 고 오십을 달며 다른 연락할 말폭가에도 고 오십을 달고,

⑪ 놋 갈고리 오십을 만들고 그 갈고리로 그 고를 꿰어 연합하여 한 막이 되게 하고,

⑫ 그 막 곧 양장의 나머지 그 반쪽은 성막 뒤에 드리우고

⑬ 막 곧 양장의 길이의 남은 것은 이편에 한 규빗 저편에 한 규빗씩 성막 좌우양편에 덮어 드리울지니,

⑭ 붉은 물 들인 수양의 가죽으로 막의 덮개를 만들고 해달의 가죽으로 그 웃 덮개를 만들지니라,

⑮ 너는 조각목으로 성막을 위하여 널판을 만들어 세우되,

⑯ 각 판의 장 십 규빗 광은 일 규빗 반으로 하고,

⑰ 각 판에 두 촉씩 내어 서로 연하게 하되 너는 성막 널판을 다 그와 같이 하라,

⑱ 너는 성막을 위하여 널판을 만들되 남편을 위하여 널판 스물을 만들고,

⑲ 스무 널판 아래 은 받침 마흔을 만들지니 이 널판 아래에도 그 두 촉을 위하여 두 받침을 만들지며,

⑳ 성막 다른 편 곧 그 북편을 위하여도 널판 스물로 하고,

㉑ 은 받침 마흔을 이 널판 아래에도 두 받침 저 널판 아래에도 두 받침으로 하며,

㉒ 성막 뒤 곧 그 서편을 위하여는 널판 여섯을 만들고,

㉓ 성막 뒤 두 모퉁이 편을 위하여는 널판 둘을 만들되,

㉔ 아레에서부터 위까지 각기 두겹 두께로 하여 윗고리에 이르게 하고 두 모퉁이 편을 다 그리하며,

㉕ 그 여덟 널판에는 은받침이 열 여섯이니 이 판 아래에도 두 받침이요 저 판 아래에도 두 받침이니라,

㉖ 너는 조각목으로 띠를 만들지니 성막 이편 널판을 위하여 다섯이요,

㉗ 성막 저편 널판을 위하여 다섯이요 성막 뒤 곧 서편 널판을 위하여 다섯이며,

㉘ 널판 가운데 있는 중간 띠는 이 끝에서 저 끝에 미치게 하고,

㉙ 그 널판들을 금으로 싸고 그 널판들의 띠를 꿸 금고리를 만들고 그 띠를 금으로 싸라,

㉚ 너는 산에서 보인 식양대로 성막을 세울지니라,

㉛ 너는 청색 자색 홍색실과 가늘게 꼰 베실로 짜서 장을 만들고 그 위에 그룹들을 정교하게 수 놓아서,

㉜ 금 갈고리로 네 기둥 위에 드리우되 그 네 기둥을 조각목으로 만들고 금으로 싸서 네 은받침 위에 둘지며,

㉝ 그 장을 갈고리 아래 드리운 후에 증거 궤를 그 장안에 들여 놓으라, 그 장이 너희를 위하여 성소와 지성소를 구별하리라,

㉞ 너는 지성소에 있는 증거궤 위에 속죄소를 두고,

㉟ 그 장 바깥 북편에 상을 놓고 남편에 등대를 놓아 상과 대하게 할지며,

㊱ 청색 자색 홍색실과 가늘게 꼰 베실로 수 놓아 짜서 성막 문을 위하여 장을 만들고,

㊲ 그 문장을 위하여 기둥 다섯을 조각목으로 만들어 금으로 싸고 그 갈고리도 금으로 만들지며 또 그 기둥을 위하여 받침 다섯을 놋으로 부어 만들지니라,

● 27장

① 너는 조각목으로 장이 오 규빗 광이 오 규빗의 단을 만들되 네모 반듯하게 하며 고는 삼 규빗으로 하고,

② 그 네 모퉁이 위에 뿔을 만들되 그 뿔이 그것에 연하게 하고 그 단을 놋으로 쌀지며,

③ 재를 담는 통과 부삽과 대야와 고기 갈구리와 불 옮기는 그릇을 만들되 단의 그릇을 다 놋으로 만들지며,

④ 단을 위하여 놋으로 그물을 만들고 그 위 네 모퉁이에 놋고리 넷을 만들고,

⑤ 그물은 단 사면 가장자리 아래 곧 단 절반에 오르게 할지며,

⑥ 또 그 단을 위하여 채를 만들되 조각목으로 만들고 놋으로 쌀지며,

⑦ 단 양편 고리에 그 채를 꿰어 단을 메게 할지며,

⑧ 단은 널판으로 비게 만들되 산에서 네게 보인대로 그들이 만들지니라,

⑨ 너는 성막의 뜰을 만들지니 남을 향하여 뜰 남편에 광이 백 규빗의 세마포장을 쳐서 그 한 편을 당하게 할지니,

⑩ 그 기둥이 스물이며 그 받침 스물은 놋으로 하고 그 기둥의 갈고리와 가름대는 은으로 할지며,

⑪ 그 북편에도 광이 백 규빗의 포장을 치되 그 기둥이 스물이며 그 기둥의 밧침 스물은 놋으로 하고 그 기둥의 갈고리와 가름대는 은으로 할지며,

⑫ 뜰의 옆 곧 서편에 광 오십 규빗의 포장을 치되 그 기둥이 열이요 받침이 열이며,

⑬ 동을 향하여 뜰 동편의 광도 오십 규빗이 될지며,

⑭ 문 이편을 위하여 포장이 십 오 규빗이며 그 기둥이 셋이요 받침이 셋이요,

⑮ 문 저편을 위하여도 포장이 십오 규빗이며 그 기둥이 셋이여 받침이 셋이며,

⑯ 뜰 문을 위하여는 청색 자색 홍색실과 가늘게 꼰 베실로 수 놓아 짠 이십 규빗의 장이 있게 할지니 그 기둥이 넷이요 받침이 넷이며,

⑰ 뜰 사면 모든 기둥의 가름대와 갈고리는 은이요 그 받침은 놋이며,

⑱ 뜰의 장은 백 규빗이요 광은 오십 규빗이요 세마포장의 고는 오 규빗이요 그 받침은 놋이며,

⑲ 성막에서 쓰는 모든 기구와 그 말뚝과 뜰의 포장 말뚝을 다 놋으로 할지니라.

⑳ 너는 또 이스라엘 자손에게 명하여 감람으로 찧어낸 순결한 기름을 등불을 위하여 네게로 가져오게 하고 끊이지 말고 등불을 켜되,

㉑ 아론과 그 아들들로 회막안 증거궤 앞 휘장 밖에서 저녁부터 아침까지 항상 여호와 앞에 그 등불을 간검하게 하라 이는 이스라엘 자손의 대대로 영원한 규례니라.

● 28장

① 너는 이스라엘 자손 중에서 네 형 아론과 그 아들들을 네게로 오게 하여 그가 제사장의 직분으로 나를 섬기게 할지니, 곧 아론과 아론의 아들들인 나답과 아비후와 엘르아살과 이다말이라,

② 네 형 아론을 위하여 거룩한 옷을 지어서 영화롭고 아름답게 할지니라,

③ 너는 무릇 마음에 지혜 있는 자 곧 내가 지혜로운 영으로 채운 자들에게 말하여 아론의 옷을 지어 그를 거룩하게 하여 내게 제사장 직분을 행하게 하라,

④ 그들의 지을 옷은 이러하니, 곧 흉패와 에봇과 겉옷과 관과 따라 그들이 네 형 아론과 그 아들들을 위하여 거룩한 옷을 지어, 아론으로 내게 제사장 직분을 행하게 할지며,

⑤ 그들의 쓸 것은 금실과 청색 자실 홍색실과 가늘게 꼰 베실이니라,

⑥ 그들이 금실과 청색 자색 홍색실과 가늘게 꼰 베실로 공교히 짜서 에봇을 짓되,

⑦ 그것에 견대 둘을 달아 그 두 끝을 연하게 하고,

⑧ 에봇 위에 매는 띠는 에봇 짜는 법으로 금실과 청색 자색 홍색실과 가늘게 꼰 베실로 에봇에 공교회 붙여 짤지며,

⑨ 호마노 두개를 취하여 그 위에 이스라엘 아들들의 이름을 새기되,

⑩ 그들의 연치대로 여섯 이름을 한 보석에 나머지 여섯 이름은 다른 보석에,

⑪ 보석을 새기는 자가 인에 새김 같이 너는 이스라엘 아들들의 이름을 그 두 보석에 새겨 금테에 물리고,

⑫ 그 두 보석을 에봇 두견대에 붙여 이스라엘 아들들의 기념 보석을 삼되 아론이 여호와 앞에서 그들의 이름을 그 두 어깨에 메어서 기념이 되게 할지며,

⑬ 너는 금으로 테를 만들고,

⑭ 정금으로 노끈처럼 두 사슬을 땋고 사슬을 그 테에 달지니라,

⑮ 너는 판결 흉패를 에봇 짜는 법으로 금실과 청색 자색 홍색실과 가늘게 꼰 베실로 공교히 짜서 만들되,

⑯ 장광이 한뼘씩 두 겹으로 네모 반듯하게 하고,

⑰ 그것에 네 줄로 보석을 물리되 첫 줄은 홍보석 황옥 녹주옥이요,

⑱ 둘째 줄은 석류석 남보석 홍마노요,

⑲ 셋째 줄은 호박 백마노 자수정이요,

⑳ 넷째 줄은 녹보석 호마노 벽옥으로 다 금테에 물릴지니,

㉑ 이 보석들은 이스라엘 아들들의 이름대로 열 둘이라 매 보석에 열 두 지파의 한 이름 씩 인을 새기는 법으로 새기고,

㉒ 정금으로 노끈 처럼 땋은 사슬을 흉패 위에 붙이고,

㉓ 또 금고리 둘을 만들어 흉패 위 곧 흉패 두 끝에 그 두 고리를 달고,

㉔ 땋은 두 금 사슬로 흉패 두 끝두 고리에 꿰어 매고,

㉕ 두 땋은 사슬의 다른 두 끝을 에봇 앞 두 견대의 금테에 매고,

㉖ 또 금고리 둘을 만들어 흉패 아래 양편 가 안쪽 곧 에봇에 닿는 곳에 달고,

㉗ 또 금고리 둘을 만들어 에봇 앞 두 견대 아래 매는 자리 가까운 편 곧 공교히 짠 띠 윗편에 달고,

㉘ 청색 끈으로 흉패 고리와 에봇 고리에 꿰어 흉패로 공교히 짠 에봇 띠 위에 붙여 떠나지 않게 하라,

㉙ 아론이 성소에 들어갈 때에는 이스라엘 아들들의 이름을 기록한 이 판결 흉패를 가슴에 붙여 여호와 앞에 영원한 기념을 삼을 것이니라,

㉚ 너는 우림과 둠밈을 판결 흉패 안에 넣어 아론으로 여호와 앞에 들어갈 때에 그 가슴 위에 있게 하라 아론이 여호와 앞에서 이스라엘 자손의 판결을 항상 그 가슴 위에 둘지니라,

㉛ 너는 에봇 받침 겉옷을 전부 청색으로 하되,

㉜ 두 어깨 사이에 머리 들어갈 구멍을 내고 그 주위에 갑옷 깃 같이 깃을 짜서 찢어지지 않게 하고,

㉝ 그 옷 가장자리로 돌아가며 청색 자색 홍색실로 석류를 수 놓고 금방울을 간격하여 달되,

㉞ 그 옷 가장자리로 돌아가며 한 금방울 한 석류 한 금방울 한 석류가 있게 하라,

㉟ 아론이 입고 여호와를 섬기러 성소에 들어갈 때와 성소에서 나갈 때에 그 소리가 들릴 것이라 그리하면 그가 죽지 아니하리라,

㊱ 너는 또 정금으로 패를 만들어 인을 새기는 법으로 그 위에 새기되 '여호와께 성결' 이라 하고,

㊲ 그 패를 청색 끈으로 관 위에 매되 곧 관 전면에 있게 하라,

㊳ 이 패가 아론의 이마에 있어서 그로 이스라엘 자손의 거룩하게 드리는 성물의 죄건을 담당하게 하라 그 패가 아론의 이마에 늘 있으므로 그 성물을 여호와께서 받으시게 되리라,

㊴ 너는 가는 베실로 반포 속옷을 짜고 가는 베실로 관을 만들고 띠를 수 놓아 만들지니라,

㊵ 너는 아론의 아들들을 위하여 속옷을 만들며 그들을 위하여 띠를 만들며 그들을 위하여 관을 만들어서 영화롭고 아름답게 하되,

㊶ 너는 그것들로 네 형 아론과 그와 함께한 그 아들들에게 입히고 그들에게 기름을 부어 위임하고 거룩하게 하여 그들로 제사장 직분을 내게 행하게 할지며,

㊷ 또 그들을 위하여 베로 고의를 만들어 허리에서부터 넓적다리까지 이르게 하여 하체를 가리게 하라,

㊸ 아론과 그 아들들이 회막에 들어갈 때에나 제단에 가까이 하여 거룩한 곳에서 섬길 때에 그것들을 입어야 죄를 지어서 죽지 아니하리니 그와 그의 후손이 영원히 지킬 규례니라,

● 29장

① 그들을 거룩하게 하여 제사장의 직분으로 나를 섬기도록 하기 위하여 네가 행할 일이 이러하니, 너는 흠 없는 한 마리의 어린 수소와 두마리의 수양 둘을 취하고,

② 누룩 없은 빵과 기름 섞인 누룩 없는 과자들과 기름 바른 누룩 없는 빵을 모두 고운 밀가루로 만들고,

③ 그것들을 한 광주리에 담고, 그것을 광주리에 담은채 그 송아지와 두 양과 함께 가져오고,

④ 너는 아론과 그 아들들을 회중의 성막 문으로 데려다가 물로 씻기고,

⑤ 의복을 가져다가 아론에게 속옷과 에봇 받침 겉옷과 에봇을 입히고 흉패를 달고 에봇에 정교히 짠 띠를 띠우고,

⑥ 그 머리에 관을 씌우고 그 위에 성패를 더하고,

⑦ 관유를 가져다가 그 머리에 부어 바르고,

⑧ 그 아들들을 데려다가 그들에게 속옷을 입히고,

⑨ 아론과 그 아들들에게 띠를 띠우며 관을 씌워서, 제사장의 직분을 그들에게 맡겨 영원한 규례가 되게하라, 너는 이같이 아론과 그 아들들에게 위임하여 거룩하게 할지니라,

⑩ 너는 수 송아지를 회중의 막사 앞으로 끌어 오고, 아론과 그 아들들은 그 수 송아지 머리에 안수할지며,

⑪ 너는 회중의 성막 문 가까이 여호와 앞에서 그 송아지를 잡고,

⑫ 그 피를 네 손가락으로 단 뿔들에 바르고, 그 피 전부를 단 밑에 쏟을지며,

⑬ 내장에 덮인 모든 기름과 간 위에 있는 꺼플과 두 콩팥과 그 위의 기름을 취하여 단 위에 불사르고,

⑭ 그 수소의 고기와 가죽과 똥을 진 밖에서 불사르라 이는 속죄제니라,

⑮ 너는 또 수양 하나를 취하고 아론과 그 아들들은 그 수양의 머리위에 안수할지며,

⑯ 너는 그 수양을 잡고 그 피를 취하여 단 위의 주위에 뿌리고,

⑰ 그 수양의 각을 뜨고 그 장부와 다리는 씻어 각 뜬 고기와 머리와 함께 두고,

⑱ 그 수양의 전부를 단 위에 불사르라 이는 여호와께 드리는 번제요 이는 향기로운 냄새니 여호와께 드리는 화제니라,

⑲ 너는 다른 수양을 취하고 아론과 그 아들들은 그 수양의 머리 위에 안수할지며,

⑳ 너는 그 수양을 잡고 그 피를 취하여 아론의 오른 귓부리와 그 아들들의 오른 귓부

리에 바르고 그 피를 단 주위에 뿌리고,

㉑ 단 위의 피와 관유를 취하여 아론과 그 옷과 그 아들들과 그 아들들의 옷이 거룩하리라,

㉒ 또 너는 그 수양의 기름과 기름진 꼬리와 그 내장에 덮인 기름과 간 위의 꺼풀과 두 콩팥과 그것들 위의 기름과 우편 넓적다리를 취하라 이는 위임식의 수양이며,

㉓ 또 여호와 앞에 있는 부풀지 않은 빵 광주리에서 떡 한덩이와 기름 바른 과자 하나와 살짝 구운 얇은 빵 하나를 취하고

㉔ 그 전부를 아론의 손과 그 아들들의 손에 주고 그것을 흔들어 여호와 앞에 요제를 삼을지며,

㉕ 너는 그것을 그들의 손에서 취하여 단 위에서 태우는 제사물을 더하여 불사르라, 이는 여호와 앞에 향기로운 냄새니 곧 여호와께 드리는 화제니라,

㉖ 너는 위임식 수양의 가슴을 취하여 여호와 앞에 흔들어 요제를 삼으라 이는 너의 몫이니라,

㉗ 너는 그 흔든 요제를 곧 아론과 그 아들들의 위임식 수양의 가슴과 넓적다리를 거룩하게 하라,

㉘ 이는 이스라엘 자손이 아론과 그 자손에게 돌릴 영원한 몫이요, 거제물이니 곧 이스라엘 자손이 화목제의 희생 중에서 취한 거제물로서 여호와께 드리는 거제물이니라,

㉙ 아론의 성의는 아론의 후예 그 아들들에게 돌릴지니, 그들이 그것을 입고 기름 부음으로 위임을 받을 것이며,

㉚ 그를 이어 제사장이 되는 아들이 회중의 막사에 들어가서 성소에서 섬길 때에는 칠일 동안 그것을 입을지니라,

㉛ 너는 위임식 수양을 취하여 거룩한 곳에서 그 고기를 삶고,

㉜ 아론과 그 아들들이 회중의 막사 문에서 그 수양의 고기와 광주리에 있는 떡을 먹을지라,

㉝ 속죄물 곧 그들을 위임하며 그들을 거룩하게 하는데 쓰는 것은 그들은 먹되 타인은 먹지 못할지니, 이는 성물이 됨이며,

㉞ 위임식 고기나 떡이 아침까지 남았으면 그것을 불에 사를지니, 이는 거룩한즉 먹지 못할지니라,

㉟ 너는 내가 무릇 네게 명한대로 아론과 그 아들들에게 그같이 하여 칠일 동안 위임

식을 행하되,

㊱ 매일 수송아지 하나로 속죄하기 위하여 속죄제를 드리며, 또 제단을 위하여 속죄하여 깨끗케 하고, 그것에 기름을 부어 거룩하게 하라,

㊲ 네가 칠일 동안 제단을 위하여 속죄하여 거룩하게 하라, 그리하면 지극히 거룩한 제단이 되리니 무릇 제단에 접촉하는 것이 거룩하리라,

㊳ 네가 제단 위에 드릴 것은 이러하니라, 매일 일년된 어린 양 두 마리니,

㊴ 한 어린 양은 아침에 드리고 한 어린 양은 저녁 때에 드릴지며,

㊵ 한 어린 양에 고운 밀가루 에바 십분 일과 찧은 기름 힌의 사분일을 더하고, 또 전제로 포도주 힌의 사분의 일을 더할지며,

㊶ 한 어린 양은 저녁 때에 드리되 아침과 일반으로 소제와 전제를 그것과 함께 드려 향기로운 냄새가 되게하여 여호와께 화제를 삼을지니,

㊷ 이는 너희가 대대로 여호와 앞 회중의 막사 문에서 늘 드릴 태우는 제사라, 내가 거기서 너희와 만나고 네게 말하리라,

㊸ 내가 거기서 이스라엘 자손을 만나리니, 내 영광을 인하여 회중의 막사가 거룩하게 될지라,

㊹ 내가 그 회중의 막사와 제단을 거룩하게 하,며 아론과 그 아들들도 거룩하게 하여 내게 제사장 직분을 행하게 하며,

㊺ 내가 이스라엘 자손 중에 거하여 그들의 하나님이 되리니,

㊻ 그들은 내가 그들의 하나님 여호와로서 그들 중에 거하려고 그들을 이집트 땅에서 인도하여 낸 줄을 알리라, 나는 그들의 하나님 여호와니라.

● 30장

① 너는 분향할 단을 만들지니 곧 조각목으로 만들되,

② 장이 일 규빗 광이 일 규빗으로 네모 반듯하게 하고, 고는 이 규빗으로 하며 그 뿔을 그것과 연하게 하고,

③ 단 상면과 전 후 좌우면과 뿔을 정금으로 싸고 주위에 금 테를 두를지며,

④ 금 테 아래 양 편에 금고리 둘을 만들되, 곧 그 양편에 만들지니 이는 단을 메는 채를 꿸 곳이며,

⑤ 그 채를 조각목으로 만들고 금으로 싸고,

⑥ 그 단을 증거궤 위 속죄소 맞은 편 곧 증거궤 앞에 있는 장 밖에 두라, 그 속죄소는

내가 너와 만날 곳이며,

⑦ 아론이 아침마다 그 위에 향기로운 향을 사르되, 등불을 정리할 때에 사를지며,

⑧ 또 저녁 때 등불을 켤 때에 사를지니, 이 향은 너희가 대대로 여호와 앞에 끊지 못할지며,

⑨ 너희는 그 위에 다른 향을 사르지 말며, 번제나 소제를 드리지 말며, 전제의 술을 붓지 말며,

⑩ 아론이 일년 일차씩 이 향단 뿔을 위하여 속죄하되, 속죄제의 피로 일년 일차씩 대대로 속죄할지니라, 이 단은 여호와께 지극히 거룩하니라,

⑪ 여호와께서 모세에게 전하여 말씀하시기를,

⑫ 네가 이스라엘 자손의 수효를 따라 조사할 때에 조사 받은 각 사람은 그 생명의 속전을 여호와께 드릴지니, 이는 그 계수할 때에 그들 중에 온역이 없게 하려함이라,

⑬ 무릇 계수중에 드는 자마다 성소에 세겔대로 반 세겔을 낼지니, 한 세겔은 이십 게라라 그 반 세겔은 여호와께 드릴지며,

⑭ 무릇 계수 중에 드는자, 곧 이십세 이상 된 자가 여호와께 드리되,

⑮ 너희의 생명을 속하기 위하여, 여호와께 드릴 때에 부자라고 반 세겔에서 더 내지 말고 가난한 자라고 덜 내지 말지며,

⑯ 너는 이스라엘 자손에서 속전을 취하여 회중의 막사의 봉사에 쓰라, 이것이 여호와 앞에서 이스라엘 자손의 념이 되어서 너희의 생명을 속하리라,

⑰ 여호와께서 모세에게 전하여 말씀하시기를,

⑱ 너는 물두멍을 놋으로 만들고 그 받침도 놋으로 만들어 씻게 하되, 그것을 회중의 막사와 단 사이에 두고 그 안에 물을 담을지니,

⑲ 아론과 그 아들들이 그 두멍에서 수족을 씻되,

⑳ 그들이 회중의 막사에 들어갈 때에 물로 씻어 죽기를 면할 것이요, 단에 가까이 가서 그 직분을 행하여 화제를 여호와 앞에 사를 때에도 그리 할지니라,

㉑ 이와 같이 그들이 그 수족을 씻어 죽기를 면할지니, 이는 그와 그 자손이 영원히 지킬 규례니라,

㉒ 여호와께서 모세에게 전하여 말씀드리기를,

㉓ 너는 상등 향품을 취하되 액체 몰약 오백 세겔과 그 반수의 향기로운 육계 이백 오십 세겔과 향기로운 창포 이백 오십 세겔과

㉔ 계피 오백 세겔을 성소의 세겔대로 하고 올리브 기름 한 힌을 취하여,

㉕ 그것으로 거룩한 관유를 만들되 향을 제조하는 법대로 향기름을 만들지니, 그것이 거룩한 관유가 될지라,

㉖ 너는 그것으로 회의막사와 증거궤에 바르고,

㉗ 상과 그 모든 기구며 등대와 그 기구며 분향단과

㉘ 및 번제단과 그 모든 기구와 물 두멍과 그 받침에 발라

㉙ 그것들을 지성물로 구별하라, 무릇 이것에 접촉하는 것이 거룩하리라,

㉚ 너는 아론과 그 아들들에게 기름을 발라 그들을 거룩하게 하고 그들로 내게 제사장 직분을 행하게 하고,

㉛ 이스라엘 자손에게 고하여 이르기를 이것은 너희 대대로 내게 거룩한 관유니,

㉜ 사람의 몸에 붓지 말며 이 방법대로 이와 같은 것을 만들지 말라, 이는 거룩하니, 너희는 거룩히 여기라,

㉝ 무릇 이와 같은 것을 만드는 자나 무릇 이것을 타인에게 붓는 자는 그 백성 중에서 끊쳐지리라 하라,

㉞ 여호와께서 이르시되 너는 소합향과 나감향과 풍자향의 향품을 취하고, 그 향품을 유황에 섞되 각기 동일한 중수로 하고,

㉟ 그것으로 향을 만들되 향 만드는 법대로 만들고 그것에 소금을 쳐서 성결하게 하고,

㊱ 그 향 얼마를 곱게 찧어 내가 너와 만날 회의막사 증거궤 앞에 두라, 이 향은 너희에게 지극히 거룩하니라,

㊲ 네가 만들 향은 여호와를 위하여 거룩한 것이니, 그 방법대로 너희를 위하여 만들지 말라,

㊳ 무릇 맡으려고 이 같은 것을 만드는 자는 그 백성 중에서 끊쳐지리라.

● 31장

① 그때 여호와께서 모세에게 일러 가라사대,

② 보라, 내가 유다 지파에 속한 훌의 손자요, 유리의 아들인 브살렐을 지명하여 불렀노라,

③ 그리고 내가 그에게 하나님의 영을 충만하게 하여 지혜와 깨달음과 지식과 모든 재능으로,

④ 정교한 작품들을 고안하여 금과 은과 놋으로 만들게 하며,

⑤ 돌들을 깎아 세우며 여러가지 재능을 이용해서 나무를 깎아 새기게 하였노라,

⑥ 또한 내가 단 지파 아히사막의 아들 오홀리압을 세워 그와 함께 하며 무릇 지혜로운 마음이 있는 자에게 내가 지혜를 주어 그들로 내가 네게 명한 것을 다 만들게 할지니,

⑦ 곧 회의막사와 증거궤와 그 위의 속죄소와 회의막사의 모든 기구와

⑧ 상과 그 기구와 정금 등대와 그 모든 기구와 분향단과

⑨ 번제단과 그 모든 기구와 물두멍과 그 받침과

⑩ 제사직을 행할 때에 입는 정교히 짠 의복 곧 제사장 아론의 성의와 그 아들들의 옷과

⑪ 관유와 성소의 향기로운 향이라 무릇 내가 네게 명한대로 그들이 만들지니라,

⑫ 여호와께서 모세에게 일러 가라사대,

⑬ 너는 이스라엘 자손에게 "너희는 나의 안식일을 지켜야 하느니라, 이것이 앞으로 태어나는 세대들을 위한 나와 너희 사이의 약속의 표징이 될 것으로, 이는 너희로 하여금 나는 너희들을 거룩하게 하는 여호와인줄을 알게 하려 함이니라." 라고 이르라.'

⑭ "그러므로 너희는 안식일을 지켜라, 왜냐하면 그 날이 너희에게 거룩하기 때문이니라, 그 날을 더럽히는 어떤 자도 죽어야 하느니라, 그 날에 일하는 누구라도 그 생명(혼)이 그의 백성들로부터 끊쳐져야 하느니라,

⑮ 엿새 동안은 일할 것이나 제 칠일은 여호와께 거룩한 휴식의 안식일이니라, 그러므로 안식일에 어떠한 일을 하더라도 반드시 죽어야 하느니라,

⑯ 이같이 이스라엘 자손들은 안식일을 지켜야 하느니라, 그리하여 태어날 후세들을 위한 영속하는 언약으로써 그 날을 찬양할 것이니라,

⑰ 그것은 나와 이스라엘 자손들 간의 영원한 약속의 표시가 될 것이니라, 왜냐하면 여호와가 엿새 동안에 하늘들과 지구를 창조하고 제 칠일에는 일을 안 하였고 쉬었기 때문이니라."

⑱ 여호와께서 시나이 산 위에서 모세에게 이르시기를 마치시고 두개의 증거판을 모세에게 주셨는데 이는 하나님의 손가락으로 친히 새긴 돌 판이었느니라.

● 32장

① 백성이 모세가 산에서 내려오는 것이 더딘 것을 보고, 아론에게로 모여들어 그에

게 말하기를, 일어나 우리를 위하여 우리를 인도할 신을 만들자, 이집트 땅에서 우리를 인도하여 나왔던 이 사람 모세가 어찌 되었는지 우리가 알지 못함이라, 하니라

② 아론이 그들에게 이르되 너희 아내와 자녀의 귀의 금고리를 빼어 내게로 가져오라, 하매

③ 모든 백성이 그 귀에서 금고리를 빼어 아론에게 가져왔더라,

④ 아론이 그들의 손에서 그 고리를 받아 부어서 각도로 새겨 송아지 형상을 만드니 그들이 말하기를, "이스라엘아, 이것들은 너희를 이집트 땅에서 인도하여 낸 너희 신들이로다." 하는지라

⑤ 아론이 보고 그 앞에 단을 쌓고 이에 공포하여 가로되 내일은 주의 절일이니라 하니,

⑥ 이튿날에 그들이 일찍이 일어나 번제를 드리며 화목제를 드리고 앉아서 먹고 마시며 일어나서 뛰놀더라,

⑦ 그때 여호와께서 모세에게 이르시되, "너는 내려가라, 네가 이집트 땅에서 인도하여 낸 네 백성이 부패 하였도다." 하시니라

⑧ 그들이 내가 그들에게 명한 길을 속히 떠나 자기를 위하여 송아지를 부어 만들고 그것을 숭배하며 그것에게 희생물을 드리며 말하기를, 이스라엘아 이들은 너희를 이집트 땅에서 인도하여 낸 너희 신들이라 하니라,

⑨ 주께서 또 모세에게 이르시되, 내가 이 백성을 보니 목이 굳은 백성이로다,

⑩ 그러므로 나대로 하게 하라 내가 그들에게 진노하여 그들을 진멸하고 너로 큰 나라가 되게 하리라,

⑪ 모세가 그 하나님 여호와께 간구하여 말씀드리기를, 주여, 어찌하여 그 큰 권능과 강한 손으로 이집트 땅에서 인도하여 내신 주의 백성에게 진노하십니까?

⑫ 어찌하여 이집트 사람들이 전하여 말하기를, 주님께서 그들에게 재앙을 가져와서 그들을 산에서 죽이고 그들을 지면으로부터 진멸하려고 인도하여 나왔도다, 하게 하시나이까? 주님의 맹렬한 진노에서 돌이키시어 주님의 이 재앙을 돌이키소서,

⑬ 주의 종 아브라함과 이삭과 이스라엘을 기억하소서, 주님께서 주를 가리켜 그들에게 맹세하여 이르시기를, 내가 너희 자손을 하늘의 별처럼 많게 하고, 나의 허락한 이 온 땅을 너희의 자손에게 주어 영영한 유업이 되게 하리라, 하셨나이다.

⑭ 주께서 뜻을 돌이키사 말씀하신 화를 그 백성에게 내리지 아니하시니라,

⑮ 모세가 돌이켜 산에서 내려 오는데 증거의 두 판이 그 손에 있고 그 판의 양면 이편 저편에 글자가 있으니,

⑯ 그 판은 하나님이 만드신 것이요, 글자는 하나님이 쓰셔서 판에 새기신 것이더라,

⑰ 여호수아가 백성의 떠듦을 듣고 모세에게 말하되, 진중에서 싸우는 소리가 나나이다, 하니

⑱ 모세가 말하시를, 이는 승전가도 아니요, 패하여 부르짖는 소리도 아니라, 나의 듣기에는 그들이 노래하는 소리니라, 하고

⑲ 그가 진영에 가까이 이르러 그 송아지와 춤 추는 것을 그가 보니라. 이에 모세의 분노가 맹렬하여 그이 손에서 그 판들을 던져 깨뜨리니라,

⑳ 모세가 그들이 만든 송아지를 가져가 불살라 부수어 가루를 만들어 물 위에다 뿌려 이스라엘 자손으로 하여금 그것을 마시게 하니라,

㉑ 모세가 아론에게 말하기를, 이 백성이 당신에게 어떻게 하였기에 당신은 그들로 중죄에 빠지게 하였습니까? 하니

㉒ 아론이 말하기를, 나의 인도자여, 노하지 마소서, 당신이 이 백성을 알거니와 이들은 해악에 빠진 자들이니이다.

㉓ 그들이 내게 말하기를, 우리를 위하여 우리를 인도할 신들을 만들라, 이 모세 곧 우리를 이집트 땅에서 인도하여 낸 사람은 어찌 되었는지 알 수 없노라, 하기에

㉔ 내가 그들에게 이르기를, 금이 있는 자는 빼어내라 한즉, 그들이 그것을 내게로 가져왔기로 내가 불에 던졌더니 이 송아지가 나왔나이다, 하니라

㉕ 모세가 본즉 백성들이 벌거벗었으니 이는 아론이 그들로 벗게 하여 그들의 원수들 가운데서 수치거리가 되게 하였음이라,

㉖ 그때에 모세가 진영 문에 서서 말하기를, 누가 여호와의 편이냐? 그는 내게로 나아오라, 그러자 레위의 모든 자손들이 함께 모여서 그에게로 오는지라,

㉗ 모세가 그들에게 말하기를, "이스라엘의 하나님 여호와께서 이같이 말씀하셨느니라, '너희 각자는 허리에 칼을 차고 진영의 앞과 뒤를 이끝에서 저끝까지 왕래하여 각자는 그의 형제, 친구, 이웃을 도륙하라.' 하셨느니라."

㉘ 레위 자손들이 모세의 말대로 행하매 이 날에 백성 중에 삼천 명 가량이 죽인바 된지라,

㉙ 그때 모세가 말하기를, 오늘 각 사람이 자기 아들과 형제까지도 희생시켜서 너희 자신들을 여호와께 성별(聖別) 시켰으니 여호와께서 너희에게 복을 내리시리라,

하니라

㉚ 이튿날 모세가 백성에게 이르되 너희가 큰 죄를 범하였도다, 내가 이제 여호와께로 올라가노니 혹 너희의 죄를 속죄할까 하노라, 하고

㉛ 여호와께로 다시 나아가 말하기를, "이 백성이 자기들을 위하여 금으로 신을 만들었사오니 큰 죄를 범하였나이다,

㉜ 그러나 지금이라도 여호와께서 그들의 죄를 용서하시기를 원하나이다, 만일 그렇지 않사오면 당신이 기록하신 책에서 나의 이름을 지우소서."

㉝ 여호와께서 모세에게 대답하시기를, '내게 죄를 범하는 자는 누구든지 내 책에서 지워버리나니,

㉞ 자 이제 가서 내가 네게 말한 곳으로 백성을 인도하라, 내 천사가 네 앞에서 가리라, 그러나 내가 응징할 때가 오면 나는 그들에게 그들의 죄를 응징할 것이니라,

㉟ 그리고 여호와께서 역병으로 백성들을 치시니 이는 아론이 만들도록 한 송아지를 그들이 만들었기 때문이었더라.

● 33장

① 여호와께서 모세에게 이르시되, 너는 네가 이집트 땅에서 인도하여 낸 백성과 함께 여기를 떠나서 내가 아브라함과 이삭과 야곱에게 맹세하기를 네 자손들에게 주겠다고 말한 그 땅으로 올라가라,

② 내가 천사를 네 앞서 보내어 가나안 사람과 아모리 사람과 헷 사람과 브리스 사람과 히위 사람과 여부스 사람을 쫓아내고,

③ 너희로 젖과 꿀이 흐르는 땅에 이르게 하려니와 나는 너희와 함께 올라 가지 아니하리니, 너희는 목이 곧은 백성인즉 내가 중로에서 너희를 진멸할까 염려함이라, 하시니

④ 백성들이 이 나쁜 소식들을 듣고 슬퍼하여 아무도 자기 몸에 장식품들을 다는 자가 없더라,

⑤ 여호와께서 모세에게 이르시기를, 이스라엘 자손에게 이르라, 너희는 목이 굳은 백성인즉 내가 순식간이라도 너희 가운데 올라가 행하면 너희를 진멸하리니,그러므로 이제라도 너희는 장식품을 제거하라, 그리하면 내가 너희에게 무슨 일을 행할지를 알리라, 하셨음이라

⑥ 이에 이스라엘 자손들이 호렙산 가까이서 그들의 장식품을 떼어 내었더라,

⑦ 모세가 항상 장막을 취하여 진 밖에 쳐서 진과 멀리 떠나게 하고, 회의막사라 이름 하니 주를 앙모하는 자는 다 진 바깥 회의막사로 나아가며,

⑧ 모세가 회의막사로 나아갈 때에는 백성이 다 일어나 자기 장막문에 서서 모세가 회의막사에 들어가기까지 바라보며,

⑨ 모세가 회의막사에 들어갈 때에 구름 기둥이 내려 회의막사 문에 서며 여호와께서 모세와 말씀하시니,

⑩ 모든 백성이 회의막사 문에 구름 기둥이 섰음을 보고 다 일어나 각기 장막문에 서서 경배하며

⑪ 사람이 그 친구와 이야기함 같이 주께서는 모세와 대면하여 말씀하시되 모세는 진으로 돌아오나 그 수종자 눈의 아들 청년 여호수아는 회막을 떠나지 아니하니라,

⑫ 모세가 주께 고하되 보시옵소서, 주께서 나더러 이 백성을 인도하여 올라가라 하시면서 나와 함께 보낼 자를 내게 지시하지 아니하나이다, 주께서 전에 말씀하시길 나는 이름으로도 너를 알고 너도 내 앞에 은총을 입었다 하셨사온즉,

⑬ 내가 참으로 주의 목전에 은총을 입었사오면 원컨대 주의 길을 내게 보이사 내게 주를 알리시고 나로 주의 목전에 은총을 입게 하시며 이 족속을 주의 백성으로 여기소서,

⑭ 주께서 가라사대 내가 친히 가리라 내가 너로 편케 하리라,

⑮ 모세가 주께 고하되, 주께서 친히 가지 아니하시려거든 우리를 이곳에 올려 보내지 마옵소서,

⑯ 나와 주의 백성이 주의 목전에 은총 입은 줄을 무엇으로 알리이까? 주께서 우리와 함께 행하심으로 나와 주의 백성을 천하 만민 중에 구별하심이 아니니이까?

⑰ 주께서 모세에게 이르시되, 너의 말하는 이 일도 내가 하리니 너는 내 목전에 은총을 입었고 내가 이름으로도 너를 앎이니라,

⑱ 모세가 가로되, 원컨대 주의 영광을 내게 보이소서,

⑲ 주께서 가라사대, 내가 나의 모든 선한 형상을 네 앞으로 지나게 하고, 주의 이름으로 네 앞에 반포하리라, 나는 은혜줄 자에게 은혜를 주고, 긍휼히 여길 자에게 긍휼을 베푸느니라,

⑳ 또 가라사대, 네가 내 얼굴을 보지 못하리니, 나를 보고 살 자가 없음이니라,

㉑ 주께서 가라사대, 보라 내 곁에 한 곳이 있으니 너는 그 반석 위에 섰으라,

㉒ 내 영광이 지날 때에 내가 너를 반석 틈에 두고 내가 지나도록 내 손으로 너를 덮었

다가,

㉓ 손을 거두니 네가 내 등을 볼 것이요, 얼굴은 보지 못하리라, 하시니라.

● 34장

① 여호와께서 모세에게 이르시되, 너는 돌판 둘을 처음 것과 같이 깎아 만들라, 네가 깨뜨린바 처음 판에 있던 말을 내가 그 판에 쓰리니,

② 아침 전에 예비하고 아침에 시내산에 올라와 산꼭대기에서 내게 보이되,

③ 아무도 너와 함께 오르지 말며, 온 산에 인적을 금하고 양과 소도 산 앞에서 먹지 못하게 하라,

④ 모세가 돌판 둘을 처음 것과 같이 깎아 만들고, 아침에 일찍 일어나 그 두 돌판을 손에 들고 주의 명대로 시나이 산에 올라가니,

⑤ 여호와께서 구름 가운데 강림하사 그와 함께 거기 서서 여호와의 이름을 반포하실 새,

⑥ 여호와께서 그의 앞으로 지나시며 반포하시되, 여호와로라, 여호와로라, 자비롭고 은혜롭고 노하기를 더디고 인자와 진실이 많은 하나님이로다,

⑦ 수천 명을 위하여 자비를 베풀고 사악함과 배반함과 죄는 용서하나, 형벌 받을 자는 결단코 면죄하지 않으니 여호와께서는 그 아비의 죄에 대하여는 자손의 삼 사 대까지 벌하시느니라,

⑧ 모세가 급히 땅에 엎드리어 경배하며,

⑨ 말씀드리기를, " 오 주여, 주께서 보시기에 내가 주께 은총을 입었거든 원컨대 주는 우리 중에서 행하옵소서, 이들이 목이 곧은 백성일지라도 우리의 사악함과 우리의 죄를 용서하시고 우리에게 주의 상속자로 삼으소서,

⑩ 주께서 가라사대 보라 내가 언약을 세우나니, 곧 내가 아직 온 땅 아무 국민에게도 행치 아니한 이적을 너희 전체 백성 앞에 행할 것이라, 너희 머무는 나라 백성이 다 주의 소위를 보리니, 내가 너를 위하여 행할 일이 두려운 것임이니라,

⑪ 너는 내가 오늘 네게 명하는 것을 삼가 지키라, 보라, 내가 네 앞에서 아모리 사람과 가나안 사람과 헷 사람과 브리스 사람과 히위 사람과 여부스 사람을 쫓아내리니,

⑫ 너는 스스로 삼가 네가 들어가는 땅의 거민과 언약을 세우지 말라, 그것이 너희 중에 올무가 될까 하노라,

⑬ 너희는 도리어 그들의 단들을 헐고 그들의 주상을 깨뜨리고 그들이 아세라 상을 찍을지어다,

⑭ 너는 다른 신에게 절하지 말라, 주는 질투라 이름하는 질투의 하나님이니라,

⑮ 너는 삼가 그 땅의 거민과 언약을 세우지 말지니, 이는 그들이 모든 신을 음란히 섬기며 그 신들에게 희생을 드리고 너를 청하면 네가 그 희생을 먹을까 함이며,

⑯ 또 네가 그들의 딸들로 네 아들들의 아내를 삼음으로 그들의 딸들이 그 신들을 음란히 섬기며 네 아들로 그들의 신들을 음란히 섬기게 할까 함이니라,

⑰ 너는 신상을 부어 만들지 말지니라,

⑱ 너는 무교절을 지키되 내가 네게 명한대로 이빕월 그 기한에 칠일 동안 무교병을 먹으라 이는 네가 아빕월에 이집트에서 나왔음이니라,

⑲ 모든 처음 난 것은 다 내것이며, 무릇 네 가축의 수컷 처음 난 우양도 다 그러하며,

⑳ 나귀의 첫 새끼는 어린 양으로 대속할 것이요, 그렇게 아니하려면 그 목을 꺾을 것이며, 네 아들 중 장자는 다 대속할지며 빈손으로 내 얼굴을 보지 말지니라,

㉑ 너는 엿새 동안 일하고 제 칠일에는 쉴지니, 밭 갈 때에나 거둘 때에도 쉴지며,

㉒ 칠칠절 곧 맥추의 초실절을 지키고, 가을에는 수장절을 지키라,

㉓ 너희 모든 남자는 매년 세번씩 주 이스라엘의 하나님 앞에 보일지라,

㉔ 내가 이교도들을 네 앞에서 쫓아내고 네 영토를 넓히리니 네가 매년 세번씩 주 너의 하나님께 보이러 올라갈 때에 아무도 네 땅을 탐내어 엿보지 못할 것이니라,

㉕ 너는 누룩이 포함된 어떤 것과 함께 나에게 피의 제사를 드리지 말며, 빠스카 축제 희생물을 아침까지 남겨두지 말지니라,

㉖ 너의 토지 소산의 처음 익은 것을 가져다가 너의 하나님 주의 전에 드릴지며, 너는 염소 새끼를 그 어미의 젖으로 삶지 말지니라,

㉗ 여호와께서 모세에게 이르시되, 너는 이 말들을 기록하라, 내가 이 말들의 뜻대로 너와 이스라엘과 언약을 세웠음이니라, 하시니라

㉘ 모세가 주와 함께 사십일 사십야를 거기 있으면서 떡도 먹지 아니하였고, 물도 마시지 아니하였으며, 주께서는 언약의 말씀 곧 십계명을 그 판들에 기록하셨더라,

㉙ 모세가 그 증거의 두 판을 자기 손에 들고 시나이 산에서 내려오니 그 산에서 내려올 때에 모세는 자기가 주의 말씀하였음을 인하여 얼굴 꺼풀에 광채가 나나 깨닫지 못하였더라,

㉚ 아론과 온 이스라엘 자손이 모세를 볼 때에 모세의 얼굴 꺼풀에 광채가 남을 보고

그에게 가까이 하기를 두려워하더니,

㉛ 모세가 그들을 부르니 아론과 회중의 모든 어른이 모세에게로 오고 모세가 그들과 말하니,

㉜ 그 후에야 온 이스라엘 자손이 가까이 오는지라, 모세가 여호와께서 시내산에서 자기에게 이르신 말씀을 다 그들에게 명하고,

㉝ 그들에게 말하기를 마쳤을 때 그는 수건으로 자기 얼굴을 가리웠더라,

㉞ 그러나 모세가 여호와 앞에 들어가서 그분과 함께 대화할 때에는 나올 때까지 그 수건을 벗고 있다가, 그가 나와서는 명령받은 것들을 이스라엘 자손들에게 말하였을 때

㉟ 이스라엘 자손들은 모세의 얼굴에 광채가 나는 것을 보았는데, 모세는 여호와와 함께 말하러 들어가기까지 다시 수건으로 자기 얼굴을 가리우곤 하였더라.

● 35장

① 모세가 이스라엘 온 회중을 모으고 그들에게 이르되, 여호와께서 너희에게 명하여 행하게 하신 말씀이 이러하니라,

② 엿새 동안은 일하고 제 칠일은 너희에게 성일이니, 여호와께 특별한 안식일이라 무릇 이날에 일하는 자를 죽일지니,

③ 안식일에는 너희의 모든 처소에서 불도 피우지 말지니라,

④ 모세가 이스라엘 자손의 온 회중에게 고하여 가로되, 주의 명하신 일이 이러하니라, 이르시기를

⑤ 너희의 소유 중에서 너희는 여호와께 드릴 것을 취하되 무릇 마음에 원하는 자는 그것을 가져다가 여호와께 드릴지니, 곧 금과 은과 놋과

⑥ 청색 자색 홍색실과 가는 베실과 염소털과

⑦ 붉은 물 들인 수양의 가죽과 해달의 가죽과 아카시아 나무와

⑧ 등유 및 관유에 드는 향품과 분향할 향을 만드는 향품과

⑨ 호마노며 에봇과 흉패에 물릴 보석이니라,

⑩ 무릇 너희 중 마음이 지혜로운 자는 와서 여호와의 명하신 것을 다 만들지니,

⑪ 곧 성막과 그 막과 그 덮개와 그 갈고리와 그 널판과 그 띠와 그 기둥과 그 받침과

⑫ 증거궤와 그 채와 속죄소와 그 가리는 장과

⑬ 상과 그 채와 그 모든 기구와 진설병과

⑭ 불켜는 등대와 그 기구와 그 등잔과 등유와

⑮ 분향단과 그 채와 관유와 분향할 향품과 성막문의 장과

⑯ 번제단과 그 놋그릇과 그 채와 그 모든 기구와 물두멍과 그 받침과

⑰ 뜰의 포장과 그 기둥과 그 받침과 뜰문의 장과

⑱ 장막 말뚝과 뜰의 포장 말뚝과 그 줄과

⑲ 성소에서 섬기기 위하여 정교히 만든 옷 곧 제사 직분을 행할 때에 입는 제사장 아론의 거룩한 옷과 그 아들들의 옷이니라.

⑳ 이스라엘 자손의 온 회중이 모세 앞에서 물러갔더니,

㉑ 무릇 마음이 감동된 자와 무릇 자원하는 자가 와서 성막을 지키기 위하여, 그 속에서 쓸 모든 것을 위하여 거룩한 옷을 위하여 예물을 가져 주께 드렸으니,

㉒ 곧 마음에 원하는 남녀가 와서 가슴 핀과 귀고리와 가락지와 목거리와 여러가지 금품을 가져 왔으되 사람마다 주께 금 예물을 드렸으며,

㉓ 무릇 청색 자색 홍색실과 가는 베실과 염소 털과 붉은 물 들인 수양의 가죽과 해달의 가죽이 있는 자도 가져 왔으며,

㉔ 무릇 은과 놋으로 예물을 삼는 자는 가져다가 주께 드렸으며, 무릇 섬기는 일에 소용되는 아카시아 나무가 있는 자는 가져 왔으며,

㉕ 마음이 슬기로운 모든 여인은 손수 실을 잣고 그 낳은 청색 자색 홍색실과 가는 베실을 가져왔으며,

㉖ 마음에 감동을 받아 슬기로운 모든 여인은 염소털로 실을 잣았으며,

㉗ 모든 족장은 호마노와 및 에봇과 흉패에 물릴 보석을 가져 왔으며,

㉘ 등불과 관유와 분향할 향에 소용되는 기름과 향품을 가져 왔으니,

㉙ 마음에 원하는 이스라엘 자손의 남녀마다 주께서 모세의 손을 빙자하여 명하신 모든 것을 만들기 위하여 물품을 가져다가 주께 즐거이 드림이 이러하였더라.

㉚ 모세가 이스라엘 자손에게 이르되, 볼지어다 주께서 유다 지파 훌의 손자,요 우리의 아들인 브살렐을 지명하여 부르시고,

㉛ 하나님의 영을 그에게 충만케 하여 지혜와 총명과 지식으로 여러가지 일을 하게 하시되,

㉜ 정교한 일을 연구하여 금과 은과 놋으로 일하게 하시며,

㉝ 보석을 깎아 물리며 나무를 새기는 여러가지 정교한 일을 하게 하셨고,

㉞ 또 그와 단지파 아히사막의 아들 오홀리압을 감동시키사 가르치게 하시며,

㉟ 지혜로운 마음을 그들에게 충만하게 하사 여러가지 일을 하게 하시되 조각하는 일과 공교로운 일과 청색 자색 홍색실과 가는 베실로 수 놓는 일과 짜는 일과 그 외에 여러가지 일을 하게 하시고 공교로운 일을 연구하게 하셨느니라, 하니라.

• 36장

① 브살렐과 오홀리압 및 마음이 지혜로운 사람 곧 여호와께서 지혜와 총명을 부으사 성소에 쓸 모든 일을 할줄 알게 하심을 입은 자들은 주의 무릇 명하신대로 할 것이니라,

② 모세가 브살렐과 오홀리압과 및 마음이 지혜로운 사람 곧 그 마음에 주께로 지혜를 얻고 와서 그 일을 하려고 마음에 원하는 모든 자를 부르매,

③ 그들이 이스라엘 자손의 모든 성소를 만들기 위하여 가져온 예물을 모세에게서 받으니라, 그러나 백성이 아침마다 자원하는 예물을 연하여 가져 오는 고로,

④ 성소의 모든 일을 하는 지혜로운 자들이 각기 하는 일을 정지하고 와서,

⑤ 모세에게 고하여 가로되, 백성이 너무 많이 가져오므로 주의 명하신 일에 쓰기에 남음이 있나이다,

⑥ 모세가 명을 내리매, 그들이 진중에 공포하여 무론 남녀하고 성소에 드릴 예물을 다시 만들지 말라하매, 백성이 가져오기를 정지하니,

⑦ 있는 재료가 넉넉하여 모든 일을 하기에 넉넉하여 남음이 있었더라,

⑧ 일하는 사람 중에 마음이 지혜로운 모든 사람이 열폭 양장으로 성막을 지었으니, 곧 가늘게 꼰 베실과 청색 자색 홍색실로 그룹들을 무늬 놓아 짜서 지은 것이라,

⑨ 매폭의 장은 이십 팔 규빗 광은 사 규빛으로 각 폭의 장단을 같게하여,

⑩ 그 다섯 폭을 서로 연하며 또 그 다섯 폭을 서로 연하고,

⑪ 연락할 말폭 가에 청색 고를 만들며 다른 연락할 가에도 고를 만들되,

⑫ 그 연락할 한 폭에 고 오십을 달고 다른 연락할 한 폭의 가에도 고 오십을 달아 그 고들이 서로 대하게 하고,

⑬ 금 갈고리 오십을 만들어 그 갈고리로 두 양장을 연하여 한 막을 이루었더라,

⑭ 그 성막을 덮는 막 곧 양장을 염소 털로 만들되 십 일폭을 만들었으니,

⑮ 각 폭의 장은 삼십 규빗 광은 사 규빗으로 십일폭의 장단을 같게 하여,

⑯ 그 양장 다섯 폭을 서로 연하며 또 여섯 폭을 연하고,

⑰ 양장을 연락할 말폭 가에 고 오십을 달며 다른 연락할 말폭 가에도 고 오십을 달고,

⑱ 놋 갈고리 오십을 만들어 그 양장을 연합하여 한 막이 되게 하고,

⑲ 붉은 물 들인 수양의 가죽으로 막의 덮개를 만들고 해달의 가죽으로 그 옷 덮개를 만들었더라,

⑳ 그가 또 아카시아 나무로 성막을 세울 널판들을 만들었으니,

㉑ 각 판의 장은 십 규빗 광은 일 규빗 반이며,

㉒ 각 판에 두 촉이 있어 서로 연하게 하였으니 성막의 모든 판이 그러하며,

㉓ 성막을 위하여 널 판을 만들었으되 남으로는 남편에 널판이 이십이라,

㉔ 그 이십 널판 밑에 은 받침 사십을 만들었으되, 곧 이 널판 밑에도 두 받침이고 그 두 촉을 받게 하였고 저 널판 밑에도 두 받침이 그 두 촉을 받게 하였으며,

㉕ 성막 다른 편 곧 북편을 위하여도 널판 이십을 만들고,

㉖ 또 은받침 사십을 만들었으니 곧 이 널판 밑에도 두 받침이요 저 판 밑에도 두 받침이고,

㉗ 장막 뒤 곧 서편을 위하여는 널판 여섯을 만들었고,

㉘ 장막 뒤 두 모퉁이 편을 위하여는 널판 둘을 만들되,

㉙ 아래서부터 위까지 각기 두 겹 두께로 하여 윗고리에 이르게 하고 두 모퉁이 편을 다 그리하며,

㉚ 그 널판은 여덟이요 그 받침은 은 받침 열 여섯이라 각 널판 밑에 둘씩이었더라,

㉛ 그가 또 조각목으로 띠를 만들었으니 곧 성막 이편 널판을 위하여 다섯이요,

㉜ 성막 저편 널판을 위하여 다섯이요 성막 뒤 곧 서편 널판을 위하여 다섯이며,

㉝ 그 중간 띠를 만들되 널판 중간 이 끝에서 저 끝까지 미치게 하였으며,

㉞ 그 널판들을 금으로 싸고 그 널판에 띠를 꿸 금고리를 만들고 그 띠도 금으로 쌌더라,

㉟ 그가 또 청색 자색 홍색실과 가늘게 꼰 베실로 장을 짜고 그 위에 그룹들을 공교히 수 놓고,

㊱ 조각목으로 네 기둥을 만들어 금으로 쌌으며 그 갈고리는 금이며 기둥의 네 받침은 은으로 부어 만들었으며,

㊲ 청색 자색 홍색실과 가늘게 꼰 베실로 수 놓아 장막 문을 위하여 장을 만들고,

㊳ 문장의 기둥 다섯과 그 갈고리를 만들고 기둥머리와 그 가름대를 금으로 쌌으며, 그 다섯 받침은 놋이었더라.

• 37장

① 브살렐이 조각목으로 궤를 만들었으니 장이 이 규빗 반 광이 일 규빗 반 고가 일 규빗 반이며,

② 정금으로 안팎을 싸고 윗가로 돌아가며 금테를 만들었으며,

③ 금고리 넷을 부어 만들어 네 발에 달았으니 곧 이편에 두 고리요 저 편에 두 고리며,

④ 조각목으로 채를 만들어 금으로 싸고,

⑤ 그 채를 궤 양편 고리에 꿰어 궤를 메게 하였으며,

⑥ 정금으로 속죄소를 만들었으니 장이 이 규빗 반 광이 일 규빗 반이며,

⑦ 금으로 그룹 둘을 속죄소 양편에 쳐서 만들었으되,

⑧ 한 그룹은 이 편 끝에 한 그룹은 저 편 끝에 곧 속죄소와 한 덩어리로 그 양편에 만들었으니,

⑨ 그룹들이 그 날개를 높이 펴서 그 날개로 속죄소를 덮으며 그 얼굴을 서로 대하여 속죄소를 향하였더라,

⑩ 그가 또 조각목으로 상을 만들었으니 장이 이 규빗 광이 일 규빗 고가 일 규빗 반이며,

⑪ 정금으로 싸고 윗가로 돌아가며 금테를 둘렀으며,

⑫ 그 사면에 손바닥 넓이만한 턱을 만들고 그 턱 주위에 금으로 테를 만들었고,

⑬ 상을 위하여 금고리 넷을 부어 만들어 네 발 위 네 모퉁이에 달았으니,

⑭ 그 고리가 턱 곁에 있어서 상을 메는 채를 꿰게 하였으며,

⑮ 또 조각목으로 상 멜 채를 만들어 금으로 쌌으며,

⑯ 상 위의 기구 곧 대접과 숟가락과 잔과 붓는 병을 정금으로 만들었더라,

⑰ 그가 또 정금으로 등대를 만들되 그것을 쳐서 만들었으니 그 밑 판과 줄기와 잔과 꽃 받침과 꽃이 그것과 한덩이로 되었고

⑱ 여섯가지가 그 곁에서 나왔으니 곧 등대의 세 가지는 저 편으로 나왔고 등대의 세 가지는 이편으로 나왔으며,

⑲ 이 편 가지에 살구꽃 형상의 잔 셋과 꽃받침과 꽃이 있고 저편 가지에 살구꽃 형상의 잔 셋과 꽃받침과 꽃이 있어 등대에서 나온 여섯가지가 그러하며,

⑳ 등대 줄기에는 살구꽃 형상의 잔 넷과 꽃받침과 꽃이 있고,

㉑ 등대에서 나온 여섯가지를 위하여는 꽃 받침이 있게 하였으되 두가지 아래 한 꽃

받침이 있어 줄기와 연하였고 또 두가지 아래 한 꽃받침이 있어 줄기와 연하게 하였으니,

㉒ 이 꽃받침과 가지들을 줄기와 연하여 전부를 정금으로 쳐서 만들었으며,

㉓ 등잔 일곱과 그 불집게와 불똥 그릇을 정금으로 만들었으니,

㉔ 등대와 그 모든 기구는 정금 한 달란트로 만들었더라,

㉕ 그가 또 조각목으로 분향할 단을 만들었으니 장이 일 규빗이요 광이 일 규빗이라 네모 반듯하고 고는 이 규빗이며 그 뿔들이 단 과 연하였으며,

㉖ 단 상면과 전후 좌우면과 그 뿔을 정금으로 싸고 주위에 금테를 둘렀고,

㉗ 그 테 아래 양편에 금고리 둘을 만들었으되 곧 그 양편에 만들어 단을 메는 채를 꿰게 하였으며,

㉘ 조각목으로 그 채를 만들어 금으로 쌌으며,

㉙ 거룩한 관유와 향품으로 정결한 향을 만들었으되 향을 만드는 법대로 하였더라,

• 38장

① 그가 또 조각목으로 번제단을 만들었으니 장이 오 규빗이요 광이 오 규빗이라 네모 반듯하고 고는 삼 규빗이며,

② 그 네 모퉁이 위에 그 뿔을 만들되 그 뿔을 단과 연하게 하고 단을 놋으로 쌌으며,

③ 단의 모든 기구 곧 통과 부삽과 대야와 고기 갈구리와 불 옮기는 그릇을 다 놋으로 만들고,

④ 단을 위하여 놋그릇을 만들어 단 사면 아래 가장자리 아래에 두되 단 절반에 오르게 하고,

⑤ 그 놋 그물 네 모퉁이에 채를 꿸 고리 넷을 부어 만들었으며,

⑥ 채를 조각목으로 만들어 놋으로 싸고,

⑦ 단 양편 고리에 그 채를 꿰어 메게 하였으며 단은 널판으로 비게 만들었더라,

⑧ 그가 놋으로 물두멍을 만들고 그 받침도 놋으로 하였으니 곧 회막문에서 수종드는 여인들의 거울로 만들었더라,

⑨ 그가 또 뜰을 만들었으니 남으로 뜰의 남편에는 세마포 포장이 백 규빗이라,

⑩ 그 기둥이 스물이며 그 받침이 스물이니 놋이요 기둥의 갈구리와 가름대는 은이며,

⑪ 그 북편에도 백 규빗이라 그 기둥이 스물이며 그 받침이 스물이니 놋이요 기둥의

갈고리와 가름대는 은이며,

⑫ 서편에 포장은 오십 규빗이라 그 기둥이 열이요 받침이 열이며 기둥의 갈고리와 가름대는 은이며,

⑬ 동으로 동편에도 오십 규빗이라,

⑭ 문 이편의 포장이 십 오 규빗이요 기 기둥이 셋이요 받침이 셋이며,

⑮ 문 저편도 그와 같으니 뜰문 이편 저편의 포장이 십 오 규빗이요 그 기둥이 셋씩 받침이 셋씩이라,

⑯ 뜰 사면의 포장은 세마포요,

⑰ 기둥 받침은 놋이요 기둥의 갈고리와 가름대는 은이요 기둥 머리 싸개는 은이며 뜰의 모든 기둥에 은 가름대를 꿰었으며,

⑱ 뜰의 문장을 청색 자색 홍색실과 가늘게 꼰 베실로 수놓아 짰으니 장은 이십 규빗이요 광 곧 고는 뜰의 포장과 같이 오 규빗이며,

⑲ 그 기둥은 넷인데 그 받침 넷은 놋이요 그 갈고리는 은이요 그 머리 싸개와 가름대도 은이며

⑳ 성막 말뚝과 뜰의 사면 포장 말뚝은 다 놋이더라,

㉑ 성막 곧 증거막을 위하여 레위 사람의 쓴 재료의 물목은 제사장 아론의 아들 이다말이 모세의 명대로 계산하였으며,

㉒ 유다 지파 훌의 손자요 우리의 아들인 브살렐은 주께서 모세에게 명하신 모든 것을 만들었고,

㉓ 단 지파 아히사막의 아들 오홀리압은 그와 함께 하였으니 오홀리압은 재능이 있어서 조각하며 또 청색 자색 홍색실과 가는 베실로 수 놓은 자더라,

㉔ 성소 건축 비용으로 드린 금은 성소의 세겔대로 이십 구 달란트와 칠백 삼십 세겔이며,

㉕ 조사를 받은 회중의 드린 은은 성소의 세겔대로 일백 달란트와 일천 칠백 칠십 오 세겔이니,

㉖ 조사를 받은 자가 이십세 이상으로 육십만 삼천 오백 오십명인즉 성소의 세겔대로 매인에게 은 한베가 곧 반 세겔씩이라,

㉗ 은 일백 달란트로 성소의 판장 받침과 문장 기둥 받침 합 일백을 부어 만들었으니 매 받침에 한 달란트씩 합 일백 달란트요,

㉘ 일천 칠백 칠십 오 세겔로 기둥 갈고리를 만들고 기둥 머리를 싸고 기둥 가름대를

만들었으며,

㉙ 드린 놋은 칠십 달란트와 이천 사백 세겔이라,

㉚ 이것으로 회막 문 기둥 받침과 놋 단과 놋 그물과 단의 모든 기구를 만들었으며,

㉛ 뜰 사면의 기둥 받침과 그 문장 기둥 받침이며 성막의 모든 말뚝과 뜰 사면의 모든 말뚝울 만들었더라.

● 39장

① 그들이 주께서 모세에게 명하신대로 청색 자색 홍색실로 성소에서 섬기기 위한 정교한 옷을 만들고 또 아론을 위한 거룩한 옷을 만들었더라,

② 그가 또 금실과 청색 홍색 자색실과 가늘게 꼰 배실로 에봇을 만들었으되,

③ 금을 얇게 쳐서 오려서 실을 만들어 청색 자색 홍색실과 가는 베실에 섞어 정교히 짜고,

④ 에봇을 위하여 견대를 만들어 그 두 끝에 달아 서로 연하게 하고,

⑤ 에봇 위에 에봇을 메는 띠를 에봇과 같은 모양으로 금실과 청색 자색 홍색실과 가늘게 꼰 베실로 에봇에 붙여 짰으니 주께서 모세에게 명하신 대로 하였더라,

⑥ 그들이 또 호마노를 깎아 금테에 물려 인을 새김 같이 이스라엘 아들들의 이름을 그것에 새겨,

⑦ 에봇 견대에 달아 이스라엘 자손의 기념 보석을 삼았으니 주께서 모세에게 명하신 대로 하였더라,

⑧ 그가 또 흉패를 공교히 짜되 에봇과 같은 모양으로 금실과 청색 자색 홍색실과 가늘게 꼰 베실로 하였으니,

⑨ 그것의 장이 한 뼘 광이 한 뼘으로 네모 반듯하고 두 겹이며,

⑩ 그것에 네 줄 보석을 물렸으니 곧 홍보석 황옥 녹주옥이 첫 줄이요,

⑪ 둘째 줄은 석류석 남보석 홍마노요,

⑫ 셋째 줄은 호박 백마노 자수정이요,

⑬ 넷째 줄은 녹보석 호마노 백옥이라 다 금테에 물렸으니,

⑭ 이 보석들은 이스라엘 아들들의 이름 곧 그들의 이름대로 열 둘이라 인을 새김 같이 그 열두 지파의 각 이름을 새겼으며,

⑮ 그들이 또 정금으로 사슬을 노끈 처럼 땋아 흉패에 붙이고,

⑯ 또 금테 둘과 금고리 둘을 만들어 그 두고리를 흉패 두 끝에 달고,

⑰ 그 두 땋은 금사슬을 흉패 끝 두 고리에 꿰어 매었으며,

⑱ 그 땋은 두 사슬의 다른 두 끝을 에봇 앞 두 견대의 금테에 매고,

⑲ 또 금고리 둘을 만들어 흉패 두 끝에 달았으니 곧 그 에봇에 대한 안쪽가에 달았으며,

⑳ 또 금고리 둘을 만들어 에봇 앞 두 견대 아래 매는 자리 가까운 편 곧 공교히 짠 에봇 띠 윗편에 달고,

㉑ 청색 끈으로 흉패 고리와 에봇 고리에 꿰어 흉패로 공교히 짠 에봇 띠 위에 붙여서 에봇을 떠나지 않게 하였으니,

㉒ 그가 에봇 받침 긴 옷을 전부 청색으로 짜서 만들되,

㉓ 그 옷의 두 어깨 사이에 구멍을 내고 갑옷 깃 같이 그 구멍 주위에 깃을 짜서 찢어지지 않게 하고,

㉔ 청색 자색 홍색실과 가늘게 꼰 베실로 그 옷 가장자리에 석류로 수 놓고,

㉕ 정금으로 방울을 만들어 그 옷 가장자리로 돌아가며 석류 사이 사이에 달되,

㉖ 방울과 석류를 서로 간격하여 공직하는 그 옷 가장자리로 돌아가며 달았으니 주께서 모세에게 명하신대로 하였더라,

㉗ 그들이 또 직조한 가는 베로 아론과 그 아들들을 위하여 속옷을 짓고,

㉘ 세마포로 두건을 짓고 세마포로 빛난 관을 만들고 가는 베실로 짜서 세마포 고의들을 만들고,

㉙ 가는 베실과 청색 자색 홍색실로 수 놓아 띠를 만들었으니 주께서 모세에게 명하신대로 하였더라,

㉚ 그들이 또 정금으로 거룩한 패를 만들어 인을 새김 같이 그 위에 〈주께 성결〉이라 새기고,

㉛ 그 패를 청색끈으로 관 전면에 달았으니 주께서 모세에게 명하신대로 하였더라,

㉜ 이스라엘 자손이 이와 같이 성막 곧 회막의 모든 역사를 준공하여 주께서 모세에게 명하신대로 다 행하였고,

㉝ 그들이 성막을 모세에게 가져왔으니 곧 막과 그 모든 기구와 그 갈고리들과 그 널판들과 그 띠들과 그 기둥들과 그 받침들과,

㉞ 붉은 물 들인 수양의 가죽 덮개와 해달의 가죽 덮개와 가리우는 장과,

㉟ 증거궤와 그 채들과 속죄소와,

㊱ 상과 그 모든 기구와 진설병과,

㊲ 정금 등대와 그 잔 곧 벌여놓은 등잔과 그 모든 기구와 등유와,

㊳ 금단과 관유와 향기로운 향과 장막 문장과,

㊴ 놋단과 그 놋 그물과 그 채들과 그 모든 기구와 물두멍과 그 받침과,

㊵ 뜰의 포장들과 그 기둥들과 그 받침들과 뜰 문의 장과 그 줄들과 그 말뚝들과 회막의 소용 곧 성막의 모든 기구와,

㊶ 성소에서 섬기기 위한 정교한 옷 곧 제사 직분을 행할 때에 입는 제사장 아론의 거룩한 옷과 그 아들들의 옷이라,

㊷ 주께서 모세에게 명하신대로 이스라엘 자손이 모든 역사를 필하매,

㊸ 모세가 그 필한 모든 것을 본즉 주께서 명하신대로 되었으므로 그들에게 축복하였더라,

● 40장

① 주께서 모세에게 일러 가라사대,

② 너는 첫째 달 첫째 날에 성막 곧 회중의 장막을 세울지니라,

③ 그리고 너는 증거의 궤를 들여 놓고, 휘장으로 그 궤를 가리우고,

④ 또 상을 들여 놓고 그 위에 놓을 물건들을 가지런히 놓으며 등대를 들여 놓고 등의 불을 켜라,

⑤ 그리고 금으로 만든 향을 피우는 제단을 증거궤 앞에 두고 장막의 입구에는 커튼을 내려라,

⑥ 또 태우는 제사의 단을 회의의 막사인 성막 입구 앞에 두고,

⑦ 회의 막사와 제단 사이에 대야를 놓고 그 속에 물을 담아 두어라,

⑧ 또 뜰 주위에 포장을 치고 뜰 문에 장을 달고,

⑨ 또 관유를 취하여 성막과 그 안에 있는 모든 것에 발라 그것과 그 모든 기구를 거룩하게 하라, 그것이 거룩하리라,

⑩ 너는 또 태우는 제사 단과 그 모든 기구에 발라 그 안을 거룩하게 하라, 그 단이 지극히 거룩하리라,

⑪ 너는 또 대야와 그 받침에 발라 거룩하게 하고,

⑫ 너는 또 아론과 그 아들들을 회의 막사 문으로 데려다가 물로 씻기고,

⑬ 아론에게 거룩한 옷을 입히고, 그에게 기름을 부어 거룩하게 하여, 그로 내게 제사장의 직분을 행하게 하라,

⑭ 너는 또 그 아들들을 데려다가 그들에게 겉옷을 입히고,

⑮ 그 아비에게 기름을 부음 같이, 그들에게도 부어서 그들로 내게 제사장 직분을 행하게 하라, 그들이 기름 부음을 받았은즉 대대로 영영히 제사장이 되리라, 하시매

⑯ 모세가 그 같이 행하되 곧 주께서 자기에게 명하신대로 다 행하였더라,

⑰ 제 이년 정월 곧 그 달 초일일에 성막을 세우니라,

⑱ 모세가 성막을 세우되, 그 받침들을 놓고 그 널판들을 세우고 그 띠를 띠우고 그 기둥들을 세우고,

⑲ 또 성막 위에 막을 펴고 그 위에 덮개를 덮으니 주께서 모세에게 명하신대로 되니라,

⑳ 그가 또 증거판을 궤 속에 넣고 채를 궤에 꿰고 속죄소를 궤 위에 두고,

㉑ 또 그 궤를 성막에 들여 놓고 장을 드리워서 그 증거궤를 가리우니 주께서 모세에게 명하신대로 되니라,

㉒ 그가 또 회의 막사 안 곧 성막 북편으로 장 밖에 상을 놓고,

㉓ 또 여호와 앞 그 상위에 떡을 차려 놓으니 주께서 모세에게 명하신대로 되니라,

㉔ 그가 회의 막사 안 곧 성막 남편에 등대를 놓아 상과 대하게 하고,

㉕ 또 주 앞에 등잔에 불을 켜니 주께서 모세에게 명하신대로 되니라,

㉖ 그가 또 금 향단을 회의 막사 안 장 앞에 두고,

㉗ 그 위에 향기로운 향을 사르니 주께서 모세에게 명하신대로 되니라,

㉘ 그가 또 성막문에 장을 달고,

㉙ 또 회의 막사인 장막의 문 가까이에 태우는 제사의 단을 세우고 태우는 제사와 곡식으로 드리는 제사를 그 위에 드리니 주께서 모세에게 명하신대로 되니라,

㉚ 그가 또 대야를 회의 막사와 제단 사이에 두고 거기 씻을 물을 담고,

㉛ 자기와 아론과 그 아들들이 거기서 수족을 씻되,

㉜ 그들이 회의 막사에 들어갈 때와 제단에 가까이 갈 때에 씻었으니, 주께서 모세에게 명하신대로 되니라,

㉝ 또 모세는 성막과 제단 주위에 안 마당을 조성하고 안 마당 입구에 커튼을 치니라, 이렇게 모세는 주어진 사명을 완수하였더라,

㉞ 그 때에 구름이 회의 막사 위를 덮고 주의 영광이 장막에 충만하매,

㉟ 모세가 회의 막사에 들어갈 수 없었으니 이는 구름이 회의 막사 위에 덮여 있었기 때문이었더라, 그리고 주의 영광이 장막을 충만케 하였더라,

㊱ 이스라엘의 모든 자손들은 구름이 장막에서 걷힐 때마다 그들의 행하는 길을 앞으로 출발하였고,

㊲ 그러나 구름이 걷히지 않을 때에는 그 구름이 걷히는 날까지 출발하지 아니하였더라,

㊳ 그렇게 낮에는 여호와의 구름 기둥이 장막 위쪽에 있고, 밤에는 구름 안에 불기둥이 있었느니라, 이를 이스라엘 온 족속이 그 모든 행하는 길에서 친히 보았더라.

레위기

● 1장

① 여호와께서 모세를 부르시어 회막(회의막사)으로부터 그에게 말씀하시기를,

② "이스라엘 자손에게 고하여 이르라, 너희 중에 누구든지 나에게 제물을 드리려거든 생축 중에서 소나 양으로 드리도록 하라." 하시니라,

③ 만일 그의 제물이 번제(태우는제사)의 제물인 소이면 흠 없는 수 컷으로 드려야 하니라, 그리고 그는 회의막사 입구에서 그것을 드려서 여호와께서 받으실 수 있도록 하여야 하느니라,

④ 그가 태우는 제사의 제물의 머리 위에 안수할지니 그리하면 그것이 받아들여져 그를 위하여 속죄가 될 것이라,

⑤ 그는 여호와 앞에서 그 수송아지를 잡을 것이요, 아론의 자손 제사장들은 그 피를 가져다가 회막(회의막사) 입구 앞 단 사면에 뿌릴 것이며,

⑥ 그는 또 그번제(태우는제사) 제물의 가죽을 벗기고 여러 조각으로 나눌지니라,

⑦ 아론의 자손들인 제사장들은 단 위에 불을 지피고 불 위에 나무를 벌려 놓아야 하느니라,

⑧ 아론의 자손 제사장들은 그 뜬 각과 머리와 기름을 단 윗불 위에 있는 나무에 벌려 놓아야 하느니라,

⑨ 제사장은 그 내장과 다리는 물로 씻을 것이요, 제사장은 그 전부를 제단 위에 불살라 태우는제사 제물로 삼을지니, 이는 여호와를 기쁘게 하는 향기로운 냄새니라,

⑩ 만일 그의 예물을 양떼, 즉 양들이나 혹은 염소들 중에서 태우는 제사 제물로 드리려거든, 그는 흠없는 수컷을 드려야 하느니라,

⑪ 그는 여호와 제단의 북편에서 주 앞에서 잡을 것이요, 아론의 자손 제사장들은 그

피를 단 사면에 뿌릴지니라,

⑫ 그는 그것을 여러 조각으로 자르고, 머리와 그 기름을 베어낼 것이요, 그리하면 제사장이 그것들을 그 제단 위 불이 타는 나무에 가지런히 놓을 것이며,

⑬ 그가 그 내장과 다리들을 물로 씻어서 전부를 가져다가 제단 위에 불사를 지니 그것이 태우는 제사 제물이라, 이는 태우는 제사라 여호와를 기쁘게 하는 향기로운 냄새이니라,

⑭ 만일 여호와께 드리는 제물이 새들 중에서 드리는 태우는 제사의 제물이면, 그는 산비둘기나 어린집비둘기로 제물을 드릴지니라,

⑮ 제사장은 그것을 단으로 가져다가 그 머리를 비틀어 끊고 단 위에 불사르고 피는 단 곁에 흘릴 것이니라,

⑯ 그는 그 모이 주머니와 깃털들을 함께 뽑아서 제단 옆 동쪽, 즉 재들 버리는 고에 던져버리고,

⑰ 그는 그 날개들을 찢되 아주 찢어 나누지 말고 제사장은 그것을 제단 위 즉 불타는 나무 위에서 불사를지니라, 그것이 태우는 제사라, 즉 불에 의한 제사로써 여호와를 기쁘게 하는 향기로운 냄새이니라.

● 2장

① 누구든지 곡물제사의 제물을 주께 드리려거든, 고운 가루로 제물을 삼아 그 위에 기름을 붓고 또 그 위에 유황을 놓아,

② 아론의 자손 제사장들에게 가져 올 것이요, 제사장은 그 고운 기름 가루 한 줌과 그 모든 유황을 취하여 기념물로 단 위에 불사를지니, 이는 불사르는 제사라 주께 향기로운 냄새니라,

③ 그 곡물제사 제물의 남은 것은 아론과 그 자손에게 돌릴지니, 이는 주의 불사르는 제사 중에 지극히 거룩한 것이니라,

④ 네가 화덕에 구운 것으로 곡물제사의 제물을 드리려거든 고운 가루에 기름을 섞어 만든 부풀지 않은 떡이나 기름을 바른 부풀지 않은 얇은 떡을 드릴 것이요,

⑤ 철판에 구워진 곡물제사의 제물을 드리려가든, 고운 가루에 누룩을 넣지 말고 기름을 섞어,

⑥ 조각으로 나누고 그 위에 기름을 부을지니 이는 곡물제사이니라,

⑦ 네가 솥에 삶은 것으로 곡물제사를 드리려거든 고운 가루와 기름을 섞어 만들지니

라,

⑧ 너는 이것들로 만든 곡물제사 제물을 주께로 가져다가 제사장에게 줄 것이요, 제사장은 그것을 단으로 가져다가

⑨ 그 곡물제사 중에서 기념할 것을 취하여, 단 위에 불 사를지니 이는 불로 태우는 제사라 주께 향기로운 냄새니라,

⑩ 곡물제사의 제물의 남은 것은 아론과 그 자손에게 돌릴지니, 이는 주의 불로 태우는 제사 중에 지극히 거룩한 것이니라,

⑪ 무릇 너희가 주께 드리는 곡물제사 제물 중에는 모두 누룩을 넣지 말지니, 이는 불로 태우는 제물의 어떤 것도 누룩이나 꿀을 주께 드려 사르지 못할지니라,

⑫ 처음 익은 것으로는 그것을 주께 드릴지나, 향기로운 냄새를 내기 위하여 그것들을 제단 위에서 불사르지는 못할 지니라,

⑬ 너는 네 모든 고기 제물에 소금을 쳐야 하고, 너의 고기 제물로부터 네 하나님의 언약의 소금이 빠져서는 안되느니라, 너는 네 모든 제물에 소금을 쳐야하느니라.

(And every oblation of thy meat offering shalt thou season with salt; neither shalt thou suffer the salt of the covenant of thy God to be lacking from thy meat offering: with all thine offerings thou shalt offer salt.-KJV)

(Season all your grain offerings with salt. Do not leave the salt of the covenant of your God out of your grain offerings; and salt to all you offerings.-NIV)

(You shall season all your grain offerings with salt. Do not let the salt of the covenant with your God be lacking from your grain offering. On every offering you shall offer salt.-NAB)

(Season every presentation of your Grain-Offering with salt. Don't leave the salt of the convenant with your God out of your Grain-Offerings. Present all your offerings with salt.-THE MESSAGE)

⑭ 너는 첫 이삭의 곡물제사를 주께 드리거든, 첫 이삭을 볶아 찧은 것으로 너의 곡물제사 제물로 삼되,

⑮ 그 위에 기름을 붓고 그 위에 유황을 더할지니 이는 곡물제사니라,

⑯ 제사장은 찧은 곡식 얼마와 기름의 얼마와 모든 유황을 기념물로 불사를지니, 이는 여호와께 불로 드리는 제사이니라.

● 3장

① 사람이 만일 화목제의 희생을 제물로 드리되 소로 드리려거든, 수컷이나 암컷이나 흠 없는 것으로 여호와 앞에 드릴지니,

② 그 제물의 머리에 안수하고 회막 문에서 잡을것이요, 아론의 자손 제사장들은 그 피를 제단 사면에 뿌릴 것이며,

③ 그는 또 그 화목제의 희생 중에서 여호와께 화제를 드릴지니, 곧 내장에 덮인 기름과 내장에 붙은 모든 기름과

④ 두 콩팥과 그 위의 기름 곧 허리 근방에 있는 것과 간에 덮인 꺼풀을 콩팥과 함께 취할 것이요,

⑤ 아론의 자손은 그것을 단 윗불 위에 있는 나무 위 태우는 제사물 위에 사를지니, 이는 화제라, 주께 향기로운 냄새니라,

⑥ 만일 주께 제물로 드리는 화목제의 희생이 양이면 수컷이나 암컷이나 흠 없는 것으로 드릴지며,

⑦ 만일 제물로 드리는 것이 어린 양이면, 그것을 주 앞으로 끌어다가,

⑧ 그 제물의 머리에 안수하고 회막 앞에서 잡을 것이요, 아론의 자손은 그 피를 단 사면에 뿌릴 것이며,

⑨ 그는 그 화목제의 희생 중에서 주께 화제를 드릴지니, 그 기름 곧 미려 골에서 벤바 기름진 꼬리와 내장에 덮인 기름과 내장에 붙은 모든 기름과,

⑩ 두 콩팥과 그 위의 기름 곧 허리 근방에 있는 것과 간에 덮인 꺼풀을 콩팥과 함께 취할 것이요,

⑪ 제사장은 그것을 단 위에 불사를지니, 이는 화제로 주께 드리는 양식이니라,

⑫ 만일 제물이 염소면 그것을 주 앞으로 끌어다가,

⑬ 그 머리에 안수하고 회막 앞에서 잡을 것이요, 아론의 자손은 그 피를 단 사면에 뿌릴 것이며

⑭ 그는 그 중에서 제물을 취하여 주께 불로 태우는 제사를 드릴지니, 곧 내장에 덮인 기름과 내장에 붙은 모든 기름과

⑮ 두 콩팥과 그 위의 기름 곧 허리 근방에 있는 것과 간에 덮인 꺼풀을 콩팥과 함께 취할 것이요,

⑯ 제사장은 그것을 단 위에 불사를지니 이는 화제로 드리는 음식이요, 향기로운 냄새라 모든 기름은 주의 것이니라,

⑰ 너희는 기름과 피를 먹지 말라, 이는 너희 모든 처소에서 대대로 영원한 규례니라.

● 4장

① 여호와께서 모세에게 전하여 말씀하시기를,

② 이스라엘 자손에게 고하여 이르라 누구든지 여호와의 금령 중 하나라도 어겨 행하고,

③ 만일 기름 부음을 받은 제사장이 범죄하여 백성으로 죄얼을 입게 하였으면, 그 범한 죄를 인하여 흠 없는 수 송아지로 속죄 제물을 삼아 여호와께 드릴지니,

④ 곧 그 소송아지를 회막문 주 앞으로 끌어다가 그 수 송아지 머리에 안수하고 그것을 주 앞에서 잡을 것이요,

⑤ 기름 부음을 받은 제사장은 그 수 송아지의 피를 가지고 회막에 들어가서,

⑥ 그 제사장이 손가락에 그 피를 찍어 주 앞 곧 성소장 앞에 일곱번 뿌릴 것이며,

⑦ 제사장은 또 그 피를 주 앞 곧 회막 안 향단 뿔에 바르고, 그 송아지의 피 전부를 회막문 앞 번제단 밑에 쏟을 것이며,

⑧ 또 그 속죄물된 수송아지의 모든 지름을 취할지니, 곧 내장에 덮인 기름과 내장에 붙은 모든 기름과

⑨ 두 콩팥과 그 위의 기름 곧 허리 근방에 있는 것과 간에 덮인 꺼풀을 콩팥과 함께 취하여,

⑩ 화목제 희생의 소에게서 취함 같이 할 것이요, 제사장은 그것을 태우는제사 단 위에 불사를 것이며,

⑪ 그 수송아지의 가죽과 그 모든 고기와 그 머리와 다리와 내장과

⑫ 똥 곧 그 송아지의 전체를 진 바깥 재 버리는 곳인 정결한 곳으로 가져다가 불로 나무 위에 사르되 곧 재 버리는 곳에서 사를지니,

⑬ 만일 이스라엘 온 회중이 주의 금령 중 하나라도 그릇 범하여 허물이 있으나 스스로 깨닫지 못하다가,

⑭ 그 범한 죄를 깨달으면 회중은 수 송아지를 속죄제로 드릴지니, 그것을 회막 앞으로 끌어다가

⑮ 회중의 장로들이 주 앞에서 그 수송아지 머리에 안수하고 그것을 주 앞에서 잡을 것이요,

⑯ 기름 부음을 받은 제사장은 그 수송아지 피를 가지고 회막에 들어가서,

⑰ 그 제사장이 손가락으로 그 피를 찍어 주 앞 장 앞에 일곱번 뿌릴 것이며,

⑱ 또 그 피로 회막안 주 앞에 있는 단 뿔에 바르고 그 피 전부는 회막문 앞 번제단 앞에 뿌릴지니,

⑲ 그 기름은 다 취하여 단 위에 불사르되,

⑳ 그 송아지를 속죄제의 수송아지에게 한 것같이 할지며 제사장이 그것으로 회중을 위하여 속죄한즉 그들이 사함을 얻으리라,

㉑ 그는 그 수송아지를 진 밖으로 가져다가 첫번 수송아지를 사름같이 사를지니, 이는 회중의 속죄제니라,

㉒ 만일 족장이 그 하나님 주의 금령 중 하나라도 부지중에 범하여 허물이 있었다가,

㉓ 그 범한 죄에 깨우침을 받거든 그는 흠 없는 수염소를 예물로 가져다가,

㉔ 그 수염소의 머리에 안수하고 주 앞 번제 희생을 잡는 곳에서 잡을지니, 이는 속죄제라,

㉕ 제사장은 그 속죄 희생의 피를 손가락에 찍어 번제단 뿔에 바르고 그 피는 번제단 밑에 쏟고,

㉖ 그 모든 기름은 화목제 희생의 기름 같이 단 위에 불사를지니 이같이 제사장이 그 범한 죄에 대하여 그를 위하여 속죄한즉, 그가 사함을 얻으리라,

㉗ 만일 평민의 하나가 주의 금령 중 하나라도 부지중에 범하여 허물이 있었다가,

㉘ 그 범한 죄에 깨우침을 받거든, 그는 흠 없는 암염소를 끌고와서 그 범한 죄를 인하여 그것을 예물로 삼아,

㉙ 그 속죄제 희생의 머리에 안수하고 그 희생을 태우는제사의 장소에서 잡을 것이요

㉚ 제사장은 손가락으로 그 피를 찍어 태우는제사의 단 뿔에 바르고 그 피 전부를 단 밑에 쏟고 ,

㉛ 그 모든 기름을 화목제 희생의 기름을 취한 것 같이 단 위에 불살라 주께 향기롭게 할지니, 제사장이 그를 위하여 속죄한즉 그가 사함을 얻으리라,

㉜ 그가 만일 어린 양을 속죄제물로 가져오려거든 흠 없는 암컷을 끌어다가,

㉝ 그 속죄제 희생의 머리에 안수하고 번제 희생을 잡는 곳에서 잡아 속죄제를 삼을 것이요,

㉞ 제사장은 그 속죄제 희생의 피를 손가락으로 찍어 번제단 뿔에 바르고 그 피는 전부를 단 밑에 쏟고,

㉟ 그 모든 기름을 화목제 어린양의 기름을 취한 것 같이 취하여 단 위의 주의 화제물

위에 불사를지니, 이같이 제사장이 그의 범한 죄에 대하여 그를 위하여 속죄한즉, 그가 사함을 얻으리라.

● 5장

① 누구든지 증인이 되어 맹세시키는 소리를 듣고도, 그 본 일이나 아는 일을 진술치 아니하면 죄가 있나니 그 허물이 그에게로 돌아갈 것이요,

② 누구든지 부정한 들짐승의 사체나 부정한 가축의 사체나 부정한 곤충의 사체들 무릇 부정한 것을 만졌으면 부지중에라 할지라도 그 몸이 더러워져서 허물이 있을 것이요,

③ 혹시 부지중에 사람의 부정에 다닥쳤는데 그 사람의 부정이 어떠한 부정이든지 그 것을 깨달을 때에는 허물이 있을 것이요,

④ 혹 누구든지 무심 중에 입으로 맹세를 발하여 악을 하리라 하든지, 선을 하리라 하면 그 사람의 무심 중에 맹세를 발하여 말한 것이 어떠한 일이든지 깨닫지 못하다가 그것을 깨달을 때에는 그 중 하나에 허물이 있을 것이니,

⑤ 이 중 하나에 허물이 있을 때에는 그 일에 죄를 범하였다고 자백해야 하며,

⑥ 그는 자기가 지은 죄를 위하여 여호와께 속건제 제물을 가져와야 하리니, 양떼에서 암컷으로 어린양이나 염소 새끼를 속죄제물로 드릴지니, 제사장은 그의 죄에 대하여 그를 위하여 속죄할지니라,

⑦ 만일 그가 어린양 한 마리를 가져올 형편이 못되면, 그때는 그가 범한 허물로 인하여 산 비둘기 둘이나 집 비둘기 새끼 둘을 여호와께로 가져 가되 하나는 속죄제물을 삼고 하나는 태우는제사 제물로 삼을지니라,

⑧ 그가 그것들을 제사장에게 가져오면, 제사장은 우선 그 속죄제물을 먼저 드릴지니, 그 머리를 목에서 비틀되 그것을 아주 쪼개지는 말며,

⑨ 그 속죄제물의 피를 단 곁에 뿌리며 그 남은 피는 단 밑에 흘릴지니 이는 속죄제요,

⑩ 그 다음 것은 규례대로 번제를 드릴지니, 제사장은 그가 지은 죄로 인하여 그를 속죄할지니, 그것으로 그가 사함을 얻으리라,

⑪ 그러나 그가 산 비둘기 둘이나 어린 집 비둘기 둘도 가져올 형편이 못되면, 그때에는 그 범죄한 자가 고운가루 에바 십분의 일을 속죄제제물로 가져와서 자기의 제물을 드리되, 그 위에 기름도 붓지 말고 유향도 놓지 말지니, 이는 그것이 속죄제 제물이기 때문이니라,

⑫ 그것을 제사장에게로 가져갈 것이요, 제사장은 그것을 기념물로 한 움큼을 취하여 단 위 주의 화제물 위에 불사를지니 이는 속죄제라,

⑬ 제사장은 이러한 죄악들 중 어느 하나를 범한 그의 죄에 대하여 그를 위해 속죄할지니, 그것으로 그가 용서함을 얻으리라, 그 나머지는 곡물제사 제물로서 제사장의 것이 될지니라, 하시니라,

⑭ 또 여호와께서 모세에게 말씀하시기를,

⑮ 누구든지 주의 성물에 대하여 그릇 범과하였거든 주께 속건제를 드리되, 너의 지정한 가치를 따라 성소의 세겔로 몇 세겔 은에 상당한 흠 없는 수양을 떼 중에서 끌어다가 속건제로 드려서,

⑯ 성물에 대한 범과를 갚되 그것에 오분 일을 더하여 제사장에게 줄 것이요, 제사장은 그 속건제의 수양으로 그를 위하여 속한즉, 그가 사함을 얻으리라,

⑰ 만일 누구든지 여호와의 금령 중 하나를 부지 중에 범하여도 허물이라 벌을 당할 것이니,

⑱ 그는 너의 지정한 가치대로 떼 중 흠 없는 수 양을 속건제물로 제사장에게 가져올 것이요, 제사장은 그의 부지 중에 그릇 범한 허물을 위하여 속한즉, 그가 사함을 얻으리라,

⑲ 그것이 속건제 제물이니, 그가 분명히 여호와를 거역하여 범죄하였음이니라, 하시니라.

● 6장

① 주께서 모세에게 일러 가라사대,

② 누구든지 주께 신실치 못하여 범죄하되, 곧 남의 물건을 맡거나 전당 잡거나 강도질 하거나 늑봉하고도 사실을 부인하거나,

③ 남의 잃은 물건을 얻고도 사실을 부인하여 거짓 맹세 하는 등 사람이 이 모든 일 중에 하나라도 행하여 범죄하면,

④ 이는 죄를 범하였고 죄가 있는 자니, 그 빼앗은 것이나 늑봉한 것이나 맡은 것이나 얻은 유실물이나,

⑤ 무릇 그 거짓 맹세한 물건을 돌려 보내되, 곧 그 본물에 오분 일을 더하여 돌려 보낼 것이니, 그 죄가 드러나는 날에 그 임자에게 줄 것이요,

⑥ 그는 또 그 속건제를 주께 가져 올지니 곧 너희 지정한 가치대로 떼 중 흠 없는 수

양을 속건제물을 위하여 제사장에게로 끌어 올 것이요,

⑦ 제사장은 주 앞에서 그를 위하여 속죄한즉, 그는 무슨 허물이든지 사함을 얻으리라,

⑧ 주께서 모세에게 일러 가라사대,

⑨ 아론과 그 자손에게 명하여 이르라, 태우는제사의 규례는 이러하니라, 번제물은 단 윗 석쇄 위에 아침까지 두고 단의 불로 그 위에서 꺼지지 않게 할 것이요,

⑩ 제사장은 세마포 긴 옷을 입고 세마포 고의로 하체를 가리우고, 단 위에서 탄 번제의 재를 가져다가 단 곁에 두고,

⑪ 그 옷을 벗고 다른 옷을 입고 그 재를 진 바깥 정결한 곳으로 가져 갈 것이요,

⑫ 단 위에 불은 항상 피워 꺼지지 않게 할지니, 제사장은 아침마다 나무를 그 위에 태우고 번제물을 그 위에 벌여 놓고 화목제의 기름을 그 위에 사를지며,

⑬ 불은 끊이지 않고 단 위에 피워 거지지 않게 할지니라,

⑭ 곡물제사의 규례는 이러하니라, 아론의 자손은 그것을 단 앞 주 앞에 드리되,

⑮ 그 소제의 고운 기름 가루 한 움쿰과 소제물 위의 유황을 다 취하여 기념물로 단 위에 불살라 주 앞에 향기로운 냄새가 되게 하고,

⑯ 그 나머지는 아론과 그 자손이 먹되 누룩을 넣지 말고 거룩한 곳 회막 뜰에서 먹을지니라,

⑰ 그것에 누룩을 넣어 굽지 말라, 이는 나의 화제 중에서 내가 그들에게 주어 그 소득이 되게 하는 것이라 속죄제와 속건제 같이 지극히 거룩한즉,

⑱ 무릇 아론 자손의 남자는 이를 먹을지니, 이는 주의 화제 중에서 그들의 대대로 영원한 소득이 됨이라 이를 만지는 자마다 거룩하리라,

⑲ 주께서 모세에게 일러 가라사대,

⑳ 아론과 그 자손이 기름 부음을 받는 날에 주께 드릴 예물은 이러하니라, 고운 가루 에바 십분 일을 항상 드리는 소제물로 삼아 그 절반은 아침에 절반은 저녁에 드리되,

㉑ 그것을 기름으로 반죽하여 번철에 굽고 기름에 적시어다가 썰어서 소제로 주께 드려 향기로운 냄새가 되게 하라,

㉒ 이 소제는 아론의 자손 중 기름 부음을 받고 그를 이어 제사장 된 자가 드릴 것이요, 영원한 규례로 주께 온전히 불사를 것이니,

㉓ 무릇 제사장의 소제물은 온전히 불사르고 먹지 말지니라,

㉔ 주께서 모세에게 일러 가라사대,

㉕ 아론과 그 아들들에게 고하여 이르라, 속죄제의 규례는 이러하니라, 속죄제 희생은 지극히 거룩하니 주 앞 번제 희생을 잡는 곳에서 그 속죄제 희생을 잡을 것이요,

㉖ 죄를 위하여 제사드리는 제사장이 그것을 먹되, 곧 회막 뜰 거룩한 곳에서 먹을 것이요,

㉗ 무릇 그 고기에 접촉하는 자는 거룩할 것이며, 그 피가 어떤 옷에든지 묻었으면 묻은 그것을 거룩한 곳에서 빨 것이요,

㉘ 그 고기를 토기에 삶았으면 그 그릇을 깨드릴 것이요, 유기에 삶았으면 그 그릇을 닦고 물에 씻을 것이며,

㉙ 그 고기는 지극히 거룩하니 제사장의 남자마다 먹을 것이니라,

㉚ 그러나 피를 가지고 회막에 들어가 성소에서 속하게 한 속죄제 희생의 고기는 먹지 못할지니, 불사를지니라.

● 7장

① 속건제의 규례는 이러하니라, 이는 지극히 거룩하니라,

② 태우는제사 제물을 잡는 곳에서 속건제의 희생물을 잡을 것이요, 제사장은 그 피를 단 사면에 뿌릴 것이며,

③ 그 모든 기름을 드리되 곧 기름진 꼬리와 내장에 덮인 기름과,

④ 두 콩 팥과 그 위의 기름 곧 허리 근방에 있는 것과 간에 덮인 꺼풀을 콩팥과 함께 취하고,

⑤ 제사장은 그것을 다 단위에 불살라 주께 화제로 드릴 것이니라, 이는 속건제요,

⑥ 지극히 거룩하니, 이것을 제사장의 남자마다 먹되 거룩한 곳에서 먹을지며,

⑦ 속건제나 속죄제는 일례니 그 제육에 속하는 제사장에게로 돌아갈 것이요,

⑧ 어떤 사람의 태우는제사를 드려주는 제사장, 곧 그 제사장은 그 드린 번제물의 가죽을 자기가 가질 것이며,

⑨ 무릇 화덕에 구운 모든 고기제물과 솥에나 번철에 만든 고기제물은 그 드린 제사장에게로 돌아갈 것이니,

⑩ 무릇 고기제물은 기름 섞은 것이나 마른 것이나 아론의 모든 자손이 평균히 분배할 것이니라,

⑪ 주께 드릴 화목제 희생의 규례는 이러하니라.

⑫ 만일 그것을 감사함으로 드리거든 기름 섞은 무교병과 기름 바른 무교 전병과 고운 가루에 기름 섞어 구운 과자를 그 감사 희생과 함께 드리고.

⑬ 또 유교병을 화목제의 감사 희생과 함께 그 예물에 드리되.

⑭ 그 전체의 예물 중에서 하나씩 주께 거제로 드리고 그것을 화목제의 피를 뿌린 제사장들에게로 돌릴지니라.

⑮ 감사함으로 드리는 화목제 희생의 고기는 드리는 그 날에 먹을 것이요 조금이라도 이튿날 아침까지 두지 말 것이니라.

⑯ 그러나 그 희생의 예물이 서원이나 자원의 예물이면 그 희생을 드린 날에 먹을 것이요 그 남은 것은 이튿날에도 먹되.

⑰ 그 희생의 고기가 제 삼일까지도 남았으면 불사를지니.

⑱ 만일 그 화목제 희생의 고기를 제 삼일에 조금이라도 먹으면 그 제사는 열납되지 않을 것이라 드린 자에게도 예물답게 못되고 도리어 가증한 것이 될 것이며 그것을 먹는 자는 죄를 당하리라.

⑲ 그 고기가 부정한 물건에 접촉되었으면 먹지 말고 불사를것이라, 그 고기는 깨끗한 자만 먹을 것이니.

⑳ 만일 몸이 부정한 자가 주께 속한 화목제 희생의 고기를 먹으면 그 사람은 자기 백성 중에서 끊쳐질 것이요.

㉑ 만일 누구든지 부정한 것 곧 사람의 부정이나 부정한 짐승이나 부정하고 가증한 아무 물건이든지 만지고 주께 속한 화목제 희생의 고기를 먹으면그 사람도 자기 백성 중에서 끊쳐지리라.

㉒ 여호와께서 모세에게 일러 가라사대.

㉓ 이스라엘 자손에게 고하여 이르라 너희는 소나 양이나 염소의 기름을 먹지 말 것이요.

㉔ 스스로 죽은 것의 기름이나 짐승에게 찢긴 것의 기름은 달리는 쓰려니와 결단코 먹지 말지니라.

㉕ 사람이 주께 화제로 드리는 희생의 기름을 먹으면 그 먹는 자는 자기 백성 중에서 끊쳐지리라.

㉖ 너희의 모든 사는 곳에서 무슨 피든지 새나 짐승의 피를 먹지말라.

㉗ 무슨 피든지 먹는 사람이 있으면 그 사람은 다 자기 백성 중에서 끊쳐지리라.

㉘ 주께서 모세에게 일러 가라사대,

㉙ 이스라엘 자손에게 고하여 이르라 화목제의 희생을 주께 드리려는 자는 그 화목제 희생 중에서 그 예물을 취하여 주께 가져오되,

㉚ 주의 화제는 그 사람이 자기 손으로 가져올지니 곧 그 제물의 기름과 가슴을 가져 올 것이요 제사장은 그 가슴을 주앞에 흔들어 요제를 삼고,

㉛ 그 기름은 단 위에 불사를 것이며 가슴은 아론과 그 자손들에게 돌릴 것이며,

㉜ 또 너희는 그 화목제 희생의 우편 다리를 제사장에게 주어 거제를 삼을지니,

㉝ 아론의 자손 중 화목제 희생의 피와 기름을 드리는 자가 그 우편 뒷다리를 자기의 소득으로 삼을 것이라,

㉞ 내가 이스라엘 자손의 화목제 중에서 그 흔든 가슴과 든 뒷다리를 취하여 제사장 아론과 그 자손들에게 주었나니 이는 이스라엘 자손에게 받을 영원한 소득이니라,

㉟ 이는 주의 화제 중에서 아론에게 돌릴 것과 그 자손에게 돌릴 것이니 그들을 세워 주의 제사장의 직분을 행하게 한 날,

㊱ 곧 그들에게 기름 부은 날에 주께서 명하사 이스라엘 자손 중에서 그들에게 돌리 게 하신 것이라 대대로 영원히 받을 소득이니라,

㊲ 이는 번제와 소제와 속죄제와 속건제와 위임제와 화목제의 규례라,

㊳ 주께서 시나이 사막에서 이스라엘 자손에게 그 제물을 주께 드리라 명하신 날에 시내산에서 이같이 모세에게 명하셨더라.

● 8장

① 주께서 모세에게 일러 가라사대,

② 너는 아론과 그 아들들과 그 의복과 관유와 속죄제의 수송아지와 수양 둘과 무교 병 한 광주리를 이끌고,

③ 온 회중을 회막문에 모으라,

④ 모세가 주께서 자기에게 명하신대로 하매 회중이 회막 문에 모인지라,

⑤ 모세가 회중에게 이르되 주께서 행하라고 명하신 것이 이러하니라, 하고,

⑥ 아론과 그 아들들을 데려다가 물로 그들을 씻기고,

⑦ 아론에게 속옷을 입히며 띠를 띠우고 겉옷을 입히며 에봇을 더하고 에봇의 기묘하 게 짠 띠를 띠워서 에봇을 몸에 매고,

⑧ 흉패를 붙이고 흉패에 우림과 둠밈을 넣고,

⑨ 그 머리에 관을 씌우고 그 관 위 전면에 금패를 붙이니, 곧 거룩한 관이라, 주께서 모세에게 명하심과 같았더라,

⑩ 모세가 관유를 취하여 장막과 그 안에 있는 모든 것에 발라 거룩하게 하고,

⑪ 또 단에 일곱번 뿌리고 또 그 단과 그 모든 기구와 물두멍과 그 받침에 발라 거룩하게 하고,

⑫ 또 관유로 아론의 머리에 발라 거룩하게 하고,

⑬ 모세가 또 아론의 아들들을 데려다가 그들에게 속옷을 입히고 띠를 띠우며 관을 씌웠으니, 주께서 모세에게 명하심과 같았더라,

⑭ 모세가 또 속죄제의 수송아지를 끌어오니, 아론과 그 아들들이 그 속죄제 수송아지 머리 위에 안수하매,

⑮ 모세가 잡고 그 피를 취하여 손가락으로 그 피를 단의 네 귀퉁이 뿔에 발라 단을 깨끗하게 하고 그 피는 단 밑에 쏟아 단을 속하여 거룩하게 하고,

⑯ 또 내장에 덮인 모든 기름과 간 꺼풀과 두 콩팥과 기름을 취하여 단 위에 불사르고,

⑰ 그 수송아지 곧 그 가죽과 고기와 똥은 진 밖에 불살랐으니, 주께서 모세에게 명하심과 같았더라,

⑱ 또 태우는제사의 수양을 드릴새 아론과 그 아들들이 그 수양의 머리에 안수하매,

⑲ 모세가 잡아 그 피를 단 위에 뿌리고,

⑳ 그 수양의 각을 뜨고 그 머리와 각 뜬 것과 기름을 불사르고,

㉑ 물로 내장과 정갱이들을 씻고 그 수양의 전부를 단 위에 불사르니, 이는 향기로운 냄새를 위하여 드리는 태우는제사로 주께 드리는 화제라, 주께서 모세에게 명하심과 같았더라,

㉒ 또 다른 수양 곧 위임식의 수양을 드릴새, 아론과 그 아들들이 그 수양의 머리에 안수하매,

㉓ 모세가 잡고 그 피를 취하여 아론의 오른 귓부리와 오른손 엄지 가락과 오른발 엄지 가락에 바르고,

㉔ 아론의 아들들의 데려다가 그 오른 귓부리와 오른손 엄지 가락과 오른발 엄지 가락에 그 피를 바르고 또 그 피를 단 주위에 뿌리고,

㉕ 그가 또 그 기름과 기름진 꼬리와 내장에 덮인 모든 기름과 간 꺼풀과 두 콩팥과 그 기름과 우편 뒷다리를 취하고,

㉖ 주 앞 무교병 광주리에서 무교병 한 개와 기름 섞은 떡 한 개와 전병 한 개를 취하

여 그 기름 위에와 우편 뒷다리 위에 놓아,

㉗ 그 전부를 아론의 손과 그 아들들의 손에 두어 주 앞에 흔들어 요제로 삼게 하고,

㉘ 모세가 그것을 그들의 손에서 취하여 단 윗 번제물 위에 불사르니, 이는 향기로운 냄새를 위하여 드리는 위임식 제사로 주께 드리는 화제라,

㉙ 이에 모세가 그 가슴을 취하여 주 앞에 흔들어 요제로 삼았으니, 이는 위임식 수양의 모세의 응식이라, 주께서 모세에게 명하심과 같았더라,

㉚ 모세가 관유와 단 위의 피를 취하여 아론과 그 옷과 그 아들들과 그 아들들의 옷에 뿌려서, 아론과 그 옷과 그 아들들과 그 아들들의 옷을 거룩하게 하고,

㉛ 아론과 그 아들들에게 이르되, 내게 이미 명하시기를, 아론과 그 아들들은 먹으라 하셨은즉, 너희는 회막문에서 고기를 삶아 위임식 광주리 안의 떡과 아울러 그곳에서 먹고,

㉜ 고기와 떡의 나머지는 불사를지며,

㉝ 위임식은 칠일 동안 행하나니, 위임식이 마치는 날까지 칠일 동안은 회막 문에 나가지 말라,

㉞ 오늘날 행한 것은 주께서 너희를 위하여 속하게 하시려고 명하신 것이니,

㉟ 너희는 칠 주야를 회막문에 거하여 주의 부탁을 지키라, 그리하면 사망을 면하리라, 내가 이같이 명령을 받았느니라,

㊱ 아론과 그 아들들이 주께서 모세로 명하신 모든 일을 준행하니라.

● 9장

① 여덟째 되는 날에 모세가 아론과 그 아들들과 이스라엘 장로들을 불러다가,

② 아론에게 이르되, 흠 없는 송아지를 속죄제를 위하여 취하고, 흠 없는 수양을 번제를 위하여 취하여 주 앞에 드리고,

③ 이스라엘 자손에게 고하여 아르기를, 너희는 수 염소를 속죄제를 위하여 취하고, 또 송아지와 어린 양의 일년 되고 흠 없는 것을 번제를 위하여 취하고,

④ 또 화목제를 위하여 주 앞에 드릴 수소와 수양을 취하고, 또 기름 바른 고기제물을 가져 오게 하라 오늘 주께서 너희에게 나타나실 것임이니라, 하매,

⑤ 그들이 모세의 명한 모든 것을 회막 앞으로 가져오고 온 회중이 나아와 주 앞에 선지라,

⑥ 모세가 가로되, 이는 주께서 너희에게 하라고 명하신 것이니, 주의 영광이 너희에

게 나타나리라.

⑦ 그가 또 아론에게 이르되, 너는 단에 나아가 네 속죄제와 네 번제를 드려서 너를 위하여 백성을 위하여 속하고, 또 백성의 예물을 드려서 그들을 위하여 속하되 무릇 주의 명대로 하라.

⑧ 이에 아론이 단에 나아가 자기를 위한 속죄제 송아지를 잡으매,

⑨ 아론의 아들들이 그 피를 아론에게 받들어 주니, 아론이 손가락으로 그 피를 찍어 단 뿔들에 바르고 그 피는 단 밑에 쏟고,

⑩ 그 속죄제 희생의 기름과 콩팥과 간 꺼풀을 단 위에 불사르니, 주께서 모세에게 명하심과 같았고,

⑪ 그 고기와 가죽은 진 밖에서 불사르니라.

⑫ 아론이 또 번제의 희생을 잡으매, 아론의 아들들이 그 피를 그에게로 가져오니, 그가 그 피를 단 주위에 뿌리고,

⑬ 그들이 또 번제의 희생 곧 그 각과 머리를 그에게로 가져오매, 그가 단 위에 불사르고,

⑭ 또 내장과 정갱이는 씻어서 단 윗 번제물 위에 불사르니라.

⑮ 그가 또 백성의 제물을 드리되, 곧 백성을 위한 속죄제의 염소를 취하여 잡아 전과 같이 죄를 위하여 드리고,

⑯ 또 번제 희생을 드리되 규례대로 드리고,

⑰ 또 소제를 드리되 그 중에서 한 움큼을 취하여 아침 번제물에 더하여 단 위에 불사르고,

⑱ 또 백성을 위하여 화목제 희생의 수소와 수양을 잡으매, 아론의 아들들이 그 피를 그에게로 가져오니 그가 단 주위에 뿌리고,

⑲ 그들이 또 수소와 수양의 기름과 기름진 꼬리와 내장에 덮인 것과 콩팥과 간 꺼풀을 아론에게로 가져다가,

⑳ 그 기름을 가슴들 위에 놓으매 아론이 그 기름을 단 위에 불사르고,

㉑ 가슴들과 우편 뒷 다리를 그가 주 앞에 요제로 흔드니 모세의 명한 것과 같았더라.

㉒ 아론이 백성을 향하여 손을 들어 축복함으로 속죄제와 번제와 화목제를 필하고 내려오니라.

㉓ 모세와 아론이 회막에 들어갔다가 나와서 백성에게 축복하매, 주의 영광이 온 백성에게 나타나며,

㉔ 불이 주 앞에서 나와 단 위의 번제물과 기름을 사른지라, 온 백성이 이를 보고 기쁨의 소리를 지르며 얼굴을 대고 엎드렸더라.

● 10장

① 아론의 아들 나답과 아비후가 각기 향로를 가져다가 여호와의 명하시지 않은 다른 불을 담아 주 앞에 분향하였더니,

② 불이 여호와 앞에서 나와 그들을 삼키매, 그들이 여호와 앞에서 죽으지라,

③ 모세가 아론에게 이르되, 이는 주의 말씀이라 이르시기를, 나는 나를 가까이 하는 자 중에 내가 거룩하다 함을 얻겠고, 온 백성 앞에 내가 영광을 얻으리라, 하셨느니라, 아론이 잠잠하니,

④ 모세가 아론의 삼촌 웃시엘의 아들 미사엘과 엘사반을 불러 그들에게 이르되, 나아와 너희 형제들을 성소 앞에서 진 밖으로 메어 가라, 하매,

⑤ 그들이 나아와 모세의 명대로 그들을 옷 입은채 진 밖으로 메어 내니,

⑥ 모세가 아론과 그 아들 엘르아살과 이다말에게 이르되, 너희는 머리를 풀거나 옷을 찢지 말아서 너희 죽음을 면하고 주의 진노가 온 회중에게 미침을 면케하라, 오직 너희 형제 이스라엘 온 족속이 여호와의 치신 불로 인하여 슬퍼할 것이니라,

⑦ 여호와의 관유가 너희에게 있은즉, 너희는 회막문에 나가지 말아서 죽음을 면할지니라, 그들이 모세의 명대로 하니라,

⑧ 그때 여호와께서 아론에게 일러 가라사대,

⑨ 너나 네 자손들이 회막에 들어갈 때에는 포도주나 독주를 마시지 말아서, 너희 사망을 면하라, 이는 너희 대대로 영원한 규례니라,

⑩ 그리하여야 너희가 거룩하고 속된 것을 분별하며 부정하고 정한 것을 분별하며,

⑪ 또 여호와가 모세로 명한 모든 규례를 이스라엘 자손에게 가르치리라,

⑫ 모세가 아론과 그 남은 아들 엘르아살에게와 이다말에게 이르되, 주께 드린 화제 중 소제의 남은 것은 지극히 거룩하니, 너희는 그것을 취하여 누룩을 넣지 말고 단 곁에서 먹되,

⑬ 이는 여호와의 화제중 네 몫과 네 아들의 몫인즉, 너희는 그것을 거룩한 곳에서 먹으라, 내가 명령을 받았느니라,

⑭ 흔든 가슴과 들어 올린 뒷다리는 너와 네 자녀가 너와 함께 정결한 곳에서 먹을지니, 이는 이스라엘 자손의 화목제 희생 중에서 네 몫과 네 자손의 몫으로 주신 것

임이니라,

⑮ 그 든 뒷다리와 흔든 가슴을 화제의 기름과 함께 가져다가 주 앞에 흔들어 요제를 삼을지니, 이는 주의 명령대로 너와 네 자손의 영원한 몫이니라,

⑯ 모세가 속죄제 드린 염소를 찾은즉, 이미 불살랐는지라 그가 아론의 남은 아들 엘르아살과 이다말에게 노하여 가로되,

⑰ 이 속죄제 희생은 지극히 거룩하거늘 너희가 어찌하여 거룩한 곳에서 먹지 아니하였느뇨? 이는 너희로 회중의 죄를 담당하여, 그들을 위하여 주 앞에 속하게 하려고 너희에게 주신 것이니라,

⑱ 그 피를 성소에 들여오지 아니 하였으니, 그 제육은 너희가 나의 명한대로 거룩한 곳에서 먹었어야 할 것이니라,

⑲ 아론이 모세에게 말하기를, 보라, 오늘 그들이 자기들의 속죄제 제물과 번제 제물을 여호와 앞에서 드렸어도 그런 일들이 내게 임하였는데, 만일 내가 오늘 속죄제 제물을 먹었다면 그것이 여호와께 좋게 받아들여졌겠느냐? 하니라,

⑳ 모세가 그 말을 듣고 만족해하였느니라.

● 11장

① 주님께서 모세와 아론에게 고하여 그들에게 이르시되,

② 이스라엘 자손에게 고하여 이르라, 육지 모든 짐승 중 너희의 먹을 만한 생물은 이러하니,

③ 짐승 중 무릇 굽이 갈라져 쪽발이 되고 새김질하는 것은 너희가 먹되,

④ 새김질하는 것이나 굽이 갈라진 짐승 중에도 너희가 먹지 못할 것은 이러하니, 약대는 새김질은 하나 굽이 갈라지지 아니하였으므로 너희에게 부정하고,

⑤ 사반도 새김질은 하되 굽이 갈라지지 아니하였으므로 너희에게 부정하고,

⑥ 토끼도 새김질은 하되 굽이 갈라지지 아니하였으므로 너희에게 부정하고,

⑦ 돼지는 굽이 갈라져 쪽발이로되 새김질을 못하므로 너희에게 부정하니,

⑧ 너희는 이 고기를 먹지 말고 그 주검도 만지지 말라, 이것들은 너희에게 부정하니라,

⑨ 물에 있는 모든 것 중 너희의 먹을 만한 것은 이것이니, 무릇 강과 바다와 다른 물에 있는 것 중에 지느러미와 비늘 있는 것은 너희가 먹되,

⑩ 무릇 물에서 동하는 것과 무릇 물에서 사는 것 곧 무릇 강과 바다에 있는 것으로서

지느러미와 비늘 없는 것은 가증한 것이라,

⑪ 이들은 너희에게 가증한 것이니, 너희는 그 고기를 먹지 말고 그 주검을 가증히 여기라,

⑫ 수중 생물에 지느러미와 비늘 없는 것은 너희에게 가증하니라,

⑬ 새 중에 너희가 가증히 여길 것은 이것이라, 이것들이 가증한즉, 먹지 말지니 곧 독수리와 솔개와 어응과,

⑭ 매와 매 종류와,

⑮ 까마귀 종류와,

⑯ 타조와 다호마스와 갈매기와 새 매 종류와,

⑰ 올빼미와 노자와 부엉이와,

⑱ 따오기와 당아와 올응과,

⑲ 학과 황새 종류와 대승과 박쥐니라,

⑳ 날개가 있고 네 발로 기어 다니는 곤충은 너희에게 가증하되,

㉑ 오직 날개가 있고 네발로 기어다니는 모든 곤충 중에 그 발에 뛰는 다리가 있어서 땅에서 뛰는 것은 너희가 먹을지니,

㉒ 곧 그중에 메뚜기 종류와 베짱이 종류와 귀뚜라미 종류와 팥종이 종류는 너희가 먹으려니와

㉓ 오직 날개가 있고 기어다니는 곤충은 다 너희에게 가증하니라,

㉔ 이런 유는 너희를 부정케 하나니, 누구든지 이것들의 주검을 만지면 저녁까지 부정할 것이며,

㉕ 무릇 그 주검을 옮기는 자는 그 옷을 빨지니 저녁까지 부정하리라,

㉖ 무릇 굽이 갈라진 짐승 중에 쪽발이 아닌 것이나 새김질 아니하는 것의 주검은 다 네게 부정하니 만지는 자는 부정할 것이요,

㉗ 네 발로 다니는 모든 짐승 중 발바닥으로 다니는 것은 다 네게 부정하니 그 주검을 만지는 자는 저녁까지 부정할 것이며,

㉘ 그 주검을 옮기는 자는 그 옷을 빨지니 저녁까지 부정하리라, 그것들이 네게 부정하니라,

㉙ 땅에 기는 바 기는 것 중에 네게 부정한 것은 이러하니, 곧 쪽재비와 쥐와 도마뱀 종류와

㉚ 합개와 육지 악어와 수궁과 사막 도마뱀과 칠면석척이라,

㉛ 모든 기는 것 중 이것들은 네게 부정하니, 무릇 그 주검을 만지는 자는 저녁까지 부정할 것이며,

㉜ 이런 것 중 어떤 것의 주검이 목기에든지 의복에든지 가죽에든지 부대에든지 무론 무엇에 쓰는 그릇에든지 떨어지면 부정하여 지리니, 물에 담그라, 저녁까지 부정하다가 정할 것이며,

㉝ 그것 중 어떤 것이 어느 질그릇에 떨어지면 그 속에 있는 것이 다 부정하지나니, 너는 그 그릇을 깨뜨리라,

㉞ 먹을만한 축축한 식물이 거기 담겼으면 부정하여질 것이요, 그 같은 그릇의 마실만한 마실 것도 부정할 것이며,

㉟ 이런 것의 주검이 물건 위에 떨어지면 그것이 모두 부정하여 지리니, 화덕이든지 질탕관이든지 깨뜨려버리라, 이것이 부정하여 져서 너희에게 부정한 것이 되리라,

㊱ 샘물이나 방축물 웅덩이는 부정하여지지 아니하되 그 주검에 다닥치는 것만 부정하여질 것이요,

㊲ 이것들의 주검이 심을 종자에 떨어질지라도, 그것이 정하거니와

㊳ 종자에 물을 더할 때에 그것이 그 위에 떨어지면 너희에게 부정하리라,

㊴ 너희의 먹을만한 짐승이 죽은 때에 그 사체를 만지는 자는 저녁까지 부정할 것이며,

㊵ 그것을 먹는 자는 그 옷을 빨 것이요, 저녁까지 부정할 것이며 그 주검을 옮기는 자도 그 옷을 빨 것이며 저녁까지 부정하리라,

㊶ 땅에 기어다니는 모든 기는 것은 가증한즉 먹지 못할지니,

㊷ 곧 땅에 기어다니는 모든 것 중에 배로 밀어 다니는 것이나 네 발로 걷는 것이나 여러 발을 가진 것이라 너희가 먹지 말지니 이는 가증함이니라,

㊸ 너희는 기는바 기어다니는 것을 인하여 자기로 가증하게 되게 말며 또한 그것을 인하여 스스로 더럽혀 부정하게 되게말라,

㊹ 나는 주 너희 하나님이라, 내가 거룩하니 너희도 몸을 구별하여 거룩하게 하고 땅에 기는바 기어다니는 것으로 인하여 스스로 더럽히지 말라,

㊺ 나는 너희의 하나님이 되려고 너희를 에집트 땅에서 인도하여 낸 여호와라, 내가 거룩하니 너희도 거룩할지어다,

㊻ 이는 짐승과 새와 물에서 움직이는 모든 생물과 땅에 기는 모든 기어다니는 것에 대한 규례니,

㊼ 부정하고 정한 것과 먹을 생물과 먹지 못할 생물을 분별한 것이니라.

● 12장

① 여호와께서 모세에게 일러 가라사대,

② 이스라엘 자손에게 일러 고하여 이르라, 여인이 잉태하여 남자를 낳으면 그는 칠일 동안 부정하리니, 곧 경도할 때와 같이 부정할 것이며,

③ 제 팔일에는 그 아이의 양피를 벨 것이요,

④ 그 여인은 오히려 삼십 삼일을 지나야 산혈이 깨끗하리니, 정결케 되는 기한이 차기 전에는 성물을 만지지도 말며 성소에 들어 가지도 말 것이며,

⑤ 여자를 낳으면 그는 이칠일 동안 부정하리니, 경도할 때와 같을 것이며 산혈이 깨끗하게 됨은 육십 육일을 지나야 하리라,

⑥ 자녀간 정결케 되는 기한이 차거든 그 여인은 번제(태우는제사)를 위하여 일년된 어린 양을 취하고 속죄제를 위하여 집 비둘기 새끼나 산 비둘기를 취하여 회막(회의막사)문 제사장에게로 가져갈 것이요,

⑦ 제사장은 그것을 주 앞에 드려서 여인을 위하여 속죄할지니, 그리하면 산혈이 깨끗하리라, 이는 자녀간 생산한 여인에 대한 규례니라,

⑧ 그 여인의 힘이 어린 양에 미치지 못하거든 산 비둘기 둘이나 집 비둘기 새끼 둘을 가져다가 하나는 번제물로 하나는 속죄제물로 삼을 것이요 제사장은 그를 위하여 속할지니 그가 정결하리라.

● 13장

① 여호와께서 모세와 아론에게 일러 가라사대,

② 사람의 피부에 무엇이 돋거나 딱지가 앉거나 색점이 생겨서 그 피부에 문둥병 같이 되거든, 곧 제사장 아론에게나 그 자손 중 한 제사장에게 데리고 갈 것이요,

③ 제사장은 그 피부의 병을 진찰할지니 환처의 털이 희어졌고 환처가 피부보다 우묵하여 졌으면 이는 문둥병의 환처라 제사장이 진단하여 그를 부정하다 할 것이요,

④ 피부에 색점이 희나 우묵하지 아니하고 그 털이 희지 아니하면 제사장은 그 환자를 칠일 동안 가두어 둘 것이며,

⑤ 칠일만에 제사장이 그를 진찰할지니 그의 보기에 환자가 변하지 아니하고 병색이 피부에 퍼지지 아니하였으면, 피부병이라 제사장이 그를 또 칠일 동안 가두어 둘

것이며,

⑥ 칠일 만에 제사장이 또 진찰할지니 그 환처가 엷어졌고 병색이 피부에 퍼지지 아니하였으면 피부병이라 제사장이 그를 정하다 할 것이요, 그는 옷을 빨 것이라 그리하면 정하리라,

⑦ 그러나 정결한 여부를 위하여 제사장에게 보인 후에 병이 피부에 퍼지면 제사장에게 다시 보일 것이요,

⑧ 제사장은 진찰할지니, 그 병이 피부에 퍼졌으면 그를 부정하다 진단할 것이라 이는 문둥병임이니라,

⑨ 사람에게 문둥병이 들었거든 그를 제사장에게로 데려갈 것이요,

⑩ 제사장은 진찰할지니 피부에 흰점이 돋고 털이 희어지고 거기 난육이 생겼으면,

⑪ 이는 그의 피부의 오랜 문둥병이라 제사장이 부정하다 진단할 것이요, 그가 이미 부정하였은즉, 가두어 두지는 않을 것이며,

⑫ 제사장의 보기에 문둥병이 그 피부에 크게 발하였으되 그 환자의 머리부터 발 끝까지 퍼졌거든,

⑬ 그가 진찰할 것이요, 문둥병이 과연 그 전신에 퍼졌으면 그 환자를 정하다 할지니, 다 희어진 자인즉, 정하니거니와

⑭ 아무 때든지 그에게 생살이 발생하면 그는 부정한즉,

⑮ 제사장이 생살을 보고 그를 부정하다 진단할지니, 그 생살은 부정한 것인즉, 이는 문둥병이며,

⑯ 그 생살이 변하여 다시 희어지면 제사장에게로 갈 것이요,

⑰ 제사장은 그를 진찰하여서 그 환처가 희어졌으면 환자를 정하다 할지니, 그는 정하니라,

⑱ 피부에 종기가 생겼다가 나았고,

⑲ 그 종처에 흰 점이 돋거나 희고 불그스름한 색점이 생겼으면 제사장에게 보일 것이요,

⑳ 그는 진찰하여 피부보다 얕고 그 털이 희면 그를 부정하다 진단할지니, 이는 종기로 된 문둥병의 환처임이니라,

㉑ 그러나 제사장의 보기에 거기 흰털이 없고 피부보다 얕지 아니하고 빛이 엷으면 제사장은 그를 칠일 동안 가두어 둘 것이며,

㉒ 그 병이 크게 피부에 퍼졌으면 제사장은 그를 부정하다 진단할지니, 이는 역병임

이니라

㉓ 그러나 그 색점이 여전하고 퍼지지 아니 하였으면 이는 종기 흔적이니 제사장은 그를 정하다 진단할지니라,

㉔ 피부를 불에 데었는데 그 덴 곳에 불그스름하고 희거나 순전한 흰 색점이 생기면,

㉕ 제사장은 진찰하지니, 그 색점의 털이 희고 그 자리가 피부보다 우묵하면 이는 화상에서 발한 문둥병인즉, 제사장은 그를 부정하다 할 것은 문둥병의 재앙이 됨이니라,

㉖ 그러나 제사장의 보기에 그 색점에 흰털이 없으며 그 자리가 피부보다 얕지 아니하면 빛이 엷으면 그는 그를 칠일 동안 가두어 둘 것이며,

㉗ 칠일 만에 제사장이 그를 진찰 할지니, 만일 병이 크게 피부에 퍼졌으면 그는 그를 부정하다 진단할 것은 문둥병의 재앙임이니라,

㉘ 만일 색점이 여전하여 피부에 퍼지지 아니하고 빛이 엷으면 화상으로 부은 것이니, 제사장은 그를 정하다 할 것은 이는 화상의 흔적임이니라,

㉙ 남자나 여자의 머리에나 수염에 역병이 있으면,

㉚ 제사장은 진찰할지니 환처가 피부보다 우묵하고 그 자리에 누르고 가는 털이 있으면 그는 그를 부정하다 할 것은 이는 옴이라 머리에나 수염에 발한 문둥병이니라,

㉛ 만일 제사장의 보기에 그 옴의 환처가 피부보다 우묵하지 아니하고 그 자리에 검은 털이 없으면 제사장은 그 옴 환자를 칠일 동안 가두어 둘 것이며,

㉜ 칠일 만에 제사장은 그 환처를 진찰할지니 그 옴이 퍼지지 아니하고 그 자리에 누른 털이 없고 피부보다 우묵하지 아니하거든,

㉝ 그는 모발을 밀되 환처는 밀지 말 것이요, 제사장은 옴 환자를 또 칠일 동안 금고 할 것이며,

㉞ 칠일 만에 제사장은 그 옴을 또 진찰할지니, 그 옴이 피부에 퍼지지 아니하고 피부보다 우묵하지 아니하면 그는 그를 정하다 진단할 것이요, 그는 그 옷을 빨지니, 정하려니와

㉟ 깨끗한 후에라도 옴이 크게 피부에 번지면,

㊱ 제사장은 그를 진찰할지니 과연 옴이 피부에 퍼졌으면 누른 털을 찾을 것 없이 그는 부정하니라,

㊲ 그러나 제사장의 보기에 옴이 여전하고 그 자리에 검은 털이 났으면 그 옴은 나았

고 그 사람은 정하니 제사장은 그를 정하다 진단할지니라,
㊳ 남자나 여자의 피부에 색점 곧 흰 색점이 있으면,
㊴ 제사장은 진찰할지니 그 피부의 색점이 부유스름하면 이는 피부에 발한 어루러기라 그는 정하니라,
㊵ 누구든지 그 머리 털이 빠지면 그는 대머리니 정하고,
㊶ 앞머리가 빠져도 그는 이마 대머리니 정하니라,
㊷ 그러나 대머리나 이마 대머리에 희고 불그스름한 색점이 있으면 이는 문둥병이 대머리나 이마 대머리에 발함이라,
㊸ 제사장은 그를 진찰할지니, 그 대머리에나 이마 대머리에 돋은 색점이 희고 불그스름하여 피부에 발한 문둥병과 같으면,
㊹ 이는 문둥 환자라 부정하니 제사장은 그를 부정하다 확실히 진단할 것은 그 환처가 머리에 있음이니라,
㊺ 문둥 환자는 옷을 찢고 머리를 풀며 윗입술을 가리우고 외치기를 부정하다 부정하다 할 것이요,
㊻ 병 있는 날 동안은 늘 부정할 것이라, 그가 부정한즉, 즉 혼자 살되 진 밖에 살지니라,
㊼ 만일 의복에 문둥병 색점이 발하여 털옷에나 베옷에나,
㊽ 베나 털의 날에나 씨에나 혹 가죽에나 무릇 가죽으로 만든 것에 있되,
㊾ 그 의복에나 가죽에나 그 날에나 씨에나 무릇 가죽으로 만든 것에 병색이 푸르거나 붉으면 이는 문둥병의 색점이라 제사장에게 보일 것이요,
㊿ 제사장은 그 색점을 살피고 그것을 칠일 동안 간직하였다가,
(51) 칠일 만에 그 색점을 살필지니, 그 색점이 그 의복의 날에나 씨에나 가죽에나 가죽으로 만든 것에 퍼졌으면 이는 악성 문둥병이라, 그것이 부정하니,
(52) 그는 그 색점있는 의복이나 털이나 베의 날이나 씨나 무릇 가죽으로 만든 것을 불사를지니, 이는 악성 문둥병인즉, 그것을 불사를지니라,
(53) 그러나 제사장의 보기에 그 색점이 그 의복의 날에나 씨에나 무릇 가죽으로 만든 것에 퍼지지 아니하였으면,
(54) 제사장은 명하여 그 색점 있는 것을 빨게하고 또 칠일 동안 간직하였다가,
(55) 그 빤 곳을 볼지니 그 색점의 빛이 변치 아니하고 그 색점이 퍼지지 아니하였으면 부정하니, 너는 그것을 불사르라, 이는 거죽에 있든지 속에 있든지 악성 문둥병이

니라,

㊵ 빤 후에 제사장의 보기에 그 색점이 엷으면 그 의복에서나 가죽에서나 그 날에서나 씨에서나 그 색점을 찢어버릴 것이요,

㊷ 그 의복의 날에나 씨에나 무릇 가죽으로 만든 것에 색점이 여전히 보이면 복발하는 것이니 너는 그 색점있는 것을 불사를지니라

㊸ 네가 빤 의복의 날에나 씨에나 무릇 가죽으로 만든 것에 그 색점이 벗어 졌으면 그 것을 다시 빨아야 정하리라,

㊹ 이는 털옷에나 베옷에나 그 날에나 씨에나 무릇 가죽으로 만든 것에 발한 문둥병 색점의 정하고 부정한 것을 단정하는 규례니라.

● 14장

① 주께서 모세에게 일러 가라사대,

② 문둥 환자의 정결케 되는 날의 규례는 이러하니라, 곧 그 사람을 제사장에게로 데려갈 것이요,

③ 제사장은 진에서 나가서 진찰할지니, 그 환자에게 있던 문둥병 환처가 나았으면,

④ 제사장은 그를 위하여 명하여 정한 산새 두마리와 백향목과 홍색실과 우슬초를 가져오게 하고,

⑤ 제사장은 또 명하여 그 새 하나는 흐르는 물 위 질그릇 안에서 잡게 하고,

⑥ 다른 새는 산대로 취하여 백향목과 홍색실과 우슬초와 함께 가져다가 흐르는 물 위에서 잡은 새 피를 찍어,

⑦ 문둥병에서 정결함을 받을 자에게 일곱번 뿌려 정하다 하고 그 산 새는 들에 놓을 지며,

⑧ 정결함을 받은 자는 그 옷을 빨고 모든 털을 밀고 물로 몸을 씻을 것이라, 그리하면 정하리니, 그 후에 진에 들어 올 것이나 자기 장막 밖에 칠일을 거할 것이요,

⑨ 칠일 만에 그 모든 털을 밀되 머리털과 수염과 눈썹을 다 밀고 그 옷을 빨고 몸을 물에 씻을 것이라, 그리하면 정하리라,

⑩ 제 팔일에 그는 흠 없는 어린 수양 둘과 일년 된 흠 없는 어린 암양 하나와 또 고운 가루 에바 십분 삼에 기름 섞은 소제물과 기름 한 록을 취할 것이요,

⑪ 정결케 하는 제사장은 정결함을 받을 자와 그 물건들을 회막문 앞 주 앞에 두고,

⑫ 어린 수양 하나를 취하여 기름 한 록과 아울러 속건제로 드리되 주 앞에 흔들어 요

제로 삼고,

⑬ 그 어린 수양은 거룩한 장소 곧 속죄제와 번제(태우는제사) 희생 잡는 곳에서 잡을 것이며 속건제물은 속죄 제물과 일례로 제사장에게 돌릴지니 이는 지극히 거룩한 것이니라,

⑭ 제사장은 그 속건제 희생의 피를 취하여 정결함을 받을 자의 우편 귓부리와 우편 손 엄지가락과 우편 발 엄지가락에 바를 것이요,

⑮ 제사장은 또 그 한 록의 기름을 취하여 자기 좌편 손바닥에 따르고,

⑯ 우편 손가락으로 좌편 손의 기름을 찍어 그 손가락으로 그것을 주 앞에 일곱번 뿌릴 것이요,

⑰ 손에 남은 기름은 제사장이 정결함을 받는 자의 우편 귓부리와 우편 손 엄지가락과 우편 발 엄지가락 곧 속건제 희생의 피 위에 바를 것이며,

⑱ 오히려 그 손에 남은 기름은 제사장이 그 정결함을 받은 자의 머리에 바르고, 주 앞에서 제사장은 그를 위하여 속죄하고,

⑲ 또 제사장은 속죄를 드려 그 부정함을 인하여 정결함을 받으려는 자를 위하여 속죄하고 그 후에 번제 희생을 잡을 것이요,

⑳ 제사장은 그 번제(태우는제사)와 소제(곡물제사)를 단에 드려 그를 위하여 속죄할 것이라, 그리하면 그가 정결하리라,

㉑ 그가 가난하여 이에 힘이 미치지 못하면 그는 흔들어 자기를 속할 속건제를 위하여 어린 수양 하나와 소제를 위하여 고운 가루 에바 십분 일에 기름 섞은 것과 기름 한 록을 취하고,

㉒ 그 힘이 미치는 대로 산 비둘기 둘이나 집 비둘기 새끼 둘을 취하되, 하나는 속죄 제물로 하나는 번제물로 삼아,

㉓ 제 팔일에 그 결례를 위하여 그것들을 회막(회의막사)문 주앞 제사장에게로 가져 갈 것이요,

㉔ 제사장은 속건제 어린 양과 기름 한 록을 취하여 주 앞에 흔들어 요제를 삼고,

㉕ 속건제(the guilt offering)의 어린 양을 잡아서 제사장은 그 속건제 희생의 피를 취하여 정결함을 받을 자의 우편 귓부리와 우편 손 엄지가락과 우편 발 엄지가락에 바를 것이요,

㉖ 제사장은 그 기름을 자기 좌편 손바닥에 바르고,

㉗ 우편 손가락으로 좌편 손의 기름을 조금 찍어 주 앞에 일곱번 뿌릴 것이요,

㉘ 그 손의 기름은 제사장이 정결함을 받을 자의 우편 귓부리와 우편 손 엄지가락과 우편 발 엄지가락 곧 속건제 희생의 피를 바른 곳에 바를 것이며,

㉙ 또 그 손에 남은 기름은 제사장이 그 정결함을 받는 자의 머리에 발라 주 앞에서 그를 위하여 속죄할 것이며,

㉚ 그는 힘이 미치는 대로 산비둘기 하나나 집비둘기 새끼 하나를 드리되,

㉛ 돈 그 힘이 미치는 것의 하나는 속죄제(a sin offering)로 하나는 소제(the grain offering)와 함께 번제(a burnt offering)로 드릴 것이요, 제사장은 정결함을 받을 자를 위하여 주 앞에 속죄할지니,

㉜ 문둥병 환자로서 그 결례에 힘이 부족한 자의 규례가 이러하니라,

㉝ 주께서 모세와 아론에게 일러 가라사대,

㉞ 내가 네게 소유로 주는 가나안 땅에 너희가 이른 때에 내가 너희 소유의 땅에서 어느 집에 문둥명 색점을 발하게 하거든,

㉟ 그 집주인은 제사장에게 와서 고하기를 무슨 색점이 집에 생겼다 할 것이요,

㊱ 제사장은 그 색점을 보러 가기 전에 그 가장집물에 부정을 면케 하기 위하여 명하여 그 집을 비게 한 후에 들어가서 그 집을 볼지니,

㊲ 그 색점을 볼 때에 그 집 벽에 푸르거나 붉은 무늬의 색점이 있어 벽보다 우묵하면,

㊳ 제사장은 그 집 문으로 나와 그 집을 칠일 동안 폐쇄하였다가,

㊴ 칠일 만에 또 와서 살펴볼 것이요, 그 색점이 벽에 퍼졌으면,

㊵ 그는 명하여 색점있는 돌을 빼어 성밖 부정한 곳에 버리게 하고,

㊶ 또 집안 사면을 긁게 하고 그 긁은 흙을 성밖 부정한 곳에 쏟아 버리게 할 것이요,

㊷ 그들은 다른 돌로 그 돌을 대신하며 다른 흙으로 집에 바를지니라,

㊸ 돌을 빼며 집을 긁고 고쳐 바른 후에 색점이 집에 복발하거든,

㊹ 제사장은 또 와서 살펴볼 것이요, 그 색점이 만일 집에 퍼졌으면 악성 문둥병인즉, 이는 부정하니,

㊺ 그는 그 집을 헐고 돌과 그 재목과 그 집의 모든 흙을 성밖 부정한 곳으로 내어갈 것이며,

㊻ 그 집을 폐쇄한 날 동안에 들어가는 자는 저녁까지 부정할 것이요,

㊼ 그 집에서 자는 자는 그 옷을 빨 것이요, 그 집에서 먹는 자도 그 옷을 빨 것이니라,

㊽ 그 집을 고쳐 바른 후에 제사장이 들어가 살펴 보아서 색점이 집에 퍼지지 아니하였으면 이는 색점이 나은 것이니 제사장은 그 집을 정하다, 하고,

㊾ 그는 그 집을 정결케 하기 위하여 새 두마리와 백향목과 홍색실과 우슬초를 취하고,

㊿ 그 새 하나를 흐르는 물 위 질그릇 안에서 잡고,

㉛ 백향목과 우슬초와 홍색실과 산 새를 가져다가 잡은 새의 피와 흐르는 물을 찍어 그 집에 일곱번 뿌릴 것이요,

㉜ 그는 새의 피와 흐르는 물과 산 새와 백향목과 우슬초와 홍색실로 집을 정결케 하고,

㉝ 그 산 새는 성밖 들에 놓아 그 집을 위하여 속할 것이라, 그리하면 정결하리라,

㉞ 이는 각종 문둥병 환처에 대한 규례니 곧 옴과

㉟ 의복과 기옥의 문둥병과

㊱ 붓는 것과 피부병과 색점의

㊲ 언제는 부정하고 언제는 정함을 가르치는 것이니, 문둥병의 규례가 이러하니라.

● 15장

① 주께서 모세와 아론에게 일러 가라사대,

② 이스라엘 자손에게 고하여 이르라, 누구든지 몸에 유출(고름)병이 있으면 그 유출병을 인하여 부정한 자라,

③ 그 유출병으로 말미암아 부정함이 이러하니, 곧 몸에서 흘러 나오든지 그것이 엉겼든지 부정한즉,

④ 유출병 있는 자의 눕는 상은 다 부정하고 그의 앉았던 자리도 다 부정하니,

⑤ 그 침상에 접촉하는 자는 옷을 빨고 물로 몸을 씻을 것이며 저녁까지 부정하리라,

⑥ 유출병 있는 자의 앉았던 자리에 앉는 자는 옷을 빨고 물로 몸을 씻을 것이며 저녁까지 부정하리라,

⑦ 유출병 있는 자의 몸에 접촉하는 자는 옷을 빨고 물로 몸을 씻을 것이며 저녁까지 부정하리라,

⑧ 유출병 있는 자가 정한 자에게 침을 뱉으면 정한 자는 옷을 빨고 물로 몸을 씻을 것이며 저녁까지 부정하리라,

⑨ 유출병 있는 자의 탔던 안장은 다 부정하며,

⑩ 그 몸 아래 닿았던 것에 접촉한 자는 다 저녁까지 부정하며 그런 것을 옮기는 자는 옷을 빨고 물로 몸을 씻을 것이며 저녁까지 부정하리라,

⑪ 유출병 있는 자가 물로 손을 씻지 아니하고 아무든지 만지면 그 자는 옷을 빨고 물로 몸을 씻을 것이며 저녁까지 부정하리라,

⑫ 유출병 있는 자의 만진 질그릇은 깨뜨리고 목기는 다 물로 씻을지니라,

⑬ 유출병 있는 자는 그 유출이 깨끗하여지거든 그 몸이 정결하기 위하여 칠일을 계산하여 옷을 빨고 흐르는 물에 몸을 씻을 것이요, 그리하면 정하리니,

⑭ 제 팔일에 산 비둘기 둘이나 집비둘기 새끼 둘을 자기를 위하여 취하고 회막문 주 앞으로 가서 제사장에게 줄 것이요,

⑮ 제사장은 그 하나는 속죄제(sin offering)로 하나는 번제(burnt offering)로 드려 그의 유출병을 인하여 주 앞에 속죄할지니라,

⑯ 설정한 자는 전신을 물로 씻을 것이며 저녁까지 부정하리라,

⑰ 무릇 정수가 묻은 옷이나 가죽의 물에 빨 것이며 저녁까지 부정하리라,

⑱ 남녀가 동침하여 설정하였거든 둘다 물로 몸을 씻을 것이며 저녁까지 부정하리라,

⑲ 어떤 여인이 유출을 하되 그 유출이 피면 칠일 동안 불결하니, 무릇 그를 만지는 자는 저녁까지 부정할 것이요,

⑳ 그 불결할 동안에 그의 누웠던 자리는 다 부정하며 그의 앉았던 자리도 다 부정한즉,

㉑ 그 침상을 만지는 자는 다 옷을 빨고 물로 몸을 씻을 것이요, 저녁까지 부정할 것이며

㉒ 그 좌석을 만지는 자도 다 옷을 빨고 물로 몸을 씻을 것이며 저녁까지 부정할 것이며,

㉓ 그의 침상과 무릇 그 좌석에 있는 것을 만지는 자도 저녁까지 부정할 것이며,

㉔ 누구든지 이 여인과 동침하여 그 불결에 전염되면 칠일 동안 부정할 것이라, 그의 눕는 상은 무릇 부정하니라,

㉕ 여인의 피의 유출이 그 불결기 외에 있어서 여러 날이 간다든지 그 유출이 불결기를 지나든지 하면 그 부정을 유출하는 날 동안은 무릇 그 불결한 때와 같이 부정한즉,

㉖ 무릇 그 유출이 있는 날 동안에 그의 눕는 침상은 그에게 불결한 때의 침상과 같고 무릇 그의 앉은 자리도 부정함이 불결의 부정과 같으니,

㉗ 이런 것을 만지는 자는 무릇 부정한즉 옷을 빨고 물로 몸을 씻을 것이며 저녁까지 부정할 것이요,

㉘ 그의 유출이 그치면 칠일을 센 후에야 정하리니,

㉙ 그는 제 팔일에 산비둘기 둘이나 집비둘기 새끼 둘을 자기를 위하여 취하여 회막 문 앞 제사장에게로 가져올 것이요,

㉚ 제사장은 그 하나는 속죄제로 하나는 번제로 드려 유출로 부정한 여인을 위하여 주 앞에 속할지니라,

㉛ 너희는 이와 같이 이스라엘 자손으로 그 부정에서 떠나게하여 그들로 가운데 있는 내 장막을 더럽히고 그 부정한 중에서 죽음을 면케 할지니,

㉜ 이 규례는 유출병이 있는 자와 설정함으로 부정을 입은 자와

㉝ 불결을 앓는 여인과 유출병이 있는 남녀와 불결한 여인과 동침한 자에게 관한 것이니라.

● 16장

① 아론의 두 아들이 주 앞에 나아가다가 죽은 후에 주께서 모세에게 말씀하시니라,

② 주께서 모세에게 이르시되 네 형 아론에게 이르라, 성소의 장안 법궤 위 속죄소 앞에 무시로 들어오지 말아서 사망을 면하라, 내가 구름 가운데서 속죄소 위에 나타남 이니라,

③ 아론이 성소에 들어오려면 수송아지로 속죄 제물을 삼고 수양으로 번제물을

④ 거룩한 세마포 속옷을 입으며 세마포 고의를 살에 입고 세마포 띠를 띠며 세마포 관을 쓸지니, 이것들은 거룩한 옷이라 물로 몸을 씻고 입을 것이며,

⑤ 이스라엘 자손의 회중에게서 속죄 제물을 위하여 수염소 둘과 번제물을 위하여 수양 하나를 취할지니라,

⑥ 아론은 자기를 위한 속죄제의 수송아지를 드리되 자기와 권속을 위하여 속죄하고,

⑦ 또 그 두 염소를 취하여 회막문 주 앞에 두고,

⑧ 두 염소를 위하여 제비 뽑되 한 제비는 주를 위하고 한 제비는 아사셀을 위하여 할지며,

⑨ 아론은 주를 위하여 제비 뽑은 염소를 속죄제로 드리고,

⑩ 아사셀을 위하여 제비 뽑은 염소는 산대로 주 앞에 두었다가 그것으로 속죄하고 아사셀을 위하여 광야로 보낼지니라,

⑪ 아론은 자기를 위한 속죄제의 수송아지를 드리되, 자기와 권속을 위하여 속죄하고 자기를 위한 그 속죄제 수송아지를 잡고,

⑫ 향로를 취하여 주 앞 단 위에서 피운 불을 그것에 채우고 또 두손에 곱게 간 향기로운 향을 채워 가지고 장 안에 들어가서,

⑬ 주 앞에서 분향하여 향연으로 증거궤 위 속죄소를 가리우게 할지니, 그리하면 그가 죽음을 면할 것이며,

⑭ 그는 또 수송아지의 피를 취하여 손가락으로 속죄소 동편에 뿌리고 또 손가락으로 그 피를 속죄소 앞에 일곱번 뿌릴 것이며,

⑮ 또 백성을 위한 속죄제 염소를 잡아 그 피를 가지고 장 안에 들어가서 그 수송아지 피로 행함 같이 그 피로 행하여 속죄소 위와 속죄소 앞에 뿌릴지니,

⑯ 곧 이스라엘 자손의 부정과 그 범한 모든 죄를 인하여 지성소를 위하여 속죄하고 또 그들의 부정한 중에 있는 회막을 위하여 그같이 할 것이요,

⑰ 그가 지성소에 속죄하러 들어가서 자기와 그 권속과 이스라엘 온 회중을 위하여 속죄하고 나오기까지는 누구든지 회막에 있지 못할 것이며,

⑱ 그는 주 앞 단으로 나와서 그것을 위하여 속죄할지니, 그 수송아지의 피와 염소의 피를 취하여 단 뒤 귀퉁이에 뿔들에 바르고,

⑲ 또 손가락으로 그 피를 그 위에 일곱번 뿌려 이스라엘 자손의 부정에서 단을 성결케 할 것이요,

⑳ 그 지성소와 회막과 단을 위하여 속죄하기를 마친 후에 산 염소를 드리되,

㉑ 아론은 두 손으로 산 염소의 머리에 안수하여 이스라엘 자손의 모든 불의와 그 범한 모든 죄를 고하고 그 죄를 염소의 머리에 두어 미리 정한 사람에게 맡겨 광야로 보낼지니,

㉒ 염소가 그들의 모든 불의를 지고 무인지경에 이르거든, 그는 그 염소를 광야에 놓을지니라,

㉓ 아론은 회막에 들어가서 지성소에 들어갈 때에 입었던 세마포 옷을 벗어 거기 두고,

㉔ 거룩한 곳에서 물로 몸을 씻고 자기 옷을 입고 나와서 자기의 번제와 백성의 번제를 드려 자기와 백성을 위하여 속죄하고,

㉕ 속죄제 희생의 기름을 단에 불사를 것이요,

㉖ 염소를 아사셀에게 보낸 자는 옷을 빨고 물로 몸을 씻은 후에 진에 들어올 것이며,

㉗ 속죄제 수송아지의 피와 염소의 피를 성소로 들여다가 속죄하였은즉, 그 가죽과 고기와 똥을 밖으로 내어다가 불사를 것이요,

㉘ 불사른 자는 옷을 빨고 물로 몸을 씻은 후에 진에 들어올지니라,

㉙ 너희는 영원히 이 규례를 지킬지니라, 칠월 곧 그달 십일에 너희는 스스로 괴롭게 하고 아무 일도 하지 말되 본토인이든지 너희에게 우거하는 객이든지 그리하라,

㉚ 이 날에 너희를 위하여 속죄하여 너희로 정결케 하리니, 너희 모든 죄에서 너희가 주 앞에 정결하리라,

㉛ 이는 너희에게 큰 안식일인즉, 너희는 스스로 괴롭게 할지니 영원히 지킬 규례니라,

㉜ 그 기름 부음을 받고 위임되어 그 아비를 대신하여 제사장 직분을 행하는 제사장은 속죄하되, 세마포 옷 곧 성의를 입고,

㉝ 지성소를 위하여 속죄하며 회막과 단을 위하여 속죄하고, 또 제사장들과 백성의 회중을 위하여 속죄할지니,

㉞ 이는 너희의 영원히 지킬 규례라, 이스라엘 자손의 모든 죄를 위하여 일년 일차 속죄할 것이니라, 아론이 주께서 모세에게 명하신대로 행하니라.

● 17장

① 주께서 모세에게 일러 가라사대,

② 아론과 그 아들들과 모든 이스라엘 회중에게 모든 자손에게 고하여 그들에게 이르기를, 주의 명령이 이러하시다, 하라,

③ 무릇 이스라엘 집의 누구든지 소나 어린 양이나 염소를 진 안에서 잡든지 진 밖에서 잡든지,

④ 먼저 회막문으로 끌어다가 주의 장막 앞에서 예물을 드리지 아니하는 자는 피흘린 자로 여길 것이라, 그가 피를 흘렸은즉 자기 백성 중에서 끊쳐지리라,

⑤ 그런즉, 이스라엘 자손이 들에서 잡던 희생을 회막문 주께로 끌어다가 제사장에게 주어 화목제로 주께 드려야 할 것이요,

⑥ 제사장은 그 피를 회막문 주의 단에 뿌리고 그 기름을 불살라 주께 향기로운 냄새가 되게 할 것이라,

⑦ 그들은 전에 음란히 섬기던 수염소에게 다시 제사하지 말 것이니라, 이는 그들이 대대로 지킬 영원한 규례니라,

⑧ 너는 또 그들에게 이르라, 무릇 이스라엘 집 사람이나 혹시 그들 중에 우거하는 타국인이 번제나 희생을 드리되,

⑨ 회막문으로 가져다가 주께 드리지 아니하면 그는 백성 중에서 끊쳐지리라,

⑩ 무릇 이스라엘 집 사람이나 그들 중에 우거하는 타국인 중에 어떤 피든지 먹는 자가 있으면 내가 그 피 먹는 자에게 진노하여 그를 백성 중에서 끊으리니,

⑪ 육체의 생명은 피에 있음이라, 내가 이 피를 너희에게 주어 단에 뿌려 너희의 생명을 위하여 속하게 하였나니, 생명이 피에 있으므로 피가 죄를 속하니라,

⑫ 그러므로 내가 이스라엘 자손에게 말하기를, 너희 중에 아무도 피를 먹지 말며 너희 중에 우거하는 타국인이라도 피를 먹지 말라 하였나니,

⑬ 무릇 이스라엘 자손이나 그들 중에 우거하는 타국인이 먹을만한 짐승이나 새를 사냥하여 잡거든 그 피를 흘리고 흙으로 덮을지니라,

⑭ 모든 생물은 그 피가 생명과 일체라, 그러므로 내가 이스라엘 자손에게 이르기를, 너희는 어느 육체의 피든지 먹지 말라 하였나니, 모든 육체의 생명은 그 피인즉 무릇 피를 먹는 자는 끊쳐지리라,

⑮ 무릇 스스로 죽은 것이나 들짐승에게 찢겨 죽은 것을 먹은 자는 본토인이나 타국인이나 물론하고 그 옷을 빨고 물로 몸을 씻을 것이며 저녁까지 부정하고 그 후에 정하려니와,

⑯ 그가 빨지 아니하거나 몸을 물로 씻지 아니하면 죄를 당하리라.

● 18장

① 주께서 모세에게 일러 가라사대,

② 너는 이스라엘 자손에게 고하여 이르라, 나는 주 너희 하나님이라,

③ 너희는 기거하던 에집트의 풍속을 쫓지 말며 내가 너희를 인도할 가나안 땅의 풍속과 규례도 행하지 말고,

④ 너희는 나의 법도를 좇으며 나의 규례를 지켜 그대로 행하라, 나는 너희의 하나님 여호와이니라,

⑤ 너희는 나의 규례와 법도를 지키라, 사람이 이를 행하면 그로 인하여 살리라, 나는 여호와니라,

⑥ 너희는 골육지친을 가까이 하여 그 하체를 범치 말라, 나는 여호와니라,

⑦ 네 어미의 하체는 곧 네 아비의 하체니, 너는 범치 말라, 그는 네 어미인즉, 너는 그의 하체를 범치 말지니라,

⑧ 너는 계모의 하체를 범치 말라, 이는 네 아비의 하체니라,

⑨ 너는 네 자매 곧 네 아비의 딸이나 네 어미의 딸이나 집에서나 타처에서 출생하였음을 물론하고 그들의 하체를 범치 말지니라,

⑩ 너는 손녀나 외손녀의 하체를 범치 말라, 이는 너의 하체니라,

⑪ 네 계모가 네 아비에게 낳은 딸은 네 누이니 너는 그 하체를 범치 말지니라,

⑫ 너는 고모의 하체를 범치 말라, 그는 네 아비의 골육지친이니라,

⑬ 너는 이모의 하체를 범치 말라, 그는 네 어미의 골육지친이니라,

⑭ 너는 네 아비 형제의 아내를 가까이 하여 그 하체를 범치 말라, 그는 네 백숙모니라,

⑮ 너는 자부의 하체를 범치 말라, 그는 네 아들의 아내니 그 하체를 범치 말지니라,

⑯ 너는 형제의 아내의 하체를 범치 말라, 이는 네 형제의 하체니라,

⑰ 너는 여인과 그 여인의 딸의 하체를 아울러 범치 말며 또 그 여인의 손녀나 외손녀를 아울러 취하여 그 하체를 범치 말라, 그들은 그의 골육지친이니 이는 악행이니라,

⑱ 너는 아내가 생존할 동안에 그 형제를 취하여 하체를 범하여 그로 투기케 하지 말지니라,

⑲ 너는 여인이 경도로 불결한 동안에 그에게 가까이 하여 그 하체를 범치 말지니라,

⑳ 너는 타인의 아내와 통간하여 그로 자기를 더럽히지 말지니라,

㉑ 너는 결단코 자녀를 몰렉에게 주어 불로 통과케 말아서 네 하나님의 이름을 욕되게 하지 말라, 나는 여호와니라,

㉒ 너는 여자와 교합함 같이 남자와 교합하지 말라, 이는 가증한 일이니라,

㉓ 너는 짐승과 교합하여 자기를 더럽히지 말며, 여자가 된 자는 짐승 앞에 서서 그것과 교접하지 말라, 이는 문란한 일이니라,

㉔ 너희는 이 모든 일로 스스로 더럽히지 말라, 내가 너희의 앞에서 쫓아내는 족속들이 이 모든 일로 인하여 더러워졌고,

㉕ 그 땅도 더러워졌으므로 내가 그 악을 인하여 벌하고, 그 땅도 스스로 그 거민을 토하여 내느니라,

㉖ 그러므로 너희 곧 너희의 동족이나 혹시 너희 중에 우거하는 타국인이나 나의 규례와 법도를 지키고 이런 가증한 일의 하나도 행하지 말라,

㉗ 너희의 전에 있던 그 땅 거민이 이 모든 가증한 일을 행하였고 그 땅도 더러워졌느니라,

㉘ 너희도 더럽히면 그 땅이 너희 있기 전 거민을 토함 같이 너희를 토할까 하노라,

㉙ 무릇 이 가증한 일을 하나라도 행하는 자는 그 백성 중에서 끊쳐지리라,

㉚ 그러므로 너희는 내 명령을 지키고 너희 있기 전에 행하던 가증한 풍속을 하나라도 좇음으로 스스로 더럽히지 말라, 나는 너희 하나님 여호와니라.

● 19장

① 주께서 모세에게 일러 가라사대,

② 너는 이스라엘 자손의 온 회중에게 고하여 이르라, 너희는 거룩하라, 나 여호와 너희 하나님이 거룩함이니라,

③ 너희 각 사람은 부모를 경외하고 나의 안식일을 지켜라, 나는 너희 하나님 여호와니라,

④ 너희는 헛것을 위하지 말며 너희를 위하여 신상들을 부어 만들지 말라, 나는 너희 하나님 여호와니라,

⑤ 너희 화목제(fellowship offering) 희생을 여호와께 드릴 때에 너희를 위하여 드리고,

⑥ 그 제물을 드리는 날과 이튿날에 먹고 제 삼일까지 남았거든 불사르라,

⑦ 제 삼일에 조금이라도 먹으면 가증한 것이 되어서 받아들여지지 아니하리라,

⑧ 그것을 먹는 자는 여호와의 성물을 더럽힘을 인하여 죄를 당하리니, 그가 그 백성 중에서 끊쳐지리라,

⑨ 너희 땅의 곡물을 벨 때에 너는 밭 모퉁이까지 다 거두지 말고 너의 떨어진 이삭도 줍지 말며,

⑩ 너의 포도원의 열매를 다 따지 말며 너의 포도원에 떨어진 열매도 줍지 말고 가난한 사람과 타국인을 위하여 버려 두라, 나는 너희 하나님 여호와니라,

⑪ 너희는 도적질하지 말며 속이지 말며 서로 거짓말을 하지 말며,

⑫ 너희는 내 이름으로 거짓 맹세함으로 네 하나님의 이름을 욕되게 하지 말라, 나는 하나님 여호와니라,

⑬ 너는 네 이웃을 압제 하지 말며 늑탈하지 말며 품군의 삯을 아침까지 밤새도록 네게 두지 말며,

⑭ 너는 귀먹은 자를 저주하지 말며 소경 앞에 장애물을 놓지 말고 네 하나님을 경외하라, 나는 여호와니라,

⑮ 너희는 재판할 때에 불의를 행치 말고 가난한 자에게 편파성를 갖지 말고, 세력 있는 자라고 두호하지 말며 공의로 사람을 재판할지며,

⑯ 너는 네 백성 중으로 돌아다니며 사람을 논단하지 말며 네 이웃을 대적하여 죽을 지경에 이르게 하지 말라, 나는 여호와니라,

⑰ 너는 네 형제를 마음으로 미워하지 말며 이웃을 인하여 죄를 짓치 않도록 그를 반드시 책망하라,

⑱ 원수를 갚지 말며 동포를 원망하지 말며 이웃 사랑하기를 네 몸과 같이 하라, 나는 여호와니라,

⑲ 너희는 내 규례를 지킬지어다, 네 육축을 다른 종류와 교합시키지 말며 네 밭에 두 종자를 섞어 뿌리지 말며 두 재료로 직조한 옷을 입지 말며,

⑳ 무릇 아직 속량도 되지 못하고 해방도 되지 못하고 정혼한 씨종과 사람이 행음하면 두 사람이 형벌을 받으려니와 그들이 죽임을 당치 아니할 것은 그 여인은 아직 해방되지 못하였음이라,

㉑ 그 남자는 그 속건제물(guilt offering) 곧 속건제 수양을 여호와를 위하여 회막문(Tent of Meeting) 앞으로 끌어올 것이요,

㉒ 제사장은 그의 범한 죄를 위하여 그 속건제의 수양으로 여호와 앞에 속죄할 것이요, 그리하면 그의 범한 죄의 사함을 받으리라,

㉓ 너희가 그 땅에 들어가 각종 과목을 심거든 그 열매는 아직 할례 받지 못한 것으로 여기되, 곧 삼년 동안 너희는 그것을 할례받지 못한 것으로 여겨 먹지 말것이요,

㉔ 제 사년에는 모든 과실이 거룩하니 여호와께 드려 찬송할 것이며,

㉕ 제 오년에는 그 열매를 먹을지니, 그리하면 너희에게 그 소산이 풍성하리라, 나는 너의 하나님 여호와니라,

㉖ 너희는 무엇이든지 피채 먹지 말며 복술을 하지 말며 술수를 행치 말며,

㉗ 머리 가를 둥글게 깍지 말며 수염 끝은 손상치 말며,

㉘ 죽은 자를 위하여 너희는 살을 베지 말며 몸에 무늬를 놓지 말라, 나는 여호와니라,

㉙ 네 딸을 더렵혀 기생이 되게 말라, 음풍이 전국에 퍼져 죄악이 가득할까 하노라,

㉚ 내 안식일을 지키고 내 성소를 공경하라, 나는 여호와니라,

㉛ 너희는 신접한 자와 박수를 믿지 말라, 그들을 추종하여 스스로 더럽히지 말라, 나는 너희 하나님 여호와니라,

㉜ 너는 센 머리 앞에 일러서고 노인의 얼굴을 공경하며 네 하나님을 경외하라, 나는

여호와니라,

㉝ 타국인이 너희 땅에 우거하여 함께 있거든 너희는 그를 학대하지 말고,

㉞ 너희와 함께 있는 타국인을 너희 중에서 낳은 자 같이 여기며, 자기 같이 사랑하라, 너희도 에집트 땅에서 객이 되었더니라, 나는 너희 하나님 여호와니라,

㉟ 너희는 재판에든지 도량형에든지 불의를 행치 말고,

㊱ 공평한 저울과 공평한 추와 공평한 에바와 공평한 힌을 사용하라, 나는 너희를 인도하여 에집트 땅에서 나오게 한 너희 하나님 여호와니라,

㊲ 너희는 나의 모든 규례와 나의 모든 법도를 지켜 행하라, 나는 여호와니라. 하시니라.

● 20장

① 여호와께서 모세에게 일러 가라사대,

② 너는 이스라엘 자손에게 또 이르라, 무릇 그가 이스라엘 자손이든지 이스라엘에 우거한 타국인이든지, 그 자식을 몰렉에게 주거든 반드시 죽이되 그 지방 사람이 돌로 칠 것이요,

③ 나도 그 사람에게 진노하여 그를 그 백성 중에서 끊으리니, 이는 그가 그 자식을 몰렉에게 주어서 내 성소를 더럽히고 내 성호를 욕되게 하였음이라,

④ 그가 그 자식을 몰렉에게 주는 것을 그 지방 사람이 못 본체 하고 그를 죽이지 아니하면,

⑤ 내가 그 사람과 그 권속에게 진노하여 그와 무릇 그를 본받아 몰렉을 음란히 섬기는 모든 사람을 그 백성 중에서 끊으리라,

⑥ 음란한 듯 신접한 자와 박사를 추종하는 자에게는 내가 진노하여 그를 백성중에서 끊으리리,

⑦ 너희는 스스로 깨끗게 하여 거룩할지어다, 나는 너희 하나님 여호와니라,

⑧ 너희는 내 규례를 지켜 행하라, 나는 너희를 거룩케 하는 여호와니라,

⑨ 무릇 그 아비나 어미를 저주하는 자는 반드시 죽일지니, 그가 그 어미나 아비를 저주하였은즉, 그 피가 자기에게로 돌아가리라,

⑩ 누구든지 남의 아내와 간음하는 자는 곧 그 이웃의 아내와 간음하는 자는 그 간부와 음부를 반드시 죽일지니라,

⑪ 누구든지 그 계모와 동침하는 자는 그 아비의 하체를 범하였은즉, 둘 다 반드시 죽

일지니, 그 피가 자기에게로 돌아가리라.

⑫ 누구든지 그 자부와 동침하거든 둘 다 반드시 죽일지니, 그들이 가증한 일을 행하였음이라. 그 피가 자기에게로 돌아가리라.

⑬ 누구든지 여인과 교합하듯, 남자와 교합하면 둘 다 가증한 일을 행함인즉, 반드시 죽일지니, 그 피가 자기에게로 돌아가리라.

⑭ 누구든지 아내와 그 장모를 아울러 취하면 악행인즉, 그와 그들을 함께 불사를지니, 이는 너희 중에 악행이 없게 하려 함이니라.

⑮ 남자가 짐승과 교합하면 반드시 죽이고, 너희는 그 짐승도 죽일 것이며,

⑯ 여자가 짐승에 가까이 하여 교합하거든, 너는 여자와 짐승을 죽이되, 이들을 반드시 죽일지니, 그 피가 자기에게로 돌아가리라.

⑰ 누구든지 그 자매 그 곧 아비의 딸이나 어미의 딸을 취하여 그 여자의 하체를 보고, 여자는 그 남자의 하체를 보면 부끄러운 일이라. 그 민족 앞에서 그들이 끊어지리니, 그가 그 자매의 하체를 범하였은즉, 그 죄를 당하리라.

⑱ 누구든지 경도하는 여인과 동침하여 그의 하체를 범하면, 남자는 그 여인의 근원을 드러내었고 여인은 자기의 피 근원을 드러내었은즉, 둘 다 백성 중에서 끊쳐지리라.

⑲ 너의 이모나 고모의 하체를 범하지 말지니, 이는 골육지친의 하체인즉, 그들이 그 죄를 당하리라.

⑳ 누구든지 백숙모와 동침하면 그 백숙부의 하체를 범함이니, 그들이 그 죄를 당하여 무자(childless)히 죽으리라.

㉑ 누구든지 그 형제의 아내를 취하면 더러운 일이라. 그가 그 형제의 하체를 범함이니 그들이 무자(childless)하리라.

㉒ 너희는 나의 모든 규례와 법도를 지켜 행하라. 그리하여야 내가 너희를 인도하여 거하게 하는 땅이 너희를 토하지 아니하리라.

㉓ 너희는 내가 너희 앞에서 쫓아내는 족속의 풍속을 쫓지 말라. 그들이 이 모든 일을 행하므로 내가 그들을 가증히 여기노라.

㉔ 내가 전에 너희에게 이르기를, 너희가 그들의 땅를 유산으로 얻을 것이라 내가 그 땅 젖과 꿀이 흐르는 땅으로 너희에게 주어 유업을 삼게 하리라.

㉕ 너희는 짐승의 정하고 부정함과 새의 정하고 부정함을 구별하고, 내가 너희를 위하여 부정한 것으로 구별한 짐승이나 새나 땅에 기는 곤충으로 인하여 너희 몸을

더럽히지 말라,

㉖ 너희는 내게 거룩할지어다, 이는 나 여호와가 거룩하고, 내가 또 너희로 나의 소유를 삼으려고 너희를 만민 중에서 구별하였음이니라,

㉗ 남자나 여자가 신접하거나 박수가 되거든 반드시 죽일지니, 곧 돌로 그를 치라, 그 피가 자기에게로 돌아가리라.

● 21장

① 여호와께서 모세에게 이르시되, 아론의 자손 제사장들에게 고하여 이르라, 백성 중의 죽은 자로 인하여 스스로 더럽히지 말려니와,

② 골육지친인 부모나 자녀나 형제나,

③ 출가하지 아니한 처녀인 친 자매로 인하여는 몸을 더럽힐 수 있느니라,

④ 제사장은 백성의 어른인즉, 스스로 더럽혀 욕되게 하지 말지니라,

⑤ 제사장들은 머리털을 깎아 대머리 같게 하지 말며 살을 베지 말고,

⑥ 그 하나님께 대하여 거룩하고 그 하나님의 이름을 욕되게 하지 말것이니라, 이는 그들이 여호와의 음식인 불로 만든 제물을 여호와께 드리는 자들인즉, 그들은 거룩할 것이니라,

⑦ 그들은 기생이나 부정한 여인을 취하지 말것이며 이혼 당한 여인을 취하지 말지니, 이는 그가 여호와께 거룩함이니라,

⑧ 너는 그를 거룩하게 하라, 그는 네 하나님의 음식물을 드림이니라, 너는 그를 거룩히 여기라, 나 여호와 너희를 거룩하게 하는 자는 거룩함이니라,

⑨ 만일 어떤 제사장의 딸이든지 행음하여 스스로 더럽히면 그 아비를 욕되게 함이니, 그를 불사를지니라,

⑩ 자기 형제 중 관유로 부름을 받고 위임되어 예복을 입은 대제사장은 그 머리를 풀지 말며 그 옷을 찢지 말며,

⑪ 어떤 시체에든지 가까이 말지니, 부모로 인하여도 더러워지게 말며,

⑫ 성소에서 나오지 말며, 그 하나님의 성소를 더럽히지 말라, 이는 하나님의 위임한 관유가 그 위에 있음이니라, 나는 여호와니라,

⑬ 그는 처녀를 취하여 아내를 삼을지니,

⑭ 과부나 이혼된 여인이나 더러운 여인이나 기생을 취하지 말고, 자기 백성 중 처녀를 취하여 아내를 삼아,

⑮ 그 자손으로 백성 중에서 더럽히지 말지니, 나는 그를 거룩하게 하는 여호와임이니라,

⑯ 여호와께서 모세에게 일러 가라사대,

⑰ 아론에게 고하여 이르라, 무릇 너의 대대 자손 중 육체에 흠이 있는 자는 그 하나님의 음식을 드리려고 가까이 오지 못할 것이라,

⑱ 무릇 흠이 있는 자는 가까이 못할지니, 곧 소경이나 절뚝발이나 외관이 손상된 자나 지체가 불구인 자나

⑲ 발 부러진 자나 손 부러진 자나,

⑳ 곱사등이나 난장이나 눈에 백막이 있는 자나 불알 상한 자나,

㉑ 제사장 아론의 자손 중에 흠이 있는 자는 나아와 여호와의 화제(the offering by fire)를 드리지 못할지니, 그는 흠이 있은즉 나아와 하나님의 음식을 드리지 못하느니라

㉒ 그는 성스러운 음식과 마찬가지로 이러한 하나님의 가장 성스러운 음식도 먹어도 되느니라,

㉓ 그러나 장 안에 들어가지 못할 것이요, 단에 가까이 못할지니, 이는 그가 흠이 있음이라, 이와 같이 그가 나의 성소를 더럽히지 못할 것은 나는 그들을 거룩하게 하는 여호와임이니라, 하시니라,

㉔ 이에 모세는 이것을 그대로 아론과 그 아들들과 온 이스라엘 자손에게 전하여 말하였느니라.

● 22장

① 여호와께서 모세에게 일러 가라사대,

② 아론과 그 아들들에게 고하여 그들로 이스라엘 자손이 내게 드리는 성물에 대하여 스스로 구별하여 내 성호를 욕되게 함이 없게 하라, 나는 여호와니라,

③ 그들에게 이르라, 무릇 너의 대대 자손 중에 그 몸이 부정하고도 이스라엘 자손이 구별하여 여호와께 드리는 성물에 가까이 하는 자는 내 앞에서 끊어지리라, 나는 여호와니라,

④ 아론의 자손 중 문둥 환자나 유출병이 있는 자는 정하기 전에는 성물을 먹지 말 것이요, 시체로 부정하게 된 자나 설정한 자나,

⑤ 무릇 사람을 부정하게 하는 벌레에 접촉된 자나 무슨 부정이든지 사람을 더럽힐만

한 자에게 접촉된 자,

⑥ 곧 이런 것에 접촉된 자는 저녁까지 부정하니 몸을 물로 씻지 아니하면 성물을 먹지 못할지며,

⑦ 해 질 때에야 정하리니, 그 후에 성물을 먹을 것이라, 이는 그의 음식이 됨이니라,

⑧ 절로 죽은 것이나 들짐승에게 찢긴 것을 먹음으로 자기를 더럽히지 말라, 나는 여호와니라,

⑨ 그들은 나의 명을 지킬 것이라, 그것을 욕되게 하면 그로 인하여 죄를 짓고 그 가운데에서 죽을까 하노라, 나는 그들을 거룩하게 하는 여호와니라,

⑩ 외국인은 성물을 먹지 못할 것이며, 제사장의 객이나 품군은 다 성물을 먹지 못할 것이니라,

⑪ 그러나 제사장이 돈으로 사람을 샀으면 그 자는 그것을 먹을 것이고, 그 집에서 출생한 자도 그러하여 그들이 제사장의 음식을 먹을 것이며,

⑫ 제사장의 딸이 낯선자와 혼인하면, 그녀는 거룩한 것들의 성물을 먹지 못할지니,

⑬ 그가 과부가 되든지 이혼을 당하든지 자식이 없이 친정에 돌아와서 어릴 때와 같으면, 그는 그 아비의 음식을 먹을 것이나, 낯선자는 그것을 먹지 못할 것이니라,

⑭ 사람이 부지 중 성물을 먹으면 그 성물에 그 오분 일을 더하여 제사장에게 줄지니라,

⑮ 이스라엘 자손이 여호와께 드리는 성물을 그들은 더럽히지 말지니,

⑯ 그들이 성물을 먹으면 그 죄로 인하여 형벌을 받게 할 것이니라, 나는 그들을 거룩하게 하는 여호와니라,

⑰ 여호와께서 모세에게 일러 가라사대,

⑱ 아론과 그 아들들과 이스라엘 온 족속에게 고하여 이르라, 이스라엘 자손이나 그 중에 우거하는 자중, 누구든지 자기의 모든 서원과 자기의 모든 자원하는 예물이나 혹은 번제예물로서 주께 자기의 봉헌을 드리려면,

⑲ 너희는 너희 자원함으로 소나 양이나 염소를 흠 없는 수컷으로 드릴지니라,

⑳ 무릇 흠 있는 것을 너희는 드리지 말 것은 그것이 받아들여지지 못할 것임이니라,

㉑ 무릇 서원한 것을 갚으려든지 자의로 예물을 드리려든지 하여 소나 양으로 화목제 희생을 여호와께 드리는 자는 받아들여지도록 아무 흠이 없는 온전한 것으로 할지니,

㉒ 눈먼 것이나 상한 것이나 지체에 베임을 당한 것이나 종기 있는 것이나 괴혈병 있

는 것이나 비루 먹은 것을 너희는 여호와께 드리지 말며, 단 위에 화제로 여호와께 드리지 말며,

㉓ 우양의 지체가 더하거나 덜하거나 한 것은 너희가 낙헌 예물로는 쓰려니와 서원한 것을 갚음으로 드리면 열납되지 못하리라,

㉔ 너희는 상하였거나 치었거나 터졌거나 베임을 당한 것은 여호와께 드리지 말며, 너희 땅에서는 이런 일을 행치도 말며,

㉕ 너희는 외방인에게서도 이런 것을 받아 너희의 하나님의 음식물로 드리지 말라, 이는 결점이 있고 흠이 있는 것인즉, 너희를 위하여 받아들여지지 못할 것임이니라,

㉖ 여호와께서 모세에게 일러 가라사대,

㉗ 수소나 양이나 염소가 나거든 칠일 동안 그 어미와 같이 있게 하라, 제 팔일 이후로는 여호와께 화제로 예물을 드리면 받아들여지리라,

㉘ 암소나 암양을 무론하고 어미와 새끼를 동일에 잡지 말지니라,

㉙ 너희가 여호와께 감사 희생을 드리거든 너희가 받아들여지도록 드릴지며,

㉚ 그 제물은 당일에 먹고 이튿날까지 두지 말라, 나는 여호와니라,

㉛ 너희는 나의 계명을 지키며 행하라, 나는 여호와니라,

㉜ 너희는 나의 성호를 욕되게 말라, 나는 이스라엘 자손 중에서 거룩하게 함을 받을 것이니라, 나는 너희를 거룩하게 하는 여호와요,

㉝ 너희 하나님이 되려고 너희를 에집트 땅에서 인도하여 낸 그 이니라, 나는 여호와니라, 하시니라.

● 23장

① 여호와께서 모세에게 일러 가라사대,

② 이스라엘 자손에게 고하여 이르라, 너희가 공포하여 거룩한 집회로서 주의 절기들을 선포할지니, 곧 이것들이 나의 절기들이니라,

③ 엿새 동안 일할 것이요, 일곱째 날은 쉴 안식일이니, 곧 거룩한 집회라 너희는 무슨 일이든지 하지 말라, 이는 너희 거하는 각 처에서 지킬 여호와의 안식일이니라,

④ 기한에 미쳐 너희가 공포하여 거룩한집회(성회)로 삼을 여호와의 절기는 이러하니라,

⑤ 정월 십 사일 저녁은 여호와의 유월절이요,

⑥ 이 달 십오일은 여호와의 무교절이니 칠일 동안 너희는 무교병(부풀지않은 빵)을 먹을 것이요

⑦ 그 첫날에는 너희가 성회로 모이고 아무 노동도 하지 말지며,

⑧ 너희는 칠일 동안 여호와께 화제(the offering by fire)를 드릴 것이요, 제 칠일에 도 성회로 모이고 아무 일도 하지 말지니라,

⑨ 여호와께서 모세에게 일러 가라사대,

⑩ 이스라엘 자손에게 고하여 이르라, 너희는 내가 주는 땅에 들어가서 너희의 곡물 을 거둘 때에 우선 너희의 곡물의 첫 이삭 한 단을 제사장에게로 가져 갈 것이요,

⑪ 제사장은 너희를 위하여 그 단을 여호와 앞에 받아들이도록(열납되도록) 흔들되, 안식일 이튿날에 흔들 것이며,

⑫ 너희가 그 단을 흔드는 날에 일년 되고 흠 없는 수양을 번제로 여호와께 드리고,

⑬ 그 소제(grain offering)로는 기름 섞은 고운 가루 에바 십분 이를 여호와께 드려 화제로 삼아 향기로운 냄새가 되게 하고 전제(drink offering)로는 포도주 힌 사분 일을 쓸 것이며,

⑭ 너희는 너희 하나님께 예물을 가져오는 그날까지 떡이든지 볶은 곡식이든지 생 이 삭이든지 먹지 말지니, 이는 너희가 그 거하는 각처에서 대대로 지킬 영원한 규례 니라,

⑮ 안식일 이튿 날 곧 너희가 요제로 단을 가져온 날부터 세어서 칠 안식일의 수효를 채우고,

⑯ 제 칠 안식일 이튿날까지 합 오십일을 계수하여 새 소제(grain offering)를 여호와 께 드리고,

⑰ 너희 처소에서 에바 십분 이로 만든 떡 두개를 가져다가 흔들지니, 이는 고운 가루 에 누룩을 넣어서 구운 것이요, 이는 첫 요제(wave offering)로 여호와께 드리는 것이며,

⑱ 너희는 또 이 떡과 함께 일년 되고 흠 없는 어린 양 일곱과 젊은 수소 하나와 수양 둘을 드리되, 이들을 그 소제와 그 전제와 함께 여호와께 드려서 번제를 삼을지니, 이는 화제라 여호와께 향기로운 냄새며,

⑲ 또 수염소 하나로 속죄제(sin offering)를 드리며, 일년 된 어린 수양 둘을 화목제 (fellowship offering) 희생으로 드릴 것이요,

⑳ 제사장은 그 첫 이삭의 떡과 함께 그 두 어린 양을 여호와 앞에 흔들어 요제를 삼을

것이요, 이것들은 여호와께 드리는 성물인즉 제사장에게 돌릴 것이며,

㉑ 이 날에 너희는 너희 중에 성회를 공포하고 아무 노동도 하지 말지니, 이는 너희가 그 거하는 각 처에서 대대로 지킬 영원한 규례니라,

㉒ 너희 땅의 곡물을 벨 때에 밭 모퉁이 까지 다 베지 말며 떨어진 것을 줍지 말고, 너는 그것을 가난한 자와 객을 위하여 버려두라, 나는 너희 하나님 여호와니라,

㉓ 여호와께서 모세에게 일러 가라사대,

㉔ 이스라엘 자손에게 고하여 이르라, 칠월, 곧 그달 일일로 안식일을 삼을지니, 이는 나팔을 불어 기념할 날이요, 성회라,

㉕ 아무 노동도 하지 말고 여호와께 화제를 드릴지니라,

㉖ 여호와께서 모세에게 일러 가라사대,

㉗ 칠월 십일은 속죄일이니, 너희에게 성회라, 너희는 스스로 괴롭게 하며 여호와께 화제를 드리며,

㉘ 이 날에는 아무 일도 하지 말 것은 너희를 위하여 너희 하나님 여호와 앞에 속죄할 속죄일이 됨이니라,

㉙ 이 날에 그 자신을 부인하지 아니하는 자는 그 백성 중에서 끊쳐질 것이라,

㉚ 이 날에 누구든지 아무일이나 하는 자는 내가 백성 중에서 멸절시키리니,

㉛ 너희는 아무 일이든지 하지 말라, 이는 너희가 그 거하는 각처에서 대대로 지킬 영원한 규례니라,

㉜ 이는 너희의 쉴 안식일이라, 너희는 스스로 괴롭게 하고 이 달 구일 저녁 곧 그 저녁부터 이튿날 저녁까지 안식을 지킬지니라,

㉝ 여호와께서 모세에게 일러 가라사대,

㉞ 이스라엘 자손에게 고하여 이르라, 칠월 십오일은 초막절이니, 여호와를 위하여 칠일 동안 지킬 것이라,

㉟ 첫 날에는 성회가 있을지니 너희는 아무 노동도 하지 말며,

㊱ 칠일 동안에 너희는 화제를 여호와께 드릴 것이요, 제 팔일에도 너희에게는 성회가 될것이며, 화제를 여호와께 드릴지니, 이는 거룩한 대회라 너희는 아무 노동도 하지 말지니라,

㊲ 이것들은 여호와의 절기라, 너희는 공포하여 성회를 삼고 번제와 소제와 희생과 전제를 각각 그 날에 여호와께 화제로 드릴지니,

㊳ 이는 여호와의 안식일들과 너희의 헌물들 외에, 너희의 모든 서원들 외에, 너희의

모든 자원하는 헌물들 외에, 그것들은 너희가 여호와께 드리는 것이니라,

㊴ 너희가 토지 소산 거두기를 마치거든 칠월 십오일부터 칠일 동안 여호와의 절기를 지키되, 첫날에도 안식하고 제 팔일에도 안식할 것이요,

㊵ 첫날에는 너희가 아름다운 나무 실과와 종려 가지와 무성한 가지와 시내 버들을 취하여 너희 하나님 앞에서 칠일 동안 즐거워할 것이라,

㊶ 너희는 매년에 칠일 동안 여호와께 이 절기를 지킬지니 너희 대대로의 영원한 규례라, 너희는 칠월에 이를 지킬지니라,

㊷ 너희는 칠일 동안 초막에 거하되, 이스라엘에서 난 자는 다 초막에 거할지니,

㊸ 이는 내가 이스라엘 자손을 애집트 땅에서 인도하여 내던 때에 초막에 거하게 한 줄을 너희 대대로 알게 함이니라, 나는 너희 하나님 여호와니라,

㊹ 모세가 여호와의 절기들을 이스라엘 자손에게 공포하여 알렸더라.

• 24장

① 여호와께서 모세에게 일러 가라사대,

② 이스라엘 자손에게 명하여 등불을 위하여 찧어낸 순수한 올리브기름을 네게로 가져오게 하여 끊이지 않고 등잔불을 켤지니라,

③ 아론은 회막 안 증거궤 장 밖에서 저녁부터 아침까지 여호와 앞에 항상 등잔불을 정리할지니, 너희 대대로 지킬 영원한 규례니라,

④ 그가 여호와 앞에서 순결한 등대 위의 등잔들을 끊이지 않고 정리할지니라,

⑤ 너는 고운 가루를 취하여 떡 열 둘을 굽되 매덩이를 에바 십분 이로 하여,

⑥ 여호와 앞 순결한 상 위에 두 줄로 한 줄에 여섯씩 진설하고,

⑦ 너는 또 정결한 유향을 그 매 줄 위에 두어 기념물로 여호와께 화제로 삼을 것이며,

⑧ 항상 매 안식일에 이 떡을 여호와 앞에 진설할지니, 이는 이스라엘 자손을 위한 것이요, 영원한 언약이니라,

⑨ 이 떡은 아론과 그 자손에게 돌리고 그들은 그것을 거룩한 곳에서 먹을지니, 이는 여호와의 화제 중 그에게 돌리는 것으로서 지극히 거룩함이니라, 이는 영원한 규례니라,

⑩ 이스라엘 여인의 아들이요, 그 아비는 애집트 사람 된 자가 이스라엘 자손 중에 나가서 한 이스라엘 사람과 진 중에서 싸우다가,

⑪ 그 이스라엘 여인의 아들이 여호와의 이름을 훼방하며 저주하므로 무리가 끌고 모세에게로 가니라, 그 어미의 이름은 슬로밋이요, 단 지파 디브리의 딸이었더라,

⑫ 그들이 그를 가두고 여호와의 명령을 기다리더니,

⑬ 여호와께서 모세에게 일러 가라사대,

⑭ 저주한 사람을 진밖에 끌어 내어 그 말을 들은 모든 자로 그 머리에 안수하고 온 회중이 돌로 그를 칠지니라,

⑮ 너는 이스라엘 자손에게 고하여 이르라, 누구든지 자기 하나님을 저주하면 죄를 당할 것이요,

⑯ 여호와의 이름을 훼방한면 그를 반드시 죽일지니, 온 회중이 돌로 그를 칠 것이라, 외국인이든지 본토인이든지 여호와의 이름을 훼방하면 그를 죽일지니라,

⑰ 사람을 쳐 죽인 자는 반드시 죽일 것이요,

⑱ 짐승을 쳐 죽인 자는 짐승으로 짐승을 갚을 것이요,

⑲ 사람이 만일 그 이웃을 상하였으면 그 행한 대로 그에게 행할 것이니라,

⑳ 상해에는 상해로, 눈은 눈으로, 이는 이로 갚을지라, 남에게 손상을 입힌 대로 그에게 그렇게 할 것이며,

㉑ 짐승을 죽인 자는 그것을 물어 줄 것이요, 사람을 죽인 자는 죽일지니라,

㉒ 외국인에게든지 본토인에게든지 그 법을 동일히 할 것은 나는 너희 하나님 여호와이니라,

㉓ 모세가 이스라엘 자손에게 고하니, 그들이 저주한 자를 진 밖에 끌어 내어 돌로 쳤더라, 이스라엘 자손이 여호와께서 모세에게 명하신대로 행하였더라,

● 25장

① 여호와께서 시내산에서 모세에게 일러 가라사대,

② 이스라엘 자손에게 고하여 이르라, 너희는 내가 너희에게 주는 땅에 들어간 후에 그 땅으로 여호와 앞으로 안식하게 하라,

③ 너는 육년 동안 그 땅에 파종하며 육년 동안 그 포도원을 다스려 그 열매를 거둘 것이나,

④ 제 칠년에는 땅으로 쉬어 안식하게 할지니, 여호와께 대한 안식이라, 너는 그 밭을 파종하거나 포도원을 다스리지 말며,

⑤ 너의 곡물의 스스로 난 것을 거두지 말고, 다스리지 아니한 포도나무의 맺은 열매

를 거두지 말라, 이는 땅의 안식년임이니라,

⑥ 안식년의 소출은 너희의 먹을 것이니, 너와 네 남 종과 네 여종과 네 품군과 너와 함께 거하는 객과

⑦ 네 육축과 네 땅에 있는 들짐승들이 다 그 소산으로 음식물을 삼을지니라,

⑧ 너는 일곱 안식년을 계수할지니, 이는 칠년이 일곱번인, 즉 안식년 일곱번 동안 곧 사십 구년이라,

⑨ 칠월 십일은 속죄일이니, 너는 나팔 소리를 내되 전국에서 나팔을 크게 불지며,

⑩ 제 오십년을 거룩하게 하여 전국 거민에게 자유를 공포하라, 이 해는 너희에게 희년이니 너희는 각각 그 기업으로 돌아가며 각각 그 가족에게로 돌아갈지며,

⑪ 그 오십년은 너희의 희년이니 너희는 파종하지 말며 스스로 난 것을 거두지 말며 다스리지 아니한 포도를 거두지 말라,

⑫ 이는 희년이니 너희에게 거룩함이니라, 너희가 밭의 소산을 먹으리라,

⑬ 이 희년에는 너희가 각기 기업으로 돌아갈지라,

⑭ 네 이웃에게 팔던지 네 이웃의 손에서 사거든 너희는 서로 속이지 말라,

⑮ 희년 후의 년수를 따라서 너는 이웃에게 살것이요, 그도 그 열매를 얻을 년수를 따라서 네게 팔 것인즉,

⑯ 년수가 많으면 너는 그 값을 많게 하고 년수가 적으면 너는 그 값을 적게 할지니, 곧 그가 그 열매의 다소를 따라서 네게 팔것이라,

⑰ 너희는 서로 속이지 말고 너희의 하나님을 경외하라, 나는 너희 하나님, 여호와니라,

⑱ 너희는 내 법도를 행하여 내 규례를 지켜 행하라, 그리하면 너희가 그 땅에 안전히 거할 것이라,

⑲ 땅은 그 산물을 내리니 너희가 배불리 먹고 거기 안전히 거하리라,

⑳ 너희 말이 우리가 만일 제 칠년에 심지도 못하고 그 산물을 거두지도 못하면 무엇을 먹으리요, 하겠으나,

㉑ 내가 명하여 제 육년에 내 복을 너희에게 내려 그 소출이 삼년 쓰기에 족하게 할지라,

㉒ 너희가 제 팔년에는 파종하려니와 묵은 곡식을 먹을 것이며 제 구년 곧 추수하기까지 묵은 곡식을 먹으리라,

㉓ 토지를 영영히 팔지 말것은 토지는 다 내 것임이라, 너희는 나그네요, 우거하는 자

로서 나와 함께 있느니라,

㉔ 너희 소유의 온 땅에서 그 토지 무르기를 허락할지니,

㉕ 만일 너희 형제가 가난하여 그 기업 얼마를 팔았으면 그 근족이 와서 동족의 판 것을 무를것이요,

㉖ 만일 그것을 무를 사람이 없고 자기가 부요하게 되어 무를 힘이 있거든,

㉗ 그 판 해를 계수하여 그 남은 값을 산 자에게 주고 그의 소유로 돌아갈 것이니라,

㉘ 그러나 자기가 무를 힘이 없으면 그 판 것이 희년에 이르기까지 산 자의 손에 있다가 희년에 미쳐 돌아올지니, 그것이 자기 소유로 돌아갈 것이니라,

㉙ 성벽 있는 성내의 가옥을 팔았으면 판지 만 일년 안에는 무를 수 있나니, 곧 그 기한 안에 무르려니와,

㉚ 일년 내에 무르지 못하면 그 성내 가옥은 산 자의 소유로 확정되어 대대로 영영히 그에게 속하고 희년에라도 돌려 보내지 아니할 것이니라,

㉛ 그러나 성벽이 둘리지 아니한 촌락의 가옥은 나라의 전토 일례로 물러주기도 할 것이요, 희년에 돌려 돌려 보내기도 할것이니라,

㉜ 레위 족속의 성읍 곧 그 소유 성읍의 가옥은 레위 사람이 언제든지 무를수 있으나,

㉝ 레위 사람이 만일 무르지 아니하면 그 기업된 성읍의 판 가옥은 희년에 돌려 보낼지니, 대저 레위 사람의 성읍의 가옥은 이스라엘 자손 중에서 얻은 기업이 됨이니라,

㉞ 그러나 그 성읍의 들의 사면 밭은 그의 영원한 기업이니 팔지 못할지니라,

㉟ 네 동족이 빈한하게 되어 빈손으로 네 곁에 있거든 너는 그를 도와 객이나 우거하는 자처럼 너와 함께 생활하게 하되,

㊱ 너는 그에게 이식을 취하지 말고 네 하나님을 경외하여 네 형제로 너와 함께 생활하게 할것인즉,

㊲ 너는 그에게 이식을 위하여 돈을 빌려주지 말고 이익을 위하여 네 양식을 빌려주지 말지니라,

㊳ 나는 너희 하나님이 되려고 또는 가나안 땅으로 너희에게 주려고 에집트 땅에서 너희를 인도하여 낸 너희 하나님 여호와니라,

㊴ 네 동족이 빈한하게 되어 네게 몸이 팔리거든 너는 그를 종으로 부리지 말고,

㊵ 품군이나 우거하는 자 같이 너와 함께 있게 하여 희년까지 너를 섬기게 하라,

㊶ 그때에는 그와 그 자녀가 함께 네게서 떠나 그 본족에게 돌아가서 조상의 소유지

로 돌아가리라,
㊷ 그들은 내가 애굽 땅에서 인도하여 낸바 나의 품군인즉 종으로 팔리지 말 것이라,
㊸ 너는 그를 엄하게 부리지 말고 너의 하나님을 경외하라,
㊹ 너의 종은 남녀를 무론하고 너의 사면 이방인 중에서 취할지니, 남녀 종은 이런 자 중에서 살것이며
㊺ 또 너희 중에 우거한 이방인의 자녀 중에서도 너희가 살 수 있고, 또 그들이 너희 중에서 살아서 너희 땅에서 가정을 이룬 그 중에서도 그리 할 수 있은즉 그들이 너희 소유가 될지니,
㊻ 너희는 그들을 너희 후손에게 기업으로 주어 소유가 되게 할 것이라 이방인 중에서는 너희가 영원한 종을 삼으려니와 너희 동족 이스라엘의 자손은 너희 피차 엄하게 부리지 말지니라,
㊼ 너희 중에 우거하는 이방인은 부요하게 되고, 그 곁에 사는 너희 동족은 빈한하게 됨으로, 너희 중에 우거하는 이방인에게나 그 족속에게 몸이 팔렸으면,
㊽ 팔린 후에 그를 속량할 수 있으니, 그 형제 중 하나가 속하거나,
㊾ 삼촌이니 사촌이 속하거나 그 근족 중 누구든지 속할 것이요, 그가 부요하게 되면 스스로 속하되,
㊿ 자기 몸이 팔린 해로부터 희년까지를 그 산자와 계산하여 그 년수를 따라서 그 몸의 값을 정할 때에 그 사람을 섬긴 날을 그 사람에게 고용된 날로 여길 것이라,
(51) 만일 남은 해가 있으면 그 년수대로 팔린 값에서 속하는 값을 그 사람에게 도로 주고,
(52) 만일 회년까지 남은 해가 적으면 그 사람과 계산하여 그 년수대로 속하는 그 값을 그에게 도로 줄지며,
(53) 주인은 그를 매년의 삯군과 같이 여기고 너의 목전에서 엄하게 부리지 못할리라,
(54) 그가 이같이 속하지 못하면 희년에 이르러 그와 그 자녀가 자유하리니,
(55) 이스라엘 자손은 나의 품군이 됨이라, 그들은 내가 애굽 땅에서 인도하여 낸 나의 품군이요, 나는 너희 하나님 여호와니라.

• 26장

① 너희는 너희를 위하여 우상들이나 조각한 형상을 만들지 말지니, 너희를 위하여 서있는 형상을 세우지 말며 너희 땅에 조각한 석상을 세우고 그에게 경배하지 말

라, 나는 너희 하나님 여호와니라,

② 너희는 나의 안식일을 지키며 나의 성소를 공경하라, 나는 여호와니라,

③ 너희가 나의 규례와 계명을 준행하면,

④ 내가 너희에게 비를 적절한 계절에 주리니, 땅은 그 산물을 내고 밭의 수목은 열매를 맺을지라,

⑤ 너희의 타작은 포도딸 때까지 미치며, 너희의 포도 따는 것은 파종할 때까지 미치리니, 너희가 음식을 배불리 먹고 너희 땅에 안전히 거하리라,

⑥ 내가 그 땅에 평화를 줄 것인즉 너희가 누우나 너희를 두렵게 할 자가 없을 것이며, 내가 사나운 짐승을 그 땅에서 제할 것이요, 칼이 너희 땅을 두루 행하지 아니할 것이며,

⑦ 너희가 대적을 쫓으리니, 그들이 너희 앞에서 칼에 엎드려질 것이라,

⑧ 너희 다섯이 백을 쫓고 너희 백이 만을 쫓으리니, 너희 대적들이 너희 앞에서 칼에 엎드려질 것이며,

⑨ 내가 너희를 권고하여 나의 너희와 세운 언약을 이행하여 너희로 번성케 하고 너희로 창대케 할 것이며,

⑩ 너희는 오래 두었던 묵은 곡식을 먹다가 새 곡식을 인하여 묵은 곡식을 치우게 될 것이며,

⑪ 내가 내 장막을 너희 중에 세우리니, 내 마음이 너희를 싫어하지 아니할 것이며,

⑫ 나는 너희 중에 행하여 너희 하나님이 되고 너희는 나의 백성이 될 것이니라,

⑬ 나는 너희를 애굽 땅에서 인도하여 내어 그 종된 것을 면케한 너희 하나님 여호와라, 내가 너희 멍에 빗장목을 깨뜨리고 너희로 바로 서서 걷게 하였느니라,

⑭ 그러나 너희가 내게 청종치 아니하여 이 모든 명령을 준행치 아니하며,

⑮ 나의 규례를 멸시하여 마음에 나의 법도를 싫어하여, 나의 모든 계명을 준행치 아니하며, 나의 언약을 배반할진대,

⑯ 내가 이같이 너희에게 행하리니, 곧 내가 너희에게 놀라운 재앙을 내려 폐병과 열병으로 눈이 어둡고 생명이 쇠약하게 할 것이요, 너희의 파종은 헛되리니, 너희의 대적이 그것을 먹을 것임이며,

⑰ 내가 너희를 치리니, 너희가 너희 대적에게 패할 것이요, 너희를 미워하는 자가 너희를 다스릴 것이며, 너희는 쫓는 자가 없어도 도망하리라,

⑱ 너희가 그렇게 되어도 내게 청종치 아니하면 너희 죄를 인하여 내가 너희를 칠배

나 더 징치할지라,

⑲ 내가 너희의 세력을 인한 교만을 꺾고, 너희 하늘로 철과 같게 하며 너희 땅으로 놋과 같게 하리니,

⑳ 너희 수고가 헛될지라, 땅을 그 산물을 내지 아니하고 땅의 나무는 그 열매를 맺지 아니하리라,

㉑ 너희가 나를 거스려 내게 청종치 않을진대, 내가 너희 죄대로 너희에게 칠배나 더 재앙을 내릴 것이라,

㉒ 내가 들짐승을 너희 중에 보내리니, 그것들이 너희 자녀를 움키고 너희 육축을 멸하며 너희 수효를 감소케 할지라, 너희 도로가 황폐하리라,

㉓ 이런 일을 당하여도 너희가 내게로 돌아오지 아니하고 나를 대항할진대,

㉔ 나 곧 나도 너희에게 대항하여 너희 죄를 인하여 너희를 칠배나 더 칠지라,

㉕ 내가 칼을 너희에게로 가져다가 너희의 배약한 원수를 갚을 것이며 너희가 성읍에 모이더라도 너희에게 염병을 보내고, 너희를 대적의 손에 붙일 것이며,

㉖ 내가 너희 의뢰하는 양식을 끊을 때에 열여인이 한 화덕에서 너희 떡을 구워 화덕에 저울에 달아주리니, 너희가 먹어도 배부르지 아니하리라,

㉗ 너희가 이 같이 될지라도 내게 청종치 아니하고 내게 대항할진대,

㉘ 내가 진노로 너희에게 대항하되, 너희 죄를 인하여 칠배나 더 징책하리니,

㉙ 너희가 아들의 고기를 먹을 것이요, 딸의 고기를 먹을 것이며,

㉚ 내가 너희의 산당을 헐며 너희의 태양 주상을 찢어 넘기며, 너희 시체를 파상한 시체 위에 던지고 내 마음이 너희를 싫어할 것이며,

㉛ 내가 너희 성읍으로 황폐케 하고 너희 성소들로 황량케 할 것이며, 너희의 향기로운 향을 흠향치 아니하고 ,

㉜ 그 땅을 황무케 하리니, 거기 거하는 너희 대적들이 그것을 인하여 놀랄 것이며,

㉝ 내가 너희를 열방 중에 흩을 것이요, 내가 칼을 빼어 너희를 따르게 하리니, 너희의 땅이 황무하며 너희의 성읍이 황폐하리라,

㉞ 너희가 대적의 땅에 거할 동안에 너희 본토가 황무할 것이므로 땅이 안식을 누릴 것이라, 그 때에 땅이 쉬어 안식을 누리리라,

㉟ 너희가 그 땅에 거한 동안에 너희 안식시에 쉼을 얻지 못하던 땅이 그 황무할 동안에는 쉬리라,

㊱ 너희의 남은 자에게는 그 대적의 땅에서 내가 그들의 마음으로 약하게 하리니, 그

들은 바람에 불린 잎사귀 소리에도 놀라 도망하기를 칼을 피하여 도망하듯 할것이 요, 쫒는 자가 없어도 엎드러질 것이라,

㊲ 그들은 쫒는 자가 없어도 칼 앞에 있음 같이 서로 부딪쳐 넘어지리니, 너희가 대적을 당할 힘이 없을 것이요,

㊳ 너희가 열방 중에서 망하리니, 너희 대적의 땅이 너희를 삼킬 것이니라,

㊴ 너희 남은 자가 너희 대적의 땅에서 자기의 죄로 인하여 쇠잔하며 그 열조의 죄로 인하여 그 열조 같이 쇠잔하리라,

㊵ 그들이 자기 죄와 그 열조의 죄와 및 그들이 나를 거스린 허물을 자복하고 또 자기들이 나를 대항하였으므로,

㊶ 나도 그들을 대항하여 그 대적의 땅으로 끌어 갔음을 깨닫고 그 할례 받지 아니한 마음이 낮아져서 그 죄악의 형벌을 순히 받으면,

㊷ 내가 야곱과 맺은 내 언약과 이삭과 맺은 내언약을 생각하며, 아브라함과 맺은 언약을 생각하고 그 땅도 기억하리라,

㊸ 그들이 나의 법도를 싫어하며 나의 규례를 멸시하였으므로 그 땅을 떠나서 사람이 없을 때에 땅이 황폐하여 안식을 누릴 것이요, 그들은 자기 죄악으로 형벌을 순히 받으리라,

㊹ 그런즉 그들이 대적의 땅에 거할 때에 내가 싫어 버리지 아니하며 미워하지 아니하며 아주 멸하지 아니하여, 나의 그들과 세운 언약을 폐하지 아니하리니, 나는 여호와 그들의 하나님이 됨이라,

㊺ 내가 그들의 하나님이 되기 위하여 이방인들의 목전에서 에집트로부터 인도하여 낸 그들의 열조와 맺은 언약을 그들을 위하여 기억하리라, 나는 여호와니라,

㊻ 이것들은 여호와께서 시내산에서 모세의 손을 통하여 그분 자신과 이스라엘 자손 사이에 세우신 규례와 법도와 율법이니라.

• 27장

① 여호와께서 모세에게 일러 가라사대,

② 이스라엘 자손에게 고하여 이르라, 사람을 여호와께 드리기로 서원하였으면 너는 그 값을 정할지니,

③ 너의 정한 값은 이십세로 육십세까지는 남자이면 성소의 세겔대로 은 오십 세겔로 하고,

④ 여자이면 그 값을 은 삼십 세겔로 하며,

⑤ 오세로 이십세까지는 남자이면 그 값을 은 이십 세겔로 하고 여자이면 십 세겔로 하며,

⑥ 일개월로 오세까지는 남자이면 그 값을 은 오세겔로 하고 여자이면 그 값을 은 삼 세겔로 하며,

⑦ 육십세 이상은 남자이면 그 값을 십 오 세겔로 하고 여자는 십 세겔로 하라,

⑧ 그러나 서원자가 가난하여 그의 정한 가격을 감당치 못하겠으면 그를 제사장 앞으로 데리고 갈 것이요, 제사장은 그 값을 정하되 그 서원자의 사정대로 값을 정할지니라,

⑨ 사람이 헌물로 여호와께 드리는 것이 생축이면 서원물로 여호와께 드릴 때는 다 거룩하니,

⑩ 그것을 변개하여 우열간 바꾸지 못할 것이요, 혹 생축으로 생축을 바꾸면 둘 다 거룩할 것이며,

⑪ 부정하여 여호와께 헌물로 드리지 못할 생축이면 그 생축을 제사장 앞으로 끌어 갈것이요,

⑫ 제사장은 그 우열간에 정가할지니 그 값이 제사장의 정한대로 될 것이며,

⑬ 그가 그것을 무르려면 정가에 그 오분의 일을 더할지니라,

⑭ 사람이 자기 집을 구별하여 여호와께 드리려면 제사장이 그 우열간에 정가할지니 그 값이 제사장의 정한대로 될 것이며,

⑮ 그 사람이 자기 집을 무르려면 정가한 돈에 그 오분 일을 더할지니, 그리하면 자기 소유가 되리라,

⑯ 사람이 자기 기업된 밭 얼마를 구입하여 여호와께 드리려면 두락수대로 정가하되, 보리 한 호멜지기에는 은 오십 세겔로 계산할지며,

⑰ 그가 그밭을 희년부터 구별하여 드렸으면 그 값을 네가 정한대로 할 것이요,

⑱ 그 밭을 희년 후에 구별하여 드렸으면 제사장이 다음 희년까지 남은 년수를 따라 그 값을 계산하고 정가에서 그 값에 상당하데 감할 것이며,

⑲ 밭을 구별하여 드린자가 그것을 무르려면 정가한 돈에 그 오분 일을 더할지니, 그리하면 그것이 자기의 소유가 될 것이요,

⑳ 그가 그 밭을 무르지 아니하려거나 타인에게 팔았으면 다시는 무르지 못하고,

㉑ 희년이 되어서 그 밭이 돌아오게 될 때에는 여호와께 바친 성물이 되어 영영히 드

린 땅과 같이 제사장의 기업이 될 것이며,

㉒ 사람에게 샀고 자기 기업이 아닌 밭을 여호와께 구별하여 드렸으면,

㉓ 너는 정가하고 제사장은 그를 위하여 희년까지 계산하고 그는 너의 정가한 돈을 그 날에 여호와께 드려 성물을 삼을지며,

㉔ 그 밭은 희년에 판 사람의 곧 그 기업의 본주에게로 돌아갈지니라,

㉕ 너의 모든 정가를 성소의 세겔대로 하되 이십 게라를 한 세겔로 할지니라,

㉖ 오직 생축의 첫 새끼는 여호와께 돌릴 첫 새끼라 우 양을 막론하고 여호와의 것이니, 누구든지 그것으로는 구별하여 드리지 못할 것이며,

㉗ 부정한 짐승이면 너의 정가에 그 오분 일을 더하여 속할 것이요, 만일 속하지 아니하거든 너의 정가대로 팔지니라,

㉘ 오직 여호와께 아주 바친 그 물건은 사람이든지 생축이든지 기업의 밭이든지 팔지도 못하고 속하지도 못하나니 바친 것은 다 여호와께 지극히 거룩함이며,

㉙ 아주 바친 그 사람은 다시 속하지 못하니 반드시 죽일지니라,

㉚ 땅의 십분 일 곧 땅의 곡식이나 나무의 과실이나 그 십분 일은 여호와의 것이니 여호와께 성물이라,

㉛ 사람이 그 십분 일을 속하려면 그것에 그 오분 일을 더할 것이요,

㉜ 소나 양의 십분 일은 막대기 아래로 통과하는 것의 열째마다 여호와의 거룩한 것이 되리니,

㉝ 그 우열을 교계하거나 바꾸거나 하지 말라, 바꾸면 둘 다 거룩하리니 속하지 못하리라,

㉞ 이것들은 여호와께서 시내산에서 이스라엘 자손을 위하여 모세에게 명하신 계명이니라.

민수기

· 본 성경듣기는 QR코드 인식으로 들을 수 있습니다

● **1장**
① 이스라엘 자손이 에집트 땅에서 나온 후에 이년 이월 일일에 여호와께서 시나이 황야 회중막사에서 모세에게 일러 가라사대,
② 너희는 이스라엘 자손의 모든 회중 각 남자의 수를 그들의 가족과 종족을 따라 그 명수대로 계수할지니,
③ 이스라엘 자손 중 이십세 이상으로 싸움에 나갈만한 모든 자를 너와 아론은 그 각 부대별로 계수하되,
④ 매 지파의 각기 종족의 두령 한 사람씩 너희와 함께하라,
⑤ 너희와 함께 설 사람의 이름은 사람들의 이름은 이러하니, 르우벤에게서는 스데울의 아들 엘리술이요,
⑥ 시므온에게서는 수리삿대의 아들 슬루미엘이요,
⑦ 유다에게서는 암미나답의 아들 나손이요,
⑧ 잇사갈에게서는 수알의 아들 느다넬이요,
⑨ 스불론에게서는 헬론의 아들 엘리압이요,
⑩ 요셉의 자손 가운데 에브라임 소속에서는 암미훗의 아들 엘리사마요, 므낫세 소속에서는 브다술의 아들 가말리엘이며,
⑪ 베냐민에게서는 기드오니의 아들 아비단이요,
⑫ 단에게서는 암미삿대의 아들 아히에셀이요,
⑬ 아셀에게서는 오그란의 아들 바기엘이요,
⑭ 갓에게서는 드우엘의 아들 엘리아삽이요,
⑮ 납달리에게서는 에난의 아들 아히라니라 하시니,

⑯ 이들은 회중 가운데 명성있는 자들이요, 그 조상 지파의 족장으로서 이스라엘 중에서 수천명의 우두머리들이니라, 하시니라,

⑰ 모세와 아론이 지명된 이 사람들을 데리고,

⑱ 둘째 달 첫째 날에 그들이 모든 회중을 함께 모으고 그들의 가족들을 따라서 그들의 조상들의 가문대로 이십 세 이상의 이름의 수를 따라 머리 수대로 그들의 혈통을 선포하매,

⑲ 여호와께서 모세에게 명하신대로 그가 시나이 황야에서 그들을 계수하였더라,

⑳ 이스라엘의 장자 르우벤의 아들들에게서 난 자를 그들의 가족과 종족을 따라 이십 세 이상으로 싸움에 나갈만한 각 남자를 그 명수대로 계수하니,

㉑ 르우벤 지파의 계수함을 입은 자가 사만 육천 오백명이었더라,

㉒ 시므온의 아들들에게서 난 자를 그들의 가족과 종족을 따라 이십세 이상으로 싸움에 나갈만한 각 남자를 그 명수대로 계수하니,

㉓ 시므온 지파의 계수함을 입은 자가 오만 구천 삼백명이었더라,

㉔ 갓의 아들들에게서 남 자를 그들의 가족과 종족을 따라 이십세 이상으로 싸움에 나갈만한 자를 그 명수대로 다 계수하니,

㉕ 갓 지파의 계수함을 입은 자가 사만 오천 육백 오십명이었더라,

㉖ 유다의 아들들에게서 난 자를 그들의 가족과 종족을 이십세 이상으로 싸움에 나갈만한 자를 그 명수대로 다 계수하니,

㉗ 유다지파의 계수함을 입은 자가 칠만 사천 육백명이었더라,

㉘ 잇사갈의 아들들에게서 난 자를 그들의 가족과 종족을 따라 이십세 이상으로 싸움에 나갈만한 자를 그 명수대로 다 계수하니,

㉙ 잇사갈 지파의 계수함을 입은 자가 오만 사천 사백명이었더라,

㉚ 스불론의 아들들에게서 난 자를 그들의 가족과 종족에 따라 이십세 이상으로 싸움에 나갈만한 자를 그 명수대로 다 계수하니,

㉛ 스불론 지파의 계수함을 입은 자가 오만 칠천 사백명이었더라,

㉜ 요셉의 아들 에브라임의 아들들에게서 난 자를 그들의 가족과 종족에 따라 이십세 이상으로 싸움에 나갈만한 자를 그 명수대로 다 계수하니,

㉝ 에브라임 지파의 계수함을 입은 자가 사만 오백명이었더라,

㉞ 므낫세의 아들들에게서 난 자를 그들의 가족과 종족에 따라 이십세 이상으로 싸움에 나갈만한 자를 그 명수대로 다 계수하니,

㉟ 므낫세 지파의 계수함을 입은 자가 삼만 이천 이백명이었더라,
㊱ 베냐민의 아들들에게서 난 자를 그들의 가족과 종족에 따라 이십세 이상으로 싸움
에 나갈만한 자를 그 명수대로 다 계수하니,
㊲ 베냐민 지파의 계수함을 입은 자가 삼만 오천 사백명이었더라,
㊳ 단의 아들들에게서 난 자를 그들의 가족과 종족에 따라 이십세 이상으로 싸움에
나갈만한 자를 그 명수대로 다 계수하니,
㊴ 단 지파의 계수함을 입은 자가 육만 이천 칠백명이었더라,
㊵ 아셀의 아들들에게서 난 자를 그들의 가족과 종족에 따라 이십세 이상으로 싸움에
나갈만한 자를 그 명수대로 다 계수하니,
㊶ 아셀 지파의 계수함을 입은 자가 사만 일천 오백명이었더라,
㊷ 납달리의 아들들에게서 난 자를 그들의 가족과 종족에 따라 이십세 이상으로 싸움
에 나갈만한 자를 그 명수대로 다 계수하니,
㊸ 납달리 지파의 계수함을 입은 자가 오만 삼천 사백명이었더라,
㊹ 이 계수함을 입은 자는 모세와 아론과 각기 이스라엘 종족을 대표한 족장 십 이인
이 계수한 자라,
㊺ 이같이 이스라엘 자손의 그 종족을 따라 이십세 이상으로 싸움에 나갈만한 자가
이스라엘 중에서 다 계수함을 입었으니,
㊻ 계수함을 입은 자의 총계가 육십만 삼천 오백 오십명이었더라,
㊼ 오직 레위인은 그 조상의 지파대로 그 계수에 들지 아니하였으니,
㊽ 이는 여호와께서 모세에게 일러 가라사대,
㊾ 레위 지파 만은 너는 계수치 말며 그들을 이스라엘 자손 계수 중에 넣지 말고,
㊿ 그들로 증거막과 그 모든 기구와 그 모든 부속품을 관리하게 하라, 그들은 그 장막
과 그 모든 기구를 운반하며 거기서 봉사하며 장막 사면에 진을 칠지며,
(51) 장막을 운반할 때에는 레위인이 그것을 걷고 장막을 세울 때는 레위인이 그것을
세울것이요, 외인이 가까이 오면 죽일지니라,
(52) 이스라엘 자손은 막을 치되 그 군대대로 각각 그 진과 기 곁에 칠 것이나,
(53) 레위인은 증거의 성막 사면에 진을 쳐서 이스라엘 자손의 회중에게 진노가 임하지
않게 할 것이며 또 레위인은 증거의 성막에 대한 책무를 지킬지니라, 하시니라,
(54) 이스라엘 자손들이 여호와께서 모세에게 명령하신 그대로 모든 것을 행하였더라.

● 2장

① 여호와께서 모세와 아론에게 일러 가라사대,

② 이스라엘 자손은 각 자신의 기와 그 종족의 깃발 곁에 진을 치되 회의막사로부터 멀리떨어져서 빙 둘러 진을 칠지니라,

③ 동방 해 돋는 편에 진 칠 자는 그 군대대로 유다의 진 기에 속할 자라 유다 자손의 족장은 암미나답의 아들 나손이요,

④ 그 군대는 계수함을 입은 자 칠만 사천 육백명이며,

⑤ 그 곁에 진 칠 자는 잇사갈 지파라 잇사갈 자손의 족장은 수알의 아들 느다넬이요,

⑥ 그 군대는 계수함을 입은 자 오만 사천 사백명이며,

⑦ 또 스불론 지파라 스불론 자손의 족장은 헬론의 아들 엘리압이요,

⑧ 그 군대는 계수함을 입은 자 오만 칠천 사백명이며,

⑨ 유다 진에 속한 군대의 계수함을 입은 군대의 총계가 십팔만 육천 사백명이라, 그들은 제 일대로 진행할지니라,

⑩ 남편에는 르우벤 진 기가 있을 것이라 르우벤 자손의 족장은 스데울의 아들 엘리술이요,

⑪ 그 군대는 계수함을 입은 자 사만 육천 오백명이며,

⑫ 그 곁에 진 칠 자는 시므온 지파라 시므온 자손의 족장은 수리삿대의 아들 슬루미엘이요,

⑬ 그 군대는 계수함을 입은 자 오만 구천 삼백명이며,

⑭ 또 갓 지파라 갓 자손의 족장은 르우엘의 아들 엘리아삽이요,

⑮ 그 군대는 계수함을 입은 자 사만 오천 육백 오십명이니,

⑯ 르우벤 진에 속한 계수함을 입은 군대의 총계가 십오만 일천 사백 오십명이라 그들은 제 이대로 진행할지니라,

⑰ 그 다음에 회막이 레위인의 진과 함께 모든 진의 중앙에 있어 진해하되, 그들의 진 친 순서대로 각 사람은 그 위치에서 그 기를 따라 앞으로 행할지니라,

⑱ 서편에는 에브라임의 군대의 진 기가 있을 것이라 에브라임 자손의 족장은 암미홋의 아들 엘리사마요,

⑲ 그 군대는 계수함을 입은 자 사만 오백명이며,

⑳ 그 곁에는 므낫세 지파가 있을 것이라 므낫세 자손의 족장은 브다술의 아들 가말리엘이요,

㉑ 그 군대는 계수함을 입은 자 삼만 이천 이백명이며,

㉒ 또 베냐민 지파라 베냐민 자손의 족장은 기드오니의 아들 아비단이요,

㉓ 그 군대는 계수함을 입은 자 삼만 오천 사백명이니,

㉔ 에브라임 진에 속한 계수함을 입은 군대의 총계가 십만 팔천 일백명이라 그들은 제 삼대로 진행할지니라,

㉕ 북편에는 단 군대의 진 기가 있을 것이라 단 자손의 족장은 암미삿대의 아들 아히에셀이요,

㉖ 그 군대는 계수함을 입은 자 육만 이천 칠백명이라,

㉗ 그 곁에 진 칠 자는 아셀 지파라 아셀 자손의 족장은 오그란의 아들 바기엘이요,

㉘ 그 군대는 계수함을 입은 자 사만 일천 오백명이며,

㉙ 또 납달리 지파라 납달리 자손의 족장은 에난의 아들 아히라요,

㉚ 그 군대는 계수함을 입은 자 오만 삼천 사백명이니,

㉛ 단의 진에 속한 계수함을 입은 군대의 총계는 십오만 칠천 육백명이라 그들은 기를 따라 후대로 진행할지니라 하시니라,

㉜ 이상은 이스라엘 자손이 그 종족을 따라 계수함을 입은 자니 모든 진의 군대 곧 계수함을 입은 자의 총계가 육십만 삼천 오백 오십명이었으며,

㉝ 레위인은 이스라엘 자손과 함께 계수되지 아니 하였으니, 여호와께서 모세에게 명하심과 같았느니라,

㉞ 이스라엘 자손이 여호와께서 모세에게 명하신대로 다 준행하여 각기 가족과 종족을 따르며 그 기를 따라 진 치기도 하며 진행하기도 하였더라.

● 3장

① 여호와께서 시내산에서 모세와 말씀하실 때에 아론과 모세의 낳은 자가 이러하니라,

② 아론의 아들들의 이름은 장자는 나답이요, 다음은 아비후와 엘르아살과 이다말이니,

③ 이는 아론의 아들들의 이름이며, 그들은 기름을 발리우고 거룩히 구별어 제사장 직분을 위임 받은 제사장들이라,

④ 나답과 아비후는 시내 황야에서 다른 불을 여호와 앞에 드리다가 여호와 앞에서 죽었으므로, 그들은 자녀들이 없었고, 엘르아살과 이다말이 그 아비 아론 앞에서

제사장의 직분을 행하였더라,

⑤ 여호와께서 모세에게 일어 가라사대,

⑥ 레위 지파를 가까이 데려와서 그들을 제사장 아론 앞에 서게하여 그에게 시종하게 하라,

⑦ 그들이 회의막사 앞에서 아론의 직무와 온 회중의 직무를 위하여 장막에서 시무하되,

⑧ 곧 회의막사의 모든 기구를 수직하며 이스라엘 자손의 직무를 위하여 장막에서 시무할지니,

⑨ 너는 레위인을 아론과 그 아들들에게 주라, 그들은 이스라엘 자손 중에서 아론에게 온전히 돌리운 자니라,

⑩ 너는 아론과 그 아들들을 세워 제사장 직분을 행하게 하라, 낯선자가 가까이 하면 죽임을 당할 것이니라,

⑪ 여호와께서 모세에게 일러 가라사대,

⑫ 보라 내가 이스라엘 자손 중에서 레위인을 택하여 이스라엘 자손 중 첫 태에 처음 난 자를 대신케 하였은즉, 레위인은 내 것이라,

⑬ 처음 난 자는 다 내 것임은 내가 에집트 땅에서 그 처음 난 자를 다 죽이던 날에 이스라엘의 처음 난 자는 사람이나 짐승을 거룩히 구별하였음이니, 그들은 내 것이 될 것임이니라, 나는 여호와니라,

⑭ 여호와께서 시내 황야에서 모세에게 일러 가라사대,

⑮ 레위 자손을 그들의 종족과 가족을 따라 계수하되, 일개월 이상의 남자를 다 계수하라,

⑯ 모세가 여호와의 말씀을 쫓아 그 명하신대로 계수하니라,

⑰ 레위의 아들들의 이름은 이러하니, 게르손과 고핫과 므라리요,

⑱ 게르손의 아들들의 이름은 그 가족대로 이러하니 립니와 시므이요,

⑲ 고핫의 아들들은 그 가족대로 이러하니, 아므람과 이스할과 헤브론과 웃시엘이요,

⑳ 므라리의 아들들은 그 가족대로 말리와 무시니, 이는 종족대로 된 레위인의 가족들이니라,

㉑ 게르손에게서는 립니 가족과 시므이 가족이 났으니, 이들이 곧 게르손의 가족들이라,

㉒ 계수함을 입은 자의 수효 곧 일개월 이상 남자의 수효 합계가 칠천 오백명이며,

㉓ 게르손 가족들은 장막 뒤 곧 서편에 진을 칠 것이요,

㉔ 라엘의 아들 엘리아삽은 게르손 사람의 종족의 족장이 될 것이며,

㉕ 게르손 자손의 회의막사에 대하여 맡을 것은 성막과 장막과 그 덮개와 회막 문장과

㉖ 뜰의 휘장과 및 성막과 단 사면에 있는 뜰의 문장과 그 모든 것에 쓰는 줄들이니라,

㉗ 고핫에게서는 아므람 가족과 아스할 가족과 헤브론 가족과 웃시엘 가족이 났으니, 이들이 고핫 가족들이라,

㉘ 계수함을 입은 일개월 이상 모든 남자의 수효가 팔천 육백명인데 성소를 맡을 것이며,

㉙ 고핫 자손의 가족들은 성막 남편에 진을 칠 것이요,

㉚ 웃시엘의 아들 엘리사반은 고핫 사람의 가족과 종족의 족장이 될 것이며,

㉛ 그들의 맡을 것은 증거 궤와 상과 등대와 단 들과 성소에서 봉사하는데 쓰는 기구들과 휘장과 그것에 쓰는 모든 것이며,

㉜ 제사장 아론의 아들 엘르아살은 레위인의 족장들의 어른이 되고 또 성소를 맡을 자를 통할할 것이니라,

㉝ 므라리에게서는 말리 가족과 무시 가족이 났으니, 이들이 곧 므라리 가족들이라,

㉞ 그 계수함을 입은 자 곧 일개월 이상 남자의 수효 총계가 육천 이백명이며,

㉟ 아비하일의 아들 수리엘이 무라리 가족과 종족의 족장이 될 것이요, 이 가족은 장막 북편에 진을 칠 것이며,

㊱ 므라리 자손의 맡을 것은 성막의 널판과 그 띠와 그 기둥과 그 밭침과 그 모든 기구와 그것에 쓰는 모든 것이며,

㊲ 뜰 사면 기둥과 그 받침과 그 말뚝과 그 줄들이니라,

㊳ 장막 앞 동편 곧 회막 앞 해 돋는 편에는 모세와 아론과 아론의 아들들이 진을 치고, 이스라엘 자손의 직무를 대신하여 성소의 직무를 지킬 것이며 외인이 가까이 하면 지킬 죽일지니라,

㊴ 모세와 아론이 여호와의 명을 쫓아 레위인을 각 가족대로 계수한즉 일개월 이상 남자의 수효가 이만 이천명이었더라,

㊵ 여호와께서 또 모세에게 이르시되, 이스라엘 자손의 처음 난 남자를 일개월 이상으로 다 계수하여 그 명수를 기록하라,

㊶ 나는 여호와라 이스라엘 자손 중 모든 처음 난 자의 대신에 레위인을 내게 돌리고

또 이스라엘 자손의 가축 중 모든 처음 난 것의 대신에 레위인의 가축을 내게 돌리라,
㊷ 모세가 여호와께서 자기에게 명하신대로 이스라엘 자손 중 모든 처음 난 자를 계수하니,
㊸ 일개월 이상으로 계수함을 입은 처음 난 남자의 명수가 이만 이천 이백 칠십 삼명이었더라,
㊹ 여호와께서 모세에게 일러 가라사대,
㊺ 이스라엘 자손 중 모든 처음 난 자의 대신에 레위인을 취하고 또 그들의 가축 대신에 레위인의 가축을 취하라 레위인은 내 것이라, 나는 여호와니라,
㊻ 이스라엘 자손의 처음 난 자가 레위인 보다 이백 칠십 삼인이 더한즉, 속하기 위하여,
㊼ 매명에 오세겔씩 취하되, 성소의 세겔대로 취하라, 한 세겔은 이십 게라니라,
㊽ 그 더한 자의 속전을 아론과 그 아들들에게 줄 것이니라,
㊾ 모세가 레위인으로 대속한 이외의 사람에게서 속전을 받았으니,
㊿ 곧 이스라엘 자손의 처음 난 자에게서 받은 돈이 성소의 세겔대로 일천 삼백 육십오 세겔이라,
(51) 이 속전을 여호와의 말씀대로 아론과 그 아들들에게 주었으니, 여호와께서 모세에게 명하심과 같았느니라.

• 4장

① 여호와께서 또 모세와 아론에게 일러 가라사대,
② 레위 자손 중에서 고핫 자손을 그들의 가족과 종족을 따라 총계할지니,
③ 곧 삼십세 이상으로 오십세까지 회의막사(Tent of Meeting)의 일을 하기 위하여 그 역사에 참가할 만한 모든 자를 계수하라,
④ 고핫 자손이 회의막사 안 지성물(most holy things)에 대하여 할 일은 이러하니라,
⑤ 행진할 때에 아론과 그 아들들이 들어가서 간 막는 장을 걷어 증거 궤를 덮고,
⑥ 그 위에 해달의 가죽으로 덮고 그 위에 순 청색 보자기를 덮은 후에 그 채를 꿰고,
⑦ 또 진설병의 상에 청색 보자기를 펴고 대접들과 숫가락 들과 주발들과 붓는 잔들을 그 위에 두고 또 항상 진설하는 떡을 그 위에 두고,

⑧ 홍색 보자기를 그 위에 펴고 그것을 해달의 가죽으로 덮은 후에 그 채를 꿰고,

⑨ 또 청색 보자기를 취하여 등대와 그 등잔 불과 그 불집게들과 불똥 그릇들과 그 쓰는바 모든 기름을 덮고,

⑩ 등대와 그 모든 기구를 가죽 덮개 안에 넣어 메는 틀 위에 두고,

⑪ 또 금단 위에 청색 보자기를 펴고 해달의 가죽 덮개로 덮고 그 채를 꿰고,

⑫ 또 성소에서 봉사하는데 쓰는 모든 기명을 취하여 청색 보자기에 싸서 해달의 가죽 덮개로 덮어 메는 틀 위에 두고,

⑬ 또 단의 재를 버리고 그 단 위에 자색 보자기를 펴고,

⑭ 봉사하는데 쓰는 모든 기구 곧 불 옮기는 그릇들과 고기 갈고리들과 부삽들과 대야들과 단의 모든 기구를 두고 해달의 가죽 덮개를 그 위에 덮고 그 채를 꿸 것이며,

⑮ 행진할 때에 아론과 그 아들들이 성소와 성소의 모든 기구 덮기를 필하거든 고핫 자손이 와서 멜 것이니라, 그러나 성물은 만지지 말지니 죽을까 하노라, 회막 물건 중에서 이것들은 고핫 자손이 멜것이며,

⑯ 제사장 아론의 아들 엘르아살의 맡을 것은 등유와 분향할 향품과 항상 드리는 소제물(grain offering)과 관유며 또 장막의 전체와 그 중에 있는 모든 것과 성소와 그 모든 기구니라,

⑰ 여호와께서 또 모세와 아론에게 일러 가라사대,

⑱ 너희는 고핫 족속의 지파를 레위인 중에서 끊어지게 말지니,

⑲ 그들이 지성물에 접근 할 때에 그 생명을 보존하고 죽지 않게 하기 위하여 너희는 이같이 하여 아론과 그 아들들이 들어가서 각 사람에게 그 할 일과 그 멜 것을 지휘 할지니라,

⑳ 그들은 잠시라도 들어가서 성소를 보지 말 것은 죽을까 함이니라,

㉑ 여호와께서 모세에게 일러 가라사대,

㉒ 게르손 자손도 그 종족과 가족을 따라 총계하되,

㉓ 삼십세 이상으로 오십세까지 회막 봉사에 입참하여 일할만한 모든자를 계수하라,

㉔ 게르손 자손의 할 일과 멜 것은 이러하니라,

㉕ 곧 그들을 성막의 양장들과 회막과 그 덮개와 그 위의 해달의 가죽 덮개와 회막 문장을 메며,

㉖ 뜰의 휘장과 및 성막과 단 사면에 있는 뜰의 문장과 줄들과 그것에 사용하는 모든

기구를 메이며 이 모든 것을 어떻게 맡아 처리할 것이라,

㉗ 게르손 자손은 그 모든 일 곧 멜것과 처리할 것에 아론과 그 아들들의 명대로 할지니, 너희는 그들의 멜 짐을 그들에게 맡길 것이니라,

㉘ 게르손 자손의 가족들이 회막에서 할일이 이러하며 그들의 직무는 제사장 아론의 아들 이다말이 감독할지니라,

㉙ 너는 므라리 자손도 그 가족과 종족을 따라 계수하되,

㉚ 삼십세 이상으로 오십세까지 회막 봉사에 입참할 만한 모든 자를 계수하라,

㉛ 그들이 직무를 따라 회막에서 할 모든 일 곧 그 멜 것이 이러하니 곧 장막의 널판들과 그 띠들과 그 기둥들과 그 받침들과,

㉜ 뜰 사면 기둥들과 그 받침들과 그 말뚝들과 그 줄들과 그 모든 기구들과 무릇 그것에 쓰는 것이라 너희는 그들의 맡아 멜 모든 기구의 명목을 지정하라,

㉝ 이는 제사장 아론의 아들 이다말의 수하에 있을 므라리 자손의 가족들이 그 모든 사무대로 회막에서 행할 일이니라,

㉞ 모세와 아론과 회중의 족장들이 고핫 자손들을 그 가족과 종족대로 계수하니,

㉟ 삼십세 이상으로 오십세까지 회막 봉사에 입참하여 일할만한 모든 자,

㊱ 곧 그 가족대로 계수함을 입은 자가 이천 칠백 오십이니,

㊲ 이는 모세와 아론이 여호와께서 모세로 명하신대로 회막에서 종사하는 고핫인의 모든 가족 중 계수한 자니라,

㊳ 게르손 자손의 그 가족과 종족을 따라 계수함을 입은 자는,

㊴ 삼십세 이상으로 오십세까지 회막 봉사에 입참할 만한 모든자라,

㊵ 그 가족과 종족을 따라 계수함을 입은 자가 이천 육백 삼십 명이니,

㊶ 이는 모세와 아론이 여호와의 명대로 회막에서 종사하는 게르손 자손의 모든 가족 중 계수한 자니라,

㊷ 므라리 자손의 가족 중 그 가족과 종족을 따라 계수함을 입은 자는,

㊸ 삼십세 이상으로 오십세까지 회막 봉사에 입찰하여 일할만한 모든 자라,

㊹ 그 가족을 따라 계수함을 입은 자가 삼천 이백명이니,

㊺ 이는 모세와 아론이 여호와께서 모세로 명하신대로 므라리 자손들의 가족 중 계수한 자니라,

㊻ 모세와 아론과 이스라엘 족장들이 레위인을 그 가족과 종족대로 다 계수하니,

㊼ 삼십세 이상으로 오십세까지 회막 봉사와 메는 일에 입참하여 일할만한 모든 자,

⑱ 곧 그 계수함을 입은 자가 팔천 오백 팔십명이라,

⑲ 그들이 그 할일과 멜일을 따라 모세에게 계수함을 입었으되, 여호와께서 모세에게
명하신대로 그들이 계수함을 입었더라.

● 5장

① 여호와께서 모세에게 일러 가라사대,

② 이스라엘 자손에게 명하여 모든 문둥병 환자와 전염성이 있는 피부병 환자와 죽은
시체를 접촉하여 부정케 된 자를 다 진 밖으로 내어 보내되,

(Command the children of Israel, that they put out of the camp every
leper, and every one that hath an issue, and whosoever is defiled by the
dead:-KJV)

("Command the Israelites to send away from the camp anyone who has
an infectious skin disease or a discharge of any kind, or who is
ceremonially unclean because of a dead body.-NIV)

(Order the Israelites to expel from camp everyone with a scaly infection,
and everyone suffering from a discharge, and everyone who has become
unclean by contact with a corpse.-NAB)

("Command the People of Israel to ban from the camp anyone who has
an infectious skin disease, anyone who has a discharge, ane anyone who
is ritually unclean from contact with a dead body.-THE MESSAGE)

③ 무론 남녀하고 다 진 밖으로 내어 보내어 그들로 진을 더럽히게 말라, 내가 그 진
가운데에 거하느니라, 하시매,

④ 이스라엘 자손이 그같이 행하여 그들을 진 밖으로 내어 보냈으니, 곧 여호와께서
모세에게 이르신대로 이스라엘 자손이 행하였더라,

⑤ 여호와께서 또 모세에게 일러 가라사대,

⑥ 이스라엘 자손에게 이르라, 남자나 여자가 다른 사람들에게 어떤 죄를 범하여 그
래서 여호와께 불성실하였을 때는 그는 죄가 있느니라,

⑦ 그 지은 죄를 자복하고 그 죄 값을 온전히 갚되 오분지 일을 더하여 그가 죄를 얻었
던 그 본주에게 돌려 줄 것이요,

⑧ 만일 죄 값을 받을 만한 친족이 없거든 그 죄 값을 여호와께 드려 제사장에게로 돌

릴 것이니, 이는 그를 위하여 속죄할 속죄의 수양 외에 돌릴 것이니라,

⑨ 이스라엘 자손의 거제로 제사장에게 가져오는 모든 성물은 그의 것이 될 것이라,

⑩ 각 사람의 구별한 물건은 그이 것이 되나니 누구든지 제사장에게 주는 것은 그의 것이 되느니라,

⑪ 여호와께서 모세에게 일러 가라사대,

⑫ 이스라엘 자손에게 고하여 그들에게 이르라, 만일 어떤 사람이 아내가 탈선하여 남편에게 범죄하여

⑬ 타인과 정교를 하였으나, 그 남편의 눈에 숨겨 드러나지 아니하였고, 그 여자의 더러워진 일에 증인도 없고 그가 잡히지도 아니하였어도,

⑭ 그 더러워짐을 인하여 남편이 의심이 생겨서 그 아내를 의심하거든,

⑮ 그 아내를 데리고 제사장에게로 가서 그를 위하여 보리 가루 에바 십분지 일을 예물로 드리되, 그것에 기름도 붓지 말고 유향도 두지 말라, 이는 의심의 소제요, 생각하게 하는 소제니 곧 죄악을 생각하게 하는 것이니라,

⑯ 제사장은 그 여인으로 가까이 오게 하여 여호와 앞에 세우고,

⑰ 토기에 거룩한 물을 담고 성막 바닥의 티끌을 취하여 물에 넣고,

⑱ 여인을 여호와 앞에 세우고 그 머리를 풀게 하고 생각하게 하는 소제물 곧 의심의 소제물을 그 두 손에 두고 제사장은 저주가 되게 할 쓴 물을 자기 손에 들고,

⑲ 여인에게 맹세 시켜 그에게 이르기를, 네가 네 남편을 두고 탈선하여 사람과 동침하여 더럽힌 일이 없으면 저주가 되게 하는 이 쓴 물의 해독을 면하리라,

⑳ 그러나 네가 네 남편을 두고 탈선하여 더렵혀서 네 남편 아닌 사람과 동침하였으면,

㉑ (제사장이 그 여인으로 저주의 맹서를 하게 하고 그 여인에게 말할지니라) 여호와께서 네 넙적다리로 떨어지고 네 배로 부어서 너로 네 백성 중에 저줏거리 맹셋거리가 되게 하실지라,

㉒ 이 저주가 되게 하는 이 물이 네 창자에 들어가서 네 배로 붓게 하고 네 넙적다리로 떨어지게 하리라 할 것이요, 여인은 아멘, 아멘, 할지니라,

㉓ 제사장이 저주의 말을 두루마리에 써서 그 글자를 그 쓴 물에 빨아 넣고,

㉔ 여인으로 그 저주가 되게하는 쓴 물을 마시게 할지니, 그 저주가 되게 하는 물이 그의 속에 들어가서 쓰리라,

㉕ 제사장이 먼저 그 여인의 손에서 의심의 소제물(grain offering)을 취하여 그 소제

물을 여호와 앞에 흔들고 가지고 단으로 가서,

㉖ 그 소제물 중에서 기념으로 한 움큼을 취하여 단 위에 소화하고 그 후에 여인에게 그 물을 마시울지라,

㉗ 그 물을 마시운 후에 만일 여인이 몸을 더럽혀서 그 남편에게 범죄하였으면 그 저주가 되게 하는 말이 그의 속에 들어가서 쓰게 되어 그 배가 부으며 그 넓적다리가 떨어지리니, 그 여인이 그 백성 중에서 저줏거리가 될것이니라,

㉘ 그러나 여인이 더럽힌 일이 없고 정결하면 해를 받지 않고 잉태하리라,

㉙ 이는 의심의 법이니 아내가 그 남편을 두고 탈선하여 더럽힌 때나

㉚ 또는 그 남편이 의심이 생겨서 그 아내를 의심할 때에 그 여인을 여호와 앞에 두고 제사장이 이 법대로 행할 것이라,

㉛ 그러면 그 남자는 죄악으로부터 무죄하리니, 이 여자가 자기 죄악을 담당하리라, 하시니라.

● 6장

① 여호와께서 모세에게 일러 가라사대,

② 이스라엘 자손에게 고하여 그들에게 이르라, 남자나 여자나 특별한 서원 곧 나실인의 서원을 하고 자기 몸을 구별하여 여호와께 드리거든,

③ 포도주와 독주를 멀리하여 포도주의 초나 독주의 초를 마시지 말며 포도즙도 마시지 말며 생포도나 건 포도도 먹지 말지니,

④ 자기 몸을 구별하는 모든 날 동안에는 포도나무 소산은 씨나 껍질이라도 먹지 말지며,

⑤ 그 서원을 하고 구별하는 모든 날 동안에는 삭도를 도무지 머리에 대지 말 것이라, 자기 몸을 구별하여 여호와께 드리는 날이 차기까지 그는 거룩한즉 그 머리털을 길게 자라게 할 것이며,

⑥ 자기 몸을 구별하여 여호와께 드리는 모든 날 동안에는 시체를 가까이 하지 말 것이요,

⑦ 그 부모 형제 자매가 죽은 때에라도 그로 인하여 몸을 더럽히지 말것이니, 이는 자기 몸을 구별하여 하나님께 드리는 표가 그 머리에 있음이라,

⑧ 자기 몸을 구별하는 모든 날 동안 그는 여호와께 거룩한 자니라,

⑨ 누가 홀연히 그 곁에서 죽어서 스스로 구별한 자의 머리를 더럽히거든 그 몸을 정

결케 하는 날에 머리를 밀 것이니, 곧 제 칠일에 밀것이며,

⑩ 제 팔일에 산비둘기 두 마리나 집비둘기 새끼 두마리를 가지고 회막(회의막사)문에 와서 제사장에게 줄 것이요,

⑪ 제사장은 그 하나를 속죄(sin offering)제물로 하나를 번제(burnt offering)물로 드려서 그의 시체로 인하여 얻은 죄를 속하고 또 그는 당일에 그의 머리를 성결케 할 것이며,

⑫ 자기 몸을 구별하여 여호와께 드릴 날을 새로 정하고 일년된 수양을 가져다가 속건제(guilt offering)로 드릴지니라, 자기 몸을 구별한 때에 그 몸을 더렵혔은즉 지나간 날은 무효니라,

⑬ 나실인의 법은 이러하니라, 자기 몸을 구별한 날이 차면 그 사람을 회막(Tent of Meeting)문으로 데리고 갈 것이요,

⑭ 그는 여호와께 예물을 드리되 번제(burnt offering)물로 일년 된 흠 없는 수양 하나와 속죄(sin offering)제물로 일년된 어린 암양 하나와 화목(fellowship offering)제물로 흠 없는 수양 하나와

⑮ 무교병(bread without yeast) 한 광주리와 고운 가루에 기름 섞은 과자들과 기름 바른 무교전병(wafers spread with oil)들과 그 소제물(grain offering)과 전제물(drink offering)을 드릴것이요,

⑯ 제사장은 그것들을 여호와 앞에 가져다가 속죄제와 번제를 드리고,

⑰ 화목제물로 수양에 무교병 한 광주리를 아울러 여호와께 드리고 그 소제와 전제를 드릴 것이요,

⑱ 자기 몸을 구별한 나실인은 회막문에서 그 머리털을 밀고 그것을 화목제물 밑에 있는 불에 둘지며,

⑲ 자기 몸을 구별한 나실인이 그 머리 털을 민 후에 제사장이 삶은 수양의 어깨와 광주리 가운데 무교병 하나와 무교전병 하나를 취하여 나실인의 두 손에 두고,

⑳ 여호와 앞에 요제(wave offering)로 흔들 것이며, 그것과 흔든 가슴과 든 넓적다리는 성물이라 다 제사장에게 돌릴것이니라, 그 후에는 나실인이 포도주를 마실 수 있느니라,

㉑ 이는 곧 서원한 나실인이 자기 몸을 구별한 일로 인하여 여호와께 예물을 드림과 행할 법이며 이 외에도 힘이 미치는 대로 하려니와 그 서원한대로 자기 몸을 구별하는 법을 따라 할 것이니라,

㉒ 여호와께서 모세에게 일러 가라사대,

㉓ 아론과 그 아들들에게 일러 고하여 이르기를, 너희는 이스라엘 자손을 위하여 이렇게 축복하여 이르되,

㉔ 여호와는 네게 복을 주시고, 너를 지키시기를 원하며,

㉕ 여호와는 그 얼굴로 네게 비취사, 은혜 베푸시기를 원하며,

㉖ 여호와는 그 얼굴을 네게로 향하여 드사, 평강 주시기를 원하노라, 할지니라

㉗ 그들은 이같이 내 이름으로 이스라엘 자손에게 축복할지니 내가 그들에게 복을 주리라.

● 7장

① 모세가 장막 세우기를 필하고 그것에 기름을 발라 거룩히 구별하고 또 그 모든 기구와 단과 그 모든 기구에 기름을 발라 거룩히 구별한 그날에,

② 이스라엘 족장들 곧 그들의 종족의 두령들이요 그 지파의 족장으로서 그 계수함을 입은 자의 감독된 자들이 예물을 드렸으니,

③ 그들의 여호와께 드린 예물은 덮개 있는 수레 여섯과 소 열둘이니 족장 둘에 수레가 하나씩이요, 하나에 소가 하나씩이라, 그것들을 성막 앞에 드린지라,

④ 여호와께서 모세에게 일러 가라사대,

⑤ 그것을 그들에게서 받아 레위인에게 주어 각기 직임대로 회중의 성막 봉사에 쓰게 할지니라,

⑥ 모세가 수레와 소를 받아 레위인에게 주었으니,

⑦ 곧 게르손 자손들에게는 그 직임대로 수레 둘과 소 넷을 주었고,

⑧ 므라리 자손들에게는 그 직임대로 수레 넷과 소 여덟을 주고 제사장 아론의 아들 이다말로 감독케 하였으나,

⑨ 고핫 자손에게는 주지 아니하였으니, 그들의 성소의 직임은 그 어깨로 메는 일을 하는 까닭이었더라,

⑩ 단에 기름을 바르던 날에 족장들이 단의 봉헌을 위하여 예물을 가져다가 그 예물을 단 앞에 드리니라,

⑪ 여호와께서 모세에게 이르시기를, 족장들은 하루 한 사람씩 단의 봉헌 예물을 드릴지니라, 하셨더라,

⑫ 제 일일에 예물을 드린 자는 유다 지파 암미나답의 아들 나손이라,

⑬ 그 예물은 성소의 세겔대로 일백 삼십 세겔 중 은반 하나와 칠십 세겔중 은바리 하나라, 이 두 그릇에는 소제물로 기름 섞은 고운 가루를 채웠고,

⑭ 또 십세겔 중 금 숫가락 하나라 그것에는 향을 채웠고,

⑮ 또 번제물로 수송아지 하나와 수양 하나와 일년 된 어린 수양 하나며,

⑯ 속죄 제물로 수염소 하나이며,

⑰ 화목제물(fellowship offering)로 소 둘과 수양 다섯과 수염소 다섯과 일년 된 어린 수양 다섯이라, 이는 암미나답의 아들 나손의 예물이었더라,

⑱ 제 이일에는 잇사갈의 족장 수알의 아들 느다넬이 드렸으니,

⑲ 그 드린 예물도 성소의 세겔대로 일백 삼십 세겔중 은반 하나와 칠십 세겔중 은바리 하나라, 이 두 그릇에는 소제물(grain offering)로 기름 섞은 고운 가루를 채웠고,

⑳ 또 십 세겔중 금숫가락 하나라, 그것에는 향을 채웠고,

㉑ 또 번제물(burnt offering)로 수송아지 하나와 수양 하나와 일년 된 어린 수양 하나이며,

㉒ 속죄제물(sin offering)로 수염소 하나이며,

㉓ 화목제물로 소 둘과 수양 다섯과 수염소 다섯과 일년 된 어린 수양 다섯이라, 이는 수알의 아들 느다넬의 예물이었더라,

㉔ 제 삼일에는 스불론 자손의 족장 헬론의 아들 엘리압이 드렸으니,

㉕ 그 예물도 성소의 세겔대로 일백 삼십 세겔중 은반 하나와 칠십 세겔중 은바리 하나라, 이 두 그릇에는 소제물로 기름 섞은 고운 가루를 채웠고,

㉖ 또 십 세겔중 금 숫가락 하나라 이것에는 향을 채웠고,

㉗ 또 번제물로 수송아지 하나와 수양 하나와 일년 된 어린 수양 하나이며,

㉘ 속죄제물로 수염소 하나이며,

㉙ 화목제물로 소 둘과 수양 다섯과 수염소 다섯과 일년 된 어린 수양 다섯이라 이는 헬론의 아들 엘리압의 예물이었더라,

㉚ 제 사일에는 르우벤 자손의 족장 스데울의 아들 엘리술이 드렸으니,

㉛ 예물도 성소의 세겔대로 일백 삼십 세겔중 은반 하나와 칠십 세겔중 은바리 하나라, 이 두 그릇에는 소제물로 기름 섞은 고운 가루를 채웠고,

㉜ 또 십 세겔중 금숫가락 하나라 이것에는 향을 채웠고,

㉝ 또 번제물로 수송아지 하나와 수양 하나와 일년 된 어린 수양 하나이며,

㉞ 속죄제물로 수염소 하나이며,

㉟ 화목제물로 소 둘과 수양 다섯과 수염소 다섯과 일년 된 어린 수양 다섯이라 이는 스데울의 아들 엘리술의 예물이었더라,

㊱ 제 오일에는 시므온의 자손의 족장 수리삿대의 아들 슬루미엘이 드렸으니,

㊲ 그 예물도 성소의 세겔대로 일백 삼십 세겔중 은반 하나와 칠십 세겔중 은바리 하나라, 이 두 그릇에는 소제물로 기름 섞은 고운 가루를 채웠고,

㊳ 또 십 세겔중 금숟가락 하나라 이것에는 향을 피웠고,

㊴ 또 번제물로 수송아지 하나와 수양 하나와 일년 된 어린 수양 하나이며,

㊵ 속죄제물로 수염소 하나이며,

㊶ 화목제물로 소 둘과 수양 다섯과 수염소 다섯과 일년 된 어린 수양 다섯이라, 이는 수리삿대의 아들 슬루미엘의 예물이었더라,

㊷ 제 육일에는 갓 자손의 족장 드우엘의 아들 엘리아삽이 드렸으니,

㊸ 그 예물도 성소의 세겔대로 일백 삼십 세겔중 은반 하나와 칠십 세겔중 은바리 하나라, 이 두 그릇에는 소제물로 기름 섞은 고운 가루를 채웠고,

㊹ 또 십 세겔중 금숟가락 하나라 이것에는 향을 채웠고,

㊺ 또 번제물로 수송아지 하나와 수양 하나와 일년 된 어린 수양 하나이며,

㊻ 속죄제물로 수염소 하나이며,

㊼ 화목제물로 소 둘과 수양 다섯과 수염소 다섯과 일년 된 어린 수양 다섯이라 이는 드우엘의 아들 엘리아삽의 예물이었더라,

㊽ 제 칠일에는 에브라임의 자손의 족장 암미훗의 아들 엘리사마가 드렸으니,

㊾ 그 예물도 성소의 세겔대로 일백 삼십 세겔중 은반 하나와 칠십 세겔중 은바리 하나라, 이 두 그릇에는 소제물로 기름 섞은 고운 가루를 채웠고,

㊿ 또 십 세겔중 금숟가락 하나라 이것에는 향을 채웠고,

51 또 번제물로 수송아지 하나와 수양 하나와 일년 된 어린 수양 하나이며,

52 속죄제물로 수염소 하나이며,

53 화목제물로 소 둘과 수양 다섯과 수염소 다섯과 일년 된 어린 수양 다섯이라, 이는 암미훗의 아들 엘리사마의 예물이었더라,

54 제 팔일에는 므낫세 자손의 족장 브다술의 아들 가말이엘이 드렸으니,

55 그 예물도 성소의 세겔대로 일백 삼십 세겔중 은반 하나와 칠십 세겔중 은바리 하나라, 이 두 그릇에는 소제물로 기름 섞은 고운 가루를 채웠고,

㊌ 또 십 세겔중 금숟가락 하나라 이것에는 향을 채웠고,

㊐ 또 번제물로 수송아지 하나와 수양 하나와 일년 된 어린 수양 하나이며,

㊑ 속죄제물로 수염소 하나이며,

㊒ 화목제로 소 둘과 수양 다섯과 수염소 다섯과 일년 된 어린 수양 다섯이라, 이는 브다술의 아들 가말리엘의 예물이었더라,

㊓ 제 구일에는 베냐민 자손의 족장 기드오니의 아들 아비단이 드렸으니,

㊔ 그 예물도 성소의 세겔대로 일백 삼십 세겔중 은반 하나와 칠십 세겔중 은바리 하나라, 이 두 그릇에는 소제물로 기름 섞은 고운 가루를 채웠고,

㊕ 또 십 세겔중 금숟가락 하나라 이것에는 향을 채웠고,

㊖ 또 번제물로 수송아지 하나와 수양 하나와 일년 된 어린 수양 하나이며,

㊗ 속죄제물로 수염소 하나이며,

㊘ 화목제물로 소 둘과 수양 다섯과 수염소 다섯과 일년 된 어린 수양 다섯이라, 이는 기드오니 아들 아비단의 예물이었더라,

㊙ 제 십일에는 단 자손의 족장 암미삿대의 아들 아히에셀이 드렸으니,

㊚ 그 예물도 성소의 세겔대로 일백 삼십 세겔중 은반 하나와 칠십 세겔중 은바리 하나라, 이 두 그릇에는 소제물로 기름 섞은 고운 가루를 채웠고,

㊛ 또 십 세겔중 금숟가락 하나라, 이것에는 향을 채웠고,

㊜ 또 번제물로 수송아지 하나와 수양 하나와 일년 된 어린 수양 하나이며,

㊝ 속죄제물로 수염소 하나이며,

㊞ 화목제물로 소 둘과 수양 다섯과 수염소 다섯과 일년 된 어린 수양 다섯이라, 이는 암미삿대의 아들 아히에셀의 예물이었더라,

㊟ 제 십일에는 아셀 자손의 족장 오그란의 아들 바기엘이 드렸으니,

㊠ 그 예물도 성소의 세겔대로 일백 삼십 세겔중 은반 하나와 칠십 세겔중 은바리 하나라 ,이 두 그릇에는 소제물로 기름 섞은 고운 가루를 채웠고,

㊡ 또 십 세겔중 금숟가락 하나라 이것에는 향을 채웠고,

㊢ 또 번제물로 수송아지 하나와 수양 하나와 일년 된 어린 수양 하나이며,

㊣ 속죄제물로 수염소 하나이며,

㊤ 화목제물로 소 둘과 수양 다섯과 수염소 다섯과 일년 된 어린 수양 다섯이라, 이는 오그란의 아들 바기엘의 예물이었더라,

㊥ 제 십 이일에는 납달리 자손의 족장 예난의 아들 아히라가 드렸으니,

㉙ 그 예물도 성소의 세겔대로 일백 삼십 세겔중 은반 하나와 칠십 세겔중 은바리 하나라, 이 두 그릇에는 소제물로 기름 섞은 고운 가루를 채웠고,

㉚ 또 십 세겔중 금숟가락 하나라 이것에는 향을 채웠고,

㉛ 또 번제물로 수송아지 하나와 수양 하나와 일년 된 어린 수양 하나이며,

㉜ 속죄제물로 수염소 하나이며,

㉝ 화목제물로 소 둘과 수양 다섯과 수염소 다섯과 일년 된 어린 수양 다섯이라, 이는 에난의 아들 아히라의 예물이었더라,,

㉞ 이는 곧 단에 기름 바르던 날에 이스라엘 족장들이 드린바 단의 봉헌 예물이라 은반이 열둘이요 은바리가 열둘이요 금숟가락이 열둘이니,

㉟ 은반은 각각 일백 삼십 세겔중이요 은바리는 각각 칠십 세겔중이라 성소의 세겔대로 모든 기명의 은이 도합이 이천 사백 세겔이요,

㊱ 또 향을 채운 금숟가락이 열둘이니 성소의 세겔대로 각 십 세겔중이라 그 숟가락의 금이 도합이 일백 이십 세겔이요,

㊲ 또 번제물로 수송아지가 열둘이요 수양이 열둘이요 일년 된 어린 수양이 열 둘이요 그 소제물이며 속죄제물로 수염소가 열 둘이요,

㊳ 화목제물로 수소가 이십사요 수양이 육십이요 수염소가 육십이요 일년 된 어린 수양이 육십이라, 이는 단에 기름을 바른 후에 드린바 단의 봉헌 예물이었더라,

㊴ 모세가 회막에 들어가서 여호와께 말씀하려 할 때에 증거궤 위 속죄소 위의 두 그룹 사이에서 자기에게 말씀하시는 목소리를 들었으니, 여호와께서 그에게 말씀하심이었더라.

● 8장

① 여호와 께서 또 모세에게 일러 가라사대,

② 아론에게 고하여 이르라, 등을 켤 때에는 일곱 등잔을 등대 앞으로 비취게 할지니라, 하시매,

③ 아론이 그리하여 등불을 등대 앞으로 비취도록 켰으니, 여호와께서 모세에게 명하심과 같았더라,

④ 이 등대의 제도는 이러하니, 곧 금을 쳐서 만든 것인데 밑판에서 그 꽃까지 쳐서 만든 것이라, 모세가 여호와께서 자기에게 보이신 식량을 따라 이 등대를 만들었더라,

⑤ 여호와께서 모세에게 일러 가라사대,

⑥ 이스라엘 자손 중에서 레위인을 취하여 정결케 하라,

⑦ 너는 이같이 하여 그들을 정결케 하되 곧 속죄의 물로 그들에게 뿌리고, 그들로 그 전신을 삭도로 밀게 하고 그 의복을 빨게 하여 몸을 정결케 하고,

⑧ 또 그들로 수송아지 하나를 번제물로 기름 섞은 고운 가루를 그 소제물로 취하게 하고, 그 외에 너는 또 수송아지 하나를 속죄제물로 취하고,

⑨ 레위인을 회막 앞에 나오게 하고 이스라엘 자손의 온 회중을 모으고,

⑩ 레위인을 여호와 앞에 나오게 하고 이스라엘 자손으로 그들에게 안수케 한 후에,

⑪ 아론이 이스라엘 자손을 위하여 레위인을 요제로 여호와 앞에 드릴지니, 이는 그들로 여호와를 봉사케 하기 위함이라,

⑫ 레위인으로 수송아지들의 머리에 안수케 하고, 네가 그 하나는 속죄제물로, 하나는 번제물로, 여호와께 드려 레위인을 속죄하고,

⑬ 레위인을 아론과 그 아들들 앞에 세워 여호와께 요제(wave offering)로 드릴지니라,

⑭ 너는 이같이 이스라엘 자손 중에서 레위인을 구별하라, 그들은 내 것이 될것이니라,

⑮ 네가 그들을 정결케 하여 요제로 드린 후에 그들이 회막에 들어가서 봉사할 것이니라,

⑯ 그들은 이스라엘 자손 중에서 내게 온전히 드린바 된 자라, 이스라엘 자손 중 일절 초태생 곧 모든 처음 난 자의 대신으로 내가 그들을 취하였나니,

⑰ 이스라엘 자손 중에 처음 난 것은 사람이든지 짐승이든지 다 내게 속하였음은 내가 에집트 땅에서 그 모든 처음 난 자를 치던 날에 내가 그들을 내게 구별하였음이라,

⑱ 이러므로 내가 이스라엘 자손 중 모든 처음 난 자의 대신으로 레위인을 취하였느니라,

⑲ 내가 이스라엘 자손 중에서 레위인을 취하여, 그들을 아론과 그 아들들에게 선물로 주어서, 그들로 회막에서 이스라엘 자손을 대신하여 봉사하게 하며 또 이스라엘 자손을 위하여 속죄하게 하였나니, 이는 이스라엘 자손이 성소에 가까이 할 때에 그들 중에 재앙이 없게 하려 하였음이니라,

⑳ 모세와 아론과 이스라엘 자손의 온 회중이 여호와께서 레위인에게 대하여 모세에

게 명하신 것을 다 좇아 레위인에게 행하였으되 곧 이스라엘 자손이 그와같이 그들에게 행하였더라,

㉑ 레위인이 이에 죄에서 스스로 깨끗게 하고 그 옷을 빨매 아론이 그들을 여호와 앞에 요제로 드리고, 그가 또 그들을 위하여 속죄하여 정결케 한

㉒ 후에 레위인이 회막에 들어가서 아론과 그 아들들의 앞에서 봉사하니라, 여호와께서 레위인의 일에 대하여 모세에게 명하신대로 좇아 그 같이 그들에게 행하였더라,

㉓ 여호와께서 모세에게 일러 가라사대,

㉔ 레위인은 이같이 할지니 곧 이십 오 세 이상으로는 회막에 들어와서 봉사하여 일할 것이요,

㉕ 오십세부터는 그 일을 쉬어 봉사하지 아니할 것이나,

㉖ 그 형제와 함께 회막에서 모시는 직무를 지킬 것이요, 일하지 아니할 것이라, 너는 레위인의 직무에 대하여 이같이 할지니라,

● 9장

① 에집트 땅에서 나온 다음 해 정월에 여호와께서 시나이 황야에서 모세에게 일러 가라사대,

② 이스라엘 자손으로 유월절을 그 정한 시기에 지키게 하라,

③ 그 정한 시기 곧 이달 십사일 해 질 때에 너희는 그것을 지키되, 그 모든 율례와 그 모든 규례대로 지킬지니라,

④ 모세가 이스라엘 자손에게 명하여 유월절을 지키라 하매,

⑤ 그들이 정월 십사일 해 질 때에 시나이 황야에서 유월절을 지켰으며 이스라엘 자손이 여호와께서 모세에게 명하신 것을 다 좇아 행하였더라,

⑥ 그러나 사람의 시체로 인하여 부정케 되어서 유월절을 지킬 수 없는 사람들이 있는데, 그들이 당일 에 모세와 아론 앞에 이르러,

⑦ 모세에게 말하기를, 우리가 사람의 시체로 인하여 더렵혀졌는데 어찌하여 우리를 뒤로 물러나게 하려 우리로 하여금 이스라엘 자손 중에서 여호와께서 정한 시기에 그분께 예물을 드리지 못하게 하시나이까? 하니

⑧ 모세가 그들에게 이르되, 기다리라 여호와께서 너희에게 대하여 어떻게 명하시는지, 내가 들으리라, 하니라,

⑨ 여호와께서 모세에게 일러 가라사대,

⑩ 이스라엘 자손에게 고하여 이르라, 너희나 너희 후손 중에 시체로 인하여 부정케 되든지 먼 여행 중에 있든지 할지라도 다 여호와 앞에 마땅히 유월절을 지키되,

⑪ 이월 십사일 해 질 때에 그것을 지켜서 어린 양에 부풀지 않은 빵과 쓴 나물을 아울러 먹을 것이요,

⑫ 아침까지 그것을 조금도 남겨 두지 말며, 그 뼈를 하나도 꺾지 말아서 유월절 모든 율례대로 지킬 것이니라,

⑬ 그러나 사람이 정결도 하고 여행 중에도 있지 아니하면서 유월절을 지키지 아니하는 자는 그 백성 중에서 끊쳐지리리, 이런 사람은 그 정한 시기에 여호와께 예물을 드리지 아니하였은즉, 그 죄를 당할지며,

⑭ 만일 타국인이 너희 가운데 거주하며 여호와 앞에 유월절을 지키고자 하면 유월절 율례대로 그 규례를 따라서 행할지니, 우거한 자에게나 본토인에게나 그 율례는 동일할 것이니라,

⑮ 성막을 세운 날에 구름이 성막 곧 증거막을 덮었고, 저녁이 되면 성막 위에 불 모양 같은 것이 나타나서 아침까지 이르렀으되,

⑯ 항상 그러하여 낮에는 구름이 그것을 덮었고, 밤이면 불 모양이 있었는데,

⑰ 구름이 성막에서 떠오르는 때에는 이스라엘 자손이 곧 진행하였고, 구름이 머무는 곳에 이스라엘 자손이 진을 쳤으니,

⑱ 이스라엘 자손이 여호와의 명을 쫓아 진행하였고, 여호와의 명을 쫓아 진을 쳤으며, 구름이 성막 위에 머무는 동안에는 그들이 장막안에서 쉬었더라,

⑲ 구름이 장막 위에 머무는 날이 오랠 때에는 이스라엘 자손이 여호와의 명을 지켜 진행치 아니하였으며,

⑳ 혹시 구름이 장막 위에 머무는 날이 적을 때에도 그들이 다만 여호와의 명을 쫓아 장막 안에 머물렀고 여호와의 명을 쫓아 진행하였더라,

㉑ 혹시 구름이 저녁부터 아침까지 있다가 아침에 그 구름이 떠 오를 때에는 그들이 진행하였고, 구름이 밤낮 있다가 떠 오르면 곧 진행하였으며,

㉒ 이틀이든지 한달이든지 일년이든지 구름이 성막 위에 머물러 있을 동안에는 이스라엘 자손이 장막에 머물러서 진행치 아니하다가 떠 오르면 진행하였으며,

㉓ 그들은 여호와의 명을 쫓아 진을 치고, 여호와의 명을 쫓아 진행하였으며, 모세를 통하여 주어진 여호와의 명령에 복종하였더라.

● 10장

① 여호와께서 모세에게 일러 가라사대,

② 너는 은 나팔 둘을 만들되 그것으로 회중을 소집하며 진을 진행케 할 지니라,

③ 두 나팔을 불 때에는 온 회중이 회의막사 문 앞에 모여서 네게로 나아올 것이요,

④ 하나만 불 때에는 이스라엘 수천명의 우두머리들인 지배자들이 모여서 네게로 나아올 것이며,

⑤ 너희가 그것을 울려 불 때에는 동편 진들이 진행할 것이고,

⑥ 제 이차로 울려 불 때에는 남편 진들이 진행할 것이라 무릇 진행하려 할 때에는 나팔 소리를 울려 불 것이며,

⑦ 또 회중을 모을 때에도 나팔을 불 것이나 소리를 울려 불지 말 것이며,

⑧ 그 나팔은 아론의 자손인 제사장들이 불지니, 이는 너희 대대에 영원한 율례니라,

⑨ 또 너희 땅에서 너희가 자기를 압박하는 대적을 치러 나갈 때에는 나팔을 울려 불지니, 그리하면 너희 하나님 여호와가 너희를 기억하고 너희를 너희 대적에게서 구원하리라,

⑩ 또 너희 희락의 날과 너희 정한 절기와 월삭에는 번제물의 위에와 화목제물의 위에 나팔을 불라, 그로 말미암아 너희 하나님이 너희를 기억하리라, 나는 너희 하나님 여호와니라,

⑪ 제 이년 이월 이십일에 구름이 증거막에서 떠오르매,

⑫ 이스라엘 자손이 시나이 황야에서 출발하여 자기 길을 행하더니 바란 황야에 구름이 머무니라,

⑬ 이와 같이 그들이 여호와께서 모세로 명하신 것을 좇아 진행하기를 시작 하였는데,

⑭ 수두로 유다 지손 진 기에 속한 자들이 그 군대대로 진행하였으니, 유다 군대는 암미나답의 아들 나손이 영솔하였고,

⑮ 잇사갈 자손 지파의 군대는 수알의 아들 느다넬이 영솔하였고,

⑯ 스불론 자손 지파의 군대는 헬론의 아들 엘리압이 영솔하였더라,

⑰ 이에 성막을 걷으며 게르손 자손과 므라리 자손이 성막을 메고 발행하였으며,

⑱ 다음으로 르우벤 진기에 속한 자들이 그 군대대로 발행하였으니, 르우벤의 군대는 스데울의 아들 엘리술이 영솔하였고,

⑲ 시므온 자손 지파의 군대는 수리삿대의 아들 슬루미엘이 영솔하였고,

⑳ 갓 자손 지파의 군대는 드우엘의 아들 엘리아삽이 영솔하였더라,

㉑ 고핫인은 성물을 메고 진행하였고, 그들이 이르기 전에 성막을 세웠으며,

㉒ 다음으로 에브라임 자손 진 기에 속한 자들이 그 군대대로 진행하였으니, 에브라임의 군대는 암미훗의 아들 엘리사마가 영솔하였고,

㉓ 므낫세 자손 지파의 군대는 브다술의 아들 가말이엘이 영솔하였고,

㉔ 베냐민 자손 지파의 군대는 기드오니의 아들 아비단이 영솔하였더라,

㉕ 다음으로 단 자손 진 기에 속한 자들이 그 군대대로 진행하였으니, 이 군대는 모든 진의 후진이었더라, 단 군대는 암미삿대의 아들 아히에셀이 영솔하였고,

㉖ 아셀 자손 지파의 군대는 오그란의 아들 바기엘이 영솔하였고,

㉗ 납달리 자손 지파의 군대는 에난의 아들 아히라가 영솔하였더라,

㉘ 이스라엘 자손이 진행할 때에 이와 같이 그 군대를 따라 나아갔더라,

㉙ 모세가 그 장인 미디안 사람 르우엘의 아들 호밥에게 이르되, 여호와께서 주마 하신 곳으로 우리가 진행하나니, 우리와 동행하자, 그리하면 선대하리라, 여호와께서 이스라엘에게 복을 내리리라, 하셨느니라,

㉚ 호밥이 그에게 이르되, 나는 나가지 아니하고 내 고향 친족에게로 가리라,

㉛ 모세가 가로되, 청컨대 우리를 떠나지 마소서, 당신은 우리가 황야에서 어떻게 진칠 것을 아나니, 우리의 눈이 되리이다,

㉜ 우리와 동행하면 여호와께서 우리에게 복을 내리시는대로 우리도 당신에게 행하리이다,

㉝ 그들이 여호와의 산에서 떠나 삼일 길을 행할 때에 여호와의 언약궤가 그 삼일 길에 앞서 행하며 그들의 쉴 곳을 찾았고,

㉞ 그들이 행진할 때에 낮에는 여호와의 구름이 그 위에 덮였었더라,

㉟ 궤가 떠날 때에는 모세가 가로되, 여호와여 일어나사, 주의 대적들을 흩으시고 주를 미워하는 자로 주의 앞에서 도망하게 하소서, 하였고,

㊱ 궤가 쉴 때에는 가로되, 여호와여 이스라엘 천만인에게로 돌아오소서, 하였더라.

● 11장

① 백성이 여호와의 들으시기에 악한 말로 원망하매, 여호와께서 그것을 들으시고 진노하사, 여호와의 불이 그들 중에 붙어서 진영의 맨 끝에 있는 자들을 사르매,

② 백성이 모세에게 부르짖으므로 모세가 여호와께 기도하니 불이 꺼졌더라,

③ 그곳 이름을 다베라라 칭하였으니, 이는 여호와의 불이 그들 중에 붙은 연고였더라,

④ 이스라엘 중에 섞여 사는 무리가 탐욕을 품으매 이스라엘 자손도 다시 울며 가로되, 누가 우리에게 고기를 주어 먹게 할꼬,

⑤ 우리가 에집트에 있을 때에는 값 없이 생선과 외와 수박과 부추와 파와 마늘들을 먹은 것이 생각나거늘,

⑥ 이제는 우리 정력이 쇠약하되 이 만나 외에는 보이는 것이 아무것도 없도다, 하니,

⑦ 만나는 갓씨와 같고 모양은 진주와 같은 것이라,

⑧ 백성이 두루 다니며, 그것을 거두어 맷돌에 갈기도 하며 절구에 찧기도 하고 가마에 삶기도 하여 과자를 만들었으니, 그 맛이 기름 섞은 과자 맛 같았더라,

⑨ 밤에 이슬이 진에 내릴 때에 만나도 같이 내렸더라,

⑩ 백성의 온 가족들이 각기 장막 문에서 우는 것을 모세가 들으니라, 이러므로 여호와의 진노가 심히 크고 모세도 기뻐하지 아니하여,

⑪ 여호와께 여짜오되, 주께서 어찌하여 종을 괴롭게 하시나이까? 어찌하여 나로 주의 목전에 은혜를 입게 아니하시고 이 모든 백성을 내게 맡기사, 나로 그 짐을 지게 하시나이까?

⑫ 이 모든 백성을 내가 잉태하였나이까? 내가 어찌 그들을 생산하였기에 주께서 나더러 양육하는 아비가 젖 먹는 아이를 품듯 그들을 품에 품고 주께서 그들의 열조에게 맹세하신 땅으로 가라 하시나이까?

⑬ 이 모든 백성에게 줄 고기를 내가 어디서 얻으리이까? 그들이 나를 향하여 울며 가로되, 우리에게 고기를 주어 먹게 하라, 하온즉,

⑭ 책임이 심히 중하여 나 혼자는 이 모든 백성을 질 수 없나이다,

⑮ 주께서 내게 이같이 행하실진대, 구하옵나니, 내게 은혜를 베푸사, 즉시 나를 죽여 나로 나의 곤고함을 보지 않게 하옵소서,

⑯ 여호와께서 모세에게 이르시되, 이스라엘 노인 중 백성의 장로와 유사 되는 줄을 네가 아는 자 칠십인을 모아 데리고 회막 내 앞에 이르러 거기서 너와 함께 서게 하라,

⑰ 내가 강림하여 너와 말하고 네게 임한 신을 그들에게도 임하게 하리니, 그들이 너와 함께 백성의 짐을 담당하고 너 혼자 지지 아니하리라,

⑱ 또 백성에게 이르기를, 너희 몸을 거룩히 하여 내일 고기 먹기를 기다리라, 너희가

울며 이르기를, 누가 우리에게 고기를 주어 먹게 할꼬, 에집트에 있을 때가 우리에게 재미 있었다, 하는 말이 여호와께 들렸으므로 여호와께서 너희에게 고기를 주어 먹게 하실 것이라,

⑲ 하루나 이틀이나 닷새나 열흘이나 이십일만 먹을 뿐 아니라,

⑳ 코에서 넘쳐서 싫어하기까지 일개월 간을 먹게 하시리니, 이는 너희가 너희 중에 거하시는 여호와를 멸시하고, 그 앞에서 울며 이르기를, 우리가 어찌하여 에집트에서 나왔던고? 하였기 때문이라, 하시니,

㉑ 모세가 가로되, 나와 함께 있는 이 백성의 보행자가 육십만명이온데, 주의 말씀이 일개월간 고기를 주어 먹게 하겠다, 하시오니,

㉒ 그들을 위하여 양떼와 소떼를 잡은즉 족하오며? 바다의 모든 고기를 모은들 족하오리이까?

㉓ 여호와께서 모세에게 이르시되, 여호와의 손이 짧아졌느냐? 네가 이제 내 말이 네게 응하는 여부를 보리라,

㉔ 모세가 나가서 여호와의 말씀을 백성에게 고하고 백성의 장로 칠십인을 모아 장막에 둘러 세우매,

㉕ 여호와께서 구름 가운데 강림하사, 모세에게 말씀하시고, 그에게 임한 영을 칠십 장로에게도 임하게 하시니, 영이 임하신 때에 그들이 예언을 하다가 다시는 아니하였더라,

㉖ 그 기록된 자 중 엘닷이라 하는 자와 메닷이라 하는 자 두사람이 진에 머물고 회막에 나아가지 아니하였으나 그들에게도 영이 임하였으므로 진에서 예언한지라,

㉗ 한 소년이 달려와서 모세에게 고하여 엘닷과 메닷이 진중에서 예언하더이다, 하매,

㉘ 택한 자 중 한 사람 곧 모세를 섬기는 눈의 아들 여호수아가 말하여 가로되, 내 주 모세여 금하소서, 하니,

㉙ 모세가 그에게 이르되, 네가 나를 위하여 시기하느냐? 여호와께서 그분의 영을 그 모든 백성에게 주사 다 선지자 되게 하시기를 원하노라,

㉚ 모세와 이스라엘 장로들이 진중으로 돌아왔더라,

㉛ 바람이 여호와로부터 나와서 바다로부터 메추라기들을 몰고 와서 진영 곁 이곳 저곳 곧 진 사방으로 각기 하룻길 되는 지면 위에 두 규빗쯤 높이로 내리게 한지라,

(And there went forth a wind from the LORD, and brought quails from the sea, and let let them fall by the camp, as it were a day's journey on this side, and as it were a day's journey on the other side, round about the camp, and it were two cubits high upon the face of the earth.-KJV)

(Now a wind went out from the LORD and drove quail in from the sea, It brought them down all around the camp to about three feet above the ground, as far as a day's walk in any direction.-NIV)

(There arose a wind from the LORD that drove in quail from the sea and left them all around the camp site, to a distance of a day's journey and at a depth of two cubits upon the ground.-NAB)

(A wind set in motion by GOD swept quails in from the sea. They piled up to a depth of about three feet in the camp and as far out as a day's walk in every direction.-THE MESSAGE)

㉜ 백성이 일어나 종일 종야와 그 이튿날 종일토록 메추라기를 모으니, 적게 모은 자도 십 호멜이라 그들이 자기를 위하여 진 사면에 펴 두었더라,

㉝ 고기가 아직 잇사이에 있어 씹히기 전에 여호와께서 백성에게 대하여 진노하사, 심히 큰 재앙으로 치셨으므로,

㉞ 그 곳 이름을 기브롯 핫다아와라 칭하였으니, 탐욕을 낸 백성을 거기 장사함이었더라,

㉟ 백성이 기브롯 핫다아와에서 진행하여 하세롯에 이르러 거기 거하니라.

● 12장

① 모세가 구스 여자를 취하였더니, 그 구스 여자를 취함으로 미리암과 아론이 모세를 비방하니라,

② 그들이 이르되, 여호와께서 모세와만 말씀하셨느냐? 우리와도 말씀하지 아니하셨느냐? 하매, 여호와께서 이 말을 들으셨더라,

③ 이 사람 모세는 온유함이 지면의 모든 사람 보다 더 온유하더라,

④ 여호와께서 갑자기 모세와 아론과 미리암에게 이르시되, 너희 삼인은 회의막사로 나아오라 하시니, 그 삼인이 나아가매,

⑤ 여호와께서 구름 가운데서 강림하사 장막 문에 서시고 아론과 미리암을 부르시는지라, 그 두 사람이 나아가매,

⑥ 이르시되 내 말을 들으라, 너희 중에 선지자가 있으면 나 여호와가 환상으로 나를 그에게 알리기도 하고 꿈으로 그와 말하기도 하거니와,

⑦ 내 종 모세는 그렇지 아니하니, 그는 나의 온 집에 신실하니라,

⑧ 그와는 내가 대면하여 명백히 말하고 은밀한 말로 아니하며, 그는 또 여호와의 형상을 보겠거니와 너희가 어찌하여 내 종 모세 비방하기를 두려워 아니하느냐?

⑨ 여호와께서 그들을 향하여 진노하시고 떠나시매,

⑩ 구름이 장막 위에서 떠나갔고, 미리암은 문둥병이 들려 눈과 같더라, 아론이 미리암을 본즉, 문둥병이 들었는지라,

⑪ 아론이 이에 모세에게 이르되 슬프다, 내 주여 우리가 우매한 일을 하여 죄를 얻었으나, 청컨데 그 허물을 우리에게 돌리지 마소서,

⑫ 그로 살이 반이나 썩고 죽어서 모태에서 나온 자 같이 되게 마옵소서,

⑬ 모세가 여호와께 부르짖어 가로되, 하나님이여 원컨데 그를 고쳐 주옵소서,

⑭ 여호와께서 모세에게 이르시되, 그의 아비가 그의 얼굴에 침을 뱉았을지라도 그가 칠일간 부끄러워하지 않겠느냐? 그런즉 그를 진 밖에 칠일을 가두고 그 후에 들어오게 할지니라, 하시니,

⑮ 이에 미리암이 진 밖에 칠일 동안 갇혔고 백성은 그를 다시 들어오게 하기까지 진행치 아니하다가,

⑯ 그 후에 백성이 하세롯에서 진행하여 바란 광야에 진을 치니라.

● 13장

① 여호와께서 모세에게 일러 가라사대,

② 사람을 보내어 내가 이스라엘 자손에게 주는 가나안 땅을 탐지하게 하되, 그 종족의 각 지파 중에서 족장 된 자 한 사람씩 보내라,

③ 모세가 여호와의 명을 좇아 바란 황야에서 그들을 보내었으니, 그들은 다 이스라엘 자손의 두령된 사람이라,

④ 그들의 이름은 이러하니라, 르우벤 지파에서는 삭굴의 아들 삼무요,

⑤ 시므온 지파에서는 호리의 아들 사밧이요,

⑥ 유다 지파에서는 여분네의 아들 갈렙이요,

⑦ 잇사갈 지파에서는 요셉의 아들 이갈이요,

⑧ 에브라임 지파에서는 눈의 아들 호세아요,

⑨ 베냐민 지파에서는 라부의 아들 발디요,

⑩ 스불론 지파에서는 소디의 아들 갓디엘이요,

⑪ 요셉 지파 곧 므낫세 지파에서는 수시의 아들 갓디요,

⑫ 단 지파에서는 그말리의 아들 암미엘이요,

⑬ 아셀 지파에서는 미가엘의 아들 스둘이요,

⑭ 납달리 지파에서는 웝시의 아들 나비요,

⑮ 갓 지파에서는 마기의 아들 그우엘이니,

⑯ 이는 모세가 땅을 탐지하러 보낸 자들의 이름이라, 모세가 눈의 아들 호세아를 여호수아라 칭하였더라,

⑰ 모세가 가나안 땅을 탐지하러 그들을 보내며 이르되, 너희는 남방 길로 행하여 산지로 올라가서,

⑱ 그 땅의 어떠함을 탐지하라, 곧 그 땅 거민의 강약과 다소와,

⑲ 그들의 거하는 땅의 호 불호와 거하는 성읍이 진영인지 산성인지와,

⑳ 토지의 후박과 수목의 유무니라, 담대하라, 또 그 땅 실과를 가져오라, 하니, 그 때는 포도가 처음 익을 즈음이었더라,

㉑ 이에 그들이 올라가서 땅을 탐지하되 신 황야에서부터 하맛 어귀 르홉에 이르렀고,

㉒ 또 남방으로 올라가서 헤브론에 이르렀으니, 헤브론은 에집트 소안보다 칠년 전에 세운 곳이라, 그곳에 아낙 자손 아히만과 세새와 달매가 있었더라,

㉓ 또 에스골 골짜기에 이르러 거기서 포도 한 송이 달린 가지를 베어 둘이 막대기에 꿰어 메고 또 석류와 무화과를 취하니라,

㉔ 이스라엘 자손이 거기서 포도송이를 벤고로 그곳을 에스골 골짜기라 칭하였더라,

㉕ 사십일 동안에 땅을 탐지하기를 마치고 돌아와,

㉖ 바란 황야 바데스에 이르러, 모세와 아론과 이스라엘 자손의 온 회중에게 나아와 그들에게 회보하고 그 땅 실과를 보이고,

㉗ 모세에게 보고하여 가로되, 당신이 우리를 보낸 땅에 간즉 과연 젖과 꿀이 그 땅에 흐르고 이것은 그 땅의 실과니이다,

㉘ 그러나 그 땅 거민은 강하고 성읍은 견고하고 심히 클뿐 아니라, 거기서 아낙 자손을 보았으며,

㉙ 아말렉인은 남방 땅에 거하고 헷 인과 여부스인과 아모리인은 산지에 거하고 가나

안인은 해변과 요단 가에 거하더이다,

㉚ 갈렙이 모세 앞에서 백성을 진정시키며 말하기를, 우리가 곧 올라가서 그 땅을 취하자, 능히 이기리라, 하나,

㉛ 그와 함께 올라갔던 사람들은 말하기를, 우리는 능히 올라가서 그 백성을 치지 못하리라, 그들은 우리보다 강하니라, 하고,

㉜ 이스라엘 자손 앞에서 그 탐지한 땅을 악평하여 말하기를, 우리가 두루 다니며 탐지한 땅은 그 거민을 삼키는 땅이요, 거기서 본 모든 백성은 신장이 장대한 자들이며,

㉝ 거기서 또 네피림 우손 아낙 자손 대장부들을 보았나니, 우리는 스스로 보기에도 메뚜기 같으니, 그들의 보기에도 그와 같았을 것이니라, 하니라.

● 14장

① 그 지역의 모든 백성들이 소리를 높여 부르짖으며 밤새도록 슬피 울었더라,

② 이스라엘 자손이 다 모세와 아론을 원망하며 온 회중이 그들에게 이르되, 우리가 에집트 땅에서 죽었거나 이 사막에서 죽었으면 좋았을 것을,

③ 어찌하여 여호와가 우리를 그 땅으로 인도하여 칼에 망하게 하려 하는고? 우리 처자가 사로잡히려니 에집트로 돌아가는 것이 낫지 아니하랴?

④ 이에 서로 말하되 우리가 한 지도자를 세우고 에집트로 돌아가자 하매,

⑤ 그때에 모세와 아론이 이스라엘 자손의 모든 회중의 집회 앞에서 얼굴은 대고 엎드린지라,

⑥ 그 땅을 탐지한 자 중 눈의 아들 여호수아와 여분네의 아들 갈렙이 그 옷을 찢고,

⑦ 이스라엘 자손의 모든 회중에게 일러 가로되, 우리가 두루 다니며 탐지한 땅은 심히 아름다운 땅이라,

⑧ 여호와께서 우리를 기뻐하시면 우리를 그 땅으로 인도하여 들이시고 그 땅을 우리에게 주시리라, 이는 과연 젖과 꿀이 흐르는 땅이니라,

⑨ 오직 여호와를 거역하지 말라, 또 그 땅 백성을 두려워 하지 말라, 그들은 우리의 밥이라, 그들의 보호자는 그들에게서 떠났고 여호와는 우리와 함께 하시느니라, 그들을 두려워 말라, 하나,

⑩ 모든 회중이 그들을 돌로 치려하자 여호와의 영광이 회중의 성막안에서 온 이스라엘 자손에게 나타나시니라,

⑪ 여호와께서 모세에게 이르시되, 이 백성들이 어느때까지 나를 격노하게 하려느냐? 내가 그들 중에 행한 모든 이적들에도 불구하고 그들이 어느 때까지 나를 믿지 아니하겠느냐?

⑫ 내가 전염병으로 그들을 쳐서 멸하고 너로 그들 보다 크고 강한 나라를 이루게 하리라,

⑬ 모세가 여호와께 말씀드리기를, (에집트인 중에서 주의 능력으로 이 백성들을 인도하여 내셨다는 것을) 그들이 듣고

⑭ 이 땅 거민에게 고하리이다, 주 여호와께서 이 백성 중에 계심을 그들도 들었으니, 곧 주 여호와께서 대면하여 보이시며, 주의 구름이 그들 위에 섰으며, 주께서 낮에는 구름기둥 가운데서, 밤에는 불기둥 가운데서, 그들 앞에서 행하시는 것이니이다,

⑮ 이제 주께서 이 백성을 한 사람 같이 죽이시면 주의 명성을 들은 열국이 말하여 이르기를,

⑯ 여호와가 이 백성에게 주기로 맹세한 땅에 인도할 능이 없는 고로 황야에서 죽였다, 하리이다,

⑰ 이제 구하옵나니, 이미 말씀하신대로 주의 큰 권능을 나타내옵소서, 이르시기를,

⑱ 여호와는 노하기를 더디하고 사랑이 많아 죄악과 과실을 사하나 형벌 받을 자는 결단코 사하지 않고 아비의 죄악을 자식에게 갚아 삼사대까지 이르게 하리라, 하셨나이다,

⑲ 구하옵나니, 주의 사랑의 광대하심을 따라 이 백성의 죄악을 사하시되, 에집트에서부터 지금까지 사하신 것 같이 사하옵소서,

⑳ 여호와께서 말씀하시기를, 내가 네 말대로 용서하였노라,

㉑ 그러나 진실로 나의 사는 것과 여호와의 영광이 온 세계에 충만할 것으로 맹세하노니,

㉒ 나의 영광과 에집트와 사막에서 행한 나의 이적을 보고도 이같이 열번이나 나를 시험하고, 내 목소리를 청종치 아니한 그 사람들은,

㉓ 내가 그 조상들에게 맹세한 땅을 결단코 보지 못할 것이요, 또 나를 멸시하는 사람은 하나라도 그것을 보지 못하리라,

㉔ 오직 내 종 갈렙은 그 마음이 그들과 달라서 나를 온전히 좇았은즉, 그의 갔던 땅으로 내가 그를 인도하여 들이리니, 그 자손이 그 땅을 차지하리라,

㉕ 아말렉인과 가나안인이 골짜기에 거하나니, 너희는 내일 돌이켜 홍해 길로 하여 사막으로 들어갈지니라,

㉖ 여호와께서 모세와 아론에게 일러 말씀하시기를,

㉗ 나를 원망하는 이 악한 회중을 내가 어느때까지 참으랴? 이스라엘 자손이 나를 향하여 원망하는바 그 원망하는 말을 내가 들었노라,

㉘ 그들에게 이르기를, 여호와의 말씀에 나의 삶을 가리켜 맹세하노라, 너희 말이 내 귀에 들린대로 내가 너희에게 행하리니,

㉙ 너희 시체가 이 광야에 엎드러질 것이라, 너희 이십세 이상으로 계수함을 받은 자, 곧 나를 원망하는자의 전부가,

㉚ 여분네의 아들 갈렙과 눈의 아들 여호수아 외에는 내가 맹세하여 너희로 거하게 하리라 한 땅에 결단코 들어가지 못하리라,

㉛ 너희가 사로잡히겠다고 말하던 너희의 유아들은 내가 인도하여 들이리니, 그들은 너희가 싫어하던 땅을 보려니와,

㉜ 너희 시체는 이 황야에 엎드러질것이요,

㉝ 너희 자녀들은 너희의 패역한 죄를 지고, 너희의 시체가 황야에서 소멸되기까지 사십년을 황야에서 유리하는 자가 되리라,

㉞ 너희가 그 땅을 탐지한 날 수 사십일의 하루를 일년으로 환산하여 그 사십년간 너희가 너희의 죄악을 질지니, 너희가 나의 싫어 버림을 알리라 하셨다, 하라,

㉟ 나 여호와가 말하였거니와 모여 나를 거역하는 이 악한 온 회중에게 내가 단정코 이같이 행하리니, 그들이 이 황야에서 소멸되어 거기서 죽으리라,

㊱ 모세의 보냄을 받고 땅을 탐지고 돌아와서 그 땅을 악평하여 온 회중으로 모세를 원망케 한 사람,

㊲ 곧 그 땅에 대하여 악평한 자들은 여호와 앞에서 재앙으로 죽었고,

㊳ 그 땅을 탐지하러 갔던 사람들 중 오직 눈의 아들 여호수아와 여분네의 아들 갈렙은 생존하니라,

㊴ 모세가 이 말로 이스라엘 모든 자손에게 고하매 백성이 크게 슬퍼하며,

㊵ 아침에 일찍 일어나 산꼭대기로 올라가며 가로되 보소서, 우리가 여기 있나이다, 우리가 범죄하였음이니이다,

㊶ 모세가 가로되, 너희가 어찌하여 이제 여호와의 명령을 범하느냐? 이일이 형통치 못하리라,

㊷ 여호와께서 너희 중에 계시지 아니하니 올라가지 말라, 그리하여야 너희가 너희 원수들 앞에서 패하지 아니하리라,

㊸ 아말렉 사람들과 가나안 사람들이 너희 앞에 있으므로 너희가 그 칼에 망하리라, 이는 너희가 여호와로부터 돌아섰기 때문이니라, 그러므로 여호와께서 너희와 함께 계시지 아니하시리라, 하나,

㊹ 그들은 자기들 뜻대로 산꼭대기로 올라갔더라, 그럼에도 불구하고 여호와의 언약 궤와 모세는 그 진영 밖으로 떠나지 아니하였더라,

㊺ 그때에 아말렉 사람들과 산지에 거하는 가나안 사람들이 내려와서 그들을 쳐서 파하고 호르마까지 이르렀더라.

● 15장

① 여호와께서 모세에게 일러 가라사대,

② 이스라엘 자손에게 고하여 그들에게 이르되, 너희가 내가 주어 거하게 할 땅에 들어가서,

③ 여호와께 화제나 번제나 서원을 갚는 제나 낙헌제나 정한 절기제에 소나 양으로 여호와께 향기롭게 드릴 때에는,

④ 그 예물을 드리는 자는 고운 가루 에바 십분지 일에 기름 한 힌의 사분지 일을 섞어 여호와께 소제로 드릴 것이며,

⑤ 번제나 다른 제사로 드리는 제물이 어린 양이면 전제로 포도주 한 힌의 사분의 일을 예비할 것이요,

⑥ 수양이면 소제로 고운 가루 한 에바 십분지 이에 기름 한 힌의 삼분지 일을 섞어 예비하고,

⑦ 전제로 포도주 한 힌의 삼분지 일을 드려 여호와 앞에 향기롭게 할 것이요,

⑧ 번제로나 서원을 갚는 제로나 화목제로 수송아지를 예비하여, 여호와께 드릴 때에는,

⑨ 소제로 고운 가루 한 에바 십분지 삼에 기름 반 힌을 섞어 그 수송아지와 함께 드리고,

⑩ 전제로 포도주 반 힌을 드려 여호와 앞에 향기로운 화제를 삼을지니라,

⑪ 수송아지나 수양이나 어린 수양이나 어린 염소에는 그 마리 수 마다 위와 같이 행하되,

⑫ 너희 예비하는 수효를 따라 각기 수효에 맞게 하라,

⑬ 무릇 본토 소생이 여호와께 향기로운 화제를 드릴 때에는 이 법대로 할 것이요,

⑭ 너희 중에 우거하는 타국인이나 너희 중에 대대로 있는 자가 누구든지 여호와께 향기로운 화제를 드릴 때에는 너희 하는대로 그도 그리할 것이니라,

⑮ 회중 곧 너희나 우거하는 타국인이나 한 율례니 너희의 대대로 영원한 율례라, 너희의 어떠한대로 타국인도 여호와 앞에 그러하리라,

⑯ 너희나 너희 중에 우거하는 타국인이나 한 법도 한 규례니라,

⑰ 여호와께서 모세에게 일러 가라사대,

⑱ 이스라엘 자손에게 고하여 이르라 너희가 나의 인도하는 땅에 들어가거든,

⑲ 그 땅의 양식을 먹을 때에 여호와께 거제를 드리되,

⑳ 너희의 처음 익은 곡식 가루 떡을 거제로 타작 마당의 거제 같이 들어 드리라,

㉑ 너희의 처음 익은 곡식 가루 떡을 대대에 여호와께 거제로 드릴지니라,

㉒ 너희가 그릇 범죄하여 여호와가 모세에게 말한 이 모든 명령을 지키지 못하되,

㉓ 곧 여호와가 모세로 너희에게 명한 모든 것을 여호와가 명한 날부터 이후 너희의 대대에 지키지 못하여,

㉔ 회중이 부지 중에 그릇 범죄하였거든 온 회중은 수송아지 하나를 여호와께 향기로운 화제로 드리고, 규례대로 그 소제와 전제를 드리고 수염소 하나를 속죄제로 드릴 것이라,

㉕ 제사장이 이스라엘 자손의 온 회중을 위하여 속죄하면 그들이 사함을 얻으리니, 이는 그릇 범죄함이며 또 그 그릇 범죄함을 인하여 예물 곧 화제와 속죄제를 여호와께 드렸음이라,

㉖ 이스라엘 자손의 온 회중과 그들 중에 우거하는 타국인도 사함을 얻을 것은 온 백성이 그릇 범죄하였음이니라,

㉗ 만일 한 사람이 그릇 범죄하거든 일년 된 암염소로 속죄제를 드릴 것이요,

㉘ 제사장은 그 그릇 범죄한 사람이 그릇하여 여호와 앞에 얻은 죄를 속죄하여 그 죄를 속할지니, 그리하면 사함을 얻으리라,

㉙ 이스라엘 자손 중 본토 소생이든지 그들 중에 우거하는 타국인이든지 무릇 그릇 범죄한 자에게 대한 법이 동일 하거니와,

㉚ 본토 소생이든지 타국인이든지 무릇 짐짓 무엇을 행하면 여호와를 훼방하는 자니, 그 백성 중에서 끊쳐질 것이라,

㉛ 그런 사람은 여호와의 말씀을 멸시하고 그 명령을 파괴하였은즉, 그 죄악이 자기에게로 돌아가서 온전히 끊쳐지리라,

㉜ 이스라엘 자손이 광야에 거할 때에 안식일에 어떤 사람이 나무 하는 것을 발견한지라,

㉝ 그 나무 하는 자를 발견한 자들이 그를 모세와 아론과 온 회중의 앞으로 끌어 왔으나,

㉞ 어떻게 처치할는지 지시하심을 받지 못한 고로 가두었더니,

㉟ 여호와께서 모세에게 이르시되, 그 사람을 반드시 죽일지니 온 회중이 진 밖에서 돌로 그를 칠지니라,

㊱ 온 회중이 곧 그를 진 밖으로 끌어내고 돌로 그를 쳐 죽여서, 여호와께서 모세에게 명하신대로 하니라,

㊲ 여호와께서 모세에게 일러 가라사대,

㊳ 이스라엘 자손에게 명하여, 그들의 대대로 그 옷단 귀에 술을 만들고 청색 끈을 그 귀의 술에 더하라,

㊴ 이 술은 너희로 보고 여호와의 모든 계명을 기억하여 준행하고 너희로 방종케 하는 자기의 마음과 눈의 욕심을 좇지 않게 하기 위함이라,

㊵ 그리하면 너희가 나의 모든 계명을 기억하고 준행하여 너희의 하나님 앞에 거룩하리라,

㊶ 나는 너희의 하나님이 되려하여, 너희를 에집트 땅에서 인도하여 낸 여호와 너희 하나님이니라, 나는 여호와 너희 하나님이니라.

● 16장

① 레위의 증손 고핫의 손자 이스할의 아들 고라와 르우벤 자손의 엘리압의 아들 다단과 아비람과 벨렛의 아들 온이 당을 짓고,

② 이스라엘 자손 총회에 택함을 받은 자 곧 회중에 유명한 어떤 족장 이백 오십인과 함께 일어나서 모세를 거스리니라,

③ 그들이 모여서 모세와 아론을 거스려, 그들에게 이르되, 너희가 분수에 지나치도다, 회중이 다 각각 거룩하고 여호와께서도 그들 중에 계시거늘, 너희가 어찌하여 여호와의 총회 위에 스스로 높이느뇨?

④ 모세가 그 말을 듣고 엎드렸다가,

⑤ 고라와 그 모든 무리에게 말하여 가로되, 아침에 여호와께서 자기에게 속한 자가 누구인지 거룩한 자가 누구인지 보이시고 그 자를 자기에게 가까이 나아오게 하시되, 곧 그가 택하신 자를 자기에게 가까이 나아오게 하시리니,

⑥ 이렇게 하라, 너 고라와 너의 모든 무리는 향로를 취하고,

⑦ 내일 여호와 앞에서 그 향로에 불을 담고 그 위에 향을 두라, 그때에 여호와의 택하신 자는 거룩하게 되리라, 레위 자손들아 너희가 너무 분수에 지나치느니라,

⑧ 모세가 또 고라에게 이르되, 너희 레위 자손들아 들으라,

⑨ 이스라엘의 하나님이 이스라엘 회중에서 너희를 구별하여 자기에게 가까이 하게 하사, 여호와의 성막에서 봉사하게 하시며 회중 앞에 서서 그들을 대신하여 섬기게 하심이 너희에게 작은 일이겠느냐?

⑩ 하나님이 너와 네 모든 형제 레위 자손으로 너와 함께 가까이 오게 하신 것이 작은 일이 아니어늘, 너희가 오히려 제사장의 직분도 구하느냐?

⑪ 이를 위하여 너와 너의 무리가 다 모여서 여호와를 거역하였도다, 아론은 어떠한 사람이관대 너희가 그를 원망하느냐?

⑫ 모세가 엘리압의 아들 다단과 아비람을 부르러 보냈더니, 그들이 가로되, 우리는 올라가지 않겠노라,

⑬ 네가 우리를 젖과 꿀이 흐르는 땅에서 이끌어 내어 황야에서 죽이려 함이 어찌 작은 일이기에 오히려 스스로 우리 위에 왕이 되려 하느냐?

⑭ 이 뿐 아니라 네가 우리를 젖과 꿀이 흐르는 땅으로 인도하여 들이지도 아니하고 밭도 포도원도 우리에게 기업으로 주지 아니하니, 네가 이 사람들의 눈을 빼려느냐? 우리는 올라가지 아니하겠노라, 하니,

⑮ 모세가 심히 노하여 여호와께 말씀드리기를, 주님께서는 그들의 예물을 돌아보지 마옵소서, 나는 그들의 한 나귀도 취하지 아니하였고 그들의 한 사람도 해하지 아니하였나이다, 하고,

⑯ 이에 고라에게 이르되, 너와 너의 온 무리는 아론과 함께 내일 여호와 앞으로 나아오되,

⑰ 너희는 각기 향로를 잡고 그 위에 향을 두고 각 사람이 그 향로를 여호와 앞으로 가져오라, 향로는 모두 이백 오십이라 너와 아론도 각각 향로를 가지고 올지니라,

⑱ 그들이 각기 향로를 취하여 불을 담고 향을 그 위에 두고 모세와 아론으로 더불어 회의막사 문에 서니라,

⑲ 고라가 온 회중을 회의막사 문에 모아 놓고 그 두 사람을 대적하려 하매, 여호와의 영광이 온 회중에게 나타나시니라,

⑳ 여호와께서 모세와 아론에게 일러 가라사대,

㉑ 너희는 이 회중에게서 떠나라, 내가 순식간에 그들을 멸하려 하노라,

㉒ 그 두 사람이 엎드려 가로되, 하나님이여! 모든 육체의 생명의 하나님이시여, 한 사람이 범죄하였거늘 온 회중에게 진노하시나이까?

㉓ 여호와께서 모세에게 일러 가라사대,

㉔ 회중에게 명하여 이르기를, 너희는 고라와 다단과 아비람의 장막 사면에서 떠나게 하라,

㉕ 모세가 일어나 다단과 아비람에게로 가니 이스라엘 장로들이 좇았더라,

㉖ 모세가 회중에게 일러 가로되, 이 악인들의 장막에서 떠나고 그들의 물건은 아무것도 만지지 말라, 그들의 모든 죄 중에서 너희도 멸망할까 두려워 하노라, 하매,

㉗ 무리가 고라와 다단과 아비람의 장막 사면을 떠나고, 다단과 아비람은 그 처자와 유아들과 함께 나와서 자기 장막문에 선지라,

㉘ 모세가 가로되, 여호와께서 나를 보내사, 이 모든 일을 행케 하신 것이요, 나의 임의로 함이 아니줄을 이 일로 인하여 알리라,

㉙ 곧 이 사람들의 죽음이 모든 사람과 일반이요, 그들의 당하는 벌이 모든 당하는 사람의 벌과 일반이면 여호와께서 나를 보내심이 아니어니와,

㉚ 만일 여호와께서 새 일을 행하사 땅으로 입을 열어 이 사람들과 그들의 모든 소속을 삼켜 산채로 음부에 빠지게 하시면 이 사람들이 과연 여호와를 멸시한 것인 줄을 너희가 알리라,

㉛ 이 모든 말을 마치는 동시에 그들의 밑의 땅이 갈라지니라,

㉜ 땅이 그 입을 열어 그들과 그 가족과 고라에게 속한 모든 사람과 물건을 삼키매,

㉝ 그들과 그 모든 소속이 산채로 음부에 빠지며 땅이 그 위에 합하니, 그들이 총회 중에서 망하니라,

㉞ 그 주위에 있는 온 이스라엘이 그들의 부르짖음을 듣고 도망하며 가로되, 땅이 우리도 삼킬까 두렵다 하였고,

㉟ 여호와께로서 불이 나와서 분향하는 이백 오십인을 소멸하였더라,

㊱ 여호와께서 모세에게 일러 가라사대,

㊲ 너는 제사장 아론의 아들 엘르아살을 명하여 붙는 불 가운데서 향로를 취하여다가

그 불을 타처에 쏟으라, 그 향로는 거룩함이니라,

㊳ 사람들은 범죄하여 그 생명을 스스로 해하였거니와 그들이 향로를 여호와 앞에 드 렸으므로 그 향로가 거룩하게 되었나니, 그 향로를 쳐서 제단을 싸는 편철을 만들 라, 이스라엘 자손에게 표가 되리라 하신지라,

㊴ 제사장 엘르아살이 불탄 자들의 드렸던 놋 향로를 취하여 쳐서 제단을 싸서,

㊵ 이스라엘 자손의 기념물이 되게 하였으니, 이는 아론 자손이 아닌 외인은 여호와 앞에 분향하러 가까이 오지 못하게 함이며, 또 고라와 그 무리와 같이 되지 않게 하기 위함이라 여호와께서 모세로 그에게 명하신대로 하였더라,

㊶ 이튿날 이스라엘 자손의 온 회중이 모세와 아론을 원망하여 가로되, 너희가 여호 와의 백성을 죽였도다, 하고,

㊷ 회중이 모여 모세와 아론을 칠 때에 회중의 성막을 바라본즉, 구름이 회막을 덮었 고, 여호와의 영광이 나타났더라,

㊸ 모세와 아론이 회중의 성막 앞에 이르매,

㊹ 여호와께서 모세에게 일러 가라사대,

㊺ 너희는 이 회중에게서 떠나라, 내가 순식간에 그들을 멸하려 하노라, 하시매, 그 두 사람이 엎드리니라,

㊻ 이에 모세가 아론에게 이르되 너는 향로를 취하고 단의 불을 그것에 담고 그 위에 향을 두어가지고 급히 회중에게로 가서 그들을 위하여 속죄하라, 여호와께서 진노 하셨으므로 역병이 시작되었음이라,

㊼ 아론이 모세의 명을 좇아 향로를 가지고 회중에게로 달려간즉 백성 중에 역병이 시작되었는지라, 이에 백성을 위하여 속죄하고,

㊽ 죽은 자와 산 자 사이에 섰을 때에 역병이 그치니라,

㊾ 고라의 일로 죽은 자 외에 역병에 죽은 자가 일만 사천 칠백명이었더라,

㊿ 역병이 그치매, 아론이 회막문 모세에게로 돌아오니라.

● 17장

① 여호와께서 모세에게 일러 가라사대,

② 너는 이스라엘 자손에게 고하여 그들 중에서 각 종족을 따라 지팡이 하나씩 취하 되, 곧 그들의 종족대로 그 모든 족장에게서 지팡이 열둘을 취하고 그 사람들의 이 름을 각각 그 지팡이에 쓰되,

③ 레위의 지팡이에는 아론의 이름을 쓰라, 이는 그들의 종족의 각 두령이 지팡이 하나씩 있어야 할 것임이니라,

④ 그 지팡이를 회중의 성막 안에서 내가 너희와 만나는 곳인 증거궤 앞에 두라,

⑤ 내가 택한 자의 지팡이에는 싹이 나리니, 이것으로 이스라엘 자손이 너희를 대하여 원망하는 말을 내 앞에서 그치게 하리라,

⑥ 모세가 이스라엘 자손에게 고하매, 그 족장들이 각기 종족대로 지팡이 하나씩 그에게 주었으니, 그 지팡이 합이 열 둘이라 그 중에 아론의 지팡이가 있었더라,

⑦ 모세가 그 지팡이들을 증거의 장막 안 여호와 앞에 두었더라,

⑧ 이튿날 모세가 증거의 장막에 들어가 본즉, 레위 집을 위하여 낸 아론의 지팡이에 움이 돋고 순이 나고 꽃이 피어서 살구가 열렸더라,

⑨ 모세가 그 지팡이 전부를 여호와 앞에서 이스라엘 모든 자손에게로 취하여 내매, 그들이 보고 각각 자기 지팡이를 취하였더라,

⑩ 여호와께서 또 모세에게 이르시되, 아론의 지팡이는 증거궤 앞으로 도로 가져다가 거기 간직하여 패역한 자에 대한 표징이 되게하여 그들로 내게 대한 원망을 그치고 죽지 않게 할찌니라,

⑪ 모세가 곧 그와 같이 하되, 여호와께서 자기에게 명하신대로 하였더라,

⑫ 이스라엘 자손이 모세에게 말하여 가로되, 보소서, 우리는 죽게 되었나이다, 망하게 되었나이다, 다 망하게 되었나이다,

⑬ 가까이 나아가는 자 곧 여호와의 성박에 가까이 나아가는 자마다 다 죽사오니, 우리가 다 죽어서 소멸되어야 하리이까? 하니라.

● 18장

① 여호와께서 아론에게 이르시되, 너와 네 아들들과 네 종족은 성소에 대한 죄를 함께 담당할 것이요, 너와 네 아들들은 너희가 그 제사장 직분에 대한 죄를 함께 담당할 것이니라,

② 너는 레위 지파 곧 네 조상의 지파의 형제들을 데려다가 너와 합동시켜 너를 섬기게 하고, 너와 네 아들들은 증거의 장막 앞에 있을 것이니라,

③ 레위인은 네 직무와 장막의 모든 직무를 지키려니와 성소의 기구와 단에는 가까이 못하리니, 두렵건데 그들과 너희가 죽을까 하노라,

④ 레위인은 너와 합동하여 장막의 모든 일과 회막의 직무를 지킬 것이요, 외인은 너

희에게 가까이 못할 것이니라,

⑤ 이와 같이 너희는 성소의 직무와 단의 직무를 지키라, 그리하면 여호와의 진노가 다시는 이스라엘 자손에게 미치지 아니하리라,

⑥ 보라 내가 이스라엘 자손 중에서 너희 형제 레위인을 취하여 내게 돌리고 너희에게 선물로 주어 회막의 일을 하게 하였나니,

⑦ 너와 네 아들들은 단과 장 안의 모든 일에 대하여 제사장의 직분을 지켜 섬기라, 내가 제사장의 직분을 너희에게 선물로 주었은즉, 거기 가까이 하는 외인은 죽이울지니라,

⑧ 여호와께서 또 아론에게 이르시되, 보라, 내가 내 거제물 곧 이스라엘 자손의 거룩하게 한 모든 예물을 너로 주관하게 하시고 네가 기름 부음을 받았음을 인하여 그것을 너와 네 아들들에게 영영한 응식으로 주노라,

⑨ 지성물 중에 불사르지 않은 것은 네 것이라, 그들이 내게 드리는 모든 예물의 모든 소제와 속죄제와 속건제물은 다 지극히 거룩한즉, 너와 네 아들들에게 돌리리니,

⑩ 지극히 거룩하게 여김으로 먹으라, 이는 네게 성물인즉, 남자들이 다 먹을 지니라,

⑪ 내게 돌릴 것이 이것이니, 곧 이스라엘 자손의 드리는 거제물(the heave offerings)과 모든 요제물(the wave offerings)이라, 내가 그것을 너와 네 자녀에게 영영한 응식으로 주었은즉, 네 집의 정결한 자마다 먹을지니라,

⑫ 그들이 여호와께 드리는 첫 소산 곧 제일 좋은 기름과 제일 좋은 포도주와 곡식을 네게 주었은즉,

⑬ 그들이 여호와께 드리는 그 땅 처음 익은 모든 열매는 네 것이니 네 집에 정결한 자마다 먹을 것이라,

⑭ 이스라엘 중에서 특별히 드린 모든 것은 네것이 되리라,

⑮ 여호와께 드리는 모든 생물의 처음 나는 것은 사람이나 짐승이나 다 네 것이로되, 사람의 처음 난것은 반드시 대속할 것이요, 부정한 짐승의 처음 난 것도 대속할 것이며,

⑯ 그 사람을 속할 때에는 난지 일개월 후에 네가 정한대로 성소의 세겔을 따라 은 다섯 세겔로 속하라, 한 세겔은 이십 개라느니라,

⑰ 오직 소의 처음 난 것이나 양의 처음 난 것이나 염소의 처음 난 것은 속하지 말라, 그것들은 거룩한즉, 그 피는 단에 뿌리고 그 기름은 불살라 여호와께 향기로운 화제(an offering made by fire)로 드릴 것이며,

⑱ 그 고기는 네게 돌릴지니 흔든 가슴과 우편 넓적다리 같이 네게 돌릴 것이니라,

⑲ 이스라엘 자손이 여호와께 거제로 드리는 모든 성물은 내가 영영한 응식으로 너와 네 자녀에게 주노니, 이는 여호와 앞에 너와 네 후손에게 변하지 않는 소금 언약이니라, 하시니라,

⑳ 여호와께서 또 아론에게 이르시되, 너는 이스라엘 자손의 땅의 유업도 없겠고 그들 중에 아무 몫도 없을 것이나 내가 이스라엘 자손 중에 네 몫이요, 네 유업이니라,

㉑ 내가 이스라엘의 십일조를 레위 자손에게 유업으로 다 주어서 그들이 하는 일 곧 회막에서 하는 일을 갚나니,

㉒ 이 후로는 이스라엘 자손이 회막에 가까이 말 것이라, 죄를 당하여 죽을까 하노라,

㉓ 오직 레위인은 회막에서 봉사하며 자기들의 죄를 담당할 것이요, 이스라엘 자손 중에는 기업이 없을 것이니 이는 너희의 대대에 영원한 율례라,

㉔ 이스라엘 자손이 여호와께 거제로 드리는 십일조를 레위인에게 유업으로 준 고로 내가 그들에게 대하여 말하기를, 이스라엘 자손 중에 유업이 없을 것이라 하였노라,

㉕ 여호와께서 모세에게 일러 가라사대,

㉖ 너는 레위인에게 고하여 그들에게 이르라, 내가 이스라엘 자손에게 취하여 너희에게 유업으로 준 십일조를 너희가 그들에게서 취할 때에 그 십일조의 십일조를 거제로 여호와께 드릴 것이라,

㉗ 내가 너희의 거제물을 타작 마당에서 받드는 곡물과 포도즙 틀에서 받드는 즙 같이 여기리니,

㉘ 너희는 이스라엘 자손에게서 받는 모든 것의 십일조 중에서 여호와께 거제로 드리고 여호와께 드린 그 거제물은 제사장 아론에게 돌리되,

㉙ 너희의 받은 모든 예물 중에서 너희는 그 아름다운 것, 곧 거룩하게 할 부분을 취하여 여호와께 거제로 드릴지니라,

㉚ 이러므로 너는 그들에게 이르라, 너희가 그 중에서 아름다운 것을 취하여 드리고 남은 것은 너희 레위인에게는 타작 마당의 소출과 포도즙 틀의 소출 같이 되리니,

㉛ 너희와 너희 권속이 어디서든지 이것을 먹을 수 있음은 이는 회막에서 일한 너희의 보수임이니라,

㉜ 너희가 그 중 아름다운 것을 받들어 드린즉, 이로 인하여 죄를 지지 아니할 것이라, 너희는 이스라엘 자손의 성물을 더럽히지 말라, 그리하면 죽지 아니하리라.

● 19장

① 여호와께서 모세와 아론에게 일러 가라사대,

② 여호와의 명하는 법의 율례를 이제 이르노니, 이스라엘 자손에게 일러서 온전하여 흠이 없고 아직 멍에 메지 아니한 붉은 암송아지를 네게로 끌어오게 하고,

③ 너는 그것을 제사장 엘르아살에게 줄 것이요, 그는 그것을 진 밖으로 끌어 내어서 자기 목전에서 잡게 할 것이며,

④ 제사장 엘르아살은 손가락에 그 피를 찍고 그 피를 회중의 성막 앞을 향하여 일곱 번 뿌리고,

⑤ 그 암소를 자기 목전에서 불사르게 하되, 그 가죽과 고기와 피와 똥을 불사르게 하고,

⑥ 동시에 제사장은 백향목과 우슬초와 홍색실을 취하여 암송아지를 사르는 불 가운데 던질 것이며.

⑦ 제사장은 그 옷을 빨고 물로 몸을 씻은 후에 진에 들어갈 것이라. 그는 저녁까지 부정하리라,

⑧ 송아지를 불사른 자도 그 옷을 물로 빨고 물로 그 몸을 씻을 것이라, 그도 저녁까지 부정하리라,

⑨ 이에 정한 자가 암송아지의 재를 거두어 진 밖 정한 곳에 둘지니, 이것은 이스라엘 자손 회중을 위하여 간직하였다가 부정을 깨끗게 하는 물을 만드는데 쓸 것이니, 곧 속죄제니라,

⑩ 암송아지의 재를 거둔자도 그 옷을 빨 것이며 저녁까지 부정하리라, 이는 이스라엘 자손과 그 중에 거주하는 외인에게 영원한 율례니라,

⑪ 사람의 시체를 만진 자는 칠일을 부정하리니,

⑫ 그는 제 삼일과 제 칠일에 이잿물로 스스로 정결케 할 것이라, 그리하면 정하려니와 제 삼일과 제 칠일에 스스로 정결케 아니하면 그냥 부정하니,

⑬ 누구든지 죽은 사람의 시체를 만지고 스스로 정결케 아니하는 자는 여호와의 성막을 더럽힘이라, 그가 이스라엘에서 끊쳐질 것은 정결케 하는 물을 그에게 뿌리지 아니하므로 깨끗게 되지 못하고 그 부정함이 그저 있음이니라,

⑭ 장막에서 사람이 죽을 때의 법은 이러하니, 무릇 장막에 들어가는 자와 무릇 그 장막에 있는 자가 칠일 동안 부정할 것이며,

⑮ 무릇 뚜껑을 열어 놓고 덮지 아니한 그릇도 부정하니라,

⑯ 누구든지 들에서 칼에 죽이운 자나 시체나 사람의 뼈나 무덤을 만졌으면 칠일 동안 부정하리니,

⑰ 그 부정한 자를 위하여 죄를 깨끗게 하려고 불사른 재를 취하여 흐르는 물과 함께 그릇에 담고,

⑱ 정한 자가 우슬초를 취하여 그 물을 찍어사 장막과 그 모든 기구와 거기 있는 사람들에게 뿌리고, 또 뼈나 죽임을 당한 자나 시체나 무덤을 만진 자에게 뿌리되,

⑲ 그 정한 자가 제 삼일과 제 칠일에 그 부정한 자에게 뿌려서 제 칠일에 그를 정결케 할 것이며, 그는 자기 옷을 빨고 물로 몸을 씻을 것이라, 저녁이면 정하리라,

⑳ 사람이 부정하고도 스스로 정결케 아니하면 여호와의 성소를 더럽힘이니, 그 혼은 회중 가운데서 끊쳐질 것이니라, 그는 정결케 하는 물로 뿌리움을 받지 아니한즉 부정하니라,

㉑ 이것이 그들의 영영한 율례니라, 정결케 하는 물을 뿌린 자는 그 옷을 빨 것이며 정결케 하는 물을 만지는 자는 저녁까지 부정할 것이며,

㉒ 부정한 자가 만진 것은 무엇이든지 부정할 것이며, 그것을 만지는 자도 저녁까지 부정하리라.

● 20장

① 정월에 이스라엘 자손 곧 온 회중이 시나이 황야에 이르러 백성이 기데스에 거하더니, 미리암이 거기서 죽으매 거기 장사하니라,

② 회중이 물이 없으므로 모여서 모세와 아론을 공박하니라,

③ 백성이 모세와 다투어 말하여 가로되, 우리 형제들이 여호와 앞에서 죽을 때에 우리도 죽었더면 좋을뻔 하였도다,

④ 너희가 어찌하여 여호와의 회중을 이 황야로 인도하여 와서 우리와 우리 짐승으로 다 여기서 죽게 하느냐?

⑤ 너희가 어찌하여 우리를 에집트에서 나오게 하여 이 악한 곳으로 인도하였느냐? 이곳에는 파종할 곳이 없고 무화과도 없고 포도도 없고 석류도 없고 마실 물도 없도다, 하니,

⑥ 모세와 아론이 회중 앞을 떠나 회막 문에 이르러 엎드리매, 여호와의 영광이 그들에게 나타나며,

⑦ 여호와께서 모세에게 일러 가라사대,

⑧ 지팡이를 가지고 네 형 아론과 함께 회중을 모으고 그들의 목전에서 너희는 반석에게 명하여 물을 내라 하라, 네가 그 반석으로 물을 내게 하여 회중과 그들의 짐승에게 마시울지라,

⑨ 모세가 그 명대로 여호와 앞에서 지팡이를 취하니라,

⑩ 모세와 아론이 총회를 그 반석 앞에 모으고 모세가 그들에게 이르되, 패역한 너희여 들으라, 우리가 너희를 위하여 이 반석에세 물을 내랴? 하고,

⑪ 그 손을 들어 자기 지팡이로 반석을 두번 치매 물이 많이 솟아나오므로 회중과 그들의 짐승이 마시니라,

⑫ 여호와께서 모세와 아론에게 이르시되, 너희가 나를 믿지 아니하고 이스라엘 자손의 목전에 나의 거룩함을 나타내지 아니한고로 너희는 이 총회를 내가 그들에게 준 땅으로 인도하여 들이지 못하리라, 하시니라,

⑬ 이스라엘 자손이 여호와와 다투었으므로 이를 므리바 물이라 하니라, 여호와께서 그들 중에서 그 거룩함을 나타내셨더라,

⑭ 모세가 가데스에서 애돔 왕에게 사자를 보내며 이르되, 당신의 형제 이스라엘의 말에 우리의 당한 모든 고난을 당신도 아시거니와,

⑮ 우리 열조가 에집트으로 내려 갔으므로 우리가 에집트에 오래 거하였더니 에집트인이 우리 열조와 우리를 학대하였으므로,

⑯ 우리가 여호와께 부르짖었더니 우리 소리를 들으시고 천사를 보내사, 우리를 에집트에서 인도하여 내셨나이다, 이제 우리가 당신의 변방 한 모퉁이 한 성읍 가데스에 있사오니,

⑰ 청컨데 우리로 당신의 땅을 통과하게 하소서, 우리가 밭으로나 포도원으로나 통과하지 아니하고 우물물도 공히 마시지 아니하고 우리가 왕의 대로로만 통과하고 당신이 지경에서 나가기까지 좌편으로나 우편으로나 치우치지 아니하리이다, 한다 하라, 하였더니

⑱ 에돔 왕이 대답하되 너는 우리 가운데로 통과하지 못하리라, 내가 나가서 칼로 너를 맞을까 염려하라,

⑲ 이스라엘 자손이 이르되, 우리가 대로로 통과하겠고, 우리나 우리 짐승이 당신의 물을 마시면 그 값을 줄것이라, 우리가 도보로 통과할뿐인즉 아무 일도 없으리이다, 하나,

⑳ 그는 가로되 너희는 지나가지 못하리라, 하고 에돔 왕이 많은 백성을 거느리고 나

와서 강한 손으로 막으니,

㉑ 에돔 왕이 이같이 이스라엘의 그 경내로 통과함을 용납지 아니하므로 이스라엘이 그들에게서 돌이키니라,

㉒ 이스라엘 자손 곧 온 회중이 가데스에서 진행하여 호르산에 이르렀더니,

㉓ 여호와께서 에돔 땅 변경 호르산에서 모세와 아론에게 말씀하시니라, 가라사대,

㉔ 아론은 그 열조에게로 돌아가고, 내가 이스라엘 자손에게 준 땅에는 들어가지 못하리니, 이는 너희가 므리바 물에서 내 말을 거역한 연고니라,

㉕ 너는 아론과 그 아들 엘르아살을 데리고 호르산에 올라,

㉖ 아론의 옷을 벗겨 그 아들 엘르아살에게 입히라, 아론은 거기서 죽어 그 열조에게로 돌아가니라,

㉗ 모세가 여호와의 명을 좇아 그들과 함께 회중의 목전에서 호르산에 오르니라,

㉘ 모세가 아론의 옷을 벗겨 그 아들 엘르아살에게 입히매, 아론이 그 산 꼭대기에서 죽으니라, 모세와 엘르아살이 산에서 내려오니,

㉙ 온 회중 곧 이스라엘 온 족속이 아론의 죽은 것을 보고, 위하여 삼십일을 애곡하였더라.

● 21장

① 남방에 거하는 가나안 사람 곧 아랏의 왕이 이스라엘이 아다림 길로 온다 함을 듣고, 이스라엘을 쳐서 그 중 몇 사람을 사로 잡은지라,

② 이스라엘이 여호와께 서원하여 가로되, 주께서 만일 이 백성을 내 손에 붙이시면 내가 그들의 성읍을 다 멸하리이다, 하였더니,

③ 여호와께서 이스라엘의 소리를 들으시고 가나안 사람을 붙이시매, 그들과 그 성읍을 다 멸하니라, 그러므로 그곳 이름을 호르마라 하였더라,

④ 백성이 호르산에서 진행하여 홍해 길로 좇아 에돔 땅을 둘러 행하여 하였더니 길로 인하여 백성의 마음이 상하니라,

⑤ 백성이 하나님과 모세를 향하여 원망하되, 어찌하여 우리를 에집트에서 인도하여 올려서 이 황야에서 죽게 하는고 이곳에는 양식도 없고 물도 없도다, 우리 마음이 이 하찮은 빵을 싫어하노라, 하매,

⑥ 여호와께서 불뱀들을 백성중에 보내어 백성을 물게 하시므로 이스라엘 백성 중에 죽은 자가 많은지라,

⑦ 백성이 모세에게 이르러, 가로되, 우리가 여호와와 당신을 향하여 원망하므로 범죄하였사오니, 여호와께 기도하여 이 뱀들을 우리에게서 떠나게 하소서, 모세가 백성을 위하여 기도하매,

⑧ 여호와께서 모세에게 이르시되 불뱀을 만들어 장대 위에 매달아 물린 자 마다 그것을 보면 살리라,

⑨ 모세가 놋뱀을 만들어 장대 위에 다니 뱀에게 물린 자마다 놋뱀을 쳐다본즉, 살더라,

⑩ 이스라엘 자손이 진행하여 오봇에 진 쳤고,

⑪ 오봇에서 진행하여 모압 앞 해 돋는편 광야 이예아바림에 진 쳤고,

⑫ 거기서 진행하여 에렛 골짜기에 진 쳤고,

⑬ 거기서 진행하여 아모리인의 지경에서 흘러 나와서 황야에 이른 아르논 건너편에 진 쳤으니, 아르논은 모압과 아모리 사이에서 모압의 경계가 된 것이라,

⑭ 이러므로 여호와의 전쟁기에 일렀으되, 수바와 와헙과 아르논 골짜기와

⑮ 모든 골짜기의 비탈은 아르 고을을 향하여 기울어 지고 모압의 경계에 닿았도다, 하였더라,

⑯ 거기서 브엘에 이르니 브엘은 여호와께서 모세에게 명하시기를, 백성을 모으라, 내가 그들에게 물을 주리라, 하시던 우물이라,

⑰ 그 때에 이스라엘이 노래하여 가로되 우물 물아 솟아나라 너희는 그것을 노래하라,

⑱ 이 우물은 족장들이 팠고 백성의 귀인들이 홀과 지팡이로 판 것이로다, 하였더라 황야에서 맛다나에 이르렀고,

⑲ 맛다나에서 나할이엘에 이르렀고, 나할이엘에서 바못에 이르렀고,

⑳ 바못에서 모압 들에 있는 골짜기에 이르러 광야가 내려다 보이는 비스가산 꼭대기에 이르니라,

㉑ 이스라엘이 아모리 왕 시혼에게 사자를 보내어 가로되,

㉒ 우리로 당신 땅을 통과하게 하소서, 우리가 밭에든지 포도원에든지 들어가지 않으며 우물 물도 공히 마시지 아니하고 우리가 당신의 지경에서 다 나가기까지 왕의 대로로만 통과하리이다,

㉓ 시혼이 자기 지경으로 이스라엘의 통과함을 용납하지 아니하고 그 백성을 다 모아서 이스라엘을 치러 황야로 나와서 야하스에 이르러 이스라엘을 치므로,

㉔ 이스라엘이 칼날로 그들을 쳐서 파하고 그 땅을 아르논부터 얍복까지 정복하여 암몬 자손에까지 미치니 암몬 자손의 경계는 견고하더라,

㉕ 이와 같이 이스라엘이 모든 성읍을 취하고 그 아모리인의 모든 성읍 헤스본과 그 모든 촌락에 거하였으니,

㉖ 헤스본은 아모리 왕 시혼의 도성이라, 시혼이 모압 전왕을 치고 그 모든 땅을 아르논까지 그 손에서 탈취하였더라,

㉗ 그러므로 시인이 읊어 가로되, 너희는 헤스본으로 올지어다, 시혼의 성을 세워 견고히 할지어다,

㉘ 헤스본에서 불이 나오며 시혼의 성에서 화염이 나와서 모압의 아르를 삼키며 아르논 높은 곳의 주인을 멸하였도다,

㉙ 모압아 네가 화를 당하였도다, 그모스의 백성아 네가 멸망하였도다, 그가 그 아들들로 도망케 하였고 그 딸들로 아모리 왕 시혼의 포로가 되게 하였도다,

㉚ 우리가 그들을 쏘아서 헤스본을 디본까지 멸하였고 메드베에 가까운 노바까지 황폐케 하였도다, 하였더라,

㉛ 이스라엘이 아모리인의 땅에 거하였더니,

㉜ 모세가 또 보내어 야셀을 정탐케 하고 그 촌락들을 취하고 그곳에 있던 아모리인을 몰아 내었더라,

㉝ 돌이켜 바산 길로 올라가매 바산 왕 옥이 그 백성을 다 거느리고 나와서 그들을 맞아 에드레이에서 싸우려 하는지라,

㉞ 여호와께서 모세에게 이르시되, 그를 두려워 말라, 내가 그 백성과 그 땅을 네 손에 붙였나니, 너는 헤스본에 거하던 아모리인의 왕 시혼에게 행한 것 같이 그에게도 행할지니라,

㉟ 이에 그들이 그와 그 아들들과 그 백성을 다 쳐서 한 사람도 남기지 아니하고 그 땅을 점령하였더라.

● 22장

① 이스라엘 자손이 또 진행하여 모압 평지에 진 쳤으니 요단 건너편 곧 여리고 맞은 편이더라,

② 십볼의 아들 발락이 이스라엘이 아모리인에게 행한 모든 일을 보았으므로,

③ 모압이 심히 두려워하였으니, 이스라엘 백성의 많음을 인함이라 모압이 이스라엘

자손의 연고로 번민하여,

④ 미디안 장로들에게 이르되, 이제 이 무리가 소가 밭의 풀을 뜯어 먹음 같이 우리 사면에 있는 것을 다 뜯어 먹으리이다, 하니, 때에 십볼의 아들 발락이 모압 왕이었더라,

⑤ 그가 사자를 브올의 아들 발람 본향 강변 브돌에 보내어 발람을 부르게 하여 가로되, 보라, 한 민족이 에집트에서 나왔는데 그들이 지면에 덮여서 우리 맞은 편에 거하였고,

⑥ 우리보다 강하니, 청컨데, 와서 나를 위하여 이 백성을 저주하라, 내가 혹 쳐서 이기어 이 땅에서 몰아내리라, 그대가 복을 비는 자는 복을 받고 저주하는 자는 저주를 받을 받을줄을 내가 앎이니라,

⑦ 모압 장로들과 미디안 장로들이 손에 복술의 예물을 가지고 떠나, 발람에 이르러, 발락의 말로 그에게 고하매,

⑧ 발람이 그들에게 이르되, 이밤에 여기서 유숙하라, 여호와께서 내게 이르시는대로 너희에게 대답하리라, 모압 귀족들이 발람에게서 유하니라,

⑨ 하나님이 발람에게 임하여 가라사대, 너와 함께한 이 사람들이 누구냐?

⑩ 발람이 하나님께 고하되 모압 왕 십볼의 아들 발락이 내게 보낸자라, 이르기를,

⑪ 보라, 에집트에서 나온 민족이 있어 지면에 덮였으니, 이제 와서 나를 위하여 그들을 저주하라, 내가 혹 그들을 쳐서 몰아 낼 수 있으리다, 하나이다,

⑫ 하나님이 발람에게 이르시되, 너는 그들과 함께 가지도 말고 그 백성을 저주하지도 말라, 그들은 복을 받은 자니라,

⑬ 발람이 아침에 일어나서 발락의 귀족들에게 이르시되, 너희는 너희의 땅으로 돌아가라, 내가 너희와 함께 가기를 여호와께서 허락치 아니하느니라,

⑭ 모압 귀족들이 일어나 발락에게로 가서 고하되, 발람이 우리와 함께 오기를 거절하더이다,

⑮ 발락이 다시 그들보다 더 높은 귀족들을 더 많이 보내매,

⑯ 그들이 발람에게로 나아가서 그에게 이르되, 십볼의 아들 발락의 말씀에 청컨데, 아무것에도 거리끼지 말고 내게로 오라,

⑰ 내가 그대를 높여 크게 존귀케 하고 그대가 말하는 것은 무엇이든지 시행하리니, 청컨데, 와서 나를 위하여 이 백성을 저주하라, 하시더이다,

⑱ 발람이 발락의 신하들에게 대답하여 가라사대, 발락이 그 집에 은 금을 가득히 채

워서 내게 줄지라도 내가 능히 여호와 내 하나님의 말씀을 어기어 덜하거나 더하지 못하겠노라,

⑲ 그런즉, 이제 너희도 이 밤에 여기서 유하라, 여호와께서 내게 무슨 말씀을 더하실는지 알아 보리라,

⑳ 밤에 하나님이 발람에게 임하여 이르시되, 그 사람들이 너를 부르러 왔거든 일어나 함께 가라, 그러나 내가 네게 이르는 말만 준행할지니라,

(And God came unto Balaam at night, and said unto him, If the men come to call thee, rise up, and go with them; but yet the word which I shall say unto thee, that shalt thou do.-KJV)

(That night God came to Balaam and said, "Since these men have come to summon you, go with them, but do only what I tell you."-NIV)

㉑ 발람이 아침에 일어나서 자기 나귀에 안장을 지우고 모압 귀족들과 함께 떠났더라,

㉒ 그러나 그가 그가 갔을 때 하나님은 대단히 화가 나셔서 여호와의 사자가 그를 막으려고 길에 서니라, 발람은 자기 나귀를 타고 그 두 종은 그와 함께 있더니,

㉓ 나귀가 여호와의 사자가 칼을 빼어 손에 들고 길에 선 것을 보고 길에서 떠나 밭으로 들어간지라, 발람이 나귀를 길로 돌이키려고 채찍질 하니,

㉔ 여호와의 사자는 포도원 사이 좁은 길에 섰고 좌우에는 담이 있더라,

㉕ 나귀가 여호와의 사자를 보고 몸을 담에 대고 발람의 발을 그 담에 비비어 상하게 하매 발람이 다시 채찍질하니,

㉖ 여호와의 사자가 더 나아가서 좌우로 피할데 없는 좁은 곳에 선지라,

㉗ 나귀가 여호와의 사자를 보고 몸을 담에 대고 발람의 밑에 엎드리니 발람이 노하여 자기 지팡이로 나귀를 때리는지라,

㉘ 여호와께서 나귀의 입을 여니 발람에게 이르되, 내가 네게 무엇을 하였기에 나를 이같이 세번을 때리느뇨?

㉙ 발람이 나귀에게 말하되 네가 나를 거역하는 연고니 내 손에 칼이 있었더면 곧 너를 죽였으리라, 하매

㉚ 나귀가 발람에게 이르되, 나는 네가 오늘까지 네 일생에 타는 나귀가 아니냐? 내가 언제든지 네게 이같이 하는 행습이 있더냐? 가로되, 없었느니라,

㉛ 때에 여호아께서 발람의 눈을 밝히시매, 여호와의 사자가 손에 칼을 빼어들고 길

에 선 것을 보고 머리를 숙이고 엎드리니,

㉜ 여호와의 사자가 그에게 이르되, 너는 어찌하여 네 나귀를 이같이 세번 때렸느냐? 보라, 네 길이 내 앞에 패역하므로 내가 너를 막으려고 나왔더니,

㉝ 나귀가 나를 보고, 이같이 세번을 돌이켜 내 앞에서 피했느니라, 나귀가 만일 돌이켜 나를 피하지 아니하였더면 내가 벌써 너를 죽이고 나귀는 살렸으리라,

㉞ 발람이 여호와의 사자에게 말하되, 내가 범죄하였나이다, 당신이 나를 막으려고 길에 서신줄을 내가 알지 못하였나이다, 당신이 이를 기뻐하지 아니하시면 나는 돌아가겠나이다, 하니,

㉟ 여호와의 사자가 발람에게 이르되, 그 사람들과 함께 가라, 내가 네게 이르는 말만 말할지니라, 발람이 발락의 귀족들과 함께 가니라,

㊱ 발락이 발람의 온다 함을 듣고 모압 변경 끝 아르논가에 있는 성읍까지 가서 그를 영접하고,

㊲ 발락이 발람에게 이르되, 내가 특별히 보내어 그대를 부르지 아니하였느냐? 그대가 어찌 내게 오지 아니하였느냐? 내가 어찌 그대를 높여 존귀케 하지 못하겠느냐? 하니,

㊳ 발람이 발락에게 이르되, 내가 오기는 하였으나 무엇을 임으로 말할 수 있으리이까? 하나님이 내 입에 주시는 말씀 그것을 말할 뿐이니이다,

㊴ 발람이 발락과 동행하여 기럇후솟에 이르러서는,

㊵ 발락이 우양을 잡아 발람과 그와 함께한 귀족들을 대접하였더라,

㊶ 아침에 발락이 발람과 함께하고 그를 인도하여 바알의 산당에 오르매, 발람이 거기서 이스라엘의 진 끝까지 보니라.

● 23장

① 발람이 발락에게 이르되, 나를 위하여 여기 일곱 단을 쌓고 거기 수송아지 일곱과 수양 일곱을 준비하소서, 하매,

② 발락이 발람의 말대로 준비한 후에 발락과 발람이 매 단에 수송아지 하나와 수양 하나를 드리니라,

③ 발람이 발락에게 이르되, 당신의 번제물 곁에 서소서, 나는 저리로 갈지라, 여호와께서 혹시 오셔서 나를 만나시리니, 그가 내게 지시하시는 것은 다 당신에게 고하리이다, 하고, 사태난 산에 이른즉,

④ 하나님이 발람에게 임하신지라, 발람이 고하되, 내게 일곱단을 베풀고 매 단에 수 송아지 하나와 수양 하나를 드렸나이다,

⑤ 여호와께서 발람의 입에 말씀을 주어 가라사대, 발락에게 돌아가서 이렇게 말할지 니라,

⑥ 그가 발락에게로 돌아간즉, 발락과 모압 모든 귀족이 번제물 곁에 함께 섰더라,

⑦ 발람이 노래를 지어 가로되, 발락이 나를 아람에서 모압 왕이 동편 산에서 데려다 가 이르기를, 와서 나를 위하여 야곱을 저주하라, 와서 이스라엘을 꾸짖으라 하도 다,

⑧ 하나님이 저주치 아니한 자를 내 어찌 저주하며 여호와께서 꾸짖지 아니한 자를 내 어찌 꾸짖을꼬,

⑨ 내가 바위 위에서 그들을 보며 작은 산에서 그들을 바라보니, 이 백성은 홀로 처할 것이라, 그를 열방 중의 하나로 여기지 않으리로다,

⑩ 야곱의 티끌을 뉘 능히 계산하며 이스라엘 사분지 일을 뉘 능히 계산할꼬? 나는 의 인의 죽음 같이 죽기를 원하며 나의 종말이 그와 같기를 바라도다,

⑪ 발락이 발람에게 이르되, 그대가 어찌 내게 이같이 행하느냐? 나의 원수를 저주하 라고 그대를 데려왔거늘 그대가 온전히 축복하였도다,

⑫ 대답하여 가로되, 여호와께서 내 입에 주신 말씀을 내가 어찌 말하지 아니할 수 있 으리이까?

⑬ 발락이 가로되, 나와 함께 그들을 달리 볼 곳으로 가자, 거기서는 그들을 다 보지 못하고 그 끝만 보리니, 거기서 나를 위하여 그들을 저주하라 하고,

⑭ 소빔 들로 인도하여 비스가 꼭대기에 이르러, 일곱 단을 쌓고 매단에 수송아지 하 나와 수양 하나를 드리니,

⑮ 발람이 발락에게 이르되, 내가 저기서 여호와를 만날 동안에 여기 당신의 태우는 제물 곁에 서소서, 하니라

⑯ 여호와께서 발람에게 임하사, 그 입에 말씀을 주어 가라사대, 발락에게로 돌아가 서 이렇게 말할지니라,

⑰ 발람이 와서 본즉, 발락이 번제물 곁에 섰고 모든 귀족들이 함께 있더라, 발락이 발 람에게 이르되, 여호와께서 무슨 말씀을 하시더냐?

⑱ 발람이 노래를 지어 가로되 발락이여 일어나 들을지어다, 십볼의 아들이여, 나를 자세히 들으라,

⑲ 하나님은 거짓되이 말하는 인간이 아니시며 후회를 하는 죽을 운명을 가진 존재도 아니시니라, 그분께서 말씀하시면 어찌 그 말씀하신 것을 행하지 않으시리요? 어찌 약속하신 것을 이루지 아니하시겠느냐?

(God is not a man, that he should lie; neither the son of man, that he should repent: hath he said, and shall he not do it? Or hath he spoken, and shall he not make it good?-KJV)

(God is not a man, that he should lie, nor a son of man, that he should change his mind. Does he speak and then not act? Does he promise and not fulfill?-NIV)

(God is not a human being who speaks falsely, nor a mortal, who feels regret. Is God one to speak and not act, to decree and not bring it to pass?-NAB)

(GOD is not man, one given to lies, and not a son of man changing his maind. Does he speak and not do what he says? Does he promise and not come through?-THE MESSAGE)

⑳ 내가 축복의 명을 받았으니 그가 하신 축복을 돌이킬 수 없도다,

㉑ 여호와는 야곱의 허물을 보지 아니하시며 이스라엘의 패역을 보지 아니하시는도다, 여호와 그의 하나님이 그와 함께 계시니 왕을 부르는 소리가 그 중에 있도다,

㉒ 하나님이 그들을 애굽에서 인도하여 내셨으니 그 힘이 들소와 같도다,

㉓ 야곱이 해할 사술이 없고 이스라엘을 해할 복술이 없도다, 이 때에 야곱과 이스라엘에 대하여 논할진대 하나님의 행하신 일이 어찌 그리 크뇨 하리로다,

㉔ 이 백성이 암사자 같이 일어나고 수사자 같이 일어나서 움킨 것을 먹으며 죽인 피를 마시기 전에는 눕지 아니하리로다,

㉕ 발람이 발락에게 이르되, 그들을 저주하지도 말고 축복하지도 말라,

㉖ 발람이 발락에게 대답하여 가로되, 내가 당신에게 고하여 이르기를 여호와께서 말씀하신 것은 내가 그대로 하지 않을 수 없다고 하지 아니하더이까,

㉗ 발락이 발람에게 또 이르되 오라 내가 너를 다른 곳으로 인도하리니, 네가 거기서 나를 위하여 그들을 저주하기를, 하나님이 혹시 기뻐하시리라, 하고,

㉘ 발락이 발람을 인도하여 광야가 내려다 보이는 브올산 꼭대기에 이르니,

㉙ 발람이 발락에게 이르되, 나를 위하여 여기 일곱 단을 쌓고 거기 수송아지 일곱과

수양 일곱을 준비하소서, 하니,

㉚ 발락이 발람의 말대로 행하여 매 단에 수송아지 하나와 수양 하나를 드리니라.

● 24장

① 발람이 자기가 이스라엘을 축복하는 것을 여호와께서 선히 여기심을 보고 전과 같이 사술을 쓰지 아니하고 그 낯을 황야를 향하여,

② 눈을 들어 이스라엘이 그 지파대로 거하는 것을 보는 동시에 하나님의 영이 그 위에 임하신지라,

③ 그가 노래를 지어 가로되, 브올의 아들 발람이 말하며 눈을 감았던 자가 말하며,

④ 하나님의 말씀을 듣는 자 전능자의 이상을 보는 자 엎드려서 눈을 뜬 자가 말하기를,

⑤ 야곱이여, 네 장막이 이스라엘이여 네 거처가 어찌 그리 아름다운고!

⑥ 그 벌어짐이 골짜기 같고 강가의 동산 같으며 여호와의 심으신 침향목들 같고 물가의 백향목 같도다,

⑦ 그 통에서는 물이 넘치겠고 그 종자는 많은 물가에 있으리로다, 그 왕이 아각 보다 높으니, 그 나라가 진흥하리로다,

⑧ 하나님이 그를 에집트에서 인도하여 내셨으니 그 힘이 들소와 같도다, 그 적국을 삼키고 그들의 뼈를 꺽으며 화살로 쏘아 꿰뚫으리로다,

⑨ 꿇어 앉고 누움이 수사자와 같고 암사자와도 같으니, 일으킬 자 누구이랴? 너를 축복하는 자마다 복을 받을 것이요, 너를 저주하는 자마다 저주를 받을지로다,

⑩ 발락이 발람에게 노하여 손뼉을 마주치며 발람에게 말하기를, 내가 그대를 부른 것은 내 원수를 저주하라, 함이어늘, 그대가 이같이 세번 그들을 축복하였도다,

⑪ 그러므로 그대는 이제 그대의 곳으로 달려가라, 내가 그대를 높여 심히 존귀케 하기로 뜻하였더니,여호와가 그대를 막아 존귀치 못하게 하셨도다,

⑫ 발람이 발락에게 이르되 당신이 내게 보낸 사자들에게 내가 고하여 이르지 아니하였나이까?

⑬ 가령 발락이 그 집에 은금을 가득 채워서 내게 줄지라도 나는 여호와의 말씀을 어기고, 선악간 임의로 행하지 못하고, 여호와께서 말씀하신대로 말하리라, 하지 아니하였나이까?

⑭ 이제 나는 내 백성에게로 돌아가거니와 들으소서, 내가 이 백성이 후일 당신의 백

성에게 어떻게 할 것을 당신에게 고하리다, 하고,

⑮ 노래를 지어 가로되, 브올의 아들 발람이 말하며 눈을 감았던 자가 말하며,

⑯ 하나님의 말씀을 듣는 자가 말하며 지극히 높으신 자의 지식을 아는 자 전능자의 이상을 보는 자 엎드려서 눈을 뜬 자가 말하기를,

⑰ 내가 그를 보아도 이때의 일이 아니며, 내가 그를 바라보아도 가까운 일이 아니로다, 한 별이 야곱에게서 나오며 한 홀이 이스라엘에게서 일어나서 모압을 이편에서 저편까지 쳐서 파하고 또 소동하는 자식들을 다 멸하리로다,

⑱ 그 원수 에돔은 그들의 소유물이 되며 그 원수 세일도 그들의 속국이 되고 그 동시에 이스라엘은 용감히 행동하리로다,

⑲ 주권자가 야곱에게서 나서 남은 자들을 그 성읍에서 멸절하리로다, 하고,

⑳ 또 아말렉을 바라보며 노래를 지어 가로되, 아말렉은 열국중 으뜸이나 종말은 멸망에 이르리로다, 하고,

㉑ 또 가인 족속을 바라보며 노래를 지어 가로되, 너의 거처가 견고하니, 네 보금자리는 바위에 있도다,

㉒ 그러나 가인이 쇠미하리니, 나중에는 앗수르의 포로가 되리로다, 하고,

㉓ 또 노래를 지어 가로되, 슬프다, 하나님이 이일을 행하시리니 그 때에 살 자가 누구이랴?

㉔ 깃딤 해변에서 배들이 와서 앗수르를 학대하며 에벨을 괴롭게 하리라마는 그도 멸망하리로다,

㉕ 발람이 일어나 자기 곳으로 돌아갔고, 발락도 자기 길로 갔더라.

● 25장

① 이스라엘이 싯딤에 머물러 있더니 그 백성이 모압 여자들과 음행하기를 시작하니라,

② 그 여자들이 그 신들에게 제사할 때에 백성을 청하매, 백성이 먹고 그들의 신들에게 절하매,

③ 이스라엘이 바알브올에게 부속된지라, 여호아께서 이스라엘에게 진노하시니라,

④ 여호와께서 모세에게 이르시되, 백성의 두령들을 잡아 태양을 향하여 여호와 앞에 목매어 달라, 그리하면 여호와의 진노가 이스라엘에게서 떠나리라,

⑤ 모세가 이스라엘 부족장들에게 이르되, 너희는 각기 관활하는 자 중에 바알브올에

게 부속한 사람들을 죽이라, 하니라,

⑥ 이스라엘 자손의 온 회중이 회중의 성문에서 울 때에 이스라엘 자손 한 사람이 모세와 온 회중의 목전에 미디안의 한 여인을 데리고 그 형제에게로 온지라,

⑦ 제사장 아론의 손자 엘르아살의 아들 비느하스가 보고 회중이 회중의 가운데에서 일어나 손에 창을 들고,

⑧ 그 이스라엘 남자를 따라 그의 막에 들어가서 이스라엘 남자와 그 여인의 배를 꿰뚫어서 두 사람을 죽이니, 염병이 이스라엘 자손에게서 그쳤더라,

⑨ 그 염병으로 죽은 자가 이만 사천명이었더라,

⑩ 여호와께서 모세에게 일러 가라사대,

⑪ 제사장 아론의 손자 엘르아살의 아들 비느하스가 나의 질투심으로 질투하여 이스라엘 자손 중에서 나의 노를 돌이켜서 나의 질투심으로 그들을 진멸하지 않게 하였도다,

⑫ 그러므로 말하라, 내가 그에게 나의 평화의 언약을 주리니,

⑬ 그와 그 후손에게 영원한 제사장 직분의 언약이라, 그가 그 하나님을 위하여 질투하여 이스라엘 자손을 속죄하였음이니라,

⑭ 죽임을 당한 이스라엘 남자 곧 미디안 여인과 함께 죽임을 당한 자의 이름은 시므리니, 살루의 아들이요 ,시므온인의 종족 중 한 족장이며,

⑮ 죽임을 당한 미디안 여인의 이름은 고스비니, 수르의 딸이라, 수르는 미디안 백성 한 종족의 두령이었더라,

⑯ 여호아께서 모세에게 일러 가라사대,

⑰ 미디안인들을 박해하며 그들을 치라,

⑱ 이는 그들이 속임수로 너희를 괴롭히되 곧 그들이 브올의 일과 미디안 족장의 딸 곧 브올의 일로 인한 재앙이 일어난 날에 죽임을 당한 그들의 누이 고스비의 일에서 너희를 유혹하였라, 하시니라.

● 26장

① 전염병 후에 여호와께서 모세와 제사장 아론의 아들 엘르아살에게 일러 가라사대,

② 이스라엘 자손의 온 회중의 총수를 그 조상의 집을 따라 조사하되, 이스라엘 중에 무릇 이십세 이상으로 능히 싸움에 나갈 만한 자를 계수하라, 하시니,

③ 모세와 제사장 엘르아살이 여리고 맞은 편 요단 가 모압 평지에서 그들에게 고하

여 가로되,

④ 여호와께서 에집트 땅에서 나온 모세와 이스라엘 자손에게 명하신대로 너희는 이 십세 이상된 자를 계수하라, 하니라,

⑤ 이스라엘의 장자는 르우벤이라 르우벤 자손은 하녹에게서 난 하녹 가족과 발루에게서 난 발루 가족과,

⑥ 헤스론에게서 난 헤스론 가족과 갈미에게서 난 갈미 가족이니,

⑦ 이는 르우벤 가족들이라 계수함을 입은 자가 사만 삼천 칠백 삼십명이요,

⑧ 발루의 아들은 엘리압이요,

⑨ 엘리압의 아들은 느무엘과 다단과 아비람이라 이 다단과 아비람은 회중 가운데에서 부름을 받은 자러니, 고라의 무리에 들어가서 모세와 아론을 거스려 여호와께 패역할 때에,

⑩ 땅이 그 입을 열어서 그 무리와 고라를 삼키매, 그들이 죽었고 당시에 불이 이백 오십명을 삼켜 징계가 되게 하였으나,

⑪ 그러나 고라의 아들들은 죽지 아니 하였더라,

⑫ 시므온 자손은 그 종족대로 이러하니, 느무엘에게서 난 느무엘 가족과 야민에게서 난 야민 가족과 야긴에게서 난 야긴 가족과,

⑬ 세라에게서 난 세라 가족과 사울에게서 난 사울 가족이라,

⑭ 이는 시므온 종족들이니 계수함을 입은 자가 이만 이천 이백명이었더라,

⑮ 갓 자손은 그 종족대로 이러하니, 스본에게서 난 스본 가족과 학기에게서 난 학기 가족과 수니에게서 난 수니 가족과,

⑯ 오스니에게서 난 오스니 가족과 에리에게서 난 에리 가족과,

⑰ 아롯에게서 난 아롯 가족과 아렐리에게서 난 아렐리 가족이라,

⑱ 이는 갓 자손의 종족들이니 계수함을 입은 자가 사만 오백명이었더라,

⑲ 유다의 아들 에르와 오난이라 가나안 땅에서 죽었고,

⑳ 유다의 자손은 종족대로 이러하니, 셀라에게서 난 셀라 가족과 베레스에서 난 베레스 가족과 세라에게서 난 세라 가족이며,

㉑ 또 베레스 자손은 이러하니, 헤스론에게서 난 헤스론 가족과 하물에게서 난 하물 가족이라,

㉒ 이는 유다 종족들이니, 계수함을 입은 자가 칠만 육천 오백명이었더라,

㉓ 잇사갈 자손은 그 종족대로 이러하니, 돌라에게서 난 돌라 가족과 부니에게서 난

부니 가족과

㉔ 야숩에게서 난 야숩 가족과 시므론에게서 난 시므론 가족이라,

㉕ 이는 잇사갈 종족들이니 계수함을 입은 자가 육만 사천 삼백명이었더라,

㉖ 스불론 자손은 그 종족대로 이러하니, 세렛에게서 난 세렛 가족과 엘론에게서 난 엘론 가족과 얄르엘에게서 난 얄르엘 가족이라,

㉗ 이는 스불론 종족들이니 계수함을 입은 자가 육만 오백명이었더라,

㉘ 요셉의 아들들은 그 종족대로 므낫세와 에브라임이요,

㉙ 므낫세의 자손 중 마길에게서 난 것은 마길 가족이라 마길이 길르앗을 낳았고 길르앗에서 난 것은 길르앗 가족이라,

㉚ 길르앗 자손은 이러하니, 이에 셀에게서 난 이에셀 가족과 헬렉에게서 난 헬렉 가족과,

㉛ 아스리엘에게서 난 아스리엘 가족과 세겜에게서 난 세겜 가족과,

㉜ 스미다에서 난 스미다 가족과 헤벨에게서 난 헤벨 가족이며,

㉝ 헤벨의 아들 슬로브핫은 아들이 없고 딸뿐이라, 그 딸의 이름은 말라와 노아와 호글라와 밀가와 디르사니 ,

㉞ 이는 므낫세의 종족들이라 계수함을 입은 자가 오만 이천 칠백명이었더라,

㉟ 에브라임 자손은 그 종족대로 이러하니, 수델라에게서 난 수델라 가족과 베겔에게서 난 베겔 가족과 다한에게서 난 다한 가족이며,

㊱ 수델라 자손은 이러하니, 에란에게서 난 에란 가족이라,

㊲ 이는 에브라임 자손의 종족들이니 계수함을 입은 자가 삼만 이천 오백명이라, 이상은 그 종족을 따른 요셉 자손이었더라,

㊳ 베냐민 자손은 그 종족대로 이러하니, 벨라에게서 난 벨라 가족과 아스벨에게서 난 아스벨 가족과 아히람에게서 난 아히람 가족과,

㊴ 스부밤에게서 난 스부밤 가족과 후밤에게서 난 후밤 가족이며,

㊵ 벨라의 아들은 아룻과 나아만이라, 아룻에게서 아룻 가족과 나아만에게서 나아만 가족이 났으니,

㊶ 이는 그들의 종족을 따른 베냐민 자손이라 계수함을 입은 자가 사만 오천 육백명이었더라,

㊷ 단 자손은 종족대로 이러하니라, 수함에게서 수함 가족이 났으니, 이는 그들의 종족을 따른 단 가족들이라,

㊸ 수함 모든 가족의 계수함을 입은 자가 육만 사천 사백명이었더라,
㊹ 아셀 자손은 그 종족대로 이러하니, 임나에게서 난 임나 가족과 이스위에게서 난 이스위 가족과 브리아에게서 난 브리아 가족이며,
㊺ 브리아의 자손 중 헤벨에게서 난 헤벨 가족과 말기엘에게서 난 말기엘 가족이며,
㊻ 아셀의 딸의 이름을 세라라,
㊼ 이는 아셀 자손의 종족들이니, 계수함을 입은 자가 오만 삼천 사백명이었더라,
㊽ 납달리 자손은 그 종족대로 이러하니, 야셀에게서 난 야셀 가족과 구니에게서 난 구니 가족과,
㊾ 예셀에게서 난 예셀 가족과 실렘에게서 난 실렘 가족이라,
㊿ 이는 그 종족을 따른 납달리 가족들이니 계수함을 입은 자가 사만 오천 사백명이었더라,
(51) 이스라엘 자손의 계수함을 입은 자가 육십만 일천 칠백 삼십명이었더라,
(52) 여호와께서 모세에게 일러 가라사대,
(53) 이 명수대로 땅을 나눠주어 기업을 삼게 하라,
(54) 수가 많은 자에게는 유업을 많이 줄 것이요, 수가 적은 자에게는 유업을 적게 줄것이니, 그들의 계수함을 입은 수대로 각기 유업을 주되,
(55) 오직 그 땅을 제비 뽑아 나누어 그들의 조상 지파의 이름을 따라 얻게 할지니라,
(56) 그 다소를 물론하고 그 기업을 제비 뽑아 나눌지니라,
(57) 레위인의 계수함을 입은 자는 그 종족대로 이러하니, 게르손에게서 난 게르손 가족과 고핫에게서 난 고핫 가족과 므라리에게서 난 므라니 가족이며,
(58) 레위 종족들은 이러하니, 립니 가족과 헤브론 가족과 말리 가족과 무시 가족과 고라 가족이라 고핫은 아므람을 낳았으며,
(59) 아므람의 처의 이름은 요게벳이니 레위의 딸이요, 에집트에서 레위에게서 난 자라 그가 아므람에게서 아론과 모세와 그 누이 미리암을 낳았고,
(60) 아론에게서는 나답과 아비후와 엘르아살과 이다말이 났더니,
(61) 나답과 아비후는 다른 불을 여호와 앞에 드리다가 죽었더라,
(62) 레위인으로써 태어난지 일개월 이상으로 계수함을 입은 모든 남자가 이만 삼천명이었더라, 그들은 이스라엘 자손 중 계수에 들지 아니하였으니, 이는 이스라엘 자손 중에서 그들에게 준 유업이 없음이었더라,
(63) 이는 모세와 제사장 엘르아살의 계수한 자라, 그들이 여리고 맞은편 요단 가 모압

평지에서 이스라엘 자손을 계수한 중에는,

㉔ 모세와 제사장 아론이 시나이 황야에서 계수한 이스라엘 자손은 한 사람도 들지 못하였으니,

㉕ 이는 여호와께서 그들에게 대하여 말씀하시기를, 그들이 반드시 황야에서 죽으리라 하셨음이라, 이러므로 여분네의 아들 갈렙과 눈의 아들 여호수아 외에는 한 사람도 남지 아니하였더라.

● 27장

① 요셉의 아들 므낫세 가족에 므낫세의 현손 길르앗의 손자 헤벨의 아들 슬로브핫의 딸들이 나아왔으니, 그 딸들의 이름은 말라와 노아와 호글라와 밀가와 디르사라,

② 그들이 회중의 성막 문에서 모세와 제사장 엘르아살과 족장들과 온 회중 앞에 서서 가로되,

③ 우리 아버지가 황야에서 죽었으나 여호와를 거스려 모인 고라의 무리에 들지 아니하고 자기 죄에 죽었고 아들이 없나이다,

④ 어찌하여 아들이 없다고 우리 아버지의 이름이 그 가족 중에서 삭제되리이까? 우리 아버지의 형제 중에서 우리에게 유업을 주소서, 하매,

⑤ 모세가 그 사연을 여호와께 앞으로 가져갔더라,

⑥ 여호와께서 모세에게 일러 가라사대,

⑦ 슬로브핫의 딸들의 말이 옳으니, 너는 반드시 그들의 아비 형제 중에서 그들에게 유업을 주어 얻게 하되, 그 아비의 유업으로 그들에게 돌릴지니라,

⑧ 너는 이스라엘 자손에게 고하여 이르기를, 사람이 죽고 아들이 없거든 그 유업을 그 딸에게 돌릴 것이요,

⑨ 딸도 없거든 그 유업을 그 형제에게 줄 것이요,

⑩ 형제도 없거든 그 유업을 그 아비의 형제에게 줄 것이요,

⑪ 그 아비의 형제도 없거든 그 유업을 가장 가까운 친족에게 주어 얻게 할지니라, 하고, 나 여호와가 너 모세에게 명한대로 이스라엘 자손에게 판결의 율례가 되게 할지니라,

⑫ 여호와께서 모세에게 이르시되, 너는 이 아비람 산에 올라가서 내가 이스라엘 자손에게 준 땅을 바라보라,

⑬ 본 후에는 네 형 아론의 돌아간것 같이 너도 조상에게로 돌아가리니,

⑭ 이는 시나이 사막에서 회중이 분쟁할때, 너희가 내 명을 거역하고 그 물 가에서 나의 거룩함을 그들의 목전에 나타내지 아니하였음이니라, 이 물은 시나이 황야에 있는 가데스의 무리바 물이니라, 하시니라,

⑮ 이에 모세가 여호와께 여쫘와 말씀드리기를,

⑯ 이 모든 육체의 영들의 하나님이신 여호와여 회중을 다스릴 한 사람을 세워주소서,

⑰ 그로 그들 앞에 출입하며 그들을 인도하여 출입하게 하사, 여호와의 회중으로 목자 없는 양과 같이 되지 않게 하옵소서,

⑱ 여호와께서 모세에게 이르시되 눈의 아들 여호수아는 신에 감동된 자니, 너는 데려다가 그에게 안수하고,

⑲ 그를 제사장 엘르아살과 온 회중 앞에 세우고 그들의 목전에서 그에게 위탁하여,

⑳ 네 존귀를 그에게 돌려 이스라엘 자손의 온 회중으로 그에게 복종하게 하라,

㉑ 그는 제사장 엘르아살 앞에 설 것이요, 엘르아살은 그를 위하여 우림의 판결법으로 여호와 앞에 물을 것이며, 그와 온 이스라엘 자손 곧 온 회중은 엘르아살의 말을 쫓아 나가며 들어올 것이니라,

㉒ 모세가 여호와께서 자기에게 명하신대로 하여 여호수아를 데려다가 제사장 엘르아살과 온 회중 앞에 세우고,

㉓ 그에게 안수하여 위탁하되, 여호와께서 자기에게 명하신대로 하였더라.

● 28장

① 여호와께서 모세에게 일러 가라사대,

② 이스라엘 자손에게 명하여 그들에게 이르라, 내게 드리는 향기로운 냄새를 위하여 화재로 드리는 나의 희생물로써 내 예물과 내 음식은 너희가 드리는 정해진 시기를 지킬지니라, 하고,

③ 또 그들에게 이르라, 너희가 여호와께 드릴 화제는 이러하니, 일년 되고 흠 없는 수양을 매일 둘씩 상번제로 드리고,

④ 한 어린 양은 아침에 드리고, 한 어린 양은 해 질 때에 드릴것이요,

⑤ 또 고운 가루 에바 십분지 일에 빻아낸 기름 힌 사분지 일을 섞어서 소제로 드릴것이니,

⑥ 이는 시내산에서 정한 상번제로서 여호와께 드리는 향기로운 화제며,

⑦ 또 그 전제는 어린양 하나에 힌 사분지 일을 드리되, 거룩한 곳에서 여호와께 독주의 전제를 부어 드릴 것이며,

⑧ 해 질 때에는 그 한 어린 양을 드리되, 그 소제와 전제를 아침것 같이 여호와께 향기로운 화제로 드릴 것이니라,

⑨ 안식일에는 일년되고 흠 없는 수양 둘과 고운 가루 에바 십분지 이에 기름 섞은 소제와 그 전제를 드릴 것이니,

⑩ 이는 매 안식일의 번제라, 상번제와 그 전제 외에니라,

⑪ 월삭에는 수송아지 둘과 수양 하나와 일년 되고 흠 없는 수양 일곱으로 여호와께 번제를 드리되,

⑫ 매 수송아지에는 고운 가루 에바 십분지 삼에 기름 섞은 소제와 수양 하나에는 고운 가루 에바 십분지 이에 기름 섞은 소제와,

⑬ 매 어린 양에는 고운 가루 에바 십분지 일에 기름 섞은 소제를 향기로운 번제로 여호와께 화제를 드릴 것이며,

⑭ 그 전제는 수송아지 하나에 포도주 반 힌이요, 수양 하나에 삼분지 일 힌이요, 어린 양 하나에 사분지 일 힌이니, 이는 일년 중 매 월삭의 번제며,

⑮ 또 상번제와 그 전제 외에 수염소 하나를 속죄제로 여호와께 드릴 것이니라,

⑯ 정월 십사일은 여호와의 유월절이며,

⑰ 또 그 달 십오일 부터는 절일이니 칠일 동안 무교병을 먹을 것이며,

⑱ 그 첫날에는 성회로 모일 것이요, 아무 노동도 하지 말 것이며,

⑲ 소송아지 둘과 수양 하나와 일년 된 수양 일곱을 다 흠 없는 것으로 여호와께 화제를 드려 번제가 되게 할 것이며,

⑳ 그 소제로는 고운 가루에 기름을 섞어서 쓰되 수송아지 하나에는 에바 십분지 삼이요, 수양 하나에는 에바 십분지 이를 드리고,

㉑ 어린 양 일곱에는 매 어린 양에 에바 십분지 일을 드릴 것이며,

㉒ 또 너희를 속하기 위하여 수염소 하나로 속죄제를 드리되,

㉓ 아침의 번제 곧 상번제 외에 그것들을 드릴 것이니라,

㉔ 너희는 이 순서대로 칠일 동안 매일 여호와께 향기로운 화제의 식물을 드리되, 상번제와 그 전제 외에 드릴 것이며,

㉕ 제 칠일에는 성회로 모일 것이요, 아무 노동도 하지 말 것이니라,

㉖ 칠칠절 처음 익은 열매 드리는 날에 너희가 여호와께 새 소제를 드릴 때에도 성회

로 모일 것이요, 아무 노동도 하지 말 것이며,

㉗ 수송아지 둘과 수양 하나와 일년 된 수양 일곱으로 여호와께 향기로운 번제를 드릴 것이며,

㉘ 그 소제로는 고운 가루에 기름을 섞어서 쓰되, 매 수송아지에는 에바 십분지 삼이요, 수양 하나에는 에바 십분지 이요,

㉙ 어린 양 일곱에는 매 어린 양에 에바 십분지 일을 드릴 것이며,

㉚ 또 너희를 속하기 위하여 수염소 하나를 드리되,

㉛ 너희는 다 흠 없는 것으로 상번제와 그 소제와 전제외에 그것들을 드릴 것이니라.

● 29장

① 칠월에 이르러는 그 달 초일일에 성회로 모이고 아무 노동도 하지 말라, 이는 너희가 나팔을 불 날이니라,

② 너희는 수송아지 하나와 수양 하나와 일년 되고 흠 없는 수양 일곱을 여호와께 향기로운 태우는 제사로 드릴 것이며,

③ 그 소제로는 고운 가루에 기름을 섞어서 쓰되, 수송아지에는 에바 십분지 삼이요, 수양에는 에바 십분지 이요,

④ 어린 양 일곱에는 매 어린 양에 에바 십분지 일을 드릴 것이며,

⑤ 또 너희를 속하기 위하여 수염소 하나로 속죄제를 드리되,

⑥ 월삭의 번제와 그 소제와 상번제와 그 소제와 그 전제외에 그 규례를 따라 향기로운 화제로 여호와께 드릴것이니라,

⑦ 칠월 십일에는 너희가 성회로 모일 것이요, 마음을 괴롭게 하고 아무 노동도 하지 말 것이며,

⑧ 너희는 소송아지 하나와 수양 하나와 일년된 수양 일곱을 다 흠 없는 것으로 여호와께 향기로운 번제를 드릴 것이며,

⑨ 그 소제로는 고운 가루에 기름을 섞어서 쓰되 수송아지 하나에는 에바 십분지 삼이요, 수양 하나에는 에바 십분지 이요,

⑩ 어린 양 일곱에는 매 어린 양에 에바 십분지 일을 드릴 것이며,

⑪ 또 수염소 하나를 속죄제로 드릴 것이니, 이는 속죄제와 상번제와 그 소제와 그 전제 외에니라,

⑫ 칠월 십오일에는 너희가 성회로 모일 것이요, 아무 노동도 하지 말 것이며, 칠일 동

안 여호와 앞에 절기를 지킬 것이라,

⑬ 너희 번제로 여호와께 향기로운 화제를 드리되, 수송아지 열 셋과 수양 둘과 일년 된 수양 열 넷을 다 흠 없는 것으로 드릴 것이며,

⑭ 그 소제로는 고운 가루에 기름을 섞어서 수송아지 열 셋에는 각기 에바 십분지 삼 이요, 수양 둘에는 에바 각기 에바 십분지 이요,

⑮ 어린 양 열 넷에는 각기 에바 십분지 일을 드릴 것이며,

⑯ 또 수염소 하나를 속죄제로 드릴지니 상번제와 그 소제와 그 전제 외에니라,

⑰ 둘째 날에는 수송아지 열둘과 수양 둘과 일년되고 흠 없는 수양 열 넷을 드릴 것이며,

⑱ 그 소제와 전제는 수송아지와 수양과 어린 양의 수효를 따라서 규례대로 할 것이며,

⑲ 또 수염소 하나를 속죄제로 드릴지니 상번제와 그 소제와 그 전제 외에니라,

⑳ 세째 날에는 수송아지 열하나와 수양 둘과 일년되고 흠 없는 수양 열넷을 드릴 것이며,

㉑ 그 소제와 전제는 수송아지와 수양과 어린 양의 수효를 따라서 규례대로 할 것이며,

㉒ 또 수염소 하나를 속죄제로 드릴지니 상번제와 그 소제와 그 전제 외에니라,

㉓ 넷째 날에는 수송아지 열과 수양 둘과 일년 되고 흠 없는 수양 열넷을 드릴 것이며,

㉔ 그 소제와 전제는 수송아지와 수양과 어린 양의 수효를 따라서 규례대로 할 것이며,

㉕ 또 수염소 하나를 속죄제로 드릴지니 상번제와 그 소제와 그 전제 외에니라,

㉖ 다섯째 날에는 수송아지 아홉과 수양 둘과 일년 되고 흠 없는 수양 열넷을 드릴 것이며,

㉗ 그 소제와 전제는 수송아지와 수양과 어린 양의 수효를 따라서 규례대로 할 것이며,

㉘ 또 수염소 하나를 속죄제로 드릴지니 상번제와 그 소제와 그 전제 외에니라,

㉙ 여섯째 날에는 수송아지 여덟과 수양 둘과 일년 되고 흠 없는 수양 열 넷을 드릴 것이며,

㉚ 그 소제와 전제는 수송아지와 수양과 어린 양의 수효를 따라서 규례대로 할 것이며,

㉛ 또 수염소 하나를 속죄제로 드릴지니 상번제와 그 소제와 그 전제 외에니라,

㉜ 일곱째 날에는 수송아지 일곱과 수양 둘과 일년 되고 흠 없는 수양 열 넷을 드릴 것이며,

㉝ 그 소제와 전제는 수송아지와 수양과 어린 양의 수효를 따라서 규례대로 할 것이며,

㉞ 또 수염소 하나를 속죄제로 드릴지니 상번제와 그 소제와 그 전제 외에니라,

㉟ 여덟째 날에는 거룩한 대회로 모일 것이요 아무 노동도 하지 말 것이며,

㊱ 번제로 여호와께 향기로운 화제를 드리되 수송아지 하나와 수양 하나와 일년 되고 흠 없는 수양 일곱을 드릴 것이며,

㊲ 그 소제와 전제는 수송아지와 수양과 어린 양의 수효를 따라서 규례대로 할 것이며,

㊳ 또 수염소 하나를 속죄제로 드릴지니 상번제와 그 소제와 그 전제 외에니라,

㊴ 너희가 이 절기를 당하거든 여호와께 이같이 드릴지니, 이는 너희 서원제나 낙헌제 외에 번제 소제 전제 화목제를 드릴 것이니라,

㊵ 모세가 여호와께서 자기로 명하신 모든 일을 이스라엘 자손에게 고하니라.

● 30장

① 모세가 이스라엘 자손과 지파의 두령들에게 일러 가로되, 여호와의 명령이 이러하니라,

② 사람이 여호와께 서원하였거나 마음을 제어하기로 서약하였거든 파약하지 말고 그 입에서 나온대로 다 행할 것이니라,

③ 또 여자가 만일 어려서 그 아비 집에 있을 때에 여호와께 서원한 일이나 스스로 제어하려 한 일이 있다, 하자,

④ 그 아비가 그의 소원이나 그 마음을 제어하려는 서약을 듣고도 그에게 아무 말이 없으면 그 모든 서원을 행할 것이요, 그 마음을 제어하려는 서약을 지킬 것이니라,

⑤ 그러나 그 아비가 그것을 듣는 날에 허락지 아니하면 그 서원과 마음을 제어하려는 서약이 이루지 못할 것이니, 그 아비가 허락지 아니하였은즉, 여호와께서 사하시리라,

⑥ 또 혹시 남편을 맞을 때에 서원이나 마음을 제어하려는 서약을 경솔히 그 입에서 발하였다, 하자,

⑦ 그 남편이 그것을 듣고 그 듣는 날에 그에게 아무 말이 없으면 그 서원을 행할 것이요, 그 마음을 제어하려는 서약을 지킬 것이니라,

⑧ 그러나 그 남편이 그것을 듣는 날에 허락지 아니하면 그 서원과 마음을 제어하려고 경솔히 입술에서 발한 서약이 무효될 것이니, 여호와께서 그 여자를 사하시리라,

⑨ 그러나 과부나 이혼녀의 모든 서원으로 그들의 혼들을 제어하려는 것은 그녀에 대하여 유효하리라,

⑩ 부녀가 혹시 그 남편의 집에 있어 서원을 하였다든지 마음을 제어하려고 서약을 하였다, 하자,

⑪ 그 남편이 그것을 듣고도 아무 말이 없고 금함이 없으면 그 서원은 무릇 행할 것이요, 그 마음을 제어하려는 서약은 무릇 지킬 것이니라,

⑫ 그러나 그 남편이 그 듣는 날에 무효케 하면 그 서원과 마음을 제어하려던 일에 대하여 입술에서 낸 것을 무엇이든지 이루지 못하나니, 그 남편이 그것을 무효케 하였은즉, 여호와께서 그 부녀를 사하시니라,

⑬ 무릇 서원과 무릇 마음을 괴롭게 하려는 서약은 그 남편이 그것을 지키게도 할 수 있고 무효케도 할 수 있나니,

⑭ 그 남편이 날이 지나도록 말이 없으면 아내의 서원과 스스로 제어하려는 일을 지키게 하는 것이니, 이는 그가 그것을 들을 때에 그 아내에게 아무 말도 하지 아니하였으므로 지키게 됨이니라,

⑮ 그러나 그 남편이 들은지 얼마 후에 그것을 무효케 하면 그가 아내의 죄를 담당할 것이니라,

⑯ 이는 여호와께서 모세에게 명하신 율례니, 남편이 아내에게 아비가 자기 집에 있는 유년 여자에게 대한 것이니라.

● 31장

① 여호와께서 모세에게 일러 가라사대,

② 이스라엘 자손의 원수를 미디안에게 갚으라, 그 후에 네가 네 조상에게로 돌아가리라,

③ 모세가 백성에게 일러 가라사대, 너희 중에서 사람을 택하여 싸움에 나갈 준비를 시키고 미디안을 치러 보내어서 여호와의 원수를 미디안에게 갚되,

④ 이스라엘 모든 지파에 대하여 각 지파에서 일천인씩을 싸움에 보낼지니라, 하매,

⑤ 매 지파에서 일천인씩 이스라엘 수만인 중에서 일만 이천인을 택하여 무장을 시킨지라,

⑥ 모세가 매 지파에 일천인씩 싸움에 보내되, 제사장 엘르아살의 아들 비느하스에게 성소의 기구와 신호 나팔을 들려서 그들과 함께 싸움에 보내매,

⑦ 그들이 여호와께서 모세에게 명하신대로 미디안을 쳐서 그 남자를 다 죽였고,

⑧ 그 죽인자 외에 미디안의 다섯 왕을 죽였으니, 미디안의 왕들은 에위와 레겜과 수르와 후으와 레바이며 또 브올의 아들 발람을 칼로 죽였더라,

⑨ 이스라엘 자손이 미디안의 부녀들과 그 아이들을 사로 잡고 그 가축과 양떼와 재물을 다 탈취하고,

⑩ 그 거처하는 성읍들과 촌락을 다 불사르고,

⑪ 탈취한 것 노략한 것 사람과 짐승을 다 취하니라,

⑫ 그들이 사로 잡은 자와 노략한 것과 탈취한 것을 가지고, 여리고 맞은편 요단 가 모압 평지의 진에 이르러, 모세와 제사장 엘르아살과 이스라엘 자손의 회중에게로 나아오니라,

⑬ 모세와 제사장 엘르아살과 회중의 족장들이 다 진 밖에 나가서 영접하다가,

⑭ 모세가 군대의 장관 곧 싸움에서 돌아온 천명부대장들과 백명부대장들에게 노하니라,

⑮ 모세가 그들에게 이르되, 너희가 여자들을 다 살려두었느냐?

⑯ 보라, 이들이 발람의 꾀를 쫓아 이스라엘 자손으로 브올의 사건에 여호와 앞에 범죄케하여 여호와의회중에 역병이 일어나게 하였느니라,

⑰ 그러므로 아이들 중에 남자는 다 죽이고 남자와 동침하여 사내를 안 여자는 다 죽이고,

⑱ 남자와 동침하지 아니하여 사내를 알지 못하는 여자들은 다 너희를 위하여 살려둘 것이니라,

⑲ 너희는 칠일 동안 진 밖에 주둔하라, 무릇 살인자나 죽임을 당한 시체를 만진자나 제 삼일과 제 칠일에 몸을 깨끗케 하고 너희의 포로도 깨끗케 할 것이며,

⑳ 무릇 의복과 무릇 가죽으로 만든 것과 무릇 염소 털로 만든 것과 무릇 나무로 만든 것을 다 깨끗케 할지니라,

㉑ 제사장 엘르아살이 싸움에 나갔던 군인들에게 이르되, 이는 여호와께서 모세에게

명하신 법률이니라,

㉒ 금 은 동 철과 상납과 납의

㉓ 무릇 불에 불에 견딜만한 물건은 불을 지나게 하라, 그리하면 깨끗하려니와 오히려 정결케 하는 물로 그것을 깨끗케 할 것이며 무릇 불을 견디지 못할 모든 것은 물을 지나게 할 것이니라,

㉔ 너희는 제 칠일에 옷을 빨아서 깨끗케 한 후에 진에 들어올지니라,

㉕ 여호와께서 모세에게 일러 가라사대,

㉖ 너는 제사장 엘르아살과 회중의 족장들로 더불어 이 탈취한 사람과 짐승을 계수하고,

㉗ 그 얻은 물건을 반분하여 그 절반은 싸움에 나갔던 군인들에게 주고 절반은 회중에게 주고,

㉘ 싸움에 나갔던 군인들로는 사람이나 소나 나귀나 양떼의 오백분지 일을 여호와께 드리게 하되,

㉙ 곧 이를 그들의 절반에서 취하여 여호와께 올리는 예물로 제사장 엘르아살에게 주고,

㉚ 또 이스라엘 자손의 얻은 절반에서는 사람이나 소나 나귀나 양떼나 각종 짐승의 오십분지 일을 취하여 여호와의 성막을 맡은 레위인에게 주라,

㉛ 모세와 제사장 엘르아살이 여호와께서 모세에게 명하신대로 하니라,

㉜ 그 탈취물 곧 군인들의 다른 탈취물 외에 양이 육십 칠만 오천이요,

㉝ 소가 칠만 이천이요,

㉞ 나귀가 육만 일천이요,

㉟ 남자와 동침하지 않아서 사내를 알지 못하는 여자가 도합 삼만 이천이니,

㊱ 그 절반 곧 싸움에 나갔던 자들의 소유가 양이 삼십 삼만 칠천 오백이라,

㊲ 여호와께 세로 드린 양이 육백 칠십 오요,

㊳ 소가 삼만 육천이라, 그 중에서 여호와께 세로 드린 것이 칠십 이두요,

㊴ 나귀가 삼만 오백이라 그 중에서 여호와께 세로 드린 것이 육십 일이요,

㊵ 사람이 일만 육천이라, 그 중에서 여호아께 세로 드리운 자가 삼십 이명이니,

㊶ 여호아께 올린 세로 드린 것을 모세가 제사장 엘르아살에게 주었으니, 여호와께서 모세에게 명하심과 같았더라,

㊷ 모세가 싸움에 나갔던 자에게 나누어 취하여 이스라엘 자손에게 준 절반,

㊸ 곧 회중의 얻은 절반은 양이 삼십 삼만 칠천 오백이요,
㊹ 소가 삼만 육천이요,
㊺ 나귀가 삼만 오백이요,
㊻ 사람이 일만 육천이라,
㊼ 이스라엘 자손의 그 절반에서 모세가 사람이나 짐승의 오십분지 일을 취하여 여호와의 장막을 맡은 레위인에게 주었으니, 여호와께서 모세에게 명하심과 같았더라,
㊽ 군대의 장관들 곧 천명부대장과 백명부대장들이 모세에게 나아와서,
㊾ 그에게 고하되, 당신의 종들의 영솔한 군인들을 계수한즉, 우리중 한 사람도 축나지 아니 하였기로,
㊿ 우리의 각 사람의 얻은바 금 패물 곧 발목고리 손목고리 인장반지 귀고리 팔고리들을 여호와의 예물로 우리의 생명을 위하여 여호와 앞에 속죄하려고 가져왔나이다,
(51) 모세와 제사장 엘르아살이 그들에게서 그 금으로 만든 모든 패물을 취한즉,
(52) 천부장과 백부장들이 여호와께 드린 거제의 금의 도합이 일만 육천 칠백 오십 세겔이니,
(53) 군인들이 각기 자기를 위하여 탈취한 것이니라,
(54) 모세와 제사장 엘르아살이 천명부대장과 백명부대장들에게서 금을 취하여 회중의 성막에 들여서 여호와 앞에 이스라엘 자손을 위하여 기념물로 삼았더라.

• 32장

① 르우벤 자손과 갓 자손은 심히 많은 가축 떼가 있었더라, 그들이 야셀 땅과 길르앗 땅을 본즉, 그곳은 가축에 알맞은 곳이더라,
② 갓 자손과 르우벤 자손이 와서 모세와 제사장 엘르아살과 회중 족장들에게 말하여 가로되,
③ 아다롯과 디본과 야셀과 리므라와 헤스본과 엘르알레와 스밤과 느보와 브온,
④ 곧 여호와께서 이스라엘 회중 앞에서 쳐서 멸하신 땅은 가축에 적당한 곳이요, 당신의 종들에게는 가축이 있나이다,
⑤ 또 가로되, 우리가 만일 당신에게 은혜를 입었으면 이 땅을 당신의 종들의 소유로 주시고 우리로 요단을 건너지 않게 하소서,
⑥ 모세가 갓 자손과 르우벤 자손에게 이르되, 너희 형제들은 싸우러 가거늘, 너희는

여기 앉았고자 하느냐?

⑦ 너희가 어찌하여 이스라엘 자손으로 낙심케 하여서 여호와께서 그들에게 주신 땅으로 건너갈 수 없게 하려느냐?

⑧ 너희 열조도 내가 가데스바네에서 그 땅을 보라고 보내었을 때에 그리 하였었나니,

⑨ 그들이 에스골 골짜기에 올라가서 그 땅을 보고 이스라엘 자손으로 낙심케 하여서 여호와께서 그들에게 주신 땅으로 갈 수 없게 하였었느니라,

⑩ 그때에 여호와께서 진노하사, 맹서하여 가라사대,

⑪ 에집트에서 나온 자들의 이십세 이상으로는 한 사람도 내가 아브라함과 이삭과 야곱에게 맹세한 땅을 정녕히 보지 못하리니, 이는 그들이 나를 온전히 순종치 아니하였음이니라,

⑫ 다만 그나스의 사람 여분네의 아들 갈렙과 눈의 아들 여호수아는 제외되었나니, 이는 그들은 여호와에 한결같이 순종하였기 때문이라, 하시고,

⑬ 여호와께서 이스라엘에게 진노하사, 그들로 사십년동안 황야에서 방황하게 하심으로, 여호와의 목전에 악을 행한 그 세대가 필경은 다 소멸하였느니라,

⑭ 보라, 너희는 너희 조상들을 계대하여 일어난 자들이요, 죄악으로 가득한 자들의 소생으로서, 아직도 이스라엘을 향하신 여호와의 노를 더욱 심하게 하는도다,

⑮ 너희가 만일 돌이켜 여호와를 떠나면 여호와께서 또 이 백성을 황야에 버리시리니, 그리하면 너희가 이 모든 백성을 멸망시키리라,

⑯ 그들이 모세에 가까이 나아와 가로되, 우리가 이곳에 가축을 위하여 우리를 짓고 우리 유아들을 위하여 성읍을 건축하고,

⑰ 이 땅 거민의 연고로 우리 유아들로 그 견고한 성읍에 거하게 한 후에 우리는 무장하고 이스라엘 자손을 그곳으로 인도하기까지 그들의 앞에 행하고,

⑱ 이스라엘 자손이 각기 그의 상속을 얻기까지 우리 집으로 돌아오지 아니하겠사오며,

⑲ 우리는 요단 이편 곧 동편에서 산업을 얻었사오니, 그들과 함께 요단 저편에서는 기업을 얻지 아니하겠나이다,

⑳ 모세가 그들에게 이르되, 너희가 만일 이 일을 행하여 무장하고 여호와 앞에서 가서 싸우되,

㉑ 너희가 다 무장하고 여호와 앞에서 요단을 건너와서 여호와께서 그 원수를 자기 앞에서 쫓아내시고,

㉒ 그 땅으로 여호와 앞에 복종케 하시기까지 싸우면 여호와의 앞에서나 이스라엘의 앞에서나 무죄히 돌아 오겠고, 이 땅은 여호와 앞에서 너희의 산업이 되리라마는,

㉓ 너희가 만일 그같이 아니하면 여호와께 범죄함이니, 너희의 죄가 정녕 너희를 찾아낼줄을 분명히 알라,

㉔ 너희는 유아들을 위하여 성읍을 건축하고 양을 위하여 우리를 지어라, 그리하고 너희 입에서 낸대로 행하라,

㉕ 갓 자손과 르우벤 자손이 모세에게 대답하여 가로되, 우리 주의 명대로 종들이 행할 것이라,

㉖ 우리의 어린 자와 아내와 양떼와 모든 가축을 이곳 길르앗 성읍들에 두고,

㉗ 우리 주의 말씀대로 종들은 무장하고 여호와 앞에서 다 건너가서 싸우리이다,

㉘ 이에 모세가 그들에게 대하여 제사장 엘르아살과 눈의 아들 여호수아와 이스라엘 자손의 지파의 두령들에게 명하니라,

㉙ 모세가 그들에게 이르되, 갓 자손과 르우벤 자손이 만일 각기 무장하고 너희와 함께 요단을 건너가서 여호와 앞에서 싸워서 그 땅이 너희 앞에 항복하기에 이르거든 길르앗 땅을 그들에게 산업으로 줄 것 이니라,

㉚ 그러나 그들이 만일 너희와 함께 무장하고 건너지 아니하면, 그들은 가나안 땅에 있는 너희의 소유를 인정하여야 할 것이니라,

㉛ 갓 자손과 르우벤 자손이 대답하여 가로되, 여호와께서 당신의 종들에게 명하신대로 우리가 행할 것이라,

㉜ 우리가 무장하고 여호와 앞에서 가나안 땅에 건너가서, 요단 이편으로 우리의 소유가 되게 하리이다, 하니,

㉝ 모세가 갓 자손과 르우벤 자손과 요셉의 아들 므낫세 반 지파에게 아모리인의 왕 시혼의 국토와 바산왕 옥의 국토를 주되, 그 나라와 그 경내 성읍들과 그 성읍들의 사면 땅을 그들에게 주매,

㉞ 갓 자손은 디본과 아다롯과 아로엘과,

㉟ 아다롯소반과 야셀과 욕브하와,

㊱ 벧니므라와 벧하란들의 견고한 성읍들을 건축하였고 또 양을 위하여 우리를 지었으며,

㊲ 르우벤 자손은 헤스본과 엘르알레와 기랴다임과,

㊳ 느보와 바알므온들의 건축하고, 그 이름을 고쳤고, 또 십마를 건축하고, 건축한 성

읍들에 새 이름을 주었고,

㊴ 므낫세의 아들 마길의 자손은 가서 길르앗을 쳐서 취하고, 거기 있는 아모리인을 좇아내매,

㊵ 모세가 길르앗을 므낫세의 아들 마길에게 주매, 그가 거기 거하였고,

㊶ 므낫세의 아들 야일은 가서 그 촌락들을 취하고 하봇야일이라 칭하였으며,

㊷ 노바는 가서 그낫과 그 향촌을 취하고 가기 이름을 따라서 노바라 칭하였더라.

● 33장

① 이스라엘 자손이 모세와 아론의 인도에 따라 그들의 군대와 함께 에집트 땅에서 나오던 때의 노정이 이러하니라,

② 모세가 여호와의 명대로 그 노정을 따라 그 진행한 것을 기록하였으니, 그 진행한 대로 그 노정은 이러하니라,

③ 그들이 정월 십 오일에 라암셋에서 출발하였으니, 곧 유월절 다음날이라 이스라엘 자손의 에집트 모든 사람의 목전에서 손을 높이 들고 나왔더라,

④ 이는 에집트인은 여호와께서 그들 중에 치신 그 모든 처음 난 것을 매장하였고, 여호와께서는 그들의 신들에게도 심판을 내리셨기 때문이라,

⑤ 이스라엘 자손이 라암셋에서 출발하여 숙곳에 진 쳤고,

⑥ 숙곳에서 출발하여 광야 끝 에담에 진 쳤고

⑦ 에담에서 출발하여 바알스본 앞 비하히롯으로 돌아가서 믹돌 앞에 진 쳤고,

⑧ 하히롯에서 앞에서 출발하여 바다 가운데로 지나 황야에 이르고 에담 황야로 삼일 길쯤 들어가서 마라에 진 쳤고,

⑨ 마라에서 출발하여 엘림에 이르니, 엘렘에는 샘물 열둘과 종려 칠십 그루가 있으므로 거기 진 쳤고,

⑩ 엘림에서 출발하여 홍해 가에 진 쳤고,

⑪ 홍해가에서 출발하여 신 황야에 진 쳤고,

⑫ 신 황야에서 출행하여,

⑬ 돕가에 진 쳤고 돕가에서 출발하여 알루스에 진 쳤고,

⑭ 알루스에서 출발하여 르비딤에 진 쳤는데 거기는 백성의 마실 물이 없었더라,

⑮ 르비딤에서 출발하여 시나이 황야에 진 쳤고,

⑯ 시나이 황야에서 출발하여 기브롯핫다아와에 진 쳤고,

⑰ 기브롯핫다와에서 출발하여 하세롯에 진 쳤고,

⑱ 하세롯에서 출발하여 릿마에 진 쳤고,

⑲ 릿마에서 출발하여 림몬베레스에 진 쳤고,

⑳ 림몬베레스에서 출발하여 립나에 진 쳤고,

㉑ 립나에서 출발하여 릿사에 진 쳤고,

㉒ 릿사에서 출발하여 그헬라다에 진 쳤고,

㉓ 그헬라데에서 출발하여 세벨산에 진 쳤고,

㉔ 세벨산에서 출발하여 하라다에 진 쳤고,

㉕ 하라다에서 출발하여 막헬롯에 진 쳤고,

㉖ 막헬롯에서 출발하여 다핫에 진 쳤고,

㉗ 다핫에서 출발하여 데라에 진 쳤고,

㉘ 데라에서 출발하여 밋가에 진 쳤고,

㉙ 밋가에서 출발하여 하스모나에 진 쳤고,

㉚ 하스모나에서 출발하여 모세롯에 진 쳤고,

㉛ 모세롯에서 출발하여 브네야아간에 진 쳤고,

㉜ 브네야아간에서 출발하여 홀하깃갓에 진 쳤고,

㉝ 홀하깃갓에서 출발하여 욧바다에 진 쳤고,

㉞ 욧바다에서 출발하여 아브로나에 진 쳤고,

㉟ 아브로나에서 출발하여 에시온게벨에 진 쳤고,

㊱ 에시온게벨에서 출발하여 신 황야 곧 가데스에 진 쳤고,

㊲ 가데스에서 출발하여 에돔 국경 호르산에 진 쳤더라,

㊳ 이스라엘 자손이 에집트땅에서 나온지 사십년 오월 오일에 제사장 아론이 여호와
의 명으로 호르산에 올라가 거기서 죽었으니,

㊴ 아론이 호르산에서 죽던 때에 나이 일백 이십 삼세이었더라,

㊵ 가나안 땅 남방에 거한 가나안 사람 아랏왕이 이스라엘 자손들이 온다함을 들었더라,

㊶ 그들이 호르산을 떠나 살모나에 진 쳤고,

㊷ 살모나에서 출발하여 부논에 진 쳤고,

㊸ 부논에서 출발하여 오봇에 진 쳤고,

㊹ 오봇에서 출발하여 모압 변경 이예아바림에 진 쳤고,

㊺ 이임에서 출발하여 디본갓에 진 쳤고,

㊻ 디본갓에서 출발하여 알몬디블라다임에 진 쳤고,
㊼ 알몬디블라다임에서 출발하여 느보 앞 아바람산에 진 쳤고,
㊽ 아바람 산에서 출발하여 여리고 맞은편 요단 가 모압 평지에 진 쳤으니,
㊾ 요단 가 모압 평지의 진이 벧여시못에서부터 아벨싯담에 미쳤었더라,
㊿ 여리고 맞은편 요단 가 모압 평지에서 여호와께서 모세에게 일러 가라사대,
(51) 이스라엘 자손에게 말하여 그들에게 이르라, 너희가 요단을 건너 가나안 땅에 들어가거든,
(52) 그 땅 거민을 너희 앞에서 다 몰아내고 그 새긴 석상과 부어 만든 우상을 다 파멸하며 산당을 다 훼파하고,
(53) 그 땅을 취하여 거기 거하라, 내가 그 땅을 너희 소유로 너희에게 주었음이라,
(54) 너희의 가족을 따라서 그 땅을 제비 뽑아 나눌 것이니, 수가 많으면 많은 소유를 주고 적으면 적은 소유를 주되 각기 제비 뽑힌대로 그 소유가 될 것인즉, 너희 열조의 지파를 따라 소유 몫을 얻을 것이니라,
(55) 너희가 만일 그 땅 거민을 너희 앞에서 몰아내지 아니하면, 너희의 남겨둔 자가 너희의 눈에 가시와 너희의 옆구리에 찌르는 것이 되어 너희 거하는 땅에서 너희를 괴롭게 할 것이요,
(56) 나 또한 내가 그들에게 행하기로 생각했던 것을 너희에게 행할 때가 오리라, 하시니라.

• 34장

① 여호와께서 모세에게 일러 가라사대,
② 너는 이스라엘 자손에게 명하여 그들에게 이르라, 너희가 가나안 땅에 들어가는 때에 그 땅은 너희의 소유가 되리니, 곧 가나안 사방 지경이라,
③ 너희 남방은 에돔 곁에 접근한 신 광야니, 너희 남편 경계는 동편으로 염해 끝에서 시작하여,
④ 돌아서 아그랍빔 언덕 남편에 이르고, 신을 지나 가데스 바네아 남방에 이르고, 또 하살아달을 지나 아스몬에 이르고,
⑤ 아스몬에서 돌아서 에집트의 강을 지나 바다까지 이르느니라,
⑥ 서편 경계는 바다가 경계가 되나니, 이는 너희의 서편 경계니라,
⑦ 북편 경계는 이러하니, 대해에서부터 호르산까지 긋고,

⑧ 호르산에서 그어 하맛 어귀에 이르러 스닷에 미치고,

⑨ 그 경계가 또 시브론을 지나 하살에난에 미치나니 이는 너희 북편 경계니라,

⑩ 너희의 동편 경계는 하살에난에서 그어 스밤에 이르고,

⑪ 그 경계가 또 스밤에서 라블라로 내려가서 아인 동편에 이르고, 또 내려가서 긴네렛 동편 해변에 미치고,

⑫ 그 경계가 또 요단으로 내려가서 염해에 미치나니 너희 땅의 사방 경계가 이러하니라,

⑬ 모세가 이스라엘 자손에게 명하여 가로되, 이는 너희가 제비 뽑아 얻을 땅이라, 여호와께서 이를 아홉 지파와 반 지파에게 주라고 명하셨나니,

⑭ 이는 르우벤 지파의 자손과 갓 자손의 지파가 함께 그들의 종족대로 그 상속 분을 받았고 므낫세의 반 지파도 상속을 받았음이라

⑮ 이 두 지파와 반 지파가 여리고 맞은편 요단 건너편 곧 해 돋는 편에서 그 상속을 받았느니라

⑯ 여호와께서 또 모세에게 일러 가라사대,

⑰ 너희에게 땅을 상속으로 나눌 자의 이름이 이러하니, 제사장 엘르아살과 눈의 아들 여호수아니라,

⑱ 너희는 또 기업의 땅을 나누기 위하여 매 지파에 한 족장씩 택하라,

⑲ 그 사람들이 이름은 이러하니, 유다 지파에서는 여분네의 아들 갈렙이요,

⑳ 시므온 지파에서는 암미훗의 아들 스므엘이요,

㉑ 베냐민 지파에서는 기슬론의 아들 엘리닷이요,

㉒ 단 자손 지파의 족장 요글리의 아들 북기요,

㉓ 요셉 자손 중 므낫세 자손 지파의 족장 에봇의 아들 한니엘이요,

㉔ 에브라임 자손 지파의 족장 십단의 아들 그므엘이요,

㉕ 스블론 자손 지파의 족장 바르낙의 아들 엘리사반이요,

㉖ 잇사갈 자손 지파의 족장 앗산의 아들 발디엘이요,

㉗ 아셀 자손 지파의 족장 슬로미의 아들 아히훗이요,

㉘ 납달리 자손 지파의 족장 암미훗의 아들 브다헬이니라 하셨으니,

㉙ 여호와께서 명하사 가나안 땅에서 이스라엘 자손에게 상속재산을 나누게 하신 자들이 이러하였더라.

● 35장

① 여호와께서 여리고 맞은편 요단 가 모압 평지에서 모세에게 일러 가라사대,

② 이스라엘 자손에게 명하여 그들의 얻은 상속 재산중에서 레위인에게 거할 성읍들을 주게 하고, 너희는 또 그 성읍 사면의 들을 레위인에게 주어서,

③ 성읍으로는 그들의 거처가 되게 하고 들로는 그들의 가축과 물산과 짐승들을 둘 곳이 되게 할 것이라,

④ 너희가 레위인에게 줄 성읍들의 들은 성벽에서부터 밖으로 사면 이천 규빗이라,

⑤ 성을 중앙에 두고 성 밖 동편으로 이천 규빗, 남편으로 이천 규빗, 서편으로 이천 규빗, 북편으로 이천 규빗을 측량할지니, 이는 그들의 성읍의 들이며,

⑥ 너희가 레위인에게 줄 성읍은 살인자로 피케 할 도피성으로 여섯 성읍이요, 그 외에 사십 이 성읍이라,

⑦ 너희가 레위인에게 모두 사십 팔 성읍을 주고, 그 들도 함께 주되,

⑧ 이스라엘 자손의 소유에서 레위인에게 너희가 성읍을 줄 때에 많이 얻은 자에게서는 많이 취하여 주고, 적게 얻은 자에게서는 적게 얻어 줄것이라, 각기 얻은 소유를 따라서 그 성읍들을 레위인에게 줄지니라,

⑨ 여호와께서 또 모세에게 일러 가라사대,

⑩ 이스라엘 자손에게 말하여 그들에게 이르라, 너희가 요단을 건너 가나안 땅에 들어가거든,

⑪ 너희를 위하여 성읍을 도피성으로 정하여 부지중에 살인한 자로 그리 피하게 하라,

⑫ 이는 너희가 보응할 자에게서 도피하는 성을 삼아, 살인자가 회중 앞에 서서 판결을 받기까지 죽지 않게 하기 위함이니라,

⑬ 너희는 여섯 성읍을 내놓아서 도피처로 가지되,

⑭ 세 성읍은 요단 이편에서 내놓고 세 성읍은 가나안 땅에서 내어주어 도피성이 되게 하라,

⑮ 이 여섯 성읍은 이스라엘 자손과 타국인과 이스라엘에 우거하는 자의 도피성이 되리니, 무릇 부지중에 살인한 자가 그리로 도피할 수 있으리라,

⑯ 만일 철 연장으로 사람을 쳐 죽이면 이는 고의로 살인한 자니, 그 고살자를 반드시 죽일 것이요,

⑰ 만일 사람을 죽일 만한 돌을 손에 들고 사람을 쳐 죽이면 이도 고의로 살인한자니, 그 고살자를 반드시 죽일 것이요,

⑱ 만일 사람을 죽일만한 나무 연장을 손에 들고 사람을 쳐 죽이면 이는 고살자니, 그 고살자를 반드시 죽일 것이니라,

⑲ 피를 보수하는 자가 그 고살자를 친히 죽일 것이니, 그를 만나거든 죽일 것이요,

⑳ 만일 미워하는 까닭에 밀쳐 죽이거나 기회를 엿보아 무엇을 던져 죽이거나,

㉑ 원한으로 인하여 손으로 쳐 죽이면 그 친 자를 반드시 죽일 것이니, 이는 고살하였음이라 피를 보수하는 자가 그 고살자를 만나거든 죽일 것이니라,

㉒ 원한 없이 우연히 사람을 밀치거나 기회를 엿봄이 없이 무엇을 던지거나,

㉓ 보지 못하고 사람을 죽일만한 돌을 던져서 죽였다 하자, 이는 원한도 없고 해하려 한 것도 아닌즉,

㉔ 그때에는 회중이 이것들의 법령들에 따라 그 살인자와 그 피의 보응자 사이에서 판결을 내릴지니,

㉕ 회중은 피의 보응자의 손에서 그 살인자를 건져내어, 그가 피하였던 도피성으로 돌려 보낼 것이요, 그러면 그는 거룩한 기름 부음을 받은 대제사장의 죽기까지 거기 거할 것이니라,

㉖ 그러나 살인자가 어느 때든지 그 도피하였던 도피성 경계 밖으로 나갔으면,

㉗ 피를 보수하는 자가 도피성 경계 밖에서 그 살인자를 만나 죽일지라도 그 피의 보응자는 피흘린 죄가 없느니라,

㉘ 이는 살인자가 대제사장의 죽기까지 그 도피성에 머물러 있어야 하며 대제사장이 죽은 후에야 그 살인자는 자기의 소유의 땅으로 돌아갈 수 있기 때문이라,

㉙ 이는 너희 대대로 거하는 곳에서 판단하는 율례라,

㉚ 무릇 사람을 죽인자 곧 고살자를 증인들의 말을 따라서 죽일 것이, 한 증인의 증거만 따라서 죽이지 말 것이요,

㉛ 너희는 살인죄를 범한 고살자의 생명의 속전을 받지 말고 반드시 죽일 것이니라,

㉜ 또한 너희는 도피성에 피한 자를 위한 배상을 받지 말지니, 이는 그가 대제사장이 죽으면 다시 돌아가서 그 땅에 거할 것이기 때문이라,

㉝ 그러므로 너희는 너희가 거주하는 땅을 더럽히지 말라, 이는 피로 인하여 그 땅이 더럽혀지니 때문이니, 그 땅에서 피가 흘려진 땅은 그 피를 흘리게 한 자의 피가 아니면 깨끗하게 할 수 없느니라,

㉞ 그러므로 너희는 내가 거하고 있는 땅, 곧 너희가 거하게 될 그 땅을 더럽히지 말라, 이는 나 여호와가 이스라엘 자손 가운데 거하기 때문이니라, 하시니라.

● 36장

① 요셉 자손의 가족 중 므낫세의 손자 마길의 아들 길르앗 자손 가족의 두령들이 나아와 모세와 이스라엘 자손의 두령 된 족장들 앞에 말하여,

② 가로되, 여호와께서 우리에게 명하사, 이스라엘 자손에게 그 유업의 땅을 제비 뽑아 주게 하셨고, 여호와께서 또 우리 주에게 명하사, 우리 형제 슬로브핫의 유업으로 그 딸들에게 주게 하셨은즉,

③ 그들이 만일 이스라엘 자손의 다른 지파 남자들에게 시집가면 그들의 유업은 우리 조상의 기업에서 감해지고 그들의 속할 그 지파의 기업에 첨가되리니, 그러면 우리 제비 뽑은 유업에서 감해질 것이요,

④ 이스라엘 자손의 회년을 당하여 그 유업이 그가 속한 지파에 첨가될 것이라, 그런즉, 그들의 기업은 우리 조상 지파의 유업에서 아주 감해지리이다

⑤ 모세가 여호와의 말씀으로 이스라엘에게 명하여 가로되 요셉 자손 지파의 말이 옳도다,

⑥ 슬로브핫의 딸들에게 대한 여호와의 명이 이러하니라, 이르시되, 슬로브핫의 딸들은 마음대로 시집가려니와 오직 그 조상 지파의 가족에게로만 시집갈지니,

⑦ 그리하면 이스라엘 자손의 기업이 이 지파에서 저 지파로 옮기지 않고 이스라엘 자손이 다 각기 조상 지파의 유업을 지킬 것이니라 하셨나니,

⑧ 이스라엘 자손의 지파 중 무릇 그 유업을 이은 딸들은 자기 조상 지파 가족 되는 사람에게로 시집갈 것이라, 그리하면 이스라엘 자손이 각기 조상의 기업을 보존하게 되어서,

⑨ 그 유업이 이 지파에서 저 지파로 옮기게 하지 아니하고 이스라엘 자손 지파가 각각 자기 유업을 지키리라,

⑩ 슬로브핫의 딸들이 여호와께서 모세에게 명하신대로 행하니라,

⑪ 슬로보핫의 딸 말라와 디르사와 호글라와 밀가와 노아가 다 그 아비 형제의 아들들에게로 시집가되,

⑫ 그들이 요셉의 아들 므낫세 자손의 가족에게로 시집 간고로 그 유업이 그 아비 가족의 지파에 여전히 있었더라,

⑬ 이는 여리고 맞은편 요단 가 모압 평지에서 여호와께서 모세로 이스라엘 자손에게 명하신 명령과 규례니라.

신명기

· 본 성경듣기는 QR코드 인식으로 들을 수 있습니다

● 1장

① 이는 모세가 요단 저편 숲 맞은편의 아라바 황야 곧 바란과 도벨과 라반과 하세롯과 다사합 사이에서 이스라엘 무리에게 선포한 말씀이니라,

② 호렙산에서 세일산을 지나 가데스 바네아까지 열 하룻길이었더라,

③ 제 사십년 십일월 그 달 초일일에 모세가 이스라엘 자손에게 여호와께서 그들을 위하여 주신 명령을 다 고하였으니,

④ 때는 모세가 헤스본에 거하는 아모리 왕 시혼을 쳐 죽이고, 에드레이에서 아스다롯에 거하는 바산 왕 옥을 쳐 죽인 후라,

⑤ 모세가 요단 저편 모압 땅에서 이 율법 설명하기를 시작하였더라, 일렀으되,

⑥ 우리 하나님 여호와께서 호렙산에서 우리에게 말씀하여 이르시기를, 너희가 이 산에 거한지 오래니,

⑦ 방향을 돌려 진행하여 아모리 족속의 산지로 가고, 그 근지 곳곳으로 가고, 아라바와 산지와 평지와 남방과 해변과 가나안 족속의 땅과 레바논과 큰 강 유브라데스까지 가라, 하셨나니,

⑧ 여호와께서 너희 조상 아브라함과 이삭과 야곱에게 맹세하사 그들과 그들의 후손에게 주리라 하신 땅이 너희 앞에 있으니 들어가서 얻을찌니라,

⑨ 그 때에 내가 너희에게 말하여 이르기를, 나는 홀로 너희 짐을 질 수 없도다,

⑩ 너희 하나님 여호와께서 너희를 번성케 하셨으므로 너희가 오늘날 하늘의 별 같이 많거니와,

⑪ 너희 조상의 하나님 여호와께서 너희를 현재보다 천배나 많게 하시며 너희에게 허락하신 것과 같이 너희에게 복 주시기를 원하노라,

⑫ 그런즉, 나 홀로 어찌 능히 너희의 괴로운 것과 너희의 무거운 짐과 너희의 다툼을 담당할 수 있으랴?

⑬ 너희의 각 지파에서 지혜와 지식이 있는 유명한 자를 택하여 내가 그들을 세워 너희 두령을 삼으리라, 한즉,

⑭ 너희가 대답하여 이르기를, 당신의 말씀대로 하는 것이 좋다, 하기에,

⑮ 내가 너희 지파의 두령으로 지혜가 있는 유명한 사람들을 취하여 너희의 우두머리로 삼으니, 곧 각 지파를 따라 천명부대장과 백명부대장과 오십명부대장과 십부장과 너희 종족의 관원으로 삼고,

⑯ 내가 그 때에 너희 재판장들에게 명하여 이르기를, 너희가 너희 형제 중에 송사를 들을 때에 양 방간에 공정히 판결할 것이며 그들 중의 타국인에게도 그리 할 것이라,

⑰ 재판은 하나님께 속한 것인즉, 너희는 재판의 외모를 보지 말고 귀천을 일반으로 듣고 사람의 낯을 두려워 말 것이며, 스스로 결단하기 어려운 일이거든 내게로 돌리라 내가 들으리라 하였고,

⑱ 내가 너희의 행할 모든 일을 그 때에 너희에게 다 명하였느니라,

⑲ 우리 하나님 여호와께서 우리에게 명하신대로, 우리가 호렙산에서 출발하여 너희의 본바 크고 두려운 황야를 지나 아모리 족속의 산지 길로 바네아에 이른 때에,

⑳ 내가 너희에게 이르기를, 우리 하나님 여호와께서 우리에게 주신 아모리 족속의 산지에 이르렀나니,

㉑ 너희 하나님 여호와께서 이땅을 너희 앞에 두셨은즉, 너희 열조의 하나님 여호와께서 너희에게 이르신대로 올라가서 얻으라, 두려워 말라, 주저하지 말라, 한즉,

㉒ 너희가 다 내 앞으로 나아와 말하기를, 우리가 사람을 우리 앞서 보내어, 우리를 위하여 그 땅을 정탐하고 어느 길로 올라가야 할 것과 어느 성읍으로 들어가야 할것을 우리에게 가져오게하자 하기에,

㉓ 내가 그 말을 선히 여겨 너희 중에서 매 지파에 한 사람씩 열 둘을 택하매,

㉔ 그들이 앞으로 가서 산지에 올라 에스골 골짜기에 이르러 그곳을 정탐하고,

㉕ 그 땅의 과실을 손에 가지고 우리에게로 돌아와서 우리에게 회보하여 이르되, 우리의 하나님 여호와께서 우리에게 주시는 땅이 좋더라, 하였느니라,

㉖ 그러나 너희가 올라가기를 즐겨 아니하고, 너희 하나님 여호와의 명을 거역하여,

㉗ 장막 중에서 원망하여 이르기를, 여호와께서 우리를 미워하시는고로 아모리 족속

의 손에 붙여 멸하시려고 우리를 애굽 땅에서 인도하여 내셨도다,

㉘ 우리가 어디로 갈꼬 우리의 형제들이 우리로 낙심케 하여 말하기를, 그 백성은 우리보다 장대하며 그 성읍은 크고 성곽은 하늘에 닿았으며, 우리가 또 거기서 아낙 자손을 보았노라, 하는도다, 하기로,

㉙ 내가 너희에게 말하기를, 그들을 무서워 말라, 두려워하지 말라,

㉚ 너희 앞에서 행하시는 너희 하나님 여호와께서 애굽에서 너희를 위하여 너희 목전에서 모든 일을 행하신 것 같이 이제도 너희를 위하여 싸우실 것이며,

㉛ 광야에서도 너희가 당하였거니와 사람이 자기 아들을 안음 같이 너희 하나님 여호와께서 너희의 행로 중에 너희를 안으사, 이곳까지 이르게 하셨느니라, 하나,

㉜ 이 일에 너희가 너희 하나님 여호와를 믿지 아니하였도다,

㉝ 그는 너희 앞서 행하시며 장막 칠 곳을 찾으시고, 밤에는 불로 낮에는 구름으로 너희의 행할 길을 지시하신 자니라,

㉞ 여호와께서 너희의 말소리를 들으시고 노하사, 맹세하여 가라사대,

㉟ 이 악한 세대 사람들 중에는 내가 그들의 조상에게 주기로 맹세한 좋은 땅을 볼 자가 하나도 없으리라,

㊱ 오직 여분네의 아들 갈렙은 온전히 여호와를 순종하였은즉, 그는 그것을 볼 것이요, 그가 밟은 땅을 내가 그와 그의 자손에게 주리라 하시고,

㊲ 여호와께서 너희의 연고로 내게도 진노하사 가라사대, 너도 그리로 들어가지 못하리라,

㊳ 너희 종자 눈의 아들 여호수아는 그리로 들어갈 것이니, 너는 그를 담대케 하라, 그가 이스라엘에게 그 땅을 유업으로 얻게 하리라,

㊴ 또 너희가 사로잡히리라 하던 너희의 아이들과 당일에 선악을 분변치 못하던 너희 자녀, 그들은 그리로 들어갈 것이라, 내가 그 땅을 그들에게 주어 그들의 소유가 되게 하리라,

㊵ 너희는 돌이켜서 홍해 길로 하여 황야로 들어갈지니라, 하시매,

㊶ 너희가 대답하여 내게 이르기를, 우리가 여호와께 범죄하였사오니, 우리 하나님께서 우리에게 명하신대로 우리가 올라가서 싸우리이다, 하고, 너희가 각각 병기를 갖추고 경솔히 올라가려 할 때에,

㊷ 여호와께서 내게 이르시되, 너는 그들에게 이르기를, 너희는 올라가지 말라, 싸우지도 말라, 내가 너희 중에 있지 아니하니 너희가 대적에게 패할까 하노라, 하셨

다, 하라, 하시기로,

㊸ 내가 너희에게 고하였으나, 너희가 듣지 아니하고 여호와의 명을 거역하고 주제넘게 산지로 올라가매,

㊹ 그 산지에 거하는 아모리 족속이 너희를 마주 나와서 벌떼 같이 너희를 쫓아 세일 산에서 쳐서 호르마까지 미친지라,

㊺ 너희가 돌아와서 여호와 앞에서 통곡하나, 여호와께서 너희의 소리를 듣지 아니하시며, 너희에게 귀를 기울이지 아니하셨으므로,

㊻ 너희가 가데스에 여러날 동안 거하였나니 곧 너희가 그곳에 거하던 날 수대로니라.

● 2장

① 우리가 돌이켜서 여호와께서 내게 명하신대로 홍해 길을 따라 황야에 들어가서 여러날 동안 세일산을 두루 돌았더니,

② 여호와께서 내게 고하여 말씀하시기를,

③ 너희가 이 산을 두루 행한지 오래니 돌이켜 북으로 나아가라,

④ 너는 또 백성에게 명하여 이르기를 너희는 세일에 거하는 너희 동족 에서의 자손의 지경으로 지날진대 그들이 너희를 두려워하리니 너희는 깊이 스스로 삼가고

⑤ 그들과 다투지 말라, 그들의 땅은 한 발자국도 너희에게 주지 아니하리니, 이는 내가 세일산을 에서에게 기업으로 주었음이로라,

⑥ 너희는 돈으로 그들에게서 양식을 사서 먹으며 그들에게서 물을 사서 마실지니라,

⑦ 네 하나님 여호와가 너의 하는 모든 일에 네게 복을 주고, 네가 이 큰 황야에 두루 행함을 알고 네 하나님 여호와가 사십년 동안 너와 함께 하셨으므로 네게 부족함이 없었느니라, 하셨다, 하라 하시기로,

⑧ 우리가 세일산에 거하는 우리 동족 에서의 자손을 떠나서 아라바를 지나며 엘랏과 에시온 게벨 곁으로 지나 행하고 돌이켜 모압 광야 길로 진행할 때에,

⑨ 여호와께서 내게 이르시되 모압을 괴롭게 말라, 그와 싸우지도 말라, 그 땅을 내게 네게 기업으로 주지 아니하리니, 이는 내가 롯 자손에게 아르를 그들의 소유로 주었음이로라,

⑩ 옛적에 엠 사람이 거기 거하여 강하고 많고 아낙 족속과 같이 키가 크므로,

⑪ 그들을 아낙 족속과 같이 르바임이라 칭하였으나,

⑫ 호리 사람도 세일에 거하였더니, 에서의 자손이 그들을 멸하고 대신하여 그 땅에 거하였더니, 이스라엘이 여호와의 주신 소유의 땅에서 행한 것과 같았느니라,

⑬ 이제 너희는 일어나서 세렛 시내를 건너가라, 하시기로, 우리가 세렛 시내를 건넜으니,

⑭ 가데스 바네아에서 떠나 세렛 시내를 건너기까지 삼십 팔년 동안이라, 이 때에는 그 시대의 모든 군인들이 여호와께서 그들에게 명하신대로 진 중에서 다 멸절되었나니,

⑮ 여호와께서 손으로 그들을 치사, 진 중에서 멸하신고로 필경은 다 멸절되었느니라,

⑯ 모든 군인이 사망하여 백성 중에서 진멸된 후에,

⑰ 여호와께서 내게 일러 가라사대,

⑱ 네가 오늘 모압 변경 아르를 지나리니,

⑲ 암몬 족속에 가까이 이르거든 그들을 괴롭게 말라, 그들과 다투지도 말라, 암몬 족속의 땅은 내가 네게 소유로 주지 아니하리니, 이는 내가 그것을 롯 자손에게 그들의 소유로 주었음이로라,

⑳ (이곳도 르바임의 땅이라 하였었나이 전에 르바임이 거기 거하였었음이요, 암몬 족속은 그들을 삼숨밈이라 일컬었었으며,

㉑ 그 백성은 강하고 많고 아낙족속과 같이 키가 크나 여호와께서 암몬 족속 앞에서 그들을 멸하셨으므로 암몬 족속이 그들을 대신하여 그 땅에 거하였으니,

㉒ 마치 세일에 거한 에서 자손들이 호리 사람을 멸하심과 일반이라 그들이 호리 사람을 쫓아내고 대신하여 오늘까지 거기 거하였으며,

㉓ 또 갑돌에서 나온 갑돌 사람이 가사까지 각 촌에 거하는 아위 사람을 멸하고 그들을 대신하여 거기 거하였었느니라.)

㉔ 너희는 일어나 출발하여 아르논 골짜기를 건너라, 네가 헤스본 왕 아모리 사람 시혼과 그 땅을 네 손에 붙였은즉 비로소 더불어 싸워서 그 땅을 얻으리라,

㉕ 오늘부터 내가 천하 만민으로 너를 무서워하며 너를 두려워하리니, 그들이 네 명성을 듣고 떨며 너로 인하여 근심하리라 하셨느니라,

㉖ 내가 그데못 황야에서 헤스본 왕 시혼에게 사자를 보내어 평화의 말로 이르기를,

㉗ 나를 네 땅으로 통과하게 하라, 내가 대로로만 행하고 좌로나 우로나 치우치니 아니하리라,

㉘ 너는 돈을 받고 양식을 팔아 나로 먹게 하고 돈을 받고 물을 주어 나로 마시게 하라, 나는 도보로 지날 뿐인즉,

㉙ 세일에 거하는 에서 자손과 아르에 거하는 모압 사람이 내게 행한 것 같이 하라 그리하면 내가 요단을 건너서 우리 하나님 여호와께서 우리에게 주시는 땅에 이르리라 하나,

㉚ 헤스본 왕 시혼이 우리의 통과하기를 허락지 아니하였으니, 이는 너의 하나님 여호와께서 그를 네 손에 붙이시려고 그 성품을 완강케 하셨고 그 마음을 강퍅케 하셨음이라, 오늘날과 같으니라,

㉛ 때에 여호와께서 내게 이르시되, 내가 비로소 시혼과 그 땅을 네게 붙이노니, 너는 이제부터 그 땅을 얻어서 소유를 삼으라 하시더니,

㉜ 시혼이 그 모든 백성을 거느리고 나와서 우리를 대적하여 야하스에서 싸울 때에,

㉝ 우리 하나님 여호와께서 그를 우리에게 붙이시매, 우리가 그와 그 아들들과 그 모든 백성을 쳤고,

㉞ 그 때에 우리가 그 모든 성읍을 취하고 그 각 성읍을 그 남녀와 유아와 함께 하나도 남기지 아니하고 진멸하였고,

㉟ 오직 그 육축과 성읍에서 탈취한 것은 우리의 소유로 삼았으며,

㊱ 우리 하나님 여호와께서 그 모든 땅을 우리에게 붙이심으로 아르논 골짜기 가에 있는 아로엘과 골짜기 가운데 있는 성읍으로부터 길르앗에까지 우리가 모든 높은 성읍을 취하여 못한 것이 하나도 없었으나,

㊲ 오직 암몬 족속의 땅 얍복강 가와 산지에 있는 성읍들과 무릇 우리 하나님 여호와께서 우리의 가기를 금하신 곳은 네가 가까이 하지 못하였느니라.

● 3장

① 우리가 돌이켜 바산으로 올라가매, 바산 왕 옥이 그 모든 백성을 거느리고 나와서 우리를 대적하여 에드레이에서 싸우려고 나왔느니라,

② 여호와께서 내게 이르시되, 그를 두려워 말라, 내가 그와 그 모든 백성과 그 땅을 네 손에 붙였으니, 네가 헤스본에 거하던 아모리 족속의 왕 시혼에게 행한 것과 같이 그에게도 행할 것이니라, 하시고,

③ 우리 하나님 여호와께서 바산 왕 옥과 그 모든 백성을 우리 손에 붙이시매, 우리가 그들을 쳐서 한 사람도 남기지 아니하였느니라,

④ 그 때에 우리가 그들에게서 빼앗지 아니한 성읍이 하나도 없이 다 빼앗았는데 그 성읍이 육십이니, 곧, 아르곱은 지방이요 바산에 있는 옥의 나라라,

⑤ 그 모든 성읍에 높은 성벽이 둘려 있고 문과 빗장이 있어 견고하며 그 외에 성벽 없는 고을이 심히 많았느니라,

⑥ 우리가 헤스본 왕 시혼에게 행한 것과 같이 그 성읍들을 진멸하되, 각 성읍의 남녀와 유아를 진멸하였으나,

⑦ 오직 모든 육축과 그 성읍들에서 탈취한 것은 우리의 소유로 삼았으며,

⑧ 그 때에 우리가 요단강 이편 땅을 아르논 골짜기에서부터 헤르몬산에까지 아모리 족속의 두 왕에게서 취하였으니,

⑨ (헤르몬 산을 시돈 사람은 시룐이라 칭하고, 아모리 족속은 스닐이라, 칭하였느니라.)

⑩ 우리의 취한 것은 평원의 모든 성읍과 길르앗 온 땅과 바산의 온 땅 곧 옥의 나라 바산의 성읍 살르가와 에드레이까지니라,

⑪ (르바임 족속의 남은 자는 바산 왕 옥뿐이었으며 그의 침상은 철 침상이라, 지금 오히려 암몬 족속의 랍바에 있지 아니하냐? 그것을 사람의 보통 규빗으로 재면 그 장이 아홉 규빗이요, 광이 네 규빗이니라.)

⑫ 그 때에 우리가 이 땅을 얻으매, 아르논 골짜기 곁에 아로엘에서부터 길르앗 산지 절반과 그 성읍들을 내가 르우벤 자손과 갓 자손에게 주었고,

⑬ 길르앗의 남은 땅과 옥의 나라이었던 아르곱 온 지방 곧 온 바산으로는 내가 므낫세 반 지파에게 주었노라 (바산을 옛적에는 르바임의 땅 이라 칭하더니

⑭ 므낫세의 아들 야일이 그술 족속과 마아갓 족속의 경계에 이르기까지의 아르곱 온 지방을 취하고 자기의 이름으로 이 바산을 하봇야일이라 칭하여 오늘까지 이르느니라.)

⑮ 내가 마길에게 길르앗을 주었고,

⑯ 르우벤 자손과 갓 자손에게는 길르앗에서부터 아르논 골짜기까지 주었으되, 그 골짜기의 중앙으로 지경을 정하였으니 곧 암몬 자손의 지경 얍복강까지며,

⑰ 또는 아라바와 요단과 그 가요 긴네렛에서 아라바 바다 곧 염해와 비스가 산록에 이르기까지의 동편 지경이니라,

⑱ 그 때에 내가 이 땅을 받은 너희에게 명하여 이르기를, 너희의 하나님 여호와께서 이 땅을 너희에게 주어 기업이 되게 하셨은즉, 너희 군인들은 무장하고 너희의 형

제 이스라엘 자손의 선봉이 되어 건너가되,

⑲ 너희에게 육축이 많은줄 내가 아노니, 너희의 처자와 육축은 내가 너희에게 준 성읍에 머무르라,

⑳ 여호와께서 너희에게 주신 것 같이 너희 형제들에게도 안식을 주시리니, 그들도 요단 저편에서 너희 하나님 여호와의 주시는 땅을 얻어 기업을 삼기에 이르거든, 너희는 각기 내가 준 기업으로 돌아갈 것이니라, 하고,

㉑ 그 때에 내가 여호수아에게 명하여 이르기를, 너희 하나님 여호와께서 이 두 왕에게 행하신 모든 일을 네가 목도하였거니와 네가 가는 모든 나라에도 여호와께서 이와 같이 행하시리니,

㉒ 너희는 그들을 두려워하지 말라, 너희 하나님 여호와 그가 너희를 위하여 싸우시리라, 하였노라,

㉓ 그 때에 내가 여호와께 간구하기를,

㉔ 주 여호와 주께서 주의 크심과 주의 권능을 주의 종에게 나타내시기를 시작하였사오니, 천지간에 무슨 신이 능히 주의 행하신 일 곧 주의 큰 능력으로 행하신 일 같이 행할 수 있으리이까?

㉕ 구하옵나니 나로 건너가게 하사, 요단 저편에 있는 아름다운 땅 아름다운 산과 레바논을 보게 하옵소서,

㉖ 여호와께서 너희의 연고로 내게 진노하사, 내 말을 듣지 아니하시고 내게 이르시기를, 그만해도 족하니 이 일로 다시 내게 말하지 말라,

㉗ 너는 비스가산 꼭대기에 올라가서 눈을 들어 동서 남북을 바라고 네 눈으로 그 땅을 보라, 네가 이 요단을 건너지 못할것임이니라,

㉘ 너는 여호수아에게 명하고 그를 담대케 하며 그를 강역케하라, 그는 이 백성을 거느리고 건너가서 네가 볼 땅을 그들로 기업으로 얻게 하리라, 하셨느니라,

㉙ 그때에 우리가 벧브올 맞은편 골짜기에 거하였었느니라.

● 4장

① 이스라엘아 이제 내가 너희에게 가르치는 규례와 법도를 듣고 준행하라, 그리하면 너희가 살 것이요, 너희의 조상의 하나님 여호와께서 너희에게 주시는 땅에 들어가서 그것을 얻게 되리라,

② 내가 너희에게 명하는 말을 너희는 가감하지 말고 내가 너희에게 명하는 하나님의

명령을 지키라,

③ 여호와께서 바알브올의 일을 인하여 행하신 바를 너희가 목도하였거니와 바알브올을 쫓는 모든 사람을 너의 하나님 여호와께서 너의 진 중에서 진멸 하셨으되,

④ 오직 너희의 하나님 여호와께 붙어 떠나지 않은 너희는 오늘까지 다 생존하였느니라,

⑤ 내가 나의 하나님 여호와의 명하신대로 규례와 법도를 너희에게 가르쳤나니, 이는 너희가 들어가서 너희 소유로 얻을 땅에서 그대로 행하게 하려 함인즉,

⑥ 너희는 지켜 행하라, 그리함은 이교도들 앞에서 너희의 지혜요, 너희의 지식이라, 그들이 이 모든 규례를 듣고 이르기를, 이 큰 나라 사람은 과연 지혜와 지식이 있는 백성이로다, 하리라,

⑦ 이는 하나님 여호와께서 우리가 그분에게 기도하는 모든 일에서 가까이 계심과 같이 하나님께서 가까이 하시는 위대한 민족이 어디 있느냐?

⑧ 오늘 내가 너희에게 선포하는 이 율법과 같이 그 규례와 법도가 공의로운 큰 나라가 어디 있느냐?

⑨ 오직 너는 스스로 삼가며 네 마음을 힘써 지키라, 두렵건데 네가 목도한 일을 잊어버릴까, 하노라, 두렵건데, 네 생존하는 날 동안에 그 일들이 네 마음에서 떠날까 하노라, 너는 그 일들을 네 아들들과 네 손자들에게 알게 하라,

⑩ 네가 호렙산에서 네 하나님 여호와 앞에 섰던 날에 여호와께서 내게 이르시기를, 나를 위하여 백성을 모으라, 내가 그들에게 내 말을 들려서 그들로 세상에 사는 날 동안 나 경외함을 배우게 하며 그 자녀에게 가르치게 하려 하노라, 하시매,

⑪ 너희가 가까이 나아와서 산 아래 서니, 그 산에 불이 붙어 화염이 충천하고 유암과 구름과 흑암이 덮였는데,

⑫ 여호와께서 화염 중에서 너희에게 말씀하시되, 음성뿐이므로 너희가 그 말소리만 듣고 형상을 보지 못하였느니라,

⑬ 여호와께서 그 언약을 너희에게 반포하시고 너희로 지키라, 명하셨으니, 곧 십계명이며 두 돌판에 친히 쓰신 것이라,

⑭ 그 때에 여호와께서 내게 명하사, 너희에게 규례와 법도를 교훈하게 하셨나니, 이는 너희로 건너가서 얻을 땅에서 행하게 하심이니라,

⑮ 여호와께서 호렙산 화염 중에서 너희에게 말씀하시던 날에 너희가 아무 형상도 보지 못 하였은즉, 너희는 깊이 삼가라,

⑯ 두렵건데 스스로 부패하여 자기를 위하여 아무 형상대로든지 우상을 새겨 만들되 남자의 형상이라든지 여자의 형상이라든지,

⑰ 땅 위에 있는 아무 짐승의 형상이라든지 하늘에 나는 아무 새의 형상이라든지,

⑱ 땅 위에 기는 아무 곤충의 형상이라든지 땅 아래 물속에 있는 아무 어족의 형상이라든지 만들까 하노라,

⑲ 또 두렵건데, 네가 하늘을 향하여 눈을 들어 일월 성신 하늘 위의 군중 곧 너희 하나님 여호와께서 천하 만민을 분정하신 것을 보고 미혹하여 그것에 경배하며 섬길까 하노라,

⑳ 여호와께서 너희를 택하시고 너희를 쇠풀무 곧 에집트에서 인도하여 내사 자기 상속의 백성을 삼으신 것이 오늘과 같아도,

㉑ 여호와께서 너희로 인하여 내게 진노하사, 나로 요단을 건너지 못하며 네 하나님 여호와께서 네게 유업으로 주신 그 아름다운 땅에 들어가지 못하게 하리라고, 하셨은즉,

㉒ 나는 이 땅에서 죽고 요단을 건너지 못하려니와 너희는 건너가서 그 아름다운 땅을 얻으리니,

㉓ 너희는 스스로 삼가서 너희 하나님 여호와께서 너희와 세우신 언약을 잊어버려서 네 하나님 여호와께서 금하신 아무 형상의 우상이든지 조각하지 말라,

㉔ 네 하나님 여호와는 소멸하는 불이시요, 질투하시는 하나님이시니라,

㉕ 네가 그 땅에서 아들을 낳고 손자를 얻으며 오래 살 때에 만일 스스로 부패하여 무슨 형상의 우상이든지 조각하여 네 하나님 여호와 앞에 악을 행함으로 그의 노를 격발하면,

㉖ 내가 오늘날 천지를 불러 증거를 삼노니, 너희가 요단을 건너가서 얻는 땅에서 속히 망할 것이라, 너희가 거기서 너희 날이 길지 못하고 전멸될 것이니라,

㉗ 여호와께서 너희를 열국 중에 흩으실 것이요, 여호와께서 너희를 좇아 보내실 그 열국 중에 너희의 남은 수가 많지 못할 것이며,

㉘ 너희는 거기서 사람의 손으로 만드바 보지도 못하며 듣지도 못하며 먹지도 못하며 냄새도 맡지 못하는 목석의 신들을 섬기리라,

㉙ 그러나 네가 거기서 네 하나님 여호와를 찾게 되리니, 만일 마음을 다하고 성품을 다하여 그를 찾으면 만나리라,

㉚ 이 모든 일이 네게 임하여 환난을 당하다가 끝 날에 네가 네 하나님 여호와께로 돌

아와서 그 말씀을 청종하리니,

㉛ 네 하나님 여호와는 자비하신 하나님이심이라, 그가 너를 버리지 아니하시며 너를 멸하지 아니하시며 네 열조에게 맹세하신 언약을 잊지 아니하시리라,

㉜ 네가 있기 전 하나님이 사람을 세상에 창조하신 날부터 지금까지 지나간 날을 생각하여 보라, 하늘 이 끝에서 저 끝까지 이런 큰 일이 있었느냐? 이런 일을 들은 적이 있었느냐?

㉝ 어떤 국민이 불 가운데서 말씀하시는 하나님의 음성을 너처럼 듣고 생존하였었느냐?

㉞ 어떤 신이 와서 시험과 이적과 기사와 전쟁과 강한 손과 편 팔과 크게 두려운 일로 한 민족을 다른 민족에게서 인도하여 낸 일이 있느냐? 이는 다 너희 하나님 여호와께서 에집트에서 너희를 위하여 너희의 목전에서 행하신 일이라,

㉟ 이것을 네게 나타내심은 여호와는 하나님이시요, 그 외에는 다른 신이 없음을 네게 알게 하려 하심이니라,

㊱ 여호와께서 너를 교훈하시려고 하늘에서부터 그 음성을 너로 듣게 하시며 땅에서는 그 큰 불을 네게 보이시고 너로 불 가운데서 나오는 그 말씀을 듣게 하셨느니라,

㊲ 여호와께서 네 열조를 사랑하신고로 그 후손 너를 택하시고 큰 권능으로 친히 인도하여 에집트에서 나오게 하시며,

㊳ 너보다 강대한 민족들을 네 앞에서 쫓아내고 너를 그들의 땅으로 인도하여 들여서 그것을 너희 소유로 주려 하심이 오늘날과 같으니라,

㊴ 그런즉, 너는 오늘날 위로는 하늘과 아래로는 지구 위에 여호와는 하나님이시요, 다른 신이 없는 줄을 알아 명심하고,

㊵ 오늘 내가 네게 명하는 여호와의 규례와 명령을 지키라, 너와 네 후손이 복을 받아 네 하나님 여호와께서 네게 주시는 땅에서 한 없이 오래 살리라,

㊶ 때에 모세가 요단 이편 해 돋는 편에서 세 성읍을 구별하였으니,

㊷ 이는 과거에 원한이 없이 부지중에 살인한 자로 그곳으로 도피케 하기 위함이며 그 한 성읍으로 도피한 자로 그 생명을 보전케 하기 위함이라,

㊸ 하나는 광야 평원에 있는 베셀이라 르우벤 지파를 위한 것이요, 하나는 길르앗 라못이라 갓 지파를 위한 것이요, 하나는 바산 골란이라 므낫세 지파를 위한 것이었더라,

㊽ 모세가 이스라엘 자손에게 선포한 율법이 이러하니라,

㊺ 이스라엘 자손이 에집트에서 나온 후에 증거하신 것과 규례와 법도를 모세가 선포하였으니,

㊻ 요단 동편 벳브올 맞은편 골짜기에서라 이 땅은 헤스본에 거하는 아모리 족속의 왕 시혼에게 속하였더니 모세와 이스라엘 자손이 에집트에서 나온 후에 그를 쳐서 멸하고,

㊼ 그 땅을 소유로 얻었고 또 바산 왕 옥의 땅을 얻었으니, 그 두 사람은 아모리 족속의 왕으로서 요단 이편 해 돋는 편에 거하였었으며,

㊽ 그 얻은 땅은 아르논 골짜기 가의 아로엘에서부터 시온산 곧 헤르몬산까지요,

㊾ 요단 이편 곧 그 동편 온 아라바니 비스가산록 아래 아라바의 바다까지니라.

● 5장

① 모세가 온 이스라엘을 불러 그들에게 이르되, 이스라엘아, 오늘 내가 너희 귀에 말하는 규례와 법도를 듣고 그것을 배우며 지켜 행하라,

② 우리 하나님 여호와께서 호렙산에서 우리와 언약을 세우셨나니,

③ 이 언약은 여호와께서 우리 조상과 세우신 것이 아니요, 오늘날 여기 살아있는 우리, 곧 우리와 세우신 것이라,

④ 여호와께서 산 위 불 가운데에서 너희와 대면하여 말씀하시매,

⑤ 그 때에 너희가 불을 두려워하여 산에 오르지 못하므로, 내가 여호와와 너희 중간에 서서 여호와의 말씀을 너희에게 전하노라, 여호와께서 가라사대,

⑥ 나는 너희를 에집트 땅에서 종 되었던 집에서 인도하여 낸 너희 하나님 여호와라,

⑦ 나 외에는 위하는 신들을 네게 있게 말지니라,

⑧ 너는 자기를 위하여 새긴 우상을 만들지 말고 위로 하늘에 있는 것이나 아래로 땅에 있는 것이나 땅 밑 물속에 있는 것이나 아무 형상이든지 만들지 말며,

⑨ 그것들에게 절하지 말며 그것들을 섬기지 말라, 나 여호와 너의 하나님은 질투하는 하나님인즉, 나를 미워하는 자의 죄를 갚되, 아비로부터 아들에게로 삼 사대까지 이르게 하거니와,

⑩ 나를 사랑하고 내 계명을 지키는 자에게는 천대까지 은혜를 베푸느니라,

⑪ 너희는 너의 하나님 여호와의 이름을 망령되이 일컫지 말라, 나 여호와는 나의 이름을 망령되이 일컫는 자를 죄 없는 줄로 인정치 아니하리라,

⑫ 여호와 너의 하나님이 네게 명한대로 안식일을 지켜 거룩하게 하라,

⑬ 엿새 동안은 힘써 네 모든 일을 행할 것이나,

⑭ 제 칠일은 너의 하나님 여호와의 안식일 인즉, 너나 네 아들이나 네 딸이나 네 남종이나 네 여종이나 네 소나 네 나귀나 네 모든 육축이나 네 문 안에 유하는 객이라도 아무 일도 하지 말고 네 남종이나 네 여종이나 너 같이 쉬게 할지니라,

⑮ 너는 기억하라, 네가 에집트 땅에서 종이 되었더니, 너의 하나님 여호와가 강한 손과 편팔로 너를 거기서 인도하여 내었나니, 그러므로 너의 하나님 여호와가 너를 명하여 안식일을 지키라, 하느니라,

⑯ 너는 너의 하나님 여호와의 명한대로 네 부모를 공경하라, 그리하면 너의 하나님 여호와가 네게 준 땅에서 네가 생명이 길고 복을 누리리라,

⑰ 살인하지 말지니라,

⑱ 간음하지도 말지니라,

⑲ 도적질 하지도 말지니라,

⑳ 네 이웃에 대하여 거짓 증거하지도 말지니라,

㉑ 네 이웃의 아내도 탐내지 말지니라, 네 이웃의 집이나 그의 밭이나 그의 남종이나 그의 여종이나 그의 소나 그의 나귀나 무릇 네 이웃의 소유를 탐내지도 말지니라,

㉒ 여호와께서 이 모든 말씀을 산 위 불 가운데 구름 가운데 흑암 가운데에서 큰 음성으로 너희 총회에 이르신 후에 더 말씀하시지 아니하시고 그것을 두 돌판에 써서 내게 주셨느니라,

㉓ 산이 불에 타며 캄캄한 가운데에서 나오는 그 소리를 너희가 듣고, 너희 지파의 두령과 장로들이 내게 나아와,

㉔ 너희가 말하기를, 우리 하나님 여호와께서 그 영광과 위엄을 우리에게 보이시매, 불 가운데서 나오는 음성을 우리가 들었고, 하나님이 사람과 말씀하시되 그 사람이 생존하는 것을 오늘날 우리가 보았나이다.

㉕ 이제 우리가 죽을 까닭이 무엇이니이까? 이 큰 불이 우리를 삼킬 것이요, 우리가 우리 하나님 여호와의 음성을 다시 들으면 죽을 것이라,

㉖ 무릇 육신을 가진 자가 우리처럼 사시는 하나님의 음성이 불 가운데서 발함을 듣고 생존한 자가 누구이니까?

㉗ 당신은 가까이 나아가서, 우리 하나님 여호와의 하시는 말씀을 다 듣고, 우리 하나님 여호와의 당신에게 이르시는 것을 다 우리에게 전하소서, 우리가 듣고 행하겠

나이다, 하였느니라,

㉘ 여호와께서 너희가 내게 말할 때에 너희는 말하는 소리를 들으신지라, 여호와께서 내게 이르시되, 이 백성이 네게 말하는 그 말소리를 내가 들은즉, 그 말이 옳도다,

㉙ 다만 그들이 항상 이 같은 마음을 품어 나를 경외하며 나의 모든 명령을 지켜서 그들과 그 자손이 영원히 복 받기를 원하노라,

㉚ 가서 그들에게 각기 장막으로 돌아가라 이르고,

㉛ 너는 여기 내 곁에 섰으라, 내가 모든 명령과 규례와 법도를 네게 이르리니, 너는 그것을 그들에게 가르쳐서 내가 그들에게 유업으로 주는 땅에서 이를 행하게 하라, 하셨나니,

㉜ 그런즉, 너희 하나님 여호와께서 너희에게 명령하신대로 너희는 삼가 행하여 좌로나 우로나 치우치지 말고,

㉝ 너희 하나님 여호와께서 너희에게 명하신 모든 도를 행하라, 그리하면 너희가 삶을 얻고 복을 얻어서 너희의 얻은 땅에서 너희의 날이 장구하리라.

● 6장

① 이는 곧 너희 하나님 여호와께서 너희에게 가르치라, 명하신바, 명령과 규례와 법도라, 너희가 건너가서 얻을 땅에서 행할 것이니라,

② 곧 너와 네 아들과 네 손자로 평생에 네 하나님 여호와를 경외하며, 내가 너희에게 명한 모든 규례와 명령을 지키게 하기 위한 것이라,

③ 이스라엘아 듣고 삼가 그것을 행하라, 그리하면 네가 복을 얻고 네 조상들의 하나님 여호와께서 네게 허락하심 같이 젖과 꿀이 흐르는 땅에서 너의 수효가 심히 번성하리라,

④ 이스라엘아 들으라, 우리 하나님 여호와는 오직 한 분이신 여호와시니,

⑤ 너는 마음을 다하고 성품을 다하고 힘을 다하여 네 하나님 여호와를 사랑할지니라,

⑥ 오늘 내가 네게 명하는 이 계명을 듣고 너는 마음에 새기고,

⑦ 네 자녀에게 집에 앉았을 때에든지 길에 행할 때에든지 누웠을 때에든지 일어날 때에든지 이 계명을 말하여 그들의 마음에 새기도록 할 것이며,

⑧ 너는 또 그것을 네 손목에 매어 기호를 삼으며 네 미간에 붙여 표를 삼고,

⑨ 또 네 집 문틀들과 바깥 문에 써 놓을지니라,

⑩ 네 하나님 여호와께서 네 조상들, 아브라함과 이삭과 야곱을 향하여 네게 주리라, 맹세하신 땅으로 너로 들어가게 하시고, 네가 건축하지 아니한 크고 아름다운 성읍을 얻게 하시며,

⑪ 네가 채우지 아니한 아름다운 물건이 가득한 집을 얻게 하시며, 네가 파지 아니한 우물을 얻게 하시며, 네가 심지 아니한 포도원과 감람 나무를 얻게 하사 너로 배불리 먹게 하실 때에,

⑫ 너는 조심하여 너를 에집트 땅 종 되었던 집에서 인도하여 내신 여호와를 잊지 말고,

⑬ 네 하나님 여호와를 경외하며 섬기며 그 이름으로 맹세할 것이니라,

⑭ 너희는 다른 신들 곧 네 사면에 있는 백성의 신들을 좇지 말라,

⑮ 너희 중에 계신 너희 하나님 여호와는 질투하시는 하나님이신즉, 너희 하나님 여호와께서 네게 진노하사, 너를 지면에서 멸절시킬까 두려워하노라,

⑯ 너희가 맛사에서 시험한 것 같이 너희의 하나님 여호와를 시험하지 말고,

⑰ 너희의 하나님 여호와께서 너희에게 명하신 명령과 증거하신 것과 규례를 삼가 지키며,

⑱ 너는 주님 목전에 옳고 선한 일을 행할지니, 그리하면 네가 잘되고 주님께서 네 조상들에게 맹세하신 그 좋은 땅으로 네가 들어가서 그것을 소유할 것이며,

⑲ 주님께서 말씀하신대로 네 앞에서 네 모든 원수들을 좇아 내실 것이라,

⑳ 후일에 네 아들이 네게 묻기를 우리 하나님 여호와의 명하신 증거와 말씀과 규례와 법도가 무슨 뜻이뇨? 하거든,

㉑ 너는 네 아들에게 이르기를, 우리가 옛적에 에집트에서 파라오(에집트 황제)의 종이 되었더니, 여호와께서 권능의 손으로 우리를 에집트에서 인도하여 내셨나니,

㉒ 곧 여호와께서 우리의 목전에서 크고 두려운 이적과 기사를 에집트와 파라오와 그 온 집에 베푸시고,

㉓ 우리 조상에게 맹세하신 땅으로 우리에게 주어 들어가게 하시려고 우리를 거기서 인도하여 내시고,

㉔ 여호와께서 우리에게 이 모든 규례를 지키라 명하셨으니, 이는 우리로 우리 하나님 여호와를 경외하며 항상 복을 누리게 하기 위하심이며, 또 여호와께서 우리로 오늘날과 같이 생활하게 하려 하심이라,

㉕ 우리가 그 명하신대로 이 모든 명령을 우리 하나님 여호와 앞에서 삼가 지키면 그

것이 곧 우리의 의(righteousness)가 될지니라.

● 7장

① 네 하나님 여호와께서 너를 인도하사, 네가 가서 얻을 땅으로 들이시고, 네 앞에서 여러 민족 헷 족속과 기르가스 족속과 아모리 족속과 가나안 족속과 브리스 족속과 히위 족속과 여부스 족속 곧 너보다 많고 힘이 있는 일곱 족속을 쫓아내실 때에,

② 네 하나님 여호와께서 그들을 네게 붙여 너로 치게 하시리니, 그 때에 너는 그들을 진멸할 것이라, 그들과 무슨 언약도 말 것이요,

③ 또 그들과 혼인하지 말지니, 네 딸을 그 아들에게 주지 말 것이요, 그 딸로 네 며느리를 삼지 말 것은,

④ 그가 네 아들을 유혹하여 그로 여호와를 버리고 다른 신들을 섬기게 하므로 여호와께서 너희에게 진노하사, 갑자기 너희를 멸하실 것임이니라,

⑤ 오직 너희가 그들에게 행할 것은 이러하니, 그들의 단을 헐며 주상을 깨뜨리며 아세라 목상을 찍으며 조각한 우상들을 불사를 것이니라,

⑥ 너는 여호와 네 하나님의 성민이라 네 하나님 여호와께서 지상 만민 중에서 너를 자기 유업의 백성으로 택하셨나니,

⑦ 여호와께서 너희를 기뻐하시고, 너희를 택하심은 너희가 다른 민족보다 수효가 많은 연고가 아니니라(너희는 모든 민족 중에 가장 적기 때문이니라)

⑧ 여호와께서 다만 너희를 사랑하심을 인하여 또는 너희 조상에게 하신 맹세를 지키려 하심을 인하여 자기의 권능의 손으로 너희를 인도하여 내시되, 너희를 그 종 되었던 에집트 왕 파라오의 손에서 구속하셨나니,

⑨ 그런즉 너는 알라, 여호와는 너의 하나님이시고 참 하나님이시요, 신실하신 하나님이시라, 그를 사랑하고 그 계명을 지키는 자에게는 천대까지 그 언약을 이행하시며 인애를 베푸시되,

⑩ 그를 미워하는 자에게는 당장에 보응하여 멸하시나니, 여호와는 자기를 미워하는 자에게 지체하지 아니하시고 당장에 그에게 보응하시느니라,

⑪ 그런즉 너는 오늘날 내가 네게 명하는 명령과 규례와 법도를 지켜 행할지니라,

⑫ 너희가 이 모든 법도를 듣고 지켜 행하면 네 하나님 여호와께서 네 열조에게 맹세하신 언약을 지켜 네게 인애를 베푸실 것이라,

⑬ 곧 너를 사랑하시고 복을 주사 너로 번성케 하시되 네게 주리라고 네 조상에게 맹세하신 땅에서 네 소생에게 은혜를 베푸시며 네 토지 소산과 곡식과 포도주와 기름을 풍성케 하시고 네 소와 양을 번식케 하시리니,

⑭ 네가 복을 만민 보다 더 받을 것이라, 너희 중의 남녀와 너희 짐승의 암수에 생육하지 못함이 없을 것이며,

⑮ 여호와께서 또 모든 질병을 네게서 멀리하사, 너희가 아는바 그 에집트의 악질이 네게 임하지 않게 하시고, 너를 미워하는 모든 자에게 임하게 하실 것이라,

⑯ 네 하나님 여호와께서 네게 붙이신 모든 민족을 네 눈이 긍휼히 보지 말고 진멸하고 그 신을 섬기지 말라, 그것이 네게 올무가 되리라,

⑰ 네가 혹시 심중에 이르기를 이 민족들이 나보다 많으니 내가 어찌 그를 쫓아 낼 수 있으리요 하리라마는,

⑱ 그들을 두려워 말고 네 하나님 여호와께서 파라오와 온 에집트에 행하신 것을 잘 기억하되,

⑲ 네 하나님 여호와께서 너를 인도하여 내실 때에 네가 목도한 큰 시험과 이적과 기사와 강한 손과 편 팔을 기억하라, 그와 같이 네 하나님 여호와께서 네가 두려워하는 모든 민족에게 행하실 것이요,

⑳ 네 하나님 여호와께서 또 왕벌을 그들 중에 보내어 그들의 남은 자와 너를 피하여 숨은 자를 멸하시리니,

㉑ 너는 그들을 두려워 말라, 너희 하나님 여호와 곧 크고 두려운 하나님이 너희 중에 계심이니라,

㉒ 네 하나님 여호와께서 이 민족들을 네 앞에서 점점 쫓아 내시리니, 너는 그들을 급히 멸하지 말라, 두렵건데 들짐승이 번성하여 너를 해할까 하노라,

㉓ 네 하나님 여호와께서 그들을 네게 붙이시고, 그들을 크게 요란케 하여 필경은 진멸하시고,

㉔ 그들의 왕들을 네 손에 붙이시리니, 너는 그 이름을 천하에서 제하여 버리라, 너를 당할 자가 없이 네가 필경은 그들을 진멸하리라,

㉕ 너는 그들의 조각한 신상들을 불사르고 그것에 입힌 은이나 금을 탐내지 말며 취하지 말라, 두렵건대, 네가 그것으로 인하여 올무에 들까 하노니 이는 네 하나님 여호와의 가증히 여기시는 것임이니라,

㉖ 너는 가증한 것을 네 집에 들이지 말라, 너도 그와 같이 진멸 당할 것이 될까 하노

라, 너는 그것을 극히 꺼리며 심히 미워하라, 그것은 진멸당할 것임이니라.

● 8장

① 내가 오늘날 명하는 모든 명령을 너희는 지켜 행하라, 그리하면 너희가 살고 번성하고 여호와께서 너희의 조상에게 맹세하신 땅에 들어가서 그것을 얻으리라,

② 네 하나님 여호와께서 이 사십년 동안에 너로 광야의 길을 걷게 하신 것을 기억하라, 이는 너를 낮추시며 너를 시험하사 네 마음이 어떠한지 그 명령을 지키는지 아니 지키는지 알려하심이라,

③ 너를 낮추시며 너로 주리게 하시며 또 너도 알지 못하며 네 열조도 알지 못하던 만나를 네게 먹이신 것은 사람이 떡으로만 사는 것이 아니요, 여호와의 입에서 나오는 모든 말씀으로 사는 줄을 너로 알게하려 하심이니라,

④ 이 사십년 동안에 네 의복이 헤어지지 아니하였고 네 발이 부르트지 아니하였느니라,

⑤ 너는 사람이 그 아들을 징계함 같이 네 하나님 여호와께서 너를 징계하시는줄 마음에 생각하고,

⑥ 네 하나님 여호와의 명령을 지켜 그 도를 행하며 그를 경외할지니라,

⑦ 네 하나님 여호와께서 너로 아름다운 땅에 이르게 하시나니, 그곳은 골짜기에든지 산지에든지 시내와 분천과 샘이 흐르고,

⑧ 밀과 보리의 소산지요, 포도와 무화과와 석류와 감람들의 나무와 꿀의 소산지라,

⑨ 너의 먹는 식물의 결핍함이 없고 네게 아무 부족함이 없는 땅이며 그 땅의 돌들은 철이요, 산에서는 동을 캘 것이라,

⑩ 네가 먹어서 배불리고 네 하나님 여호와께서 옥토로 네게 주셨음을 인하여 그를 찬송하리라,

⑪ 내가 오늘날 네게 명하는 여호와의 명령과 규례와 법도를 지키지 아니하고 네 하나님 여호와를 잊어버리게 되지 않도록 삼갈지어다,

⑫ 네가 먹어서 배불리고 아름다운 집을 짓고 거하게 되며,

⑬ 또 네 우양이 번성하며 네 은금이 증식되며 네 소유가 다 풍부하게 될 때에,

⑭ 두렵건대, 네 마음이 교만하여 네 하나님 여호와를 잊어버릴까 하노라, 여호와는 너를 에짚트 땅 종되었던 집에서 이끌어 내시고,

⑮ 너를 인도하여 그 광대하고 위험한 광야 곧 불뱀과 전갈이 있고 물이 없는 건조한

땅을 지나게 하셨으며, 또 너를 위하여 물을 굳은 반석에서 내셨으며,

⑯ 네 조상들도 알지 못하던 만나를 광야에서 네게 먹이셨나니, 이는 다 너를 낮추시며 너를 시험하사 마침내 네게 복을 주려 하심이었느니라,

⑰ 또 두렵건대 네가 마음에 이르기를, 내 능과 내 손의 힘으로 내가 이 재물을 얻었다 할까, 하노라,

⑱ 네 하나님 여호와를 기억하라, 그가 네게 재물 얻을 능을 주셨음이라, 이같이 하심은 네 조상에게 맹세하신 언약을 오늘과 같이 이루려 하심이니라,

⑲ 네가 만일 네 하나님 여호와를 잊어버리고 다른 신들을 쫓아 그들을 섬기며 그들에게 절하면 내가 너희에게 증거하노니 너희가 정녕히 멸망할 것이라,

⑳ 여호와께서 너희의 앞에서 멸망시킨 민족들 같이 너희도 멸망하리니, 이는 너희가 너희 하나님 여호와의 소리를 청종치 아니함이니라.

● 9장

① 이스라엘아 들으라, 네가 오늘 요단을 건너 너보다 강대한 나라들로 들어가서 그것을 얻으리니, 그 성읍들은 크고 성벽은 하늘에 닿았으며,

② 그 백성은 내가 아는바 장대한 아낙 자손이라, 그에게 대한 말을 네가 들었나니, 누가 아낙 자손을 능히 당하리요? 하거니와,

③ 오늘날 너는 알라, 너희 하나님 여호와께서 맹렬한 불과 같이 네 앞에 나아가신즉, 여호와께서 그들을 파하사 네 앞에 엎드러지게 하시리니, 여호와께서 네게 말씀하신 것 같이 너는 그들을 쫓아내며 속히 멸할 것이라,

④ 네 하나님 여호와께서 그들을 네 앞에서 쫓아내신 후에 네가 심중에 이르기를, 나의 의로움을 인하여 여호와께서 나를 이 땅으로 인도하여 들여서 그것을 얻게 하셨다 하지 말라, 실상은 이 민족들이 악함을 인하여 여호와께서 그들을 네 앞에서 쫓아내심이라,

⑤ 네가 가서 그 땅을 얻음은 네의 의로움을 인함도 아니며, 네 마음이 정직함도 아니며, 이 민족들의 악함을 인하여 네 하나님 여호와께서 그들의 네 앞에서 쫓아내심이라, 여호와께서 이같이 하심은 네 조상 아브라함과 이삭과 야곱에게 하신 맹세를 이루려 하심이니라,

⑥ 그러므로 네가 알 것은 네 하나님 여호와께서 네게 이 아름다운 땅을 기업으로 주신 것이 네 의로움을 인함이 아니니라, 너는 목이 곧은 백성이니라,

⑦ 너는 광야에서 너희 하나님 여호와를 격노케 하던 일을 잊지말고 기억하라, 네가 에집트 땅에서 나오던 날부터 이곳에 이르기까지 늘 여호와를 거역하였으되,

⑧ 호렙산에서 너희가 여호와를 격노케 하였으므로 여호와께서 진노하사, 너희를 멸하려 하셨느니라,

⑨ 그 때에 내가 돌판들 곧 여호와께서 너희와 세우신 언약의 돌판을 받으려고 산에 올라가서 사십 주야를 산에 거하며 떡도 먹지 아니하고 물도 마시지 아니하였으며,

⑩ 여호와께서 두 돌판을 내게 주셨으니, 그 판의 글은 하나님이 친수로 기록하신 것이요, 너희 총회 날에 여호와께서 산 상 불 가운데서 너희에게 이르신 모든 말씀이니라,

⑪ 사십 주야가 지난 후에 여호와께서 내게 돌판 곧 언약의 두 돌판을 주시고,

⑫ 내게 이르시되, 일어나 여기서 속히 내려가라, 네가 에집트에서 인도하여 낸 내 백성이 스스로 부패하여 내가 그들에게 명한 도를 속히 떠나 그들자신들을 위하여 우상을 부어 만들었느니라,

⑬ 여호와께서 또 내게 일러 가라사대, 내가 이 백성을 보았느니라, 이 백성은 목이 곧은 백성이니라,

⑭ 나를 막지 말라, 내가 그들을 멸하여 그 이름을 천하에서 도말하고 너로 그들보다 강대한 나라가 되게 하리라, 하시기로,

⑮ 내가 돌이켜 산에서 내려오늘데 산에는 불이 붙었고 언약의 두 돌판은 내 손에 있었느니라,

⑯ 내가 본즉 너희가 너희 하나님께 범죄하여 자기를 위하여 송아지를 부어 만들어서 급속히 여호와의 명하신 도를 떠났기로,

⑰ 내가 그 두 돌판을 내 두손에서 들어 던져 너희의 목전에서 깨뜨렸었너라,

⑱ 그리고 내가 전과 같이 사십 주야를 여호와 앞에 엎드려서 떡도 먹지 아니하고 물도 마시지 아니하였으니, 이는 너희가 여호와의 목전에 악을 행하여 그를 격노케 하여 크게 죄를 얻었음이라,

⑲ 여호와께서 심히 분노하여 너희를 멸하려 하셨으므로 내가 두려워 하였었노라, 그러나 여호와께서 그 때에도 내 말을 들으셨고,

⑳ 여호와께서 또 아론에게 진노하사, 그를 멸하려 하셨으므로 내가 그 때에도 아론을 위하여 기도하고,

㉑ 너희의 죄 곧 너희의 만든 송아지를 취하여 불살라 찧고 티끌 같이 가늘게 갈아 그 가루를 산에서 흘러내리는 시내에 뿌렸었느니라,

㉒ 너희가 다베라와 맛사와 기브롯 핫다아와에서도 여호와를 격노케 하였느니라,

㉓ 여호와께서 너희를 가데스 바네아에서 떠나게 하실 때에 이르시기를, 너희는 올라가서 내가 너희에게 준 땅을 얻으라, 하시되, 너희가 너희 하나님 여호와의 명령을 거역하고 믿지 아니하여 그 말씀을 듣지 아니하였나니,

㉔ 내가 너희를 알던 날부터 오므로 너희가 항상 여호와를 거역하였느니라,

㉕ 그 때에 여호와께서 너희를 멸하겠다 하셨으므로 내가 여전히 사십 주야를 여호와 앞에 엎드리고,

㉖ 여호와께 간구하여 가로되, 주 여호와여 주께서 큰 위엄으로 속하시고 강한 손으로 에집트에서 인도하여 내신 주의 백성 곧 주의 유업을 멸하지 마옵소서,

㉗ 주의 종 아브라함과 이삭과 야곱을 생각하사, 이 백성의 강퍅과 악과 죄를 보지 마옵소서,

㉘ 주께서 우리를 인도하여 내신 그 땅 백성이 말하기를, 여호와께서 그들에게 허락하신 땅으로 그들을 인도하여 들일 능력도 없고 그들을 미워도 하사 황야에서 죽이려고 인도하여 내셨다, 할까 두려워하나이다,

㉙ 그들은 주의 큰 능력과 펴신 팔로 인도하여 내신 주의 백성 곧 주의 유업이로소이다, 하였었노라.

● 10장

① 그 때에 여호와께서 내게 이르시기를, 너는 처음과 같은 두 돌판을 다듬어 가지고 산에 올라 내게로 나아오고 또 나무궤 하나를 만들라,

② 네가 깨뜨린 처음 판에 쓴 말을 내가 그 판에 쓰리니, 너는 그것을 그 궤에 넣으라, 하시기로,

③ 내가 싯딤 나무로 궤를 만들고 처음것과 같은 돌판 둘을 다듬어 손에 들고 산에 오르매,

④ 여호와께서 그 총회날에 산 위 불 가운데서 너희에게 이르신 십계명을 처음과 같이 그 판에 쓰시고, 그것을 내게 주시기로,

⑤ 내가 돌이켜 산에서 내려와서 여호와께서 내게 명하신대로 그 판을 내가 만든 궤에 넣었더니 지금까지 있느니라,

⑥ 이스라엘 자손이 브에롯 브네야간에서 출발하여 모세라에 이르러서는 아론이 거기서 죽고 거기서 장사되었고 그 아들 엘르아살이 그를 이어 제사장의 직임을 행하였으며,

⑦ 또 거기서 발행하여 굿고다에 이르고 굿고다에서 발행하여 욧바다에 이른즉 그 땅에는 시내가 많았었으며,

⑧ 그 때에 여호와께서 레위 지파를 구별하여 여호와의 언약 궤를 메이며 여호와 앞에 서서 그를 섬기며 또 여호와의 이름으로 축복하게 하셨고 그 일은 오늘날까지 이르느니라,

⑨ 그러므로 레위는 그 형제 중에 몫이 없으며 유업이 없고 네 하나님 여호와께서 그에게 말씀하심 같이 여호와가 그의 유업이시니라,

⑩ 내가 처음과 같이 사십 주야를 산에 유하였고, 그 때에도 여호와께서 내 말을 들으사, 너를 참아 멸하지 아니하시고,

⑪ 여호와께서 내게 이르시되, 일어나서 백성을 앞서 인도하라, 내가 그들에게 주리라고 그 선조에게 맹세한 땅에 그들이 들어가서 그것을 얻으리라, 하셨느니라,

⑫ 이스라엘아 네 하나님 여호와께서 네게 요구하시는 것이 무엇이냐? 곧 네 하나님 여호와를 경외하여 그 모든 도를 행하고 그를 사랑하며 마음을 다하고 성품을 다하여 네 하나님 여호와를 섬기고,

⑬ 내가 오늘날 네 행복을 위하여 네게 명하는 여호와의 명령과 규례를 지킬 것이 아니냐

⑭ 하늘과 모든 하늘의 하늘과 땅과 그 위의 만물은 본래 네 하나님 여호와께 속한 것이로되,

⑮ 여호와께서 오직 네 열조를 기뻐하시고 그들을 사랑하사, 그 후손 너희를 만민 중에서 택하셨음이 오늘날과 같으니라,

⑯ 그러므로 너희는 마음에 할례를 행하고 다시는 목을 곧게 하지 말라,

⑰ 이는 너희 하나님 여호와는 신들의 신이시며, 주의 주시요, 크고 능하시며 두려운 신 하나님이시라, 사람을 외모로 보지 아니하시며 뇌물을 받지 아니하시고,

⑱ 고아와 과부를 위하여 신원하시며 나그네를 사랑하사, 그에게 양식과 의복을 주시나니,

⑲ 너희는 나그네를 사랑하라, 너희도 에집트 땅에서 나그네 되었었음이니라,

⑳ 네 하나님 여호와를 경외하여 그를 섬기며 그에게 친근히 하고 그 이름으로 맹세

하라,

㉑ 그는 네 찬송이시요, 네 하나님이라 네가 목도한바 이같이 크고 두려운 일을 너를 위하여 행하셨느니라,

㉒ 에집트에 내려간 네 조상들이 겨우 칠십인이었으나, 이제는 네 하나님 여호와께서 너를 하늘의 별 같이 많게 하셨느니라.

● 11장

① 그런즉 하나님 여호와를 사랑하여 그 직임과 법도와 규례와 명령을 항상 지키라,

② 너희의 자녀는 알지도 못하고 보지도 못하였으나, 너희가 오늘날 기억할 것은 너희 하나님 여호와의 징계와 그 위엄과 그 강한 손과 펴신 팔과,

③ 에집트의 왕 파라오와 그 전국에 행하신 이적과 기사와,

④ 또 여호와께서 에집트 군대와 그 말과 그 병거에 행하신 일, 곧, 그들이 너희를 따를 때에 홍해 물로 그들을 덮어 멸하사, 오늘까지 이른 것과,

⑤ 또 너희가 이곳에 이르기까지 황야에서 너희에게 행하신 일과,

⑥ 르우벤 자손 엘리압의 아들 다단과 아비람에게 하신 일, 곧, 온 이스라엘의 한 가운데서 땅으로 입을 열어서 그들과 그 가족과 그 장막과 그를 따르는 모든 생물을 삼키게 하신 일이라,

⑦ 너희가 여호와의 행하신 이 모든 큰 일을 목도하였느니라,

⑧ 그러므로 너희는 내가 오늘날 너희에게 명하는 모든 명령을 지키라, 그리하면 너희가 강성할 것이요, 너희가 건너가서 얻을 땅에 들어가서 그것을 얻을 것이며,

⑨ 또 여호와께서 너희의 조상에게 맹세하사 그와 그 후손에게 주리라고 하신 땅, 곧, 젖과 꿀이 흐르는 땅에서 너희의 날이 장구하리라,

⑩ 네가 들어가 얻으려 하는 땅은 네가 나온 에집트 땅과 같지 아니하니, 거기서는 너희가 파종한 후에 발로 물대기를 채소밭에 댐과 같이 하였거니와,

⑪ 너희가 건너가서 얻을 땅은 산과 골짜기가 있어서 하늘에서 내리는 비를 흡수하는 땅이요,

⑫ 네 하나님 여호와께서 권고하시는 땅이라, 세초부터 세말까지 네 하나님 여호와의 눈이 항상 그 위에 있느니라,

⑬ 내가 오늘날 너희에게 명하는 나의 명령을 너희가 만일 청종하고 너희의 하나님 여호와를 사랑하여 마음을 다하고 성품을 다하여 섬기면,

⑭ 여호와께서 너희 땅에 이른비 늦은비를 적당한 때에 내리시리니, 너희가 곡식과 포도주와 기름을 얻을 것이요,

⑮ 또 육축을 위하여 들에 풀이 나게 하시리니, 네가 먹고 배부를 것이라,

⑯ 너희는 스스로 삼가라, 두렵건대 너희가 유혹되어 돌이켜 다른 신들을 섬기며 그 것들에게 절하므로,

⑰ 여호와께서 너희에게 진노하사, 하늘을 닫아 비를 내리지 아니하여 땅으로 소산을 내지 않게 하시므로 너희가 여호와의 주신 아름다운 땅에서 속히 멸망할까, 하노 라,

⑱ 이러므로 너희는 나의 이 말을 너희 마음과 뜻에 두고 또 그것으로 너희 손목에 매 어 기호를 삼고 너희 미간에 붙여 표를 삼으며,

⑲ 또 그것을 너희 자녀에게 가르치며 집에 앉았을 때에든지 누웠을 때에든지 일어날 때에든지 이 말씀을 강론하고,

⑳ 또 네 집 문설주와 바깥 문에 기록하라,

㉑ 그리하면 여호와께서 너희 선조들에게 주리라고 맹세하신 땅에서 너희의 날과 너 희 자녀의 날이 많아서 하늘이 땅을 덮는 날의 장구함 같으리라,

㉒ 너희가 만일 내가 너희에게 명하는 이 모든 명령을 잘 지켜 행하여 너의 하나님 여 호와를 사랑하고 그 모든 도를 행하여 그에게 부종하면,

㉓ 여호와께서 그 모든 나라 백성을 너희 앞에서 다 쫓아 내실 것이라, 너희가 너희 보 다 강대한 나라를 얻을 것인즉,

㉔ 너희의 발바닥으로 밟는 곳은 다 너희의 소유가 되리니, 너희의 경계는 곧 사막으 로부터 레바논까지와 유브라데스 강으로부터 서쪽 바다까지라,

㉕ 너희 하나님 여호와께서 너희에게 말씀하신대로 너희 밟는 모든 땅 사람들로 너희 를 두려워하고 무서워하게 하시리니, 너희를 능히 당할 사람이 없으리라,

㉖ 내가 오늘날 복과 저주를 너희 앞에 두나니,

㉗ 너희가 만일 내가 오늘날 너희에게 명하는 너희 하나님 여호와의 명령을 들으면 복이 될 것이라,

㉘ 너희가 만일 내가 오늘날 너희에게 명하는 도에서 돌이켜 떠나, 너희 하나님 여호 와의 명령을 듣지 아니하고, 본래 알지 못하던 다른 신들을 좇으면 저주를 받으리 라,

㉙ 네 하나님 여호와께서 네가 가서 얻을 땅으로 너를 인도하여 들이실 때에 너는 그

리심산에서 축복을 선포하고 에발산에서 저주를 선포하라,

㉚ 이 두 산은 요단강 저편 곧 해지는 편으로 가는 길 뒤 길갈 맞은편 모레 상수리나무 곁의 아라바에 거하는 가나안 족속의 땅에 있지 아니하냐?

㉛ 너희가 요단을 건너 너희 하나님 여호와께서 너희에게 주시는 땅에 들어가서 얻으려 하나니, 반드시 그것을 얻어 거기 거할지라,

㉜ 내가 오늘날 너희 앞에 베푸는 모든 규례와 법도를 너희는 지켜 행할지니라.

● 12장

① 네 조상들의 하나님 여호와께서 네게 주셔서 얻게 하신 땅에서 너희가 평생에 지켜 행할 규례와 법도는 이러하니라,

② 너희가 쫓아 낼 민족들이 그 신들을 섬기는 곳은 높은 산이든지 푸른 나무 아래든지 무론하고 그 모든 것을 너희가 마땅히 파멸하며,

③ 그 단을 헐며 주상을 깨뜨리며 아세라 상을 불사르고 또 그 조각한 신상들을 찍어서 그 이름을 그곳에서 멸하라,

④ 너희 하나님 여호와께는 너희가 그처럼 행하지 말고,

⑤ 오직 너희 하나님 여호와께서 자기 이름을 두시려고 너희 모든 지파 중에서 택하신 곳인 그 거하실 곳으로 찾아 나아가서,

⑥ 너희 태우는제사와 너희 희생제물과 너희의 십일조와 너희 손의 특별헌물과 너희가 서원한 것들과 너희의 자유로운 예물과 너희 우양의 처음 낳은 것들을 그리로 가져다가 드리고,

⑦ 거기 곧 너희 하나님 여호와 앞에서 먹고 너희 하나님 여호와께서 너희 손으로 수고한 일에 복 주심을 인하여 너희와 너희 가족이 즐거워할지니라,

⑧ 우리가 오늘날 여기서는 각기 소견대로 하였거니와 너희가 거기서는 하지 말지니라,

⑨ 너희가 너희 하나님 여호와의 주시는 안식과 유업에 아직은 이르지 못하였거니와

⑩ 너희가 요단을 건너 너희 하나님 여호와께서 너희에게 기업으로 주시는 땅에 거하게 될 때, 또는 여호와께서 너희로 너희의 모든 사방의 대적을 이기게 하시고 너희에게 안식을 주사 평안히 거하게 하실 때에,

⑪ 너희는 너희 하나님 여호와께서 자기 이름을 두시려고 한 곳을 택하실 그곳으로 나의 명하는 것을 가지고 갈지니, 곧, 너희 번제와 너희 희생과 너희 십일조와 너

희 거제와 너희가 여호와께 서원하는 모든 아름다운 서원물을 가져가고,

⑫ 너희와 너희 자녀와 노비와 함께 너희 하나님 여호와 앞에서 즐거워할 것이요, 네 심중에 거하는 레위인과도 그리할지니, 레위인은 너희 중에 몫이나 유업이 없음이니라.

⑬ 너는 삼가서 네게 보이는 아무곳에든지 태우는제사를 드리지 말고,

⑭ 오직 너희의 한 지파 중에 여호와께서 택하실 그곳에서 너는 태우는제사를 드리고 또 내가 네게 명하는 모든 것을 거기서 행할지니라.

⑮ 그러나 네 하나님 여호와께서 네게 주신 복을 따라 각성에서 네 마음에 즐기는대로 생축을 잡아 그 고기를 먹을 수 있나니, 곧 정한 자나 부정한 자를 무론하고 노루나 사슴을 먹음 같이 먹으려니와,

⑯ 오직 그 피는 먹지 말고 물 같이 땅에 쏟을 것이며,

⑰ 너는 곡식과 포도주와 기름의 십일조와 네 우양의 처음 낳은 것과 너의 서원을 갚는 예물과 너희 낙헌과 네 손의 거제물은 너의 각 성에서 먹지 말고,

⑱ 오직 네 하나님 여호와께서 택하실 곳에서 네 하나님 여호와 앞에서 너는 네 자녀와 노비와 성중에 거하는 레위인과 함께 그것을 먹고 또 네 손으로 수고한 모든 일을 인하여 네 하나님 여호와 앞에서 즐거워하되,

⑲ 너는 삼가서 네 땅에 거하는 동안에 레위인을 저버리지 말지니라.

⑳ 네 하나님 여호와께서 네게 허락하신대로 네 지경을 넓히신 후에 네 마음에 고기를 먹고자 하여 이르기를, 내가 고기를 먹으리라 하면 네가 무릇 마음에 좋아하는대로 고기를 먹을 수 있으리니,

㉑ 만일 네 하나님 여호와께서 자기 이름을 두시려고 택하신 곳이 네게서 멀거든 내가 네게 명한대로 너는 여호와의 주신 우양을 잡아 너의 각 성에서 네가 무릇 마음에 좋아하는 것을 먹되,

㉒ 정한 자나 부정한 자를 무론하고 노루나 사슴을 먹음 같이 먹을 수 있거니와,

㉓ 오직 크게 삼가서 그 피는 먹지 말라, 피는 그 생명인즉, 네가 그 생명을 그 고기와 아울러 먹지 못하리니,

㉔ 너는 그것을 먹지 말고 물 같이 땅에 쏟으라,

㉕ 너는 피를 먹지 말라, 네가 이같이 여호와께서 의롭게 여기시는 일을 행하면 너와 네 후손이 복을 누리리라.

㉖ 오직 네 성물과 서원물을 여호와께서 택하신 곳으로 가지고 가라,

㉗ 네가 번제를 드릴 때에는 그 고기와 피를 네 하나님 여호와의 단 위에 붓고 그 고기는 먹을지니라,

㉘ 내가 네게 명하는 이 모든 말을 너는 듣고 지키라, 네 하나님 여호와의 목전에 선과 의를 행하면 너와 네 후손에게 영영히 복이 있으리라,

㉙ 네 하나님 여호와께서 네가 들어가서 쫓아 낼 그 민족들을 네 앞에서 멸절하시고 너로 그 땅을 얻어 거기 거하게 하실 때에,

㉚ 너는 스스로 삼가서 네 앞에서 멸망한 그들의 자취를 밟아 올무에 들지 말라, 또 그들의 신을 탐구하여 이르기를, 이 민족들은 그 신들을 어떻게 위하였는고? 나도 그와 같이 하겠다, 하지 말라,

㉛ 네 하나님 여호와께서는 네가 그와 같이 행하지 못할 것이라, 그들은 여호와의 꺼리시며 가증히 여기시는 일을 그 신들에게 행하여 심지어 그 자녀를 불살라 그 신들에게 드렸느니라,

㉜ 내가 너희에게 명하는 이 모든 말을 너희는 지켜 행하고 그것에 가감하지 말지니라.

● 13장

① 너희 중에 선지자나 꿈 꾸는 자가 일어나서 이적과 기사를 네게 보이고,

② 네게 말하기를, 네가 본래 알지 못하던 다른 신들을 우리가 쫓아 섬기자, 하며 이적과 기사가 그 말대로 이루어질지라도,

③ 너는 그 선지자나 꿈꾸는 자의 말을 청종하지 말라, 이는 너희 하나님 여호와께서 너희가 마음을 다하고 성품을 다하여 너희 하나님 여호와를 사랑하는 여부를 알려 하사, 너희를 시험하심이니라,

④ 너희는 너희 하나님 여호와를 순종하며 그를 경외하며 그 명령을 지키며 그 목소리를 청종하며 그분을 섬기고 그분과 연합할지니라,

⑤ 그 선지자나 꿈꾸는 자는 죽이라, 이는 그가 너희로 에집트 땅에서 인도하여 내시며 종 되었던 집에서 속량하여 취하신 너희 하나님 여호와를 배반케 하려 하며, 너희 하나님 여호와께서 네게 행하라 명하신 도에서 너를 꾀어내려고 말하였음이라, 너는 이같이 하여 너희 중에서 악을 제할지니라,

⑥ 네 동복 형제나 네 자녀나 네 품의 아내나 너와 생명을 함께하는 친구가 가만히 너를 꾀어 이르기를, 너와 네 조상들이 알지 못하던 다른 신들

⑦ 곧 사방에 둘러 있는 민족 혹 네게서 가깝든지 멀든지 땅 이 끝에서 저 끝까지 있는 민족의 신들을 우리가 가서 섬기자 할지라도,

⑧ 너는 그를 좇지 말며 듣지 말며 긍휼히 보지 말며 애석히 여기지 말며 덮어 숨기지 말고,

⑨ 너는 용서없이 그를 죽이되 죽일 때에 네가 먼저 그에게 손을 대고 후에 뭇 백성이 손을 대라,

⑩ 그는 에집트 땅 종 되었던 집에서 너를 인도하여 내신 네 하나님 여호와에게서 너를 꾀어 떠나게 하려한 자니, 너는 그를 돌로 쳐 죽이라,

⑪ 그리하면 온 이스라엘이 듣고 두려워하여 이 같은 악을 다시는 너희 중에서 행하지 못하리라,

⑫ 네 하나님 여호와께서 네게 주어 거하게 하시는 한 성읍에 대하여 네게 소문이 들리기를,

⑬ 너희 중 어떤 잡류가 일어나서 그 성읍 거민을 유혹하여 이르기를, 너희가 알지 못하던 다른 신들을 우리가 가서 섬기자 하거든,

⑭ 너는 자세히 묻고 살펴보아서, 이런 가증한 일이 참 사실로 너희 중에 있으면,

⑮ 너는 마땅히 그 성읍 거민을 칼날로 죽이고, 그 성읍과 그 중에 거하는 모든 것과 그 생축을 칼날로 진멸하고,

⑯ 또 그 속에서 빼앗아 얻은 물건을 다 거리에 모아 놓고 그 성읍과 그 탈취물 전부를 불살라 네 하나님 여호와께 드릴지니, 그 성읍은 영영히 무더기가 되어 다시는 건축됨이 없을 것이니라,

⑰ 너는 이 진멸할 물건을 조금도 네 손에 대지 말라, 그리하면 여호와께서 그 진노를 그치시고, 너를 긍휼히 여기시고 자비를 더하사 너의 조상들에게 맹세하심 같이 네 수효를 번성케 하실 것이라,

⑱ 네가 만일 네 하나님 여호와의 말씀을 듣고, 오늘날 내가 네게 명하는 그 모든 명령을 지켜, 네 하나님 여호와의 목전에 정직을 행하면 이같이 되리라.

● 14장

① 너희는 너희 하나님 여호와의 자녀니 죽은 자를 위하여 자기 몸을 베지 말며 눈썹 사이 이마 위의 털을 밀지 말라,

② 너는 너희 하나님 여호와의 백성이라 여호와께서 지상 만민 중에서 너를 택하여

자기의 유업의 백성을 삼으셨느니라,

③ 너희는 가증한 물건은 무엇이든지 먹지 말라,

④ 너희의 먹을 만한 짐승은 이러하니, 곧 소와 양과 염소와,

⑤ 사슴과 노루와 불그스름한 사슴과 산 염소와 볼기한 노루와 뿔 긴 사슴과 산양들,

⑥ 무릇 짐승 중에 굽이 갈라져 쪽발도 되고, 새김질도 하는 것은 너희가 먹을 것이니라,

⑦ 다만 새김질을 하거나 굽이 갈라진 짐승 중에도 너희가 먹지 못할 것은 이것이니, 곧 약대와 토끼와 사반 그것들은 새김질은 하나 굽이 갈라지지 아니하였으니, 너희에게 부정하고,

⑧ 돼지는 굽은 갈라졌으나 새김질을 못하므로 너희에게 부정하니, 너희는 이런 것의 고기를 먹지 말 것이며 그 사체도 만지지 말 것이니라,

⑨ 물에 있는 어족 중에 이런 것은 너희가 먹을 것이니, 무릇 지느러미와 비늘 있는 것은 너희가 먹을 것이요,

⑩ 무릇 지느러미와 비늘이 없는 것은 너희가 먹지 말지니, 이는 너희에게 부정하니라,

⑪ 무릇 정한 새는 너희가 먹으려니와,

⑫ 이런 것은 먹지 못할지니, 곧 독수리와 솔개와 어응과,

⑬ 매와 새 매와 매의 종류와,

⑭ 까마귀 종류와,

⑮ 타조와 다흐마스와 갈매기와 새매 종류와,

⑯ 올빼미와 부엉이와 따오기와,

⑰ 당아와 올응과 노자와,

⑱ 학과 황새 종류와 대승과 박쥐며,

⑲ 또 무릇 날기도 하고 기어다니기도 하는 것은 너희에게 부정하니 너희는 먹지 말 것이나,

⑳ 무릇 정한 새는 너희가 먹을지니라,

㉑ 너희는 너희 하나님 여호와의 백성이라 무릇 스스로 죽은 것은 먹지 말 것이니, 그것을 성중에 거주하는 객에게 주어 먹게 하거나, 이방인에게 팔아도 가하니라, 너는 염소 새끼를 그 어미의 젖에 삶지 말지니라,

㉒ 너는 마땅히 매년에 토지 소산의 십일조를 드릴것이며,

㉓ 네 하나님 여호와 앞, 곧 여호와께서 그 이름을 두시려고 택하신 곳에서 네 곡식과 포도주와 기름의 십일조를 먹으며, 또 네 우양의 처음 난 것을 먹고, 네 하나님 여호와 경외하기를 항상 배울 것이니라,

㉔ 그러나 네 하나님 여호와께서 그 이름을 두시려고 택하신 곳이 네게서 너무 멀고 행로가 어려워서 그 풍부히 주신 것을 가지고 갈 수 없거든,

㉕ 그것을 돈으로 바꾸어 그 돈을 싸서 가지고, 네 하나님 여호와의 택하신 곳으로 가서,

㉖ 무릇 네 마음에 좋아하는 것을 그 돈으로 사되, 우양이나 포도주나 독주등 무릇 네 마음에 원하는 거을 구하고, 거기 네 하나님 여호와의 앞에서 너와 네 권속이 함께 먹고 즐거워할 것이며,

㉗ 네 성읍에 거하는 레위인을 너는 저버리지 말지니, 그는 너와 함께 몫이나 상속이 없느니라,

㉘ 매 삼년 끝에 그해 소산의 십분일을 다 내어 성읍에 저축하여,

㉙ 레위 사람과(왜냐하면 그들은 너와 함께 몫이나 상속이 없음이니) 네 성문들 안에 거하는 나그네와 아버지 없는 자와 과부가 와서 먹고 만족하게 할지니라, 그리하면 주 너의 하나님께서 네가 행하는 네 손의 모든 일에서 너에게 복을 주시리라.

● 15장

① 매 칠년 끝에 면제하라,

② 면제의 규례는 이러하니라, 무릇 이웃에게 꾸어준 채주는 그것을 면제하고, 그 이웃에게나 그 형제에게 독촉하지 말지니, 이 해는 여호와의 면제년이라 칭함이니라,

③ 이방인에게는 네가 독촉하려니와 네 형제에게 꾸어준 것은 네 손에서 면제하라,

④ 너희 가운데 가난한 자가 없을 때까지 그리하라, 이는 주 너희 하나님께서 네게 상속으로 주어 소유하게 하신 땅에서 주님께서 너를 크게 복주실 것이기 때문이라,

⑤ 네가 만일 네 하나님 여호와의 말씀을 듣고 내가 오늘날 네게 명하는 그 명령을 다 지켜 행하면,

⑥ 네 하나님 여호와께서 네게 허락하신대로 네게 복을 주시리니, 네가 여러나라에 꾸어 줄지라도 너는 빌리지 아니하겠고, 네가 여러나라를 치리할지라도 너는 치리함을 받지 아니하리라,

⑦ 네 하나님 여호와께서 네게 주신 땅 어느 성읍에서든지 가난한 형제가 너와 함께 거하거든 그 가난한 형제에게 네 마음을 강팎히 하지 말며 네 손을 움켜 쥐지 말고,

⑧ 반드시 네 손을 그에게 펴서 그 요구하는대로 쓸 것을 넉넉히 꾸어주라,

⑨ 삼가 너는 마음에 사악한 생각을 품지 말라, 곧 이르기를, 제 칠년 면제년이 가까웠다 하고 네 궁핍한 형제에게 악한 눈을 들고 아무것도 주지 아니하면, 그가 너를 여호와께 호소하리니, 네가 죄를 얻을 것이라,

⑩ 너는 반드시 그에게 구제할 것이요, 구제할 때에는 아끼는 마음을 품지 말것이니라, 이로 인하여 네 하나님 여호와께서 네 범사와 네 손으로 하는바에 네게 복을 주시리라,

⑪ 땅에는 언제든지 가난한 자가 그치지 아니하겠으므로, 내가 네게 명하여 이르노니, 너는 반드시 네 경내 네 형제의 곤란한 자와 궁핍한 자에게 네 손을 펼지니라,

⑫ 네 동족 히브리 남자나 여자가 네게 팔렸다 하자, 만일 육년을 너를 섬겼거든 제 칠년에는 너는 그를 놓아 자유하게 할 것이요,

⑬ 그를 놓아 자유하게 할 때에는 빈손으로 가게 하지 말고,

⑭ 네 양 무리 중에서와 타작 마당에서와 포도주 틀에서 그에게 후히 줄지니, 곧 하나님 여호와께서 네게 복을 주신대로 그에게 줄지니라,

⑮ 너는 에집트 땅에서 종 되었던 것과 네 하나님 여호와께서 너를 구속하였던 것을 기억하라, 그를 인하여 내가 오늘날 이같이 네게 명하노라,

⑯ 종이 만일 너와 네 집을 사랑하므로 너와 동거하기를 좋게 여겨 네게 향하여 내가 주인을 떠나지 아니하겠노라, 하거든,

⑰ 송곳을 취하여 그의 귀를 문에 대고 뚫으라, 그리하면 그가 영영히 네 종이 되리라, 네 여종에게도 그와같이 할지니라,

⑱ 그가 육년 동안에 품군의 삯을 배나 받을 만큼 너를 섬겼은즉, 너는 그를 놓아 자유하게 하기를 어렵게 하지 말라, 그리하면 네 하나님 여호와께서 너의 범사에 네게 복을 주시리라,

⑲ 너의 우양의 처음 난 수컷은 구별하여 네 하나님 여호와께 드릴것이니, 네 소의 첫 새끼는 부리지 말고 네 양의 첫 새끼의 털은 깍지 말고,

⑳ 너와 네 가족이 매년에 여호와의 택하신 곳 네 하나님 여호와 앞에서 먹을지니라,

㉑ 그러나 그 짐승이 흠이 있어서 절거나 눈이 멀었거나 무슨 흠이 있든지 네 하나님

여호아께 잡아 드리지 못할지니,

㉒ 네 성중에서 먹되, 부정한 자나 정한 자가 다 같이 먹기를 노루와 사슴을 먹음 같이 할 것이요,

㉓ 오직 피는 먹지 말고 물 같이 땅에 쏟을지니라.

● 16장

① 아빕월을 지켜 네 하나님 여호와의 유월절 예식을 행하라, 이는 아빕월에 네 하나님 여호와께서 밤에 너를 에집트에서 인도하여 내셨음이라,

② 여호와께서 그 이름을 두시려고 택하신 곳에서 우양으로 네 하나님 여호와께 유월절 제사를 드릴지니라,

③ 부풀은 빵을 그것과 아울러 먹지 말고 칠일 동안은 부풀지 않은 빵을 곧 고난의 떡과 그것과 아울러 먹으라, 이는 네가 에집트 땅에서 급속히 나왔음이니, 이같이 행하여 너의 평생에 항상 네가 에집트 땅에서 나온 날을 기억할 것이니라,

④ 그 칠일 동안에는 네 모든 지경 내에 누룩이 보이지 않게 할 것이요, 또 네가 첫날 해 질 때에 제사드린 고기를 밤을 지내어 아침까지 두지 말 것이며,

⑤ 유월절 제사를 네 하나님 여호와께서 네게 주신 각 성에서 드리지 말고,

⑥ 오직 네 하나님 여호와께서 그 이름을 두시려고 택하신 곳에서 네가 에집트에서 나오던 시각 곧 초저녁 해 질 때에 드리고,

⑦ 네 하나님 여호와께서 택하신 곳에서 그 고기를 구워먹고 아침에 네 장막으로 돌아 갈 것이니라,

⑧ 너는 육일 동안은 부풀지 않은 빵을 먹고 제 칠일에 네 하나님 여호와 앞에 성회로 모이고 아무 노동도 하지 말지니라,

⑨ 칠주를 계수할지니 곡식에 낫을 대는 첫날부터 칠주를 계수하여,

⑩ 네 하나님 여호와 앞에 칠칠절을 지키되, 네 하나님 여호와께서 네게 복을 주신대로 네 힘을 헤아려 자원하는 예물을 드리고,

⑪ 너와 네 자녀와 노비와 네 성중에 거하는 레위인과 및 너희 중에 있는 객과 고아와 과부가 함께 네 하나님 여호와께서 그 이름을 두시려고 택하신 곳에서 네 하나님 여호와 앞에서 즐거워할지니라,

⑫ 너는 에집트에서 종 되었던 것을 기억하고 이 규례를 지켜 행할지니라,

⑬ 너희 타작 마당과 포도주 틀의 소출을 수장한 후에 칠일 동안 초막절을 지킬 것이

요,

⑭ 절기를 지킬 때에는 너와 네 자녀와 노비와 네 성중에 거하는 레위인과 객과 고아와 과부가 함께 즐거워하되,

⑮ 칠일 동안 네 하나님 여호와께서 택하신 곳에서 네 하나님 여호와 앞에서 절기를 지키고, 네 하나님 여호와께서 네 모든 물산과 네 손을 댄 모든 일에 복 주실 것을 인하여 너는 온전히 즐거워 할지니라,

⑯ 너희 중 모든 남자는 일년 삼차 무교절과 칠칠절과 초막절에 네 하나님 여호와의 택하신 곳에서 여호와께 보이되 빈 손으로 여호와께 보이질 말고,

⑰ 각 사람이 네 하나님 여호와의 주신 복을 따라 그 힘대로 물건을 드릴지니라,

⑱ 네 하나님 여호와께서 네게 주시는 각 성에서 네 지파를 따라 재판장과 관원을 둘 것이요, 그들은 공의로 백성을 재판할 것이니라,

⑲ 너는 굽게 판단하지 말고 사람을 외모로 보지 말며 또 뇌물을 받지 말라, 뇌물은 지혜자의 눈을 어둡게 하고 의인의 말을 굽게 하느니라,

⑳ 너는 마땅히 공의만 따르라, 그리하면 네가 살겠고 네 하나님 여호와께서 네게 주시는 땅을 얻으리라,

㉑ 너는 네가 만든 주 너의 하나님의 제단 곁에 어떤 나무들을 심어 작은 숲을 심지 말며,

㉒ 너는 네게 어떤 형상도 세우지 말지니, 그것은 주 너의 하나님 여호와께서 미워하시느니라.

● 17장

① 무릇 흠이나 악질이 있는 우양은 네 하나님 여호와께 드리지 말지니, 이는 네 하나님 여호와께 가증한 것이 됨이니라,

② 네 하나님 여호와께서 네게 주시는 어느 성중에서든지 너의 가운데 혹시 어떤 남자나 여자가 네 하나님 여호와 목전에 악을 행하여 그 언약을 어기고,

③ 가서 다른 신들을 섬겨 그것에게 절하고 내가 명하지 아니한 일월성신에게 절한다 하자,

④ 어떤 사람이 그 일을 네게 고하므로 네가 듣거든 자세히 알아 볼지니, 만일 그 일과 말이 확실하여 이스라엘 중에 이런 가증한 일을 행함이 있으면,

⑤ 너는 그 악을 행한 남자나 여자를 네 성문으로 끌어내고 돌로 그 남자나 여자를 쳐

죽이되,

⑥ 죽일 자를 두 사람이나 세 사람의 증거로 죽일것이요, 한 사람의 증거로는 죽이지 말것이며,

⑦ 이런 자를 죽임에는 증인이 먼저 그에게 손을 댄 후에 뭇 백성이 손을 댈지니라, 너는 이같이 하여 너의 중에 악을 제할지니라,

⑧ 네 성중에서 송사로 다투는 일이 있으되, 서로 피를 흘렸거나 다투었거나 구타하였거나 하여, 네가 판결하기 어려운 생기거든 너는 일어나 네 하나님 여호와의 택하신 곳으로 올라가서,

⑨ 레위 사람 제사장과 당시 재판장에게로 나아가서 물으라, 그리하면 그들이 어떻게 판결할 것을 네게 가르치리니,

⑩ 여호와께서 택하신 곳에서 그들이 네게 보이는 판결의 뜻대로 네가 행하되, 무릇 그들이 네게 가르치는 대로 삼가 행할 것이니,

⑪ 곧 그들이 네게 가르치는 법률의 뜻대로 그들이 네게 고하는 판결대로 행할 것이요, 그들이 네게 보이는 판결을 어기고서 좌로나 우로나 치우치지 말것이니라,

⑫ 사람이 만일 천자히 하고 네 하나님 여호와 앞에 서서 섬기는 제사장이나 재판장을 듣지 아니하거든, 그 사람을 죽여 이스라엘 중에서 악을 제하여 버리라,

⑬ 그리하면 온 백성이 듣고 두려워하여 다시는 주제넘게 행치 아니하리라,

⑭ 네가 네 하나님 여호와께서 네게 주시는 땅에 이르러서 그 땅을 얻어 거할 때에 만일 우리도 우리 주위의 열국 같이 우리 위에 왕을 세우리라는 뜻이 나거든,

⑮ 반드시 네 하나님 여호와의 택하신 자를 네 위에 왕으로 세울 것이며,네 위에 왕을 세우려면 네 형제 중에서 한 사람으로 할 것이요, 네 형제 아닌 타국인을 제 위에 세우지 말것이며,

⑯ 왕 된 자는 말을 많이 두지 말것이요, 말을 많이 얻으려고 그 백성을 애굽으로 돌아가게 말지니, 이는 여호와께서 너희에게 이르시기를, 너희가 이 후에는 그 길로 다시 돌아가지 말 것이라 하셨음이며,

⑰ 아내를 많이 두어서 그 마음이 돌아서지 말것이며 은금을 자기를 위하여 많이 쌓지 말것이니라,

⑱ 그가 왕위에 오르거든 레위 사람 제사장 앞에 보관한 이 율법서를 필사하여,

⑲ 평생에 자기 옆에 두고 읽어서 그 하나님 여호와 경외하기를 배우며 이 율법의 모든 말과 이 규례를 지켜 행할 것이라,

⑳ 그리하면 그의 마음이 그 형제 위에 교만하지 아니하고 이 명령에서 떠나 좌로나 우로나 지우치지 아니하리니, 이스라엘 중에서 그와 그의 자손의 왕위에 있는 날이 장구하리라.

● 18장

① 레위 사람 제사장과 레위의 온 지파는 이스라엘 중에 몫도 없고 상속분도 없을지니, 그들은 여호와의 화제로 드리는 예물과 그 상속분을 먹을지니라,

② 그들이 그 형제 중에 기업이 없을 것은 그들에게 대하여 말씀하심 같이 여호와께서 그들의 기업이 되심이니라,

③ 제사장이 백성에게서 받을 응식은 이러하니, 곧 그 드리는 우양을 물론하고 그 앞 넓적다리와 두 볼과 위라 이것을 제사장에게 줄 것이요,

④ 또 너의 처음된 곡식과 포도주와 기름과 너의 처음 깎은 양털을 네가 그에게 줄 것이니,

⑤ 이는 네 하나님 여호와께서 네 모든 지파 중에서 그를 택하여 내시고, 그와 그의 자손으로 영영히 여호와의 이름으로 서서 섬기게 하셨음이니라,

⑥ 이스라엘의 온 땅 어느 성읍에든지 거하는 레위인이 간절한 소원이 있어, 그 거한 곳을 떠나 여호와의 택하신 곳에 이르면,

⑦ 여호와 앞에 선 그 형제 모든 레위인과 일반으로 여호와 그 하나님 여호와의 이름으로 섬길 수 있나니,

⑧ 그 사람의 응식은 그들과 같을 것이요, 그 상속 산업을 판 돈은 이 외에 그에게 속할 것이니라,

⑨ 네 하나님 여호와께서 네게 주시는 땅에 들어가거든, 너는 그 민족들의 가증한 행위를 본 받지 말지니,

⑩ 그 아들이나 딸을 불 가운데로 지나게 하는 자나, 복술자나 길흉을 말하는 자나, 요술하는 자나 무당이나,

⑪ 진언자나, 신접자나, 박수나 초혼자를 너의 중에 용납하지 말라,

⑫ 무릇 이런 일을 행하는 자는 여호와께서 가증히 여기시나니, 이런 가증한 일로 인하여 네 하나님 여호와께서 그들의 네 앞에서 쫓아 내시느니라,

⑬ 너는 네 하나님 여호와 앞에 완전하라,

⑭ 네가 쫓아낼 이 민족들은 길흉을 말하는 자나 복술자의 말을 듣거니와 네게는 네

하나님 여호와께서 이런 일을 용납지 아니하시느니라,

⑮ 네 하나님 여호와께서 너의 중 네 형제 중에서 나와 같은 선지자 하나를 너를 위하여 일으키시리니, 너희는 그를 들을지니라,

⑯ 이것이 곧 네가 총회의 날에 호렙산에서 너희 하나님 여호와께 구한 것이라, 곧 네가 말하기를, 나로 다시는 나의 하나님 여호와의 음성을 듣지 않게 하시고 다시는 이 큰 불을 보지 않게 하소서, 두렵건대 내가 죽을까 하나이다, 하매,

⑰ 여호와께서 내게 이르시되 그들의 말이 옳도다,

⑱ 내가 그들의 형제 중에 너와 같은 선지자 하나를 그들을 위하여 일으키고 내 말을 그 입에 두리니, 내가 그에게 명하는 것을 그가 무리에게 다 고하리라,

⑲ 무릇 그가 내 이름으로 고하는 내 말을 듣지 아니하는 자는 내게 벌을 받을 것이요,

⑳ 내가 고하라고 명하지 아니한 말을 어떤 선지자가 만일 방자히 내 이름으로 다른 신들의 이름으로 말하면, 그 선지자는 죽임을 당하리라, 하셨느니라,

㉑ 네가 혹시 심중에 이르기를, 그 말이 여호와의 이르신 말씀인지 우리가 어떻게 알리요, 하리라,

㉒ 만일 선지자가 있어서 여호와의 이름으로 말한 일이 일어나지도 않고 성취함도 없으면 이는 여호와의 말씀하신 것이 아니요, 그 선지자가 방자히 한 말이니 너는 그를 두려워 말지니라.

● 19장

① 네 하나님 여호와께서 이교도들을 멸절하시고 네 하나님 여호와께서 그 땅을 네게 주시므로 네가 필경 그것을 얻고 그들의 각 성읍과 가옥에 거할 때에,

② 네 하나님 여호와께서 네게 소유로 주신 땅 가운데서 세 성읍을 너를 위하여 구별할지니라,

③ 네 하나님 여호와께서 네게 유업으로 주시는 땅의 전체를 세 구역으로 분하여 그 도로를 닦고 무릇 살인자를 그 성읍으로 도피케 하라,

④ 살인자가 그리로 도망하여 살만한 경위는 이러하니, 누구든지 과거에 미워함이 없이 부지 중에 그 이웃을 죽인 일,

⑤ 가령 사람이 그 이웃과 함께 벌목하러 삼림에 들어가서 손에 도끼를 들고 벌목하려고 찍을 때에 도끼가 자루에서 빠져 그 이웃을 맞춰 그로 죽게함 같은 것이라, 이런 사람은 그 성읍 중 하나로 도피하여 생명을 보존할 것이니라,

⑥ 그 사람이 그에게 본래 혐원이 없으니 죽이기에 합당치 아니하나, 두렵건대 보수자의 마음이 뜨거워서 살인자를 따르는데 그 가는 길이 멀면 그를 따라 미쳐서 죽일까 하노라,

⑦ 그러므로 내가 네게 명하기를, 세 성읍을 너를 위하여 구별하라 하노라,

⑧ 네 하나님 여호와께서 네 조상에게 명하신대로 네 지경을 넓혀 네 열조에게 주리라고 말씀하신 땅을 다 네게 주실 때,

⑨ 또 네가 나의 오늘날 네게 명하는 이 모든 명령을 지켜 행하여 네 하나님 여호와를 사랑하고 항상 그길로 행할 때에는 이 셋 외에 세 성읍을 더하여,

⑩ 네 하나님 여호와께서 네게 기업으로 주시는 땅에서 무죄한 피를 흘림이 없게 하라, 이같이 하면 그 피가 네게로 돌아가지 아니하리라,

⑪ 그러나 만일 사람이 그 이웃을 미워하여 엎드려 그를 기다리다가 일어나 쳐서 그 생명을 상하여 죽게하고 이 성읍으로 도피하거든,

⑫ 그 본 성읍 장로들이 사람을 보내어 그를 거기서 잡아다가 피의 보응자의 손에 넘겨 죽이게 할 것이라,

⑬ 네 눈이 그를 긍휼히 보지 말고 무죄한 피흘린 죄를 이스라엘에서 제하라, 그리하면 네게 복이 있으리라

⑭ 네 하나님 여호와께서 네게 주어 얻게 하시는 땅 곧 네 유업된 소유의 땅에서 선인의 정한 네 이웃의 경계표를 이동하지 말지니라,

⑮ 사람이 아무 악이든지 무릇 범한 죄는 한 증인으로만 정할 것이 아니요, 두 증인의 입으로나 세 증인의 입으로 그 사건을 확정할 것이며,

⑯ 만일 위증하는 자가 있어 아무 사람이 악을 행하였다 말함이 있으면,

⑰ 그 논쟁하는 양방이 같이 하나님 앞에 나아가 당시 제사장과 재판장 앞에 설 것이요,

⑱ 재판장은 자세히 사실하여 그 증인이 위증인이라 그 형제를 거짓으로 무함한 것이 판명되거든,

⑲ 그가 그 형제에게 행하려고 꾀한대로 그에게 행하여 너희 중에서 악을 제하라,

⑳ 그리하면 그 남은 자들이 듣고 두려워하여 이 후부터는 이런 악을 너희 중에서 다시 행하지 아니하리니,

㉑ 네 눈이 긍휼히 보지 말라, 생명은 생명으로, 눈은 눈으로, 이는 이로, 손은 손으로 발은 발로니라.

● 20장

① 네가 나가 대적과 싸우려 할 때에 말과 병거와 민중이 너희보다 많음을 볼지라도 그들을 두려워 말라, 에집트 땅에서 너를 인도하여 내신 네 하나님 여호와께서 너와 함께 하시느니라,

② 너희가 싸울 곳에 가까이 가거든 제사장은 백성에게 나아가서, 고하여,

③ 그들에게 이르기를, 이스라엘아 들으라, 너희가 오늘날 너희의 대적과 싸우려고 나아왔으니 마음에 겁내지 말며 두려워 말며 떨지 말며 그들로 인하여 놀라지 말라,

④ 너희 하나님 여호와는 너희와 함께 행하시며, 너희를 위하여 너희 대적을 치고 너희를 구원하시는 자니라, 할 것이며,

⑤ 관원들은 백성들에게 고하여 이르기를, 새집을 건축하고 낙성식을 행치 못한 자가 있느냐? 그는 집으로 돌아갈지니, 전사하면 타인이 낙성식을 행할까, 하노라,

⑥ 포도원을 만들고 그 과실을 먹지 못한 자가 있느냐? 그는 집으로 돌아갈지니, 전사하면 타인이 그 과실을 먹을까 하노라,

⑦ 여자와 약혼하고 그를 취하지 못한 자가 있느냐? 그는 집으로 돌아갈지니, 전사하면 타인이 그를 취할까 하노라, 하고,

⑧ 관원들은 오히려 또 백성에게 고하여 이르기를, 두려워서 마음에 겁내는 자가 있느냐? 그는 집으로 돌아갈지니, 그 형제들의 마음도 그의 마음과 같이 떨어질까 하노라, 하여,

⑨ 백성에게 이르기를, 필한 후에 군대의 장관들을 세워 무리를 거느리게 할지니라,

⑩ 네가 어떤 성읍으로 나아가서 싸우려할 때에 그 성에 먼저 평화를 선언하라,

⑪ 그 성읍이 만일 평화하기로 화답하고, 너를 향하여 성문을 열거든 그 온 거민으로 네게 공을 바치고, 너를 섬기게 할 것이요,

⑫ 만일 너와 평화하기를 싫어하고, 너를 대적하여 싸우려하거든, 너는 그 성읍을 에워쌀 것이며,

⑬ 네 하나님 여호와께서 그 성읍을 네 손에 붙이시거든 너는 칼날로 그 속의 남자를 다 쳐 죽이고,

⑭ 오직 여자들과 유아들과 육축과 무릇 그 성중에서 네가 탈취한 모든 것은 네 것이니, 취하라, 네가 대적에게서 탈취한 것은 네 하나님 여호와께서 네게 주신 것인즉, 너는 그것을 누릴지니라,

⑮ 네가 네게서 멀리 떠난 성읍들, 곧 이 민족들에게 속하지 아니한 성읍들에게는 이같이 행하려니와,

⑯ 오직 네 하나님 여호와께서 네게 유업으로 주시는 이 민족들의 성읍에서는 호흡있는 자를 하나도 살리지 말지니,

⑰ 곧 헷 족속과 아모리 족속과 가나안 족속과 브리스 족속과 히위 족속과 여부스 족속을 네가 진멸하되, 네 하나님 여호와께서 네게 명하신대로 하라,

⑱ 이는 그들이 그 신들에게 행하는 모든 가증한 일로 너희에게 가르쳐 본받게 하여 너희로 너희의 하나님 여호와께 범죄케 할까 함이니라,

⑲ 너희가 어느 성읍을 오래 동안 에워싸고 쳐서 취하려 할 때에도 도끼를 둘러 그곳의 나무를 작벌하지 말라, 이는 너희의 먹을 것이 될것임이니, 찍지 말라, 밭의 수목이 사람이냐? 너희가 어찌 그것을 에워싸겠느냐?

⑳ 오직 과목이 아닌 줄로 아는 수목은 작벌하여 너희와 싸우는 그 성읍을 치는 기구를 만들어 그 성읍을 함락시킬 때까지 쓸지니라.

● 21장

① 네 하나님 여호와께서 네게 주어 얻게 하시는 땅에서 혹시 피살한 시체가 들에 엎드러진 것을 발견하고 그 쳐 죽인 자가 누구인지 알지 못하거든,

② 너의 장로들과 재판장들이 나아가서 그 피살한 곳에서 사면에 있는 각 성읍들의 거리를 측정할 것이요,

③ 그 피살한 곳에서 제일 가까운 성읍 곧 그 성읍의 장로들이 아직 부리우지 아니하고 멍에를 메지 아니한 암송아지를 취하고,

④ 성읍의 장로들이 물이 항상 흐르고 갈지도 심지도 못하는 골짜기로 그 송아지를 끌고가서 그 골짜기에서 그 송아지의 목을 꺾을 것이요,

⑤ 레위 자손 제사장들도 그리로 올지니, 그들은 네 하나님 여호와께서 택하사, 자기를 섬기게 하시며 또 여호와의 이름으로 축복하게 하신지라, 모든 소송과 모든 다툼이 그들의 말대로 판결될 것이니라,

⑥ 그 피살된 곳에서 제일 가까운 성읍의 모든 장로들은 그 골짜기에서 목을 꺾은 암송아지 위에 손을 씻으며,

⑦ 말하기를, 우리의 손이 이 피를 흘리지 아니하였고, 우리의 눈이 이것을 보지도 못하였나이다,

⑧ 여호와여 주께서 속량하신 주의 백성 이스라엘을 사하시고, 무죄한 피를 주의 백성 이스라엘 중에 머물러 두지 마옵소서, 하면 그 피흘린 죄가 사함을 받으리니,

⑨ 너는 이와 같이 여호와의 보시기에 정직한 일을 행하여 무죄자의 피흘린 죄를 너희 중에서 제할찌니라,

⑩ 네가 나가서 대적과 싸움함을 당하여 네 하나님 여호와께서 그들을 네 손에 붙이시므로 네가 그들을 사로잡은 후에,

⑪ 네가 만일 그 포로 중의 아리따운 여자를 보고 그녀에게 마음이 끌려 아내를 삼고자 하거든,

⑫ 그녀를 네 집으로 데려갈 것이요, 그는 그 머리를 밀고 손톱을 베고,

⑬ 또 포로의 의복을 벗고 네 집에 거하며 그 부모를 위하여 일개월 동안 애곡한 후에 네가 그에게로 들어가서, 그 남편이 되고 그는 네 아내가 될 것이요,

⑭ 그후에 네가 그녀에게서 기쁨을 얻지 못하면, 그때에 너는 그녀가 원하는대로 그녀를 가게 하되, 너는 결코 그녀를 돈을 받고 팔지 말지라, 이는 네가 그녀를 욕보였은즉, 종으로 여기지 말찌니라,

⑮ 어떤 사람이 두 아내를 두었는데 하나는 사랑을 받고 하나는 미움을 받다가 그 사랑을 받는 자와 미움을 받는 자가 둘 다 아들을 낳았다 하자 그 미움을 받는 자의 소생이 장자여든,

⑯ 자기의 소유를 그 아들들에게 유업으로 나누는 날에 그 사랑을 받는 자의 아들로 장자를 삼아 참 장자, 곧 미움을 받는 자의 아들보다 앞세우지 말고,

⑰ 반드시 그 미움을 받는 자의 아들을 장자로 인정하여, 자기의 소유에서 그에게는 두 몫을 줄 것이니, 그는 자기의 기력의 시작이라 장자의 권리가 그에게 있음이니라,

⑱ 사람에게 완악하고 패역한 아들이 있어 그 아비의 말이나 그 어미의 말을 순종치 아니하고 부모가 징책하여도 듣지 아니하거든,

⑲ 그 부모가 그를 잡아가지고 성문에 이르러 그 성읍 장로들에게 나아가서,

⑳ 그 성읍 장로들에게 말하기를, 우리의 이 자식은 완악하고 패역하여 우리 말을 순종치 아니하고 방탕하며 술에 잠긴 자라 하거든,

㉑ 그 성읍의 모든 사람들이 그를 돌로 쳐 죽일지니, 이같이 네가 너의 중에 악을 제하라, 그리하면 온 이스라엘이 듣고 두려워하리라,

㉒ 사람이 만일 죽을 죄를 범하므로 네가 그를 죽여 나무 위에 달거든,

㉓ 그 시체를 나무 위에 밤새도록 두지 말고 당일에 장사하여, 네 하나님 여호와께서 네게 유업으로 주시는 땅을 더럽히지 말라, 나무에 달린 자는 하나님께 저주를 받았음이니라.

● 22장

① 네 형제의 우양의 길 잃은 것을 보거든 못본체 하지 말고, 너는 반드시 끌어다가 네 형제에게 돌릴 것이요,

② 네 형제가 네게서 멀거나 네가 혹 그를 알지 못하거든, 그 짐승을 네 집으로 끌고 와서, 네 형제가 찾기까지 네게 두었다가 그에게 돌릴지니,

③ 나귀라도 그리하고 의복이라도 그리하고, 무릇 형제의 잃은 아무 것이든지 네가 얻거든 다 그리하고, 못본체 하지 말 것이며,

④ 네 형제의 나귀나 소가 길에 넘어진 것을 보거든 못본체 하지 말고, 너는 반드시 형제를 도와서 그것을 일으킬지니라,

⑤ 여자는 남자의 의복을 입지 말것이요, 남자는 여자의 의복을 입지 말 것이라, 이같이 하는 자는 네 하나님 여호와께 가증한 자니라,

⑥ 노중에서 나무에나 땅에 있는 새의 보금자리에 새 새끼나 알이 있고 어미새가 그 새끼나 알을 품은 것을 만나거든 그 어미새와 새끼를 아울러 취하지 말고,

⑦ 어미는 반드시 놓아 줄 것이요, 새끼는 취하여도 가하니 그리하면 네가 복을 누리고 장수하리라,

⑧ 네가 새 집을 건축할 때에 지붕에 난간을 만들어 사람으로 떨어지지 않게 하라, 그 피 흐른 죄가 네 집에 돌아갈까 하노라,

⑨ 네 포도원에 두 종자를 섞어 뿌리지 말라, 그리하면 네가 뿌린 씨의 열매와 포도의 소산이 다 빼앗김이 될까 하노라,

⑩ 너는 소와 나귀를 함께하여 밭을 갈지 말지니라,

⑪ 너는 양털과 베실로 섞어 짠 것같이 여러가지로 섞어 짠 옷을 입지 말지니라,

⑫ 너는 네가 입는 겉 옷 네 귀에 술들을 만들지니라,

⑬ 누구든지 아내를 취하여 그와 동침한 후에 그를 미워하여,

⑭ 비방거리를 만들어 그에게 누명을 씌워 가로되, 내가 이 여자를 취하였더니 그와 동침할 때에 그의 처녀인 표적을 보지 못하였노라, 하면,

⑮ 그 처녀의 부모가 처녀의 처녀인 표를 얻어 가지고 그 성읍문 장로들에게로 가져

가서,

⑯ 처녀의 아비가 장로들에게 말하기를 내 딸을 이 사람에게 아내로 주었더니 그가 미워하여,

⑰ 비방거리를 만들어 말하기를, 내가 네 딸의 처녀인 표적을 보지 못하였노라, 하나, 보라 내 딸의 처녀인 표적이 이것이라 하고 그 부모가 그 자리 옷을 그 성읍 장로들 앞에 펼 것이요,

⑱ 그리하면 그 성읍 장로들은 그 사람을 잡아다가 엄하게 벌을 줄 것이며,

⑲ 이스라엘 처녀에게 누명을 씌움을 인하여 그에게서는 일백 세겔을 벌금으로 받아 여자의 아비에게 주고, 그 여자로 그 남자의 평생에 버리지 못할 아내가 되게 하려니와,

⑳ 그 일이 참 되어 그 처녀에게 처녀인 표적이 없거든,

㉑ 처녀를 그 아비 집 문에서 끌어내어 그 성읍 사람들이 그를 돌로 쳐 죽일지니, 이는 그가 그 아비의 집에서 창기의 행동을 하여 이스라엘 중에서 악을 행하였음이라, 너는 이와 같이 너의 중에 악을 제할지니라,

㉒ 남자가 유부녀와 통간함을 보거든, 그 통간한 남자와 여자를 둘 다 죽여 이스라엘 중에 악을 제할지니라,

㉓ 처녀인 여자가 남자와 약혼한 후에 어떤 남자가 그를 성읍 중에서 만나 통간하면,

㉔ 너희는 그 둘을 둘 다 성읍문으로 끌어내고 돌로 쳐 죽일지니, 그 처녀는 성읍 중에 있어도 소리지르지 아니하였음이요, 그 남자는 그 이웃의 아내를 욕보였음이라, 너는 이같이 하여 너의 중에 악을 제할지니라,

㉕ 만일 남자가 어떤 약혼한 처녀를 들에서 만나서 강간하였거든 그 강간한 남자만 죽일것이요,

㉖ 쳐녀에게는 아무것도 행치 말 것은 처녀에게는 죽일 죄가 없음이라, 이 일은 사람이 일어나 그 이웃을 쳐 죽인 것과 일반이라,

㉗ 남자가 처녀를 들에서 만난 까닭에 그 약혼한 처녀가 소리질러도 구원할 자가 없었음이니라,

㉘ 만일 남자가 어떤 약혼하지 아니한 처녀를 만나 그를 붙들고 통간하는 중 그 두 사람이 발견되거든,

㉙ 그 통간한 남자는 그 처녀의 아비에게 은 오십 세겔을 주고 그 처녀로 아내를 삼을 것이라, 그가 그 처녀를 욕보였은즉 평생에 그를 버리지 못하리라,

㉚ 사람은 그 아비의 아내를 취하지 아니하여야 하고 그 아비의 하체를 드러내지 말아야 하느니라.

● 23장

① 고환이 상한 자나 은밀한 지체가 잘린 자는 여호와의 총회에 들어오지 못하리라,

② 사생자는 여호와의 총회에 들어오지 못하리라,

③ 암몬 사람과 모압 사람은 여호와의 총회에 들어오지 못하리니, 그들에게 속한 자는 십대 뿐아니라 영원히 여호와의 총회에 들어오지 못하리라,

④ 그들은 너희가 에집트에서 나올 때에 떡과 물로 길에서 영접하지 아니하였고, 메소포타미아의 브돌 사람 브올의 아들 발람에게 뇌물을 주어 너희를 저주케 하려 하였으나,

⑤ 네 하나님 여호와께서 너를 사랑하시므로 발람의 말을 듣지 아니하시고 그 저주를 변하여 복이 되게 하셨나니,

⑥ 너의 평생에 그들의 평안과 형통을 영영히 구하지 말지니라,

⑦ 너는 에돔 사람을 미워하지 말라, 그는 너의 형제니라, 에집트 사람을 미워하지 말라, 네가 그의 땅에서 객이 되었었음이러라,

⑧ 그들의 삼대후 자손은 여호와의 총회에 들어올 수 있느니라,

⑨ 네가 대적을 치러 출진할 때에 모든 악한 일을 스스로 삼갈지니,

⑩ 너희 중에 누가 밤에 몽설함으로 부정하거든 진 밖으로 나가고 진 안에 들어오지 아니하다가,

⑪ 해 질 때에 목욕하고 해 진 후에 진에 들어올 것이요,

⑫ 너의 진 밖에 변소를 베풀고 그리로 나가되,

⑬ 너의 기구에 작은 삽을 더하여 밖에 나가서 대변을 통할 때에 그것으로 땅을 팔 것이요, 몸을 돌이켜 그 배설물을 덮을지니,

⑭ 이는 네 하나님 여호와께서 너를 구원하시려고 적군을 네게 붙이시려고 내 진중에 행하심이라, 그러므로 네 진을 거룩히 하라, 그리하면 네게서 불합한 것을 보시지 않으므로 너를 떠나지 아니하시리니,

⑮ 종이 그 주인을 피하여 네게로 도망하거든 너는 그 주인에게로 돌리지 말고,

⑯ 그가 너의 성읍 중에서 기뻐하는 곳을 택하는대로 너와 함께 네 가운데 거하게 하고 그를 압제하기 말지니라,

⑰ 이스라엘 여자 중에 창기가 있지 못할 것이요, 이스라엘 남자 중에 미동이 있지 못할지니,

⑱ 창기의 번 돈과 개 같은 자의 소득은 아무 서원하는 일로든지, 네 하나님 여호와의 전에 가져오지 말라, 이 둘은 다 네 하나님 여호와께 가증한 것임이니라,

⑲ 네가 형제에게 꾸어주거든 이식을 취하지 말지니, 곧 돈의 이자나 양식의 이자나 무릇 이자를 낼만한 것은 무엇이든지 이자를 받지 말지니라,

⑳ 낯선자에게는 네가 빌렷고 이자를 받아도 되나, 너의 형제에게는 이자를 받으려고 빌려주지 말지니라, 그리함으로 주 너의 하나님 여호와께서 네게 들어가서 얻을 땅에서 네 손으로 하는 범사에 복을 내리시리라,

㉑ 네 하나님 여호와께 서원하거든 갚기를 더디하지 말라, 네 하나님 여호와께서 반드시 그것을 네게 요구하시리니 더디면 네게 죄라,

㉒ 네가 서원치 아니하였으면 무죄하니라, 마는

㉓ 네 입에서 낸 것은 그대로 실행하기를 주의하라, 무릇 자원한 예물은 네 하나님 여호와께 네가 서원하여 입으로 언약한 대로 행할지니라,

㉔ 네 이웃의 포도원에 들어갈 때에 마음대로 그 포드를 배불리 먹어도 가하니라, 그러나 그릇에 담지 말것이요,

㉕ 네 이웃의 곡식 밭에 들어갈 때에 네가 손으로 그 이삭을 따도 가하니라, 그러나 네 이웃의 곡식 밭에 낫을 대지 말지니라.

● 24장

① 사람이 아내를 취하여 데려온 후에 수치되는 일이 그에게 있음을 발견하고 그를 기뻐하지 아니하거든 이혼 증서를 써서 그 손에 주고 그를 자기집에서 내어 보낼 것이요,

② 그 여자는 그 집에서 나가서 다른 사람의 아내가 되려니와,

③ 만일 그 나중 남편도 그를 미워하여 이혼 증서를 써서 그 손에 주고 그를 자기 집에서 내어 보내었거나 혹시 그를 아내로 취한 그 나중 남편이 죽었다 하자,

④ 그 여자가 이미 몸을 더럽혔은즉 그를 내어 보낸 전 남편은 그를 다시 아내로 취하지 말지니 이 일은 여호와 앞에 가증한 일이라, 네 하나님 여호와께서 네게 유업으로 주시는 땅으로 너는 범죄케 하지 말지니라,

⑤ 어떤 사람이 새로이 아내를 취하였으면 그를 군대로 내어 보내지 말 것이며 무슨

직무든지 그에게 맡기지 말것이며 그는 일년 동안 집에 한가히 거하여 그 취한 아내를 즐겁게 할지니라,

⑥ 아무도 맷돌의 밑판이나 윗판을 저당잡을 수 없나니, 이는 그가 사람의 생명을 저당잡는 것이기 때문이라.

⑦ 어떤 사람이 자기 형제 곧 이스라엘 자손 중 한 사람을 후려다가 그를 부리거나 판 것이 발견되거든 그 후린 자를 죽일지니 이같이 하여 너의 중에 악을 제할지니라,

⑧ 너는 문둥병에 대하여 삼가서 레위 사람 제사장들이 너희에게 가르치는 대로 네가 써 다 행하되 곧 네가 그들에게 명한대로 너희는 주의하여 행하라,

⑨ 너희가 에집트에서 나오는 길에서 네 하나님 여호와께서 미리암에게 행하신 일을 기억할지니라,

⑩ 네가 네 형제에게 무엇이든지 빌려줄 때에 네가 그 집에 들어가서 그의 저당물을 취하지 말지니,

⑪ 너는 밖에 섰고 네게 꾸는 자가 저당물을 가지고 나와서 네게 줄 것이며,

⑫ 그가 가난한 자여든 너는 그의 저당물을 가지고 자지 말고,

⑬ 어떤 경우이든지 해가 질 때에 반드시 그 저당물을 그에게 돌려줄 것이라, 그리하여야 그가 그 옷을 입고 자며 너를 위하여 축복하리니, 그 일이 네 하나님 앞에서 네 의로움이 되리라,

⑭ 곤궁하고 빈한한 품군은 너의 형제든지 네 땅 성문안에 우거하는 객이든지 그를 학대하지 말며,

⑮ 그 품삯을 당일에 주고 해진 후까지 끌지 말라, 이는 그가 빈궁하므로 마음에 품삯을 사모함이라, 두렵건대 그가 너를 여호와께 호소하면 죄가 네게로 돌아갈까 하노라,

⑯ 아비는 그 자식들을 인하여 죽임을 당치 않을 것이요, 자식들은 그 아비를 인하여 죽임을 당치 않을 것이라, 각 사람은 자기 죄에 죽임을 당할 것이니라,

⑰ 너는 객이나 고아의 송사를 억울하게 말며 과부의 옷을 저당잡지 말지니라,

⑱ 너는 에집트에서 종이 되었던 일과 네 하나님 여호와께서 너를 거기서 속량하신 것을 기억하라, 이러므로 내가 네게 이 일을 행하라, 명하노라,

⑲ 네가 밭에서 곡식을 벨 때에 그 한 묶음을 밭에 잊어버렸거든 다시 가서 취하지 말고 객과 고아와 과부를 위하여 버려두라, 그리하면 네 하나님 여호와께서 네 손으로 하는 범사에 복을 내리시리라,

⑳ 네가 네 감람나무를 떤 후에 그 가지를 다시 살피지 말고 그 남은 것은 객과 고아와 과부를 위하여 버려두며,

㉑ 네가 네 포도원의 포도를 딴 후에 그 남은 것을 다시 따지 말고 객과 고아와 과부를 위하여 버려두라,

㉒ 너는 에집트 땅에서 종 되었던 것을 기억하라, 이러므로 내가 네게 이 일을 행하라 명하노라.

● 25장

① 사람과 사람 사이에 시비가 생겨서 재판을 청하거든 재판장은 그들을 재판하여 의인은 의롭다 하고 악인은 정죄할 것이며,

② 악인에게 태형이 합당하거든 재판장은 그를 엎드리게 하고 그 죄의 경중대로 정한 대수를 자기 앞에서 때리게 하라,

③ 그 사람은 그에게 사십 대까지는 때릴 수 있으나 그 이상은 넘기지는 못할지니, 만일 그것을 넘겨 과다히 때리면 그때는 네 형제가 너를 비열한 자로 여길까 염려함이니라.

④ 너는 곡식을 밟아 떠는 소의 입에 망을 씌우지 말지니라,

⑤ 형제가 동거하는데 그중 하나가 죽고 아들이 없거든 그 죽은 자의 아내는 나가서 타인에게 시집가지 말것이요, 그 남편의 형제가 그에게로 들어가서 그를 취하여 아내를 삼아 그의 남편의 형제 된 의무를 다 행할 것이요,

⑥ 그 여인의 낳은 첫 아들로 그 죽은 형제의 후사를 잇게하여, 그 이름을 이스라엘 중에서 끊어지지 않게 할 것이니라,

⑦ 그러나 그 사람이 만일 그 형제의 아내 취하기를 즐겨하지 아니하거든, 그 형제의 아내는 그 성문 장로들에게로 나아가서 말하기를, 내 남편의 형제가 그 형제의 이름을 이스라엘 중에 잇기를 싫어하여 남편의 형제된 의무를 나에게 행치 아니하나이다, 할 것이요,

⑧ 그 성읍 장로들은 그를 불러다가 이를 것이며, 그가 이미 정한 뜻대로 말하기를, 내가 그 여자 취하기를 즐겨 아니하노라, 하거든,

⑨ 그 형제의 아내가 장로들 앞에서 그에게 나아가서 그의 발에서 신을 벗기고 그 얼굴에 침을 뱉으며 이르기를, 그 형제의 집 세우기를 즐겨하지 아니하는 자에게는 이같이 할 것이라, 할 것이며,

⑩ 이스라엘 중에서 그의 이름을 신 벗기운 자의 집이라 칭할 것이니라,

⑪ 두 사람이 서로 싸울 때에 한 사람의 아내가 그 남편을 그 치는 자의 손에서 구하려 하여 가까이 가서 손을 벌려 그 사람의 음낭을 잡거든,

⑫ 너는 그 여인의 손을 찍어 버릴 것이고, 네 눈이 그를 불쌍히 보지 말지니라,

⑬ 너는 주머니에 같지 않은 저울추 곧 큰 것과 작은 것을 넣지 말것이며,

⑭ 네 집에 같지 않은 되 곧 큰 것과 작은 것을 두지 말것이요,

⑮ 오직 십분 공정한 저울추를 두며 십분 공정한 되를 둘것이라, 그리하면 네 하나님 여호와께서 네게 주시는 땅에서 네 날이 장구하리라,

⑯ 무릇 이같이 행하는 자 무릇 부정당히 행하는 자는 네 하나님 여호와께 가증하니라,

⑰ 너희가 에집트에서 나오는 길에 아말렉이 네게 행한 일을 기억하라,

⑱ 곧 그들이 하나님을 두려워하지 아니하고, 너를 길에서 만나 너의 피곤함을 타서 네 뒤에 떨어진 약한 자들을 쳤느니라,

⑲ 그러므로 네 하나님 여호와께서 네게 유업으로 얻게 하시는 땅에서, 네 하나님 여호와께서 너로 사면에 있는 모든 대적을 벗어나게 하시고, 네게 안식을 주실 때에 너는 아말렉의 이름을 천하에서 도말할지니라, 너는 잊지 말지니라.

● 26장

① 네 하나님 여호와께서 네게 유업으로 주사 얻게 하시는 땅에 네가 들어가서 거기 거할 때에,

② 너는 주 너의 하나님 여호와께서 네게 주시는 땅에서 나는 그 토지의 모든 소산의 처음 것을 거둔 후에 그것을 취하여 광주리에 담고 네 하나님 여호와께서 그 이름을 두시려고 택하신 곳으로 그것을 가지고 가서,

③ 너는 그 당시의 제사장에게 나아가서 그에게 이르기를, 내가 오늘날 당신의 하나님 여호와께 고하나이다, 내가 여호와께서 우리에게 주리라고 우리 조상에게 맹세하신 땅에 이르렀나이다, 할 것이요,

④ 제사장은 네 손에서 그 광주리를 취하여다가 네 하나님 여호와의 단 옆에 놓을 것이며,

⑤ 너는 또 네 하나님 여호와 앞에 아뢰기를, 내 조상은 유리하는 아람 사람으로서 소수의 사람을 거느리고 에집트에 내려가서 거기 거주하여 필경은 거기서 크고 강하

고 번성한 민족이 되었더니,

⑥ 에집트 사람이 우리를 학대하며 우리를 괴롭게 하며 우리에게 힘든 노역을 시키므로,

⑦ 우리가 우리의 조상의 하나님 여호와께 부르짖었더니, 여호와께서 우리 음성을 들으시고 우리의 고통과 수고와 학대당하는 것을 보시고,

⑧ 여호와께서 강한 손과 편팔과 큰 위엄과 이적과 기사로 우리를 에집트에서 인도하여 내시어,

⑨ 이곳으로 인도하사 이 땅 곧 젖과 꿀이 흐르는 땅을 주셨나이다,

⑩ 여호와여, 이제 내가 주께서 내게 주신 투지 소산의 첫 열매를 가져왔나이다, 하고, 너는 그것을 네 하나님 여호와 앞에 두고 네 하나님 여호와 앞에 경배할 것이며,

⑪ 네 하나님 여호와께서 너와 네 집에 주신 모든 복을 인하여 너는 레위인과 너의 중에 우거하는 객과 함께 즐거워할찌니라,

⑫ 제 삼년 곧 십일조를 드리는 해에 네 모든 소산의 십일조 다 내기를 마친 후에 그것을 레위인과 객과 고아와 과부에게 주어서 네 성문안에서 배부르게 하라,

⑬ 그리 할 때에 네 하나님 여호와 앞에 고하기를, 내가 성물을 내 집에서 내어 레위인과 객과 고아와 과부에게 주기를 주께서 내게 명하신 명령대로 하였사오니 내가 주의 명령을 범치도 아니하였고 잊지도 아니하였나이다,

⑭ 내가 애곡하는 날에 이 성물을 먹지 아니하였고 부정한 몸으로 이를 떼어두지 아니하였고, 죽은 자를 위하여 이를 쓰지 아니하였고 네 하나님 여호와의 말씀을 청종하여 주께서 내게 명하신대로 다 행하였사오니,

⑮ 원컨데 주의 거룩한 처소 하늘에서 하감하시고 주의 백성 이스라엘에게 복을 주시며 우리 열조에게 맹세하여 우리에게 주신 젖과 꿀이 흐르는 땅에 복을 내리소서, 할지니라,

⑯ 오늘날 네 하나님 여호와께서 이 규례와 법도를 행하라고 네게 명하시나니, 그런즉 너는 마음을 다하고 성품을 다하여 지켜 행하라,

⑰ 네가 오늘날 여호와를 네 하나님으로 인정하고 또 그 도를 행하고 그 규례와 명령과 법도를 지키며 그 소리를 들으리라 확언하였고,

⑱ 여호와께서도 네게 말씀하신 대로 오늘날 너를 자기의 보배로운 백성으로 인정하시고 또 그 모든 명령을 지키게 하리라, 확언하셨은즉,

⑲ 여호와께서 너의 칭찬과 명예와 영광으로 그 지으신 모든 민족 위에 뛰어나게 하

시고 그 말씀하신대로 너로 네 하나님 여호와의 거룩한 백성이 되게 하시리라.

● 27장

① 모세가 이스라엘 장로들로 더불어 백성에게 명하여 말하기를, 내가 오늘날 너희에게 명하는 이 명령을 너희는 다 지킬지니라,

② 너희가 요단을 건너 네 하나님 여호와께서 주시는 땅에 들어가는 날에 큰 돌들을 세우고 석회를 바르라,

③ 네가 요르단을 건넌 후에 이 율법의 모든 말씀을 그 위에 기록하라, 그리하면 네 하나님 여호와께서 네게 주시는 땅 곧 젖과 꿀이 흐르는 땅에 네가 들어가리니, 네 열조의 하나님 주 여호와께서 네게 말씀하신대로 그대로니라,

④ 너희가 요단을 건너거든 내가 오늘날 너희에게 명하는 이 돌들을 에발산에 세우고 그 위에 석회를 바를 것이며,

⑤ 또 거기서 네 하나님 여호와를 위하여 단 곧 돌단을 쌓되 그것에 철 연장을 대지 말지니라,

⑥ 너는 다듬지 않은 돌로 네 하나님 여호와의 단을 쌓고 그 위에 네 하나님 여호와께 태우는 제사를 드릴 것이며,

⑦ 평화를 기원하는 제사를 드리고 거기서 먹으며 네 하나님 여호와 앞에서 즐거워하라,

⑧ 너는 이 율법의 모든 말씀을 그 돌들 위에 명백히 기록할지니라,

⑨ 모세가 레위 제사장들로 더불어 온 이스라엘에게 고하여 말하기를, 이스라엘아 잠잠히 들으라, 오늘날 네가 네 하나님 여호와의 백성이 되었으니,

⑩ 그런즉 네 하나님 여호와의 말씀을 복종하여 내가 오늘날 네게 명하는 그 명령과 규례를 행할지니라,

⑪ 모세가 같은 날 백성에게 명하여 말하기를,

⑫ 너희가 요단을 건넌 후에 시므온과 레위와 유다와 잇사갈과 요셉과 베냐민은 백성을 축복하기 위하여 그리심산에 서고,

⑬ 르우벤과 갓과 아셀과 스불론과 단과 납달리는 저주하기 위하여 에발산에 서고,

⑭ 레위 사람은 큰 소리로 이스라엘 모든 사람에게 말하여 이르기를,

⑮ 장색의 손으로 조각하였거나 부어만든 우상은 여호와께 가증하니, 그것을 만들어 은밀히 세우는 자는 저주를 받을 것이라, 할 것이요, 모든 백성은 응답하여, 아멘,

할지니라,

⑯ 그 부모를 경홀히 여기는 자는 저주를 받을 것이라 할 것이요, 모든 백성은 아멘, 할지니라,

⑰ 그 이웃의 지계표를 옮기는 자는 저주를 받을 것이라 할 것이요, 모든 백성은 아멘, 할지니라,

⑱ 소경으로 길을 잃게 하는 자는 저주를 받을 것이라 할 것이요, 모든 백성을 아멘, 할지니라,

⑲ 객이나 고아나 과부의 송사를 억울케 하는 자는 저주를 받을 것이라 할 것이요, 모든 백성을 아멘, 할지니라,

⑳ 계모와 함께 눕는 자는 그 아비의 하체를 드러내었으니 저주를 받을 것이라 할 것이요, 모든 백성은 아멘, 할지니라,

㉑ 무릇 짐승과 교합하는 자는 저주를 받을 것이라 할 것이요, 모든 백성은 아멘, 할지니라,

㉒ 그 자매 곧 그 아비의 딸이나 어미의 딸과 함께 눕는 자는 저주를 받을 것이라 할 것이요, 모든 백성은 아멘, 할지니라,

㉓ 장모와 함께 눕는 자는 저주를 받을 것이라 할 것이요, 모든 백성은 아멘, 할지니라,

㉔ 그 이웃을 암살하는 자는 저주를 받을 것이라 할 것이요, 모든 백성은 아멘, 할지니라,

㉕ 무죄자를 죽이려고 뇌물을 받는 자는 저주를 받을 것이라 할 것이요, 모든 백성은 아멘, 할지니라,

㉖ 이 율법의 모든 말씀을 실행치 아니하는 자는 저주를 받을 것이라 할 것이요, 모든 백성은 아멘, 할지니라.

● 28장

① 네가 네 하나님 여호와의 말씀을 삼가 듣고, 내가 오늘날 네게 명하는 그 모든 명령을 지켜 행하면, 네 하나님 여호와께서 너를 세계 모든 민족 위에 뛰어나게 하실 것이라,

② 네가 네 하나님 여호와의 말씀을 순종하면 이 모든 복이 네게 임하며 네게 미치리니,

③ 성읍에서도 복을 받고 들에서도 복을 받을 것이며,

④ 네 몸의 소생과 네 토지의 소산과 네 짐승의 새끼와 우양의 새끼가 복을 받을 것이며,

⑤ 네 광주리와 떡 반죽 그릇이 복을 받을 것이며,

⑥ 네가 들어와도 복을 받고 나가도 복을 받을 것이며,

⑦ 네 대적들이 일어나 너를 치려하면 여호와께서 그들을 네 앞에서 패하게 하시리니, 그들이 한 길로 너를 치러 들어왔으나 네 앞에서 일곱 길로 도망하리라,

⑧ 여호와께서 명하사 네 창고와 네 손으로 하는 일에 복을 내리시고, 네 하나님 여호와께서 네게 주시는 땅에서 네게 복을 주실 것이며,

⑨ 네가 네 하나님 여호와의 명령을 지켜 그 길로 행하면 여호와께서 네게 맹세하신 대로, 너를 세워 자기의 성민이 되게 하시리니,

⑩ 너를 여호와의 이름으로 일컬음을 세계 만민이 보고 너를 두려워 하리라,

⑪ 여호와께서 네게 주리라고 네 조상에게 맹세하신 땅에서 네게 복을 주사, 네 몸의 소생과 육축의 새끼와 토지의 소산으로 많게 하시며,

⑫ 여호와께서 너를 위하여 하늘의 아름다운 보고를 열으사, 네 땅에 때를 따라 비를 내리시고 네 손으로 하는 모든 일에 복을 주시리니, 네가 많은 민족에게 빌려 줄지라도 너는 빌리지 아니할 것이요,

⑬ 여호와께서 너로 머리가 되고 꼬리가 되지 않게 하시며, 위에만 있고 아래에 있지 않게 하시리니, 오직 너는 내가 오늘날 네게 명하는 네 하나님 여호와의 명령을 듣고 지켜 행하며,

⑭ 내가 오늘날 너희에게 명하는 그 말씀을 떠나 좌로나 우로나 치우치지 아니하고 다른 신을 따라 섬기지 아니하면 이와 같으리라,

⑮ 네가 만일 네 하나님 여호와의 말씀을 순종하지 아니하여, 내가 오늘날 네게 명하는 그 모든 규례와 명령을 지켜 행하지 아니하면 이 모든 저주가 네게 임하고 네게 미칠 것이니,

⑯ 네가 성읍에서도 저주를 받으며 들에서도 저주를 받을 것이요,

⑰ 또 네 광주리와 떡 반죽 그릇이 저주를 받을 것이요,

⑱ 네 몸의 소생과 네 토지의 소산과 네 우양의 새끼가 저주를 받을 것이며,

⑲ 네가 들어와도 저주를 받고 나가도 저주를 받으리라,

⑳ 네가 악을 행하여 그를 잊으므로 네 손으로 하는 모든 일에 여호와께서 저주와 공

구와 견책을 내리시사, 망하며 속히 파멸케 하실 것이며,

㉑ 여호와께서 네 몸에 전염병이 들게 하사, 네가 들어가 얻을 땅에서 필경 너를 멸하실 것이며,

㉒ 여호와께서 폐병과 열병과 상한과 학질과 한재와 풍재와 썩는 재앙으로 너를 치시리니, 이 재앙들이 너를 따라서 너를 진멸케 할 것이라,

㉓ 네 머리 위의 하늘은 놋이 되고 네 아래의 땅은 철이 될 것이며,

㉔ 여호와께서 비 대신에 티끌과 모래를 네 땅에 내리시리니, 그것들이 하늘에서 네 위에 내려서 필경 너를 멸하리라,

㉕ 여호와께서 너로 네 대적 앞에 패하게 하시리니, 네가 한 길로 그들을 치러 나가서는 그들의 앞에서 일곱 길로 도망할 것이며 네가 또 세계 만국 중에 흩음을 당하고,

㉖ 네 시체가 공중의 모든 새와 땅 짐승들의 밥이 될 것이나 그것들을 쫓아 줄자가 없을 것이며,

㉗ 여호와께서 에집트의 종기와 치질과 괴혈병과 가려움으로 너를 치시리니, 네가 치료함을 얻지 못할 것이며,

㉘ 여호와께서 또 너를 미침과 눈멂과 경심증으로 치시리니,

㉙ 소경이 어두운데서 더듬는 것과 같이 네가 백주에도 더듬고 네 길이 형통치 못하여 항상 압제와 노략을 당할 뿐이니, 너늘 구원할 자가 없을 것이며,

㉚ 네가 여자와 약혼 하였으나 다른 사람이 그와 잘 것이요, 집을 건축하였으나 거기 거하지 못할 것이요, 포도원을 심었으나 네가 그 과실을 쓰지 못할 것이며,

㉛ 네 소를 목전에서 잡았으나 네가 먹지 못할 것이며 네 나귀를 네 목전에서 빼앗아 감을 당하여도 도로 찾지 못할 것이며, 네 양을 대적에게 빼앗길 것이나 너를 도와 줄 자가 없을 것이며,

㉜ 네 자녀를 다른 민족에게 빼앗기고 종일 생각하고 알아봄으로 눈이 쇠하여지나 네 손이 능이 없을 것이며,

㉝ 네 토지 소산과 네 수고로 얻은 것을 네가 알지 못하는 민족이 먹겠고, 너는 항상 압제와 학대를 받을 뿐이리니,

㉞ 이러므로 네 눈에 보이는 일로 인하여 네가 미치리라,

㉟ 여호와께서 네 무릎과 다리를 쳐서 고치지 못할 심한 종기로 발하게 하여 발바닥으로 정수리까지 이르게 하시리라,

㊱ 여호와께서 너와 네가 세울 네 임금을 너와 네 열조가 알지 못하던 나라로 끌어가시리니, 네가 거기서 목석으로 만든 다른 신들을 섬길 것이며,
㊲ 여호와께서 너를 끌어 가시는 모든 민족 중에서 네가 놀램과 속담과 비방거리가 될 것이라,
㊳ 네가 많은 종자를 들에 심을지라도 메뚜기가 먹으므로 거둘 것이 적을 것이며,
㊴ 네가 포도원을 심고 다스릴지라도 벌레가 먹으므로 포도를 따지 못하고 포도주를 마시지 못할 것이며,
㊵ 네 모든 경내에 감람 나무가 있을지라도 그 열매가 떨어지므로 그 기름을 네 몸에 바르지 못할 것이며,
㊶ 네가 자녀를 낳을지라도 그들이 포로가 되므로 네게 있지 못할 것이며,
㊷ 네 모든 나무와 토지 소산은 메뚜기가 먹을 것이며,
㊸ 너의 중에 거주하는 이방인은 점점 높아져서 네 위에 뛰어나고 너는 점점 낮아질 것이며,
㊹ 그는 네게 빌려줄지라도 너는 그에게 빌려주지 못할 것이니, 그는 머리가 되고 너는 꼬리가 될 것이라,
㊺ 네가 네 하나님 여호와의 말씀을 순종치 아니하고, 네게 명하신 그 명령과 규례를 지키지 아니하므로, 이 모든 저주가 네게 임하고, 너를 따르고 네게 미쳐서 필경 너를 멸하리니,
㊻ 이 모든 저주가 너와 네 자손에게 영원히 있어서 표적과 이적으로 되리라,
㊼ 네가 모든 것이 풍족하여도 기쁨과 즐거운 마음으로 네 하나님 여호와를 섬기지 아니함을 인하여,
㊽ 네가 주리고 목마르고 헐벗고 모든 것이 핍절한 중에서 여호와께서 보내사, 너를 치게 하실 대적을 섬기게 될 것이니, 그가 철 멍에를 네 목에 메워서 필경 너를 멸할 것이라,
㊾ 곧 여호와께서 원방에서 땅끝까지 한 민족을 독수리의 날음 같이 너를 치러 오게 하시리니, 이는 네가 그 언어를 알지 못하는 민족이요,
㊿ 그 용모가 흉악한 민족이라 노인을 존경치 아니하며 어린아이를 긍휼히 여기지 아니하며,
(51) 네 육축의 새끼와 네 토지의 소산을 먹어서 필경은 너를 멸망시키며, 또 곡식이나 포도주나 기름이나 소의 새끼나 양의 새끼를 너를 위하여 남기지 아니하고, 필경

은 너를 멸절시키리라,
(52) 그들이 전국에서 네 모든 성읍을 에워싸고 네가 의뢰하는바 높고 견고히 성벽을 다 헐며 네 하나님 여호와께서 네게 주시는 땅의 모든 성읍에서 너를 에워싸리니,
(53) 네가 대적에게 에워싸이고 맹렬히 쳐서 곤란케 함을 당하므로 네 하나님 여호와께서 네게 주신 자녀 곧 네 몸의 소생의 고기를 먹을 것이라,
(54) 너희 중에 유순하고 연약한 남자라도 그 형제와 그 품의 아내와 그 남은 자녀를 질시하여,
(55) 자기의 먹는 그 자녀의 고기를 그 중 누구에게든지 주지 아니하리니, 이는 네 대적이 네 모든 성읍을 에워싸고 맹렬히 너를 쳐서 곤란케 하므로 아무것도 그에게 남음이 없는 연고일 것이며,
(56) 또 너희 중에 유순하고 연약한 부녀 곧 유순하고 연약하여 그 발바닥으로 땅을 밟아 보지도 아니하던 자라도 그 품의 남편과 그 자녀를 질시하여,
(57) 그 다리 사이에서 나온 태와 자기의 낳은 어린 자식을 가만히 먹으리니, 이는 네 대적이 네 생명을 에워싸고 맹렬히 쳐서 곤란케 하므로 아무것도 얻지 못함이리라,
(58) 네가 만일 이 책에 기록한 이 율법의 모든 말씀을 지켜 행하지 아니하고, 네 하나님 여호와라 하는 영화롭고 두려운 이름을 경외하지 아니하면,
(59) 여호와께서 너의 재앙과 네 자손의 재앙을 극렬하게 하시리니, 그 재앙이 크고 오래고 그 질병이 중하고 오랠 것이라,
(60) 여호와께서 네가 두려워하던 에집트의 모든 질병을 네게로 가져다가 네 몸에 들어 붓게 하실 것이며,
(61) 또 이 율법책에 기록하지 아니한 모든 질병과 모든 재앙을 너의 멸망하기까지 여호와께서 네게 내리실 것이니,
(62) 너희가 하늘의 별 같이 많았을지라도 네 하나님 여호와의 말씀을 순종치 아니하므로 남는 자가 얼마되지 못할것이라,
(63) 이왕에 여호와께서 너희에게 선을 행하시고 너희로 번성케 하시기를 기뻐하시던 것 같이 이제는 여호와께서 너희를 망하게 하시며 멸하시기를 기뻐하시리니, 너희가 들어가 얻는 땅에서 뽑힐 것이요,
(64) 여호와께서 너를 땅 이 끝에서 저 끝까지 만민 중에 흩으리시니, 네가 그곳에서 너와 네 열조의 알지 못하던 목석 우상을 섬길것이라,

㉞ 그 열국 중에서 네가 평안함을 얻지 못하며 네 발바닥을 쉴 곳도 얻지 못하고 오직 여호와께서 거기서 너의 마음으로 떨고 눈으로 쇠하고 정신으로 산란케 하시리니,

㉞ 네 생명이 의심나는 곳에 달린 것 같아서 주야로 두려워하며 네 생명을 확신할 수 없을 것이라,

㉞ 네 마음의 두려움과 눈의 보는 것으로 인하여 아침에는 이르기를, 아하 저녁이 되었으면 좋겠다 할것이요, 저녁에는 이르기를, 아하 아침이 되었으면 좋겠다, 하리라.

㉞ 여호와께서 너를 배에 실으시고 전에 너에게 고하여 이르기를, 네가 다시는 그 길을 보지 아니하리라, 하시던 그 길로 너를 에집트로 끌어가실 것이라, 거기서 너희가 너희 몸을 대적에게 노비로 팔려하나, 너희를 살 자가 없으리라.

● 29장

① 여호와께서 호렙에서 이스라엘 자손과 세우신 언약 외에 여호와께서 모세에게 명하사 모압 땅에서 또 그들과 세우신 언약의 말씀이 이러하니라,

② 모세가 온 이스라엘을 소집하고 그들에게 이르되, 여호와께서 에집트 땅에서 너희 목전에 파라오와 그 모든 신하와 그 온 땅에 행하신 모든 일을 너희가 보았나니,

③ 곧 그 큰 시험과 이적과 큰 기사를 너희가 목도하였느니라,

④ 그러나 깨닫는 마음과 보는 눈과 듣는 귀는 오늘날까지 여호와께서 너희에게 주지 아니하셨느니라,

⑤ 주께서 사십년 동안 너희를 인도하여 황야를 통행케 하셨거니와 너희 몸의 옷이 낡지 아니하였고 너희 발의 신이 헤어지지 아니하였으며,

⑥ 너희로 떡도 먹지 못하며 독주나 포도주를 마시지 못하게 하였음은 주는 너희 하나님 여호와이신줄을 알게 하려 하심이니라,

⑦ 너희가 이곳에 올 때에 헤스본 왕 시혼과 바산 왕 옥이 우리와 싸우러 나왔으므로 우리가 그들을 치고,

⑧ 그 땅을 취하여 르우벤과 갓과 므낫세 반 지파에게 유업으로 주었나니,

⑨ 그런즉, 너희는 이 언약의 말씀을 지켜 행하라, 그리하면 너희의 하는 모든 일이 형통하리라,

⑩ 오늘날 너희 곧 두령과 너희 지파와 너희 장로들과 너희 관원들과 이스라엘 모든 남자와

⑪ 너희 유아들과 너의 아내와 및 네 진 중에 있는 객과 무릇 너를 위하여 나무를 패는 자로부터 물 긷는 자까지 다 너희 하나님 여호와 앞에 선 것은,

⑫ 너의 하나님 여호와의 언약에 참예하며 또 너의 하나님 여호와께서 오늘날 네게 향하여 하시는 맹세에 참예하여,

⑬ 여호와께서 이왕에 네게 말씀하신 대로 또 네 조상 아브라함과 이삭과 야곱에게 맹세하신 대로 오늘날 너를 세워 자기 백성을 삼으시고 자기는 친히 네 하나님이 되시려 함이니라,

⑭ 내가 이 언약과 맹세를 너희에게만 세우는 것이 아니라,

⑮ 오늘날 우리 하나님 여호와 앞에서 우리와 함께 여기 선 자와 오늘날 우리와 함께 여기 있지 아니한 자에게까지니,

⑯ (우리가 애굽트 땅에 어떻게 거하였는지 너희가 여러 나라를 어떻게 통과하여 왔는지 너희가 알며,

⑰ 너희가 또 그들 중에 있는 가증한 것과 목석과 은금의 우상을 보았느니라,)

⑱ 너희 중에 남자나 여자나 가족이나 지파나 오늘날 그 마음이 우리 하나님 여호와를 떠나서 그 모든 민족의 신들에게 가서 섬길까 염려하며 독초와 쑥의 뿌리가 너희 중에 생겨서,

⑲ 이 저주의 말을 듣고도 심중에 스스로 위로하여 이르기를, 내가 내 마음을 강퍅케 하여 젖은 것과 마른 것을 멸할지라도 평안하리라 할까, 염려함이라,

⑳ 여호와는 이런 자를 사하지 않으실 뿐 아니라 여호와의 분노와 질투의 불로 그의 위에 붓게 하시며, 또 이 책에 기록된 모든 저주로 그에게 더하실 것이라, 여호와께서 필경은 그의 이름을 천하에서 도말하시되,

㉑ 여호와께서 곧 이스라엘 모든 지파 중에서 그를 구별하시고 이 율법책에 기록된 언약의 모든 저주대로 그에게 화를 더하시리라,

㉒ 너희 뒤에 일어나는 너희 자손과 원방에서 오는 객이 그 땅의 재앙과 여호와께서 그 땅을 유행시키는 질병을 보며,

㉓ 그 온 땅이 유황이 되며 소금이 되며 또 불에 타서 심지도 못하며 결실 함도 없으며, 거기 아무 풀도 나지 아니함이 옛적에 여호와께서 진노와 분한으로 훼멸하신 소돔과 고모라와 아드마와 스보임의 무너짐과 같음을 보고 말할 것이요,

㉔ 열방 사람들도 말하기를 여호와께서 어찌하여 이 땅에 이같이 행하셨느뇨? 이같이 크고 열렬하게 노하심은 무슨 뜻이뇨? 하면,

㉕ 그 때에 사람이 대답하기를, 그 무리가 자기의 조상의 하나님 여호와께서 그 조상을 에집트에서 인도하여 내실 때에 더불어 세우신 언약을 버리고,

㉖ 가서 자기들이 알지도 못하고 여호와께서 그들에게 주시지도 아니한 다른 신들을 섬겨 그에게 절한 까닭이라,

㉗ 이러므로 여호와께서 이 땅을 향하여 진노하사, 이 책에 기록된 모든 저주대로 재앙을 내리시고,

㉘ 여호와께서 또 진노와 분한과 크게 통한하심으로, 그들을 이 땅에서 뽑아내사 다른 나라에 던져 보내심이 오늘날과 같다 하더라,

㉙ 오묘한 일은 우리 하나님 여호와께 속하였거니와 나타난 일은 영구히 우리와 우리 자손에게 속하였나니, 이는 우리로 이 율법의 모든 말씀을 행하게 하심이니라.

● 30장

① 내가 네게 진술한 모든 복과 저주가 네게 임하므로, 네가 네 하나님 여호와께 쫓겨 간 모든 나라 가운데서 이 일이 마음에서 기억이 나거든,

② 너와 네 자손이 네 하나님 여호와께로 돌아와, 내가 오늘날 네게 명한 것을 온전히 따라서 마음을 다하고 성품을 다하여 여호와의 말씀을 순종하면,

③ 네 하나님 여호와께서 마음을 돌이키시고 너를 긍휼히 여기사, 네 포로를 돌리시되, 네 하나님 여호와께서 너를 흩으신 그 모든 백성 중에서 너를 모으시리니,

④ 너희 가운데 누가 하늘의 맨 끝까지 쫓겨 갔을지라도 네 하나님 여호와께서 거기서 너를 모으실 것이요, 또 거기서부터 너를 이끄실 것이라,

⑤ 네 하나님 여호와께서 너를 네 조상이 얻은 땅으로 돌아오게 하사, 너로 다시 그것을 얻게 하실 것이며, 여호와께서 또 네게 선을 행하사 너로 네 조상 보다 더 번성케 하실 것이며,

⑥ 네 하나님 여호와께서 네 마음과 네 자손의 마음에 할례를 베푸사, 너로 마음을 다하며 성품을 다하여 네 하나님 여호와를 사랑하게 하사, 너로 생명을 얻게 하실 것이며,

⑦ 네 하나님 여호와께서 네 대적과 너를 미워하고 핍박하던 자에게 이 모든 저주로 임하시게 하시리니,

⑧ 너는 돌아와 다시 여호와의 말씀을 순종하고 내가 오늘날 네게 명한 그 모든 명령을 행할 것이라

⑨ 그리하면 주 너의 하나님께서 네 손으로 하는 모든 일과 네 몸의 열매와 네 가축의 소산과 네 땅의 열매에서 좋은 것으로 풍족하게 하시리라, 이는 여호와께서 네 조상들을 기뻐하신 것같이 너를 번영하게 하시기를 다시 기뻐하실 것이기 때문이니,

⑩ 만일 네가 여호와 하나님의 음성에 귀를 기울여 듣고 이 율법 책에 기록된 그 명령과 규례를 지키고 또 네 만일 네가 네 마음을 다하고 네 혼을 다하여 여호와 네 하나님께로 돌아오면 그리하시리라,

⑪ 내가 오늘날 네게 명한 이 명령은 네게서 어려운 것도 아니요, 먼 것도 아니라,

⑫ 그것은 하늘에 있는 것도 아니니, 네가 이르기를, 누가 우리를 위하여 하늘에 올라가서 그 명령을 우리에게로 가지고 와서 우리에게 들려 행하게 할꼬 할것이 아니요,

⑬ 이것이 바다 밖에 있는 것이 아니니, 네가 이르기를, 누가 우리를 위하여 바다를 건너가서 그 명령을 우리에게로 가지고 와서 우리에게 들려 행하게 할꼬 할것도 아니라,

⑭ 오직 그 말씀이 네게 심히 가까와서 네 입에 있으며 네 마음에 있은즉, 네가 이를 행할 수 있느니라,

⑮ 보라 내가 오늘 생명과 복과 사망과 악을 네 앞에 두었노라,
(See, I have set before thee this day life and good, and death and evil;-KJV)
(See, I set before you today life and prosperity, death and destruction.-NIV)
(See, I have today set before you life and good, death and evil.-NAB)
(Look at what I've done for you today: I've placed in front of you Life and Good, Death and Evil.-THE MESSAGE)

⑯ 곧 내가 오늘날 너를 명하여 네 하나님 여호와를 사랑하고 그 모든 길을 행하며 그 명령과 규례와 법도를 지키라 하는 것이라, 그리하면 네가 생존하며 번성할 것이요, 또 네 하나님 여호와께서 네가 가서 얻을 땅에서 복을 주실 것임이니라,

⑰ 그러나 네가 만일 마음을 돌이켜 듣지 아니하고 유혹을 받아서 다른 신들에게 절하고 그들을 섬기면,

⑱ 내가 오늘날 너희에게 선언하노니, 너희가 반드시 망하리라, 너희가 요단을 건너가서 얻을 땅에서 너희의 날이 장구치 못할 것이니라,

⑲ 내가 오늘날 천지를 불러서 너희에게 증거를 삼노라, 내가 생명과 사망과 복과 저주를 네 앞에 두었은즉, 너와 네 자손이 살기 위하여 생명을 택하고,

⑳ 네 하나님 여호와를 사랑하고 그 말씀을 순종하며 또 그에게 복종하라, 그는 네 생명이시요, 네 장수시니, 여호와께서 네 조상 아브라함과 이삭과 야곱에게 주리하고 맹세하신 땅에 네가 거하게 되리라.

● 31장

① 모세가 가서 온 이스라엘에게 이 말씀을 전하니라,

② 곧 그들에게 이르되, 내가 오늘날 일백 이십세라 내가 더는 출입하기 능치 못하고 여호와께서도 내게 이르시기를, 너는 이 요단을 건너지 못하리라 하셨느니라,

③ 여호와께서 이미 말씀하신 것과 같이 여호수아가 너희를 거느리고 건널 것이요, 네 하나님 여호와 그가 네 앞서 건너가서 이 민족들을 네 앞에서 멸하시고 너로 그 땅을 얻게 하실 것이며,

④ 여호와께서 이미 멸하신 아모리 왕 시혼과 옥과 및 그 땅에 행하신 것과 같이 그들에게도 행하실 것이라,

⑤ 여호와께서 그들을 너희 앞에 붙이시리니, 너희는 내가 너희에게 명한 모든 명령대로 그들에게 행할 것이라,

⑥ 너는 마음을 강하게 하고 담대히 하라, 그들을 두려워 말라, 그들 앞에서 떨지 말라, 이는 네 하나님 여호와께서 너와 함께 행하실 것임이라, 반드시 너희를 떠나지 아니하시며 버리지 아니하시리라, 하고,

⑦ 모세가 여호수아를 불러 온 이스라엘 목전에서 그에게 이르되, 너는 마음을 강하게 하고 담대히 하라, 너는 이 백성을 거느리고 여호와께서 그들이 조상에게 주리라고 맹세하신 땅에 들어가서 그들로 땅을 얻게 하라,

⑧ 여호와 그가 네 앞서 행하시며 너의 함께하사, 너늘 떠나지 아니하시며 버리지 아니하시리니, 너는 두려워 말라, 놀라지 말라,

⑨ 모세가 이 율법을 써서 여호와의 언약궤를 메는 레위 자손 제사장들과 이스라엘 모든 장로들에게 주고,

⑩ 그들에게 명하여 이르기를, 매 칠년 끝 해 곧 정기 면제년의 초막절에,

⑪ 온 이스라엘이 네 하나님 여호와 앞 그 택하신 곳에 모일 때에 이 율법을 낭독하여 온 이스라엘로 듣게 할지니,

⑫ 곧 백성의 남녀와 유치와 네 성안에 우거하는 타국인을 모으고, 그들로 듣고 배우고 네 하나님 여호와를 경외하며 이 율법의 모든 말씀을 지켜 행하게 하고,

⑬ 또 너희가 요단을 건너가서 얻을 땅에 거할 동안에 이 말씀을 알지 못하는 그들의 자녀로 듣고 네 하나님 여호와를 경외하기를 배우게 할지니라,

⑭ 여호와께서 모세에게 이르시되, 너의 죽을 기한이 가까웠으니, 여호수아를 불러서 회막으로 나아오라, 내가 그에게 명을 내리리라, 모세와 여호수아가 나아가서 회막에 서니,

⑮ 여호와께서 구름 기둥 가운데서 장막에 나타나시고, 구름 기둥은 장막문 위에 머물렀더라,

⑯ 여호와께서 모세에게 이르시되, 너는 너의 조상과 함께 자려니와 이 백성은 들어가 거할 그 땅에서 일어나서 이방신들을 음란히 좇아 나를 버리며 내가 그들과 세운 언약을 어길 것이라,

⑰ 그 때에 내가 그들에게 진노하여 그들을 버리며, 내 얼굴을 숨겨 그들에게 보이지 않게 할것인즉, 그들이 삼킴을 당하여 허다한 재앙과 환난이 그들에게 임할 그 때에 그들이 말하기를, 이 재앙이 우리에게 임함은 우리 하나님이 우리 중에 계시지 않은 까닭이 아니뇨, 할 것이라,

⑱ 그들이 돌이켜 다른 신을 좇는 모든 악행을 인하여 내가 그 때에 반드시 내 얼굴을 숨기리라,

⑲ 그러므로 이제 너희는 이 노래를 써서 이스라엘 자손에게 가르쳐서 그 입으로 부르게 하여 이 노래로 나를 위하여 이스라엘 자손에게 증거가 되게 하라,

⑳ 내가 그들의 열조에게 맹세한바 젖과 꿀이 흐르는 땅으로 그들을 인도하여 들인 후에 그들이 먹어 배부르고 살찌면 돌이켜 다른 신들을 섬기며 나를 멸시하여 내 언약을 어기리니,

㉑ 그들이 재앙과 환난과 당할 때에 그들의 자손이 부르기를 잊지 아니한 이 노래가 그들 앞에 증인처럼 되리라, 나는 내가 맹세한 땅으로 그들을 인도하여 들이기 전 오늘날에 나는 그들의 상상하는 바를 아노라,

㉒ 모세가 당일에 이 노래를 써서 이스라엘 자손에게 가르쳤더라,

㉓ 여호와께서 또 눈의 아들 여호수아에게 명하여 가라사대, 너는 이스라엘 자손을 인도하여 내가 그들에게 맹세한 땅으로 들어가게 하리니, 마음을 강하게 하고 담대히 하라,

㉔ 모세가 이 율법의 말씀을 다 책에 써서 마친 후에,

㉕ 여호와의 언약궤를 메는 레위 사람에게 명하여 가로되,

㉖ 이 율법책을 가져다가 너희 하나님 여호와의 언약궤 곁에 두어 너희에게 증거가 되게 하라,

㉗ 내가 너희의 패역함과 목이 곧은 것을 아나니, 오늘날 내가 생존하여 너희와 함께 하여도 너희가 여호와를 거역하였거든 하물며 내가 죽은 후의 일이랴,

㉘ 너희 지파 모든 장로와 관원들을 내 앞에 모으라, 내가 이 말씀을 그들의 귀에 들리고 그들에게 천지로 증거를 삼으리라,

㉙ 내가 알거니와 내가 죽은 후에 너희가 스스로 부패하여 내가 너희에게 명한 길을 떠나서 여호와의 목전에 악을 행하여 너희의 손으로 하는 일로 그를 격노케 하므로 너희가 말세에 재앙을 당하리라, 하니라,

㉚ 모세가 이스라엘 온 회중의 귀게 이 노래의 말씀을 끝까지 읽어 전하였더라,

● 32장

① 하늘들이여 귀를 기울이라, 내가 말하리라, 오 지구여 내 입의 말을 들을지어다,

② 나의 교훈은 내리는 비요, 나의 말은 맺히는 이슬이요, 연한 풀 위에 가는 비요, 채소 위에 단 비로다,

③ 내가 여호와의 이름을 전파하리니, 너희는 위엄을 우리 하나님께 돌리지어다,

④ 그는 반석이시니, 그 공덕이 완전하고 그 모든 길이 공평하며 진실무망하신 하나님이시니, 공의로우시고 정직하시도다,

⑤ 그들이 여호와를 향하여 악을 행하니, 하나님의 자녀가 아니요, 패역하고 비뚤어진 세대로다,

⑥ 우매무지한 백성아, 여호와께 이같이 보답하느냐? 그는 너를 사신 너의 아버지가 아니시냐? 너를 지으시고 세우셨도다,

⑦ 옛날을 기억하라, 역대의 연대를 생각하라, 네 아비에게 물으라, 그가 네게 설명할 것이요, 네 어른들에게 물으라, 그들이 네게 이르리로다,

⑧ 지극히 높으신 분께서 이교도들을 그들의 유업으로 나누시고, 그분께서 이스라엘 자손의 수효대로 그 백성들의 경계를 정하셨으니,

⑨ 이는 여호와의 몫은 그분의 백성의 것이고 그분의 유업의 몫은 야곱이기 때문이니라,

⑩ 여호와께서 그를 황무지에서 짐승이 부르짖는 광야에서 만나시고 호위하시며 보호하시며 자기 눈동자 같이 지키셨도다,

⑪ 마치 독수리가 그 보금자리를 어지럽게 하며 그 새끼 위에 너풀거리며 그 날개를 펴서 새끼를 받으며 그 날개 위에 그것을 업는 것 같이,

⑫ 여호와께서 홀로 그들을 인도하셨고 함께한 이방신은 없었느니라,

⑬ 여호와께서 그로 땅의 높은 곳을 타고 다니게 하시고, 밭의 소산을 먹게 하시며, 반석에서 꿀을 굳은 반석에서 기름을 빨게 하시고,

⑭ 소의 젖 기름과 양의 젖과 어린양의 기름과 바산 소산의 수양과 염소와 지극히 아름다운 밀을 먹이시며 또 포도즙의 붉은 술을 마시우셨도다,

⑮ 그러한데 여수룬이 살찌매 발로 찼도다, 네가 살찌고 부대하고 윤택하며 자기를 지으신 하나님을 버리며 자기를 구원하신 반석을 경홀히 여겼도다,

⑯ 그들이 이방신들로 그의 질투를 일으키며 가증한 것으로 그의 진노를 격발하였도다,

⑰ 그들은 하나님께 제사하지 아니하고 마귀에게 하였으니, 곧 그들의 알지 못하던 신 곧 근래에 일어난 새 신 너희 열조의 두려워하지 않던 것들이로다,

⑱ 너를 낳은 반석은 네가 상관치 않고 너를 내신 하나님은 네가 잊었도다,

⑲ 여호와께서 보시고 미워하셨으니, 그 자녀가 그를 격노케 한 연고로다,

⑳ 여호와의 말씀에 내가 내 얼굴을 숨겨 그들에게 보이지 않게 하고, 그들의 종말의 어떠함을 보리니, 그들은 심히 주제넘은 세대이며 신앙이 없는 자녀들이기 때문이로다,

㉑ 그들은 하나님이 아닌 자로 나의 질투를 일으켰으며, 그들의 헛된 것으로 나의 진노를 격발하였으니, 나도 백성이 되지 아니한 자로 그들이 시기가 나게 하며 어리석은 민족으로 그들의 분노를 격발하리로다,

㉒ 내 분노의 불이 일어나 음부 깊은 곳까지 사르고, 땅의 그 소산을 삼키며, 산들의 기초들에도 불을 놓으리라,

㉓ 내가 재앙을 그들의 위에 쌓으며 나의 화살을 그들에게 쏘리로다,

㉔ 그들은 굶주림으로 불탈 것이며 뜨거운 열기와 혹독한 멸망으로 삼킴을 당할 것이요, 내가 또한 짐승들의 이빨과 티끌 속의 뱀들의 독을 그들에게 보내리라,

㉕ 밖으로는 칼에 방안에서는 놀람에 멸망하리니 청년 남자와 처녀와 젖 먹는 아이와 백발 노인까지리로다,

㉖ 내가 그들을 흩어서 인간에게 그 기억이 끊어지게 하리라, 하였다마는

㉗ 대적을 격동할까 염려라, 원수가 오해하고 말하기를, 우리 수단이 높음이요 여호와의 행함이 아니라 할까 염려라, 하시도다,

㉘ 그들은 분별없는 민족이니 그들 안에는 아무런 깨달음이 없기 때문이라,

㉙ 그들이 지혜가 있어서 이것을 깨닫고 자기의 종말을 생각하였으면,

㉚ 그들의 반석이 그들을 팔지 아니하였고, 여호와께서 그들을 내어주지 아니하셨더면, 어찌 한 사람이 천을 쫓으며 두 사람이 만을 도망케 하였을까?

㉛ 대적의 반석이 우리의 반석과 같지 못하니 대적도 스스로 판단하도다,

㉜ 그들의 포도나무는 소돔의 포도나무요, 고모라의 밭의 소산이라 그들의 포도는 쓸개 포도니 그 송이는 쓰며,

㉝ 그들의 포도주는 뱀의 독이요, 독사의 악독이라,

㉞ 이것이 내게 쌓이고 내 곳간에 봉하여 있지 아니한가

㉟ 보수는 내 것이라, 그들의 실족할 그 때에 갚으리로다, 그들이 환난의 날이 가까우니, 당할 그 일이 속히 임하리로다,

㊱ 여호와께서 자기 백성을 판단하시고, 그 종들을 인하여 후회하시리니, 곧 그들의 무력함과 갇힌 자나 놓인 자가 없음을 보시는 때에로다,

㊲ 여호와의 말씀에 그들의 신들이 어디 있으며 그들이 피하던 반석이 어디 있느냐?

㊳ 그들의 희생의 고기를 먹던 것들 전제의 술을 마시던 것들로 일어나서 너희를 돕게 하라, 너희의 보장이 되게 하라,

㊴ 이제는 나 곧 내가 그인줄 알라, 나와 함께 하는 신이 없도다, 내가 죽이기도 하며 살리기도 하며 상하게도 하며 낫게도 하나니, 내 손에서 능히 건질자 없도다,

㊵ 내가 하늘을 향하여 내 손을 들고 말하노라, 나의 영원히 삶을 두고 맹세하노니,

㊶ 나의 번쩍이는 칼을 갈며 내 손에 심판을 잡고, 나의 대적에게 보수하며, 나를 미워하는 자에게 보응할 것이라,

㊷ 나의 화살로 피에 취하게 하고, 나의 칼로 그 고기를 삼키게 하리니, 곧 피살자와 포로된 자의 피요, 대적의 장관의 머리로다 하시도다,

㊸ 너희 열방은 주의 백성과 즐거워하라, 주께서 그 종들의 피를 갚으사, 그 대적에게 보수하시고 자기 땅과 백성을 위하여 속죄하시리로다,

㊹ 모세와 눈의 아들 여호수아가 와서 이 노래의 모든 말씀을 백성에게 말하여 들리니라,

㊺ 모세가 이 모든 말씀을 온 이스라엘에게 말하기를 그치고,
㊻ 그들에게 이르되, 내가 오늘날 너희에게 증거한 모든 말을 너희 마음에 두고 너희 자녀에게 명하여 이 율법의 모든 말씀을 지켜 행하게 하라,
㊼ 이는 너희에게 허사가 아니라, 너희의 생명이니, 이 일로 인하여 너희가 요단을 건너 얻을 땅에서 너희의 날이 장구하리라,
㊽ 당일에 여호와께서 모세에게 일러 가라사대,
㊾ 너는 여리고 맞은편 모압 땅에 있는 아바림 산에 올라 느보산에 이르러 내가 이스라엘 자손에게 유업으로 주는 가나안 땅을 바라보라,
㊿ 네 형 아론이 호르산에서 죽어 그 조상에게로 돌아간 것 같이 너도 올라가는 이 산에서 죽어 네 조상에게로 돌아가리니,
(51) 이는 너희가 진(Zin) 황야(the wilderness) 가데스의 므리바 물가에서 이스라엘 자손 중 내게 범죄하여 나의 거룩함을 이스라엘 자손 중에서 나타내지 아니한 연고라,
(52) 내가 이스라엘 자손에게 주는 땅을 네가 바라보기는 하려니와 그리로 들어가지는 못하리라, 하시니라.

• 33장

① 하나님의 사람 모세가 죽기 전에 이스라엘의 자손에게 축복함이 이러하니라,
② 그가 말하기를, 여호와께서 시내에서 오시고 세일산에서 일어나시고 바란산에서 비취시고 일만성도 가운데서 강림하셨고 그 오른손에서 그들을 위한 불 같은 율법이 나갔도다,
③ 참으로 여호와께서 백성을 사랑하시나니, 모든 성도가 그 수중에 있으며 주의 발 아래에 앉아서 주의 말씀을 받으리이다, 하니라,
④ 모세가 우리에게 율법을 명하였으니, 곧 야곱의 자손들의 유업이로다,
⑤ 여수룬에 왕이 있었으니, 곧 백성의 두령이 모이고 이스라엘 모든 지파가 함께한 때에로다,
⑥ 르우벤은 살고 죽지 아니하고 그 인수가 적지 않기를 원하도다,
⑦ 유다에 대한 축복은 이러하니라, 일렀으되, 여호와여 유다의 음성을 들으시고 그 백성에게로 인도하시오며, 그 손으로 자기를 위하여 싸우게 하시고, 주께서 도우사 그로 그 대적을 치게 하시기를 원하나이다,

⑧ 레위에 대하여는 일렀으되, 주의 둠밈과 우림이 주의 경건한 자에게 있도다, 그를 맛사에서 시험하시고 므리바 물 가에서 그와 다투셨도다,

⑨ 그는 그 부모에게 대하여 이르기를, 내가 그들을 보지 못하였다 하며 그 형제들을 인정치 아니하며, 그 자녀를 알지 아니한 것은 주의 말씀을 준행하고 주의 언약을 지킴을 인함이로다,

⑩ 주의 법도를 야곱에게 주의 율법을 이스라엘에게 가르치며, 주 앞에 분향하고 완전한 번제를 주의 단 위에 드리리로다,

⑪ 여호와여 그 재산을 풍족케 하시고, 그 손의 일을 받으소서, 그를 대적하여 일어나는 자와 미워하는 자의 허리를 꺾으사, 다시 일어나지 못하게 하옵소서,

⑫ 베냐민에 대하여는 일렀으되, 여호와의 사랑을 입은 자는 그 곁에 안전히 거하리로다, 여호와께서 그를 날이 맞도록 보호하시고, 그로 자기 어깨 사이에 처하게 하시리로다,

⑬ 요셉에 대하여는 일렀으되, 원컨데, 그 땅이 여호와께 복을 받아 하늘의 보물인 이슬과 땅 아래 저장한 물과,

⑭ 태양이 결실케 하는 보물과 태음이 자라게 하는 보물과,

⑮ 옛산의 상품물과 영원한 작은 산의 보물과,

⑯ 땅의 보물과 거기 충만한 것과 가시떨기 나무 가운데 거하시던 자의 은혜로 인하여 복이 요셉의 머리에 그 형제 중 구별한 자의 정수리에 임할찌로다,

⑰ 그는 첫 송아지 같이 위엄이 있으니, 그 뿔이 들소의 뿔 같도다, 이것으로 열방을 받아 땅 끝까지 이르리니, 곧 에브라임의 만만이요 무낫세의 천천이로다,

⑱ 스불론에 대하여는 일렀으되, 스불론이여 너는 나감을 기뻐하라, 잇사갈이여 너는 장막에 있음을 즐거워하라,

⑲ 그들이 열국 백성을 불러 산에 이르게 하고, 거기서 의로운 제사를 드릴 것이며, 바다의 풍부한 것 모래에 감추인 보배를 흡수 하리로다,

⑳ 갓에 대하여는 일렀으되, 갓을 광대케 하시는 자에게 찬송을 부를지어다, 갓이 암사자 같이 엎드리고 팔과 정수리를 찢는도다,

㉑ 그가 자기를 위하여 먼저 유업을 택하였으니, 곧 법 세운자의 분깃으로 예비된 것이로다, 그가 백성의 두령들과 함께 와서 여호와의 공의와 이스라엘과 세우신 법도를 행하도다,

㉒ 단에 대하여는 일렀으되, 단은 바산에서 뛰어나오는 사자의 새끼로다,

㉓ 납달리에 대하여는 일렀으되, 은혜가 족하고 여호와의 복이 가득한 납달리여 너는 서방과 남방을 얻을지로다,

㉔ 아셀에 대하여는 일렀으되, 아셀은 다자한 복을 받으며 그 형제에게 기쁨이 되며 그 발이 기름에 잠길지로다,

㉕ 네 문 빗장은 철과 놋이 되리니, 네 사는 날을 따라서 능력이 있으리로다,

㉖ 여수룬이여 하나님 같은 자 없도다 그가 너를 도우시려고 하늘을 타시고 창공에서 위엄을 나타내시는도다,

㉗ 영원하신 하나님이 너의 처소가 되시니, 그 영원하신 팔이 네 아래 있도다, 그가 네 앞에서 대적을 쫓으시며 멸하라 하시도다,

㉘ 이스라엘이 안전히 거하며 야곱의 샘은 곡식과 새 포도주의 땅에 홀로 있나니, 그 분의 하늘들도 이슬을 내리리로다,

㉙ 이스라엘이여 너는 행복자로다, 여호와의 구원을 너 같이 얻은 백성이 누구뇨! 그는 너를 돕는 방패시요, 너의 영광의 칼이시로다, 네 대적이 네게 복종하리니, 네가 그들의 높은 곳을 밟으리로다.

● 34장

① 모세가 모압 평지에서 느보산에 올라 여리고 맞은편 비스가산 꼭대기에 이르매, 여호와께서 길르앗 온 땅을 단까지 보이시고,

② 또 온 납달리와 에브라임과 므낫세의 땅과 서해까지의 유다 온 땅과,

③ 남방과 종려의 성읍 여리고 골짜기 평지를 소알까지 보이시고,

④ 여호와께서 그에게 이르시되, 이는 내가 아브라함과 이삭과 야곱에게 맹세하여 그 후손에게 주리라한 땅이라, 내가 네 눈으로 보게 하였거니와 너는 그리로 건너가지 못하리라,

⑤ 이에 여호와의 종 모세가 여호와의 말씀대로 모압 땅에서 죽어,

⑥ 벧브올 맞은편 모압 땅에 있는 골짜기에 장사되었고, 오늘까지 그 묘를 아는 자 없느니라,

⑦ 모세의 죽을 때 나이 일백 이십세나 그 눈이 흐리지 아니하였고 기력이 쇠하지 아니하였더라,

⑧ 이스라엘 자손이 모세를 위하여 모압 평지에서 삼십일 동안 애곡하였더니 모세를 위하여 애곡하는 날들이 끝났더라.

⑨ 모세가 눈의 아들 여호수아에게 안수하였으므로 그에게 지혜의 신이 충만하니, 이스라엘 자손이 여호와께서 모세에게 명하신대로 여호수아의 말을 순종하였더라,

⑩ 그 후에는 이스라엘에 모세와 같은 선지자가 일어나지 못하였나니, 모세는 여호와께서 대면하여 아시던 자요,

⑪ 여호와께서 그를 에집트 땅에 보내사 파라오와 그 모든 신하와 온 땅에 모든 표적들과 이적들을 행하게 하셨고,

⑫ 또 온 이스라엘의 목전에서 대단히 크고 강력하신 손으로 모든 큰 권능과 위엄을 행하게 하셨더라.

여호수아

· 본 성경듣기는 QR코드 인식으로 들을 수 있습니다

● 1장

① 여호와의 종 모세가 죽은 후에 여호와께서 모세의 시종 눈의 아들 여호수아에게 일러 가라사대,

② 내 종 모세가 죽었으니, 이제 너는 이 모든 백성으로 더불어 일어나 이 요단을 건너 내가 그들 곧 이스라엘에게 주는 땅으로 가라,

③ 내가 모세에게 말한 바와 같이 무릇 너희 발바닥으로 밟는 곳을 내가 다 너희에게 주었노니,

④ 곧 황야와 이 레바논에서부터 큰 하수 유브라데에 이르는 헷 족속의 온 땅과 또 해 지는 편 대해까지 너희 영토가 되리라,

⑤ 너의 평생에 너를 능히 당할 자 없으리니, 내가 모세와 함께 있었던 것 같이 너와 함께 있을 것임이라, 내가 너를 떠나지 아니하며 버리지 아니하리니,

⑥ 마음을 강하게 하라, 담대히 하라, 너는 이 백성으로 내가 그 조상에게 맹세하여 주 리라 한 땅을 얻게 하리라,

⑦ 오직 너는 마음을 강하게 하고 극히 담대히 하여 나의 종 모세가 네게 명한 율법을 다 지켜 행하고 좌로나 우로나 치우치지 말라, 그리한면 어디로 가든지 형통하리 라,

⑧ 이 율법책을 네 입에서 떠나지 말게 하며, 주야로 그것을 묵상하여 그 가운데 기록 한대로 다 지켜 행하라, 그리하면 네 길이 평탄하게 될 것이라, 네가 형통하리라,

⑨ 내가 네게 명한 것이 아니냐? 마음을 강하게 하고 담대히 하라, 두려워 말며 놀라 지 말라, 네가 어디로 가든지 네 하나님 여호와가 너와 함께 하느니라, 하시니라,

⑩ 이에 여호수아가 백성의 관원들에게 명하여 가로되,

⑪ 진 중에 두루 다니며 백성에게 명하여 이르기를, 양식을 예비하라, 삼일 안에 너희가 이 요단을 건너 너희 하나님 여호와께서 너희에게 주사 얻게 하시는 땅을 얻기 위하여 들어갈 것임이니라, 하니라,

⑫ 여호수아가 또 르우벤 지파와 갓 지파와

⑬ 므낫세 반 지파에게 일러 가로되, 여호와의 종 모세가 너희에게 명하여 이르기를, 너희 하나님 여호와께서 너희에게 안식을 주시며 이 땅을 너희에게 주시리라, 하였나니, 너희는 그 말을 기억하라,

⑭ 너희 처자와 가축은 모세가 너희에게 준 요단 이편 땅에 머무르려니와 너희 용사들은 무장하고 너희의 형제보다 앞서 건너가서 그들을 돕고,

⑮ 여호와께서 너희로 안식하게 하신 것 같이 너희 형제도 안식하게 되며, 그들도 너희 하나님 여호와께서 주시는 땅을 얻게 되거든, 너희는 너희 소유지 곧 여호와의 종 모세가 너희에게 준 요단 이편 해 돋는 편으로 돌아와서 그것을 차지할 지니라,

⑯ 그들이 여호수아에게 대답하여 가로되, 당신이 우리에게 명하신 것은 우리가 다 행할 것이요, 당신이 우리를 보내시는 곳에는 우리가 가리이다,

⑰ 우리는 범사에 모세를 청종한 것 같이 당신을 청종하려니와 오직 당신의 하나님 여호와께서 모세와 함께 계시던 것 같이 당신과 함께 계시기를 원하나이다,

⑱ 누구든지 당신의 명령을 거역하며 무릇 당신의 시키시는 말씀을 청종치 아니하는 자, 그는 죽임을 당하리니 오직 당신은 마음을 강하게 하시며 담대히 하소서, 하니라.

● 2장

① 눈의 아들 여호수아가 싯딤에서 두 사람을 은밀히 정탐하러 보내면서 그들에게 이르되, 가서 그 땅과 여리고를 엿보라 하매, 그들이 가서 라합이라 하는 기생의 집에 들어가 거기서 유숙하더니,

② 누군가가 여리고의 왕에게 전하여 말하기를, 보소서, 이스라엘 자손들 중 몇 사람이 이 나라를 탐지하러 오늘 밤에 들어 왔나이다, 하니,

③ 여리고 왕이 라합에게 보내어 말하기를, 네게로 와서 네 집에 들어간 사람들을 내보내라, 이는 그들이 온 나라를 탐지하러 왔기 때문이라, 하니,

④ 그 여인이 그 두 사람을 이미 숨긴지라 가로되, 과연 그 사람들이 내게 왔었으나 그들이 어디로 서인지 나는 알지 못하였고,

⑤ 그 사람들이 어두워 성문을 닫을 때쯤 되어 나갔으니, 어디로 갔는지 알지 못하되 급히 따라가라, 그리하면 그들에게 미치리라 하였으나,

⑥ 실상은 그가 이미 그들을 이끌고 지붕에 올라가서 그 지붕을 벌여놓은 삼대에 숨 겼더라,

⑦ 그 사람들은 요단 길로 나루턱까지 따라갔고, 그 따르는 자들이 나가자 곧 성문을 닫았더라,

⑧ 두 사람이 눕기 전에 라합이 지붕에 올라가서 그들에게 이르러,

⑨ 말하되, 여호와께서 이 땅을 너희에게 주신 줄을 내가 아노라, 우리가 너희를 심히 두려워하고 이 땅 백성이 다 너희 앞에 간담이 녹나니,

⑩ 이는 너희가 에집트에서 나올 때에 여호와께서 너희 앞에서 홍해 물을 마르게 하 신 일과 너희가 요단 저편에 있는 아모리 사람의 두 왕 시혼과 옥에게 행한 일, 곧 그들을 전멸시킨 일을 우리가 들었음이라,

⑪ 우리가 이런 일을 듣자, 곧 우리의 마음이 녹았고 당신들로 인하여 누구에게도 용 기가 남아있지 아니하였나니, 주 당신의 하나님은 위로는 하늘에 계시고 아래로는 땅에 계신 하나님이시기 때문이니이다,

⑫ 그러므로 이제 내가 당신에게 간구하노니, 내가 당신들께 친절을 베풀었은즉, 주 님으로 내게 맹세하여 당신들도 내 아버지의 집에 호의를 베풀고 내게 진실한 증 표를 주고,

⑬ 당신들은 내 아버지와 어머니와 형제들과 자매들과 그들에게 있는 모든 자를 구하 여 살려주어, 우리의 생명을 죽음에서 건져 주소서, 하니,

⑭ 두 사람이 그녀에게 이르되, 네가 우리의 이 일을 누설치 아니하면 우리의 생명으 로 너희을 대신이라도 할 것이요, 여호와께서 우리에게 이 땅을 주실 때에는 인자 하고 진실하게 너를 대우하리라,

⑮ 라합이 그들을 창에서 줄로 달아내리우니, 그 집이 성벽 위에 있으므로 그가 성벽 위에 거하였음이라,

⑯ 라합이 그들에게 이르되, 두렵건대 쫓는 사람들이 너희를 만날까 하노니, 너희는 산으로 가서 거기 사흘을 숨었다가 쫓는 자들이 돌아간 후에 너희 길을 갈지니라,

⑰ 두 사람이 그에게 이르되 네가 우리로 서약케 한 이 맹세에 대하여 우리가 허물이 없게 하리니,

⑱ 우리가 이 땅에 들어올 때에 우리를 달아내리운 창에 이 붉은 줄을 매고 네 부모와

형제와 네 아비의 가족을 다 네 집에 모으라,

⑲ 누구든지 네 집 문을 나서 거리로 나가면 그 피가 그의 머리로 돌아갈 것이요, 우리는 허물이 없으리라, 그러나 누구든지 너와 함께 집에 있는 자에게 손을 대면 그 피는 우리의 머리로 돌아 오려니와,

⑳ 네가 우리의 이 일을 누설하면 네가 우리로 서약케 한 맹세에 대하여 우리가 허물이 없으리라,

㉑ 라합이 가로되, 너희의 말대로 할것이라, 하고, 그들을 보내어 가게 하고 붉은 줄을 창문에 매니라,

㉒ 그들이 가서 산에 이르러 쫓는 자들이 돌아가도록 사흘을 거기 유하매, 쫓는 자들이 그들을 두루 찾다가 만나지 못하니라,

㉓ 그 두 사람이 돌이켜 산에서 내려와 강을 건너 눈의 아들 여호수아에게 나아와서 그 당한 모든 일을 고하고,

㉔ 또 여호수아에게 이르되, 진실로 여호와께서 그 온 땅을 우리 손에 붙이셨으므로 그 땅의 모든 거민이 우리 앞에서 간담이 녹더이다, 하니라,

● 3장

① 여호수아가 아침에 일찍이 일어나서 이스라엘 사람들로 더불어 싯딤에서 떠나 요단에 이르러서는 건너지 아니하고 거기서 유숙하니라,

② 삼일 후에 관원들이 진중으로 두루 다니며,

③ 백성에게 명하여 가로되, 너희는 레위 사람 제사장들이 너희 하나님 여호와의 언약궤를 메는 것을 보거든 너희 곳을 떠나 그 뒤를 좇으라,

④ 그러나 너희와 그 궤 사이에 약 이천 규빗쯤 되게 하고 그것에 가까이 하지는 말라, 그리하면 너희 행할 길을 알리니, 너희가 이전에 이길을 지나보지 못하였음이니라,

⑤ 여호수아가 또 백성에게 이르되, 너희는 스스로 성결케 하라, 여호와께서 내일 너희 가운데 놀라운 경이로운 일들을 행하실 것이니라,

(And Joshua said unto the people, Sanctify yourselves: for to morrow the LORD will do wonders among you.-KJV)

(Joshua told the people, "consecrate yourselves, for tomorrow the LORD will do amazing things among you."-NIV)

(Joshua also said to the people, "Sanctify yourselves, for tomorrow the LORD will perform wonders among you."-NAB)

(Then Joshua addressed the people: "Sancitify yourselves, Tomorrow GOD will work miracle-wonders among you."-THE MESSAGE)

⑥ 여호수아가 또 제사장들에게 일러 가로되 언약궤를 메고 백성 앞에서 건너라, 하매, 곧 언약궤를 메고 백성 앞에서 나아가니라,

⑦ 여호와께서 여호수아에게 이르시되, 내가 오늘부터 시작하여 너를 온 이스라엘의 목전에서 크게 하여 내가 모세와 함께 있던 것 같이 너와 함께 있는 것을 그들로 알게 하리라,

⑧ 너는 언약궤를 멘 제사장들에게 명하여 이르기를, 너희가 요단 물가에 이르거든 요단에 들어서라 하라,

⑨ 여호수아가 이스라엘 자손에게 이르되, 이리 와서 너희 하나님 여호와의 말씀을 들으라, 하고,

⑩ 또 말하되, 이로써 너희는 살아계신 하나님께서 너희 가운데 계심을 알지니, 그분께서 너희 앞에서 가나안 사람들과 헷 족속과 기르가스 족속과 아모리 족속과 여부스 족속을 반드시 쫓아내실 줄을 이 일로 너희가 알리라,

⑪ 보라, 온 땅의 주의 언약궤가 너희 앞서 요단으로 들어가 건너리니,

⑫ 이제 이스라엘 지파 중에서 매 지파에 한 사람씩 십 이명을 택하라, 하니라,

⑬ 그리고 온 지구의 주님이신 여호와의 궤를 멘 제사장들이 요르단의 물에 발을 내려서자마자 요르단 물이 위에서 내려오는 것이 그치고 그 물이 무더기를 이루어 쌓여 있더라,

⑭ 백성이 요단을 건너려고 자기들의 장막을 떠날 때에 제사장들은 언약궤를 메고 백성 앞에서 행하니라,

⑮ (요단이 추수 시기에는 항상 언덕에 넘치더라) 궤를 멘 자들이 요단에 이르며 궤를 멘 제사장들이 발이 물가에 잠기자,

⑯ 곧 위에서 흘러 내리던 물이 그쳐서 심히 멀리 사르단에 가까운 아담 읍 변방에 일어나 쌓이고, 아라비아의 바다 염해로 향하여 흘러가는 물은 온전히 끊어지매, 백성이 여리고 앞으로 바로 건널새,

⑰ 여호와의 언약궤를 멘 제사장들은 요단 가운데 마른 땅에 굳게 섰고, 온 이스라엘 백성은 마른 땅으로 행하여 요단을 건너니라.

● 4장

① 온 백성이 요단 건너기를 마치매, 여호와께서 여호수아에게 일러 가라사대,

② 백성의 매 지파에서 한 사람씩 열 두 사람을 택하고,

③ 그들에게 명하여 이르기를, 요단 가운데 제사장들의 발이 굳게 선 그곳에서 돌 열 둘을 취하고 그것을 가져다가 오늘밤 너희의 유숙할 그곳에 두라, 하라,

④ 여호수아가 이스라엘 자손 중에서 매 지파에 한 사람씩 예비한 그 열 두 사람을 불러서,

⑤ 그들에게 이르되, 요단 가운데 너희 하나님 여호와의 궤 앞으로 들어가서 이스라엘 자손들의 지파 수대로 각기 돌 한 개씩 취하여 어깨에 메라,

⑥ 이것이 너희 중에 표징이 되리라, 후일에 너희 자손이 물어 가로되, 이 돌들은 무슨 뜻이뇨? 하거든,

⑦ 그들에게 이르기를, 요단 물이 여호와의 언약궤 앞에서 끊어 졌었나니, 곧 언약궤가 요단을 건널 때에 요단 물이 끊어졌으므로 이 돌들이 이스라엘 자손들에게 영영히 기념이 되리라, 하라,

⑧ 이스라엘 자손들이 여호수아의 명한대로 행하되, 여호와께서 여호수아에게 이르신대로 이스라엘 자손들의 지파 수를 따라 요단 가운데서 돌 열 둘을 취하여 자기들의 유숙할 곳으로 가져다가 거기 두었더라,

⑨ 여호수아가 또 요단 가운데 곧 언약궤를 멘 제사장들의 발이 선 곳에 돌 열 둘을 세웠더니, 오늘까지 거기 있더라,

⑩ 궤를 멘 제사장들이 여호와께서 여호수아에게 명하사, 백성에게 이르게 하신 일, 곧 모세가 여호수아에게 명한 일이 다 마치기까지 요단 가운데 섰고 백성은 속히 건넜으며,

⑪ 모든 백성이 건너기를 마친 후에 여호와의 궤와 제사장들이 백성의 목전에서 건넜으며,

⑫ 르우벤 자손과 갓 자손과 므낫세 반 지파는 모세가 그들에게 이른 것 같이 무장하고 이스라엘 자손들 보다 앞서 건너갔으니,

⑬ 사만명 가량이라 무장하고 여호와 앞에서 건너가서 싸우려고 여리고 평지에 이르니라,

⑭ 그 날에 여호와께서 모든 이스라엘의 목전에서 여호수아를 크게 하시며 그의 생존한 날 동안에 백성이 두려워하기를 모세를 두려워하던 것 같이 하였더라,

⑮ 여호와께서 여호수아에게 일러 가라사대,

⑯ 증거궤를 멘 제사장들을 명하여 요단에서 올라오게 하라, 하신지라,

⑰ 여호수아가 제사장들에게 명하여 요단에서 올라오라, 하매,

⑱ 여호와의 언약궤를 멘 제사장들이 요단 가운데서 나오며, 그 발바닥으로 육지를 밟는 동시에 요단 물이 본 곳으로 도로 흘러 여전히 언덕에 넘쳤더라,

⑲ 정월 십일에 백성이 요단에서 올라와서 여리고 동편 경계 길갈에 진을 치매,

⑳ 여호수아가 그 요단에서 가져온 열 두 돌을 길갈에 세우고,

㉑ 이스라엘 자손들에게 일러 가로되, 후일에 너희 자손이 그 아비에게 묻기를 이 돌은 무슨 뜻이냐? 하거든,

㉒ 너희는 자손에게 알게 하여 이르기를, 이스라엘이 마른 땅을 밟고 이 요단을 건넜음이라,

㉓ 너희 하나님 여호와께서 요단 물을 너희 앞에 마르게 하사, 너희로 건너게 하신 것이 너희 하나님 여호와께서 우리 앞에 홍해를 말리시고 우리로 건너게 하심과 같았나니,

㉔ 이는 땅의 모든 백성으로 여호와의 손이 능하심을 알게 하며 너희로 너희 하나님 여호와를 영원토록 경외하게 하려 하심이라, 하라, 하시니라.

● 5장

① 요단 서편의 아무리 사람의 모든 왕과 해변의 가나안 사람의 모든 왕이 여호와께서 요단 물을 이스라엘 자손들 앞에서 말리시고, 우리를 건네셨음을 듣고 마음이 녹았고 이스라엘 자손으로 인하여 정신을 잃었더라,

② 그때에 여호와께서 여호수아에게 이르시되, 너는 부싯돌로 칼을 만들어 이스라엘 자손들에게 다시 할례를 행하라, 하시매,

③ 여호수아가 부싯돌로 칼을 만들어 할례산에서 이스라엘 자손들에게 할례를 행하니라,

④ 여호수아가 할례를 시행한 까닭은 이것이니, 에집트에서 나온 모든 백성 중 남자들, 곧 모든 군사는 에집트에서 나온 후 황야 노중에서 죽었는데,

⑤ 그 나온 백성은 다 할례를 받았으나 오직 에집트에서 나온 후 황야 노중에서 난 자는 할례를 받지 못하였음이라,

⑥ 이스라엘 자손들이 여호와의 말씀을 청종치 아니하므로 여호와께서 그들에게 대

하여 맹세하사, 그들의 조상들에게 맹세하여 우리에게 주마 하신 땅 곧 젖과 꿀이 흐르는 땅을 그들로 보지 못하게 하리라, 하시매, 에집트에서 나온 족속 곧 군사들이 다 멸절하기까지 사십년 동안을 황야에서 행하였더니,

⑦ 그들의 대를 잇게 하신 이 자손에게 여호수아가 할례를 행하였으니, 길에서는 그들에게 할례를 행치 못하였으므로 할례 없는 자가 되었음이었더라,

⑧ 온 백성에게 할례 행하기를 마치매, 백성이 진중 각 처소에 낫기를 기다릴 때에,

⑨ 여호와께서 여호수아에게 이르시되, 내가 오늘날 에집트 수치를 너희에게서 굴려 보냈느니라, 하시니라, 그래서 그곳 이름을 오늘까지 길갈이라 하느니라,

⑩ 이스라엘 자손들이 길갈에 진 쳤고 그 달 십 사일 저녁에는 여리고 평지에서 유월절을 지켰고,

⑪ 유월절 이튿날에 그 땅 소산을 먹되 그 날에 무교병과 붉은 곡식을 먹었더니,

⑫ 그 땅 소산을 먹은 다음날에 만나가 그쳤으니, 이스라엘 사람들이 다시는 만나를 얻지 못하였고, 그 해에 가나안 땅의 열매를 먹었더라,

⑬ 여호수아가 여리고에 가까왔을 때에 눈을 들어본즉, 한 사람이 칼을 빼어 손에 들고 마주섰는지라, 여호수아가 나아가서 그에게 묻되 너는 우리를 위하느냐? 우리의 대적을 위하느냐?

⑭ 그가 가로되, 아니라 나는 여호와의 군대장관으로 이제 왔느니라, 여호수아가 땅에 엎드려 절하고 가로되, 나의 주여 종에게 무슨 말씀을 하려 하시나니까? 하니,

⑮ 여호와의 군대장관이 여호수아에게 이르시되, 네 발에서 신을 벗으라, 네가 선 곳은 거룩하니,라 여호수아가 그대로 행하니라,

● 6장

① 이스라엘 자손들로 인하여 여리고는 봉쇄되어 굳게 닫혔고 출입하는 자 없더라,

② 여호와께서 여호수아에게 이르시되, 보라 내가 여리고와 그 왕과 용사들을 네 손에 붙였으니,

③ 너희 모든 군사는 성을 둘러 성 주위를 매일 한번씩 돌되 엿새 동안을 그리하라,

④ 제사장 일곱은 일곱 양각 나팔을 잡고 언약궤 앞에서 행할 것이요, 제 칠일에는 성을 일곱번 돌며 제사장들은 나팔을 불 것이며,

⑤ 제사장들이 양각 나팔을 길게 울려 불어서 그 나팔 소리가 너희에게 들릴 때에는 백성은 다 큰 소리로 외쳐 부를것이라, 그리하면 그 성벽이 무너져 내리리니, 백성

은 각기 앞으로 올라갈지니라, 하시매,

⑥ 눈의 아들 여호수아가 제사장들을 불러서 그들에게 이르되, 너희는 언약궤를 메고 일곱 제사장은 일곱 양각나팔을 잡고 여호와의 궤 앞에서 행하라 하고,

⑦ 또 백성에게 이르되, 나아가서 성을 돌되 무장한 자들이 여호와의 궤 앞에 행할지니라,

⑧ 여호수아가 백성에게 이르기를, 마치매, 제사장 일곱이 일곱 양각나팔을 잡고 여호와 앞에서 진행하며 나팔을 불고 여호와의 언약궤는 그 뒤를 따르며,

⑨ 무장한 자들은 나팔 부는 제사장 앞에서 진행하며 후군은 궤 뒤에 행하고 제사장들은 나팔을 불며 행하더라,

⑩ 여호수아가 백성에게 명하여 가로되, 내가 너희에게 소리 지르라고 명령하는 날까지 너희 입으로 소리 지르지 말며 너희 입에서 어떤 말도 내지 말고 있다가 그 후에 너희는 크게 함성을 지를지니라, 하니라,

⑪ 그래서 여호수아는 여호와의 궤로 성을 한번 돌게 하였느니라, 그리고 사람들은 진영에 돌아와서 거기에서 유숙하였느니라,

⑫ 여호수아가 아침에 일찌기 일어나니라, 제사장들이 여호와의 궤를 메고,

⑬ 일곱 제사장은 일곱 양각나팔을 잡고 여호와의 궤 앞에서 계속 진행하며 나팔을 불고 무장한 자들은 그 앞에 행하며 후군은 여호와의 궤 뒤에서 행진하고 제사장들은 나팔을 불며 행진하였느니라,

⑭ 그 제 이일에도 성을 한번 돌고 돌아 오니라, 엿새 동안을 이같이 행하였느니라,

⑮ 제 칠일 새벽에 그들이 일찌기 일어나서 여전한 방식으로 성을 일곱번 도니 성을 일곱번 돌기는 그날 뿐이었더라,

⑯ 일곱번째에 제사장들이 나팔을 불 때에 여호수아가 백성에게 이르되, 외치라, 여호와께서 너희에게 이 성을 주셨느니라,

⑰ 이 성과 그 가운데 모든 물건은 여호와께 바치되, 기생 라합과 무릇 그 집에 동거하는 자는 살리라, 이는 그가 우리의 보낸 사자를 숨겼음이니라,

⑱ 너희는 반드시 그 저주받은 물건으로부터 스스로 주의하라, 너희가 저주받은 물건을 취하여, 너희 자신을 저주받게 하고 또 이스라엘 진영이 저주를 받거나 고통을 당하지 않도록 하라,

⑲ 그러나 모든 은과 금과 놋과 철 기구들은 다 여호와께 거룩한 것이니, 그것들이 여호와의 곳간에 들어와야 하리라, 하니라,

⑳ 이에 백성은 외치고 제사장들은 나팔을 불매 백성이 나팔 소리를 듣는 동시에 크게 소리질러 외치니 성벽이 무너져 내린지라, 백성이 각기 앞으로 나아가 성에 들어가서 그 성을 취하고,

㉑ 성 중에 있는 것을 다 멸하되, 남녀 노유와 우양과 나귀를 칼날로 멸하니라,

㉒ 여호수아가 그 땅을 정탐한 두 사람에게 이르되, 그 기생의 집에 들어가서 너희가 그 여인에게 맹세한대로 그와 그에게 속한 모든 것을 이끌어내라, 하매,

㉓ 정탐한 소년들이 들어가서 라합과 그 부모와 그 형제와 그에게 속한 모든 것을 이끌어 내고, 또 그 친족도 다 이끌어 내어 그들을 이스라엘 진 밖에 두고,

㉔ 그들이 불로 성읍과 그 가운데 있는 모든 것을 사르고 은금과 동철 기구는 여호와의 집 곳간에 두었더라,

㉕ 여호수아가 기생 라합과 그 아비의 가족과 그에게 속한 모든 것을 살렸으므로 그가 오늘날까지 이스라엘 중에 거하였으니, 이는 여호수아가 여리고를 탐지하려고 보낸 스파이들을 숨겼음이었더라,

㉖ 여호수아가 그 때에 백성들에게 엄히 명하여 가로되, 이 여리고 성을 일으켜 건축하는 자는 여호와 앞에서 저주를 받을 것이라, 그가 거기에 기초를 놓을 때는 그의 첫 아들을 잃을 것이며, 거기에 문들을 세울 때에는 그의 막내 아들을 잃으리라, 하였더라,

㉗ 여호와께서 여호수아와 함께 하시니 여호수아의 명성이 그 온 땅에 퍼졌더라.

● 7장

① 그러나 이스라엘 자손들이 봉헌된 물건들로 인하여 범죄하였으니, 이는 카르미의 아들 아간이 봉헌된 물건들 중 약간을 취하였음이라, 아간은 유다 종족인 자라의 증손이고 자브디의 손자이었더라, 이에 여호와의 분노가 이스라엘 자손들에게 불타올랐더라,

(But the children of Israel committed a trespass in the accursed thing: for Achan, the son of Carmi, the son of Zabdi, of the tribe of Judah, took of the accursed thing: and the anger of the LORD was kindled against the children of Israel.-KJV)

(But the Israelites acted unfaithfully in regard to the devoted things; Achan son of Carmi, the son of Zimri, the son of Zerah, of the tribe of

Judah, took some of them. So the LORD's anger burned against Israel.-NIV)

(But the Israelites acted treacherously with regard to the ban; Achan, son of Carmi, son of Zabdi, son of Zerah of the tribe of Judah, took goods that were under ban, and the anger of the LORD flared up against the Israelites.-NAB)

(Then the People of Israel violated the holy curse. Achan son of Carmi, the son of Zabdi of the tribe of Judah, took some of the cursed things, GOD became angry with the Ppeople of Israel.-THE MESSAGE)

② 여호수아가 여리고에서 사람들을 벧엘 동편 벧아웬 곁에 있는 아이로 보내며, 그들에게 일러 가로되, 올라가서 그 땅을 정탐하라, 하매, 그 사람들이 올라가서 아이를 정탐하고,

③ 여호수아에게로 돌아와서 그에게 이르되, 백성을 다 올라가게 말고 이삼천명만 올라가서 아이를 치게 하소서, 그들은 소수니 모든 백성을 그리로 보내어 수고롭게 마소서, 하므로,

④ 백성중 삼천명쯤 그리로 올라갔다가 아이 사람 앞에서 도망하니,

⑤ 아이 사람이 그들의 삼십 육인쯤 죽이고, 성문 앞에서부터 스바림까지 쫓아와서 내려가는 비탈에서 쳤으므로 백성의 마음이 녹아 물 같이 된지라,

⑥ 여호수아가 옷을 찢고 이스라엘 장로들과 함께 여호와의 궤 앞에서 땅에 엎드려 머리에 티끌을 무릅쓰고 저물도록 있다가,

⑦ 여호수아가 가로되, 슬프도소이다, 주 여호와여 어찌하여 이 백성을 인도하여 요단을 건너시게 하시고 우리를 아모리 사람의 손에 붙여 멸망시키려 하셨나이까? 우리가 요단 저편을 족하게 여겨 거하였더면 좋을뻔 하였나이다,

⑧ 주여 이스라엘이 그 대적 앞에서 돌아섰으니 내가 무슨 말을 하오리이까?

⑨ 가나안 사람과 이 땅 모든 거민이 이를 듣고, 우리를 둘러싸고 우리 이름을 세상에서 끊으리니, 주의 크신 이름을 위하여 어떻게 하시려나이까?

⑩ 여호와께서 여호수아에게 이르시되 일어나라 어찌하여 이렇게 엎드렸느냐

⑪ 이스라엘이 범죄하여 내가 그들에게 명한 나의 언약 나의 언약을 어기었나니, 곧 그들이 바친 물건을 취하고 도적하고 사기하여 자기 기구 가운데 두었느니라,

⑫ 그러므로 이스라엘 자손들이 자기 대적을 능히 당치 못하고 그 앞에서 돌아섰나

니, 이는 자기도 바친 것이 됨이라, 그 바친 것을 너희 중에서 멸하지 아니하면 내가 다시는 너희와 함께 있지 아니하리라,

⑬ 너는 일어나서 백성을 성결케 하여 이르기를, 너희를 스스로 성결케 하여 내일을 기다리라, 이스라엘의 하나님 여호와의 말씀에 이스라엘아 너의 중에 바친 물건이 있나니, 네 그 바친 물건을 너의 중에서 제하기 전에는 너의 대적을 당치 못하리라,

⑭ 아침에 너희는 너희 지파대로 가까이 나아오라, 여호와께 뽑히는 지파는 그 족속대로 가까이 나아올 것이요, 여호와께 뽑히는 족속은 그 가족대로 가까이 나아올 것이요, 여호와께 뽑히는 가족은 각 남자대로 가까이 나아올 것이며,

⑮ 바친 물건을 가진 자로 뽑힌 자를 불사르되, 그와 그 모든 소유를 그리하라, 이는 여호와의 언약을 어기고 이스라엘 가운데서 망령된 일을 행하였음이라, 하셨다, 하라,

⑯ 이에 여호수아가 아침 일찍 일어나서 이스라엘을 그 지파대로 가까이 나오게 하였더니, 유다 지파가 뽑혔고,

⑰ 유다 족속을 가까이 나아오게 하였더니, 세라 족속이 뽑혔고, 세라 족속의 각 남자를 가까이 나아오게 하였더니, 삽디가 뽑혔고,

⑱ 삽디의 가족 각 남자를 가까이 나아오게 하였더니, 유다 지파 세라의 증손이요, 삽디의 손자요, 갈미의 아들 아간이 뽑혔더라,

⑲ 여호수아가 아간에게 이르되 내 아들아 청하노라, 이스라엘의 하나님 여호와께 영광을 돌려 그 앞에 자복하고 네 행한 일을 내게 고하라, 그 일을 내게 숨기지 말라,

⑳ 아간이 여호수아에게 대답하여 가로되, 참으로 나는 이스라엘 하나님 여호와께 범죄하여 여차 여차히 행하였나이다,

㉑ 내가 노략한 물건 중에 시날산의 아름다운 외투 한 벌과 은 이백 세겔과 오십 세겔 중의 금덩이 하나를 보고 탐내어 취하였나이다, 보소서, 이제 그 물건들을 내 장막 가운데 땅속에 감추었는데 은은 그 밑에 있나이다,

㉒ 이에 여호수아가 사자를 보내매 그의 장막에 달려가 본즉 물건이 그의 장막 안에 감취었는데 은은 그 밑에 있는지라,

㉓ 그들이 그것을 장막 가운데서 취하여 여호수아와 이스라엘 모든 자손에게로 가져오매, 그들이 그것을 여호와의 앞에 놓으니라,

㉔ 여호수아가 이스라엘 모든 사람으로 더불어 세라의 아들 아간을 잡고, 그 은과 외

투와 금덩이와 그 아들들과 딸들과 소들과 나귀들과 양들과 장막과 무릇 그에게 속한 모든 것을 이끌고 아골 골짜기로 가서,

㉕ 여호수아가 가로되, 네가 어찌하여 우리를 괴롭게 하였느뇨? 여호와께서 오늘날 너를 괴롭게 하시리라, 하니, 온 이스라엘이 그를 돌로 치고, 그것들도 돌로 치고, 불사르고,

㉖ 그 위에 돌 무더기를 크게 쌓았더니, 오늘날까지 있더라, 여호와께서 그 극렬한 분노를 그치시니, 그러므로 그곳 이름을 오늘날까지 아골 골짜기라 부르더라.

● 8장

① 여호와께서 여호수아에게 이르시되, 두려워 말라, 놀라지 말라, 군사를 다 거느리고 일어나 아이로 올라가라, 보라, 내가 아이 왕과 그 백성과 그 성읍과 그 땅을 다 네 손에 주었노니,

② 너는 여리고와 그 왕에게 행한 것 같이 아이와 그 왕에게 행하되, 오직 거기서 탈취할 물건과 가축은 스스로 취하라, 너는 성 뒤에 복병을 둘지니라, 하시니라,

③ 이에 여호수아가 일어나서 군사와 함께 아이로 올라가려하여 용사 삼만명을 뽑아 밤에 보내며,

④ 그들에게 명하여 가로되, 너희는 성읍 뒤로 가서 성읍을 향하고 매복하되, 그 성읍에 너무 멀리 하지 말고 다 스스로 예비하라,

⑤ 나와 나를 좇는 모든 백성은 다 성읍으로 가까이 가리니, 그들이 처음과 같이 우리에게로 쳐 올라 올것이라, 그리할 때에 우리가 그들 앞에서 도망하면,

⑥ 그들이 나와서 우리를 따르며 스스로 이르기를, 그들이 처음과 같이 우리 앞에서 도망한다, 하고, 우리의 유인을 받아 그 성읍에서 멀리 떠날것이라, 우리가 그 앞에서 도망하거든,

⑦ 너희는 매복한 곳에서 일어나서 그 성읍을 점령하라, 너희 하나님 여호와께서 너희 손에 붙이시리라,

⑧ 너희가 성읍을 취하거든 그것을 불살라 여호와의 말씀대로 행하라, 보라, 내가 너희에게 명하였느니라, 하고,

⑨ 그들을 보내매 그들이 복병할 곳으로 가서 아이 서편 벧엘과 아이 사이에 매복하였고, 여호수아는 그 밤에 백성 가운데서 잤더라,

⑩ 여호수아가 아침에 일찍 일어나서 백성들을 계수하고 이스라엘 장로들과 더불어

백성 앞에서 아이로 올라가매,

⑪ 그를 좇는 군사가 다 올라가서 성읍 앞에 가까이 이르러 아이 북편에 진 치니, 그와 아이 사이에는 한 골짜기가 있었더라,

⑫ 그가 오천명 가량을 택하여 성읍 서편 벧엘과 아이 사이에 또 매복시키니,

⑬ 이와 같이 성읍 북편에는 모든 군대가 있고 성읍 서편에는 복병이 있었더라, 여호수아가 그 밤에 골짜기 가운데로 들어가니,

⑭ 아이 왕이 이를 보고 그 성읍 백성과 함께 일찍이 일어나서 급히 나가 아라바 앞에서 이르러 정한 때에 이스라엘과 싸우려 하고 성읍 뒤에 복병이 있는 줄은 알지 못하였더라,

⑮ 여호수아와 모든 이스라엘이 그들 앞에서 거짓 패하여 황야 길로 도망하매,

⑯ 그 성 모든 백성이 그들을 따르려고 모여서 여호수아를 따르며 유인함을 입어 성을 멀리 떠나니,

⑰ 아이와 벧엘에 이스라엘을 따라가지 아니한 자가 하나도 없으며 성문을 열어놓고 이스라엘을 따랐더라,

⑱ 여호와께서 여호수아에게 이르시되, 네 손에 잡은 단창을 들어 아이를 가리키라, 내가 이 성읍을 네 손에 주리라, 여호수아가 그 손에 잡은 단창을 들어 성읍을 가리키니,

⑲ 그 손을 드는 순간에 복병이 그 처소에서 급히 일어나 성읍에 달려 들어가서 점령하고 곧 성읍에 불을 놓았더라,

⑳ 아이 사람이 뒤를 돌아 본즉, 그 성읍에 연기가 하늘에 닿은 것이 보이니, 이 길로도 저 길로도 도망할 수 없이 되었고 황야로 도망하던 이스라엘 백성은 그 따르던 자에게로 돌이켰더라,

㉑ 여호수아와 모든 이스라엘이 그 복병이 성읍을 점령함과 성읍에 연기가 오름을 보고 다시 돌이켜 아이 사람을 죽이고,

㉒ 복병도 성읍에서 나와 그들을 치매, 그들이 이스라엘 중간에 든지라, 얼마는 이편에서 얼마는 저편에서 쳐 죽여서 한 사람도 남거나 도망하지 못하게 하였고,

㉓ 아이 왕을 사로잡아 여호수아 앞으로 끌어 왔더라,

㉔ 이스라엘이 자기를 황야로 따르던 아이 모든 거민을 들에서 죽이되, 그들을 다 칼날에 엎드러지게 하여 진멸하기를 마치고 온 이스라엘이 아이로 돌아와서 칼날로 죽이매,

㉕ 그날에 아이 사람의 전부가 죽었으니 남녀가 일만 이천이라,

㉖ 아이 거민을 진멸하기까지 여호수아가 단창을 잡아 든 손을 거두지 아니하였고,

㉗ 오직 그 성읍의 가축과 노략한 것은 여호와께서 여호수아에게 명하신대로 이스라엘이 탈취하였더라,

㉘ 이에 여호수아가 아이를 불살라 그것으로 영원한 무더기를 만들었더니, 오늘까지 황폐하였으며,

㉙ 그가 또 아이 왕을 저녁때까지 나무에 달았다가 해질 때에 명하여 그 시체를 나무에서 내려 그 성문 어귀에 던지고 그 위에 돌로 큰 무더기를 쌓았더니, 그것이 오늘까지 있더라,

㉚ 때에 여호수아가 이스라엘의 하나님 여호와를 위하여 에발산에 한 단을 쌓았으니,

㉛ 이는 여호와의 종 모세가 이스라엘 자손에게 명한 것과 모세의 율법책에 기록된대로 철연장으로 다듬지 아니한 새 돌로 만든 단이라 무리가 여호와께 번제와 화목제를 그 위에 드렸으며,

㉜ 여호수아가 거기서 모세의 기록한 율법을 이스라엘 자손의 목전에서 그 돌에 기록하매,

㉝ 온 이스라엘과 그 장로들과 유사들과 재판장들과 본토인뿐 아니라 이방인까지 여호와의 언약궤를 멘 레위 사람 제사장들 앞에서 궤의 좌우에 서되 절반은 그리심산 앞에 절반은 에발산 앞에 섰으니, 이는 전에 여호와의 종 모세가 이스라엘 백성에게 축복하라고, 명한대로 함이라,

㉞ 그 후에 여호수아가 무릇 율법책에 기록된대로 축복과 저주하는 율법의 모든 말씀을 낭독하였으니,

㉟ 모세의 명한 것은 여호수아가 이스라엘 온 회중과 여인과 아이와 그들 중에 동거하는 객들 앞에 낭독하지 아니한 말이 하나도 없었더라.

● 9장

① 요단 서편 산지와 평지와 레바논 앞 대해변에 있는 헷 사람과 아모리 사람과 가나안 사람과 브리스 사람과 히위 사람과 여부스 사람의 모든 왕이 이 일을 듣고,

② 모여서 일심으로 여호수아와 이스라엘로 더불어 싸우려 하더라,

③ 기브온 거민들이 여호수아의 여리고와 아이에 행한 일을 듣고,

④ 꾀를 내어 사신의 모양을 꾸미되, 해어진 전대와 해어지고 찢어져서 기운 가죽 포

도주 부대를 나귀에 싣고,

⑤ 그 발에는 낡아 기운 신을 싣고 낡은 옷을 입고 다 마르고 곰팡이 난 떡을 예비하고,

⑥ 그들이 길갈 진으로 와서 여호수아에게 이르러, 그와 이스라엘 사람들에게 이르되, 우리는 원방에서 왔나이다, 이제 우리와 약조하사이다,

⑦ 이스라엘 사람들이 히위 사람에게 이르되, 너희가 우리 중에 거하는듯 하니, 우리가 어떻게 너희와 약조할 수 있느냐?

⑧ 그들이 여호수아에게 이르되, 우리는 당신의 종이니이다, 여호수아가 그들에게 묻되, 너희는 누구며 어디에서 왔느냐?

⑨ 그들이 여호수아에게 대답하되, 종들은 당신의 하나님 여호와의 이름을 인하여 심히 먼 지방에서 왔사오니, 이는 우리가 그의 명성과 그가 에집트에서 행하신 모든 일을 들으며,

⑩ 또 그가 요단 동편에 있는 아모리 사람의 두 왕 곧 헤스본 왕 시혼과 아스다롯에 있는 바산 왕 옥에게 행하신 모든 일을 들었음이니다,

⑪ 그러므로 우리 장로들과 우리 나라의 모든 거민이 우리에게 일러 가로되, 너희는 여행할 양식을 손에 가지고 가서 그들을 그들을 맞아서 그들에게 이르기를, 우리는 당신들의 종이니 청컨데 이제 우리와 약조하사이다, 하라, 하였나이다,

⑫ 우리의 이 떡은 우리가 당신들에게로 오려고 떠나던 날에 우리들의 집에서 오히려 뜨거운 것을 양식으로 취하였더니, 보소서, 이제 말랐고 곰팡이가 났으며,

⑬ 또 우리가 포도주를 담은 이 가죽 부대도 새것이더니 찢어지게 되었으며, 우리의 이 옷과 신도 여행이 심히 길므로 인하여 낡아졌나이다, 한지라,

⑭ 무리가 그들의 양식을 취하고 어떻게 할 것을 여호와께 묻지 아니하고,

⑮ 여호수아가 그들과 곧 화친하여 그들을 살리리라는 언약을 맺고 회중 족장들이 그들에게 맹세하였더라,

⑯ 그들과 언약을 맺은 후 삼일이 지나서야 그들은 근린에 있어 자기들 중에 거주하는 자라 함을 들으니라,

⑰ 이스라엘 자손이 진행하여 제 삼일에 그들의 여러 성읍에 이르렀으니, 그 성읍은 기브온과 그비라와 브에롯과 기럇여아림이라,

⑱ 그러나 회중 족장들이 이스라엘 하나님 여호와로 그들에게 맹세한고로 이스라엘 자손이 그들을 치지 못한지라, 그러므로 회중이 다 족장들을 원망하니,

⑲ 모든 족장이 온 회중에게 이르되, 우리가 이스라엘 하나님 여호와로 그들에게 맹세하였은즉, 이제 그들을 건드리지 못하리라,

⑳ 우리가 그들에게 맹세한 언약을 인하여 진노가 우리에게 임할까 하노니, 이렇게 행하여 그들을 살리리라, 하고,

㉑ 또 통치자들이 온 회중에게 말하기를, 그들을 살려주고 (그들로 온 회중을 위하여 나무 패는 자들과 물 긷는 자들이 되게 할지니라, 하고) 그 지도자들이 그들에게 약속한대로 행하였더라,

㉒ 여호수아가 그들을 불러다가 일러 가로되, 너희가 우리 가운데 거주하거늘 어찌하여 우리는 너희에게서 심히 멀다 하여 우리를 속였느냐?

㉓ 그러므로 너희가 저주를 받나니, 너희가 영영히 종이 되어서 다 내 하나님의 집을 위하여 나무 패며 물 긷는 자가 되리라,

㉔ 그들이 여호수아에게 대답하여 가로되, 당신의 하나님 여호와께서 그 종 모세에게 명하사, 이 땅을 다 당신들에게 주고 이 땅 모든 거민을 당신들의 앞에서 멸하라, 하신 것이 당신의 종에게 분명히 들리므로 당신들을 인하여 우리 생명을 잃을까 심히 두려워하여 이 같이 하였나이다,

㉕ 보소서, 이제 우리가 당신의 손에 있으니, 당신의 의향에 좋고 옳은대로 우리에게 행하소서, 한지라,

㉖ 여호수아가 곧 그대로 그들에게 행하사, 그들을 이스라엘 자손의 손에서 건져서 죽이지 못하게 하니라,

㉗ 그 날에 여호수아가 그들로 여호와의 택하신 곳에서 회중을 위하며 여호와의 단을 위하여 나무 패며 물 긷는 자를 삼았더니, 오늘까지 이르니라.

• 10장

① 그때에 예루살렘 왕 아도니세덱이 여호수아가 아이를 취하여 완전히 멸망시킨 것과(여리고와 그 왕에게 했던 것같이) 아이와 그 왕에게도 행하였으며, 기브온 거민들이 이스라엘과 화친하여 그들 가운데 있다함을 듣고,

② 그들이 크게 두려워하였으니, 이는 기브온의 왕도 같은 큰 성임이요, 아이보다 크고 그 사람들은 더 강함이라,

③ 예루살렘의 왕 아도니세덱이 헤브론 왕과 호함과 야르뭇 왕 비람과 라기스 왕 야비아와 에글론 왕 드빌에게 보내어 가로되,

④ 내게로 올라와 나를 도우라, 우리가 기브온을 치자, 이는 기브온이 여호수아와 이스라엘 자손으로 더불어 화친하였음이니라, 하매,

⑤ 이러므로 아모리 다섯 왕 곧 예루살렘 왕과 에브론 왕과 야르뭇 왕과 라기스 왕과 에글론 왕이 함께 모여 자기들의 모든 군사를 거느리고 올라와서 기브온에 대진하고 싸우니라,

⑥ 기브온 사람들이 길갈 진에 보내어 여호수아에게 전언하되, 당신의 종들 돕기를 더디게 마시고 속히 우리에게 올라와서 우리를 구조하시고 산지에 거하는 아모리 사람의 왕들이 다 모여 우리를 치나이다, 하매,

⑦ 여호수아가 모든 군사와 용사와 더불어 길갈에서 올라가니라,

⑧ 때에 여호와께서 여호수아에게 이르시되, 그들을 두려워 말라, 내가 그들을 네 손에 붙였은즉, 그들의 한 사람도 너를 당할 자 없으리라, 하신지라,

⑨ 여호수아가 길갈에서 밤새도록 올라가서 그들에게 갑자기 이르니,

⑩ 여호와께서 그들을 이스라엘 앞에서 패하게 하시므로 여호수아가 그들을 기브온에서 크게 도륙하고 벧호론에 올라가는 비탈에서 추격하여 아세가와 막게다까지 이르니라,

⑪ 그들이 이스라엘 앞에서 도망하여 벧호른의 비탈에서 내려갈 때에 여호와께서 하늘에서 큰 덩이 우박을 아세가에 이르기까지 내려주시매, 그들이 죽었으니, 이스라엘 자손의 칼에 죽은 자보다 우박에 죽은 자가 더욱 많았더라,

⑫ 여호와께서 아모리 사람을 이스라엘 자손에게 붙이시던 날에 여호수아가 여호와께 고하되 이스라엘 목전에서 가로되 '태양아, 너는 기브온 위에 머무르라, 달아 너도 아얄론 골짜기에 그리할지어다.' 하매,

⑬ 태양이 머물고 달이 그치기를, 백성이 그 대적에게 원수를 갚도록 하였느니라, 야살의 책에 기록되기를 태양이 중천에 머물러서 거의 종일토록 속히 내려가지 아니하였다, 하지 아니하였느냐?

⑭ 여호와께서 사람의 목소리를 들으신 이 같은 날은 전에도 없었고 후에도 없었나니, 이는 여호와께서 이스라엘을 위하여 싸우셨음이니라,

⑮ 여호수아가 온 이스라엘로 더불어 길갈 진으로 돌아왔더라,

⑯ 그 다섯 왕이 도망하여 막게다의 굴에 숨었더니,

⑰ 누군가가 여호수아에게 고하여 막게다의 굴에 그 다섯 왕의 숨은 것을 발견하였나이다, 하매,

⑱ 여호수아가 가로되, 굴 어귀에 큰 돌을 굴려 막고 사람을 그 곁에 두어 그들의 지키게 하고,

⑲ 너희는 지체 말고 너희 대적의 뒤를 따라가 그 후군을 쳐서 그들로 자기들의 성읍에 들어가지 못하게 하라, 너희 하나님 여호와께서 그들을 너희 손에 붙이셨느니라, 하고,

⑳ 여호수아와 이스라엘 자손들이 그들을 크게 도륙하여 거의 진멸시켰고 그 남은 몇 사람은 견고한 성으로 들어간고로,

㉑ 모든 백성이 평안히 막게다의 진으로 돌아와 여호수아에게 이르렀으나 혀를 놀려 이스라엘 자손을 대적하는 자가 없었더라,

㉒ 때에 여호수아가 가로되, 굴 어귀를 열고 그 굴에서 그 다섯 왕을 내게로 끌어내라, 하매,

㉓ 그들이 그대로 하여 그 다섯 왕 곧 예루살렘 왕과 헤브론 왕과 야르뭇 왕과 라기스 왕과 애글론 왕을 굴에서 그에게로 끌어내니라,

㉔ 그 왕들을 여호수아에게로 끌어내매 여호수아가 이스라엘 모든 사람을 부르고 자기와 함께 갔던 군장들에게 이르되 가까이 와서 이 왕들의 목을 발로 밟으라, 하니, 그들이 가까이 와서 그들의 발로 그 왕들의 목을 밟으니,

㉕ 여호수아가 군장들에게 이르되, 두려워 말며 놀라지 말고 마음을 강하게 하고 담대히 하라, 너희가 더불어 싸우는 모든 대적에게 여호와께서 다 이와 같이 하시리라, 하고,

㉖ 그 후에 여호수아가 그 왕들을 쳐 죽여 다섯 나무에 매어 달고 석양까지 나무에 달린대로 두었다가,

㉗ 해 질 때에 여호수아가 명하매, 그 시체를 나무에서 내리어 그들의 숨은 굴에 들여 던지고 굴 어귀를 큰 돌로 막았더니, 오늘날까지 있더라,

㉘ 그 날에 여호수아가 막게다를 취하고 칼날로 그 성읍과 왕을 쳐서 그 성읍과 그 중에 있는 모든 사람을 진멸하여 한 사람도 남기지 아니하였으니, 막게다 왕에게 행한 것이 여리고 왕에게 행한 것과 일반이었더라,

㉙ 여호수아가 온 이스라엘로 더불어 막게다에서 립나로 나아와서 립나와 싸우매,

㉚ 여호와께서 또 그 성읍과 그 왕을 이스라엘의 손에 붙이신지라 칼날로 그 성읍과 그 중의 모든 사람을 쳐서 멸하여 한 사람도 남기지 아니하였으니, 그 왕에게 행한 것이 여리고 왕에게 행한 것과 일반이었더라,

㉛ 여호수아가 또 온 이스라엘로 더불어 립나에서 라기스로 나아가서 대진하고 싸우더니,

㉜ 여호와께서 라기스를 이스라엘의 손에 붙이신지라, 이튿날에 그 성읍을 취하고 칼날로 그것과 그 중의 모든 사람을 쳐서 멸하였으니 립나에 행한 것과 일반이었더라,

㉝ 때에 거셀 왕 호람이 라기스를 도우려고 올라오므로 여호수아가 그와 그 백성을 쳐서 한 사람도 남기지 아니하였더라,

㉞ 여호수아가 온 이스라엘로 더불어 라기스에서 에글론으로 나아가서 대진하고 싸워,

㉟ 그 날에 그 성읍을 취하고 칼날로 그것을 쳐서 그 중에 있는 모든 사람을 당일에 진멸하였으니 라기스에 행한 것과 일반이었더라,

㊱ 여호수아가 또 온 이스라엘로 더불어 에글론에서 헤브론 산으로 올라가서 싸워,

㊲ 그 성읍을 취하고 그것과 그 왕과 그 속한 성읍들과 그 중의 모든 사람을 칼날로 쳐서 하나도 남기지 아니하였으니, 그 성읍과 그 중의 모든 사람을 진멸한 것이 에글론에 행한 것과 일반이었더라,

㊳ 여호수아가 온 이스라엘로 더불어 돌아와서 드빌에 이르러 싸워,

㊴ 그 성읍과 그 왕과 그 속한 성읍들을 취하고 칼날로 그 성읍을 쳐서 그 중의 모든 사람을 진멸하고 하나도 남기지 아니하였으니, 드빌과 그 왕에게 행한 것이 헤브론에 행한 것과 일반이요, 립나와 그 왕에게 행한 것과 일반이었더라,

㊵ 이와 같이 여호수아가 온 땅 곧 산지와 남방과 평지와 경사지와 그 모든 왕을 쳐서 하나도 남기지 아니하고, 무릇 호흡이 있는 자는 진멸하였으니, 이스라엘의 하나님의 명하신 것과 같았더라,

㊶ 여호수아가 또 가데스 바네아에서 가사까지와 온 고센 땅을 기브온에 이르기까지 치매,

㊷ 이스라엘의 하나님 여호와께서 이스라엘을 위하여 싸우신고로 여호수아가 이 모든 왕과 그 땅을 단번에 취하니라,

㊸ 여호수아가 온 이스라엘로 더불어 길갈 진으로 돌아왔더라.

● 11장

① 하솔 왕 야빈이 이 소식을 듣고 마돈 왕 요밥과 시므론 왕과 악삽 왕과,

② 및 북방 산지와 긴네롯 남편 아라바와 평지와 서방돌의 높은 곳에 있는 왕들과,

③ 동서편 가나안 사람과 아모리 사람과 헷 사람과 브리스 사람과 산지의 여부스 사람과 미스바 땅 헤르몬산 아래 히위 사람들에게 사람을 보내매,

④ 그들이 그 모든 군대를 거느리고 나왔으니, 민중이 많아 해변의 수다한 모래 같고 말과 병거도 심히 많았으며,

⑤ 이 왕들이 모여 나아와서 이스라엘과 싸우려고 메롬 물가에 함께 진 쳤더라,

⑥ 여호와께서 여호수아에게 이르시되, 그들을 인하여 두려워 말라, 내일 이맘 때에 내가 그들을 이스라엘 앞에 붙여 몰살시키리니, 너는 그들의 말 뒷발의 힘줄을 끊고 불로 그 병거를 사르라,

⑦ 이에 여호수아가 모든 군사와 함께 메롬 물가로 가서 졸지에 습격할 때에,

⑧ 여호와께서 그들을 이스라엘에 붙이신고로 그들을 격파하고 큰 시돈과 미스르봇 마임까지 쫓고 동편에서는 미스바 골짜기까지 쫓아가서 한 사람도 남기지 아니하고 쳐 죽이고,

⑨ 여호수아가 여호와께서 자기에게 명하신대로 행하여 그들의 말 뒷발의 힘줄을 끊고 불로 그 병거를 살랐더라,

⑩ 하솔은 본래 그 모든 나라의 머리였더니, 그 때에 여호수아가 돌아와서 하솔을 취하고 그 왕을 칼날로 쳐 죽이고,

⑪ 그 가운데 모든 사람을 칼날로 쳐서 진멸하여 호흡이 있는 자는 하나도 남기지 아니하였고 또 불로 하솔을 살랐으며,

⑫ 여호수아가 그 왕들의 모든 성읍과 그 모든 왕들을 취하여 칼날로 쳐서 진멸하여 여호와의 종 모세의 명한 것과 같이 하였으되,

⑬ 여호수아가 하솔만 불살랐고 산 위에 건축된 성읍들은 이스라엘이 불사르지 아니하였으며,

⑭ 이 성읍들의 모든 재물과 가축은 이스라엘 자손들이 탈취하고 모든 사람을 칼날로 쳐서 진멸하여 호흡이 있는 자는 하나도 남기지 아니 하였으니,

⑮ 여호와께서 그 종 모세에게 명하신 것을 모세는 여호수아에게 명하였고, 여호수아는 그대로 행하여 여호와께서 무릇 모세에게 명하신 것을 하나도 행치 아니한 것이 없었더라,

⑯ 여호수아가 이같이 그 온 땅 곧 산지와 온 남방과 고센 온 땅과 평지와 아라바와 이스라엘 산지와 그 평지를 취하였으니,

⑰ 곧 세일로 올라가는 할락산에서부터 헤르몬산 아래 레바논 골짜기의 바알갓까지라 그 모든 왕을 잡아 쳐 죽였으며,

⑱ 여호수아가 그 모든 왕과 싸운지는 여러 날이라,

⑲ 기브온 거민 히위 사람 외에는 이스라엘 자손과 화친한 성읍이 하나도 없고 다 이스라엘 자손에게 쳐서 취한바 되었으니,

⑳ 그들의 마음이 강퍅하여 이스라엘을 대적하여 싸우러 온 것은 여호와께서 그리하게 하신 것이라, 그들로 저주 받은 자 되게하여 은혜를 입지 못하게 하시고 여호와께서 모세에게 명하신대로 진멸하려 하심이었더라,

㉑ 그 때에 여호수아가 가서 산지와 헤브론과 드빌과 아납과 유다 온 산지와 이스라엘의 온 산지에서 아낙 사람을 멸절하고 그가 또 그 성읍들을 진멸하였으므로,

㉒ 이스라엘 자손의 땅 안에는 아낙 사람이 하나도 남음이 없고 가사와 가드와 아스돗에만 약간 남았었더라,

㉓ 이와 같이 여호수아가 여호와께서 모세에게 이르신 말씀대로 그 온 땅을 취하여 이스라엘 지파의 구별을 따라 유업으로 주었더라, 그 땅에 전쟁이 그쳤더라,

● 12장

① 이스라엘 자손이 요단 저편 해 돋는편 곧 아르논 골짜기에서 헤르몬산까지의 동방 온 아라바를 점령하고 그 땅에서 쳐 죽인 왕들은 이러하니라,

② 헤스본에 거하던 아무리 사람의 왕 시혼이라 그 다스리던 땅은 아르곤 골짜기 가에 있는 아로엘에서부터 골짜기 가운데 성읍과 길르앗 절반 곧 암몬 자손의 경계인 얍복강까지며,

③ 또 동방 아라바 긴네롯 바다까지며 또 동방 아라바의 바다 곧 염해의 벧여시못으로 통한 길까지와 남편으로 비스가 산록까지며,

④ 또 르바의 남은 족속으로 아스다롯과 에드레이에 거하던 바산 왕 옥이라,

⑤ 그 치리하던 땅은 헤르몬산과 살르가와 온 바산과 및 그술 사람과 마아가 사람의 경계까지의 길르앗 절반이니 헤스본 왕 시혼의 경계에 접한 것이라,

⑥ 여호와의 종 모세와 이스라엘 자손이 그들을 치고 여호와의 종 모세가 그 땅을 르우벤 사람과 갓 사람과 므낫세 반 지파에게 유업으로 주었더라,

⑦ 여호수아와 이스라엘 자손의 요단 이편 곧 서편 레바논 골짜기의 바알 갓에서부터 세일로 올라가는 곳 할락산까지 에서 쳐서 멸한 왕들은 이러하니(그 땅을 여호수

아가 이스라엘의 구별을 따라 그 지파에게 기업으로 주었으니,

⑧ 곧 산지와 평지와 아라바와 경사지와 광야와 남방 곧 헷 사람과 아모리 사람과 가나안 사람과 브리스 사람과 히위 사람과 여부스 사람의 땅이라.)

⑨ 하나는 여리고 왕이요, 하나는 벧엘 곁의 아이 왕이요,

⑩ 하나는 예루살렘 왕이요, 하나는 헤브론 왕이요 하나는 야르뭇 왕이요,

⑪ 하나는 라기스 왕이요,

⑫ 하나는 에글론 왕이요, 하나는 거셀 왕이요,

⑬ 하나는 드빌 왕이요, 하나는 거델 왕이요,

⑭ 하나는 호르마 왕이요, 하나는 아랏 왕이요,

⑮ 하나는 립나 왕이요, 하나는 아둘람 왕이요,

⑯ 하나는 막게다 왕이요, 하나는 벧엘 왕이요,

⑰ 하나는 답부아 왕이요, 하나는 헤벨 왕이요,

⑱ 하나는 아벡 왕이요, 하나는 랏사론 왕이요,

⑲ 하나는 마돈 왕이요, 하나는 하솔 왕이요,

⑳ 하나는 시므론 므론 왕이요, 하나는 악삽 왕이요,

㉑ 하나는 다아낙 왕이요, 하나는 므깃도 왕이요,

㉒ 하나는 게데스 왕이요, 하나는 갈멜의 욕느암 왕이요,

㉓ 하나는 돌의 높은 곳의 돌 왕이요, 하나는 길갈의 고임 왕이요,

㉔ 하나는 디르사 왕이라, 도합 삼십 일 왕이었더라.

● 13장

① 여호수아가 나이 많아 늙으매 여호와께서 그에게 이르시되, 너는 나이 많아 늙었고 얻을 땅의 남은 것은 매우 많도다,

② 이 남은 땅은 이러하니 블레셋 사람의 온 지방과 그술 사람의 전경,

③ 곧 에집트 앞 시홀 시내에서부터 가나안 사람에게 속한 북방 에그론 지경까지와 블레셋 사람의 다섯 방백의 땅 곧 가사 사람과 아스돗 사람과 아스글론 사람과 가드 사람과 에그론 사람과 또 남방 아위 사람의 땅과,

④ 또 가나안 사람의 온 땅과 시돈 사람에게 속한 므아라와 아모리 사람의 경계 아벡까지와,

⑤ 또 그발 사람의 땅과 동편 온 레바논 곧 헤르몬 산 아래 바알 갓에서부터 하맛에 들

어가는 곳까지와,

⑥ 또 레바논에서부터 미스로봇마임까지의 산지 모든 거민 곧 시돈 사람의 땅이라, 내가 그들을 이스라엘 자손 앞에서 쫓아내리니, 너는 나의 명한대로 그 땅을 이스라엘에게 분배하여 기업이 되게 하되,

⑦ 너는 이 땅을 아홉 지파와 므낫세 반 지파에게 나누어 유업이 되게 하라, 하셨더라,

⑧ 므낫세 반 지파와 함께 르우벤 사람과 갓 사람은 요단 동편에서 그 기업을 모세에게 받았는데 여호와의 종 모세가 그들에게 준 것은 이러하니,

⑨ 곧 아르논 골짜기 가에 있는 아로엘에서부터 골짜기 가운데 있는 성읍과 디본까지 이르는 매드바 온 평지와,

⑩ 헤스본에 도읍하였던 아모리 사람의 왕 시혼의 모든 성읍 곧 암몬 자손의 경계까지와,

⑪ 길르앗과 및 그술 사람과 마아갓 사람의 경계와 온 헤르몬 산과 살르가까지 이른 온 바산,

⑫ 곧 르바의 남은 족속으로서 아스다롯과 에드레이에 도읍하였던 바산 왕 옥의 나라라 모세가 이 땅의 사람들을 쳐서 쫓아내었어도,

⑬ 그술 사람과 마아갓 사람은 이스라엘 자손이 쫓아내지 아니하였으므로 그술과 마아갓이 오늘날까지 이스라엘 가운데 거하더라,

⑭ 오직 레위 지파에게는 여호수아가 유업으로 준 것이 없었으니, 이는 이스라엘 하나님 여호와께 드리는 화제물이 그 유업이 됨이 그에게 이르신 말씀과 같음이었더라,

⑮ 모세가 르우벤 지파의 자손에게 그 가족을 따라서 주었으니,

⑯ 그 경계는 아르논 골짜기 가에 있는 아로엘에서부터 골짜기 가운데 있는 성읍과 메드바 곁에 있는 온 평지와,

⑰ 헤스본과 그 평지에 있는 모든 성읍 곧 디본과 바못 바알과 벧 바알 므온과,

⑱ 야하스와 그데못과 메바앗과,

⑲ 기랴다임과 십마와 골짜기 가운데 산에 있는 세렛 사할과,

⑳ 벧브올과 비스가 산록과 벧여시못과,

㉑ 평지 모든 성읍과 헤스본에 도읍한 아모리 사람 시혼의 온 나라라, 모세가 시혼을 그 땅에 거하는 시혼의 방백 곧 미디안의 귀족 에위와 레겜과 술과 홀과 레바와 함께 죽였으며,

㉒ 이스라엘 자손이 그들을 도륙하는 중에 브올의 아들 술사 발람도 칼날로 죽였었더라,

㉓ 르우벤 자손의 서편 경계는 요단과 그 강가라 이상은 르우벤 자손의 유업으로 그 가족대로 받은 성읍과 촌락이니라,

㉔ 모세가 갓 지파 곧 갓 자손에게도 그 가족을 따라서 주었으니,

㉕ 그 경계를 야셀과 길르앗 모든 성읍과 암몬 자손의 땅 절반 곧 랍바 앞의 아로엘까지와,

㉖ 헤스본에서 라맛 미스베와 브도님까지와 마하나임에서 드빌 경계까지와,

㉗ 골짜기에 있는 벧 하람과 벧니므라와 숙곳과 사본 곧 헤스본 왕 시혼의 나라의 남은 땅 요단 그 강 가에서부터 요단 동편 긴네렛 바다의 끝까지라,

㉘ 이는 갓 자손의 유업으로 그 가족대로 받은 성읍과 촌락이니라,

㉙ 모세가 므낫세 반 지파에게 주었으되, 므낫세 반 지파에게 그 가족대로 주었으니,

㉚ 그 지경은 마하나임에서부터 온 바산 곧 바산 왕 옥의 전국과 바산 경내 야일의 모든 고을 육십 성읍과,

⑪ 길르앗 절반과 바산 왕 옥의 나라 성읍 아스다롯과 에드레이라 이는 므낫세의 아들 마길의 자손에게 돌린 것이니, 곧 마길 자손의 절반이 그 가족대로 받으니라,

⑫ 요단 동편 여리고 맞은편 모압 평지에서 모세가 분배한 유업이 이러하여도,

⑬ 그러나 레위 지파에게는 모세가 유업을 주지 아니하였으니, 이는 여호와께서 그들에게 이르신대로, 이스라엘의 하나님, 여호와께서 그들의 유업이시기 때문이니라.

(But unto the tribe of Levi Moses gave not any inheritance: the LORD God of Israel was their inheritance, as he said unto them.-KJV)

(But to the tribe of Levi, Moses had given no inheritance; the LORD, the God of Israel, is their inheritance, as he promised them.-NIV)

(But Moses gave no heritage to the tribe of Levi: the LORD, the God of Israel, is their heritage, as he had promised them.-NAB)

(But Moses gave no inheritance to the tribe of Levi. GOD, the God of Israel, is their inheritance, just as he told them.-THE MESSAGE)

• 14장

① 이스라엘 자손이 가나안 땅에서 취한 지역들이 이러하니, 곧 제사장 엘르아살과 눈의 아들 여호수아와 이스라엘 자손 지파의 족장들이 그들에게 분배하였더라,

② 여호와께서 모세에게 명하신대로 그들의 물려 받은 것을 제비 뽑아 아홉 지파와 반 지파에게 주었더라,

③ 이는 모세가 요르단 저편에서 두 지파와 반 지파에게 유업을 주었기 때문이요, 그들 가운데에서 레위 자손에게는 아무런 유업도 주지 아니하였더라,

④ 요셉 자손은 무낫세와 에브라임의 두 지파가 되었음이라, 이 땅에서 레위 사람에게 아무 몫도 주지 아니하고 오직 거할 성읍들과 가축과 재물을 둘 들만 줄 뿐으로,

⑤ 이스라엘 자손이 여호와께서 모세에게 명하신 것과 같이 행하여 그 땅을 나누었더라,

⑥ 때에 유다 자손이 길갈에 있는 여호수아에게 나아오고, 그니스 사람에게 여분네의 아들 갈렙이 여호수아에게 말하되, 여호와께서 가데스 바네아에서 나와 당신에게 대하여 하나님의 사람 모세에게 이르신 일을 당신이 아시는 바라,

⑦ 내 나이 사십세에 여호와의 종 모세가 가데스 바네아에서 나를 보내어 이땅을 정탐케 하므로 내 마음에 성실한대로 그에게 보고하였고,

⑧ 나와 함께 올라갔던 내 형제들은 백성의 간담을 녹게 하였으나, 나는 나의 하나님 여호와를 온전히 좇았으므로,

⑨ 그 날에 모세가 맹세하여 가로되, 네가 나의 하나님 여호와를 완전히 좇았은즉, 네 발로 밟는 땅은 영영히 너와 네 자손의 기업이 되리라, 하였나이다,

⑩ 이제 보소서, 여호와께서 이 말씀을 모세에게 이르신 때로부터 이스라엘이 황야에서 행한 이 사십 오년 동안을 여호와께서 말씀하신대로 나를 생존케 하셨나이다, 오늘날 내가 팔십 오세로되,

⑪ 모세가 나를 보내던 날과 같이 오늘날 오히려 강건하니, 나의 힘이 그때나 이제나 일반이라 싸움에나 출입에 감당할 수 있사온즉,

⑫ 그 날에 여호와께서 말씀하신 이 산지를 내게 주소서, 당신도 그 날에 들으셨거니와 그곳에는 아낙 사람이 있고 그 성읍들은 크고 견고할지라도 여호와께서 혹시 나와 함께 하시면 내가 필경 여호와의 말씀대로 그들을 좇아내리이다,

⑬ 여호수아가 여분네의 아들 갈렙을 위하여 축복하고 헤브론을 그에게 주어 유업으

로 삼게 하매,

⑭ 헤브론이 그니스 사람 여분네의 아들 갈렙의 유업이 되어 오늘날까지 이르렀으니, 이는 그가 이스라엘의 하나님 여호와를 온전히 좇았음이며,

⑮ 헤브론의 옛 이름은 기럇 아르바라, 아르바는 아낙 사람 가운데 가장 큰 사람이었더라, 그 땅에 전쟁이 그쳤더라.

● 15장

① 유다 자손의 지파가 그 가족대로 제비 뽑은 땅의 극 남단은 에돔 지경에 이르고 또 남으로 신 사막까지라,

② 그 남편 경계는 염해의 극단 곧 남향한 해만에서부터,

③ 아그랍빕 비탈 남편으로 지나 신에 이르고 가데스바네아 남편으로 올라가서 헤스론을 지나며 아달로 올라가서 돌이켜 갈가에 이르고,

④ 거기서 아스몬에 이르고 에집트 시내에 미치며 바다에 이르러 경계의 끝이 되나니, 이것이 너희 남편 경계가 되리라,

⑤ 그 동편 경계는 염해니 요단 끝까지요, 그 북편 경계는 요단 끝에 당한 해만에서부터,

⑥ 벧호글라로 올라가서 벧 아라바 북편을 지나 르우벤 자손 보한의 돌에 이르고,

⑦ 또 아골 골짜기에서부터 드빌을 지나 북으로 올라가서 강 남편에 있는 아둠밈 비탈 맞은편 길갈을 향하고 나아가 엔 세메스 물을 지나 엔로겔에 이르며,

⑧ 또 힌놈의 아들의 골짜기로 올라가서 여부스 곧 예루살렘 남편 어깨에 이르며, 또 힌놈의 골짜기 앞 서편에 있는 산 꼭대기로 올라가니, 이곳은 르바임 골짜기 북편 끝이며,

⑨ 또 이 산 꼭대기에서부터 넵도아 샘물까지 이르러 에브론산 성읍들에 미치고 또 바아라 곧 기럇 여아림에 미치며,

⑩ 또 바알라에서부터 서편으로 돌이켜 세일산에 이르러 여아림 산 곧 그살론 곁 북편에 이르고, 또 벧 세메스로 내려가서 딤나로 지나고,

⑪ 또 에그론 북편으로 나아가 식그론에 이르러 바알라산에 미치고 얍느엘에 이르나니, 그 끝은 바다며,

⑫ 서편 경계는 대해와 그 해변이니, 유다 자손이 그 가족대로 얻은 사면 경계가 이러하니라,

⑬ 여호와께서 여호수아에게 명하신대로 여호수아가 기럇 아르바 곧 헤브론 성을 유다 자손 중에서 분깃으로 여분네의 아들 갈렙에게 주었으니, 아르바는 아낙의 아비였더라,

⑭ 갈렙이 거기서 아낙의 소생 곧 그 세 아들 세새와 아히만과 달매를 쫓아내었고,

⑮ 거기서 올라가서 드빌 거민을 쳤는데 드빌의 본 이름은 기럇 세벨이라,

⑯ 갈렙이 말하기를, 기럇 세벨을 쳐서 그것을 취하는 자에게는 내가 내 딸 악사를 아내로 주리라, 하였더니,

⑰ 갈렙의 아우요 그나스의 아들인 옷니엘이 그것을 취함으로 갈렙이 그 딸 악사를 그에게 아내로 주었더라,

⑱ 악사가 출가할 때에 그에게 대하여 청하여 자기 아비에게 밭을 구하자 하고 나귀에서 내리매 갈렙이 그에게 묻되 네가 무엇을 원하느냐?

⑲ 가로되 내게 복을 주소서, 아버지께서 나를 남방 땅으로 보내시오니, 샘물도 내게 주소서, 하매, 갈렙이 윗샘과 아랫샘을 그에게 주었더라,

⑳ 유다 자손의 지파가 그 가족대로 얻은 기업은 이러하니라,

㉑ 유다 자손의 지파의 남으로 에돔 경계에 접근한 성읍들은 갑스엘과 에델과 야굴과,

㉒ 기나와 디모나와 아다다와,

㉓ 게데스와 하솔과 잇난과,

㉔ 십과 델렘과 브알롯과,

㉕ 하솔 하닷다와 그리옷 헤스론 곧 하솔과,

㉖ 야맘과 세마와 몰라다와,

㉗ 하살갓다와 헤스몬과 벧벨렛과,

㉘ 하살 수알과 브엘 세바와 비스요댜와,

㉙ 바알라와 이임과 에셈과,

㉚ 엘돌랏과 그실과 홀마와,

㉛ 시글락과 맛만나와 산산나와 르바옷과,

㉜ 실힘과 아인과 림몬이니 모두 이십 구 성읍이요 또 촌락이었으며,

㉝ 평지에는 에스다올과 소라와 아스나와,

㉞ 사노아와 엔간님과 답부아와 에남과,

㉟ 야르뭇과 아둘람과 소고와 아세가와,

㊱ 사아라임과 아디다임과 그데라와 드데로다임이니 모두 십 사 성읍이요 또 촌락이
었으며,
㊲ 스난과 하다사와 믹달갓과,
㊳ 딜르안과 미스베와 욕드엘과,
㊴ 라기스와 보스갓과 에글론과,
㊵ 갑본과 라암과 기들리수와,
㊶ 그데롯과 벧다곤과 나아마와 막게다니 모드 십 육 성읍이요, 또 그 촌락이었으며,
㊷ 립나와 에델과 아산과,
㊸ 입다와 아스나와 느십과,
㊹ 그일라와 악십과 마레사니 모두 아홉 성이요, 또 그 촌락이었으며,
㊺ 에그론과 그 향리와 촌락과,
㊻ 에그론에서부터 바다까지 아스돗에 곁에 있는 모든 성읍과 그 촌락이었으며,
㊼ 아스돗과 그 향리의 촌락과 가사와 그 향리의 촌락이니 애굽 시내와 대해 가에 이
르기까지였으며,
㊽ 산지는 사밀과 얏딜과 소고와,
㊾ 단나와 기럇 산나 곧 드빌과,
㊿ 아납과 에스드모와 아님과,
(51) 고센과 홀론과 길로니 모두 십 일 성읍이요 또 그 촌락이었으며,
(52) 아랍과 두마와 에산과,
(53) 야님과 벧 답부아와 아베가와,
(54) 훔다와 기럇 아르바 곧 헤브론과 시올이니 모두 아홉 성읍이요 또 그 촌락이었으
며,
(55) 마온과 갈멜과 십과 유다와,
(56) 이스르엘과 욕드암과 사노아,
(57) 가인과 기브아와 딤나니 모두 열 성읍이요 또 그 촌락이었으며,
(58) 할훌과 벧술과 그돌과,
(59) 마아랏과 벧 아놋과 엘드곤이니 모두 여섯 성읍이요 또 그 촌락이었으며,
(60) 기럇 바알 곧 기럇 여아림과 라빠니 모두가 두 성읍이요 또 그 촌락이었으며,
(61) 광야에는 벧 아라바와 밋딘과 스가가와,
(62) 닙산과 염성과 엔 게디니 모두 여섯 성읍이요 또 그 촌락이었더라,

㉓ 예루살렘 거민 여부스 사람을 유다 자손이 쫓아내지 못하였으므로 여부스 사람이 오늘날까지 유다 자손과 함께 예루살렘에 거하니라.

● 16장
① 요셉 자손이 제비 뽑아 할당받은 것은 여리고 곁 동편 요단강에서 시작하였더라, 그리고 거기서부터 사막은 지나 벧엘 언덕까지 이르렀더라,

② 벧엘에서부터 루스로 나아가 아렉 사람의 경계로 지나 아다롯에 이르고,

③ 서편으로 내려가서 야블렛 사람의 경계에 이르러, 아래 벧 호른 곧 거셀에 미치고 그 끝은 바다라,

④ 요셉의 자손 므낫세와 에브라임이 그 유업을 얻었더라,

⑤ 에브라임 자손의 그 가족대로 얻은 것의 경계는 이러하니라, 그 유업의 경계는 동으로 아다롯 앗달에서 윗 벧 호른에 이르고,

⑥ 또 서편으로 나아가 북편 믹므다에 이르고, 동편으로 돌아 다아낫 실로에 이르러, 야노아 동편을 지나고,

⑦ 야노아에서부터 아다롯과 나아라로 내려가서 여리고에 미치며 요단으로 나아가고,

⑧ 또 답부아에서부터 서편으로 지나서 가나 시내에 미치나니, 그 끝은 바다라 에브라임 자손의 지파가 그 가족대로 얻은 유업이 이러하였고,

⑨ 그 외에 므낫세 자손의 유업 중에서 에브라임 자손을 위하여 구별하여 놓은 성읍과 촌락도 있었더라,

⑩ 그들이 거셀에 거하는 가나안 사람을 쫓아내지 아니하였으므로 가나안 사람이 오늘날까지 에브라임 가운데 거하며 사역하는 종이 되니라.

● 17장
① 므낫세 지파를 위하여 제비 뽑은 것은 이러하니, 므낫세는 요셉의 장자이었고 므낫세의 장자 마길은 길르앗의 아비라, 그는 무사이어서 길르앗과 바산을 얻었으므로,

② 므낫세의 남은 자손을 위하여 그 가족대로 제비를 뽑았는데 그들은 곧 아비에셀의 자손과 헬렉의 자손과 아스리엘의 자손과 세겜의 자손과 헤벨의 자손과 스미다의 자손이니 그들의 가족대로 요셉의 아들 므낫세의 남 자손이며,

③ 오직 헤벨의 아들이며 길르앗의 손자요, 마길의 증손이요, 므낫세의 현손인 슬로브핫은 아들이 없고 딸 뿐이요, 그 딸들의 이름은 말라와 노아와 호글라와 밀가와 디르사라,

④ 그들이 제사장 엘르아살과 눈의 아들 여호수아와 방백들 앞에 나아와서 말하기를, 여호와께서 모세에게 명하사 우리 형제 중에서 우리에게 유업을 주라 하셨다, 하매, 여호와의 명령을 따라 그들에게 유업을 그 아비 형제 중에서 주므로,

⑤ 요단 동편 길르앗과 바산의 땅 외에 므낫세에게 열 몫이 돌아갔으니,

⑥ 므낫세의 여손들이 그 남 자손 중에서 기업을 얻은 까닭이었으며, 길르앗 땅은 므낫세의 남은 자손에게 속하였더라,

⑦ 므낫세의 경계는 아셀에서부터 세겜 앞 믹므닷에 미치고 우편으로 가서 엔답부아 거민의 땅에 이르나니,

⑧ 답부아 땅은 므낫세에게 속하였으되, 므낫세 경계에 있는 답부아 읍은 에브라임 자손에게 속하였으며,

⑨ 또 경계가 가나 시내로 내려가서 그 시내 남편에 이르나니 므낫세의 성읍 중에 이 성읍들은 에브라엠에게 속하였으며, 므낫세의 경계는 그 시내 북편이요 그 끝은 바다며,

⑩ 그 남편은 에브라임에 속하였고 북편은 므낫세에 속하였고 바다가 그 경계가 되었으며 그들의 땅의 북은 아셀에 미쳤고 동은 잇사갈에 미쳤으며,

⑪ 잇사갈과 아셀에도 므낫세의 소유가 있으니 곧 벧 스안과 그 향리와 이블르암과 그 향리와 돌의 거민과 그 향리요 또 엔돌 거민과 그 향리와 다아낙 거민과 그 향리와 므깃도 거민과 그 향리들 세 높은 곳이라,

⑫ 그러나 므낫세 자손이 그 성읍들의 거민을 쫓아내지 못하매 가나안 사람들이 결심하고 그 땅에 거하였더니,

⑬ 이스라엘 자손이 강성한 후에야 가나안 사람에게 사역을 시켰고 다 쫓아내지 아니하였더라,

⑭ 요셉 자손이 여호수아에게 말하여 가로되, 여호와께서 지금까지 내게 복을 주시므로 내가 큰 민족이 되었거늘 당신이 나의 유업을 위하여 한 제비 하나의 몫으로만 내게 주심은 어찜이니이까?

⑮ 여호수아가 그들에게 이르되, 네가 큰 민족이 되므로 에브라임 산지가 네게 너무 좁을진대, 브리스 사람과 르바임 사람의 땅 삼림에 올라가서 스스로 개척하라,

⑯ 요셉 자손이 가로되 그 산지는 우리에게 넉넉지도 못하고 골짜기 땅에 거하는 가나안 사람에게는 벧 스완과 그 향리에 거하는 자든지 이스르엘 골짜기에 거하는 다 철 병거가 있나이다,

⑰ 여호수아가 다시 요셉의 족속 곧 에브라임과 므낫세에게 일러 가로되, 너는 큰 민족이요 큰 권능이 있은즉 한 몫만 가질것이 아니라,

⑱ 그 산지도 네 것이 되리니, 비록 삼림이라도 네가 개척하라, 그 끝까지 네 것이 되리,라 가나안 사람이 비록 철 병거를 가졋고 강할지라도 네가 능히 그들을 쫓아낼 수 있으리라.

● 18장

① 이스라엘 자손의 온 회중이 실로에 모여서 거기 회막을 세웠으니, 그 땅이 이미 그들의 앞에 돌아와 복종하였음이나,

② 이스라엘 자손 중에 그 유업의 분배를 얻지 못한 자가 오히려 일곱 지파라,

③ 여호수아가 이스라엘 자손에게 이르되, 너희가 너희 열조의 하나님 여호와께서 너희에게 주신 땅을 취하러 가기를 어느 때까지 지체하겠느냐?

④ 너희는 매 지파에서 삼인씩 선정하라, 내가 그들을 보내리니, 그들은 일어나서 그 땅에 두루 다니며 그 유업에 상당하게 그려가지고 네게로 돌아올 것이라,

⑤ 그들이 그 땅을 일곱 부분에 나누되, 유다는 남편 자기 경내에 거하고 요셉의 족속은 그 북편 자기 경내에 거한즉,

⑥ 그 남은 땅을 일곱 부분으로 그려서 이곳 내게로 가져올지니, 내가 여기서 너희를 위하여 우리 하나님 여호와 앞에서 제비 뽑으리라.

⑦ 레위 사람은 너희 중에 분깃이 없나니, 여호와의 제사장 직분이 그들의 유업이 됨이며, 갓과 르우벤과 므낫세 반 지파는 요단 저편 동편에서 이미 유업을 받았나니, 이는 여호와의 종 모세가 그들에게 준 것이니라,

⑧ 그 사람들이 일어나 떠나니 여호수아가 땅을 그리러 가는 그들에게 명하여 가로되, 가서 그 땅을 두루 다니며 그려가지고 내게로 돌아 오라, 내가 여기 실로에서 여호와 앞에서 너희를 위하여 제비 뽑으리라,

⑨ 그 사람들이 가서 그 땅으로 두루 다니며 성읍들을 따라서 일곱 부분으로 책에 그리고 실로 진에 돌아와 여호수아에게 나아오니,

⑩ 여호수아가 그들을 위하여 실로 여호와 앞에서 제비 뽑고 그가 거기서 이스라엘

자손의 분파대로 땅을 분배하였더라,

⑪ 베냐민 자손 지파를 위하여 그 가족대로 제비를 뽑았으니, 그 제비 뽑은 땅의 경계는 유다 자손과 요셉 자손의 중간이라,

⑫ 그 북방 경계는 요단에서부터 여리고 북편으로 올라가서 서편 산지를 넘어서 또 올라가서 벧아웬 황무지에 이르며,

⑬ 또 그 경계가 거기서부터 루스로 나아가서 루스 남편에 이르나니, 루스는 곧 벧엘이며 또 그 경계가 아다롯 앗달로 내려가서 아래 벧 호른 남편 산 곁으로 지나고,

⑭ 벧 호른 앞 남편 산에서부터 서방으로 돌아 남편으로 향하여 유다 자손의 성읍 기럇 바알 곧 기럇 여아림에 이르러 끝이 되나니, 이는 서방 경계며,

⑮ 남방 경계는 기럇 여아림 끝에서부터 서편으로 나아가 넵도아 물 근원에 이르고,

⑯ 르바임 골짜기 북편 힌놈의 아들 골짜기 앞에 있는 산 끝으로 내려가고 또 힌놈의 골짜기로 내려가서 여부스 남편에 이르러 엔 로겔로 내려가고,

⑰ 또 북향하여 엔세메스로 나아가서 아둠빔 비탈 맞은편 글릴롯으로 나아가서 르우벤 자손 보한의 돌까지 내려가고,

⑱ 북으로 아라바 맞은편을 지나 아라바로 내려가고,

⑲ 또 북으로 벧 호글라 곁을 지나서 요단 남단에 당한 염해의 북편 해만이 그 경계의 끝이 되나니 이는 남편 경계며,

⑳ 동방 경계는 요단이니 이는 베냐민 자손이 그 가족대로 얻은 기업의 사면 경계이었더라,

㉑ 베냐민 자손의 지파가 그 가족대로 얻은 성읍들은 여리고와 벧 호글라와 에멕 그시스와,

㉒ 벧 아라바와 스마라임과 벧 엘과,

㉓ 아윔과 바라와 오브라와,

㉔ 그발 암모니와 오브니와 게바니 십 이 성읍이요 또 그 촌락이며,

㉕ 기브온과 라마와 브에롯과,

㉖ 미스베와 그비라와 모사와,

㉗ 레겜과 이르브엘과 다랄라와,

㉘ 셀라와 엘렙과 여부스 곧 여루살렘과 기부앗과 기럇이니 십 사 성읍이요 또 그 촌락이라 이는 베냐민 자손이 그 가족대로 얻은 유산이었더라.

• 19장

① 둘째로 시므온 곧 시므온 자손의 지파를 위하여 그 가족대로 제비를 뽑았으니, 그 들의 유산은 유다 의 영토 안에 있었느니라,

② 그 얻은 유산은 브엘세바 곧 세바와 몰라다와,

③ 하살 수알과 발라와 에셈과,

④ 엘돌랏과 브둘과 호르마와,

⑤ 시글락과 벧 말가봇과 하살 수사와,

⑥ 벧 르바옷과 사루헌이니 십 삼 성읍이요, 또 그 촌락이며,

⑦ 또 아인과 림논과 에텔과 아산이니, 네 성읍이요, 또 그 촌락이며,

⑧ 또 남방 라마 곧 바알랏 브엘까지 이 성들을 둘러 있는 모든 촌락이니, 이는 시므온 자손의 지파가 그 가족대로 물려받은 재산이라,

⑨ 시므온 자손의 이 유업은 유다 자손의 유업 중에서 취했으니, 이는 유다 자손의 몫 이 자기들에게 너무 많으므로 시므온 자손이 자기의 유업을 그들의 유업 중에서 얻음이었더라,

⑩ 셋째로 스불론 자손을 위하여 그 가족대로 제비를 뽑았으니, 그 물려받은 토지의 경계는 사릿에 미치고,

⑪ 서편으로 올라가서 마랄라에 이르러 답베셋에 미치고 욕느암 앞 시내에 미치며,

⑫ 사릿에서부터 동편으로 돌아 해뜨는 편을 향하고 기슬롯 다볼의 경계에 이르고 다 브랏으로 나가서 야비아로 올라가고,

⑬ 또 거기서부터 동편으로 가드 헤벨을 지나 엣 가신에 이르고 네아까지 연한 림몬 으로 나아가서,

⑭ 북으로 돌아 한나돈에 이르고, 입다골 골짜기에 이르러 끝이 되며,

⑮ 또 갓닷과 나할랄과 시므론과 이달라와 베들레헴이니 모두 십 이 성읍이요, 또 그 촌락이라,

⑯ 스불론 자손이 그 가족대로 얻은 유업은 이 성읍들과 그 촌락이었더라,

⑰ 네째로 잇사갈 곧 잇사갈 자손을 위하여 그 가족대로 제비를 뽑았으니,

⑱ 그 지경 안은 이스르엘과 그술룻과 수넴과,

⑲ 하바라임과 시온과 아나하랏과,

⑳ 랍빗과 기시온과 에베스와,

㉑ 레멧과 언간님과 엔핫다와 벧 바세스며,

㉒ 그 경계는 다볼과 사하수마와 벧 세메스에 미치고 그 끝은 요단이니, 모두 십 육 성읍이요, 또 그 촌락이라,

㉓ 잇사갈 자손의 지파가 그 가족대로 얻은 유업은 이 성읍들과 그 촌락이었더라,

㉔ 다섯째로 아셀 자손의 지파를 위하여 그 가족대로 제비를 뽑았으니,

㉕ 그 경계 안은 헬갓과 할리와 베덴과 악삽과,

㉖ 알람멜렉과 아맛과 미살이며 그 경계의 서편은 갈멜에 미치며 시홀 림낫에 미치고,

㉗ 꺾여 해 돋는 편을 향하여 벧 다곤에 이르며 스불론에 달하고 북편으로 입다 엘 골짜기에 미쳐서 벧에멕과 느이엘에 이르고 가불 좌편으로 나가서,

㉘ 에브론과 르홉과 함몬과 가나를 지나 큰 시돈까지 이르고,

㉙ 돌아서 라마와 견고한 성읍 두로에 이르고, 돌아서 호사에 이르고 악십 지방 곁 바다가 끝이 되며,

㉚ 또 움마와 아벡과 르홉이니 모두 이십 이 성읍과 그 촌락이라,

㉛ 아셀 자손의 지파가 그 가족대로 얻은 유업은 이 성읍들과 그 촌락이었더라,

㉜ 여섯째로 납달리 자손을 위하여 납달리 자손의 가족대로 제비를 뽑았으니,

㉝ 그 경계는 헬렙과 사아난님의 상수리나무에서부터 아다미 네겝과 얍느엘을 지나 락굼까지요, 그 끝은 요단이며,

㉞ 서편으로 돌아 아스놋 다볼에 이르고 그곳에서부터 나가 훅곡에 이르러는 남은 스불론에 접하였고, 서는 아셀에 접하였으며 해 돋는 편은 유다에 달한 요단이며,

㉟ 그 견고한 성읍들은 싯딤과 세르와 함맛과 락갓과 긴네렛과,

㊱ 아다마와 라마와 하솔과,

㊲ 게데스와 에드레이와 엔 하솔과,

㊳ 이론과 믹다넬과 호렘과 벧 아낫과 벧 세메스니 모두 십구 성읍이요, 또 그 촌락이라,

㊴ 납달리 자손의 지파가 그 가족대로 얻은 유업은 이 성읍들과 그 촌락이었더라,

㊵ 일곱째로 단 자손의 지파를 위하여 그 가족대로 제비를 뽑았으니,

㊶ 그 유업의 경계는 소라와 에스다올과 이르세메스와,

㊷ 사알랍빈과 아얄론과 이들라와,

㊸ 엘론과 딤나와 에그론과,

㊹ 엘드게와 깁브돈과 바알랏과,

㊺ 여훗과 브네브락과 가드 림몬과,

㊻ 메얄곤과 락곤과 욥바 맞은편 경계까지라,

㊼ 그런데 단 자손의 소유지가 더욱 확장되었으니, 이는 단 자손이 올라가서 레센을 쳐서 취하여 칼날로 치고 그것을 얻어 거기 거하였음이라, 그 조상 단의 이름을 따라서 레센을 단이라 하였더라,

㊽ 단 자손의 지파가 그 가족대로 얻은 유업은 이 성읍들과 그 촌락이었더라,

㊾ 이스라엘 자손이 그 경계를 따라서 그 유업의 땅 나누기를 마치고 자기들 중에서 눈의 아들 여호수아에게 유업을 주었으되,

㊿ 곧 여호와의 명령대로 여호수아의 구한 성읍 에브라임 산지 딤낫세라를 주매, 여호수아가 그 성읍을 중건하고 거기 거하였더라,

(51) 제사장 엘르아살과 눈의 아들 여호수아와 이스라엘 자손 지파의 족장들이 실로에서 회막 문 여호와 앞에서 제비 뽑아 나눈 유업이 이러하니라, 이에 땅 나누는 일이 마쳤더라.

● 20장

① 여호와께서 여호수아에게 일러 가라사대,

② 이스라엘 자손에게 고하여 이르라, 내가 모세로 너희에게 말한 도피성을 택정하여,

③ 부지중 오살한 자를 그리로 도망하게 하라, 이는 너희 중 피의 보응자를 피할 곳이니라,

④ 그 성읍들의 하나에 도피하는 자는 그 성읍에 들어가는 문 어귀에 서서 그 성읍 장로들의 귀에 자기의 사고를 고할 것이요, 그들은 그를 받아 성읍에 들여 한 곳을 주어 자기들 중에 거하게 하고,

⑤ 피의 보응자가 그 뒤를 따라온다 할지라도, 그들은 그 살인자를 그의 손에 내어주지 말지니, 이는 본래 미워함이 없이 부지 중에 그 이웃을 죽였음이라,

⑥ 그 살인자가 회중의 앞에 서서 재판을 받기까지나 당시 대제사장이 죽기까지 그 성읍에 거하다가, 그 후에 그 살인자가 본 성읍 곧 자기가 도망하여 나온 그 성읍의 자기 집으로 돌아갈지니라,

⑦ 그래서 그들은 납달리의 산지 갈릴리 게데스와 에브라임의 산지의 세겜과 유다 산지의 기럇 아르바 곧 헤브론을 지정하였고,

⑧ 또 여리고 동 요단 저편 르우벤 지파 중에서 평지 광야의 베셀과 갓 지파 중에서 길르앗라못과 므낫세 지파 중에서 바산 골란을 택하였으니,

⑨ 이는 곧 이스라엘 모든 자손과 그들 중에 우거하는 객을 위하여 선정한 성읍들로서, 누구든지 부지 중 살인한 자로 그리로 도망하여 피의 보응자의 손에 죽지 않게 하기 위함이며, 그는 회중 앞에 설 때까지 거기 있을 것이니라.

● 21장

① 그때에 레위 사람의 족장들이 제사장 엘르아살과 눈의 아들 여호수아와 이스라엘 자손의 지파 족장들에게 나아와,

② 가나안 땅 실로에서 그들에게 말하여 가로되, 여호와께서 모세로 명하사 우리의 거할 성읍들과 우리의 가축 먹일 그 들을 우리에게 주라 하셨었나이다, 하매,

③ 이스라엘 자손이 여호와의 명을 따라 자기의 유업에서 이 아래 성읍들과 그 들을 레위 사람에게 주니라,

④ 그핫 가족을 위하여 제비를 뽑았는데, 레위 사람 중 제사장 아론의 자손들은 유다 지파와 시므온 지파와 베냐민 지파 중에서 제비대로 십 삼 성읍을 얻었고,

⑤ 그 남은 그핫 자손들은 에브라임 지파의 가족과 단 지파와 므낫세 반 지파 등에서 제비대로 열 성읍을 얻었으며,

⑥ 게르손 자손들은 잇사갈 지파의 가족들과 아셀 지파와 납달리 지파와 바산에 있는 므낫세 반 지파 중에서 제비대로 십 삼 성읍을 얻었더라,

⑦ 므라리 자손들은 그 가족대로 르우벤 지파와 갓 지파와 스불론 지파 중에서 십 이 성읍을 얻었더라,

⑧ 여호와께서 모세로 명하신대로 이스라엘 자손이 제비 뽑아 레위 사람에게 준 성읍들과 그 들이 이러하니라,

⑨ 유다 자손의 지파와 시므온 자손의 지파 중에서는 이 아래 기명한 성읍들을 주었는데,

⑩ 레위 자손 중 그핫 가족들에 속한 아론 자손이 첫째로 제비 뽑혔으므로,

⑪ 아낙의 아비 아르바의 성읍 유다 산지 기럇 아르바 곧 헤브론과 그 사면 들을 그들에게 주었고,

⑫ 오직 그 성읍 밭과 촌락은 여분네의 아들 갈렙에게 주어 소유가 되게 하였더라,

⑬ 제사장 아론 자손에게 준 것은 살인자의 도피성 헤브론과 그 들이요, 또 립나와 그

들과,

⑭ 얏딜과 그 들과 에스드모아와 그 들과,

⑮ 홀론과 그 들과 드빌과 그들과,

⑯ 아인과 그 들과 윳다와 그 들과 벧 메세스와 그 들이니 이 두 지파에서 아홉 성읍을 내었고,

⑰ 또 베냐민 지파 중에서는 기브온과 그 들과 게바와 그 들과,

⑱ 아나돗과 그 들과 알몬과 그 들 곧 네 성읍을 내었으니,

⑲ 제사장 아론의 자손의 성읍이 모두 십삼 성읍과 그 들이었더라,

⑳ 그 남은 레위 사람 그핫 자손의 가족 곧 그핫 자손에게는 제비 뽑아 에브라임 지파 중에서 그 성읍들을 주었으니,

㉑ 곧 살인자의 도피성 에브라임 산지 세겜과 그 들이요, 또 게셀과 그 들과

㉒ 깁사임과 그 들과 벧 호른과 그들이니 네 성읍이요,

㉓ 또 단 지파 중에서 준 것은 엘드게와 그 들과 깁브돈과 그 들과,

㉔ 아얄론과 그 들과 가드림몬과 그 들이니 네 성읍이요,

㉕ 또 므낫세 반 지파 중에서 준 것은 다아낙과 그 들과 가드림몬과 그 들이니, 두 성읍이라,

㉖ 그핫 자손의 남은 가족의 성읍이 모두 열과 그 들이었더라,

㉗ 레위 가족의 게르손 자손들에게는 므낫세 반 지파 중에서 살인자의 도피성 바산 골란과 그 들을 주었고 또 브에스드라와 그 들을 주었으니, 두 성읍이요,

㉘ 잇사갈 지파 중에서는 기시온과 그 들과 다브랏과 그 들과,

㉙ 야르뭇과 그 들과 언 간님과 그 들을 주었으니, 네 성읍이요,

㉚ 아셀 지파 중에서는 미살과 그 들과 압돈과 그 들과,

㉛ 헬갓과 그 들과 르홉과 그 들을 주었으니, 네 성읍이요,

㉜ 납달리 지파 중에서는 살인자의 도피성 갈릴리 게데스와 그 들을 주었고 또 함못 돌과 그 들과 가르단과 그 들을 주었으니, 세 성읍이라,

㉝ 게르손 사람이 그 가족대로 얻은 성읍이 모두 열 세 성읍과 그 들이었더라,

㉞ 그 남은 레위 사람 므라리 자손의 가족들에게 준 것은 스불론 지파 중에서 욕느암과 그 들과 가르다와 그 들과,

㉟ 딤나와 그 들과 나할랄과 그 들이니, 네 성읍이요,

㊱ 르우벤 지파 중에서 준 것은 베셀과 그 들과 야하스와 그 들과,

㊲ 그데못과 그 들과 므바앗과 그 들이니, 네 성읍이요,

㊳ 갓 지파 중에서 준 것은 살인자의 도피성 길르앗 라못과 그 들이요, 또 마하나임과 그 들과,

㊴ 헤스본과 그 들과 야셀과 그 들이니, 모두 네 성읍이라,

㊵ 이는 레위 가족의 남은 자 므라리 자손이 그 가족대로 얻은 성읍이니, 그 제비 뽑아 얻은 성읍이 십 이 성읍이었더라,

㊶ 레위 사람이 이스라엘 자손의 기업 중에서 얻은 성읍이 모두 사십 팔 성읍이요, 또 그 들이라,

㊷ 이 각 성읍의 사면에 들이 있었고 모든 성읍이 다 그러하였더라,

㊸ 여호와께서 이스라엘의 열조에게 맹세하사 주마 하신 온 땅을 이와 같이 이스라엘에게 다 주셨으므로 그들이 그것을 얻어 거기 거하였으며,

㊹ 여호와께서 그들의 사방에 안식을 주셨으되 그 열조에게 맹세하신대로 하셨으므로, 그 모든 대적이 그들을 당한 자가 하나도 없었으니, 이는 여호와께서 그들의 모든 대적을 그들의 손에 붙이셨음이라,

㊺ 여호와께서 이스라엘 족속에게 말씀하신 선한 일이 하나도 남음이 없이 다 응하였더라.

● 22장

① 그 때에 여호수아가 르우벤 사람과 갓 사람과 므낫세 반 지파를 불러서,

② 그들에게 이르되, 여호와의 종 모세가 너희에게 명한 것을 너희가 다 지키며 또 내가 너희에게 명한 모든 일을 내 말을 청종하여,

③ 오늘날까지 날이 오래도록 너희가 너희 형제를 떠나지 아니하고 오직 너희 하나님 여호와의 명하신 그 책임을 지키도다,

④ 이제는 너희 하나님 여호와께서 이미 말씀하신대로 너희 형제에게 안식을 주셨으니, 그런즉, 이제 너희는 여호와의 종 모세가 요단 저편에서 너희에게 준 소유지로 가서 너희의 장막으로 돌아가되,

⑤ 크게 삼가 여호와의 종 모세가 너희에게 명한 명령과 율법을 행하여 너희 하나님 여호와를 사랑하고 그 모든 길로 행하며 그 계명을 지켜 그에게 친근히 하고 너희의 마음을 다하며 성품을 다하여 그를 섬길지니라, 하고,

⑥ 여호수아가 그들에게 축복하여 보내매, 그들이 자기 장막으로 돌아갔더라,

⑦ 므낫세 반 지파에게는 모세가 바산에서 유업을 주었고 기타 반 지파에게는 여호수아가 요단 이편 서편에서 그 형제 중에서 유업을 준지라, 여호수아가 그들을 그 장막으로 돌려보낼 때에 그들에게 축복하고,

⑧ 일러 가로되 너희는 많은 재산과 심히 많은 가축과 은 금 동 철과 심히 많은 의복을 가지고, 너희의 장막으로 돌아가서 너희의 대적에게서 탈취한 것을 너희의 형제와 나눌지니라, 하매,

⑨ 르우벤 자손과 갓 자손과 므낫세 반 지파가 가나안 땅 실로에서 이스라엘 자손을 떠나 여호와께서 모세에게 명하신대로 얻은 땅 곧 그 소유지 길르앗으로 가니라,

⑩ 르우벤 자손과 무낫세 반 지파가 가나안 땅 요단 언덕가에 이르자 거기서 요단 가에 단을 쌓았는데 볼만한 큰 단이었더라,

⑪ 이스라엘 자손이 들은즉 이르기를 르우벤 자손과 갓 자손과 므낫세 반 지파가 가나안 땅의 맨 앞편 요단 언덕 가 이스라엘 자손에게 속한 편에 단을 쌓았다, 하는지라,

⑫ 이스라엘 자손이 이를 듣자 곧 이스라엘 자손의 온 회중이 실로에 모여서 그들과 싸우러 가려하니라,

⑬ 이스라엘 자손이 제사장 엘르아살의 아들 비느하스를 길르앗 땅으로 보내어 르우벤 자손과 갓 자손과 므낫세 반 지파를 보게 하되,

⑭ 이스라엘 각 지파에서 한 방백씩 열 방백을 그와 함께 하게 하니, 그들은 각기 이스라엘 천만인 중 족속의 두령이라,

⑮ 그들이 길르앗 땅에 이르러 르우벤 자손과 갓 자손과 므낫세 반 지파에게 나아가서 그들에게 말하여 가로되,

⑯ 여호와의 온 회중이 말하기를, 너희가 어찌하여 이스라엘 하나님께 범죄하여 오늘날 여호와를 좇는데서 떠나서 자기를 위하여 단을 쌓아 여호와를 거역하고자 하느냐?

⑰ 브올의 죄악으로 인하여 여호와의 회중에 재앙이 내렸으나, 오늘날까지 우리가 이 죄악에서 정결함을 얻지 못하였거늘 그 죄악이 우리에게 부족하여서,

⑱ 오늘날 너희가 돌이켜 여호와를 좇지 않고자 하느냐? 너희가 오늘날 여호와를 배역하면 내일은 그가 이스라엘 온 회중에게 진노하시리라,

⑲ 그런데 너희 소유지가 만일 깨끗지 아니하거든 여호와의 성막이 있는 여호와의 소유지로 건너와 우리 중에서 소유를 취할 것이니라, 오직 우리 하나님 여호와의 단

외에 다른 단을 쌓음으로 여호와께 반역하지 말며 우리에게도 반역하지 말라,

⑳ 세라의 아들 아간이 바친 물건에 대하여 범죄하므로 이스라엘 온 회중에 진노가 임하지 아니하였었느냐? 그 죄악으로 망한 자가 그 사람 뿐이 아니었느니라,

㉑ 르우벤 자손과 갓 자손과 므낫세 반 지파가 이스라엘 천만인의 두령에게 대답하여 가로되

㉒ 전능하신 자 하나님 여호와와 전능하신 자 하나님 여호와께서 아시나니, 이스라엘 도 장차 알리라, 이 일이 만일 여호와께 반역함이거나 범죄함이거든 주는 오늘날 우리를 구원치 마시옵소서,

㉓ 우리가 단을 쌓은 것이 돌이켜 여호와를 좇지 아니하려 함이거나, 혹시 그 위에 번 제(burnt offerings)나 소제(grain offerings)를 드리려 함이거나 혹시 화목제물 (sacrifice fellowship offerings)을 드리려 함이어든 여호와는 친히 벌하시옵소 서,

㉔ 우리가 목적이 있어서 주의하고 이같이 하였노라, 곧 생각하기를, 후일에 너희 자 손이 우리 자손에게 말하여 이르기를, 너희가 이스라엘 하나님 여호와와 무슨 상 관이 있느냐?

㉕ 이는 여호와께서 우리와 당신들 사이에 요단 강을 경계로 삼으셨으니, 당신들 르 우벤 지파와 갓 지파는 여호와와 아무런 상관이 없습니다.' 하고 말할까봐 염려했 던 것입니다. 그렇게 되면 여러분의 자손이 우리 자손에게 하나님을 경배하지 못 하게 할지도 모르지 않습니까.

(For the LORD hath made Jordan a border between us and you, ye children of Reuben, and children of Gad, ye have no part in the LORD: so shall your children make our children cease from fearing the LORD.- KJV)

(The LORD has made the Jordan a boundary between us and you- you Reubenites and Gadites! You have no share in the LORD.' So your descendants might cause ours to stop fearing the LORD.-NIV)

(For he LORD has placed the Jordan as a boundary between you and us, You Reubenited and Gadites. You have no share in the LORD.' Thus your children would prevent ours from revering the LORD.-NAB)

(God made the Jordan a boundary between us and you. You Reubenites and Gadites have no part in GOD.' And then your children might cause our children to quit worshiping GOD.-THE MESSAGE)

㉖ 우리가 말하기를, 우리가 이제 단 쌓기를 예비하자 하였노니, 이는 번제를 위함도 아니요, 다른 제사를 위함도 아니라,

㉗ 우리가 여호와 앞에서 우리 번제와 우리 다른 제사와 우리 화목제로 섬기는 것을 우리와 너희 사이와 우리의 후대 사이에 증거가 되게 할 뿐으로서 너희 자손으로 후일에 우리 자손에게 이르기를, 너희는 여호와께 받을 몫이 없다 못하게 하려 함이로라,

㉘ 우리가 말하였거니와 만일 그들이 후일에 우리에게나 우리 후대에게 이같이 말하면 우리가 말하기를, 우리 열조가 지은 여호와의 단 모형을 보라, 이는 번제를 위한 것도 아니요, 다른 제사를 위한 것도 아니라, 오직 우리와 너희 사이에 증거만 되게 할 뿐이라,

㉙ 우리가 번제나 소제나 다른 제사를 위하여 우리 하나님 여호와의 성막앞에 있는 단 외에 단을 쌓음으로 여호아께 패역하고 오늘날 여호와를 좇음에서 떠나려함은 결단코 아니니라, 하리라,

㉚ 제사장 비느하스와 그와 함께한 회중의 방백 곧 이스라엘 천만인의 두령들이 르우벤 자손과 갓 자손과 므낫세 자손의 말을 듣고 좋게 여긴지라,

㉛ 제사장 엘르아살의 아들 비느하스가 르우벤 자손과 갓 자손과 므낫세 자손에게 이르되, 우리가 오늘날 여호와께서 우리 중에 계신 줄을 아노니, 이는 너희가 이 죄를 여호와께 범치 아니하였음이라, 너희가 이제 이스라엘 자손을 여호와의 손에서 건져내었느니라, 하고,

㉜ 제사장 엘르아살의 아들 비느하스와 방백들이 르우벤 자손과 갓 자손을 떠나 길르앗 땅에서 가나안 땅에 돌아와 이스라엘 자손에게 이르러, 회보하매,

㉝ 그 일이 이스라엘 자손을 즐겁게 한지라, 이스라엘 자손이 하나님을 찬송하고 르우벤 자손과 갓 자손의 거하는 땅에 가서 싸워 그것을 멸하자 하는 말을 다시 하지 아니 하였더라,

㉞ 르우벤 자손과 갓 자손이 그 단을 엣이라 칭하였으니, 우리 사이에 이 단은 여호와께서 하나님이 되시는 증거라 함이었더라.

● 23장

① 여호와께서 이스라엘의 사방 대적을 다 멸하시고, 안식을 이스라엘에게 주신지 오랜 후에 여호수아가 나이 많아 늙은지라,

② 여호수아가 온 이스라엘 곧 그 장로들과 우두머리들과 재판장들과 관원들을 불러다가 그들에게 이르되, 나는 나이 많아 늙었도다,

③ 너희 하나님 여호와께서 너희를 위하여 이 모든 나라에 행하신 일을 너희가 다 보았거니와 너희 하나님 여호와 그는 너희를 위하여 싸우신 분이시니라,

④ 보라, 내가 요단에서부터 해 지는편 대해까지의 남아 있는 나라들과 이미 멸한 모든 나라를 내가 너희를 위하여 제비 뽑아 너희 지파들의 소유가 되게 하였느니라,

⑤ 너희 하나님 여호와 그가 너희 앞에서 그들을 쫓으사 너희 목전에서 떠나게 하시리니, 너희 하나님 여호와께서 너희에게 말씀하신대로 너희가 그 땅을 차지할 것이라,

⑥ 그러므로 너희는 크게 힘써 모세의 율법책에 기록된 것을 다 지켜 행하라, 그것을 떠나 좌로나 우로나 치우치지 말라,

⑦ 너희 중에 남아있는 이 나라들 중에 가지 말라, 그신들의 이름을 부르지 말라, 그것을 가리켜 맹세하지 말라, 또 그것을 섬겨서 그것에게 절하지 말라,

⑧ 오직 너희 하나님 여호와를 친근히 하기를 오늘날까지 행한 것 같이 하라,

⑨ 대저 여호와께서 강대한 나라들을 너희 앞에서 쫓아내셨으므로 오늘날까지 너희를 당한 자가 하나도 없었느니라,

⑩ 너희 중 한 사람이 천명을 쫓으리니, 이는 너희 하나님 여호와 그가 너희에게 말씀하신 것 같이 너희를 위하여 싸우심이라,

⑪ 그러므로 스스로 조심하여 너희 하나님 여호와를 사랑하라,

⑫ 너희가 만일 퇴보하여 너희 중에 빠져 남아있는 이 민족들을 친근히 하여 더불어 혼인하며 피차 왕래하면,

⑬ 정녕히 알라, 너희 하나님 여호와께서 이 민족들을 너희 목전에서 다시는 쫓아내지 아니하시리니, 그들이 너희에게 올무가 되며 덫이 되며, 너희 옆구리에 채찍이 되며, 너희 눈에 가시가 되어서, 너희가 필경은 너희 하나님 여호와께서 너희에게 주신 이 아름다운 땅에서 멸절하리라,

⑭ 보라, 나는 오늘날 온 세상이 가는 길로 가려니와 너희 하나님 여호와께서 너희에게 대하여 말씀하신 모든 선한 일이 하나도 틀리지 아니하고 다 너희에게 응하여

그 중에 하나도 어김이 없음을 너희 모든 사람의 마음과 뜻에 아는 바라,

⑮ 너희 하나님 여호와께서 너희에게 말씀하신 모든 선한 일이 너희에게 임한 것 같이 여호와께서 모든 불길한 일도 너희에게 임하게 하사, 너희 하나님 여호와께서 너희에게 주신 이 아름다운 땅에서 너희를 멸절하기까지 하실 것이라,

⑯ 만일 너희가 너희 하나님 여호와께서 너희에게 명하신 언약을 범하고 가서 다른 신들을 섬겨 그에게 절하면, 여호와의 진노가 너희에게 미치리니, 너희에게 주신 아름다운 땅에서 너희가 속히 망하리라.

● 24장

① 여호수아가 이스라엘 모든 지파를 세겜에 모으고 이스라엘 장로들과 그 두령들과 재판장들과 관원들을 부르매, 그들이 하나님 앞에 보인지라,

② 여호수아가 모든 백성에게 이르되, 이스라엘 하나님 여호와의 말씀이 옛적에 너희 조상들, 곧 아브라함의 아비 나홀의 아비 데라가 강 저편에 거하여 다른 신들을 섬겼으나,

(And Joshua said unto all the people, Thus saith the LORD God of Israel Your fathers dwelt on the other side of the flood in old time, even Terah, the father of Abraham, and the father of Nachor: and they served other gods.-KJV)

(Joshua said to all the people, " This is what the LORD, the God of Israel, says: 'Long ago your forefathers, including Terah, the father of Abraham and Nahor, lived beyond the River and worshiped other gods.-NIV)

(Then Joshua addressed all the people: "This is what GOD, the God of Israel, says: A long time ago your ancestors, Terah and his sons Abraham and Nahor, lived on the east of the River Euphrates. They worshiped other gods.-THE MESSAGE)

(Joshua addressed all the people: "Thus says the LORD, the God of Israel: In times past your ancestors, down to Terah, father of Abraham and Nahor, lived bejond the River and served other gods.-NAB)

③ 내가 너희 조상 아브라함을 강 저편에서 이끌어내어 가나안으로 인도하여 온 땅을 두루 행하게 하고 그 씨를 번성케 하려고 그에게 이삭을 주었고,

④ 이삭에게는 야곱과 에서를 주었으며, 에서에게는 세일산을 소유로 주었으나, 야곱과 그 자손들은 에집트로 내려 갔으므로

⑤ 내가 모세와 아론을 보내었고 또 에집트에 재앙을 내렸나니, 곧 내가 그 가운데 행한 것과 같고 그 후에 너희를 인도하여 내었었노라,

⑥ 내가 너희 조상들을 에집트에서 인도하여 내어 바다에 이르게 한즉, 에집트 사람들이 병거와 마병을 거느리고 너희 조상들을 홍해까지 따르므로,

⑦ 너희 조상들이 나 여호와께 부르짖기를, 내가 너희와 에집트 사람들 사이에 흑암을 두고 바다를 이끌어 그들을 덮었었나니, 내가 에집트에서 행한 일을 너희가 목도하였으며 또 너희가 여러날을 사막에 거하였었느니라,

⑧ 내가 또 너희를 인도하여 요단 저편에 거하는 아모리 사람의 땅으로 들어가게 하매, 그들이 너희와 싸우기로 내가 그들을 너희 손에 붙이매, 너희가 그 땅을 점령하였고 나는 그들을 너희 앞에서 멸절시켰으며,

⑨ 때에 모압 왕 십볼의 아들 발락이 일어나 이스라엘을 대적하여 사람을 보내어 브올의 아들 발람을 불러다가 너희를 저주케 하려 하였으나,

⑩ 내가 발람을 듣기를 원치 아니한고로 그가 오히려 너희에게 축복하였고, 나는 너희를 그 손에서 건져 내었으며,

⑪ 너희가 요단을 건너 여리고에 이른즉, 여리고 사람과 아모리 사람과 브리스 사람과 가나안 사람과 헷 사람과 기르가스 사람과 히위 사람과 여부스 사람들이 너희와 싸우기로 내가 그들을 너희의 손에 붙였으며,

⑫ 내가 왕벌을 너희 앞에 보내어 그 아모리 사람의 두 왕을 너희 앞에서 쫓아내게 하였나니, 너희 칼로나 너희 활로나 이같이 한 것이 아니며,

⑬ 내가 또 너희의 수고하지 아니한 땅과 너희가 건축지 아니한 성읍을 너희에게 주었더니, 너희가 그 가운데 거하며 너희가 또 자기의 심지 아니한 포도원과 감람원의 과실을 먹는다, 하셨느니라,

⑭ 그러므로 이제는 여호와를 경외하며 성실과 진정으로 그를 섬길 것이라, 너희의 열조가 강 저편과 에집트에서 섬기던 신들을 제하여 버리고 여호와만 섬기라,

⑮ 만일 여호와를 섬기는 것이 너희에게 좋지 않게 보이거든, 너희 열조가 강 저편에서 섬기던 신이든지 혹 너희의 거하는 땅 아모리 사람의 신이든지 너희 섬길 자를 오늘날 택하라, 오직 나와 내 집은 여호와를 섬기겠노라,

⑯ 백성이 대답하여 가로되 여호와를 버리고 다른 신을 섬기는 일을 우리가 결단코

하지 아니하오리니,

⑰ 이는 우리 하나님 여호와 그가 우리와 우리 열조를 인도하여 에집트 땅 종 되었던 집에서 나오게 하시고 우리 목전에서 그 큰 이적들을 행하시고 우리가 행한 모든 길에서 우리의 지난 모든 백성 중에서 우리를 보호하셨음이며,

⑱ 여호와께서 또 모든 백성 곧 이 땅에 거하던 아모리 사람을 우리 앞에서 쫓아내셨음이라, 그러므로 우리도 여호와를 섬기리니, 그는 우리 하나님이심이니이다,

⑲ 여호수아가 백성에게 이르되, 너희가 여호와를 능히 섬기지 못할 것은 그는 거룩하신 하나님이시요, 질투하는 하나님이시니, 너희 허물과 죄를 사하지 아니하실 것임이라,

⑳ 만일 너희가 여호와를 버리고 이방신들을 섬기면 너희에게 복을 내리신 후에라도 돌이켜 너희에게 화를 내리시고 너희를 멸하시리라,

㉑ 백성이 여호수아에게 말하되, 아니니이다, 우리가 정녕 여호와를 섬기겠나이다,

㉒ 여호수아가 백성에게 이르되 너희가 여호와를 택하고 그를 섬기리라 하였으니, 스스로 증인이 되었느니라, 그들이 가로되 우리가 증인이 되었나이다,

㉓ 여호수아가 가로되, 그러면 이제 너희 중에 있는 이방신들을 제하여 버리고, 너희 마음을 이스라엘의 하나님 여호와께로 향하라,

㉔ 백성이 여호수아에게 말하되, 우리 하나님 여호와를 우리가 섬기고 그 목소리를 우리가 청종하리이다, 한지라,

㉕ 그 날에 여호수아가 세겜에서 백성으로 더불어 언약을 세우고 그들을 위하여 율례와 법도를 베풀었더라,

㉖ 여호수아가 이 모든 말씀을 하나님의 율법 책에 기록하고 큰 돌을 취하여 거기 여호와의 성소 곁에 있는 상수리나무 아래 세우고,

㉗ 모든 백성에게 이르되, 보라, 이 돌이 우리에게 증거가 되리니, 이는 여호와께서 우리에게 하신 모든 말씀을 이 돌이 들었음이라, 그런즉, 너희로 너희 하나님을 배반치 않게 하도록 이 돌이 증거가 되리라, 하고,

㉘ 백성을 보내어 각자 자기 상속받은 소유지로 돌아가게 하였더라,

㉙ 이 일 후에 여호와의 종 눈의 아들 여호수아가 일백 십세에 죽으매,

㉚ 그들이 그를 그의 상속지의 경내 딤낫 세라에 장사하였으니, 딤낫 세라는 에브라임 산지 가아스산 북이었더라,

㉛ 이스라엘이 여호수아의 사는 날 동안과 여호수아 뒤에 생존한 장로들 곧 여호와께

서 이스라엘을 위하여 행하신 모든 일을 아는 자의 사는 날 동안 여호와를 섬겼더라,

㉜ 이스라엘 자손이 에집트에서 이끌어 낸 요셉의 뼈를 세겜에 장사하였으니, 이곳은 야곱이 세겜의 하비 하몰의 자손에게 금 일백개를 주고 산 땅이라 그것이 요셉 자손의 상속지가 되었더라,

㉝ 아론의 아들 엘르아살도 죽으매, 그들이 그를 그 아들 비느하스가 에브라임 산지에서 받은 산에 장사하였더라.

사사기
(판관들-Judges)

· 본 성경듣기는 QR코드 인식으로 들을 수 있습니다

● 1장

① 여호수아가 죽은 후에, 이스라엘 자손이 여호와께 묻자와 가로되, 우리 중 누가 먼저 올라가서 가나안 사람과 싸우리이까? 하였더니,

② 여호와께서 가라사대, 유다가 올라갈지니라, 보라, 내가 이 땅을 그 손에 붙였노라, 하시니라,

③ 유다가 그 형제 시므온에게 이르되, 나의 제비 뽑아 얻은 땅에 나와 함께 올라가서 가나안 사람과 싸우자, 그리하면 나도 너의 제비 뽑아 얻은 땅에 함께 가리라, 이에 시므온이 그와 함께 가니라,

④ 유다가 올라가매, 여호와께서 가나안 사람과 브리스 사람을 그들의 손에 붙이신지라, 그들이 베섹에서 일만명을 죽이고,

⑤ 또 베섹에서 아도니, 베섹을 만나서 그와 싸워 가나안 사람과 브리스 사람을 죽이니,

⑥ 아도니 베섹이 도망하는지라, 그를 쫓아가서 잡아 그 수족의 엄지가락을 끊으매,

⑦ 아도니 베섹이 가로되, 옛적에 칠십 왕이 그 수족의 엄지가락을 찍히고 내 상 아래서 먹을 것을 줍더니, 하나님이 나의 행한대로 내게 갚으심이로다, 하니라, 무리가 그를 끌고 예루살렘에 이르렀더니, 그가 거기서 죽었더라,

⑧ 유다 자손이 예루살렘을 쳐서 취하여 칼날로 치고 성을 불살랐으며,

⑨ 그 후에 유다 자손이 내려가서 산지와 남방과 평지에 거한 가나안 사람과 싸웠고,

⑩ 유다가 또 가서 헤브론에 거한 가나안 사람을 쳐서 세새와 아히만과 달매를 죽였더라, 헤브론의 본 이름은 기럇 아르바이었더라,

⑪ 거기서 나아가서 드빌의 거민들을 쳤더니, 드빌의 본 이름은 기럇 세벨이라,

⑫ 갈렙이 말하기를, 기럇 세벨을 쳐서 그것을 취하는 자에게는 내 딸 악사를 아내로 주리라 하였더니,

⑬ 갈렙의 아우요, 그나스의 아들인 옷니엘이 그것을 취한고로 갈렙이 그 딸 악사를 그에게 아내로 주었더라,

⑭ 악사가 출가할 때에 그에게 청하여 자기 아비에게 밭을 구하자 하고 나귀에서 내리매, 갈렙이 묻되 네가 무엇을 원하느냐? 하니,

⑮ 가로되, 내게 복을 주소서, 아버지께서 나를 남방으로 보내시니, 샘물도 내게 주소서, 하매, 갈렙이 윗샘과 아랫샘을 그에게 주었더라,

⑯ 모세의 장인은 겐 사람이라, 그 자손이 유다 자손과 함께 종려나무 성읍에서 올라가서 아랏 남방의 유다 황무지에 이르러 그 백성 중에 거하니라,

⑰ 유다가 그 형제 시므온과 함께 스밧에 거한 가나안 사람을 쳐서 그곳을 진멸하였으므로 그 성읍 이름을 호르마라 하니라,

⑱ 유다가 또 가사와 그 경내와 아스글론과 그 경내와 에그론과 그 경내를 취하였고,

⑲ 여호와께서 유다와 함께 하신고로 그가 산지 거민을 쫓아 내었으나 골짜기의 거민들은 철병거가 있으므로 그들을 쫓아내지 못하였으며,

⑳ 무리가 모세의 명한대로 헤브론을 갈렙에게 주었더니, 그가 거기서 아낙의 세 아들을 쫓아 내었고,

① 베냐민 자손은 예루살렘에 거한 여부스 사람을 쫓아내지 못하였으므로, 여부스 사람이 베냐민 자손과 함께 오늘날까지 예루살렘에 거하니라,

② 요셉 족속도 벧엘을 치러 올라가니, 여호와께서 그와 함께 하시니라,

③ 요셉 족속이 벧엘을 정탐케 하였는데 그 성읍의 본 이름은 루스라,

④ 탐정이 그 성읍에서 한 사람의 나오는 것을 보고 그에게 이르되, 청하노니, 이 성읍의 입구를 우리에게 가르치라, 그리하면 너를 선대하리라, 하매,

⑤ 그 사람이 그 성읍의 입구를 가르친지라, 이에 칼날로 그 성읍을 쳤으되, 오직 그 사람과 그 가족을 놓아 보내매,

⑥ 그 사람이 헷 사람의 땅에 가서 성읍을 건축하고, 그 이름을 루스라 하였더니, 오늘날까지 그곳의 이름이더라,

⑦ 므낫세가 벧스안과 그 향리의 거민과 다아낙과 그 향리의 거민과 돌과 그 향리의 거민과 이블르암과 그 향리의 거민과 므깃도와 그 향리의 거민들을 쫓아내지 못하매, 가나안 사람이 결심하고 그 땅에 거하였더니,

⑧ 이스라엘이 강성한 후에야 가나안 사람에게 사역을 시켰고, 다 쫓아내지 아니하였더라,

⑨ 에브라임이 게셀에 거한 가나안 사람을 쫓아내지 못하매, 가나안 사람이 에셀에서 그들 중에 거하였더라,

⑩ 스불론은 기드론 거민과 나할롤 거민을 쫓아내지 못하였으나, 가나안 사람이 그들 중에 거하여 사역을 하였더라,

⑪ 아셀이 악고 거민과 시돈 거민과 알랍과 악십과 헬바와 아빅과 르홉 거민을 쫓아내지 못하고,

⑫ 그 땅 거민 가나안 사람 가운데 거하였으니, 이는 쫓아내지 못함이었더라,

⑬ 납달리가 벤세멧스 거민과 벧아낫 거민을 쫓아내지 못하고, 그 땅 거민 가나안 사람 가운데 거하였으나 벧세메스와 벧아낫 거민들이 그들에게 사역을 하였더라,

⑭ 아모리 사람이 단 자손을 산지로 쫓아 들이고, 골짜기로 내려 오기를 용납지 아니하고,

⑮ 결심하고 헤레스산과 아얄론과 사알빔에 거하였더니, 요셉 족속이 강성하매 아무리 사람이 필경은 사역을 하였으며,

⑯ 아모리 사람의 경계는 아그랍빔 비탈의 바위부터 그 위쪽이었더라.

● 2장

① 여호와의 사자가 길갈에서부터 보김에 이르러 가로되, 내가 너희로 에짚트에서 나오게 하고 인도하여 너희 조상들에게 맹세한 땅으로 이끌어 왔으며, 또 내가 이르기를, 내가 너희에게 세운 언약을 영원히 어기지 아니하리니,

② 너희는 이 땅 거민과 언약을 세우지 말며, 그들의 단을 헐라, 하였거늘, 너희가 내 목소리를 청종치 아니하였도다, 그리함은 어찜이뇨?

③ 그러므로 내가 또 말하기를, 내가 그들을 너희 앞에서 쫓아내지 아니하리니, 그들이 너희 옆구리에 가시가 될 것이며, 그들의 신들이 너희에게 올무가 되리라, 하였노라,

④ 여호와의 사자가 이스라엘 모든 자손에게 이 말씀을 이르매, 백성이 소리를 높여 운지라,

⑤ 그러므로 그 곳을 보김이라 하니라, 무리가 거기서 여호와께 제사를 드렸더라,

⑥ 전에 여호수아가 백성을 보내매, 이스라엘 자손이 각기 그 유업으로 가서 땅을 차

지하였고,

⑦ 백성이 여호수아의 사는 날 동안과 여호수아 뒤에 생존한 장로들 곧 여호와께서 이스라엘을 위하여 행하신 모든 큰 일을 본 자의 사는 날 동안에 여호와를 섬겼더라,

⑧ 여호와의 종 눈의 아들 여호수아가 일백 십세에 죽으매,

⑨ 무리가 그 기업의 경내 에브라임 산지 가아스산 북 딤낫 헤레스에 장사하였고,

⑩ 그 세대 사람도 다 그 열조에게로 돌아갔고, 그 후에 일어난 다른 세대는 여호와를 알지 못하며 여호와께서 이스라엘을 위하여 행하신 일도 알지 못하였더라,

⑪ 이스라엘 자손이 여호와의 목전에 악을 행하여 바알들을 섬기며,

⑫ 에집트 땅에서 그들을 인도하여 내신 그 열조의 하나님 여호와를 버리고 다른 신 곧 그 사방에 있는 백성의 신들을 좇아 그들에게 절하여 여호와를 진노하시게 하였으되,

⑬ 곧 그들이 여호와를 버리고 바알과 아스다롯을 섬겼으므로,

⑭ 여호와께서 이스라엘에게 진노하사, 노략하는 자의 손에 붙여 그들로 노략을 당케 하시매, 또 사방 모든 대적의 손에 파시매, 그들이 다시는 대적을 당치 못하였으며,

⑮ 그들이 어디를 가든지 여호와의 손이 그들에게 재앙을 내리시매, 곧 여호와께서 말씀하신 것과 같고 여호와께서 그들에게 맹세하신 것과 같아서 그들의 괴로움이 심하였더라,

⑯ 여호와께서 판관(사사)을 세우사, 노략하는 자의 손에서 그들을 건져내게 하셨으나,

⑰ 그들이 그 사사도 청종치 아니하고 돌이켜 다른 신들을 음란하듯 좇아 그들에게 절하고 여호와의 명령을 순종하던 그 조상들의 행한 길을 속히 치우쳐 떠나서 그와 같이 행치 아니하였더라,

⑱ 여호와께서 그들을 위하여 사사를 세우실 때에는 그 사사와 함께 다녔고 그 사사의 사는 날 동안에는 여호와께서 그들을 대적의 손에서 구원하셨으니, 이는 그들이 대적에게 압박과 괴롭게 함을 받아 슬피 부르짖으므로 여호와께서 뜻을 돌이켰음이어늘,

⑲ 그 사사가 죽은 후에는 그들이 돌이켜 그 열조보다 더욱 패괴하여 다른 신들을 좇아 섬겨 그들에게 절하고 그 행위와 완고한 길을 그치지 아니하였으므로,

⑳ 여호와께서 이스라엘에게 진노하여 이르시되, 이 백성이 내가 그 열조와 세운 언약을 어기고 나의 목소리를 청종치 아니하였은즉,

㉑ 나도 여호수아가 죽을 때에 남겨둔 열국을 다시는 그들의 앞에서 하나도 쫓아내지 아니하리니,

㉒ 이는 이스라엘이 그 열조의 지킨 것 같이 나 여호와의 도를 지켜 행하나 아니하나 그들로 시험하려 함이라, 하시니라,

㉓ 그 열국을 머물러두사 속히 쫓아내지 아니하시며, 여호수아의 손에 붙이지 아니하셨음이 이를 인함이었더라.

● 3장

① 여호와께서 가나안 전쟁을 알지 못한 이스라엘을 시험하려 하시며,

② 이스라엘 자손의 세대 중에 아직 전쟁을 알지 못하는 자에게 그것을 가르쳐 알게 하려하사, 남겨두신 열국은,

③ 이름하여 블레셋 다섯 방백과 가나안 모든 사람과 시돈 사람과 바알 헤르몬산에서부터 하맛 어구까지 레바논 산에 거하는 히위 사람이라,

④ 남겨두신 이 열국으로 이스라엘을 시험하사, 여호와께서 모세로 그들의 열조에게 명하신 명령들을 청종하나 알고자 하셨더라.

⑤ 이스라엘 자손은 마침내 가나안 사람과 헷 사람과 아모리 사람과 브리스 사람과 히위 사람과 여부스 사람 사이에 거하여,

⑥ 그들의 딸들을 취하여 아내를 삼으며 자기 딸들을 그들의 아들에게 주며 또 그들의 신들을 섬겼더라,

⑦ 이스라엘 자손이 여호와 목전에 악을 행하여 자기들의 하나님 여호와를 잊어버리고 바알들과 아세라를 섬긴지라,

⑧ 여호와께서 이스라엘에게 진노하사, 그들을 메소포타미아 왕 구산 리사다임의 손에 파셨으므로 이스라엘 자손이 구산 리사다임을 팔년을 섬겼더니,

⑨ 이스라엘 자손이 여호와께 부르짖으매, 여호와께서 그들을 위하여 한 구원자를 세워 구원하게 하시니 그는 곧 갈렙의 아우 그나스의 아들 옷니엘이라,

⑩ 여호와의 영이 그에게 임하였으므로 그가 이스라엘 사사가 되어 나가서 싸울 때에 여호와께서 메소포다미아 왕 구산 리사다임을 그의 손에 붙이시매, 옷니엘의 손이 구산 리사다임을 이기니라,

⑪ 그 땅이 태평한지 사십년에 그나스이 아들 웃니엘이 죽었더라,

⑫ 이스라엘 자손이 또 여호와의 목전에 악을 행하니라, 이스라엘 자손이 여호와의 목전에 악을 행하므로 여호와께서 모압 왕 에글론을 강성케하사 그들을 대적하게 하시매,

⑬ 에글론이 암몬과 아말렉 자손들의 모아 가지고 와서 이스라엘을 쳐서 종려나무 성읍을 점령한지라,

⑭ 이에 이스라엘 자손이 모압 왕 에글론을 십 팔년 동안 섬기니라,

⑮ 이스라엘 자손이 여호와께 부르짖으매, 여호와께서 그들을 위하여 한 구원자를 세우셨으니, 그는 곧 베냐민 사람 게라의 아들 왼손잡이 에훗이라 이스라엘 자손이 그를 의탁하여 모압 왕 에글론에게 공물을 바칠 때에,

⑯ 에훗이 장이 한 규빗 되는 좌우에 날선 칼을 만들어 우편 다리 옷 속에 차고,

⑰ 공물을 모압 왕 에글론에게 바쳤는데, 에글론은 심히 비둔한 자이었더라,

⑱ 에훗이 공물을 바치기를 마친 후에 공물을 메고 온 자들을 보내고,

⑲ 자기는 길갈 근처 돌 뜨는 곳에서부터 돌아와서 가로되, 왕이여 내가 은밀한 일을 왕에게 고하려 하나이다, 왕이 명하여 종용케 하라, 하매, 모셔 선자들이 다 물러간지라,

⑳ 에훗이 왕의 앞으로 나아가니, 왕은 서늘한 다락방에 홀로 앉아 있는 중이라 에훗이 가로되, 내가 하나님의 명을 받들어 왕에게 고할 일이 있나이다, 하매, 왕이 그 좌석에서 일어나니,

㉑ 에훗이 왼손으로 우편 다리에서 칼을 빼어 왕의 몸을 찌르매,

㉒ 칼자루도 날을 따라 들어가서 그 끝이 등뒤까지 나갔고, 그가 칼을 그 몸에서 빼어내지 아니하였으므로 기름이 칼날에 엉기었더라,

㉓ 에훗이 현관에 나와서 다락문들을 닫아 잠그니라,

㉔ 에훗이 나간 후에 왕의 신하들이 와서 다락문이 잠겼음을 보고 가로되, 왕이 필연 다락방에서 발을 가리우신다 하고,

㉕ 그들이 오래 기다려도 왕이 다락문을 열지 아니하는지라 열쇠를 취하여 열고 본즉, 자기 주가 이미 죽어 땅에 엎드러 졌더라,

㉖ 그들의 기다리는 동안에 에훗이 피하여 돌 뜨는 곳을 지나 스이라로 도망하니라,

㉗ 그가 이르러서는 에브라임 산지에서 나팔을 불매, 이스라엘 자손이 산지에서 그를 따라 내려오니 에훗이 앞서 가며,

㉘ 무리에게 이르되, 나를 따르라, 여호와께서 너희 대적 모압 사람을 너희의 손에 붙이셨느니라, 하매, 무리가 에훗을 따라 내려가면서 모압 맞은편 요단강 나루를 잡아 지켜 한 사람도 건너지 못하게 하였고,

㉙ 그 때에 모압 사람 일만명 가량을 죽였으니, 다 역사요 용사라 한 사람도 피하지 못하였더라,

㉚ 그 날에 모압 사람이 이스라엘의 수하에 항복하매, 그 땅이 팔십년 동안 태평하였더라,

㉛ 에훗의 후에 아낫의 아들 삼갈이 사사로 있어, 소모는 막대기로 팔레스타인 사람들 육백명을 죽였고 그도 이스라엘을 구원하였더라.

● 4장

① 에훗의 죽은 후에 이스라엘 자손이 또 여호와의 목전에서 악을 행하매,

② 여호와께서 하솔에 도읍한 가나안 왕 야빈의 손에 그들을 파셨는데 그 군대 장관은 이방 하로셋에 거하는 시스라요,

③ 야빈왕은 철병거 구백승이 있어서 이십년 동안 이스라엘 자손을 심히 학대한고로 이스라엘 자손이 여호와께 부르짖었더라,

④ 그 때에 랍비돗의 아내 여선지 드보라가 이스라엘의 사사가 되었는데,

⑤ 그녀는 에브라임 산지 라마와 벧엘 사이 드보라의 종려나무 아래 거하였고, 이스라엘 자손은 그녀에게 나아가 재판을 받더라,

⑥ 드보라가 보내어 아비 노암의 아들 바락을 납달리 게데스에서 불러다가 그에게 이르되, 이스라엘 하나님 여호와께서 이같이 명하지 아니하였느냐? 이르시기를, 너는 납달리 자손과 스불론 자손 일만명을 거느리고 다볼산으로 가라,

⑦ 내가 야빈의 군대 장관 시스라와 그 병거들과 그 무리를 기손강으로 이끌어 네게 이르게 하고 그를 네 손에 붙이리라 하셨느니라,

⑧ 바락이 그에게 이르되, 당신이 나와 함께 가면 내가 가려니와 당신이 나와 함께 가지 아니하면 나는 가지 않겠노라,

⑨ 가로되, 내가 반드시 너와 함께 가리라, 그러나 네가 이제 가는 일로는 영광을 얻지 못하리니, 이는 여호와께서 시스라를 여호와의 손에 파실것임이니라, 하고 드로라가 일어나 바락과 함께 게데스로 가니라,

⑩ 바락이 스불론과 납달리를 게데스로 부르니, 일만인이 그를 따라 올라가고 드보라

도 그와 함께 올라가니라,

⑪ 모세의 장인 호밥의 자손 중 겐 사람 헤벨이 자기 족속을 떠나 게데스에 가까운 사아난님 상수리 나무 곁에 이르러 장막을 쳤더라,

⑫ 아비노암의 아들 바락이 다볼산에 오른 것을 사람들이 시스라에 고하매

⑬ 시스라가 모든 병거 곧 철병거 구백승과 자기와 함께 있는 온 군사를 이방 하로셋에서부터 기손강으로 모은지라,

⑭ 드보라가 바락에게 이르되 ,일어나라, 이는 여호와께서 시스라를 네 손에 붙이신 날이라, 여호와께서 너의 앞서 행하지 아니하시느냐? 이에 바락이 일만명을 거느리고 다볼산에서 내려가니,

⑮ 여호와께서 바락의 앞에서 시스라와 그 모든 병거와 그 온 군대를 칼날로 쳐서 패하게 하시매, 시스라가 병거에서 내려 도보로 도망한지라,

⑯ 바락이 그 병거들과 군대를 추격하여 이방 하로셋에 이르니, 시스라의 온 군대가 다 칼에 엎드려졌고 남은 자가 없었더라,

⑰ 시르라가 도보로 도망하여 겐 사람 하벨의 아내 야엘의 장막에 이르렀으니, 하솔왕 야빈은 겐 사람 하벨의 집과 화평이 있음이라,

⑱ 야엘이 나가 시스라를 영접하며 그에게 말하되, 나의 주여 들어오소서, 내게로 들어오시고 두려워하지 마소서, 하매, 그 장막에 들어가니 야엘이 이불로 덮으니라,

⑲ 시스라가 그에게 말하되 청하노니, 내게 물을 조금 마시우라, 내가 목이 마르도다, 하매, 젖부대를 열어 그에게 마시우고 그를 덮으니,

⑳ 그가 또 가로되, 장막문에 섰다가 만일 사람이 와서 네게 묻기를 여기 어떤 사람이 있느냐? 하거든 너는 없다, 하라, 하고,

㉑ 그가 피곤하여 깊이 잠이 든지라, 헤벨의 아내 야엘이 장막 말뚝을 취하고 손에 방망이를 들고 그에게로 가만히 가서 말뚝을 그 살쩍에 박으매, 말뚝이 꿰뚫고 땅에 박히니, 시르라가 기절하여 죽은지라,

㉒ 바락이 시르라를 따를 때에 야엘이 나가서 그를 맞아 가로되, 오라, 내가 너의 찾는 사람을 네게 보이리라, 바락이 그에게 들어가 보니, 시스라가 죽어 누웠고 말뚝은 그 살쩍에 박혔더라,

㉓ 이와 같이 이 날에 하나님이 가나안 왕 야빈을 이스라엘 자손 앞에서 패하게 하신지라,

㉔ 이스라엘 자손의 손이 번영하여 가나안의 왕 야빈을 대적하여 이기니 마침내 그들

이 가나안 왕 야빈을 진멸하였더라.

●5장

① 이 날에 드보라와 아비노암의 아들 바락이 노래하며 말하기를,

② 이스라엘의 지도자들은 지휘하고 백성들은 자원하여 나서니, 여호와를 찬송하여라,

(Praise ye the LORD for the avenging of Israel, when the people willingly offered themselves.-KJV)

("When the princes in Israel take the lead, when the people willingly offer themselves-praise the LORD!-NIV)

(When uprising broke out in Israel, when the people rallied for duty-bless the LORD!-NAB)

(When they let down their hair in Israel, they let it blow wild in the wind. The people volunteered with abandon, bless GOD!-THE MESSAGE)

③ 너희 왕들아 들으라, 지도자들아 귀를 기울이라, 나 곧 내가 여호와를 노래할 것이요, 이스라엘의 하나님 여호와를 찬송하리로다,

④ 여호와여, 주께서 세일에서부터 나오시고, 에돔 들에서부터 진행하실 때에 땅이 진동하고 하늘도 새어서 구름이 물을 내렸나이다,

⑤ 산들이 여호와 앞에서 진동하니, 저 시내산도 이스라엘 하나님 앞에서 진동하였도다,

⑥ 아낫의 아들 삼갈의 날에 또는 야엘의 날에는 대로가 비었고 행인들은 소로로 다녔도다,

⑦ 이스라엘에 관원이 그치고 그쳤더니, 나 드보라가 일어났고 내가 일어나서 이스라엘의 어미가 되었도다,

⑧ 무리가 새 신들을 선택하였으므로 그 때에 전쟁이 성문에 미쳤으나 이스라엘 사만 명 중에 방패와 창이 보였던고?

⑨ 내 마음이 이스라엘의 방백을 사모함은 그들이 백성중에서 즐거이 헌신하였음이라, 여호와를 찬송하라,

⑩ 흰 나귀를 탄 자들, 귀한 화문석에 앉은 자들, 길에 행하는 자들아, 전파 할지어다

⑪ 활 쏘는 자의 지꺼림에서 멀리 떨어진 물긷는 곳에서도 여호와의 의로우신 일을

칭송하라, 그의 이스라엘을 다스리시는 의로우신 일을 칭송하라, 그 때에 여호와의 백성이 성문에 내려갔도다,

⑫ 깰지어다, 깰지어다, 드보라여 깰지어다, 깰지어다, 너는 노래할 지어다, 일어날지어다, 바락이여, 아비노암의 아들이여, 네 사로잡은 자를 끌고 갈지어다,

⑬ 그 때에 남은 귀인과 백성이 내려왔고 여호와께서 나를 위하여 용사를 치시려고 강림하셨도다,

⑭ 에브라임에게서 나온 자는 아말렉에 뿌리 박힌 자요, 그 다음에 베냐민은 너희 백성 중에 섞였으며 마길에게서는 다스리는 자들이 내려왔고, 스불론에서는 대장군의 지팡이를 잡은 자가 내려왔도다,

⑮ 잇사갈의 방백들이 드보라와 함께하니, 잇사갈의 심사를 바락도 가졌도다, 그 발을 쫓아 골짜기로 달려 내려가니, 르우벤 시냇가에 큰 결심이 있었도다,

⑯ 네가 양의 우리 가운데 앉아서 목자의 저 부는 소리를 들음은 어찜이뇨? 르우벤 시냇가에서 마음에 크게 살핌이 있도다,

⑰ 길르앗은 요단 저편에 거하거늘 단은 배에 머무름은 어찜이뇨? 아셀은 해빈에 앉고 자기 시냇가에 거하도다,

⑱ 스불론은 죽음을 무릅쓰고 생명을 아끼지 아니한 백성이요, 납달리도 들의 높은 곳에서 그러하도다,

⑲ 왕들이 와서 싸울 때에 가나안 왕들이 므깃도 물 가 다아낙에서 싸웠으나 돈을 탈취하지 못하였도다,

⑳ 별들이 하늘에서부터 싸우되, 그 다니는 길에서 시스라와 싸웠도다,

㉑ 기손강은 그 무리를 표류시켰으니, 이 기손강은 옛강이라 내 영혼아 네가 힘 있는 자를 밟았도다,

㉒ 그 때에 군마가 빨리 달리니, 말굽소리는 땅을 울리도다,

㉓ 여호와의 사자의 말씀에 메로스를 저주하라, 너희가 거듭거듭 그 거민을 저주할 것은 그들이 여호와를 돕지 아니하며 여호와를 도와 용사를 치지 아니함이니라, 하시도다,

㉔ 겐 사람 하벨의 아내 야엘은 다른 여인보다 복을 받을 것이니, 장막에 거한 여인보다 더욱 복을 받을 것이로다,

㉕ 시스라가 물을 구하매, 우유를 주되, 곧 엉긴 젖을 귀한 그릇에 담아주었고,

㉖ 손으로 장막 말뚝을 잡으매 오른손에 장인의 방망이를 들고, 그 방망이로 시스라

를 쳐서 머리를 뚫되, 곧 살쩍을 꿰뚫었도다,

㉗ 그가 그의 발 앞에 꾸부러지며 엎드러지고 쓰러졌고, 그의 발 앞에 꾸부려져 엎드려져서 그 꾸부러진 곳에 엎드러져 죽었도다,

㉘ 시스라의 어미가 창문으로 바라보며 살창에서 부르짖기를, 그의 병거가 어찌하여 더디 오는고? 그의 병거 바퀴가 어찌하여 더디 구는고? 하매,

㉙ 그 지혜로운 시녀들이 대답하였겠고, 그도 스스로 대답하기를,

㉚ 그들이 어찌 노략물을 얻지 못하였으랴? 그것을 나누지 못하였으랴? 사람마다 한두 처녀를 얻었으리로다, 시스라는 채색옷을 노략하였으리니, 그것은 수놓은 채색옷이리로다, 곧 양편에 수놓은 채색옷이리니, 노략한 자의 목에 꾸미리로다, 하였으리라,

㉛ 여호와의 주의 대적은 다 이와 같이 망하게 하시고, 주를 사랑하는 자는 해가 힘있게 돋음같게 하시옵소서, 하니라, 그 땅이 사십년 동안 태평하였더라.

● 6장

① 이스라엘 자손이 또 여호와의 목전에 악을 행하였으므로 여호와께서 칠년 동안 그들을 미디안의 손에 붙이시니,

② 미디안의 손이 이스라엘을 이긴지라, 이스라엘 자손이 미디안을 인하여 산에서 구멍과 굴과 산성을 자기를 위하여 만들었으며,

③ 이스라엘이 파종한 때면 미디안 사람 아말렉 사람 동방 사람이 치러 올라와서,

④ 진을 치고 가사에 이르도록 토지 소산을 멸하여 이스라엘 가운데 식물을 남겨두지 아니하며 양이나 소나 나귀도 남기지 아니하니,

⑤ 이는 그들이 그 짐승과 장막을 가지고 올라와서 메뚜기떼 같이 들어오니, 그 사람과 약대가 무수함이라, 그들이 그 땅에 들어와 멸하려하니,

⑥ 이스라엘이 미디안을 인하여 미약함이 심한지라, 이에 이스라엘 자손이 여호와께 부르짖었더라,

⑦ 이스라엘 자손이 미디안을 인하여 여호와께 부르짖은고로,

⑧ 여호와께서 이스라엘 자손에게 한 선지자를 보내사, 그들에게 이르되, 이스라엘 하나님 여호와의 말씀에 내가 너희를 에집트에서 인도하여 나왔고 너희를 그 종되었던 집에서 나오게 하여,

⑨ 에집트 사람들의 손과 너희를 학대하는 모든 사람들의 손에서 너희를 건져내고,

그들을 너희 앞에서 쫓아내고 그 땅을 너희에게 주었으며,

⑩ 내가 또 너희에게 이르기를, 나는 너희 하나님 여호와니, 너희의 거하는 아모리 사람의 땅의 신들을 두려워 말라 하였으나, 너희가 내 목소리를 청종치 아니하였느니라, 하셨다, 하니라,

⑪ 여호와의 사자가 아비에셀 사람 요아스에게 속한 오브라에 이르러 상수리나무 아래 앉으니라, 마침 요아스의 아들 기드온이 미디안 사람에게 알리지 아니하려 하여 밀을 포도주 틀에서 타작하더니,

⑫ 여호와의 사자가 기드온에 나타나 이르되, 큰 용사여 여호와께서 너와 함께 계시도다, 하매

⑬ 기드온이 그에게 대답하되, 나의 주여, 여호와께서 우리와 함께 계시면 어찌하여 이 모든일이 우리에게 미쳤나이까? 또 우리 조상들이 일찍 우리에게 이르기를, 여호와께서 우리를 에집트에서 나오게 하신 것이 아니냐? 한 그 모든 이적이 어디 있나이까? 이제 여호와께서 우리를 버리사 미디안의 손에 붙이셨나이다,

⑭ 여호와께서 그를 돌아보아 가라사대, 너는 이 네 힘을 의지하고 가서 이스라엘을 미디안의 손에서 구원하라, 내가 너를 보낸 것이 아니냐?

⑮ 기드온이 그에게 대답하되, 주여 내가 무엇으로 이스라엘을 구원하리이까? 보소서, 나의 집은 므낫세 중에 극히 약하고 나는 내 아비 집에서 제일 작은 자니이다,

⑯ 여호와께서 그에게 이르시되, 내가 반드시 너와 함께 하리니, 네가 미디안 사람 치기를 한사람을 치듯하리라,

⑰ 기드온이 그에게 대답하되, 내가 주께 은혜를 얻었사오면 나와 말씀하신 이가 주 되시는 표징을 내게 보이소서,

⑱ 내가 예물을 가지고 다시 주께로 와서 그것을 주 앞에 드리기까지 이곳을 떠나지 마시기를 원하나이다, 그가 가로되, 내가 너 돌아 오기를 기다리리라,

⑲ 기드온이 가서 염소 새끼 하나를 준비하고 가루 한 에바로 무교전병을 만들고 고기를 소쿠리에 담고 국을 양푼에 담아서 상수리 나무 아래 그에게로 가져다가 드리매,

⑳ 하나님의 사자가 그에게 이르되, 고기와 무교전병을 가져 이 반석 위에 두고 그 위에 국을 쏟으라 기드온이 그대로 하니,

㉑ 여호와의 사자가 손에 잡은 지팡이 끝을 내밀어 고기와 무교전병에 대매 불이 반석에서 나와 고기와 무교전병을 살랐고 여호와의 사자는 떠나서 보이지 아니한지

라,

㉒ 기드온이 그가 여호와의 사자인줄 알고 가로되, 슬프도소이다, 주 여호와여, 내가 여호와의 사자를 대면하여 보았나이다, 하니,

㉓ 여호와께서 그에게 이르시되, 너는 안심하라, 두려워 말라, 죽지 아니하리라, 하시니라,

㉔ 그때에 기드온이 여호와를 위하여 거기서 단을 쌓고 이름을 여호와 살롬이라 하였더라, 그것이 오늘까지 아비에셀 사람에게 속한 오브라에 있더라,

㉕ 이 날 밤에 여호와께서 기드온에게 이르시되, 네 아비의 숫소 곧 칠년된 둘째 숫소를 취하고 네 아비에게 있는 바알의 단을 헐며 단 곁의 아세라 상을 찍고,

㉖ 또 이 경고한 성 위에 에 하나님 여호와를 위하여 규례대로 한 단을 쌓고 그 둘째 숫소를 취하여 네가 찍은 아세라나무로 번제를 드릴지니라,

㉗ 이에 기드온이 종 열을 데리고 여호와의 말씀하신대로 행하되 아비의 가족과 그 성읍 사람들을 두려워하므로 이 일을 감히 백주에 행하지 못하고 밤에 행하니라,

㉘ 성읍 사람들이 아침에 일찍 일어나 본즉, 바알의 단이 훼파되었으며 단 곁의 아세라가 찍혔고 새로 쌓은 단 위에 그 둘째 숫소를 드렸는지라,

㉙ 서로 물어 가로되, 이것이 누구의 소위인고? 하고, 그들이 캐어 물은 후에 가로되, 요아스의 아들 기드온이 이를 행하였도다, 하고

㉚ 성읍 사람들이 요아스에게 이르되, 네 아들을 끌어내라, 그는 당연히 죽을지니, 이는 바알의 단을 훼파하고 단 곁의 아세라를 찍었음이니라,

㉛ 요아스가 자기를 둘러싼 모든 자에게 이르되, 너희가 바알을 위하여 쟁론하느냐? 너희가 바알을 구원하겠느냐? 그를 위하여 쟁론하는 자는 이 아침에 죽음을 당하리라, 바알이 과연 신일진대 그 단을 훼파하였은즉 바알이 더불어 쟁론할 것이라 함이었더라,

㉜ 그 날에 기드온을 여룹바알이라 하였으니, 이는 그가 바알의 단을 훼파였은즉, 바알이 더불어 쟁론할 것이라, 함이었더라,

㉝ 때에 미디안 사람과 아말렉 사람과 동방 사람들이 다 모여 요단을 건너와서 이스르엘 골짜기에 진을 친지라,

㉞ 여호와의 신이 기드온에게 강림하시니, 기드온이 나팔을 불매 아비에셀 족속이 다 모여서 그를 좇고,

㉟ 기드온이 또 사자를 온 므낫세에 두루 보내매, 그들도 모여서 그를 좇고, 또 사자

를 아셀과 스불론과 납달리에 보내매, 그 무리도 올라와서 그를 영접하더라,

㊱ 기드온이 하나님께 여짜오되, 주께서 이미 말씀하심 같이 내 손으로 이스라엘을 구원하려 하시거든,

㊲ 보소서, 내가 양털 한 뭉치를 타작 마당에 두리니, 이슬이 양털에만 있고 사면땅은 마르면 주께서 이미 말씀하심 같이 내 손으로 이스라엘을 구원하실줄 내가 알겠나이다, 하였더니,

㊳ 그대로 된지라 이튿날 기드온이 일찍이 일어나서 양털을 취하여 이슬을 짜니 물이 그릇에 가득하더라,

㊴ 기드온이 또 하나님께 여짜오되, 주여, 내게 진노하지 마옵소서, 내가 이번만 말하리이다, 구하옵나니, 나로 다시 한번 양털로 시험하게 하소서, 양털만 마르고 사면 땅에는 다 이슬이 있게 하옵소서, 하였더니,

㊵ 이 밤에 하나님이 그대로 행하시니, 곧 양털만 마르고 사면 땅에는 다 이슬이 있었더라.

● 7장

① 여룹바알이라 하는 기드온과 그를 좇은 모든 백성이 일찍이 일어나서 하롯샘 곁에 진 쳤고, 미디안의 진은 그들의 북편이요, 모레산 앞 골짜기에 있었더라,

② 여호와께서 기드온에게 이르시되, 너를 좇은 백성이 너무 많은즉, 내가 그들의 손에 미디안 사람을 붙이지 아니 하리니, 이는 이스라엘이 나를 대적하여 자랑하며 말하기를 내 손이 나를 구원하였다 할까, 함이니라,

③ 이제 너는 백성의 귀에 고하여 이르기를, 누구든지 두려워서 떠는 자여든 길르앗산에서 떠나 돌아가라, 하라, 하시니, 이에 돌아간 백성이 이만 이천명이요, 남은 자가 일만명이었더라,

④ 여호와께서 또 기드온에게 이르시되, 백성이 아직도 많으니, 그들을 인도하여 물가로 내려가라, 거기서 내가 너를 위하여 그들을 시험하리라, 무릇 내가 누구를 가리켜 이르기를, 이가 너와 함께 가리라 하면 그는 너와 함께 갈 것이요, 내가 누구를 가리켜 이르기를, 이는 너와 함께 가지 말 것이니라, 하면, 그는 가지 말 것이라, 하신지라,

⑤ 이에 백성을 인도하여 물 가에 내려가매, 여호와께서 기드온에게 이르시되, 무릇 개의 핥는 것 같이 그 혀로 물을 핥는 자는 너는 따로 세우고 또 무릇 무릎을 꿇고

마시는 자도 그같이 하라, 하시더니,

⑥ 손으로 움켜 입에 대고 핥는 자의 수는 삼백명이요, 그외의 백성은 다 무릎을 꿇고 물을 마신지라,

⑦ 여호와께서 기드온에게 이르시되, 내가 이 물을 핥아 먹은 삼백명으로 너희를 구원하며 미디안 사람을 네 손에 붙이리니, 남은 백성은 각각 그 처소로 돌아갈 것이니라, 하시니,

⑧ 이에 백성이 양식과 나팔을 손에 든지라, 기드온이 이스라엘의 모든 사람을 각각 그 장막으로 돌려보내고 그 삼백명을 머물러 두니라, 미디안 진은 그 아래 골짜기 가운데 있었더라,

⑨ 이 밤에 여호와께서 기드온에게 이르시되, 일어나 내려가서 적진을 치라, 내가 그것을 네 손에 붙였느니라,

⑩ 만일 네가 내려가기를 두려워하거든 네 부하 부라를 데리고 그 진으로 내려가서,

⑪ 그들의 하는 말을 들으라, 그 후에 네 손이 강하여져서 능히 내려가서 그 진을 치리라, 기드온이 이에 그 부하를 데리고 군대가 있는 진 가에 내려간즉,

⑫ 미디안 사람과 아말렉 사람과 동방의 모든 사람이 골짜기에 누웠는데 메뚜기의 중다함 같고, 그 약대들도 헤아릴 수 없었으니, 이는 수가 많아 해변의 모래와 같았음이라,

⑬ 기드온이 그곳에 이른즉, 어떤 사람이 그 동무에게 꿈을 말하여 이르기를, 내가 한 꿈을 꾸었는데 꿈에 보리떡 한 덩어리가 미디안 진으로 굴러 들어와서 한 장막에 이르러 그것을 쳐서 무너뜨려 엎드러뜨리니, 곧 쓰러지더라,

⑭ 그 동무가 대답하여 가로되, 이는 다른 것이 아니라, 이스라엘 사람 요아스의 아들 기드온의 칼날이라, 하나님이 미디안과 그 모든 군대를 그의 손에 붙이셨느니라, 하더라,

⑮ 기드온이 그 꿈과 해몽하는 말을 듣고 경배하고 이스라엘 진 중에 돌아와서 이르되, 일어나라, 여호와께서 미디안 군대를 너희 손에 붙이셨느니라, 하고,

⑯ 삼백명을 세 대로 나누고 각 손에 나팔과 빈 항아리를 들리고 항아리 안에는 횃불을 감추게 하고,

⑰ 그들에게 이르되, 너희는 나만 보고 나의 하는대로 하되, 내가 그 진가에 이르러서 하는대로 너희도 그리하여,

⑱ 나와 나를 좇는 자가 다 나팔을 불거든, 너희도 그 진 사면에서 또한 나팔을 불며

이르기를, 여호와를 위하라, 기드온을 위하라, 하라, 하니라,

⑲ 기드온과 그를 좇은 일백명이 이 경 초에 진 가에 이른즉, 파수꾼 병이 바뀔 때라 나팔을 불며 손에 가졌던 항아리를 부수니라,

⑳ 세 대가 나팔을 불며 항아리를 부수고 좌수에 횃불을 들고 우수에 나팔을 들어 불며 외쳐 가로되, 여호와의 기드온의 칼이여 하고,

㉑ 각기 당처에 서서 그 진을 사면으로 에워싸매, 그 온 적군이 달음질하고 부르짖으며, 도망하였는데,

㉒ 삼백명이 나팔을 불 때에 여호와께서 그 온 적군으로 동무끼리 칼날로 치게 하시므로, 적군이 도망하여 스레라의 벤 싯다에 이르고, 또 답밧에 가까운 아벨므흘라의 경계에 이르렀으며,

㉓ 이스라엘 사람들은 납달리와 이셀과 므낫세에서부터 모여서 미디안 사람을 쫓았더라,

㉔ 기드온이 사자를 보내어 에브라임 온 산지로 두루 행하게 하여 이르기를, 내려와서 미디안 사람을 치고, 그들을 앞질러 벤 바라와 요단에 이르기까지 나루턱을 취하라, 하매, 이에 에브라임 사람들이 다 모여서 벤 바라와 요단에 이르기까지 그 나루턱을 취하고,

㉕ 또 미디안 두 방백 오렙과 스엡을 사로잡아 오렙은 오렙 바위에서 죽이고, 스엡은 스엡 포도주 틀에서 죽이고, 미디안 사람을 추격하고 오렙과 스엡의 머리를 가지고 요단 저편에서 기드온에게로 나아오니라,

● 8장

① 에브라임 사람들이 기드온에게 이르되, 네가 미디안과 싸우러 갈 때에 우리를 부르지 아니하였으니, 우리를 이같이 대접함은 어쩜이뇨? 하고 크게 다투는지라,

② 기드온이 그들에게 이르되, 나의 이제 행한 일이 너희의 한 것에 비교되겠느냐? 에브라임의 끝물 포도가 아비에셀의 맏물 포도보다 낫지 아니하냐?

③ 하나님이 미디안 방백 오렙과 스엡을 너희 손에 붙이셨으니, 나의 한 일이 어찌 능히 너희의 한 것에 비교되겠느냐? 기드온이 이 말을 하매, 그들의 노가 풀리니라,

④ 기드온과 그 좇은 자 삼백명이 요단에 이르러 건너고 비록 피곤하나 따르며,

⑤ 그가 숙곳 사람들에게 이르되 나의 종자가 피곤하여 청하니, 청컨대, 그들에게 떡덩이를 주라, 나는 미디안 두 왕 세바와 살문나를 따르노라,

⑥ 숙곳 방백들이 가로되, 세바와 살문나의 손이 지금 어찌 네 손에 있관대, 우리가 네 군대에게 떡을 주겠느냐?

⑦ 기드온이 가로되, 그러면 여호와께서 세바와 살문나를 내 손에 붙이신 후에 내가 들가시와 찔레로 너희 살을 찢으리라, 하고,

⑧ 거기서 브누엘에 올라가서 그들에게도 그같이 구한즉, 브누엘 사람들의 대답도 숙곳 사람들이 대답과 같은지라,

⑨ 기드온이 또 브누엘 사람들에게 일러 가로되, 내가 평안히 돌아올 때에 이 망대를 헐리라, 하니라,

⑩ 이 때에 세바와 살문나가 갈골에 있는데 동방 사람의 모든 군대 중에 칼든 자 십 이 만명이 죽었고, 그 남은 일만 오천명 가량은 그들을 좇아 거기 있더라,

⑪ 적군이 안연히 있는 중에 기드온이 노바와 욕브하 동편 장막에 거한자의 길로 올라가서 적군의 치니,

⑫ 세바와 살문나가 도망하는지라, 기드온이 추격하여 미디안 두 왕 세바와 살문나를 사로잡고 그 온 군대를 파하니라,

⑬ 요아스의 아들 기드온이 헤레스 비탈 전장에서 돌아오다가,

⑭ 숙곳 사람 중 한 소년을 잡아 심문하매 숙곳 방백과 장로 칠십 칠인을 그를 위하여 기록한지라,

⑮ 기드온이 숙곳 사람들에게 이르러, 가로되, 너희가 전에 나를 비난하여 이르기를, 세바와 살문나의 손이 지금 어찌 네 손에 있관대, 우리가 네 피곤한 사람에게 떡을 주겠느냐? 한 그 세바와 살문나를 보라, 하고,

⑯ 그 성읍 장로들을 잡고 들가시와 찔레로 숙곳 사람들을 징벌하고,

⑰ 브누엘 망대를 헐며 그 성읍 사람들을 죽이니라,

⑱ 이에 세바와 살문나가 묻되, 너희가 다볼에서 죽인 자들은 어떠한 자이뇨? 대답하되, 그들이 너와 같아서 모두 왕자 같더라,

⑲ 가로되, 그들은 내 형제 내 어머니의 아들이니라, 만일 그들을 살렸더면 나도 너희를 죽이지 아니하였으리라, 하고,

⑳ 그 장자 여델에게 이르되, 일어나 그들을 죽이라, 하였으나 그 소년이 칼을 빼지 못하였으니, 이는 아직 어려서 두려워 함이었더라,

㉑ 세바와 살문나가 가로되, 네가 일어나 우리를 치라, 대저 사람이 어떡하면 그 힘도 그러하니라, 기드온이 일어나서 세바와 살문나를 죽이고 그 약대 목에 꾸몄던 새

달 형상의 장식을 취하니라,

㉒ 때에 이스라엘 사람들이 기드온에게 이르되, 당신이 우리를 미디안의 손에서 구원하셨으니, 당신과 당신의 아들과 당신의 손자가 우리를 다스리소서,

㉓ 기드온이 그들에게 이르되, 내가 너희를 다스리지 아니하겠고, 나의 아들도 너희를 다스리지 아니할 것이요, 여호와께서 너희를 다스리시리라,

㉔ 기드온이 또 그들에게 이르되, 내가 너희에게 한 일을 청구하노니, 너희는 각기 탈취한 귀고리를 내게 줄지니라, 하니, 그 대적은 이스마엘 사람이므로 금 귀고리가 있었음이라,

㉕ 그들이 대답하되, 우리가 즐거이 드리리이다, 하고, 겉옷을 펴고 각기 탈취한 귀고리를 그 가운데 던지니,

㉖ 기드온이 청한바 금 귀고리 중 수가 금 일천 칠백 세겔이요, 그 외에 또 새 달 형상의 장식과 패물과 미디안 왕들의 입었던 자색 의복과 그 약대 목에 둘렀던 사슬이 있었더라,

㉗ 기드온이 그 금으로 에봇 하나를 만들어서 자기의 성읍 오브라에 두었더니, 온 이스라엘이 그것을 음란하게 위하므로 그것이 기드온과 그 집에 올무가 되니라,

㉘ 미디안이 이스라엘 자손 앞에 복종하여 다시는 그 머리를 들지 못하였으므로 기드온의 사는 날 동안 사십년에 그 땅이 태평하였더라,

㉙ 요아스의 아들 여룹바알이 돌아가서 자기 집에 거하였는데,

㉚ 기드온이 아내가 많으므로 몸에서 낳은 아들이 칠십인이었고,

㉛ 세겜에 있는 처도 아들을 낳았으므로 그 이름을 아비멜렉이라 하였더라,

㉜ 요아스의 아들 기드온이 나이 많아 죽으매, 아비에셀 사람의 오브라에 있는 그의 아비 요아스의 묘실에 장사하였더라,

㉝ 기드온이 이미 죽으매, 이스라엘 자손이 돌이켜 바알들을 음란하게 위하고 또 바알브릿을 자기들의 신으로 삼고,

㉞ 사면 모든 대적의 손에서 자기들을 건져내신 여호와 자기들의 하나님을 기억지 아니하며,

㉟ 여룹바알 곧 기드온이 이스라엘에게 베푼 모든 선행에 따라 그들이 그의 집안에 아무런 친절도 베풀지 아니하였더라.

● 9장

① 여룹바알의 아들 아비멜렉이 세겜에 가서 그 어미의 형제에게 이르러 그들과 외조부의 온 가족에게 말하여 가로되,

② 청하노니, 여러분들은 세겜 사람들의 귀에 말하라, 여룹바알의 아들 칠십인이 다 여러분들을 다스림과 한 사람이 여러분들을 다스림이 어느 것이 여러분들에게 나으냐? 또 나는 여러분들의 골육지친임을 생각하라,

③ 그 어미의 형제들이 그를 위하여 이 모든 말을 온 세겜 사람들의 귀에 고하매 그들의 마음이 아비멜렉에게로 기울어서 말하기를, 그는 우리의 형제라 하고,

④ 바알브릿 묘에서 은 칠십개를 내어 그에게 주매, 아비멜렉이 그것으로 허영심이 많고 경망스러운 사람을 고용해서 자기를 좇게 하고,

⑤ 오브라에 있는 그 아비의 집으로 가서 여룹바알의 아들, 곧 자기의 형제 칠십인을 한 바위 위에서 죽였으되, 오직 여룹바알의 말째 아들 요담은 스스로 숨었으므로 남으니라,

⑥ 세겜 모든 사람과 밀로 모든 족속이 모여 가서 세겜에 있는 기둥 상수리 나무 아래서 아비멜렉으로 왕을 삼으니라,

⑦ 사람들이 요담에게 그 일을 고하매, 요담이 그리심산 꼭대기로 가서, 서서 소리를 높여 외쳐 그들에게 이르되, 세겜 사람들아 내 말을 들으라, 그리하여야 하나님이 너희를 들으시리라,

⑧ 하루는 나무들이 나가서 기름을 부어 왕을 삼으려 하여 감람나무에게 이르되, 너는 우리 왕이 되라, 하매,

⑨ 감람나무가 그들에게 이르되, 나의 기름은 하나님과 사람을 영화롭게 하나니, 내가 어찌 그것을 버리고 가서 나무들 위에 요동하리요? 한지라,

⑩ 나무들이 또 무화과 나무에게 이르되, 너는 와서 우리의 왕이 되라, 하매,

⑪ 무화과 나무가 그들에게 이르되, 나의 단 것, 나의 아름다운 실과를 내가 어찌 버리고 가서 나무들위에 요동하리요? 한지라,

⑫ 나무들이 또 포도나무에게 이르되, 너는 와서 우리의 왕이 되라, 하매,

⑬ 포도나무가 그들에게 이르되, 하나님과 사람을 기쁘게 하는 나의 새술을 내가 어찌 버리고 가서 나무들 위에 요동하리요? 한지라,

⑭ 이에 모든 나무가 가시나무에 이르되, 너는 와서 우리의 왕이 되라, 하매,

⑮ 가시나무가 나무들에게 이르되, 너희가 참으로 내게 기름을 부어 너희 왕을 삼겠

거든 와서 내 그늘에 피하라, 그리하지 아니하면 불이 가시나무에서 나와서 레바논의 백향목을 사를 것이니라, 하였느니라,

⑯ 이제 너희가 아비멜렉을 세워 왕을 삼았으니, 너희 행한 것이 과연 진실하고 의로우냐? 이것이 여룹바알과 그 집을 선대함이냐? 이것이 그 행한대로 그에게 보답함이냐?

⑰ 우리 아버지가 전에 죽음을 무릅쓰고 너희를 위하여 싸워 미디안의 손에서 너희를 건져내었거늘

⑱ 너희가 오늘날 일어나서 우리 아버지의 집을 쳐서 그 아들 칠십인을 한 바위 위에서 죽이고 여종의 아들 아비멜렉이 너희 형제가 된다고 그를 세워 세겜 사람의 왕을 삼았도다,

⑲ 만일 너희가 오늘날 여룹바알과 그 집을 대접한 것이 진실과 의로움이면 너희가 아비멜렉을 인하여 즐길것이요, 아비멜렉도 너희를 인하여 즐기려니와,

⑳ 그렇지 아니하면 아비멜렉에게서 불이 나와서 세겜 사람들과 밀로 족속을 사를 것이요, 세겜 사람들과 밀로 족속에게서도 불이 나와서 아비멜렉을 사를 것이니라, 하고,

㉑ 요담이 그 형제 아비멜렉을 두려워하여 달려 도망하여 브엘로 가서 거기 거하니라,

㉒ 아비멜렉이 이스라엘을 다스린지 삼년에,

㉓ 하나님이 아비멜렉과 세겜 사람들 사이에 악한 신을 보내시매, 세겜 사람들이 아비멜렉을 배반하였으나,

㉔ 이는 여룹바알의 아들 칠십인에게 행한 포악한 일을 갚되, 그 형제를 죽여 피 흘린 죄를 아비멜렉과 아비멜렉의 손을 도와서 그 형제를 죽이게 한 세겜 사람에게로 돌아가게 하심이라,

㉕ 세겜 사람들이 산들 꼭대기에 사람을 매복하여 아비멜렉을 엿보게 하고, 무릇 그 길로 지나는 자를 다 겁탈하게 하니, 그일이 아비멜렉에게 전하여졌더라,

㉖ 에벳의 아들 가알이 그 형제로 더불어 세겜에 이르니, 세겜 사람들이 그를 신뢰하니라,

㉗ 그들이 밭에 가서 포도를 거두어다가 밟아 짜서 연회를 열고 그 신당에 들어가서 먹고 마시며 아비멜렉을 저주하니,

㉘ 에벳의 아들 가알이 가로되, 아비멜렉은 누구며? 세겜은 누구기에 우리가 아비멜

렉을 섬기리요? 그가 여룹바알의 아들이 아니냐? 그 장관은 스불이 아니냐? 차라리 세겜의 아비 하몰의 후손을 섬길 것이라, 우리가 어찌하여 아비멜렉을 섬기리요?

㉙ 아하 이 백성이 내 수하에 있었더면 내가 아비멜렉을 제하였으리라, 하고 아비멜렉에게 네 군대를 더하고 나오라고 말하니라,

㉚ 그 성읍 장관 스불이 에벳의 아들 가알의 말을 듣고 노하여,

㉛ 사자를 아비멜렉에게 가만히 보내어 가로되, 보소서, 에벳의 아들 가알과 그 형제가 세겜에 이르러 성읍 무리를 충동하여 당신을 대적하게 하나니,

㉜ 당신은 당신을 좇은 백성으로 더불어 밤에 일어나서 매복하였다가,

㉝ 아침 해 뜰때에 당신은 일찍이 일어나 이 성읍을 엄습하고 가알과 그를 좇은 백성이 나와서 당신을 대적하리니, 당신은 기회를 보아 그들에게 행하소서,

㉞ 아비멜렉과 그를 좇은 모든 백성이 밤에 일어나 네 떼로 나눠 세겜을 대하여 매복하였더니,

㉟ 에벳의 아들 가알이 나와서 성문 입구에 설 때에 아비멜렉과 그를 좇은 백성이 매복하였던 곳에서 일어난지라,

㊱ 가알이 그 백성을 보고 스불에게 이르되, 보라, 백성이 산 꼭대기에서부터 내려오는도다, 스불이 그에게 대답하되, 네가 산 그림자를 사람으로 보았느니라,

㊲ 가알이 다시 말하여 가로되, 보라, 백성이 밭 가운데로 좇아 내려오고 또 한떼는 므오느님 상수리나무 길로 좇아 오는도다,

㊳ 스불이 그에게 이르되, 네가 전에 말하기를, 아비멜렉이 누구관대 우리가 그를 섬기리요? 하던 그 입이 이제 어디 있느냐? 이가 너의 업신여기던 백성이 아니냐? 청하노니 이제 나가서 그들과 싸우라,

㊴ 가알이 세겜 사람들의 앞에 나가서 아비멜렉과 싸우다가,

㊵ 아비멜렉에게 쫓겨 그 앞에서 도망하였고 상하여 엎드러진 자가 많아서 성문 입구까지 이르렀더라,

㊶ 아비멜렉은 아루마에 거하고 스불은 가알과 그 형제를 쫓아 내어 세겜에 거하지 못하게 하더니,

㊷ 이튿날 백성이 밭으로 나오매, 사람들이 그것을 아비멜렉에게 고하니라,

㊸ 아비멜렉이 자기 백성을 세 떼로 나누어 밭에 매복하였더니, 백성이 성에서 나오는 것을 보고 일어나서 그들을 치되,

㊹ 아비멜렉과 그들을 좇은 떼는 앞으로 달려가서 성문 입구에 서고 그 나머지 두 떼
는 밭에 있는 모든 자에게 달려들어 그들을 죽이니,
㊺ 아비멜렉이 그날 종일토록 그 성을 쳐서 필경은 취하고, 거기 있는 백성을 죽이며
그 성을 헐고 소금을 뿌리니라,
㊻ 세겜 망대의 사람들이 이를 듣고 엘브릿 신당의 요새로 들어갔더니,
㊼ 거기에 모든 사람이 모인 것이 아비멜렉에게 들리매,
㊽ 아비멜렉과 그를 좇는 모든 백성이 살몬산에 오르고, 아비멜렉이 손에 도끼를 들
고 나뭇가지를 찍고 그것을 가져 자기 어깨에 메고 좇은 백성에게 이르되, 너희는
나의 행하는 것을 보나니 빨리 나와 같이 행하라, 하니,
㊾ 모든 백성도 각각 나뭇가지를 찍어서 아비멜렉을 좇아 그 요새에 놓고 그곳에 불
을 놓으매, 세겜 망대에 있는 사람들도 다 죽었으니, 남녀가 대략 일천명이었더라,
㊿ 아비멜렉이 데베스에 가서 데베스를 대하여 진 치고 그것을 취하였더니,
(51) 성 중에 견고한 망대가 있으므로 그 성 백성의 남녀가 모두 그리로 도망하여 들어
가서 문을 잠그고 망대 꼭대기로 올라간지라,
(52) 아비멜렉이 망대 앞에 이르러서 치며 망대의 문에 가까이 나아가서 그것을 불사르
려 하더니,
(53) 한 여인이 맷돌 윗짝을 아비멜렉의 머리 위에 내려던져 그 두골을 깨뜨리니,
(54) 아비멜렉이 자기의 병기 잡은 소년을 급히 불러 그에게 이르되, 너는 칼을 빼어 나
를 죽이라, 사람들이 나를 가리켜 이르기를, 그가 여인에게 죽었다 할까 하노라?
소년이 찌르매 그가 곧 죽은지라,
(55) 이스라엘 사람들이 아비멜렉의 죽은 것을 보고 각각 자기 처소로 떠났갔더라,
(56) 아비멜렉이 그 형제 칠십인을 죽여 자기 아비에게 행한 악을 하나님이 이같이 갚
으셨고,
(57) 또 세겜 사람들의 모든 악을 하나님이 그들의 머리에 갚으셨으니, 여룹바알의 아
들 요담의 저주가 그들에게 응하니라.

• 10장

① 아비멜렉의 후에 잇사갈 사람 도도의 손자 부아의 아들 돌라가 일어나서 이스라엘
을 구원하니라, 그가 에브라임 산지 사밀에 거하여,
② 이스라엘의 사사가 된지 이십 삼년 만에 죽으매, 사밀에 장사되었더라,

③ 그 후 길르앗 사람 야일이 일어나서 이십 이년 동안 이스라엘의 사사가 되니라,

④ 그에게 아들 삼십이 있어 어린 나귀 삼십을 탔고 성읍 삼십을 두었었는데 그 성들은 길르앗 땅에 있고 오늘까지 하봇야일이라 칭하더라,

⑤ 야일이 죽으매 가몬에 장사되었더라,

⑥ 이스라엘 자손이 다시 여호와의 목전에 악을 행하여 바알들과 아스다롯과 아람의 신들과 시돈의 신들과 모압의 신들과 암몬 자손의 신들과 블레셋 사람의 신들을 섬기고 여호와를 버려 그를 섬기지 아니하므로,

⑦ 여호와께서 이스라엘에게 진노하사, 블레셋 사람의 손과 암몬 자손의 손에 파시매,

⑧ 그들이 그 해부터 이스라엘 자손을 학대하니, 요단 저편 길르앗 아모리 사람의 땅에 거한 이스라엘 자손이 십 팔년 동안 학대를 당하였고,

⑨ 암몬 자손이 또 요단을 건너서 유다와 베냐민과 에브라임 족속을 치므로 이스라엘의 고통이 심하였더라,

⑩ 이스라엘 자손이 여호와께 부르짖어 가로되, 우리가 우리 하나님을 버리고 바알들을 섬김으로 주께 범죄하였나이다,

⑪ 여호와께서 이스라엘 자손에게 이르시되, 내가 에집트 사람과 아모리 사람과 암몬 자손과 불레셋 사람에게서 너희를 구원하지 아니하였느냐?

⑫ 또 시돈 사람과 아말렉 사람과 마온 사람이 너희를 압제할 때에 너희가 내게 부르짖으므로 내가 너희를 그들의 손에서 구원하였거늘,

⑬ 너희가 나를 버리고 다른 신들을 섬기니, 그러므로 내가 다시는 너희를 구원치 아니하리라,

⑭ 가서 너희가 택한 신들에게 부르짖어서 너희 환난 때에 그들로 너희를 구원하게 하라,

⑮ 이스라엘 자손이 여호와께 여쫘오되, 우리가 범죄하였사오니 주의 보시기에 좋은 대로 우리에게 행하시려니와 오직 주께 구하옵나니 오늘날 우리를 건져내옵소서, 하고,

⑯ 자기 가운데서 이방 신들을 제하여 버리고 여호와를 섬기매, 여호와께서 이스라엘의 비참함으로 인하여 슬퍼하시니라,

⑰ 그 때에 암몬 자손이 모여서 길르앗에 진 쳤으므로 이스라엘 자손도 모여서 미스바에 진 치고,

⑱ 길르앗 백성과 방백들이 서로 이르되, 누가 먼저 나가서 암몬 자손과 싸움을 시작할꼬? 그가 길르앗 모든 거민의 머리가 되리라, 하니라.

● 11장

① 길르앗 사람 큰 용사 입다는 기생이 길르앗에게 낳은 아들이었고,

② 길르앗의 아내도 아들들을 낳았더라, 아내의 아들들이 자라매, 입다를 쫓아내며 그에게 이르되, 너는 다른 여인의 자식이니 우리 아버지 집 유업을 잇지 못하리라, 한지라,

③ 이에 입다가 그 형제를 피하여 돕 땅에 거하매, 허영심 많은 자들이 그에게로 모여와서 그와 함께 출입하였더라,

④ 얼마 후에 암몬 자손이 이스라엘을 치려 하니라,

⑤ 암몬 자손이 이스라엘을 치려 할 때에 길르앗 장로들이 입다를 데려오려고 돕 땅에 가서,

⑥ 입다에게 이르되, 우리가 암몬 자손과 싸우려 하나니, 당신은 와서 우리의 장관이 되라,

⑦ 입다가 길르앗 장로들에게 이르되, 너희가 전에 나를 미워하여 내 아버지 집에서 쫓아내지 아니하였느냐? 어제 너희가 환난을 당하였다고 어찌하여 내게 왔느냐?

⑧ 길르앗 장로들이 입다에게 대답하여, 이제 우리가 당신을 찾아온 것은 우리와 함께 가서 암몬 자손과 싸우게 하려 함이니, 그리하면 우리 길르앗 모든 거민의 머리가 되리라,

⑨ 입다가 길르앗 장로들에게 이르되, 너희가 나를 데리고 본향으로 돌아가서 암몬 자손과 싸우게 할 때에 만일 여호와께서 그들을 내게 붙이시면 내가 과연 너희 머리가 되겠느냐?

⑩ 길르앗 장로들이 입다에게 이르되, 여호와는 우리 사이의 증인이시니, 당신의 말대로 우리가 반드시 행하리이다,

⑪ 이에 입다가 길르앗 장로들과 함께 가니, 백성이 그로 자기들의 머리와 장관을 삼은지라, 입다가 미스바에서 자기의 말을 다 여호와 앞에 고하니라,

⑫ 입다가 암몬 자손의 왕에게 사자를 보내어 이르되, 네가 나와 무슨 상관이 있기에 내 땅을 치러 내게 왔느냐?

⑬ 암몬 자손의 왕이 입다의 사자에게 대답하되, 이스라엘이 에집트에서 올라올 때에

아르논에서부터 얍복과 요단까지 내 땅을 취한 연고니, 이제 그것을 화평히 다시 돌리라,

⑭ 입다가 암몬 자손의 왕에게 다시 사자를 보내어,

⑮ 그에게 이르되, 입다가 말하노라, 이스라엘이 모압 땅과 암몬 자손의 땅을 취하지 아니하였느니라,

⑯ 이스라엘이 에집트에서 올라올 때에 황야로 행하여 홍해에 이르고, 가데스에 이르러서는

⑰ 이스라엘이 사자를 에돔 왕에게 보내어 이르기를, 청컨대 나를 용납하여 네 땅 가운데로 지나게 하라 하였으나, 에돔 왕이 이를 듣지 아니하였고 또 그같이 사람을 모압 왕에게 보냈으나 그도 허락지 아니하므로 이스라엘이 가데스에 유하였더니,

⑱ 그 후에 황야를 지나 에돔 땅과 모압 땅을 둘러 행하여 모압 땅 동편에서부터 와서 아르논 저편에 진 쳤고, 아르논을 모압경계이므로 그 경내에는 들어가지 아니하였으며,

⑲ 이스라엘이 헤스본 왕 곧 아모리 왕 시혼에게 사자를 보내어, 그에게 이르되, 청컨대 우리를 용납하여 당신의 땅으로 지나 우리 곳에 이르게 하라 하였으나,

⑳ 시혼이 이스라엘을 믿지 아니하여 그 경계로 지나지 못하게 할 뿐 아니라, 그 모든 백성을 모아 야하스에 진치고 이스라엘을 치므로,

㉑ 이스라엘의 하나님 여호와께서 시혼과 그 모든 백성을 이스라엘의 손에 붙이시매, 이스라엘이 쳐서 그 땅 거민 아모리 사람의 온 땅을 취하되,

㉒ 아로논에서부터 얍복까지와 황야에서부터 요단까지 아모리 사람의 온 경계를 취하였었느니라,

㉓ 이스라엘의 하나님 여호와께서 이같이 아모리 사람을 자기 백성 이스라엘 앞에서 쫓아내셨거늘 네가 그 땅을 얻고자 하는 것이 가하냐?

㉔ 네 신 그모스가 네게 주어 얻게 한 땅을 네가 얻지 않겠느냐? 우리 하나님 여호와께서 우리 앞에서 어떤 사람이든지 쫓아내시면 그 땅을 우리가 얻으리라,

㉕ 이제 네가 모압 왕 십볼의 아들 발락보다 나은 것이 있느냐? 그가 이스라엘로 더불어 다툰 일이 있었느냐? 싸운 일이 있었느냐?

㉖ 이스라엘이 헤스본과 그 향촌들과 아로엘과 그 향촌들과 아르논 연안에 있는 모든 성읍에 거한지 삼백년이어늘 그 동안에 너희가 어찌하여 도로 찾지 아니하였느냐?

㉗ 내가 네게 죄를 짓지 아니하였거늘, 네가 나를 쳐서 내게 악을 행하고자 하는도다, 원컨대 심판하시는 여호와는 오늘날 이스라엘 자손과 암몬 자손의 사이에 판결하시옵소서, 하나,

㉘ 암몬 자손의 왕이 입다의 보내어 말한 것을 듣지 아니하였더라,

㉙ 이에 여호와의 신이 입다에게 임하시니, 입다가 길르앗과 므낫세를 지나서 길르앗 미스베에 이르고 길르앗 미스베에서부터 암몬 자손에게로 나아갈 때에,

㉚ 그가 여호와께 서원하여 가로되, 주께서 과연 암몬 자손을 내 손에 붙이시면,

㉛ 내가 암몬 자손에게서 평안히 돌아올 때에 누구든지 내 집 문에서 나와서 나를 영접하는 그는 여호와께 돌릴 것이니, 내가 그를 태우는 제사(번제)로 드리겠나이다,

㉜ 이에 입다가 암몬 자손에게 이르러, 그들과 싸우더니 여호와께서 그들을 그 손에 붙이시매,

㉝ 아로엘에서부터 민닛에 이르기까지, 이십 성읍을 치고 또 아벨 그라밈까지 크게 도륙하니, 이에 암몬 자손이 이스라엘 자손 앞에 항복하였더라,

㉞ 입다기 미스바에 돌아와 자기 집에 이를 때에, 그 딸이 소고를 잡고 춤추며 나와서 영접하니, 이는 그의 무남독녀라,

㉟ 입다기 이를 보고 자기옷을 찢으며 가로되 슬프다, 내 딸이여, 너는 나로 참담케 하는 자요, 너는 나를 괴롭게 하는 자 중의 하나이로다, 내가 여호와를 향하여 입을 열었으니 능히 돌이키지 못하리로다,

㊱ 딸이 그에게 이르되, 나의 아버지여, 아버지께서 여호와를 향하여 입을 여셨으니, 아버지 입에서 낸 말씀대로 내게 행하소서, 이는 여호와께서 아버지를 위하여 아버지의 대적 암몬 자손에게 원수를 갚으셨음이니이다,

㊲ 아비에게 또 이르되, 이 일만 내게 허락하소서, 나를 두달만 용납하소서, 내가 나의 동무들과 함께 산에 올라가서 나의 처녀로 죽음을 인하여 애곡하겠나이다,

㊳ 이르되 가라, 하고 두달 동안을 보내니, 그가 그 동무들과 함께 가서 산 위에서 처녀로 죽음을 인하여 애곡하고,

㊴ 두달만에 그 아비에게로 돌아온지라, 아비가 서원한대로 딸에게 행하니, 딸이 남자를 알지 못하고 죽으니라, 이로부터 이스라엘 가운데 규례가 되어,

㊵ 이스라엘 여자들이 해마다 가서 길르앗 사람 입다의 딸을 위하여 나흘씩 애곡하더라.

● 12장

① 에브라임 사람들이 모여 북으로 가서 입다에게 이르되, 네가 암몬 자손과 싸우러 건너갈 때에 어찌하여 우리를 불러 너와 함께 가지 아니하였느냐? 우리가 반드시 불로 너와 네 집을 사르리라,

② 입다가 그들에게 이르되, 나와 나의 백성이 암몬 자손과 크게 다툴 때에 내가 너희를 부르되, 너희가 나를 그들의 손에서 구원하지 아니한고로,

③ 내가 너희의 구원치 아니하는 것을 보고 내 생명을 돌아보지 아니하고 건너가서 암몬 자손을 쳤더니, 여호와께서 그들을 내 손에 붙이셨거늘, 너희가 어찌하여 오늘날 내게 올라와서 나로 더불어 싸우고자 하느냐? 하고,

④ 입다가 길르앗 사람을 다 모으고 에브라임과 싸웠더니, 길르앗 사람들이 에브라임을 쳐서 파하였으니, 이는 에브라임의 말이 너희 길르앗 사람은 본래 에브라임에서 도망한 자로서 에브라임과 므낫세 중에 있다, 하였음이라,

⑤ 길르앗 사람이 에브라임 사람 앞서 요단 나루턱을 잡아 지키고 에브라임 사람의 도망하는 자가 말하기를, 청컨대, 나로 건너게 하라 하면 그에게 묻기를, 네가 에브라임 사람이냐 하여 그가 만일 아니라 하면,

⑥ 그에게 이르기를, 십볼렛이라 하라 하여 에브라임 사람이 능히 구음을 바로 하지 못하고 십볼렛이라, 하면 길르앗 사람이 곧 그를 잡아서 요단 나루턱에서 죽였더라, 그 때에 에브라임 사람의 죽은 자가 사만 이천명이었더라,

⑦ 입다가 이스라엘 사사가 된지 육년이라 길르앗 사람 입다가 죽으매, 길르앗 한 성읍에 장사되었더라,

⑧ 그의 뒤에는 베들레헴 입산이 이스라엘 사사이었더라,

⑨ 그가 아들 삼십과 딸 삼십을 두었더니, 딸들은 타국으로 시집 보내었고 아들들을 위하여는 타국에서 여자 삼십을 데려왔더라, 그가 이스라엘 사사가 된지 칠년이라,

⑩ 입산이 죽으매 베들레헴에 장사 되었더라,

⑪ 그의 뒤에는 스불론 사람 엘론이 이스라엘의 사사가 되어 십년 동안 이스라엘을 다스렸더라,

⑫ 스불론 사람 엘론이 죽으매, 스불론 땅 아얄론에 장사되었더라,

⑬ 그의 뒤에는 비라돈 사람 힐렐의 아들 압돈이 이스라엘의 사사이었더라,

⑭ 그에게 아들 사십과 손자 삼십이 있어서 어린 나귀 칠십 필을 탔었더라, 압돈이 이

스라엘의 사사가 된지 팔년이라,

⑮ 비라돈 사람 힐렐의 아들 업돈이 죽으매, 에브라인 땅 아말렉 사람의 산지 비라돈에 장사되었더라,

● 13장

① 이스라엘 자손이 다시 여호와의 목전에 악을 행하였으므로 여호와께서 그들을 사십년 동안 팔레스타인 사람들의 손에 붙이시니,

② 소라 땅에 단 지파의 가족 중 마노아라 이름하는 자가 있더라, 그 아내가 잉태하지 못하므로 생산치 못하더니,

③ 여호와의 사자가 그 여인에게 나타나시고 그에게 이르시되, 보,라 네가 잉태하지 못하므로 생산치 못하였으나 이제 잉태하여 아들을 낳으리니,

④ 그러므로 너는 삼가서 포도주와 독주를 마시지 말지며 무릇 부정한 것을 먹지 말지니라,

⑤ 보라 네가 잉태하여 아들을 낳으리니, 그 머리에 삭도를 대지말라, 이 아이는 태에서 나옴으로부터 하나님께 바치운 나실인이 됨이라, 그가 팔레식타인 사람들의 손에서 이스라엘을 구원하기 시작하리라,

⑥ 이에 그 여인이 가서 그 남편에게 고하여 가로되, 하나님의 사람이 내게 임하였는데 그 용모가 하나님의 사자의 용모 같아서 심히 두려우므로 어디서부터 온 것을 내가 묻지 못하였고 그도 자기의 이름을 내게 이르지 아니하였으며,

⑦ 그가 내게 이르기를, 보라, 네가 잉태하여 아들을 낳으리니 포도주와 독주를 마시지 말라, 무릇 부정한 것을 먹지 말라, 이 아이는 태에서 나옴으로부터 죽을 날까지 하나님께 마치운 나실인이 됨이라, 하더이다,

⑧ 마노아가 여호와께 기도하여 가로되, 주여 구하옵나니, 주의 보내셨던 하나님의 사람을 우리에게 다시 임하게 하사, 그로 우리에게 가르치게 하소서,

⑨ 하나님이 마노아의 목소리를 들으시니라, 여인이 밭에 앉았을때에 하나님의 사자가 다시 그에게 임하셨으나 그 남편 마노아는 함께 있지 아니한지라,

⑩ 여인이 급히 달려가서 그 남편에게 고하여 가로되, 보소서 전일에 내게 임하였던 사람이 또 내게 나타났나이다,

⑪ 마노아가 일어나 아내를 따라가서 그 사람에게 이르러, 그에게 묻되 당신이 그 여인에게 말씀하신 사람이니이까? 가라사대 그로라,

⑫ 마노아가 가로되 당신의 말씀대로 되기를 원하나이다, 이 아이를 어떻게 기르오며 우리가 그에게 어떻게 행하오리이까?

⑬ 여호와의 사자가 마노아에게 이르시되, 내가 여인에게 말한것들을 그가 다 삼가서,

⑭ 포도나무의 소산을 먹지 말며 포도주와 독주를 마시지 말며, 무릇 부정한 것을 먹지 말며 내가 그에게 명한 것은 다 지킬 것이니라,

⑮ 마노아가 여호와의 사자에게 말씀하되, 구하옵나니, 당신은 우리에게 머물러서 우리가 당신을 위하여 염소 새끼 하나를 준비하게 하소서,

⑯ 여호와의 사자가 마노아에게 이르시되, 네가 비록 나를 머물게 하나 나는 네 빵을 먹지 아니하리라, 번제를 준비하려거든 마땅히 여호와께 드릴지니라, 하니, 이는 마노아가 여호와의 사자인줄 알지못함을 인함이었더라,

⑰ 마노아가 또 여호와의 사자에게 말씀하되, 당신의 이름이 무엇이니이까? 당신의 말씀이 이룰 때에 우리가 당신을 존숭하리이다,

⑱ 여호와의 사자가 그에게 이르시되, 그것이 비밀임을 알면서 어찌하여 네가 이같이 나의 이름을 묻느냐? 하니라,

⑲ 이에 마노아가 염소 새끼 하나와 곡식(소제)제물을 취하여 반석 위에서 여호와께 드리매, 사자가 이적을 행한지라, 마노아와 그 아내가 본즉,

⑳ 불꽃이 단에서부터 하늘로 올라가는 동시에 여호와의 사자가 단 불꽃 가운데로 좇아 올라간지라, 마노아와 그 아내가 이것을 보고 얼굴을 땅에 대고 엎드리니라,

㉑ 여호와의 사자가 마노아와 그 아내에게 다시 나타나지 아니하니, 마노아가 이에 그가 여호와의 사자인줄 알고,

㉒ 그 아내에게 이르러, 우리가 하나님을 보았으니, 반드시 죽으리로다,

㉓ 그 아내가 그에게 이르되, 여호와께서 우리를 죽이려 하셨더면 우리 손에서 번제와 소제를 받지 아니하셨을 것이며, 이제 이런 말씀도 우리에게 이르지 아니하셨으리이다, 하였더라,

㉔ 여인이 아들을 낳으매 이름을 삼손이라 하니라, 아이가 자라매, 여호와께서 그에게 복을 주시더니,

㉕ 삼손이 조라와 에스다올 사이의 마하네단에 있는 동안에 여호와의 영이 그를 움직이기 시작하셨느니라.

● 14장

① 삼손이 딤나에 내려가서 거기서 팔레스타인 딸 중 한 여자를 보고,

② 도로 올라와서 자기 부모에게 말하여 가로되, 내가 딤나에서 팔레스타인 사람의 딸 중 한 여자를 보았사오니,이제 그를 취하여 내 아내를 삼게 하소서,

③ 부모가 그에게 이르되, 네 형제들의 딸 중에나 내 백성 중에 어찌 여자가 없어서 네가 할례 받지 아니한 팔레스타인 사람에게 가서 아내를 취하려 하느냐? 삼손이 아비에게 이르되, 내가 그 여자를 좋아하오니 나를 위하여 그를 데려오소서 하니,

④ 이 때에 팔레스타인 사람이 이스라엘을 관할한고로 삼손이 틈을 타서 팔레스타인 사람을 치려 함이었으나 그 부모는 이 일이 여호와께로부서 나온 것인줄은 알지 못하였더라,

⑤ 삼손이 그 부모와 함께 딤나에 내려가서 딤나의 포도원에 이른즉 어린 사자가 그를 맞아 소리 지르는지라,

⑥ 삼손이 여호와의 신에게 크게 감동되어 손에 손에 아무것도 없어도 그 사자를 염소새끼를 찢음 같이 찢었으나 그는 그 행한 일을 부모에게도 고하지 아니하였고,

⑦ 그가 내려가서 그 여자와 말하며 그를 기뻐하였더라,

⑧ 얼마 후에 삼손이 그 여자를 취하려고 다시 가더니, 돌이켜 그 사자의 죽음을 본즉, 사자의 몸에 벌떼와 꿀이 있는지라,

⑨ 손으로 그 꿀을 취하여 행하며 먹고 그 부모에게 이르러, 그들에게 그것을 드려서 먹게 하였으나 그 꿀을 사자의 몸에서 취하였다고는 고하지 아니하였더라,

⑩ 삼손의 아비가 여자에게로 내려가매, 삼손이 거기서 잔치를 배푸니, 이는 청년들이 이렇게 행하는 관습이 있음이더라,

⑪ 사람드이 삼손을 보고 삼십명을 데려다가 동무를 삼아 그와 함께하게 한지라,

⑫ 삼손이 그들에게 이르되, 이제 내가 너희에게 수수께끼를 하리니, 잔치하는 칠일 동안에 너희가 능히 그것을 풀어서 내게 고하면 내가 베옷 삼십 벌과 겉옷 삼십 벌을 너희에게 주리라,

⑬ 그러나 그것을 능히 고하지 못하면 너희가 내게 베옷 삼십 벌과 겉옷 삼십 벌을 줄지니라, 그들이 이르되, 너는 수수께끼를 하여 우리로 듣게 하라,

⑭ 삼손이 그들에게 이르되, 먹는 자에게서 먹는 것이 나오고 강한 자에게서 단 것이 나왔느니라, 그들이 삼일이 되도록 수수께끼를 풀지 못하였더라,

⑮ 제 칠일에 이르러 그들이 삼손의 아내에게 이르되, 너는 네 남편을 꾀어 그 수수께

끼를 우리에게 알게 하라, 그렇지 아니하면 너와 네 아비의 집을 불사르리라, 너희가 우리의 소유를 취하고자 하여 우리를 청하였느냐? 그렇지 아니하냐?

⑯ 삼손의 아내가 그의 앞에서 울며 가로되, 당신이 나를 미워할 뿐이요, 사랑치 아니하는도다, 우리 민족에게 수수께끼를 말하고 그 뜻을 내게 풀어 이르지 아니하도다, 삼손이 그에게 대답하되, 보라 내가 그것을 나의 부모에게도 풀어 고하지 아니하였거든, 어찌 그대에게 풀어 이르리요, 하였으나,

⑰ 칠일 잔치할 동안에 그 아내가 앞에서 울며 강박함을 인하여, 제 칠일에는 그가 아내에게 수수께기를 풀어 이르매, 그 아내가 그것을 그녀의 백성의 자손에게 고하였더라,

⑱ 제 칠일 해 지기 전에 성읍 사람들이 삼손에게 말하기를, 무엇이 꿀보다 달겠으며? 무엇이 사자보다 강하겠느냐? 한지라 삼손이 그들에게 대답하되, 너희가 내 암송아지로 밭갈지 아니하였더면, 나의 수수께끼를 능히 풀지 못하였으리라, 하니라,

⑲ 여호와의 영이 삼손에게 크게 임하시며 삼손이 아스글론에 내려가서 그곳 사람 삼십명을 쳐 죽이고 노략하여 수수께끼 푼 자들에게 옷을 주고 심히 노하여 아비 집으로 올라 갔고,

⑳ 그러나 삼손의 아내는 삼손의 친구 되었던 그 동무에게 뻐졌더라,

● 15장

① 얼마 후 밀 거둘 때에 삼손이 염소 새끼를 가지고 그 아내에게로 찾아가서 가로되, 내가 침실에 들어가 아내를 보고자 하노라, 장인이 들어오지 못하게 하고,

② 가로되, 네가 그녀를 심히 미워하는 줄로 내가 생각한고로, 그녀를 네 동무에게 주었노라, 그 동생이 그보다 더욱 아름답지 아니하냐? 청하노니, 너의 그의 대신에 이를 취하라,

③ 삼손이 그들에게 이르되, 이번은 내가 팔레스타인 사람을 해할지라도 그들에게 대하여 내게 허물이 없을 것이니라, 하고,

④ 삼손이 가서 여우 삼백을 붙들어서 그 꼬리와 꼬리를 매고 홰를 취하고 그 두 꼬리 사이에 한 홰를 달고,

⑤ 홰에 불을 켜고 그것을 팔레스타인 사람의 곡식 밭으로 몰아 들여서 곡식단과 아직 베지 아니한 곡식과 감람원을 사르지라,

⑥ 블레셋 사람이 가로되, 누가 이일을 행하였느냐? 혹이 대답하되, 딤나 사람의 사위

삼손이니 장인이 삼손의 아내를 취하여 그 동무 되었던 자에게 준 연고니라, 팔레스타인 사람이 올라가서 그 여인과 그 아비를 불사르니라,

⑦ 삼손이 그들에게 이르되, 너희가 이같이 행하였은즉, 내가 너희에게 복수하리라, 그 후에야 내가 그치리라, 하고,

⑧ 그가 그들을 사정없이 쳐서 크게 살육하고 내려가서 에담 바위 틈에 거하니라,

⑨ 이에 팔레스타인 사람이 올라와서 유다에 진을 치고 레히에 흩어져 있더니,

⑩ 유다 사람들이 가로되, 너희가 어찌하여 올라와서 우리를 치느냐? 그들이 대답하되, 우리가 올라온 이유는 삼손을 결박하여 그가 우리에게 행한대로 그에게 행하려 함이로라,

⑪ 유다 사람 삼천명이 에담 바위 틈에 내려가서 삼손에게 이르되, 너는 팔레스타인 사람들이 우리를 관할하는 줄을 알지 못하느냐? 네가 어찌하여 우리에게 이같이 행하느냐? 삼손이 그들에게 이르되, 그들이 내게 행한대로 나도 그들에게 행하였노라, 하니,

⑫ 그들이 삼손에게 이르되, 우리가 너를 결박하여 팔레스타인 사람의 손에 붙이려고 이제 내려왔노라, 삼손이 그들에게 이르되, 너희는 친히 나를 치지 않겠다고 내게 맹세하라,

⑬ 그들이 삼손에게 일러 가라사대, 아니라 우리가 다만 너를 단단히 결박하여 그들의 손에 붙일 뿐이요, 우리가 결단코 너를 죽이지 아니하리라, 하고 새 줄 둘로 결박하고 바위 틈에서 그를 끌어내니라,

⑭ 삼손이 레히에 이르매 팔레스타인 사람들이 그에게로 마주 나가며 소리 치자, 여호와의 영의 권능이 삼손에게 임하매, 그 팔 위의 줄이 불탄 삼과 같아서 그 결박되었던 손에서 떨어진지라

⑮ 삼손이 나귀의 새 턱뼈를 보고 손을 내밀어 취하고 그것으로 일천명을 죽이고,

⑯ 가로되, 나귀의 턱뼈로 한 더미, 두 더미를 쌓았음이여, 나귀의 턱뼈로 내가 일천명을 죽였도다,

⑰ 말을 마치고 턱뼈를 그 손에서 내어던지고, 그 고을을 라맛 레히라, 이름하였더라,

⑱ 삼손이 심히 목마르므로 여호와께 부르짖어 가로되, 주께서 종의 손으로 이 큰 구원을 베푸셨사오나, 내가 이제 목말라 죽어서 할례 받지못한 자의 손에 빠지겠나이다,

⑲ 하나님이 레히에 한 우묵한 곳을 터치시니, 물이 거기서 솟아나오는지라, 삼손이

그것을 마시고 정신이 회복되어 소생하니, 그러므로 그 샘 이름은 엔학고레라, 이 샘이 레히에 오늘까지 있더라,

⑳ 팔레스타인 사람들의 때에 삼손이 이스라엘 사사로 이십년을 지내었더라.

● 16장

① 삼손이 가사에 가서 거기서 한 기생을 보고 그에게로 들어갔더니,

② 가사 사람들이 삼손이 여기 왔다는 말을 듣고 그들이 그를 에워싸고 밤새도록 성문에서 매복하고 밤새도록 조용히 하며 이르기를, 새벽이 되거든 그를 죽이리라, 하였더라,

③ 삼손이 밤 중까지 누웠다가 그 밤중에 일어나 성문짝들과 두 설주와 빗장을 빼어 그것을 모두 어깨에 메고 헤브론 앞산 꼭대기로 가니라,

④ 이 후에 삼손이 소렉 골짜기의 들릴라라 이름하는 여인을 사랑하매,

⑤ 팔레스타인 사람들의 군주들이 그 여인에게로 올라와서 그에게 이르되, 삼손을 꾀어서 무엇으로 말미암아 그 큰 힘이 있는지 우리가 어떻게 하면 그를 이기어서 결박하여 괴롭게 할 수 있을는지 알아보라, 그리하면 우리가 각각 은 일천 일백을 네게 주리라,

⑥ 들릴라가 삼손에게 말하되, 청컨대 당신의 큰 힘이 무엇으로 말미암아 있으며 어떻게 하면 능히 당신을 결박하여 괴롭게 할 수 있을는지 내게 말하라,

⑦ 삼손이 그녀에게 이르되 만일 마르지 아니한 푸른칡 일곱으로 나를 결박하면 내가 약하여져서 다른 사람과 같으리라,

⑧ 팔레스타인 사람들의 방백들이 마르지 아니한 푸른 칡 일곱을 여인에게로 가져오매, 그가 그것으로 삼손을 결박하고,

⑨ 이미 사람을 내실에 매복시켰으므로 삼손에게 말하되, 삼손이여 팔레스타인 사람들 당신에게 미쳤느니라 하니, 삼손이 칡 끊기를 불탄 삼실을 끊음 같이 하였고 그 힘의 근본은 여전히 알지 못하니라,

⑩ 들릴라가 삼손에게 이르되, 보라, 당신이 나를 희롱하여 내게 거짓말을 하였도다, 청컨대 무엇으로 하면 당신을 결박할 수 있을는지 이제는 내게 말하라,

⑪ 삼손이 그에게 이르되, 만일 쓰지 아니한 새 줄로 나를 결박하면 내가 약하여져서 다른 사람과 같으리라,

⑫ 들릴라가 새 줄을 취하고 그것으로 그를 결박하고 그에게 이르되, 삼손이여 팔레

스타인 사람들 당신에게 미쳤느니라, 하니 삼손이 팔 위의 줄끊기를 실을 끊음 같이 하였고, 그 때에도 사람이 내실에 매복하였었더라,

⑬ 들릴라가 삼손에게 이르되, 당신이 이때까지 나를 희롱하여 내게 거짓말을 하였도다, 내가 무엇으로 하면 당신을 결박할 수 있을는지 내게 말하라, 삼손이 그에게 이르되 그대가 만일 나의 머리털 일곱 가닥을 천으로 섞어 짜면 되리라,

⑭ 들릴라가 바디로 그 머리털을 단단히 짜고 그에게 이르되, 삼손이여 블레셋 사람이 당신에게 미쳤느니라 하니 삼손이 잠을 깨어 직조틀의 핀과 천을 다 빼어내니라,

⑮ 들릴라가 삼손에게 이르되, 당신의 마음이 내게 있지 아니하면서 당신이 어찌 나를 사랑한다 하느뇨? 당신이 이 세번 나를 희롱하고 당신의 큰 힘이 무엇으로 말미암아 있는 것을 내게 말하지 아니하였도다, 하며,

⑯ 날마다 그 말로 그를 재촉하여 조르매 삼손의 마음이 번뇌하여 죽을 지경이라,

⑰ 삼손이 진정을 토하여 그에게 이르되, 내 머리에는 삭도를 대지 아니하였나니, 이는 내가 모태에서 하나님의 나실인이 되었음이라, 만일 내 머리가 밀리우면 내 힘이 내게서 떠나고 나는 약하여져서 다른 사람과 같으리라,

⑱ 들릴라가 삼손의 진정을 다 토함을 보고 보내어 팔레스타인 사람들의 군주들을 불러 가로되, 삼손이 내게 진정을 토하였으니, 이제 한번만 올라오라 블레셋 방백들이 손에 은을 가지고 여인에게로 올라오니라,

⑲ 들릴라가 삼손으로 자기 무릎을 베고 자게 하고 사람을 불러 그 머리털을 일곱 가닥을 밀고 괴롭게 하여본즉, 그 힘이 없어졌더라,

⑳ 들릴라가 가로되, 삼손이여 팔레스타인 사람들 당신에게 미쳤느니라, 하니 삼손이 잠을 깨며 이르기를, 내가 전과 같이 나가서 몸을 떨치리라, 하여도 여호와께서 이미 자기를 떠나신 줄을 깨닫지 못하더라,

㉑ 팔레스타인 사람들이 그를 잡아 그 눈을 빼고 끌고 가사에 내려가 놋줄로 매고 그로 옥중에서 맷돌을 돌리게 하였더라,

㉒ 그의 머리털이 밀리운 후에 다시 자라기 시작하니라,

㉓ 팔레스타인 사람들의 군주들이 가로되, 우리의 신이 우리 원수 삼손을 우리 손에 붙였다 하고 다 모여 그 신 다곤에게 큰 제사를 드리고 즐거워하고,

㉔ 백성들도 삼손을 보았으므로 가로되, 우리 토지를 헐고 많은 우리 많은 사람을 죽인 원수을 우리의 신이 우리 손에 붙였다하고 자기 신을 찬송하며,

㉕ 그들의 마음이 즐거울 때에 이르되, 삼손을 불러다가 우리를 위하여 재주를 부리게 하자, 하고 옥에서 삼손을 불러내매, 삼손이 그들을 위하여 재주를 부리니라, 그들이 삼손을 두 기둥 사이에 세웠더니,

㉖ 삼손이 자기 손을 붙든 소년에게 이르되, 나로 이 집을 버틴 기둥을 찾아서 그것을 의지하게 하라 하니라,

㉗ 그 집에는 남녀가 가득하니 팔레스타인 모든 군주들도 거기 있고 지붕에 있는 남녀도 삼천명 가량이라, 다 삼손의 재주 부리는 것을 보더라,

㉘ 삼손이 여호와께 부르짖어 가로되, 주 여호와여 구하옵나니, 나를 생각하옵소서, 하나님이여! 구하옵나니 이번만 나로 강하게 하사 팔레스타인 사람들이 나의 두 눈을 뺀 원수를 단번에 갚게 하옵소서, 하고,

㉙ 집을 버틴 두 가운데 기둥을 하나는 왼손으로 하나는 오른손으로 껴 의지하고,

㉚ 가로되 팔레스타인 사람들과 함께 죽기를 원하노라, 하고, 힘을 다하여 몸을 굽히매, 그 집이 곧 무너져 그 안에 있는 모든 군주들과 온 백성에게 덮이니 삼손이 죽을 때에 죽인 자가 살았을 때에 죽인 자보다 더욱 많았더라,

㉛ 그의 형제와 아비의 온 집이 다 내려가서 그 시체를 취하여 가지고 올라와서 소라와 에스다올 사이 그 아비 마노아의 장지에 장사하니라, 삼손이 이스라엘 사사로 이십년을 지내었더라.

● 17장

① 에브라임 산지에 미가라 이름하는 사람이 있더니,

② 그가 그 어미에게 이르되, 어머니께서 은 일천 일백을 잃어버리셨으므로 저주하시고 내 귀에도 말씀하셨더니, 보소서, 그 은이 내게 있나이다, 내가 그것을 취하였나이다, 어미가 가로되 내 아들아, 여호와께 복 받기를 원하노라 하니라,

③ 미가가 은 일천 일백을 그 어미에게 도로 주매, 어미가 가로되, 내가 내 아들을 위하여 한 신상을 새기며 한 신상을 부어 만들 차로 내 손에서 이 은을 여호와께 거룩히 드리노라, 그러므로 내가 이제 이 은을 네게 도로 돌려주겠노라, 하매,

④ 미가가 그 은을 어미에게 도로 주었으므로, 어미가 그 은 이백을 취하여 은장색에 주어 한 신상을 새기며 한 신상을 부어 만들었더니, 그 신상이 미가의 집에 있더라,

⑤ 이 사람 미가에게 신당이 있으므로 또 에봇과 드라빔을 만들어 그의 아들들 가운

데 한 아들을 성결하게 하여 그의 제사장으로 삼았더라,

⑥ 그 때에는 이스라엘 왕이 없으므로 사람마다 자기 소견에 옳은대로 행하였더라,

⑦ 한 젊은 소년이 유다에 있는 베들레헴으로부터 왔는데 그는 유다 족속 안에서 살고 있었더라,

⑧ 이 사람이 거할 곳을 찾고자 하여 그 성읍 유다 베들레헴을 떠나서 행하다가 에브라임 산지로 가서 미가의 집에 이르매,

⑨ 미가가 그에게 묻되, 너는 어디서부터 오느뇨? 그가 이르되, 나는 유다 베들레헴의 레위인으로서 거할 곳을 찾으러 가노라, 하매,

⑩ 미가가 그에게 이르되, 네가 나와 함께 거하여 나를 위하여 아비와 제사장이 되라, 내가 해마다 은열과 의복 한벌과 식물을 주리라, 하므로 레위인이 들어갔더니,

⑪ 레위인이 그 사람과 함께 거하기를 만족히 여겼으니, 이는 그 소년이 미가의 아들 중 하나 같이 됨이라,

⑫ 미가가 레위인을 거룩히 구별하매, 소년이 미가의 제사장이 되어 그 집에 거한지라,

⑬ 이에 미가가 가로되, 레위인이 내 제사장이 되었으니, 이제 여호와께서 내게 복 주실 줄을 아노라, 하니라,

● 18장

① 그 때에 이스라엘에 왕이 없었고, 단 지파는 이 때에 거할 유업의 땅을 구하는 중이었으니, 이는 그들이 이스라엘 지파 중에서 이때까지 유업의 땅 분배함을 얻지 못하였음이라,

② 단 자손이 소라와 에스다올에서부터 자기온 가족중 용맹있는 다섯 사람을 보내어 땅을 탐지하고 살피게 하며, 그들에게 이르되, 너희는 가서 땅을 살펴보라, 하매, 그들이 에브라임 산지에 가서 미가의 집에 이르러 거기에 유숙하니라,

③ 그들이 미가의 집에 가까이 올 때에 레위 소년의 음성을 알아듣고 그리로 돌이켜 가서, 그에게 이르되, 누가 너를 이리로 인도하였으며 네가 여기서 무엇을 하며 녀기서 무엇을 얻었느냐? 하니,

④ 그가 그들에게 이르되, 미가가 여차여차히 나를 대접하여 나를 고용하여 나로 자기 제사장을 삼았느니라, 하니,

⑤ 그들이 그에게 이르되, 청컨대 우리를 위하여 하나님께 물어보아서 우리의 행하는

길이 형통할는지, 우리에게 알게하라,

⑥ 그 제사장이 그들에게 이르되, 평안히 가라, 너희의 행하는 길은 여호와 앞에 있느니라,

⑦ 이에 다섯 사람이 떠나 라이스에 이르러 거기 있는 백성을 본즉, 염려 없이 거하여 시돈 사람 같이 한가하고 평안하니, 그 땅에는 권세 잡은 자가 없어서 무슨 일에든지 괴롭게 함이 없고 시돈 사람과 상거가 멀며 아무 사람과도 상종하지 아니함이라,

⑧ 그들이 소라와 에스다올에 돌아와서 그 형제에게 이르매, 형제들이 그들에게 묻되, 너희 보기에 어떠하더뇨? 하니,

⑨ 가로되, 일어나서 그들의 치러 올라 가자, 우리가 그 땅을 본즉 매우 좋더라, 너희는 가만히 있느냐? 나아가서 그 땅 얻기를 게을리 말라,

⑩ 너희가 가면 평안한 백성을 만날 것이요, 그 땅은 넓고 그곳에는 세상에 있는 것이 하나도 부족함이 없느니라, 하나님이 그것을 너희 손에 붙이셨느니라,

⑪ 단 지파가 가족 중 육백명이 병기를 띠고 소라와 에스다올에서 출발하여,

⑫ 올라가서 유다 기럇여아림에 진 치니, 이러므로 그곳 이름이 오늘까지 마하네단이며, 그곳은 기럇여아림 뒤에 있더라,

⑬ 그들이 거기서 떠나서 에브라임 산지 미가의 집에 이르니라,

⑭ 전에 라이스 땅을 탐지하러 갔던 다섯 사람이 그 형제들에게 말하여 가로되 이 집에 에봇과 드라빔과 새긴 신상과 부어 만든 신상이 있는줄을 너희가 아느냐? 그런즉 이제 너희는 마땅히 행할 것을 생각하라, 하고,

⑮ 다섯 사람이 그편으로 향하여 소년 레위 사람의 집 곧 미가의 집에 이르러 문안하고,

⑯ 단 자손 육백명은 병기를 띠고 문 입구에 서니라,

⑰ 땅을 탐지하러 갔던 다섯 사람이 그리로 들어가서 새긴 신상과 에봇과 드라빔과 부어만든 신상을 취할 때에 제사장은 병기를 띤 육백명과 함께 문 입구에 섰더니,

⑱ 그 다섯 사람이 미가의 집에 들어가서 그 새긴 신상과 에봇과 드라빔과 부어만든 신상을 취하여 내매, 제사장이 그들에게 묻되, 너희가 무엇을 하느냐? 하니,

⑲ 그들이 그에게 이르되, 잠잠하라, 네 손을 입에 대라, 우리와 함께 가서 우리의 아비와 제사장이 되라, 네가 한사람의 집의 제사장이 되는 것과 이스라엘 한 지파 한 가족의 제사장이 되는 것이 어느 것이 낫겠느냐? 하므로,

⑳ 제사장이 마음에 기뻐하여 에봇과 드라빔과 새긴 우상을 취하고 그 백성 중으로 들어가니라,

㉑ 그들이 돌이켜서 어린 아이들과 가축과 물품을 앞에 두고 진행하더니,

㉒ 미가의 집을 멀리 떠난 때에 미가의 이웃집 사람들이 모여서 단 자손을 따라 미쳐서는,

㉓ 단 자손을 부르는지라, 그들이 낯을 돌이켜 미가에게 이르되, 네가 무슨 일로 이같이 데리고 왔느냐? 하니,

㉔ 미가가 가로되, 나의 지은 신들과 제사장을 취하여 갔으니, 내게 오히려 있는 것이 무엇이냐? 너희가 어찌하여 나더러 무슨 일이냐 하느냐? 하니라,

㉕ 단 자손이 그에게 이르되, 네 목소리를 우리에게 들리게 말라, 노한 자들이 너희를 쳐서 네 생명과 네 가족의 생명을 잃게 할까 하노라, 하고,

㉖ 단 자손이 자기 길을 행한지라, 미가가 단 자손이 자기보다 강한 것을 보고 돌이켜 집으로 돌아갔더라,

㉗ 단 자손이 미가의 지은 것과 그 제사장을 취하고 라이스에 이르러 한가하고 평안한 백성을 만나 칼날로 그들을 치며 불로 그 성읍을 사르되,

㉘ 그들을 구원할 자가 없었으니, 그 성읍이 베드르홉 가까운 골짜기에 있어서 시돈과 상거가 멀고 상종하는 사람도 없음이었더라, 단 자손이 성읍을 중건하고 거기 거하며,

㉙ 이스라엘 소생 그 조상 단의 이름을 단이라 하니라,

㉚ 단 자손이 자기를 위하여 그 새긴 신상을 세웠고, 모세의 손자 게르손의 아들 요나단과 그 자손은 단 지파의 제사장이 되어 이 백성이 사로잡히는 날까지 이르렀더라,

㉛ 하나님의 집이 실로에 있을 동안에 미가의 지은바 새긴 신상이 단 자손에게 있었더라.

● 19장

① 이스라엘에 왕이 없을 그 때에 에브라임 산지 구석에 우거하는 어떤 레위 사람이 유다 베들레헴에서 첩을 취하였더니,

② 그 첩이 행음하고 남편을 떠나 유다 베들레헴 그 아비의 집에 돌아가서 거기서 넉 달의 날을 보내매,

③ 그 남편이 그 여자에게 다정히 말하고 그를 데려오고자 하여 하인 하나와 나귀 두 필을 데리고 그에게로 가매, 여자가 그를 인도하여 아비의 집에 들어가니, 그 여자의 아비가 그를 보고 환영하더라,

④ 그 첩 장인 곧 여자의 아비가 그를 머물리매, 그가 삼일을 그녀와 함께 거하며 먹고 마시며 거기서 유숙하다가,

⑤ 나흘만에 일찌기 일어나 떠나고자 하매, 여자의 아비가 그 사위에게 이르되, 떡을 조금 먹어 그대의 기력을 도운 후에 그대의 길을 행하라,

⑥ 두 사람이 앉아서 함께 먹고 마시매, 여자의 아비가 그 사람에게 이르되, 청하노니, 이 밤을 여기서 유숙하여 그대의 마음을 즐겁게 하라,

⑦ 그 사람이 일어나서 가고자 하되 그의 장인의 간청으로 다시 유숙하더니,

⑧ 다섯째날 아침에 일찍이 일어나 떠나고자 하매, 여자의 아비가 이르되, 청하노니, 그대의 기력을 돕고 해가 기울도록 머물라 하므로 두 사람이 함께 먹고,

⑨ 그 사람이 첩과 하인으로 더불어 일어나 떠나고자 하매, 그 첩장인 곧 여자의 아비가 그에게 이르되, 보라, 이제 해가 저물어가니, 청컨대, 이 밤도 유숙하라, 보라, 해가 기울었느니라, 그대는 여기서 유숙하여 그대의 마음을 즐겁게 하고 내일 일찌기 그대의 길을 행하여 그대의 집으로 돌아가라, 하니라,

⑩ 그 사람이 다시 밤을 지내고자 아니하여 일어나 떠나서 여부스 맞은 편에 이르렀으니, 여부스는 곧 예루살렘이라, 안장 지운 나귀 둘과 첩이 그와 함께 하였더라,

⑪ 그들이 여부스에 가까웠을 때에 해가 지려하는지라, 종이 주인에게 이르되, 청컨대 우리가 여부스 사람의 이 성읍에 들어가서 유숙하사이다,

⑫ 주인이 그에게 이르되, 우리가 돌이켜 이스라엘 자손에게 속하지 아니한 외인의 성읍으로 들어갈 것이 아니니, 기브아로 나아가리라, 하고,

⑬ 또 그 종에게 이르되, 우리가 기브아나 라마 중 한 곳에 나아가 거기서 유숙하고자 하고,

⑭ 모두 앞으로 행하더니, 베냐민에 속한 기브아에 가까이 이르려는 해가 진지라,

⑮ 기브아에 가서 유숙하려고 그리로 돌이켜 들어가서, 성읍 거리에 앉았으나, 그를 집으로 영접하여 유숙케 하는 자가 없었더라,

⑯ 이미 저물매 한 노인이 밭에서 일하다가 돌아오니, 그 사람은 본래 에브라임 산지 사람으로서 기브아에 우거하는 자요, 그곳 사람들은 베냐민 사람이더라,

⑰ 노인이 눈을 들어 성읍 거리에 행인이 있는 것을 본지라, 노인이 묻되 그대는 어디

로 가며 어디서 왔느뇨?

⑱ 그가 그에게 이르되, 우리는 유다 베들레헴에서 에브라임 산지 구석으로 가나이다, 나는 그곳 사람으로서 유다 베들레헴에 갔다가 이제 여호와의 집으로 가는 중인데 나를 자기 집으로 영접하는 사람이 없나이다, 하니,

⑲ 우리에게는 나귀들에게 먹일 짚과 보리가 있고 나와 당신의 여종과 당신의 종 우리들과 함께한 소년의 먹을 양식과 포도주가 있어 무엇이든지 부족함이 없나이다, 하매,

⑳ 노인이 가로되, 그대는 안심하라 그대의 모든 쓸 것은 나에게 맡기고 거리에서는 자지 말라, 하고,

㉑ 그를 데리고 자기 집에 들어가서 나귀에게 먹이니 그들이 발을 씻고 먹고 마시니라,

㉒ 그들이 마음을 즐겁게 할 때에 그 성읍의 사람들이 그 집을 에워싸고 문을 두들기며 집 주인 노인에게 말하여 가로되, 네 집에 들어온 사람을 끌어내라 우리가 그를 알아보고자 함이라, 하니,

㉓ 집 주인 그 사람이 그들에게로 나와서 이르되 내 형제들아 청하노니, 악을 행치 말라, 이 사람이 내 집에 들었으니 이런 어리석은 행동을 행치 말라,

㉔ 보라, 여기 내 처녀 딸과 이 사람의 첩이 있은즉, 내가 그들을 끌어내리니, 너희가 그들을 욕보이든지 어찌하든지 임의로 하되, 오직 이 사람에게는 이런 망령된 일을 행치 말라, 하나,

㉕ 그 사람들이 듣지 아니하므로 그 사람이 자기 첩을 무리에게로 붙들어내매, 그들이 그에게 행음하여 밤새도록 욕보이다가 새벽 미명에 놓은지라,

㉖ 동틀 때에 여인이 그 주인의 우거한 그 사람의 집 문에 이르러, 엎드러져 밝기까지 거기 누웠더라,

㉗ 그의 주인이 일찍이 일어나 집 문을 열고 떠나고자 하더니, 그 여인이 집 문에 엎드러지고 그 두 손이 문지방에 있는 것을 보고,

㉘ 그에게 이르되 일어나라, 우리가 떠나가자 하나 아무 대답이 없는지라, 이에 그 시체를 나귀에 싣고 행하여 자기 곳에 돌아가서,

㉙ 그 집에 이르러서는 칼을 취하여 첩의 시체를 붙들어 그 마디를 찍어 열 두덩이에 나누고 그것을 이스라엘 사방에 보내매,

㉚ 그것을 보는 자가 다 가로되, 이스라엘 자손이 에짚트 땅에서 나온날부터 오늘날

까지 이런 일은 행하여지지도 아니하였고, 보지도 못하였도다, 그것에 대하여 생각해 보자, 그것을 어찌할지 고려해 보자, 무엇을 할지 우리에게 말하라, 하니라.

● 20장

① 이에 모든 이스라엘 자손이 단에서부터 브엘세바까지와 길르앗 땅에서 나왔는데, 그 회중이 일제히 미스바에서 여호와 앞에 모였으니,

② 온 백성의 어른 곧 이스라엘 모든 지파의 어른들은 하나님 백성의 총회에 섰고 칼을 빼는 보병은 사십만이었으며,

③ 이스라엘 자손의 미스바에 올라간 것을 베냐민 자손이 들었더라, 이스라엘 자손이 가로되, 이 악한 일의 정형을 우리에게 고하라,

④ 레위 사람 곧 죽임을 당한 여인의 남편이 대답하여 가로되, 내가 내 첩으로 더불어 베냐민에 속한 기브아에 유숙하러 갔더니,

⑤ 기브아 사람들이 나를 치러 일어나서 밤에 나의 우거한 집을 에워싸고 나를 죽이려 하고 내 첩을 욕보여서 그로 죽게 한지라,

⑥ 내가 내 첩의 시체를 취하여 쪼개어 이스라엘 기업의 온 땅에 보내었노니, 그들이 이스라엘 중에서 음행과 망령된 일을 행하였음을 인함이로라,

⑦ 이스라엘 자손들아 너희가 다 여기 있은즉, 너희의 의견과 방책을 낼지니라,

⑧ 모든 백성이 일제히 일어나며 가로되, 우리가 하나라도 자기 장막으로 돌아가지 아니하며 하나라도 자기 집으로 들어가지 아니하고,

⑨ 우리가 기브아 사람에게 이렇게 행하리니, 곧 제비 뽑아서 그들을 치되,

⑩ 우리가 이스라엘 모든 지파 중에서 백에 열, 천에 백, 만에 천을 취하고 그 백성을 위하여 양식을 예비하고 그들로 베냐민의 기브아에 가서 그 무리의 이스라엘 중에서 망령된 일을 행한대로 징계하게 하리라, 하니라,

⑪ 이와 같이 이스라엘 모든 사람이 하나 같이 합심하여 그 성읍을 치려고 모였더라,

⑫ 이스라엘 지파들이 베냐민 온 지파에 사람들을 보내어 두루 행하며 이르기를, 너희 중에서 생긴 이 악이 어찜이뇨?

⑬ 그런즉 이제 기브아 사람 곧 그 비류를 우리에게 붙여서 우리로 죽여 이스라엘 중에 악을 제하여 버리게 하라, 하나, 베냐민 자손이 그 형제 이스라엘 자손의 말을 듣지 아니하고,

⑭ 도리어 각 성읍에서 기브아에 모이고 나가서 이스라엘 자손과 싸우고자 하니,

⑮ 그 때에 성읍들에서 나온 베냐민 자손의 수는 칼을 빼는 자가 모두 이만 육천이요, 그 외에 기브아 거민 중 택한 자가 칠백인데,

⑯ 이 모든 백성 중에서 택한 칠백명은 다 왼손잡이라 물매로 돌을 던지면 머리카락 한 가닥까지도 틀림이 없는 자더라,

⑰ 베냐민 자손 외에 이스라엘 사람의 칼을 빼는 자의 수는 사십만명이니, 다 전사라,

⑱ 이스라엘 자손이 일어나 벧엘에 올라가서 하나님께 묻자와 가로되, 우리 중에 누가 먼저 올라가서 베냐민 자손과 싸우리이까? 여호와께서 가라사대, 유다가 먼저 일지니라,

⑲ 이스라엘 자손이 아침에 일어나 기브아를 대하여 진을 치니라,

⑳ 이스라엘 사람들이 나가서 항오를 벌이고 거기서 그들과 싸우고자 하매,

㉑ 베냐민 자손이 기브아에서 나와서 당일에 이스라엘 사람 이만 이천을 땅에 엎드러 뜨렸으나,

㉒ 이스라엘 사람들이 스스로 용기를 내어 첫날 전열을 가다듬었던 그 자리에서 다시 전열을 가다듬었더라,

㉓ 이스라엘 자손이 올라가서 여호와 앞에서 저물도록 울며 여호와께 묻자와 가로되, 내가 다시 나아가서 나의 형제 베냐민 자손과 싸우리이까? 하니, 여호와께서 가라 사대, 올라가서 치라, 하시니라,

㉔ 그 이튿날에 이스라엘 자손이 베냐민 자손을 치러 나아가매,

㉕ 베냐민도 그 이튿날에 기브아에서 그들을 치러 나와서 다시 이스라엘 자손 일만 팔천을 땅에 엎드러뜨렸으니 다 칼을 빼는 자였더라,

㉖ 이에 온 이스라엘 자손 모든 백성이 올라가서 벧엘에 이르러 울며 거기서 여호와 앞에 앉고 그 날이 저물도록 금식하고 번제와 화목제를 여호와 앞에 드리고,

㉗ 여호와께 물으니라(그 때에는 하나님의 언약궤가 거기 있고

㉘ 아론의 손자 엘르아살의 손자 비느하스가 그 앞에 모셨더라), 이스라엘 자손이 묻 자오되, 내가 다시 나가 나의 형제 베냐민 자손과 싸우리이까? 말리이까? 여호와 께서 가라사대, 올라가라 내일은 내가 그를 네 손에 붙이리라,

㉙ 이스라엘이 기브아 사면에 군사를 매복하니라,

㉚ 이스라엘 자손이 제 삼일에 베냐민 자손에게로 치러 올라가서 전과 같이 기브아를 대하여 항오를 벌이매,

㉛ 베냐민 자손이 나와서 백성을 맞더니 꾀임에 빠져 성읍을 떠났더라, 그들이 큰길

곧 한편은 벧엘로 올라가는 길이요, 한편은 기브아의 들로 가는 길에서 백성을 쳐서 전과 같이 이스라엘 사람 삼십명 가량을 죽이기 시작하며,

㉜ 스스로 이르기를, 이들이 처음과 같이 우리들 앞에서 패한다 하나 이스라엘 자손은 이르기를, 우리가 도망하여 그들을 성읍에서 큰길로 꾀어내자 하고,

㉝ 이스라엘 사람이 모두 그 처소에서 일어나서 바알다말에 항오를 벌였고, 그 복병은 그 처소 곧 기브아 초장에서 쏟아져 나왔더라,

㉞ 온 이스라엘 사람 중에서 택한 사람 일만이 기브아에 이르러 치매, 싸움이 심히 맹렬하나 베냐민 사람은 화가 자기에게 미친줄을 알지 못하였더라,

㉟ 여호와께서 이스라엘 앞에서 베냐민을 쳐서 파하게 하시매, 당일에 이스라엘 자손이 베냐민 사람 이만 오천 일백을 죽였으니, 다 칼을 빼는 자이었더라,

㊱ 이에 베냐민 자손이 자기가 패한 것을 깨달았으니, 이는 이스라엘 사람이 기브아에 매복한 군사를 믿고 잠간 베냐민 사람 앞을 피하매,

㊲ 복병이 급히 나와 기브아에 돌입하고 나아가며 칼날로 온 성읍을 쳤음이더라,

㊳ 처음에 이스라엘 사람과 복병 사이에 상약하기를 성읍에서 큰 연기가 치미는 것으로 군호를 삼자 하고,

㊴ 이스라엘 사람은 싸우다가 물러가고 베냐민 사람은 이스라엘 사람 삼십명 가량을 쳐 죽이기를 시작하며 이르기를, 이들이 정녕 처음 싸움 같이 우리에게 패한다, 하다가,

㊵ 연기 구름이 기둥 같이 성읍 가운데서 일어날 때에 베냐민 사람이 돌아보매, 온 성읍에 연기가 하늘에 닿았고,

㊶ 이스라엘 사람은 돌이키는지라 베냐민 사람이 화가 자기에게 미친 것을 보고 심히 놀라,

㊷ 이스라엘 사람 앞에서 몸을 돌이켜 사막 길로 향하였으나 군사가 급히 추격하여 각 성읍에서 나온 자를 그 가운데서 진멸하니라,

㊸ 그들이 베냐민 사람을 에워쌌더니, 기브아 앞 동편까지 쫓으며 그 쉬는 곳에서 짓밟으매,

㊹ 베냐민 중에서 엎드러진 자가 일만 팔천이니, 다 용사더라,

㊺ 그들이 몸을 돌이켜 사막으로 도망하여 림몬 바위에 이르는 큰길에서 이스라엘이 또 오천명을 이삭 줍듯 하고 또 급히 따라 기돔에 이르러 또 이천명을 죽였으니,

㊻ 이 날에 베냐민의 칼을 빼는 자의 엎드러진 것이 모두 이만 오천이니, 다 용사더라,

㊼ 베냐민 육백명이 돌이켜 사막으로 도망하여 림몬 바위에 이르러 거기서 넉달을 지내었더라,

㊽ 이스라엘 사람이 베냐민 자손에게로 돌아와서 온 성읍과 가축과 만나는 자를 다 칼날로 치고 닥치는 성읍마다 다 불살랐더라.

● 21장

① 이스라엘 사람들이 미스바에서 맹세하여 이르기를, 우리 중에 누구든지 딸을 베냐민 사람에게 아내로 주지 아니하리라, 하였더라,

② 백성이 벧엘에 이르러 거기서 저녁까지 하나님 앞에 앉아서 대성통곡하여,

③ 가로되, 이스라엘의 하나님 여호와여 오늘날 이스라엘 중에 어찌하여 한 지파가 없어지게 되었나이까? 하니라,

④ 이튿날에 백성이 일찌기 일어나서 거기 한 단을 쌓고 번제와 화목제를 드렸더라,

⑤ 이스라엘 자손이 가로되, 이스라엘 온 지파 중에 총회와 함께하여 여호와 앞에 올라오지 아니한 자가 누구뇨 하니? 이는 그들이 크게 맹세하기를, 미스바에 와서 여호와 앞에 이르지 아니하는 자는 반드시 죽일 것이라, 하였음이라,

⑥ 이스라엘 자손이 그 형제 베냐민을 위하여 뉘우쳐 가로되, 오늘날 이스라엘 중에 한 지파가 끊쳤도다,

⑦ 그 남은 자들에게 우리가 어떻게 하면 아내를 얻게 얻게 하리요, 우리가 전에 여호와로 맹세하여 우리 딸을 그들이 아내로 주지 아니하리라, 하였도다,

⑧ 또 가로되, 이스라엘 지파 중 미스바에 올라가서 여호와께 이르지 아니한 자가 누구뇨? 하고, 본즉 야베스 길르앗에서는 한 사람도 진에 이르러 총회에 참예치 아이하였으니,

⑨ 백성을 계수할 때에 야베스 길르앗 거민이 하나도 거기 없음을 보았음이라,

⑩ 회중이 큰 용사 일만 이천을 그리로 보내며 그들에게 명하여 가로되, 가서, 야베스 길르앗 거민과 부녀와 어린 아이를 칼로 치라,

⑪ 너희의 행한 일은 모든 남자와 남자와 잔 여자를 진멸할 것이니라, 하였더니,

⑫ 그들이 야베스 길르앗 거민 중에서 젊은 쳐녀 사백인을 얻었으니, 이는 아직 남자와 자기 아니하여서 남자를 알지 못하는 자라 그들이 실로 진으로 끌어 오니라, 이는 가나안 땅이더라,

⑬ 온 회중이 림몬 바위에 있는 베냐민 자손에게 보내어 평화를 공포하게 하였더니,

⑭ 그 때에 베냐민이 돌아온지라, 이에 이스라엘 사람이 야베스 길르앗 여인 중에서 살려둔 여자를 그들에게 주었으나 오히려 부족하므로,

⑮ 백성들이 베냐민을 위하여 뉘우쳤으니, 이는 여호와께서 이스라엘 지파들 중에 한 지파가 틈이 나게 하셨음이더라,

⑯ 회중 장로들이 가로되, 베냐민의 여인이 다 멸절되었으니, 이제 그 남은 자들에게 어떻게 하여야 아내를 얻게 할꼬,

⑰ 또 가로되, 베냐민의 도망하여 면한 자에게 마땅히 유업이 있어야 하리니, 그리하면 이스라엘 중에 한 지파가 사라짐이 없으리라,

⑱ 그러나 우리가 우리의 딸을 그들의 아내로 주지 못하리니, 이는 이스라엘 자손이 맹세하여 이르기를, 딸을 베냐민에게 아내로 주는 자는 저주를 받으리라, 하였음이로다,

⑲ 또 가로되, 보라, 벧엘 북편, 르보나 남편 벧엘에서 세겜으로 올라가는 큰 길 동편 실로에 매년 여호와의 절기가 있도다, 하고,

⑳ 베냐민 자손에게 명하여 가로되, 가서 포도원에 숨어,

㉑ 보다가 실로의 여자들이 무도하러 나오거든 너희는 포도원에서 나와서 실로의 딸 중에서 각각 그 아내로 붙들어 가지고 베냐민 땅으로 돌아가라,

㉒ 만일 그 아비나 형제가 와서 우리에게 쟁론하면 우리가 그에게 말하기를, 청컨대, 너희는 우리에게 은혜를 베풀어 그들을 우리에게 줄지니라, 이는 우리가 전쟁할 때에 각 사람을 위하여 그 아내를 얻어 주지 못하였고, 너희가 자의로 그들에게 준 것이 아니니, 너희에게 죄가 없을 것임이니라, 하겠노라, 하매,

㉓ 베냐민 자손이 그같이 행하여 춤추는 여자 중에서 자기들의 수효대로 아내로 붙들어 가지고 자기 기업에 돌아가서 성읍들을 중건하고 거기 거하니라,

㉔ 그 때에 이스라엘 자손이 그곳을 떠나 각각 그 지파, 그 가족에게로 돌아가되, 곧 각각 그곳에서 나와서 자기 유업으로 받은 땅으로 돌아갔더라,

㉕ 그 때에 이스라엘에 왕이 없으므로 사람이 각각 그 소견에 따라 옳은대로 행하였더라.

룻기

· 본 성경듣기는 QR코드 인식으로 들을 수 있습니다

● 1장

① 사사(재판권을 가진 부족장)들의 치리하던 때에 그 땅에 흉년이 드니라, 유다 베들레헴에 한 사람이 그 아내와 두 아들을 데리고 모압 지방에 가서 기거하였는데,

② 그 사람의 이름은 엘리멜렉이요, 그 아내의 이름은 나오미요 그 두 아들의 이름은 말론과 기룐이니 유다 베들레헴 에브랏 사람들이더라 그들이 모압 지방에 들어가서 거기 유하더니,

③ 나오미의 남편 엘리멜렉이 죽고 나오미와 그 두 아들이 남았으며,

④ 그들은 모압 여자 중에서 아내를 취하였는데 하나의 이름은 오르바요, 하나의 이름은 룻이더라 거기 거한지 십년 즈음에,

⑤ 말론과 기룐 두 사람이 다 죽고 그 여자는 두 아들과 남편의 뒤에 남았더라,

⑥ 그 때에 그녀가 모압 두 며느리와 함께 일어나 모압의 지방으로부터 돌아오려 하였으니 이는 여호와께서 어떻게 그분의 백성을 찾아오셔서서 그들에게 양식을 주셨다 함을 그녀가 모압의 지방에서 들었기 때문이라,

⑦ 이러므로 그녀가 자기가 있던 곳에서 그녀의 두 며느리와 함께 떠나 유다의 땅으로 돌아가려고 길을 갈 때에,

⑧ 나오미가 그녀의 두 며느리에게 말하기를, 너희는 각자 너희 미의 집으로 돌아가라, 너희가 죽은 자와 나를 선대한 것 같이 여호와께서 너희를 선대하시기를 원하노라,

⑨ 여호와께서 너희로 각각 남편의 집에서 평안함을 얻게 하시기를 원하노라, 하고 그녀가 며느리들에게 입을 맞추니, 그들이 소리를 높여 울며,

⑩ 그들이 나오미에게 말하기를, 아니니이다, 우리는 어머니와 함께 어머니의 고향

사람들에게로 돌아가겠나이다, 하니,

⑪ 나오미가 가로되, 내 딸들아 돌아가라, 너희가 어찌 나와 함께 가려느냐? 나의 태안에 너희 남편될 아들들이 더 있느냐?

⑫ 내 딸들아 돌이켜 너희 길로 가라, 나는 늙었으니 남편을 두지 못할지라, 가령 내가 소망이 있다고 말한다든지, 오늘 밤에 남편을 두어 아들들을 생산한다, 하자,

⑬ 너희가 어찌 그것을 인하여 그들의 자라기를 기다리겠느냐? 어찌 그것을 인하여 남편두기를 멈추겠느냐? 내 딸들아 그렇지 아니하리라, 여호와의 손이 나를 치셨으므로 나는 너희로 인하여 더욱 마음이 아프도다,

⑭ 그들이 소리를 높여 다시 울더니, 오르바는 그녀의 시어머니에게 입맞추고 떠났으나 룻은 그녀에게 굳게 붙었더라,

⑮ 나오미가 또 가로되 보라 네 동서는 그 백성과 그 신에게로 돌아가나니, 너도 동서를 따라 돌아가라,

⑯ 룻이 가로되, 나로 어머니를 떠나며 어머니를 따르지 말고 돌아가라 강권하지 마옵소서, 어머니께서 가시는 곳에 나도 가고 어머니께서 유숙하시는 곳에 나도 유숙하겠나이다, 어머니의 고향사람들이 나의 고향사람들이 되고 어머니의 하나님이 나의 하나님이 되시리니,

⑰ 어머니께서 죽으시는 곳에서 나도 죽어 거기 장사될 것이라, 만일 내가 죽는 일 외에 어머니와 떠나면 여호와께서 내게 벌을 내리시고 더 내리시기를 원하나이다,

⑱ 나오미가 룻이 자기와 함께 가기로 굳게 결심함을 보고 그녀에게 말하기를 그치니라,

⑲ 이에 그 두 사람이 행하여 베들레헴까지 이르니라, 베들레헴에 이를 때에 온 성읍이 그들로 인하여 떠들며 이르기를 이가 나오미냐? 하는지라,

⑳ 나오미가 그들에게 이르되, 나를 나오미라 칭하지 말고 마라라 칭하라, 이는 전능자가 나를 심히 괴롭게 하셨음이니라,

㉑ 내가 풍족하게 나갔으나 여호와께서 나를 빈손으로 돌아오게 하셨느니라, 여호와께서 나를 징벌하셨고, 전능자가 나를 괴롭게 하셨거늘, 너희가 어찌 나를 나오미라 부르느냐? 하니라,

㉒ 이와 같이 나오미가 모압 지방에서 그 자부 모압 여인 룻과 함께 돌아왔는데 그때는 베들레헴에서 보리 추수가 시작할 때 였더라.

● 2장

① 나오미의 남편 엘리멜렉의 친족 중 유력자가 있으니 그의 이름은 보아스였더라,

② 모압 여인 룻이 나오미에게 이르되, 나로 밭에 가게 하소서, 내가 뉘게 은혜를 입으면 그를 따라서 이삭을 줍겠나이다, 나오미가 그에게 이르되, 내 딸아 갈지어다, 하매,

③ 룻이 가서 베는 자를 따라 밭에서 이삭을 줍는데 우연히 엘리멜렉의 친족 보아스에게 속한 밭에 이르렀더라,

④ 마침 보아스가 베들레헴으로부터 와서 베는 자들에게 이르되, 여호와께서 너희와 함께 하시기를 원하노라, 그들이 대답하되, 여호와께서 당신에게 복주시기를 원하니이다, 하니라,

⑤ 그때에 보아스가 추수하는 자들을 관리하는 종에게 묻기를, 저 애는 누구의 집 소녀냐? 하니라,

⑥ 그 관리하는 자가 대답하여 가로되, 저 여인은 나오미와 함께 모압 지방에서 돌아온 모압 소녀인데,

⑦ 그녀의 말이 나는 베는 자를 따라 단 사이에서 이삭을 줍게 하소서, 하였고, 아침부터 와서는 잠시 집에서 쉰 외에 지금까지 계속하는 중이니이다, 하이라,

⑧ 보아스가 룻에게 이르되, 내 딸아 들으라, 이삭을 주우러 다른 밭으로 가지 말며 여기서 떠나지 말고 나의 소녀들과 함께 있으라,

⑨ 그들의 베는 밭을 보고 그들을 따르라, 내가 그 소년들에게 명하여 너를 건드리지 말라, 하였느니라, 목이 마르거든 그릇에 가서 소년들의 길어 온 것을 마실지니라,

⑩ 룻이 땅에 엎드려 절하며 그에게 이르되, 나는 이방 여인이어늘 당신이 어찌하여 내게 은혜를 베푸시며 나를 돌아보시나이까? 하니라,

⑪ 보아스가 그에게 대답하여 가로되, 네 남편이 죽은 후로 네가 시모에게 행한 모든 것과 네 부모와 고국을 떠나 전에 알지 못하던 백성에게로 온 일이 내게 분명히 들렸느니라,

⑫ 여호와께서 너의 행한 일을 갚아 주시고, 이스라엘의 하나님 여호와께서 그 날개 아래 보호를 받으러 온 네게 온전한 상 주시기를 원하노라, 하니,

⑬ 룻이 가로되, 내 주여 내가 당신께 은혜 입기를 원하나이다, 나는 당신의 시녀의 하나와 같지 못하오나, 당신이 이 시녀를 위로하시고 마음을 기쁘게 하는 말씀을 하셨나이다, 하매,

⑭ 보아스가 룻에게 말하기를, 네가 먹을 때에 여기에 와서 빵을 먹고 네 빵 조각을 식초에 찍으라, 하니, 그녀가 추수꾼들 곁에 앉으므로 보아스가 그녀에게 볶은 곡식을 건네주니 룻이 배불리 먹고 남았더라,

⑮ 룻이 이삭을 주우러 일어날 때에 보아스가 자기의 밑에서 일하는 자들에게 명하여 "룻으로 하여금 아직도 땅에 이삭이 많이 떨어져 있는 곡식 단 사이에서 줍게 하라, 특별히 대우해줘서 좀 이삭을 흘려서 그녀로 하여금 줍게하여 주라." 라고 말하였느니라,

(And when she was risen up to glean, Boaz commanded his young men, saying, Let her glean even amomg the sheaves, and reproach her not.-KJV)

(As she got up to glean, Boaz gave orders to his men, "Even if she gathers among the sheaves, don't embarrass her.-NIV)

(As she rose to glean, Boaz instructed his young people: "Let her glean among the sheaves themselves without scolding her,-NAB)

(When she got up to go back to work, Boaz ordered his servants: "Let her grean where there's still of grain on the ground-make it easy for her. Better yet, pull some of the good stuff out and leave it for her to glean. Give her special treatment."-THE MESSAGE)

⑯ 또 그녀를 위하여 한 줌에서 조금씩 떨어드리고서 그녀로 줍게 하고 꾸짖지 말라, 하니라,

⑰ 룻이 밭에서 저녁까지 줍고 그 주운 것을 떠니 보리가 한 에바쯤 되는지라,

⑱ 그것을 가지고 성읍에 들어가서 나오미에게 그 주운 것을 보이고, 그 배불리 먹고 남긴 것을 내어 나오미에게 드리매,

⑲ 나오미가 그녀에게 이르되, 오늘 어디서 주웠느냐? 어디서 일을 하였느냐? 너를 돌아본 자에게 복이 있기를 원하노라, 룻이 누구에게서 일한 것을 나오미에게 알게 하여 가로되, 오늘 일하게 한 사람의 이름은 보아스니이다, 하니

⑳ 나오미가 며느리에게 말하기를, 여호와의 복이 그에게 있기를 원하노라, 그가 생존한 자와 사망한 자에게 은혜 베풀기를 그치지 아니하도다, 나오미가 또 그에게 이르되, 그 사람은 우리의 근족이니 우리 유업을 물려받을 자 중 하나이니라,

㉑ 모압 여인 룻이 가로되1 그가 내게 또 이르기를 내 추수를 다 마치기까지 너는 내

소년들에게 가까이 있으라, 하더이다,

㉒ 나오미가 며느리 룻에게 이르되, 내 딸아, 너는 그의 여종들과 함께 나가고 다른 밭에서 사람을 만나지 아니하는 것이 좋으니라, 하니라,

㉓ 이에 룻이 보아스의 소녀들에게 가까이 있어서, 보리 추수와 밀 추수를 마치기까지 이삭을 주우며 그 시모와 함께 거하니라,

● 3장

① 룻의 시모 나오미가 그에게 이르되, 내 딸아 너를 위하여 쉴 곳을 구하여 너로 잘되게 하여야 하지 않겠느냐?

② 네가 함께 하던 시녀들을 둔 보아스는 우리의 친족이 아니냐? 그가 오늘 밤에 타작 마당에서 보리를 키질하리라,

③ 그런즉 너는 목욕하고 기름을 바르고 의복을 입고 타작 마당에 내려가서 그 사람이 먹고 마시기를 다 하기까지는 그에게 보이지 말고,

④ 그가 누울 때에 너는 그 눕는 곳을 알았다가 들어가서 그 발치 이불을 들고 거기 누우라, 그가 너의 할 일을 네게 고하리라,

⑤ 룻이 시모에게 이르되 어머니의 말씀대로 내가 다 행하리이다, 하니라,

⑥ 그녀가 타작 마당으로 내려가서 시모의 명대로 다 하니라,

⑦ 보아스가 먹고 마시고 마음이 즐거워서 가서 곡식 더미 곁에 눕는지라, 룻이 가만히 가서 그 발치 이불을 들고 거기 누웠더라,

⑧ 밤중에 그 사람이 놀라 몸을 돌이켜 본즉 한 여인이 자기 발치에 누웠는지라,

⑨ 가로되, 너는 누구냐? 대답하되 나는 당신의 여종 룻이오니 당신의 옷자락으로 당신의 여종을 덮어주소서, 당신은 우리의 친족을 보살펴 주는 자가 됨이니이다,

⑩ 그가 말하기를, 내 딸아, 여호와께서 네게 복주기를 원하노라, 네가 가난하든지 부유하든지 간에 젊은 남자들을 따르지 아니하였음이니 너의 배푼 친절이 처음보다 나중에 더 많기 때문이로다,

⑪ 내 딸아 두려워 말라, 내가 네 말대로 네게 다 행하리라, 네가 현숙한 여자인줄 나의 성읍 백성이 다 아느니라,

⑫ 내가 너의 가까운 친족인 것은 사실이나 나보다 더 가까운 보살펴 줄 친족이 있느니라,

⑬ 그러니 날이 샐 때까지 여기 있으라, 내일 아침에 만일 그가 그의 관습상 권리와

가장 가까운 의무있는 친척으로써의 책임을 행사하기를 원한다면 그가 그렇게 할 수 있는 것이고, 만일 그가 관심이 없으면, 맹세컨데, 내가 그 책임을 네게 행하리라.이제 돌아가서 아침까지 좀 잠을 부칠지니라. 하니라,

(Tarry this night, and it shall be in the morning, that if he will perform unto thee the part of a kinsman, well; let him do the kinsman's part: but if he will not do the part of a kinsman to thee, then will I do the part of a kinsman to thee, as the LORD live th: lie down until the morning.-KJV)

(Stay here for the night, and in the morning if he wants to redeem, good, let him redeem. But if he is not willing, as surely as the LORD lives I will do it. Lie here until morning."-NIV)

(Stay where you are for night, and tomorrow, if he will act as redeemer for you, good. But he will not, as the LORD lives, I will do it myself. Lie there until morning."-NAB)

(So stay the rest of the night. In the morning, if he wants to exercise his customary rights and responsibilities as the closest covenant redeemer, he'll have his chance; but he isn't interested, as GOD lives, I will do it. Now go back to sleep until morning."-THE MESSAGE)

⑭ 룻이 새벽까지 그 발치에 누웠다가 사람이 피차 알아보기 어려울 때에 일어났으니, 보아스의 말에 여인이 타작 마당에 들어온 것을 사람이 알지 못하여야 할 것이라, 하였음이라,

⑮ 보아스가 가로되, 네 겉옷을 가져다가 펴서 잡으라, 펴서 잡으니 보리 여섯 되를 가득 부어 룻에게 지워주고 성으로 들어가니라,

⑯ 룻이 시모에게 돌아오니, 나오미가 물었다, "내 딸아, 어떻게 되었느냐?" 하니 룻이 그 사람의 자기에게 행한 것을 다 고하고,

⑰ 가로되, 그가 내게 이 보리를 여섯번 되어주며 이르기를 빈손으로 네 시모에게 가지말라 하더이다,

⑱ 이에 나오미가 가로되, 내 딸아 이 일이 어떻게 되는 것을 알기까지 가만히 앉아 있으라, 그 사람이 오늘 중으로 모든 일을 매듭지을 것이다." 하니라.

● 4장

① 보아스가 성문에 올라가서 거기 앉았더니, 마침 보아스가 말하던 후견 업무를 할 수 있는 자가 지나는지라, 보아스가 그에게 이르되, 아무여 이리로 와서 앉으라, 그가 와서 앉으매,

② 보아스가 성읍 장로 십인을 청하여 가로되 당신들은 여기 앉으라 그들이 앉으매,

③ 보아스가 그 친척에게 말하기를, "우리 친척 엘리멜렉에게 속한 토지를 얼마 전에 모압 땅에서 돌아온 나오미가 팔고자 하오, 그래서,

④ 내가 여기 앉은 자들과 내 백성의 장로들 앞에서 그것을 사라고 네게 고하여 알게 하려 하였노라, 네가 무르려면 무르려니와 네가 무르지 아니하려거든 내게 고하여 알게 하라, 네 다음은 나요, 그 외에는 무를 자가 없느니라, 그가 가로되, 내가 무르리라, 하니라,

⑤ 보아스가 가로되, 네가 나오미의 손에서 그 밭을 사는 날에 곧 죽은 자의 아내 모압 여인 룻에게서 사서 그 죽은 자의 유업을 그 이름으로 잇게 하여야 할지니라,

⑥ 그 유업 무를 자가 가로되, 나는 내 재산에 손해가 있을까하여 나를 위하여 무르지 못하노니, 나의 무를 권리를 네가 취하라, 나는 무르지 못하겠노라,

⑦ 옛적 이스라엘 중에 모든 것을 무르거나 교환하는 일을 확정하기 위하여 사람이 그 신을 벗어 그 이웃에게 주더니 이것이 이스라엘의 증명하는 전례가 된지라,

⑧ 이에 그 유업 무를 자가 보아스에게 이르되, 네가 너를 위하여 사라, 하고 그 신을 벗는지라,

⑨ 보아스가 장로들과 모든 백성에게 이르되, 내가 엘리멜렉과 기룐과 말룐에게 있던 모든 것을 나오미의 손에서 산 일에 너희가 오늘날 증인이 되었고,

⑩ 또 말룐의 아내 모압여인 룻을 사서 나의 아내로 취하고 그 죽은 자의 유업을 그 이름으로 잇게하여 그 이름의 그 형제 중과 그곳 성문에서 끊어지지 않게 함에 너희가 오늘날 증인이 되었느니라,

⑪ 성문에 있는 모든 백성과 장로들이 가로되 우리가 증인이 되노니, 여호와께서 네 집에 들어가는 여인으로 이스라엘 집을 세운 라헬 레아 두 사람과 같게 하시고, 너로 에브랏에서 유력하고 베들레헴에서 유명케 하시기를 원하며,

⑫ 여호와께서 이 소년 여자로 네게 후사를 주사, 네 집으로 다말이 유다에게 낳아준 베레스의 집과 같게 하시기를 원하노라,

⑬ 이에 보아스가 룻을 취하여 아내를 삼과 그와 동침하였더니, 여호와께서 그로 잉

태케 하시므로 그가 아들을 낳은지라,

⑭ 성읍 여인들이 나오미에게 이르되, 찬송할지로다, 여호와께서 오늘날 네게 유업 무를 자가 없게 아니하셨도다, 이 아이의 이름이 이스라엘 중에 유명하게 되기를 원하노라,

⑮ 이는 네 생명의 회복자며 네 노년의 봉양자라, 곧 너를 사랑하며 일곱 아들보다 귀한 자부가 낳은 자로다,

⑯ 나오미가 아기를 취하여 품에 품고 그의 양육자가 되니,

⑰ 그 이웃 여인들이 그에게 이름을 주되 나오미가 아들을 낳았다 하여 그 이름을 오벳이라 하였는데, 그는 다윗의 아비인 이새의 아비였더라,

⑱ 베레스의 세계는 이러하니라 베레스는 헤스론을 낳고,

⑲ 헤스로은 람을 낳고 람은 암미나답을 낳았고,

⑳ 암미나답은 나손을 낳았고 나손은 살몬을 낳았고,

㉑ 살몬은 보아스를 낳았고 보아스는 오벳을 낳았고,

㉒ 오벳은 이새를 낳았고 이새는 다윗을 낳았더라.

사무엘 상

· 본 성경듣기는 QR코드 인식으로 들을 수 있습니다

● 1장

① 에브라임 산지 라마다임소빔에 에브라임 사람 엘가나라 하는 자가 있으니, 그는 여로함의 아들이요, 엘리후의 손자요, 도후의 증손이요, 숩의 현손이더라,

② 그에게 두 아내가 있으니 하나의 이름은 한나요, 또 다른 아내의 이름은 브닌나라, 브닌나는 자식이 있고 한나는 무자하더라,

③ 엘가나가 매년에 자기 성읍에서 나와서 실로에 올라가서 만군의 여호와께 경배하며 제사를 드렸는데, 엘리의 두 아들 홉니와 비느하스가 여호와의 제사장으로 거기 있었더라,

④ 엘가나가 와서 제사를 드리는 때마다 그는 그 아내 브닌나와 그녀의 모든 자녀들에게 제물을 나누어 주었더라,

⑤ 그러나 한나에게는 갑절을 주니, 이는 그를 사랑함이라, 그러나 여호와께서 그로 성태치 못하게 하시니,

⑥ 여호아께서 그를 성태치 못하게 하시므로 그 대적 브닌나가 그를 격동하여 번민케 하더라,

⑦ 해마다 한나가 여호와의 전에 올라갈 때마다 그녀의 남편이 그녀와 같이 행하므로, 브닌나가 그녀를 격동시켜서 그녀가 울고 먹지 아니하니라,

⑧ 그 남편 엘가나가 그녀에게 말하기를, 한나야, 어찌하여 우느냐? 어찌하여 먹지 아니하느냐? 어찌하여 그대의 마음이 슬프뇨? 내가 그대에게 열 아들보다 낫지 아니하뇨? 하니라,

⑨ 그들이 실로에서 먹고 마신 후에 한나가 일어나니 때에 제사장 엘리는 여호와의 전 문설주 곁 그 의자에 앉았더라,

⑩ 한나가 마음이 괴로워서 여호와께 기도하고 통곡하며,

⑪ 서원하여 가로되, 만군의 여호와여 만일 주의 여종의 고통을 돌아보시고 나를 생각하시고 주의 여종을 잊지 아니하사 아들을 주시면 내가 그의 평생에 그를 여호와께 드리고 삭도를 그 머리에 대지 아니하겠나이다, 하니라,

⑫ 그녀가 여호와 앞에 오래 기도하는 동안에 엘리가 그의 입을 주목한즉,

⑬ 한나가 속으로 말하매, 입술만 동하고 음성은 들리지 아니하므로 엘리는 그가 취한 줄로 생각한지라,

⑭ 엘리가 그녀에게 이르되, 네가 언제까지 취하여 있겠느냐? 포도주를 끊으라, 하니라,

⑮ 한나가 대답하여 말하기를, 나의 주인이여, 그렇지 아니하니이다, 나는 깊은 고민이 있는 여자입니다, 나는 포도주나 술을 마신 것이 아니고 여호와 앞에 나의 심정을 토로한 것 뿐이오니,

⑯ 당신의 여종을 악한 여자로 여기지 마옵소서, 내가 지금까지 말한 것은 나의 원통함과 격동됨이 많음을 인함이니이다, 하니,

⑰ 그때에 엘리가 대답하여 말하기를, 평안히 가라, 이스라엘의 하나님이 너희 기도하여 구한 것을 허락하시기를 원하노라, 하니,

⑱ 그녀가 말하기를, 당신의 여종이 당신이 보는 앞에서 은혜를 받게 하소서, 하고, 그녀의 갈 길을 가고 음식도 먹으며 얼굴에 더 이상 수심도 없었더라,

⑲ 그들이 아침에 일찍이 일어나 여호와 앞에 경배하고 돌아가서 라마의 자기 집에 이르니라, 엘가나가 그 아내 한나와 동침하매 여호와께서 그를 생각하신지라,

⑳ 한나가 잉태하고 때가 이르매, 아들을 낳아 사무엘이라 이름 하였으니, 이는 내가 여호와께 그를 구하였다 함이더라,

㉑ 그 사람 엘가나와 그 온 집이 여호와께 매년제와 그 서원제를 드리러 올라갈 때에,

㉒ 오직 한나는 올라가지 아니하고 그 남편에게 이르되, 아이를 젖 떼거든 내가 그를 데리고 가서 여호와 앞에 뵈게 하고 거기 영영히 있게 하리이다,

㉓ 그 남편 엘가나가 그에게 이르되, 그대의 소견에 선한대로 하여 그를 젖 떼기까지 기다리다 오직 여호와께서 그 말씀대로 이루시기를 원하노라, 이에 그 여자가 그 아들을 양육하며 젖 떼기까지 기다리다가,

㉔ 젖을 뗀 후에 그를 데리고 올라갈새 수소 셋과 가루 한 에바와 포도주 한 가죽부대를 가지고 실로 여호와의 집에 나아갔는데 아이가 어리더라,

㉕ 그들이 수소를 잡고 아이를 데리고 엘리에게 가서,

㉖ 한나가 가로되, 나의 주여 당신의 사심으로 맹세하나이다, 나는 여기서 나의 주 당신 곁에 서서 여호와께 기도하던 여자라,

㉗ 이 아이를 위하여 내가 기도하였더니, 여호와께서 나의 구하여 기도한바를 허락하신지라,

㉘ 그러므로 나도 그를 여호와께 드리되, 그의 평생을 여호와께 드리나이다, 하고 그 아이는 거기서 여호와께 경배하니라.

● 2장

① 한나가 기도하여 가로되, 내 마음이 여호와를 인하여 즐거워하며 내 뿔이 여호와를 인하여 높아졌으며, 내입이 내 원수들을 향하여 크게 열렸으니, 이는 내가 주의 구원을 인하여 기뻐함이니이다,

② 여호와와 같이 거룩하신 이가 없으시니, 이는 주 밖에 다른 이가 없고, 우리 하나님 같은 반석도 없으심이니이다,

③ 심히 교만한 말을 다시 하지 말 것이며, 오만한 말을 너희 입에서 내지 말지어다, 여호와는 지식의 하나님이시라 행동을 달아보시느니라,

④ 용사의 활은 꺾이고 넘어진 자는 힘으로 띠를 띠도다,

⑤ 유족하던 자들은 양식을 위하여 품을 팔고 주리던 자들은 다시 주리지 않도다, 전에 잉태치 못하던 자는 일곱을 낳았고 많은 자녀를 둔 자는 쇠약하도다,

⑥ 여호와는 죽이기도 하시고 살리기도 하시며 음부에 내리게도 하시고 올리기도 하시는도다,

⑦ 여호와는 가난하게도 하시고 부하게도 하시며 낮추기도 하시고 높이기도 하시는도다,

⑧ 가난한 자를 진토에서 일으키시며 빈핍한 자를 거름더미에서 드사 귀족들과 함께 앉게 하시며 영광의 위를 차지하게 하시는도다, 땅의 기둥들은 여호와의 것이라, 여호와께서 세계를 그 위에 세우셨도다,

⑨ 그가 거룩한 자들의 발을 지키실 것이요, 악인으로 흑암 중에서 잠잠케 하시리니, 힘으로는 이길 사람이 없음이로다,

⑩ 여호와를 대적하는 자는 산산이 깨어질 것이라 하는 우뢰로 그들을 치시리로다, 여호와께서 땅 끝가지 심판을 베푸시고 자기 왕에게 힘을 주시며 자기의 기름 부

음을 받은 자의 뿔을 높이시리로다,

⑪ 엘가나는 라마의 자기 집으로 돌아가고 그 아이는 제사장 엘리 앞에서 여호와를
섬기니라,

⑫ 엘리의 아들들은 불량자라 여호와를 알지 아니하더라,

⑬ 그 제사장들이 백성에게 행하는 습관은 이러하니, 곧 아무 사람이 제사를 드리고
그 고기를 삶을 때에 제사장의 사환이 손에 세살 갈고리를 가지고 와서,

⑭ 그것으로 남비에나 솥에나 큰 솥에나 가마에 찔러 넣어서 갈고리에 걸려 나오는
것은 제사장이 자기 것으로 취하되, 실로에서 무릇 그곳에 온 이스라엘 사람에게
이같이 할 뿐 아니라,

⑮ 기름을 태우기도 전에 제사장의 사환이 와서 제사 드리는 사람에게 이르기를, 제
사장에게 구워드릴 고기를 내라, 그가 삶은 고기를 원치 아니하고 날것을 원하신
다 하다가,

⑯ 그 사람이 이르기를, 반드시 먼저 기름을 태운 후에 네 마음에 원하는대로 취하라,
하면 그가 말하기를 아니라 지금 내게 내라, 그렇지 아니하면 내가 억지로 빼앗으
리라 하였으니,

⑰ 이 소년들의 죄가 여호와 앞에 심히 큰 그들이 여호와의 제사를 멸시함이었더
라,

⑱ 사무엘이 어렸을 때에 세마포 에봇을 입고 여호와 앞에 섬겼더라,

⑲ 그 어미가 매년제를 드리러 그 남편과 함께 올라갈 때마다 작은 겉옷을 지어다가
그에게 주었더니,

⑳ 엘리가 엘가나와 그 아내에게 축복하여 가로되, 여호와께서 이 여인으로 말미암아
네게 후손을 주사 이가 여호와께 간구하여 얻어드린 아들을 대신하게 하시기를 원
하노라, 하였더니, 그들이 그 집으로 들어가매,

㉑ 여호와께서 한나를 돌아보시므로 그녀로 잉태하여 세 아들과 두 딸을 낳게 하셨고
아이 사무엘은 여호와 앞에서 자라니라,

㉒ 엘리가 매우 늙었더니 그 아들들이 온 이스라엘에게 행한 모든 일과 회막문에서
수종드는 여인과 동침하였음을 듣고,

㉓ 그들에게 이르되, 너희가 어찌하여 이런 일을 하느냐? 내가 너희의 악행을 이 모든
백성에게서 들었노라,

㉔ 내 아들아, 그리 말라, 내게 들리는 소문이 좋지 아니하니라, 너희가 여호와의 백성

으로 범과케 하는도다,

㉕ 사람이 사람에게 범죄하면 하나님이 판결하시려니와 사람이 여호와께 범죄하면 누가 그를 위하여 간구하겠느냐? 하였으나, 그럼에도 불구하고 그들이 자기들 아버지의 음성에 귀를 기울여 듣지 아니하였으니 이는 여호와께서 그들을 죽이려 하셨기 때문이라,

㉖ 아이 사무엘이 점점 자라매 여호와의 사람들에게 은총을 더욱 받더라,

㉗ 하나님의 사람이 엘리에게 와서 그에게 이르되, 여호와의 말씀에 너희 조상의 집이 에집트에서 파라오의 집에 속하였을 때에 내가 그들에게 나타나지 아니하였느냐?

㉘ 이스라엘 모든 지파 중에서 내가 그를 택하여 나의 제사장을 삼아 그로 내 단에 올라 분향하며 내 앞에서 에봇을 입게 하지 아니하였느냐? 이스라엘 자손의 드리는 모든 화제를 내가 네 조상의 집에 주지 아니하였느냐?

㉙ 너희는 어찌하여 내가 나의 처소에서 명한 나의 제물과 예물을 밟으며 네 아들들을 나보다 더 중히 여겨 내 백성 이스라엘의 드리는 가장 좋은 것으로 스스로 살찌게 하느냐?

㉚ 그러므로 이스라엘의 하나님 나 여호와가 말하노라, 내가 전에 네 집과 네 조상의 집이 내 앞에 영영히 행하리라, 하였으나 이제 나 여호와가 말하노니, 결단코 그렇게 아니하리라, 나를 존중히 여기는 자를 내가 존중히 여기고 나를 멸시하는 자를 내가 경멸히 여기리라,

㉛ 보라, 내가 네 팔과 네 조상의 집 팔을 끊어 네 집에 노인이 하나도 없게 하는 날이 이를지라,

㉜ 이스라엘에게 모든 복을 베푸는 중에 너는 내 처소의 환난을 볼 것이요, 네 집에 영영토록 노인이 없을 것이며,

㉝ 내 단에서 내가 끊어 버리지 아니할 너의 사람의 네 눈을 쇠잔케 하고 네 마음을 슬프게 할 것이요, 네 집에 생산하는 모든 자가 젊어서 죽으리라,

㉞ 네 아들 홉니와 비느하스가 한날에 죽으리니, 그 둘의 당할 그 일이 네게 표징이 되리라,

㉟ 내가 나를 위하여 충실한 제사장을 일으키리니, 그 사람은 내 마음 내 뜻대로 행할 것이라, 내가 그를 위하여 견고한 집을 세우리니, 그가 나의 기름부음을 받은 자 앞에서 영구히 행하리라,

㊱ 네 집에 남은 사람이 각기 와서 은 한 조각과 떡 한덩이를 위하여 그에게 엎드려 가로되, 청하노니 내게 한 제사장의 직분을 맡겨 나로 떡 조각을 먹게 하소서, 하리라, 하셨다, 하니라.

●3장

① 소년 사무엘이 엘리 앞에서 여호와를 섬겼더라, 그 날들에는 여호와의 말씀이 거의 없었고, 환상도 없었더라,

② 엘리의 눈이 점점 어두워가서 자 보지 못하는 그 때에 그가 자기 처소에서 누웠고,

③ 하나님의 등불은 아직 꺼지지 아니하였으며, 사무엘은 하나님의 궤 있는 여호와의 전 안에 누워있는데,

④ 여호와께서 사무엘을 부르시는지라, 그가 대답하기를, 내가 여기 있나이다, 하고,

⑤ 엘리에게로 달려가서 말하기를, 당신이 나를 부르셨기로 내가 여기 왔나이다, 하니 엘리가 말하기를, 내가 부르지 아니하였으니 다시 누우라, 하기에 그가 가서 누웠더니,

⑥ 여호와께서 다시 사무엘을 부르는지라, 사무엘이 일어나서 엘리에게로 가서 가로되, 당신이 나를 부르셨기로 내가 여기 있나이다, 엘리가 대답하되, 내 아들아, 내가 부르지 아니하였으니, 다시 누우라 하니라,

⑦ 사무엘이 아직 여호와를 알지 못하고 여호와의 말씀도 아직 그에게 나타나지 아니한 때라,

⑧ 여호와께서 세번째 사무엘을 부르시는지라, 그가 일어나서 엘리에게로 가서 가로되, 당신이 나를 부르셨기로 내가 여기 있나이다, 엘리가 여호와께서 이 아이를 부르신 줄을 깨닫고,

⑨ 이에 사무엘에게 이르되, 가서 누웠다가 그가 너를 부르시거든, 네가 말하기를, 여호와여 말씀하옵소서, 주의 종이 듣겠나이다, 하라, 이에 사무엘이 자기 처소에 누우니라,

⑩ 여호와께서 임하여 서서 전과 같이 사무엘아, 사무엘아, 부르시느지라, 사무엘이 가로되, 말씀하옵소서, 주의 종이 듣고 있나이다, 하니라,

⑪ 여호와께서 사무엘에게 이르시되, 보라, 내가 이스라엘 중에 한 일을 행하리니, 그것을 듣는 자마다 두 귀가 울리리라,

⑫ 그날에 내가 엘리의 집에 관하여 전해준 모든 것들을 그에게 행하리니, 내가 시작

하면 또한 끝을 내리라,

⑬ 그가 알고 있는 죄악으로 인하여 그의 집을 영원히 심판하리라고 그에게 알렸나니, 이는 그의 아들들이 스스로를 더럽혔으나 그가 그들을 말리지 아니하였기 때문이라,

⑭ 그러므로 내가 엘리의 집에 대하여 맹세하기를, 엘리의 집의 그 죄악이 희생물이나 헌물로나 영원히 정결함을 얻지 못하리라, 하였노라, 하시니라,

⑮ 사무엘이 아침까지 누웠다가 여호와의 집 문을 열었으나 그 환상을 엘리에게 알게 하기를 두려워하니라,

⑯ 그때에 엘리가 사무엘을 불러 말하기를, 내 아들, 사무엘아, 하니 그가 대답하기를, 내가 여기 있나이다, 하매,

⑰ 엘리가 말하기를, 여호와께서 너에게 무엇을 말씀하셨냐? 내가 원하노니 내게 그 말씀을 숨기지 말라, 만일 네가 그분께서 네게 말씀하신 모든 것 중에서 어느 말씀이라도 내게 숨기면 하나님께서 너에게 벌을 내리시고 더 많이 내리시기를 원하노라, 하니,

⑱ 사무엘이 세세히 말하고 조금도 숨기지 아니하니, 그가 말하기를, 그분은 여호와시니, 그분께서 좋으실 대로 행하실지니라, 하니라,

⑲ 사무엘이 자라매 여호와께서 그와 함께 계셔서 그분의 말씀이 하나도 땅에 떨어지지 아니하게 하셨더라,

⑳ 단에서부터 브엘세바에 이르는 모든 이스라엘은 사무엘이 여호와의 선지자로 세우심을 입은 줄을 알았더라,

㉑ 여호와께서 실로에서 계속하여 나타나셨고 거기에서 여호와는 자기 자신을 그의 말씀을 통하여 나타내셨느니라.

● 4장

① 사무엘의 말이 온 이스라엘에 전파되니라, 이스라엘은 나가서 팔레스타인 사람들과 싸우려고 에벤에셀 곁에 진 치고 팔레스타인 사람들은 아벡에 진 쳤더라,

② 팔레스타인 사람들이 이스라엘을 대적하여 대열을 정렬하였고 전투가 벌어졌는데 이스라엘은 팔레스타인에 의하여 패배하였고 그 전투에서 이스라엘인의 약 사천 명이 죽었더라,

③ 백성이 진으로 돌아오매, 이스라엘 장로들이 가로되, 여호와께서 어찌하여 우리로

오늘 팔레스타인 사람들 앞에서 패하게 하셨는고? 여호와의 언약궤를 실로에서 우리에게로 가져다가 우리 중에 있게 하여 그것으로 우리를 우리 원수들의 손에서 구원하게 하자, 하니,

④ 이에 백성이 실로에 보내어 그룹 사이에 계신 만군의 여호와의 언약궤를 거기서 가져왔고, 엘리의 두 아들 홉니와 비느하스는 하나님의 언약궤와 함께 거기 있었더라,

⑤ 여호와의 언약궤가 진에 들어올 때에 온 이스라엘이 큰 소리로 외치며 땅이 울린지라,

⑥ 팔레스타인 사람들이 그 외치는 소리를 듣고 가로되, 히브리 진에서 큰 소리로 외침은 어찜이뇨? 하니라, 그리고 그들이 여호와의 언약궤가 진에 들어온 줄을 깨달은지라,

⑦ 블레셋 사람이 두려워하여 가로되, 우리에게 화로다, 전일에는 이런 일이 없었도다,

⑧ 우리에게 화로다, 누가 우리를 이 능한 신들의 손에서 건지리요? 그들은 황야에서 여러가지 재앙으로 에집트인들을 친 신들이니라,

⑨ 너희 팔레스타인 사람들아 강하게 되며 대장부가 되어라, 너희가 히브리 사람의 종이 되기를 그들이 너희의 종이 되었던 것 같이 말고 대장부 같이 되어 싸우라, 하고,

⑩ 팔레스타인 사람들이 쳤더니 이스라엘이 패하여 각기 장막으로 도망하였고, 살륙이 심히 커서 이스라엘 보병의 엎드러진 자가 삼만이었으며,

⑪ 하나님의 궤는 빼앗겼고, 엘리의 두 아들 홉니와 비느하스는 죽임을 당하였더라,

⑫ 당일에 어떤 베냐민 사람이 진에서 달려나와 그 옷을 찢고 그 머리에 티끌을 무릅쓰고 실로에 이르니라,

⑬ 그가 이를 때는 엘리가 길 곁 자기 의자에 앉아 기다리며 그 마음이 여호와의 궤로 인하여 떨릴 즈음이라 그 사람이 성에 들어오며 고하매, 온 성이 부르짖는지라,

⑭ 엘리가 그 부르짖는 소리를 듣고 가로되, 이 소란한 소리는 어쩜이뇨? 그 사람이 빨리와서 엘리에게 고하니,

⑮ 때에 엘리의 나이 구십 팔이라 그 눈이 어두워서 보지 못하더라,

⑯ 그 사람이 엘리에게 고하되, 나는 진 중에서 나온 자라, 내가 오늘 진중에서 도망하여 왔나이다, 엘리가 가로되, 내 아들아 일이 어찌 되었느냐? 하니,

⑰ 소식을 전하는 자가 대답하여 가로되, 이스라엘이 팔레스타인 사람들 앞에서 도망하였고 백성 중에는 큰 살륙이 있었고, 당신의 두 아들 홉니와 비느하스도 죽임을 당하였고, 하나님의 궤는 빼앗겼나이다,

⑱ 하나님의 궤를 말할 때에 엘리가 자기 의자에서 자빠져 문 곁에서 목이 부러져 죽었으니 나이 많고 비둔한 연고라, 그가 이스라엘 사사가 된지 사십년이었더라,

⑲ 그의 며느리 비느하스의 아내가 잉태하여 산기가 가까웠더니, 하나님의 궤 빼앗긴 것과 그 시부와 남편의 죽은 소문을 듣고 갑자기 아파서 몸을 구푸려 해산하고,

⑳ 죽어갈 때에 곁에섰던 여인들이 그에게 이르되, 두려워 말라, 네가 아들을 낳았다, 하되, 그가 대답지도 아니하며 관념치도 아니하고,

㉑ 이르기를, 영광이 이스라엘에서 떠났다 하고 아이의 이름을 이가봇이라 하였으니, 하나님의 궤가 빼앗겼고 그 시부와 남편이 죽었음을 인함이며,

㉒ 또 이르기를, 하나님의 궤를 빼앗겼으므로 영광이 이스라엘에서 떠났다 하였더라.

● 5장

① 팔레스타인 사람들이 하나님의 궤를 빼앗아 가지고 에벤에셀에서부터 아스돗에 이르니라,

② 팔레스타인 사람들이 하나님의 궤를 가지고 다곤의 집에 들어가서 다곤의 곁에 두었더니,

③ 아스돗 사람이 이튿날 일찌기 일어나 본즉 다곤이 여호와의 궤 앞에서 엎드러져 그 얼굴이 땅에 닿았는지라, 그들이 다곤을 일으켜 다시 그 자리에 세웠더니,

④ 그 이튿날 아침에 그들이 일찌기 일어나 본즉, 다곤이 여호와의 궤 앞에서 엎드러져, 얼굴이 땅에 닿았고, 그 머리와 두 손목은 끊어져 문지방에 있고 다곤의 몸둥이만 남았더라,

⑤ 그러므로 다곤의 제사장들이나 다곤의 집에 들어가는 자는 오늘까지 아스돗에 있는 다곤의 문지방을 밟지 아니하더라,

⑥ 여호와의 손이 아스돗 사람에게 엄중히 더하사, 독종의 재앙으로 아스돗과 그 경계지방을 쳐서 망하게 하니,

⑦ 아스돗 사람들이 이를 보고 가로되, 이스라엘 신의 궤를 우리와 함께 있게 못할지라, 그손이 우리와 우리 신 다곤을 친다 하고,

⑧ 이에 보내어 팔레스타인 사람들의 모든 방백을 모으고 가로되, 우리가 이스라엘

신의 궤를 어찌해야 하겠느냐? 하니, 그들이 대답하되, 이스라엘 신의 궤를 가드로 옮겨가라, 하므로 이스라엘 신의 궤를 옮겨 갔더니,

⑨ 그것을 옮겨간 후에 여호와의 손이 심히 큰 환난을 그 성에 더하사, 성읍 사람의 작은 자와 큰 자를 다 쳐서 독종이 나게 하신지라,

⑩ 이에 그들이 하나님의 궤를 에그론으로 보내니라, 하나님의 궤가 에그론에 이른즉, 에그론 사람이 부르짖어 가로되, 그들이 이스라엘 신의 궤를 우리에게로 가져다가 우리와 우리 백성을 죽이려 한다, 하고,

⑪ 이에 보내어 팔레스타인 모든 방백을 모으고 가로되, 이스라엘 신의 궤를 보내어 본처로 돌아가게 하고, 우리와 우리 백성 죽임을 면케 하자, 하니, 이는 온성이 사망의 환난을 당함이라, 거기서 하나님의 손이 엄중하시므로,

⑫ 죽지 아니한 사람들은 독종으로 치심을 받아 성읍의 부르짖음이 하늘에 사무쳤더라.

● 6장

① 여호와의 궤가 팔레스타인 사람들의 지방에 있은지 일곱 달이라,

② 팔레스타인 사람들이 제사장들과 복술자들을 불러서 이르되, 우리가 여호와의 궤를 어떻게 할꼬? 그것을 어떻게 본래의 처소로 보내야 할지 말하라, 하니,

③ 그들이 가로되, 이스라엘 신의 궤를 보내려거든 거저 보내지 말고 그에게 속건제를 드려야 할지니라, 그리하면 병도 낫고 그 손을 너희에게서 옮기지 아니하는 연고도 알리라,

④ 그들이 가로되, 무엇으로 그에게 드릴 속건제를 삼을꼬? 가로되, 팔레스타인 사람의 방백의 수효대로 금독종 다섯과 금쥐 다섯이라야 하리니, 너희와 너희 방백에게 내린 재앙이 일반임이니라,

⑤ 그러므로 너희는 너희 독종의 형상과 땅을 해롭게 하는 쥐의 형상을 만들어 이스라엘 신께 영화를 돌리라, 그가 혹 그 손을 너희와 너희 신들과 너희 땅에서 경하게 하실까, 하노라,

⑥ 에집트인들과 파라오가 그 마음을 강퍅케 한 것 같이 어찌하여 너희가 너희 마음을 강퍅케 하겠느냐? 그가 그들 중에서 기이하게 행한 후에 그들이 백성을 가게 하므로 백성이 떠나지 아니하였느냐?

⑦ 그러므로 새 수레를 만들고 멍에 매어 보지 아니한 젖 나는 소 둘을 끌어다가 수레

를 소에 메우고 그 송아지들을 떼어 집으로 돌려 보내고,

⑧ 여호와의 궤를 가져다가 수레에 싣고 속건제 드릴 금 보물은 상자에 담아 궤 곁에 두고 그것을 보내어 가게 하고,

⑨ 보아서 궤가 그 본 지경길로 올라가서 벧세메스로 가면 이 큰 재앙은 그가 우리에게 내린 것이요, 그렇지 아니하면 우리를 친 것이 그 손이 아니요, 우연히 만난 것인줄 알리라,

⑩ 그 사람들이 그같이 하여 젖나는 소 둘을 끌어다가 수레를 메우고 송아지들은 집에 가두고,

⑪ 여호와의 궤와 및 금쥐와 그들의 독종의 형상을 담은 상자를 수레 위에 실으니,

⑫ 암소가 벧세메스 길로 바로 행하여 대로로 가며 갈 때에 울고, 좌우로 치우치지 아니하였고, 팔레스타인 방백들을 벧세메스 경계까지 따라 가니라,

⑬ 벧세메스 사람들이 골짜기에서 밀을 베다가 눈을 들어 궤를 보고 그것의 보임을 기뻐하더니,

⑭ 수레가 벧세메스 사람 여호수아의 밭 큰 돌 있는 곳에 이르러 선지라, 무리가 수레의 바퀴를 패고 그 소를 번제로 여호와께 드리고,

⑮ 레위인은 여호와의 궤와 그 궤와 함께 있는 금 보물 담긴 상자를 내려다가 큰 돌 위에 두매 그 날에 벧세메스 사람들이 여호와께 번제와 다른 제를 드리니라,

⑯ 블레셋 다섯 방백이 이것을 보고 그 날에 에그론으로 돌아갔더라,

⑰ 블레셋 사람이 여호와께 속건제로 드린 금독종은 이러하니, 아스돗을 위하여 하나요, 가사를 위하여 하나요, 아스글론을 위하여 하나이며,

⑱ 드린바 금쥐는 여호와의 궤를 놓은 큰 돌에 이르기까지 모든 견고한 성읍과 시골 동리 곧 다섯 방백에게 속한 모든 성읍의 수효대로였더라, 그 돌은 벧세메스 사람 여호수아의 밭에 오늘까지 있더라,

⑲ 벧세메스 사람들이 여호와의 궤를 들여다 보았기에 그분께서 그들을 치시되 그 백성 중에서 오만 칠십 명을 치셨으니, 여호와께서 백성 중에 많이 치셔서 크게 살육하셨으므로 그 백성이 애곡하였더라,

⑳ 벧세메스 사람들이 가로되, 이 거룩하신 하나님 여호와 앞에 누가 능히 서리요? 그를 우리에게서 뉘게로 가시게 할까? 하니라,,

㉑ 그들이 기럇여아림의 거주민들에게 사자(messengers)를 보내어 말하기를, 팔레스타인 사람들이 여호와의 궤를 다시 가져왔으니 너희가 내려와서 그것을 너희에

게로 옮겨가라, 하니라.

● 7장

① 기럇여아림 사람들이 와서 여호와의 궤를 옮겨 산에 사는 아비나답의 집에 들여 놓고 그 아들 엘리아살을 거룩히 구별하여 여호와의 궤를 지키게 하였더니,

② 궤가 기럇여아림에 들어간 날로부터 이십년 동안을 오래 있은지라, 이스라엘 온 족속이 여호와를 사모하니라,

③ 사무엘이 이스라엘 온 족속에게 일러 가로되, 너희가 전심으로 여호와께 돌아오려 거든 이방 신들과 아스다롯을 너희 중에서 제하고 너희 마음을 여호와께로 향하여 그만 섬기라, 너희를 팔레스타인 사람들의 손에서 건져내시리라,

④ 이에 이스라엘 자손이 바알들과 아스다롯을 치우고 여호와만 섬기니라,

⑤ 사무엘이 말하기를, 온 이스라엘은 미스바로 모이라, 내가 너희를 위하여 여호와 께 기도하리라, 하매,

⑥ 그들이 미스바에 모여 물을 길어 여호와 앞에 붓고 그 날에 금식하고, 거기서 가로 되, 우리가 여호와께 범죄하였나이다, 하니라, 사무엘이 미스바에서 이스라엘 자 손을 다스리니라,

⑦ 이스라엘 자손이 미스바에 모였다 함을 팔레스타인 사람들이 듣고 그 방백들이 이 스라엘을 치러 올라온지라, 이스라엘 자손들이 듣고 팔레스타인 사람들을 두려워 하여,

⑧ 사무엘에게 이르되, 당신은 우리를 위하여 우리 하나님 여호와께서 쉬지 말고 부 르짖어 우리를 팔레스타인 사람들의 손에서 구원하시게 하소서,

⑨ 사무엘이 젖 먹는 어린 양을 취하여 온전한 번제를 여호와께 드리고, 이스라엘을 위하여 여호와께 부르짖으매, 여호와께서 응답하셨더라,

⑩ 사무엘이 번제를 드릴 때에 팔레스타인 사람들이 이스라엘과 싸우려고 가까이 오 매, 그 날에 여호아께서 팔레스타인 사람들에게 큰 우뢰를 발하여 그들을 어지럽 게 하시니, 그들이 이스라엘 앞에서 패한지라,

⑪ 이스라엘 사람들이 미스바에서 나가서 팔레스타인 사람들을 뒤쫓아 그들이 벧갈 아래에 이르기까지 쳤더라,

⑫ 사무엘이 돌을 취하여 미스바와 센 사이에 세워 가로되, 여호와께서 우리를 도우 셨다 하고, 그 이름을 에센에벧이라 하니라,

⑬ 이에 팔레스타인 사람들이 굴복하여 다시는 이스라엘 경내에 들어오지 못하였으며, 여호와의 손이 사무엘이 사는 동안에 팔레스타인 사람들 막으시매,

⑭ 팔레스타인 사람들 이스라엘에게서 빼앗았던 성읍들이 에그론부터 가드까지 이스라엘에 회복되니, 이스라엘이 그 사방 경계들도 블레셋 사람의 손에서 도로 찾았고 또 이스라엘과 아모리 사람 사이에 평화가 있었더라,

⑮ 사무엘이 사는 날 동안에 이스라엘을 다스렸으되,

⑯ 해마다 벧엘과 길갈과 미스바로 순회하여 그 모든 곳에서 이스라엘을 다스렸고,

⑰ 라마로 돌아왔으니 이는 거기 자기 집이 있음이라, 거기서도 이스라엘을 다스렸으며 또 거기 여호와를 위하여 단을 쌓았더라.

● 8장

① 사무엘이 늙으매 그 아들들로 이스라엘의 부족장(사사)을 삼으니,

② 장자의 이름은 요엘이요, 차자의 이름은 아비야라, 그들이 브엘세바에서 부족장(사사)이 되니라,

③ 그 아들들이 그 아비의 행위를 따르지 아니하고, 이를 따라서 뇌물을 취하고 판결을 왜곡 하니라,

④ 이스라엘 모든 장로가 모여 라마에 있는 사무엘에게 나아가서,

⑤ 그에게 이르되, 보소서, 당신은 늙고 당신의 아들들은 당신의 행위를 따르지 아니하니, 모든 다른 나라들과 같이 우리에게 왕을 세워 다스리게 하소서, 한지라,

⑥ 우리에게 왕을 주어 우리를 다스리게 하라, 한 그것을 사무엘이 기뻐하지 아니하여 여호와께 기도하매,

⑦ 여호와께서 사무엘에게 말씀하시기를, 백성들이 네게 한 모든 말을 귀 기울여 들으라, 이는 그들이 너를 거부함이 아니고 그들의 왕으로써 나를 거부하는 것이니라, 하시니라,

⑧ 내가 그들을 에집트에서 인도하여 낸 날부터 오늘날까지 그들이 모든 행사로 나를 버리고 다른 신들을 섬김 같이 네게도 그리하는도다,

⑨ 그러므로 그들의 말을 듣되, 너는 그들에게 엄히 경계하고, 그들을 다스릴 왕의 제도를 알게 하라,

⑩ 사무엘이 왕을 구하는 백성에게 여호와의 모든 말씀을 일러,

⑪ 말하기를, 너희를 다스릴 왕의 제도가 이러하니라, 왕이 너희 아들들을 데려다가

그 자신과 그의 병거를 보호하기 위하여 그의 기병들이 되게 하는 것이니라, 일부는 병거 앞에서 달리는 보병이 될 거이니라,

⑫ 그가 또 너희 아들들로 천명부대장과 오십명부대장을 삼을 것이며, 자기 밭을 갈게 하고, 자기 추수를 하게 할것이며, 자기 병기와 병거의 제구를 만들게 할 것이며,

⑬ 그가 또 너희 딸들을 취하여 향료 만드는 자와 요리하는 자와 떡 굽는 자를 삼을 것이며,

⑭ 그가 또 너희 밭과 포도원과 감람원의 제일 좋은 것을 취하여 자기 신하들에게 줄 것이며,

⑮ 그가 또 너희 곡식과 포도원 소산의 십일조를 취하여 자기 관리와 신하에게 줄 것이며,

⑯ 그가 또 너희 노비와 가장 아름다운 소년과 나귀들을 취하여 자기 일을 시킬 것이며,

⑰ 너희 양떼의 십분의 일을 취하리니, 너희가 그 종이 될 것이라,

⑱ 그 날에 너희가 너희 택한 왕을 인하여 부르짖되, 그 날에 여호와께서 너희에게 응답지 아니하시리라,

⑲ 백성이 사무엘의 말 듣기를 거절하여 가로되, 아니로소이다, 우리도 우리 왕이 있어야 하리니,

⑳ 그때에 우리도 모든 다른 나라들과 같이 되리니, 왕이 우리를 다스리며 우리 앞에 나가서 우리와 함께 싸울 것이니이다, 하니,

㉑ 사무엘이 백성의 모든 말을 듣고 여호와께 고하매,

㉒ 여호와께서 사무엘에게 이르시되, 그들의 말을 들어 왕을 세우라, 하시니, 사무엘이 이스라엘 사람들에게 이르되 너희는 각기 성읍으로 돌아가라, 하니라.

● 9장

① 베냐민 지파에 기스라 이름하는 유력한 사람이 있으니 그는 아비엘의 아들이요, 스롤의 손자요, 베고랏의 증손이요, 아비아의 현손이라 베냐민 사람이더라,

② 기스가 아들이 있으니 그 이름은 사울이요, 준수한 소년이라, 이스라엘 자손 중에 그보다 더 준수한 자가 없고 키는 모든 백성보다 어깨 위는 더 하더라,

③ 사울의 아비 기스가 암나귀를 잃고 그 아들 사울에게 이르되, 너는 한 사환을 데리

고 일어나 가서 암나귀를 찾으라, 하매,

④ 그가 에브라임 산지와 살리사 땅으로 두루 다니되 찾지 못하고, 사알림 땅으로 두루 다니되 없고 ,베냐민 사람의 땅으로 두루 다니되 찾지 못하니라,

⑤ 그들이 숩 땅에 이른 때에 사울이 함께하는 종에게 이르되, 돌아가자, 내 부친이 암나귀 생각은 고사하고 우리를 위하여 걱정하실까, 두려워하노라,

⑥ 그 종이 대답하되, 보소서, 이 성에 하나님의 사람이 있는데 존중히 여김을 받는 사람이라, 그가 말한 것은 반드시 다 응하나니, 그리로 가사이다, 그가 혹 우리의 갈 길을 가르칠까, 하나이다,

⑦ 사울이 그 사환에게 이르되, 우리가 가면 그 사람에게 무엇을 드리겠느냐? 우리 그릇에 빵이 다 하였으니 하나님의 사람에게 드릴 예물이 없도다, 무엇이 있느냐?

⑧ 종이 사울에게 다시 대답하여, 가로되, 보소서, 내 손에 은 한 세겔의 사분 일이 있으니, 하나님의 사람에게 드려 우리 길을 가르치게 하겠나이다,

⑨ (옛적 이스라엘에 사람이 하나님께 가서 물으려 하면 말하기를, 선견자에게로 가자 하였으니, 지금 선지자라 하는 자를 옛적에는 선견자라 일컬었더라,)

⑩ 사울이 그 종에게 이르되, 네 말이 옳다, 가자, 하고 그들이 하나님의 사람 있는 성으로 가니라,

⑪ 그들이 성을 향한 비탈길로 올라가다가 물길러 나오는 소녀들을 만나 그들에게 묻되, 선견자가 여기 있느냐?

⑫ 그들이 대답하여 가로되, 있나이다, 보소서, 그가 당신보다 앞섰으니 빨리 가소서, 백성이 오늘 산당에서 제사를 드리므로 그가 오늘 성에 들어 오셨나이다,

⑬ 당신들이 성으로 들어가면 그가 먹으러 산당에 올라가기 전에 곧 만나리이다, 그가 오기 전에는 백성이 먹지 아니하나니, 이는 그가 제물을 축사한 후에야 청함을 받은 자가 먹음이라, 그러므로 지금 올라가소서, 금시로 만나리이다, 하는지라,

⑭ 그들이 성읍으로 올라가서, 그리로 들어갈 때에 사무엘이 마침 산당으로 올라가려고 마주 나오더라,

⑮ 사울의 오기 전 날에 여호와께서 사무엘에게 알게 하여, 가라사대,

⑯ 내일 이맘 때에 내가 베냐민 땅에서 한 사람을 네게 보내리니, 너는 그에게 기름을 부어 내 백성 이스라엘의 지도자를 삼으라, 그가 내 백성을 팔레스타인 사람들의 손에서 구원하리라, 내 백성의 부르짖음이 내게 상달하였으므로 내가 그들을 돌아보았노라, 하시더니,

⑰ 사무엘이 사울을 볼 때에 여호와께서 그에게 이르시되, 보라, 이는 내가 네게 말한 사람이니, 이가 내 백성을 통할하리라, 하시니라,

⑱ 사울이 성문 가운데 사무엘에게 나아가 가로되, 선견자의 집이 어디인지 청컨대 내게 가르치소서?

⑲ 사무엘이 사울에게 대답하여 가로되, 내가 선견자니라, 너는 내 앞서 산당으로 올라가라, 너희가 오늘날 나와 함께 먹을 것이요, 아침에는 내가 너를 보내되, 네 마음에 있는 것을 다 네게 말하리라,

⑳ 사흘 전에 잃은 네 암나귀들을 염려하지 말라, 찾았느니라, 온 이스라엘의 사모하는 자가 누구냐? 너와 네 아비의 온 집이 아니냐?

㉑ 사울이 대답하여 가로되, 나는 이스라엘 지파의 가장 작은 지파 베냐민 사람이 아니니이까? 나의 가족은 베냐민 지파 모든 가족 중에 가장 미약하지 아니하나이까? 당신이 어찌하여 내게 이같이 말씀하시나이까? 하니,

㉒ 사무엘이 사울과 그 종을 인도하여 객실로 들어가서 청한 자 중 수석에 앉게 하였는데 객은 삼십명 가량이었더라,

㉓ 사무엘이 요리인에게 이르되, 내가 네게 주며 네게 두라고 말한 그 부분을 가져오라,

㉔ 요리인이 넓적다리와 그것에 붙은 것을 가져다가 사울 앞에 놓은지라, 사무엘이 가로되, 보라, 이는 두었던 것이니 네 앞에 놓고 먹으라, 내가 백성을 청할 때부터 너를 위하여 이것을 두어서 이때를 기다리게 하였느니라, 그 날에 사울이 사무엘과 함께 먹으니라,

㉕ 그들이 산당에서 내려 성에 들어가서는 사무엘이 사울과 함께 지붕에서 담화하고,

㉖ 그들이 일찍이 일어날새 동 틀 때가 되자, 사무엘이 지붕에서 사울을 불러 가로되, 일어나라, 내가 너를 보내리라, 하매, 사울이 일어나고 그 두 사람 곧 사울과 사무엘이 함께 밖으로 나가서,

㉗ 성읍 끝에 이르매, 사무엘이 사울에게 이르되, 종으로 우리를 앞서서 가게 하라, 종이 앞서매, 또 가로되, 너는 이제 잠간 서 있으라, 내가 하나님의 말씀을 네게 알려주리라, 하니라.

● 10장

① 그때에 사무엘이 기름 한 병을 가져다가 그것을 사울의 머리위에 붓고 그에게 입

을 맞추며 말하기를, "여호와께서 네게 기름을 부으사, 그분의 상속자로 삼으신 것이 아니냐?" 하니라,

② 네가 오늘 나를 떠나가다가 베냐민 경계 셀사에 있는 라헬의 묘실 곁에서 두 사람을 만나리니, 그들이 네게 이르기를, 네가 찾으러 갔던 암나귀들을 찾은지라, 네 아비가 암나귀들의 염려는 놓았으나, 너희를 인하여 걱정하여 가로되, 내 아들을 위하여 어찌하리요? 하더라, 할 것이니라,

③ 네가 거기서 더 나아가서 다볼 상수리 나무에 이르면 거기서 하나님께 뵈려고 벧엘로 올라가는 세 사람이 너와 만나리니, 하나는 염소 새끼 셋을 이끌었고 하나는 떡 세 덩이를 가졌고 하나는 포도주 한 가죽부대를 가진 자라

④ 그들이 네게 문안하고 떡 두 덩이를 주겠고 너는 그 손에서 받으리라,

⑤ 그 후에 네가 하나님의 산에 이르리니, 그곳에는 블레셋 사람의 영문이 있느니라, 네가 그리로 가서 그 성읍으로 들어갈 때에 선지자의 무리가 산당에서부터 비파와 소고와 저와 수금을 앞세우고 예언하며 내려오는 것을 만날 것이요,

⑥ 네게는 여호와의 영이 크게 임하리니, 너도 그들과 함께 예언을 하고 변하여 새 사람이 되리라,

⑦ 이 징조가 네게 임하거든 너는 기회를 따라 행하라, 하나님이 너와 함께 하시느니라,

⑧ 너는 나보다 앞서 길갈로 내려가라, 내가 네게로 내려가서 태우는 제사(번제)와 평화의 제사(화목제)를 드리리니, 내가 네게 가서 행할 것을 가르칠 때까지 칠일을 기다리라,

⑨ 사울은 발걸음을 돌려 사무엘을 떠나려고 했을 때에 하나님이 그를 변화시켜 새사람이 되게 하셨으며, 그날에 그 모든 표징들도 이루어지니라,

(And it was so, that when he had turned his back to go from Samuel, God gave him another heart: and all those signs came to pass that day.-KJV)

(As Saul turned to leave Samuel, God changed Saul's heart, and all these signs were fulfilled that day.-NIV)

(As Saul turned to leave Samuel, God changed his heart. That very day all these signs came to pass⋯-NAB)

(Saul turned and left Samuel. At that very moment God transformed him-made him a new person! And all the confirming signs took place the same day.-THE MESSAGE)

⑩ 그들이 산에 이를 때에 선지자의 무리가 그를 영접하고 하나님의 영이 사울에게 크게 임하므로 그가 그들 중에서 예언을 하니,

⑪ 전에 사울을 알던 모든 사람들이 사울의 선지자들과 함께 예언함을 보고 서로 이르되, 기스의 아들에게 임한 것이 무슨 일이냐? 사울도 선지자들 중에 있느냐? 하였더라,

⑫ 거기에 있던 사람 하나가 "이들의 아버지가 도대체 누구지? 하고 물었다. 그리하여 "사울도 예언자들 가운데 하나인가?"라는 속담이 생겨났다.

⑬ 사울이 예언하기를 마치고 산당으로 가니라,

⑭ 사울의 숙부가 사울과 그 종에게 이르되, 너희가 어디로 갔더냐? 사울이 가로되, 암나귀들을 찾다가 얻지 못하므로 사무엘에게 갔었나이다,

⑮ 사울의 숙부가 가로되, 청하노니 사무엘이 이른 말을 내게 고하라, 하니,

⑯ 사울이 그 숙부에게 말하되 그가 암나귀들을 찾았다고 우리에게 분명히 말하더이다, 하고 ,사무엘의 말하던 그 왕국의 일에 관하여서는 말하지 아니하니라,

⑰ 사무엘이 백성을 미스바로 불러 여호와 앞에 모으고,

⑱ 이스라엘 자손에게 이로되, 이스라엘 하나님 여호와께서 이같이 말씀하시기를, 내가 이스라엘을 에집트에서 인도하여 내고 너희를 에집트인의 손과 너희를 압제하는 모든 나라의 손에서 건져내었느니라, 하셨거늘,

⑲ 너희가 너희를 모든 재난과 고통 중에서 친히 구원하여 내신 너희 하나님을 오늘날 버리고 이르기를, 우리 위에 왕을 세우라, 하도다, 그런즉, 이제 너희 지파대로 천명씩 여호와 앞에 나아오라, 하고,

⑳ 사무엘이 이에 이스라엘 모든 지파를 가까이 오게 하였더니, 베냐민 지파가 뽑혔고,

㉑ 베냐민 지파를 그 가족대로 가까이 오게 하였더니, 마드리의 가족이 뽑혔고, 그 중에서 기스의 아들 사울이 뽑혔으나 그를 찾아도 만나지 못한지라,

㉒ 그러므로 그들이 또 여호와께 묻되, 그 사람이 여기 왔나이까? 여호와께서 대답하시되 그가 물건들 사이에 숨었느니라, 하시매,

㉓ 그들이 달려가서 거기서 데려오매, 그가 백성 중에 서니 다른 사람보다 어깨 위나 더 크더라,

㉔ 사무엘이 모든 백성에게 이르되, 너희는 여호와의 택하신 자를 보느냐? 모든 백성

중에 짝할이가 없느니라, 하니, 모든 백성이 왕의 만세를 부르니라,

㉕ 사무엘이 나라의 제도를 백성에게 말하고 책에 기록하여 여호와 앞에 두고 모든 백성을 각기 자기 집으로 보내매,

㉖ 사울도 기브아 자기 집으로 갈 때에 마음이 하나님께 감동된 유력한 자들은 그와 함께 갔어도,

㉗ 그런데 몇몇 불량한 자들은 "이 사람이 어떻게 우리를 구할 수 있겠느냐?" 하면서 사울을 업신여기고 그에게 예물도 바치지 아니하였더라, 그러나 사울은 아무 말도 하지 않았더라.

● 11장

① 암몬 사람 나하스가 올라와서 길르앗 야베스를 대하여 진 치매, 야베스 모든 사람이 나하스에 이르되, 우리와 언약하자 그리하면 우리가 너를 섬기리라, 하매,

② 암몬 사람 나하스가 그들에게 이르되, 내가 너희 오른눈을 다 빼어야 너희와 언약하리라, 내가 온 이스라엘을 이같이 모욕하리라, 하매,

③ 얍베스 장로들이 이르되, 우리에게 이레 유예를 주어 우리로 이스라엘 온 지역에 사자를 보내게 하라, 우리를 구원할 자가 없으면 네게 나아가리라, 하니라,

④ 이에 사자가 사울의 기브아에 이르러, 이 말을 백성에게 고하매, 모든 백성이 소리 높여 울더니,

⑤ 마침 사울이 밭에서 소를 몰고 오다가 가로되, 백성이 무슨 일로 우느냐? 그들이 야베스 사람의 말로 고하니라,

⑥ 사울이 이 말을 들을 때에 하나님의 영에게 크게 감동되매, 그 노가 크게 일어나서,

⑦ 한 쌍의 소를 취하여 각을 뜨고 사자의 손으로 그것을 이스라엘 모든 지역에 두루 보내어 가로되, 누구든지 나와서 사울과 사무엘을 좇지 아니하면 그 소들도 이와 같이 하리라, 하였더니, 여호와의 두려움이 백성에게 임하매 그들이 한 사람 같이 나온지라,

⑧ 사울이 베섹에서 그들을 계수하니, 이스라엘 자손이 삼십만이요, 유다 사람이 삼만이더라,

⑨ 그들이 그 곳에 온 사자들에게 이르되, 너희는 길르앗 야베스 사람에게 이같이 이르기를, 내일 해가 더울 때에 너희가 구원을 얻으리라, 하라, 사자들이 돌아가서 야베스 사람들에게 고하매 그들이 기뻐하니라,

⑩ 야베스 사람들이 이에 가로되, 우리가 내일 너희에게 나아가리니, 너희 소견에 좋을대로 우리에게 다 행하라, 하니라,

⑪ 이튿날에 사울이 백성을 삼대에 나누고 새벽에 적진 중에 들어가서 날이 더울 때까지 암몬 사람을 치매, 남은 자가 다 흩어져 둘도 함께한 자가 없더라,

⑫ 백성이 사무엘에게 이르되, 사울이 어찌 우리를 다스리겠느냐 한 자가 누구이니까? 그들을 끌어내소서 우리가 죽이겠나이다, 하니,

⑬ 사울이 가로되, 이 날에는 사람을 죽이지 못하리니, 여호와께서 오늘날 이스라엘 중에 구원을 베푸셨음이니라, 하니라,

⑭ 사무엘이 백성에게 이르되, 오라, 우리가 길갈로 가서 나라를 새롭게 하자, 하니,

⑮ 모든 백성이 길갈로 갔으며 그곳 길갈에서 여호와 앞에서 사울로 왕을 삼고, 여호와 앞에 화목제예물의 희생물을 드렸더라, 거기서 사울과 이스라엘 모든 사람이 크게 기뻐하니라

● 12장

① 사무엘이 온 이스라엘에게 이르되, 보라, 너희가 내게 한 말을 내가 다 듣고 너희 위에 왕을 세웠더니,

② 이제 왕이 너희 앞에 출입하느니라, 보라, 나는 늙어 머리가 희었고 내 아들들도 너희와 함께 있느니라, 내가 어려서부터 오늘날까지 너희 앞에 출입하였거니와,

③ 내가 여기 있나니, 여호와 앞과 그 기름 부음을 받은 자 앞에서 내게 대하여 증거하라, 내가 뉘 소를 취하였느냐? 뉘 나귀를 취하였느냐? 누구를 속였느냐? 누구를 압제하였느냐? 내 눈을 흐리게 하는 뇌물을 뉘 손에서 취하였느냐? 그리하였으면 내가 그것을 너희에게 갚으리라,

④ 그들이 가로되 당신이 우리를 속이지 아니하였고 압제하지 아니하였고 뉘 손에서 아무 것도 취한 것이 없나이다,

⑤ 사무엘이 백성에게 이르되, 너희가 내 손에서 아무것도 찾아낸 것이 없음을 여호와께서 너희에게 대하여 증거하시며 그 기름 부음을 받은 자도 오늘날 증거하느니라, 그들이 가로되, 그가 증거하시나이다,

⑥ 사무엘이 백성에게 이르되, 모세와 아론을 세우시며 너희 조상들을 에집트 땅에서 인도하여 내신이는 여호와시니,

⑦ 그런즉 가만히 섰으라, 여호와께서 너희와 너희 조상들에게 행하신 모든 의로운

일에 대하여 내가 여호와 앞에서 너희와 담론하리라,

⑧ 야곱이 에집트에 들어간 후 너희 조상들이 여호와께 부르짖으며, 여호와께서 모세와 아론을 보내사 그 두 사람으로 너희 조상들을 에집트에서 인도하여 내어 이곳에 거하게 하셨으나,

⑨ 그들이 그 하나님 여호와를 잊은지라, 여호와께서 그들을 하솔군장 시스라의 손과 팔레그타인 사람의 손과 모압 왕의 손에 붙이셨더니 그들이 치매,

⑩ 백성이 여호와께 부르짖어 가로되, 우리가 여호와를 버리고 바알들과 아스다롯을 섬기므로 범죄하였나이다, 그러하오나 이제 우리를 원수들의 손에서 건져내소서, 그리하시면 우리가 여호와를 섬기겠나이다, 하매,

⑪ 여호와께서 여룹바알과 베단과 입다와 나 사무엘을 보내사, 너희를 너희 사방 원수의 손에서 건져내사, 너희로 안전히 거하게 하셨거늘,

⑫ 너희가 암몬 자손의 왕 나하스가 너희를 치러 옴을 보고, 너희 하나님 여호와께서 너희의 왕이심에도 불구하고 너희가 내게 이르기를, 아니라 우리를 다스릴 다스릴 왕이 있어야 하겠다, 하였도다,

⑬ 이제 너희의 구한 왕 너희의 택한 왕을 보라, 여호와께서 너희 위에 왕을 세우셨느니라,

⑭ 너희가 만일 여호와를 경외하여 그를 섬기며 그 목소리를 듣고 그 명령을 거역하지 아니하며 또 너희와 너희를 다스리는 왕이 너희 하나님 여호와를 좇으면 좋으니라마는,

⑮ 너희가 만일 여호와의 목소리를 듣지 아니하고, 여호와의 명령을 거역하면, 여호와의 손이 너희의 조상들을 치신 것같이 너희를 치실것이라,

⑯ 너희는 이제 가만히 서서 여호와께서 너희 목전에 행하시는 이 큰 일을 보라,

⑰ 오늘은 밀 베는 때가 아니냐? 내가 여호와께 아뢰리니, 여호와께서 우뢰와 비를 보내사, 너희가 왕을 구한 일, 곧 여호와의 목전에 범한 죄악이 큼을 너희로 밝히 알게 하시리라,

⑱ 이에 사무엘이 여호와께 아뢰매, 여호와께서 그 날에 우뢰와 비를 보내시니, 모든 백성이 여호와와 사무엘을 크게 두려워하니라,

⑲ 모든 백성이 사무엘에게 이르되, 당신의 종들을 위하여 당신의 하나님 여호와께 기도하여 우리로 죽지 않게 하소서, 우리가 우리의 모든 죄에 왕을 구하는 악을 더 하였나이다,

⑳ 사무엘이 백성에게 이르되, 두려워 말라, 너희가 과연 이 모든 악을 행하였느냐? 여호와를 좇는데서 돌이키지 말고 오직 너희 마음을 다하여 섬기라,

㉑ 돌이켜 유익하게도 못하며 구원하지도 못하는 헛된 것을 좇지 말라, 그들은 헛되니라,

㉒ 여호와께서는 너희로 자기 백성 삼으신 것을 기뻐하신고로 그 크신 이름을 인하여 자기 백성을 버리지 아니하실 것이요,

㉓ 또한 내가 너희를 위하여 기도하기를 그침으로 내가 여호와께 대적하여 죄를 짓는 것은 하나님께서 금하시는 일로, 오히려 나는 너희에게 선하고 의로운 길을 잘 가르치리니,

㉔ 너희는 여호와께서 너희를 위하여 행하신 그 큰 일을 생각하여 오직 그를 경외하며 너희의 마음을 다하여 진실하게 그분을 섬기라,

㉕ 그러나 만일 너희가 여전히 악을 행하면 너희와 너희 왕이 다 소멸되리라, 하니라.

● 13장

① 사울이 왕이 될 때에 사십세라, 그가 이스라엘을 다스린지 이년에,

② 이스라엘 사람 삼천을 택하여, 그 중에서 이천은 자기와 함께 믹마스와 벧엘산에 있게 하고, 일천은 요나단과 함께 베냐민 기브아에 있게 하고, 남은 백성은 각기 장막으로 보내니라,

③ 요나단이 게바에 있는 팔레스타인 사람들의 수비대를 치매, 팔레스타인 사람들이 이를 들은지라 사울이 온 땅에 나팔을 불어 이르되, 히브리 사람들은 들으라, 하니,

④ 온 이스라엘이 사울의 팔레스타인 사람들의 수비대를 친 것과 이스라엘이 팔레스타인 사람들의 가증히 여김이 되었다 함을 듣고, 길갈로 모여 사울을 좇으니라,

⑤ 팔레스타인 사람들이 이스라엘과 싸우려 하여 모였는데 병거가 삼만이요, 마병이 육천이요, 백성은 해변의 모래 같이 많더라, 그들이 올라와서 벧아웬 동편 빅마스에 진 치매,

⑥ 이스라엘 사람들이 위급함을 보고 절박하여 굴과 수풀과 바위 틈과 은밀한 곳과 웅덩이에 숨으며,

⑦ 어떤 히브리 사람들은 요단을 건너 갓과 길르앗 땅으로 가되, 사울은 아직 길갈에 있고 그를 좇은 백성은 떨더라,

⑧ 사울이 사무엘의 정한 기한대로 이레를 기다리다가 사무엘이 길갈에 오지 아니하므로 백성이 사울에게서 흩어지는지라,

⑨ 사울이 가로되, 태우는제사(번제)와 화목제물(평화의제사)로 이리로 가져오라, 하여 번제를 드렸더니,

⑩ 번제를 드리기를 필하자, 사무엘이 온지라 사울이 나가 문안하매,

⑪ 사무엘이 가로되 왕의 행한 것이 무었이뇨? 사울이 가로되 백성을 나에게서 흩어지고 당신은 정한 날에 오지 아니하고 팔레스타인 사람들은 믹마스에 모였음을 내가 보았으므로,

⑫ 이에 내가 이르기를, 팔레스타인(블레셋) 사람들은 나를 치러 길갈로 내려오겠거늘 내가 여호와께 은혜를 간구치 못하였다 하고 부득이하여 번제를 드렸나이다, 하니,

⑬ 사무엘이 사울에게 이르되, 왕이 망령되이 행하였도다, 왕이 왕의 하나님 여호와께서 왕에게 명하신 명령을 지키지 아니하였도다, 그리하였더면 여호와께서 이스라엘 위에 왕의 나라를 영영히 세우셨을 것이어늘,

⑭ 지금은 왕의 나라가 길지 못할 것이라, 여호와께서 왕에게 명하신 바를 왕이 지키지 아니하였으므로 여호와께서 그 마음에 맞는 사람을 구하여 그 백성의 지도자를 삼으셨느니라, 하고,

⑮ 사무엘이 일어나 길갈에서 떠나 베냐민 기브아로 올라가니라, 사울이 자기와 함께한 백성을 계수하니 육백명 가량이라,

⑯ 사울과 그 아들 요나단과 그들과 함께한 백성은 베냐민 게바에 있고 팔레스타인(블레셋) 사람들은 믹마스에 진 쳤더니,

⑰ 노략군들이 삼대로 블레셋 사람의 진에서 나와서 한 대는 오브라 길로 말미암아 수알 땅에 이르렀고,

⑱ 한 대는 벧호른 길로 향하였고 한대는 황야를 향한 스보임 골짜기가 내려다 보이는 지경길로 향하였더라,

⑲ 때에 이스라엘 온 땅에 철공이 없어졌으니, 이는 팔레스타인(블레셋) 사람들이 말하기를 히브리 사람이 칼이나 창을 만들까 두렵다, 하였음이라,

⑳ 온 이스라엘 사람이 각기 보습이나 삽이나 도끼나 팽이를 벼리려면 팔레스타인(블레셋) 사람에게로 내려갔었는데,

㉑ 곧 그들이 팽이나 삽이나 쇠스랑이나 도끼나 쇠채찍이 무딜 때에 그리하였으므로,

㉒ 싸우는 날에 사울과 요나단과 함께한 백성의 손에는 칼이나 창이 없고 오직 사울과 그 아들 요나단에게만 있으니라,

㉓ 팔레스타인 사람들의 부대가 나와서 믹마스에 이르렀더라.

● 14장

① 하루는 사울의 아들 요나단이 자기 병기를 든 소년에게 이르되, 우리가 건너편 블레셋 사람의 부대로 건너가자 하고 그 아비에게는 고하지 아니하였더라,

② 사울이 기브아 변경 미그론에 머물렀고 함께한 백성 육백명 가량이며,

③ 아히야는 에봇을 입고 거기 있었으니, 그는 이가봇의 형제 아히둡의 아들이요, 비느하스의 손자요, 실로에서 여호와의 제사장이 되었던 엘리의 증손이었더라, 백성은 요나단의 간줄을 알지 못하니라,

④ 요나단이 블레셋 사람의 부대에게로 건너가려 하는 어귀사이 이편에도 험한 바위가 있고 저편에도 험한 바위가 있는데 하나의 이름은 보세스요, 하나의 이름은 세네라,

⑤ 한 바위는 북에서 믹마스에 앞에 일어섰고 하나는 남에서 게바 앞에 일어섰더라,

⑥ 요나단이 자기 병기 든 소년에게 이르되, 우리가 이 할례 없는 자들의 부대에게로 건너가자, 여호와께서 우리를 위하여 일하실까, 하노라, 여호와의 구원은 사람의 많고 적음에 달리지 아니하였느니라,

⑦ 병기 든 자가 그에게 이르되, 당신의 마음에 있는대로 다 행하여 앞서 가소서, 내가 당신과 마음을 같이하여 따르리이다,

⑧ 요나단이 가로되, 보라, 우리가 그 사람들에게로 건너가서 그들에게 보이리니,

⑨ 그들이 만일 이같이 우리에게 이르기를, 우리가 너희에게로 가기를 기다리라, 하면 우리는 우리 곳에 가만히 서서 그들에게로 올라가지 말 것이요,

⑩ 그들이 만일 이같이 말하기를, 우리에게로 올라오라, 하면 우리가 올라갈 것은 여호와께서 그들을 우리 손에 붙이셨음이니, 이것이 우리에게 표징이 되리라, 하고,

⑪ 둘이 다 블레셋 사람의 부대에게 보이매, 블레셋 사람이 가로되, 보라, 히브리 사람이 그 숨었던 구멍에서 나온다 하고,

⑫ 그 부대 사람들이 요나단과 그 병기 든 자를 대하여 가로되, 우리에게로 올라오라, 너희에게 한 일을 보이리라, 한지라, 요나단이 자기 병기 든 자에게 나를 따라 올라오라, 여호와께서 그들을 이스라엘의 손에 붙이셨느니라, 하고,

⑬ 요나단이 손발을 붙잡고 올라갔고, 그 병기 든 자도 따랐더라, 블레셋 사람들이 요나단 앞에서 엎드러지매, 병기 든 자가 따라가며 죽였으니,

⑭ 요나단과 그 병기 든 자가 반일경 지단 안에서 처음으로 도륙한 자가 이십인 가량이라,

⑮ 들에 있는 진과 모든 백성 중에 떨림이 일어났고, 부대와 노략군들도 떨었으며, 땅도 진동하였으니, 이는 큰 떨림이었더라,

⑯ 베냐민 기브아에 있는 사울의 파숫군이 바라본즉, 허다한 블레셋 사람이 무너져 이리 저리 흩어지더라,

⑰ 사울이 자기와 함께한 백성에게 이로되, 우리에게서 누가 나갔는지 점고하여 보라,하고, 점고한즉, 요나단과 그의 병기 든 자가 없어졌더라,

⑱ 사울이 아히야에게 이르되, 하나님의 궤를 이리로 가져 오라, 하니, 그 때에 하나님의 궤가 이스라엘 자손과 함께 있음이라,

⑲ 사울이 제사장에게 말할 때에 블레셋 사람의 진에 소동이 점점 더한지라, 사울이 제사장에게 이르되, 네 손을 거두라, 하고,

⑳ 사울과 그와 함께한 모든 백성이 모여 전장에 가서 본즉, 블레셋 사람이 각각 칼로 그 동무를 치므로 크게 혼란하였더라,

㉑ 전에 블레셋 사람과 함께 근무하던 히브리 사람이 사방에서 블레셋 사람과 와서 진에 들어 왔더니, 그들이 돌이켜 사울과 요나단과 함께한 요나단 사람과 합하였고,

㉒ 에브라임 산지에 숨었던 이스라엘 모든 사람도 블레셋 사람의 도망함을 듣고 싸우러 나와서 그들을 추격하였더라,

㉓ 여호와께서 그 날에 이스라엘을 구원하시므로 전쟁이 벧아웬을 지나니라,

㉔ 이 날에 이스라엘 백성이 피곤하였으니, 이는 사울이 백성에게 맹세시켜 경계하여 이르기를, 저녁 곧 내가 내 원수에게 보수하는 때까지 아무 음식물이든지 먹는 사람은 저주를 받을지어다, 하였음이라, 그러므로 백성이 음식물을 맛보지 못하고,

㉕ 그들이 다 수풀에 들어간즉, 땅에 꿀이 있더라,

㉖ 백성이 수풀로 들어갈 때에 꿀이 흐르는 것을 보고도 그들이 맹세를 두려워하여 손을 그 입에 대는 자가 없으나,

㉗ 요나단은 그 아비가 맹세로 백성에게 명할 때에 듣지 못하였으므로, 손에 가진 지팡이 끝을 내밀어 꿀을 찍고 그 손을 돌이켜 입에 대매, 눈이 밝아졌더라,

㉘ 때에 백성 중 하나가 고하여 가로되, 당신의 부친이 맹세로 백성에게 엄히 명하여 말씀하시기를, 오늘날 식물을 먹는 사람은 저주를 받을지어다, 하셨나이다, 그러므로 백성이 피곤하였나이다,

㉙ 요나단이 가로되, 내 부친이 이 땅으로 곤란케 하셨도다, 보라 내가 이 꿀 조금을 맛보고도 내 눈이 이렇게 밝았거든,

㉚ 하물며 백성이 오늘 그 대적에게서 탈취하여 얻은 것을 임의로 먹었더면 블레셋 사람을 살륙함이 더욱 많지 아니하였겠느냐? 하니,

⑪ 그 날에 백성이 믹마스에서부터 아얄론에 이르기까지 블레셋 사람을 쳤으므로 그들이 심히 피곤한지라,

⑫ 백성이 이에 탈취한 물건에 달려가서 양과 소와 송아지를 취하고 그것을 땅에서 잡아 피 있는 채 먹었더니,

⑬ 무리가 사울에게 고하여 가로되, 보소서, 백성이 고기를 피채 먹어 여호와께 범죄하였나이다, 사울이 가로되, 너희가 무신하게 행하였도다, 이제 큰 돌을 내게로 굴려 오라 하고,

⑭ 또 가로되, 너희는 백성 중에 흩어져 다니며 이르기를, 사람은 각기 소와 각기 양을 이리로 끌어다가 잡아 먹되 피 있는 채 먹어서 여호와께 범죄하지 말라, 하매, 그 밤에 모든 백성이 각각 자기의 소를 끌어다가 거기서 잡으니라,

⑮ 사울이 여호와를 위하여 단을 쌓았으니, 이는 그가 여호와를 위하여 처음 쌓은 단이었더라,

⑯ 사울이 가로되, 우리가 밤에 블레셋 사람을 쫓아 내려가서 동틀 때까지 그들 중에서 탈취하고 한 사람도 남기지 말자, 무리가 가로되 왕의 소견에 좋은대로 하소서, 할 때에 제사장이 가로되, 이리로 와서 하나님께 나아가사이다, 하매,

⑰ 사울이 하나님께 묻자오되, 네가 블레셋 사람을 쫓아 내려 가리이까? 주께서 그들을 이스라엘의 손에 붙이시겠나이까? 하되 그 날에 대답지 아니하시는지라,

⑱ 사울이 가로되, 너희 백성의 어른들아, 다 이리로 오라, 오늘 이 죄가 뉘게 있나? 알아보자,

⑲ 이스라엘을 구원하신 여호와의 사심으로 맹세하노니, 내 아들 요나단에게 있다 할지라도 반드시 죽으리라, 하되, 모든 백성 중 한 사람도 대답지 아니하매,

⑳ 이에 그가 온 이스라엘에게 이르되, 너희는 저편에 있으라, 나와 내 아들 요나단은 이편에 있으리라, 백성이 사울에게 말하되, 왕의 소견에 좋은대로 하소서, 하니라,

㉑ 이에 사울이 이스라엘의 하나님 여호와께 아뢰되, 원컨대 실상을 보이소서, 하였더니, 요나단과 사울이 뽑히고 백성은 면한지라,

㉒ 사울이 가로되, 나와 요나단 사이에 뽑으라 하였더니, 요나단이 뽑히니라,

㉓ 사울이 요나단에게 가로되, 너희 행한 것을 내게 고하라, 요나단이 과하여 가로되, 내가 다만 내 손에 가진 지팡이 끝으로 꿀을 조금 맛보았을 뿐이오나 내가 죽을 수밖에 없나이다,

㉔ 사울이 가로되, 요나단아 네가 반드시 죽으리라, 그렇지 아니하면 하나님이 내게 벌을 내리시고 또 내리시기를 원하노라,

㉕ 백성이 사울에게 말하되 이스라엘에 이 큰 구원을 이룬 요나단이 죽겠나이까 결단코 그렇게 아니하니이다, 여호와의 사심으로 맹세하옵나니, 그의 머리털 하나도 땅에 떨어지지 아니할 것은 그가 오늘 하나님과 동사하였음이니이다, 하여 요나단을 구원하여 죽지 않게 하니라,

㉖ 사울이 블레셋 사람 따르기를, 그치고 올라가매, 블레셋 사람이 자기 곳으로 돌아가니라,

㉗ 사울이 이스라엘 왕위에 나아간 후에 사방에 있는 모든 대적 곧 모압과 암몬 자손과 에돔과 소바의 왕들과 블레셋 사람을 쳤는데, 향하는 곳마다 이기었고,

㉘ 용맹있게 아말렉 사람을 치고 이스라엘을 그 약탈하는 자의 손에서 건졌더라,

㉙ 사울의 아들은 요나단과 리스위와 말기수아요, 그 두 딸의 이름은 이러하니 맏딸의 이름은 메랍이요 작은 딸의 이름은 미갈이며,

㉚ 사울의 아내의 이름은 아히노암이니, 아히마아스의 딸이요, 그 군장의 이름은 아브넬이니 사울의 숙부 넬의 아들이며,

㉛ 사울의 아비는 기스요, 아브넬의 아비는 넬이니, 이비엘의 아들이었더라,

㉜ 사울의 사는 날 동안에 블레셋 사람과 큰 싸움이 있었으므로 사울이 힘 있는 자나 용맹있는 자를 보면 그들을 불러 모았더라.

● 15장

① 사무엘이 사울에게 이르되, 여호와께서 나를 보내어 왕에게 기름을 부어 그 백성 이스라엘 위에 왕을 삼으셨은즉, 이제 왕은 여호와의 말씀을 들으소서,

② 만군의 여호와께서 이같이 말씀하시기를, 아말렉이 이스라엘에게 행한 일 곧 에집트에서 나올 때에 길에서 대적한 일을 내가 추억하노니,

③ 지금 가서 아말렉을 쳐서 그들이 소유한 모든 것을 남기지 말고 진멸하되, 남녀와 소아와 젖먹는 아이와 우양과 약대와 나귀를 죽이라, 하셨나이다,

④ 사울이 백성을 소집하고 그들을 들라임에서 계수하니, 보병이 이십만이요, 유다 사람이 일만이라,

⑤ 사울이 아말렉성에 이르러 골짜기에 복병하니라,

⑥ 사울이 겐 사람에게 이르되, 아말렉 사람 중에서 떠나 내려가라, 그들과 함께 너희를 멸하게 될까 하노라, 이스라엘 모든 자손이 에집트에서 올라올 때에 너희가 그들을 선대하였느니라, 이에 겐 사람이 아말렉 사람 중에서 떠나니라,

⑦ 사울이 하윌라에서부터 에집트 맞은편 술에 이르기까지 아말렉 사람을 치고,

⑧ 아말렉 사람의 왕 아각을 사로잡고 칼날로 모든 백성을 진멸하였으되,

⑨ 사울과 백성이 아각과 그 양과 소의 가장 좋은 것 또는 기름진 것과 어린 양과 모든 좋은 것을 남기고 진멸키를 즐겨 아니하고 가치 없고 낮은 것은 진멸하니라,

⑩ 여호와의 말씀이 사무엘에게 임하니라, 가라사대,

⑪ 내가 사울을 세워 왕 삼은 것을 후회하노니, 그가 돌이켜서 나를 좇지 아니하며 내 명령을 이루지 아니하였음이니라, 하신지라, 사무엘이 근심하여 온 밤을 여호와께 부르짖으니라,

⑫ 사무엘이 사울을 만려고 아침에 일찍 일어났더니, 누군가가 사무엘에게 고하여 가로되, 사울이 갈멜에 이르러 자기를 위하여 기념비를 세우고 돌이켜 행하여 길갈로 내려갔다, 하는지라,

⑬ 사무엘이 사울에게 이른즉, 사울이 그에게 이르되, 원컨대, 당신은 여호와께 복을 받으소서 내가 여호와의 명령을 행하였나이다, 하니,

⑭ 사무엘이 가로되, 그러면 내 귀에 들어오는 이 양의 소리와 내게 들리는 소의 소리는 어쩜이니이까? 하니,

⑮ 사울이 가로되, 그것은 사람들이 아말렉 사람에게서 끌어온 것인데 백성이 당신의 하나님 여호와께 제사하려 양과 소의 가장 좋은 것을 남김이요, 그 외의 것은 우리가 진멸하였나이다, 하니,

⑯ 사무엘이 사울에게 말하기를, 가만히 계시옵소서, 어젯 밤에 여호와께서 내게 이르신 것을 왕에게 말하리이다, 하니, 사울이 그에게 말하기를, 말씀하소서, 하매,

⑰ 사무엘이 가로되, 왕이 스스로를 작게 여길 그때에 이스라엘 지파의 머리가 되지 아니하셨습니까? 여호와께서 왕에게 기름을 부어 이스라엘 왕을 삼으시고,

⑱ 또 왕을 길로 보내시며 이르시기를, 가서 죄인 아말렉 사람을 진멸하되 다 없어지 기까지 치라 하셨거늘,

⑲ 어찌하여 왕이 여호와의 목소리를 청종치 아니하고 탈취하기에만 급하여 여호와 를 악하게 여기시는 것을 행하였나이까? 하니,

⑳ 사울이 사무엘에게 이르되, 나는 실로 여호와의 목소리를 청종하여 여호와께서 보 내신 길로 가서 아말렉 왕 아각을 끌어왔고 아말렉 사람을 진멸하였으나,

㉑ 다만 백성이 그 마땅히 멸할 것 중에서 가장 좋은 것으로 길갈에서 당신의 하나님 여호와께 제사하려고 양과 소를 취하였나이다, 하니,

㉒ 사무엘이 말하기를, 여호와께서 번제예물과 희생물을 그분의 제사를 그 목소리 순종하는 것 만큼좋아하시겠나이까? 보소서, 순종하는 것이 희생물보다 낫고, 귀 를 기울여 듣는 것이 수양의 기름보다 낫나이다,

(And Samuel said, Hath the LORD as great delight in burnt offerings and sacrifices, as in obeying the voice of the LORD? Behold, to obey is better than sacrifice, and to hearken than the fat of rams.-KJV)

(But Samuel replied: "Does the LORD delight in burnt offerings and sacrifices as much as in obeying the voice of the LORD? To obey is better than sacrifice, and to heed is better than the fat of rams.-NIV)

(But Samuel said: "Does the LORD delight in burnt offerings and sacrifices as much as in obedience to the LORD's command? Obedience is better than sacrifice, to listen, is better than the fat of rambs.-NAB)

(Then Samuel said, Do you think all GOD wants are sacrifices-empty rituals just for show?

He wants you to listen to him! Plain listening is the thing, not staging a lavish religious production.-THE MESSAGE)

㉓ 이는 거역하는 것은 사술의 죄와 같고 완고한 것은 불법과 우상숭배와 같기 때문 이니이다, 왕이 여호와의 말씀을 버렸기에 여호와께서도 왕을 버려 이스라엘을 다 스릴 왕이 되지 못하게 하셨나이다, 하니라,

㉔ 사울이 사무엘에게 이르되, 내가 범죄하였나이다, 내가 여호와의 명령과 당신의 말씀을 어긴 것은 내가 백성을 두려워하여 그 말을 들었음이니이다,

㉕ 그러므로 청하오니, 지금 내 죄를 용서해 주시고 나와 함께 돌아가서 나로 하여금

여호와께 경배하게 하소서, 하였으나,

㉖ 사무엘이 사울에게 이르되, 나는 왕과 함께 돌아가지 아니하리니, 이는 왕이 여호와의 말씀을 버렸으므로 여호와께서도 왕을 버려 이스라엘 왕이 되지 못하게 하셨음이니이다, 하고,

㉗ 사무엘이 가려고 돌이킬 때에 사울이 그의 겉 옷자락을 붙잡으매, 찢어진지라,

㉘ 사무엘이 그에게 이르되, 여호와께서 오늘 이스라엘 나라를 왕에게서 떼어서 왕보다 나은 왕의 이웃에게 주셨나이다,

㉙ 또한 이스라엘의 지존자인 그분은 거짓이나 변개함이 없으시니, 그분은 사람이 아니시므로 결코 마음을 바꾸지 않으시기 때문이니이다, 하매,

㉚ 사울이 가로되, 내가 범죄하였을지라도 청하옵나니, 내 백성의 장로들의 앞과 이스라엘의 앞에서 나를 높이사, 나와 함께 돌아가서 나로 당신의 하나님 여호와께 경배하게 하소서, 하므로,

㉛ 이에 사무엘이 돌이켜 사울을 따라가며 사울이 여호와께 경배하니라,

㉜ 사무엘이 가로되, 너희는 아말렉 사람의 왕 아각을 내게로 이끌어오라 하였더니, 아각이 즐거이 오며 가로되, 진실로 죽음의 괴로움은 지나갔도다, 하니,

㉝ 사무엘이 말하기를, 네 칼이 여인들에게 자식을 없게 하였음같이 네 어미도 무자하리라, 하고 그가 길갈에서 여호와 앞에서 아각을 토막 내었더라,

㉞ 이에 사무엘이 라마로 가고 사울은 사울의 기브아 본집으로 올라가니라,

㉟ 사무엘이 죽는 날까지 사울을 다시 가서 보지 아니하였으니, 이는 그가 사울을 위하여 슬퍼함이었고, 여호와께서는 사울로 이스라엘 왕 삼으신 것을 후회하셨더라.

• 16장

① 여호와께서 사무엘에게 이르시되, 내가 이미 사울을 버려 이스라엘 왕이 되지 못하게 하였거늘 네가 그를 위하여 언제까지 슬퍼하겠느냐? 너는 기름을 뿔에 채워 가지고 가라, 내가 너를 베들레헴 사람 이새에게로 보내리니, 이는 내가 그 아들 중에서 한 왕을 예비하였음이니라, 하시니,

② 사무엘이 가로되, 내가 어찌 갈 수 있으리이까? 사울이 들으면 나를 죽이리이다, 여호와께서 가라사대, 너는 암송아지를 끌고 가서 말하기를, 내가 여호와께 제사를 드리러 왔다, 하고,

③ 이새를 제사에 청하라, 내가 너희 행할 일을 가르치리니, 내가 네가 알게하는 자에

게 나를 위하여 기름을 부을지니라.

④ 사무엘이 여호와의 말씀대로 행하여 베들레헴에 이르매, 성읍 장로들이 떨며 그를 영접하여 가로되, 평강을 위해 오시나이까? 하니,

⑤ 가로되, 평강을 위함이니라, 내가 여호와께 제사하로 왔으니, 스스로 성결케 하고 와서 나와 함께 제사하자, 하고 이새와 그 아들들을 성결케 하고 제사에 청하니라.

⑥ 그들이 오매, 사무엘이 엘리압을 보고 마음에 이르기를, 여호와의 기름 부으실 자가 과연 그 앞에 있도다, 하였더니,

⑦ 여호와께서 사무엘에게 이르시되, 그 용모와 그 신장을 보지 말라, 내가 이미 그를 버렸노라, 나의 보는 것은 사람과 같지 아니하니 사람은 외모를 보거니와 나 여호와는 중심을 보느니라, 하시니라.

⑧ 이새가 아미나답을 불러 사무엘의 앞을 지나가게 하매, 사무엘이 가로되, 이도 여호와께서 택하지 아니하셨느니라.

⑨ 이새가 삼마로 지나게 하매, 사무엘이 가로되, 이도 여호와께서 택하지 아니하셨느니라.

⑩ 이새가 그 아들 일곱으로 다 사무엘 앞을 지나게 하나, 사무엘이 이새에게 이르되 여호와께서 이들을 택하지 아니하셨느니라, 하고,

⑪ 또 이새에게 이르되, 네 아들들이 다 여기 있느냐? 이새가 가로되, 아직 말째가 남았는데 그가 양을 지키나이다, 사무엘이 이새에게 이르되, 보내어 그를 데려오라, 그가 여기 오기까지는 우리가 식사 자리에 앉지 아니하겠노라, 하매,

⑫ 이에 보내어 그를 데려오매, 그의 빛이 붉고 눈이 빼어나고 얼굴이 아름답더라, 여호와께서 가라사대, 이가 그니 일어나 기름을 부으라.

⑬ 사무엘이 기름 뿔을 취하여 그 형제 중에서 그에게 부었더니, 이 날 이후로 다윗이 여호와의 영에게 크게 감동되니라, 사무엘이 떠나서 라마로 가니라.

⑭ 여호와의 영이 사울에게서 떠나고 여호와의 부리신 악신이 그를 번뇌케 한지라,

⑮ 사울의 신하들이 그에게 이르되, 보소서, 하나님의 부리신 악신이 왕을 번뇌케 하온즉,

⑯ 원컨대 우리 주는 주의 앞에 모시는 신하에게 명하여 수금 잘 탈줄 아는 사람을 구하게 하소서, 하나님의 부리신 악신이 왕에게 이를 때에 그가 손으로 타면 왕이 나으시리이다, 하매,

⑰ 사울이 신하에게 이르되 나를 위하여 잘 타는 사람을 구하여 내게로 데려오라, 하

니,

⑱ 소년 중 한사람이 대답하여 가로되, 내가 베들레헴 사람 이새의 아들을 본즉 탈줄을 알고 호기와 무용과 구변이 있는 준수한 자라 여호와께서 그와 함께 계시더이다,

⑲ 사울이 이에 사자를 이새에게 보내어 이르되, 양 치는 네 아들 다윗을 내게로 보내라, 하매,

⑳ 이새가 떡과 한 가죽부대의 포도주와 염소 새끼를 나귀에 실리고 그 아들 다윗의 손으로 사울에게 보내니,

㉑ 다윗이 사울에게 이르러, 그 앞에 섰더라, 사울이 그를 크게 사랑하여 자기의 무기 든 자로 삼고,

㉒ 그때에 사울이 이새에게 사람을 보내어 이르되, 다윗으로 하여금 나를 수종들게 (모시게) 하라, 이는 내가 그와 함께 있으면 기쁘기 때문이니라, 하니라,

㉓ 하나님의 부리신 악신이 사울에게 이를 때에 다윗이 수금을 취하여 손으로 탄즉, 사울이 상쾌하여 낫고 악신은 그에게서 떠나더라.

● 17장

① 팔레스타인 사람들이 그 군대를 모으고 싸우고자 하여 유다에 속한 소고에 모여 소고와 아세가 사이의 에베스담밈에 진 치매

② 사울과 이스라엘 사람들이 모여서 엘라 골짜기에 진치고 블레셋(팔레스타인) 사람들에 대하여 대열을 지어 대항하였으니,

③ 팔레스타인 사람들은 이편 산에 섰고 이스라엘은 저편 산에 섰고 사이에는 골짜기가 있었더라,

④ 팔레스타인 사람들의 진에서 싸움을 돋우는 자가 왔는데 그 이름은 골리앗이요, 가드 사람이라 그 신장은 여섯 규빗 한 뼘이요,

⑤ 머리에는 놋투구를 썼고 몸에는 어린갑을 입었으니, 그 갑옷의 무게는 놋 오천 세 겔이며,

⑥ 그 다리에는 놋경갑을 쳤고 어깨 사이에는 놋단창을 메었으니,

⑦ 그 창자루는 베틀채 같고 창날은 철 육백 세겔이며 방패 든 자는 앞서 행하더라,

⑧ 그가 서서 이스라엘 군대를 향하여 외쳐 가로되, 너희가 어찌하여 나와서 싸우려 하느냐? 나는 팔레스타인 사람이 아니냐? 너희는 사울의 종들이 아니냐? 너희는

한 사람을 택하여 내게로 내려보내라,

⑨ 그가 능히 싸워서 나를 죽이면 우리가 너희의 종이 되겠고 만일 내가 이기어 그를 죽이면 너희가 우리의 종이 되어 우리를 섬길 것이니라,

⑩ 그 팔레스타인 사람이 또 가로되, 내가 오늘날 이스라엘의 군대를 모욕하였으니, 사람을 보내어 나로 더불어 싸우게 하라, 한지라,

⑪ 사울과 온 이스라엘이 팔레스타인 사람의 이 말을 듣고 놀라 크게 두려워하니라,

⑫ 다윗은 유다 베들레헴 에브랏 사람 이새라 하는 자의 아들이었는데, 이새는 사울 당시 사람 중에 나이 많아 늙은 자로서 여덟 아들이 있는 중,

⑬ 그 장성한 세 아들은 사울을 따라 싸움에 나갔으나 싸움에 나간 세 아들의 이름은 장자 엘리압이요, 그 다음은 아비나답이요, 제 삼은 삼마며,

⑭ 다윗은 말째라, 장성한 삼인은 사울을 좇았고,

⑮ 다윗은 사울에게로 왕래하며 베들레헴에서 그 아비의 양을 칠 때에,

⑯ 그 팔레스타인 사람이 사십일을 조석으로 나와서 몸을 나타내었더라,

⑰ 이새가 그 아들 다윗에게 이르되, 네 형들을 위하여 이 볶은 곡식 한 에바와 이 떡 열덩이를 가지고 진으로 속히 가서 네 형들에게 주고,

⑱ 이 치스 열 덩이를 가져다가 그들의 천명부대장에게 주고 네 형들의 안부를 살피고 증표를 가져오라, 하니라,

⑲ 때에 사울과 그들과 이스라엘 모든 사람이 엘라 골짜기에서 팔레스타인 사람들과 싸우는 중이었더라,

⑳ 다윗이 아침에 일찍이 일어나서 양을 양 지키는 자에게 맡기고 이새의 명한대로 가지고 가서 진영에 이른즉, 마침 군대가 전장에 나가서 싸우려고 고함하며,

㉑ 이스라엘과 팔레스타인 사람들이 전열을 가다듬고 양군이 서로 대하였더라,

㉒ 다윗이 그 짐을 짐 지키는 자의 손에 맡기고 군대로 달려가서 형들에게 문안하고,

㉓ 그들과 함께 말할 때에 마침 팔레스타인 사람들의 싸움 돋우는 가드 사람 골리앗 이라 하는 자가 항오에서 나와서 전과 같은 말을 하매, 다윗이 들으니라,

㉔ 이스라엘 모든 사람이 그 사람을 보고 심히 두려워하여 그 앞에서 도망하며,

㉕ 더러는 가로되, 너희가 이 올라 온 사람을 보았느냐? 참으로 이스라엘을 모욕하러 왔도다, 그를 죽이는 사람은 왕이 많은 재물로 부하게 하고, 그 딸을 그에게 주어 그 아비의 집을 이스라엘 중에서 자유하게 하시리라,

㉖ 다윗이 곁에 섰는 사람들에게 말하여 가로되, 이 팔레스타인 사람을 죽여 이스라

엘의 치욕을 제하는 사람에게는 어떠한 대우를 하겠느냐? 이 할례 없는 블레셀 사람이 누구관대 살아계신 하나님의 군대를 모욕하겠느냐? 하니,

㉗ 백성이 전과 같이 말하여 가로되, 그를 죽이는 사람에게는 여차 여차히 하시리라, 하니라,

㉘ 장형 엘리압이 다윗의 사람들에게 하는 말을 들은지라, 그가 다윗에게 노를 발하여 가로되, 네가 어찌하여 이리로 내려왔느냐? 들에 있는 양을 뉘게 맡겼느냐? 나는 네 교만과 네 마음의 완악함을 아노니, 네가 전쟁을 구경하러 왔기 때문이라, 하매,

㉙ 다윗이 가로되, 내가 무엇을 하였나이까? 어찌 이유가 없으리이까? 하고,

㉚ 돌이켜 다른 사람을 향하여 전과 같이 말하매, 백성이 전과 같이 대답하니라,

㉛ 다윗의 한 말을 들은 사람이 그것을 사울에게 고하였으므로 사울이 다윗을 부른지라,

㉜ 다윗이 사울에게 고하여 가로되, 그를 인하여 낙담하지 말 것이라, 주의 종이 저 팔레스타인 사람과 싸우리이다, 하니,

㉝ 사울이 다윗에게 이르되, 네가 가서 저 팔레스타인 사람과 싸우기에 능치 못하리니 너는 소년이요, 그는 어려서부터 용사임이니라,

㉞ 다윗이 사울에게 고하되, 주의 종이 아비의 양을 지킬 때에 사자나 곰이 와서 양떼에서 새끼를 움치면,

㉟ 내가 따라가서 그것을 치고 그 입에서 새끼를 건져내었고, 그것이 일어나 나를 해하고자 하면 내가 그 수염을 잡고 그것을 쳐 죽였나이다,

㊱ 주의 종이 사자와 곰도 쳤은즉, 살아있는 하나님의 군대를 모욕한 이 할례 없는 팔레스타인 사람이리이까? 그가 그 짐승의 하나와 같이 되리이다,

㊲ 또 가로되, 여호와께서 나를 사자의 발톱과 곰의 발톱에서 건져내셨은즉, 나를 이 팔레스타인 사람의 손에서도 건져 내시리이다, 사울이 다윗에게 이르되, 가라, 여호와께서 너와 함께 계시기를 원하노라,

㊳ 이에 사울이 자기 군복을 다윗에게 입히고 놋투구를 그 머리에 씌우고 또 그에게 갑옷을 입히매,

㊴ 다윗이 칼을 군복 위에 차고는 익숙치 못하므로 시험적으로 걸어보다가 사울에게 고하되, 익숙치 못하니, 이것을 입고 가지 못하겠나이다, 하고, 곧 벗고,

㊵ 손에 막대기를 가지고 시내에서 매그러운 돌 다섯을 골라서 자기 목자의 제구 곧

주머니에 넣고 손에 물매를 가지고 블레셋 사람에게 나아가니라,
㊶ 팔레스타인 사람이 점점 행하여 다윗에게로 나아오는데 방패 든 자가 앞섰더라,
㊷ 그 팔레스타인 사람이 둘러보다가 다윗을 보고 업신여기니, 이는 그가 젊고 붉고 용모가 아름다움이라,
㊸ 팔레스타인 사람이 다윗에게 이르되, 네가 나를 개로 여기고 막대기를 가지고 내게 나아왔느냐? 하고 그 신들의 이름으로 다윗을 저주하고,
㊹ 또 이르되, 내게로 오라, 내가 네 고기를 공중의 새들과 들짐승들에게 주리라,
㊺ 다윗이 블레셋 사람에게 이르되, 너는 칼과 창과 단창으로 내게 오거니와 나는 만군의 여호와의 이름 곧 네가 모욕하는 이스라엘 군대의 하나님의 이름으로 네게 가노라,
㊻ 오늘 여호와께서 너를 내 손에 붙이시리니, 내가 너를 쳐서 네 머리를 베고 팔레스타인 군대의 시체로 오늘날 공중의 새와 땅의 들짐승에게 주어 온 땅으로 이스라엘에 하나님이 계신줄 알게 하겠고,
㊼ 또 여호와의 구원하심이 칼과 창에 있지 아니함을 이 무리로 알게 하리라, 전쟁은 여호와께 속한 것인즉, 그가 너희를 우리 손에 붙이시리라,
㊽ 팔레스타인 사람이 일어나 다윗에게로 마주 가까이 올 때에 다윗이 팔레스타인 사람에게로 마주 그 항오를 향하여 빨리 달리며,
㊾ 손을 주머니에 넣어 돌을 취하여 물매로 던져 블레셋 사람의 이마를 치매, 돌이 그 이마에 박히매 땅에 엎드러지니라,
㊿ 다윗이 이같이 물매와 돌로 블레셋 사람을 이기고 그를 쳐 죽였으나, 자기 손에는 칼이 없었더라,
(51) 다윗이 달려가서 팔레스타인 사람을 밟고 그의 칼을 그 집에서 빼어내어 그 칼로 그를 죽이고 그 머리를 베니 팔레스타인 사람들이 자기의 용사의 죽음을 보고 도망하는지라,
(52) 이스라엘과 유다 사람들이 일어나서 소리지르며, 블레셋 사람을 쫓아 가이와 에그론 성문까지 이르렀고, 팔레스타인 사람의 상한자들은 사아라임 가는 길에서부터 가드와 에그론까지 엎드러졌더라,
(53) 이스라엘 자손이 팔레스타인 사람을 쫓다가 돌아와서 그들이 진을 노략질하였고,
(54) 다윗은 팔레스타인 사람의 머리를 예루살렘으로 가져가고 갑주는 자기 장막에 두니라,

(55) 다윗이 팔레스타인 사람을 향하여 나감을 사울이 보고 군장 아브넬에게 묻되, 아브넬아 이 소년이 뉘 아들이냐? 아브넬이 가로되, 왕이여 왕의 사심으로 맹세 하옵나니, 내가 알지 못하나이다, 하매,
(56) 왕이 가로되, 너는 이 청년이 누구의 아들인가? 물어보라 하였더니,
(57) 다윗이 팔레스타인 사람을 죽이고 돌아올 때에 팔레스타인 사람의 머리가 그 손에 있는채 아브넬이 그를 사울의 앞으로 인도하니,
(58) 사울이 그에게 묻되, 소년이여 누구의 아들이뇨? 다윗이 대답하되, 나는 주의 종 베들레헴 사람 이새의 아들이니이다, 하니라.

• 18장

① 다윗이 사울에게 말하기를 마치매, 요나단의 마음이 다윗의 마음과 연락되어 요나단이 그를 자기 생명 같이 사랑하니라,
② 그날에 사울은 다윗을 머무르게 하고, 그 아비의 집으로 다시 돌아가기를 허락지 아니하였고,
③ 요나단은 다윗을 자기 생명 같이 사랑하여 더불어 언약을 맺었으며,
④ 요나단이 자기의 입었던 것옷을 벗어 다윗에게 주었고, 그 군복과 활과 띠도 그리하였더라,
⑤ 다윗이 사울의 보내는 곳마다 가서 지혜롭게 행하매, 사울이 그로 군대의 장을 삼았더니, 온 백성이 합당히 여겼고 사울의 신하들도 합당히 여겼더라,
⑥ 무리가 돌아올 때, 곧 다윗이 팔레스타인 사람을 죽이고 돌아올 때에 여인들이 이스라엘 모든 성에서 나와서 노래하며 소고와 경쇄를 가지고 왕 사울을 환영하는데,
⑦ 여인들이 뛰놀며 화답하여 말하기를, 사울의 죽인 자는 천천이요, 다윗은 만만이로다, 하니라,
⑧ 사울이 이 말에 불쾌하여 심히 노하여 가로되, 다윗에게는 만만을 돌리고, 내게는 천천만 돌리니, 그의 더 얻을 것이 나라밖에 무엇이냐? 하고,
⑨ 그 날 후로 사울이 다윗을 주목하였더라,
⑩ 그 이튿날 하나님을 배반한 악령이 사울에게 강하게 왔는지라, 사울은 그의 집에서 예언을 하고 있었고, 다윗은 보통 하였던 대로 수금을 타고 있었고 사울은 손에 창을 가지고 있었더라,

⑪ 그가 스스로 이르기를, 내가 다윗을 벽에 박으리라, 하고 그 창을 던졌으나 다윗이 그 앞에서 두번 피하였더라,

⑫ 여호와께서 사울을 떠나 다윗과 함께 계시므로 사울이 그를 두려워한지라,

⑬ 그러므로 사울이 그로 자기를 떠나게 하고 천명부대장을 삼으매, 그가 백성 앞에 출입하며,

⑭ 그 모든 일을 지혜롭게 행하니라, 여호와께서 그와 함께 계시니라,

⑮ 사울이 다윗의 크게 지혜롭게 행함을 보고 그를 두려워하였으나,

⑯ 온 이스라엘과 유다는 다윗을 사랑하였으니, 그가 자기들 앞을 드나들기 때문이었더라,

⑰ 사울이 다윗에게 이르되, 내 맏딸 메랍을 네게 아내로 주리니, 오직 너는 나를 위하여 용맹을 내어 여호와의 싸움을 싸우라 하니, 이는 그가 생각하기를, 내 손을 그에게 대지 말고 블레셋 사람의 손으로 그에게 대게 하리라, 함이라,

⑱ 다윗이 사울에게 이르되, 내가 누구며 이스라엘 중에 내 친족이나 내 아비의 집이 무엇이관대, 내가 왕의 사위가 되리이까? 하였더니,

⑲ 사울의 딸 메랍을 다윗에게 줄 시기에 므흘랏 사람 아드리엘에게 아내로 준바 되었더라,

⑳ 사울의 딸 미갈이 다윗을 사랑하매, 혹이 사울에게 고한지라, 사울이 그 일을 좋게 여겨,

㉑ 스스로 이르되, 내가 딸을 그에게 주어서 그에게 올무가 되게하고, 팔레스타인 사람의 손으로 그를 치게하리라, 하고, 이에 다윗에게 이르되, 네가 오늘 다시 내 사위가 되리라, 하니라,

㉒ 사울이 그 신하들에게 명하되, 너희는 다윗에게 비밀히 말하여 이르기를, 보라 왕이 너를 기뻐하시고 모든 신하도 너를 사랑하나니, 그런즉 네가 왕의 사위가 되는 것은 가하니라, 하라,

㉓ 사울의 신하들이 이 말로 다윗의 귀에 고하매, 다윗이 가로되, 왕의 사위 되는 것을 너희는 경한 일로 보느냐? 나는 가난하고 천한 사람이로라, 한지라,

㉔ 사울의 신하들이 사울에게 고하여 가로되, 다윗이 여차여차히 말하더이다, 하니,

㉕ 사울이 가로되, 너희는 다윗에게 이같이 말하기를, 왕이 아무 폐백도 원치 아니하고 다만 왕의 원수의 보복으로 팔레스타인 사람의 양피 일백을 원하신다 하라 하였으니, 이는 사울의 생각에 다윗을 팔레스타인 사람의 손에 죽게 하리라, 함이라,

㉖ 사울의 신하들이 이 말로 다윗에게 고하매, 다윗이 왕의 사위 되는 것을 좋게 여기므로 아직 기한이 다 되지 아니하였으나,

㉗ 다윗이 일어나서 그 종자와 함께 일어나 팔레스타인 사람 이백명을 죽이고 그 양피를 가져다가 그 수를 채워 왕께 주었으니 그가 왕의 사위가 되고자 함이었더라, 그리하여 사울이 그 딸 미갈을 다윗에게 아내로 주었더라,

㉘ 여호와께서 다윗과 함께 계심을 사울이 보고 알았고, 사울의 딸 미갈도 그를 사랑하므로,

㉙ 사울이 다윗을 더욱 더욱 두려워하여 평생에 다윗의 대적이 되니라,

㉚ 팔레스타인 사람들의 지휘관들이 계속하여 전투에 나왔고, 다윗은 그들과 싸워 사울의 다른 부하들보다 더욱 크게 이겼더라, 그리하여 그의 이름이 매우 귀하게 널리 알려졌더라.

● 19장

① 사울이 그 아들 요나단과 모든 신하들에게 다윗을 죽이라고 말하였더라, 그러나 사울의 아들 요나단이 다윗을 심히 좋아하였더라,

② 그래서 그가 다윗에게 알려 말하기를, 내 부친 사울이 너를 죽이기를 꾀하시느니라, 그러므로 이제 청하노니 조심하여 은밀한 곳에 숨어 있으라,

③ 내가 나가서 너 있는 들에서 내 부친 곁에 서서 너에 관하여 내 아버지와 이야기한 후에 내가 아는 것을 네게 말해주리라, 하니라,

④ 요나단이 그 아비 사울에게 다윗을 좋게 말하여, 원컨대 왕은 신하 다윗에게 범죄치 마옵소서, 그는 왕께 득죄하지 않았고 그가 왕께 행한 일은 심히 선함이니이다,

⑤ 그가 자기 생명을 아끼지 아니하고 팔레스타인 사람을 죽였고, 여호와께서는 온 이스라엘을 위하여 큰 구원을 이루셨으므로 왕이 이를 보고 기뻐하셨거늘 어찌 무고히 다윗을 죽여 무죄한 피를 범죄하려하시나이까? 하니,

⑥ 사울이 요나단의 말을 듣고 맹세하되, 여호와께서 사시는 한, 그가 죽임을 당치 아니하리라, 하니라,

⑦ 요나단이 다윗을 불러 그 모든 일을 알게 하고 그를 사울에게로 인도하니, 그가 사울 앞에 여전히 있으니라,

⑧ 전쟁이 다시 있으므로 다윗이 나가서 팔레스타인 사람들과 싸워 그들을 크게 도륙하매, 그들이 그 앞에서 도망하니라,

⑨ 사울이 손에 단창을 가지고 그 집에 앉았을 때에 여호와를 배반하고 나온 악령이 사울에게 접하였으므로 다윗이 손으로 수금을 탈 때에,

⑩ 사울이 단창으로 다윗을 벽에 박으려 하였으나, 그는 사울의 앞을 피하고 사울의 창은 벽에 박힌지라, 다윗이 그 밤에 도피하매,

⑪ 사울이 부하들을 다윗의 집에 보내어 그를 지키다가 아침에 그를 죽이게 하려 한지라, 다윗의 아내 미갈이 다윗에게 일러 가로되, 당신이 이 밤에 당신의 생명을 구하지 아니하면 내일에는 죽임을 당하리라, 하고,

⑫ 미갈이 다윗을 창에서 달아내리우매, 그가 도망하여 피하니라,

⑬ 미갈이 우상을 취하여 침상에 뉘고 염소털로 엮은 것을 그 머리에 씌우고 의복으로 덮었더니,

⑭ 사울이 또 부하들을 보내어 다윗을 잡으려 하매, 미갈이 가로되, 그가 병들었느니라,

⑮ 사울이 또 사자들을 보내어 다윗을 보라 하며, 이르되, 그를 침상채 내게로 가져오라, 내가 그를 죽이리라, 하니라,

⑯ 부하들이 들어가 본즉 침상에 우상이 있고 염소털로 엮은 것이 그 머리에 있었더라,

⑰ 사울이 미갈에게 이르되, 너는 어찌하여 이처럼 나를 속여 내 대적을 놓아 피하게 하였느냐? 미갈이 사울에게 대답하되, 다윗이 내게 이르기를, 나를 놓아 가게 하라, 어찌하여 나로 너를 죽이게 하겠느냐? 하더이다, 하니라,

⑱ 다윗이 도피하여 라마로 가서 사무엘에게로 나아가서 사울이 자기에게 행한 일을 다 고하였고, 다윗과 사무엘이 나욧으로 가서 거하였더라,

⑲ 누군가가 사울에게 고하여 가로되, 다윗이 라마 나욧에 있더이다, 하니,

⑳ 사울이 다윗을 잡으려 부하들을 보냈었더니, 그들이 선지자 무리의 예언하는 것과 사무엘이 그들의 수령으로 선 것을 볼 때에 하나님의 영이 사울의 부하들에게 임하매, 그들도 예언을 한지라,

㉑ 누군가가 그것을 사울에게 고하매, 사울이 다른 부하들을 보내었더니, 그들도 예언을 한고로 사울이 세번째 다시 부하들을 보내었더니, 그들도 예언을 한지라,

㉒ 이에 사울도 라마로 가서 세구에 있는 큰 우물에 이르러 물어 가로되, 사무엘과 다윗이 어디 있느냐? 하니, 그들이 가로되 라마 나욧에 있나이다, 하매,

㉓ 사울이 라마 나욧으로 가니라, 하나님의 영이 그에게도 임하시니, 그가 라마 나욧

에 이르기까지 행하며 예언을 하였으며,

㉔ 그가 또 그 옷을 벗고 사무엘 앞에서 예언을 하며 종일 종야에 벌거벗은 몸으로 누웠더라, 그러므로 속담에 이르기를, 사울도 선지자 중에 있느냐? 하였더라.

● 20장

① 다윗이 라마 나욧에서 도망하여 와서 요나단에게 이르되, 내가 무엇을 하였으며 내 죄악이 무엇이며 네 부친 앞에서 나의 죄가 무엇이관대? 그가 내 생명을 찾느뇨? 하니,

② 요나단이 그에게 이르되, 결단코 아니라 네가 죽지 아니하리라, 내 부친이 대소사를 내게 알게 하지아니하고는 행함이 없나니, 내 부친이 어찌하여 이 일은 내게 숨기리요? 그렇지 아니하리라, 하매,

③ 다윗이 또 맹세하여 가로되, 내가 네게 은혜를 받은 줄을 네 부친이 밝히 알고 스스로 이르기를, 요아단이 슬퍼할까 두려운즉, 그가 이를 알게 하지 아니하리라 함이니라, 그러나 진실로 여호와의 사심과 네 생명으로 맹세하노니, 나와 사망의 사이는 한 걸음 뿐이니라,

④ 요나단이 다윗에게 이르되, 네 마음의 소원이 무엇이든지 내가 너를 위하여 그것을 이루리라,

⑤ 다윗이 요나단에게 이르되, 내일은 월삭인즉 내가 마땅히 왕을 모시고 앉아 식사를 하여야 할 것이나, 나를 보내어 제 삼일에 저녁까지 들에 숨게 하고,

⑥ 네 부친이 만일 나를 자세히 묻거든, 그 때에 너는 말하기를, 다윗이 자기 성 베들레헴으로 급히 가기를 내게 허하라 간청하였사오니, 니는 온 가족을 위하여 거기서 매년 제를 드릴 때가 됨이니이다, 하라,

⑦ 그의 말이 좋다 하면 네 종이 평안하려니와 그가 만일 노하면 나를 해하려고 결심한 줄을 알지니,

⑧ 그런즉, 원컨대 네 종에게 인자히 행하라, 네가 네 종으로 여호와 앞에서 너와 맹약케 하였음이니라, 그러나 내게 죄악이 있거든 네가 친히 나를 죽이라, 나를 네 부친에게로 데려갈 것이 무엇이뇨? 하니라,

⑨ 요나단이 가로되 이 일이 결코 네게 있지 아니하리라, 내 부친이 너를 해하려 결심한 줄 알면 내가 네게 이르지 아니하겠느냐? 하매,

⑩ 다윗이 요나단에게 이르되 네 부친이 혹 엄하게 네게 대답하면 누가 그것을 내게

고하겠느냐? 하니,

⑪ 요나단이 다윗에게 이르되, 오라 우리가 들로 가자 하고 두 사람이 들로 가니라,

⑫ 요나단이 다윗에게 이르되, 이스라엘의 하나님 여호와께서 증거하시거니와 내가 내일이나 모레 이맘 때에 내 부친을 살펴서 너 다윗에게 대한 의향이 선하면 내가 보내어 네게 알게 하지 않겠느냐?

⑬ 그러나 만일 내 부친이 너를 해하려 하거늘, 내가 이 일을 네게 알게 하여 너를 보내어 평안히 가게 하지 아니하면 여호와께서 나 요나단에게 벌을 내리시고 또 내리시기를 원하노라, 여호와께서 내 부친과 함께 하신 것같이 너와 함께 하시기를 원하노니,

⑭ 너는 나의 사는 날 동안에 여호와의 한량없는 친절을 내게 베풀어서 나로 죽지 않게 할뿐 아니라,

⑮ 여호와께서 너 다윗의 대적들을 지면에서 다 끊어버리신 때에도 너는 네 친절을 내 집에서 영영히 끊어 버리지 말라 하고,

⑯ 이에 요나단이 다윗의 집과 언약하기를, 여호와께서는 다윗의 대적을 치실지어다, 하니라,

⑰ 요나단이 다윗을 사랑하므로 그로 다시 맹세케 하였으니, 이는 자기 생명을 사랑함과 같이 그를 사랑함이었더라,

⑱ 요나단이 다윗에게 이르되, 내일은 월삭인즉, 네 자리가 비므로 네가 없음을 자세히 물으실 것이라,

⑲ 너는 사흘을 있다가 빨리 내려가서 그 일이 있던 날에 숨었던 곳에 이르러 에셀 바위 곁에 있으라,

⑳ 내가 과녁을 쏘려 함같이 살 셋을 그 곁에 쏘고,

㉑ 아이를 보내어 살을 찾으라, 하매, 내가 짐짓 아이에게 이르기를, 보라 살이 네 이편에 있으니 가져오라 하거든 너는 돌아올지니 여호와께서 사시는 한 네가 평안 무사할 것이요,

㉒ 만일 아이에게 이르기를, 네 길을 가라, 하면, 여호와께서 너를 보내셨음이니라,

㉓ 너와 내가 말한 일에 대하여는 여호와께서 너와 나 사이에 영영토록 계시느니라,

㉔ 다윗이 들에 숨으니라, 월삭이 되매, 왕이 앉아 음식을 먹을 때에,

㉕ 왕은 평시와 같이 벽 곁 자기 자리에 앉았고, 요나단은 섰고 아브넬은 사울의 곁에 앉았고 다윗의 자리는 비었으나,

㉖ 그러나 그날에는 사울이 아무 말도 아니하였으니 이는 생각하기를, 그에게 무슨 사고가 있어서 부정한가보다 정녕히 부정한가보다 하였음이더니,

㉗ 이튿날 곧 달의 제 이일에도 다윗의 자리가 오히려 비었으므로, 사울이 그 아들 요나단에게 묻되, 이새의 아들이 어찌하여 어제와 오늘 식사에 나오지 아니하느뇨? 하니,

㉘ 요나단이 사울에게 대답하되, 다윗이 내게 베들레헴으로 가기를 간청하여,

㉙ 가로되, 청컨대, 나로 가게 하라, 하였으므로 우리 가족이 그 성에서 제사할 일이 있으므로 나의 형이 내게 오기를 명하였으니, 내가 네게 사랑을 받거든, 나로 가서 내 형들을 보게 하라, 하였으므로 그가 왕의 식사 자리에 오지 아니하였나이다,

㉚ 사울이 요나단에게 노를 발하고 그에게 이르되, 패역부도의 계집의 소생아, 네가 이새의 아들을 택한 것이 네 수치와 네 어미의 벌거벗은 수치 됨을 어찌 알지 못하겠느냐? 하니라,

㉛ 이는 이새의 아들이 땅에 사는 동안은 너와 네 나라가 든든히 서지 못하리라, 그런즉 이제 보내어 그를 내게로 끌어오라 그는 죽어야 할 자니라,

㉜ 요나단이 그 부친 사울에게 대답하여 가로되, 그가 죽을 일이 무엇이니이까? 무엇을 행하였나이까? 하매,

㉝ 사울이 요나단에게 단창을 던져 치려 한지라, 요나단이 그 부친이 다윗을 죽이기로 결심한줄 알고,

㉞ 심히 노하여 식사 자리에서 떠나고 달의 제 이일에는 먹지 아니하였으니, 이는 그 부친이 다윗을 욕되게 하였으므로 다윗을 위하여 슬퍼함이었더라,

㉟ 아침에 요나단이 작은 아이를 데리고 다윗과 정한 시간에 들로 나가서,

㊱ 아이에게 이르되, 달려가서 나의 쏘는 살을 찾으라, 하고, 아이가 달려갈 때에 요나단이 살을 그의 위로 지나치게 쏘니라,

㊲ 아이가 요나단의 쏜 살 있는 곳에 이를 즈음에 요나단이 아이 뒤에서 외쳐 가로되, 살이 네 앞편에 있지 아니하냐? 하고,

㊳ 요나단이 아이 뒤에서 또 외치되, 지체 말고 빨리 달음질하라, 하매, 요나단의 아이가 살을 주워가지고 주인에게로 돌아왔으나,

㊴ 그 아이는 아무것도 알지 못하고 요나단과 다윗만 그 일을 알았더라,

㊵ 요나단이 그 병기를 아이에게 주며 이르되, 이것을 가지고 성으로 가라,

㊶ 아이가 가매 다윗이 곧 바위 남편에서 일어나서 땅에 엎드려 세번 절한 후에 피차

입맞추고 같이 울되 다윗이 더욱 심하더니,

㊷ 요나단이 다윗에게 이르되, 평안히 가라, 우리 두 사람이 여호와의 이름으로 맹세
하여 이르기를, 여호와께서 영원히 나와 너 사이에 계시고, 내 자손과 네 자손 사
이에 계시리라, 하였느니라, 다윗은 일어나 떠나고 요나단은 성으로 들어오니라.

● 21장

① 다윗이 놉에 가서 제사장 아히멜렉에게 이르니, 이히멜렉이 떨며 다윗을 영접하여
그에게 이르되, 어찌하여 네가 홀로 있고 함께 하는 자가 아무도 없느냐? 하매,

② 다윗이 제사장 아히멜렉에게 대답하기를, 왕이 내게 어떤 일을 맡기고 나에게 이
르시기를, '어떤 사람도 너의 임무와 너의 명받은바 일의 어느것도 알게 하지 말
라,' 하시기로, 내가 나의 종들을 어떤 곳에서 만나기로 하였나이다,

③ 그러므로 이제 당신의 수중에 무엇이 있나이까? 떡 다섯 덩이나 무엇이든지 있는
대로 내 손에 주소서, 하니,

④ 제사장이 다윗에게 대답하여 말하기를, 내 손에 보통 빵은 없으나 거룩한 빵은 있
으니, 만일 그 소년들이 부녀를 가까이만 아니하였으면 주리라, 하매,

⑤ 다윗이 제사장에게 대답하여 가로되, 우리가 참으로 삼일 동안이나 부녀를 가까이
하지 아니하였나이다, 나의 떠난 길이 보통 여행이라도 소년들의 그릇이 성결하겠
거든, 하물며 오늘날 그들의 그릇이 성결치 아니하겠나이까? 하매,

⑥ 그제야 제사장은 거룩한 빵을 다윗에게 주었더라, 여호와 앞에 바친 제사 빵 말고
는 다른 빵이 없었기 때문이었더라, 그것은 마침 그날 여호와 앞에서 물려내고 따
끈한 빵으로 바꾸면서 치워놓은 것이었더라,

(So the priest gave him hallowed bread; for there was no bread there but
the showbread, that was taken from before the LORD, to put hot bread in
the day when it was taken away.-KJV)

(So the priest gave him concecrated bread, since there was no bread
there except the bread of the Presence that had been removed from
before the LORD and replaced by hot bread on the day it was taken
away.-NIV)

(So the priest gave him holy bread, for no other bread was on hand
except the showbread which had beem removed from before the LORD

and replaced by fresh bread when it was taken away.-NAB)

(So the priest gave him the holy bread. It was the only bread he had, Bread of the Presence that had been removed from GOD's presence and replaced by fresh bread at the same time.-THE MESSAGE)

⑦ 그 날에 사울의 신하 한 사람이 여호와 앞에 머물러 있었는데, 그는 도엑이라 이름 하는 에돔 사람이요, 사울의 목자들 가운데 우두머리였더라,

⑧ 다윗이 아히멜렉에게 이르되, 여기 당신의 수중에 창이나 칼이 없나이까? 왕의 일 이 급하므로 내가 내 칼과 병기를 가지지 못하였나이다,

⑨ 제사장이 가로되 네가 엘라 골짜기에서 죽인 팔레스타인 사람 골리앗의 칼이 보자 기에 싸여 에봇 뒤에 있으니, 네가 그것을 가지려거든 가지라, 여기는 그밖에 다른 것이 없느니라, 다윗이 가로되, 그 같은 것이 또 없나니 내게 주소서, 하니라,

⑩ 그 날에 다윗이 사울을 두려워하여 일어나 도망하여 가드 왕 아기스에게로 가니,

⑪ 아기스의 신하들이 아기스에게 고하되, 이는 그 땅의 왕 다윗이 아니니이까? 그들 이 그로 인하여 춤추고 서로 노래하며 말하기를, 사울은 수천을 죽였고 다윗은 수 만을 죽였도다, 하지 아니하였나이까? 하니라,

⑫ 다윗이 이 말을 그 마음에 두고 가드 왕 아기스를 심히 두려워하여,

⑬ 그들의 앞에서 그 행동을 바꾸어 그들의 손에서 미친 척하고 대문짝을 긁적거리며 그의 턱수염에 침을 흘린채 있으니,

⑭ 그때에 아기스가 그 신하에게 이르되, 너희도 보거니와 이 사람이 미치광이로다, 어찌하여 그를 내게로 데려왔느냐?

⑮ 내게 미치광이가 부족하여서 너희가 이 자를 데려다가 내 앞에서 미친 짓을 하게 하느냐? 이 자가 어찌 내 집에 들어 오겠느냐? 하니라.

● 22장

① 그러므로 다윗이 그곳을 떠나 아둘람 굴로 도망하니, 그 형제와 아버지 온 집이 듣 고는 그리로 내려가서 그에게 이르렀고,

② 환난 당한 모든 자와 빚진 자와 마음이 원통한 자가 다 그에게로 모였고, 그는 그들 의 대장이 되었는데 그와 함께한 자가 사백명 가량이었더라,

③ 다윗이 거기서 모압 미스베로 가서 모압 왕에게 이르되, 하나님이 나를 위하여 어 떻게 하실 것을 내가 알기까지 나의 부모로 나와서 당신들과 함께 있기를 청하나

이다, 하고,

④ 부모를 인도하여 모압 왕 앞에 나아갔더니, 그들이 다윗의 요새에 있을 동안에 모압 왕과 함께 있었더라,

⑤ 선지자가 갓이 다윗에게 이르되, 이 요새에 있지 말고 떠나 유다 땅으로 들어가라, 다윗이 떠나 헤렛 수풀에 이르니라,

⑥ 사울이 다윗과 그와 함께 있는 사람들이 나타났다 함을 들으니라, 때에 사울이 기브아 높은 곳에서 손에 단창을 들고 에셀나무 아래에 앉았고 모든 신하들은 그 곁에 섰더니,

⑦ 사울이 곁에선 신하들에게 이르되, 너희들 베냐민 사람들아, 들으라, 이새의 아들이 너희에게 각기 밭과 포도원을 주며 너희로 천명부대장 백명부대장을 삼겠느냐?

⑧ 너희가 다 공모하여 나를 대적하며 내 아들이 이새의 아들과 맹약하였으되, 내게 고발하는 자가 하나도 없고 나를 위하여 슬퍼하거나 내 아들이 내 신하를 선동하여 오늘이라도 매복하였다가 나를 치려 하는 것을 내게 고발하는 자가 하나도 없도다,

⑨ 때에 에돔 사람 도엑이 사울의 신하 중에 섰더니, 대답하여 가로되, 이새의 아들이 놉에 와서 아히둡의 아들 아히멜렉에게 이른 것을 내가 보았었는데,

⑩ 아히멜렉이 그를 위하여 여호와께 묻고 그에게 음식도 주고 팔레스타인 사람 골리앗의 칼도 주더이다,

⑪ 왕이 보내어 아히둡의 아들 제사장 아히멜렉과 그 아비의 온 집 곧 놉에 있는 제사장들을 부르매, 그들이 다 왕께 이른지라,

⑫ 사울이 가로되, 너 아히둡의 아들 들으라, 대답하되, 내 주여, 내가 여기 있나이다,

⑬ 사울이 그에게 이르되, 네가 어찌하여 이새의 아들과 공모하여 나를 대적하여 그에게 떡과 칼을 주고 그를 위하여 하나님께 물어서 그로 오늘이라도 매복하였다가 나를 치게 하려 하였느뇨? 하매,

⑭ 아히멜렉이 왕에게 대답하여 가로되, 왕의 모든 신하 중에 다윗 같이 충실한 자가 누구인지요? 그는 왕의 사위도 되고 왕의 호위 대장도 되고 왕실에서 존귀한 자가 아니니이까?

⑮ 내가 그를 위하여 하나님께 물은 것이 오늘이 처음이니이까? 결단코 아니니이다, 원컨대 왕은 종과 종의 아비의 온 집에 아무것도 돌리지 마옵소서, 왕의 종은 이

모든 일에 대소간에 아는 것이 없나이다, 하니,

⑯ 왕이 가로되, 이히멜렉아 네가 반드시 죽을 것이요, 네 아비의 온 집도 그러하리라, 하고,

⑰ 왕이 좌우의 호위병들에게 말하기를, 돌이켜 가서 여호와의 제사장들을 죽이라, 그 까닭은 그들의 손이 다윗과 함께 하였고 그가 도망할 때에 그들이 알고서도 내게 알려주지 아니하였기 때문이라, 하였으나 왕의 호위병들은 그들의 손을 들어 여호와의 제사장들을 죽이기를 싫어한지라,

⑱ 왕이 도액에게 이르되, 네가 돌이켜 제사장들을 죽이라, 하매, 에돔 사람 도액이 돌이켜 제사장들을 쳐서 그 날에 세마포 에봇 입은 자 팔십오인을 죽였고,

⑲ 제사장들의 성읍 놉의 남녀와 아이들을 젖먹는 자들과 소와 나귀와 양을 칼로 쳤더라,

⑳ 아히둡의 아들 아히멜렉의 아들 중 하나가 피하였으니, 그 이름은 아비아달이라 그가 도망하여 다윗에게로 가서,

㉑ 사울이 여호와의 제사장들을 죽인 일을 다윗에게 고하매,

㉒ 다윗이 아비아달에게 이르되, 그 날에 에돔 사람 도액이 거기 있기로 그가 반드시 사울에게 고할줄 내가 알았노라, 네 아비 집의 모든 사람이 죽은 것이 나의 연고로다,

㉓ 두려워 말고 내게 있으라, 내 생명을 찾는 자가 네 생명도 찾는 자니, 네가 나와 함께 있으면 안전하리라, 하니라.

● 23장

① 그때에 사람들이 다윗에게 고하여 가로되, 보소서, 블레셋 사람들이 그일라를 쳐서 그 타작마당을 탈취하였나이다, 하니라,

② 이에 다윗이 여호와께 묻자와 가로되 내가 가서 이 블레셋 사람을 치리이까? 하매, 여호와께서 다윗에게 이르시되, 가서 블레셋 사람을 치고 그일라를 구하라, 하시니라,

③ 다윗의 사람들이 그에게 이르되, 보소서 우리가 유다에 있어도 두렵거든, 하물며, 그일라에 가서 블레셋 사람의 군대를 치는 일이 얼마나 두렵겠습니까! 하니라,

④ 다윗이 여호와께 다시 묻자온대, 여호와께서 대답하여 가라사대, 일어나 그일라로 내려가라, 내가 블레셋 사람을 네 손에 붙이리라, 하신지라,

⑤ 다윗과 그의 사람들이 그일라로 가서 블레셋 사람과 싸워 그들을 크게 도륙하고 그들의 가축을 끌어오니라, 다윗이 이와 같이 그일라 거민을 구하니라,

⑥ 아비멜렉의 아들 아비아달이 그일라 다윗에게로 도망할 때에 손에 에봇을 가지고 내려왔었더라,

⑦ 다윗이 그일라에 온 것이 사울에게 알려지자, 사울이 말하기를, 하나님께서 그를 내 손에 붙이셨도다, 이는 그가 성문과 빗장이 있는 부락에 들어갔으니 갇혔기 때문이라, 하고,

⑧ 사울이 모든 백성을 군사로 불러 모으고 그일라로 내려가서 다윗과 그의 사람들을 에워싸려 하더니,

⑨ 다윗이 사울의 자기를 해하려 하는 계교를 알고 제사장 아비아달에게 이르되, 에봇을 이리로 가져오라, 하고,

⑩ 다윗이 가로되, 이스라엘의 하나님 여호와여! 사울이 나의 연고로 이 성을 멸하려고 그일라로 내려오기를 꾀한다 함을 주의 종이 분명히 들었나이다,

⑪ 그일라 사람들이 나를 그의 손에 넘기겠나이까? 주의 종의 들은대로 사울이 내려 오겠나이까? 이스라엘의 하나님 여호와여! 원컨대, 주의 종에게 알려 주옵소서, 여호와께서 가라사대, 그가 내려 오리라, 하시니,

⑫ 다윗이 가로되 그일라 사람들이 나와 내 사람들을 사울의 손에 붙이겠나이까? 하니, 여호와께서 그들이 너를 붙이리라, 하시니라,

⑬ 다윗과 그의 부하 육백명 가량이 일어나 그일라를 떠나서 갈 수 있는 곳으로 갔더니, 다윗이 그일라에서 피한 것을 사울이 듣고 사울이 가기를 그치니라,

⑭ 다윗이 사막의 강한 요새에 머물렀고 십이라는 사막의 마을에도 머물렀더라, 사울이 날마다 찾았으나 하나님이 다윗을 그의 손에 붙이지 아니하시니라,

⑮ 다윗이 십이라는 사막에 있는 수풀에 있는 동안에, 그는 사울이 자기의 생명을 빼앗으려 온 것을 알았더라,

⑯ 사울의 아들 요나단이 일어나 수풀에 들어가서 다윗에게 이르러, 그로하여금 하나님을 힘있게 의지하게 하였는데,

⑰ 곧 요나단이 그에게 이르기를, 두려워 말라, 내 부친 사울의 손이 네게 미치지 못할 것이요, 너는 이스라엘의 왕이 되고, 나는 네 다음이 될 것을 내 부친 사울도 안다, 하니라,

("Don't be afraid," he said. "My father Saul will not lay a hand on you.

You will be king over Israel, and I will be second to you. Even my father Saul knows this."-NIV)

⑱ 두 사람이 여호와 앞에서 언약하고 다윗은 수풀에 거하고 요나단은 자기 집으로 돌아가니라,

⑲ 때에 십 사람들이 기브아에 이르러, 사울에게 나아와 가로되, 다윗이 우리와 함께 황야 남쪽 하길라산 수풀 요새에 숨어 있지 아니하니이까?

⑳ 그러하온즉 왕은 내려오시기를 원하시는대로 내려 오소서, 우리가 할 일은 그를 왕의 손에 넘기는 것이니다, 하매,

㉑ 사울이 대답하기를, 나를 위한 너희의 조력으로 인하여 여호와께서 너희에게 복 주시기를 원하노라, 하니라,

㉒ 그리고 가서 더 알아보아라, 다윗이 보통 어디로 다니고 누가 그를 거기에서 보았는지 알아봐라, 사람들이 말하기를 그는 대단히 교묘하다,고 말하느니라,

㉓ 그러므로 살펴보고 그가 숨어 있는 모든 은신처를 알아 가지고 내게 다시 와서 확실히 보고하라, 그러면 내가 너희와 함께 가리니, 만일 그가 그 지역 안에 있으면 모든 유다 족속들 중에서 그를 찾아내리라, 하니,

㉔ 그들이 일어나 사울보다 먼저 십으로 가니라, 다윗과 그의 사람들이 광야 남편 마온 황무지 아라바에 있더니,

㉕ 사울과 그의 사람들이 찾으러 온 것을 다윗에게 보고받고, 다윗이 바위로 내려 마온 황무지에 있더니, 사울이 듣고 마온 황무지로 다윗을 따라가서는,

㉖ 사울이 산 이편으로 가매, 다윗과 그의 사람들이 산 저편으로 가며, 다윗이 사울을 두려워하여 급히 피하려 하였으니, 이는 사울과 그의 사람들이 다윗과 그의 사람들을 에워싸고 잡으려 함이었더라,

㉗ 그러나 한 메신저(messenger)가 사울에게 와서 말하기를, 서둘러 가소서, 팔레스타인 사람들이 왕의 땅을 침략하고 있나이다, 하니라,

㉘ 이에 사울이 다윗 쫓기를 그치고 돌아와서 팔레스타인 사람들을 치러 갔으므로 그곳을 셀라하마느곳이라, 칭하니라,

㉙ 다윗이 거기서 올라가서 엔게디에 있는 요새에 거하니라.

● 24장
① 사울이 팔레스타인 사람들을 쫓다가 돌아올 때에 누군가가 그에게 고하여 가로되,

보소서 다윗이 엔게디 황무지에 있더이다, 하니,

② 사울이 온 이스라엘에서 택한 사람 삼천을 거느리고 다윗과 그의 사람들을 찾으러 들염소 바위로 갈새,

③ 길가 양의 우리에 이른즉, 굴이 있는지라, 사울이 그 자신을 숨기려고 그곳에 들어가니라, 다윗과 그의 부하들도 그 굴 깊은 곳에 있었더라,

④ 다윗의 사람들이 가로되, 보소서, 여호와께서 당신에게 이르시기를, 내가 원수를 네 손에 붙이리니, 네 소견에 선한대로 그에게 행하라, 하시더니, 이것이 그 날이니이다, 다윗이 일어나서 사울의 겉옷자락을 가만히 베니라,

⑤ 그리한 후에 사울의 옷자락 벰을 인하여 다윗의 마음이 찔려,

⑥ 자기 사람들에게 이르되, 내가 손을 들어 여호와의 기름부음을 받은 내 주를 치는 것은 여호와의 금하시는 것이니, 그는 여호와의 기름부음을 받은 자가 됨이니라, 하고,

⑦ 다윗이 이 말로 자기 사람들을 금하여 사울을 해하지 못하게 하니라, 사울이 일어나 굴에서 나가 자기 길을 가니라,

⑧ 그 후에 다윗도 일아이 굴에서 나가 사울의 뒤에서 외쳐 가로되, 내 주 왕이여, 하매, 사울이 돌아보는지라, 다윗이 땅에 엎드려 절하고,

⑨ 사울에게 이르되, 다윗이 왕을 해하려 한다고 하는 사람들의 말을 어찌하여 들으시나이까?

⑩ 오늘 여호와께서 굴에서 왕을 내 손에 붙이신 것을 왕이 아셨을 것이니이다, 누군가가 나를 권하여 왕을 죽이라 하였으나 내가 왕을 아껴 말하기를, 나는 내 손을 들어 내 주를 해치 아니하리니, 그는 여호와의 기름부음을 받은 자가 됨이니라, 하였나이다,

⑪ 나의 아버지여, 보소서, 내 손에 있는 왕의 옷자락을 보소서, 내가 왕을 죽이지 아니하고 겉옷자락만 베었은즉, 나의 손에 악이나 죄과가 없는 줄을 아실지니다, 왕은 내 생명을 찾아 해하려 하시나, 나는 왕에게 범죄한 일이 없나이다,

⑫ 여호와께서는 나와 왕 사이를 판단하사, 나를 위하여 왕에게 보복하시려니와 내 손으로는 왕을 해하지 않겠나이다,

⑬ 옛 속담에 말하기를 악은 악인에게서 난다 하였으니, 내 손이 왕을 해하지 아니하리이다,

⑭ 이스라엘 왕이 누구를 따라 왔으며 누구를 쫓나이까? 죽은 개나 벼룩을 쫓음이니

이다,

⑮ 그런즉, 여호와께서 재판장이 되어 나와 왕 사이에 판결하사 나의 사정을 살펴 신원하시고 나를 왕의 손에서 건지시기를 원하나이다,

⑯ 다윗이 사울에게 이같이 말하기를, 마치매, 사울이 가로되, 내 아들 다윗아, 이것이 네 목소리냐 하고 소리를 높여 울며,

⑰ 다윗에게 이르되, 나는 너를 학대하되, 너는 나를 선대하니, 너는 나보다 의롭도다,

⑱ 네가 나 선대한 것을 오늘 나타내었나니, 여호와께서 나를 네 손에 붙이셨으나 네가 나를 죽이지 아니하였도다,

⑲ 사람이 그 원수를 만나면 그를 평안히 가게 하겠느냐? 네가 오늘날 내게 행한 일을 인하여 여호와께서 네게 선으로 갚으시기를 원하노라,

⑳ 보라, 나는 네가 반드시 왕이 될 것을 알고 이스라엘 나라가 네 손에 견고히 설 것을 아노니,

㉑ 그런즉, 너는 내 후손을 끊지 아니하며 내 아비의 집에서 내 이름을 멸하지 아니할 것을 이제 여호와로 내게 맹세하라,

㉒ 다윗이 사울에게 맹세하매, 사울은 집으로 돌아가고, 다윗과 그의 사람들은 요새로 돌아가니라.

● 25장

① 사무엘이 죽으매, 온 이스라엘 무리가 모여 그를 애곡하며 라마 그의 집에서 그를 장사한지라, 다윗이 일어나 바란 황야로 내려가니라,

② 마온에 한 사람이 있는데 그 업이 갈멜에 있고 심히 부하여 양이 삼천이요, 염소가 일천이므로 그가 갈멜에서 그 양털을 깎고 있었으니,

③ 그 사람의 이름은 나발이요, 그 아내의 이름은 나비가일이라, 그 여자는 총명하고 용모가 아름다우나 남자는 완고하고 행사가 악하며 그는 갈렙 족속이었더라,

④ 다윗이 황야에 있어서 나발이 자기 양털을 깎는다 함을 들은지라,

⑤ 다윗이 이에 열 소년을 보내며 그 소년들에게 이르되, 너희는 갈멜로 올라가 나발에게 이르러, 내 이름으로 그에게 문안하고,

⑥ 이같이 그 부하게 사는 자에게 이르기를, 너는 평강하라, 네 집도 평강하라, 네 소유의 모든 것도 평강하라,

⑦ 네게 양털 깎는 자들이 있다 함을 이제 내가 들었노라, 네 목자들이 우리와 함께 있

었으나, 우리가 그들을 상치 아니하였고 ,그들이 갈멜에 있는 동안에 그들의 것도 하나도 잃지 아니하였나니,

⑧ 네 소년들에게 물으면, 그들이 네게 고하리라, 그런즉, 내 소년들로 네게 은혜를 얻게 하라, 우리가 좋은 날에 왔은즉, 네 손에 있는대로 네 종들과 네 아들 다윗에게 주기를 원하노라, 하더라, 하라,

⑨ 다윗의 소년들이 가서 다윗의 이름으로 이 모든 말을 나발에게 고하기를 마치매,

⑩ 나발이 다윗의 종들에게 대답하여 가로되, 다윗은 누구며? 이새의 아들은 누구뇨? 요즈음은 각기 주인에게서 떨어져 나간 종이 많도다,

⑪ 그런데 내가 어찌 내 떡과 물과 내 양털 깎는 자를 위하여 잡은 고기를 가져 어디로서인지 알지도 못하는 자들에게 주겠느냐? 한지라,

⑫ 이에 다윗의 소년들이 돌이켜 자기 길로 행하여 돌아와서 이 모든 말을 그에게 고하매,

⑬ 다윗이 자기 사람들에게 이르되, 너희는 각기 칼을 차라, 각기 칼을 차매, 다윗도 자기 칼을 차고 사백명 가량은 데리고 올라가고 이백 명은 소유물 곁에 있게 하니라,

⑭ 소년들 중 하나가 나발의 아내 아비가일에게 고하여 가로되, 다윗이 우리 주인에게 문안하러 황야에서 사자를 보내었거늘, 주인이 그들을 모욕하였나이다,

⑮ 우리가 들에 있어 그들과 상종할 동안에 그 사람들이 우리를 매우 선대하였으므로 우리가 상하거나 잃은 것이 없었나이다,

⑯ 우리가 양을 지키는 동안에 그들이 우리와 함께 있어 밤낮 우리에게 담이 되었나이다,

⑰ 그런즉, 이제 당신은 어떻게 할 것을 알아 생각하실지니, 이는 다윗이 우리 주인과 주인의 온 집을 해하기로 결정하였음이니이다, 주인은 불량한 사람이라 더불어 말할 수 없나이다, 하니라,

⑱ 아비가일이 급히 떡 이백 덩이와 포도주 두 가죽부대와 잡아 준비한 양 다섯과 볶은 곡식 다섯 세아와 건포도 백 송이와 무화과 뭉치 이백을 취하여 나귀들에게 싣고,

⑲ 소년들에게 이르되, 내 앞서 가라, 나는 너희 뒤에 가리라, 하고, 그 남편 나발에게는 고하지 아니하니라,

⑳ 아비가일이 나귀를 타고 산 유벽한 곳으로 좇아 내려가더니, 다윗과 그의 사람들

이 자기에게로 마주 내려오는 것을 만나니라,

㉑ 다윗이 이미 말하기를, 내가 이 자의 소유물을 황야에서 지켜 그 모든 것을 하나도 손실이 없게 한것이 진실로 허사라, 그가 악으로 나의 선을 갚는도다,

㉒ 만일 내가 그에게 속한 모든 것 중 한 남자라도 아침까지 남겨두면 하나님은 다윗에게 벌을 내리시고 또 내리시기를 원하노라, 하니라,

㉓ 아비가일이 다윗을 보고 급히 나귀에서 내려 다윗의 앞에 엎드려 그 얼굴을 땅에 대니라,

㉔ 그가 다윗의 발에 엎드려 가로되, 내 주여, 청컨대, 이 죄악을 나 곧 내게로 돌리시고 여종으로 주의 귀에 말하게 하시고 이 여종의 말을 들으소서,

㉕ 원하옵나니, 내 주는 이 불량한 사람을 개의치 마옵소서, 그 이름이 그에게 적당하니, 그 이름이 나발이라, 그는 미련한 자니이다, 여종은 내 주의 보내신 소년들을 보지 못하였나이다,

㉖ 내 주여, 여호와께서 사시고 내 주도 살아계시거니와 내 주의 손으로 피를 흘려 침히 보수하시는 일을 여호와께서 막으셨으니, 내 주의 원수들과 내 주를 해하려 하는 자들은 나발과 같이 되기를 원하나이다,

㉗ 여종이 내 주에게 가져온 이 예물은 내 주를 좇는 이 소년들에게 주게 하시고,

㉘ 주의 여종의 허물을 사하여 주옵소서, 여호와께서 반드시 내 주를 위하여 든든한 집을 세우시리니, 이는 내 주께서 여호와의 싸움을 싸우심이요, 내 주의 일생에 내 주에게서 악한 일을 찾을 수 없음이니이다,

㉙ 어떤 사람이 일어나서 내 주를 쫓아 내 주의 생명을 찾을지라도 내 주의 생명은 내 주의 하나님 여호와와 함께 생명싸개 속에 싸였을 것이요, 내 주의 원수들의 생명은 물매로 던지듯 여호와께서 그것을 던지시리이다,

㉚ 여호와께서 내 주에 대하여 하신 말씀대로 모든 선을 내 주에게 행하사, 내 주를 이스라엘의 지도자로 세우신 때에,

㉛ 내 주께서 무죄한 피를 흘리셨다든지, 내 주께서 친히 보수하셨다든지, 함을 인하여, 슬퍼하실 것도 없고, 내 주의 마음에 걸리는 것도 없으시리니, 다만 여호와께서 내 주를 후대하신 때에 원컨대 내 주의 여종을 생각하소서,

㉜ 다윗이 아비가일에게 이르되, 오늘날 너를 보내어 나를 영접케 하신 이스라엘 하나님 여호와를 찬송할지로다,

㉝ 또 네 지혜를 칭찬할지며 또 네게 복이 있을지로다, 오늘날 내가 피를 흘릴 것과 친

히 보수하는 것을 네가 막았느니라,

㉞ 나를 막아 너를 해하지 않게 하신 이스라엘 하나님 여호와의 사심으로 맹세하노니, 네가 급히 와서 나를 영접치 아니하였더면 밝은 아침에는 과연 나발에게 한 남자도 남겨두지 아니하였으리라,

㉟ 다윗이 그가 가져온 것을 그의 손에서 받고 그에게 이르되, 네 집으로 평안히 올라가라, 내가 네 말을 듣고 네 청을 허락하노라,

㊱ 아비가일이 나발에게로 돌아오니, 그가 왕의 잔치 같은 잔치를 그 집에서 열고 대취하여 마음에 기뻐하므로 아비가일이 아침까지는 말하지 아니하다가,

㊲ 아침에 나발이 포도주가 깬 후에 그 아내가 이 일을 고하매, 그가 낙담하여 몸이 돌과 같이 되었더라,

㊳ 한 열흘 후에 여호와께서 나발을 치시매, 그가 죽으니라,

㊴ 다윗이 나발의 죽었다 함을 듣고 가로되, 나발에게 당한 나의 욕을 신설하사 종으로 악한 일을 하지 않게 하신 여호와를 찬송할지로다, 여호와께서 나발의 악행을 그 머리에 돌리셨도다, 하니라, 다윗이 아비가일로 자기 아내를 삼으려고 보내어 그에게 말하게 하매,

㊵ 다윗의 종들이 갈멜에 가서 아비가일에게 이르러, 그에게 일러 가로되, 다윗이 당신을 아내로 삼고자 하여 우리를 당신께 보내더이다, 하니,

㊶ 그녀가 일어나 몸을 굽혀 얼굴을 땅에 대고 가로되, 내 주의 여종은 내 주의 사환들의 발 씻길 종이니이다, 하고,

㊷ 급히 일어나서 나귀를 타고 따르는 처녀 다섯과 함께 다윗의 사자들을 따라가서 다윗의 아내가 되니라

㊸ 다윗이 또 이스르엘 아히노암을 취하였더니, 그들 두 사람이 자기 아내가 되니라,

㊹ 그러나 사울은 그 딸 다윗의 아내 미갈을 갈림에 사는 라이스의 아들 발디에게 이미 주었었더라.

● 26장

① 집히티 사람들이 기브아에 와서 사울에게 가로되, 다윗이 여시몬 앞에 있는 하길라의 언덕에 숨지아니하였나이까? 하니,

② 사울이 일어나 집히티 황무지에서 다윗을 찾으려고 이스라엘에서 택한 사람 삼천과 함께 집히티 황무지로 내려가서,

③ 황야 앞 하길라 산 길가에 진 치니라, 다윗이 황무지에 있더니 사울이 자기를 따라 황무지로 들어옴을 깨닫고,

④ 이에 탐정을 보내어 사울이 과연 이른줄 알고,

⑤ 일어나 사울의 진 친곳에 이르러, 사울과 넬의 아들 군대장관 아브넬의 유하는 곳을 본즉, 사울이 진 가운데 누웠고 백성은 그를 둘러 진 쳤더라,

⑥ 이에 다윗이 헷 사람 아히멜렉과 스루야의 아들 요압의 아우 아비새에게 물어 가로되, 누가 나로 더불어 진에 내려가서 사울에게 이르겠느냐? 하니, 아비새가 가로되, 내가 함께 가겠나이다, 하니라,

⑦ 다윗과 아비새가 밤에 그 백성에게 나아가 본즉, 사울이 진 가운데 누워 자고 창은 머리 곁 땅에 꽂혔고 아브넬과 백성들은 그를 둘러 누웠는지라,

⑧ 아비새가 다윗에게 이르되, 하나님이 오늘 당신의 원수를 당신의 손에 붙이셨나이다, 그러므로 청하오니 나로 창으로 그를 찔러서 단번에 땅에 꽂게 하소서, 내가 그를 두번 찌를 것이 없으리이다,

⑨ 다윗이 아비새에게 이르되, 죽이지 말라, 누구든지 손을 들어 여호와의 기름 부음을 받은 자를 치면 죄가 없겠느냐?

⑩ 또 가로되, 여호와께서 사시거니와 여호와께서 그를 치시리니, 혹 죽을 날이 이르거나 혹 전장에 들어가서 망하리라,

⑪ 내가 손을 들어 여호와의 기름 부음을 받은 자를 치는 것을 여호와께서 금하시나니, 너는 그의 머리 곁에 있는 창과 물병만 가지고 가자, 하고,

⑫ 다윗이 사울의 곁에서 창과 물병을 가지고 떠나가되, 깨든지 이를 보든지 알든지 하는 사람이 없었으니, 니는 여호와께서 그들고 깊이 잠들게 하셨으므로 그들이 다 잠이었더라,

⑬ 이에 다윗이 건너편으로 가서 멀리 산꼭대기에 서니 상거가 멀더라,

⑭ 다윗이 백성과 넬의 아들 아브넬에 대하여 외쳐 가로되, 아브넬아, 너는 대답지 아니하느냐? 아브넬이 대답하여 가로되, 왕을 브르는 너는 누구냐? 하니라,

⑮ 다윗이 아브넬에게 이르되, 네가 용사가 아니냐? 이스라엘 중에 너 같은 자가 누구냐? 그러한데 네가 어찌하여 네 주 왕을 보호하지 아니하느냐? 백성 중 한 사람이 내 주 왕을 죽이려고 들어갔었느니라,

⑯ 네 행한 이 일이 선치 못하도다, 여호와께서 사시거니와 여호와의 기름부음 받은 너희 주를 보호하지 아니하였으므로 너희는 마땅히 죽을 자니라, 이제 왕의 창과

왕의 머리 곁에 있던 물병이 어디 있나 보라,

⑰ 사울이 다윗의 음성을 알아 듣고 가로되, 내 아들 다윗아, 이것이 네 음성이냐? 다
윗이 가로되, 내 주 왕이여 내 음성이니이다,

⑱ 또 가로되, 내 주는 어찌하여 주의 종을 쫓으시나이까? 내가 무엇을 하였으며 내
손에 무슨 악이 있나이까?

⑲ 그러므로 이제 내가 원하오니 내 주인 왕께서는 당신의 종의 말을 들으소서, 만일
여호와께서 왕을 격동시켜 나를 치라, 하셨으면, 여호와께서는 제물을 받으시리
이다, 그러나 만일 그들이 사람의 아들들이라면, 그들은 여호와 앞에서 저주를 받
으리니, 그들이 이날 나를 여호와의 상속을 받는 것을 못 받게하고 말하기를, 가서
다른 신들을 섬기라, 하였나이다,

(Now therefore, I pray thee, let my lord the king hear the words of his
servant. If the LORD have stirred thee up against me, let him accept
an offering: but if they be the children of men, cursed be they before
the LORD; for they have driven me out this dayfrom abiding in the
inheritance of the LORD, saying, Go, serve other gods.-KJV)

(Now let my LORD the king listen to his servant's words. If the LORD
has incited you against me, then may he accept an offering. If, however,
men have done it, may they be cursed before the LORD! They have now
driven me from my share in the LORD's inheritance and have said, 'Go,
serve other gods.'-NIV)

(Please, now, let my LORD the king listen to the words of his servant. If
the LORD has incited you against me, may an offering please the LORD.
They have driven me away so that today I have no share in the LORD's
heritage, but am told: 'Go serve other gods!'-NAB)

(Oh, my master, my king, lsten to this from your servant; If GOD has
stirred you up against me, then I gladly offer my life as a sacrifice, But if
it's men who have done it, let them be banished from GOD's presence!
They've expelled me from my rightful place in GOD's heritage, sneering,
Out of here! Go get a job with some other god!'-THE MESSAGE)

⑳ 그런데 청컨대 여호와 앞에 먼 이곳에서 이제 나의 피로 땅에 흐리지 말게 하옵소

서 이는 산에서 메추라기를 사냥하는 자와 같이 이스라엘 왕이 한 벼룩을 수색하러 나오셨음이니이다

㉑ 사울이 가로되, 내가 범죄하였도다, 내 아들 다윗아, 돌아오라, 네가 오늘 내 생명을 귀중히 여겼은즉 ,내가 다시는 너를 해하려 하지 아니하리라, 내가 어리석은 일을 하였으니, 대단히 잘못되었도다,

㉒ 다윗이 대답하여 가로되, 왕의 창을 보소서 한 소년을 보내어 가져가게 하소서,

㉓ 여호와께서 각 사람에게 그 의와 신실을 갚으시리니, 이는 여호와께서 오늘날 왕을 내 손에 붙이셨으되, 나는 손을 들어 여호와의 기름 부음을 받은 자 치기를 원치 아니하였음이니이다,

㉔ 오늘날 왕의 생명을 내가 중히 여긴 것같이 내 생명을 여호와께서 중히 여기셔서 모든 환난에서 나를 구하여 내시기를 바라나이다,

㉕ 사울이 다윗에게 이르되, 내 아들, 다윗아 네게 복이 있을지로다, 네가 큰 일을 행하겠고 반드시 승리를 얻으리라, 하니라, 다윗은 자기 길로 가고 사울은 자기 곳으로 돌아가니라.

● 27장

① 다윗이 그 마음에 생각하기를, 내가 후일에는 사울의 손에 망하리니 팔레스타인 사람들의 땅으로 피하여 들어가는 것이 상책이로다, 사울이 이스라엘 온 경내에서 나를 수색하다가 절망하리니, 내가 그 손에서 벗어나리라, 하고,

② 일어나 함께 있는 육백인으로 더불어 가드왕 마옥의 아들 아기스에게로 건너가니라,

③ 다윗과 그의 사람들이 각기 가족을 거느리고 가드에서 아기스와 동거하였는데, 다윗이 그 두 아내 이스르엘 여자 아히노암과 나발의 아내 되었던 아비가일과 함께 하였더니,

④ 다윗이 가드에 도망한 것을 누군가가 사울에게 고하매, 사울이 다시는 그를 수색하지 아니하니라,

⑤ 다윗이 아기스에게 이르되, 내가 당신께 은혜를 받았거든 지방 성읍 중 하나를 주어 나로 거하게 하소서, 당신의 종이 어찌 당신과 함께 왕도에 거하리이까? 하므로,

⑥ 아기스가 그 날에 시글락을 그에게 주었으므로 시글락이 오늘날까지 유다 왕에게

속하니라,

⑦ 다윗이 팔레스타인 사람의 땅에서 거한 날 수는 일년 넉달이었더라,

⑧ 다윗과 그의 사람들이 올라가서 그술 사람들과 기르스 사람들과 아말렉 사람들을 침략하였으니, 그들은 옛적부터 수르로 향하는 땅, 곧 에집트 땅으로 향하는 곳에 있었던 거주민들이었더라,

⑨ 다윗이 그 땅을 쳐서 남녀를 살려두지 아니하고 양과 소와 나귀와 약대와 의복을 취하고 돌아와서 아기스에게 이르매,

⑩ 아기스가 가르되, 너희가 오늘은 어데를 쳤느냐? 하니, 다윗이 말하기를, 유다의 남쪽과 여라무엘 사람들의 남쪽과 겐 사람들의 남쪽을 쳤나이다, 하니라,

⑪ 다윗이 남자나 여자를 살려두지 아니하여 가드로 소식을 전하지 못하게 하였더라, 이는 그가 생각하기를, 그들이 우리에 관하여 정보를 알려주고 말하기를, 다윗이 이렇게 행하였고, 그가 팔레스타인 사람들의 땅에 거하는 동안의 습관이 이러하니라, 하고 말할까 두려워함이었더라,

⑫ 아기스가 다윗을 믿고 말하기를, 다윗이 자기 백성 이스라엘에게 심히 미움을 받게 하였으니, 그는 영영히 내 종이 되리라, 하니라.

● 28장

① 그 때에 팔레스타인 사람들이 이스라엘을 쳐서 싸우려고 군대를 모집한지라, 아기스가 다윗에게 이르되, 너는 밝히 알라, 너와 네 사람들이 나와 한가지로 나가서 군대에 참가할것이니라,

② 다윗이 아기스에게 이르되, 그러면 당신의 종이 행할 바를 아시리이다, 아기스가 다윗에게 이르되, 그러면 너로 영영히 내 머리 지키는 자를 삼으리라, 하니라,

③ 사무엘이 죽었으므로 온 이스라엘이 그를 애곡하며 그의 본성 라마에 장사하였고, 사울은 신접한 자와 박수를 그 땅에서 쫓아내었더라,

④ 팔레스타인 사람들이 모여 수넴에 이르러 진 치매, 사울이 온 이스라엘을 모아 길보아에 진 쳤더니,

⑤ 사울이 팔레스타인 사람들의 군대를 보고 두려워서 그 마음이 크게 떨린지라,

⑥ 사울이 여호와께 묻자오되, 여호와께서 꿈으로도 우림으로도 선지라로도 그에게 대답지 아니하시므로,

⑦ 사울이 그 신하들에게 이르되, 나를 위하여 신접한 여인을 찾으라, 내가 그리로 가

서 그에게 물으리라, 그 신하들이 그에게 이르되, 보소서, 엔돌에 신접한 여인이 있나이다, 하니,

⑧ 사울이 다른 옷을 입어 변장하고 두 사람과 함께 갈새, 그들이 밤에 그 여인에게 이르러는 사울이 가로되, 청하노니 나를 위하여 신접한 술법으로 내가 네게 말하는 사람을 불러올리라,

⑨ 여인이 그에게 이르되, 네가 사울의 행한 일 곧 그가 신접한 자와 박수를 이 땅에서 멸절시켰음을 아나니, 네가 어찌하여 내 생명에 올무를 놓아 나를 죽게 하려느냐? 하매,

⑩ 사울이 여호와로 그에게 맹세하여 가로되, 여호와께서 살아계시는 한 네가 이 일로는 벌을 당치 아니하리라,

⑪ 여인이 가로되, 내가 누구를 네게로 불러 올리랴? 사울이 가로되, 사무엘을 불러 올리라, 하니,

⑫ 여인이 사무엘을 보았을 때, 여인은 큰 소리로 외쳐 사울에게 말하기를, 왜 네가 나를 속였느냐? 네가 사울이지! 하매,

⑬ 왕이 그녀에게 이르되, 두려워 말라, 네가 무엇을 보았느냐? 하니, 여인이 사울에게 이르되, 내가 영이 땅에서 올라오는 것을 보았나이다, 하니,

⑭ 사울이 그에게 이르되, 그 모습이 어떠하냐? 하니, 그녀가 가로되 한 노인이 올라오는데 그가 겉옷을 입었나이다, 사울이 그가 사무엘인줄 알고 그 얼굴을 땅에 대고 절하니라,

⑮ 사무엘이 사울에게 이르되, 네가 어찌하여 나를 불러 올려서 나로 분요케 하느냐? 사울이 대답하되 나는 심히 불안하니이다, 팔레스타인 사람들은 나를 향하여 군대를 일으켰고 하나님은 나를 떠나서 다시는 선지자로도 꿈으로도 내게 대답지 아니하시기로 나의 행할 일을 배우려고 당신을 불러 올렸나이다, 하니,

⑯ 사무엘이 가로되, 여호와께서 너를 떠나 네 대적이 되셨거늘 네가 어찌하여 내게 묻느냐?

⑰ 여호와께서 나의 말씀하신대로 네게 행하사, 나라를 네 손에서 떼어 네 이웃 다윗에게 주셨느니라,

⑱ 네가 여호와의 목소리를 순종치 아니하고 그의 진노를 아말렉에게 쏟지 아니하였으므로 여호와께서 오늘날 이 이일을 네게 행하셨고,

⑲ 여호와께서 이스라엘을 너와 함께 팔레스타인 사람들의 손에 붙이시리니, 내일 너

와 네 아들들이 나와 함께 있으리라, 여호와께서 또 이스라엘 군대를 팔레스타인 사람들의 손에 붙이시리라,

⑳ 사울이 갑자기 땅에 온전히 엎드러지니, 이는 사무엘의 말을 인하여 심히 두려워 함이요, 또 그 기력이 진 하였으니, 이는 그가 종일 종야에 음식을 먹지 못하였음 이라,

㉑ 그 여인이 사울에게 이르러, 그 심히 고통함을 보고 그에게 말하기를, 보소서, 왕의 여종이 왕의 말씀에 복종하였으며, 내가 내 손으로 내 생명을 걸고 왕께서 내게 하 신 그 말씀들을 귀를 기울여 들었나이다,

㉒ 그런즉, 이제 여종의 말을 들으사, 나로 하여금 왕께 빵 한 조각을 드리게 하여 잡 수시고, 길 가실 때에 기력을 얻으소서, 하였으나,

㉓ 사울이 거절하고 말하기를, 내가 먹지 아니하겠노라, 하니라, 그러나 신하들과 그 여인이 강권하니, 그가 그 말을 듣고 땅에서 일어나 침상에 앉으니라,

㉔ 여인의 집에 살진 송아지가 있으므로 그것을 급히 잡고 가루를 취하여 뭉쳐 부풀 지 않은 빵을 만들고 구워서,

㉕ 사울의 앞과 그의 신하들의 앞에 가져오니 그들이 먹고 일어나서 그 밤에 떠나니 라.

● 29장

① 이제 팔레스타인 사람들은 그 모든 군대를 아벡에 모았고 이스라엘 사람들은 이스 르엘에 있는 샘 곁에 진 쳤더라,

② 팔레스타인 사람들의 지도자들은 수백씩 수천씩 영솔하여 나아가고, 다윗과 그의 사람들은 아기스와 함께 그 뒤에서 나아가니,

③ 팔레스타인 사람들의 지도자들이 가로되, 이 히브리 사람들이 무엇을 하려느냐? 하니, 아기스가 팔레스타인 사람들의 방백들에게 이르되, 이는 이스라엘 왕 사울 의 신하 다윗이 아니냐? 그가 나와 함께 있은지 여러 날 여러 해로되, 그가 망명하 여 온 날부터 오늘까지 내가 그의 허물을 보지 못하였노라,

④ 팔레스타인 사람들의 방백들이 그에게 노한지라, 팔레스타인 방백들이 그에게 이 르되, 이 사람을 돌려보내어 왕이 그에게 정하신 그 처소로 가게 하소서, 그는 우 리와 함께 싸움에 내려가지 못하리니, 그가 전장에서 우리의 대적이 될까 하나이 다, 그가 무엇으로 그 주와 다시 화합하리이까? 이 사람들의 머리로 하지 아니하겠

나이까?

⑤ 이 다윗은 그들이 춤추고 서로 노래하며 말하기를, 사울은 수천을 죽였고 다윗은 수만을 죽였도다, 한 자가 아니니이까? 하니라,

⑥ 아기스가 다윗을 불러 그에게 이르되, 여호와께서 사시거니와 네가 정직하여 내게 온 날부터 오늘까지 네게 악이 있음을 보지 못하였으니 나와 함께 군중에 출입하는 것이 나의 소견에는 좋으나 장관들이 너를 좋아하지 아니하니,

⑦ 너는 돌이켜 평안히 가서 팔레스타인 사람들의 군주들에게 거슬려 보이게 말라, 하니라,

⑧ 다윗이 아기스에게 이르되, 내가 무엇을 하였나이까? 내가 당신의 앞에 오늘까지 있는 동안에 당신이 종에게서 무엇을 무엇을 보셨기에 나로 가서 내 주 왕의 원수와 싸우지 못하게 하시나이까? 하니,

⑨ 아기스가 다윗에게 대답하여 가로되 네가 내 목전에 하나님의 사자같이 선한 것을 내가 아나 팔레스타인 사람들의 방백들은 말하기를, 그가 우리와 함께 전장에 올라가지 못하리라 하였으니,

⑩ 그런즉, 너는 너와 함께 온 네 주의 신하들로 더불어 새벽에 일어나라, 너희는 새벽에 일어나서 밝거든 곧 떠나라,

⑪ 이에 다윗이 자기 사람들로 더불어 일찍이 아침에 일어나서 떠나 팔레스타인 사람들의 땅으로 돌아가고 팔레스타인 사람들은 이스르엘로 올라가니라.

● 30장

① 다윗과 그의 사람들이 제 삼일에 시글락에 이를 때에 아말렉 사람들이 이미 남방과 시글락을 침로하였는데 그들이 시글락을 쳐서 불사르고,

② 거기 있는 대소 여인들을 하나도 죽이지 아니하고 다 사로잡아 끌고 자기 길을 갔더라,

③ 다윗과 그의 사람들이 성에 이르러 본즉, 성이 불탔고 자기들의 아내와 자녀들이 사로잡혔는지라,

④ 다윗과 그와 함께한 백성이 울 기력이 없도록 소리를 높여 울었더라,

⑤ (다윗의 두 아내 이스르엘 여인 아히노암과 갈멜 사람 나발의 아내 아비가일도 사로잡혔더라.),

⑥ 다윗이 심히 불안해하였으니, 이는 모든 백성이 각자 자기 아들들과 딸들로 인하

여 마음이 슬퍼서 다윗을 돌로 치자 하였기 때문이라, 그러나 다윗은 주 그의 하나님 여호와를 힘입고 용기를 얻었더라,

⑦ 다윗이 아히멜렉의 아들 제사장 아비아달에게 이르되, 청컨대 에봇을 내게로 가져오라, 아비아달이 에봇을 다윗에게로 가져오매,

⑧ 다윗이 여호와께 묻자와 가로되, 내가 이 군대를 쫓아 가리이까? 내가 그들을 따라잡을 수 있겠나이까? 하니, 여호와께서 그에게 대답하시기를, 뒤쫓아가라, 네가 반드시 따라잡을 것이며 틀림없이 모두 다시 찾아오리라, 하시니라,

⑨ 이에 다윗과 그와 함께한 육백명이 가서 브솔 시내에 이르렀는데 뒤에 남은 자들은 거기 머물렀으나,

⑩ 곧 이는 피곤하여 브솔 시내를 건너지 못하는 이백인은 머물렀고 다윗은 사백인을 거느리고 쫓아갔음이라,

⑪ 그들이 들판에서 에집트 사람 하나를 만나 다윗에게로 데려다가 떡을 주어 먹게 하며 물을 마시우고,

⑫ 무화과 뭉치에서 뗀 덩이 하나와 건포도 두 송이를 주었으니, 그가 낮 사흘 밤 사흘을 떡도 먹지 못하였고 물도 마시지 못하였음이라,

⑬ 다윗이 그에게 이르되, 너는 뉘게 속하였으며 어디서 왔느냐? 하니, 가로되, 나는 에집트 소년이요, 아말렉 사람의 종이더니 사흘 전 병이 들매 주인이 나를 버렸나이다,

⑭ 우리가 그렛 사람의 남방과 유다에 속한 지방과 갈멜 남방을 침로하고 시글락을 불살랐나이다,

⑮ 다윗이 그에게 이르되, 네가 나를 그 군대에게로 인도하겠느냐? 그가 가로되, 당신이 나를 죽이지도 아니하고 내 주인의 수중에 붙이지도 아니하겠다고 하나님으로 맹세하소서, 그리하면 내가 당신을 이 군대에게로 인도하리이다, 하니라,

⑯ 그가 다윗을 인도하여 내려가니, 보라, 그들이 온 땅 위에 흩어져 먹고 마시며 춤추고 있으니, 이는 그들이 팔레스타인 사람들의 땅과 유다의 땅에서 약탈한 약탈물이 많았기 때문이더라,

⑰ 다윗이 새벽부터 이튿날 저물때까지 그들을 치매, 약대 타고 도망한 소년 사백 명 외에는 피한 사람이 없었더라,

⑱ 다윗이 아말렉 사람의 취하였던 모든 것을 도로 찾고 그 두 아내를 구원하였고,

⑲ 그들의 탈취하였던 것 곧 무리의 자녀들이나 빼앗겼던 것의 대소를 물론하고 아무

것도 잃은 것이 없이 다윗이 도로 찾아왔고,

⑳ 또 양떼와 소떼를 다 탈취하였더니, 무리가 그 가축 앞에 몰고 가며 가로되, 이는 다윗의 탈취한 것이라, 하였더라,

㉑ 다윗이 이왕에 피곤하여 능히 자기를 따르지 못하므로 브솔 시내에 머물게한 이백 인에게 오매, 그들이 다윗과 그와 함께한 백성을 영접하러 나온지라, 다윗이 그 백성에게 이르러, 문안하매,

㉒ 다윗과 함께 자 중에 악한 자와 비류들이 다 가로되, 그들이 우리와 함께 가지 아니하였은즉, 우리가 도로 찾은 물건을 무엇이든지 그들에게 주지 말고, 각 사람의 처자만 주어서 데리고 떠나가게 하라, 하는지라,

㉓ 다윗이 가로되, 나의 형제들아 여호와께서 우리를 보호하시고 우리를 치러 온 그 군대를 우리 손에 붙이셨은즉, 그가 우리에게 주신 것을 너희가 이같이 못하리라,

㉔ 이 일에 누가 너희를 듣겠느냐? 전장에 내려갔던 자의 몫이나 소유물 곁에 머물렀던 자의 몫이 일반일지니 같이 분배할 것이니라, 하고,

㉕ 그 날부터 다윗이 이것으로 이스라엘의 율례와 규례를 삼았더니, 오늘까지 이르니라,

㉖ 다윗이 시글락에 이르러 탈취물을 그 친구 유다 장로들에게 보내어 가로되, 보라, 여호와의 원수에게서 탈취한 것을 너희에게 선사하노라, 하고,

㉗ 벧엘에 있는 자와 남방 라못에 있는 자와 얏딜에 있는 자와,

㉘ 아로엘에 있는 자와 십못에 있는 자와 에스드모아에 있는 자와,

㉙ 라갈에 있는 자와 여라므엘 사람의 성읍들에 있는 자와 겐 사람의 성읍들에 있는 자와,

㉚ 홀마에 있는 자와 고라산에 있는 자와 아닥에 있는 자와

㉛ 헤브론에 있는 자에게 와 다윗과 그의 사람들의 왕래하던 모든 곳에 보내었더라,

● 31장

① 이제 팔레스타인 사람들이 이스라엘을 치매, 이스라엘 사람들이 팔레스타인 사람들 앞에서 도망하여 길보아산에서 쓰러져 죽었더라,

② 팔레스타인 사람들이 사울과 그 아들들을 쫓아 미쳐서 사울의 아들 요나단과 아비나답과 말기수아를 죽이니라,

③ 그 싸움에서 사울이 심히 불리하게 되어 활 쏘는 자들이 그를 맞추므로 그가 활 쏘

는 자들오 인하여 심한 부상을 입으니라,

④ 그깨에 사울이 병기든 자에게 이르되, 네 칼을 빼어 나를 찌르라, 할례없는 자들이 와서 나를 찌르고 모욕할까, 두려워하노라, 하나, 병기든 자가 심히 두려워하여 행치 아니하는지라 이에 사울이 자기 칼을 취하고 그 위에 엎드러지매,

⑤ 병기든 자가 사울의 죽음을 보고 자기도 자기 칼 위에 엎드러져 그와 함께 죽으니라, 사울과 그 세 아들과 병기든 자와 그의 모든 사람이 다 그날에 함께 죽었더라,

⑥ 골짜기 저 편에 있는 이스라엘 사람과 요단 건너편에 있는 자들이 이스라엘 사람들의 도망한 것을 보고 사울과 그 아들들의 죽었음을 보고 성읍들을 버리고 도망하매, 팔레스타인 사람들이 이르러 거기 거하니라,

⑦ 그 이튿날 팔레스타인 사람들이 죽은 자를 벗기러 왔다가 사울과 그 세 아들이 길보아 산에서 죽은 것을 보고,

⑧ 사울의 머리를 베고 그 갑옷을 벗기고, 자기들의 신당과 백성에게 전파하기 위하여 그것을 팔레스타인 사람들의 땅 사방에 보내고,

⑨ 그 갑옷은 아스다롯의 집에 두고 시체는 벧산 성벽에 못 박으매,

⑩ 길르앗 야베스 거민들이 팔레스타인 사람들의 사울에게 행한 일을 듣고,

⑪ 모든 장사가 일어나 밤새도록 가서 사울과 그 아들들의 시체를 벧산 성벽에서 취하여 가지고 야베스에 돌아와서 거기서 불사르고,

⑫ 그 뼈를 가져다가 야베스 에셀나무 아래 장사하고 칠일을 금식하였더라.

사무엘 하

· 본 성경듣기는 QR코드 인식으로 들을 수 있습니다

● **1장**

① 사울의 죽은 후라 다윗이 아말렉 사람을 도륙하고 돌아와서 시글락에서 이틀을 유하더니

② 제 삼일에 한 사람이 사울의 진에서 나왔는데 그 옷은 찢어졌고 머리에는 흙이 있더라, 거가 다윗에게 나아와 땅에 엎드려 절하매,

③ 다윗이 저에게 묻되, 너는 어디서 왔느냐? 대답하되, 이스라엘 진에서 도망하여 왔나이다, 하니,

④ 다윗이 가로되, 일이 어떻게 되었느뇨? 너는 내게 고하라, 저가 대답하되, 군사가 전쟁 중에서 도망하기도 하였고 무리 중에 엎드려 죽은 자도 많았고 사울과 그 아들 요나단도 죽었나이다,

⑤ 다윗이 자기에게 고하는 소년에게 묻되, 사울과 그 아들 요나단이 죽은 줄을 네게 어떻게 아느냐? 하니,

⑥ 그에게 고하는 소년이 가로되, 내가 우연히 길보아산에 올라보니, 사울이 자기 창을 의지하였고 병거와 기병은 저를 촉급히 따르는데,

⑦ 사울이 뒤로 돌이켜 나를 보고 부르시기로 내가 대답하여 내가 여기 있나이다, 한즉,

⑧ 내게 이르되, 너는 누구냐? 하시기로 내가 대답하되, 나는 아말렉 사람이니이다, 하였더니,

⑨ 또 내게 이르되, 내 목숨이 아직 내게 완전히 있으므로 내가 고통에 들었나니, 너는 내 곁에 서서 나를 죽이라 하시기로,

⑩ 저가 엎드러진 후에는 살 수 없는 줄을 내가 알고 그 곁에 서서 죽이고, 그 머리에

있는 면류관과 팔에 있는 고리를 벗겨서 내 주께로 가져왔나이다, 하니라,

⑪ 이에 다윗이 자기 옷을 잡아 찢으매 함께 있는 모든 사람도 그리하고,

⑫ 사울과 그 아들 요나단과 여호와의 백성과 이스라엘 족속이 칼에 죽음을 인하여 저녁때까지 슬퍼하여 울며 금식하니라,

⑬ 다윗이 그 고한 소년에게 묻되, 너는 어디 사람이야? 하니, 대답하되, 나는 아말렉 사람, 곧 외국인의 아들이니이다, 하매,

⑭ 다윗이 저에게 이르되, 네가 어찌하여 손을 들어 여호와의 기름 부음 받은 자 죽이기를 두려워하지 아니하였느냐? 하고,

⑮ 다윗이 그의 젊은이 중 하나를 불러 이르되, 가까이 가서 저를 죽이라, 하매, 그가 치매 곧 죽으니라,

⑯ 다윗이 저에게 이르기를, 네 피가 네 머리로 돌아갈지어다, 네 입이 네게 대하여 증거하기를, 내가 여호와의 기름 부음 받은 자를 죽였노라 함이니라, 하였더라,

⑰ 다윗이 이 슬픈 노래로 사울과 그 아들 요나단을 조상하고,

⑱ 명하여 그것을 유다 족속에게 가르치라, 하였으니, 곧 활 노래라, 야살의 책에 기록되었으되,

⑲ 이스라엘아, 너의 영광이 산 위에서 죽임을 당하였도다, 오호라, 두 용사가 엎드러졌도다,

⑳ 이 일을 가드에도 고하지 말며 아스글론 거리에도 전파하지 말지어다, 팔레스타인 사람의 딸들이 즐거워할까, 할례 받지 못한 자의 딸들이 개가를 부를까, 염려하노라,

㉑ 길보아 산들아 너희 위에 우로가 내리지 아니하며 제물 낼 밭도 없을지어다, 거기서 두 용사의 방패가 버린바 됨이라 곧 사울의 방패가 기름 부음을 받지 않음같이 됨이로다,

㉒ 죽은 자의 피에서 용사의 기름에서 요나단의 활이 물러가지 아니하였으며 사울의 칼이 헛되이 돌아오지 하였도다,

㉓ 사울과 요나단이 생전에 사랑스럽고 아름다운 자러니 죽을 때에도 서로 떠나지 아니하였도다, 저희는 독수리보다 빠르고 사자보다 강하였도다,

㉔ 이스라엘 딸들아 사울을 슬퍼하여 울지어다, 저가 붉은 옷으로 너희에게 화려하게 입혔고 금 노리개를 너희 옷에 채웠도다,

㉕ 오호라 두 용사가 전쟁 중에 엎드러졌도다, 요나단이 너의 산 위에서 죽임을 당하

였도다,

㉖ 내 형 요나단이여, 내가 그대를 애통함은 그대는 내게 심히 아름다움이라, 그대가 나를 사랑함이 기이하여 여인의 사랑보다 승하였도다,

㉗ 오호라 두 용사가 엎드러졌으며 싸우는 병기가 망하였도다, 하였더라.

● 2장

① 그 후에 다윗이 여호와께 물어 가로되, 내가 유다 한 성으로 올라가리이까? 하니, 여호와께서 가라사대 올라가라, 다윗이 가로되, 어디로 가리이까? 하니, 가라사대, 헤브론으로 갈지니라,

② 다윗이 그의 두 아내 이스르엘 여인 아히노암과 갈멜 사람 나발의 아내 되었던 아비가일을 데리고 그리로 올라갈 때에,

③ 또 자기와 함께한 종자들과 그들의 권속들을 다 데리고 올라가서 헤브론 각 성에 거하게 하니라,

④ 유다 사람들이 와서 거기서 다윗에게 기름을 부어 유다 족속의 왕을 삼았더라, 그들이 다윗에게 고하여 가로되, 사울을 장사한 사람은 길르앗 야베스 사람들이니이다, 하매,

⑤ 다윗이 길르앗 야베스 사람들에게 사자들을 보내어 가로되, 너희가 너희 주 사울에게 이처럼 은혜를 베풀어 장사하였으니 여호와께 복을 받을지어다,

⑥ 너희가 이 일을 하였으니 이제 여호와께서 은혜와 진리로 너희에게 베푸시기를 원하고 나도 이 선한 일을 너희에게 갚으리니,

⑦ 이제 너희는 손을 강하게 하고 담대히 할지어다, 너희 주 사울이 죽었고 또 유다 족속이 내게 기름을 부어 저희의 왕을 삼았음이니라,

⑧ 사울의 군장 넬의 아들 아브넬이 이미 사울의 아들 이스보셋을 데리고 마하나임으로 건너가서,

⑨ 길르앗과 아술과 이스르엘과 에브라임과 베냐민과 온 이스라엘의 왕을 삼았더라,

⑩ 사울의 아들 이스보셋이 비로서 이스라엘 왕이 될 때에 나이 사십세며 두 해 동안 위에 있으니라, 유다 족속은 다윗을 따르니,

⑪ 다윗이 헤브론에서 유다 족속의 왕이 된 날 수는 일곱해 여섯 달이더라,

⑫ 넬의 아들 아브넬과 사울의 아들 이소보셋의 신복들은 마하나임에서 나와서 기브온에 이르고,

⑬ 스루야의 아들 요압과 다윗의 신복들도 나와서 기브온의 못가에서 저희를 만나 앉으니, 이는 못 이편이요, 저는 못 저편이라,

⑭ 아브넬이 요압에게 이르되, 청컨대 청년들로 일어나서 우리 앞에서 겨루게 하자, 하니, 요압이 가로되 겨루게 하자, 하매,

⑮ 저희가 일어나 그 수효대로 나아가니, 베냐민과 사울의 아들 이스보셋의 편에 열 둘이요, 다윗의 신복 중에 열 둘이라,

⑯ 각기 적수의 머리를 잡고 칼로 적수의 옆구리를 찌르매 일제히 쓰러진지라, 그러므로 그곳을 헬갓 핫수림이라 일컬었으며, 기브온에 있더라,

⑰ 그날에 싸움이 심히 맹렬하더니, 아브넬과 이스라엘 사람들이 다윗의 신복들 앞에서 패하니라,

⑱ 그곳에 스루야의 세 아들 요압과 아비새와 아사헬이 있었는데, 아사헬의 발은 들노루 같이 빠르더라,

⑲ 아사헬이 아브넬을 쫓아 달려가되 좌우로 치우치지 않고 아브넬의 뒤를 쫓으니,

⑳ 그때에 아브넬이 뒤를 돌아보며, 그에게 말하기를, 네가 아사헬이냐? 하니, 그가 대답하기를, 그렇다, 하매,,

㉑ 아브넬이 저에게 이르되, 너는 좌편으로나 우편으로나 돌이켜 청년들 중 하나를 잡아 그의 갑옷을 빼앗으라 하였으나, 아사헬이 치우치기를 원치 않고, 그 뒤를 쫓으매,

㉒ 아브넬이 다시 아사헬에게 이르되, 너는 나 쫓기를 그치라, 내가 너를 쳐서 땅에 엎드러게 할 까닭이 무엇이냐? 그렇게 하면 내가 어떻게 네 형 요압을 대면하겠느냐? 하되,

㉓ 저가 치우치기를 싫어하매, 아브넬이 창 뒤 끝으로 그 배를 찌르니 창이 그 등을 꿰뚫고 나간지라, 곧 그곳에 엎드러져 죽으매, 아사헬의 엎드러져 죽은 곳에 이르는 자마다 머물러 섰더라,

㉔ 요압과 아비새가 아브넬의 뒤를 쫓아 기브온 거친 땅의 길가 기아 맞은편 암마산에 이를 때에 해가 졌고,

㉕ 베냐민 족속은 함께 모여 아브넬을 따라 한 떼를 이루고 작은 산꼭대기에 섰더라,

㉖ 아브넬이 요압에게 외쳐 가로되, 칼이 영영히 사람을 상하겠느냐? 마침내 참혹한 일이 생길 줄을 알지 못하느냐? 네가 언제나 무리에게 그 형제 쫓기를 그치라 명하겠느냐? 하매,

㉗ 요압이 가로되, 하나님이 사시거니와 네가 흔단의 말을 내지 아니하였더면 무리가 아침에 다 돌아갔을 것이요, 그 형제를 쫓지 아니하였으리라, 하고,

㉘ 나팔을 불매, 온 무리가 머물러 서고, 다시는 이스라엘을 쫓아가지 아니하고, 다시는 싸우지도 아니하니라,

㉙ 아브넬과 그의 부하들이 밤새도록 행하여 아라바를 지나 요단을 건너 비드론 온 땅을 지나 마하나임에 이르니라,

㉚ 요압이 아브넬 쫓기를 그치고 돌아와서 무리를 다 모으니, 다윗의 신복 중에 십 구 인과 아사헬을 잃었으나,

㉛ 다윗의 신복들이 베냐민과 아브넬에게 속한 자들을 쳐서 삼백 육십 명을 죽였더라,

㉜ 그들이 아사헬을 메어다가 베들레헴에 있는 그 아비 묘실 안에 장사하였고, 요압과 그 부하들은 밤새도록 길을 가서 날이 샐 무렵에 헤브론에 이르니라.

● 3장

① 사울의 집과 다윗의 집 사이에 오랫동안 전쟁이 있었으니, 다윗은 점점 강성하여 가고 사울의 집은 점점 약하여 가니라,

② 다윗이 헤브론에서 아들들을 낳았으니 맏 아들은 암논이라 이스르엘 여인 아히노암의 소생이요,

③ 둘째는 길르압이라 갈멜 사람 나발의 아내 되었던 아비가일의 소생이요, 셋째는 압살롬이라 그 술왕 달매의 딸 마아가의 아들이요,

④ 넷째는 아도니야라 학깃의 아들이요, 다섯째는 스바댜라 아비달의 아들이요,

⑤ 여섯째는 이드르암이라 다윗의 아내 에글라의 소생이니, 이는 다윗이 헤브론에서 낳은 자들이더라,

⑥ 사울의 집과 다윗의 집 사이에 전쟁이 있는 동안에 아브넬이 사울의 집에서 점점 권세를 잡으니라,

⑦ 사울에게 첩이 있었으니 이름은 리스바요, 아야의 딸이더라, 이스보셋이 아브넬에게 이르되, 네가 어찌하여 내 아버지의 첩을 통간하였느냐? 하니,

⑧ 아브넬이 이스보셋의 말을 매우 분히 여겨 말하기를, 내가 유다를 거역하고 오늘날 당신의 아버지 사울의 집과 그 형제와 그 친구에게 은혜를 베풀어서 당신을 다윗의 손에 내어주지 아니 하였거늘 당신이 오늘날 이 여인에게 관한 허물을 내게

돌리고 나를 비난하는도다!

⑨ 여호와께서 다윗에게 맹세하신대로 내가 이루게 아니하면 하나님이 아브넬에게 벌 위에 벌을 내리시기를 원하노라,

⑩ 그 맹세는 곧 이 나라를 사울의 집에서 다윗에게 옮겨서 그 위를 단에서 브엘세바까지 이스라엘과 유다에 세우리라 하신 것이니라, 하매,

⑪ 이스보셋이 아브넬을 두려워하여 감히 한 말도 대답지 못하니라,

⑫ 아브넬이 자기를 대신하여 사자들을 다윗에게 보내어 가로되, 이 땅이 뉘 것이니이까? 또 가로되, 당신은 나로 더불어 언약하사이다, 내 손이 당신을 도와 온 이스라엘로 당신에게 돌아가게 하리이다, 하니라,

⑬ 다윗이 가로되, 좋다, 내가 너와 언약하려니와 내가 네게 한가지 일을 요구하노니, 나를 보러올 때에 먼저 사울의 딸 미갈을 데리고 오라, 그렇지 않으면 내 얼굴을 보지 못하리라, 하고,

⑭ 사울의 아들 이스보셋에게 사자들을 보내어 이르되, 내 처 미갈을 내게로 돌리라, 저는 내가 전에 팔레스타인 사람들의 양피 이백으로 정혼한 자니라

⑮ 이스보셋이 보내어 그 남편 라이스의 아들 발디엘에게서 취하매,

⑯ 그 남편이 저와 함께 오되 울며 바후림까지 따라 왔더니 아브넬이 저에게 돌아가라 하매 돌아가니라,

⑰ 아브넬이 이스라엘 장로들에게 말하여 가로되, 너희가 여러번 다윗으로 너희 임금삼기를 구하였으니,

⑱ 이제 그대로 하라, 여호와께서 이미 다윗에 대하여 말씀하시기를, 내가 내 종 다윗의 손으로 내 백성 이스라엘을 구원하여 팔레스타인 사람들과 모든 대적의 손에서 벗어나게 하리라, 하셨음이니라, 하고,

⑲ 아브넬이 또 베냐민 사람의 귀에 말하고 이스라엘과 베냐민의 온 집이 선히 여기는 모든 것을 다윗의 귀에 고하려고 헤브론으로 가니라,

⑳ 아브넬이 종자 이십인으로 더불어 헤브론에 이르러 다윗에게 나아가니, 다윗이 아브넬과 그 함께한 사람을 위하여 잔치를 배설하였더라,

㉑ 아브넬이 다윗에게 고하되, 내가 일어나 가서 온 이스라엘 무리를 내 주 왕의 앞에 모아 더불어 언약하게 하고 마음의 원하시는대로 모든 것을 다스리시게 하리이다, 하니, 이에 다윗이 아브넬을 보내매 저가 평안히 가니라,

㉒ 다윗의 신복들과 요압이 적군을 치고 크게 노략한 물건을 가지고 돌아오니, 아브

넬은 이미 보냄을 받아 평안히 갔고 다윗과 함께 헤브론에 있지 아니한 때라,

㉓ 요압과 그 함께한 모든 군사가 돌아오매, 사람들이 요압에게 고하여 가로되, 넬의 아들 아브넬이 왕에게 왔더니 왕이 보내매 저가 평안히 갔나이다, 하매,

㉔ 요압이 왕에게 나아가 가로되, 어찌 하심이니이까 아브넬이 왕에게 나아왔거늘 어찌하여 저를 보내어 잘 가게 하셨나이까?

㉕ 왕도 아시려니와 넬의 아들 아브넬이 온 것은 왕을 속임이라 왕의 출입하는 것을 알고 모든 하시는 것을 알려 함이니이다, 하고,

㉖ 이에 다윗에게서 나와서 사자들을 보내어 아브넬을 쫓아가게 하여 시라 우물가에서 저를 데리고 왔으나 다윗은 알지 못하였더라,

㉗ 아브넬이 헤브론으로 돌아오매, 요압이 더불어 종용히 말하려는 듯이 저를 데리고 성문으로 들어가서 거기서 배를 찔러 죽이니, 이는 자기의 동생 아사헬의 피를 인함이었더라,

㉘ 그 후에 다윗이 듣고 이르되, 넬의 아들 아브넬의 피에 대하여 나와 내 나라는 여호와 앞에 영원히 무죄하니,

㉙ 그 죄가 요압의 머리와 그 아비의 온 집으로 돌아갈지어다, 또 요압의 집에서 백탁병자나 문둥병자나 지팡이를 의지하는 자나 칼에 죽는 자나 양식이 핍절한 자가 끊어지지 아니할지로다, 하니라,

㉚ 요압과 그 동생 아비새가 아브넬을 죽인 것은 저가 기브온 전쟁에서 자기 동생 아사헬을 죽인 까닭이었더라,

㉛ 다윗이 요압 및 자기와 함께 있는 모든 백성에게 이르되, 너희는 옷을 찢고 굵은 베를 띠고 아브넬 앞에서 애통하라 하니라, 다윗왕이 상여를 따라 가서,

㉜ 아브넬을 헤브론에 장사하고, 아브넬의 무덤에서 소리를 높여 울고 백성도 다 우니라,

㉝ 왕이 아브넬을 위하여 애가를 지어 가로되, 아브넬의 죽음이 어찌하여 미련한 자의 죽음 같은고,

㉞ 네 손이 결박되지 아니하였고 네 발이 착고에 채이지 아니하였거늘 불의한 자식의 앞에 엎드러짐 같이 네가 엎드러졌도다, 하매, 온 백성이 그를 슬퍼하여 우니라,

㉟ 석양에 뭇 백성이 나아와 다윗에게 음식을 권하니, 다윗이 맹세하여 가로되, 내가 해 지기 전에 떡이나 다른 것을 맛보면 하나님이 내게 벌위에 벌을 내리심이 마땅하니라,

㊱ 온 백성이 보고 기뻐하며 왕이 무슨 일을 하든지 무리가 다 기뻐하므로,

㊲ 이 날에야 온 백성과 온 이스라엘이 넬의 아들 아브넬을 죽인 것이 왕의 한바가 아닌줄을 아니라,

㊳ 왕이 그 신복에게 이르되, 오늘 이스라엘의 방백이요, 또는 대인이 죽은 것을 알지 못하느냐?

㊴ 내가 기름 부음을 받은 왕이 되었으나, 오늘날 약하여서 스루야의 아들인 이 사람들을 제어하기가 너무 어려우니 여호와는 악행한 자에게 그 악한대로 갚으실지로다, 하니라.

● 4장

① 사울의 아들 이스보넷이 아브넬의 헤브론에서 죽었다 함을 듣고 손맥이 풀렸고, 온 이스라엘이 놀라니라,

② 사울의 아들 이스보넷에게 군장 두 사람이 있으니, 하나의 이름은 바아나요, 하나의 이름은 레갑이라, 베냐민 족속 브에롯 사람 림몬의 아들들이더라, 브에롯도 베냐민 지파에 속하였으니,

③ 일찍 브에롯 사람들이 깃다임으로 도망하여 오늘까지 거기 우거함이더라,

④ 사울의 아들 요나단에게 절뚝발이 아들 하나가 있으니, 이름은 므비보셋이라, 전에 사울과 요나단의 죽은 소식이 이스르엘에서 올 때에 그 나이 다섯살이었는데 그 유모가 안고 도망하더니 급히 도망하므로 아이가 떨어져 절게 되었더라,

⑤ 브에롯 사람 림몬의 아들 레갑과 바아나가 행하여 볕이 쬘 때 즈음에 이스보넷의 집에 이르니 마침 저가 낮잠을 자는지라,

⑥ 레갑과 그 형제 바아나가 밀을 가지러 온체하고 집 가운데로 들어가서 그 배를 찌르고 도망하였더라,

⑦ 저희가 집에 들어가니 이스보넷이 침실에서 상 위에 누웠는지라, 저를 쳐 죽이고 목을 베어 그 머리를 가지고 밤새도록 아라바 길로 행하여,

⑧ 헤브론에 이르러 다윗왕에게 이스보넷의 머리를 드리며 고하되, 왕의 생명을 해하려 하던 원수의 사울의 아들 이스보넷의 머리가 여기 있나이다, 여호와께서 오늘 우리 주 되신 왕의 원수를 사울과 그 자손에게 갚으셨나이다, 하니라.

⑨ 다윗이 브에롯 사람 림나의 아들 레갑과 바아나에게 대답하여 가로되, 내 생명을 여러 환난 가운데서 건지신 여호와의 사심을 가리켜 맹세하노니,

⑩ 전에 어떤 사람이 내게 고하기를 사울이 죽었다 하며 좋은 소식을 전하여 상을 받는 줄로 생각하였어도 내가 저를 잡아 시글락에서 죽였거늘,

⑪ 하물며 자기 집 침상에 있는 한 의인을 죽인 이 사악한 자들에게는 얼마나 훨씬 더 하겠느냐? 그러하니, 내가 너희 손에서 그의 피 값을 요구하여 너희를 이 땅에서 없애지 아니하겠느냐? 하고,

⑫ 다윗이 그의 부하들에게 명령하니 부하들이 그들을 죽이고 수족을 베어 헤브론 못가에 매어달고 이스보넷의 머리를 가져다가 헤브론에 있는 아브넬의 무덤에 장사하였더라.

● 5장

① 이스라엘 모든 지파가 헤브론에 이르러 다윗에게 나아와 말하여 가로되, 보소서, 우리는 왕의 골육이니이다,

② 전일 곧 사울이 우리의 왕이 되었을 때에도 이스라엘을 거느려 출입하게 한 자는 왕이시었고, 여호와께서도 왕에게 말씀하시기를, 네가 내 백성 이스라엘의 목자가 되며 이스라엘의 주권자가 되리라 하셨나이다, 하니라,

③ 이에 이스라엘의 모든 장로가 헤브론에 이르러 왕에게 나아오매, 다윗왕이 헤브론에서 여호와 앞에서 저희와 언약을 세우매, 저희가 다윗에게 기름을 부어 이스라엘 왕을 삼으니라,

④ 다윗이 삼십 세에 위에 나아가서 사십년을 다스렸으되,

⑤ 헤브론에서 칠년 육개월 동안 유다를 다스렸고, 예루살렘에서 삼십 삼년 동안 온 이스라엘과 유다를 다스렸더라,

⑥ 왕과 그 종자들이 예루살렘으로 가서 그 땅 거민 여부스 사람을 치려 하매, 그 사람들이 다윗에게 말하여 가로되, 네가 이리로 들어오지 못하리라, 소경과 절뚝발이라도 너를 물리치리라, 하니, 저희 생각에는 다윗이 이리로 들어오지 못하리라, 함이나,

⑦ 다윗이 시온 산성을 빼앗았으니 이는 다윗성이더라,

⑧ 그 날에 다윗이 이르기를, 누구든지 여부스 사람을 치려거든 물길로 올라가서 다윗의 마음에 미워하는 절뚝발이와 소경을 치라 하였으므로 속담이 되어 이르기를 소경과 절뚝발이는 집에 들어오지 못하리라, 하더라,

⑨ 다윗이 그 산성에 거하여 다윗성이라 이름하고 밀로에서부터 안으로 성을 둘러쌓

으니라,

⑩ 만군의 하나님 여호와께서 함께 계시니, 다윗이 점점 강성하여 가니라,

⑪ 두로 왕 히람이 다윗에게 사자들과 목향목과 석수를 보내매, 저희가 다윗을 위하여 집을 지으니,

⑫ 다윗이 여호와께서 자기를 세우사, 이스라엘 왕을 삼으신 것과 그 백성 이스라엘을 위하여 그 나라를 높이신 것을 아니라,

⑬ 다윗이 헤브론에서 올라온 후에 예루살렘에서 처첩들을 더 취하였으므로 아들과 딸들이 또 다윗에게서 나니,

⑭ 예루살렘에서 그에게서 난 자의 이름은 삼무아와 소밥과 나단과 솔로몬과,

⑮ 입할과 엘리수아와 네벡과 야비아와,

⑯ 엘리사마와 엘랴다와 엘리벨렛이었더라,

⑰ 이스라엘이 다윗에게 기름을 부어 이스라엘 왕을 삼았다, 함을 팔레스타인 사람들이 듣고 다윗을 찾으러 다 올라오매, 다윗이 듣고 요새로 나가니라,

⑱ 팔레스타인 사람들이 이미 이르러 르바임 골짜기에 퍼져있더라,

⑲ 다윗이 여호와께 물어 가로되, 내가 팔레스타인 사람들에게로 올라가리이까? 여호와께서 저희를 내 손에 붙이시겠나이까? 하니, 여호와께서 다윗에게 말씀하시되, 올라가라, 내가 단정코 팔레스타인 사람들을 네 손에 붙이리라, 하신지라,

⑳ 다윗이 바알브라심에 이르러 거기서 저희를 치고 가로되, 여호와께서 물을 흩음같이 내 앞에서 내 원수들을 부수셨도다, 하고 그가 그곳의 이름을 바알브라심이라, 하니라,

㉑ 거기서 팔레스타인 사람들이 그들의 우상을 남겨두고 떠나니, 다윗과 그의 부하들이 그것들을 태워버렸더라,

㉒ 팔레스타인 사람들이 다시 올라와서 르바임 골짜기에 퍼져있는지라,

㉓ 다윗이 여호와께 여쭈었더니, 여호와께서 말씀하시기를, 너는 올라가지 말고, 그들의 뒤를 돌아가서 뽕나무 수풀 맞은편에서 저희를 엄습하되,

㉔ 뽕나무 꼭대기에서 걸음 걷는 소리가 들리거든, 곧 동작하라, 그 때에 여호와가 네 앞서 나아가서 팔레스타인 군대를 치리라, 하신지라,

㉕ 이에 다윗이 여호와의 명대로 행하여 팔레스타인 사람들을 쳐서 게바에서 게셀까지 이르니라,

• 6장

① 다윗이 이스라엘에서 택한 모든 자 삼만 명을 다시 모으고,

② 다윗이 일어나서 그와 함께 있는 모든 사람과 함께 가서 거기서 하나님의 궤를 가져왔으니, 그 궤의 이름은 그룹들 사이에 거하시는 만군의 여호와의 이름으로 불리우심을 받으니라,

③ 저희가 하나님의 궤를 새 수레에 싣고 산에 있는 아비나답의 집에서 나오는데 아비나답의 아들 웃사와 아효가 그 새 수레를 모니라,

④ 저희가 산에 있는 아비나답의 집에서 하나님의 궤를 싣고 나올 때에 아효는 궤 앞에서 행하고,

⑤ 다윗과 이스라엘 온 족속이 잣나무로 남든 여러가지 악기와 수금과 비파와 소고와 양금과 제금으로 여호와 앞에서 주악하더라,

⑥ 저희가 나곤의 타작 마당에 이르러서는 소들이 뛰므로 웃사가 손을 들어 하나님의 궤를 붙들었더니,

⑦ 여호와 하나님이 웃사의 잘못함을 인하여 진노하사, 저를 그곳에서 치시니, 저가 거기 하나님의 궤 곁에서 죽으니라,

⑧ 여호와께서 웃사에게 타격을 가하셨으므로 다윗이 기쁘게 여기지 아니하였고 그가 그곳을 베레스웃사라 칭하니, 그 이름이 오늘날까지 이르니라,

⑨ 다윗이 그 날에 여호와를 두려워하여 가로되, 여호와의 궤가 어찌 내게로 오리요? 하고,

⑩ 여호와의 궤를 옮겨 다윗성 자기에게로 메어 가기를 즐겨하지 아니하고 다른 쪽에 있는 가드 사람 오벧에돔의 집으로 메어 간지라,

⑪ 여호와의 궤가 가드 사람 오벧에돔의 집에 석달을 있었는데 여호와께서 오벧에돔과 그 온 집에 복을 주시니라,

⑫ 그러므로 누군가가 다윗왕에게 고하여 가로되, 여호와께서 하나님의 궤를 인하여 오벧에돔의 집과 그 모든 소유에 복을 주셨다 한지라, 다윗이 가서 하나님의 궤를 기쁨으로 메고 오벧에돔의 집에서 다윗성으로 올라갈새,

⑬ 여호와의 궤를 멘 사람들이 여섯 걸음을 행하매 다윗이 소와 살진 것으로 제사를 지내고,

⑭ 다윗이 여호와 앞에서 힘을 다하여 춤을 추는데 때에 베 에봇을 입었더라,

⑮ 다윗과 온 이스라엘 족속이 즐거이 부르며 나팔을 불고 여호와의 궤를 메어 오니

라,

⑯ 여호와의 궤가 다윗성으로 들어올 때에 사울의 딸 미갈이 창으로 내다 보다가 다 윗왕이 여호와 앞에서 뛰놀며 춤추는 것을 보고 심중에 저를 경멸하니라,

⑰ 그들이 여호와의 궤를 메고 들어가서 그 처소 죽 다윗이 그 궤를 위하여 쳐 놓은 장 막 한가운데 두니, 다윗이 여호와 앞에 번제예물과 화목제예물을 드리니라,

⑱ 다윗이 번제와 화목제 드리기를 마치고 만군의 여호와의 이름으로 백성에게 축복 하고,

⑲ 모든 백성 곧 온 이스라엘 무리의 무론 남녀하고 떡 한개와 고기 한 조각과 건포도 한 덩이씩 나눠주매, 모든 벡성이 각기 자기 집으로 돌아가니라,

⑳ 다윗이 자기의 가족에게 축복하러 돌아오매, 사울의 딸 미갈이 나와서 다윗을 맞 으며 말하기를, "왕께서는 오늘 거리의 저속한 춤꾼처럼 여종들이 보는 앞에서 몸 을 드러내며 참으로 훌륭하게 위엄을 떨치시더군요!" 하였더라,

(Then David returned to bless his household. And Michal the daughter of Saul came out to meet David, and said, How glorious was the king of Israel today, who uncovered himself to day in the eyes of the handmaids of his servants, as one of the vain fellows shamelessly uncovereth himself!-KJV)

(When David returned home to bless his household, Michal daughter of Saul   came out to meet him and said, "How the king of Israel has distinguished himself today, disrobing in the sight of the slave girls of his servants as any vulgar fellow would!"-NIV)

(When David went home to bless his own house, Michal, the daughter of Saul, came out to meet him and said, "How well the king of Israel has honored himself today, exposing himself to the view of the slave girls of his followers, as a commoner might expose himself!"-NAB)

(David returned home to bless his family. Michal, Saul's daughter, came out to greet him: "How wonderfully the king has distinguished himself today-exposing himself to the eyes of the servants' maids like some burlesque street dancer!"-THE MESSAGE)

㉑ 이에 다윗이 미갈에게 이르되, 이는 내가 여호와 앞에서 한 것이니라, 저가 네 아

비와 그 온 집을 버리시고 나를 택하사, 나로 여호와의 백성 이스라엘의 주권자를 삼으셨으니, 내가 여호와 앞에서 뛰놀리라,

㉒ 내가 이보다 더 낮아져서 스스로 천하게 보일지라도, 네가 말한바 계집종에게는 내가 높임을 받으리라, 한지라,

㉓ 그 후 사울의 딸 미갈은 죽는 날까지 자식이 없으니라.

●7장

① 여호와께서 사방의 모든 대적을 파하사 왕으로 궁에 평안히 거하게 하신 때에,

② 왕이 선지자 나단에게 이르되, 볼지어다 나는 백향목 궁에 거하거늘 하나님의 궤는 휘장 가운데 있도다,

③ 나단이 왕께 고하되, 여호와께서 왕과 함께 계시니 무릇 마음에 있는 바를 행하소서,

④ 그 밤에 여호와의 말씀이 나단에게 임하여 가로되,

⑤ 가서 내 종 다윗에게 말하기를, 여호와의 말씀이 네가 나를 위하여 나의 거할 집을 건축하겠느냐?

⑥ 내가 이스라엘 자손을 에집트에서 인도하여 내던 날부터 오늘날까지 집어 거하지 아니하고 장막과 회막에 거하며 행하였나니,

⑦ 무릇 이스라엘 자손으로 더불어 행하는 곳에서 내가 내 백성 이스라엘을 먹이라고 명한 이스라엘 어느 지파에게 내가 말하기를, 너희가 어찌하여 나를 위하여 백향목 집을 건축하지 아니하였느냐고 말하였느냐?

⑧ 그러므로 이제 내 종 다윗에게 이처럼 말하라, 만군의 여호와께서 이처럼 말씀하시기를, 내가 너를 목장 곧 양을 따르는데서 취하여 내 백성 이스라엘의 주권자를 삼고,

⑨ 네가 어디를 가든지 내가 너와 함께 있어, 네 모든 대적을 네 앞에서 멸하였은즉, 세상에서 존귀한 자의 이름 같이 네 이름을 존귀케 만들어 주리라,

⑩ 내가 또 내 백성 이스라엘을 위하여 한 곳을 정하여 저희를 심고 저희로 자기 곳에 거하여 다시 옮기지 않게 하며 악한 유로 전과 같이 저희를 해하지 못하게 하여,

⑪ 전에 내가 사사를 명하여 내 백성 이스라엘을 다스리던 때와 같지 않게 하고 너를 모든 대적에서 벗어나 평안케 하리라, 여호와가 또 네게 이르노니, 여호와가 너를 위하여 집을 이루고,

⑫ 네 수명이 차서 네 조상들과 함께 잘 때에 내가 네 몸에서 날 자식을 네 뒤에 세워 그 나라를 견고케 하리라,

⑬ 저는 내 이름을 위하여 집을 건축할 것이요, 나는 그 나라 위를 영원히 견고케 하리라,

⑭ 나는 그 아비가 되고 그는 내 아들이 되리니, 저가 만일 죄를 범하면 내가 사람 막대기와 인생 채찍으로 징계하려니와,

⑮ 내가 네 앞에서 폐한 사울에게서 내 은총을 빼앗은 것 같이 그에게서는 빼앗지 아니하리라,

⑯ 네 집과 네 나라가 네 앞에서 영원히 보전되고 네 위가 영원히 견고하리라, 하셨다, 하라,

⑰ 나단이 이 모든 말씀과 이 모든 묵시대로 다윗에게 고하니라,

⑱ 다윗왕이 여호와 앞에 들어가 앉아서 가로되, 주 여호와여, 나는 누구오며 내 집은 무엇이관대 나로 이에 이르게 하셨나이까?

⑲ 주 여호와여, 주께서 이것을 오히려 적게 여기시고 또 종의 집에 영구히 이를 일을 말씀하실 뿐 아니라, 주 여호와여, 인간의 규례대로 하셨나이다,

⑳ 주 여호와는 종을 아시나니, 다시 주께 무슨 말씀을 하오리까?

㉑ 주의 말씀을 인하여 주의 뜻대로 이 모든 큰 일을 행하사 주의 종에게 알게 하셨나이다,

㉒ 여호와 하나님이여, 이러므로 주는 광대하시니, 이는 우리 귀로 들은대로는 주와 같은 이가 없고 주 외에는 참 신이 없음이니이다,

㉓ 지구 위의 어느 한 나라가 주의 백성 이스라엘과 같으리까? 하나님이 가서 구속하사 자기 백성을 삼아 주의 명성을 내시며 저희를 위하여 큰 일을 주의 땅을 위하여 두려운 일을 에집트와 열국과 그 신들에게서 구속하신 백성 앞에서 행하셨사오며,

㉔ 주께서 주의 백성 이스라엘을 세우사 영원히 주의 백성을 삼으셨사오니, 여호와여, 주께서 저희 하나님이 되셨나이다,

㉕ 여호와 하나님이여, 이제 주의 종과 종의 집에 대하여 말씀하신 것을 영원히 확실케 하옵시며 말씀하신대로 행하사,

㉖ 사람들로 영원히 주의 이름을 높여 이르기를, 만군의 여호와는 이스라엘의 하나님이시라, 하게 하옵시며, 주의 종 다윗의 집으로 주 앞에 견고하게 하옵소서,

㉗ 만군의 여호와 이스라엘의 하나님이여, 주의 종에게 알게 하여 이르시기를, 내가 너를 위하여 집을 세우리라, 하신고로 주의 종이 이 기도로 구할 마음이 생겼나이다,

㉘ 주 여호와여 오직 주는 하나님이시며 말씀이 참되시나이다, 주께서 이 좋은 것으로 종에게 허락하셨사오니,

㉙ 이제 청컨대 종의 집에 복을 주사, 주 앞에 영원히 있게 하옵소서, 주 여호와께서 말씀하셨사오니, 주의 은혜로 종의 집이 영원히 복을 받게 하옵소서, 하니라.

● 8장

① 이 후에 다윗이 팔레스타인 사람들을 쳐서 항복 받고, 팔레스타인 사람들의 손에서 메덱암말를 빼앗으니라,

② 다윗이 또 모압을 쳐서 저희로 또 땅에 엎드리게 하고, 줄로 재어 그 두 줄 길이의 사람은 죽이고, 한 줄 길이의 사람은 살리니, 모압 사람이 다윗의 종이 되어 조공을 바치니라,

③ 르홉의 아들 소바 왕 하닷에셀이 자기의 권세를 회복하려고 유브라데강으로 갈 때에 다윗이 저를 쳐서,

④ 그 마병 일천 칠백과 보병 이만을 사로잡고 병거 일백승의 말만 남기고 그 외의 병거의 말은 다 발의 힘줄을 끊었더니,

⑤ 다메섹 아람 사람들이 소바 왕 하닷에셀을 도우러 온지라, 다윗이 시리아 사람들이만 이천을 죽이고,

⑥ 다메섹 아람에 수비대를 두매, 시리아 사람들이 다윗의 종이 되어 조공을 바치니라, 다윗이 어디를 가든지 여호와께서 이기게 하시니라,

⑦ 다윗이 하닷에셀의 신복들의 가진 금방패를 빼앗아 예루살렘으로 가져오고,

⑧ 또 하닷에셀의 고을 베다와 베로대에서 매우 많은 놋을 빼앗으니라,

⑨ 하맛 왕 도이가 다윗이 하닷에셀의 온 군대를 쳐서 파하였다 함을 듣고,

⑩ 그 아들 요람을 보내어 다윗왕에게 문안하고 축복하게 되니, 이는 하닷에셀이 도이로 더불어 전쟁이 있던 터에 다윗이 하닷에셀을 쳐서 파함이라, 요람이 은 그릇과 금 그릇과 놋 그릇을 가지고 온지라,

⑪ 다윗왕이 그것도 여호와께 드리되, 저가 정복한 모든 ,나라에서 얻은 은금,

⑫ 곧 시리아와 모압과 암몬 자손과 팔레스타인 사람과 아말렉에게서 얻은 것들과 소

바 왕 르홉의 아들 하달에셀에게서 노략한 것과 같이 드리니라,

⑬ 다윗이 소금 골짜기에서 시리아 사람들 일만 팔천을 쳐죽이고 돌아와서 명성을 얻으니라,

⑭ 다윗이 에돔에 수비대를 두되 온 에돔에 수비대를 두니, 에돔의 모든 사람이 다 다윗의 종이 되니라, 다윗이 어디를 가든지 여호와께서 이기게 하셨더라,

⑮ 다윗이 온 이스라엘을 다스려 모든 백성에게 공과 의를 행할새,

⑯ 스루야의 아들 요압은 군대장관이 되고, 아힐룻의 아들 여호사밧은 사관이 되고,

⑰ 아히둡의 아들 사독과 아비아달의 아들 아히멜렉은 제사장이 되고, 스라야는 기록관이 되고

⑱ 여호야다의 아들 브나야는 그렛 사람과 팔레스타인 사람들 관할하고 다윗의 아들들은 최고 지배자들이 되었더라.

● 9장

① 다윗이 가로되 사울의 집에 오히려 남은 사람이 있느냐? 내가 요나단을 인하여 그 사람에게 은총을 베풀리라, 하니라,

② 사울의 종 하나가 있으니 그 이름은 시바라, 저희를 다윗의 앞에 부르매, 왕이 저에게 묻되, 네가 시바냐? 시바가 가로되, 종이 그로소이다, 하매,

③ 왕이 가로되 사울의 집에 남은 사람이 없느냐? 내가 그 사람에게 하나님의 은총을 베풀고자 하노라, 시바가 왕께 고하되, 요나단의 아들 하나가 있는데 절뚝발이니이다,

④ 왕이 저에게 묻되, 그가 어디 있느냐? 시바가 왕에게 고하되, 로드발 암미엘의 아들 마길의 집에 있나이다, 하니라,

⑤ 다윗왕이 사람을 보내어 로드발 암미엘의 아들 마길의 집에서 저를 데려오니,

⑥ 사울의 손자 요나단의 아들 므비보셋이 다윗에게 나아와서 엎드려 절하매, 다윗이 가로되 므비보셋이여, 하니, 대답하되, 주의 종이 여기 있나이다, 하니라,

⑦ 다윗이 가로되, 무서워 말라, 내가 반드시 네 아비 요나단을 인하여 네게 은총을 베풀리라, 내가 네 조부 사울의 땅을 다 네게 도로 주겠고, 또 너는 항상 내 상에서 먹을지니라, 하니,

⑧ 저가 절하며 가로되, 이 종이 무엇이관대 왕께서 죽은 개 같은 나를 돌아보시나이까? 하니라,

⑨ 왕이 사울의 사환 시바를 불러서 이르되, 사울과 그 온 집에 속한 것은 내가 다 네 주인의 아들에게 주었노니,

⑩ 그러므로 너와 네 아들들과 네 종들은 저를 위하여 밭을 갈고 열매들을 거두어 네 주인의 아들이 먹을 식량을 얻게하라, 그러나 네 주인의 아들 므비보셋은 항상 내 상에서 빵을 먹을 것이니라, 하니라, 시바에게는 아들 열다섯과 또 종 스물이 있었더라,

⑪ 그때 시바가 왕께 고하되, 내 주 왕께서 온갖 일을 종에게 명하신대로 종이 준행하겠나이다, 하니라, 므비보셋은 왕자 중 하나처럼 왕의 상에서 먹으니라,

⑫ 므비보셋에게 젊은 아들 하나가 있으니, 이름은 미가더라, 무릇 시바의 집에 거하는 자들은 무비보셋의 종이 되니라,

⑬ 므비보셋이 항상 왕의 상에서 먹었으므로 예루살렘에 거하였고 그는 두 다리를 절었더라.

● 10장

① 그 후에 암몬 자손의 왕이 죽고 그 아들 하눈이 대신하여 왕이 되니,

② 다윗이 가로되, 내가 나하스의 아들 하눈에게 은총을 베풀되, 그 아비가 내게 은총을 베푼 것 같이 하리라, 하고 그 신복들을 명하여 그 아비 죽은 것을 조상하라, 하니라, 다윗의 신복들이 암몬 자손의 땅에 이르매,

③ 암몬 자손의 방백들이 그 주 하눈에게 고하되, 다윗이 조객을 보낸 것이 왕의 부친을 공경함인 줄로 여기시나이까? 다윗이 그 신복을 보내어 이 성을 엿보고 탐지하여 함락시키고자 함이 아니니이까? 하니라,

④ 이에 하눈이 다윗의 신복들을 잡아 그 수염 절반을 깎고, 그들의 옷을 중간 곧 볼기까지 자르고 돌려보냈더니,

⑤ 사람들이 이 일을 다윗에게 말하므로 다윗이 그들을 맞으러 보냈으나 그들이 크게 부끄러워하므로 왕이 말하기를, 너희는 수염이 자라기까지 여리고에서 머물다가 돌아오라, 하니라,

⑥ 암몬 자손이 자기가 다윗에게 미움이 된줄 알고 사람을 보내어 벧르홉 아람 사람과 소바 아람 사람의 보병 이만과 마아가 왕과 그 사람 일천과 돕 사람 일만 이천을 용병하니라,

⑦ 다윗이 듣고 요압과 용사들의 모든 군대를 보냈으니,

⑧ 암몬 자손은 나와서 성문 어귀에 진을 쳤고 소바와 르홉 아람 사람과 돕과 마아가 사람들은 따로 들에 있더라,

⑨ 요압이 앞뒤에 친 적진을 보고 이스라엘의 뺀 자 중에서 또 빼서 시리아 사람들을 대적하여 진치고,

⑩ 그 남은 무리는 그 아우 아비새의 수하에 붙여 암몬 자손을 대하여 진치게 하니라,

⑪ 요압이 말하기를, 만일 시리아 사람들이 나보다 강하면 네가 나를 돕고 만일 암몬 자손이 너보다 강하면 내가 가서 너를 도우리라,

⑫ 용기를 내라, 우리가 우리 백성과 우리 하나님의 성읍들을 위하여 담대히 하자, 여호와께서 선히 여기시는대로 행하시기를 원하노라,

⑬ 하고, 요압과 그와 함께한 백성들이 시리아 사람들을 향하여 싸우려고 나아가니, 저희가 그 앞에서 도망하고,

⑭ 암몬 자손은 시리아 사람들의 도망함을 보고 저희도 아비새 앞에서 도망하여 성으로 들어간지라, 요압이 암몬 자손을 떠나 예루살렘으로 돌아오니라,

⑮ 시리아 사람들이 자기들이 이스라엘 앞에서 패하였음을 보고 다 함께 모이매,

⑯ 하닷엣셀이 사람을 보내어 강 건너편에 있는 시리아 사람들을 불러 내매, 저희가 헬람에 이르니, 하닷에셀의 군대 장관 소박이 저희를 거느린지라,

⑰ 그 일이 다윗에게 알려지매 다윗이 온 이스라엘을 함께 모아 요르단을 건너 헬람에 이르니라, 시리아 사람들이 다윗을 향하여 진을 치고 그와 더불어 싸우더니,

⑱ 시리아 사람들이 이스라엘 앞에서 도망하니라, 다윗이 시리아 사람들 중에서 병거 칠백과 기병 사만을 죽이고 그들의 군대장관 소박을 치니 그가 거기서 죽으니라,

⑲ 그때 하닷에셀에게 예속되어 있던 모든 왕들이 그들이 이스라엘에게 패하였음을 보고서 이스라엘과 화친하고 섬겼더라, 그리하여 시리아 사람들은 암몬 사람들을 더 이상 돕는 것을 두려워하였느니라.

● 11장

① 그 해가 다 가고 난 후 왕들이 싸우러 나갈 때가 되어, 다윗이 요압과 그 부하들과 온 이스라엘 군대를 보내니, 그들이 암몬 자손을 멸하고 랍바를 포위하니라, 그러나 다윗은 여전히 예루살렘에 그대로 있으니라,

② 저녁 때에 다윗이 그 침상에서 일어나 왕궁 지붕 위에서 거닐다가 그곳에서 보니, 한 여인이 목욕을 하는데 심히 아름다워 보이는지라,

③ 다윗이 보내어 그 여인을 알아보게 하였더니, 고하되, 그는 엘이암의 딸이요, 헷 사람 우리아의 아내 밧사바가 아니니이까? 하니라,

④ 그때에 다윗이 메신저를 그녀에게 보냈고 그녀가 그에게 와서 다윗은 그녀와 동침하였고 (그녀는 그녀의 불결함으로부터 깨끗하였기 때문이었더라,) 그녀는 자기 집으로 돌아가니라,

⑤ 여인이 잉태하매, 보내어 다윗에게 고하여 가로되, 내가 잉태하였나이다, 하니라,

⑥ 다윗이 요압에게 기별하여 헷 사람 우리아를 내게 보내라, 하매, 요압이 우리아를 다윗에게로 보내니,

⑦ 우리아가 다윗에게 이르매, 다윗이 요압의 안부와 군사의 안부와 싸움의 어떠한 것을 묻고,

⑧ 저가 또 우리아에게 이르되, 네 집으로 내려가서 발을 씻으라 하니, 우리아가 왕궁에서 나가매, 왕으로부터의 선물이 뒤따라 가니라,

⑨ 그러나 우리아는 집으로 내려가지 아니하고 왕궁 문에서 그의 주인의 신복들과 잔지라

⑩ 사람들이 다윗에게 고하여 가로되, 우리아가 그 집으로 내려가지 아니하였나이다, 다윗이 우리아에게 이르되, 네가 네 집에서 떠나 있다가 돌아온 것이 아니냐? 어찌하여 네 집으로 내려가지 아니하였느냐? 하니,

⑪ 우리아가 다윗에게 고하되, 언약궤와 이스라엘과 유다가 영채 가운데 유하고, 내 주인 요압과 내 왕의 신복들이 바깥 들에 진을 치고 있는데 내가 어찌 내 집으로 가서 먹고 마시고 내 처와 같이 자리이까? 나는 맹세코 그렇게 하지 않으리이다, 하매,

⑫ 다윗이 우리아에게 이르되, 오늘도 여기 있으라, 내일은 내가 너를 보내리라, 우리아가 그 날에 예루살렘에 유하니라, 이튿날,

⑬ 다윗이 저를 불러서 저로 그 앞에서 먹고 마시고 취하게 하니, 저녁때에 저가 나가서 그 주의 신복으로 더불어 침상에 눕고 그 집으로 내려가지 아니하니라,

⑭ 아침이 되매 다윗이 편지를 써서 우리아의 손에 부쳐 요압에게 보내니,

⑮ 그 편지에 써서 이르기를, 너희가 우리아를 맹렬한 싸움에 앞세워 두고 너희는 뒤로 물러나서 저로 맞아 죽게 하라, 하였더라,

⑯ 요압이 그 성을 살펴 용사들의 있는 줄을 아는 그곳에 우리아를 두니,

⑰ 성 사람들이 나와서 요압으로 더불어 싸울때에 다윗의 신복 중 몇 사람이 엎드러

지고 헷 사람 우리아도 죽으니라,

⑱ 요압이 보내어 전쟁의 모든 일을 다윗에게 고할새,

⑲ 그 사자에게 명하여 가로되 전쟁의 모든 일을 네가 왕께 고하기를 마친 후에,

⑳ 만일 왕이 노하여 네게 말씀하시기를, 너희가 어찌하여 성에 그처럼 가까이 가서 싸웠느냐? 저희가 성 위에서 쏠 줄을 알지 못하였느냐?

㉑ 여룹베셋의 아들 아비멜렉을 쳐 죽인 자가 누구냐? 여인 하나가 성에서 맷돌 윗짝을 그 위에 던지매 저가 데벳스에서 죽지 아니하였느냐? 어찌하여 성에 가까이 갔더냐? 하시거든, 네가 말하기를 왕의 종 헷 사람 우리아도 죽었나이다, 하라,

㉒ 이에 그 사자가 가서 다윗에게 이르러 요압이 그를 보낸 모든 것을 알리고,

㉓ 그 사자가 다윗에게 말하기를, 그 사람들이 분명히 우리보다 우세하였는데, 우리를 향하여 들판으로 나왔으므로 우리가 성문 입구까지 그들을 밀쳤나이다,

㉔ 그때에 활 쏘는 자들이 성 위에서 왕의 신복들을 향하여 쏘매, 왕의 신복 중 몇 사람이 죽고, 왕의 종 헷 사람 우리아도 죽었나이다, 하매,

㉕ 다윗이 사자에게 이르되, 너는 요압에게 이같이 말할지니, 이 일로 걱정하지 말라 칼은 이 사람이나 저 사람도 삼켜버리느니라, 그 성을 향하여 더욱 힘써 싸워 그 성읍을 함락시키라 하고 그를 격려 해주어라, 하니라,

㉖ 우리아의 처가 그 남편 우리아의 죽었음을 듣고 애곡하니라,

㉗ 그 장사를 마치매 다윗이 보내어 저를 궁으로 데려오니, 저가 그의 아내가 되어 아들을 낳으니라, 그러나 다윗이 행한 그 일을 여호와께서 기쁘게 생각하지 아니하셨더라.

● 12장

① 여호와께서 나단을 다윗에게 보내시니, 와서 저에게 이르되, 한 성에 두 사람이 있는데 하나는 부하고 하나는 가난하니,

② 그 부한 자는 양과 소가 심히 많으나,

③ 가난한 자는 아무것도 없고 자기가 사서 기르는 작은 암양 새끼 하나뿐이라, 그 암양 새끼는 저와 저의 자식과 함께 있어 자라며 저의 먹는 것을 먹으며 저의 잔에서 마시며 저의 품에 누우므로 저에게는 딸처럼 되었거늘,

④ 어떤 행인이 그 부자에게 오매, 부자가 자기의 양과 소를 아껴 자기에게 온 행인을 위하여 잡지 아니하고 가난한 사람의 양 새끼를 빼앗아다가 자기에게 온 사람을

위하여 잡았나이다,

⑤ 다윗이 그 사람을 크게 노하여 나단에게 이르되, 여호와의 사심을 가리켜 맹세하노니, 이 일을 행한 사람은 마땅히 죽을지라,

⑥ 저가 불쌍히 여기지 않고 이 일을 행하였으니 그 양 새끼를 사배나 갚아 주어야 하리라,

⑦ 나단이 다윗에게 이르되, 당신이 그 사람이라, 이스라엘의 하나님 여호와께서 이처럼 이르시기를, 내가 너로 이스라엘 왕을 삼기 위하여 네게 기름을 붓고 너를 사울의 손에서 구원하고,

⑧ 네 주인의 집을 네게 주고 네 주인의 딸과 다른f처들을 네 품에 주고 이스라엘과 유다 족속을 네게 맡겼느니라 (I gave you your master's daughter and other wives to have and to hold. I gave you both Israel and Judah.), 만일 그것이 부족하였을 것 같으면 내가 네게 이것 저것을 더주었으리라,

⑨ 그러한데 어찌하여 네가 여호와의 말씀을 업신여기고 나 보기에 악을 행하였느뇨? 네가 칼로 힛타이트 사람 우리아를 죽이되, 암몬 자손의 칼로 죽이고 그 처를 빼앗아 네 처를 삼았도다,

⑩ 이제 네가 나를 업신여기고 힛타이트 사람 우리아의 처를 빼앗아 네 처를 삼았은즉, 칼이 네 집에 영영히 떠나지 아니하리라 하셨고,

⑪ 여호와께서 또 이처럼 이르시기를, 내가 네 집에 재화를 일으키고 내가 네 처들을 가져 네 눈 앞에서 다른 사람에게 주리니, 그 사람들이 네 처들로 더불어 백주에 동침하리라,

⑫ 너는 은밀히 행하였으나, 나는 이스라엘의 무리 앞 백주에 이 일을 행하리라, 하셨나이다,

⑬ 다윗이 나단에게 이르되, 내가 여호와께 죄를 범하였노라, 하매, 나단이 다윗에게 대답하되, 여호와께서도 당신의 죄를 사하셨나니, 당신이 죽지 아니하려니와,

⑭ 이 일로 인하여 여호와의 원수로 크게 훼방할 거리를 얻게 하였으니, 당신의 낳은 아이가 정녕 죽으리이다, 하고,

⑮ 나단이 자기 집으로 돌아가니,라 우리아의 처가 다윗에게 낳은 아이를 여호와께서 치시매, 심히 앓는지라,

⑯ 다윗이 그 아이를 위하여 하나님께 간구하되 금식하고 안에 들어가서 밤새도록 땅에 엎드렸으니,

⑰ 그 집의 늙은 자들이 곁에 이르러 다윗을 일으키려 하되, 왕이 듣지 아니하고 저희로 더불어 먹지도 아니하더라,

⑱ 이레만에 그 아이가 죽으니라, 그러나 다윗의 신복들이 아이의 죽은 것을 왕에게 고하기를 두려워하니, 이는 저희가 말하기를, 아이가 살았을 때에 우리가 말하여도 왕이 그 말을 듣지 아니하셨나니, 어떻게 그 아이의 죽은 것을 고할 수 있으랴 왕이 상심하시리로다, 함이라,

⑲ 다윗이 그 신복들의 서로 수군거리는 것을 보고 그 아이가 죽은 줄을 깨닫고 그 신복들에게 묻되, 아이가 죽었느냐? 대답하되, 죽었나이다,

⑳ 다윗이 땅에서 일어나 몸을 씻고 기름을 바르고 의복을 갈아 입고 여호와의 전에 들어가서 경배하고 궁으로 돌아와서 명하여 음식을 그 앞에 베풀게 하고 먹은지라,

㉑ 신복들이 왕께 묻되 아이가 살았을 때에는 위하여 금식하고 우시더니, 죽은 후에는 일어나서 잡수시니 어찜이니이까? 하매,

㉒ 가로되, 아이가 살았을 때에 내가 금식하고 운 것은 혹시 여호와께서 나를 불쌍히 여기사 아이를 살려주실는지 누가 알까 생각함이어니와,

㉓ 이제 아이가 죽었으니 어찌 금식하랴? 내가 그를 다시 돌아오게 할 수 있느냐? 나는 저에게로 갈 수 있으나 저는 내게로 돌아오지 못하리라, 하니라,

㉔ 다윗이 그 처 밧세바를 위로하고 저에게 들어가 동침하였더니, 저가 아들을 낳으매, 이름을 솔로몬이라 하니라, 여호와께서 그를 사랑하사,

㉕ 선지자 나단을 보내어 그 이름을 여디디야라 하시니, 이는 여호와께서 사랑하심을 인함이더라,

㉖ 요압이 암몬 자손의 왕성 랍바를 쳐서 취하게 되매,

㉗ 사자를 다윗에게 보내어 가로되, 내가 랍바 곧 물들의 성을 쳐서 취하게 되었으니,

㉘ 이제 왕은 남은 군사를 모아 진치고 이 성을 쳐서 취하소서, 내가 이 성을 취하면 이 성이 내 이름으로 일컬음을 받을까, 두려워하나이다,

㉙ 다윗이 모든 군사를 모아 랍바로 가서 쳐서 취하고,

㉚ 그 왕의 머리에서 보석있는 면류관을 취하니, 그 중량이 금 한 달란트라 다윗이 머리에 쓰니라, 다윗이 또 그 성에서 노략한 물건을 무수히 내어오고,

㉛ 그 가운데 백성을 끌어내어 톱질과 써래질과 도끼질과 벽돌구이를 하게 하니라, 암몬 자손의 모든 성을 이같이 하고 다윗과 모든 백성이 예루살렘으로 돌아오니

라.

● 13장

① 그 후에 이 일이 있으니라, 다윗의 아들 압살롬에게 아름다운 누이가 있으니, 이름은 다말이라, 다윗의 아들 암논이 그녀를 사랑하였더라,

② 그녀가 처녀이므로 어찌할 수 없는 줄을 알고 암논이 그 누이 다말을 인하여 심화로 병이 되니라,

③ 암논에게 요나답이라 하는 친구가 있으니, 저는 다윗의 형 시므아의 아들이요, 심히 간교한 자라,

④ 저가 암논에게 이르되, 왕자여, 어찌하여 이렇게 파리하여 가느뇨? 내게 고하지 아니하겠느뇨? 하니, 암논이 말하되 내 형제 압살롬의 누이 다말을 사랑함이니라, 하매,

⑤ 요나답이 저에게 이르되,침상에 누워 병든체 하다가 네 부친이 너를 보러 오거든, 너는 말하기를, 청컨대, 내 누이 다말로 와서 내게 음식을 먹이되, 나 보는데서 음식을 차려 그 손으로 먹여주게 하옵소서, 하라,

⑥ 암논이 곧 누워 병든채 하다가 왕이 와서 저를 볼 때에 왕께 고하되, 청컨대 다말로 와서 내가 보는데서 과자 두어 개를 만들어 그 손으로 내게 먹여 주게 하옵소서, 하니,

⑦ 다윗이 사람을 그 집으로 보내어 다말에게 이르되, 네 오라비 암논의 집에 가서 저를 위하여 음식을 차리라, 한지라,

⑧ 다말이 그 오라비 암논의 집에 이르매, 암논이 누웠더라, 다말이 밀가루를 가지고 반죽하여 그 보는데서 과자를 만들고 그 과자를 굽고,

⑨ 그 남비를 가져다가 그 앞에 쏟아 놓아도 암논이 먹기를 싫어하고 가로되, 모든 사람을 나가게 하라 하니, 다 저를 떠나가니라,

⑩ 암논이 다말에게 이르되 음식을 가지고 침실로 들어오라, 내가 네 손에서 먹으리라, 다말이 자기의 만든 과자를 가지고 침실에 들어가 그 오라비 암논에게 이르러,

⑪ 저에게 먹이려고 가까이 가지고 갈 때에 암논이 그를 붙잡고 이르되, 누이야 와서 나와 동침하자,

⑫ 저가 대답하되, 아니라 내 오라비여 나를 욕되게 말라, 이런 일은 이스라엘에서 마땅히 행치 못할 것이니, 이 괴악한 일을 행치 말라,

⑬ 내가 이 수치를 무릅쓰고 어디로 가겠나이까? 오라버니는 이스라엘에서 어리석은 자들 중 하나가 되리라, 그러므로 내가 이제 오라버니에게 원하오니 왕께 말하소서, 왕께서 나를 오라버니에게 주는 것을 막지 아니하시리라, 하나,

⑭ 암논이 그 말을 듣지 아니하고 다말보다 힘이 세므로 억지로 강간하니라,

⑮ 그때 암논은 그녀를 욕보이자마자, 구녀가 몹시 미워졌다, 이제 그녀를 미워하는 마음이 그녀를 사랑했던 마음보다 훨씬 더 강했다, 암몬이 말하기를, "당장 일어나 꺼져버려!" 하였다,

⑯ 다말이 말하기를, "오라버니, 이러면 안됩니다. 이것은 오라버니가 방금 나에게 행한 것보다 더 못된 짓입니다!" 하였으나 암몬은 다말의 말을 들으려 하지 아니하고,

⑰ 그 부리는 종을 불러 이르되, 이 계집을 내어보내고 곧 문빗장을 잠가라, 하니,

⑱ 암논의 하인이 저를 끌어내고 곧 문빗장을 잠그니라, 다말이 채색옷을 입었으니 출가하지 아니한 공주는 이런 옷으로 단장하는 법이라,

⑲ 다말이 제를 그 머리에 무릅쓰고 그 채색옷을 찢고, 손을 머리 위에 얹고 크게 울며 가니라,

⑳ 그녀의 오라비 압살롬이 그녀에게 그녀에게 말하기를, "네 오라버니 암논이 너를 가지고 놀았느냐? 내 사랑하는 누이야, 집안 문제이니 일단 조용히 있자, 어쨌던 그도 네 오라버니 아니냐, 이 일로 너무 힘들어하지 마라." 라고 하니, 다말은 괴롭고 쓸쓸하게 오라버니 압살롬의 집에서 지내니라,

㉑ 다윗왕이 이 모든 일을 듣고 심히 노하니라,

㉒ 압살롬이 그 누이 다말을 암논이 욕되게 하였으므로 저를 미워하여 시비간에 말하지 아니하니라,

㉓ 이 주년 후에 에브라임 곁 바알하솔에서 압살롬의 양털을 깎는 일이 있으매, 압살롬이 왕의 모든 아들을 청하고,

㉔ 왕께 나아와 말하되, 이제 종에게 양털깎는 일이 있사오니, 청컨대 왕의 신복들을 데리시고 이 종과 함께 가사이다,

㉕ 왕이 압살롬에게 이르되, 아니라, 내 아들아 우리가 다 갈 것이 없다, 네게 누를 끼칠까 하노라, 압살롬이 간청하되, 저가 가지 아니하고 위하여 복을 비는지라,

㉖ 압살롬이 가로되, 그렇게 하시려거든 청컨대 내 형 암논으로 우리와 함께 가게 하옵소서, 왕이 저에게 이르되, 그가 너와 함께 갈것이 무엇이냐? 하되,

㉗ 압살롬이 간청하매, 왕이 암논과 왕의 모든 아들들을 저와 함께 보내니라,

㉘ 압살롬이 이미 그의 종들에게 분부하여 이르기를, 너희는 암논의 마음이 술로 즐거워할 때를 자세히 보다가 내가 너희에게 암논을 치라하거든 저를 죽이라, 두려워 말라, 내가 너희에게 명한 것이 아니냐? 너희는 담대히 용맹을 내라, 한지라,

㉙ 압살롬의 종들이 그 분부대로 암논에게 행하매, 왕의 모든 아들들이 일어나 노새를 타고 도망하니라,

㉚ 그들이 가는 중에 압살롬이 왕의 모든 아들을 죽이고 하나도 남기지 아니하였다는 소문이 다윗에게 이르매,

㉛ 왕이 곧 일어나서 그 옷을 찢고 땅에 엎드리고 그 신복들도 다 옷을 찢고 모셔 선지라,

㉜ 다윗의 형 시므아의 아들 요나답이 고하여 가로되, 내 주여, 소년 왕자들이 다 죽임을 당한줄로 생각지 마옵소서 오직 암논만 죽었으리이다, 저가 압살롬의 누이 다말을 욕되게 한 날부터 압살롬이 결심한 것이니이다,

㉝ 그러하온즉, 내 주 왕이여, 왕자들이 다 죽은줄로 생각하여 괘념하지 마옵소서, 암논만 죽었으리이다, 하니,

㉞ 이에 압살롬이 도망하니라, 파수하는 소년이 눈을 들어 보니 뒷산 언덕 길로 여러 사람이 오더라,

㉟ 요나답이 왕께 고하되 왕자들이 오나이다, 종의 말한대로 되었나이다,

㊱ 말을 마치자 왕자들이 이르러 대성통곡하니 왕과 그 모든 신복도 심히 통곡하니라,

㊲ 압살롬은 도망하여 그술 왕 암미홀의 아들 달매에게로 갔고, 다윗은 날마다 그 아들을 인하여 슬퍼하니라,

㊳ 압살롬이 도망하여 그술로 가서 거한지 삼년이라,

㊴ 다윗왕의 마음이 압살롬에게 향하여 간절하니, 암논은 이미 죽었으므로 왕이 위로를 받았기 때문이더라.

● 14장

① 스루야의 아들 요압이 왕의 마음이 압살롬에게 향하는줄 알고,

② 드고아에 보내어 거기서 슬기있는 여인 하나를 데려다가 이르되, 청컨대 너는 상제 된 것처럼 상복을 입고 기름을 바르지 말고 죽은 사람을 위하여 오래 슬퍼하는

여인 같이 하고,

③ 왕께 들어가서 여차여차히 말하라고 할 말을 그 입에 넣어주니라,

④ 드고아 여인이 왕께 고할 때에 얼굴을 땅에 대고 엎드려 가로되, 왕이여 도우소서,

⑤ 왕이 저에게 이르되, 무슨일이냐? 대답하되 나는 참 과부이니이다, 남편은 죽고,

⑥ 아들 둘이 있더니, 저희가 들에서 싸우나 말려 줄 사람이 아무도 없으므로 저가 이를 처죽인지라,

⑦ 온 족속이 일어나서 왕의 계집종 나를 핍박하여 말하기를, 그 동생을 죽인 자를 내어놓으라, 우리가 그 동생 죽인 죄를 갚아 저를 죽여 사자 될 것까지 끊겠노라 하오니, 그러한즉 저희가 내게 남아 있는 숯불을 꺼서 내 남편의 이름과 씨를 세상에 끼쳐두지 아니하겠나이다,

⑧ 왕이 여인에게 이르되, 네 집으로 가라, 내가 너를 위하여 명령을 내리리라,

⑨ 드고아 여인이 왕께 고하되, 내 주 왕이여, 그 죄는 나와 내 아비의 집으로 돌릴 것이니, 왕과 왕위는 허물이 없으리이다,

⑩ 왕이 가로되 누구든지 네게 말하는 자를 내게로 데려오라, 저가 다시는 너를 건드리지도 못하리라,

⑪ 여인이 가로되, 청컨대 왕은 왕의 하나님 여호와를 생각하사, 원수 갚는 자로 더 죽이지 못하게 하옵소서, 내 아들을 죽일까, 두려워하나이다, 왕이 가로되, 여호와의 사심을 가리켜 맹세하노니, 네 아들의 머리카락 하나라도 땅에 떨어지지 아니하리라,

⑫ 여인이 가로되 청컨대 계집종을 용납하여 한 말씀으로 내 주 왕께 여쭙게 하옵소서, 가로되, 말하라,

⑬ 여인이 가로되 그러면 어찌하여 왕께서 하나님의 백성에게 대하여 이 같은 도모를 하셨나이까? 이 말씀을 하셨으니, 왕께서 죄 있는 사람 같이 되심은 그 내어쫓긴 자를 집으로 돌아오게 아니하심이니이다,

⑭ 우리는 필경 죽으리니 땅에 쏟아진 물을 다시 모으지 못함 같을 것이오나, 하나님은 생명을 빼앗지 아니하시고 방책을 베푸사 내어쫓긴 자로 하나님께 버린 자가 되지 않게 하시나이다,

⑮ 이제 내가 와서 내 주 왕께 이 말씀을 여쭙는 것은 백성들이 나를 두렵게 하므로, 계집종이 스스로 말하기를, 내가 왕께 여쭈면 혹시 종의 청하는 것을 시행하실 것이라,

⑯ 왕께서 들으시고, 나와 내 아들을 함께 하나님의 유업에서 끊을 자의 손에서 종을 구원하시리라 함이니이다,

⑰ 계집종이 또 스스로 말하기를, 내 주 왕의 말씀이 나의 위로가 되기를 원한다 하였사오니, 이는 내 주 왕께서 하나님의 사자 같이 선과 악을 분간하심이니이다, 원컨대, 왕의 하나님 여호와께서 왕과 같이 계시옵소서,

⑱ 왕이 그 여인에게 대답하여 이르되, 내가 네게 묻는 것을 숨기지 말라, 여인이 가로되, 내 주 왕이여, 말씀하옵소서,

⑲ 왕이 가로되, 이 모든 일에 요압이 너와 함께 하였느냐? 여인이 대답하여 가로되, 내 주 왕의 사심을 가리켜 맹세하옵나니, 무릇 내 주 왕의 말씀을 좌로나 우로나 옮길 자가 없으리이다, 왕의 종 요압이 내게 명하였고 저가 이 모든 말을 왕의 계집종의 입에 넣어주었사오니,

⑳ 이는 왕의 종 요압이 이 일의 형편을 변하려 하여 이렇게 함이니이다, 내 주 왕의 지혜는 하나님의 사자의 지혜와 같아서 땅에 있는 일을 다 아시나이다, 하니라,

㉑ 왕이 요압에게 이르되, 내가 이 일을 허락하였으니 가서 소년 압살롬을 데려오라,

㉒ 요압이 땅에 엎드려 절하고 왕을 위하여 복을 빌고 가로되, 내 주 왕이여, 종의 구함을 허락하시니, 종이 왕 앞에서 은혜 받은 줄을 오늘날 아나이다, 하고,

㉓ 일어나 그술로 가서 압사롬을 데리고 예루살렘으로 오니,

㉔ 왕이 가로되 저를 자기 집으로 물러가게 하고 내 얼굴을 보지 말게 하라, 하매, 압살롬이 자기 집으로 가고 왕의 얼굴을 보지 못하니라,

㉕ 온 이스라엘 가운데 압살롬 같이 아름다움으로 크게 칭찬 받는 자가 없었으니, 저는 발바닥부터 정수리까지 흠이 없음이라,

㉖ 그 머리털이 무거우므로 년말마다 깎았으며 그 머리 털을 깎을 때에 달아 본즉, 왕의 저울로 이백세겔이었더라,

㉗ 압살롬이 아들 셋과 딸 하나를 낳았는데, 딸의 이름은 다말이라 얼굴이 아름다운 여자더라,

㉘ 압살롬이 이태 동안을 예루살렘에 있으되, 왕의 얼굴을 보지 못하였으므로,

㉙ 요압을 왕께 보내려 하여 사람을 보내어 부르되, 오지 아니하고 또 다시 보내되 오지 아니하는지라,

㉚ 압살롬이 그 종에게 이르되, 보라, 요압의 밭이 내 밭 근처에 있고 거기 보리가 있으니 가서 불을 놓으라 압살롬의 종들이 그 밭에 불을 놓았더니,

㉛ 요압이 일어나 압살롬의 집으로 가서 압살롬에게 이르되, 어찌하여 네 종들이 내 밭에 불을 놓았느냐?

㉜ 압살롬이 요압에게 대답하여 가로되 내가 일찍 사람을 네게 보내어 너를 이리로 청한 것은 내가 너를 왕께 보내어 고하게 하기를, 어찌하여 내가 그술에서 돌아오게 되었나이까? 이때까지 거기 있는 것이 내게 나았으리이다, 하려 함이로라, 이제는 네가 나로 왕의 얼굴을 보게 하라, 내가 만일 죄가 있으면 왕이 나를 죽이시는 것이 가하니라,

㉝ 요압이 왕께 나아가서 그 말을 고하매, 왕이 압살롬을 부르니, 저가 왕께 나아가 그 앞에서 얼굴을 땅에 대하여 절하며 왕이 압살롬과 입을 맞추니라.

● 15장

① 이 후에 압살롬이 자기를 위하여 병거와 말들을 준비하고 자기 앞서 달릴 오십 명을 세우니라,

② 압살롬이 일찍이 일어나 성문 길 곁에 서서 어떤 사람이든지 송사가 있어 왕에게 재판을 청하러 올 때에 그 사람을 불러서 이르되, 너는 어느 성 사람이냐? 그 사람의 대답이 종은 이스라엘 아무 지파에 속하였나이다, 하면,

③ 압살롬이 저에게 이르기를, 네 일이 옳고 바르다마는 네 송사들을 들을 사람을 왕께서 세우지 아니하셨다, 하고,

④ 또 이르기를, 내가 이 땅에서 재판관이 되었더라면 누구든지 송사나 재판할 일이 있어 내게로 오는 자에게 내가 공히 베풀기를 원하노라, 하고,

⑤ 사람이 가까이 와서 절하려 하면, 압살롬이 손을 펴서 그 사람을 붙들고 입을 맞추니,

⑥ 무릇 이스라엘 무리 중에 왕께 재판을 청하러 오는 자들에게 압살롬의 행함이 이같아서 이스라엘 사람의 마음을 훔쳤더라,

⑦ 사년만에 압살롬이 왕께 고하되, 내가 여호와께 서원한 것이 있사오니, 청컨대 나로 헤브론에 가서 그 서원을 이루게 하소서,

⑧ 이는 왕의 종이 아람 그술에 있을 때에 서원하기를, 만일 여호와께서 나를 예루살렘으로 돌아가게 하시면 내가 여호와를 섬기리이다, 하였나이다, 하니,

⑨ 왕이 저에게 이르되, 평안히 가라, 하니 저가 일어나 헤브론으로 가니라,

⑩ 이에 압살롬이 정탐꾼들을 이스라엘 모든 지파 가운데 두루 보내어 이르기를, 너

희는 나팔 소리를 듣거든, 곧 부르기를 압살롬이 헤브론에서 왕이 되었다 하라, 하니라,

⑪ 그 때에 압살롬에게 청함을 받은 이백명이 그의 사기를 알지 못하고 아무 뜻 없이 예루살렘에서 저와 함께 갔으며,

⑫ 제사 드릴 때에 압살롬이 사람을 보내어 다윗의 책사 길로 사람 아히도벨을 그 성읍 길로에서 청하여 온지라, 반역하는 일이 커가매 압살롬에게 돌아오는 백성이 많아지니라,

⑬ 한 사자가 다윗에게 와서 고하되, 이스라엘의 인심이 다 압살롬에게로 돌아갔나이다, 한지라,

⑭ 다윗이 예루살렘에 함께 있는 모든 신복에게 이르되, 일어나 도망하자, 그렇지 아니하면 우리 한 사람도 압살롬에게서 피하지 못하리라, 빨리 가자, 두렵건대, 저가 우리를 급히 따라 와서 해하고 칼로 칠까, 하노라, 하니,

⑮ 왕의 신복들이 왕께 고하되, 우리 주 왕의 하고자 하시는대로 우리가 행하리이다, 하더라,

⑯ 왕이 나갈 때에 권속을 다 따르게 하고 후궁 열명을 남겨두어 궁을 지키게 하니라,

⑰ 왕이 나가매, 모든 백성이 다 따라서 벧메르학에 이르러 머무니,

⑱ 모든 신복이 그 곁으로 지나가고 모든 그렛 사람과 모든 팔레스타인 사람들과 왕을 따라 가드에서 온 육백인이 왕의 앞으로 진행하니라,

⑲ 그 때에 왕이 가드 사람 잇대에게 이르되, 어찌하여 너도 우리와 함께 가느냐? 너는 쫓겨난 나그네니 돌아가서 왕과 함께 네 곳에 있으라,

⑳ 너는 어제 왔고 나는 정처없이 가니, 오늘날 어찌 너로 우리와 함께 유리하게 하리요, 너도 돌아가고 네 동포들도 데려가라, 은혜와 진리가 너와 함께 있기를 원하노라, 하니,

㉑ 잇대가 왕께 대답하여 가로되 여호와의 사심과 우리 주 왕의 사심으로 맹세하옵나니 진실로 내 주 왕께서 어느곳에 계시든지 무론 사생하고 종도 그곳에 있겠나이다

㉒ 다윗이 잇대에게 이르되, 앞서 건너가라, 하매, 가드 사람 잇대와 그 종자들과 함께 그와 함께한 아이들이 다 건너가고,

㉓ 온 땅 사람이 대성통곡하며 모든 인민이 앞서 건너가매, 왕도 기드론 시내를 건너가니 건너간 모든 백성이 황야 길로 향하니라,

㉔ 사독과 그와 함께한 모든 레위 사람이 하나님의 언약궤를 메어다가 내려놓고, 아비아달도 올라와서 모든 백성이 성에서 나오기를 기다리더니,

㉕ 왕이 사독에게 이르되, 하나님의 궤를 성으로 도로 메어 가라, 만일 내가 여호와 앞에서 은혜를 얻으면 도로 나를 인도하사 내게 그 궤와 그 계신데를 보이시리라,

㉖ 그러나 저가 말씀하시기를 내가 너를 기뻐하지 아니한다 하시면 종이 있사오니 선히 여기시는대로 내게 행하시옵소서, 하리라,

㉗ 왕이 또 제사장 사독에게 이르되, 네가 선견자가 아니냐? 너는 너희의 두 아들 곧 네 아들 아히마아스와 아비아달의 아들 요나단을 데리고 평안히 성으로 돌아가라,

㉘ 너희에게서 내게 고하는 기별이 올 때까지 내가 황야 나룻터에서 기다리리라,

㉙ 사독과 아비아달이 하나님의 궤를 도로 예루살렘에 메어다 놓고 거기 유하니라,

㉚ 다윗이 갈람산 위로 올라갈 때에 머리를 가리우고 맨발로 울며 행하고, 저와 함께 가는 백성들도 각각 그 머리를 가리우고 울며 올라가니라,

㉛ 누군가가 다윗에게 고하되, 압살롬과 함께 모반한 자들 가운데 아히도벨이 있나이다, 하니, 다윗이 가로되, 여호와의 원컨대 아히도벨의 모략을 어리석게 하옵소서, 하니라,

㉜ 다윗이 하나님을 경배하는 마루턱에 이를 때에 아렉 사람 후새가 옷을 찢고 흙을 머리에 무릅쓰고 다윗을 맞으러 온지라,

㉝ 다윗이 저에게 이르되, 네가 만일 나와 함께 나아가면 내게 짐이 될 것이나,

㉞ 그러나 네가 만일 성으로 돌아가서 압살롬에게 말하기를, 왕이여 내가 왕의 종이나이다, 이왕에는 왕의 부친의 종이었더니 내가 이제는 왕의 종이니이다, 하면 네가 나를 위하여 아히도벨의 모략을 패하게 하리라,

㉟ 사독과 아비아달 두 제사장이 너와 함께 있지 아니하냐? 네가 궁중에서 무엇을 듣든지 사독과 아비아달 두 제사장에게 고하라,

㊱ 저희의 두 아들 곧 사독의 아히마아스와 아비아달의 요나단이 저희와 함께 거기 있나니, 무릇 너희 듣는 것을 저희 편으로 내게 기별할지니라,

㊲ 다윗의 친구 후새가 곧 성으로 돌아가고 압살롬도 예루살렘으로 돌아갔더라.

● 16장

① 다윗이 마루 턱을 조금 지나니, 므비보셋의 종 시바가 안장 지운 두 나귀에 떡 이백과 건포도 일백 송이와 여름 실과 일백과 포도주 한 가죽부대를 싣고 다윗을 맞는

지라,

② 왕이 시바에게 이르되, 네가 무슨 뜻으로 이것을 가져 왔느뇨? 하니, 시바가 가로
되, 나귀는 왕의 권속들로 타게 하고 떡과 실과는 소년들로 먹게 하고 포도주는 들
에서 곤비한 자들로 마시게 하려 함이니이다, 하매,

③ 왕이 가로되, 네 주인의 아들이 어디 있느뇨? 시바가 왕께 고하되, 예루살렘에 있
는데 저가 말하기를 이스라엘 족속이 오늘 내 아비의 나라를 내게 돌리리라, 하나
이다, 하매,

④ 왕이 시바더러 이르되, 므비보셋에게 속한 것이 다 네 것이니라, 시바가 가로되, 내
가 절하나이다, 내 주 왕이여 나로 왕의 앞에서 은혜를 입게 하옵소서, 하니라,

⑤ 다윗왕이 바후림에 이르매, 거기서 사울의 집 족속 하나가 나오니, 게라의 아들이
요, 이름은 시므이라, 저가 나오면서 연하여 저주하고,

⑥ 또 다윗과 다윗왕의 모든 신복을 향하여 돌을 던지니, 그 때에 모든 백성과 용사들
은 다 왕의 좌우에 있었더라,

⑦ 시므이가 저주하는 가운데 이와 같이 말하니라, 피를 흘린자여 비루한 자여, 가거
라, 가거라,

⑧ 사울의 족속의 모든 피를 여호와께서 네게로 돌리셨도다, 그 대신에 네가 왕이 되
었으나 여호와께서 나라를 네 아들 압살롬의 손에 붙이셨도다, 보라, 너는 피를 흘
린 자인고로 화를 자초하였느니라,

⑨ 스루야의 아들 아비새가 왕께 여짜오되, 이 죽은 개가 어찌 내 주 왕을 저주하리이
까? 청컨대 나로 건너가서 저의 머리를 베게 하소서, 하매,

⑩ 왕이 가로되 스루야의 아들들아 내가 너희와 무슨 상관이 있느냐? 저가 저주하는
것은 여호와께서 저에게 다윗을 저주하라 하심이니, 네가 어찌하여 그리하였느
냐? 할 자가 누구겠느냐? 하고,

⑪ 또 아비새와 모든 신복에게 이르되 내 몸에서 난 아들도 내 생명을 해하려 하거든,
하물며 이 베냐민 사람이랴 여호와께서 저에게 명하신 것이니 저주하게 버려두라,

⑫ 혹시 여호와께서 나의 원통함을 감찰하시리니, 오늘날 그 저주까닭에 선으로 내게
갚아주시리라, 하고,

⑬ 다윗과 그 종자들이 길을 갈때에 시므이는 산비탈로 따라가면서 저주하고, 저를
향하여 돌을 던지며 띠끌을 날리더라,

⑭ 왕과 그 함께 있는 백성들이 다 피곤하여 한곳에 이르러 거기서 쉬니라,

⑮ 압살롬과 모든 이스라엘 백성들이 예루살렘에 이르고 아히도벨도 저와 함께 이른 지라,

⑯ 다윗의 친구 아렉 사람 후새가 압살롬에게 나아올 때에 저에게 말하기를, 왕이여, 만세 왕이여, 만세, 하니,

⑰ 압살롬이 후새에게 이르되, 이것이 네가 친구를 후대하는 것이냐? 네가 어찌하여 네 친구와 함께 가지 아니하였느냐?

⑱ 후새가 압살롬에게 이르되 그렇지 아니하니이다, 내가 여호와와 이 백성 모든 이 스라엘의 택한 자에게 속하여 그와 함께 거할 것이니이다,

⑲ 또 내가 이제 누구를 섬기리이까? 그 아들이 아니니이까? 내가 전에 왕의 아버지를 섬긴 것 같이 왕을 섬기리이다, 하니라,

⑳ 압살롬이 아히도벨에게 이르되, 너는 우리가 어떻게 해야할 지를 우리에게 가르치 라, 하니,

㉑ 아히도벨이 압살롬에게 이르되, 왕이여, 왕의 아버지가 머물러 두어 궁을 지키게 한 후궁들로 더불어 동침하소서, 그리하면 왕께서 왕의 부친의 미워하는바 됨을 온 이스라엘이 들으리니, 왕과 함께 있는 모든 사람의 힘이 더욱 강하여지리이다, 하매,

㉒ 이에 사람들이 압살롬을 위하여 지붕에 장막을 치니, 압살롬이 온 이스라엘 무리 의 앞에서 그 부친의 후궁들로 더불어 동침하니라,

㉓ 그 때에 아히도벨의 베푸는 모략은 마치 사람이 하나님께 물어 받은 말씀과 같은 것이었으니, 다윗에게나 압살롬과 함께한 아히도벨의 모든 조언이 그러하였더라,

● 17장

① 아히도벨이 또 압살롬에게 이르되, 이제 나로 하여금 사람 일만 이천을 택하게 하 소서, 오늘 밤에 내가 일어나서 다윗의 뒤를 따라,

② 저가 곤하고 약할 때에 엄습하여 저를 무섭게 한즉, 저와 함께 있는 모든 백성이 도 망하리니, 내가 다윗왕만 쳐 죽이고,

③ 모든 백성으로 왕께 돌아오게 하리니, 무리의 돌아오기는 왕의 찾는 이 사람에게 달렸음이라, 그리하면 모든 백성이 평안하리이다,

④ 압살롬과 이스라엘 장로들이 다 그 말을 옳게 여기더라,

⑤ 압살롬이 이르되 아렉 사람 후새도 부르라, 우리가 저의 말도 듣자, 하니라,

⑥ 후새가 압살롬에게 이르매, 압살롬이 저에게 말하여 가로되, 아히도벨이 여차여차히 말하니, 우리가 그 말대로 행하랴 그렇지 않거든 너는 말하라,

⑦ 후새가 압살롬에게 이르되, 이 때에는 아히도벨의 베푼 모략이 선치 아니하나이다, 하고,

⑧ 또 말하되, 왕도 아시거니와 왕의 부친과 그 종자들은 용사라, 저희는 들에 있는 곰이 새끼를 빼앗긴 것 같이 격분하였고, 왕의 부친은 병법에 익은 사람인즉 백성과 함께 자지 아니하고,

⑨ 이제 어느 굴에나 어느 곳에 숨어 있으리니, 혹 무리 중에 몇이 먼저 엎드러지면 그 소문을 듣는 자가 말하기를, 압살롬을 좇는 자 가운데서 패함을 당하였다, 할지라,

⑩ 비록 용감하여 사자 같은 자의 마음이라도 저상하리니, 이는 이스라엘 무리가 왕의 부친은 영웅이요, 그 종자들도 용사인 줄 앎이니이다,

⑪ 나의 모략은 이러하나이다, 온 이스라엘을 단부터 브엘세바까지 바닷가의 많은 모래와 같이 왕께로 모으고 친히 전장에 나가시고,

⑫ 우리가 그 만날만한 곳에서 저를 엄습하기를, 이슬이 땅에 내림 같이 저의 위에 덮여 저와 함께 있는 모든 사람을 하나도 남겨두지 아니할 것이요,

⑬ 또 저가 만일 어느 성에 들었으면 온 이스라엘이 줄을 가져다가 그 성을 강으로 끌어드려서 그곳에 한 작은 돌도 보이지 않게 할 것이니이다, 하매,

⑭ 압살롬과 온 이스라엘 사람들이 이르되, 아렉 사람 후새의 모략은 아히도벨의 모략보다 낫다 하니, 이는 여호와께서 압살롬에게 화를 내리려하사, 아히도벨의 좋은 모략을 피하기로 작정하셨음이더라,

⑮ 이에 후새가 사독과 아비아달 두 제사장에게 이르되, 아히도벨이 압살롬과 이스라엘 장로들에게 여차여차히 모략을 베풀었고 나도 여차여차히 모략을 베풀었으니,

⑯ 이제 너희는 빨리 사람을 보내어 고하기를 오늘 밤에 광야 나룻터에서 자지 마시고 아무쪼록 건너 가소서, 하라, 혹시 왕과 그 좇는 자들이 몰사할까 하노라, 하니라,

⑰ 그 때에 요나단과 아히마아스가 사람이 볼까 두려워하여 감히 성에 들어가지 못하고 에느로겔가에 머물고 어떤 계집종은 저희에게 나와서 고하고 저희는 가서 다윗에게 고하더니,

⑱ 한 소년이 저희를 보고 압살롬에게 고한지라, 그 두 사람이 빨리 달려서 바후림 어떤 사람의 집으로 들어가서 그 뜰에 있는 우물 속으로 내려가니,

⑲ 그 집여인이 덮을 것을 가져다가 우물 아구를 덮고 찧은 곡식을 그 위에 널매 도무지 알지 못할러라,

⑳ 압살롬의 종들이 그 집에 와서 여인에게 묻되 아하마아스와 요나단이 어디 있느냐? 여인이 가로되, 그들이 시내를 건너 가더라, 하니 저희가 찾아도 만나지 못하고 예루살렘으로 돌아가니라,

㉑ 저희가 간 후에 두 사람이 우물에서 올라와서 다윗왕에게 이르러 고하여, 가로되, 당신들은 일어나 빨리 물을 건너 가소서, 아히도벨이 당신들을 해하려고 여차여차히 모략을 베풀었나이다,

㉒ 다윗이 일어나 모든 백성과 함께 요단을 건널새 새벽에 미쳐서 한 사람도 요단을 건너지 못한 자가 없었더라,

㉓ 아히도벨이 자기 모략이 시행되지 못함을 보고, 나귀에 안장을 지우고 떠나 고향으로 돌아가서 자기 집에 이르러 집을 정리하고 스스로 목매어 죽으매, 그 아비 묘에 장사되니라,

㉔ 이에 다윗은 마하나임에 이르고 압살롬은 모든 이스라엘 사람과 함께 요단을 건너니라,

㉕ 압살롬이 아마사로 요압을 대신하여 군장을 삼으니라, 아마사는 이스라엘 사람 이드라라 하는 자의 아들이라, 이드라가 나하스의 딸 아비갈과 동침하여 저를 낳았으니, 아비갈은 요압의 어미 스루야의 동생이더라

㉖ 이에 이스라엘 무리와 압살롬이 길르앗 땅에 진 치니라,

㉗ 다윗이 마나하임에 이르렀을 때에 암몬 족속에게 속한 랍바 사람 나하스의 아들 소비와 로데발 사람 암미엘의 아들 마길과 로글림 길르앗 사람 바르실래가,

㉘ 침상과 대야와 질그릇과 밀과 보리와 밀가루와 볶은 곡식과 콩과 팥과 볶은 녹두와,

㉙ 꿀과 뻐더와 양과 치스를 가져다가 다윗과 그 함께한 백성으로 먹게 하였으니, 이는 저희 생각에 백성이 들에서 시장하고 곤하고 목마르겠다, 함이더라.

● 18장

① 이에 다윗이 그 함께한 백성을 계수하고 천명부대장과 백명부대장을 그 위에 세우고,

② 그 백성을 내어 보낼새 삼분지 일은 요압의 수하에, 삼분지 일은 스루야의 아들 요

압의 아우 아비새의 수하에 붙이고, 삼분이 일은 가드 사람 잇대의 수하에 붙이고 백성에게 이르되 나도 반드시 너희와 함께 나가리라,

③ 백성들이 가로되 왕은 나가지 마소서, 우리가 도망할지라도 저희는 우리를 주의하지 아니할 터이요, 우리가 절반이나 죽을지라도 우리에게 주의하지 아니할 터이라, 왕은 만 명보다 중하시오니 왕은 성에 계시다가 우리를 도우심이 좋으니이다,

④ 왕이 저희에게 이르되, 너희가 선히 여기는대로 내가 행하리라, 하고, 문 곁에 서매 모든 백성이 백명씩 천 명씩 대를 지어 나가는지라,

⑤ 왕이 요압과 아비새와 잇대에게 명하여 가로되, 나를 위하여 소년 압살롬을 너그러이 대접하라, 하니, 왕이 압살롬을 위하여 모든 군장에게 명령할 때에 백성들이 다 들으니라,

⑥ 이에 백성이 이스라엘을 치러 들로 나가서 에브라임 수풀에서 싸우더니,

⑦ 거기서 이스라엘 무리가 다윗의 신복들에게 패하매, 그날 그곳에서 살륙이 커서 이 만에 이르렀고,

⑧ 그 땅에서 사면으로 퍼져 싸웠으므로 그날에 수풀에서 죽은 자가 칼에 죽은 자보다 많았더라,

⑨ 압살롬이 다윗의 신복과 마주치니라, 압살롬이 노새를 탔는데 그 노새가 큰 상수리나무 번성한 가지 아래로 지날 때에 압살롬의 머리털이 그 상수리나무에 걸리매 저가 공중에 달리고 그 탔던 노새는 그 아래로 빠져나간지라,

⑩ 한 사람이 보고 요압에게 고하여 가로되, 내가 보니 압살롬이 상수리나무에 달렸더이다,

⑪ 요압이 그 고한 사람에게 이르되, 네가 보고 어찌하여 당장에 쳐서 땅에 떨어뜨리지 아니하였느뇨? 내가 네게 은 열개와 띠 하나를 주었으리라,

⑫ 그 사람이 요압에게 대답하되, 내가 내손에 은 천개를 받는다 할지라도 나는 왕의 아들에게 손을 대지 아니하겠나이다, 우리가 들었거니 왕이 당신과 아비새와 잇대에게 명하여 이르시기를 삼가 누구든지 압사롬을 해하지 말라, 하셨나이다,

⑬ 아무 일도 왕 앞에는 숨길 수 없나니, 내가 만일 거역하여 그 생명을 해하였다면 당신도 나를 대적하였으리이다, 하니,

⑭ 요압이 가로되, 나는 너와 같이 지체할 수 없다, 하고 손에 작은 창 셋을 가지고 가서 상수리나무 가운데서 아직 살아있는 압살롬의 심장을 찌르니,

⑮ 요압의 병기를 맡은 소년 열이 압살롬을 에워싸고 쳐 죽이니라,

⑯ 요압이 나팔을 불어 백성들로 그치게 하니, 저희가 이스라엘을 따르지 아니하고 돌아오니라,

⑰ 무리가 압살롬을 옮겨다가 수풀 가운데 큰 구멍에 던지고 그 위에 심히 큰 돌무더기를 쌓으니라, 온 이스라엘 무리가 각기 장막으로 도망하니라,

⑱ 압살롬이 살았을 때에 자기를 위하여 한 비석을 가져 세웠으니, 이는 저가 자기 이름을 전할 아들이 없음을 한탄함이라, 그러므로 자기 이름으로 그 비석을 이름하였으며, 그 비석이 왕의 골짜기에 있고 이제까지 압살롬의 기념비라 일컫더라,

⑲ 사독의 아들 아히마아스가 가로되, 청컨대 나로 빨리 왕에게 가서 여호와께서 왕의 원수 갚아 주신 소식을 전하게 하소서,

⑳ 요압이 저에게 이르되, 너는 오늘 소식을 전하는 자가 되지 말고 다른 날에 전할 것이니라, 왕의 아들이 죽었나니, 너는 오늘날 소식을 전하지 못하리라 하고,

㉑ 구스 사람에게 이르되, 네가 가서 본 것을 왕께 고하라, 하매, 구스 사람이 요압에게 절하고 달음질하여 가니,

㉒ 사독의 아들 아히마아스가 다시 요압에게 이르되, 청컨대 아무쪼록 나로 또한 구스 사람의 뒤를 따라 달음질하게 하소서, 요압이 가로되, 왜 달음질하려 하느냐? 이 소식으로 인하여는 상을 받지 못하리라, 하되,

㉓ 저가 아무쪼록 달음질하겠노라, 하는지라, 요압이 가로되, 그리하라, 하니, 아하마아스가 들길로 달음질하여 구스 사람보다 앞서니라,

㉔ 때에 다윗이 두 문 사이에 앉았더라 파숫군이 성문루에 올라가서 눈을 들어 보니 어떤 사람이 홀로 달음질하는지라,

㉕ 파숫군이 외쳐 왕께 고하매, 왕이 가로되, 저가 만일 혼자면 그 입에 소식이 있으리라 할 때에 저가 차차 가까이 오니라,

㉖ 파숫군이 본즉, 한 사람이 또 달음질하는지,라 문지기에게 외쳐 이르되, 보라, 한 사람이 또 혼자 달음질한다, 하니 왕이 가로되 저도 소식을 가져 오느니라,

㉗ 파숫군이 가로되 나 보기에는 앞선 사람의 달음질이 사독의 아들 아히마아스의 달음질과 같으니이다, 왕이 가로되, 저는 좋은 사람이니 좋은 소식을 가져 오느니라,

㉘ 아하마아스가 외쳐 왕께 말씀하되, 평강하옵소서, 하고, 왕의 앞에서 얼굴을 땅에 대고 절하고 가로되, 왕의 하나님 여호와를 찬양하리로소이다, 그 손을 들어 내 주 왕을 대적하는 자들을 붙여 주셨나이다,

㉙ 왕이 가로되, 소년 압살롬이 잘 있느냐? 아하마아스가 대답하되 요압이 왕의 종 나

를 보낼 때에 크게 소동하는 것을 보았사오나 무슨 일인지 알지 못하였나이다,

㉚ 왕이 가로되, 물러나 곁에 서 있으라, 하매, 물러나서 섰더라,

㉛ 구스 사람이 이르러 고하되, 내 주 왕께 고할 소식이 있나이다, 여호와께서 오늘날 왕을 대적하던 모든 원수를 갚으셨나이다,

㉜ 왕이 구스 사람에게 묻되 소년 압살롬이 잘 있느냐? 구스 사람이 대답하되, 내 주 왕의 원수와 일어나서 왕을 대적하는 자들은 다 그 소년과 같이 되기를 원하나이다,

㉝ 왕의 마음이 심히 아파 문루로 올라가서 우니라, 저가 올라갈 때에 말하기를, 내 아들, 압살롬아, 내 아들 압사롬아, 내 아들 압살롬아, 내가 너를 대신하여 죽었더면, 압살롬 내 아들아, 내 아들아, 하였더라.

● 19장

① 누군가 요압에게 고하되, 왕이 압살롬으로 인하여 울며 슬퍼하시나이다, 하니라,

② 그날의 승리가 온 백성에게 슬픔으로 변하였으니, 이는 왕이 그 아들로 인하여 슬퍼한다 함이 그 날에 백성들이 들었기 때문이라,

③ 그 날에 백성들이 싸움에 쫓겨 부끄러워 도망함 같이 가만히 성으로 돌아가니라,

④ 왕이 얼굴을 가리우고 큰 소리로 부르되, 내 아들, 압살롬아, 압살롬아, 내 아들아, 내 아들아, 하니,

⑤ 요압이 집에 들어가서 왕께 말씀하되, 왕께서 오늘 왕의 생명과 왕의 자녀의 생명과 처첩들의 생명을 구해 준 왕의 모든 신복들의 얼굴을 부끄럽게 하시니,

⑥ 이는 왕께서 미워하는 자는 사랑하시며, 사랑하는 자는 미워하시고, 오늘 장관들과 신복들을 멸시하심을 나타내심이라, 오늘 내가 깨달으니 만일 압살롬이 살고 오늘 우리가 다 죽었더면 그것이 왕을 참으로 기쁘게 해드릴 뻔하였나이다,

⑦ 그러므로 이제 곧 일어나 나가서 왕의 신복들의 마음을 위로하여 말씀하옵소서, 내가 여호와을 가리켜 맹세하옵나니, 왕이 만일 나가지 아니하시면 오늘 밤에 한 사람도 왕과 함께 머물지 아니할찌라, 그리하면 그 화가 왕이 젊었을 때부터 지금까지 당하신 모든 화보다 더욱 심하리이다, 하매,

⑧ 왕이 일어나 성문에 앉으매, 누군가가 모든 백성에게 고하되, 왕이 문에 앉아 계시다, 하니, 모든 백성이 왕의 앞으로 나아오니, 이스라엘은 이미 각 장막으로 도망

하였더라,

⑨ 이스라엘 모든 지파 백성들이 변론하여 가로되, 왕이 우리를 원수의 손에서 구원하여 내셨고, 또 우리를 팔레스타인 사람들의 손에서 구원하셨으나, 이제 압살롬을 피하여 나라에서 도망하였는데,

⑩ 우리가 기름을 부어 우리를 다스리게한 압살롬은 싸움에 죽었도다, 그러므로 이제 어찌하여 너희는 왕을 도로 모셔오는 일에 대하여 한 마디도 말하지 않느냐? 하니라,

⑪ 다윗왕이 사독과 아비아달 두 제사장에게 기별하여 가로되, 너희는 유다 장로들에게 고하여 이르기를, 왕의 말씀이 온 이스라엘이 왕을 궁으로 모셔오자 하는 말이 왕께 들렸거늘 너희는 어찌하여 궁으로 모시는 일에 나중이 되느냐?

⑫ 너희는 내 형제요, 내골육이어늘 어찌하여 왕을 도로 모셔 오는 일에 나중이 되려느냐? 하고,

⑬ 또 아마사에게 이르기를, 너는 내 골육이 아니냐? 네가 요압을 대신하여 항상 내 앞에서 군장이 되지 아니하면 하나님이 내게 벌 위에 벌을 내리시기를 바라노라, 하셨다, 하라, 하여,

⑭ 모든 유다 사람들로 마음을 일제히 돌리게 하여 저희가 왕께 보내어 가로되, 왕은 모든 신복으로 더불어 돌아오소서, 한지라,

⑮ 왕이 돌아와 요단에 이르매, 유다 족속이 왕을 맞아 요단을 건너려 하여 길갈로 오니라,

⑯ 바후림에 있는 베냐민 사람 게라의 아들 시므이가 급히 유다 사람과 함께 다윗왕을 맞으려 내려올 때에

⑰ 베냐민 사람 일천명이 저와 함께하고 사울의 사환 시바도 그 아들 열 다섯과 종 스무명으로 더불어 저와 함께 요단강을 밟고 건너 왕의 앞으로 나아오니라,

⑱ 왕의 가족을 건네려 하며 왕의 선히 여기는대로 쓰게 하려하여 나룻배가 건너가니, 왕이 요단을 건너려 할 때에 게라의 아들 시므이가 왕의 앞에 엎드려,

⑲ 왕께 고하되, 내 주여 원컨대 내게 죄 주지 마옵소서, 내 주 왕께서 예루살렘에서 나오시던 날에 종의 패역한 일을 기억하지 마옵시며 마음에 두지 마옵소서,

⑳ 왕의 종 내가 범죄한줄 아옵는고로 오늘 요셉의 온 족속 중 내가 먼저 내려와서 내 주 왕을 영접하나이다,

㉑ 스루야의 아들 아비새가 대답하여 가로되, 시므이가 여호와의 기름 부으신 자를

저주하였으니, 그로 인하여 죽어야 마땅치 아니하나이까? 하매,

㉒ 다윗이 가로되, 스루야의 아들들아 내가 너희와 무슨 상관이 있기로 너희가 오늘 나의 대적이 되느냐? 오늘 어찌하여 이스라엘 가운데서 사람을 죽이겠느냐? 내가 오늘날 이스라엘의 왕이 된 것을 내가 알지 못하리요, 하고,

㉓ 시므이에게 이르되 네가 죽지 아니하리라, 하고, 저에게 맹세하니라,

㉔ 사울의 손자 므비보셋이 내려와서 왕을 맞으니, 저는 왕의 떠난 날부터 평안히 돌아오는 날까지 그 발을 맵시 내지 아니하며 그 수염을 깎지 아니하며 옷을 빨지 아니하였더라,

㉕ 예루살렘에서 와서 왕을 맞을 때에 왕이 저에게 물어 가로되, 므비보셋이여, 네가 어찌하여 나와 함께 가지 아니하였더뇨? 하니,

㉖ 대답하되 내 주 왕이여 왕의 종 나는 절뚝발이이므로 내 나귀에 안장을 지워 타고 왕과 함께 가려하였더니, 나의 종이 나를 속이고,

㉗ 종 나를 내 주 왕께 참소하였나이다, 내 주 왕께서는 하나님의 사자와 같으시니, 왕의 처분대로 하옵소서,

㉘ 내 아비의 온 집이 내 주 왕 앞에서는 다만 죽을 사람이 되지 아니하였었나이까? 그러나 종을 왕의 상에서 음식 먹는 자 가운데 두셨사오니, 내게 오히려 무슨 옳음이 있어서 다시 왕께 부르짖을 수 있사오리이까?

㉙ 왕이 저에게 이르되, 네가 어찌하여 또 네 일을 말하느냐? 내가 이르노니, 너는 시바와 밭을 나누라, 하였느니라, 하니,

㉚ 므비보셋이 왕께 고하되, 내 주 왕께서 평안히 궁에 돌아 오시게 되었으니, 저로 그 전부를 차지하게 하옵소서, 하니라,

㉛ 길르앗 사람 바르실래가 왕을 보내어 요단을 건네려고 로글림에서 내려와서 함께 요단에 이르니,

㉜ 바르실래는 매우 늙어 나이 팔십세라, 저는 거부인고로 왕이 마나하임에 유할 때에 왕에게 쓸것을 마련해 주었더라,

㉝ 왕이 바르실래에 이르되, 너는 나와 함께 건너가자, 예루살렘에서 내가 너를 나와 함께 먹게 하리라, 하니,

㉞ 바르실래가 왕께 고하되, 내 생명의 날이 얼마나 있삽관대, 어찌 왕과 함께 예루살렘으로 올라가리이까?

㉟ 내 나이 이제 팔십세라 어떻게 좋고 흉한 것을 분간할 수 있아오며 음식의 맛을 알

수 있사오리이까? 어떻게 다시 노래하는 남자나 여인의 소리를 알아 들을 수 있사오리이까? 어찌하여 종이 내 주 왕께 오히려 부담이 되리이까?

㊱ 종은 왕을 모시고 요단을 건너려는 것뿐이어늘, 왕께서 어찌하여 이 같은 상으로 내게 갚으려 하시나이까?

㊲ 청컨대 종을 돌려 보내옵소서, 내가 내 본성 부모의 묘 곁에서 죽으려 하나이다, 그러나 왕의 종 김함이 여기 있사오니, 청컨대 저로 내 주 왕과 함께 건너가게 하옵시고 왕의 처분대로 저에게 베푸소서,

㊳ 왕이 대답하되, 김함이 나와 함께 건너가리니, 내가 너의 좋아하는대로 저에게 베풀겠고, 또 네가 내게 구하는 것은 다 너를 위하여 시행하리라, 하니라,

㊴ 백성이 다 요단을 건너매, 왕도 건너가서 바르실래의 입을 맞추고 위하여 복을 비니, 저가 자기 처소로 돌아가니라,

㊵ 왕이 길갈로 건너오고 김함도 함께 건너오니, 온 유다 백성과 이스라엘 백성의 절반이나 왕을 호위하니라,

㊶ 온 이스라엘 사람이 왕께 나아와서 고하되, 우리 형제 유다 사람들이 어찌 왕을 도적하여 왕과 왕의 권속과 왕을 쫓는 모든 사람을 인도하여 요단을 건넜나이까? 하매,

㊷ 유다 모든 사람이 이스라엘 사람에게 대답하되, 왕은 우리의 지친인 까닭이라, 너희가 어찌 이 일에 대하여 분내느냐? 우리가 왕의 물건을 조금이라도 먹었느냐? 왕께서 우리에게 선물 주신 것이 있느냐? 하매,

㊸ 이스라엘 사람이 유다 사람에게 대답하여 이르되, 우리는 왕에 대하여 열 몫을 가지고 있으므로 우리가 다윗 안에서 너희보다 더 많은 권리가 있도다, 그런데 어찌하여 너희가 우리를 멸시하여 우리의 왕을 모셔오는데 먼저 우리의 권고를 받지 아니하였는가? 하니라, 그런데 유다 사람들의 말들이 이스라엘 사람들의 말보다 더 강경하더라.

● 20장

① 마침 거기 문제아(troublemaker) 하나가 있었으니 베냐민 사람 비그리의 아들 세바라 하는 자라, 저가 나팔을 불고 말하기를, 우리가 다윗에게서 얻을 몫도 없고, 이새의 아들에게서 물려받을 유산도 없느니라! 그러니 이스라엘아 각각 자기 장막으로 돌아가라, 하매,

② 그리하여 이스라엘 사람들이 모두 다윗을 버리고, 비그리의 아들 세바의 뒤를 따랐더라, 그러나 유다 사람들은 요르단에서부터 예루살렘까지 쭉 그들의 왕 곁에서 머물렀더라,

③ 다윗이 예루살렘 본 궁에 이르러, 전에 머물러 궁을 지키게 한 후궁 열명을 잡아 별실에 가두고 먹을 것만 주고 더불어 동침하지 아니하니, 저희가 죽는 날까지 갇혀서 생과부로 지내니라,

④ 왕이 아마사에게 이르되, 너는 나를 위하여 삼일 내로 유다 사람을 소집하고 너도 여기 있으라,

⑤ 아마사가 유다 사람을 소집하러 가더니, 왕의 정한 기한에 지체된지라,

⑥ 다윗이 이에 아비새에게 이르되, 이제 비그리의 아들 세바가 압살롬보다 우리를 더 해하리니, 너는 네 주의 신복들을 거느리고 쫓아가라, 저가 견고한 성에 들어가서 우리를 피할까 염려하노라, 하매,

⑦ 요압을 쫓는 자들과 그렛 사람들과 팔레스타인 사람들과 모든 용사들이 다 아비새를 따라 비그리의 아들 세바를 쫓으려고 예루살렘에서 나와서,

⑧ 기브온 큰 바위 곁에 이르러, 아마사가 맞으러 오니, 때에 요압이 군복을 입고 띠를 띠고 집에 꽂은 칼을 허리에 메었는데, 저가 행할 때에 칼이 빠져 떨어졌더라,

⑨ 요압이 아마사에게 이르되 형은 평안하뇨? 하며 오른손으로 아마사의 수염을 잡고 그 입을 맞추려는 체, 하매,

⑩ 아마사가 요압의 손에 있는 칼은 주의치 아니한지라 요압이 칼로 그 배를 찌르매, 그 창자가 땅에 흐르니 다시 치지 아니하여도 죽으니라, 요압과 그 동생 아비새가 비그리의 아들 세바를 쫓을새,

⑪ 요압의 소년 중 하나가 아마사의 곁에 서서 가로되, 요압을 좋아하는 자와 다윗을 위하는 자는 요압을 따르라 할 때에,

⑫ 아마사가 큰 길 한가운데서 피투성이가 되어 뒹굴고 있는데도, 온 백성이 가만히 서 있는 것을 본 사람이 있었는데 이에 그가 아마사를 큰 길에서 들판으로 옮기고, 또 자기 곁으로 오는 사람마다 가만히 서 있는 것을 보자, 아마사 위에 옷을 던지고,

⑬ 아마사를 큰 길에서 옮겨가매, 사람들이 다 요압을 따라 비그리의 아들 세바를 쫓아가니라,

⑭ 요압이 이스라엘 모든 지파 가운데 도루 행하여 아벨과 벧마아가와 베림 온 땅에

이르니, 그 무리도 다 모여 저를 따르더라,

⑮ 이에 저희가 뻰마아가 아벨로 가서 세바를 포위하고 그 성읍을 향하여 해자 언덕 위에 토성을 쌓고 요압과 함께한 모든 백성이 성벽을 쳐서 헐고자 하더니,

⑯ 그 성에서 지혜로운 여인 하나가 외쳐 가로되, 들을지어다, 들을지어다, 청컨대 너희는 요압에게 이르기를, 이리로 가까이 오라 내가 네게 말하려 하노라, 한다, 하라,

⑰ 요압이 그 여인에게 가까이 가니, 여인이 가로되, 당신이 요압이니니까? 대답하되, 그러하다, 여인이 저에게 이르되 여종의 말을 들으소서, 대답하되, 내가 들으리라,

⑱ 여인이 말하여 가로되 옛 사람들이 흔히 말하기를 아벨에 가서 물을 것이라, 하고, 그 일을 끊내었나이다,

⑲ 나는 이스라엘의 화평하고 충성된 자 중 하나이어늘, 당신이 이스라엘 가운데 어미 같은 성을 멸하고자 하시는도다, 어찌하여 당신이 여호와의 유업을 삼키고자 하시나이까?

⑳ 요압이 대답하여 가로되, 결단코 그렇지 아니하다, 결단코 그렇지 아니하다, 삼키거나 멸하거나 하려함이 아니니,

㉑ 그 일이 그러한 것이 아니니라, 에브라임 산지 사람 비그리의 아들 세바라 하는 자가 손을 들어 왕 다윗을 대적하였나니, 너희가 저만 내어 주면 내가 이 성읍에서 떠나가리라, 여인이 요압에게 이르되 저의 머리를 성벽에서 당신에게 내어 던지리이다, 하고,

㉒ 이에 여인이 그 지혜로 모든 백성에게 말하매, 저희가 비그리의 아들 세바의 머리를 베어 요압에게 던진지라, 이에 요압이 나팔을 불매, 무리가 흩어져 성읍에서 물러나서 각기 장막으로 돌아가고 요압은 예루살렘으로 돌아와서 왕에게 나아가니라,

㉓ 요압은 이스라엘 온 군대의 장관이 되고, 여호야다의 아들 브나야는 그렛 사람과 팔레스타인 사람들의 장관이 되고,

㉔ 아도니람은 감역관이 되고 아힐룻의 아들 여호사밧은 기록하는 사관이 되고,

㉕ 스와는 서기관인 비서관이 되고 사독과 아비아달은 제사장이 되고,

㉖ 야일 사람 이라는 다윗의 주위에서 주요 대신이 되니라.

● 21장

① 다윗의 시대에 해를 거듭하여 삼년 기근이 있으므로 다윗이 여호와 앞에 간구하매, 여호와께서 가라사대, 이는 사울과 피를 흘린 그 집을 인함이니, 그가 기브온 사람을 죽였음이니라, 하시니라,

② 기브온 사람들은 이스라엘 족속이 아니요, 아모리 사람 중에서 남은 자라, 이스라엘 족속들이 전에 저희에게 맹세하였거늘, 사울이 이스라엘과 유다 족속을 위하여 열심이 있으므로 저희 죽이기를 꾀하였더라, 이에 왕이 기브온 사람을 불러 물으니라,

③ 다윗이 저희에게 묻되, 내가 너희를 위하여 어떻게 하랴? 내가 어떻게 속죄하여야 너희가 여호와의 유업을 위하여 복을 빌겠느냐? 하니,

④ 기브온 사람들이 대답하되, 우리가 사울의 은이나 금이나 그의 집도 가지지 아니할 것이나 왕께서는 우리를 위하여 이스라엘 안에서 어떤 사람도 죽이지 마소서, 하매, 왕이 말하기를, 너희가 무엇을 말하든지 내가 너희를 위하여 행하리라, 하니,

⑤ 저희가 왕께 고하되, 우리를 학살하였고 또 우리를 멸하여 이스라엘 경내에 머물지 못하게 하려고 모해한 사람의

⑥ 자손 일곱을 내어 주소서, 우리가 사울의 고을 기브아에서 여호와께 그들을 매달겠사오니, 그들은 여호와께서 선택한 자들이니이다, 하니 다윗이 말하기를, "내가 그들을 내어 주리라." 하니라,

⑦ 그러나 다윗과 사울의 아들 요나단 사이에 서로 여호와를 가리켜 맹세한 것이 있으므로 왕이 사울의 손자 요나단의 아들은 아끼고,

⑧ 이에 아야의 딸 리스바에게서 난 자, 곧 사울의 두 아들 알모니와 므비보셋과 사울의 딸 메랍에게서 난 자 곧 므홀랏 사람 바실래의 아들 아드리엘의 다섯 아들을 잡고,

⑨ 저희를 기브온 사람들의 손에 넘겨주니 기브온 사람들이 저희를 산 위에서 여호와 앞에 목매어 달매, 저희 일곱 사람이 함께 죽으니, 죽은 때는 곡식 베는 처음날 곧 보리 베기 시작하는 때더라,

⑩ 아야의 딸 리스바가 굵은 베를 가져다가 자기를 위하여 반석 위에 펴고, 곡시 베기 시작할 때부터 하늘에서 비가 시체에 쏟아지기까지, 그 시체에 낮에는 공중의 새가 앉지 못하게 하고 밤에는 들짐승이 범하지 못하게 한지라,

⑪ 이에 아야의 딸 사울의 첩 리스바의 행한 일이 다윗에게 들리매,

⑫ 다윗이 가서 사울의 뼈와 그 아들 요나단의 뼈를 길르앗 야베스 사람에게서 취하니, 이는 전에 팔레스타인 사람들이 사울을 길보아에서 죽여 벳산 거리에 매어 단 것을 저희가 가만히 가져온 것이라,

⑬ 다윗이 그 곳에서 사울의 뼈와 그 아들 요나단의 뼈를 가지고 올라오매, 사람들이 그 달려 죽은 자들의 뼈를 거두어다가,

⑭ 사울과 그 아들 요나단의 뼈와 함께 베냐민 땅 셀라에서 그 아비 기스의 묘에 장사하되, 모두 왕의 명대로 좇아 행하니라, 그 후에야 하나님이 그 땅을 위하여 기도를 들으시니라,

⑮ 팔레스타인 사람들이 다시 이스라엘을 치거늘, 다윗이 그 신복들과 함께 내려가서 팔레스타인 사람들과 싸우더니 다윗이 피곤하매,

⑯ 장대한 자의 아들 중에 삼백 세겔 되는 놋창을 들고 새 칼을 찬 이스비브놉이 다윗을 죽이려 하므로,

⑰ 스루야의 아들 아비새가 다윗을 도와 그 팔레스타인 사람을 쳐 죽이니 다윗의 하인들이 다윗에게 맹세하여 가로되, 왕은 다시 우리와 함께 전장에 나가지 마옵소서, 이스라엘의 등불이 꺼지지 말게 하옵소서, 하니라,

⑱ 그 후에 다시 팔레스타인 사람들과 곱에서 전쟁할 때에 후사 사람 십브개가 장대한 자의 아들 중에 삽을 쳐 죽였고,

⑲ 또 다시 팔레스타인 사람과 곱에서 전쟁할 때에 베들레헴 사람 야레오르김의 아들 엘하난이 가들 골리앗의 아우 라흐미를 죽였는데 그 자의 창 자루는 베틀채 같았더라,

⑳ 또 가드에서 전쟁할 때에 그곳에 키 큰 자 하나는 매 손과 매 발에 가락이 여섯씩 모두 스물 네 가락이 있는데 저도 장대한 자의 소생이라,

㉑ 저가 이스라엘을 능욕하므로 다윗의 형 삼마의 아들 요나단이 저를 죽이니라,

㉒ 이 네 사람 가드의 장대한 자의 소생이 다윗의 손과 그 신복의 손에다 죽었더라.

● 22장

① 여호와께서 다윗을 모든 대적의 손과 사울의 손에서 구원하신 그 날에 다윗이 이 노래의 말씀으로 여호와께 아뢰어,

② 가로되, 여호와는 나의 반석이시요, 나의 요새시요, 나를 건지시는 자요,

③ 나의 하나님이시요, 나의 피할 바위시요, 나의 방패시요, 나의 구원의 뿔이시요, 나의 높은 망대시요, 나의 피란처시요, 나의 구원자시라, 나를 흉악에서 구원하셨도가,

④ 내가 찬송 받으실 여호와께 아뢰리니, 내 원수들에게서 구원을 얻으리로다,

⑤ 사망의 물결이 나를 에우고 불의의 창수가 나를 두렵게 하였으며,

⑥ 음부의 줄이 나를 두르고, 사망의 올무가 내게 이르렀도다,

⑦ 내가 환난 중에서 여호와께 아뢰며 나의 하나님께 아뢰었더니, 저가 그 전에서 내 소리를 들으심이여, 나의 부르짖음이 그 귀에 들렸도다,

⑧ 이에 땅이 진동하고 떨며 하늘 기초가 요동하고 흔들렸으니, 그의 진노를 인함이로다,

⑨ 그 코에서 연기가 오르고 입에서 불이 나와 사름이여 그 불에 숯이 피었도다,

⑩ 저가 또 하늘을 드리우고 강림하시니 그 발 아래는 어둑캄캄하도다,

⑪ 그룹을 타고 날으심이여, 바람 날개 위에 나타나셨도다,

⑫ 저가 흑암 곧 모인 물과 공중의 빽빽한 구름으로 둘린 장막을 삼으심이여,

⑬ 그 앞에 있는 광채로 인하여 숯불이 피었도다,

⑭ 여호와께서 하늘에서 뇌성을 발하시며 지존하신 자가 음성을 내심이여,

⑮ 살을 날려 저희를 흩으시며 번개로 파하셨도다,

⑯ 이럴 때에 여호와의 꾸지람과 콧김을 인하여 물 밑이 드러나고 땅의 기초가 나타났도다,

⑰ 저가 위에서 보내사 나를 취하심이여 많은 물에서 나를 건져내셨도다,

⑱ 나를 강한 원수와 미워하는 자에게서 건지셨음이여 저희는 나보다 힘센 연고로다,

⑲ 저희가 나의 재앙의 날에 내게 이르렀으니, 여호와께서 나의 의지가 되셨도다,

⑳ 나를 또 넓은 곳으로 인도하시고, 나를 기뻐하시므로 구원하셨도다,

㉑ 여호와께서 내 의를 따라 상 주시며 내 손의 깨끗함을 좇아 갚으셨으니,

㉒ 이는 내가 여호와의 도를 지키고 악을 행하여 내 하나님을 떠나지 아니하였으며,

㉓ 그 모든 규례를 내 앞에 두고 그 율례를 버리지 아니하였음이로다,

㉔ 내가 또 그 앞에 완전하여 스스로 지켜 죄악을 피하였나니,

㉕ 그러므로 여호와께서 내 의대로 그 목전에 내 깨끗한대로 내게 갚으셨도다,

㉖ 자비한 자에게는 주의 자비하심을 나타내시며, 완전한 자에게는 주의 완전하심을 보이시며,

㉗ 깨끗한 자에게는 주의 깨끗하심을 보이시며, 사특한 자에게는 주의 거스리심을 보이시리이다,

㉘ 주께서 고난 받는 백성은 구원하시고 교만한 자를 살피사 낮추시리이다,

㉙ 여호와여 주는 나의 등불이시니 여호와께서 나의 흑암을 밝히시리이다,

㉚ 내가 주를 의뢰하고 적군에 달리며 내 하나님을 의지하고 성벽을 뛰어 넘나이다,

㉛ 하나님의 도는 완전하고 여호와의 말씀은 정미하니, 저는 자기에게 피하는 모든 자에게 방패시로다,

㉜ 여호와 외에 누가 하나님이시며? 우리 하나님 외에 누가 바위뇨?

㉝ 하나님은 나의 견고한 요새시며 나를 온전한 곳으로 인도하시며,

㉞ 나의 발로 암사슴 발 같게 하시며 나를 나의 높은 곳에 세우시며,

㉟ 내 손을 가르쳐 싸우게 하시니, 내 팔이 놋활을 당기도다,

㊱ 주께서 또 주의 구원의 방패를 내게 주시며 주의 온유함이 나를 크게 하셨나이다,

㊲ 내 걸음을 넓게 하셨고 나로 실족지 않게 하셨나이다,

㊳ 네가 내 원수를 따라 멸하였사오며 저희를 무찌르기 전에는 돌이키지 아니하였나이다,

㊴ 내가 저희를 무찔러 파하였더니 저희가 내 발 아래 엎드러지고 능히 일어나지 못하였나이다,

㊵ 이는 주께서 나로 전쟁케 하려고 능력으로 내게 띠 띠우사 일어나 나는 치는 자로 내게 굴복케 하셨사오며,

㊶ 주께서 또 내 원수들로 등을 내게로 향하게 하시고 나로 미워하는 자를 끊어버리게 하셨음이니이다,

㊷ 저희가 둘러보아도 구원할 자가 없었고 여호와께 부르짖어도 대답지 아니하셨나이다,

㊸ 내가 저희를 땅의 티끌 같이 부스러뜨리고 거리의 진흙 같이 밟아 헤쳤나이다,

㊹ 주께서 또 나를 내 백성의 다툼에서 건지시고 나를 보존하사 열방의 으뜸을 삼으셨으니 내가 알지 못하는 백성이 나를 섬기리이다,

㊺ 이방인들이 내게 굴복함이여, 저희가 내 말을 듣자마자 곧 순복하리로다,

㊻ 이방인들이 쇠미하여 그 견고한 곳에서 떨며 나오리이다,

㊼ 여호와는 생존이시니 나의 바위를 찬송하며 내 구원의 바위이신 하나님을 높일지로다,

㉘ 이 하나님이 나를 위하여 보수하시고 민족들로 내게 복종케 하시며,

㉙ 나를 원수들에게서 나오게 하시며 나를 대적하는 자 위에 나를 드시고 나를 강포한 자에게서 건지시는도다,

㉚ 이러므로 여호와여 내가 열방 중에서 주께 감사하며 주의 이름을 찬양하리이다,

㉛ 여호와께서 그 왕에게 큰 구원을 주시며, 기름 부음 받은 자에게 인자를 베푸심이여, 영원토록 다윗과 그 후손에게로다, 하였더라.

● 23장

① 이는 다윗의 마지막 말들이라, 이새의 아들, 다윗이 말함이여, 높이 올리운 자, 야곱의 하나님에게 기름 부음 받은 자, 이스라엘의 노래 잘하는 자가 말하기를,

② 여호와의 영이 나를 빙자하여 말씀하심이여, 그 말씀이 내 혀에 있도다,

③ 이스라엘의 하나님이 말씀하시며, 이스라엘의 바위가 내게 이르시기를, 사람을 공의로 다스리는 자 하나님을 경외함으로 다스리는 자여,

④ 저는 돋는 해 아침 빛 같고, 구름없는 아침 같고, 비 후의 광선으로 땅에서 움이 돋는 새 싹 같으니라, 하시도다,

⑤ 내 집이 하나님 앞에 이 같지 아니하냐? 하나님이 나로 더불어 영원한 언약을 세우사, 만사에 구비하고 견고케 하셨으니, 나의 모든 구원과 나의 모든 소원을 어찌 이루지 아니하시랴?

⑥ 그러나 사악한 자는 다 내어 버리울 가시나무 같으니, 이는 손으로 잡을 수 없음이로다,

⑦ 그것들을 만지는 자는 철과 창자루를 가져야 하리니, 그것들이 당장에 불사르이리로다,

⑧ 다윗의 용사들의 이름이 이러하니라, 다그몬 사람 요셉밧세벳이라고도 하고 에센 사람 아디노라고도 하는 자는 군장의 두목이라 저가 한 때에 팔백인을 쳐죽였더라,

⑨ 그 다음은 아호아 사람 도대의 아들 엘르아살이니, 다윗과 함께한 세 용사 중에 하나이라, 팔레스타인 사람들이 싸우려고 모이매, 이스라엘 사람들이 물러간지라 세 용사가 싸움을 돋우고,

⑩ 저가 나가서 손이 피곤하여 칼에 달라붙기까지 팔레스타인 사람들을 치니라, 그 날에 여호와께서 크게 이기셨으므로 백성들은 돌아와서 저의 뒤를 따라가며 노략

할 뿐이었더라,

⑪ 그 다음은 하랄 사람 아게의 아들 삼마라, 팔레스타인 사람들이 떼를 지어 녹두 나무가 가득한 밭에 모이매, 백성들은 팔레스타인 사람들 앞에서 도망하되,

⑫ 저는 그 밭 가운데 서서 막아 팔레스타인 사람들을 친지라 여호와께서 큰 구원을 이루시니라,

⑬ 또 삼십 두목 중 세 사람이 곡식 벨 때에 아둘람 굴에 이르러, 다윗에게 나아갔는데 때에 팔레스타인 사람들의 떼가 르바임 골짜기에 진 쳤더라,

⑭ 그 때에 다윗은 산성에 있고 팔레스타인 사람들의 영채는 베들레헴에 있는지라,

⑮ 다윗이 사모하여 가로되, 베들레헴 성문 곁 우물 물을 누가 나로 마시게 할꼬, 하매,

⑯ 세 용사가 팔레스타인 사람들의 군대와 충돌하고 지나가서 베들레헴 성문 곁 우물 물을 길어 가지고 다윗에게로 왔으나 다윗이 마시기를 기뻐하지 아니하고 그 물을 여호와께 부어 드리며,

⑰ 가로되, 여호와여 내가 결단코 이런 일을 하지 아니하리이다, 이는 생명을 돌아보지 아니하고 갔던 사람들의 피니이다, 하고 마시기를 즐겨 아니하니라, 세 용사가 이런 일을 행하였더라,

⑱ 또 스루야의 아들 요압의 아우 아비새니, 저는 그 삼인의 두목이라 저가 창을 들어 삼백인을 죽이고 그 삼인 중에 이름을 얻었으니,

⑲ 저는 삼인 중에 가장 존귀한 자가 아니냐? 저가 저희의 두목이 되었으나 그러나 첫 삼인에게는 미치지 못하였더라,

⑳ 또 갑스엘 용사의 손자 여호야다의 아들 브나야니, 저는 효용한 일을 행한자라, 일찍이 모압 아리엘의 아들 둘을 죽였고, 또 눈 올 때에 함정에 내려가서 한 사자를 죽였으며,

㉑ 또 장대한 에집트 사람을 죽였는데 그의 손에 창이 있어도 저가 막대를 가지고 내려와서 그 에집트 사람의 손에서 창을 빼앗아 그 창으로 죽였더라,

㉒ 여호야다의 아들 브나야가 이런 일을 행하였으므로 세 용사 중에 이름을 얻고,

㉓ 삼십인보다 존귀하나, 그러나 첫 삼인에게는 미치지 못하였더라, 다윗이 저를 세워 시위대 장관을 삼았더라,

㉔ 요압의 아우 아사헬은 삼십인 중에 하나요, 또 베들레헴 도도의 아들 엘하난과,

㉕ 하롯 사람 삼훗과 아롯 사람 엘리가와,

㉖ 발디 사람 헬레스와 드고아 사람 익게스의 아들 이라와,

㉗ 아나돗 사람 아비에셀과 후사 사람 므분내와,

㉘ 아호아 사람 살몬과 느도바 사람 마하래와,

㉙ 느도바 사람 바아나의 아들 헬렙과 베냐민 자손에 속한 기브아 사람 리배의 아들 잇대와,

㉚ 비라돈 사람 브나야와 가아스 시냇가에 사는 힛대와,

㉛ 아르바 사람 아비알본과 바르훔 사람 아스마웻과,

㉜ 사알본 사람 엘리아바와 야센의 아들 요나단과,

㉝ 하랄 사람 삼마와 아랄 사람 사랄의 아들 아히암과,

㉞ 마아가 사람의 손자 아하스배의 아들 엘리벨렛과 길로 사람 아히도벨의 아들 엘리암과,

㉟ 갈멜 사람 헤스래와 아랍 사람 바아래와,

㊱ 소바 나단의 아들 이갈과 갓 사람 바니와,

㊲ 암논 사람 셀렉과 스루야의 아들 요압의 병기 잡은 자 브에롯 사람 나하래와,

㊳ 이델 사람 가렙과,

㊴ 헷 사람 우리아라 이상 도합 삼십 칠인이었더라.

● 24장

① 여호와께서 다시 이스라엘을 향하여 진노하사, 저희를 치시려고 다윗을 감동시키사, 가서 이스라엘과 유다의 인구를 조사하라, 하신지라,

② 왕이 이에 그 곁에 있는 군대 장관 요압에게 이르되, 너는 이스라엘 모든 지파 가운데로 다니며 단에서부터 브엘세바까지 인구를 조사하여 그 도수를 내게 알게 하라,

③ 요압이 왕께 고하되, 이 백성은 얼마든지 왕의 하나님 여호와께서 백배나 더하게 하사, 내 주 왕의 눈으로 보게 하시기를 원하나이다, 그런데 내 주 왕은 어찌하여 이런 일을 기뻐하시나이까? 하되,

④ 왕의 명령이 요압과 군대 장관들을 재촉한지라, 요압과 장관들이 이스라엘 인구를 조사하려고 왕의 앞에서 물러나서,

⑤ 요단을 건너 갓 골짜기 가운데 성읍 아로엘 우편 곧 야셀 맞은 편에 이르러 장막을 치고,

⑥ 길르앗에 이르고 닷딤훗시 땅에 이르고, 또 다냐안에 이르러서는 시돈으로 돌아서,

⑦ 두로 견고한 성에 이르고 히위 사람과 가나안 사람의 모든 성읍에 이르고, 유다 남편으로 나와서 브엘세바에 이르니라,

⑧ 저희 무리가 국중을 두루 돌아 아홉달 스무날만에 예루살렘에 이르러,

⑨ 요압이 인구 도수를 왕께 고하니, 곧 이스라엘에서 칼을 빼는 담대한 자가 팔십만이요, 유다 사람이 오십만이었더라,

⑩ 다윗이 인구 수를 조사한 후에 그 마음에 자책하고 여호와께 아뢰되, 내가 이 일을 행함으로 큰 죄를 범하였나이다, 여호와여, 이제 간구하옵나니, 종의 죄를 사하여 주옵소서, 내가 심히 미련하게 행하였나이다, 하니라,

⑪ 다윗이 아침에 일어날 때에 여호와의 말씀이 다윗의 선견자 된 선지자 갓에게 임하여 가라사대,

⑫ 가서 다윗에게 말하기를, 여호와의 말씀에 내가 네게 세가지를 보이노니, 너는 그 중에서 하나를 택하라, 내가 그것을 네게 행하리라, 하셨다, 하라,

⑬ 갓이 다윗에게 이르러 고하여 가로되, 왕의 땅에 칠년 기근이 있을 것이니이까, 혹시 왕이 왕의 대적에게 쫓겨 석달을 그 앞에서 도망하실 것이니이까, 혹시 왕의 땅에 삼일 동안 온역이 있을 것이니이까, 왕은 생각하여 보고, 나를 보내신 이에게 대답하게 하소서,

⑭ 다윗이 갓에게 이르되, 내가 곤경에 있도다, 여호와께서는 자비하심이 크시니, 우리가 여호와의 손에 빠지고 내가 사람의 손에 빠지지 않기를 원하노라,

⑮ 이에 여호와께서 그 아침부터 정하신 때까지 온역을 이스라엘에게 내리시니, 단부터 브엘세바까지 백성의 죽은 자가 칠만이라,

⑯ 천사가 예루살렘을 향하여 그 손을 들어 멸하려 하더니, 여호와께서 이 재앙 내림을 뉘우치사, 백성을 멸하는 천사에게 이르시되, 이제는 네 손을 거두라 하시니, 때에 여호와의 사자가 여부스 사람 아라우나의 타작마당 곁에 있는지라,

⑰ 다윗이 백성을 치는 천사를 보고 곧 여호와께 아뢰어 가로되, 나는 범죄하였고 악을 행하였삽거니와 이 양 무리는 무엇을 행하였나이까? 청컨대 주의 손으로 나와 내 아비의 집을 치소서, 하니라,

⑱ 이 날에 갓이 다윗에게 이르러 고하되, 올라가서 여부스 사람 아라우나의 타작마당에서 여호와를 위하여 단을 쌓으소서, 하매,

⑲ 다윗이 여호와의 명하신바 갓의 말대로 올라가니라,

⑳ 아라우나가 바라보다가 왕과 그 신복들이 자기를 향하여 옴을 보고 나가서 왕의 앞에서 얼굴을 땅에 대고 절하며,

㉑ 가로되, 어찌하여 내 주 왕께서 종에게 임하시나이까? 다윗이 가로되, 네게서 타작마당을 사서 여호와께 단을 쌓아 백성에게 내리는 재앙을 그치게 하려 함이로라, 하니,

㉒ 아라우나가 다윗에게 고하되, 원컨대 내 주 왕은 좋게 여기시는대로 취하여 드리소서, 번제에 대하여는 소가 있고 땔 나무에 대하여는 마당질하는 제구와 소의 멍에가 있나이다,

㉓ 왕이여, 아라우나가 이것을 다 왕께 그리나이다, 하고, 또 왕께 고하되, 왕의 하나님 여호와께서 왕을 기쁘게 받으시기를 원하나이다,

㉔ 왕이 아라우나에게 이르되, 그렇지 아니하다 내가 값을 주고 네게서 사리라, 값 없이는 내 하나님 여호와께 번제를 드리지 아니하리라, 하고, 은 오십세겔로 타작마당과 소를 사고,

㉕ 그곳에서 여호와를 위하여 단을 쌓고 번제와 화목제를 드렸더니, 이에 여호와께서 그 땅을 위하여 기도를 들으시매, 이스라엘에게 내리는 재앙이 그쳤더라.

열왕기(여러 왕들) 상

· 본 성경듣기는 QR코드 인식으로 들을 수 있습니다

● 1장

① 다윗왕이 나이 많아 늙으니 이불을 덮어도 따뜻하지 아니한지라,

② 그 신복들이 왕께 고하되, 우리 주 왕을 위하여 젊은 처녀 하나를 구하여 저로 왕을 모셔 봉양하고 왕의 품에 누워 우리 주 왕으로 따뜻하시게 하리이다, 하고,

③ 이스라엘 사방 경내에 아리따운 처녀를 구하다가 수넴 여자 아비삭을 얻어 왕께 데려 왔으니,

④ 이 처녀는 심히 아리따운 자라, 저가 왕을 봉양하며 수종하였으나 왕이 더불어 동침하지 아니하였더라,

⑤ 그때에 다윗과 아내인 학깃 사이의 아들 아도니야가 스스로 높여서 이르기를, 내가 왕이 되리라, 하고, 자기를 위하여 병거와 기병과 자기 앞에서 달리는 자 오십 인을 예비하니,

⑥ 저는 압살롬의 다음에 난 자요, 그가 또한 심히 잘 생겼으며, 그 부친이 네가 어찌하여 그리 하였느냐 하는 말로 한번도 저를 섭섭하게 한 일이 없었더라,

⑦ 아도니야가 스루야의 아들 요압과 제사장 아비아달과 모의하니, 저희가 쫓아 도우나,

⑧ 제사장 사독과 여호야다의 아들 브나야와 선지자 나단과 시므이와 레이와 다윗에게 속한 용사들은 아도니야와 같이 하지 아니하였더라

⑨ 아도니야가 에느로겔 근방 소헬렛 돌 곁에서 양과 소와 살찐 송아지를 잡고 왕자 곧 자기의 모든 동생과 왕의 신복 유다 모든 사람을 다 청하였으나,

⑩ 선지자 나단과 브나야와 다윗에 속한 용사들과 자기 동생 솔로몬은 청하지 아니하였더라,

⑪ 나단이 솔로몬의 모친 밧세바에게 고하여 가로되 학깃의 아들 아도니야가 왕이 됨을 듣지 못하였나이까? 우리 주 다윗은 알지 못하시나이다,

⑫ 이제 나로 당신의 생명과 당신의 아들 솔로몬의 생명 구원할 계교 베풀기를 허락하소서,

⑬ 당신은 다윗 왕 앞에 들어가서 고하기를, 내 주 왕이여, 전에 왕이 계집종에게 맹세하여 이르기를, 네 아들 솔로몬이 정녕 나를 이어 왕이 되어 내 위에 앉으리라, 하지 아니하셨나이까? 그런데 아도니야가 무슨 연고로 왕이 되었나이까? 하소서,

⑭ 당신이 거기서 왕과 말씀할 때에 나도 들어가서 당신의 말씀을 증거하리이다, 하니라,

⑮ 밧세바가 이에 침실에 들어가 왕에게 이르니, 와이 심히 늙었으므로 수넴 여자 아비삭이 시종하였더라,

⑯ 밧세바가 몸을 굽혀 왕께 절하니, 왕이 이르되, 어찜이냐? 하니,

⑰ 저가 왕께 대답하되, 내 주여, 왕이 전에 왕의 하나님 여호와를 가리켜 계집종에게 맹세하시기를, 네 아들 솔로몬이 정녕 나를 이어 왕이 되어 내 위에 앉으리라, 하셨거늘,

⑱ 이제 아도니야가 왕이 되었어도 내 주 왕은 알지 못하시나이다,

⑲ 저가 수소와 살찐 송아지와 양을 많이 잡고 왕의 모든 아들과 제사장 아비아달과 군대장관 요압을 청하였으나, 왕의 종 솔로몬은 청치 아니하였나이다,

⑳ 내 주 왕이여, 온 이스라엘이 왕에게 다 주목하고 누가 내 주 왕을 이어 그 위에 앉을 것을 반포하시기를 기다리나이다,

㉑ 그렇지 아니하면 내 주 왕께서 왕의 조상들과 함께 잠 드실 때에 나와 내 아들 솔로몬은 죄인이 되리이다, 하니,

㉒ 밧세바가 왕과 말씀할 때에 선지자 나단이 들어온지라,

㉓ 사람들이 왕께 고하여 가로되, 선지자 나단이 여기 있나이다, 하니, 저가 왕 앞에 들어와서 얼굴을 땅에 대어 왕께 절하고,

㉔ 가로되, 내 주 왕께서 이르시기를, 아도니야가 나를 이어 왕이 되어 내 위에 앉으리라 하셨나이까?

㉕ 저가 오늘 내려가서 수소와 살찐 송아지와 양을 많이 잡고 왕의 모든 아들과 군대장관들과 제사장 아비아달을 청하였는데, 저희가 아도니야 앞에서 먹고 마시며 아도니야 왕 만세를 불렀나이다,

㉖ 그러나 왕의 종 나와 제사장 사독과 여호야다의 아들 브나야와 왕의 종 솔로몬은 청치 아니하였사오니,

㉗ 이것이 내 주 왕의 하신 일이니이까? 그런데 왕께서 내 주 왕을 이어 그 위에 앉을 자를 종에게 알게 하지 아니하셨나이까? 하니라,

㉘ 다윗왕이 명하여 가로되, 밧세바를 내 앞으로 부르라, 하매, 저가 왕의 앞으로 들어와 그 앞에 서니라,

㉙ 왕이 가로되, 내 생명을 모든 환난에서 구원하신 여호와의 사심을 가리켜 맹세하노라,

㉚ 내가 이전에 이스라엘 하나님 여호와를 가리켜 네게 맹세하여 이르기를, 내 아들 솔로몬이 정녕 나를 이어 왕이 되고, 나를 대신하여 내 위에 앉으리라 하였으니, 내가 오늘날 그대로 행하리라, 하니라,

㉛ 밧세바가 얼굴을 땅에 대어 절하며, 내 주 다윗 왕은 만세 수를 하옵소서, 하니라,

㉜ 다윗왕이 가로되, 제사장 사독과 선지자 나단과 여호야다의 아들 브나야를 내 앞으로 브르라 하니, 저희가 왕 앞에 이른지라

㉝ 왕이 저희에게 이르되, 너희는 나의 신복들을 데리고 내 아들 솔로몬을 나의 노새에 태우고 기흔으로 인도하여 내려가고,

㉞ 거기서 제사장 사독과 선지자 나단은 저에게 기름을 부어 이스라엘 왕을 삼고 너희는 양각을 불며 솔로몬왕 만세를 부르고,

㉟ 저를 따라 올라오라, 저가 와서 내 위에 앉아 나를 대신하여 왕이 되리라, 내가 저를 세워 이스라엘과 유다의 주권자가 되게 하기로 작정하였느니라, 하니,

㊱ 여호야다의 아들 브나야가 왕께 대답하여 가로되, 아멘, 내 주 왕의 하나님 여호와께서도 이렇게 말씀하시기를 원하오며,

㊲ 또 여호와께서 내 주 왕과 함께 계심같이 솔로몬과 함께 계셔서 그 위를 내 주 다윗 왕의 위보다 더 크게 하시기를 원하나이다, 하니라,

㊳ 제사장 사독과 선지자 나단과 여호야다의 아들 브나야와 그렛 사람과 블렛 사람이 내려가서 솔로몬을 다윗왕의 노새에 태우고 인도하여 기흔으로 가서,

㊴ 제사장 사독이 성막 가운데서 기름 뿔을 가져다가 솔로몬에게 기름을 부으니, 이에 양각을 불고 모든 백성이 솔로몬왕 만세를 부르니라,

㊵ 모든 백성이 왕을 따라 올라가서 피리를 불며 즐거워하므로 땅이 저희 소리로 인하여 갈라질듯하니,

㊶ 아도니야와 저와 함께한 손들이 먹기를 마칠 때에 다 들은지라, 요압이 양각 소리를 듣고 가로되, 성중에서 소리가 어찌 요란하뇨? 하니,
㊷ 그가 말할 때에 제사장 아비아달의 아들 요나단이 오는지라, 아도니야가 가로되, 들어오라, 너는 용사라, 아름다운 소식을 가져 오는도다,
㊸ 요나단이 아도니야에게 대답하여 가로되, 과연 우리 주인이신 다윗왕이 솔로몬으로 왕을 삼으셨나이다,
㊹ 왕께서 제사장 사독과 선지자 나단과 여호야다의 아들 브나야와 그렛 사람과 블렛 사람을 솔로몬과 함께 보내셨는데 저희 무리가 왕의 노새에 솔로몬을 태워다가,
㊺ 제사장 사독과 선지자 나단이 기혼에서 기름을 부어 왕을 삼고 무리가 그곳에서 올라오며 즐거워하므로 성중이 진동하였나니 당신들에게 들린 소리가 이것이라,
㊻ 솔로몬이 나라 위에 앉았고,
㊼ 또 왕의 신복들이 와서 우리 주 다윗왕에게 축복하여 이르기를, 왕의 하나님이 솔로몬의 이름을 왕의 이름보다 아름답게 하시고, 그 위를 왕의 위보다 크게 하시기를 원하나이다, 하매, 왕이 침상에서 몸을 굽히고,
㊽ 이르시기를, 이스라엘의 하나님 여호와를 찬송하리오다, 여호와께서 오늘날 내 위에 앉을 자를 주사 나로 목도하게 하셨도다, 하셨나이다, 하니,
㊾ 아도니야와 함께한 손들이 다 놀라 일어나 각기 갈 길로 간지라,
㊿ 아도니야도 솔로몬을 두려워 하여 일어나 가서 제단 뿔을 잡으니,
(51) 누군가가 솔로몬에게 고하여 가로되, 아도니야가 솔로몬을 두려워하여 지금 제단 뿔을 잡고 말하기를, 솔로몬왕이 오늘 내게 맹세하게 하여 그가 칼로 그의 종들을 죽이지 못하게 하소서, 하나이다, 하니,
(52) 솔로몬이 가로되, 저가 만일 선한 사람이 될진대, 그 머리카락 하나라도 땅에 떨어지지 아니하려니와 저의 가운데 악한 것이 보이면 죽으리라 하고,
(53) 사람을 보내어 저를 제단에서 이끌어 내리니, 저가 와서 솔로몬왕께 절하매 솔로몬이 이르기를 네 집으로 가라 하였더라,

•2장

① 다윗이 죽을 날이 임박하매 그 아들 솔로몬에게 명하여 가로되,
② 내가 이제 세상 모든 사람의 가는 길로 가게 되었나니, 너는 힘써 대장부가 되고,
③ 네 하나님 여호와의 명을 지켜 그 길로 행하여 그 법률과 계명과 율례와 증거를 모

세의 율법에 기록된대로 지키라, 그리하면 네가 무릇 무엇을 하든지 어디로 가든
지 형통할지라,

④ 여호와께서 내 일에 대하여 말씀하시기를, 만일 네 자손이 그길을 삼가 마음을 다
하고 성품을 다하여 진실히 내 앞에서 행하면 이스라엘 왕위에 오를 사람이 네게
서 끊어지지 아니하리라, 하신 말씀을 확실히 이루게 하시리라,

⑤ 스루야의 아들 요압이 내게 행한 일 곧 이스라엘 군대의 두 장관 넬의 아들 아브넬
과 예델의 아들 아마사에게 행한 일을 네가 알거니와 저가 저희를 죽여 태평시대
에 전쟁의 피를 흘리고 전쟁의 피로 자기의 허리에 띤 띠와 발에 신은 신에 묻혔으
나,

⑥ 네 지혜대로 행하여 그 백발로 평안히 음부에 내려가지 못하게 하라,

⑦ 마땅히 길르앗 바실래의 아들들에게 은총을 베풀어 저희로 네 상에서 먹는 자 중
에 참예하게 하라, 내가 네 형 압살롬의 낯을 피하여 도망할 때에 저희가 내게 나
아왔었느니라,

⑧ 바후림 베냐민 사람 게라의 아들 시므이가 너와 함께 있으니, 저는 내가 마하나임
으로 갈 때에 독한 말로 나를 저주하였느니라, 그러나 저가 요단에 내려와서 나를
영접하기로 내가 여호와를 가리켜 맹세하여 이르기를, 내가 칼로 너를 죽이지 아
니하리라, 하였노라,

⑨ 그러나 저를 무죄한 자로 여기지 말지어다, 너는 지혜있는 사람인즉, 저에게 행할
일을 알지니, 그 백발의 피를 흘려 저로 음부에 내려가게 하라,

⑩ 다윗이 그 조상들과 함께 잠들어 다윗성에 장사되니,

⑪ 다윗이 이스라엘 왕이 된지 사십년이라, 헤브론에서 칠년을 치리하였고, 예루살렘
에서 삼십 삼년을 치리하였더라,

⑫ 솔로몬이 그 아비 다윗의 위에 앉으니, 그 나라가 심히 견고하더라,

⑬ 학깃의 아들 아도니야가 솔로몬의 모친 밧세바에게 나아온지라, 밧세바가 이르되,
네가 화평한 목적으로 왔느뇨? 대답하되, 화평한 목적이니이다, 하고,

⑭ 또 가로되, 내가 말씀할 일이 있나이다 밧세바가 이르되, 말하라, 하니,

⑮ 저가 가로되, 당신도 아시는바여니와 이 왕위는 내 것이었고, 온 이스라엘은 다 얼
굴을 내게로 향하여 왕을 삼으려 하였는데 그 왕위가 돌이켜 내 아우의 것이 되었
음은 여호와께로 말미암음이니이다,

⑯ 이제 내가 한가지 소원을 당신에게 구하노니, 내 얼굴을 괄시하지 마옵소서, 밧세

바가 가로되, 말하라, 하니,

⑰ 가로되, 청컨대 솔로몬왕에게 말씀하여 저로 수넴 여자 아비삭을 내게 주어 아내를 삼게 하소서, 왕이 당신의 말을 거절하지 아니하리이다, 하니,

⑱ 밧세바가 가로되, 좋다, 내가 너를 위하여 왕께 말하리라,

⑲ 밧세바가 이에 아도니야를 위하여 말하려고 솔로몬왕에게 이르니, 왕이 일어나 영접하여 절한 후에 다시 위에 앉고 그 모친을 위하여 자리를 베풀게 하고 그 우편에 앉게 하는지라,

⑳ 밧세바가 이르되, 내가 한가지 작은 일로 왕께 구하오니, 내 얼굴을 괄시하지 마소서, 왕이 대답하되, 내 어머니여 구하시옵소서, 내가 어머니의 얼굴을 괄시하지 아니하리이다, 하니,

㉑ 가로되, 청컨대 수넴 여자 아비삭을 아도니야에게 주어 아내를 삼게 하소서, 하매,

㉒ 솔로몬왕이 그 모친에게 대답하여 어찌하여 아도니야를 위하여 수넴 여자 아비삭을 구하시나이까? 저는 나의 형이오니 저를 위하여 왕위도 구하옵소서, 저뿐 아니라 제사장 아비아달과 스루야의 아들 요압도 위하여 구하옵소서, 하고,

㉓ 여호와를 가리켜 맹세하여 가로되, 아도니야가 이런 말을 하였은즉, 그 생명을 잃지 아니하면 하나님은 내게 벌 위에 벌을 내리심이 마땅하나이다,

㉔ 나를 세워 내 부친 다윗의 위에 오르게 하시고, 허락하신 말씀대로 나를 위하여 집을 세우신 여호와의 사심을 가리켜 맹세하노니, 아도니야는 오늘날 죽임을 당하리라, 하고,

㉕ 여호야다의 아들 브나야를 보내매 저가 아도니야를 쳐서 죽였더라,

㉖ 왕이 제사장 아비아달에게 이르되, 네 고향 아나돗으로 가라, 너는 마땅히 죽을 자로되, 네가 내 부친 다윗 앞에서 주 여호와의 궤를 메었고 또 내 부친이 모든 환난을 받을 때에 너도 환난을 받았은즉, 내가 오늘날 너를 죽이지 아니하노라, 하고,

㉗ 아비아달을 쫓아내어 여호와의 제사장 직분을 파면하니, 여호와께서 실로에서 엘리의 집에 대하여 하신 말씀을 응하게 함이더라,

㉘ 그 소문이 요압에게 들리매, 저가 여호와의 장막으로 도망하여 단뿔을 잡으니, 이는 저가 다윗을 떠나 압살롬을 쫓지 아니하였으나 아도니야를 쫓았음이더라,

㉙ 누군가가 솔로몬왕에게 고하되, 요압이 여호와의 장막으로 도망하여 단 곁에 있나이다, 하자, 솔로몬이 여호야다의 아들 브나야를 보내매 말하기를, 너는 가서 그를 치라, 하니,

㉚ 브나야가 여호와의 장막에 이르러 저에게 이르되, 왕께서 나오라 하시느니라, 저가 대답하되, 아니라 내가 여기서 죽겠노라, 브나야가 돌아가서 왕께 고하여 가로되 요압이 이리이리 내게 대답하더이다, 하매,

㉛ 왕이 이르되 저의 말과 같이 하여 저를 죽여 장사하라, 그리하여 너는 요압이 까닭없이 흘린 피를 나와 내 아버지의 집에서 제거하라,

㉜ 여호와께서 요압의 피를 그 머리로 돌려 보내실 것은 저가 자기보다 의롭고 선한 두 사람을 쳤음이니, 곧 이스라엘 군대 장관 넬의 아들 아브넬과 유다 군대장관 에델의 아들 나마사를 칼로 죽였음이라, 이일을 내 부친 다윗은 알지 못하셨나니,

㉝ 저희의 피는 영영히 요압의 머리와 그 자손의 머리로 돌아갈지라도 다윗과 그 자손과 그 집과 그 위에는 여호와께로 말미암은 평강이 영원히 있으리라,

㉞ 여호야다의 아들 브나야가 곧 올라가서 저를 쳐죽이매, 저가 거친 땅에 있는 자기의 집에 매장되니라,

㉟ 왕이 이에 여호야다의 아들 브나야로 요압을 대신하여 군대장관을 삼고, 또 제사장 사독으로 아비아달을 대신하게 하니라,

㊱ 왕이 보내어 시므이를 불러서 이르되, 너는 예루살렘에서 너를 위하여 집을 짓고 거기서 살고 어디든지 나가지 말라,

㊲ 너는 분명히 알라, 네가 나가서 기드론 시내를 건너는 날에는 정녕 죽임을 당하리라, 네 피가 네 머리로 돌아가리라,

㊳ 시므이가 왕께 대답하되, 이 말씀이 좋사오니, 내 주 왕의 말씀대로 종이 그리하겠나이다, 하고, 이에 날이 오래도록 예루살렘에 머무니라,

㊴ 삼년 후에 시므이의 두 종이 가드 왕 마아가의 아들 아기스에게로 도망하여 간지라, 사람들이 시므이에게 고하여 가로되, 당신의 종들이 가드에 있나이다, 하므로,

㊵ 시므이가 그 종을 찾으려고 일어나 그 나귀에 안장을 지우고 가드로 가서 아기스에게 나아가 그 종을 가드에서 데려왔더니,

㊶ 시므이가 예루살렘에서부터 가드에 갔다가 돌아온 일을 누군가가 솔로몬에게 고한지라,

㊷ 왕이 사람을 보내어 시므이를 불러서 이르되, 내가 너로 여호와를 가리켜 맹세하게 하고 경계하여 이르기를 너는 분명히 알라 네가 밖으로 나가서 어디든지 가는 날에는 죽임을 당하리라, 하지 아니 하였느냐? 너도 내게 말하기를 내가 들은 말씀이 좋으니이다, 하였거늘,

㊸ 네가 어찌하여 여호와를 가리켜 한 맹세와 내가 네게 이른 명령을 지키지 아니하였느냐?

㊹ 왕이 또 시므이에게 이르되, 네게 무릇 네 마음의 아는 모든 악 곧 내 부친에게 행한바를 네가 스스로 아나니, 여호와께서 네 악을 네 머리로 돌려보내시리라,

㊺ 그러나 솔로몬왕은 복을 받고 다윗의 위는 여호와 앞에서 영원히 견고히 서리라, 하고,

㊻ 여호야다의 아들 브나야에게 명하매, 저가 나가서 시므이를 쳐서 죽게 한지라, 이에 왕국이 솔로몬의 손에서 견고하여지니라.

● 3장

① 솔로몬이 에집트 왕 파라오로 더불어 인연을 맺어 그 딸을 취하고 데려다가 다윗 성에 두고, 자기의 궁과 여호와의 전과 예루살렘 주위의 성벽의 건축이 마칠 때까지 두었더라,

② 그 때까지 여호와의 이름을 위하여 전을 아직 건축하지 아니하였으므로 백성들이 산당에서 제사를 드렸더라,

③ 솔로몬이 여호와를 사랑하고 그 부친 다윗의 법도를 행하되, 오히려 산당에서 희생제물을 드리며 분향하였더라,

④ 이에 왕이 제사하러 기브온으로 가니, 거기는 산당이 큼이라 솔로몬이 그 단에 일천 번제를 드렸더니,

⑤ 기브온에서 밤에 여호와께서 솔로몬의 꿈에 나타나시니라, 하나님이 이르시되, 내가 네게 무엇을 줄꼬? 너는 구하라, 하시니,

⑥ 솔로몬이 가로되, 주의 종, 내 애비 다윗이 성실과 공의와 정직한 마음으로 주와 함께 주의 앞에서 행하므로, 주께서 저에게 큰 은혜를 베푸셨고, 주께서 또 저를 위하여 그 큰 은혜를 예비하시고 오늘날과 같이 저의 위에 앉을 아들을 저에게 주셨나이다,

⑦ 나의 하나님 여호와여, 주께서 종으로 종의 아비 다윗을 대신하여 왕이 되게 하셨사오나, 종은 작은 아이라 출입할 줄을 알지 못하고,

⑧ 주님의 택하신 백성 가운데 있나이다, 저희는 큰 백성이라 수효가 많아서 셀 수도 없고 기록할 수도 없사오니,

⑨ 누가 주의 이 많은 백성을 재판할 수 있사오리이까? 지혜로운 마음을 종에게 주사,

주의 백성을 재판하는데 선악을 분별하게 하옵소서,

⑩ 솔로몬이 이것을 구하매, 그 말씀이 주의 마음에 맞은지라,

⑪ 이에 하나님이 저에게 이르시되, 네가 이것을 구하도다, 자기를 위하여 장수도 구하지 아니하며 부도 구하지 아니하며, 자기의 원수의 생명 멸하기도 구하지 아니하고, 오직 송사를 듣고 분별하는 지혜를 구하였은즉,

⑫ 내가 네 말대로 하여 네게 지혜롭고 총명한 마음을 주노니, 너의 전에도 너와 같은 자가 없었거니와 너의 후에도 너와 같은 자가 일어남이 없으리라,

⑬ 내가 또 너의 구하지 아니한 부의 영광도 네게 주노니, 네 평생에 열왕 중에 너와 같은 자가 없을 것이라,

⑭ 네가 만일 네 아비 다윗의 행함 같이, 내 길로 행하며 내 법도와 명령을 지키면 내가 또 네 날을 길게 하리라,

⑮ 솔로몬이 깨어보니 꿈이더라, 이에 예루살렘에 이르러, 여호와의 언약궤 앞에 서서 번제예물과 화목제예물을 드리고 모든 종들을 위하여 잔치를 베풀었더라,

⑯ 그 때에 창기 두 계집이 왕에게 와서 그 앞에 서며,

⑰ 한 계집은 말하되, 내 주여, 나와 이 계집이 한 집에서 사는데 내가 저와 함께 집에 있으며 아이를 낳았더니,

⑱ 나의 해산한지 삼일에 이 계집도 해산하고 우리가 함께 있었고 우리 둘 외에는 집에 다른 사람이 없었나이다,

⑲ 그런데 밤에 저 계집이 그 아들 위에 누우므로 그 아들이 죽으니,

⑳ 저가 밤 중에 일어나서 계집종 나의 잠든 사이에 내 아들을 내 곁에서 가져다가, 자기의 품에 누이고 자기의 죽은 아들을 내 품에 뉘었나이다,

㉑ 미명에 내가 내 아들을 젖 먹이려고 일어나 본즉, 죽었기로 내가 아침에 자세히 보니 내가 낳은 아들이 아니더이다, 하매,

㉒ 다른 계집은 이르되, 아니라 산 것은 내 아들이요, 죽은 것은 네 아들이라 하고, 이 계집은 이르되, 아니라 죽은 것이 네 아들이요, 산 것이 내 아들이라 하며, 왕 앞에서 그와 같이 쟁론하는지라,

㉓ 왕이 가로되, 이는 말하기를 산 것은 내 아들이요, 죽은 것은 네 아들이라 하고, 저는 말하기를 아니라 죽은 것이 네 아들이요, 산 것이 내 아들이라 하는도다, 하고,

㉔ 또 가로되, 칼을 내게로 가져오라 하니, 칼을 왕의 앞으로 가져온지라,

㉕ 왕이 이르되, 산 아들을 둘로 나눠 반은 이에게 주고 반은 저에게 주라, 하니,

㉖ 그 산 아들의 어미되는 계집이 그 아들을 위하여 마음이 불붙는 것 같아서 왕께 아뢰되, 청컨대 내 주여 산 아들을 저에게 주시고, 아무쪼록 죽이지 마옵소서, 하되, 한 계집은 말하기를, 내 것도 되게 말고 네 것도 되게 말고 나누게 하라, 하는지라,

㉗ 왕이 대답하여 가로되, 산 아들을 저 계집에게 주고 결코 죽이지 말라, 저가 그 어미니라, 하매,

㉘ 온 이스라엘이 왕의 심리하여 판결함을 듣고 왕을 두려워하였으니, 이는 하나님의 지혜가 저의 속에 있어 판결하는 것을 보았기 때문이었더라,

● 4장

① 솔로몬왕이 온 이스라엘의 왕이 되었고,

② 그의 신하들을 이러하니라, 사독의 아들 아사리아는 제사장이요,

③ 시사의 아들 엘리호렙과 아히야는 서기관이요, 아힐룻의 아들 여호사밧은 사관이요,

④ 여호야다의 아들 브나야는 군대장관이요, 사독과 아비아달은 제사장이요,

⑤ 나단의 아들 아사리아는 관리장이요, 나단의 아들 사붓은 대신이니 왕의 벗이요,

⑥ 아히살은 궁내대신이요, 압다의 아들 아도니람은 감역관이더라,

⑦ 솔로몬이 또 온 이스라엘 위에 열 두 장관을 두매, 그 사람들이 왕과 왕실을 위하여 음식물을 예비하되 각기 일년에 한달씩 음식물을 예비하였으니,

⑧ 그 이름은 이러하니라, 에브라임 산지에는 벤훌이요,

⑨ 마가스와 사알빔과 벧세메스와 엘론 벧하난에는 벤데겔이요,

⑩ 아룹봇에는 벤헤셋이고, 소고와 헤벨 온 땅을 저가 주관하였으며,

⑪ 돌 높은 땅 온 지방에는 벤아비나답이니, 저는 솔로몬의 딸 다밧으로 아내를 삼았으며,

⑫ 다아낙과 므깃도와 이스르엘 아래 사르단 가에 있는 벧스안 온 땅은 아힐룻의 아들 바아나가 맡았으니, 벧스안에서부터 아벨므홀라에 이르고, 욕느암 바깥까지 미쳤으며,

⑬ 길르앗 라못에는 벤게벨이니, 저는 길르앗에 있는 므낫세의 아들 야일의 모든 촌을 주관하였고, 또 바산 아르곱 땅의 성벽과 놋빗장 있는 큰 성읍 육십을 주관하였으며,

⑭ 마하나임에는 잇도의 아들 아히나답이요,

⑮ 납달리에는 아히마아스니, 저는 솔로몬의 딸 밧스맛으로 아내를 삼았으며,

⑯ 아셀과 아롯에는 후새의 아들 바아나요,

⑰ 잇사갈에는 바루아의 아들 여호사밧이요,

⑱ 베냐민에는 엘라의 아들 시므이요,

⑲ 아모리 사람의 왕 시혼과 바산 왕 옥의 나라 길르앗 땅에는 우리의 아들 게벨이니, 그 땅에서는 저 한 사람만 관장이 되었더라,

⑳ 유다와 이스라엘의 인구가 바닷가의 모래 같이 많게 되매 먹고 마시며 즐거워하였으며,

㉑ 솔로몬이 강으로부터 팔레스타인 사람들의 땅에 이르기까지와 에집트 경계에 미치기까지의 모든 나라를 다스리므로 그 나라들이 공을 바쳐 솔로몬의 사는 동안에 섬겼더라,

㉒ 솔로몬의 일일분 식량은 가는 밀가루가 삼십석이요, 굵은 밀가루가 육십석이요,

㉓ 살찐 소가 열이요, 초장의 소가 스물이요, 양이 일백이며, 그 외에 수사슴과 노루와 암사슴과 살찐 새들이었더라,

㉔ 이에 솔로몬이 강 이편까지 곧 딥사에서부터 아사까지의 강 이편의 모든 왕들을 다스렸으며 또 그가 주위의 사면을 화평하게 하니,

㉕ 솔로몬의 사는 동안에 유다와 이스라엘이 단에서부터 브엘세바에 이르기까지 각기 포도나무 아래와 무화과나무 아래서 안전하게 거하였더라,

㉖ 솔로몬의 병거의 말의 외양간이 사만이요, 마병이 일만 이천이며,

㉗ 그 관장들은 각각 자기 달에 솔로몬왕과 왕의 상에 참예하는 모든 자를 위하여 먹을 것을 예비하여 부족함이 없게 하였으며,

㉘ 또 저희가 각기 직무를 따라 말과 준마에게 먹일 보리와 꼴을 그 말의 있는 곳으로 가져왔더라,

㉙ 하나님이 솔로몬에게 지혜와 총명을 심히 많이 주시고 또 넓은 마음을 주시되 바닷가의 모래같이 하시니,

㉚ 솔로몬의 지혜가 동방 나라의 모든 사람의 지혜와 에집트의 모든 사람의 지혜보다 뛰어난지라,

㉛ 저는 모든 사람보다 지혜로와서 예스라 사람 에단과 마홀의 아들 헤만과 갈골과 다르다보다 나으므로. 그 이름이 사방 모든 나라에 들렸더라.

㉜ 저가 잠언 삼천을 말하였고 그 노래는 일천 다섯이며,

㉝ 저가 또 초목을 논하되. 레바논 백향목으로부터 담에 나는 우슬초까지 하고. 저가 또 짐승과 새와 기어다니는 것과 물고기를 논한지라.

㉞ 모든 나라의 백성들이 솔로몬의 지혜를 들으려고 왔으니, 이들은 솔로몬의 지혜에 대하 대하여 들었던 천하의 왕들에 의하여 보내졌느니라.

● 5장

① 솔로몬이 기름 부음을 받고 그 부친을 이어 왕이 되었다 함을 두로 왕 히람이 듣고, 그 신복을 솔로몬에게 보내었으니, 이는 히람이 일찍이 다윗을 사랑하였음이라,

② 이에 솔로몬이 히람에게 기별하여 가로되,

③ 당신도 알거니와 내 부친 다윗이 사방의 전쟁으로 인하여 그 하나님 여호와의 이름을 위하여 전을 건축하지 못하고 여호와께서 그 원수들의 그 발바닥 밑에 두시기를 기다렸나이다,

④ 이제 내 하나님 여호와께서 내게 사방의 태평을 주시매 대적도 없고 재앙도 일어나지 않나이다,

⑤ 여호와께서 내 부친 다윗에게 하신 말씀에, 내가 너를 이어 네 위에 으르게 할 네 아들 그가 내 이름을 위하여 전을 건축하리라, 하신대로, 내가 내 하나님 여호와의 이름을 위하여 전을 건축하려 하오니,

⑥ 당신은 영을 내려 나를 위하여 레바논에서 백향목을 베어내게 하소서, 나의 종과 당신의 종이 함께할 것이요, 또 내가 당신의 모든 말씀대로 당신의 종의 삯을 당신에게 붙이리이다, 당신도 알거니와 우리 중에는 시돈 사람처럼 벌목을 잘하는 자가 없나이다,

⑦ 히람이 솔로몬의 말을 듣고 크게 기뻐하여 가로되, 오늘날 여호와를 찬양할지로다, 저가 다윗에게 지혜로운 아들을 주사 그 많은 백성을 다스리게 하셨도다, 하고,

⑧ 이에 솔로몬에게 기별하여 가로되, 당신의 기별하신 말씀을 내가 듣고, 내 백향목 재목과 잣나무 재목에 대하여는 당신이 바라시는대로 할지라,

⑨ 내 종이 레바논에서 바다로 수운하겠고, 내가 그것을 바다에서 떼로 엮어 당신이 지정하는 곳으로 보내고, 거기서 그것을 부리리니, 당신은 그것들을 받으실 것이며, 또 당신께서 나의 집안을 위하여 식량을 주심으로 나의 요구를 이루어 주시리이다, 하고,

⑩ 솔로몬의 모든 원대로 백향목 재목과 잣나무 재목을 주매,

⑪ 솔로몬이 히람에게 그 궁정의 식량으로 밀 이만석과 맑은 기름 이십석을 주고, 해마다 그와 같이 주었더라,

⑫ 여호와께서 그 말씀대로 솔로몬에게 지혜를 주신고로, 히람과 솔로몬이 친목하여 두 사람이 함께 약조를 맺었더라,

⑬ 이에 솔로몬왕이 온 이스라엘에서 노역군을 불러 일으키니 그 노역군의 수가 삼만이라,

⑭ 솔로몬이 저희들을 한 달에 일만인씩 번갈아 레바논으로 보내매, 한 달은 레바논에 있고, 두 달은 집에 있으며, 아도니람은 감독이 되었고,

⑮ 솔로몬에게는 또 짐을 운반하는 자들이 칠만이요, 산에서 채석하는 자가 팔만 명이었더라,

⑯ 이 외에도 그 일을 감독하는 솔로몬의 관원들의 우두머리가 삼천삼백 명이었으니 그들이 그 일을 담당한 백성들을 지휘하였더라,

⑰ 이에 왕이 영을 내려 크고 귀한 돌을 떠다가 다듬어서 전의 기초석으로 놓게 하매,

⑱ 솔로몬의 건축자와 히람의 건축자와 그발 사람이 그 돌을 다듬고 전을 건축하기 위하여 재목과 돌들을 예비하니라.

● 6장

① 이스라엘 자손이 에집트 땅에서 나온지 사백 팔십년이요, 솔로몬이 이스라엘 왕이 된지 사년, 시브월 곧 이월에 솔로몬이 여호와를 위하여 전 건축하기를 시작하였더라,

② 솔로몬왕이 여호와를 위하여 건축한 전은 장이 육십 규빗이요, 광이 이십 규빗이요, 고가 삼십 규빗이며,

③ 전의 성소 앞 낭실의 장은 전의 광과 같이 이십 규빗이요, 그 광은 전 앞에서부터 십 규빗이며,

④ 전을 위하여 붙박이 교창을 내고,

⑤ 또 전의 벽 곧 성소와 지성소의 벽에 연접하여 돌아가며 다락들을 건축하되, 다락마다 돌아가며 골방들을 만들었으니,

⑥ 하층 다락의 광은 다섯 규빗이요, 중층 다락의 광은 여섯 규빗이요, 제 삼층 다락의 광은 일곱 규빗이라, 전의 벽 바깥으로 돌아가며 턱을 내어 골방 들보들로 전의 벽

에 박히지 않게 하였으며,

⑦ 이 전은 건축할 때에 돌을 뜨는 곳에서 치석하고 가져다가 건축하였으므로 건축하는 동안에 전에서는 방망이나 도끼나 모든 철 연장 소리가 들리지 아니하였으며,

⑧ 중층 골방의 문은 전 오른편에 있는데 나사모양 사닥다리로 말미암아 하층에서 중층에 오르고 중층에서 제 삼층에 오르게 하였더라,

⑨ 이와 같이 그가 전의 건축을 하고 그것을 완공하여 백향목 들보들과 널판들로 그 전을 덮었더라,

⑩ 또 그가 온 전으로 돌아가며 다섯 규빗 높이의 다락들을 지었으며 사람들이 백향목 목재로 전에 얹어놓았더라,

⑪ 그때에 여호와의 말씀이 솔로몬에게 임하여 가라사대,

⑫ 네가 이제 이 전을 건축하니, 네가 만일 내 법도를 따르며 내 율례를 행하며 나의 모든 계명을 지켜 그대로 행하면, 내가 네 아비 다윗에게 한 말을 네게 확실히 이룰 것이요,

⑬ 또 내가 이스라엘 자손 가운데 거할 것이요, 내 백성 이스라엘을 버리지 아니하리라, 하시니라,

⑭ 솔로몬이 전 건축하기를 마치고,

⑮ 백향목 널판으로 전의 안벽 곧 마루에서 천장까지 벽에 입히고 또 잣나무 널판으로 전 마루를 놓고,

⑯ 또 전 뒤편에서부터 이십 규빗 되는 곳에 마루에서 천장까지 백향목 널판으로 가로막아 전의 내소 곧 지성소를 만들었으며,

⑰ 내소 앞에 있는 외소 곧 성소의 장이 사십 규빗이며,

⑱ 전 안에 입힌 백향목에는 박과 핀 꽃을 아로새겼고, 모두 백향목이라 돌이 보이지 아니하며,

⑲ 또 그가 여호와의 언약궤를 두기 위하여 전 안쪽에 성소(inner sanctuary)를 예비하였는데,

⑳ 그 성소의 속이 장이 이십 규빗이요, 광이 이십 규빗이요, 고가 이십 규빗이라, 정금으로 입혔고 백향목 단에도 입혔더라,

㉑ 솔로몬이 정금으로 성전의 내부를 입히고, 지성소 앞에는 금사슬들로 건너지르고 그것을 금으로 입혔더라,

㉒ 그가 온 성전을 금으로 입히기를 마치고 지성소에 곁에 있는 재단의 전부를 금으

로 입혔더라,

㉓ 지성소안에 감람목으로 두 그룹을 만들었는데 그 고가 각각 십 규빗이라,

㉔ 한 그룹의 이 날개는 다섯 규빗이요, 저 날개도 다섯 규빗이니, 이 날개 끝으로부터 저 날개 끝까지 십 규빗이며,

㉕ 다른 그룹도 십 규빗이니, 그 두 그룹은 한 척수 한 모양이요,

㉖ 이 그룹의 고가 십 규빗이요, 저 그룹도 일반이라,

㉗ 솔로몬이 내서 가운데 그룹을 두었으니, 그룹들이 날개가 펼쳤는데 이 그룹의 날개는 이 벽에 닿았고, 저 그룹의 날개는 저 벽에 닿았으며 두 날개는 전의 중앙에서 서로 닿았더라,

㉘ 저가 금으로 그룹에 입혔더라,

㉙ 내외소 사면 벽에는 모두 그룹들과 종려와 핀 꽃 형상을 아로새겼고,

㉚ 내외 전 마루에는 금으로 입혔으며,

㉛ 지성소에 들어가는 곳에는 감람목으로 문을 만들었는데 그 문 인방과 문설주는 벽의 오분지 일이요,

㉜ 감람목으로 만든 그 두 문짝에 그룹과 종려와 핀 꽃을 아로새기고 금으로 입히되, 곧 그룹들과 종려에 금으로 입혔더라,

㉝ 또 외소의 문을 위하여 감람목으로 문설주를 만들었으니, 곧 벽의 사분지 일이며,

㉞ 그 두 문짝은 잣나무라 이 문짝도 두 짝으로 접게 되었고 저 문짝도 두 짝으로 접게 되었으며,

㉟ 그 문짝에 그룹들과 종려와 핀 꽃을 아로새기고 금으로 입히되 그 새긴데 맞게 하였고,

㊱ 또 다듬은 돌 세 켜와 백향목 두꺼운 판자 한 켜로 둘러 안뜰을 만들었더라,

㊲ 제 사년 시브월에 여호와의 전 기초를 쌓았고,

㊳ 제 십일년 불월 곧 팔월에 그 설계와 양식대로 전이 다 완성되었으니 솔로몬이 전을 건축한 동안이 칠년이었더라.

● 7장

① 솔로몬이 자기의 궁을 십삼년 동안 건축하여 그 전부를 준공하니라,

② 저가 레바논 나무로 궁을 지었으니, 장이 일백 규빗이요, 광이 오십 규빗이요, 고가 삼십 규빗이라, 백향목 기둥이 네 줄이요, 기둥 위에 백향목 들보가 있으며,

③ 기둥 위에 있는 사십 오개 들보를 백향목으로 덮었는데 들보는 한 줄에 다섯이요,

④ 또 창틀이 세 줄로 있는데 창과 창이 세 층으로 서로 대하였고,

⑤ 모든 문과 문설주를 다 큰 나무로 네모지게 만들었는데 창과 창이 세 층으로 서로 대하였으며,

⑥ 또 기둥을 세워 낭실을 지었으니, 장이 오십 규빗이요, 광이 삼십 규빗이며, 또 기둥 앞에 한 낭실이 있고 또 그 앞에 기둥과 섬돌이 있으며,

⑦ 또 심판하기 위하여 보좌의 낭실 곧 재판하는 낭실을 짓고 온 마루를 백향목으로 덮었고,

⑧ 솔로몬의 거처할 궁은 그 낭실 뒤 다른 뜰에 있으니, 그 공작이 일반이며 솔로몬이 또 그 장가든 파라오의 딸을 위하여 집을 지었는데 이 낭실과 같더라,

⑨ 이 집들은 안팎을 모두 귀하고 다듬은 돌로 지었으니, 척수대로 톱으로 켠 것이라, 그 기초석에서 처마까지와 외면에서 큰 뜰에 이르기까지 다 그러하니,

⑩ 그 기초석은 귀하고 큰 돌 곧 십 규빗 되는 돌과 여덟 규빗 되는 돌이라,

⑪ 그 위에는 척수대로 다듬은 귀한 돌도 있고 백향목도 있으며,

⑫ 또 큰 뜰 주위에는 다듬은 돌 세 켜와 백향목 두꺼운 판자 한 켜를 놓았으니, 마치 여호와의 전 안뜰과 낭실에 놓은 것 같더라,

⑬ 솔로몬왕이 보내어 히람을 두로에서 데려오니,

⑭ 저는 납달이 지파 과부의 아들이요, 그 아비는 두로 사람이니, 놋점장이라, 이 히람은 모든 놋 일에 지혜와 총명과 재능이 구비한 자더니, 솔로몬왕에게 와서 그에게 맡겨진 모든 일을 하니라,

⑮ 저가 놋기둥 둘을 만들었으니, 그 고는 각각 십 팔 규빗이라, 각각 십 이 규빗 되는 줄을 두를만하며,

⑯ 또 놋을 녹여 부어서 기둥 머리를 만들어 기둥 꼭대기에 두었으니, 이 머리의 고도 다섯 규빗이요, 저 머리의 고도 다섯 규빗이며,

⑰ 기둥 꼭대기에 있는 머리를 위하여 바둑판 모양으로 얽은 그물과 사슬 모양의 댄 것을 만들었으니, 이 머리에 일곱이요, 저 머리에 일곱이라,

⑱ 기둥을 이렇게 만들었고 또 두 줄 석류를 한 그물 위에 둘러 만들어서 기둥 꼭대기에 있는 머리에 두르게 하였고 다른 기둥 머리에도 그렇게 하였으며,

⑲ 낭실 기둥 꼭대기에 있는 머리의 네 규빗은 백합화 모양으로 만들었으며,

⑳ 이 두 기둥 머리에 있는 그물 곁 곧 그 머리의 공 같이 둥근 곳으로 돌아가며 각기

석류 이백이 줄을 지었더라,

㉑ 이 두 기둥을 전의 낭실 앞에 세우되 우편의 기둥을 세우고 그 이름을 야긴이라 하고 좌판의 기둥을 세우고 그 이름을 보아스라 하였으며,

㉒ 그 두 기둥 꼭대기에 백합화 형상이 있더라 두 기둥의 공사가 완공되니라.

㉓ 또 바다를 부어 만들었으니 그 직경이 십 규빗이요, 그 모양이 둥글며 그 고는 다섯 규빗이요, 주위는 삼십 규빗 줄을 두를만하며,

㉔ 그 가장자리 아래에는 돌아가며 박이 있는데 매 규빗에 열 개씩 있어서 바다 주위에 둘렸으니 그 박은 바다를 부어 만들 때에 두 줄로 부어 만들었으며,

㉕ 그 두 바다를 열 소가 받혔으니 셋은 북을 향하였고, 셋은 서를 향하였고, 셋은 남을 향하였고, 셋은 동을 향하였으며, 바다를 그 위에 놓았고, 소의 뒤는 다 안으로 두었으며,

㉖ 바다의 두께는 한 손 넓이만하고 그 가는 백합화의 식양으로 잔 가와 같이 만들었으니 그 바다에는 이천 밧을 담겠더라.

㉗ 또 놋으로 받침 열을 만들었으니 매 받침의 장이 네 규빗이요, 광이 네 규빗이요, 고가 세 규빗이라.

㉘ 그 받침의 제도는 이러하니 사면 옆 변죽 가운데 판이 있고,

㉙ 변죽 가운데 판에는 사자와 소와 그룹들이 있고 또 변죽 위에는 놋는 자리가 있고 사자와 소 아래에는 화환 모양이 있으며,

㉚ 그 받침에 각각 네 놋바퀴와 놋축이 있고 받침 네 발 밑에는 어깨 같은 것이 있으며, 그 어깨 같은 것은 물두멍 밑편에 부어 만들었고 화환은 각각 그 옆에 있으며,

㉛ 그 받침 위로 들이켜 고가 한 규빗 되게 내민 것이 있고, 그 면은 직경은 한 규빗 반 되게 반원형으로 우묵하며 그 나머지 면에는 아로새긴 것이 있으며 그 내민 판들은 네모지고 둥글지 아니하며,

㉜ 네 바퀴는 옆판 밑에 있고 바퀴 축은 받침에 연하였는데 바퀴의 고는 각각 한 규빗 반이며,

㉝ 그 바퀴의 제도는 병거 바퀴의 제도 같은데 그 축과 테와 살과 통이 다 부어 만든 것이며,

㉞ 받침 네 모퉁이에 어깨 같은 것 넷이 있는데 그 어깨는 받침과 연하였고,

㉟ 받침 위에 둥근 테두리가 있는데 고가 반 규빗이요 또 받침 위의 버팀대와 옆판들이 받침과 연하였고,

㊱ 버침대 판과 옆판에는 각각 빈 곳을 따라 그룹들과 사자와 종려나무를 아로 새겼고 또 그 사면으로 화환 모양이 있더라,
㊲ 이와 같이 받침 열을 만들었는데 그 부어 만든 법과 척수와 식양을 다 동일하게 하였더라,
㊳ 또 물두멍 열을 놋으로 만들었는데 물두멍마다 각각 사십 밧을 담게 하였으며 매 물두멍의 직겨이 네 규빗이라 열 받침 위에 각각 물두멍이 하나씩이더라,
㊴ 그 받침 다섯은 전 우편에 두었고 다섯은 전 좌편에 두었고 전 우편 동남에는 그 바다를 두었더라,
㊵ 히람이 또 물두멍과 부삽과 대접들을 만들었더라 이와 같이 히람이 솔로몬왕을 위하여 여호와의 전의 모든 일을 마쳤으니,
㊶ 곧 기둥 둘과 그 기둥 꼭대기의 공 같은 머리 둘과 또 기둥 꼭대기의 공 같은 머리를 가리우는 그물 둘과,
㊷ 또 그 그물들을 위하여 만든바 매 그물에 두 줄씩으로 기둥 위의 공 같은 두 머리를 가리우게 한 사백 석류와,
㊸ 또 열 받침과 받침 위의 열 물두멍과,
㊹ 한 바다와 그 바다 아래 열 두 소와,
㊺ 솥과 부삽과 대접들이라 히람이 솔로몬왕을 위하여 여호와의 전에 이 모든 그릇을 빛난 놋으로 만드니라,
㊻ 왕이 요단 평지에서 숙곳과 사르단 사이의 차진 흙에 그것들을 부어 내었더라,
㊼ 기구가 심히 많으므로 솔로몬이 다달지 아니하고 두었으니, 그 놋 중수를 능히 측량할 수 없었더라,
㊽ 솔로몬이 또 여호와의 전의 모든 기구를 만들었으니 곧 금단과 전설병의 금상과,
㊾ 내소 앞에 좌우로 다섯씩 둘 정금대며 또 금 꽃과 등잔과 불집게며,
㊿ 또 정금 대접과 불집게와 주발과 숟가락과 불을 옮기는 그릇이며 또 내소 곧 지성소 문의 금돌쩌귀와 전 곧 외소 문의 금돌쩌귀더라,
(51) 이와 같이 솔로몬 왕이 여호와의 전을 위하여 만드는 모든 일을 마치니라, 이에 솔로몬이 그 부친 다윗이 봉헌했던 물건들을 가져왔으니, 곧 은과 금과 그릇들이니 그가 여호와의 전의 보물 창고에 두었더라.

●8장

① 이에 솔로몬이 여호와의 언약궤를 다윗성 곧 시온에서 메어 올리고자 하여 이스라엘 장로와 모든 지파의 두목 곧 이스라엘 자손의 족장들을 예루살렘 자기에게로 소집하니,

② 이스라엘 모든 사람이 다 에다님월 곧 칠월 절기에 솔로몬왕에게 모이고,

③ 이스라엘 장로들이 다 이르매 제사장들이 궤를 메니라,

④ 여호와의 궤와 회막과 성막 안의 모든 거룩한 기구들을 메고 올라가되, 제사장과 레위 사람이 그것들을 메고 올라가매,

⑤ 솔로몬왕과 그 앞에 모인 이스라엘 회중이 저와 함께 궤 앞에 있어 양과 소로 제사를 드렸으니, 그 수가 많아 기록할 수도 없고 셀 수도 없었더라,

⑥ 제사장들이 여호와의 언약궤를 그 처소로 메어 들였으니, 곧 내전 지성소 그룹들의 날개 아래라,

⑦ 그룹들이 궤 처소 위에서 날개를 펴서 궤와 그 채를 덮었는데,

⑧ 채가 긴고로 채 끝이 내전 앞 성소에서 보이나 밖에서는 보이지 아니하며 그 채는 오늘까지 그곳에 있으며,

⑨ 궤 안에는 두 돌판 외에 아무것도 없으니, 이것은 이스라엘 자손이 에집트 땅에서 나온 후 여호와께서 저희와 언약을 세우실 때에 모세가 호렙에서 그 안에 넣은 것이더라,

⑩ 제사장이 성소에서 나올 때에 구름이 여호와의 전에 가득하매,

⑪ 제사장이 그 구름으로 인하여 능히 서서 섬기지 못하였으니, 이는 여호와의 영광이 여호와의 전에 가득함이었더라,

⑫ 그 때에 솔로몬이 가로되, 여호와께서 캄캄한데 계시겠다 말씀하셨사오나,

⑬ 내가 참으로 주을 위하여 계실 전을 건축하였사오니, 주께서 영원히 거하실 처소로소이다, 하고,

⑭ 얼굴을 돌이켜 이스라엘 온 회중을 위하여 축복하니 때에 이스라엘 온 회중이 섰더라,

⑮ 왕이 가로되 이스라엘 하나님 여호와를 송축할지로다, 여호와께서 그 입으로 나의 부친 다윗에게 말씀하신 것을 이제 그 손으로 이루셨도다, 이르시기를,

⑯ 내가 내 백성 이스라엘을 에집트에서 인도하여 낸 날부터 내 이름을 둘만한 집을 건축하기 위하여 이스라엘 모든 지파 가운데서 아무 성읍도 택하지 아니하고 다만

다윗을 택하여 내 백성 이스라엘을 다스리게 하였노라, 하신지라,

⑰ 내 부친 다윗이 이스라엘 하나님 여호와의 이름을 위하여 전을 건축할 마음이 있었더니,

⑱ 여호와께서 내 부친 다윗에게 이르시되, 네가 내 이름을 위하여 전을 건축할 마음이 있으니 이 마음이 네게 있는 것이 좋도다,

⑲ 그러나 너는 그 전을 건축하지 못할 것이요, 네 몸에서 낳을 네 아들 그가 내 이름을 위하여 전을 건축하리라, 하시더니,

⑳ 이제 여호와께서 말씀하신대로 이루시도다, 내가 여호와의 허하신대로 내 부친 다윗을 대신하여 일어나서 이스라엘 위에 앉고 이스라엘 하나님 여호와의 이름을 위하여 전을 건축하고,

㉑ 내가 또 그곳에 우리 열조을 에집트 땅에서 인도하여 내실 때에 저희와 세우신 바 여호와의 언약 넣은 궤를 위하여 한 처소를 설치하였노라,

㉒ 솔로몬이 여호와의 단 앞에서 이스라엘의 온 회중을 마주서서 하늘을 향하여 손을 펴고,

㉓ 가로되, 이스라엘 하나님 여호와여 상천 하지에 주와 같은 신이 없나이다, 주께서는 온 마음으로 주의 앞에서 행하는 종들에게 언약을 지키시고 은혜를 베푸시나이다,

㉔ 주께서 주의 종 내 아비 다윗에게 허하신 말씀을 지키사 주의 입으로 말씀하신 것을 손으로 이루심이 오늘날과 같으니이다,

㉕ 이스라엘 하나님 여호와여 주께서 주의 종 내 아비 다윗에게 말씀하시길, 네 자손이 자기 길을 삼가서 네가 내 앞에서 행한 것 같이 내 앞에서 행하기만 하면 네게로 좇아나서 이스라엘 위에 앉을 사람이 내 앞에서 끊어지지 아니하리라, 하셨사오니, 이제 다윗을 위하여 그 허하신 말씀을 지키시옵소서,

㉖ 그런즉, 이스라엘 하나님이여, 원컨대 주의 종 내 아비 다윗에게 하신 말씀을 확실하게 하옵소서,

㉗ 하나님이 참으로 지구 위에 거하시리이까? 하늘과 하늘들의 하늘이라도 주를 용납지 못하겠거든 하물며 내가 건축한 이 전이오리이까?

㉘ 그러나 나의 하나님 여호와의 종이 기도와 간구를 돌아보시며 종이 오늘날 주의 앞에서 부르짖음과 비는 기도를 들으시옵소서,

㉙ 주께서 전에 말씀하시기를, 내 이름이 거기 있으리라, 하신 곳 이 전을 향하여 주의

눈이 주야로 보옵시며 종이 이곳을 향하여 비는 기도를 들으시옵소서,

㉚ 종과 주의 백성 이스라엘이 이곳을 향하여 기도할 때에 주는 그 간구함을 들으시되, 주의 계신 곳 하늘에서 들으시고 들으시사 사하여 주옵소서,

㉛ 만일 어떤 사람이 그 이웃에게 범죄함으로 맹세시킴을 받고 저가 와서 이 전에 있는 주의 단 앞에서 맹세하거든,

㉜ 주는 하늘에서 들으시고 행하시되 주의 종들을 국문하사, 악한 자의 죄를 정하여 그 행위대로 그 머리를 돌리시고 의로운 자를 의롭다 하사, 그 의로운대로 갚으시옵소서,

㉝ 만일 주의 백성 이스라엘이 주께 범죄하여 적국 앞에 패하게 되므로 주께로 돌아와서 주의 이름을 인정하고 이 전에서 주께 빌며 간구하거든,

㉞ 주는 하늘에서 들으시고, 주의 백성 이스라엘의 죄를 사하시고, 그 열조에게 주신 땅으로 돌아오게 하옵소서,

㉟ 만일, 저희가 주께 범죄함을 인하여 하늘이 닫히고 비가 없어서 주의 벌을 받을 때에 이곳을 향하여 빌며 주의 이름을 인정하고 그 죄에서 떠나거든,

㊱ 주는 하늘에서 들으사 주의 종들과 주의 백성 이스라엘의 죄를 사하시고, 그 마땅히 행할 선할 길을 가르쳐 주옵시며, 주의 백성에게 기업으로 주신 주의 땅에 비를 내리옵소서,

㊲ 만일 이 땅에 기근이나 온역이 있거나 곡식이 시들거나 깜부기가 나거나 메뚜기나 황충이 나거나 적국이 와서 성읍을 에워싸거나 무슨 재앙이나 무슨 질병이 있든지 무론하고,

㊳ 한 사람이나 혹 주의 온 백성 이스라엘이 다 각각 자기의 마음에 재앙을 깨닫고, 이 전을 향하여 손을 펴고 무슨 기도나 간구를 하거든,

㊴ 주는 계신 곳 하늘에서 들으시고 사유하시며 각 사람의 마음을 아시오니, 그 모든 행위대로 행하사 갚으시옵소서, 주만 홀로 인생의 마음을 다 아심이니이다,

㊵ 그리하시면 저희가 주께서 우리 열조에게 주신 땅에서 사는 동안에 항상 주를 경외하리이다,

㊶ 또 주의 백성 이스라엘에 속하지 아니한 자 곧 주의 이름을 위하여 먼 지방에서 온 이방인이라도,

㊷ 저희가 주의 광대한 이름과 주의 능한 손과 주의 펴신 팔의 소문을 듣고 와서 이 전을 향하여 기도하거든,

㊸ 주는 계신 곳 하늘에서 들으시고 무릇 이방인이 주께 부르짖는대로 이루사, 땅의
만민으로 주의 이름을 알고 주의 백성 이스라엘처럼 경외하게 하옵시며 또 내가
건축한 이 전을 주의 이름으로 일컫는 줄을 알게 하옵소서,
㊹ 주의 백성이 그 적국으로 더불어 싸우고자 하여 주의 보내신 길로 나갈 때에 저희
가 주의 빼신 성과 내가 주의 이름을 위하여 건축한 전을 향하여 여호와께 기도하
거든,
㊺ 주는 하늘에서 저희의 기도와 간구를 들으시고 그 일을 돌아보옵소서,
㊻ 범죄치 아니하는 사람이 없사오니 저희가 주께 범죄함으로 주께서 저희에게 진노
하사 저희를 적국에 붙이시매 적국이 저희를 사로잡아 원근을 물론하고 적국의 땅
으로 끌어간 후에,
㊼ 저희가 사로잡혀 간 땅에서 스스로 깨닫고 그 사로잡은 자의 땅에서 돌이켜 주께
간구하기를 우리가 범죄하여 패역을 행하며 악을 지었나이다, 하며,
㊽ 자기를 사로잡아간 적국의 땅에서 온 마음과 온 뜻으로 주께 돌아와서 주께서 그
열조에게 주신 땅 곧 주의 빼신 성과 내가 주의 이름을 위하여 건축한 전 있는 편
을 향하여 주께 기도하거든,
㊾ 주는 계신 곳 하늘에서 저희 기도와 간구를 들으시고 저희의 일을 돌아보옵시며,
㊿ 주께 범죄한 백성을 용서하시며 주께 범한 그 모든 허물을 사하시고 저희를 사로
잡아 간 자의 앞에서 저희로 불쌍히 여김을 얻게 하사, 그 사람들로 저희를 불쌍히
여기게 하옵소서,
(51) 저희는 주께서 철풀무 같은 에집트에서 인도하여 내신 주의 백성 주의 산업이 됨
이니이다,
(52) 원컨대, 주는 눈을 들어 종의 간구함과 주의 백성 이스라엘의 간구함을 보시고 무
릇 주께 부르짖는대로 들으시옵소서,
(53) 주 여호와여 주께서 우리 조상을 에집트에서 인도하여 내실 때에 주의 종 모세로
말씀하심 같이 주께서 세상 만민 가운데서 저희를 구별하여 주의 유업으로 삼으셨
나이다,
(54) 솔로몬이 무릎을 꿇고 손을 펴서 하늘을 향하여 이 기도와 간구로 여호와께 아뢰
기를 마치고 여호와의 단 앞에서 일어나,
(55) 서서 큰 소리로 이스라엘의 온 회중을 위하여 축복하며 가로되,
(56) 여호와를 찬송할지로다, 저가 무릇 허하신대로 그 백성 이스라엘에게 태평을 주

셨으니, 그 종 모세를 빙자하여 무릇 허하신 그 선한 말씀이 하나도 이루지 않음이 없도다,

⑤⑦ 우리 하나님 여호와께서 우리 열조와 함께 계시던 것 같이 우리와 함께 계시옵고 우리를 떠나지 마옵시며 버리지 마옵시고,

⑤⑧ 우리의 마음을 자기에게로 향하여 그 모든 길로 행하게 하옵시며, 우리 조상들에게 명하신 계명과 법도와 율례를 지키게 하시기를 원하오며,

⑤⑨ 여호와의 앞에서 나의 간구한 이 말씀을 주야로 우리 하나님 여호와께 가까이 있게 하옵시고, 또 주의 종의 일과 주의 백성 이스라엘의 일을 날마다 당하는대로 돌아보사,

⑥⓪ 이에 세상 만민에게 여호와께서만 하나님이시고 그 외에는 없는 줄을 알게 하시기를 원하노라,

(That all the people of the earth may know that the LORD is GOD, and that there is none else.-KJV)

(so that all the peoples of the earth may know that the LORD is GOD and there is no other.-NIV)

(so that all the peoples of the earth may know that the LORD is GOD and there is no other.-NAB)

(Then all the people on earth will know GOD is the true GOD; there is no other God.-THE MESSAGE)

⑥① 그런즉, 너희 마음을 우리 하나님 여호와와 화합하여 완전케 하여 오늘날과 같이 그 법도를 행하며 그 계명을 지킬지어다,

⑥② 이에 왕과 왕과 함께한 이스라엘이 다 여호와 앞에 희생물을 드리니라,

⑥③ 솔로몬이 화목제의 희생물을 드렸으니, 곧 여호와께 드린 소가 이만 이천이요, 양이 십 이만이라, 이와 같이 왕과 모든 이스라엘 자손이 여호와의 전의 낙성식을 행하였는데,

⑥④ 그 날에 왕이 여호와의 전 앞뜰 가운데를 거룩히 구별하고, 거기서 번제예물과 소제예물과 감사제예물의 기름을 드렸으니, 이는 여호와의 앞 놋단이 작으므로 번제물과 소제물과 화목제의 기름을 다 받아들일 수 없음이라,

⑥⑤ 그 때에 솔로몬이 칠일 칠일 합 십 사일을 우리 하나님 여호와 앞에서 절기로 지켰는데, 하맛 어귀에서부터 에집트 강까지의 온 이스라엘의 큰 회중이 모여 저와 함

께 하였더니,

㉚ 제 팔일에 솔로몬이 백성을 돌려 보내매, 백성이 왕을 위하여 축복하고 자기 장막으로 돌아가는데, 여호와께서 그 종 다윗과 그 백성 이스라엘에게 베푸신 모든 은혜를 인하여 기뻐하며 마음에 즐거워하였더라.

● 9장

① 솔로몬이 여호와의 전과 왕궁 건축하기를 마치며 자기의 무릇 이루기를 원하던 일이 마친 때에,

② 여호와께서 전에 기브온에서 나타나심 같이 다시 솔로몬에게 나타나사,

③ 저에게 이르시되, 네가 내 앞에서 기도하며 간구함을 내가 들었은즉, 내가 너의 건축한 이 전을 거룩하게 구별하여, 나의 이름을 영원히 그곳에 두며, 나의 눈과 나의 마음이 항상 거기 있으리니,

④ 네가 만일 네 아비 다윗의 행함 같이 마음을 온전히 하고, 바르게 하여, 내 앞에서 행하며, 내가 네게 명한대로 온갖 것을 순종하며 나의 법도와 율례를 지키면,

⑤ 내가 네 아비 다윗에게 허하여 이르기를, 이스라엘 위에 오를 사람이 네게서 끊어지지 아니하리라, 한대로, 너의 이스라엘의 왕위를 영원히 견고하게 하려니와,

⑥ 만일 너희나 너희 자손이 아주 돌이켜 나를 좇지 아니하면, 내가 너희 앞에 둔 나의 계명과 법도를 지키지 아니하고, 가서 다른 신을 섬겨 그것을 숭배하면,

⑦ 내가 이스라엘을 나의 준 땅에서 끊어 버릴 것이요, 내 이름을 위하여 내가 거룩하게 구별한 이 전이라도 내 앞에서 던져 버리리니, 이스라엘은 모든 민족 가운데 속담거리와 웃음거리가 될 것이며,

⑧ 이 전이 높을지라도 무릇 그리로 지나가는 자가 놀라며 비웃어 가로되, 여호와께서 무슨 까닭으로 이 땅과 이 전에 이 같이 행하셨는고 하면,

⑨ 대답하기를, 저희가 자기 조상들을 에집트 땅에서 인도하여 내신 자기 하나님 여호와를 버리고 다른 신에게 부종하여 그를 숭배하여 섬기므로, 여호와께서 이 모든 재앙을 저희에게 내리심이라 하리라, 하셨더라,

⑩ 솔로몬이 두 집, 곧 여호와의 전과 왕궁을 이십년 만에 건축하기를 마치고,

⑪ 갈릴리 땅의 성읍 이십을 히람에게 주었으니, 이는 두로 왕 히람이 솔로몬에게 그 온갖 소원대로 백향목과 잣나무와 금을 제공하였음이라,

⑫ 히람이 두로에서 와서 솔로몬이 자기에게 준 성읍들을 보고 눈에 들지 아니하여,

⑬ 이르기를, 나의 형이여 내게 준 이 성읍들이 이러하뇨? 하고, 이름하여 가불 땅이라 하였더니 그 이름이 오는날까지 있으니라,

⑭ 히람이 금 일백 이십 달란트를 왕에게 보내었더라,

⑮ 솔로몬 왕이 역군을 일으킨 까닭은 여호와의 전과 자기 궁과 밀로와 예루살렘성과 하솔과 므깃도와 게셀을 건축하려 하였음이라,

⑯ 전에 에집트왕 파라오가 올라와서 게셀을 탈취하여 불사르고, 그 성에 사는 가나안 사람을 죽이고 그 성읍을 자기 딸 솔로몬의 아내에게 예물로 주었더니,

⑰ 솔로몬이 게셀과 아래 벧호론을 건축하고,

⑱ 또 바알랏과 그 땅의 들에 있는 다드몰과,

⑲ 자기에게 있는 모든 국고성과 병거성들과 마병의 성들을 건축하고, 솔로몬이 또 예루살렘과 레바논과 그 다스리는 온 땅에 건축하고자 하던 것을 다 건축하였는데,

⑳ 무릇 이스라엘 자손이 아닌 아모리 사람과 헷 사람과 브리스 사람과 히위 사람과 여부스 사람의 남아 있는 자,

㉑ 곧 이스라엘 자손이 다 멸하지 못하므로 그 땅에 남아 있는 그 자손들을 솔로몬이 노예로 역군을 삼아 오늘까지 이르렀으되,

㉒ 오직 이스라엘 자손은 솔로몬이 노예를 삼지 아니하였으니, 저희는 군사와 그 신복과 방백과 대장이며 병거와 마병의 장관이 됨이었더라,

㉓ 솔로몬에게 역사를 감독하는 두목 오백 오십인이 있어 그 공사에서 일하는 백성을 다스렸더라,

㉔ 파라오의 딸이 다윗성에서부터 올라와 솔로몬이 저를 위하여 건축한 궁에 이를 때에 솔로몬이 밀로를 건축하였더라,

㉕ 솔로몬이 여호와를 위하여 쌓은 단 위에 해마다 세번씩 번제예물과 화목제예물을 드리고 또 여호와 앞에 있는 단에 향을 피웠더라, 이와 같이 솔로몬이 전을 완공하였더라,

㉖ 솔로몬왕이 에돔 땅 홍해 물 가 엘롯 근처 에시온게벨에서 배들을 지은지라,

㉗ 히람이 자기 종 곧 바다에 익숙한 사공들을 솔로몬의 종과 함께 그 배로 보내매,

㉘ 저의가 오빌에 이르러, 거기서 금 사백 이십 달란트를 얻고 솔로몬 왕에게로 가져왔더라.

● 10장

① 스바 여왕이 여호와의 이름으로 말미암은 솔로몬의 명예를 듣고 와서 어려운 문제로 저를 시험코자 하여,

② 예루살렘에 이르니, 수행원이 심히 많고 향품과 심히 많은 금과 보석을 약대에 실었더라, 저가 솔로몬에게 나아와 자기 마음에 있는 것을 다 말하매,

③ 솔로몬이 그 묻는 말을 다 대답하였으니, 왕이 숨긴 것이 없어 그녀에게 말하지 아니한 것이 하나도 없더라,

④ 스바 여왕이 솔로몬의 모든 지혜와 그 건축한 궁궐과,

⑤ 그의 식탁의 음식과 그의 종들이 앉은 좌석과 그의 관료들이 열지어 서있는 것과 그들의 의복과 그의 잔 나르는 자들과 솔로몬이 여호와의 전으로 올라가는 계단을 보자, 그녀는 정신이 휘둥그레 져서,

⑥ 왕께 고하되, 내가 내 나라에서 당신의 행위와 당신의 지혜에 대하여 들은 소문이 진실하도다,

⑦ 내가 그 말을 믿지 아니하였더니, 이제 와서 목도한즉, 내게 말한 것은 절반도 못되니, 당신의 지혜와 번영이 내가 들은 그 명성보다 더 능가하나이다,

⑧ 당신의 신복들이 얼마나 행복한가! 당신 앞에 계속해서 규칙적으로 서 있으면서 당신의 지혜의 말을 듣는 당신의 신료들은 얼마나 행복한가!

⑨ 당신의 하나님 여호와를 송축할지로다, 여호와께서 당신을 기뻐하사, 이스라엘 위에 올리셨고, 여호와께서 영영히 이스라엘을 사랑하시므로 당신을 세워 왕을 삼아 공과 의를 행하게 하셨도다, 하고,

⑩ 이에 저가 금 일백 이십 달란트와 심히 많은 향품과 보석을 왕께 드렸으니, 스바 여왕이 솔로몬왕께 드린 것처럼 많은 향품이 다시 오지 아니하였더라,

⑪ (오빌에서부터 금을 실어온 히람의 배들이 오빌에서 많은 백단목과 보석을 운반하여 오매,

⑫ 왕이 백단목으로 여호와의 전과 왕궁의 난간을 만들고, 또 노래하는 자를 위하여 수금과 비파를 만들었으니, 이 같은 백단목은 전에도 온 일이 없었고, 오늘까지도 보지 못하였더라.)

⑬ 솔로몬왕이 왕의 규례대로 스바 여왕에게 물건을 준 외에 또 저의 소원대로 무릇 구하는 것을 주니, 이에 저가 그녀의 종들로 더불어 본국으로 돌아갔더라,

⑭ 솔로몬에게 연간 들어온 금의 무게가 666 달란트였더라.

⑮ 그 외에 아라비아 왕들과 나라의 방백들에게서도 가져온지라,

⑯ 솔로몬왕이 쳐서 늘인 금으로 큰 방패 이백을 만들었으니, 매 방패에 든 금이 육백 세겔이며,

⑰ 또 쳐서 늘인 금으로 작은 방패 삼백을 만들었으니, 매 방패에 든 금이 삼 마네라, 왕이 이것들을 레바논 나무 궁에 두었더라,

⑱ 왕이 또 상아로 큰 보좌를 만들고 정금으로 입혔으니,

⑲ 그 보좌에는 여섯 층계가 있고 보좌 뒤에 둥근 머리가 있고, 앉는 자리 양편에는 팔걸이가 있고, 팔걸이 곁에는 사자가 하나씩 섰으며,

⑳ 또 열 두 사자가 있어 그 여섯 층계 좌우편에 섰으니, 어느 나라에도 이같이 만든 것이 없었더라,

㉑ 솔로몬왕의 마시는 그릇은 다 금이요, 레바논 나무 궁의 그릇들도 다 정금이라, 은 기물이 없으니 솔로몬의 시대에 은을 귀히 여기지 아니함은,

㉒ 왕이 바다에 다시스 배들을 두어 히람의 배와 함께 있게 하고, 그 다시스 배로 삼년에 일차씩 금과 은과 상아와 잔나비와 공작을 실어 왔음이더라,

㉓ 솔로몬왕의 재산과 지혜가 천하 열왕보다, 큰지라,

㉔ 천하가 다 하나님께서 솔로몬의 마음에 주신 은혜를 들으며 그 얼굴을 보기 원하며,

㉕ 각기 예물을 가지고 왔으니, 곧 은 그릇과 금 그릇과 의복과 갑옷과 향품과 말과 노새라, 해마다 정한 수가 있었더라,

㉖ 솔로몬이 병거와 마병을 모으매, 병거가 일천 사백이요, 마병이 일만 이천이라, 병거성에도 두고 예루살렘 왕에게도 두었으며,

㉗ 왕이 예루살렘에서 은을 돌 같이 흔하게 하고, 백향목을 평지의 뽕나무 같이 많게 하였더라,

㉘ 솔로몬의 말들은 에집트에서 내어왔으니, 왕의 상고들이 떼로 정가하여 산 것이며,

㉙ 에집트에서 내어 올린 병거는 하나에 은 육백 세겔이요, 말은 일백 오십 세겔이라, 이와 같이 헷 사람의 모든 왕과 아람 왕들을 위하여도 그 손으로 내어왔더라,

● 11장

① 솔로몬왕이 파라오의 딸 외에 이방의 많은 여인을 사랑하였으니, 곧 모압과 암몬

과 에돔과 시돈과 헷 여인이라,

② 여호와께서 일찌기 이 여러 민족들에게 관하여 이스라엘 자손에게 말씀하시기를, 너희는 저희와 서로 통하지 말며, 저희도 너희와 서로 통하게 말라, 저희가 정녕코 너희의 마음을 돌이켜 저희의 신들을 좇게 하리라, 하셨으나, 솔로몬이 그들과 결합하여 그들을 사랑하였더라,

③ 왕은 후비가 칠백인이요, 후궁이 삼백인이라, 왕비들이 왕의 마음을 방황하게 하였더라,

④ 솔로몬이 늙었을 때에 왕비들이 그의 마음을 돌이켜 다른 신들을 좇게 하였더라, 그의 마음이 그의 아버지의 마음같이 주 그의 하나님과 함께 온전하지 못하였으니,

⑤ 이는 시돈 사람들의 여신 아스다롯을 따르고, 암몬 사람들의 가증한 것인 밀곰을 따랐기 때문이더라,

⑥ 솔로몬이 여호와의 눈 앞에서 악을 행하여 그 부친 다윗이 여호와를 온전히 좇음 같이 좇지 아니하고,

⑦ 모압의 가증한 그모스를 위하여 예루살렘 앞 산에 산당을 지었고, 또 암몬 자손의 가증한 몰록을 위하여 그와 같이 하였으며,

⑧ 저가 또 이민족 후비들을 위하여 다 그와 같이 한지라, 저희가 자기의 신들에게 분향하며 제사하였더라,

⑨ 솔로몬이 마음을 돌이켜, 이스라엘 하나님 여호와를 떠나므로 여호와께서 저에게 진노하시니라, 여호와께서 일찌기 두번이나 저에게 나타나시고,

⑩ 이 일에 대하여 명하사, 다른 신을 좇지 말라, 하셨으나, 저가 여호와의 명령을 지키지 아니하였으므로,

⑪ 여호와께서 솔로몬에게 말씀하시되, 네게 이러한 일이 있었고, 또 네가 나의 언약과 내가 네게 명한 법도를 지키지 아니하였으니, 내가 결단코 이 나라를 네게서 빼앗아 네 신하들에게 주리라,

⑫ 그러나 네 아비 다윗을 위하여 네 세대에는 이 일을 행치 아니하고 네 아들의 손에서 빼앗으려니와,

⑬ 오직 내가 이 나라를 다 빼앗지 아니하고, 나의 종 다윗과 나의 뺀 예루살렘을 위하여 한 지파를 네 아들에게 주리라, 하셨더라.

⑭ 여호와께서 에돔 사람 하닷을 일으켜 솔로몬의 대적이 되게 하시니, 저는 왕의 자

손으로서 에돔에 거하였더라,

⑮ 전에 다윗이 에돔에 있을 때 군대장관 요압이 가서 죽임을 당한 자들을 장사하고, 에돔의 남자를 다 쳐서 죽였는데,

⑯ 요압은 에돔의 남자를 다 없이 하기까지 이스라엘 무리와 함께 여섯달을 그곳에 유하였었더라,

⑰ 그 때에 하닷은 작은 아이라, 그 아비의 신하 중 두어 에돔 사람과 함께 도망하여 에집트로 가려하여,

⑱ 미디안에서 출발하여 바란에 이르고, 거기서 사람을 데리고 에집트로 가고 에집트 왕 파라오에게 나아가매, 파라오가 저에게 집을 주고 먹을 양식을 정하며 또 토지를 주었더라,

⑲ 하닷이 파라오의 눈 앞에 크게 은총을 얻었으므로, 파라오가 자기의 처제, 곧 왕비 다브네스의 여동생으로 저의 아내를 삼으매,

⑳ 다브네스의 여동생이 그로 말미암아 아들 그누밧을 낳았더니, 다브네스가 그 아이를 파라오의 궁중에서 젖을 떼게 하매, 그누밧이 파라오의 궁에서 파라오의 아들 가운데 있었더라,

㉑ 하닷이 에집트에 있어서 다윗이 그 조상들과 함께 잔 것과 군대장관 요압이 죽은 것을 듣고, 파라오에게 고하되, 나를 보내어 내 고국으로 가게 하옵소서, 하매,

㉒ 파라오가 저에게 이르되, 네가 나와 함께 있어 무슨 부족함이 있기에 네 고국으로 가기를 구하느뇨? 대답하되 없나이다. 그러나 아무쪼록 나를 보내옵소서, 하였더라,

㉓ 하나님이 또 엘리아다의 아들 르손을 일으켜 솔로몬의 대적이 되게 하시니, 저는 그 주인 소바 왕 하닷에셀에게서 도망한 자라,

㉔ 다윗이 소바 사람을 죽일 때에 르손이 사람들을 모으고, 그 떼의 괴수가 되며 다메섹으로 가서 웅거하고 거기서 왕이 되었더라,

㉕ 솔로몬의 일평생에 하닷의 끼친 환난 외에 르손이 수리아 왕이 되어 이스라엘을 대적하고 미워하였더라,

㉖ 솔로몬의 신복 느밧의 아들 여로보암이 또한 손을 들어 왕을 대적하였으니, 저는 에브라임 족속인 스레다 사람이요, 그 어미의 이름은 스루아니 과부더라,

㉗ 저가 손을 들어 왕을 대적하는 까닭은 이러하니라, 솔로몬이 밀로를 건축하고 그 부친 다윗의 성의 무너진 것을 수축하였는데,

㉘ 이 사람 여로보암은 큰 용사라 솔로몬이 이 소년의 부지런함을 보고 세워 요셉 족속의 역사를 감독하게 하였더니,

㉙ 그 즈음에 여로보암이 예루살렘에서 나갈 때에 실로 사람 선지자 아히야가 길에서 저를 만나니, 아히야가 새 의복을 입었고 그 두 사람만 들에 있었더라,

㉚ 아히야가 그 입은 새 옷을 잡아 열 두 조각에 찢고,

㉛ 여로보암에게 이르되, 너는 열조각을 취하라, 이스라엘 하나님 여호와의 말씀이 내가 이 나라를 솔로몬의 손에서 찢어 빼앗아 열 지파를 네게 주고,

㉜ 오직 내 종 다윗을 위하고 이스라엘 모든 지파 중에서 뺀 예루살렘을 위하여 한 지파를 솔로몬에게 주리니,

㉝ 이는 저희가 나를 버리고 시돈 사람의 여신 아스다롯과 모압의 신 그모스와 암몬 자손의 신 밀곰을 숭배하며, 그 아비 다윗의 행함 같지 아니하여 내 길로 행치 아니하며 나 보기에 정직한 일과 나의 법도와 나의 율례를 행치 아니하였기 때문이라,

㉞ 그러나 내가 그의 손에서 온 왕국을 빼앗지는 아니할 것이요, 내가 택한 나의 종 다윗을 위하여 솔로몬의 생명의 모든 날들 동안 그를 한 통치자로 삼으려니, 이는 다윗이 나의 명령들과 법규들을 지켰기 때문이라,

㉟ 내가 그 아들의 손에서 나라를 빼앗아 열 지파를 네게 줄 것이요,

㊱ 그 아들에게는 내가 한 지파를 주어서 내가 내 이름을 두고자 하여 택한 성 예루살렘에서 내 종 다윗에게 한 등불이 항상 내 앞에 있게 하리라,

㊲ 내가 너를 취하리니, 너는 무릇 네 마음에 원하는대로 다스려 이스라엘 위에 왕이 되리라,

㊳ 네가 만일 내가 명한 모든 일에 순종하고, 내 길로 행하며, 내 눈에 합당한 일을 하며, 내 종 다윗의 행함 같이 내 율례와 명령을 지키면, 내가 너와 함께 있어, 내가 다윗을 위하여 세운 것 같이 너를 위하여 견고한 집을 세우고 이스라엘을 주리라,

㊴ 내가 이로 인하여 다윗의 자손을 괴롭게 할터이나 영원히 하지는 아니하리라, 하셨느니라, 한지라,

㊵ 이러므로 솔로몬이 여로보암을 죽이려 하매, 여로보암이 일어나 에집트로 도망하여 에집트 왕 시삭에게 이르러 솔로몬의 죽기까지 에집트에 있으니라,

㊶ 솔로몬의 남은 사적과 무릇 저의 행한 일과 그 지혜는 솔로몬의 행장에 기록되어 있느니라,

㊷ 솔로몬이 예루살렘에서 온 이스라엘을 다스린 날 수가 사십년이라,

㊸ 솔로몬이 그 조상들과 함께 자매, 그 부친 다윗의 성에 장사되고 그 아들 르호보암이 대신하여 왕이 되니라.

● 12장

① 르호보암이 세겜으로 갔으니, 이는 온 이스라엘이 저를 왕으로 삼고자 하여 세겜에 이르렀음이더라,

② 그때에 아직도 에집트에 있던 느밧의 아들 여로보암이 그 소식을 들으니라,(이는 여로보암이 솔로몬의 왕의 면전에서 도망하여 그가 에집트에 거하였기 때문이라)

③ 그래서 사람들이 여로보암을 불렀더라, 그리고 그와 이스라엘의 온 회중이 르호보암에게 가서 그에게 말하기를,

④ 왕의 부친이 우리의 멍에를 무겁게 하였나이다, 왕은 이제 왕의 부친이 우리에게 시킨 고역과 매우 무거운 멍에를 가볍게 하소서, 그리하시면 우리가 왕을 섬기겠나이다, 하므로,

⑤ 르호보암이 대답하되, 갔다가 삼일 후에 다시 내게로 오라, 하매, 백성이 가니라,

⑥ 르호보암왕이 그 부친 솔로몬의 생전에 그 앞에 모셨던 노인들과 의논하여 가로되 너희는 어떻게 교도하여 이 백성에게 대답하게 하겠느뇨? 하니,

⑦ 대답하여 가로되 왕이 만일 오늘날 이 백성의 종이 되어 저희를 섬기고 좋은 말로 대답하여 이르시면 저희가 영영히 왕의 종이 되리이다, 하였으나

⑧ 그러나 르호보암은 노인들의 권고의 조언을 거부하고 그 앞에서 봉사하는 자기와 함께 자라난 소년들과 상의하였더라,

⑨ 그가 그들에게 말하기를, 너희는 어떻게 말하겠느냐? 너의 부친이 우리에게 지운 멍애를 가볍게 하여달라고 나에게 말하는 이 백성들에게 우리가 어떻게 대답하여야 하느냐? 하였더라,

⑩ 함께 자라난 소년들이 왕께 고하여 가로되, 이 백성들이 왕께 고하기를, 왕의 부친이 우리의 멍에를 무겁게 하였으나 왕은 우리를 위하여 가볍게 하라, 하였은즉, 왕은 대답하기를 나의 새끼손가락이 내 부친의 허리보다 굵으니,

⑪ 내 부친이 너희로 무거운 멍에를 하였으나 이제 나는 너희의 멍에를 더욱 무겁게 할지라, 내 부친은 채찍으로 너희를 징치하였으나, 나는 전갈로 너희를 징치하리라, 하소서,

⑫ 삼일만에 여로보암과 모든 백성이 르호보암에게 나아왔으니, 이는 왕이 명하여 이르기를, 삼일만에 내게로 다시 오라, 하였음이라,

⑬ 왕이 백성들에게 거칠게 대답하고 연로한 사람들의 권고한 것을 버리고,

⑭ 청년들의 권고에 좇아 저희에게 고하여 가로되, 내 부친은 너희의 멍에를 무겁게 하였으나 나는 너희의 멍에를 더욱 무겁게 할지라, 내 부친은 채찍으로 너희를 징치하였으나 나는 전갈로 너희를 징치하리라 하니라

⑮ 왕이 이같이 백성의 말을 듣지 아니하였으니, 이 일은 여호와께로 말미암아 난 것이라, 여호와께서 전에 실로 사람 아히야로 느밧의 아들 여로보암에게 고한 말씀을 응하게 하심이더라,

⑯ 이와 같이 모든 이스라엘이 왕이 자기들에게 귀를 기울여 듣지 아니함을 보자, 백성이 왕에게 대답하여 말하기를, 우리가 다윗에게서 뭐 받은 것이 있느냐? 우리기 이새의 아들에서 상속받은 것이 없느니라, 이스라엘아, 여러분들의 장막으로 돌아가십시요, 다윗의 족속들은 너희 자신의 집이나 보살펴라, 하니라,

⑰ 그러나 유다 성읍들에 사는 이스라엘 자손에게는 르호보암이 그 왕이 되었더라,

⑱ 르호보암왕이 역군의 감독 아도니람을 보내었더니, 온 이스라엘이 저를 돌로 쳐 죽인지라, 르호보암왕이 급히 수레에 올라 예루살렘으로 도망하였더라,

⑲ 이에 이스라엘이 다윗의 집을 배반하여 오늘날까지 이르렀더라,

⑳ 온 이스라엘이 여로보암이 돌아왔다 함을 듣고 보내어 저를 공회로 청하여다가 온 이스라엘의 왕을 삼았으니, 유다 지파 외에는 다윗의 집을 좇는 자가 없으니라,

㉑ 르호보암이 예루살렘에 이르러, 유다 온 족속과 베냐민 지파를 모으니, 택한 용사가 십 팔만이라, 이스라엘 족속과 싸워 나라를 회복하여 솔로몬의 아들 르호보암에게 돌리려 하더니,

㉒ 하나님의 말씀이 하나님의 사람 스마야에 임하여 가라사대,

㉓ 솔로몬의 아들 유다 왕 르호보암과 유다와 베냐민 온 족속과 또 그 남은 백성에게 고하여 이르기를,

㉔ 여호와의 말씀이 너희는 올라가지 말라, 너희 형제 이스라엘 자손과 싸우지 말고 각기 집으로 돌아가라, 이 일이 내게로 말미암아 난 것이라 하셨다, 하라, 하신지라, 저희가 여호와의 말씀을 듣고 그 말씀을 좇아 돌아갔더라,

㉕ 여로보암이 에브라임 산지에 세겜을 건축하고, 거기서 살며 또 거기서 나가서 부느엘을 건축하고,

㉖ 여로보암이 그 마음속에 이르기를, 이제 왕국이 다윗의 족속에게 돌아가기가 쉽도다,

㉗ 만일 이 백성이 예루살렘에 있는 여호와의 전에 제사를 드리고자 하여 올라가면, 이 백성의 마음이 유다 왕 된 그 주 르호보암에게로 돌아가서 나를 죽이고 유다 왕 르호보암에게로 돌아가리다, 하고,

㉘ 이에 계획하고 두 금송아지를 만들고 무리에게 말하기를, 너희가 다시는 예루살렘에 올라갈 것이 없도다, 이스라엘아 이는 너희를 에집트 땅에서 인도하여 올린 너희 신이라 하고,

㉙ 하나는 벧엘에 두고 하나는 단에 둔지라,

㉚ 이 일이 죄가 되었으니, 이는 백성들이 단까지 가서 그 하나에게 숭배함이더라,

㉛ 저가 또 산당들을 짓고 레위 자손 아닌 보통 백성으로 제사장을 삼고,

㉜ 팔월 곧 그 달 십 오일로 절기를 정하여 유다의 절기와 비슷하게 하고 단에 올라가되, 벧엘에서 그와 같이 행하여 그 만든 송아지에게 제사를 드렸으며, 그 지은 산당의 제사장은 벧엘에서 세웠더라,

㉝ 저가 자기 마음대로 정한 달 곧 팔월 십 오일로 이스라엘 자손을 위하여 절기로 정하고, 벧엘에 쌓은 단에 올라가서 분향하였더라.

● 13장

① 하나님의 사람이 유다로부터 벧엘에 온다고 여호와가 말씀하니라, 마침 여로보암이 제단 곁에 서서 분향하는지라,

② 하나님의 사람이 단을 향하여 여호와의 말씀으로 외쳐 가로되, 제단아, 제단아, 여호와께서 말씀하시기를, 다윗의 집에 요시야라 이름하는 아들을 낳으리니, 저가 네 위에 분향하는 산당 제사장을 네 위에 제사할 것이요, 또 사람의 뼈를 네 위에 사르리라, 하셨느니라, 하고,

③ 그 날에 하나님의 사람이 한 표적을 주리니, 이것은 여호와께서 말씀하신 표적이라 제단이 갈라지며 그 위에 있는 재가 쏟아지리라, 하니,

④ 여로보암왕이 하나님의 사람의 벧엘에 있는 제단을 향하여 외쳐 말함을 들을 때에 제단에서 손을 펴며 저를 잡으라 하더라, 저를 향하여 편 손이 말라 다시 거두지 못하며,

⑤ 하나님의 사람의 여호와의 말씀으로 보인 예조대로 단이 갈라지며 재가 단에서 쏟

아진지라,

⑥ 왕이 하나님의 사람에게 말하여 가로되, 청컨대, 너는 나를 위하여 네 하나님 여호와께 은혜를 구하여 내 손으로 다시 회복되도록 기도하라, 하나님의 사람이 여호와께 은혜를 구하니 왕의 손이 다시 회복되어 전과 같이 되니라,

⑦ 왕이 하나님의 사람에게 이르되, 나와 함께 집에 가서 몸을 쉬라, 내가 네게 예물을 주리라, 하매,

⑧ 하나님의 사람이 왕께 대답하되, 왕께서 왕의 집 절반으로 내게 준다 할지라도 나는 왕과 함께 들어가지도 아니하고 이곳에서는 떡도 먹지 아니하고 물도 마시지 아니하리니,

⑨ 이는 곧 여호와의 말씀이 내게 명하여 이르시기를, 떡도 먹지 말며 물도 마시지 말고 왔던 길도 도로 가지도 말라 하셨음이니이다, 하고,

⑩ 이에 다른 길로 가고 자기가 벧엘에 오던 길로 좇아 돌아가지 아니하니라,

⑪ 벧엘에 한 늙은 선지자가 살더니, 그 아들들이 와서 이 날에 하나님의 사람이 벧엘에서 행한 모든 일을 저에게 고하고, 또 그가 왕에게 고한 말씀도 그 아비에게 고한지라,

⑫ 그 아비가 저희에게 이르되, 그가 어느 길로 가더냐? 하니, 그 아들들이 유다에서부터 온 하나님의 사람의 간 길을 보았음이라,

⑬ 저가 그 아들들에게 이르되, 나를 위하여 나귀에 연장을 지우라, 저희가 나귀에 안장을 지우니, 저가 타고,

⑭ 하나님의 사람의 뒤를 좇아 가서 상수리나무 아래 앉은 것을 보고 이르되, 그대가 유다에서 온 하나님의 사람이뇨? 대답하되, 그러하다,

⑮ 저가 그 사람에게 이르되, 나와 함께 집으로 가서 떡을 먹으라,

⑯ 대답하되, 나는 그대와 함께 돌아가지도 못하겠고, 그대와 함께 들어 가지도 못하겠으며, 내가 이곳에서 그대와 함께 떡도 먹지 아니하고, 물도 마시지 아니하리니,

⑰ 이는 여호와의 말씀이 내게 이르시기를, 네가 거기서 떡도 먹지 말고, 물도 마시지 말며, 또 네가 오던 길로 돌아가지도 말라, 하셨음이로다,

⑱ 저가 그 사람에게 이르되, 나도 그대와 같은 선지자라, 천사가 여호와의 말씀으로 내게 이르기를, 그를 네 집으로 데리고 들어가서 그에게 떡을 먹이고, 물을 마시우라, 하였느니라, 하니, 이는 그 사람을 속임이라,

⑲ 이에 그 사람이 저와 함께 돌아가서 그 집에서 떡을 먹으며 물을 마시니라,

⑳ 저희가 상 앞에 앉았을 때에 여호와의 말씀이 그 사람을 데려온 선지자에게 임하니,

㉑ 저가 유다에서부터 온 하나님의 사람을 향하여 외쳐 가로되, 여호와의 말씀을 어기며 네 하나님 여호와가 네게 명령한 지키지 아니하고,

㉒ 돌아와서 여호와가 너더러 떡도 먹지 말고 물도 마시지 말라, 한 곳에서 떡을 먹고 물을 마셨으니, 네 시체가 네 열조의 묘실에 들어가지 못하리라, 하셨느니라, 하니라,

㉓ 자기가 데리고 온 선지자가 떡을 먹고 물을 마신 후에 그를 위하여 나귀에 안장을 지우니라,

㉔ 이에 그 사람이 가더니 사자가 길에서 저를 만나 죽이매, 그 시체가 길에 버린바 되니 나귀는 그 곁에 섰고 사자도 그 시체 곁에 섰더라,

㉕ 지나가는 사람들이 길에 버린 시체와 그 시체 곁에 선 사자를 보고 그 늙은 선지자가 사는 성읍에 와서 말한지라,

㉖ 그 사람을 길에서 데리고 돌아간 선지자가 듣고 말하되, 이는 여호와의 말씀을 어긴 하나님의 사람이로다, 여호와께서 그에게 하신 말씀 같이 여호와께서 그를 사자에게 붙이시매, 사자가 그를 찢어 죽였도다, 하고,

㉗ 이에 그 아들들에게 말하여 가로되, 나를 위하여 나귀에 안장을 얹으라, 저희가 안장을 얹으매,

㉘ 저가 가서 본즉 그 시체가 길에 버린바 되었고, 나귀와 사자는 그 시체 곁에 섰는데, 사자가 시체를 먹지도 아니하였고 나귀를 찢지도 아니하였더라,

㉙ 늙은 선지자가 하나님의 사람의 시체를 들어 올려 나귀에 실어가지고 돌아와 자기 성읍으로 들어가서 슬피 울며 장사하되,

㉚ 곧 그 시체를 자기의 묘실에 두고 그를 위하여 슬피 울며 가로되, 오호라, 나의 형제여, 하니라,

㉛ 그 사람을 장사한 후에 저가 그 아들들에게 말하여 가로되, 내가 죽거든 하나님의 사람을 장사한 묘실에 나를 장사하되, 내 뼈를 그의 뼈 곁에 두라,

㉜ 그가 여호와의 말씀으로 벧엘에 있는 단을 향하고, 또 사마리아 성읍에 있는 모든 산당을 향하여 외쳐 말한 것이 반드시 이룰 것임이니라,

㉝ 여로보암이 이 일 후에도 그 악한 길에서 떠나 돌이키지 아니하고, 다시 보통 백성으로 산당의 제사장을 삼되, 누구든지 지원하면 그 사람으로 산당의 제사장을 삼

았으므로,
㉞ 이 일이 여로보암 집에 죄가 되어 그 집이 지면에서 끊어져 멸망케 되니라.

• 14장

① 그 때에 여로보암의 아들 아비야가 병든지라,
② 여로보암이 그 아내에게 이르되, 청컨대 일어나 변장하여 사람으로 그대가 여로보암의 아내임을 알지 못하게 하고 실로로 가라, 거기에 선지자 아히야가 있나니, 저는 이전에 내가 이 백성의 왕이 될 것을 내게 고한 사람이니라,
③ 그대의 손에 떡 열과 과자와 꿀 한 병을 가지고 그에게로 가라, 저가 그대에게 이 아이의 어떻게 될 것을 알게 하리라,
④ 여로보암의 아내가 그대로 하여 일어나 실로로 가서 아히야의 집에 이르니, 아히야는 나이로 인하여 눈이 어두워 보지 못하더라,
⑤ 여호와께서 아히야에게 이르시되, 여로보암의 아내가 그 아들의 병으로 인하여 네게 물으러 오나니, 너는 이리이리 대답하라, 저가 들어올 때에 다른 여자로 변장하였으리라, 하시니라,
⑥ 저가 문으로 들어올 때에 아히야가 그 발소리를 듣고 말하되, 여로보암의 처여, 들어오라, 네가 어찌하여 다른 사람인 체 하느뇨? 내가 명령을 받아 흉한 일로 네게 고하리니,
⑦ 가서 여로보암에게 고하라, 이스라엘 하나님 여호와의 말씀이 내가 너를 백성 중에서 들어 내 백성 이스라엘의 주권자가 되게 하고,
⑧ 나라를 다윗의 집에서 찢어내어 네게 주었거늘, 너는 내 종 다윗이 나의 명령을 지켜 전심으로 나를 좇으며 나 보기에 정직한 일만 행하였음과 같지 아니하고,
⑨ 너의 이전 사람들보다도 악을 행하고 가서 너를 위하여 다른 신을 만들며 우상을 부어만들어 나의 노를 격발하고 나를 네 등 뒤에 버렸도다,
⑩ 그러므로 내가 여로보암의 집에 재앙을 내려 여로보암에게 속한 사내는 이스라엘 가운데 매인 자나 놓인 자나 다 끊어 버리되, 거름을 쓸어 버림 같이 여로보암의 집을 말갛게 쓸어 버릴지라,
⑪ 여로보암에게 속한 자가 성에서 죽은즉 개가 먹고 들에서 죽은즉 공중의 새가 먹으리니, 이는 여호와가 말하였음이니라, 하셨나니,
⑫ 너는 일어나 네 집으로 가라, 네 발이 성에 들어갈 때에 그 아이가 죽을지라,

⑬ 온 이스라엘이 저를 위하여 슬퍼하며 장사하려니와 여로보암에게 속한 자는 오직 이 아이만 묘실에 들어가리니, 이는 여로보암의 집 가운데서 저가 이스라엘 하나님 여호와를 향하여 선한 뜻을 품었음이니라,

⑭ 여호와께서 이스라엘의 위에 한 왕을 일으키신즉, 저가 그 날에 여로보암의 집을 끊어 버리리라, 어느 때냐? 곧 이제라,

⑮ 여호와께서 이스라엘을 쳐서 물에서 흔들리는 갈대 같이 되게 하시고, 이스라엘을 그 열조에게 주신 이 좋은 땅에서 뽑아 저희를 강 밖으로 흩으시리니, 저희가 아세라 목상을 만들어 여호와를 진노케 하였음이니라,

⑯ 여호와께서 여로보암의 죄로 인하여 이스라엘을 버리시리니, 이는 저도 범죄하고 이스라엘로 범죄케 하였음이니라, 하니라,

⑰ 여로보암의 처가 일어나 디르사로 돌아가서 집 문지방에 이를 때에 아이가 죽은지라,

⑱ 온 이스라엘이 저를 장사하고 저를 위하여 슬퍼하니 여호와께서 그 종 선지자 아히야로 하신 말씀과 같이 되었더라,

⑲ 여로보암의 그 남은 행적 곧 저가 어떻게 싸운 것과 어떻게 다스린 것은 이스라엘 왕 역대지략에 기록되니라,

⑳ 여로보암이 왕이 된지 이십이년이라, 저가 그 열조와 함께 자매 그 아들 나답이 대신하여 왕이 되니라,

㉑ 솔로몬의 아들 르호보암은 유다 왕이 되었으니, 르호보암이 위에 나아갈 때에 나이 사십일세라, 그가 예루살렘에서 십 칠년을 치리하였으니, 그 성읍은 여호와께서 그분의 이름을 두시려고 이스라엘의 온 지파에서 택하신 것이라, 그의 모친의 이름은 나아마라 암몬 사람이더라,

㉒ 유다가 여호와 보시기에 악을 행하되, 그 열조의 행한 모든 일보다 뛰어나게 하여 그 범한 죄로 여호와의 노를 격발하였으니,

㉓ 이는 저희도 산 위에와 모든 푸른 나무 아래 산당과 우상과 아세라 목상을 세웠음이라,

㉔ 그 땅에 또 남색하는 자가 있었고, 여호와께서 이스라엘 자손 앞에서 쫓아내신 국민의 모든 가증한 일을 사람들이 본받아 행하였더라,

㉕ 르호보암왕 제 오년에 애굽 왕 시삭이 올라와서 예루살렘을 치고,

㉖ 여호와의 전의 보물과 왕궁의 보물을 몰수히 빼앗고 또 솔로몬의 만든 금 방패를

다 빼앗은지라,

㉗ 르호보암왕이 그 대신 놋으로 방패를 만들어 왕궁 문을 지키는 시위대 장관의 손에 맡기매,

㉘ 왕이 여호와의 전에 들어갈 때마다 시위하는 자가 그 방패를 들고 갔다가 시위소로 도로 가져갔더라,

㉙ 르호보암의 남은 사적과 무릇 그 행한 일이 유다 왕 역대지략에 기록되지 아니하였느냐?

㉚ 르호보암과 여로보암 사이에 항상 전쟁이 있으니라,

㉛ 르호보암이 그 열조와 함께 자니 다윗성에 장사되니라, 그 모친의 이름은 나아마라 암몬 사람이더라, 그 아들 아비얌이 대신하여 왕이 되니라.

● 15장

① 느밧의 아들 여로보암왕 제 십팔년에 아비얌이 유다 왕이 되고,

② 예루살렘에서 삼년을 치리하니라, 그 모친의 이름은 마아가라 아비살롬의 딸이더라,

③ 아비얌이 그 부친의 행한 모든 죄를 행하고 그 마음이 그 조상 다윗의 마음 같지 아니하여 그 하나님 여호와 앞에 온전치 못하였으나,

④ 그 하나님 여호와께서 다윗을 위하여 예루살렘에서 저에게 등불을 주시되, 그 아들을 세워 후사가 되게 하사, 예루살렘을 견고케 하셨으니,

⑤ 이는 다윗이 헷 사람 우리아의 일 외에는 평생에 여호와 보시기에 정직히 행하고, 자기에게 명하신 모든 일을 어기지 아니하였음이라,

⑥ 르호보암과 여로보암 사이에 사는 동안 전쟁이 있었더니,

⑦ 아비얌과 여로보암 사이에도 전쟁이 있으니라, 아비얌의 남은 사적과 무릇 행한 일이 유다왕 역대지략에 기록되어 있느니라,

⑧ 아비얌이 그 열조와 함께 자니 다윗성에 장사되고 그 아들 아사가 대신하여 왕이 되니라,

⑨ 이스라엘왕 여로보암 제 이십년에 아사가 유다 왕이 되어,

⑩ 예루살렘에서 사십 일년을 치리하니라, 그 모친의 이름은 마아가라 아비살롬의 딸이더라,

⑪ 아사가 그 조상 다윗 같이 여호와 보시기에 정직하게 행하여,

⑫ 남색하는 자를 그 땅에서 쫓아내고 그 열조의 지은 모든 우상을 없이하고,

⑬ 또 그 모친 마아가가 아세라의 가증한 우상을 만들었으므로, 태후의 위를 폐하고, 그 우상을 찍어서 기드론 시냇가에서 불살랐으나,

⑭ 오직 산당은 없이 하지 아니하니라, 그러나 아사의 마음이 일평생 여호와 앞에 온전하였으며,

⑮ 저가 그 부친의 구별한 것과 자기의 구별한 것을 여호와의 전에 받들어 드렸으, 곧 은과 금과 기명들이더라,

⑯ 아사와 이스라엘 왕 바아사 사이에 일생 전쟁이 있으니라,

⑰ 이스라엘 왕 바아사가 유다를 치러 올라와서, 라마를 건축하여 사람을 유다 왕 아사에게 왕래하지 못하게 하려한지라,

⑱ 아사가 여호와의 전 곳간과 왕궁 곳간에 남은 은금을 몰수히 취하여, 그 신복의 손에 붙여, 다메섹에 거한 아람 왕 헤시온의 손자 다브림몬의 아들 벤하닷에게 보내며, 가로되,

⑲ 나와 당신 사이에 약조가 있고 내 부친과 당신 부친 사이에도 있었느니라, 내가 당신에게 은금 예물을 보내었으니, 와서 이스라엘 왕 바아사와 세운 약조를 깨뜨려서 저로 나를 떠나게 하라, 하매,

⑳ 벤하닷이 아사왕의 말을 듣고 그 군대장관들을 보내어 이스라엘 성들을 치되, 이욘과 단과 아벨벧마아가와 긴네렛 온 땅과 납달리 온 땅을 쳤더니,

㉑ 바아사가 듣고 라마 건축하는 일을 그치고 디르사에 거하니라,

㉒ 이에 아사왕이 온 유다에 영을 내려 한 사람도 모면하지 못하게 하여, 바아사가 라마를 건축하던 돌과 재목을 가져오게 하고, 그것으로 베냐민의 게바와 미스바를 건축하였더라,

㉓ 아사의 남은 사적과 모든 권세와 무릇 그 행한 일과 성읍을 건축한 것이 유다 왕 역대지략에 기록되어 있느니라, 그러나 저가 늙을 때에 병이 있었더라,

㉔ 아사가 그 열조와 함께 자매 그 열조와 함께 그 조상 다윗의 성에 장사되고 그 아들 여호사밧이 대신하여 왕이 되니라,

㉕ 유다왕 아사 제 이년에 여로보암의 아들 나답이 이스라엘 왕이 되어 이년을 이스라엘을 다스리니라,

㉖ 저가 여호와 보시기에 악을 행하되, 그 아비의 길로 행하며, 그가 이스라엘로 범하게 한 그 죄 중에 행한지라,

㉗ 이에 잇사갈 족속 아히야의 아들 바아사가 저를 모반하여 팔레스타인 사람들에게 속한 깁브돈에서 저를 죽였으니, 이는 나답과 온 이스라엘이 깁브돈을 에워싸고 있었음이더라,

㉘ 유다왕 아사 제 삼년에 바아사가 나답을 죽이고 대신하여 왕이 되고,

㉙ 왕이 될 때에 여로보암의 온 집을 쳐서 생명 있는 자를 하나도 남기지 아니하고, 다 멸하였는데 여호와께서 그 종 실로 사람 아히야로 하신 말씀과 같이 되었으니,

㉚ 이는 여로보암이 범죄하고 또 이스라엘로 범하게 한 죄로 인함이며, 또 저가 이스라엘 하나님 여호와의 노를 격동시킨 일을 인함이었더라,

㉛ 나답의 남은 사적과 무릇 행한 일이 이스라엘 왕 역대지략에 기록되어 있느니라,

㉜ 아사와 이스라엘 왕 바아사 사이에 전쟁이 있으니라,

㉝ 유다 왕 아사 제 삼년에 아히야의 아들 바아사가 디르사에서 온 이스라엘의 왕이 되어 이십 사년을 치리하니라,

㉞ 바아사가 여호와 보시기에 악을 행하였으니, 여로보암의 길로 행하여 여로보암이 이스라엘을 범죄케 한 그의 죄 안으로 행하게 하였더라,

● 16장

① 여호와의 말씀이 하나니의 아들 예후에게 임하여 바아사를 꾸짖어 가라사대,

② 내가 너를 진토에서 들어 나의 백성 이스라엘 위에 주권자가 되게 하였거늘, 네가 여로보암의 길로 행하며 내 백성 이스라엘로 범죄케하여 저희 죄로 나의 노를 격동케하였은즉,

③ 내가 너 바아사와 네 집을 쓸어버려 네 집으로 느밧의 아들 여로보암의 집 같이 되게 하리니,

④ 바아사에게 속한 자가 성읍에서 죽은즉, 개가 먹고, 들에서 죽은즉, 공중의 새가 먹으리라, 하셨더라,

⑤ 바아사의 남은 사적과 무릇 행한 일과 권세는 이스라엘 왕 역대지략에 기록되어 있느니라,

⑥ 바아사가 그 열조와 함께 자매 디르사에 장사되고 그 아들 엘라가 대신하여 왕이 되니라,

⑦ 여호와의 말씀이 하나니의 아들 선지자 예후에게 임하사, 바아사와 그 집을 꾸짖으심은 저가 여로보암의 집을 본받아 여호와 보시기에 모든 악을 행하며, 그 손의

소위로 여호와의 노를 격동케 하였음이며, 또 그 집을 쳤음이더라,

⑧ 유다 왕 아사 제 이십 육년에 바아사의 아들 엘라가 디르사에서 이스라엘 왕이 되어 이년을 위에 있으니라,

⑨ 엘라가 디르사에 있어 궁내대신 아르사의 집에서 마시고 취할 때에 그 신복 곧 병거 절반을 통솔한 장관 시므리가 왕을 모반하여,

⑩ 들어가서 저를 쳐 죽이고 대신하여 왕이 되니, 곧 유다 왕 아사 제 이십 칠년이라,

⑪ 시므리가 왕이 되어 그 위에 오를 때에 바아사의 온 집을 죽이되, 남자는 그 족속이든지 그 친구든지 하나도 남기지 아니하고,

⑫ 바아사의 온 집을 멸하였는데, 여호와께서 선지자 예후로 바아사를 꾸짖어 하신 말씀 같이 되었으니,

⑬ 이는 바아사의 모든 죄와 그 아들 엘라의 죄를 인함이라, 저희가 범죄하고 또 이스라엘로 범죄케 하여 그 헛된 것으로 이스라엘 하나님 여호와의 노를 격발하였더라,

⑭ 엘라의 남은 사적과 무릇 행한 일이 이스라엘 왕 역대지략에 기록되어 있느니라,

⑮ 유다 왕 아사 제 이십 칠년에 시므리가 디르사에서 칠일 동안 왕이 되니라, 때에 백성들이 팔레스타인 사람들에게 속한 깁브돈을 향하여 진을 치고 있더니,

⑯ 진중 백성들이 시므리가 모반하여 왕을 죽였다는 말을 들은지라, 그 날에 이스라엘의 사람들이 진에서 군대장관 오므리로 이스라엘 왕을 삼으매,

⑰ 오므리가 이에 이스라엘 무리를 거느리고 깁브돈에서부터 올라가서 디르사를 에워 쌌더라,

⑱ 시므리가 성이 함락됨을 보고 왕궁 위소에 들어가서 왕궁에 불을 놓고 그 가운데서 죽었으니,

⑲ 이는 저가 여호와 보시기에 악을 행하여 범죄함을 인함이라, 저가 여로보암의 길로 행하며 그가 이스라엘로 죄를 범하게 한 그 죄 중에 행하였더라,

⑳ 시므리의 남은 행위와 그 모반한 일이 이스라엘 왕 역대지략에 기록되어 있느니라,

㉑ 그 때에 이스라엘 백성이 둘로 나뉘어 그 절반은 기낫의 아들 디브니를 좇아 저로 왕을 삼으려 하고, 그 절반은 오므리를 좇았더니,

㉒ 오므리를 좇은 백성이 기낫의 아들 디브니를 좇은 백성을 이긴지라, 디브니가 죽으매 오므리가 왕이 되니라,

㉓ 유다 왕 아사 제 삼십 일년에 오므리가 왕이 되어 십 이년을 위에 있으며 디르사에서 육년 동안 치리하니라,

㉔ 저가 은 두 달란트로 세멜에게서 사마리아산을 사고 그 산 위에 성을 건축하고 그 건축한 성 이름을 그 산 주인이 되었던 세멜의 이름을 좇아 사마리아라 일컬었더라,

㉕ 오므리가 여호와 보시기에 악을 행하되 그 전의 모든 사람보다 더욱 악하게 행하여,

㉖ 느밧의 아들 여로보암의 모든 길로 행하며, 그가 이스라엘로 죄를 범하게 한 그 죄 중에 행하여 그 헛된 것으로 이스라엘 하나님 여호와의 노를 격발케 하였더라,

㉗ 오므리의 행한 그 남은 사적과 그 베푼 권세가 이스라엘 왕 역대지략에 기록되어 있느니라,

㉘ 모므리가 그 열조와 함께 자매 사마리아에 장사되고 그 아들 아합이 대신하여 왕이 되니라,

㉙ 유다 왕 아사 제 삼십 팔년에 오므리의 아들 아합이 이스라엘 왕이 되니라, 오므리의 아들 아합이 사마리아에서 이십 이년을 이스라엘을 다스리니라,

㉚ 오므리의 아들 아합이 그 전의 모든 사람보다 여호와 보시기에 악을 더욱 행하여,

㉛ 느밧의 아들 여로보암의 죄를 따라 행하는 것을 오히려 가볍게 여기며 시돈 사람의 왕 엣바알의 딸 이세벨로 아내를 삼고 가서 바알을 섬겨 숭배하고,

㉜ 사마리아에 건축한 바알의 사당 속에 바알을 위하여 단을 쌓으며,

㉝ 또 아세라 목상을 만들었으니, 저는 그 전의 모든 이스라엘 왕보다 심히 이스라엘 하나님 여호와의 노를 격발하였더라,

㉞ 그 시대에 벧엘 사람 히엘이 여리고를 건축하였는데, 저가 그 터를 쌓을 때에 맏아들 아비람을 잃었고, 그 문을 세울 때에 말째 아들 스굽을 잃었으니, 여호와께서 눈의 아들 여호수아로 하신 말씀과 같이 되었더라.

● 17장

① 길르앗에 우거하는 자 중에 디셉 사람, 엘리야가 아합에게 고하되, 나의 섬기는 이스라엘 하나님 여호와의 사심을 가리켜 맹세하노니, 내 말이 없으면 수년 동안 우로가 있지 아니하리라, 하니라,

② 여호와의 말씀이 엘리야에게 임하여 가라사대,

③ 너는 여기서 떠나 동으로 가서 요단 앞 그릿 시냇가에 숨고,

④ 그 시냇물을 마시라, 내가 까마귀를 명하여 거기서 너를 먹이게 하리라,

⑤ 저가 여호와의 말씀과 같이 하여 곧 가서 요단 앞 그릿 시냇가에 머물매,

⑥ 까마귀들이 아침에도 떡과 고기를 저녁에도 떡과 고기를 가져왔고, 저가 시내를 마셨더니,

⑦ 땅에 비가 내리지 아니하므로 얼마 후에 그 시내가 마르니라,

⑧ 여호와의 말씀이 엘리야에게 임하여 가라사대,

⑨ 너는 일어나 시돈에 속한 사르밧으로 가서 거기 유하라, 내가 그곳 과부에게 명하여 너를 부양하게 하였느니라,

⑩ 저가 일어나 사르밧으로 가서 성문에 이를 때에 한 과부가 그곳에서 나뭇가지를 줍는지라, 이에 불러 가로되, 청컨대 그릇에 물을 조금 가져다가 나로 마시게 하라, 하니,

⑪ 저가 가지러 갈 때에 엘리야가 저를 불러 가로되, 청컨대, 네 손에 떡 한 조각을 내게로 가져오라, 하니,

⑫ 저가 가로되 당신의 하나님 여호와의 사심을 가리켜 맹세하노니, 나는 떡이 없고 다만 통에 가루 한 움큼과 병에 기름 조금 뿐이라, 내가 나뭇가지 두엇을 주워다가 나와 내 아들을 위하여 음식을 만들어 먹고 그 후에는 죽으리라, 하매,

⑬ 엘리야가 저에게 이르되, 두려워 말고 가서 네 말대로 하려니와 먼저 그것으로 나를 위하여 작은 떡 하나를 만들어 내게로 가져오고 그 후에 너와 네 아들을 위하여 만들라,

⑭ 이스라엘 하나님 여호와의 말씀이 나 여호와가 비를 지면에 내리는 날까지 그 통의 가루는 다하지 아니하고 그 병의 기름은 없어지지 아니하리라, 하셨느니라,

⑮ 저가 가서 엘리야의 말대로 하였더니, 저와 엘리야의 식구가 여러날 먹었으나,

⑯ 여호와께서 엘리야로 하신 말씀 같이 통의 가루가 다하지 아니하고 병의 기름이 없어지지 아니하였더라,

⑰ 이 일 후에 그 집 주모되는 여인의 아들이 병들어 증세가 심히 위중하다가 숨이 끊어진지라,

⑱ 여인이 엘리야에게 이르되, 하나님의 사람이여, 당신이 나로 더불어 무슨 상관이 있기로 내 죄를 생각나게 하고 또 내 아들을 죽게 하려고 내게 오셨나이까?

⑲ 엘리야가 저에게 그 아들을 달라 하여 그를 그 여인의 품에서 취하여 안고 자기의

거처하는 다락에 올라가서 자기 침상에 누이고,

⑳ 여호와께 부르짖어 가로되, 나의 하나님 여호와여, 주께서 또 내가 우거하는 집 과 부에게 재앙을 내리사 그 아들로 죽게 하셨나이까? 하고,

㉑ 그 아이 위에 몸을 세번 펴서 엎드리고 여호와께 부르짖어 가로되, 나의 하나님 여 호와여, 원컨대 이 아이의 혼으로 그 몸에 돌아 오게 하옵소서, 하니,

㉒ 여호와께서 엘리야의 소리를 들으시므로, 그 아이의 혼이 몸으로 돌아 오고 살아 난지라,

㉓ 엘리야가 그 아이를 안고 다락에서 방으로 내려가서 그 어미에게 주며, 이르되, 보 라, 네 아들이 살았느니라,

㉔ 여인이 엘리야에게 이르되, 내가 이제야 당신은 하나님의 사람이시요, 당신의 입 에 있는 여호와의 말씀이 진실한줄 아노라, 하니라.

● 18장

① 많은 날을 지내고 제 삼년에 여호와의 말씀이 엘리야에게 임하여 가라사대, 너는 가서 아합에게 보이라, 내가 비를 지면에 내리리라,

② 엘리야가 아합에게 보이려고 가니, 그 때에 사마리아에 기근이 심하였더라,

③ 아합이 궁내대신 오바댜를 불렀으니, 이 오바댜는 크게 여호와를 경외하는 자라,

④ 이세벨이 여호와의 선지자들을 멸할 때에 오바댜가 선지자 일백인을 가져 오십인 씩 굴에 숨기고 떡과 물을 먹였더라,

⑤ 아합이 오바댜에게 이르되, 이 땅의 모든 물 근원과 모든 내로 가자 혹시 꼴을 얻으 리라, 그러면 말과 노새를 살리리니, 짐승을 다 잃지 않게 되리라, 하고,

⑥ 두 사람이 두루 다닐 땅을 나누어 아합은 홀로 이 길로 가고 오바댜는 홀로 저 길로 가니라,

⑦ 오바댜가 길에 있을 때에 엘리야가 저를 만난지라, 저가 알아보고 엎드려 말하되, 내 주 엘리야여, 당신이시니이까?

⑧ 대답하되, 그러하다, 가서 네 주에게 고하기를, 엘리야가 여기 있다, 하라,

⑨ 가로되, 내가 무슨 죄를 범하였기에 당신이 당신의 종을 아합의 손에 붙여 죽이게 하려 하시나이까?

⑩ 당신의 하나님 여호와의 사심을 가리켜 맹세하노니, 내 주께서 사람을 보내어 당 신을 찾지 아니한 족속이나 나라가 없었는데 저희가 말하기를, 엘리야가 없다 하

면 그 나라와 그 족속으로 당신을 보지 못하였다는 맹세를 하게 하였거늘,

⑪ 이제 당신의 말씀이 가서 네 주에게 고하기를, 엘리야가 여기 있다, 하라, 하시나,

⑫ 내가 당신이 떠나간 후에 여호와의 신이 나의 알지 못하는 곳으로 당신을 이끌어 가시리니, 내가 가서 아합에게 고하였다가 저가 당신을 찾지 못하면 내가 죽임을 당하리이다, 당신의 종은 어려서부터 여호와를 경외하는 자라,

⑬ 이세벨이 여호와의 선지자들을 죽일 때에 내가 여호와의 선지자 중에 일백인을 오십인씩 굴에 숨기고 떡과 물로 먹인 일이 내 주께 들리지 아니하였나이까?

⑭ 이제 당신의 말씀이 가서 네 주에게 고하기를, 엘리야가 여기 있다 하라, 하시니, 그리하면 저가 나를 죽이리이다, 하매,

⑮ 엘리야가 이르되, 내가 모시는 만군의 여호와의 사심을 가리켜 맹세하노니, 내가 오늘날 아합에게 보이리라, 하니라,

⑯ 오바댜가 가서 아합을 만나 고하매, 아합이 엘리야를 만나려 하여 가다가,

⑰ 엘리야를 볼 때에 저에게 이르되, 이스라엘을 괴롭게 하는 자여! 네냐? 하니,

⑱ 저가 대답하되, 내가 이스라엘을 괴롭게 한 것이 아니라, 당신과 당신의 아비의 집이 괴롭게 하였으니, 이는 여호와의 명령을 버렸고 당신이 바알들을 좇았음이라,

⑲ 그런즉, 보내어 온 이스라엘과 이세벨의 상에서 먹는 바알의 선지자 사백 오십인과 아세라의 선지자 사백인을 갈멜산으로 모아 내게로 나오게 하소서,

⑳ 아합이 이에 이스라엘 모든 자손에게 보내어 선지자들을 갈멜산으로 모으니라,

㉑ 엘리야가 모든 백성에게 가까이 나아가 이르되, 너희가 어느때까지 두 사이에서 머뭇머뭇 하려느냐? 여호와가 만일 하나님이면 그를 좇고 바알이 만일 하나님이면 그를 좇을지니라, 하니, 백성이 한 말도 대답지 아니하는지라,

㉒ 엘리야가 백성에게 이르되, 여호와의 선지자는 나만 홀로 남았으나, 바알의 선지자는 사백 오십인이로다,

㉓ 그런즉 두 송아지를 우리에게 가져오게 하고 저희는 한 송아지를 택하여 각을 떠서 나무 위에 놓고 불은 놓지 말며 나도 한 송아지를 잡아 나무 위에 놓고 불은 놓지 말고,

㉔ 너희는 너희 신의 이름을 부르라, 나는 여호와의 이름을 부르리니, 이에 불로 응답하는 신, 그가 하나님이니라, 백성이 다 대답하되, 그 말이 옳도다,

㉕ 엘리야가 바알의 선지자들에게 이르되, 너희는 많으니 먼저 한 송아지를 택하여 잡고, 너희 신의 이름을 부르라, 그러나 불을 놓지 말라,

㉖ 저희가 그 받은 송아지를 취하여 잡고 아침부터 낮까지 바알의 이름을 불러 가로되, 바알이여! 우리에게 응답하소서, 하나, 아무 소리도 없고, 아무 응답하는 자도 없으므로 저희가 그 쌓은 단 주위에서 뛰놀더라,

㉗ 오정에 이르러는 엘리야가 저희를 조롱하여 가로되, 큰 소리로 부르라, 저는 신인즉, 묵상하고 있는지, 혹 잠간 나갔는지, 혹 길을 행하는지, 혹 잠이 들어서 깨워야 할 것인지, 하매,

㉘ 이에 저희가 큰 소리로 부르고, 그 규례를 따라 피가 흐르기까지 칼과 창으로 그 몸을 상하게 하더라,

㉙ 이같이 하여 오정이 지났으나, 저희가 오히려 진언을 하여 저녁 소제 드릴 때까지 이를지라도 아무 소리도 없고, 아무 응답하는 자도 없고, 아무 돌아보는 자도 없더라,

㉚ 엘리야가 모든 백성을 향하여 이르되, 내게로 가까이 오라, 백성이 다 저에게 가까이 오매, 저가 무너진 여호와의 단을 수축하되,

㉛ 야곱의 아들들의 지파의 수효를 따라 열 두 돌을 취하니, 이 야곱은 여호와게서 옛적에 저에게 임하여 이르시기를, 네 이름을 이스라엘이라 하리라 하신 자더라,

㉜ 저가 여호와의 이름을 의지하여 그 돌로 단을 쌓고 단으로 돌아가며 곡식 종자 두 세아를 용납할만한 도량을 만들고,

㉝ 또 나무를 벌이고 송아지의 각을 떠서 나무 위에 놓고 이르되, 통 넷에 물을 채워다가 번제물과 나무 위에 부으라, 하고,

㉞ 또 이르되, 다시 그리하라 하여 다시 그리하니, 또 이르되 세번 그리하라 하여 세번 그리하니,

㉟ 물이 단으로 두루 흐르고 도랑에도 물이 가득하게 되었더라,

㊱ 저녁 소제 드릴 때에 이르러 선지자 엘리야가 나아가서 말하되, 아브라함과 이삭과 이스라엘의 하나님 여호와여 주께서 이스라엘 중에서 하나님이 되심과 내가 주의 종이 됨과 내가 주의 말씀대로 이 모든 일을 행하는 것을 오늘날 알게 하옵소서,

㊲ 여호와여 내게 응답하소서, 내게 응답하소서, 이 백성으로 주 여호와는 하나님이신 것과 주는 저희의 마음으로 돌이키게 하시는 것을 알게 하옵소서, 하매,

㊳ 이에 여호와의 불이 내려서 번제물과 나무와 돌과 흙을 태우고 또 도랑의 물을 핥는지라,

㊴ 모든 백성이 보고 엎드려 말하되, 여호와 그는 하나님이시로다, 여호와 그는 하나님이시로다, 하니,

㊵ 엘리야가 저희에게 이르되, 바알의 선지자를 잡되, 하나도 도망가지 못하게 하라, 하매, 곧 잡은지라 엘리야가 저희를 기손 시내로 내려다가 거기서 죽이니라,

㊶ 엘리야가 아합에게 이르되, 올라가서 먹고 마시소서, 큰 비의 소리가 있나이다,

㊷ 아합이 먹고 마시러 올라가니라, 엘리야가 갈멜산 꼭대기로 올라가서 땅에 꿇어엎드려 그 얼굴을 무릎 사이에 넣고,

㊸ 그 사환에게 이르되, 올라가 바다편을 바라 보라, 저가 올라가 바라보고 고하되, 아무것도 없나이다, 가로되, 일곱번까지 다시 가라,

㊹ 일곱번째 이르러서는 저가 고하되 바다에서 사람의 손만한 작은 구름이 일어나나이다, 가로되, 올라가 아합에게 고하기를, 비가 막히지 아니하도록 마차를 갖추고 내려가소서, 하라, 하니라,

㊺ 조금 후에 구름과 바람이 일어나서 하늘이 캄캄하여지며 큰 비가 내리는지라, 아합이 마차를 타고 이스르엘로 가니,

㊻ 여호와의 능력이 엘리야에게 임하매, 저가 허리를 동이고 이스르엘로 들어가는 곳까지 아합 앞에서 달려갔더라.

● 19장

① 아합이 엘리야의 무릇 행한 일과 그가 어떻게 모든 선지자를 칼로 죽인 것을 이세벨에게 고하니,

② 이세벨이 사자를 엘리야에게 보내어 이르되, 내가 내일 이맘때에는 정녕 네 생명으로 저 사람들 중 한사람의 생명 같게 하리라, 아니하면 신들이 내게 벌 위에 벌을 내림이 마땅하니라, 한지라,

③ 저가 이 형편을 보고 일어나 그 생명을 위하여 도망하여 유다에 속한 브엘세바에 이르러 자기의 사환을 그곳에 머물게 하고,

④ 스스로 황야로 들어가 하룻길쯤 행하고 한 로뎀나무 아래 앉아서 죽기를 구하여 가로되, 여호와여, 넉넉하오니 지금 내 생명을 취하옵소서, 나는 내 열조보다 낫지 못하니이다, 하고,

⑤ 로뎀나무 아래 누워 자더니 천사가 어루만지며 이르되, 일어나서 먹으라, 하는지라,

⑥ 본즉, 머리맡에 숯불에 구운 떡과 한병 물이 있더라, 이에 먹고 마시고 다시 누웠더니,

⑦ 여호와의 사자가 또 다시 와서 어루만지며 이르되, 일어나서 먹으라, 네가 길을 이기지 못할까, 하노라, 하는지라,

⑧ 이에 일어나 먹고 마시고 그 음식의 힘을 의지하여 사십주 사십야를 행하여 하나님의 산 호렙에 이르니라,

⑨ 엘리야가 그곳 굴에 들어가 거기서 유하더니, 여호와의 말씀이 저에게 임하여 이르시되, 엘리야야 네가 어찌하여 여기 있느냐? 하시니,

⑩ 저가 대답하되, 내가 만군의 하나님 여호와를 위하여 대단히 열심이었더니, 이스라엘 자손이 주의 언약을 버리고 주의 단을 헐며 칼로 주의 선지자들을 죽였음이오며 오직 나만 남았거늘 저희가 내 생명을 찾아 취하려 하나이다,

⑪ 여호와께서 가라사대, 너는 나가서 여호와의 앞에서 산에 섰으라, 하시더니, 여호와께서 지나가시는데 여호와의 앞에 크고 강한 바람이 산을 가르고 바위를 부수나 바람 가운데 여호와께서 계시지 아니하며 바람 후에 지진이 있으나 지진 가운데도 여호와께서 계시지 아니하며,

⑫ 또 지진 후에 불이 있으나 불 가운데도 여호와께서 계시지 아니하더니, 불 후에 세미한 소리가 있는지라,

⑬ 엘리야가 듣고 겉옷으로 얼굴을 가리우고 나가 굴 어귀에 서매, 소리가 있어 저에게 임하여 가라사대, 엘리야야 네가 어찌하여 여기 있느냐? 하시니,

⑭ 저가 대답하되, 나는 만군의 하나님 여호와를 위하여 열정적이었고, 이스라엘 자손이 주의 언약을 버리고 주의 단을 헐며 칼로 주의 선지자들을 죽였음이오며 오직 나만 남았거늘 저희가 내 생명을 찾아 취하려 하나이다, 하니,

⑮ 여호와께서 저에게 이르시되, 너는 네 길을 돌이켜 황야로 말미암아 다메섹에 가서, 이르거든, 하사엘에게 기름을 부어 아람 왕이 되게 하고,

⑯ 너는 또 님시의 아들 예후에게 기름을 부어 이스라엘 왕이 되게 하고, 또 아벨므홀라 사밧의 아들 엘리사에게 기름을 부어 너를 대신하여 선지자가 되게 하라,

⑰ 하사엘의 칼을 피하는 자를 예후가 죽일 것이요, 예후의 칼을 피하는 자를 엘리사가 죽이리라,

⑱ 그러나 내가 이스라엘 가운데 칠천인을 남기리니, 다 무릎을 바알에게 꿇지 아니하고, 다 그 입을 바알에게 맞추지 아니한 자니라,

⑲ 엘리야가 거기서 떠나 사밧의 아들 엘리사를 만나니, 저가 열 두 겨리 소를 앞세우고 밭을 가는데 자기는 열두째 겨리와 함께 있더라, 엘리야가 그리로 건너가서 겉옷을 그의 위에 던졌더니,

⑳ 저가 소를 버리고 엘리야에게로 달려가서 이르되 청컨대 나로 내 부모와 입맞추게 하소서, 하니,

㉑ 엘리사가 저를 떠나 돌아가서 소 한 겨리를 취하여 잡고 소의 기구를 불살라 그 고기를 삶아 백성에게 주어 먹게 하고 일어나 가서 엘리야를 좇으며 수종 들었더라.

● 20장

① 아람 왕 벤하닷이 그 군대를 다 모으니, 왕 삼십 이인이 저와 함께 있고 도 말과 병거들이 있더라, 이에 올라가서 사마리아를 에워싸고 치며,

② 사자들을 성중 이스라엘 왕 아합에게 보내어 이르기를, 벤하닷은 이르노니,

③ 네 은금은 내 것이요, 네 처들과 네 자녀들의 아름다운 자도 내 것이니라, 하매,

④ 이스라엘 왕이 대답하여 말하기를, 내 주 왕이여, 왕의 말씀 같이 나와 나의 것은 다 왕의 것이니이다, 하였더니,

⑤ 사자가 다시 와서 이르기를, 벤하닷은 이르노라, 내가 이미 네게 보내어 말하기를, 너는 네 은금과 처들과 자녀들을 내게 붙이라, 하였거니와,

⑥ 내일 이맘때에 내가 내 신복을 네게 보내리니, 저희가 네 집과 네 신복의 집을 수탐하여 무릇 네 눈이 기뻐하는 것을 그 손으로 잡아가리라, 한지라,

⑦ 이에 이스라엘 왕이 그 땅의 모든 장로들을 불러 이르되, 내가 너희에게 청하노니, 이 사람이 얼마나 재앙을 끼치려는지 조사해 보라, 이는 그가 내게 보내어 내 아내들과 내 자녀들과 내 은과 내 금을 요구하였기 때문에 내가 그를 거절하지 못하였노라, 하니,

⑧ 모든 장로와 백성들이 다 왕께 고하되 왕은 듣지도 말고 허락지도 마옵소서, 한지라,

⑨ 그러므로 왕이 벤하닷의 사자에게 이르되, 너희는 내 주 왕께 고하기를, 왕이 처음에 보내어 종에게 구하신 것은 내가 다 그대로 하려니와 이것은 내가 할수 없나이다, 하라, 사자들이 돌아가서 고하니라,

⑩ 벤하닷이 다시 저에게 보내어 이르되, 사마리아의 부스러진 것이 나를 좇는 백성의 무리에 채우기에 족할 것 같으면 신들이 내게 벌 위에 벌을 내림이 마땅하니라,

하매,

⑪ 이스라엘 왕이 대답하여 가로되, 갑옷 입는 자가 갑옷 벗는 자 같이 자랑치 못할 것이라 하라, 하니라,

⑫ 벤하닷이 왕들과 장막에서 마시다가 이 말을 듣고 그 신복에게 이르되, 너희는 전열을 갖추라, 하니 그들이 성을 향하여 전열을 갖추니라,

⑬ 한 선지자가 이스라엘 왕 아합에게 나아가서 가로되, 여호와의 말씀이 네가 이 큰 무리를 보았느냐? 보라, 내가 오늘 저희를 네 손에 붙이리니 너는 내가 여호와인줄 알리라, 하셨나이다, 하니,

⑭ 아합이 가로되, 누구로 하시리이까? 대답하되, 여호와의 말씀이 각 도의 방백의 소년들로 하리라, 하셨나이다, 아합이 가로되, 누가 싸움을 시작하리이까? 대답하되, 왕이니이다,

⑮ 아합이 이에 각 도의 방백의 소년들을 계수하니 이백 삼십 이인이요, 그 외에 모든 백성 곧 이스라엘의 모든 자손을 계수하니, 칠천인이더라,

⑯ 저희가 오정에 나가니 벤하닷은 장막에서 돕는 왕 삼십 이인으로 더불어 마시고 취한 중이라,

⑰ 각 도의 방백의 소년들이 먼저 나갔더라, 벤하닷이 탐지군을 보내었더니, 저희가 회보하여 가로되, 사마리아에서 사람들이 나오더이다, 하매,

⑱ 저가 이르되, 화친하러 나올지라도 사로잡고 싸우러 나올지라도 사로잡으라, 하니라,

⑲ 각 도의 방백의 소년들과 저희를 좇는 군대들이 성에서 나가서,

⑳ 각각 적군을 쳐 죽이매, 아람 사람들이 도망하는지라, 이스라엘이 좇으니 아람 왕 벤하닷이 말을 타고 마병으로 더불어 도망하여 면하니라,

㉑ 이스라엘 왕이 나가서 말과 병거를 치고 또 아람 사람을 쳐서 크게 도륙하였더라,

㉒ 그 선지자가 이스라엘 왕에게 나아와 가로되, 왕은 가서 힘을 기르고 왕의 행할 일을 알고 준비하소서, 해가 바뀌면 아람 왕이 왕을 치러 오리이다, 하니라,

㉓ 아람 왕의 신복들이 왕께 고하되, 저희의 신은 산의 신이므로 저희가 우리보다 강하였거니와 우리가 만일 평지에서 저희와 싸우면 정녕 저희보다 강할지라,

㉔ 왕은 이 일을 행하실지니, 곧 왕들을 제하여 각각 그 곳에서 떠나게 하고, 저희 대신에 장관들을 두시고,

㉕ 또 왕의 잃어버린 군대와 같은 군대를 왕을 위하여 소집하고 말도 말대로 병거도

병거대로 계수하고 우리가 평지에서 싸우면 정녕 저희보다 강하리이다, 왕이 그 말을 듣고 그 말대로 행하니라,

㉖ 해가 바뀌자, 벤하닷이 시리아 사람들을 점고하고 아벡으로 올라와서 이스라엘과 싸우려 하매,

㉗ 이스라엘 자손도 계수하고 군량을 받고 마주 나가서 저희 앞에 진을 치니, 이스라엘은 염소새끼의 두 적은 떼와 같고 아람 사람은 그 땅에 가득하더라,

㉘ 때에 하나님의 사람이 이스라엘 왕에게 나아와 고하여 가로되, 여호와의 말씀이 시리아 사람이 말하기를 여호와는 산의 신이요, 골짜기의 신은 아니라 하도다, 그러므로 내가 이 큰 군대를 다 네 손에 붙이리니, 너희는 내가 여호와인줄 알리라, 하셨나이다, 하니라,

㉙ 그들이 칠 일간을 서로 대적하여 진을 치고 있다가 칠 일째에 싸움이 시작되었고 이스라엘 자손이 하루에 시리안 보병 십만을 죽이매,

㉚ 그 남은 자는 아벡으로 도망하여 성읍으로 들어갔더니, 그 성이 그 남은 자 이만 칠천 위에 무너지고 벤하닷은 도망하여 성읍에 이르러 골방으로 들어가니라,

㉛ 그 신복들이 저에게 고하되, 우리가 들은즉, 이스라엘 집의 왕들은 인자한 왕이라 하니, 만일 우리가 굵은 베로 허리를 묶고 테두리를 머리에 이고 이스라엘 왕에게로 나아가면 저가 혹시 왕의 생명을 살리리이다, 하고,

㉜ 저희가 굵은 베로 허리를 묶고 테두리를 머리에 이고 이스라엘 왕에게 이르러 가로되, 왕의 종 벤하닷이 청하기를 나의 생명을 살려주옵소서, 하더이다, 아합이 가로되, 저가 오히려 살았느냐 저는 나의 형제니라,

㉝ 사람들이 이것을 좋은 징조로 여기고 그 말을 얼른 받아 대답하여 가로되, 벤하닷은 왕의 형제니이다, 왕이 가로되 너희는 가서 저를 인도하여 오라, 벤하닷이 이에 왕에 나아오니, 왕이 저를 그의 병거에 올려 태웠더라,

㉞ 벤하닷이 왕께 고하되, 내 부친이 당신의 부친에게서 빼앗은 모든 성읍을 내가 돌려 보내리이다, 또 나의 부친이 사마리아에서 만든 것 같이 당신도 다메섹에서 당신을 위하여 거리를 만드소서, 아합이 가로되, 내가 이 약조로 당신을 놓으리라, 하고 이에 더불어 약조하고 저를 놓았더라,

㉟ 선지자의 무리 중 한 사람이 여호와의 말씀으로 그 동무에게 이르되, 너는 나를 치라 하였더니, 그 사람이 치기를 싫어하는지라,

㊱ 그가 그 이웃에게 말하기를, 네게 여호와의 말씀에 복종하지 아니하였으니, 보라,

네가 나를 떠나자마자 사자가 너를 죽이리라, 하매, 그가 저의 곁을 떠나가자마자 한 사자가 그를 만나 죽였더라,

㊲ 저가 또 다른 사람을 만나 가로되, 너는 나를 치라, 하매, 그 사람이 저를 치되 상하도록 친지라,

㊳ 선지자가 가서 수건으로 그 눈을 가리워 변형하고 길 가에서 왕을 기다리다가,

㊴ 왕이 지나갈 때에 소리질어 왕을 불러 가로되, 종이 전장 가운데 나갔더니, 한 사람이 돌이켜 어떤 사람을 끌고 내게로 와서 말하기를, 이 사람을 지키라 만일 저를 잃어버리면 네 생명으로 저의 생명을 대신하거나, 그렇지 아니하면 네가 은 한 달란트를 내어야 하리라, 하였거늘,

㊵ 종이 이리 저리 일 볼 동안에 저가 없어졌나이다, 이스라엘 왕이 저에게 이르되, 네가 스스로 결정하였으니, 그대로 당하여야 하리라, 하니라,

㊶ 저가 급히 그 눈에 가리운 수건을 벗으니, 이스라엘 왕이 저는 선지자 중 한 사람인 줄 알아 본지라,

㊷ 저가 왕께 고하되, 여호와의 말씀이 내가 멸하기로 작정한 사람을 네 손으로 놓았은즉, 네 목숨은 저의 목숨을 대신하고 네 백성은 너의 백성을 대신하리라, 하셨나이다,

㊸ 이스라엘 왕이 기분이 언짢고 화가 나서 그 궁으로 돌아가려고 사마리아로 들어가니라.

● 21장

① 그 후에 이 일이 있으니라, 이스르엘 사람 나봇이 이스르엘에 포도원이 있어 사마리아 왕 아합의 궁에서 가깝더니,

② 아합이 나봇에게 일러 가로되, 네 포도원이 내 궁 곁에 가까이 있으니, 내게 주어 나물 밭을 삼게 하라, 내가 그 대신에 그보다 더 아름다운 포도원을 네게 줄 것이요, 만일 합의하면 그 값을 돈으로 네게 주리라,

③ 나봇이 아합에게 말하되, 내 열조의 유업을 왕에게 주기를 금하실지로다, 하니,

④ 이스르엘 사람 나봇이 아합에게 대답하여 이르기를, 내 조상의 유업을 왕께 줄 수 없다 함을 인하여 아합이 근심하고 답답하여 궁으로 돌아와서 침상에 누워 얼굴을 돌이키고 식사를 아니하니,

⑤ 그 아내 이사벨이 저에게 나아와 가로되, 왕의 마음에 무엇을 근심하여 식사를 아

니하나이까? 하니,

⑥ 왕이 이르되 내가 이스르엘 사람 나봇에게 말하여 이르기를, 네 포도원을 내게 주되 돈으로 바꾸거나 만일 네게 좋아하면 내가 그 대신에 포도원을 네게 주리라, 한즉, 저가 대답하기를 내가 내 포도원을 네게 드리지 않겠노라 함을 인함이로라, 하니,

⑦ 그 아내 이세벨이 저에게 이르되, 왕이 이제 이스라엘 나라를 다스리시나이까? 일어나 식사를 하시고 마음을 즐겁게 하소서, 내가 이스르엘 사람 나봇의 포도원을 왕께 드리리이다, 하고,

⑧ 아합의 이름으로 편지들을 쓰고 그 인을 쳐서 그 성에서 나봇과 함께 사는 장로와 귀인들에게 보내니,

⑨ 그 편지 사연에 이르기를, 금식을 선포하고 나봇을 백성 가운데 높이 앉힌 후에,

⑩ 불량배 두 사람을 그 앞에 마주 앉히고, 저에게 대하여 증거하기를, 네가 하나님과 왕을 저주하였다 하게 하고, 곧 저를 끌고 나가서 돌로 쳐 죽이라, 하였더라,

⑪ 그 성 사람 곧 그 성에 사는 장로와 귀인들이 이세벨의 분부 곧 저가 자기들에게 보낸 편지에 쓴대로 하여,

⑫ 금식을 선포하고 나봇을 백성 가운데 높이 앉히매,

⑬ 때에 불량배 두 사람이 그 앞에 앉고 백성 앞에서 나봇에게 대하여 증거를 지어 이르기를, 나봇이 하나님과 왕을 저주하였다, 하매, 사람들이 저를 성 밖으로 끌고 나가서 돌로 쳐 죽이고,

⑭ 이세벨에게 통보하기를 나봇이 돌에 맞아 죽었나이다, 하니,

⑮ 이세벨이 나봇이 돌에 맞아 죽었다 함을 듣고 아합에게 이르되, 일어나서 그 이스르엘 사람 나봇이 돈으로 바꾸어 주기를 싫어하던 포도원을 취하소서, 나봇이 살아 있지 아니하고 죽었나이다,

⑯ 아합이 나봇이 죽었다 함을 듣고, 곧 일어나 이스르엘 사람 나봇의 포도원을 취하러 그리로 내려갔더라,

⑰ 여호와의 말씀이 디셉 사람 엘리야에게 임하여 가라사대,

⑱ 너는 일어나 내려가서 사마리아에 거하는 이스라엘 왕 아합을 만나라, 저가 나봇의 포도원을 취하러 그리로 내려갔나니,

⑲ 너는 저에게 말하여 이르기를, 여호와의 말씀이 네가 죽이고 또 빼앗았느냐? 하셨다, 하고, 또 저에게 이르기를, 여호와의 말씀이 개들이 나봇의 피를 핥은 곳에서

개들이 네 피 곧 네 몸의 피도 핥으리라 하셨다, 하라,

⑳ 아합이 엘리야에게 이르되, 나의 대적이여, 네가 나를 찾았느냐? 대답하되, 내가 찾았노라, 네가 스스로 팔려 여호와 보시기에 악을 행하였으므로,

㉑ 여호와의 말씀이 내가 재앙을 네게 내려 너를 쓸어 버리되, 네게 속한 남자는 이스라엘 가운데 매인 자나 놓인 자를 다 멸할 것이요,

㉒ 또 네 집으로 느밧의 아들 여로보암의 집처럼 되게 하고, 아히야의 아들 바아사의 집처럼 되게 하리니, 이는 네가 나의 노를 격동하고, 이스라엘로 범죄케 한 까닭이니라, 하셨고,

㉓ 이세벨에게 대하여도 여호와께서 말씀하여 가라사대, 개들이 이스르엘 성 곁에서 이세벨을 먹을지라,

㉔ 아합에게 속한 자로서 성읍에서 죽은 자는 개들이 먹고 들에서 죽은 자는 공중의 새가 먹으리라, 하셨느니라, 하니,

㉕ 예로부터 아합과 같이 스스로 팔려 여호와 보시기에 악을 행한 자가 없음은 거가 그 아내 이세벨에게 충동되었음이라,

㉖ 저가 여호와께서 이스라엘 자손 앞에서 쫓아내신 아모리 사람의 모든 행한 것 같이 우상에게 복종하여 심히 가증하게 행하였더라,

㉗ 아합이 이 모든 말씀을 들을 때에 그 옷을 찢고 굵은 배로 몸을 동이고 금식하고 굵은 베에 누우며 행보도 천천히 한지라,

㉘ 여호와의 말씀이 디셉 사람 엘리야에게 임하여 가라사대,

㉙ 아합이 내 앞에서 겸손한지를 네가 보느냐? 저가 내 앞에서 겸손함을 인하여 내가 재앙을 저의 시대에 내리지 아니하고 그 아들의 시대에야 그 집에 재앙을 내리리라, 하셨더라.

● 22장

① 아람과 이스라엘 사이에 전쟁이 없이 삼년을 지내었더라,

② 제 삼년에 유다 왕 여호사밧이 이스라엘 왕에게 내려가매,

③ 이스라엘 왕이 그 신복에게 이르되 길르앗 라못은 본래 우리의 것인 줄을 너희가 알지 못하느냐? 우리가 어찌 아람 왕의 손에서 취하지 아니하고 잠잠히 있으리요, 하고,

④ 여호사밧에게 이르되, 당신은 나와 함께 길르앗 라못으로 가서 싸우시겠느뇨? 여

호사밧이 이스라엘 왕에게 이르되, 나는 당신과 일반이요, 내 백성은 당신의 백성과 일반이요, 내 말들도 당신의 말들과 일반이니이다, 하니라,

⑤ 여호사밧이 또 이스라엘 왕에게 이르되, 청컨대 먼저 여호와의 말씀이 어떠하신지 물어 보소서,

⑥ 이스라엘 왕이 이에 선지자 사백인쯤 모으고 저희에게 이르되, 내가 길르앗 라못에 가서 싸우랴? 말랴? 저희가 가로되, 올라가소서, 주께서 그 성을 왕의 손에 붙이시리이다,

⑦ 여호사밧이 가로되, 이 외에 우리가 물을만한 여호와의 선지자가 여기 있지 아니하나이까? 하니,

⑧ 이스라엘 왕이 여호사밧에게 이르되, 오히려 이믈라의 아들 미가야 한 사람이 있으니, 저로 말미암아 여호와께 물을 수 있으나, 저는 내게 대하여 길한 일은 예언하지 아니하고 흉한 일만 예언하기로 내가 저를 미워하나이다, 여호사밧이 가로되, 왕은 그런 말씀을 마소서,

⑨ 이스라엘 왕이 한 내시를 불러 이르되, 이믈라의 아들 미가야로 속히 오게 하라, 하니라,

⑩ 이스라엘 왕과 유다 왕 여호사밧이 왕복을 입고 사마리아 문 어귀 광장에서 각기 보좌에 앉았고 모든 선지자가 그 앞에서 예언을 하는데,

⑪ 그나아나의 아들 시드기야는 철로 뿔들을 만들어 가지고 말하되, 여호와의 말씀이 왕이 이것들로 아람 사람을 찔러 진멸하리라 하셨다, 하고,

⑫ 모든 선지자도 그와 같이 예언하여 이르기를, 길르앗 라못으로 올라가 승리를 얻으소서, 여호와께서 그 성을 왕의 손에 붙이시리이다, 하더라,

⑬ 미가야를 부르러 간 사자가 일러 가로되, 선지자들의 말이 여출일구하여 왕에게 길하게 하니, 청컨대 당신의 말도 저희 중 한 사람의 말처럼 길하게 하소서,

⑭ 미가야가 가로되, 여호와의 사심을 가리켜 맹세하노니, 여호와께서 내게 말씀하시는 것 곧 그것을 말하리라, 하고,

⑮ 이에 왕에게 이르니, 왕이 저에게 이르되, 미가야야, 우리가 길르앗 라못으로 싸우러 가랴? 말랴? 저가 왕께 이르되 올라가서 승리를 얻으소서, 여호와께서 그 성을 왕의 손에 붙이시리이다,

⑯ 왕이 저에게 이르되, 내가 몇번이나 너로 맹세케 하여야 네가 여호와의 이름으로 진실한 것으로만 내게 고하겠느냐? 하니,

⑰ 저가 가로되, 내가 보니 온 이스라엘이 목자 없는 양 같이 산에 흩어졌는데, 여호와의 말씀이 이 무리가 주인이 없으니 각각 평안히 그 집으로 돌아갈 것이니라, 하셨나이다,

⑱ 이스라엘 왕이 여호사밧에게 이르되, 저 사람이 내게 대하여 길한 것을 예언하지 아니하고 흉한 것을 예언하겠다고 당신에게 말씀하지 아니하였나이까? 하니,

⑲ 미가야가 가로되, 그런즉, 왕은 여호와의 말씀을 들으소서, 내가 보니 여호와께서 그 보좌에 앉으셨고 하늘의 만군이 그 좌우편에 모시고 서 있는데,

⑳ 여호와께서 말씀하시기를, 누가 아합을 꾀어 저로 길르앗 라못에 올라가서 죽게 할꼬 하시니, 하나는 이렇게 하겠다 하고, 하나는 저렇게 하겠다 하였는데,

㉑ 한 영이 나아와 여호와 앞에 서서 말하되 내가 저를 설득하겠나이다, 하니,

㉒ 여호와께서 저에게 이르시되, 어떻게 하겠느냐? 가로되, 내가 나가서 거짓말 하는 영이 되어 그 모든 선지자의 입에 있겠나이다, 여호와께서 가라사대, 너는 꾀이겠고 또 이루리라 나가서 그리하라 하셨은즉,

㉓ 이제 여호와께서 거짓 말하는 영을 왕의 이 모든 선지자의 입에 넣으셨고 또 여호와께서 왕에게 대하여 말씀하셨나이다,

㉔ 그나아나의 아들 시드기야가 가까이 와서 미가야의 뺨을 치며 이르되, 여호와의 영이 나를 떠나 어디로 말미암아 가서 네게 말씀하더냐? 하니,

㉕ 미가야가 가로되, 네가 골방에 들어가서 숨는 날 그 날에 보리라,

㉖ 이스라엘 왕이 가로되, 미가야를 잡아서 부윤 아몬과 왕자 요아스에게로 끌고 돌아가서,

㉗ 말하기를, 왕의 말씀이 이 놈을 옥에 가두고 내가 평안히 돌아올 때까지 고생의 떡과 고생의 물로 먹이게 하라, 하니,

㉘ 미가야가 가로되, 왕이 참으로 평안히 돌아오시게 될진대, 여호와께서 나로 말씀하지 아니하셨으리이다, 또 가로되, 너희 백성들아 다 들을지어다, 하니라,

㉙ 이스라엘 왕과 유다 왕 여호사밧이 길르앗 라못으로 올라가니라,

㉚ 이스라엘 왕이 여호사밧에게 이르되, 나는 변장하고 군중으로 들어가려 하노니, 당신은 왕복을 입으소서 하고, 이스라엘 왕이 변장하고 군중으로 들어가니라,

㉛ 아람 왕이 그 병거의 장관 삼십 이인에게 명하여 이르기를, 너희는 작은 자나 큰 자나 더불어 싸우지 말고 오직 이스라엘 왕과 싸우라 한지라,

㉜ 병거의 장관들이 여호사밧을 보고 이르되, 이가 필연 이스라엘 왕이라 하고 돌이

켜 저와 싸우려 한즉, 여호사밧이 소리지르는지라,

㉝ 병거의 장관들이 저가 이스라엘 왕이 아님을 보고 쫓기를 그치고 돌이켰더라,

㉞ 한 사람이 우연히 활을 당기어 이스라엘 왕의 갑옷 솔기를 쏜지라, 왕이 그 병거 모든 자에게 이르되 내가 부상하였으니 네 손을 돌이켜 나로 군중에서 나가게 하라, 하였으나,

㉟ 이 날에 전쟁이 맹렬하였으므로 왕이 병거 가운데 붙들려 서서 아람 사람을 막다가 저녁에 이르러 죽었는데 상처의 피가 흘러 바닥에 고였더라,

㊱ 해가 질 즈음에 군중에서 외치는 소리 있어 가로되, 각기 성읍으로 각기 본향으로 하더라,

㊲ 왕이 이미 죽으매, 그 시체를 메어 사마리아에 이르러 거기 장사지내니라,

㊳ 그 병거를 사마리아 못에 씻으매, 개들이 그 피를 핥았으니, 여호와의 하신 말씀과 같이 되었더라, 거기는 창기들의 목욕하는 곳이었더라,

㊴ 아합의 남은 행적과 그 행한 일과 그 건축한 상아궁과 그 건축한 모든 성은 이스라엘 왕 역대지략에 기록되어 있느니라,

㊵ 아합이 그 열조와 함께 자매 그 아들 아하시야가 대신하여 왕이 되니라,

㊶ 이스라엘 왕 아합 제 사년에 아사의 아들 여호사밧이 유다 왕이 되니,

㊷ 여호사밧이 왕이 될 때에 나이 삼십 오세라, 예루살렘에서 이십 오년을 치리하니라, 그 모친의 이름은 아수바라 실히의 딸이더라,

㊸ 여호사밧이 그 부친 아사의 모든 길로 행하며 돌이켜 떠나지 아니하고, 여호와 보시기에 정직히 행하였으나 산당은 폐하지 아니하였으므로 백성이 오히려 산당에서 제사드리며 분향하였더라,

㊹ 여호사밧이 이스라엘 왕으로 더불어 평화하니라,

㊺ 여호사밧의 남은 사적과 그 베푼 권세와 그 어떻게 전쟁한 것은 다 유다 왕 역대지략에 기록되어 있느니라,

㊻ 저가 그 부친 아사의 시대에 남아 있던 남색하는 자를 그 땅에서 쫓아내었더라,

㊼ 그 때에 에돔에는 왕이 없고 섭정왕이 있었더라,

㊽ 여호사밧이 다시스의 선척을 제조하고 오빌로 금을 취하러 보내려 하였더니, 그 배가 에시온게벨에서 파선하였으므로 가지 못하게 되매,

㊾ 아합의 아들 아하시야가 여호사밧에게 이르되, 나의 종으로 당신의 종과 함께 배에 가게 하라, 하나, 여호사밧이 허락지 아니하였더라,

(50) 여호사밧이 그 열조와 함께 자매, 그 조상 다윗성에 그 열조와 함께 장사되고, 그 아들 여호람이 대신하여 왕이 되니라,
(51) 유다 왕 여호사밧 제 칠년에 아합의 아들 아하시야가 사마리아에서 이스라엘 왕이 되어 이년 동안 이스라엘을 다스리니라,
(52) 저가 여호와 보시기에 악을 행하여, 그 아비의 길과 그 어미의 길과 이스라엘로 범죄케한 느밧의 아들 여로보암의 길로 행하며,
(53) 바알을 섬겨 숭배하여 이스라엘 하나님 여호와르 노를 격동하기를 그 아비의 온갖 행위 같이 하였더라.

열왕기(제왕들) 하

· 본 성경듣기는 QR코드 인식으로 들을 수 있습니다

● 1장

① 아합이 죽은 후에 모압이 이스라엘을 배반하였더라,

② 아하시야가 사마리아에 있는 그 다락 난간에서 떨어져 병들매, 사자를 보내매, 저 희더러 이르되, 가서 에그론의 신 바알세붑에게 이 병이 낫겠나 물어 보라, 하니 라,

③ 여호와의 사자가 디셉 사람 엘리야에게 이르시되, 너는 일어나 올라가서 사마리아 왕의 사자를 만나서 저에게 이르기를, 이스라엘에 하나님이 없어서 너희가 에그론 의 신 바알세붑에게 물으러 가느냐?

④ 그러므로 여호와의 말씀이 네가 올라간 침상에서 내려오지 못할지라, 네가 반드시 죽으리라 하셨다, 하라, 엘리야가 이에 가니라,

⑤ 사자들이 왕에게 돌아오니, 왕이 이르되, 너희는 어찌하여 돌아왔느냐? 하니,

⑥ 저희가 고하되, 한 사람이 올라와서 우리를 만나 이르되, 너희는 너희를 보낸 왕에 게로 돌아가서 저에게 고하기를, 여호와의 말씀이 이스라엘에 하나님이 없어서 네 가 에그론의 신 바알세붑에게 물으려고 보내느냐? 그러므로 네가 올라간 침상에 서 내려오지 못할지라, 네가 반드시 죽으리라, 하셨다, 하라, 하더이다,

⑦ 왕이 저희에게 이르되, 올라와서 너희를 만나 이 말을 너희에게 고한 그 사람의 모 양이 어떠하더냐?

⑧ 저희가 대답하되, 그는 털이 많은 사람인데 허리에 가죽 띠를 띠었더이다, 왕이 가 로되, 그는 디셉 사람 엘리야로다,

⑨ 이에 오십명부대장과 그 오십인을 엘리야에게로 보내매, 저가 엘리야에게로 올라 가서 본즉, 산 꼭대기에 앉아 있는지라, 저가 엘리야에게 이르되, 하나님의 사람이

여, 왕의 말씀이 내려오라 하셨나이다, 하니,

⑩ 엘리야가 오십명부대장에게 대답하여 가로되, 내가 만일 하나님의 사람이면 불이 하늘에서 내려와서 너와 너의 오십인을 사를지로다, 하매, 불이 곧 하늘에서 내려와서 저와 그 오십인을 살랐더라,

⑪ 왕이 다시 다른 오십명부대장과 그 오십인을 엘리야에게로 보내니, 저가 엘리야에게 일러 가로되, 하나님의 사람이여 왕이 말씀이 속히 내려오라 하셨나이다, 하매,

⑫ 엘리야가 저희에게 대답하여 가로되, 내가 만일 하나님의 사람면 불이 하늘에서 내려와서 너와 너의 오십인을 사르지로다 하매, 하나님의 불이 곧 하늘에서 내려와서 저와 그 오십인을 살랐더라,

⑬ 왕이 세번째 오십명부대장과 그 오십인을 보낸지라, 셋째 오십명부대장이 올라가서 엘리야의 앞에 이르러 꿇어 엎드려 간구하여 가로되, 하나님의 사람이여 원컨대, 나의 생명과 당신의 종인 이 오십인의 생명을 당신은 귀히 보소서,

⑭ 불이 하늘에서 내려와서 전번의 오십명부대장 둘과 그 오십인들을 불살랐나이다, 그러므로 이제 나의 생명을 당신은 귀히 보소서, 하매,

⑮ 여호와의 사자가 엘리야에게 이르되, 너는 저를 두려워 말고 함께 내려가라 하신지라, 엘리야가 곧 일어나 저와 함께 내려와서 왕에게 이르러,

⑯ 고하되, 여호와의 말씀이 네가 사자를 보내어 에그론의 신 바알세붑에게 물으려 하니, 이스라엘에 그 말을 물을만한 하나님이 없음이냐? 그러므로 네가 그 올라간 침상에서 내려오지 못할지라, 네가 반드시 죽으리라 하셨다, 하니라,

⑰ 왕이 엘리야의 전한 여호와의 말씀대로 죽고 저가 아들이 없으므로 여호람이 대신하여 왕이 되니, 유다 왕 여호사밧의 아들 여호람의 제 이년이었더라,

⑱ 아하시야의 남은 사적은 모두 이스라엘 왕 역대지략에 기록되어 있느니라.

● 2장

① 여호와께서 회리바람으로 엘리야를 하늘에 올리고자 하실 때에 엘리야가 엘리사로 더불어 길갈에서 나가더니,

② 엘리야가 엘리사에게 이르되, 청컨대 너는 여기 머물라, 여호와께서 나를 벧엘로 보내시느니라, 엘리사가 가로되, 여호와의 사심과 당신의 혼이 살아있는 한, 내가 당신을 떠나지 아니하겠나이다, 이에 두 사람이 벧엘로 내려가니,

③ 벧엘에 있는 선지자의 아들들이 엘리사에게로 나오와 이르되, 여호와께서 오늘날

당신의 선생을 당신의 머리 위로 취하실줄을 아나이까? 가로되, 나도 아노니, 너희는 잠잠하라,

④ 엘리야가 저에게 이르되, 엘리사야 청컨대, 너는 여기 머물라, 여호와께서 나를 여리고로 보내시느니라, 엘리사가 가로되, 여호와의 사심과 당신의 혼의 삶을 가리켜 맹세하노니, 내가 당신을 떠나지 아니하겠나이다, 하니라, 저희가 여리고에 이르매,

⑤ 여리고에 있는 선지자들이 엘리사에게 나아와 이르되, 여호와께서 오늘날 당신의 선생을 당신의 머리 위로 취하실줄을 아나이까? 엘리사가 가로되, 나도 아노니, 너희는 잠잠하라,

⑥ 엘리야가 또 엘리사에게 이르되, 청컨대, 너는 여기 머물라, 여호와께서 나를 요단으로 보내시느니라, 저가 가로되, 여호와의 사심과 당신의 혼이 살아있는 한 내가 당신을 떠나지 아니하겠나이다, 이에 두 사람이 가니라,

⑦ 선지자의 아들들 오십인이 가서 멀리 서서 바라보매, 그 두 사람이 요단가에 섰더니,

⑧ 엘리야가 겉옷을 취하여 말아 물을 치매, 물이 이리 저리 갈라지고 두 사람이 육지 위로 건너더라,

⑨ 건너매, 엘리야가 엘리사에게 이르되, 나를 네게서 취하시기 전에 내가 네게 어떻게 할 것을 구하라, 엘리사가 가로되, 당신의 영감이 갑절이나 내게 있기를 구하나이다,

⑩ 가로되, 네가 어려운 일을 구하는도다, 그러나 나를 네게서 취하시는 것을 네가 보면 그 일이 네게 이루려니와 그렇지 아니하면 이루지 아니하리라, 하고,

⑪ 두 사람이 행하며 말하더니, 홀연히 불수레와 불말들이 두 사람을 격하고 엘리야가 회리바람을 타고 승천하더라,

⑫ 엘리사가 보고 소리 지르되, 내 아버지여, 내 아버지여, 이스라엘의 병거와 그 마병이여 하더니, 다시 보이지 아니하는지라, 이에 엘리사가 자기의 옷을 잡아 둘에 찢고,

⑬ 엘리야의 몸에서 떨어진 그 겉옷을 주워가지고 돌아와서 요단에 서서,

⑭ 엘리야의 몸에서 떨어진 그 겉옷을 가지고 물을 치며, 가로되, 엘리야의 하나님 여호와는 어디 계시나이까? 하고, 저도 물을 치매, 물이 이리 저리 갈라지고 엘리사가 건너니라,

⑮ 맞은편 여리고에 있는 선지자의 아들들이 저를 보며 말하기를, 엘리야의 영감이 엘리사의 위에 머물렀다 하고, 가서, 저를 영접하여 그 앞에서 땅에 엎드리고,

⑯ 가로되, 당신의 종들에게 용사 오십인이 있으니, 청컨대 저희로 가서 당신의 주를 찾게 하소서, 염려건대, 여호와의 영이 저를 들어가다가 어느 산에나 어느 골짜기에 던지셨을까 하나이다, 엘리사가 가로되, 보내지 말라, 하나,

⑰ 무리가 저로 부끄러워하도록 강청하며 보내라, 한지라, 저희가 오십인을 보내었더니, 사흘을 찾되 발견하지 못하고,

⑱ 엘리사가 여리고에 머무는 주에 무리가 저에게 돌아오니, 엘리사가 저희에게 이르되, 내가 가지 말라고 너희에게 이르지 아니하였느냐? 하였더라,

⑲ 그 성 사람들이 엘리사에게 고하되, 우리 주께서 보시는 바와 같이 이 성읍의 터는 아름다우나 물이 좋지 못하므로 토산이 익지 못하고 떨어지나이다,

⑳ 엘리사가 가로되, 새 그릇에 소금을 담아 내게로 가져오라, 하매, 곧 가져온지라,

㉑ 엘리사가 물 근원으로 나아가서 소금을 그 가운데 던지며 가로되, 여호와의 말씀이 내가 이 물을 고쳤으니, 이로 좇아 다시는 죽음이나 토산이 익지 못하고 떨어짐이 없을지니라, 하셨느니라, 하니,

㉒ 그 물이 엘리사의 말과 같이 고쳐져서 오늘날에 이르렀더라,

㉓ 엘리사가 거기서 벧엘로 올라가더니, 길에 행할 때에 젊은 아이들이 성에서 나와 저를 조롱하매, 가로되, 대머리여, 올라가라, 하는지라,

㉔ 엘리사가 돌이켜 저희를 보고 여호와의 이름으로 저주하매, 곧 수풀에서 암콤 둘이 나와서 아이들 중에 사십 이명을 찢었더라,

㉕ 엘리사가 거기서부터 갈멜산으로 가고 거기서 사마리아로 돌아왔더라.

● 3장

① 유다 왕 여호사밧의 십 팔년에 아합의 아들 여호람이 사마리아에서 이스라엘 왕이 되어 십 이년을 치리하니라,

② 저가 여호와 보시기에 악을 행하였으나 그 부모와 같이 하지는 아니하였으니, 이는 저가 그 아비의 만든 바알의 주상을 제하였음이라,

③ 그러나 느밧의 아들 여로보암이 이스라엘로 범하게 한 그 죄를 따라 행하고 떠나지 아니하였더라,

④ 모압 왕 메사는 양을 치는 자라, 새끼 양 십만의 털과 수양 십만의 털을 이스라엘

왕에게 바치더니,

⑤ 아합이 죽은 후에 모압 왕이 이스라엘 왕을 배반한지라,

⑥ 그 때에 여호람왕이 사마리아에서 나가서 온 이스라엘의 수를 계수하고,

⑦ 또 가서 유다 왕 여호사밧에게 보내어 이르되, 모압 왕이 나를 배반하였으니 당신
은 나와 함께 가서 모압을 치겠느뇨? 저가 가로되, 내가 올라가리이다, 나는 당신
과 일반이요, 내 백성은 당신의 백성과 일반이요, 내 말들도 당신의 말들과 일반이
니이다, 하매,

⑧ 여호람이 가로되, 우리가 어느 길로 올라가리이까? 저가 대답하되, 에돔 광야 길로
니이다,

⑨ 이스라엘 왕이 유다 왕과 에돔 왕으로 더불어 행하더니, 길을 둘러 행한지 칠일에
군사와 따라가는 생축을 먹일 물이 없는지라,

⑩ 이스라엘 왕이 가로되, 슬프다, 여호와께서 이 세 왕을 불러 모아 모압의 손에 붙이
려 하시는도다,

⑪ 여호사밧이 가로되, 우리가 여호와께 물을만한 여호와의 선지자가 여기 없느냐?
이스라엘 왕의 신복 중에 한 사람이 대답하여 가로되, 전에 엘리야의 손에 물을 붓
던 사밧의 아들 엘리사가 있나이다, 하매,

⑫ 여호사밧이 가로되, 여호와의 말씀이 저에게 있도다, 이에 이스라엘 왕이 여호사
밧과 에돔 왕으로 더불어 그에게로 내려가니라,

⑬ 엘리사가 이스라엘 왕에게 이르되, 내가 당신과 무슨 상관이 있나이까? 당신의 부
친의 선지자들과 당신의 모친의 선지자들에게로 가소서, 이스라엘 왕이 저에게 이
르되, 그렇지 아니하나이다, 여호와께서 이 세 왕을 불러 모압의 손에 붙이려 하시
나이다, 하니,

⑭ 엘리사가 가로되, 내가 섬기는 만군의 여호와여 사심을 가리켜 맹세하노니, 내가
만일 유다 왕 여호사밧의 낯을 봄이 아니면 당신을 향하지도 아니하고 보지도 아
니하였으리이다,

⑮ 이제 내게로 거문고 탈 자를 불러 주소서 하니라, 거문고 타는 자가 거문고를 탈 때
에 여호와께서 엘리사를 감동시키니,

⑯ 저가 가로되, 여호와의 말씀이 이 골짜기에 도랑을 많이 파라 하셨나이다,

⑰ 여호와께서 이르시기를, 너희가 바람도 보지 못하고 비도 보지 못하되, 이 골짜기
에 물이 가득하여 너희와 너희 육축과 짐승이 마시리라 하셨나이다,

⑱ 이것은 여호와 보시기에 오히려 작은 일이라, 여호와께서 모압 사람도 당신의 손에 붙이시리니,

⑲ 당신들이 모든 견고한 성과 모든 아름다운 성을 치고 모든 좋은 나무를 베고 모든 샘을 메우고 돌로 모든 좋은 밭을 헐리이다, 하더니,

⑳ 아침에 미처 소제 드릴 때에 물이 에돔 편에서부터 흘러와서 그 땅에 가득하였더라,

㉑ 모압 모든 사람이 왕들이 올라와서 자기를 치려 한다 함을 듣고 갑옷 입을 만한 자로부터 그 이상이 다 모여 그 경계에 섰더라,

㉒ 아침에 모압 사람이 일찍이 일어나서 해가 물에 비취므로 맞은편 물이 붉어 피와 같음을 보고,

㉓ 가로되, 이는 피라, 필연 저 왕들이 싸워 죽인 것이로다, 모압 사람들아 이제 노략하러 가자 하고,

㉔ 이스라엘 진에 이르니, 이스라엘 사람이 일어나 모압 사람을 쳐서 그 앞에서 도망하게 하고 그 지경에 들어가며 모압 사람을 치고,

㉕ 그 성읍을 쳐서 헐고 각기 돌을 던져 모든 좋은 밭에 가득하게 하고, 모든 샘을 메우고 모든 좋은 나무를 베고, 길하레셋의 돌들은 남기고, 물맷군이 두루 다니며 치니라,

㉖ 모압 왕이 전세가 불리하여 당하기 어려움을 보고 칼 찬 군사 칠백을 거느리고 뚫고 나가려 하였으나 그들이 능히 할 수가 없었더라,

㉗ 이에 자기 위를 이어 왕이 될 맏아들을 취하여 성벽 위에서 번제물로 바쳤더라, 그러자 무서운 분노가 이스라엘 군에게 내렸고 그들은 철수하여 그들 자신의 집으로 돌아갔더라,

● 4장

① 선지자 무리의 아내 중에 한 여인이 엘리사에게 부르짖어 가로되, 당신의 종 나의 남편이 이미 죽었는데 당신의 종이 여호와를 경외한 줄은 당신이 아시는 바이니다, 이제 채권자가 이르러 나의 두 아이를 취하여 그 종을 삼고자 하나이다, 하니,

② 엘리사가 저에게 이르되, 내가 너를 위하여 어떻게 하랴? 네 집에 무엇이 있는지, 내게 고하라, 저가 가로되, 계집종의 집에 한 병 기름 외에는 아무 것도 없나이다, 하매,

③ 이에 엘리사가 가로되, 너는 밖에 나가서 모든 이웃에게 그릇을 빌려와라, 빈 그릇을 빌려오되 조금만 빌려오지 말고,

④ 너는 네 두 아들과 함께 들어가서 문을 닫고 기름을 부어서 차는대로 옮겨 놓으라,

⑤ 여인이 물러가서 그 두 아들과 함께 문을 닫은 후에 저희는 그릇을 그에게로 가져오고 그는 부었더니,

⑥ 그릇에 다 찬지라, 여인이 아들에게 이르되, 또 그릇을 내게로 가져오라, 아들이 가로되, 다른 그릇이 없나이다, 하니, 기름이 곧 그쳤더라,

⑦ 그 여인이 하나님의 사람에게 나아가서 고한대, 저가 가로되, 너는 가서 기름을 팔아 빚을 갚고 남은 것으로 너와 네 두 아들이 생활하라 하였더라,

⑧ 하루는 엘리사가 수넴에 이르렀더니, 거기 한 귀한 여인이 저를 간권하여 음식을 먹게 한고로 엘리사가 그곳을 지날 때마다 음식을 먹으러 그리로 들어갔더라,

⑨ 여인이 그 남편에게 이르되, 항상 우리에게로 지나는 이 사람은 하나님의 거룩한 사람인줄을 내가 아노니,

⑩ 우리가 저를 위하여 작은 방을 담 위에 짓고 침상과 책상과 의자와 촛대와 놓고, 저가 우리에게 이르면 거기 유하리라 하였더라,

⑪ 하루는 엘리사가 거기 이르러 그 방에 들어가서 누웠더니,

⑫ 자기 종 게하시에게 이르되, 이 수넴 여인을 불러오라, 곧 부르매, 여인이 그 앞에 선지라,

⑬ 엘리사가 사환에게 이르되, 너는 이제 그녀에게 이르라, 보라, 이 모든 보살핌으로 우리를 보살펴 왔느니라, 그러니 내가 너를 위하여 무엇을 하랴? 너 대신 왕이나 군대 대장에게 말해 주기를 원하느냐? 하라, 하니 그녀가 대답하기를, 나는 내 백성 가운데 거하고 있나이다, 하매,

⑭ 엘리사가 가로되, 그러면 저를 위하여 무엇을 하여야 할꼬? 하니 게하시가 대답하기를, 진실로 그녀에게는 자식이 없고 그녀의 남편은 늙었나이다, 하므로,

⑮ 엘리사가 말하기를, 그녀를 부르라, 하여 그가 그녀를 불렀더니, 그녀가 문에 섰더라,

⑯ 엘리사가 가로되, 내년 이맘 때가 되면 네가 너의 아들을 않으니라, 하니, 그녀가 말하기를, 나의 주이신 하나님의 사람이시여, 당신의 여종에게 거짓말을 하지 마옵소서, 하니라,

⑰ 그러나 여인은 잉태하였고 다음 해 그 때에 엘리사가 말한대로 아들을 낳았더라,

⑱ 그 아이가 많이 컸을 때, 하루는 곡식 베는 자들과 함께 있는 그의 아비에게 나아가서,

⑲ 그 아비에게 이르되, 내 머리야, 내 머리야, 하는지라, 그 아비가 종에게 명하여 그 어미에게로 데려가라, 하매,

⑳ 곧 어미에게로 데려갔더니, 낮까지 어미의 무릎에 앉았다가 죽은지라,

㉑ 그 어미가 올라가서 아들을 하나님의 사람의 침상 위에 두고 문을 닫고 나와서,

㉒ 그 남편을 불러 이르되, 청컨대, 청년 한 명과 나귀 한 마리를 내게로 보내소서, 내가 하나님의 사람에게 달려갔다가 돌아오리이다, 하니,

㉓ 그 남편이 가로되 초하루도 아니요, 안식일도 아니어늘, 그대가 어찌하여 저에게 나아가고자 하느뇨? 그 여인이 가로되, 잘 될 것이니이다, 하고,

㉔ 이에 나귀에 안장을 지우고 자기 종에게 이르되, 몰아 앞으로 나아가라, 내가 말하지 아니하거든 나의 달려가기를 천천하게 하지 말라, 하고,

㉕ 드디어 갈멜산으로 가서 하나님의 사람에게로 나아가니라, 하나님의 사람이 멀리서 저를 보고 자기 종 게하시에게 이르되, 저기 수넴 여인이 있도다,

㉖ 너는 달려가서 저를 맞아 이르기를, 너는 평안하냐? 네 남편이 평안하냐? 아이가 평안하냐? 하라, 하였더니 여인이 대답하되, 평안하다, 하고,

㉗ 산에 이르러 하나님의 사람에게 나아가서 그 발을 안은지라, 게하시가 가까이 와서 저를 물리치고자, 하매, 하나님의 사람이 가로되, 가만 두라, 그 중심에 괴로움이 있다마는 여호와께서 내게 숨기시고 이르지 아니하셨도다,

㉘ 여인이 가로되, 내가 내 주께 아들을 구하더이까? 나를 속이지 말라고 내가 말하지 아니하더이까? 하니,

㉙ 엘리사가 게하시에게 이르되, 네 허리를 묶고 내 지팡이를 손에 들고 가라, 사람을 만나거든 인사하지 말며 사람이 네게 인사할지라도 내답하지 말고, 내 지팡이를 그 아이 얼굴에 놓으라, 하니,

㉚ 아이의 어미가 가로되, 여호와의 사심과 당신의 영의 사심을 가리켜 맹세하노니, 내가 당신을 떠나지 아니하리이다, 엘리사가 이에 일어나 여인을 좇아가니라,

㉛ 게하시가 저희의 앞서 가서 지팡이를 그 아이의 얼굴에 놓았으나 소리도 없고 듣는 모양도 없는지라, 돌아와서 엘리사를 맞아 가로되, 아이가 깨지 아니하였나이다, 하니라,

㉜ 엘리사가 집에 들어가 보니 아이가 죽었는데 자기의 침상에 눕혔는지라,

㉝ 들어가서는 문을 닫으니 두 사람 뿐이라 엘리사가 여호와께 기도하고,

㉞ 아이의 위에 올라 엎드려 자기 입을 그 입에 자기 눈을 그 눈에 자기 손을 그 손에 대고 그 몸에 엎드리니 아이의 살이 차차 따뜻하더라,

㉟ 엘리사가 내려서 집안에서 한번 이리 저리 다니고 다시 아이 위에 올라 엎드리니 아이가 일곱번 재채기 하고 눈을 뜨는지라,

㊱ 엘리사가 게하시를 불러서 저 수넴 여인을 불러오라, 하여 곧 부르매, 그녀가 들어와 그에게 이르매 그가 말하기를, 네 아들을 데리고 가라, 하니,

㊲ 여인이 들어가서 엘리사의 발 앞에서 땅에 엎드려 절하고 아들을 안고 나가니라,

㊳ 엘리사가 다시 길갈에 이르니, 그 땅에 흉년이 들었는데 선지자의 무리가 엘리사의 앞에 앉은지라, 엘리사가 자기 종에게 이르되, 큰 솥을 걸고 선지자들을 위하여 국을 끓이라 하매,

㊴ 한 사람이 채소를 캐러 들에 나가서 야등덩굴을 만나 그것에서 들 외를 따서 옷자락에 채워가지고 돌아와서 썰어 국 끓이는 솥에 넣되 저희는 무엇인지 알지 못한지라,

㊵ 이에 퍼다가 무리에게 주어 먹게 하였더니, 무리가 국을 먹다가 외쳐 가로되, 하나님의 사람이여, 솥에 사망의 독이 있나이다, 하고 능히 먹지 못하는지라,

㊶ 엘리사가 가로되, 그러면 가루를 가져오라, 하여 솥에 던지고 가로되, 퍼다가 무리에게 주어 먹게 하라, 하매, 이에 솥 가운데 해독이 없어지니라,

㊷ 한 사람이 바알살리사에서부터 와서 처음 익은 식물 곧 보리 떡 이십과 또 자루에 담은 채소를 하나님의 사람에게 드린지라, 저가 가로되, 사람들에게 주어 먹게 하라, 하니,

㊸ 그 종이 가로되, 어떻게 제가 이것을 백명 앞에 차려놓겠나이까? 하매, 엘리사가 다시 말하기를, 사람들에게 주어 그들로 하여금 먹게 하라, 여호와께서 이같이 말씀하시기를, 그들이 먹고 그것을 남기리라, 하셨느니라, 하니,

㊹ 이에 그가 그것을 그들 앞에 차려 놓으니 여호와의 말씀과 같이 그들이 먹고 그것이 남았더라.

● 5장

① 아람(시리아) 왕의 군대장관 나아만은 그 주인 앞에서 크고 존귀한 자니, 이는 여호와께서 전에 저로 아람을 구원하게 하셨음이라, 저는 큰 용사나 문둥병자더라,

② 전에 아람 사람이 떼를 지어 나가서 이스라엘 땅에서 작은 계집 아이 하나를 사로 잡으매, 저가 나아만의 아내에게 수종들더니,

③ 그녀가 자기 여주인에게 말하기를, 우리 주인이 사마리아에 계신 선지자 앞에 계셨으면 좋겠나이다, 저가 문둥명을 고칠 것이기 때문이니이다, 하매,

④ 누군가가 들어가서 그의 주인에게 고하여 말하기를, 이스라엘 땅에서 온 계집 아이의 말이 이러이러하더이다, 하니, |

⑤ 아람 왕이 가로되 갈지어다, 이제 내가 이스라엘 왕에게 글을 보내리라, 나아만이 곧 떠날새 은 십 달란트와 금 육천개와 의복 열 벌을 가지고 가서,

⑥ 이스라엘 왕에게 그 글을 전하니, 일렀으되, 내가 내 신하 나아만을 당신에게 보내오니, 이 글이 당신에게 이르거든 당신은 그 문둥이 병을 고쳐주소서, 하였더라,

⑦ 이스라엘 왕이 그 글을 읽고 자기 옷을 찢으며 가로되, 내가 어찌 하나님이관대 능히 사람을 죽이며 살릴수 있으랴? 저가 어찌하여 사람을 내게 보내어 문둥명을 고치라 하느냐? 너희는 깊이 생각하고 저 왕이 틈을 타서 나로 더불어 시비하려 함인줄 알라, 하니라,

⑧ 하나님의 사람 엘리사가 이스라엘 왕이 자기 옷을 찢었다 함을 듣고 왕에게 보내어 가로되, 왕이 어찌하여 옷을 찢었나이까? 그 사람을 내게로 오게 하소서, 저가 이스라엘 중에 선지자가 있는 줄을 알리이다,

⑨ 나아만이 이에 말들과 병거들을 거느리고 이르러 엘리사의 집 문에 서니,

⑩ 엘리사가 사자를 저에게 보내어 가로되, 너는 가서 요단강에 몸을 일곱번 씻으라, 네 살이 여전하여 깨끗하리라,

⑪ 나아만이 노하여 물러가며 가로되, 내 생각에는 저가 내게로 나아와 서서 그 하나님 여호와의 이름을 부르고 당처 위에 손을 흔들어 문둥병을 고칠까 하였도다,

⑫ 다메섹강 아마나와 바르발은 이스라엘 모든 강물보다 낫지 아니하냐? 내가 거기서 몸을 씻으면 깨끗하게 되지 아니하랴? 하고, 몸을 돌이켜 분한 모양으로 떠나니,

⑬ 그 종들이 나아와서 말하여 가로되, 내 아버지여, 선지자가 당신을 명하여 큰 일을 행하라 하였더면 행치 아니하였으리이까? 하물며 당신에게 이르기를 씻어 깨끗하게 하라 함이리이까? 하매,

⑭ 나아만이 이에 내려가서 하나님의 사람의 말씀대로 요단강에 일곱번 몸을 잠그니 그 살이 여전하여 어린아이의 살 같아서 깨끗하게 되었더라,

⑮ 나아만이 모든 종자와 함께 하나님의 사람에게로 도로와서, 그 앞에 서서 가로되,

이제 내가 이스라엘 외에는 온 천하에 신이 없는줄을 아니이다, 청컨대 당신의 종에게서 예물을 받으소서, 하나,

⑯ 가로되, 나의 섬기는 여호와의 사심을 가리켜 맹세하노니, 내가 받지 아니하리라, 나아만이 받으라 강권하되, 저가 거절한지라,

⑰ 나아만이 가로되, 그러면 청컨대 노새 두 마리에 실을 흙을 당신의 종에게 주소서, 이제부터는 종이 번제든지 다른 제든지 다른 신에게는 드리지 아니하고 다만 여호와께 드리겠나이다,

⑱ 이 일에 여호와께서 당신의 종을 용서해 주시기를 원하오니, 이것은 내 주인이 림몬의 집으로 견배하려고 들어가서 그가 내 손에 의지할 때에, 나도 림몬의 집 안에서 절을 하나이다, 내가 림몬의 집에서 절할 때에 여호와께서 이 일에 당신의 종을 용서해 주시기 원하나이다, 하매,

⑲ 엘리사가 가로되, 너는 평안히 가라, 하니 저가 엘리사를 떠나 조금 가니라,

⑳ 하나님의 사람 엘리스의 사환 게하스가 스스로 이르되, 내 주인이 이 아람 사람 나아만에게 면하여 주고 그 가지고 온 것을 그 손에서 받지 아니하였도다, 여호와의 사심을 가리켜 맹세하노니, 내가 저를 쫓아가서 무엇이든지 그에게서 취하리라, 하고,

㉑ 게하시가 나아만의 뒤를 쫓아가니, 나아만이 자기를 쫓아 달려오는 그를 보고 병거에서 내려 그를 맞으며 말하기를, 모두가 평안하뇨? 하니,

㉒ 저가 가로되 평안이니이다, 우리 주인께서 나를 보내시며 말씀하시길, 지금 선지자들의 생도 중에서 두 소년이 에브라임 산지에서부터 내게 왔으니, 청컨대 당신은 저희에게 은 한 달란트와 옷 두 벌을 그들에게 주소서, 하니,

㉓ 나아만이 가로되, 바라건대, 두 달란트를 받으라 하고, 저를 강권하여 은 두 달란트를 두 전대에 넣어 매고 옷 두 벌을 아울러 두 사환에게 지우매, 저희가 게하시 앞에서 지고 가니라,

㉔ 언덕에 이르러는 게하시가 그 물건을 두 종의 손에서 취하여 집에 감추고 저희를 보내어 가게 한 후,

㉕ 들어가서 그 주인 앞에 서니, 엘리사가 이르되, 게하시야 네가 어디서 오느냐? 대답하되 종이 아무데도 가지 아니하였나이다, 하니,

㉖ 엘리사가 이르되, 그 사람이 수레에서 내려 너를 맞을 때에 내 심령이 감각되지 아니하였느냐? 지금이 어찌 은을 받으며 옷을 받으며 가람원이나 포도원이나 양이

나 소나 남종이나 여종을 받을 때냐?

㉗ 그러므로 나아만의 문둥병이 네게 들어 네 자손에게 미쳐 영원토록 이르리라, 하니, 게하시가 그 앞에서 물러나오매 문둥병이 발하여 눈 같이 되었더라.

● 6장

① 일단의 선지자들이 엘리사에게 이르되, 보소서, 우리가 당신과 함께 거한 곳이 우리에게는 좁으니,

② 우리가 요단으로 가서 거기서 각자 한 통나무 하나씩을 취하여 그곳에 우리의 거할 처소를 만들게 하소서, 하매, 그가 말하기를 너희는 가라, 하니라,

③ 한 사람이 말하기를, 청컨대, 당신도 종들과 함께하소서, 하매, 엘리사가 가로되, 내가 가리라, 하고,

④ 이에 그가 그들과 함께 가니라, 그들이 요단에 가서 나무를 베더니,

⑤ 그런데 한 사람이 나무를 벨 때에 도끼가 자루에서 빠져 물에 떨어진지라, 이에 외쳐 가로되, 아아 내 주여 이는 빌려온 것이니이다, 하매,

⑥ 하나님의 사람이 가로되, 어디에 빠졌느냐? 하매, 그곳을 보이는지라 엘리사가 나무가지를 베어 물에 던져서 도끼를 떠오르게 하고,

⑦ 가로되, 너는 그것을 들어올려라, 하니, 그가 자시 손을 내밀어 그것을 잡았더라,

⑧ 그때에 아람(시리아) 왕이 이스라엘로 더불어 싸우며 그 신하들과 의논하여 이르기를 우리가 이러이러한 곳에 진영을 두리라, 하였는데,

⑨ 그때에 하나님의 사람이 이스라엘 왕에게 기별하여 말하기를, 왕은 삼가 아무 곳으로 지나가지 마소서, 아람 사람이 그곳으로 내려왔나이다, 하매,

⑩ 이스라엘 왕이 하나님의 사람이 알려주어 경고한 곳으로 보내어, 거기서 자신을 구원하더니 이런 일이 한 두 번이 아니었더라,

⑪ 그러므로 아람 왕의 마음이 이 일로 인하여 심히 괴로워하며, 그의 신하들을 불러 그들에게 말하기를, 우리 중에 누가 이스라엘 왕의 편인지 내게 알리지 아니하겠느냐? 하니,

⑫ 그 신하 중에 하나가 가로되, 우리 주 왕이여, 아니로소이다 오직 이스라엘 선지자 엘리사가 왕이 침실에서 하신 말씀이라도 이스라엘 왕에게 고하나이다, 하니라,

⑬ 왕이 가로되 너희는 가서 엘리사가 어디 있는가 알아보라, 내가 보내어 그를 잡으리라, 하니, 누군가가 왕에게 고하여 가로되, 엘리사가 도단에 있나이다, 하매,

⑭ 왕이 이에 말과 병거와 많은 군사를 보내매, 저희가 밤에 가서 그 성을 에워쌌더라,

⑮ 하나님의 사람의 수종드는 자가 일찌기 일어나서 나가보니 군사와 말과 병거가 성을 에워쌌는지라, 그 종이 엘리사에게 고하되, 아아 주여, 우리가 어찌하리이까? 하매,

⑯ 대답하되, 두려워하지 말라, 우리와 함께한 자가 저와 함께한 자보다 많으니라, 하고,

⑰ 기도하여 가로되, 여호와야, 원컨대 저의 눈을 열어서 보게 하옵소서, 하니, 여호와께서 그 종의 눈을 여시매, 저가 보니 불말과 불병거가 산에 가득하여 엘리사를 둘렀더라,

⑱ 아람 사람이 엘리사에게 내려오매, 엘리사가 여호와께 기도하여 가로되, 원컨대 저 무리의 눈을 어둡게 하옵소서, 하매, 엘리사의 말대로 그 눈을 어둡게 하신지라,

⑲ 엘리사가 저희에게 이르되, 이는 그 길이 아니요, 이는 그 성도 아니니, 나를 따라오라, 내가 너희를 인도하여 너희의 찾는 사람에게로 나아가리라, 하고, 저희를 인도하여 사마리아에 이르니라,

⑳ 사마리아에 들어갈 때에 엘리사가 가로되, 여호와여 이 무리의 눈을 열어서 보게 하옵소서, 하니, 여호와께서 저희의 눈을 여시매, 저희가 보니 사마리아 가운데 있더라,

㉑ 이스라엘 왕이 그들을 보고 엘리사에게 이르되, 내 아버지여 내가 그들을 치리이까? 내가 그들을 치리이까? 하매,

㉒ 그가 대답하기를, 왕께서는 그들을 치지 마옵소서, 왕께서는 왕의 칼과 활로 사로잡은 그들을 어찌 치리이까? 그들 앞에 떡과 물을 그 앞에 두어 먹고 마시게 하고 그들의 주인에게로 돌려 보내소서, 하니,

㉓ 왕이 그들을 위하여 많은 음식을 베풀어 그들이 먹고 마신 후에 그들을 보내니, 그들이 자기 주인에게로 갔더라, 이로부터 아람 군사의 부대가 다시는 이스라엘 땅에 들어오지 못하니라,

㉔ 이 후에 아람 왕 벤하닷이 그 온 군대를 모아 올라와서 사마리아를 포위하니라,

㉕ 사마리아에는 큰 기근이 들었는데, 보라, 그들이 그곳을 계속 포위하였으므로 나귀의 머리 하나가 은 팔십 개에 비둘기 똥 사분의 일 갑이 은 다섯 개에 팔렸더라,

㉖ 이스라엘 왕이 성 위로 통과할 때에 한 여인이 외쳐 가로되, 나의 주 왕이여, 도우

소서, 하니,

㉗ 왕이 가로되, 여호와께서 너를 돕지 아니하시면 내가 무엇으로 너를 도우랴? 타작마당으로 말미암아 하겠느냐? 포도주 틀로 말미암아 하겠느냐?

㉘ 또 가로되, 무슨 일이냐? 여인이 대답하되 이 여인이 내게 이르기를, 네 아들을 내라, 우리가 오늘날 머고 내일은 내 아들을 먹자, 하매,

㉙ 우리가 드디어 내 아들을 삶아 먹었더니 이튿날에 내가 이르되, 네 아들을 내라, 우리가 먹으리라 하나, 저가 그 아들을 숨겼나이다,

㉚ 왕이 그 여인의 말을 듣고 자기 옷을 찢으니라, 저가 성 위로 지나갈 때에 백성이 본즉, 그 속살에 굵은 베를 입었더라,

㉛ 왕이 가로되, 사밧의 아들 엘리사의 머리가 오늘날 그 몸에 붙어 있으면 하나님이 내게 벌 위에 벌을 내리실지로다, 하니라,

㉜ 그 때에 엘리사가 그 집에 앉았고 장로들이 저와 함께 앉았는데 왕이 자기 처소에서 사람을 보내었더니, 그 사자가 이르기 전에 엘리사가 장로들에게 이르되, 너희는 이 살인한 자의 자식이 내 머리를 취하려고 사람을 보내는 것을 보느냐? 너희는 보다가 사자가 오거든 문을 닫고 문 안에 들이지 말라, 그 주인의 발소리가 그 뒤에서 나지 아니하느냐? 하고,

㉝ 그가 아직 그들과 말하고 있는 동안에 보라, 그 사자가 엘리사에게 내려와서 말하기를, 보소서, 이 재앙은 여호와께로부터 온 것이니, 내가 여호와께 무엇을 더 이상 기다리리이까? 하니라.

● 7장

① 그때에 엘리사가 가로되, 여호와의 말씀을 들을지어다, 여호와께서 가라사대, 내일 이맘때에 사마리아 성문 안에서 고운 밀가루 한 되가 한 세겔에, 보리 두 되가 한 세겔에 팔리리라, 하셨느니라, 하니,

② 그 때에 왕이 그의 손을 의지하는 한 관리가 하나님의 사람에게 대답하여 말하기를, 보소서, 비록 여호와께서 하늘에 창을 내신들, 이런 일이 있으리까? 하니라, 엘리사가 가로되, 네가 네 두 눈으로 보리라, 그러나 그것을 먹지는 못하리라, 하니라,

③ 그 때에 성문 어귀에 문둥이 네 사람이 있더니, 서로 말하되, 우리가 어찌하여 여기 앉아서 죽기를 기다리랴?

④ 우리가 성에 들어가자고 할지라도 성중은 기근이 있으니 우리가 거기서 죽을 것이요, 여기 앉아 있어도 죽을지라, 그런즉, 우리가 가서 아람 군대에게 항복하자, 저희가 우리를 살려두면 살려니와 우리를 죽이면 죽을 뿐이라, 하고,

⑤ 아람 진으로 가려 하여 해질 때에 일어나서 아람 진 가에 이르러 본즉, 그곳에 한 사람도 없으니,

⑥ 이는 주께서 아람 군대로 병거 소리와 말 소리와 큰 군대의 소리를 듣게 하셨으므로 아람 사람이 서로 말하기를, 이스라엘 왕이 우리를 치려하여 힛 타이트 사람의 왕들과 에집트 사람들의 왕들을 용병하여 우리에게 오게 한 것이라, 하니라,

⑦ 그러므로 해질 일어나서 도망하였으니, 그들이 장막과 말과 나귀를 버리고 진을 그대로 두고 목숨을 위하여 도망하였음이라,

⑧ 그 문둥이들이 진 가에 이르자, 한 장막에 들어가서 먹고 마시고 거기서 은과 금과 의복을 가지고 가서 감추고 다시 와서 다른 장막에 들어가서 거기서도 가지고 가서 감추니라,

⑨ 그때에 그들이 서로 말하기를, 우리가 잘 하는 것은 아니라, 이날은 좋은 소식이 있는 날이거늘 우리가 잠잠하고 있도다, 만일 우리가 아침이 밝을 때까지 지체한다면 어떤 화가 우리에게 임할 것이니, 이제 떠나 왕궁에 가서 고하자, 하고,

⑩ 드디어 가서 성 문지기를 불러 고하여 가로되, 우리가 아람 진에 이르러 보니, 거기 한 사람도 없고 사람의 소리도 없고 오직 말과 나귀만 매여 있고 장막들이 그대로 있더이다, 하니,

⑪ 그 문지기들이 그 소식을 말하였고 왕궁 안에 까지 보고되었더라,

⑫ 왕이 밤에 일어나 그 신복들에게 이르되, 아람 우리에게 행한 것을 내가 너희에게 알게 하노니, 저희가 우리의 주린 것을 아는고로 그 진을 떠나서 들에 매복하고 스스로 이르기를, 저희들이 성에서 나오거든 우리가 사로잡고 성에 들어가겠다, 한 것이니라,

⑬ 그 신복 중 하나가 대답하여 가로되, 청컨대 아직 성중에 남아 있는 말 다섯필을 취하고 사람을 보내어 정탐하게 하소서, 이 말들이 성중에 남아 있는 이스라엘 온 무리 곧 멸망한 이스라엘 온 무리와 같으니이다, 하고,

⑭ 저희가 병거 둘과 그말을 취한지라, 왕이 아람 군대 뒤로 보내며 가서 정탐하라 하였더니,

⑮ 저희가 그 뒤를 따라 요단에 이른즉, 아람 사람이 급히 도망하느라고 버린 의복과

군물이 길에 가득하더라, 사자가 돌아와서 왕에게 고하매,

⑯ 백성들이 나가서 아람 사람의 진을 노략한지라, 이에 고운 가루 한 스아에 한 세겔이 되고 보리 두 세아에 한 세겔이 되니, 여호와의 말씀과 같이 되었고,

⑰ 왕이 그 손에 의지하였던 그 장관을 세워 성문을 지키게 하였더니, 백성이 성문에서 저를 밟으매, 하나님의 사람의 말대로 죽었으니, 곧 왕이 내려왔을 때에 그의 한 말대로라,

⑱ 일찌기 하나님의 사람이 왕에게 고하여 이르기를, 내일 이맘때에 사마리아 성문에서 보리 두 스아에 한 세겔을 하고 고운 가루 한 스아에 한 세겔을 하리라, 한즉,

⑲ 그 때에 이 장관이 하나님의 사람에게 대답하여 가로되, 여호와께서 하늘에 창을 내신들 어찌 이 일이 있으랴? 하매, 대답하기를, 네가 네 눈으로 보리라, 그러나 그것을 먹지는 못하리라, 하였더니,

⑳ 그 일이 그에게 그대로 이루어졌으니 이는 백성이 성문에서 그를 밟으므로 그가 죽었기 때문이더라.

● 8장

① 엘리사가 이전에 아들을 다시 살려준 여인에게 이르되, 너는 일어나서 네 권속과 함께 거할만한 곳으로 가서 거하라, 여호와께서 기근을 명하셨으니 그대로 이 땅에 칠년 동안 임하리라,

② 여인이 일러나서 하나님의 사람의 말대로 행하여 그 가족과 함께 가서 팔레스타인 사람들의 땅에서 칠년을 기거하였더라,

③ 칠년이 지나서 여인이 팔레스타인 사람들의 땅에서 돌아와서 자기 집과 땅을 위하여 간청하러 왕에게 나아갔더라,

④ 때에 왕이 하나님의 사람의 사환 게하시와 서로 말씀하며 가로되, 너는 엘리사의 모든 큰 일을 내게 고하라, 하니,

⑤ 게하시가 곧 엘리사가 죽은 자를 다시 살린 일을 왕에게 이야기할 때에 그 다시 살린 아이의 어미가 자기 집과 전토를 위하여 왕에게 호소하는지라, 게하시가 가로되, 내 주 왕이여 이는 그 여인이요, 저는 그 아들이니, 곧 엘리사가 다시 살린 자니이다, 하니라,

⑥ 왕이 그 여인에게 물으매, 여인이 고한지라, 왕이 저를 위하여 한 관리를 임명하여 가로되, 무릇 이 여인에게 속한 것과 이 땅에서 떠날 때부터 이제까지 그 밭의 소

출을 다 돌려주라, 하였더라,

⑦ 엘리사가 다메섹에 갔을 때에 아람 왕 벤하닷이 병들었더니, 누군가가 왕에게 고하여 가로되, 하나님의 사람이 여기 이르렀나이다, 하니,

⑧ 왕이 하사엘에게 말하기를, 너는 손에 예물을 가지고 가서 하나님의 사람을 만나 그를 통하여 여호와께여쭈어 말씀드리기를, 내가 이 병에서 낫겠나이까? 하라, 하니라,

⑨ 하사엘이 드디어 맞으러 갈새, 다메섹 모든 아름다운 물품으로 예물을 삼아가지고 약대 사십에 싣고 아나가서, 저의 앞에 서서 가로되, 당신의 아들 아람 왕 벤하닷이 나를 당신에게 보내어 가로되, 나의 병이 낫겠나이까? 하더이다, 하니,

⑩ 엘리사가 가로되, 너는 가서 저에게 고하기를, 왕이 정녕 나으리라, 하라, 그러나 여호와께서 저가 정녕 죽으리라고 내게 알게 하셨느니라, 하고,

⑪ 하나님의 사람이 그가 민망히 여길 때까지 그의 얼굴을 그이 얼굴을 움직이지 아니하고 지켜 바라보더니 하나님의 사람이 우니라,

⑫ 하사엘이 가로되 내 주여 어찌하여 우시나이까? 대답하되, 네가 이스라엘 자손에게 행할 모든 악을 내가 앎이라, 네가 저희 성에 불을 놓으며 장정을 칼로 죽이며 어린 아이를 메어치며 아이 밴 부녀를 가르리라, 하니,

⑬ 하사엘이 가로되, 당신의 개 같은 종이 무엇이관대 이런 큰 일을 행하리오리이까? 엘리사가 대답하되, 여호와께서 네가 아람 왕이 될 것을 내게 알게 하셨느니라, 하니라,

⑭ 저가 엘리사를 떠나가서 그 주인에게 나아가니 왕이 묻되, 엘리사가 네게 무슨 말을 하더냐? 대답하되, 저가 내게 이르기를, 왕이 정녕 나으시리라, 하더이다,

⑮ 그 이튿날에 하사엘이 이불을 물에 적시어 왕의 얼굴에 덮으매, 왕이 죽은지라 저가 대신하여 왕이 되니라,

⑯ 이스라엘 왕 아합의 아들 요람 제 오년에 유다 왕 여호사밧이 오히려 위에 있을 때에 그 아들 여호람이 왕이 되니라,

⑰ 여호람이 위에 나아갈 때에 나이 삼십 이세라 예루살렘에서 팔년을 치리하니라,

⑱ 저가 이스라엘 왕들의 길로 행하여 아합의 집과 같이 하였으니, 이는 아합의 딸이 그 아내가 되었음이라, 저가 여호와 보시기에 악을 행하였으나,

⑲ 그럼에도 불구하고 여호와께서는 그 종 다윗을 위하여 유다 멸하기를 원하지 아니하셨으니, 이는 여호와께서 다윗과 그 자손에게 빛(등불)을 유지시켜 주시겠다고

약속하셨기 때문이었더라,

(Yet the LORD would not destroy Judah, for DAVID his servant's sake, as he promised him to give him alway a light, and to his children.-KJV)

(Nevertheless, for the sake of his servant David, the LORD was not willing to destroy Judah, He had promised to maintain a lamp for David and his descendants forever.-NIV)

(But despite that, because of his servant David, God was not ready to destroy Judah. He had, after all, promised to keep a lamp burning through David's descendants.-THE MESSAGE)

(Even so, the LORD was unwilling to destroy Judah, for the sake of his servant David. For he had promised David that he would leave him a holding in the LORD's prescence for alltime.-NAB)

⑳ 여호람 때에 에돔이 배반하여 유다의 수하에서 벗어나 자기 위에 왕을 세운고로,

㉑ 여호람이 모든 병거를 거느리고 사일로 갔더니 밤에 일어나 자기를 에워싼 에돔 사람과 그 병거의 장관들을 치니 이에 백성이 도망하여 각각 그 장막으로 돌아갔더라,

㉒ 이와 같이 에돔이 배반하여 유다의 치하에서 벗어났더니, 오늘날까지 그러하였으며, 그 때에 립나도 배반하였더라,

㉓ 여호람의 남은 사적과 그 행한 모든 일은 유다 왕 역대지략에 기록되어 있느니라,

㉔ 여호람이 그 열조와 함께 자매 그 열조들과 함께 다윗 성에 장사되고 그 아들 아하시야가 대신하여 왕이 되니라,

㉕ 이스라엘 왕 아합의 아들 요람 제 십이년에 유다 왕 여호람의 아들 아하시야가 왕이 되니,

㉖ 아하시야가 위에 나아갈 때에 나이 이십 이세라 예루살렘에서 일년을 치리하니라, 그 모친의 이름은 아달랴라, 이스라엘 왕 오므리의 손녀더라,

㉗ 아하시야가 아합의 집 길로 행하여 아합의 집과 같이 여호와 보시기에 악을 행하였으니, 저는 아합의 집의 사위가 되었음이러라,

㉘ 저가 아합의 아들 요람과 함께 길르앗 라못으로 가서 아람 왕 하사엘로 더불어 싸우더니, 아람 사람들이 요람을 상하게 한지라,

㉙ 요람왕이 아람 왕 하사엘과 싸울 때에 라마에서 아람 사람에게 맞아 상한 것을 치

료하려 하여 이스르엘로 돌아왔더니, 아합의 아들 요람이 병이 있으므로 유다 왕 여호람의 아들 아하시야가 이스르엘에 내려가서 방문하였더라.

● 9장

① 선지자 엘리사가 선지자의 자녀들 중에서 하나를 불러 이르되, 너는 허리를 동이 고 이 기름병을 손에 가지고 길르앗 라못으로 가라,

② 거기 이르거든 님시의 손자 여호사밧의 아들 예후를 찾아 들어가서 그 형제 중에 서 일어나게 하고 데리고 골방으로 들어가서,

③ 기름병을 가지고 그 머리에 부으며 이르기를, 여호와의 말씀이 내가 네게 기름을 부어 이스라엘 왕을 삼노라, 하셨느니라, 하고, 곧 문을 열고 도망하되 지체치 말 지니라,

④ 이에 그 청년, 곧 선지자 청년이 드디어 길르앗 라못으로 가니라,

⑤ 저가 이르러 보니, 군대 장관들이 앉았는지라, 청년이 가로되, 장관이여, 내가 당신 에게 할 말씀이 있나이다, 예후가 가로,되 우리 모든 사람 중에 뉘게 하려느냐? 하 매 그가 말하기를, 오 대장이여 당신에게니이다, 하니라,

⑥ 예후가 일어나 집으로 들어가니 청년이 그 머리에 기름을 부으며 이르되, 이스라 엘 하나님 여호와의 말씀이 내가 네게 기름을 부어 여호와의 백성 곧 이스라엘이 왕을 삼노니,

⑦ 너는 네 주 아합의 집을 치라, 내가 나의 종 곧 선지자들의 피와 여호와의 종들의 피를 이세벨에게 갚아주리라,

⑧ 아합의 온 집이 멸망하리니, 이스라엘 중에 매인 자나 놓인 자나 아합에게 속한 모 든 남자는 내가 다 멸절하되,

⑨ 아합의 집을 느밧의 아들 여로보암의 집과 같게 하며 또 아히야의 아들 바아사의 집과 같게 할지라,

⑩ 이스라엘 지방에서 개들이 이세벨을 먹으리니, 저를 장사할 사람이 없으리라, 하 셨느니라, 하고 곧 문을 열고 도망하니라,

⑪ 예후가 나와서 그 주의 신복들에게 이르니, 한 사람이 묻되, 평안이뇨, 그 미친 자 가 무슨 까닭으로 그대에게 왔더뇨? 대답하되, 그대들이 그 사람과 그 말한 것을 알리라, 하니라,

⑫ 그들이 말하기를, 그것은 거짓이라, 너는 이제 우리에게 이르라, 대답하되, 저가 이

리 이리 내게 말하여 이르기를, 여호와의 말씀이 내가 네게 기름을 부어 이스라엘 왕을 삼는다 하셨다, 하더라, 하니,

⑬ 그들이 서둘러 각자 자기의 옷을 벗어 계단 꼭대기에 있는 예후 밑에 깔고 나팔을 불며 말하기를, 예후가 왕이로다, 하니라,

⑭ 이에 님시의 손자 여호사밧의 아들 예후가 요람을 배반하였으니 곧 요람이 온 이스라엘로 더불어 아람 왕 하사엘을 인하여 길르앗 라못을 지키다가

⑮ 아람 왕 하사엘로 더불어 싸울 때에 아람 사람에게 상한 것을 치료하려 하여 이스르엘로 돌아왔던 때라 예후가 이르되 너희 뜻에 합당하거든 한 사람이라도 이 성에서 도망하여 이스르엘로 전하러 가지 못하게 하라, 하니라,

⑯ 예후가 병거를 타고 이스르엘로 가니, 요람이 거기 누웠음이라, 유다 왕 아하시야는 요람을 보러 내려왔더라,

⑰ 이스르엘 망대에 파숫군 하나가 섰더니, 예후의 무리의 오는 것을 보고 가로되, 내가 한 무리를 보나이다, 요람이 가로되, 한 사람을 말을 태워 보내어 맞아 평안이냐? 묻게 하라, 하니,

⑱ 이에 한 사람이 말을 타고 가서 만나 말하기를, 평안하냐? 하시나이다, 하니, 예후가 말하기를, 네가 평안과 무슨 상관이냐? 너는 내 뒤로 돌아서라, 하니라, 파숫꾼이 알리며 말하기를, 사자들이 그들에게 갔으나 돌아오지 아니하나이다, 하니,

⑲ 다시 한 사람을 말을 태워 보내었더니, 저희에게 가서 가로되, 왕의 말씀이 평안이냐? 하시더이다, 하매, 예후가 가로되, 평안이 네게 상관이 있느냐? 너는 내 뒤로 돌이서라, 하니라,

⑳ 파숫군이 또 고하여 말하기를, 그도 그들에게 갔으나 돌아오지 아니하나이다, 그런데 병거 모는 것이 님시의 손자 예후의 모는 것 같습니다, 그는 미친듯이 병거를 모나이다, 하니,

㉑ 이 말에 요람은 "병거를 준비하여라." 라고 명령하였다, 사람들이 병거를 준비하자, 이스라엘 임금 요람과 유다 임금 아하즈야는 저마다 자기 병거를 타고 예후를 만나러 나갔더라, 그리고 그들은 이스르엘 사람 나봇의 밭에서 예후를 만나니라,

㉒ 요람이 예후를 보고 말하기를, 예후야 평안하냐? 하니, 그가 대답하기를, 당신의 어머니 이세벨의 음행들과 그녀의 마술 행위들이 이와 같이 많은데, 무슨 평안이냐? 하매,

㉓ 요람은 손에 쥔 말고삐를 돌려 도망치며, 아하즈야 임금에게 "임금이여, 반역이

오!" 하고 소리쳤다,

㉔ 이에 예후가 힘을 다하여 활을 당기어 요람의 두 팔 사이를 쏘니 살이 그 염통을 꿰 뚫고 나오매, 저가 병거 가운데 엎드러진지라,

㉕ 예후가 그 장관 빗갈에게 이르되, 그 시체를 취하여 이스르엘 나봇의 밭에 던지라, 네가 기억하려니와 이전에 너와 내가 함께 타고 그 아비 아합을 좇았을 때에 여호 와께서 이 아래 같이 저의 일을 예언하셨느니라,

㉖ 여호와께서 말씀하시기를, 내가 어젯날에 나봇의 피와 그 아들들이 피를 분명히 보았노라, 또 말씀하시기를, 이 토지에서 네게 갚으리라, 하셨으니, 그런즉, 여호 와의 말씀대로 그 시체를 취하여 그 밭에 던질지니라, 하니라,

㉗ 유다 왕 아하시야가 이를 보고 동산 정자 길로 도망하니, 예후가 좇아가며 이르되, 저도 병거 가운데서 죽이라, 하매 이블르암 가까운 구르 비탈에서 그를 치니 저가 므깃도까지 도망하여 거기서 죽은지라,

㉘ 그 신복들이 저를 병거에 싣고 예루살렘에 이르러 다윗성에서 그 열조와 함께 그 묘실에 장사하니라,

㉙ 아합의 아들 요람의 십 일년에 아하시야가 유다 왕이 되었었더라,

㉚ 예후가 이스르엘에 이르니, 이세벨이 듣고 눈을 그리고 머리를 꾸미고 창에서 바 라보다가,

㉛ 예후가 문에 들어오매, 가로되 주인을 죽인 너 시므리여 평안하냐? 하니,

㉜ 예후가 그의 얼굴을 들고 그 창문을 향하여 말하기를, 내편이 누구냐? 누구냐? 하 니 두세 명의 내시들이 예후를 내다보며,

㉝ 예후가 말하기를, 그녀를 내어던지라, 하매, 그들이 그녀를 내어던졌더니, 그녀의 피가 벽과 말들 위에 튀니라, 예후가 그녀를 발로 밟고 가니라,

㉞ 예후가 들어가서 먹고 마시며 말하기를, 이제 가서 이 저주 받은 여자를 찾아 묻어 주어라, 그래도 임금의 딸이 아니냐? 하기에,

㉟ 그들이 그녀를 장사하려고 나갔으나, 그녀에게서 두개골과 두 발과 두 손바닥 외 에는 찾지 못하였더라,

㊱ 그러므로 그들이 돌아와서 예후에게 알리니, 그가 말하기를, 이것은 주님께서 그 분의 종 디셉 사람 엘리야를 통하여 말씀하신 그 말씀대로이니, 말씀하시기를, 이 스르엘의 땅에서 개들이 이세벨의 살을 뜯어먹고,,

㊲ 이세벨의 시체가 이스르엘의 땅에 있는 들판의 지면 위에서 거름같이 되리니, 그

래서 사람들이 이 곳이 이세벨이 묻혀 있는 곳이라고, 하지 못하리라, 하셨느니라, 하니라.

● 10장

① 아합의 아들 칠십인이 사마리아에 있는지라, 예후가 편지들을 써서 사마리아에 보내어 이스르엘 방백 곧 장로들과 아합의 여러 아들을 교육하는 자들에게 전하니, 일렀으되,

② 너희 주의 아들들이 너희와 함께 있고 또 병거와 말과 견고한 성과 병기가 너희에게 있으니, 이 편지가 너희에게 이르거든,

③ 너희 주의 아들들 중에서 가장 어질고 정직한 자를 택하여 그 아비의 위를 두고 너희 주의 집을 위하여 싸우라, 하였더라,

④ 저희가 심히 두려워하여 가로되, 두 왕이 저를 당치 못하였거든 우리가 어찌 당하리요? 하고,

⑤ 궁내 대신과 부윤과 장로들과 왕자를 교육하는 자들이 예후에게 말을 전하여 가로되, 우리는 당신의 종이라 무릇 명하는 것을 우리가 행하고 아무 사람이든지 왕으로 세우지 아니하리니, 당신의 소견에 좋은 대로 행하라, 한지라,

⑥ 예후가 다시 저희에게 편지를 부치니, 일렀으되, 만일 너희가 내 편이 되어 내 말을 들으려거든 너희 주의 아들된 사람들의 머리를 취하고 네일 이맘때에 이스르엘에 이르러 내게 나아오라, 하였더라, 왕자 칠십인이 성중에서 그 교육하는 존귀한 자들과 함께 있는 중에,

⑦ 편지가 이르매, 저희가 왕자 칠십인을 잡아 몰수히 죽이고 그 머리를 광주리에 담아 이스르엘 예후에게로 보내니라,

⑧ 사자가 와서 예후에게 고하여 가로되, 무리가 왕자들의 머리를 가지고 왔나이다, 가로되, 두 무더기로 쌓아 내일 아침까지 문 어귀에 두라, 하고,

⑨ 이튿날 아침에 저가 나가 서서 뭇 백성에게 이르되, 너희는 의롭도다, 나는 내 주를 배반하여 죽였거니와 이 여러 사람을 죽인 자는 누구냐?

⑩ 그런즉, 너희는 알라, 곧 여호와께서 아합의 집에 대하여 하신 말씀은 하나도 땅에 떨어지지 아니하리라, 여호와께서 그 종 엘리야로 하신 말씀을 이제야 이루셨도다, 하니라,

⑪ 예후가 무릇 아합의 집에 속한 이스르엘에 남아 있는 자를 다 죽이고, 또 그 존귀한

자와 가까운 친구와 제사장들을 죽이되, 저에게 속한 자를 하나도 남기지 아니하였더라,

⑫ 예후가 일어나서 사마리아로 가더니, 노중에 목자가 양털 깎는 집에 이르러,

⑬ 유다 왕 아하시야의 형제들을 만나 묻되, 너희는 누구냐? 대답하되, 우리는 아하시야의 형제라 이제 왕자들과 태후의 아들들에게 문안하러 내려가노라,

⑭ 가로되, 사로잡으라 하매, 곧 사로잡아 목자가 양털 깎는 집 웅덩이 곁에서 죽이니, 사십 이인이 하나도 남지 아니하였더라,

⑮ 예후가 거기서 떠나가다가 레갑의 아들 여호아답이 맞으러 오는 것을 만난지라, 그 안부를 묻고 가로되, 내 마음이 네 마음을 향하여 진실함과 같이 네 마음도 진실하냐? 여호나답이 대답하되, 그러하니이다, 가로되, 그러면 나와 손을 잡자 손을 잡으니 예후가 끌어 병거에 올리며,

⑯ 가로되, 나와 함께 가서 여호와를 위한 나의 열심을 보라, 하고, 이에 자기 병거에 태우고,

⑰ 사마리아에 이르러 거기 남아 있는바 아합에게 속한 자를 죽여 진멸하였으니, 여호와께서 엘리야에게 이르신 말씀과 같이 되었더라,

⑱ 예후가 뭇 백성을 모으고, 이르되, 아합은 바알을 조금 섬겼으나 예후는 많이 섬기리라,

⑲ 그러므로 내가 이제 큰 제사를 바알에게 드리고자 하노니, 바알의 모든 선지자와 모든 섬기는 자와 모든 제사장들을 한 사람도 빠치지 말고 불러, 네게로 나오게 하라, 무릇 오지 아니하는 자는 살리지 아니하리라, 하니, 이는 예후가 바알 섬기는 자를 멸하려 하여 궤계를 씀이라,

⑳ 예후가 바알을 위하는 대회를 거룩히 열라, 하매, 드디어 공포하였더라,

㉑ 예후가 온 이스라엘에 두루 보내었더니, 무릇 바알을 섬기는 사람이 하나도 빠진 자가 없이 다 이르렀고, 무리가 바알의 당에 들어가매, 이편부터 저편까지 가득하였더라,

㉒ 예후가 예복 맡은 자에게 이르되, 예복을 내어다가 무릇 바알을 섬기는 자에게 주라, 하매, 저희에게로 예복을 가져온지라,

㉓ 예후가 레갑의 아들 여호나답으로 더불어 바알의 당에 들어가서 바알을 섬기는 자에게 이르되, 너희는 살펴보아 바알을 섬기는 자만 여기 있게하고, 여호와의 종은 하나도 너희 중에 있지 못하게 하라, 하고,

㉔ 무리가 번제와 다른 제사를 드리려고 들어간 때에 예후가 팔십인을 밖에 두며 이르되, 내가 너희 손에 붙이는 사람을 한 사람이라도 도망하게 하는 자는 자기의 생명으로 그 사람의 생명을 대신하리라, 하니라,

㉕ 번제 드리기를 다하매, 예후가 호위병과 장관들에게 이르되, 들어가서 한 사람도 나가지 못하게 하고 죽이라, 하매, 호위병과 장관들이 칼로 저희를 죽여 밖에 던지고,

㉖ 바알의 당 있는 성으로 가서 바알의 당에서 목상들을 가져다가 불사르고,

㉗ 바알의 목상을 헐며 바알의 당을 훼파하여 변소를 만들었더니, 오늘날까지 이르니라,

㉘ 예후가 이와 같이 이스라엘 중에서 바알을 멸하였으나,

㉙ 이스라엘로 범죄케 한 느밧의 아들 여로보암의 죄 곧 벧엘과 단에 있는 금송아지를 섬기는 죄에서는 떠나지 아니하였더라,

㉚ 여호와께서 예후에게 이르시되, 네가 나보기에 정직한 일을 행하되 잘 행하여 내 마음에 있는대로 아합 집에 다 행하였은즉, 네 자손이 이스라엘 왕위를 이어 사대를 지나리라, 하시니라,

㉛ 그러나 예후가 전심으로 이스라엘 하나님 여호와의 율법을 지켜 행하지 아니하며, 여로보암이 이스라엘로 범하게 한 그 죄에서 떠나지 아니하였더라,

㉜ 이 때에 여호와께서 비로소 이스라엘을 찢으시매, 하사엘이 그 사방을 치되,

㉝ 요단 동편 길르앗 온 땅 곧 갓 사람과 르우벤 사람과 므낫세 사람의 땅 아르논 골짜기에 있는 아로엘에서부터 길르앗과 비산까지 하였더라,

㉞ 예후의 남은 사적과 무릇 행한 일과 모든 권세는 이스라엘 왕 역대지략에 기록되어 있느니라,

㉟ 예후가 그 열조와 함께 자매, 사마리아에 장사되고, 그 아들 여호아하스가 대신하여 왕이 되니라,

㊱ 예후가 사마리아에서 이스라엘을 다스린 햇 수는 이십 팔년이었더라.

● 11장

① 아하시야의 모친 아달랴가 그 아들의 죽은 것을 보고 일어나 왕의 씨를 진멸하였으나,

② 요람 왕의 딸 아하시야의 누이 여호세바가 아하시야의 아들 요아스를 왕자들의 죽

임을 당하는 중에서 도적하여 내고, 저와 그 유모를 침실에 숨겨 아달야를 피하여 죽임을 당치 않게 한지라,

③ 요아스가 저와 함께 여호와의 전에 육년을 숨어 있는 동안에 아달랴가 나라를 다스렸더라,

④ 제 칠년에 여호야다가 보내어 가리 사람의 백부장들과 호위병의 백부장들을 불러 데리고 여호와의 전으로 들어가서 저희와 언약을 세우고 저희로 여호와의 전에서 맹세케 한 후에 왕자를 보이고,

⑤ 명하여 가로되, 너희의 행할 것이 이러하니, 안식일에 들어가는 너희 중 삼분 일은 왕궁을 주의하여 지키고,

⑥ 삼분 일은 수르문에 있고, 삼분 일은 호위대 뒤에 있는 문에 있어서, 이와 같이 왕궁을 주의하여 지켜 방어하고,

⑦ 안식일에 나가는 너희 중 두 대는 여호와의 전을 주의하여 지켜 왕을 호위하되,

⑧ 너희는 각각 손에 병기를 잡고 왕을 호위하며, 무릇 너희 반열을 침범하는 자는 죽이고, 왕의 출입할 때에 호위 할지니라,

⑨ 백부장들이 이에 제사장 여호야다의 모든 명대로 행하여 각기 관할하는바 안식일에 들어가는 자와 나가는 자를 거느리고 제사장 여호야다에게 나아오매,

⑩ 제사장이 여호와의 전에 있는 다윗왕의 창과 방패를 백부장들에게 주니,

⑪ 호위병이 각각 손에 병기를 잡고 왕을 호위하되 전 우편에서부터 전 좌편까지 단과 전 곁에 서고,

⑫ 여호야다가 왕자를 인도하여 내어 면류관을 씌우며 율법 책을 주고, 기름을 부어 왕을 삼으매, 무리가 박수하며 왕의 만세를 부르니라,

⑬ 아달랴가 호위병과 백성의 소리를 듣고 여호와의 전에 들어가서 백성에게 이르러,

⑭ 보매, 왕이 규례대로 대 위에 섰고 장관들과 나팔수가 왕의 곁에 모셨으며, 온 국민이 즐거워하여 나팔을 부는지라, 아달랴 옷을 찢으며 반역이로다, 반역이로다, 하매,

⑮ 제사장 여호야다가 군대를 거느린 백부장들에게 명하여 가로되, 반열 밖으로 몰아내라, 무릇 저를 따르는 자는 칼로 죽이라, 하니, 제사장의 이 말은 여호와의 전에서는 저를 죽이지 말라 함이라,

⑯ 이에 저의 길을 열어 주매, 저가 왕궁 말 다니는 길로 통과하다가 거기서 죽임을 당하였더라,

⑰ 여호야다가 왕과 백성으로 여호와의 언약을 세워 여호와의 백성이 되게 하고, 왕과 백성 사이에도 언약을 세우게 하매,

⑱ 온 국민이 바알의 당으로 가서 그 당을 훼파하고, 그 단 들과 우상들을 깨뜨리고, 그 단 앞에서 바알의 제사장 맛단을 죽이니라, 제사장이 관리들을 세워 여호와의 전을 수직하게 하고,

⑲ 또 백부장들과 가리 사람과 호위병과 온 국민을 거느리고 왕을 인도하여 여호와의 전에서 내려와서 호위병의 문 길로 말미암아 왕궁에 이르매, 저가 왕의 보좌에 앉으니,

⑳ 온 국민이 즐거워하고 성중이 평온하더라, 아달랴를 무리가 왕궁에서 칼로 죽였었더라,

㉑ 요아스가 위에 나아갈 때에 나이 칠세였더라,

● 12장

① 예후의 칠년에 요아스가 위에 올라 예루살렘에서 사십년을 치리하니라, 그 모친의 이름은 시비아라 브엘세바 사람이더라,

② 요아스가 제사장 여호야다의 교훈을 받을 동안에 여호와 보시기에 정직히 행하였으되,

③ 오직 산당을 제하지 아니하였으므로 백성이 오히려 산당에서 제사하며 분향하였더라,

④ 요아스가 제사장들에게 이르되, 무릇 여호와의 전에 거룩하게 하여 드리는 은 곧 사람의 통용하는 은이나 각 사람의 몸 값으로 드리는 은이나 자원하여 여호와의 전에 드리는 모든 은을,

⑤ 제사장들이 각각 아는 자에게서 받아 들여서 전의 어느 곳이든지 퇴락한 것을 보거든 그것으로 수리하라, 하였더니,

⑥ 요아스왕 이십 삼년에 이르도록 제사장들이 오히려 전의 퇴락한 데를 수리하지 아니하였는지라,

⑦ 요아스왕이 대제사장 여호야다와 제사장들을 불러서 너희가 어찌하여 전의 퇴락한 데를 수리하지 아니하였느냐? 이제부터 너희 아는 사람에게서 은을 받지 말고 저희로 전 퇴락한 데를 위하여 드리게 하라,

⑧ 제사장들이 다시는 백성에게 은을 받지도 아니하고 전 퇴락한 것을 수리하지도 아

니하기로 응락하니라,

⑨ 제사장 여호야다가 한 궤를 취하여 그 뚜껑에 구멍을 뚫어 여호와의 전문 어귀 우편 곧 단 옆에 두매, 무릇 여호와의 전에 가져오는 은을 다 문을 지키는 제사장들이 그 궤에 넣었더라,

⑩ 이에 그 궤 가운데 은이 많은 것을 보면 왕의 서기와 대 제사장이 올라와서 여호와의 전에 있는대로 그 은을 계수하여 봉하고,

⑪ 그 달아본 은을 일하는 자 곧 여호와의 전을 맡은 자의 손에 붙이면 저희는 또 여호와의 전을 수리하는 목수와 건축하는 자들에게 주고,

⑫ 또 미장이와 석수에게 주고, 또 여호와의전 퇴락한 데를 수리할 재목과 다듬은 돌을 사게 하며, 그 전을 수리할 모든 물건을 위하여 쓰게 하였으되,

⑬ 여호와의 전에 드린 그 은으로 그 전의 은대접이나 불집개나 주발이나 나팔이나 아무 금그릇이나 은 그릇을 만들지 아니하고,

⑭ 오직 그 은을 일하는 자에게 주어, 그것으로 여호와의 전을 수리하게 하였으며,

⑮ 또 그 은을 받아 일군에게 주는 사람들과 회계하지 아니하였으니, 이는 성실히 일을 하였음이라,

⑯ 속건제의 은과 속죄제의 은은 여호와의 전에 드리지 아니하고 제사장에게 돌렸더라,

⑰ 때에 아람 왕 하사엘이 올라와서 가드를 쳐서 취하고, 예루살렘을 향하여 올라오고자 한고로,

⑱ 유다 왕 요아스가 그 열조 유다 왕 여호사밧과 여호람과 아하시야가 구별하여 드린 모든 성물과 자기가 구별하여 드린 성물과 여호와의 전 곳간과 왕궁에 있는 금을 다 취하여 아람 왕 하사엘에게 보내었더니, 하사엘이 예루살렘에서 떠나갔더라,

⑲ 요아스의 남은 사적과 그 모든 행한 것은 유다 왕 역대지략에 기록되어 있느니라,

⑳ 요하스의 신복들이 일어나서 모반하여 실라로 내려가는 길 가의 밀로궁에서 저를 죽였고,

㉑ 저를 쳐서 죽인 신복은 시므앗의 아들 요사갈과 소멜의 아들 여호사바드이었더라, 저는 다윗성에 그 열조와 함께 장사되고 그 아들 아마샤가 대신하여 왕이 되니라.

● 13장

① 유다 왕 아하시야의 아들 요아스의 이십 삼년에 예후의 아들 여호아하스가 사마리아에서 이스라엘 왕이 되어 십 칠년을 치리하며,

② 여호와 보시기에 악을 행하여 이스라엘로 범죄케 한 느밧의 아들 여로보암의 죄를 쫓고 떠나지 아니하였으므로,

③ 여호와께서 이스라엘을 향하여 노를 발하사 늘 아람 왕 하사엘의 손과 그 아들 벤하닷의 손에 붙이셨더니,

④ 아람 왕이 이스라엘을 학대하므로, 여호아하스가 여호와께 간구하매, 여호와께서 들으셨으니, 이는 저희의 학대 받음을 보셨음이라,

⑤ 여호와께서 이에 구원자를 이스라엘에 주시매, 이스라엘 자손이 아람 사람의 손에서 벗어나 전과 같이 자기 장막에 거하였으나,

⑥ 저희가 이스라엘로 범죄케 한 여로보암 집의 죄에서 떠나지 아니하고 좇아 행하며 또 사마리아에 아세라 목상을 그저 두었더라,

⑦ 아람 왕이 여호아하스의 백성을 진멸하여 타작마당의 티끌 같이 되게 하고, 마병 오십과 병거 십승과 보병 일만 외에는 여호아하스의 남겨두지 아니하였더라,

⑧ 여호아하스의 남은 사적과 모든 행한 것과 그 권력은 이스라엘 왕 역대지략에 기록되어 있느니라,

⑨ 여호아하스가 그 열조와 함께 자매, 사마리아에 장사되고 그 아들 요아스가 대신하여 왕이 되니라,

⑩ 유다 왕 요아스의 삼십 칠년에 여호아하스의 아들 요아스가 사마리아에서 이스라엘 왕이 되어 십 륙년을 치리하며,

⑪ 여호와 보시기에 악을 행하여 이스라엘로 범죄케한 느밧의 아들 여로보암의 모든 죄에서 떠나지 아니하고 좇아 행하였더라,

⑫ 요아스의 남은 사적과 무릇 행한 일과 유다 왕 아마샤와 싸운 권력은 이스라엘 왕 역대지략에 기록되어 있느니라,

⑬ 요아스가 그 열조와 함께 자매, 이스라엘 왕들과 함께 사마리아에 장사되고 여로보암이 그 위에 앉으니라,

⑭ 엘리사가 죽을 병이 들매, 이스라엘 왕 요아스가 저에게로 내려가서 그 얼굴에 눈물을 흘리며 가로되, 내 아버지여, 내 아버지여, 이스라엘의 병거와 마병이여, 하매,

⑮ 엘리사가 저에게 이르되, 활과 살들을 취하소서, 활과 살들을 취하매,

⑯ 또 이스라엘 왕에게 이르되, 왕의 손으로 활을 잡으소서, 곧 손으로 잡으매, 엘리사가 자기 손으로 왕의 손을 안찰하고,

⑰ 가로되, 동편 창을 쏘소서, 쏘매, 엘리사가 가로,되 이는 여호와의 구원이 살 곧 아람에 대한 구원의 살이니, 왕이 아람 사람을 진멸하도록 아벡에서 치리이다,

⑱ 또 가로되, 살들을 취하소서, 곧 취하매, 엘리사가 또 이스라엘 왕에게 이르되, 땅을 치소서 이에 세번 치고 그친지라,

⑲ 하나님의 사람이 노하여 가로되, 왕이 오륙번을 칠 것이니이다, 그리하였더면 왕이 아람을 진멸하도록 쳤으리이다, 그런즉, 이제는 왕이 아람을 세번만 치리이다, 하니라,

⑳ 엘리사가 죽으매 장사하였더니, 해가 바뀌매, 모압 사람들의 무리가 그 땅을 침입하였더라,

㉑ 그때에 사람들이 어떤 사람을 장사하고 있었는데, 보라, 그들이 사람들의 한 무리가 있는 것을 알고, 그 죽은 사람을 엘리사의 무덤 안으로 던지매, 그 죽은 사람이 밑으로 떨어져 엘리사의 뼈에 닿으니, 그 사람이 다시 살아나서 자기 발로 일어섰더라,

㉒ 여호아하스왕의 시대에 아람 왕 하사엘이 항상 이스라엘을 학대하였으나,

㉓ 여호와께서 아브라함과 이삭과 야곱으로 더불어 세우신 언약을 인하여, 이스라엘에게 은혜를 베풀어 긍휼히 여기시며 권고하사, 멸하기를, 즐겨 아니하시고, 이때까지 자기 앞에서 쫓아내지 아니하셨더라,

㉔ 아람 왕 하사엘이 죽고, 그 아들 벤하닷이 대신하여 왕이 되매,

㉕ 여호아하스의 아들 요아스가 하사엘의 아들 벤하닷의 손에서 두어 성읍을 회복하였으니, 이 성읍들은 자기 부친 여호아하스가 전쟁 중에 빼았겼던 것이라, 요아스가 벤하닷을 세번 쳐서 파하고 이스라엘 성읍들을 회복하였더라.

● 14장

① 이스라엘 왕 여호아하스의 아들 요아스 이년에 유다 왕 요아스의 아들 아마샤가 왕이 되니,

② 위에 나아갈 때에 나이 이십 오세라, 예루살렘에서 이십 구년을 치리하니라, 그 모친의 이름은 여호앗단이라 예루살렘 사람이더라,

③ 아마샤가 여호와 보시기에 정직히 행하였으나 그 조상 다윗과는 같지 아니하였으며 그 부친 요아스의 행한대로 다 행하였어도,

④ 산당을 제하지 아니하였으므로 백성이 오히려 산당에서 제사를 드리고 분향하였더라,

⑤ 나라가 그 손에 굳게 서매, 그 부왕을 죽인 신복들을 죽였으나,

⑥ 왕을 죽인 자의 자녀들은 죽이지 아니하였으니, 이는 모세의 율법책에 기록된대로 함이라, 곧 여호와께서 명하여 이르시기를, 자녀로 인하여 아비를 죽이지 말 것이요, 아비로 인하여 자녀를 죽이지 말 것이라, 오직 사람마다 자기의 죄로 인하여 죽을 것이니라, 하셨더라,

⑦ 아마샤가 염곡에서 에돔 사람 일만을 죽이고, 또 셀라를 쳐서 취하고 이름을 욕드웰이라 하였더니, 오늘까지 그러하니라,

⑧ 아마샤가 예후의 손자 여호아하스의 아들 이스라엘 왕 요아스에게 사자를 보내어 이르되, 오라, 우리가 서로 대면하자 한지라,

⑨ 이스라엘 왕 요아스가 유다 왕 아마샤에게 보내어 이르되, 레바논 가시나무가 레바논 백향목에게 보내어 이르기를, 네 딸을 내 아들에게 주어 아내를 삼게 하라, 하였더니, 레바논 들짐승이 지나가다가 그 가시나무를 짓밟았느니라,

⑩ 네가 에돔을 쳐서 파하였으므로 마음이 교만하였으니 스스로 영광을 삼아 궁에나 거하라, 어찌하여 화를 자초하여 너와 유다가 함께 망하고자 하느냐? 하나,

⑪ 아마샤가 듣지 아니하므로 이스라엘 왕 요아스가 올라와서 유다 왕 아마샤로 더불어 유다의 벧세메스에서 대면하였더니,

⑫ 유다가 이스라엘 앞에서 패하여 각기 장막으로 도망한지라,

⑬ 이스라엘 왕 요아스가 벧세메스에서 아하시야의 손자 요아스의 아들 유다 왕 아마샤를 사로잡고, 예루살렘에 이르러 예루살렘 성벽을 에브라임 문에서부터 성 모퉁이 문까지 사백 규빗을 헐고,

⑭ 또 여호와의 전과 왕궁 곳간에 있는 금은과 모든 기명을 취하고 또 사람을 볼모로 잡아가지고 사마리아로 돌아갔더라,

⑮ 요아스의 남은 사적과 그 권력과 또 유다 왕 아마샤와 서로 싸운 일은 이스라엘 왕 역대지략에 기록되어 있느니라,

⑯ 요아스가 그 열조와 함께 자매 이스라엘 왕들과 사마리아에 함께 장사되고 그 아들 여로보암이 대신하여 왕이 되니라,

⑰ 이스라엘 왕 여호아하스의 아들 요아스가 죽은 후에도 유다 왕 요아스의 아들 아마샤가 십 오년을 생존하였더라,

⑱ 아마샤의 남은 행적은 유다 왕 역대지략에 기록되어 있느니라,

⑲ 예루살렘에서 무리가 저를 모반하고로 저가 라기스로 도망하였더니, 모반한 무리가 사람을 라기스로 따라 보내어 저를 거기서 죽이게 하고,

⑳ 그 시체를 말에 실어다가 예루살렘에서 그 열조와 함께 다윗성에 장사하니라,

㉑ 유다 온 백성이 아사랴로 그 부친 아마샤를 대신하여 때에 나이 십 육세라,

㉒ 아마샤가 그 열조와 함께 잔 후에 아사랴가 엘랏을 건축하여 유다에 돌렸더라,

㉓ 유다 왕 요아스의 아들 아마샤 십 오년에 이스라엘 왕 요아스의 아들 여로보암이 사마리아에서 왕이 되어 사십 일년을 위에 있으며,

㉔ 여호와 보시기에 악을 행하여 이스라엘로 범죄케한 느밧의 아들 여로보암의 모든 죄에서 떠나지 아니하였더라,

㉕ 이스라엘 하나님 여호와께서 그 종 가드헤벨 아밋대의 아들 선지자 요나로 하신 말씀과 같이 여로보암이 경계를 회복하되 하맛 어귀에서부터 아라바 바다까지 하였으니,

㉖ 이는 여호와께서 이스라엘의 고난이 심하여 매인 자도 없고 놓인 자도 없고 이스라엘을 도울 자도 없음을 보셨고,

㉗ 여호와께서 또 이스라엘의 이름을 도말하여 천하에 없이 하겠다고도 아니하셨으므로 요아스이 아들 여로보암의 손으로 구원하심이었더라,

㉘ 여로보암의 남은 사적과 모든 행한 일과 그 권력으로 싸운 일과 다메섹을 회복한 일과 이전에 유다에 속하였던 하맛을 이스라엘로 돌린 일은 이스라엘 왕 역대지략에 기록되어 있느니라,

㉙ 여로보암이 그 열조 이스라엘 왕들과 함께 자고 그 아들 스가랴가 대신하여 왕이 되니라,

● 15장

① 이스라엘 왕 여로보암 이십 칠년에 유다 왕 아마샤의 아들 아사랴가 왕이 되니,

② 위에 올라갈 때에 나이 십 육세라, 예루살렘에서 오십 이년을 치리하니라, 그 모친의 이름은 여골리야라 예루살렘 사람이더라,

③ 아사랴가 그 부친 아마샤의 모든 행위대로 여호와 보시기에 정직히 행하였으나,

④ 오직 산당은 제하지 아니하였으므로 백성이 오히려 그 산당에서 제사를 드리며 분향하였고,

⑤ 여호와께서 왕을 치셨으므로 그 죽는 날까지 문둥이가 되어 별궁에 거하고, 왕자 요담이 궁중 일을 다스리며 국민을 치리하였더라,

⑥ 아사랴의 남은 사적과 모든 행한 일은 유다 왕 역대지략에 기록되어 있느니라,

⑦ 아사랴가 그 열조와 함께 자매 다윗성에 그 열조와 함께 장사되고 그 아들 요담이 대신하여 왕이 되니라,

⑧ 유다 왕 아사랴의 삼십 팔년에 여로보암의 아들 스가랴가 사마리아에서 이스라엘 왕이 되어 여섯달을 치리하며,

⑨ 그 열조의 행위대로 여호와 보시기에 악을 행하여 이스라엘로 범죄케 한 느밧의 아들 여로보암의 죄에서 떠나지 아니한지라,

⑩ 야베스의 아들 살룸이 저를 모반하여 백성 앞에서 쳐 죽이고 대신하여 왕이 되니라,

⑪ 스가랴의 남은 사적은 이스라엘 왕 역대지략에 기록되니라,

⑫ 여호와께서 예후에게 말씀하여 이르시기를, 네 자손이 이스라엘 위를 이어 사대까지 이르리라, 하신 그 말씀대로 과연 그렇게 되니라,

⑬ 유다 왕 웃시야 삼십 구년에 야베스의 아들 살룸이 사마리아에서 왕이 되어 한 달을 치리하니라,

⑭ 가디의 아들 무나헴이 디르사에서부터 사마리아로 올라가서 야베스의 아들 살룸을 거기서 쳐 죽이고 대신하여 왕이 되니라,

⑮ 살룸의 남은 사적과 그 모반한 일은 이스라엘 왕 역대지략에 기록되니라,

⑯ 그 때에 므나헴이 디르사에서 와서 딥사와 그 가운데 있는 모든 사람과 그 사방을 쳤으니, 이는 저희가 성문을 열지 아니하였음이라, 그러므로 치고 그 가운데 아이 밴 부녀를 갈랐더라,

⑰ 유다 왕 아사랴 삼십 구년에 가디의 아들 므나헴이 이스라엘 왕이 되어 사마리아에서 십년을 치리하며,

⑱ 여호와의 보시기에 악을 행하며, 이스라엘로 범죄케 한 느밧의 죄에서 평생 떠나지 아니하였더라,

⑲ 앗수르 왕 불이 와서 그 땅을 치려 하매, 므나헴이 은 일천 달란트를 불에게 주어서 저로 자기를 도와주게 함으로 나라를 자기 손에 굳게 세우고자 하여,

⑳ 그 은을 이스라엘 모든 큰 부자에게서 토색하여 각 사람에게 은 오십 세겔씩 내게 하여 앗수르 왕에게 주었더니, 이에 앗수르 왕이 돌이키고 그 땅에 머물지 아니하였더라,

㉑ 므나헴의 남은 서적과 그 모든 행한 일은 이스라엘 왕 역대지략에 기록되어 있느니라,

㉒ 므나헴이 그 열조와 함께 자고 그 아들 브가히야가 대신하여 왕이 되니라,

㉓ 유다 왕 아사랴 오십년에 므나헴의 아들 브가히야가 이스라엘 왕이 되어 이년을 치리하며,

㉔ 여호와 보시기에 악을 행하여 이스라엘로 범죄케한 느밧의 아들 여로보암의 죄에서 떠나지 아니한지라,

㉕ 그 장관 르말랴의 아들 베가가 반역하여 사마리아 왕궁 호위소에서 왕과 아르곱과 아리에를 죽이되, 길르앗 사람 오십명으로 더불어 죽이고 대신하여 왕이 되었더라,

㉖ 브가히야의 남은 사적과 그 모든 행한 일은 이스라엘 왕 역대지략에 기록되었느니라,

㉗ 유다 왕 아사랴 오십 이년에 르말랴의 아들 베가가 이스라엘 왕이 되어 사마리아에서 이십년을 치리하며,

㉘ 여호와 보시기에 악을 행하여 이스라엘로 범죄케 한 느밧의 아들 여로보암의 죄에서 벗어나지 아니하였더라,

㉙ 이스라엘 왕 베가 때에 앗수르 왕 디글랏 빌레셀이 와서 이욘과 아벨벳 마아가와 야노아와 게데스와 하솔과 길르앗과 갈릴리와 납달리 온 땅을 취하고 그 백성을 사로잡아 앗수르로 옮겼더라,

㉚ 웃시야의 아들 요담 이십년에 엘라의 아들 호세아가 반역하여 르말랴의 아들 베가를 쳐서 죽이고 대신하여 왕이 되니라,

㉛ 베가의 남은 사적과 그 모든 행한 일은 이스라엘 왕 역대지략에 기록되었느니라,

㉜ 이스라엘 왕 르말랴의 아들 베가 이년에 유다 왕 웃시야의 아들 요담이 왕이 되니,

㉝ 위에 나아갈 때에 나이 이십 오세라, 예루살렘에서 십 륙년을 치리하니라, 그 모친의 이름은 여루사라 사독의 딸이더라,

㉞ 요담이 그 부친 웃시야의 모든 행위 대로 여호와 보시기에 정직히 행하였으나,

㉟ 오직 산당을 제하지 아니하였으므로 백성이 오히려 그 산당에서 제사를 드리며 분

향하였더라, 요담이 여호와의 전의 윗문을 건축하니라,

㊱ 요담의 남은 사적과 그 모든 행한 일은 유다 왕 역대지략에 기록되지 아니하였느냐?

㊲ 그 때에 여호와께서 비로소 아람 왕 르신과 르말랴의 아들 베가를 보내어 유다를 치게 하셨더라,

㊳ 요담이 그 열조와 함께 자매 그 조상 다윗성에 열조와 함께 장사되고 그 아하스가 대신하여 왕이 되니라,

● 16장

① 르말랴의 아들 베가 십 칠년에 유다 왕 요담의 아들 아하스가 왕이 되니,

② 아하스가 위에 올라갈 때에 나이 이십세라 예루살렘에서 십 칠년을 치리하였으나, 그 조상 다윗과 같지 아니하여 그 하나님 여호와 보시기에 정직히 행치 아니하고,

③ 이스라엘 열왕의 길로 행하며, 또 여호와께서 이스라엘 자손 앞에서 쫓아내신 이방 사람의 가증한 일을 본받아 자기 아들을 불 가운데로 지나가게 하며,

④ 또 산당과 작은 산 위와 모든 푸른 나무 아래서 제사를 드리며 분향하였더라,

⑤ 이 때에 아람 왕 르신과 이스라엘 왕 르말랴의 아들 베가가 예루살렘에 올라와서 싸우려 하여 아하스를 에워쌌으나 이기지 못하니라,

⑥ 당시에 아람 왕 르신이 엘랏을 회복하여 아람에 돌리고, 유다 사람을 엘랏에서 쫓아내었고, 아람 사람이 엘랏에 이르러 거하여 오늘날까지 이르렀더라,

⑦ 아하스가 앗수르 왕 디글랏 빌레셀에게 사자를 보내어 이르되, 나는 왕의 신복이요, 왕의 아들이라, 이제 아람 왕과 이스라엘 왕이 나를 치니, 청컨대 올라와서 나를 그 손에서 구원하소서 하고,

⑧ 여호와의 전과 왕궁 곳간에 있는 은금을 취하여 앗수르 왕에게 예물로 보내었더니,

⑨ 앗수르 왕이 그 청을 듣고 곧 올라와서 다메섹을 쳐서 취하고 그 백성을 사로잡아 길로 옮기고 또 르신을 죽였더라,

⑩ 아하스왕이 앗수르 왕 디글랏 빌레셀을 만나러 다메섹에 갔더니, 거기 있는 단을 보고 드디어 그 구조와 제도의 양식을 그려 제사장 우리야에게 보내었더니,

⑪ 아하스왕이 다메섹에서 돌아오기 전에 제사장 우리야가 아하스왕이 보낸 모든 것 대로 단을 만든지라,

⑫ 왕이 다메섹에서 돌아와서 단을 보고 단 앞에 나아가 그 위에 제사를 드리되,

⑬ 자기의 번제와 소제를 불사르고 또 전제를 붓고 수은제 짐승의 피를 단에 뿌리고,

⑭ 또 여호와 앞 곧 전 앞에 있던 놋단을 옮기되 새 단과 여호와의 전 사이에서 옮겨다 가 그 단 북편에 두니라,

⑮ 아하스왕이 제사장 우리야에게 명하여 가로되, 아침 번제와 저녁 소제와 왕의 번 제와 그 소제와 모든 국민의 번제와 그 소제와 전제를 다 이 큰 단 위에 불사르고, 또 번제물의 피와 다른 제물의 피를 그 위에 뿌리고, 오직 놋단은 나의 물을 일에 쓰게 하라, 하매,

⑯ 제사장 우리야가 아하스왕의 모든 명대로 행하였더라,

⑰ 아하스 왕이 물도명 받침의 옆판을 떼어내고 물두멍을 그 자리에서 옮기고 또 놋 바다를 놋소 위에서 내려다가 돌판 위에 두며,

⑱ 또 안식일에 쓰기 위하여 성전에 건축한 낭실과 왕이 밖에서 들어가는 낭실을 앗 수르 왕을 인하여 여호와의 전에 옮겨 세웠더라,

⑲ 아하스의 그 남은 사적은 유다 왕 역대지략에 기록되어 있느니라,

⑳ 아하스가 그 열조와 함께 자매 다윗성에 그 열조와 함께 장사되고 그 아들 히스기 야가 대신하여 왕이 되니라.

● 17장

① 유다 왕 아하스 십 이년에 엘라의 아들 호세아가 사마리아에서 이스라엘 왕이 되 어 구년을 치리하며,

② 여호와 보시기에 악을 행하였으나 그전 이스라엘 여러 왕들과 같이 하지는 아니하 였더라,

③ 앗수르 왕 살만에셀이 올라와서 호세아를 친고로 호세아가 그이 종이 되어 조공을 드리더니,

④ 저가 에집트 왕 소에게 사자들을 보내고 해마다 하던대로 앗수르 왕에게 조공을 드리지 아니하매, 앗수르 왕이 호세아의 배반함을 보고 저를 옥에 금고하여 두고,

⑤ 올라와서 그 온 땅에 두로 다니고 사마리아로 올라와서 삼년을 에워쌌더라,

⑥ 호세아 구년에 앗수르 왕이 사마리아를 취하고 이스라엘 사람을 사로잡아 앗수르 로 끌어다가 할라와 고산 하볼 하숫가와 메대 사람의 여러 고을에 두었더라,

⑦ 이 일은 이스라엘 자손이 자기를 에집트에서 인도하여 내사 에집트왕 파라오의 손

에서 벗어나게 하신 그 하나님 여호와께 죄를 범하고 또 다른 신들을 경외하며,

⑧ 여호와께서 이스라엘 자손 앞에서 쫓아내신 이방 사람의 규례와 이스라엘 여러왕의 세운 율례를 행하였음이라,

⑨ 이스라엘 자손이 가만히 불의를 행하여 그 하나님 여호와를 배역하여 모든 성읍의 망대로부터 견고한 성에 이르도록 산당을 세우고,

⑩ 모든 산 위에와 모든 푸른 나무 아래에 목상과 아세라상을 세우고,

⑪ 또 여호와께서 저희 앞에서 물리치신 이방 사람같이 그곳 모든 산당에서 분향하였으며 또 악을 행하여 여호와를 격노케 하였으며,

⑫ 또 우상을 섬겼으니 이는 여호와께서 행치 말라 명하신 일이라,

⑬ 여호와께서 각 선지자와 선견자로 이스라엘과 유다를 경계하여 이르시기를, 너희는 돌이켜 너희 악한 길에서 떠나 나의 명령과 율례를 지키되 내가 너희 열조에게 명하고 또 나의 종 선지자들로 너희에게 전한 모든 율법대로 행하라, 하셨으나,

⑭ 저희가 듣지 아니하고 그 목을 굳게 하기를 그 하나님 여호와를 믿지 아니하던 저희 열조의 목 같이 하여,

⑮ 여호와의 율례와 여호와께서 그 열조로 더불어 세우신 언약과 경계하신 말씀을 버리고 허무한 것을 좇아 허망하며 또 여호와께서 명하사 본받지 말라 하신 사면 이방 사람을 본받아,

⑯ 그 하나님 여호와의 모든 명령을 비리고 자기를 위하여 두 송아지 형상을 부어 만들고 또 이세라 목상을 만들고 하늘의 일월 성신을 숭배하며, 또 바알을 섬기고,

⑰ 또 자기 자녀를 불 가운데로 지나가게 하며 복술과 사술을 행하고 스스로 팔려 여호와 보시기에 악을 행하여 그 노를 격발케 하였으므로,

⑱ 여호와께서 이스라엘을 심히 노하사, 그 앞에서 제하시니 유다 지파 외에는 남는 자가 없으니라,

⑲ 유다도 그 하나님 여호와의 명령을 지키지 아니하고 이스라엘 사람의 세운 율례를 행하였으므로,

⑳ 여호와께서 이스라엘의 온 족속을 버리사 괴롭게 하시며 노략군의 손에 붙이시고 심지어 그 앞에서 쫓아내시니라,

㉑ 이스라엘을 다윗의 집에서 찢어 나누시매, 저희가 느밧의 아들 여로보암으로 왕을 삼았더니, 여로보암이 이스라엘을 몰아 여호와를 떠나고 큰 죄를 범하게 하매,

㉒ 이스라엘 자손이 여로보암의 행한 모든 죄를 따라 행하여 떠나지 아니하므로,

㉓ 여호와께서 그 종 모든 선지자로 하신 말씀대로 심지어 이스라엘을 그 앞에서 제하신지라, 이스라엘의 고향에서 앗수르에 사로잡혀 가서 오늘까지 미쳤더라,

㉔ 앗수르 왕이 바벨론과 구다와 아와와 하맛과 스발와임에서 사람을 옮겨다가 이스라엘 자손을 대신하여 사마리아 여러 성읍에 두매, 저희가 사마리아를 차지하여 그 여러 성읍에 거하니라,

㉕ 저희가 처음으로 거기 거할 때에 여호와를 경외치 아니한고로 여호와께서 사자들을 그 가운데 보내시매 몇 사람을 죽인지라,

㉖ 그러므로 앗수르 왕에게 고하여 가로되, 왕께서 사마리아 여러 성읍에 옮겨 거하게 하신 이방 사람들이 그 땅 신의 법을 알지 못하므로 그 신이 사자들을 저희 가운데 보내매, 저희를 죽였사오니 이는 저희가 그 땅 신의 법을 알지 못함이니이다,

㉗ 앗수르 왕이 명하여 가로되, 너희는 그곳에서 사로잡아 온 제사장 하나를 그곳으로 데려가되 저로 그곳에 가서 거하며 그 땅 신의 법으로 무리에게 가르치게 하라,

㉘ 이에 사마리아에서 사로잡혀간 제사장 중 하나가 와서 벧엘에 거하며 백성에게 어떻게 여호와 경외할 것을 가르쳤더라,

㉙ 그러나 각 민족이 각기 자기의 신상들을 만들어 사마리아 사람의 지은 여러 산당에 두되 각 민족이 자기의 거한 성읍에서 그렇게 하여,

㉚ 바벨론 사람들은 속곳브놋을 만들었고 굿 사람들은 네르갈을 만들었고 하맛 사람들은 아시마를 만들었고,

㉛ 아와 사람들은 닙하스와 다르닥을 만들었고,

㉜ 저희가 또 여호와를 경외하여 자기 중에서 사람을 산당의 제사장으로 택하여 그 산당에서 자기를 위하여 제사를 드리게 하니라,

㉝ 이와 같이 저희가 여호와도 경외하고 또한 어디서부터 옮겨왔든지 그 민속의 풍속대로 자기의 신들도 섬겼더라,

㉞ 저희가 오늘까지 이전 풍속대로 행하여 여호와를 경외치 아니하며, 또 여호와께서 이스라엘이라 이름을 주신 야곱의 자손에게 명하신 율례와 법도와 율법과 계명을 준행치 아니하는도다,

㉟ 옛적에 여호와께서 야곱의 자손에게 언약을 세우시고 저희에게 명하여 가라사대, 너는 다른 신을 경외하지 말며, 그를 숭배하지 말며, 그를 섬기지 말며, 그에게 제사하지 말고,

㊱ 오직 큰 능력과 편 팔로 너희를 에집트에서 인도하여 낸 여호와만 너희가 경외하

여 그를 숭배하며 그에게 제사를 드릴 것이며,

㊲ 또 여호와가 너희를 위하여 기록한 율례와 법도와 율법과 계명을 너희가 지켜 영원히 행하고 다른 신들을 경외치 말며,

㊳ 또 내가 너희와 세운 언약을 잊지 말며 다른 신들을 경외치 말고,

㊳ 오직 너희 하나님 여호와를 경외하라, 그가 너희를 모든 원수의 손에서 건져내리라, 하셨으나,

㊵ 그러나 저희가 듣지 아니하고 오히려 이전 풍속대로 행하였느니라,

㊶ 그 여러 민족이 여호와를 경외하고 또 그 아로새긴 우상을 섬기더니, 그 자자 손손이 그 열조의 행한 것을 좇아 오늘까지 그대로 하니라.

● 18장

① 이스라엘 왕 엘라의 아들 호세아 삼년에 유다 왕 아하스의 아들 히스기야가 왕이 되니,

② 위에 나아갈 때에 나이 이십 오세라, 예루살렘에서 이십 구년을 치리하니라, 그 모친의 이름은 아비라 스가리야의 딸이더라,

③ 히스기야가 그 조상 다윗의 모든 행위와 같이 여호와 보시기에 정직히 행하여,

④ 여러 산당을 제하며 주상을 깨뜨리며 아세라 목상을 찍으며 모세가 만들었던 놋뱀을 이스라엘 자손이 이때까지 향하여 분향하므로 그것을 부수고 느후스단이라 일컬었더라,

⑤ 히스기야가 이스라엘 하나님 여호와를 의지하였는데, 그의 전후 유다 여러 왕 중에 그러한 자가 없었으니,

⑥ 곧 저가 여호와께 연합하여 떠나지 아니하고 여호와께서 모세에게 명하신 계명을 지켰더라,

⑦ 여호와께서 저와 함께 하시매, 저가 어디로 가든지 형통하였더라, 저가 앗수르 왕을 배척하고 섬기지 아니하였고,

⑧ 팔레스타인 사람들을 쳐서 가사와 그 사방에 이르고 망대에서부터 견고한 성까지 이르렀더라,

⑨ 히스기야 왕 사년 곧 이스라엘 왕 엘라의 아들 호세아 칠년에 앗수르 왕 살만에셀이 사마리아로 올라와서 에워쌌더라,

⑩ 삼년 후에 그 성이 함락되니, 곧 히스기야의 육년이요, 이스라엘 왕 호세아의 구년

이라 사마리아가 함락되매,

⑪ 앗수르 왕이 이스라엘을 사로잡아 앗수르에 이르러 할라와 고산 하볼 하숫가와 메대 사람의 여러 성읍에 두었으니,

⑫ 이는 저희가 그 하나님 여호와의 말씀을 준행치 아니하고 그 언약을 배반하고 여호와의 종 모세의 모든 명한 것을 거스려 듣지도 아니하며 행치도 아니하였음이더라,

⑬ 히스기야왕 십 사년에 앗수르 왕 산헤립이 올라와서 유다 모든 견고한 성들을 쳐서 취하매,

⑭ 유다 왕 히스기야가 라기스로 보내어 앗수르 왕에게 이르되 내가 범죄하였나이다, 나를 떠나 돌아가소서, 왕이 내게 지우시는 것을 내가 당하리이다, 하였더니, 앗수르 왕이 곧 은 삼백 달란트와 금 삼십 달란트를 정하여 유다 왕 히스기야로 내게 한지라,

⑮ 히스기야가 이에 여호와의 전과 왕궁 곳간에 있는 은을 다 주었고,

⑯ 또 그 때에 유다 왕 히스기야가 여호와의 전 문을 금과 자기가 모든 기둥에 입힌 금을 벗겨 모두 앗수르 왕에게 주었더라,

⑰ 앗수르 왕이 다르단과 랍사리스와 랍사게로 대군을 거느리고 라기스에서부터 예루살렘으로 가서 히스기야 왕을 치게 하매, 저희가 예루살렘으로 올라가니라, 저희가 올라가서 윗못 수도 곁 곧 세탁자의 밭에 있는 큰 길에 이르러 서니라,

⑱ 저희가 왕을 부르매, 힐기야의 아들 궁내대신 엘리야 김과 서기관 셉나와 아삽의 아들 사관 요아가 저에게 나가니,

⑲ 랍사게가 저희에게 이르되, 너희는 히스기야에게 고하라, 대왕 앗수르 왕의 말씀이 너의 의뢰하는 이 의로가 무엇이냐?

⑳ 네가 싸울만한 계교와 용력이 있다고 한다마는 이는 입에 붙은 말 뿐이라, 네가 이제 누구를 의뢰하고 나를 반역하였느냐?

㉑ 이제 네가 저상한 갈대 지팡이 에집트를 의뢰하도다, 사람이 그것을 의지하면 그 손에 찔려 들어갈지라, 에집트 왕 파라오는 무릇 의뢰하는 자에게 이와 같으니라,

㉒ 너희가 혹시 내게 이르기를, 우리는 우리 하나님 여호와를 의뢰하노라, 하리마는 히스기야가 여호와의 산당과 제단을 제하고 유다와 예루살렘 사람에게 명하기를, 예루살렘 이 단 앞에서만 숭배하라 하지 아니하였느냐? 하셨나니,

㉓ 이제 너는 내 주 앗수르 왕과 내기하라, 네가 만일 그 말 탈 사람을 낼 수 있다면 나

는 네게 말 이천필을 주리라,

㉔ 네가 어찌 내 주의 신복 중 지극히 작은 장관 하나인들 물리치며 에집트를을 의뢰하고 그 병거와 기병을 얻을듯하냐?

㉕ 내가 어찌 여호와의 뜻이 아니고야 이제 이곳을 멸하려 올라와겠느냐? 여호와께서 전에 이르시기를 이 땅으로 올라와서 쳐서 멸하라, 하셨느니라,

㉖ 힐기야의 아들 엘리야김과 셉나와 요아가 랍사게에게 이르되, 우리가 알아듣겠사오니, 청컨대, 아람 방언으로 당신의 종들에게 말씀하시고 성 위에 있는 백성의 듣는데 유다 방언으로 우리에게 말씀하지 마옵소서,

㉗ 랍사게가 저에게 이르되, 내 주께서 네 주와 네게만 이 말을 하라고 나를 보내신 것이냐? 성 위에 앉은 사람들로도 너희와 함께 자기의 대변을 먹게하고 자기의 소변을 마시게 하신 것이 아니냐? 하고,

㉘ 랍사게가 드디어 일어 서서 유다 방언으로 크게 소리질러 불러 가로되, 너희는 대왕 앗수르 왕의 말씀을 들으라,

㉙ 왕의 말씀이 너희는 히스기야에게 속지 말라, 저가 너희를 내 손에서 건져내지 못하리라,

㉚ 또한 히스기야가 너희로 여호와를 의뢰하라, 함을 듣지 말라, 저가 이르기를, 여호와께서 정녕 우리를 건지실지라, 이 성이 앗수르 왕의 손에 함락되지 않게 하시리라, 할지라도,

㉛ 너희는 히스기야의 말을 듣지 말라, 앗수르 왕의 말씀이 너희는 내게 항복하고 내게로 나아오라, 그리하고 너희는 각각 그 포도와 무화과를 먹고 또한 각각 자기의 우물의 물을 마시라,

㉜ 내가 장차 와서 너희를 한 지방으로 옮기리니, 그곳은 너희 본토와 같은 지방 곧 곡식과 포도주가 있는 지방이요, 기름나는 감람과 꿀이 있는 지방이라, 너희가 살고 죽지 아니하리라, 히스기야가 너희를 설득하여 이르기를, 여호와께서 우리를 건지시리라, 하여도 듣지 말라,

㉝ 열국의 신들 중에 그 땅을 앗수르 왕의 손에서 건진 자가 있느냐?

㉞ 하맛과 아르밧의 신들이 어디 있으며 스발와임과 헤나와 아와의 신들이 어디 있느냐? 그들이 사마리아를 내 손에서 건졌느냐?

㉟ 열국의 모든 신 중에 누가 그 땅을 내 손에서 건졌기에 여호와가 예루살렘을 내 손에서 능히 건지겠느냐? 하셨느니라,

㊱ 그러나 백성이 잠잠하고 한 말도 대답지 아니하니 이는 왕이 명하여 대답하지 말라 하였음이라,

㊲ 이에 힐기야의 아들 궁내대신 엘리야김과 서기관 셉나와 아삽의 아들 사관 요아가 그 옷을 찢고 히스기야에게 나아가서 랍사게의 말을 고하니라.

● 19장

① 히스기야왕이 듣고 그 옷을 찢고 굵은 베를 입고 여호와의 전에 들어가서,

② 궁내대신 엘리야김과 서기관 셉나와 제사장 중 장로들에게 굵은 베를 입혀서 아모스의 아들 선지자 이사야에게로 보내매,

③ 저희가 이사야에게 이르되, 히스기야의 말씀이 오늘의 곤란과 책벌과 능욕의 날이라, 아이가 임신하였으나 해산할 힘이 없기 때문이니이다,

④ 랍사게가 그 주 앗수르 왕의 보냄을 받고 와서 사신 하나님을 훼방하였으니, 당신의 하나님 여호와께서 혹시 저의 말을 들으셨을지라, 당신의 하나님 여호와께서 들으신 말을 인하여 꾸짖으실듯하니, 당신은 이 남은 자를 위하여 기도하소서, 하더이다,

⑤ 이와 같이 히스기야왕의 신복이 이사야에게 나아가니,

⑥ 이사야가 저희에게 이르되, 너희는 너희 주에게 이렇게 고하라, 여호와의 말씀이 너는 앗수르 왕의 신복에게 들은바, 나를 능욕하는 말을 인하여 두려워하지 말라,

⑦ 내가 한 영을 저의 속에 두어 저로 풍문을 듣고 그 본국으로 돌아가게 하고 또 그 본국에서 저로 칼에 죽게하리라, 하셨느니라,

⑧ 랍사게가 돌아 가다가 앗수르 왕이 이미 라기스에서 떠났다 함을 듣고 립나로 가서 왕을 만났으니, 왕이 거기서 싸우는 중이더라,

⑨ 앗수르 왕이 구스 왕 디르하가가 나와서 더불어 싸우고자 한다, 함을 듣고, 다시 히스기야에게 사자를 보내어 가로되,

⑩ 너희는 유다 왕 히스기야에게 이같이 말하여 이르기를, 너의 의뢰하는 네 하나님이 예루살렘을 앗수르 왕의 손에 붙이지 않겠다 하는 말에 속지 말라,

⑪ 앗수르의 열왕이 열방에 행한바 진멸한 일을 네가 들었나니, 네가 어찌 구원을 얻겠느냐?

⑫ 내 열조가 멸하신 열방 곧 고산과 하란과 레셉과 들라살에 있는 에덴 족속을 그 나라의 신들이 건졌느냐?

⑬ 하맛 왕과 아르밧 왕과 스발와임성의 왕과 헤나와 아와의 왕들이 다 어디 있느냐? 하라, 하니라,

⑭ 히스기야가 사자의 손에서 편지를 받아보고, 여호와의 전에 올라가서 그 편지를 여호와 앞에 펴놓고,

⑮ 그 앞에서 기도하며 가로되, 지품천사들 사이에 거하시는 이스라엘의 하나님이신 여호와여, 주는 지구의 모든 왕국들 위에 홀로 계신 하나님이시라, 주께서는 하늘과 지구를 조성하셨나이다,

⑯ 여호와여 귀를 기울여 들으소서, 여호와여 눈을 떠서 보시옵소서, 산헤립이 사신 하나님을 훼방하러 보낸 말을 들으시옵소서,

⑰ 여호와여, 앗수르 열왕이 과연 열방과 그 땅을 황폐케 하고,

⑱ 또 그 신들을 불에 던졌사오니, 이는 저희가 신이 아니요, 사람의 손으로 지은 것 곧 나무와 돌 뿐이므로 멸하였나이다,

⑲ 우리 하나님 여호와여, 원컨대, 이제 우리를 그 손에서 구원하옵소서, 그리하시면 천하 만국이 주 여호와는 홀로 하나님이신줄 알리이다, 하니라,

⑳ 아모스의 아들 이사야가 히스기야에게 기별하여 가로되, 이스라엘 하나님 여호와의 말씀이 네가 앗수르 왕 산헤립 까닭에 내게 기도하는 것을 내가 들었노라, 하셨나이다,

㉑ 여호와께서 앗수르 왕에게 대하여 이같이 말씀하시기를, 처녀 딸 시온이 너를 멸시하며 너를 비웃었으며, 딸 예루살렘이 너를 향하여 머리를 흔들었느니라,

㉒ 네가 누구를 꾸짖었으며 훼방하였느냐? 누구를 향하여 소리를 높였으며 눈을 높이 떴느냐? 이스라엘의 거룩한 자에게 그리하였도다,

㉓ 네가 사자로 주를 훼방하여 이르기를, 내가 많은 병거를 거느리고 여러 산꼭대기에 올라가며, 레바논 깊은 곳에 이르러 높은 백향목과 아름다운 잣나무를 베고, 내가 그 지경 끝에 들어가며 그 동산의 무성한 수풀에 이르리라,

㉔ 내가 땅을 파서 이방의 물을 마셨고, 나의 발바닥으로 에집트의 모든 강들을 말렸노라, 하였도다,

㉕ 네가 듣지 못하였느냐? 이 일은 내가 태초부터 행하였고 상고부터 정한바라, 이제 내가 이루어 너로 견고한 성들을 멸하여 돌 무더기가 되게 함이니라,

㉖ 그러므로 그 거한 백성의 힘이 약하여 두려워하며 놀랐나니, 저희는 마치 들의 풀 같고 자라기 전에 마른 곡초 같으니라,

㉗ 네 거처와 네 출입과 네가 내게 향한 분노를 내가 다 아노니,

㉘ 네가 내게 향한 분노와 네 교만한 말이 내 귀에 들렸도다, 그러므로 내가 갈고리로 네 코에 꿰고 자갈을 네 입에 먹여 너를 오던 길로 끌어 돌이키리라, 하셨나이다,

㉙ 또 네게 보일 징조가 이러하니, 너희가 금년에는 스스로 자라난 것을 먹고 명년에는 그것에서 난 것을 먹되 제 삼년에는 심고 거두며 포도원을 심고 그 열매를 먹으리라,

㉚ 유다 족속의 피하고 남은 자는 다시 아래로 뿌리가 서리고 위로 열매를 맺으리라,

㉛ 남은 자는 예루살렘에서부터 나올 것이요, 피하는 자는 시온산에서부터 나오리니, 여호와의 열심이 이 일을 이루리라, 하셨나이다,

㉜ 그러므로 여호와께서 앗수르 왕을 가리켜 이르시기를, 저가 이 성에 이르지 못하며, 이리로 살을 쏘지 못하며, 방패를 성을 향하여 세우지 못하며, 치려고 토성을 쌓지도 못하고,

㉝ 오던 길로 돌아가고 이 성에 이르지 못하리라, 하셨으니, 이는 여호와의 말씀이시라,

㉞ 내가 나와 나의 종 다윗을 위하여 이 성을 보호하여 구원하리라, 하셨나이다, 하였더라,

㉟ 이 밤에 여호와의 사자가 나와서 앗수르 진에서 군사 십 팔만 오천을 친지라, 아침에 일찌기 일어나 보니 다 송장이 되었더라,

㊱ 앗수르 왕 산헤립이 떠나 돌아가서 니느웨에 거하더니,

㊲ 그 신 니스록의 묘에 경배할 때에 아드람멜렉과 사레셀이 저를 칼로 쳐죽이고, 아라랏 땅으로 도망하매 그 아들 에살핫돈이 대신하여 왕이 되니라.

● 20장

① 그 때에 히스기야가 병들어 죽게 되매, 아모스의 아들 선지자 이사야가 저에게 나아와서 이르되, 여호와의 말씀이 너는 집을 처치하라, 네가 죽고 살지 못하리라, 하셨나이다,

② 히스기야가 낯을 벽으로 향하고 여호와께 기도하여 가로되,

③ 여호와여 구하오니, 내가 진실과 전심으로 주 앞에 행하며 주의 보시기에 선하게 행한 것을 기억하소서, 하고 심히 통곡하더라,

④ 이사야가 성읍 가운데까지도 이르기 전에 여호와의 말씀이 저에게 임하여 가라사

대,

⑤ 너는 돌아가서 내 백성의 주권자 히스기야에게 이르기를, 왕의 조상 다윗의 하나님 여호와의 말씀이 내가 네 기도를 들었고 네 눈물을 보았노라, 내가 너를 낫게 하리니, 네가 삼일만에 여호와의 전에 올라가겠고,

⑥ 내가 네 날을 십 오년을 더할것이며, 내가 너와 이 성을 앗수르 왕의 손에서 구원하고, 내가 나를 위하고 내 종 다윗을 위하므로 이 성을 보호하리라, 하셨다, 하라, 하셨더라,

⑦ 이사야가 가로되 무화과 반죽을 가져오라, 하매, 그들이 그것을 가져다가 그 종기 위에 붙였더니 그가 회복되었더라,

⑧ 히스기야가 이사야에게 이르되, 여호와께서 나를 낫게 하시고 삼일만에 여호와의 전에 올라가게 하실 무슨 징조가 있나이까? 하니,

⑨ 이사야가 말하기를, 왕께서 여호와로부터 받으실 표적이 이것이오니, 즉 여호와께서 말씀하신 그 일을 행하실 표적이니이다, 해 그림자를 앞으로 열 발자국을 나아가게 하리이까? 차라리 열 발자국을 뒤로 가게 하리이까? 하니,

⑩ 히스기야가 대답하되, 그림자를 열 발자국 앞으로 나아가기는 쉬우나 열 발자국 뒤로 물러가는 것은 어렵나이다, 하매,

⑪ 선지자 이사야가 여호와께 간구하매, 아하스의 일영표 위에 나아갔던 해 그림자로 열 발자국을 물러가게 하셨더라,

⑫ 그 때에 발라딘의 아들 바벨론 왕 부로닥발라딘이 히스기야가 병들었다 함을 듣고 편지와 예물을 저에게 보낸지라,

⑬ 히스기야가 사자의 말을 듣고 자기 보물고의 금은과 향품과 보배로운 기름과 그 군기고와 내탕고의 모든 것을 다 사자에게 보였는데, 무릇 왕궁과 그 나라 안에 있는 것을 저에게 보여주지 아니한 것이 없었더라,

⑭ 선지자 이사야가 히스기야 왕에게 나아와서 이르되, 이 사람들이 무슨 말을 하였으며 어디서부터 왕에게 왔나이까? 히스기야가 가로되 먼 지방 바벨론에서 왔나이다, 하니,

⑮ 이사야가 가로되, 저희가 왕궁에서 무엇을 보았나이까? 히스기야가 대답하되, 내 궁에 있는 것을 저희가 다 보았나니 나의 내탕고에서 하나도 보이지 아니한 것이 없나이다, 하매,

⑯ 이사야가 히스기야에게 이르되 여호와의 말씀을 들으소서, 말씀하시기를,

⑰ 보라, 그 날들이 이르리니, 네 궁궐에 있는 모든 것과 네 조상들이 오늘까지 쌓아둔 것이 다 바빌론으로 옮긴바 되고 하나도 남아있지 아니하리라, 여호와가 말하노라,

⑱ 그리고 너의 육신으로부터 태어날 너의 자손들 중 몇명은 잡혀가서 그들은 바빌론 왕의 궁중에서 환관이 될 것이니라, 하니라,

⑲ 히스기야가 이사야에게 이르되, 당신의 전한바 여호와의 말씀이 선하니이다, 하고, 또 가로되, 만일 나의 사는 날에 태평과 진실이 있을진대, 어찌 선하지 아니하리요? 하니라,

⑳ 히스기야의 남은 사적과 그 모든 권력과 못과 수도를 만들어 물을 성중으로 인도하여 들인 일은 유다 왕 역대지략에 기록되어 있느니라,

㉑ 히스기야가 그 열조와 함께 자고 그 아들 므낫세가 대신하여 왕이 되니라.

● 21장

① 므낫세가 위에 나아갈 때에 나이 십 이세라 예루살렘에서 오십 오년을 치리하니라, 그 모친의 이름은 헵시바더라,

② 므낫세가 여호와 보시기에 악을 행하여 여호와께서 이스라엘 자손 앞에서 좇아내신 이방 사람의 가증한 일을 본받아서,

③ 그 부친 히스기야의 헐어버린 산당을 다시 세우며, 이스라엘 왕 아합의 소위를 본받아 바알을 위하여 단을 쌓으며, 아세라 목상을 만들며 하늘의 일월성신을 숭배하며 섬기며,

④ 여호와께서 전에 이르시기를, 내가 내 이름을 예루살렘에 두리라, 하신 여호와의 전의 단들을 쌓고,

⑤ 또 여호와의 전 두 마당에 하늘의 일월 성신을 위하여 단들을 쌓고,

⑥ 또 그 아들을 불 가운데로 지나게 하며 점치며 사술을 행하며 신접한 자와 박수를 신임하여 여호와 보시기에 악을 많이 행하여 그 진노를 격발하였으며,

⑦ 또 자기가 만든 아로새긴 아세라 목상을 전에 세웠더라, 옛적에 여호와께서 이 전에 대하여 다윗과 그 아들 솔로몬에게 이르시기를, 내가 이스라엘 모든 지파 중에서 택한 이 전과 예루살렘에 내 이름을 영원히 둘지라,

⑧ 만일 이스라엘이 나의 모든 명령과 나의 종 모세의 명한 모든 율법을 지켜 행하면, 내가 그들의 발로 다시는 그 열조에게 준 땅에서 떠나 유리하지 않게 하리라, 하셨

으나,

⑨ 이 백성이 듣지 아니하였고 므낫세의 꾀임을 받고 악을 행한 것이 여호와께서 이스라엘 자손 앞에서 멸하신 열방보다 더욱 심하였더라,

⑩ 여호와께서 그 종 모든 선지자들로 말씀하여 가라사대,

⑪ 유다 왕 므낫세가 이 가증한 일과 악을 행함이 그 전에 있던 아모리 사람의 행위보다 더욱 심하였고, 또 그 우상으로 유다를 범죄케 하였도다,

⑫ 그러므로 이스라엘 하나님 여호와가 말하노니, 내가 이제 예루살렘과 유다에 재앙을 내리리니, 듣는 자마다 두 귀가 울리리라,

⑬ 내가 사마리아를 잰 줄과 아합의 집을 다림보던 추로 예루살렘에 베풀고 또 사람이 그릇을 씻어 엎음 같이 예루살렘을 씻어 버릴지라,

⑭ 내가 나의 기업에서 남은 자를 버려 그 대적의 손에 붙인즉, 저희가 모든 대적에게 노략과 겁탈이 되리니,

⑮ 이는 에집트에서 나온 그 열조 때부터 오늘까지 나의 보기에 악을 행하여 나의 노를 격발하였음이니라, 하셨더라,

⑯ 므낫세가 여호와 보시기에 악을 행하여 유다로 하여금 죄를 범하게 한 그의 죄 외에도 무죄한 피를 많이 흘려 예루살렘 한쪽 끝에서 다른 쪽 끝까지 가득 채웠더라,

⑰ 므낫세의 남은 사적과 무릇 그 행한바와 범한 죄는 유다 왕 역대지략에 기록되어 있느니라,

⑱ 므낫세가 그 열조와 함께 자매 그 궁궐 동산 곧 웃사의 동산에 장사되고 그 아들 아몬이 대신하여 왕이 되니라,

⑲ 아몬이 위에 나아갈 때에 나이 이십 이세라 예루살렘에서 이년을 치리하니라, 그 모친의 이름은 므술레멧이라 욧바 하루스의 딸이더라,

⑳ 아몬이 그 부친 므낫세의 행함 같이 여호와 보시기에 악을 행하되,

㉑ 그 부친의 모든 길로 행하여 그 부친의 섬기던 우상을 섬겨 경배하고,

㉒ 그 열조의 하나님 여호와를 버리고 그 길로 행치 아니하더니,

㉓ 그 신복들이 반역하여 왕을 궁중에서 죽이매,

㉔ 그 국민이 아몬왕을 반역한 사람들을 다 죽이고 그 아들 요시야로 대신하여 왕을 삼았더라,

㉕ 아몬의 행한바 남은 사적은 유다 왕 역대지략에 기록되어 있느니라,

㉖ 아몬이 웃시야의 동산 자기 묘실에 장사되고 그 아들 요시야가 대신하여 왕이 되

니라.

● 22장
① 요시야가 위에 나아갈 때에 나이 팔세라 예루살렘에서 삼십 일년을 치리하니라, 그 모친의 이름은 여디다라 보스갓 아다야의 딸이더라,

② 요시야가 여호와 보시기에 정직히 행하여 그 조상 다윗의 모든 길로 행하고 좌우로 치우치지 아니하였더라,

③ 요시야왕 십 팔년에 왕이 므술람의 손자 아살리야의 아들 서기관 사반을 여호와의 전에 보내며 가로되,

④ 너는 대 제사장 힐기야에게 올라가서 백성이 여호와의 전에 드린 은 곧 문 지킨자가 수납한 은을 계수하여,

⑤ 여호와의 전역사 감독자의 손에 붙여 저희로 여호와의 전에 있는 공장에게 주어 전의 퇴락한 것을 수리하게 하되,

⑥ 곧 목수와 건축자와 미장이에게 주게 하고 또 재목과 다듬은 돌을 사서 그 전을 수리하게 하라, 하니라,

⑦ 그러나 저희 손에 붙인 은을 회계하지 아니하였으니 이는 그 행하는 것이 진실함이었더라,

⑧ 대 제사장 힐기야가 서기관 사반에게 이르되, 내가 여호와의 전에서 율법책을 발견하였노라, 하고 그 책을 사반에게 주니, 읽으니라,

⑨ 서기관 사반이 왕에게 돌아가서 복명하여 가로되, 왕의 신복들이 전에 있던 돈을 쏟아 여호와의 전 역사 감독자의 손에 붙였나이다, 하고,

⑩ 또 왕에게 고하여 가로되, 제사장 힐기야가 내게 책을 주더이다, 하고 왕을 앞에서 책을 읽으매,

⑪ 왕이 율법책의 말을 듣자, 곧 그 옷을 찢으니라,

⑫ 왕이 제사장 힐기야와 사반의 아들 아히감과 미가야의 아들 악볼과 서기관 사반과 왕의 종 아사야에게 명하여 가로되,

⑬ 너희는 가서 나와 백성과 온 유다를 위하여 이 발견한 책의 말씀에 대하여 여호와께 물으라, 우리 열조가 이 책의 말씀을 듣지 아니하며 이 책에 우리를 위하여 기록된 모든 것을 준행치 아니하였으므로 여호와께서 우리에게 발하신 진노가 크도다,

⑭ 이에 제사장 힐기야와 또 아히감과 악볼과 사반과 아사야가 여선지 훌다에게로 나아가니, 저는 할하스의 손자 디과의 아들 예복을 주관하는 살룸의 아내라 예루살렘 둘째 구역에 거하였더라, 저희가 더불어 말하매,

⑮ 훌다가 저희에게 이르되, 이스라엘 하나님 여호와의 말씀이 너희는 너희를 내게 보낸 사람에게 고하기를,

⑯ 여호와의 말씀이 내가 이곳과 그 거민에게 재앙을 내리되 곧 유다 왕의 읽은 책의 모든 말대로 하리니,

⑰ 이는 이 백성이 나를 버리고 다른 신에게 분향하며 그 손의 모든 소위로 나의 노를 격발하였음이라, 그러므로 나의 이곳을 향하여 발한 진노가 꺼지지 아니하리라, 하라, 하셨느니라,

⑱ 너희를 보내어 여호와께 묻게 한 유다 왕에게는 너희가 이렇게 고하라, 이스라엘 하나님 여호와의 말씀이 네가 들은 말을 의논컨대,

⑲ 내가 이곳과 그 거민에게 대하여 빈 터가 되고 저주가 되리라, 한 말을 네가 듣고 마음이 연하여 여호와 앞 곧 내 앞에서 겸비하여 옷을 찢고 통곡하였으므로 나도 네 말을 들었노라, 여호와가 말하였느니라,

⑳ 그러므로 내가 너로 너의 열조에게 돌아가서 평안히 묘실로 들어가게 하리니, 내가 이곳에 내리는 모든 재앙을 네가 눈으로 보지 못하리라, 하셨느니라, 하니, 그들이 왕에게 그 말씀을 다시 전하였더라.

● 23장

① 왕이 보내어 유다와 예루살렘의 모든 장로를 자기에게로 모으고,

② 이에 여호와의 전에 올라가매, 유다 모든 사람과 예루살렘 거민과 제사장들과 선지자들과 모든 백성이 무론 노소하고 다 왕과 함께 한지라, 왕이 여호와의 전 안에서 발견한 언약책의 모든 말씀을 읽어 그들의 귀에 읽어주니라,

③ 왕이 대 위에 서서 여호와 앞에서 언약을 세우되 마음을 다하고 성품을 다하여 여호와를 순종하고, 그 계명과 법도와 율례를 지켜 이 책에 기록된 언약의 말씀을 이루게 하리라, 하매, 백성이 다 그 언약을 좇기로 하니라,

④ 왕이 대 제사장 힐기야와 두번째 있는 제사장들과 문을 지킨 자들에게 명하여, 바알과 아세라와 하늘의 일월 성신을 위하여 만든 모든 그릇들을 여호와의 전에서 내어다가 예루살렘 바깥 기드론 밭에서 불사르고 그 재를 벧엘로 가져가게 하고,,

⑤ 옛적에 유다 왕들이 세워서 유다 모든 고을과 예루살렘 사면 산당에서 분향하며 우상을 섬기게 한 제사장들을 폐하며 또 바알과 해와 달과 열두 궁성과 하늘의 모든 별에게 분향하는 자들을 폐하고,

⑥ 또 여호와의 전에서 아세라 상을 내어 예루살렘 바깥 기드온 시내로 가져다가 거기서 불사르고 빻아서 가루를 만들어 그 가루를 평민의 묘지에 뿌리고,

⑦ 또 여호와의 전 가운데 남색하는 자들의 집을 헐었으니, 그곳은 여인이 아세라를 위하여 휘장을 짜는 처소이었더라,

⑧ 그가 유다의 성읍들에서 모든 제사장들을 불러 왔으며, 제사장들이 분향하던 산당을 게바에서부터 브엘세바까지 더럽게 하며, 또 성읍의 다스리는 자 여호수아의 문 어귀에 있던 문들의 산당을 헐었으니, 그 산당들은 성읍의 문 왼편에 있었더라,

⑨ 그럼에도 불구하고 산당들의 제사장들은 예루살렘에 있는 여호와의 제단에 올라가지 않았으며, 그들이 자기 형제들 가운데서 누룩 없는 빵은 먹을 뿐이었더라,

⑩ 또한 그가 힌놈의 아들 골짜기의 도벳을 더럽게 하여 사람으로 몰록에게 드리기 위하여 그 자녀를 불로 지나가게 하지 못하게 하고,

⑪ 또 유다 열왕이 태양을 위하여 드린 말들을 제하여 버렸으니, 이 말들은 여호와의 전으로 들어가는 곳의 근처 시종 나단멜렉의 집 곁에 있던 것이며, 또 태양 수레를 불사르고,

⑫ 유다 열왕이 아하스의 다락지붕에 세운 단들과 므낫세가 여호와의 전 두 마당에 세운 단들을 왕이 다 헐고 거기서 빻아 내려서 그 가루를 기드온 시내에 쏟아버리고,

⑬ 또 예루살렘 앞 멸망산 우편에 세운 산당을 더럽게 하였으니, 이는 옛적에 이스라엘 왕 솔로몬이 시돈 사람의 가증한 아스다롯과 모압 사람의 가증한 그모스와 암몬 자손의 가증한 밀곰을 위하여 세웠던 것이며,

⑭ 왕이 또 석상들을 깨뜨리며, 아세라 목상들을 찍고, 사람의 해골로 그곳에 채웠더라,

⑮ 이스라엘로 범죄케 한 느밧의 아들 여로보암이 벧엘에 세운 단과 산당을 왕이 헐고 또 그 산당을 불사르고 빻아서 가루를 만들며 또 아세라 목상을 불살랐더라,

⑯ 요시야가 몸을 돌이켜 산에 있는 묘실들을 보고, 보내어 그 묘실에서 해골을 취하여다가 단 위에 불살라 그 단을 더럽게 하니라, 이 일을 하나님의 사람이 전하였더니, 그 전한 여호와의 말씀대로 되었더라,

⑰ 요시야가 이르되 내게 보이는 저것은 무슨 비석이냐? 성읍 사람들이 고하되, 왕께서 벧엘의 단을 향하여 행하신 이 일을 전하려 유다에서 왔던 하나님의 사람의 묘실이니이다,

⑱ 가로되 그대로 두고 그 뼈를 옮기지 말라 하매, 무리가 그 뼈와 사마리아에서 온 선지자의 뼈는 그대로 두었더라,

⑲ 전에 이스라엘 열왕이 사마리아 각 성읍에 지어서 여호와의 노를 격발한 산당을 요시야가 다 제하되 벧엘에서 행한 모든 일대로 행하고,

⑳ 또 거기 있는 산당의 제사장들을 다 단 위에서 죽이고 사람의 해골을 단 위에 불사르고 예루살렘으로 돌아왔더라,

㉑ 왕이 뭇 백성에게 명하여 가로되, 이 언약책에 기록된대로 너희의 하나님 여호와를 위하여 유월절을 지키라 하매,

㉒ 사사가 이스라엘을 다스리던 시대부터 이스라엘 열왕의 시대에든지 유다 열왕의 시대에든지 이렇게 유월절을 지킨 일이 없었더니,

㉓ 요시야왕 십 팔년에 예루살렘에서 여호와 앞에 이 유월절을 지켰더라,

㉔ 요시야가 또 유다 땅과 예루살렘에 보이는 신접한 자와 박수와 드라빔과 우상과 모든 가증한 것을 다 제하였으니, 이는 대제사장 힐기야가 여호와의 전에서 발견한 책에 기록된 율법 말씀을 이루려 함이라,

㉕ 요시야와 같이 마음을 다하며 성품을 다하며 힘을 다하여 여호와를 향하여 모세의 모든 율법을 온전히 준행한 임금은 요시야 전에도 없었고 후에도 그와 같은 자가 없었더라,

㉖ 그러나 여호와께서 유다를 향하여 진노하신 그 크게 타오르는 진노를 돌이키지 아니하셨으니, 이는 므낫세가 여호와를 격노케한 그 모든 격노를 인함이라,

㉗ 여호와께서 가라사대, 내가 이스라엘을 물리친 것 같이 유다도 내 앞에서 물리치며 내가 뺀 이 성 예루살렘과 내 이름을 거기 두리라, 한 이 전을 버리리라, 하셨더라,

㉘ 요시야의 남은 사적과 모든 행한 일은 유다 왕 역대지략에 기록되어 있느니라,

㉙ 요시야 당시에 에집트 왕 파라오가 앗수르 왕을 치고자 하여 유브라데 강으로 올라가므로 요시야왕이 나가서 방비하더니, 에집트 왕이 요시야를 므깃도에서 만나본 후에 죽인지라,

㉚ 신복들이 그 시체를 병거에 싣고 므깃도에서 예루살렘으로 돌아와서 그 묘실에 장

사하니, 국민이 요시야의 아들 여호아하스를 데려다가 저에게 기름을 붓고 그 부친을 대신하여 왕을 삼았더라,

㉛ 여호아하스가 위에 나아갈 때에 나이 이십 삼세라 예루살렘에서 석달을 치리하니라, 그 모친의 이름은 하무달이라 립나 에레미야의 딸이더라,

㉜ 여호아하스가 그 열조의 모든 행위대로 여호와 보시기에 악을 행하였더니,

㉝ 바로느고가 저를 하맛 땅 립나에 가두어 예루살렘에서 왕이 되지 못하게 하고, 또 그 나라로 은 일백 달란트와 금 한 달란트를 벌금으로 내게 하고,

㉞ 바로느고가 요시야의 아들 엘리아김으로 그 아비 요시야를 대신하여 왕을 삼고 그 이름을 고쳐 여호야김이라 하고 여호아하스는 에집트로 잡아 갔더니 저가 거기서 죽으니라,

㉟ 여호야김이 은과 금을 바로에게 주니라, 저가 파라오의 명령대로 그에게 그 돈을 주기 위하여 나라에 부과하되, 국민 각 사람의 힘대로 액수를 정하고 은금을 늑봉하였더라,

㊱ 여호와김이 왕이 될 때에 나이 이십 오세라 예루살렘에서 십 일년을 치리하니라, 그 모친의 이름은 스비다라 루마 브다야의 딸이더라,

㊲ 여호야김이 그 열조의 행한 모든 일을 본받아 여호와 보시기에 악을 행하였더라.

● 24장

① 여호야 김 시대에 바벨론 왕 느부갓네살이 올라오매, 여호야김이 삼년을 섬기다가 돌이켜 저를 배반하였더니,

② 여호와께서 그 종 선지자들로 하신 말씀과 같이 바벨로니아 부대와 아람의 부대와 모압의 부대와 암몬의 자손의 부대를 여호야김에게로 보내어 유다를 쳐 멸하려 하시니,

③ 이 일이 유다에 임함은 곧 여호와의 명하신바로 저희를 자기 앞에서 물리치고자 하심이니, 이는 므낫세의 지은 죄로 인함이며,

④ 또 저가 무죄한 자의 피를 흘려 그 피로 예루살렘에 가득하게 하였음이라, 여호와께서 사하시기를 즐겨하지 아니하시니라,

⑤ 여호야 김의 남은 사적과 모든 행한 일은 유다 왕 역대지략에 기록되어 있느니라,

⑥ 여호야김이 그 열조와 함께 자매 그 아들 여호야긴이 대신하여 왕이 되니라,

⑦ 에집트 왕이 다시는 그 나라에서 나오지 못하였으니, 이는 바벨론 왕이 에집트 강

에서부터 유브라데 강까지 애집트 왕에게 속한 땅을 다 취하였음이더라,

⑧ 여호야긴이 위에 나아갈 때에 나이 십 팔세라 예루살렘에서 석달을 치리하니라, 그 모친의 이름은 느후스다라 예루살렘 엘라단의 딸이더라,

⑨ 여호야긴이 그 부친의 모든 행위를 본받아 여호와 보시기에 악을 행하였더라,

⑩ 그 때에 바벨론 왕 느부갓네살의 부하들이 예루살렘에 올라와서 그 성을 에워싸니라,

⑪ 그 부하들이 에워쌀 때에 바벨론 왕 느부갓네살도 그 성에 이르니,

⑫ 이에 유다 왕 여호야 긴이 그와 그 모친과 신복과 방백들과 내시들과 함께 바벨론 왕에게 나아가매, 바벨온 왕이 여호와 긴을 잡으니, 때는 바벨론 왕 팔년이라,

⑬ 저가 여호와의 전의 모든 보물과 왕궁 보물을 집어내고 또 이스라엘 왕 솔로몬이 만든 것 곧 여호와의 전의 금 그릇들을 다 훼파하였으니, 여호와의 말씀과 같이 되었더라,

⑭ 저가 또 예루살렘의 모든 백성과 모든 방백과 모든 용사 합 일만명과 보든 공장과 대장장이를 사로잡아 가매, 빈천한 자 외에는 그 땅에 남은 자가 없었더라,

⑮ 저가 여호야긴을 바벨론으로 사로잡아 가고 왕의 모친과 왕의 아내들과 내시와 나라에 권세 있는 자도 예루살렘에서 바벨론으로 사로잡아 가고,

⑯ 또 용사 칠천과 공장과 대장장이 일천 곧 다 강장하여 싸움에 능한 자들을 바벨론으로 사로잡아 가고,

⑰ 바벨론 왕이 또 여호야긴의 아버지의 동생 맛다니야로 대신하여 왕을 삼고, 그 이름을 고쳐 시드기야라 하였더라,

⑱ 시드기야가 위에 나아갈 때에 나이 이십 일세라 예루살렘에서 십 일년을 치리하니라, 그 모친의 이름은 하무달이라 립나 예레미야의 딸이더라,

⑲ 시드기야가 여호야김의 모든 행위를 본받아 여호와 보시기에 악을 행한지라,

⑳ 여호와께서 예루살렘과 유다를 진노하심이 저희를 그 앞에서 쫓아내실 때까지 이르렀더라, 시드기야가 바벨론 왕을 배반하니라.

● 25장

① 시드기야 왕 구년 시월 십일에 바벨론 왕 느부갓네살이 그 모든 군대를 거느리고 예루살렘을 치러 올라와서 진을 치고 사면으로 토성을 쌓으매,

② 성이 시드기야왕 십일년까지 에워싸였더니,

③ 그 사월 구일에 성중에 기근이 심하여 그 땅 백성의 양식이 떨어졌고,

④ 바벨로니아 사람들이 그 성읍을 에워쌌으므로 성벽에 구멍을 뚫은지라, 모든 군사가 밤중에 두 성벽 사이 왕의 동산 곁문 길로 도망하여 아라바 길로 가더니,

⑤ 바벨오니아 군사들이 왕을 쫓아가서 여리고 평지에 미치매, 왕의 모든 군사가 저를 떠나 흩어진지라,

⑥ 바벨로니아 군사들이 왕을 잡아 립나 바벨론 왕에게로 끌고 가매, 저에게 심문하고,

⑦ 시드기야의 아들들을 저의 목전에서 죽이고, 시드기야의 두 눈을 빼고 사슬로 결박하여 바벨론으로 끌어갔더라,

⑧ 바벨론 왕 느부갓네살의 십 구년 오월 칠일에 바벨론 왕의 신하 시위대 장관 느부사라단이 예루살렘에 이르러,

⑨ 여호와의 전과 왕궁을 불사르고 예루살렘의 모든 집을 귀인의 집까지 불사랐으며,

⑩ 시위대 장관을 쫓는 바벨론 온 군대가 예루살렘 사면 성벽을 헐었으며,

⑪ 성중에 남아 있는 백성과 바벨론 왕에게 항복한 자와 무리의 남은 자는 시위대 장관 느부라사라딘이 다 사로잡아가고,

⑫ 빈천한 국민을 그 땅에 남겨두어 포도원을 다스리는 자와 농부가 되게 하였더라,

⑬ 바벨로니아 사람들이 또 여호와 전의 두 놋 기둥과 받침들과 여호와의 전의 놋바다를 깨뜨려 그 놋을 바벨론으로 가져가고,

⑭ 또 가마들과 부삽들과 불집게들과 숟가락들과 섬길 때에 쓰는 모든 놋그릇을 다 가져 갔으며,

⑮ 시위대 장관이 또 불 옮기는 그릇들과 주발들 곧 금물의 금과 은물의 은을 가져갔으며,

⑯ 또 솔로몬이 여호와의 전을 위하여 만든 두 기둥과 한 바다와 받침들을 취하였는데, 이 모든 기구의 놋 중수를 헤아릴 수 없었으니,

⑰ 그 한 기둥은 고가 십 팔규빗이요, 그 꼭대기에 놋 머리가 있어 고가 삼 규빗이요, 그 머리에 둘린 그물과 석류다 다 놋이라 다른 기둥의 장식과 그물도 이와 같았더라,

⑱ 시위대 장관이 대제사장 스라야와 부제사장 스바냐와 전문지기 세 사람을 잡고,

⑲ 또 성중에서 사람을 잡았으니 곧 군사를 거느린 내시 하나와 또 성중에서 만난바, 왕의 시종 다섯 사람과 국민을 초모하는 장관의 서기관 하나와 성중에서 만난바

국민 육십명이라,

⑳ 시위대 장관 느부사라단이 저희를 잡아가지고 립나 바벨론 왕에게 나아가매,

㉑ 바벨론 왕이 하맛 땅 립나에서 다 쳐 죽였더라, 이와 같이 유다가 사로잡혀 본토에서 떠났더라,

㉒ 유다 땅에 머물러 있는 백성은 곧 바벨론 왕 느부갓네살이 남긴 자라, 왕이 사반의 손자 아히감의 아들 그달리야로 관할하게 하였더라,

㉓ 모든 군대 장관과 그 좇는 자가 바벨론 왕이 그달리야로 방백을 삼았다, 함을 듣고, 이에 느다니야의 아들 이스마엘과 가레아의 아들 요하난과 느도바 사람 단후멧의 아들 스라야와 마아가 사람의 아들 야아샤니야와 그 좇는 사람이 모두 미스바로 가서 그달리야에게 나아가매,

㉔ 그달리야가 그들과 그들의 부하들에게 맹세하여 말하기를, 바렐로니아 사람들의 종들이 되는 것을 두려워하지 말고, 이 땅에서 거하고 바벨론 왕을 섬기라, 그리하면 너희가 평안하리라, 하니라,

㉕ 그러나 제 칠월에 왕족가운데 엘리사마의 손자요, 느다니야의 아들인 이스마엘이 십인을 거느리고 와서 그달리야를 쳐서 죽이고, 미스바에서 그와 함께 있는 유대 사람들과 바벨로니아 사람들도 죽였더라,

㉖ 그때에 작든 크든 온 백성과 군대의 대장들이 일어나 에집트로 왔으니, 이는 그들이 바벨로니아 사람들을 두려워하였기 때문이었더라,

㉗ 유다 왕 여호야긴이 사로잡혀 간지 삼십 칠년, 곧 바벨론 왕 에윌므로닥의 즉위한 원년 십 이월 이십 칠일에 유다 왕 여호야긴을 옥에서 내어놓아 그 머리를 들게하고,

㉘ 선히 말하고, 그 위를 바벨론에서 그와 함께한 왕들의 왕좌보다 높여주고,

㉙ 그 죄수의 의복을 벗고 갈아입게 하였으니, 그가 그의 생명의 모든 날들 동안 항상 왕 앞에서 빵을 먹었더라,

㉚ 그의 쓸 것은 왕으로부터 매일 정량으로 그의 생명의 모든 날들 동안 항상 받았더라.

역대 상

· 본 성경듣기는 QR코드 인식으로 들을 수 있습니다

● 1장

① 아담, 셋, 에노스,

② 게난, 마할랄렐, 야렛,

③ 에녹, 므두셀라,

④ 라멕, 노아, 셈, 함과 야벳,

⑤ 야벳의 아들은 고멜과 마곡과 마대와 야완과 두발과 메섹과 디라스요,

⑥ 고멜의 아들은 아스그나스와 디밧과 도갈마요,

⑦ 야완의 아들은 엘리사와 다시스와 깃딤과 도다님이더라,

⑧ 함의 아들은 구스와 미스라임과 붓과 가나안이요,

⑨ 구스의 아들은 스바와 하윌라와 삽다와 라아마와 삽드가요 라아마의 아들은 스바와 드단이요,

⑩ 구스가 또 니므롯을 낳았으니 세상에 처음 영걸한 자며,

⑪ 미스라임은 루딤과 아나밈과 르하빔과 납두힘과,

⑫ 바드루심과 가슬루힘과 갑도림을 낳았으니 블레셋 족속은 가슬루힘에게서 나왔으며,

⑬ 가나안은 맏아들 시돈과 헷을 낳고,

⑭ 또 여부스 족속과 아모리 족속과 기르가스 족속과,

⑮ 히위 족속과 알가 족속과 신 족속과,

⑯ 아르왓 족속과 스말 족속과 하맛 족속을 낳았더라,

⑰ 셈의 아들은 엘람과 앗수르와 아르박삿과 룻과 아람과 우스와 훌과 게델과 메섹이라,

⑱ 아르박삭은 셀라를 낳고 셀라는 에벨을 낳고,

⑲ 에벨은 두 아들을 낳아 하나의 이름을 벨렉이라 하였으니, 이는 그 때에 땅이 나뉘었음이요, 그 아우의 이름은 욕단이며,

⑳ 욕단이 알모닷과 셀렙과 하살마웻과 예라와,

① 하도람과 우살과 디글라와,

② 에발과 아비마엘과 스바와,

③ 오빌과 하윌라와 요밥을 낳았으니 욕단의 아들들은 이러하니라,

④ 셈 아르박삿 셀라,

⑤ 에벨 벨렉 르우,

⑥ 스룩 나홀 데라,

⑦ 아브람 곧 아브라함,

⑧ 아브라함의 아들은 이삭과 이스마엘이라,

⑨ 이스마엘의 세계는 이러하니 그 맏 아들은 느바욧이요, 다음은 게달과 앗브엘과 밉삼과,

⑩ 미스마와 두마와 맛사와 하닷과 데마와,

⑪ 여둘과 나비스와 게드마라 이스마엘의 아들들은 이러하니라,

⑫ 아브라함의 첩 그두라의 낳은 아들은 시므란과 욕산과 므단과 미디안과 이스박과 수아요, 욕산의 아들은 스바와 드단이요,

⑬ 미디안의 아들은 에바와 에벨과 하녹과 아비다와 엘다아니 그두라의 아들들은 이러하니라,

⑭ 아브라함이 이삭을 낳았으니 이삭의 아들은 에서와 이스라엘이더라,

⑮ 에서의 아들은 엘리바스와 르우엘과 여우스와 얄람과 고라요,

⑯ 엘리바스의 아들은 데만과 오만과 오말과 스비와 가담과 그나스와 딤나와 아말렉이요,

⑰ 르우엘의 아들은 나핫과 세라와 삼마와 밋사요,

⑱ 세일의 아들은 로단과 소발과 시브온과 아나와 디손과 에셀과 디산이요,

⑲ 로단의 아들은 호리와 호맘이요 로단의 누이는 딤나요,

⑳ 소발의 아들은 얄란과 마나핫과 에발과 스비와 오남이요 시브온의 아들은 아야와 아나요,

㉑ 아나의 아들은 디손이요 디손의 아들은 하므란과 에스반과 이드란과 그란이요,

㉒ 에셀의 아들은 빌한과 사아완과 야아간이요 디산의 아들은 우스와 아란이더라,

㉓ 이스라엘 자손을 치리하는 왕이 있기 전에 에돔 땅을 다스린 왕이 이러 하니라 브올의 아들 벨라니 그 도성 이름은 딘하바며,

㉔ 벨라가 죽으매 보스라 세라의 아들 요밥이 대신하여 왕이 되었고,

㉕ 요밥이 죽으매 데만 족속의 땅 사람 후삼이 대신하여 왕이 되었고,

㉖ 후삼이 죽으매 브닷의 아들 하닷이 대신하여 왕이 되었으니 하닷은 모압 들에서 미디안을 친 자요 그 도성 이름은 아윗이며,

㉗ 하닷이 죽으매 마스레가 사믈라가 대신하여 왕이 되었고,

㉘ 사믈라가 죽으매 하숫가의 르호봇이 사울이 대신하여 왕이 되었고,

㉙ 사울이 죽으매 악볼의 아들 바알하난이 대신하여 왕이 되었고,

㉚ 바알하난이 죽으매 하닷이 대신하여 왕이 되었으니 그 도성 이름은 바이요, 그 아내의 이름은 므헤다벨이라 메사합의 손녀요 마드렛의 딸이었더라,

㉛ 하닷이 죽은 후에 에돔의 족장이 이러하니 딤나 족장과 알랴 족장과 여뎃 족장과,

㉜ 오홀리바마 족장과 엘라 족장과 비논 족장과,

㉝ 그나스 족장과 데만 족장과 밉살 족장과,

㉞ 막디엘 족장과 이람 족장이라 에돔 족장이 이러하였더라.

● 2장

① 이스라엘의 아들은 이러하니 르우벤과 시므온과 레위와 유다와 잇사갈과 스불론과,

② 단과 요셉과 베냐민과 납달리와 갓과 아셀이더라,

③ 유다의 아들은 에르와 오난과 셀라니 이 세 사람은 가나안 사람 수아의 딸이 유다로 말미암아 낳은 자요, 유다의 맏아들 에르는 여호와 보시기에 악하였으므로 여호와께서 죽이셨고,

④ 유다의 며느리 다말이 유다로 말미암아 베레스와 세라를 낳았으니, 유다의 아들이 모드 다섯이더라,

⑤ 베레스의 아들은 헤스론과 하물이요,

⑥ 세라의 아들은 시므리와 에단과 헤만과 갈골과 다라니 모두 다섯 사람이요,

⑦ 가르미의 아들은 아갈이니 저는 마땅히 멸할 물건으로 인하여 이스라엘을 괴롭게 한 자며,

⑧ 에단의 아들은 아사랴더라,

⑨ 헤스론의 낳은 아들은 여라므엘과 람과 글루배라,

⑩ 람은 아미나답을 낳았고 암미나답은 나손을 낳았으니, 나손은 유다 자손의 방백이며,

⑪ 나손은 살마를 낳았고 살마는 보아스를 낳았고,

⑫ 보아스는 오벳을 낳았고 오벳은 이새를 낳았고,

⑬ 이새는 맏아들 엘리압과 둘째 아비나답과 셋째로 시므아와,

⑭ 넷째로 느다넬과 다섯째로 랏대와,

⑮ 여섯째로 오셈과 일곱째로 다윗을 낳았으며,

⑯ 저희의 자매는 스루야와 아비가일이라 스루야의 아들은 아비새와 요압과 아사헬과 삼형제요,

⑰ 아비가일은 아마사를 낳았으니 아마사의 아비는 이스마엘 사람 예델이었더라,

⑱ 헤스론의 아들 갈렙이 그 아내 아수바와 여리옷에게서 아들을 낳았으니 그 낳은 아들은 예셀과 소밥과 아르돈이며,

⑲ 아수바가 죽은 후에 갈렙이 또 에브랏에게 장가 들었더니 에브랏이 그로 말미암아 훌을 낳았고 ,

⑳ 훌은 우리를 낳았고 우리는 브살렐을 낳았더라,

㉑ 그후에 헤스론이 육십 세에 길르앗의 아비 마길의 딸에게 장가들어 동침하였더니, 저가 헤스론으로 말미암아 스굽을 낳았으며,

㉒ 스굽은 야일을 낳았고 야일은 길르앗 땅에서 스물 세 성읍을 가졌더니,

㉓ 그술과 아람이 야일의 성읍들과 그낫과 그 성들 모두 육십을 그들에게서 빼앗았으며 저희는 다 길르앗의 아비 마길의 자손이었더라,

㉔ 헤스론이 갈렙 에브라다에서 죽은 후에 그 아내 아비야가 그로 말미암아 아스훌을 낳았으니, 아스훌은 드고야의 아비더라,

㉕ 헤스론의 맏아들 여라므엘의 아들은 맏아들 람과 그 다음 브나와 오렌과 오셈과 아히야며,

㉖ 여라므엘이 다른 아내가 있었으니 이름은 아다라라 저는 오남의 어미더라,

㉗ 여라므엘의 맏아들 람의 아들은 마아스와 야민과 에겔이요,

㉘ 오남의 아들들은 삼매와 야다요 삼매의 아들은 나답과 아비술이며,

㉙ 아비술의 아내의 이름은 아비하일이라 저가 그로 말미암아 아반과 몰릿을 낳았으

며,
㉚ 나답의 아들은 셀렛과 압바임이라 셀렛은 아들이 없이 죽었고,
㉛ 압바임의 아들은 이시요 이시의 아들은 세산이요 세산의 아들은 알래요,
㉜ 삼매의 아우 야다의 아들을 예델과 요나단이라 예델은 아들이 없이 죽었고,
㉝ 요나단의 아들은 엘렛과 사사라 여라므엘의 자손은 이러하며,
㉞ 세산은 아들이 없고 딸 뿐이라 그에게 야르하라 하는 애굽 종이 있는 고로,
㉟ 딸을 그 종 야르하르에게 주어 아내를 삼게 하였더니 저가 그로 말미암아 앗대를 낳았고,
㊱ 앗대는 나단을 낳았고 나단은 사밧을 낳았고,
㊲ 사밧은 에블랄을 낳았고 에블랄은 오벳을 낳았고,
㊳ 오벳은 예후를 낳았고 예후는 아사랴를 낳았고,
㊴ 아사랴는 헬레스를 낳았고 헬레스는 엘르아사를 낳았고,
㊵ 엘르아사는 시스매를 낳았고 시스매는 살룸을 낳았고,
㊶ 살룸은 여가먀를 낳았고 여가먀는 엘리사마를 낳았더라,
㊷ 여라므엘의 아우 갈렙의 아들 곧 맏아들은 메사니 십의 아내요 그 아들은 마레사니 헤브론의 아비며,
㊸ 헤브론의 아들은 고라와 답부아와 레겜과 세마라,
㊹ 세마는 라함을 낳았으니 라함은 요르그암의 아비며 레겜은 삼매를 낳았고,
㊺ 삼매의 아들은 마온이라 마온은 벳술의 아비며,
㊻ 갈렙의 처 에바는 하란과 모사와 가세스를 낳았고 하란은 가세스를 낳았으며,
㊼ 야대의 아들은 레겜과 요단과 게산과 벨렛과 에바와 사압이며,
㊽ 갈렙의 첩 마아가는 세벨과 디르하나를 낳았고,
㊾ 또 맛만나의 아비 사압을 낳았고 또 막베나와 기브아의 아비 스와를 낳았으며 갈렙의 딸은 악사더라,
㊿ 갈렙의 자손 곧 에브라다의 맏아들 훌의 아들은 이러하니 기럇여아림의 아비 소발과,
(51) 베들레헴의 아비 살마와 벧가델의 아비 하렙이며,
(52) 기럇여아림의 아비 소발의 자손은 하로에와 므누훗 사람의 절반이니,
(53) 기럇여아림 족속들은 이델 족속과 붓 족속과 수맛 족속과 미스라 족속이라 이로 말미암아 소라와 에스다올 두 족속이 나왔으며,

㉔ 살마의 자손들은 베들레헴과 느도바 족속과 아다롯벳요압과 마하낫 족속의 절반과 소라 족속과,

㉕ 야베스에 거한 서기관 족속 곧 디랏 족속과 시므앗 족속과 수갓 족속이니 이는 다 레갑의 집 조상 함맛에게서 나온 겐 족속이더라.

●3장

① 다윗이 헤브론에서 낳은 아들들이 이러하니 맏 아들은 암논이라 이스르엘 여인 아히노암의 소생이요 둘째는 다니엘이라 갈멜 여인 아비가일의 소생이요,

② 셋째는 압살롬이라 그술 왕 달매의 딸 마아가의 아들이요 넷째는 아도니야라 학깃의 아들이요,

③ 다섯째는 스바댜라 아비달의 소생이요 여섯째는 이드르암이라 다윗의 아내 에글라의 소생이니,

④ 이 여섯은 다윗이 헤브론에서 낳은 자라 다윗이 거기서 칠년 육개월을 치리하였고 또 예루살렘에서 삼십 삼년을 치리하였으며,

⑤ 예루살렘에서 낳은 아들들은 이러하니, 시므아와 소밥과 나단과 솔로몬 네 사람은 다 암미엘의 딸 밧사바의 소생이요,

⑥ 또 입할과 엘리사마와 엘리벨렛과,

⑦ 노가와 네벡과 야비야와,

⑧ 엘리사마와 엘랴다와 엘리벨렛 아홉 사람은,

⑨ 다 다윗의 아들이요, 저희의 누이는 다말이요, 이 외에 첩의 아들들이 있었더라,

⑩ 솔로몬의 아들은 르호보암이요, 그 아들은 아비야요, 그 아들은 아사요, 그 아들은 여호사밧이요,

⑪ 그 아들은 요람이요, 그 아들은 아하시야요, 그 아들은 요아스요,

⑫ 그 아들은 아마샤요, 그 아들은 아사랴요, 그 아들은 요담이요,

⑬ 그 아들은 아하스요, 그 아들은 히스기야요, 그 아들은 므낫세요,

⑭ 그 아들은 아몬이요, 그 아들은 요시야며,

⑮ 요시야의 아들들은 맏아들 요하난과 둘째 여호야김과 셋째 시드기야와 넷째 살룸이요,

⑯ 여호야김의 아들들은 그 아들 여고냐(여고야긴) 그 아들 시드기야요,

⑰ 사로잡혀간 여호야긴의 아들들은 그 아들 스알디엘과,

⑱ 말기람과 브다야와 세낫살과 여가마와 호사마와 느다뱌요,

⑲ 브다야의 아들들은 스룹바벨과 시므이요 스룹바벨의 아들은 므술람과 하나냐와 그 매제 슬로밋과,

⑳ 또 하수바와 오헬과 베레갸와 하사댜와 유삽헤셋 다섯 사람이요,

㉑ 하나냐의 아들은 블라댜와 여사야요, 또 르바야의 아들 아르난의 아들들 오바댜의 아들들 스가냐의 아들들이니,

㉒ 스가냐의 아들은 스마야요, 스마야의 아들들은 핫두스와 이갈과 바리야와 느아랴와 사밧 여섯 사람이요,

㉓ 느아랴의 아들은 에료에내와 히스기야와 아스리감 세 사람이요,

㉔ 에료에내의 아들들은 호다위야와 엘리 아십과 블라야와 악굽과 요하난과 들라야와 아나니 일곱 사람이더라.

● 4장

① 유다의 아들들은 베레스와 헤스론과 갈미와 훌과 소발이라,

② 소발의 아들 르아야는 야핫을 낳고 애핫은 아후매와 라핫을 낳았으니 이는 소라 사람의 족속이며,

③ 에담 조상의 자손들은 이스르엘과 이스마와 잇바스와 저희의 매제 하슬렐보니와,

④ 그돌의 아비 브누엘과 후사의 아비 에셀이니 이는 다 베들레헴의 아비 에브라다의 맏아들 훌의 소생이며,

⑤ 드고아의 아비 아스훌의 두 아내는 헬라와 나아라라,

⑥ 나아라는 그로 말미암아 아훗삼과 헤벨과 데므니와 하아하스다리를 낳았으니 이는 나아라의 소생이요,

⑦ 헬라의 아들들은 세렛과 이소할과 에드난이며,

⑧ 고스는 아눕과 소베바와 하룸과 아들 아하헬 족속들을 낳았으며,

⑨ 야베스는 그 형제보다 존귀한 자라 그 어미가 이름하여 야베스라 하였으니, 이는 내가 수고로이 낳았다 함이었더라,

⑩ 야베스가 이스라엘 하나님께 아뢰어 가로되, 원컨대, 주께서 내게 복에 복을 더하사 나의 지경을 넓히시고 주의 손으로 나를 도우사 나로 환난을 벗어나 근심이 없게 하옵소서, 하였더,니 하나님이 그 구하는 것을 허락하셨더라,

⑪ 수하의 형 글룹이 므힐을 낳았으니 므힐은 에스돈의 아비요,

⑫ 에스돈은 베드라바와 바세아와 이르나하스의 아비 드힌나를 낳았으니 이는 다 레가 사람이며,

⑬ 그나스의 아들들은 옷니엘과 스라야요, 옷니엘의 아들은 하닷이며,

⑭ 므오노대는 오브라를 낳았고 스라야는 요압을 낳았으니 요압은 게하라심의 조상이라 저희들은 공장이었더라,

⑮ 여분네의 아들 갈렙의 자손은 이루와 엘라와 나암과 엘라의 자손과 그나스요,

⑯ 여할렐렐의 아들은 십과 시바와 디리아와 아사렐이요,

⑰ 에스라의 아들들은 예델과 메렛과 에벨과 얄론이며 메렛은 미리암과 삼매와 에스드모아의 조상 이스바를 낳았으니,

⑱ 이는 메렛의 취한 바로의 딸 비디아의 아들들이며 또 그 아내 여후디야는 그돌의 조상 예렛과 소고의 조상 헤벨과 사노아의 조상 여구디엘을 낳았으며,

⑲ 나함의 누이인 호디야의 아내의 아들들은 가미 사람 그일라의 아비와 마아가 사람 에스드모아며,

⑳ 시몬의 아들들은 암논과 린나와 벤하난과 딜론이요 이시의 아들들은 소헷과 벤소헷이더라,

㉑ 유다의 아들 셀라의 자손은 레가의 아비 에르와 마레사의 아비 라아다와 세마포 짜는 자의 집 곧 이스베야의 집 족속과,

㉒ 또 요김과 고세바 사람들과 요아스와 모압을 다스리던 사람과 야수비네헴이니 이는 다 옛 기록에 의지한 것이라,

㉓ 이 모든 사람은 옹기장이가 되어 수풀과 산울 가운데 거하는 자로서 거기서 왕과 함께 거하여 왕의 일을 하였더라,

㉔ 시므온의 아들들은 느무엘과 야민과 야립과 세라와 사울이요,

㉕ 사울의 아들은 살룸이요 그 아들은 밉삼이요 그 아들은 미스마요,

㉖ 미스마의 아들은 함무엘이요 그 아들은 삭굴이요 그 아들은 시므이라,

㉗ 시므이는 아들 열 여섯과 딸 여섯이 있으나 그 형제에게는 자녀가 몇이 못되니 그 온 족속이 유다 자손처럼 번성하지 못하였더라,

㉘ 시므온 자손의 거한 곳은 브엘세바와 몰라다와 하살수알과,

㉙ 빌하와 에셈과 돌랏과,

㉚ 브두엘과 호르마와 시글락과,

㉛ 벧말가봇과 하살수심과 벧비리와 사아라임이니 다윗왕 때까지 이 모든 성읍이 저

희에게 속하였으며,

㉜ 그 향촌은 에담과 아인과 림몬과 도겐과 아산 다섯 성읍이요,

㉝ 또 그 각 성읍 사면에 촌이 있어 바알까지 미쳤으니 시므온 자손의 주소가 이러하고 각기 보계가 있더라,

㉞ 또 메소밥과 야믈렉과 야마시야의 아들 요사와,

㉟ 요엘과 아시엘의 증손 스라야의 손자 요시비야의 아들 예후와,

㊱ 또 엘료에내와 야아고바와 여소하야와 아사야와 아디엘과 여시미엘과 브나야와,

㊲ 또 스마야의 오대손 시므리의 현손 여다야의 증손 알론의 손자 시비의 아들 시사니,

㊳ 이 위에 녹명된 자는 다 그 본족의 족장이라 그 종족이 더욱 번성한지라,

㊴ 저희가 그 양떼를 위하여 목장을 구하고자 하여 골짜기 동편 그돌 지경에 이르러,

㊵ 아름답고 기름진 목장을 발견하였는데 그 땅이 광활하고 안정하니 이는 옛적부터 거기 거한 사람은 함의 자손인 까닭이라,

㊶ 이 위에 녹명된 자가 유다 왕 히스기야 때에 가서 저희의 장막을 쳐서 파하고 거기 있는 모우님 사람을 쳐서 진멸하고 대신하여 오늘까지 거기 거하였으니, 이는 그 양떼를 먹일 목장이 거기 있음이며,

㊷ 또 시므온 자손 중에 오백 명이 이시의 아들 블라댜와 느아랴와 르바야와 웃시엘로 두목을 삼고 세일산으로 가서,

㊸ 피하여 남아 있는 아말렉 사람을 치고 오늘까지 거기 거하였더라.

● 5장

① 이스라엘의 장자 르우벤의 아들들은 이러하니라 (르우벤은 장자라도 그 아비의 침상을 더럽게 하였으므로 장자의 명분이 이스라엘의 아들 요셉의 자손에게로 돌아갔으니 족보에는 장자의 명분대로 기록할 것이 아니니라,

② 유다는 형제보다 뛰어나고 주권자가 유다로 말미암아 났을지라도 장자의 명분은 요셉에게 있으니라)

③ 이스라엘의 장자 르우벤의 아들들은 하녹과 발루와 헤스론과 갈미요,

④ 요엘의 아들은 스마야요 그 아들은 곡이요 그 아들은 시므이요,

⑤ 그 아들은 미가요 그 아들은 르아야요 그 아들은 바알이요,

⑥ 그 아들은 브에라니 저는 르우벤 자손의 두목으로서 앗수르 왕 디글랏빌레셀에게

사로잡힌 자라,

⑦ 저의 형제가 종족과 보계대로 족장된 자는 여이엘과 스가랴와,

⑧ 벨라니벨라는 아사스의 아들이요, 세마의 손자요 요엘의 증손이라, 저가 아로엘에 거하여 느보와 바알므온까지 미쳤고,

⑨ 또 동으로 가서 거하여 유브라강에서부터 광야 지경까지 미쳤으니, 이는 길르앗 땅에서 그 생축이 번식함이라,

⑩ 사울왕 때에 저희가 하갈 사람으로 더불어 싸워 쳐 죽이고 길르앗 동편 온 땅에서 장막에 거하였더라,

⑪ 갓 자손은 르우벤 사람을 마주 대하여 바산 땅에 거하여 살르가까지 미쳤으니,

⑫ 족장은 요엘이요, 다음은 사밤이요, 또 야내와 바산에 거한 사밧이요,

⑬ 그 족속 형제에는 미가엘과 므술람과 세바와 요래와 야간과 시아와 에벨 일곱 명이니,

⑭ 이는 다 아비하일의 아들이라 아비하일은 후리의 아들이요, 야로아의 손자요, 길르앗의 증손이요, 미가엘의 현손이요 여시새의 오대손이요 야도의 육대손이요 부스의 칠대손이라,

⑮ 또 구니의 손자 압디엘의 아들 아히가 족장이 되었고,

⑯ 저희가 바산 길르앗과 그 향촌과 사론의 모든 들에 거하여 그 사방 변경에 미쳤더라,

⑰ 이상은 유다 왕 요담과 이스라엘 왕 여로보암 때에 족보에 기록되었더라,

⑱ 르우벤 자손과 갓 사람과 므낫세 반 지파의 나가 싸울만한 용사 곧 능히 방패와 칼을 들며 활을 당기어 싸움에 익숙한 자가 사만 사천 칠백 육십인이라,

⑲ 저희가 하갈 사람과 여두르와 나비스와 노답과 싸우는 중에,

⑳ 도우심을 입었으므로 하갈 사람과 그 함께 한 자들이 다 저희 손에 패하였으니 이는 저희가 싸울 때에 하나님께 의뢰하고 부르짖음을 하나님이 들으셨음이라,

㉑ 저희가 대적의 짐승 곧 약대 오만과 양 이십 오만과 나귀 이천을 빼앗으며 사람 십만을 사로잡았고,

㉒ 죽임을 당한 자가 많았으니 이 싸움이 하나님께로 말미암았음이라 저희가 그 땅에 거하여 사로잡힐 때까지 이르렀더라,

㉓ 므낫세 반 지파 자손들이 그 땅에 거하여 번성하여 바산에서부터 바알헤르몬과 스닐과 헤르몬산까지 미쳤으며,

㉔ 그 족장은 에벨과 이시와 엘리엘과 아스리엘과 예레미야와 호다위야와 야디엘이
라 다 용력이 유명한 족장이었더라,

㉕ 저희가 그 열조의 하나님께 범죄하여 하나님이 저희 앞에서 멸하신 그 땅백성의
신들을 간음하듯 섬긴지라,

㉖ 그러므로 이스라엘 하나님이 앗수르 왕 불의 마음을 일으키시며 앗수르 왕 디글랏
빌레셀의 마음을 이르키시매 곧 르우벤과 갓과 므낫세 반 지파를 사로잡아 할라와
하볼과 하라와 고산 하숫가에 옮긴지라 저희가 오늘날까지 거기 있으니라,

● 6장

① 레위의 아들들은 게르손과 그핫과 므라리요,

② 그핫의 아들들은 아므람과 이스할과 헤브론과 웃시엘이요,

③ 아므람의 자녀는 아론과 모세와 미리암이요 아론의 아들들은 나답과 아비후와 엘
르아살과 이다말이며,

④ 엘르아살은 비느하스를 낳았고 비느하스는 아비수아를 낳았고,

⑤ 아비수아는 북기를 낳았고 북기는 웃시를 낳았고,

⑥ 웃시는 스라히야를 낳았고 스라히야는 므라욧을 낳았고,

⑦ 므라욧은 아마랴를 낳았고 아마랴는 아히둡을 낳았고,

⑧ 아히둡은 사독을 낳았고 사독은 아히마아스를 낳았고,

⑨ 아히마아스는 아사랴를 낳았고 아사랴는 요하난을 낳았고,

⑩ 요하난은 아사랴를 낳았으니 이 아사랴는 솔로몬이 예루살렘에 세운 전에서 제사
장의 직분을 행한 자며,

⑪ 아사랴는 아마랴를 낳았고 아마랴는 아히둡을 낳았고,

⑫ 아히둡은 사독을 낳았고 사독은 살룸을 낳았고,

⑬ 살룸은 힐기야를 낳았고 힐기야는 이사랴를 낳았고,

⑭ 이사랴는 스라야를 낳았고 스라야는 여호사닥을 낳았으며,

⑮ 여호와께서 느브갓네살의 손으로 유다와 예루살렘 백성을 옮기실 때에 여호사닥
도 갔었더라,

⑯ 레위의 아들들은 게르손과 그핫과 므라리며,

⑰ 게르손의 아들의 이름은 립나와 시므이요,

⑱ 그핫의 아들들은 아므람과 이스할과 헤브론과 웃시엘이요,

⑲ 므라리의 아들들은 말리와 무시라 이 레위 사람의 집들이 그 종족을 따라 이러하니,

⑳ 게르손에게서 난 자는 곧 그 아들 립니요 그 아들은 야핫이요 그 아들은 심마요,

㉑ 그 아들은 요아요 그 아들은 잇도요 그 아들은 세라요 그 아들은 여아드래며,

㉒ 그핫에게서 난 자는 곧 그 아들 암미나답이요 그 아들은 고라요 그 아들은 앗실이요,

㉓ 그 아들은 엘가나요 그 아들은 에비아삽이요 그 아들은 앗실이요,

㉔ 그 아들은 다핫이요 그 아들은 우리엘이요 그 아들은 웃시야요 그 아들은 사울이며,

㉕ 엘가나의 아들들은 아마새와 아히못이라,

㉖ 엘가나로 말하면 그 자손은 이러하니 그 아들은 소배요 그 아들은 나핫이요,

㉗ 그 아들은 엘리압이요 그 아들은 여로함이요 그 아들은 엘가나며,

㉘ 사무엘의 아들들은 맏아들 요엘이요 다음은 아비야며,

㉙ 므라리에게서 난 자는 말리요 그 아들은 립니요 그 아들은 시므이요 그 아들은 웃사요,

㉚ 그 아들은 시므아요 그 아들은 학기야요 그 아들은 아사야더라,

㉛ 언약궤가 평안한 곳을 얻은 후에 다윗이 이 아래의 무리를 세워 여호와의 집에서 찬송하는 일을 맡게 되매,

㉜ 솔로몬이 예루살렘에서 여호와의 전을 세울 때까지 저희가 회막 앞에서 찬송하는 일을 행하되 그 반열대로 직무를 행하였더라,

㉝ 직무를 행하는 자와 그 아들들이 이러하니 그핫의 자손 중에 헤만은 찬송하는 자라 저는 요엘의 아들이요 요엘은 사무엘의 아들이요,

㉞ 사무엘은 엘가나의 아들이요 엘가나는 여로함의 아들이요 여로함은 엘리엘의 아들이요 엘리엘은 도아의 아들이요,

㉟ 도아는 숩의 아들이요 숩은 엘가나의 아들이요 엘가나는 마핫의 아들이요 마핫은 아마새의 아들이요,

㊱ 아마새는 엘가나의 아들이요 엘가나는 요엘의 아들이요 요엘은 아사랴의 아들이요 아사랴는 스바냐의 아들이요,

㊲ 스바냐는 다핫의 아들이요 다핫은 앗실의 아들이요 앗실은 에비아삽의 아들이ㅛ 에비아삽은 고라의 아들이요,

㊳ 고라는 이스할의 아들이요 이스할은 그핫의 아들이요 그핫은 레위의 아들이요 레위는 이스라엘의 아들이며,
㊴ 헤만의 형제 아삽은 헤만의 우편에서 직무를 행하였으니 저는 베레갸의 아들이요 베레갸는 시므아의 아들이요,
㊵ 시므아는 미가엘의 아들이요 미가엘은 바아세야의 아들이요 바아세야는 말기야의 아들이요,
㊶ 말기야는 에드니의 아들이요 에드니는 세라의 아들이요 세라는 아다야의 아들이요,
㊷ 아다야는 에단의 아들이요 에단은 심마의 아들이요 심마는 시므이의 아들이요,
㊸ 시므이는 야핫의 아들이요 야핫은 게르손의 아들이요 게르손은 레위의 아들이며,
㊹ 저희의 형제 므라리의 자손 중 그 좌편에서 직무를 행하는 자는 에단이라 에단은 기시의 아들이요, 기시는 압디의 아들이요 압디는 말룩의 아들이요,
㊺ 말룩은 하사뱌의 아들이요 하사뱌는 아마시야의 아들이요 아마시야는 힐기야의 아들이요,
㊻ 힐기야는 암시의 아들이요 암시는 바니의 아들이요 바니는 세멜의 아들이요,
㊼ 세멜은 말리의 아들이요 말리는 무시의 아들이요, 무시는 므라리의 아들이요 므라리는 레위의 아들이며,
㊽ 저희의 형제 레위 사람들은 하나님의 집 장막의 모든 일을 맡았더라,
㊾ 아론과 그 자손들은 번제단과 향단 위에 분향하며 제사를 드리며 지성소의 모든 일을 하나님의 종 모세의 모든 명대로 이스라엘을 위하여 속죄하니,
㊿ 아론의 자손들은 이러하니라, 그 아들은 엘르아살이요, 그 아들은 비느하스요 그 아들은 아비수아요,
(51) 그 아들은 북기요 그 아들은 웃시요 그 아들은 스라히야요,
(52) 그 아들은 므라욧이요 그 아들은 아마랴요 그 아들은 아히둡이요,
(53) 그 아들은 사독이요 그 아들은 아히마아스더라,
(54) 저희의 거한 곳은 사방 경계 안에 있으니 그 향리는 아래와 같으니라 아론 자손 곧 그핫 족속이 먼저 제비 뽑았으므로
(55) 저희에게 유다 땅의 헤브론과 그 사방 들을 주었고,
(56) 그 성의 밭과 향리는 여분네의 아들 갈렙에게 주었으며,
(57) 아론 자손에게 도피성을 주었으니 헤브론과 립나와 그 들과 얏딜과 에스드모아와

그 들과,
(58) 힐렌과 그 들과 드빌과 그 들과,
(59) 아산과 그 들과 벧세메스와 그 들이며,
(60) 또 베냐민 지파 중에서는 게바와 그 들과 알라멧과 그 들과 아나돗과 그 들을 주었으니, 그 족속의 얻은 성이 모두 열 셋이었더라,
(61) 그핫 자손의 남은 자에게는 므낫세 반 지파 족속 중에서 제비 뽑아 열 성을 주었고,
(62) 게르손 자손에게는 그 족속대로 잇사갈 지파와 앗셀 지파와 납달리 지파와 바산에 있는 므낫세 지파 중에서 열 세 성을 주었고,
(63) 므라리 자손에게는 그 족속대로 르우벤 지파와 갓 지파와 스불론 지파 중에서 제비 뽑아서 열 두 성을 주었더라,
(64) 이스라엘 자손이 이 모든 성과 그 들을 레위 자손에게 주되,
(65) 유다 자손의 지파와 시므온 자손의 지파와 베냐민 자손의 지파 중에서 이 위에 기록한 여러 성을 제비 뽑아 주었더라,
(66) 그핫 자손의 몇 족속은 에브라임 지파 중에서 성을 얻어 영지를 삼았으며,
(67) 또 저희에게 도피성을 주었으니 에브라임 산중 세겜과 그 들과 게셀과 그 들과,
(68) 요므암과 그 들과 벧호른과 그 들과,
(69) 아얄론과 그 들과 가드림몬과 그 들이며,
(70) 또 그핫 자손의 남은 족속에게는 므낫세 반 지파 중에서 아넬과 그 들과 빌르암과 그 들을 주었더라,
(71) 게르손 자손에게는 므낫세 반 지파 족속 중에서 바산의 골란과 그 들과 아스다롯과 그 들을 주었고
(72) 또 잇사갈 지파 중에서 게데스와 그 들과 다브랏과 그 들과,
(73) 라못과 그 들과 아넴과 그 들을 주었고,
(74) 아셀 지파 중에서 마살과 그 들과 압돈과 그 들과,
(75) 후곡과 그 들과 르홉과 그 들을 주었고,
(76) 납달리 지파 중에서 갈릴리의 게데스와 그 들과 함몬과 그 들과 기랴다임과 그 들을 주었더라,
(77) 므라리 자손의 남은 자에게는 스불론 지파 중에서 림모스와 그 들과 다볼과 그 들을 주었고,

㉠ 또 요단 건너 동편 곧 여리고 맞은편 르우벤 지파 중에서 광야의 베셀과 그 들과 야사와 그 들과,

㉡ 그데못과 그 들과 메바앗과 그 들을 주었고,

㉢ 또 갓 지파 중에서 길르앗의 라못과 그 들과 마하나임과 그 들과,

㉣ 헤스본과 그 들과 야셀과 그 들을 주었더라.

● 7장

① 잇사갈의 아들들은 돌라와 부아와 야숩과 시므론 네 사람이며,

② 돌라의 아들들은 웃시와 르바야와 여리엘과 야매와 입삼과 스므엘이니 다 그 아비 돌라의 족장이라 대대로 용사더니 다윗 때에 이르러는 그 수효가 이만 이천 육백 명이었더라,

③ 웃시의 아들은 이스라히야요 이스라히야의 아들들은 미가엘과 오바댜와 요엘과 잇시야 다섯 사람이 모두 족장이며,

④ 저희와 함께한 자는 그 보계와 종족대로 능히 출전할만한 군대가 삼만 육천인이니 이는 그 처자가 많은 연고며,

⑤ 그 형제 잇사갈의 모든 종족은 다 큰 용사라 그 보계대로 계수하면 팔만 칠천인이 었더라,

⑥ 베냐민의 아들들은 벨라와 베겔과 여디아엘 세 사람이며,

⑦ 벨라의 아들들은 에스본과 우시와 웃시엘과 여리못과 이리 다섯 사람이니 다 그 집의 족장이요 큰 용사라 그 보계대로 계수하면 이만 이천 삼십 사인이며,

⑧ 베겔의 아들들은 스미라와 요아스와 엘리에셀과 엘료에내와 오므리와 여레못과 아비야와 아나돗과 알레멧이니 베겔의 아들들은 이러하며,

⑨ 저희는 다 그 집의 족장이요 큰 용사라 그 자손을 보계대로 계수하면 이만 이백인 이며,

⑩ 여디아엘의 아들은 빌한이요 빌한의 아들들은 여우스와 베냐민과 에훗과 그나아 나와 세단과 다시스와 아히사할이니,

⑪ 이 여디아엘의 아들들은 그 집의 족장이요 큰 용사라 그 자손 중에 능히 출전할만 한 자가 일만 칠천 이백인이며,

⑫ 일의 이들은 숩과 훕빔이요 아헬의 아들은 후심이더라,

⑬ 납달리의 아들들은 야시엘과 구니와 예셀과 살룸이니 이는 빌하의 손자더라,

⑭ 므낫세의 아들들 그 처의 소생은 아스리엘이요 그 첩 아람 여인의 소생은 길르앗의 아비 마길이니,

⑮ 마길은 훕빔과 숩빔의 누이 마아가라 하는 이에게 장가들었더라 므낫세의 둘째 아들의 이름은 슬로브핫이니 슬로브핫은 딸 둘만 낳았으며,

⑯ 마길의 아내 마아가는 아들을 낳아 그 이름은 베레스라 하였으며 그 아우는 이름이 세레스며 세레스의 아들은 울람과 라겜이요,

⑰ 울람의 아들은 브단이니 이는 다 길르앗의 자손이라 기르앗은 마길의 아들이요 므낫세의 손자며,

⑱ 그 누이 함몰레겟은 이스홋과 아비에셀과 말라를 낳았고,

⑲ 스미다의 아들은 아히안과 세겜괴 릭히와 아니암이더라,

⑳ 에브라임의 아들은 수델라요 그 아들은 베렛이요 그 아들은 다핫이요, 그 아들은 엘르아다요, 그 아들은 다핫이요,

㉑ 그 아들은 사밧이요, 그 아들은 수델라며 저가 또 에셀과 엘르앗을 낳았더니, 저희가 가드토인에게 죽임을 당하였으니 이는 저희가 내려가서 가드 사람의 짐승을 빼앗고자 하였음이라,

㉒ 그 아비 에브라임이 위하여 여러 날 슬퍼하므로 그 형제가 와서 위로하였더라,

㉓ 그 후에 에브라임이 그 아내와 동침하였더니 아내가 잉태하여 아들을 낳으니 그 집이 재앙을 받았으므로 그 이름을 브리아라 하였더라,

㉔ 에브라의 딸은 세에라니 저가 아래 윗 벧호론과 우센세에라를 세웠더라,

㉕ 브리아의 아들들은 레바와 레셉이요 레셉의 아들은 델라요 그 아들은 다한이요,

㉖ 그 아들은 라단이요 그 아들은 암미훗이요 그 아들은 엘리사마요,

㉗ 그 아들은 눈이요 그 아들은 여호수아더라,

㉘ 에브라임의 자손의 산업과 거처는 벧엘과 그 향리요 동에는 아아란이요, 서에는 게셀과 그 향리며 또 세겜과 그 향리니 아사와 그 향리까지며,

㉙ 또 므낫세 자손의 지경에 가까운 벧스안과 그 향리와 다아낙과 그 향리와 므깃도와 그 향리와 돌과 그 향리라 이스라엘의 아들 요셉의 자손이 이 여러 곳에 거하였더라,

㉚ 아셀의 아들들은 임나와 이스와와 이스위와 브리아요 저희의 매제는 세라며,

㉛ 브리아의 아들들은 헤벨과 말기엘이니 말기엘은 비르사잇와 아비며,

㉜ 헤벨은 야블렛과 소멜과 호담과 저희의 매제 수아를 낳았으며,

㉝ 야블렛의 아들들은 바삭과 빔할과 아스왓이니 야블렛의 아들은 이러하며,

㉞ 소멜의 아들들은 아히와 로가와 호바와 아람이요,

㉟ 그 아우 헬렘의 아들들은 소바와 임나와 셀레스와 아말이요,

㊱ 소바의 아들들은 수아와 하르네벨과 수알과 베리와 이므라와,

㊲ 에셀과 홋과 사마와 실사와 이드란과 브에라요,

㊳ 예델의 아들들은 여분네와 비스바와 아라요,

㊴ 울라의 아들들은 아라와 한니엘과 리시아니,

㊵ 이는 다 아셀의 자손으로 족장이요 뽑힌 큰 용사요 방백의 두목이라 출전할만한 자를 그 보계대로 계수하면 이만 육천인이었더라,

● 8장

① 베냐민의 낳은 자는 맏아들 벨라와 둘째 아스벨과 세째 아하라와,

② 넷째 노하와 다섯째 라바며,

③ 벨라에게 아들들이 있으니 곧 앗달과 게라와 라비홋과,

④ 아바수아와 나아만과 아호와와,

⑤ 게라와 스부만과 후람이며,

⑥ 에훗의 아들들은 이러하니라 저희는 게바 거민의 족장으로서 사로잡아 마나핫으로 가되,

⑦ 곧 나아만과 아히야와 게라를 사로잡아 갔고 그가 또 웃사와 아히훗을 낳았으며,

⑧ 사하라임은 두 아내 후심과 바아라를 내어 보낸 후에 모압 땅에서 자녀를 낳았으니,

⑨ 그 아내 호데스에서 낳은 자는 요밥과 시비야와 메사와 말감과,

⑩ 여우스와 사갸와 미르마라 이 아들들은 족장이며,

⑪ 또 그 아내 후심에게서 아비둡과 엘바알을 낳았으며,

⑫ 엘바알의 아들들은 에벨과 미삼과 세멧이니 저는 오노와 롯과 그 향리를 세웠고,

⑬ 또 브리아와 세마니 저희는 아얄론 거민의 족장이 되어 가드 거민을 쫓아내었더라,

⑭ 아히요와 사삭과 예레못과,

⑮ 스바댜와 아랏과 에델과,

⑯ 미가엘과 이스바와 요하는 다 브리아의 아들들이요,

⑰ 스바댜와 므술람과 히스기와 헤벨과,

⑱ 이스므레와 이슬리아와 요밥은 다 엘바알의 아들들이요,

⑲ 야김과 시그리와 삽디와,

⑳ 엘리에내와 실르대와 엘리엘과,

㉑ 아다야와 브라야와 시므랏은 다 시므이의 아들들이요,

㉒ 이스반과 에벨과 엘리엘과,

㉓ 압돈과 시그리와 하난과,

㉔ 하나냐와 엘람과 안도니야와,

㉕ 이브드야와 브누엘은 다 사삭의 아들들이요,

㉖ 삼스래와 스하랴와 아달랴와 ,

㉗ 야아레시야와 엘리야와 시그리는 다 여로함의 아들들이니,

㉘ 이는 다 족장이요 대대로 두목이라 예루살렘에 거하였더라,

㉙ 기브온의 조상 여이엘은 기브온에 거하였으니 그 아내의 이름은 마아가며,

㉚ 장자는 압돈이요 다음은 술과 기스와 바알과 나답과,

㉛ 그 돌과 아히오와 세겔이며,

㉜ 미글롯은 시므아를 낳았으며 이 무리가 그 형제로 더불어 서로 대하여 예루살렘에 거하였더라,

㉝ 넬은 기스를 낳았고 기스는 사울을 낳았고 사울은 요나단과 말기수아와 아비나답과 에스바알을 낳았으며,

㉞ 요나단의 아들은 므립바알이라 므립바알이 미가를 낳았고,

㉟ 미가의 아들들은 비돈과 멜렉과 다레아와 아하스며,

㊱ 아하스는 여호앗다를 낳았고 여호앗다는 알레멕과 아스마과 시므리를 낳았고 시므리는 모사를 낳았고,

㊲ 모사는 비느아를 낳았으며 비느아의 아들은 라바요, 그 아들은 엘르아사요, 그 아들은 아셀이며,

㊳ 아셀에게서 여섯 아들이 있어 그 이름이 이러하니, 아스리감과 보그루와 이스마엘과 스아랴와 오바댜와 하난이라, 아셀의 모든 아들이 이러하며,

㊴ 그 아우 에섹의 아들은 이러하니 그 장자는 울람이요 둘째는 여우스요 셋째는 엘리벨렛이며,

㊵ 울람의 아들은 큰 용사요 활을 잘 쏘는 자라 아들과 손자가 많아 모두 일백 오십인

이었더라 베냐민의 자손들은 이러하였더라,

● 9장

① 온 이스라엘이 그 계보들대로 계수되고 이스라엘 열왕기에 기록되니라, 유다가 범죄함을 인하여 바벨론으로 사로잡혀 갔더니,

② 먼저 그 본성으로 돌아와서 그들의 소유지에 거한 자는 이스라엘 제사장들과 레위 사람과 느디님 사람들이라,

③ 유다 자손과 베냐민 자손과 에브라임과 므낫세 자손 중에서 예루살렘에 거한 자는,

④ 유다의 아들 베레스 자손 중에 우대니 저는 암미훗의 아들이요 오므리의 손자요 이므리의 증손이요, 바니의 현손이며,

⑤ 실로 사람 중에서는 장자 아사야와 그 아들들이요,

⑥ 세라 자손 중에서는 여우엘과 그 형제 육백 구십인이요,

⑦ 베냐민 자손 중에서는 핫스누아의 증손 호다위아의 손자 므술람의 아들 살루요,

⑧ 여로함의 아들 이브느야와 미그리의 손자 웃시의 아들 엘라요 이브니야의 증손 르우엘의 손자 스바댜의 아들 무술람이요,

⑨ 또 저의 형제들이라 그 계보들대로 계수하면 구백 오십 육인이니다, 그 집의 족장 된 자들이더라,

⑩ 제사장 중에서는 여다야와 여호야립과 야긴과,

⑪ 하나님의 전을 맡은 자 아사랴니 저는 힐기야의 아들이요, 므술람의 손자요, 사독의 증손이요, 므라욧의 현손이요, 아히둡의 오대손이며,

⑫ 또 아다야니 저는 여로함의 아들이요, 바스훌의 손자요, 말기야의 증손이며 또 마아새니 저는 아디엘의 아들이요, 야세라의 손자요, 므술람의 증손이요, 므실레밋의 현손이,요 임멜의 오대손이며,

⑬ 또 그 형제들이니 그 집의 족장이라 하나님의 전의 일에 수종들 재능이 있는 자가 모두 일천 칠백 육십인이더라,

⑭ 레위 사람 중에서는 므라리 자손 스마야니 저는 핫숩의 아들이요, 아스리감의 손자요, 하사뱌의 증손이며,

⑮ 또 박박갈과 헤레스와 갈랄과 맛다냐니 저는 미가의 아들이요, 시그리의 손자요 아삽의 증손이며,

⑯ 또 오바댜니 저는 스마야의 아들이요 갈랄의 손자요, 여두둔의 증손이며 또 베레갸니 저는 아사의 아들이요 엘가나의 손자라 느도바 사람의 향리에 거하였더라,

⑰ 문지기는 살룸과 악굽과 달몬과 아히만과 그 형제들이니 살룸은 그 두목이라,

⑱ 이 사람들은 전에 왕의 문 동편 곧 레위 자손의 영의 문지기며,

⑲ 고라의 증손 에비아삽의 손자 고레의 아들 살룸과 그 종족 형제 곧 고라의 자손이 수종드는 일을 맡아 성막 문들을 지켰으니 그 열조도 여호와의 영을 맡고 그 들어가는 곳을 지켰으며,

⑳ 여호와께서 함께하신 엘르아살의 아들 비느하스가 옛적에 그 무리를 거느렸고,

㉑ 므셀레먀의 아들 스가랴는 회막 문지기가 되었더라,

㉒ 택함을 입어 문지기 된 자가 모두 이백 열 둘이니 이는 그 향리에서 그 보계대로 계수된 자요 다윗과 선견자 사무엘이 전에 세워서 이 직분을 맡긴 자라,

㉓ 저희와 그 자손이 그 반열을 쫓아 여호와의 전 곧 성막문을 지켰는데,

㉔ 이 문지기가 동 서 남 북 사방에 섰고,

㉕ 그 향리에 있는 형제들은 이레마다 와서 함께하니,

㉖ 이는 문지기의 두목 된 레위 사람 넷이 긴요한 직분을 맡아 하나님의 전 모든 방과 곳간을 지켰음이라,

㉗ 저희는 하나님의 전을 맡은 직분이 있으므로 전 사면에 유하며 아침마다 문을 여는 책임이 있었더라,

㉘ 그 중에 어떤 자는 섬기는데 쓰는 기명을 맡아서 그 수효대로 들여가고 수효대로 내어오며,

㉙ 또 어떤 자는 성소의 기구와 모든 기명과 고운 가루와 포도주와 기름과 유향과 향품을 맡았으며,

㉚ 또 제사장의 아들 중에 어떤 자는 향품으로 향기름을 만들었으며,

㉛ 고라 자손 살룸의 장자 맛디댜라 하는 레위 사람은 남비에 지지는 것을 맡았으며,

㉜ 또 그 형제 그핫 자손 중에 어떤 자는 진설하는 떡을 맡아 안식일마다 준비하였더라,

㉝ 또 찬송하는 자가 있으니 곧 레위 족장이라 저희가 골방에 거하여 주야로 자기 직분에 골몰하므로 다른 일은 하지 아니하였더라,

㉞ 이상은 대대로 레위의 족장이요 으뜸이라 예루살렘에 거하였더라,

㉟ 기브온의 조상 여이엘은 기브온에 거하였으니 그 아내의 이름은 마아가라,

㊱ 그 장자는 압돈이요 다음은 술과 기스와 바알과 넬과 나답과,

㊲ 그돌과 아히오와 스가랴와 미글롯이며,

㊳ 미글롯은 시므암을 낳았으니 이무리도 그 형제로 더불어 서로 대하여 예루살렘에 거하였더라,

㊴ 넬은 기스를 낳았고 기스는 사울을 낳았고 사울은 요나단과 말기수아와 아비나답과 에스바알을 낳았으며,

㊵ 요나단의 아들은 므립바알이라 므립바알이 미가를 낳고,

㊶ 미가의 아들들은 비돈과 멜렉과 다레아와 아하스며,

㊷ 아하스는 야라를 낳았고 야라는 알레멧과 아스마웻과 시므리를 낳았고 시므리는 모사를 낳았고,

㊸ 모사는 비느아를 낳았으며 비느아의 아들은 르바야요 그 아들은 엘르아살이요 그 아들은 아셀이요,

㊹ 아셀이 여섯 아들이 있으니 그 이름은 아스리감과 보그루와 이스마엘과 스아랴와 오바댜와 하난이라 아셀의 아들들이 이러하였더라,

● 10장

① 팔레스타인 사람과 이스라엘이 싸우더니 이스라엘 사람들이 팔레스타인 사람 앞에서 도망하다가 길보아산에서 죽임을 받고 엎드러지니라,

② 블레셋 사람이 사울과 그 아들들을 추격하여 사울의 아들 요나단과 아비나답과 말기수아를 죽이고,

③ 사울을 맹렬히 치며 활 쏘는 자가 사울에게 따라 미치매, 사울이 그 쏘는 자를 인하여 심한 부상을 입어,

④ 자기의 병기 가진 자에게 이르되 너는 칼을 빼어 나를 찌르라, 저 할례 없는 자가 나를 욕되게 할까 두려워 하노라, 그러나 그 병기 가진 자가 심히 두려워하여 즐겨 행치 아니하매 사울이 자기 칼을 취하고 그 위에 엎드러지니,

⑤ 병기 가진 자가 사울의 죽음을 보고 자기도 칼에 엎드려 죽으니라,

⑥ 이와 같이 사울과 그 세 아들과 그 온 집이 함께 죽으니라,

⑦ 골짜기에 있는 모든 이스라엘 사람이 저희의 도망한 것과 사울과 그 아들들의 다 죽은 것을 보고 그 성읍들을 버리고 도망하매, 팔레스타인 사람들이 거기 와서 거하니라,

⑧ 이튿날 팔레스타인 사람들이 와서 죽임을 당한 자를 벗기다가 사울과 그 아들들이 길보아산에 엎드러졌음을 보고,

⑨ 곧 사울을 벗기고 그 머리와 갑옷을 취하고 사람을 블레셋 땅 사방에 보내어 모든 우상과 뭇 백성에게 광포하게 하고,

⑩ 사울의 갑옷을 그 신의 묘에 두고 그 머리를 다곤의 묘에 단지라,

⑪ 길르앗야베스 모든 사람이 팔레스타인 사람들의 사울에게 행한 모든 일을 듣고,

⑫ 용사들이 다 일어나서 사울의 시체와 그 아들들의 시체를 취하여 야베스로 가져다가 그곳 상수리나무 아래 그 해골을 장사하고 칠일을 금식하였더라,

⑬ 사울의 죽은 것은 여호와께 범죄하였음이라, 저가 여호와의 말씀을 지키지 아니하고 또 신접한 자에게 가르치기를 청하고,

⑭ 여호와께 묻지 아니하므로 여호와께서 저를 죽이시고 그 나라를 이새의 아들 다윗에게 돌리셨더라.

● 11장

① 온 이스라엘이 헤브론에 모여 다윗을 보고 가로되, 우리는 왕의 골육이니이다,

② 전일 곧 사울이 왕이 되었을 때에도 이스라엘을 거느려 출입하게한 자가 왕이시었고, 왕의 하나님 여호와께서도 왕에게 말씀하시기를, 네가 내 백성 이스라엘의 목자가 되며 내 백성 이스라엘의 주권자가 되리라, 하셨나이다, 하니라,

③ 이에 이스라엘 모든 장로가 헤브론에 이르러 왕에게 나아오니, 다윗이 헤브론에서 여호와 앞에서 저희와 언약을 세우매, 저희가 다윗에게 기름을 부어 이스라엘 왕을 삼으니, 여호와께서 사무엘로 전하신 말씀대로 되었더라,

④ 다윗이 온 이스라엘로 더불어 예루살렘 곧 여부스에 이르니, 여부스 사람들이 거기 거하였더라,

⑤ 여부스의 거주민들이 다윗에게 이르기를, 네가 이리로 들어오지 못하리라, 하나, 다윗이 시온산성을 빼앗았으니, 이는 다윗성이더라,

⑥ 다윗이 가로되, 먼저 여부스 사람을 치는 자는 두목과 장관을 삼으리라 하였더니, 스루야의 아들 요압이 먼저 올라갔으므로 두목이 되었고,

⑦ 다윗이 그 산성에 거한고로 사람들이 그곳을 다윗성이라 일컬었으며,

⑧ 다윗이 밀로에서부터 두루 성을 쌓았고 그 남은 성은 요압이 중수하였더라,

⑨ 만군의 여호와께서 함께 계시니 다윗이 점점 강성하여 가니라,

⑩ 다윗에게 있는 용사의 두목은 이러하니라, 이 사람들이 온 이스라엘로 더불어 다윗의 힘을 도와 나라를 얻게 하고 세워 왕을 삼았으니, 이는 여호와께서 이스라엘에 대하여 이르신 말씀대로 함이었더라,

⑪ 다윗에게 있은 용사의 수효가 이러하니라, 학몬 사람의 아들 야소브암은 삼십인의 두목이라, 저가 창을 들어 한 때에 삼백인을 죽였고,

⑫ 그 다음은 아호아 사람 도도의 아들 엘르아살이니, 세 용사 중 하나이라,

⑬ 저가 바스담밈에서 다윗과 함께 하였더니, 팔레스타인 사람들이 그곳에 모여와서 치니, 거기 보리가 많이 난 밭이 있더라, 백성들이 팔레스타인 사람들 앞에서 도망하되,

⑭ 저희가 그 밭 가운데 서서, 그 밭을 보호하여 팔레스타인 사람들을 죽였으니, 여호와께서 큰 구원으로 구원하심이었더라,

⑮ 삼십 두목 중 세 사람이 바위로 내려가서 아둘람굴 다윗에게 이를 때에 팔레스타인 군대가 르바임 골짜기에 진쳤더라,

⑯ 그 때에 다윗은 산성에 있고 팔레스타인 사람들의 영채는 베들레헴에 있는지라,

⑰ 다윗이 갈망하여 말하기를, 베들레헴 성문 곁 우물물을 누가 나로 마시게 할꼬? 하매,

⑱ 이 세 사람이 팔레스타인 사람들의 군대를 충돌하고 지나가서 베들레헴 성문 곁 우물 물을 길어가지고 다윗에게로 왔으나 다윗이 마시기를 기뻐 아니하고 그 물을 여호와께 부어드리고,

⑲ 가로되, 내 하나님이여, 내가 결단코 이런 일을 하지 아니하리다, 생명을 돌아보지 아니하고 갔던 사람들의 피를 어찌 마시리이까? 하고, 마시기를 즐겨 아니하니라, 세 용사가 이런 일을 행하였더라,

⑳ 요압의 아우 아비새는 그 삼인의 두목이라 저가 창을 들어 삼백인을 죽이고 그 삼인 중에 이름을 얻었으니,

㉑ 저는 둘째 삼인 중에 가장 존귀하여 저희의 두목이 되었으나 그러나 첫째 삼인에게는 미치지 못하니라,

㉒ 갑스엘 용사의 손자 여호야다의 아들 브나야는 효용한 일을 행한 자라, 저가 모압 아리엘의 아들 둘을 죽였고 또 눈 올 때에 함정에 내려가서 한 사자를 죽였으며,

㉓ 또 장대한 에집트 사람을 죽였는데 그 사람의 키가 다섯 규빗이이요, 그 손에 든 창이 베틀채 같으나 거가 막대기를 가지고 내려가서 그 에집트 사람의 손에서 창을

빼앗아 그 창으로 죽였더라,

㉔ 여호야다의 아들 브나야가 이런 일을 행하였으므로 세 용사 중에 이름을 얻고,

㉕ 삼십인보다 존귀하나 그러나 첫 삼인에게는 미치지 못하니라, 다윗이 저를 세워 시위대 장관을 삼았더라,

㉖ 또 군중의 큰 용사는 요압의 아우 아사헬과 베들레헴 사람 도도의 아들 엘하난과,

㉗ 하롤 사람 삼훗과 블론 사람 헬레스와,

㉘ 드고아 사람 익게스의 아들 이라와 아나돗 사람 아비에셀과,

㉙ 후사 사람 십브게와 아호아 사람 일래와,

㉚ 느도바 사람 마하래와 느도바 사람 바아나의 아들 헬렛과,

㉛ 베냐민 자손에 속한 기브아 사람 리배의 아들 이대와 비라돈 사람 브나야와,

㉜ 가아스 시냇가에 사는 후래와 아르바 사람 아비엘과,

㉝ 바하룸 사람 아스마웻과 사알본 사람 엘리아바와,

㉞ 기손 사람 하셈의 아들들과 하랄 사람 사게의 아들 요나단과,

㉟ 하랄 사람 사갈의 아들 아히암과 울의 아들 엘리발과,

㊱ 므게렛 사람 헤벨과 블론 사람 아히야와,

㊲ 갈멜 사람 헤스로와 에스배의 아들 나아래와,

㊳ 나단의 아우 요엘과 하그리의 아들 밉할과,

㊴ 암몬 사람 셀렉과 스루야의 아들 요압의 병기 잡은 자 베롯 사람 나하래와,

㊵ 이델 사람 이라와 이델 사람 가렙과,

㊶ 헷 사람 우리아와 알래의 아들 사밧과,

㊷ 르우벤 자손 시사의 아들 곧 르우벤 자손의 두목 아디나와 그 종자 삼십인과,

㊸ 마아가의 아들 하난과 미덴 사람 요사밧과,

㊹ 아스드랏 사람 웃시야와 아로엘 사람 호담의 아들 사마와 여이엘과,

㊺ 시므리의 아들 여디아엘과 그 아우 디스 사람 요하와,

㊻ 마하위 사람 엘리엘과 엘라암의 아들 여리배와 요사위야와 모압 사람 이드마와,

㊼ 엘리엘과 오벳과 므소바 사람 야아시엘이더라.

● 12장

① 다윗이 아직 기스의 아들 사울에게 포위되어 치클락에 있을 때, 다윗에게 간 사람들은 이러하니라, 이들은 다른 용사들과 함께 다윗을 도와서 싸운 사람들이었더

라,

② 저희는 활을 가지며 좌우 손을 놀려 물매도 던지며 살도 발하는 자요, 베냐민 지파 사울의 동족인데 그 이름은 이러하니라,

③ 그 두목은 아히아셀이요, 다음은 요아스니, 기브아 사람 스마아의 두 아들이요, 또 아스마웻의 아들 여시엘과 벨렛과 또 브라가와 아나돗 사람 예후와,

④ 기브온 사람 곧 삼십인 중에 용사요, 삼십인의 두목된 이스마야며 또 예레미야와 야하시엘과 요하난돠 그데라 사람 요사밧과,

⑤ 엘루새와 여리못과 브아랴와 스마랴와 하룹 사람 스바댜와,

⑥ 고라 사람들 엘가나와 잇시야와 아사렐과 요에셀과 야소브암이며,

⑦ 그돌 사람 여로함의 아들 요엘라와 스바댜더라,

⑧ 갓 사람 중에서 거친 땅 견고한 곳에 이르러 다윗에게 돌아온 자가 있었으니, 다 용사요, 싸움에 익숙하여 방패와 창을 능히 쓰는 자라, 그 얼굴은 사자 같고 빠르기는 산의 사슴 같으니,

⑨ 그 두목은 에셀이요, 둘째는 오바댜요, 셋째는 엘리압이요,

⑩ 넷째는 미스만이요 다섯째는 예레미야요,

⑪ 여섯째는 앗대요 일곱째는 엘리엘이요,

⑫ 여덟째는 요하난이요 아홉째는 엘사밧이요,

⑬ 열째는 예레미야요 열 한째는 막반내라,

⑭ 이 갓 자손이 군대 장관이 되어 그 작은 자는 일백인을 관할하고 그 큰 자는 일천인을 관할하더니,

⑮ 정월에 요단강 물이 모드 언덕에 넘칠 때에 이 무리가 강물을 건너서 골짜기에 있는 모든 자로 동서로 도망하게 하였더라,

⑯ 베냐민과 유다 자손 중에서 견고한 곳에 이르러, 다윗에게 나오매,

⑰ 다윗이 나가서 맞아 저희에게 일러 가로되, 만일 너희가 평화로이 와서 나를 돕고자 하면 내 마음이 너희와 연합하려니와 만일 너희가 나를 속여 내 대적에게 붙이고자 하면 내 손에 불의함이 없으니, 우리 열조의 하나님이 감찰하시고 책망하시기를 원하노라, 하매,

⑱ 그때에 대장들의 우드머리인 아마새에게 여호와의 영이 임하여 그가 말하기를, 다윗이여, 우리는 당신의 것이요, 이새의 아들이여, 우리는 당신의 편이니이다, 평강이 당신께 있기를 원하며, 당신을 돕는 자들에게도 평강이 있기를 원하나이다, 이

는 당신의 하나님이 당신을 도우시기 때문이니이다, 하니, 다윗이 그때서야 그들을 받아들이고 그들을 사람들의 대장으로 삼았더라,

⑲ 다윗이 전에 팔레스타인 사람들과 함께 사울을 치려 할 때에 므낫세 지파에서 두어 사람이 다윗에게 돌아왔으나 다윗등이 팔레스타인 사람들을 돕지 못하였음은 팔레스타인 사람들의 방백이 서로 의논하고 보내며 이르기를, 저가 그 주 사울에게로 돌아가리니, 우리 머리가 위태할까, 하노라, 함이라,

⑳ 다윗이 시글락으로 갈 때에 므낫세 지파에서 그에게로 돌아온 자는 아드나와 요사밧과 여디아엘과 미가엘과 요사밧과 엘리후와 실르대니 다 므낫세의 천명부대장이라,

㉑ 이 무리가 다윗을 도와 강도의 무리를 쳤으니, 저희는 다 큰 용사,요 군대 장관이 됨이었더라,

㉒ 그 때에 사람이 날마다 다윗에게로 돌아와서 돕고자 하매, 큰 군대를 이루어 하나님의 군대와 같았더라,

㉓ 싸움을 예비한 군대 장관들이 헤브론에 이르러 다윗에게로 나아와서 여호와의 말씀대로 사울의 나라를 저에게 돌리고자 하였으니 그 수효가 이러하였더라,

㉔ 유다 자손 중에서 방패와 창을 들고 싸움을 예비한 자가 육천 팔백명이요,

㉕ 시므온 자손 중에서 싸움하는 큰 용사가 칠천 일백명이요,

㉖ 레위 자손 중에서 사천 육백명이요,

㉗ 아론의 집 족장 여호야다와 그와 함께한 자가 삼천 칠백명이요,

㉘ 또 젊은 용사 사독과 그 족속의 장관이 이십 이명이요,

㉙ 베냐민 자손 곧 사울의 동족은 아직도 태반이나 사울의 집을 좇으나 그 중에서 나아온 자가 삼천명이요,

㉚ 에브라임 자손 중에서 본 족속의 유명한 큰 용사가 이만 팔백명이요,

㉛ 므낫세 반 지파 중에 녹명된 자로서 와서 다윗을 세워 왕을 삼으려 하는 자가 일만 팔천명이요,

㉜ 잇사갈 자손 중에서 시세를 알고 이스라엘이 마땅히 행할 것을 아는 두목이 이백명이니 저희는 그 모든 형제를 관할하는 자며,

㉝ 스불론 중에서 모든 군기를 가지고 항오를 정제히 하고 두 마음을 품지 아니하고 능히 진에 나아가서 싸움을 잘하는 자가 오만명이요,

㉞ 납달리 중에서 장관 일천명과 방패와 창을 가지고 함께한 자가 삼만 칠천명이요,

㉟ 단 자손 중에서 싸움을 잘하는 자가 이만 팔천 육백명이요,

㊱ 아셀 중에서 능히 진에 나가서 싸움을 잘하는 자가 사만명이요,

㊲ 요단 저편 르우벤 자손과 갓 자손과 므낫세 반 지파 중에서 모든 군기를 가지고 능히 싸우는 자가 십 이만명이었더라,

㊳ 이 모든 군사가 항오를 정제히 하고 다 성심으로 헤브론에 이르러 다윗으로 온 이스라엘 왕을 삼고자 하고 또 이스라엘의 남은 자도 다 일심으로 다윗으로 왕을 삼고자 하여,

㊴ 그들이 거기서 다윗과 함께 사흘을 지내며 먹고 마셨으니, 이는 그들의 형제들이 그들을 위하여 이미 음식물을 예비하였기 때문이라,

㊵ 또 그들 근처에 있던 자들, 곧 잇사갈과 스불론과 납달리에서는 나귀들과 낙타들과 노새들과 수소들에 빵과 고기와 음식과 무화과 과자와 건포도송이들과 포도즙과 기름과 수소들과 양들을 풍족하게 가져왔으니, 이로 인하여 이스라엘에 기쁨이 있었더라.

• 13장

① 다윗이 천명부대장과 백명부대장 곧 모든 장수로 더불어 의논하고,

② 이스라엘의 온 회중에게 이르되, 만일 너희가 선히 여기고 또 우리의 하나님 여호와께로 말미암았으면 우리가 이스라엘 온 땅에 남아 있는 우리 형제와 또 저희와 함께 들어 있는 성읍에 거하는 제사장과 레위 사람에게 보내어 저희를 우리에게로 모이게 하고,

③ 우리가 우리 하나님의 궤를 옮겨 오자, 사울 때에는 우리가 궤 앞에서 묻지 아니하였느니라,

④ 뭇 백성이 이를 선히 여기므로 온 회중이 그대로 행하겠다, 한지라,

⑤ 이에 다윗이 에집트의 시호르 시내에서부터 하맛 어귀까지 온 이스라엘을 불러 모으고 기럇여아림에서부터 하나님의 궤를 메어 오고자, 할새,

⑥ 다윗이 온 이스라엘을 거느리고 바알라 곧 유다에 속한 기럇여아림에 올라가서 여호와 하나님의 궤를 메어오려 하니, 이는 여호와께서 두 그룹 사이에 계시므로 그 이름으로 일컫는 궤라,

⑦ 하나님의 궤를 새 수레에 싣고 아비나답의 집에서 나오는데 웃사와 아히오는 수레를 몰며,

⑧ 다윗과 이스라엘 온 무리는 하나님 앞에서 힘을 다하여 뛰놀며 노래하며 수금과 비파와 소고와 제금과 나팔로 주악하니라,

⑨ 기돈의 타작 마당에 이르러서는 소들이 뛰므로 웃사가 손을 펴서 궤를 붙들었더니,

⑩ 웃사가 손을 펴서 궤를 붙듦을 인하여 여호와께서 진노하사, 치시매, 웃사가 거기 하나님 앞에서 죽으니라,

⑪ 여호와께서 웃사를 충돌하시므로 다윗이 분하여 그곳을 베레스 웃사라 칭하니 그 이름이 오늘날까지 이르니라,

⑫ 그 날에 다윗이 하나님을 두려워하여 가로되, 내가 어찌 하나님의 궤를 내 곳으로 오게 하리요? 하고,

⑬ 궤를 옮겨 다윗성 자기에게 메어드리지 못하고 치우쳐 가드 사람 오벧에돔의 집으로 메어가니라,

⑭ 하나님의 궤가 오벧에돔의 가족과 더불어 그의 집에서 석달을 머물렀으니, 여호와께서 오벧에돔의 집과 그가 소유한 모든 것에 복을 주었더라.

● 14장

① 두로 왕 하람이 다윗에게 사자들과 백향목과 석수와 목수를 보내어 그 궁궐을 건축하게 하였더라,

② 다윗이 여호와께서 자기로 이스라엘 왕을 삼으신 줄을 깨달았으니, 이는 그 백성 이스라엘을 위하여 나라를 진흥하게 하셨음이더라,

③ 다윗이 예루살렘에서 또 아내들을 취하여 또 자녀를 낳았으니,

④ 예루살렘에서 낳은 아들들의 이름은 삼무아와 소밥과 나단과 솔로몬과,

⑤ 입할과 엘리수아와 엘렐렛과,

⑥ 노가와 네백과 야비아와,

⑦ 엘리사마와 브엘랴다와 엘리벨렛이었더라,

⑧ 다윗이 기름부음을 받아 온 이스라엘의 왕이 되었다 함을 팔레스타인 사람들이 듣고 다윗을 찾으러 다 올라오매, 다윗이 듣고 방비하러 나갔는데,

⑨ 팔레스타인 사람들이 이미 이르러 르바임 골짜기에 펼쳐져 있었더라,

⑩ 다윗이 하나님께 물어 가로되, 내가 블레셋 사람을 치러 올라가리이까? 주께서 저희를 내 손에 붙이시겠나이까? 하니, 여호와께서 이르시되, 올라가라 내가 저희를

네 손에 붙이리라 하신지라,

⑪ 이에 무리가 바알부라심으로 올라 갔더니, 다윗이 거기서 저희를 치고 가로되, 하나님이 물을 흩음 같이 내 손으로 내 대적을 흩으셨다, 함으로 그곳 이름을 바알브라심이라 칭하니라,

⑫ 블레셋 사람이 그 우상을 그곳에 버렸으므로 다윗이 명하여 불에 사르니라,

⑬ 블레셋 사람이 다시 골짜기를 침범한지라,

⑭ 다윗이 또 하나님께 묻자온대 하나님이 이르시되, 마주 올라가지 말고 저희 뒤로 돌아 뽕나무 수풀 맞은 편에서 저희를 엄습하되,

⑮ 뽕나무 꼭대기에서 걸음 걷는 소리가 들리거든, 곧 나가서 싸우라 하나님이 네 앞서 나아가서 팔레스타인 사람들의 군대를 치리라, 하신지라,

⑯ 이에 다윗이 하나님의 명대로 행하여 블레셋 사람의 군대를 쳐서 기브온에서부터 게셀까지 이르렀더니,

⑰ 다윗의 명성이 온 땅에 퍼졌고 여호와께서 모든 나라들이 다윗을 두려워하게 하셨더라,

● 15장

① 다윗이 다윗성에서 자기를 위하여 궁궐을 세우고 또 하나님의 궤를 위하여 처소를 예비하고 위하여 장막을 치고,

② 가로되, 레위 사람 외에는 하나님의 궤를 멜 수 없나니, 이는 여호와께서 저희를 택하사 하나님의 궤를 메고 영원히 저를 섬기게 하셨음이라, 하고,

③ 이스라엘 온 무리를 예루살렘으로 모으고 여호와의 궤를 그 예비한 곳으로 메어 올리고자 하여,

④ 아론 자손과 레위 사람을 모으니,

⑤ 그핫 자손 중에 족장 우리엘과 그 형제 일백 이십인이요,

⑥ 므라리 자손 중에 족장 아사야와 그 형제 이백 이십인이요,

⑦ 게르솜 자손 중에 족장 요엘과 그 형제 일백 삼십인이요,

⑧ 엘리 사반 자손 중에 족장 스마야와 그 형제 이백 인이요,

⑨ 헤브론 자손 중에 족장 엘리엘과 그 형제 팔십인이요,

⑩ 웃시엘 자손 중에 족장 암미나답과 그 형제 일백 십 이인이요,

⑪ 다윗이 제사장 사독과 아비아달을 부르고, 또 레위 사람 우리엘과 아사야와 요엘

과 그마야와 엘리엘과 암미나답을 불러,

⑫ 저희에게 이르되 너희는 레위 사람의 족장이니 너희와 너희 형제는 몸을 성결케 하고 내가 예비한 곳으로 이스라엘 하나님 여호와의 궤를 메어 올리라,

⑬ 전에는 너희가 메지 아니하였으므로 우리 하나님 여호와께서 우리를 충돌하셨나니, 이는 우리가 규례대로 저에게 구하지 아니하였음이니라,

⑭ 이에 제사장들과 레위 사람들이 이스라엘 하나님 여호와의 궤를 메고 올라가려 하여 몸을 성결케 하고,

⑮ 모세가 여호와의 말씀을 따라 명한대로, 레위 자손이 채로 하나님의 궤를 꿰어 어깨에 메니라,

⑯ 다윗이 레위 사람의 어른들에게 명하여, 그 형제 노래하는 자를 세우고 비파와 수금과 제금 등의 악기를 울려서 즐거운 소리를 크게 내라, 하매,

⑰ 레위 사람이 요엘의 아들 헤만과 그 형제 중 베레야의 아들 아삽과 드 동종 므라리 자손 중에 구사야의 아들 에단을 세우고,

⑱ 그 다음으로 형제 스가랴와 벤과 야아시엘과 스미라못과 여히엘과 운니와 엘리압과 마아세야와 맛디디야와 엘리블레후와 믹네야와 문지기 오벧에돔과 여이엘을 세우니,

⑲ 노래하는 자 헤만과 아삽과 에단은 놋제금을 크게 키는 자요,

⑳ 스가랴와 아시엘과 스미라못과 여히엘과 운니와 엘리압과 마아세야와 브나야는 비파를 타서 여청에 맞추는 자요,

㉑ 맛디디야와 엘리블레후와 믹네야와 오벧오뎀과 여이엘과 아사시야는 수금을 타서 여덟째 음에 맞추어 인도하는 자요,

㉒ 레위 사람의 족장 그나냐는 노래에 익숙하므로 오래를 주장하여 사람에게 가르치는 자요,

㉓ 베레갸와 엘가나는 궤 앞에서 문을 지키는 자요,

㉔ 제사장 스바냐와 요사밧과 느다넬과 아미새와 스가랴와 브나야와 엘리에셀은 하나님의 궤 앞에서 나팔을 부는 자요, 오벧에돔과 여히야는 궤 앞에서 문을 지키는 자더라,

㉕ 이에 다윗과 이스라엘 장로들과 천부장들이 가서 여호와의 언약궤를 즐거이 메고 오벧에돔의집에서 올라왔는데,

㉖ 하나님이 여호와의 언약궤를 멘 레위 사ㅏ꿰을 도우셨으므로 무리가 수송아지 일

곱과 수양 일곱으로 제사를 드렸더라,

㉗ 다윗과 궤를 멘 레위 사람과 노래하는 자와 그 두목 그나냐와 모든 노래하는 자도 다 세마포 겉옷을 입었으며 다윗은 또 에봇을 입었고,

㉘ 이스라엘 무리는 크게 부르며 각과 나팔을 불며 제금을 치며 비파와 수금을 힘있게 타며 여호와의 언약궤를 메어 올렸더라,

㉙ 여호와의 언약궤가 다윗 성으로 들어 올 때에 사울의 딸 미갈이 창으로 내어다보다가 다윗왕이 춤추며 뛰노는 것을 보고 심중에 업신여겼더라.

● 16장

① 하나님의 궤를 메고 들어가서 다윗이 위하여 친 장막 가운데 두고 번제와 화목제를 하나님 앞에 드리니라,

② 다윗이 번제와 화목제를 드리기를 마치고 여호와의 이름으로 백성을 축복하고,

③ 또 이스라엘 무리의 무론 남녀하고 매 명에 떡 한덩이와 고기 한 조각과 건포도병 한나씩 나누어 주었더라,

④ 또 레위 사람을 세워 여호와의 궤 앞에서 섬기며 이스라엘 하나님 여호와를 칭송하며 감사하며 찬양하게 하였으니,

⑤ 그 두목은 아삽이요, 다음은 스가랴와 여이엘과 스마라못과 여히엘과 맛디디아와 엘리압과 브나야와 오벧에덤과 여이엘이라 비파와 수금을 타고 아삽은 제금을 힘있게 치고,

⑥ 제사장 브나야와 야하시엘은 항상 하나님의 언약궤 앞에서 나팔을 부니라,

⑦ 그 날에 다윗이 아삽과 그 형제를 세워 위선 여호와께 감사하게 하여 이르기를,

⑧ 너희는 여호와께 감사하며 그 이름을 불러 아뢰며 그 행사를 만민 중에 알게 할지어다,

⑨ 그에게 노래하며 그를 찬양하며 그 모든 기사를 말할지어다,

⑩ 그 성호를 자랑하라 무릇 여호와를 구하는 자는 마음이 즐거울지로다,

⑪ 여호와와 그 능력을 구할지어다,

⑫ 그 종 이스라엘의 후손 곧 택하신 야곱의 자손 너희는,

⑬ 그 행하신 기적과 그 기사와 그 입의 판단을 기억할지어다,

⑭ 그는 여호와 우리 하나님이시라 그의 판단이 온 땅에 있도다,

⑮ 너희는 그 언약 곧 천대에 명하신 말씀을 영원히 기억할지어다,

⑯ 이것은 아브라함에게 하신 언약이며 이삭에게 하신 맹세며,

⑰ 이는 야곱에게 세우신 율례 곧 이스라엘에게 하신 영원한 언약이라,

⑱ 이르시기를 내가 가나안 땅을 네게 주어 기업의 지경이 되게 하리라 하셨도다,

⑲ 때에 너희 인수가 적어서 매우 영성하며 그 땅에 객이 되어,

⑳ 이 족속에게서 저 족속에게로 이 나라에서 다른 민족에게로 유리하였도다,

㉑ 사람이 그들을 해하기를 용납지 아니하시고 그들의 연고로 열왕을 꾸짖어,

㉒ 이르시기를 나의 기름 부은 자를 만지지 말며 나의 선지자를 상하지 말라 하셨도다,

㉓ 온 땅이여 여호와께 노래하며 그 구원을 날마다 선포할지어다

㉔ 그 영광을 열방 중에 그 기이한 행적을 만민 중에 선포할지어다,

㉕ 여호와는 광대하시니 극진히 찬양할 것이요 모든 신보다 경외할 것임이여,

㉖ 만방의 모든 신은 헛 것이요 여호와께서는 하늘을 지으셨음이로다,

㉗ 존귀와 위엄이 그 앞에 있으며 능력과 즐거움이 그 처소에 있도다,

㉘ 만방의 족속들아 영광과 권능을 여호와께 돌릴지어다 여호와께 돌릴지어다,

㉙ 여호와의 이름에 합당한 영광을 그에게 돌릴지어다 예물을 가지고 그 앞에 들어갈지어다, 아름답고 거룩한 것으로 여호와께 경배할지어다,

㉚ 온 땅이여그 앞에서 떨지어다, 세계가 굳게 서고 흔들리지 못하는도다,

㉛ 하늘은 기뻐하고 땅은 즐거워하며 열방 중에서는 이르기를 여호와께서 통치하신다, 할지로다,

㉜ 바다와 거기 충만한 것이 외치며 밭과 그 가운데 모든 것은 즐거워할지로다,

㉝ 그리 할 때에 삼림의 나무들이 여호와 앞에서 즐거이 노래하리니, 주께서 땅을 심판하려 오실것임이로다,

㉞ 여호와께 감사하라, 그는 선하시며 그 인자하심이 영원함이로다,

㉟ 너희는 이르기를, 우리의 구원의 하나님이며 우리를 구원하여 만국 가운데서 건져내시고 모으시사 우리로 주의 성호를 감사하며 주의 영예를 찬양하게 하소서, 할지어다,

㊱ 여호와 이스라엘의 하나님을 영원부터 영원까지 송축할지로다, 하매, 모든 백성이 아멘, 하고 여호와를 찬양하였더라,

㊲ 다윗이 아삽과 그 형제를 여호와의 언약궤 앞에 머물러 항상 그 궤 앞에서 섬기게 하되 날마다 그 일대로 하게 하였고,

㊳ 오벧에돔과 그 형제 육십 팔인과 여두둔의 아들 오벧에돔과 호사로 문지기를 삼았고,

㊴ 제사장 사독과 그 형제 제사장들도 기브온 산당에서 여호와의 성막 앞에 모시게 하여,

㊵ 항상 조석으로 번제단 위에 여호와께 번제를 드리되 여호와의 율법에 기록하여 이스라엘에게 명하신대로 다 준행하게 하였고,

㊶ 또 저희와 함께 헤만과 여두둔과 그 남아 택함을 받고 녹명된 자를 세워 여호와의 자비하심이 영원함을 인하여 감사하게 하였고,

㊷ 또 저희와 함께 헤만과 여두둔을 세워 나팔과 제금들과 하나님을 찬송하는 악기로 소리를 크게 내게 하였고, 또 여두둔의 아들로 문을 지키게 하였더라,

㊸ 이에 뭇 백성은 각각 그 집으로 돌아가고 다윗도 자기 집을 위하여 축복하려고 돌아갔더라,

● 17장

① 다윗이 그 궁실에 거할 때에 선지자 나단에게 이르되, 나는 백향목 궁에 거하거늘, 여호와의 언약궤는 휘장 밑에 있도다,

② 나단이 다윗에게 고하되, 하나님이 왕과 함께 계시니, 무릇 마음에 있는 바를 행하소서,

③ 그 밤에 하나님의 말씀이 나단에게 임하여 가라사대,

④ 가서 내 종 다윗에게 말하기를, 여호와의 말씀이 너는 나의 거할 집을 건축하지 말라,

⑤ 내가 이스라엘을 올라오게 한 날부터 오늘날까지 집에 거하지 아니하고, 오직 이 장막과 저 장막에 있으며 이 성막과 저 성막에 있었나니,

⑥ 무릇 이스라엘 무리로 더불어 행하는 곳에서 내가 내 백성을 먹이라고 명한 이스라엘 어느 사사에게 내가 말하기를, 너희가 어찌하여 나를 위하여 백향목 집을 건축하지 아니하였느냐?고 말하였느냐, 하고,

⑦ 연하여 내 종 다윗에게 이처럼 말하라, 만군의 여호와께서 이처럼 말씀하시기를, 내가 너를 목장 곧 양을 따르는데서 취하여 내 백성 이스라엘의 주권자를 삼고,

⑧ 네가 어디를 가든지 내가 너와 함께 있어 네 모든 대적을 네 앞에서 멸하였은즉, 세상에서 존귀한 자의 이름 같은 이름은 네게 만들어 주리라,

⑨ 내가 또 내 백성 이스라엘을 위하여 한 곳을 정하여 저희를 심고, 저희로 자기 곳에 거하여 다시는 옮기지 않게 하며 악한 유로 전과 같이 저희를 해하지 못하게 하여,

⑩ 전에 내가 사사를 명하여 내 백성 이스라엘을 다스리던 때와 같지 않게 하고 또 네 모든 대적으로 네게 복종하게 하리라, 또 네게 이르노니, 여호와가 너를 위하여 집을 세울지라,

⑪ 네 수한이 차서 네가 열조에게로 돌아가면 내가 네 뒤에 네 씨 곧 네 아들 중 하나를 세우고 그 나라를 견고하게 하리니,

⑫ 저는 나를 위하여 집을 건축할 것이요, 나는 그 위를 영원히 견고하게 하리라,

⑬ 나는 그 아비가 되고 그는 나의 아들이 되리니, 나의 자비를 그에게서 빼앗지 아니하기를 내가 네 전에 있던 자에게서 빼앗음과 같이 하지 않을 것이며,

⑭ 내가 영영히 그를 내 집과 내 나라에 세우리니, 그 위가 영원히 견고하리라, 하셨다, 하라,

⑮ 나단이 이 모든 말씀과 이 모든 묵시대로 다윗에게 고하니라,

⑯ 다윗 왕이 여호와 앞에 들어가 앉아서 가로되, 여호와 하나님이여 나는 누구오며 내 집은 무엇이관대 나로 이에 이르게 하셨나이까?

⑰ 오 하나님이시여, 주께서 이것을 오히려 작게 여기시고 또 종의 집에 대하여 먼 장래까지 말씀하셨사오니, 여호와 하나님이여, 나를 존귀한 자 같이 여기셨나이다,

⑱ 주께서 주의 종에게 베푸신 존귀에 대하여 다윗이 다시 무슨 말씀을 하오리까? 주께서는 주의 종을 아시나이다,

⑲ 여호와여 주께서 주의 종을 위하여 주의 뜻대로 이 모든 큰 일을 행하사 이 모든 큰 일을 알게 하셨나이다,

⑳ 여호와여 우리 귀로 들은대로는 주와 같은 이가 없고 주 외에는 참신이 없나이다,

㉑ 땅의 어느 한 나라가 주의 백성 이스라엘과 같으리이까? 하나님이 가서 구속하사 자기 백성을 삼으시고 크고 두려운 일로 인하여 이름을 얻으시고, 에집트에서 구속하신 자기 백성 앞에서 열국을 쫓아내셨사오며,

㉒ 주께서 주의 백성 이스라엘로 영원히 주의 백성을 삼으셨사오니 여호와여 주께서 저희 하나님이 되셨나이다

㉓ 여호와여 이제 주의 종과 그 집에 대하여 말씀하신 것을 영원히 견고케 하시며 말씀하신대로 행하사,

㉔ 견고케 하시고 사람으로 영원히 주의 이름을 높여 이르기를, 만군의 여호와는 이

스라엘의 하나님 곧 이스라엘에게 하나님이시라, 하게 하시며, 주의 종 다윗의 집이 주 앞에서 견고히 서게 하옵소서,

㉕ 나의 하나님이여 주께서 종을 위하여 집을 세우실 것을 이미 듣게 하셨으므로 주의 종이 주 앞에서 이 기도로 구할 마음이 생겼나이다,

㉖ 여호와여, 오직 주는 하나님이시라, 주께서 이 좋은 것으로 주의 종에게 허락하시고,

㉗ 이제 주께서 종의 집에 복을 주사 주 앞에 영원히 드시기를 기뻐하시나이다, 여호와여 주께서 복을 주셨사오니, 이 복을 영원히 누리리이다, 하니라,

● 18장

① 이 후에 다윗이 팔레스타인 사람들을 쳐서 항복받고 팔레스타인 사람들의 손에서 가드와 그 동네를 빼앗고,

② 또 모압을 치매 모압 사람이 다윗의 종이 되어 조공을 바치니라,

③ 소바 왕 하닷에셀이 유브라데강 가에서 자기 권세를 펴고자 하매, 다윗이 저를 쳐서 하맛까지 이르고,

④ 그 병거 일천승과 기병 칠천과 보병 이만을 빼앗고 그 병거 일백승의 말만 남기고 그 외의 병거의 말은 다 발의 힘줄을 끊었더니,

⑤ 다마섹 아람 사람이 소바 왕 하닷에셀을 도우러 온지라, 다윗이 아람 사람 이만 이천을 죽이고,

⑥ 다마섹 사람에 수비대를 두매, 아람 사람이 다윗의 종이 되어 조공을 바치니라, 다윗이 어디로 가든지 여호와께서 이기게 하시니라,

⑦ 다윗이 하닷에셀의 신복들의 가진 금방패를 빼앗아 예루살렘으로 가져오고,

⑧ 또 하닷에셀의 성읍 디브핫과 군에서 심히 많은 놋을 취하였더니, 솔로몬이 그것으로 놋바다와 기둥과 놋그릇들을 만들었더라,

⑨ 하맛 왕 도우가 다윗이 소바 왕 하닷에셀의 온 군대를 쳐서 파하였다, 함을 듣고,

⑩ 그 아들 하도람을 보내어 다윗왕에게 문안하고 축복하게 하니, 이는 하닷에셀이 이왕에 도우로 더불어 여러 번 전쟁이 있던 터라, 다윗이 하닷에셀을 쳐서 파하였음이라, 하도람이 금과 은과 놋의 여러가지 그릇을 가져 온지라,

⑪ 다윗왕이 그것도 여호와께 드리되, 에돔과 모압과 암몬 자손과 블레셋 사람과 아말렉 등 여러 족속에게서 취하여 온 은금과 함께 드리니라,

⑫ 스루야의 아들 아비새가 염곡에서 에돔 사람 일만 팔천을 쳐 죽인지라,

⑬ 다윗이 에돔에 수비대를 두매 애돔 사람이 다 다윗의 종이 되니라, 다윗이 어디로 가든지 여호와께서 이기게 하셨더라,

⑭ 다윗이 온 이스라엘을 다스려 모든 백성에게 공과 의를 행할새,

⑮ 스루야의 아들 요압은 군대 장관이 되고, 아힐룻의 아들 여호사밧은 사관이 되고,

⑯ 아히둡의 아들 사독과 아비아달의 아들 아비멜렉은 제사장이 되고, 사워사는 서기관이 되고,

⑰ 여호야다의 아들 브나야는 그렛 사람과 블렛 사람을 관할하고 다윗의 아들들은 왕을 모시는 최고의 우두머리들이 되었더라.

● 19장

① 그후에 암몬 자손의 왕 나하스가 죽고 그 아들이 대신하여 왕이 되니,

② 다윗이 가로되, 하눈의 아비 나하스가 전에 내게 은혜를 베풀었으니, 이제 내가 그 아들 하눈에게 은혜를 베풀리라, 하고, 사자를 보내어 그 아비 죽은 것을 조상하게 하니라, 다윗의 신복들이 암몬 자손의 땅에 이르러 하눈에게 나아가 조상하매,

③ 암몬 자손의 방백들이 하눈에게 고하되, 왕은 다윗이 조문사를 보낸 것이 왕의 부친을 공경함인 줄로 여기시나이까? 그 신복이 왕에게 나아온 것이 이 땅을 엿보고 탐지하여 함락시키고자 함이 아니니까? 하니라,

④ 하눈이 이에 다윗의 신복들을 잡아 그 수염을 깎고 그 의복의 중간 볼기까지 자르고 돌려 보내매,

⑤ 그때에 누군가가 다윗에게 가서 그 사람들의 당한 일을 고하니라, 그 사람들이 심히 부끄러워하므로 다윗이 저희를 맞으러 보내어 이르기를, 너희는 수염이 자라기까지 여리고에 머물다가 돌아오라, 하니라,

⑥ 암몬 자손이 자기가 다윗에게 밉게 한줄 안지라, 하눈이 암몬 자손으로 더불어 은 일천 달란트를 아람 나하라임과 아람마아가와 소바에 보내어 병거와 마병을 삯 내되,

⑦ 곧 병거 삼만 이천승과 마아가 왕과 그 백성을 삯 내었더니, 저희가 와서 메드바 앞에 진치매, 암몬 자손이 그 모든 성읍으로 좇아 모여와서 싸우려 한지라,

⑧ 다윗이 듣고 요압과 용사의 온 무리를 보내었더니,

⑨ 암몬 자손은 나와서 성문 앞에 진 치고 도우러 온 여러 왕은 따로 들에 있더라,

⑩ 요압이 앞 뒤에 친 적진을 보고 이스라엘 뺀 자 중에서 또 빼서 아람 사람에 대하여 진 치고,

⑪ 그 남은 무리는 그 아우 아비새의 수하에 붙여 암몬 자손을 대하여 진 치게 하고,

⑫ 가로되 만일 아람 사람이 나보다 강하면 네가 나를 돕고 만일 암몬 자손이 너보다 강하면 너를 도우리라,

⑬ 너는 담대하라, 우리가 우리 백성과 우리 하나님의 성읍들을 위하여 담대히 하자, 여호와께서 선히 여기시는 대로 행하시기를 원하노라, 하고,

⑭ 요압과 그 종자가 싸우려고 아람 사람 앞에 나아가니 저희가 그 앞에서 도망하고,

⑮ 암몬 자손은 아람 사람의 도망함을 보고, 저희도 요압의 아우 아비새의 앞에서 도망하여 성으로 들어간지라, 이에 요압이 예루살렘으로 돌아오니라,

⑯ 아람 사람이 자기가 이스라엘 앞에서 패했음을 보고, 사자를 보내어 강 건너편에 있는 아람 사람을 불러내니, 하닷에셀의 군대 장관 소박이 저희를 거느린지라,

⑰ 누군가가 다윗에게 고하매, 다윗이 온 이스라엘을 모으고 요단을 건너 아람 사람에게 이르러, 저희를 향하여 진을 치니라, 다윗이 아람 사람를 향하여 진을 치매, 저희가 다윗으로 더불어 싸우더니,

⑱ 아람 사람이 이스라엘 앞에서 도망한지라, 다윗이 아람 병거 칠천승의 군사와 보병 사만을 죽이고 또 군대 장관 소박을 죽이매,

⑲ 하닷에셀의 신복이 자기가 이스라엘 앞에서 패하였음을 보고, 다윗으로 더불어 화친하여 섬기고 이후로는 아람 사람이 암몬 자손 돕기를 싫어하니라.

● 20장

① 그 해가 다 지나가고 난 후, 왕들이 출전할 때가 되매, 요압이 그 군대를 거느리고 나가서 암몬 자손의 땅을 훼파하고 가서 랍바를 에워싸고, 다윗은 예루살렘에 그대로 있더니 요압이 랍바를 쳐서 함락시키매,

② 다윗이 그 왕의 머리에서 보석 있는 면류관을 취하여 달아보니, 중량이 금 한 달란트라 그 면류관을 자기의 머리에 쓰니라, 다윗이 또 그 성에서 노략한 물건을 무수히 내어오고,

③ 그 가운데 백성을 끌어내어 톱질과 써래질과 도끼질을 하게 하니라, 다윗이 암몬 자손의 모든 성읍을 이같이 하고 모든 백성과 함께 예루살렘으로 돌아오니라,

④ 이 후에 팔레스타인 사람들과 게셀에서 전쟁할 때에 후사 사람 십브개가 장대한

자의 아들 중에 십배를 쳐 죽이매, 저희가 항복하였더라,

⑤ 다시 팔레스타인 사람들과 전쟁할 때에 야일의 아들 엘하난이 가드 사람 골리앗의 아우 라흐미를 죽였는데, 이 사람의 창자루는 베틀채 같았더라,

⑥ 또 가드에서 전쟁할 때에 그 곳에 키 큰 자 하나는 매 손과 매 발에 가락이 여섯씩 모두 스물 넷이 있는데 저도 장대한 자의 소생이라,

⑦ 저가 이스라엘을 능욕하므로 다윗의 형 시므아의 아들 요나단이 저를 죽이니라,

⑧ 이들은 가드에 있는 그 장대한 자에게서 태어난 자들인데 다윗의 손과 그의 종들의 손에 다 죽었더라.

● 21장

① 그리고 사탄이 일어나 이스라엘을 대적하려고 다윗을 충동하여 이스라엘을 계수하게 하니,

② 다윗이 요압과 백성의 두목에게 이르되, 너희는 가서 브엘세바에서부터 단까지 이스라엘을 계수하고 돌아와서 내게 고하여 그 수효를 알게 하라,

③ 요압이 가로되, 여호와께서 그 백성을 지금보다 백배나 더하시기를 원하나이다, 내 주 왕이여 이 백성이 다 내 주의 종이 아니니이까? 내 주께서 어찌하여 이 일을 명하시나이까? 어찌하여 이스라엘로 죄가 있게 하시나이까? 하나,

④ 왕의 명령이 요압을 재촉한지라, 드디어 떠나서 이스라엘 땅에 두루 다닌 후에 예루살렘으로 돌아와서,

⑤ 백성의 수효를 다윗에게 고하니, 이스라엘 중에 칼을 뺄만한 자가 일백 십만이요, 유다 중에 칼을 뺄만한 자가 사십 칠만이라,

⑥ 요압이 왕의 명령을 싫어하 레위와 베냐민 사람은 계수하지 아니하였더라,

⑦ 하나님이 이 일을 쾌씸히 여기사, 이스라엘을 치시매,

⑧ 다윗이 하나님께 아뢰되, 내가 이 일을 행함으로 큰 죄를 범하였나이다. 이제 간구하옵나니, 종의 죄를 사하여 주옵소서, 내가 심히 미련하게 행하였나이다, 하니라,

⑨ 여호와께서 다윗의 선견자 갓에게 이르시되,

⑩ 가서 다윗에게 말하여 이르기를, 여호와의 말씀이 내가 네게 세가지를 보이노니, 그 중에서 하나를 선택하라, 내가 그것을 네게 행하리라, 하셨다, 하라,

⑪ 갓이 다윗에게 나아가 고하되, 여호와의 말씀이 너는 마음대로 택하라,

⑫ 혹 삼년 기근일지, 혹 네가 석달을 대적에게 패하여 대적의 칼에 쫓길 일일지, 혹

여호와의 칼 곧 온역이 사흘 동안 이 땅에 유행하며 여호와의 사자가 이스라엘 온 지경을 멸할 일일지, 하셨나니, 내가 무슨 말로 나를 보내신 이에게 대답할 것을 결정하소서, 하니,

⑬ 다윗이 갓에게 이르되, 내가 곤경에 있도다, 여호와께서는 긍휼이 심히 크시니 내가 그의 손에 빠지고 사람의 손에 빠지지 않기를 원하나이다,

⑭ 이에 여호와께서 이스라엘 백성에게 온역을 내리시매, 이스라엘 백성의 죽은 자가 칠만이었더라,

⑮ 하나님이 예루살렘을 멸하려 사자를 보내셨더니, 사자가 멸하려 할 때에 여호와께서 보시고 이 재앙 내림을 뉘우치사 멸하는 사자에게 이르시되, 족하다, 이제는 네 손을 거두라, 하시니, 때에 여호와의 사자가 여부스 사람 오르난의 타작 마당 곁에 선지라,

⑯ 다윗이 눈을 들어보매, 여호와의 사자가 천지 사이에 섰고 칼을 빼어 손에 들고 예루살렘 편을 가리켰는지라, 다윗이 장로들로 더불어 굵은 베를 입고 얼굴을 땅에 대고 엎드려,

⑰ 하나님께 아뢰되, 명하여 백성을 계수하게 한 자가 내가 아니니이까? 범죄 하고 악을 행한 자는 곧 내니이다, 이 양무리는 무엇을 행하였나이까? 청컨대 나의 하나님 여호와여 주의 손으로 나와 내 아비의 집을 치시고 주의 백성으로 재앙을 내리지 마옵소서,

⑱ 여호와의 사자가 갓을 명하여 다윗에게 이르시기를, 올라가서 여부스 사람 오르난의 타작마당에서 여호와를 위하여 단을 쌓으라, 하신지라,

⑲ 다윗이 이에 갓이 여호와의 이름으로 이른 말씀대로 올라가니라,

⑳ 때에 오르난이 밀을 타작하다가 돌이켜 천사를 보고 네 아들과 함께 숨었더니,

㉑ 다윗이 오르난에게 나아가매, 오르난이 내어다보다가 다윗을 보고 타작 마당에서 나와서 얼굴을 땅에 대고 절하매,

㉒ 다윗이 오르난에게 이르되, 이 타작하는 곳을 내게 붙이라, 너는 상당한 값으로 붙이라, 내가 여호와를 위하여 여기 한 단을 쌓으리니, 그리하면 온역이 백성 중에서 그치리라,

㉓ 오르난이 다윗에게 고하되, 왕은 취하소서, 내 주 왕의 좋게 여기시는대로 행하소서, 보소서, 내가 이것들을 드리나이다, 소들은 번제물로 곡식 떠는 기계는 화목으로 밀은 소제물로 삼으시기 위하여 다 드리나이다,

㉔ 다윗왕이 오르난에게 이르되, 그렇지 아니하다, 내가 결단코 상당한 값으로 사리라, 내가 여호와께 드리려고 네 물건을 취하지 아니하겠고 값 없이는 번제도 드리지 아니하리라, 하고,

㉕ 그 처소 값으로 금 육백 세겔을 달아 오르난에게 주고,

㉖ 다윗이 거기서 여호와를 위하여 단을 쌓고 번제와 화목제를 드려 여호와께 아뢰었더니, 여호와께서 하늘에서부터 번제단 위에 불을 내려 응답하시고,

㉗ 사자를 명하시매 저가 칼을 집에 꽂았더라,

㉘ 이 때에 다윗이 여호와께서 여부스 사람 오르난의 타작마당에서 응답하심을 보고 거기서 제사를 드렸으니,

㉙ 옛적에 모세가 황야에서 지은 여호와의 장막과 번제단이 그 때에 기브온 산당에 있었는데,

㉚ 그러나 다윗이 하나님께 여쭈러 그 앞에 가지 못하였으니, 이는 그가 여호와의 천사의 칼로 인하여 두려워하였기 때문이었더라.

● 22장

① 다윗이 가로되, 이는 여호와 하나님의 전이요, 이스라엘의 번제단이라, 하였더라,

② 다윗이 명하여 이스라엘 땅에 거주하는 이방 사람을 모으고, 석공을 시켜 하나님의 전을 건축할 돌을 다듬게 하고,

③ 다윗이 또 문짝 못과 거멀 못에 쓸 철을 한 없이 준비하고, 또 심히 많아서 중수를 셀 수 없는 놋을 준비하고,

④ 또 백향목을 무수히 준비하였으니, 이는 시돈 사람과 두로 사람이 백향목을 다윗에게로 많이 가져왔기 때문이라,

⑤ 다윗이 가로되, 내 아들 솔로몬이 어리고 연약하고 여호와를 위하여 건축할 전은 극히 장려하여 만국에 명성과 영광이 있게 하여야 할지라, 그러므로 내가 이제 위하여 준비하리라, 하고, 죽기 전에 많이 준비 하였더라,

⑥ 다윗이 그 아들 솔로몬을 불러 이스라엘 하나님 여호와를 위하여 전을 건축하기를 부탁하여,

⑦ 이르되, 내 아들아 나는 내 하나님 여호와의 이름을 위하여 전을 건축할 마음이 있었으나,

⑧ 여호와의 말씀이 내게 임하여 이르시되, 너는 피를 많이 흘렸고 크게 전쟁하였느

니라, 네가 내 앞에서 땅에 피를 많이 흘렸은즉, 내 이름을 위하여 전을 건축하지 못하리라,

⑨ 한 아들이 네게서 나리니, 저는 평강의 사람이라, 내가 저로 사면 모든 대적에게서 평강하게 하리라, 그 이름을 솔로몬이라 하리니, 이는 내가 저의 생전에 평안과 안정을 이스라엘에게 줄 것임이니라,

⑩ 저가 내 이름을 위하여 전을 건축할지라, 저는 내 아들이 되고, 나는 저의 아비가 되어 그 나라 위를 이스라엘 위에 굳게 세워 영원까지 이르게 하리라, 하셨나니,

⑪ 내 아들아, 여호와께서 너와 함께 하시기를 원하며 네가 형통하여 여호와께서 네게 대하여 말씀 하신대로 여호와의 전을 건축하며,

⑫ 여호와께서 네게 지혜와 총명을 주사, 너로 이스라엘을 다스리게 하시고, 너의 하나님 여호와의 율법을 지키게 하시기를 더욱 원하노라,

⑬ 네가 만일 여호와께서 모세로 이스라엘에게 명하신 모든 율례와 규례를 삼가 행하면 형통하리니, 강하고 담대하여 두려워 말고 놀라지 말지어다,

⑭ 내가 환난 중에 여호와의 전을 위하여 금 십만 달란트와 은 일백만 달란트와 놋과 철을 그 중수를 셀 수 없을만큼 심히 많이 예비하였고 또 제목과 돌을 예비하였으나 너는 더할 것이며,

⑮ 또 공장이 네게 많이 있나니, 곧 석수와 목수와 온갖 일에 익숙한 모든 사람이니라,

⑯ 금과 은과 놋과 철이 무수하니, 너는 일어나 일하라, 여호와께서 너와 함께 계실지로다,

⑰ 다윗이 또 이스라엘 모든 방백에게 명하여 그 아들 솔로몬을 도우라, 하여 가로되,

⑱ 너희 하나님 여호와께서 너희와 함께 하시지 아니하시느냐? 사면으로 너희에게 평강을 주지 아니하셨느냐? 이 땅 거민을 내 손에 붙이사 이 땅으로 여호와와 그 백성 앞에 복종하게 하셨나니,

⑲ 이제 너희는 마음과 정신을 진정하여 너희 하나님 여호와를 구하고, 일어나서 여호와 하나님의 성소를 건축하고 여호와의 언약궤와 하나님의 거룩한 기구를 가져다가 여호와의 이름을 위하여 건축한 전에 드리게 하라, 하였더라.

● 23장

① 다윗이 나이 많아 늙으매 아들 솔로몬으로 이스라엘 왕을 삼고,

② 이스라엘 모든 방백과 제사장과 레위 사람을 모았더라,

③ 레위 사람은 삼십세 이상으로 계수하였으니, 모든 남자의 명수가 삼만 팔천인데,

④ 그 중에 이만 사천은 여호와의 전 사무를 보살피는 자요, 육천은 유사와 재판관이요,

⑤ 사천은 문지기요, 사천은 다윗을 칭송하기 위하여 지은 악기로 여호와를 찬송하는 자라,

⑥ 다윗이 레위의 아들 게르손과 그핫과 므라리의 각 족속을 따라 그 반열을 나누었더라,

⑦ 게르손 자손은 라단과 시므이라,

⑧ 라단의 아들들은 족장 여히엘과 또 세담과 요엘 세 사람이요,

⑨ 시므이의 아들들은 슬로밋과 하시엘과 하란 세 사람이니, 이는 라단의 족장들이며,

⑩ 또 시므이의 아들들은 야핫과 시나와 여우스와 브리아니, 이 네 사람도 시므이의 아들이라,

⑪ 그 족장은 야핫이요, 그 다음은 시사며 여우스와 브리아는 아들이 많지 아니하므로 저희와 한 족속으로 계수되었더라,

⑫ 그핫의 아들들은 아므람과 이스할과 헤브론과 웃시엘 네 사람이라,

⑬ 아므람의 아들들은 아론과 모세니 아론은 그 자손들과 구별되어 몸을 성결케 하여 영원토록 지극히 거룩한 자가 되어 여호와 앞에 분향하며 섬기며 영원토록 그 이름을 받들어 축복하게 되었으며,

⑭ 하나님의 사람 모세의 아들들은 레위 지파 중에 기록 되었으니,

⑮ 모세의 아들은 게르솜과 엘리에셀이라,

⑯ 게르솜의 아들 중에 스브엘이 족장이 되었고,

⑰ 엘리에셀의 아들은 족장 르하뱌라 엘리에셀 이 외에는 다른 아들이 없고 르하뱌의 아들은 심히 많았으며,

⑱ 이스할의 아들은 족장 슬로밋이요,

⑲ 헤브론의 아들들은 족장 여리야와 둘째 아마랴와 셋째 야하시엘과 넷째 여가므암이며,

⑳ 웃시엘의 아들은 족장 미가와 그 다음 잇시야더라,

㉑ 므라리의 아들들은 아흘리와 무시요, 마흘리의 아들들은 엘르아살과 기스라,

㉒ 엘르아살이 아들이 없이 죽고 딸만 있더니 그 형제 기스의 아들이 저에게 장가 들

었으며,

㉓ 무시의 아들들은 마흘리와 에델과 여레못 세 사람이더라,

㉔ 이는 다 레위 자손이니 그 종가를 따라 계수함을 입어 이름이 기록되고, 여호와의 전에서 섬기는 일을 하는 이십세 이상 된 족장들이라,

㉕ 다윗이 이르기를, 이스라엘 하나님 여호와께서 평강을 그 백성에게 주시고 예루살렘에 영원히 거하시나니,

㉖ 레위 사람이 다시는 성막과 그 가운데 쓰는 모든 기구를 멜 것이 없다, 한지라,

㉗ 다윗의 유언대로 레위 자손이 이십세 이상으로 계수되었으니,

㉘ 그 직분은 아론의 자손에게 수종들어 여호와의 전과 뜰과 골방에서 섬기고, 또 모든 성물을 정결케 하는 일 곧 하나님의 전에서 섬기는 일과,

㉙ 또 진설병과 고운 가루의 소제물 곧 무교전병이나 남비에 지지는 것이나 반죽하는 것이나 또 모든 저울과 자를 맡고,

㉚ 새벽과 저녁마다 서서 여호와께 축사하며 찬송하며,

㉛ 또 안식일과 초하루와 절기에 모든 번제를 여호와께 드리되, 그 명하신 규례의 정한 수효대로 항상 여호와 앞에 드리며,

㉜ 또 회막의 직무와 성소의 직무와 그 형제 아론 자손의 직무를 지켜 여호와의 전에서 수종드는 것이더라.

● 24장

① 이것들은 아론 자손들의 분파들이니라, 아론의 아들들은 나답과 아비후와 엘르아살과 이다말이라,

② 나답과 아비후가 그 아비보다 먼저 죽고 아들이 없으므로 엘르아살과 이다말이 제사장의 직분을 행하였더라,

③ 다윗이 엘르아살의 자손 사독과 이다말의 자손 아히멜렉으로 더불어 저희를 나누어 각각 그 섬기는 직무를 맡겼는데,

④ 엘르아살의 자손 중에 족장이 이다말의 자손보다 많으므로 나눈 것이 이러하니, 엘르아살 자손의 족장이 십륙이요, 이다말 자손은 그 열조의 집을 따라 여덟이라,

⑤ 이에 제비 뽑아 피차에 차등이 없이 나누었으니, 이는 성소의 일을 다스리는 자와 하나님의 일을 다스리는 자가 엘르아살의 자손 중에도 있고 이다말의 자손 중에도 있음이라,

⑥ 레위 사람 느다넬의 아들 서기관 스마야가 왕과 방백과 제사장 사독과 아비아달의 아들 아히멜렉 및 제사장과 레위 사람의 족장 앞에서 그 이름을 기록하여 엘르아살의 자손 중에서 한 집을 취하고 이다말의 자손 중에서 한 집을 취하였으니,

⑦ 첫째로 제비 뽑힌자는 여호야립이요, 둘째는 여다야요,

⑧ 셋째는 하림이요, 넷째는 스오림이요,

⑨ 다섯째는 말기냐요, 여섯째는 미야민이요,

⑩ 일곱째는 학고스요, 여덟째는 아비야요,

⑪ 아홉째는 예수아요, 열째는 스가냐요,

⑫ 열한째는 엘리아십이요, 열 둘째는 야김이요,

⑬ 열 셋째는 훕바요, 열 넷째는 예세브압이요,

⑭ 열 다섯째는 빌가요, 열 여섯째는 임멜이요,

⑮ 열 일곱째는 헤실이요, 열 여덟째는 합비세스요,

⑯ 열 아홉 째는 브다야요, 스무째는 여헤스겔이요,

⑰ 스물 한째는 야긴이요, 스물 둘째는 가물이요,

⑱ 스물 셋째는 들라야요, 스물 넷째는 마아시야라,

⑲ 이와 같은 반차로 여호와의 전에 들어가서 이스라엘 하나님 여호와께서 저희 조상 아론에게 명하신 규례대로 수종들었더라,

⑳ 레위 자손 중에 남은 자는 이러하니, 아므람의 아들 중에는 수바엘이요, 수바엘의 아들 중에는 예드야며,

㉑ 르하뱌에게 이르러는 그 아들 중에 족장 잇시야요,

㉒ 이스할의 아들 중에는 슬로못이요, 슬로못의 아들 중에는 야핫이요,

㉓ 헤브론의 아들들은 장자 여리야와 둘째 아마랴와 셋째 야하시엘과 넷째 여가므암이요,

㉔ 웃시엘의 아들은 미가요, 미가의 아들 중에는 사밀이요,

㉕ 미가의 아우는 잇시야라 잇이야의 아들 중에는 스가랴며,

㉖ 므라리의 아들은 마흘리와 무시요, 야아시야의 아들은 브노니,

㉗ 므라리의 자손 야아시야에게서 난 자는 브노와 소함과 삭굴과 이브리요,

㉘ 마흘리의 아들 중에는 엘르아살이니 엘르아살은 무자하며,

㉙ 기스에게 이르러는 그 아들 여라므엘이요,

㉚ 무시의 아들은 마흘리와 에델과 여리못이니, 이는 다 그 족속대로 기록한 레위 자

손이라,

㉛ 이 여러 사람도 다윗왕과 사독과 아히멜렉과 및 제사장과 레위 족장 앞에서 그 형제 아론 자손처럼 제비 뽑혔으니, 장자의 종가와 그 아우의 종가가 다름이 없었더라.

● 25장

① 다윗이 군대 장관들로 더불어 아삽과 헤만과 여두둔의 자손 중에서 구별하여 섬기게 하되, 수금과 비파와 제금을 잡아 신령한 노래를 하게 하였으니, 그 직무대로 일하는 자의 수효가 이러하니라,

② 아삽의 아들 중 삭굴과 요셉과 느다냐와 아사렐라니 이 아삽의 아들들이 아삽의 수하에 속하여 왕의 명령을 좇아 신령한 노래를 부르며,

③ 여두둔에게 이르러는 그 아들 그달리야와 스리와 여사야와 하사뱌와 맛디디야 여섯 사람이니, 그 아비 여두둔의 수하에 속하여 수금을 잡아 신령한 노래를 하며 여호와께 감사하며 찬양하며,

④ 헤만에게 이르러는 그 아들 북기야와 맛다냐와 웃시엘과 스브엘과 여리못과 하나냐와 하나니와 엘리아다와 깃달디와 로암디에셀과 요스브가사와 말로디와 호딜과 마하시옷이라,

⑤ 이는 다 헤만의 아들들이니, 나팔을 부는 자며 헤만은 하나님의 말씀을 받드는 왕의 선견자라, 하나님이 헤만에게 열 네 아들과 세 딸을 주셨더라,

⑥ 이들이 다 그 아비의 수하에 속하여 제금과 비파와 수금을 잡아 여호와 하나님의 전에서 노래하여 섬겼으며, 아삽과 여두둔과 헤만은 왕의 수하에 속하였으니,

⑦ 저희와 모든 형제 곧 여호와 찬송하기를 배워 익숙한 자의 수효가 이백 팔십 팔인이라,

⑧ 이 무리의 큰 자나 작은 자나 스승이나 제자를 무론하고 일례로 제비 뽑아 직임을 얻었으니,

⑨ 첫째로 제비 뽑힌 자는 아삽의 아들 중 요셉이요, 둘째는 그달리야니, 저와 그 형제와 아들 십 이인이요,

⑩ 셋째는 삭굴이니, 그 아들과 형제 십 이인이요,

⑪ 네 째는 이스리니, 그 아들과 형제 십 이인이요,

⑫ 다섯째는 느다냐니, 그 아들과 형제 십 이인이요,

⑬ 여섯째는 북기야니, 그 아들과 형제와 십 이인이요,

⑭ 일곱째는 여사렐라니, 그 아들과 형제와 십 이인이요,

⑮ 여덟째는 여사야니, 그 아들과 형제와 십 이인이요,

⑯ 아홉째는 맛다냐니, 그 아들과 형제와 십 이인이요,

⑰ 열째는 시므이니, 그 아들과 형제와 십 이인이요,

⑱ 열 한째는 아사렐이니, 그 아들과 형제와 십 이인이요,

⑲ 열 둘째는 하사뱌니, 그 아들과 형제와 십 이인이요,

⑳ 열 셋째는 수바엘이니, 그 아들과 형제와 십 이인이요

㉑ 열 넷째는 맛디디야니, 그 아들과 형제와 십 이인이요,

㉒ 열 다섯째는 여레못이니, 그 아들과 형제와 십 이인이요,

㉓ 열 여섯째는 하나냐니, 그 아들과 형제와 십 이인이요,

㉔ 열 일곱째는 요스브가사니, 그 아들과 형제와 십 이인이요,

㉕ 열 여덟째는 하나니니, 그 아들과 형제와 십 이인이요,

㉖ 열 아홉째는 말로디니, 그 아들과 형제와 십 이인이요,

㉗ 스무째는 엘리아다니, 그 아들과 형제와 십 이인이요,

㉘ 스물 한째는 호딜이니, 그 아들과 형제와 십 이인이요,

㉙ 스물 둘째는 깃달디니, 그 아들과 형제와 십 이인이요,

㉚ 스물 셋째는 마하시옷이니, 그 아들과 형제와 십 이인이요,

㉛ 스물 넷째는 로암디에셀이니, 그 아들과 형제와 십 이인이었더라.

● 26장

① 문지기들의 구분에 관한 것이라, 고라 족속 아삽의 자손 중에 고레의 아들 므셀레
먀와.

② 므셀레먀의 아들들 맏아들 스가랴와 둘째 여디야엘과 셋째 스바댜와 넷째 야드니
엘과,

③ 다섯째 엘람과 여섯째 여호하난과 일곱째 엘여호에내며,

④ 오벧에돔의 아들들 맏아들 스마야와 둘째 여호사밧과 셋째 요아와 넷째 사갈과 다
섯째 느다넬과,

⑤ 여섯째 암미엘과 일곱째 잇사갈과 여덟째 브울래대니, 이는 하나님이 오벧에돔에
게 복을 주셨음이며,

⑥ 그 아들 스마야도 두어 아들을 낳았으니 저희의 족속을 다스리는 자요, 큰 용사라,

⑦ 스마야의 아들들은 오드니와 르바엘과 오벳과 엘사밧이며 엘사밧의 형제 엘리후와 스마갸는 능력이 있는 자니,

⑧ 이는 다 오벧에돔의 자손이라, 저희와 그 아들들과 그 형제들은 다 능력이 있어 그 직무를 잘하는 자니 오벧에돔에게서 난 자가 육십 이명이며,

⑨ 또 므셀레먀의 아들과 형제 십 팔인은 능력이 있는 자며,

⑩ 므라리 자손 중 호사가 아들들이 있으니, 그 장자는 시므리라, 시므리는 본래 맡아들이 아니나 그 아비가 장자를 삼았고,

⑪ 둘째는 힐기야요, 셋째는 드발리야요, 네째는 스가랴니, 호사의 아들과 형제가 십 삼인이더라,

⑫ 이상은 다 문지기의 반장으로서 그 형제처럼 직임을 얻어 여호와의 전에서 섬기는 자라,

⑬ 각 문을 지키기 위하여 그 종족을 따라 무론대소하고 다 제비 뽑혔으니,

⑭ 셀레먀는 동방에 담첨되었고 그 아들 스가랴는 명철한 의사라 저를 위하여 제비 뽑으니, 북방에 당첨되었고,

⑮ 오벧에돔은 남방에 당첨되었고, 그 아들들은 곳간에 당첨되었으며,

⑯ 숩빔과 호사는 서방에 당첨되어 큰 길로 통한 살래겟 문 곁에 있어 서로 대하여 파수하였으니,

⑰ 동방에 레위 사람이 여섯이요, 북방에 매일 네 사람이요, 남방에 매일 네 사람이요, 곳간에는 둘씩이며,

⑱ 낭실 서편 큰 길에 네 사람이요, 낭실에 두 사람이니,

⑲ 고라와 므라리 자손의 문지기인 반차가 이러하였더라,

⑳ 레위 사람 중에 아히야는 하나님의 전 곳간과 성물 곳간을 맡았으며,

㉑ 라단의 자손은 곧 라단에게 속한 게르손 사람의 자손이니 게르손 사람 라단에게 속한 족장은 여히엘리라,

㉒ 여히엘리의 아들은 스담과 그 아우 요엘이니, 여호와의 전 곳간을 맡았고,

㉓ 아므람 자손과 아스할 자손과 헤브론 자손과 웃시엘 자손 중에,

㉔ 모세의 아들 게르솜의 자손 스브엘은 곳간을 맡았고,

㉕ 그 형제 곧 엘리에셀에게서 난 자는 그 아들 르하뱌와 그 아들 여사야와 그 아들 요람과 드 아들 시그리와 그 아들 슬로못이라,

㉖ 이 슬로못과 그 형제는 성물의 모든 곳간을 맡았으니, 곧 다윗왕과 족장과 천명부대장과 백명부대장과 군대의 모든 장관이 구별하여 드린 성물이라,

㉗ 저희가 싸울 때에 노략하여 얻은 물건 중에서 구별하여 드려 여호와의 전을 중수하게 한 것이며,

㉘ 선견자 사무엘과 기스의 아들 사울과 넬의 아들 아브넬과 스루야의 아들 요압이 무론 무엇이든지 구별하여 드린 성물은 다 슬로못과 그 형제의 수하에 있었더라,

㉙ 이스할 자손 중에 그나냐와 그 아들들은 이스라엘 바깥 일을 다스리는 유사와 재판관이 되었고,

㉚ 헤브론 자손 중에 하사뱌와 그 동족 용사 일천 칠백인은 요단 서편에서 이스라엘을 주관하여 여호와의 모든 일과 왕을 섬기는 직임을 맡았으며,

㉛ 헤브론 자손 중에 여리야가 그 세계와 종족대로 헤브론 자손의 족장이 되었더라, 다윗이 위에 있은지 사십년에 길르앗 야셀에서 그 족속 중에 구하여 큰 용사를 얻었으니,

㉜ 그 형제 중 이천 칠백명이 다 용사요, 족장이라, 다윗왕이 저희로 르우벤과 갓과 므낫세 반 지파를 주관하여 하나님의 모든 일과 왕의 일을 다스리게 하였더라.

● 27장

① 이스라엘 자손의 모든 족장과 천명부대장과 백명부대장과 왕을 섬기는 관원들이 그 인수대로 반차가 나누이니 각 반열이 이만 사천명씩이라 일년 동안 달마다 체번하여 들어가며 나왔으니,

② 정월 첫반의 반장은 삽디엘의 아들 야소브암이요, 그 반열에 이만 사천명이라,

③ 저는 베레스의 자손으로서 정월반의 모든 장관의 두목이 되었고,

④ 이월반의 반장은 아호아 사람 도대요, 또 미글랏이 그 반의 주장이 되었으니, 그 반열에 이만 사천명이요,

⑤ 삼월 군대의 셋째 장관은 대제사장 여호야다의 아들 브나야요, 그 반열에 이만 사천명이라,

⑥ 이 브나야는 삼십인 중에 용사요, 삼십인 위에 있으며 그 반열 중에 그 아들 암미사밧이 있으며,

⑦ 사월 넷째 장관은 요압의 아우 아사헬이요, 그 다음은 그 아들 스바댜니 그 반열에 이만 사천명이요,

⑧ 오월 다섯째 장관은 이스라 사람 삼훗이니 그 반열에 이만 사천명이요,

⑨ 유월 여섯째 장관은 드고아 사람 익게스의 아들 이라니 그 반열에 이만 사천명이요,

⑩ 칠월 일곱째 장관은 에브라임 자손에 속한 발론 사람 헬레스니 그 반열에 이만 사천명이요,

⑪ 팔월 여덟째 장관은 세라 족속 후사 사람 십브게니 그 반열에 이만 사천명이요,

⑫ 구월 아홉째 장관은 베냐민 자손 아나돗 사람 아비에셀이니 그 반열에 이만 사천명이요,

⑬ 시월 열째 장관은 세라 족속 느도바 사람 마하래니 그 반열에 이만 사천명이요,

⑭ 십 일월 열 한째 장관은 에브라임 자손에 속한 비라돈 사람 브나야니 그 반열에 이만 사천명이요,

⑮ 십 이월 열 둘째 장관은 웃니엘 자손에 속한 느도바 사람 헬대니 그 반열에 이만 사천명이었더라,

⑯ 이스라엘 지파를 관할하는 자는 이러하니라 르우벤 사람의 관장은 시그리의 아들 엘리아살이요 시므온 사람의 관장은 마아가의 아들 스바댜요,

⑰ 레위 사람의 관장은 그무엘의 아들 하사뱌요 아론 자손의 관장은 사독이요,

⑱ 유다의 관장은 다윗의 형 엘리후요 잇사갈의 관장은 미가엘의 아들 오므리요,

⑲ 스불론의 관장은 오바댜의 아들 이스마야요 납달리의 관장은 아스리엘의 아들 여레못이요,

⑳ 에브라임 자손의 관장은 아사시야의 아들 호세아요 므낫세 반 지파의 관장은 브다야의 아들 요엘이요,

㉑ 길르앗에 있는 므낫세 반 지파의 관장은 스가랴의 아들 잇도요 베냐민의 관장은 아브넬의 아들 야아시엘이요,

㉒ 단의 관장은 여로함의 아들 아사렐이니 이스라엘 지파의 관장이 이러하며,

㉓ 이스라엘 사람의 이십세 이하의 수효는 다윗이 조사하지 아니하였으니, 이는 여호와께서 전에 말씀하시기를, 이스라엘 사람을 하늘의 별같이 많게 하리라, 하셨음이라,

㉔ 스루야의 아들 요압이 조사하기를 시작하고 끝내지 못하여서 그 일로 인하여 진노가 이스라엘에게 임한지라, 그 수효를 다윗왕 역대 지략에 기록하지 아니하였더라,

㉕ 아디엘의 아들 아스마웻은 왕의 곳간을 맡았고 웃시야의 아들 요나단은 밭과 성읍과 촌과 산성의 곳간을 맡았고,

㉖ 글룹의 아들 에스리는 밭가는 농부를 거느렸고,

㉗ 라마 사람 시므이는 포도원을 맡았고 스밤 사람 삽디는 포도원의 소산 포도주 곳간을 맡았고,

㉘ 게델 사람 바알하난은 평야의 감람나무와 뽕나무를 맡았고 요아스는 기름 곳간을 맡았고,

㉙ 사론 사람 시드래는 사론에서 먹이는 소떼를 맡았고 아들래의 아들 사밧은 골짜기에 있는 소떼를 맡았고,

㉚ 이스마엘 사람 오빌은 약대를 맡았고 메로놋 사람 예드야는 나귀를 맡았고 하갈 사람 야시스는 양떼를 맡았으니,

㉛ 다윗왕의 재산을 맡은 자들이 이러하였더라,

㉜ 다윗의 아자비 요나단은 지혜가 있어서 모사가 되며 서기관도 되었고 학모니의 아들 여히엘은 왕의 아들들의 배종이 되었고,

㉝ 아히도벨은 왕의 모사가 되었고 아렉 사람 후새는 왕의 벗이 되었고,

㉞ 브나야의 아들 여호야다와 아비아달은 아히도벨의 다음이 되었고, 요압은 왕의 군대 장관이 되었더라,

● 28장

① 다윗이 이스라엘 모든 방백 곧 각 지파의 어른과 체번하여 왕을 섬기는 반장들과 천명부대장들과 백명부대장들과 및 왕과 왕자와 산업과 생축의 감독과 환관과 장사와 용사를 예루살렘으로 소집하고,

② 이에 다윗왕이 일어서서 가로되, 나의 형제들 나의 백성들아 내 말을 들으라, 나는 여호와의 언약궤, 곧 우리 하나님의 발등상을 봉안할 전 건축할 마음이 있어서 건축할 재료를 준비하였으나,

③ 오직 하나님이 내게 이르시되, 너는 군인이라 피를 흘렸으니 내 이름을 위하여 전을 건축하지 못하리라, 하셨느니라,

④ 그러나 이스라엘 하나님 여호와께서 전에 나를 내 부친의 온 집에서 택하여 영원히 이스라엘 왕이 되게 하셨나니, 곧 하나님이 유다 지파를 택하사 머리를 삼으시고, 유다의 족속에서 내 부친의 집을 택하시고 내 부친의 아들 중에서 나를 기뻐하

사 온 이스라엘의 왕을 삼으셨느니라,

⑤ 여호와께서 내게 여러 아들을 주시고, 그 모든 아들 중에서 내 아들 솔로몬을 택하사, 여호와의 나라 위에 앉혀 이스라엘을 다스리게 하려 하실새,

⑥ 내게 이르시기를, 네 아들 솔로몬 그가 내 전을 건축하고 내 여러 뜰을 만들리니, 이는 내가 저를 택하여 내 아들을 삼고 나는 그 아비가 될 것임이라,

⑦ 저가 만일 나의 계명과 규례를 힘써 준행하기를 오늘날과 같이 하면 내가 그 나라를 영원히 견고케 하리라, 하셨느니라,

⑧ 이제 너희는 이스라엘 곧 여호와의 회중의 보는 데와 우리 하나님 들으시는 데서 너희 하나님 여호와의 모든 계명을 구하여 지키기로 하라, 그리하면 너희가 이 아름다운 땅을 누리고 너희 후손에게 끼쳐 영원한 기업이 되게 하리라,

⑨ 내 아들 솔로몬아, 너는 네 아비의 하나님을 알고 온전한 마음과 기쁜 뜻으로 섬길지어다, 여호와께서는 뭇 마음을 감찰하사 모든 사상을 아시나니, 네가 저를 찾으면 만날 것이요, 버리면 저가 너를 영원히 버리시리라,

⑩ 그런즉, 너는 삼갈지어다 여호와께서 너를 택하사, 성소의 전을 건축하게 하셨으니, 힘써 행할지니라,

⑪ 다윗이 전의 낭실과 그 집들과 그 곳간과 다락과 골방과 속죄소의 식양을 그 아들 솔로몬에게 주고,

⑫ 또 성신의 가르치신 모든 식양 곧 여호와의 전의 뜰과 사면의 모든 방과 하나님의 전 곳간과 성물 곳간의 식양을 주고,

⑬ 또 제사장과 레위 사람의 반열과 여호와의 전에 섬기는 모든 일을 섬기는데 쓰는 모든 그릇의 식양을 설명하고,

⑭ 또 모든 섬기는데 쓰는 금기명을 만들 금의 중량과 모든 섬기는데 쓰는 은기명을 만들 은의 중량을 정하고,

⑮ 또 금 등대들과 그 등잔 곧 각 등대와 그 등잔을 만들 금의 중량과 은등대와 그 등잔을 만들 은의 중량을 각기 적당하게 하고,

⑯ 또 진설병의 각 상을 만들 금의 중량을 정하고 은상을 만들 은도 그렇게 하고,

⑰ 고기 갈구리와 대접과 종자를 만들 정금과 금잔 곧 각 잔을 만들 금의 중량과 또 은잔 곧 각 잔을 만들 은의 중량을 정하고,

⑱ 또 향단에 쓸 정금과 또 타시는 처소된 그룹들의 식양대로 만들 금의 중량을 정하여 주니, 이 그룹들은 날개를 펴서 여호와의 언약궤를 덮는 것이더라,

⑲ 다윗이 가로되, 이 위의 모든 것의 식양을 여호와의 손이 내게 임하여 그려 나로 알게 하셨느니라,

⑳ 또 그 아들 솔로몬에게 이르되, 너는 강하고 담대하게 이 일을 행하고 두려워 말며 놀라지 말라, 네가 여호와의 전 역사의 모든 일을 마칠 동안에 여호와 하나님 나의 하나님이 너와 함께 하사, 네게서 떠나지 아니하시고 너를 버리지 아니하시리라,

㉑ 제사장과 레위 사람의 반열이 있으니, 여호와의 전의 모든 역사를 도울 것이요, 또 모든 공역에 공교한 공장이 기쁜 마음으로 너와 함께 할 것이요, 또 모든 장관과 백성이 온전히 네 명령 아래 있으리라. 하니라.

● 29장

① 다윗왕이 온 회중에게 이르되, 내 아들 솔로몬이 홀로 하나님의 택하신바 되었으나 오히려 어리고 연약하고 이 역사는 크도다, 이 전은 사람을 위한 것이 아니요, 여호와 하나님을 위한 것이라,

② 내가 이미 내 하나님의 전을 위하여 힘을 다하여 예비하였나니, 곧 기구를 만들고 금과 은과 놋과 철과 나무며 또 마노와 박을 보석과 꾸밀 보석과 채석과 다른 보석들과 화반석이 매우 많으며,

③ 성전을 위하여 예비한 이 모든 것 외에도 내 마음에 내 하나님의 전을 사모하므로 나의 사유의 금 은으로 내 하나님의 전을 위하여 드렸노니,

④ 곧 오빌의 금 삼천 달란트와 천은 칠천 달란트라 모든 전 벽에 입히며,

⑤ 금 은 그릇을 만들며 공장의 손으로 하는 모든 일에 쓰게 하였노니, 오늘날 누가 즐거이 손에 채워 여호와께 드리겠느냐? 하니라,

⑥ 이에 모든 족장과 이스라엘 모든 지파 어른과 천명부대장과 백명부대장과 왕의 사무감독이 다 즐거이 드리되,

⑦ 하나님의 전 역사를 위하여 금 오천 달란트와 금 다릭 일만과 은 일만 달란트와 놋 일만 팔천 달란트와 철 십만 달란트를 드리고,

⑧ 무릇 보석이 있는 자는 게르손 사람 여히엘의 손에 부쳐 여호와의 전 곳간에 드렸더라,

⑨ 백성이 자기의 즐거이 드림으로 기뻐하였으니, 곧 저희가 성심으로 여호와께 즐거이 드림이며 다윗왕도 기쁨을 이기지 못하여 하니라,

⑩ 다윗이 온 회중 앞에서 여호와를 송축하여 가로되, 우리 조상 이스라엘의 하나님

여호와여, 주는 영원히 송축을 받으시옵소서,

⑪ 여호와여 광대하심과 권능과 영광과 이김과 위엄이 다 주께 속하였사오니, 천지에 있는 것이 다 주의 것이로소이다, 여호와여 주권도 주께 속하였사오니 주는 높으사 만유의 머리 심이니이다,

⑫ 부와 귀가 주께로 말미암고 또 주는 만유의 주재가 되사 손에 권세와 능력이 있사오니, 모든 자를 크게 하심과 강하게 하심이 주의 손에 있나이다,

⑬ 우리 하나님이여 이제 우리가 주께 감사하오며 주의 영화로운 이름을 찬양하나이다,

⑭ 나와 나의 백성이 무엇이관대 이처럼 즐거운 마음으로 드릴 힘이 있었나이까? 모든 것이 주께로 말미암았사오니 우리가 주의 손에서 받은 것으로 주께 드렸을 뿐이니이다,

⑮ 주 앞에서는 우리가 우리 열조와 다름이 없이 나그네와 우거한 자라 세상에 있는 날이 그림자 같아서 머무름이 없나이다,

⑯ 우리 하나님 여호와여, 우리가 주의 거룩한 이름을 위하여 전을 건축하려고 미리 저축한 이 모든 물건이 다 주의 손에서 왔사오니 다 주의 것이니이다,

⑰ 나의 하나님이여 주께서 마음을 감찰하시고 정직을 기뻐하시는 줄 내가 아나이다, 내가 정직한 마음으로 이 모든 것을 즐거이 드렸사오며, 이제 내가 또 여기 있는 주의 백성이 주께 드리는 것을 보오니, 심히 기쁘도소이다,

⑱ 우리 열조 아브라함과 이삭과 이스라엘의 하나님 여호와여 주께서 이것을 주의 백성의 심중에 영원히 두어 생각하게 하시고, 그 마음을 예비하여 주께로 돌아오게 하옵시며,

⑲ 또 내 아들 솔로몬에게 정성된 마음을 주사, 주의 계명과 법도와 율례를 지켜 이 모든 일을 행하게 하시고, 내가 위하여 예비한 것으로 전을 건축하게 하옵소서,

⑳ 다윗이 온 회중에게 이르되, 너희는 너희 하나님을 송축하라, 하매, 회중이 그 열조의 하나님 여호와를 송축하고 머리를 숙여 여호와와 왕에게 절하고,

㉑ 이튿날 여호와께 제사를 드리고 또 번제를 드리니, 수송아지가 일천이요, 수양이 일천이요, 어린 양이 일천이요, 또 그 전제라, 온 이스라엘을 위하여 풍성한 제물을 드리고,

㉒ 이 날에 무리가 크게 기뻐하여 여호와 앞에서 먹으며 마셨더라, 무리가 다윗의 아들 솔로몬으로 다시 왕을 삼아 기름을 부어 여호와께 돌려 주권자가 되게 하고, 사

독에게도 기름을 부어 제사장이 되게 하니라.

㉓ 솔로몬이 여호와께서 주신 위에 앉아 부친 다윗을 이어 왕이 되어 형통하니 온 이스라엘이 그 명령을 순종하며,

㉔ 모든 방백과 용사와 다윗왕의 여러 아들이 솔로몬왕에게 복종하니,

㉕ 여호와께서 솔로몬으로 이스라엘 무리의 목전에 심히 존대케 하시고, 또 왕의 위엄을 주사 그 전 이스라엘 모든 왕보다 뛰어나게 하셨더라.

㉖ 이새의 아들 다윗이 온 이스라엘의 왕이 되어,

㉗ 이스라엘을 치리한 날짜는 사십년이라, 헤브론에서 칠년을 치리하였고 에루살렘에서 삼십 삼년을 치리하였더라.

㉘ 저가 죽으매 나이 많아 늙도록 부하고 존귀하다가 죽으매, 그 아들 솔로몬이 대신하여 왕이 되니라.

㉙ 다윗왕의 시종 행적이 선견자 사무엘의 글과 선지자 나단의 글과 선견자 갓의 글에 다 기록되고,

㉚ 또 저의 왕 된 일과 그 권세와 저와 이스라엘과 온 세상 열국의 지난 시사가 다 기록되었느니라.

역대 하

· 본 성경듣기는 QR코드 인식으로 들을 수 있습니다

● 1장

① 다윗의 아들 솔로몬의 왕위가 견고하여 가며, 여호와, 그의 하나님께서 저와 함께 하사 심히 창대케 하시니라,

② 솔로몬이 온 이스라엘의 천명부대장과 백명부대장과 재판관과 온 이스라엘의 각 방백과 족장들을 명하고,

③ 온 회중과 함께 기브온 산당으로 갔으니, 하나님의 회막 곧 여호와의 종 모세가 황야에서 지은 것이 거기 있음이라,

④ 다윗이 전에 예루살렘에서 하나님의 궤를 위하여 장막을 쳤었으므로, 그 궤는 다윗이 이미 기럇여아림에서부터 위하여 예비한 곳으로 메어 올렸고,

⑤ 옛적에 훌의 손자 우리의 아들 브살렐의 지은 놋단은 여호와의 장막 앞에 있더라 솔로몬이 회중으로 더불어 나아가서,

⑥ 여호와 앞 곧 회막 앞에 있는 놋단에 이르러 그 위에 일천 희생으로 번제를 드렸더라,

⑦ 이 밤에 하나님이 솔로몬에게 나타나사, 이르시되, 내가 네게 무엇을 줄꼬? 너는 구하라,

⑧ 솔로몬이 하나님께 여쭈오되, 주께서 전에 큰 은혜를 나의 아비 다윗에게 베푸시고 나로 대신하여 왕이 되게 하셨사오니,

⑨ 여호와 하나님이여, 원컨대, 주는 내 아비 다윗에게 허하신 것을 이제 굳게 하옵소서, 주께서 나로 땅의 티끌 같이 많은 백성의 왕을 삼으셨사오니,

⑩ 주는 이제 내게 지혜와 지식을 주사, 이 백성 앞에서 출입하게 하옵소서, 이렇게 많은 주의 백성을 누가 능히 재판하리이까? 하니,

⑪ 하나님이 솔로몬에게 이르시되, 이런 마음이 네게 있어서 부나 재물이나 존영이나 원수의 생명 멸하기를 구하지 아니하며 장수도 구하지 아니하고 오직 내가 너로 치리하게 한 내 백성을 재판하기 위하여 지혜와 지식을 구하였으니,

⑫ 그러므로 내게 네게 지혜와 지식을 주고 부와 재물과 존영도 주리니, 너의 전의 왕들이 이 같음이 없었거니와 너의 후에도 이 같음이 없으리라,

⑬ 이에 솔로몬이 기브온 산당 회막 앞에서부터 예루살렘으로 돌아와서 이스라엘을 치리하였더라,

⑭ 솔로몬이 병거와 마병을 모으매 병거가 일천 사백이요 마병이 일만 이천이라 병거성에도 두고 예루살렘 왕에게도 두었으며,

⑮ 왕이 예루살렘에서 은금을 돌 같이 흔하게 하고 백향목을 평지의 뽕나무 같이 많게 하였더라,

⑯ 또 솔로몬에게 에집트에서 가져온 말들과 아마 실이 있었으니, 왕의 상인들이 그 아마 실을 비교적 정한 값에 받아들였더라,

⑰ 그들이 에집트에서 가져온 병거는 하나에 은 육백 세겔이요, 말 한필은 일백 오십 세겔이며, 이와 같이 헷 사람의 모든 왕들과 아람 왕들을 위하여도 그들의 수단으로 말을 들여왔더라.

● 2장

① 솔로몬이 여호와의 이름을 위하여 전을 건축하고 그의 왕국을 위하여 궁궐 건축하기를 결심하니라,

② 솔로몬이 이에 짐을 운반하는 칠만과 산에 올라 작벌할 자 팔만과 일을 감독할 자 삼천 육백을 뽑고,

③ 사자를 두로 왕 후람에게 보내어 이르되, 당신이 전에 내 부친 다윗에게 백향목을 보내어 그 거할 궁궐을 건축하게 한 것 같이 내게도 그리하소서,

④ 이제 내가 나의 하나님 여호와의 이름을 위하여 전을 건축하여 구별하여 드리고, 주 앞에서 향 재료를 사르며 항상 떡을 전설하며 안식일과 초하루와 우리 하나님 여호와의 절기에 조석으로 번제를 드리려 하니, 이는 이스라엘의 영원한 규례니이다,

⑤ 내가 건축하고자 하는 전은 크니, 우리 하나님은 모든 신보다 위대하시기 때문이니이다,

⑥ 하지만 누가 능히 그런 건물을 지을 수 있겠습니까? 하늘이라도, 온 우주라도 그분을 담을 수 없습니다! 하물며 내가 누구라고 하나님께 합당한 집을 지어 드릴 수 있겠습니까? 나는 그저 그분께 향을 피우는 일이나 할 수 있을 뿐입니다!

(But who is able to build him an house, seeing the heaven and heaven of heavens cannot contain him? who am I then, that I should build him an house, save only to burn sacrifice before him?-KJV)

(But who is able to build a temple for him, since the heavens, even the highest heavens, cannot contain him? Who then am I to build a temple for him, except as a place to burn sacrifices before him?-NIV)

(Yet who is really able to build him a house, since the heavens and even highest heavens cannot contain him? And who am I that I should build him a house, unless it be to offer incense in his prwsence?-NAB)

(But who is capable of building such a structure? Why, the skyes – the entire cosmos! – can't begin to contain him. And me, who am I to think I can build a house adequate for God – burning incense to him is about all I'm good for!-THE MESSAGE)

⑦ 이제 청컨대 당신은 금 은 동 철로 제조하며 자색 홍색 청색실로 직조하며, 또 아로새길줄 아는 능숙한 기술자 하나를 내게 보내어, 내 부친 다윗이 유다와 예루살렘에서 예비한 나의 능숙한 기술자와 함께 일하게 하고,

⑧ 또 레바논에서 백향목과 잣나무와 백단목을 내게로 보내소서, 내가 알거니와 당신의 종은 레바논에서 벌목을 잘하나니 내 종이 당신을 당신의 종을 도울지라,

⑨ 이와 같이 나를 위하여 재목을 많이 예비하게 하소서, 내가 건축하려 하는 전은 크고 화려할 것이니이다,

⑩ 내가 당신의 벌목하는 종에게 타작한 밀 이만석과 보리 이만석과 포도주 이만말과 기름 이만말을 주리이다, 하였더라,

⑪ 두루 왕 후람이 솔로몬에게 답장하여 가로되, 여호와께서 그 백성을 사랑하시므로 당신을 세워 그 왕을 삼으셨도다, 하고,

⑫ 또 가로되, 천지를 지으신 이스라엘 하나님 여호와는 송축을 받으실지로다, 다윗 왕에게 지혜로운 아들을 주시고 명철과 총명을 품부하시사, 능히 여호와를 위하여 전을 건축하고 자기 왕국을 위하여 궁궐을 건축하게 하시도다,

⑬ 내가 이제 공교하고 총명한 사람을 보내오니, 전에 내 부친 후람에게 속하였던 자라,

⑭ 이 사람은 단의 여자 중 한 여인의 아들이요 그 아비는 두로 사람이라, 능히 금 은 동 철과 돌과 나무와 자색 청색 홍색실과 가는 베로 일을 잘하며 또 모든 아로새기는 일에 익숙하고 모든 기교한 식양에 능한 자니, 당신의 능숙한 기술자와 당신의 부친 다윗의 능숙한 기술자와 함께 일하게 하소서,

⑮ 내 주의 말씀하신 밀과 보리와 기름과 포도주는 주의 종들에게 보내소서,

⑯ 우리가 레바논에서 당신의 쓰실만큼 벌목하여 떼를 엮어 바다에 띄워 욥바로 보내리니, 재목을 예루살렘으로 운반하는 일은 그쪽에서 하여야 할 것입니다,

⑰ 전에 솔로몬의 부친 다윗이 이스라엘 땅에 거한 이방 사람을 조사하였더니, 이제 솔로몬이 다시 조사하매 모두 십 오만 삼천 육백인이라,

⑱ 그 중에 칠만인은 막 일꾼이 되게 하였고 팔만인은 산에서 벌목하게 하였고 삼천 육백인은 감독을 삼아 백성들에게 일을 시키게 하였더라.

● 3장

① 솔로몬이 예루살렘 모리아산에 여호와의 전 건축하기를 시작하니, 그곳은 전에 여호와께서 그 아비 다윗에게 나타나신 곳이요, 여부스 사람 오르난의 타작 마당에 다윗이 정한 곳이라,

② 솔로몬이 왕위에 나아간지 사년 이월 초이일에 건축하기를 시작하였더라,

③ 솔로몬이 하나님의 전을 위하여 놓은 지대는 이러하니, 옛적 재는 법대로 장이 육십 규빗이요, 광이 이십 규빗이며,

④ 그 전 앞 낭실의 장이 전의 광과 같이 이십 규빗이요, 고가 일백 이십 규빗이니 안에는 정금으로 입혔으며,

⑤ 그 대전 천장은 잣나무로 만들고 또 정금으로 입히고 그 위에 종려나무와 사슬 형상을 새겼고,

⑥ 또 보석으로 전을 꾸며 화려하게 하였으니 그 금은 바르와임 금이며,

⑦ 또 금으로 전과 그 들보와 문지방과 벽과 문짝에 입히고 벽에 그룹들을 아로새겼더라,

⑧ 또 지성소를 지었으니, 전 넓이대로 장이 이십 규빗이요, 광도 이십 규빗이라 정금 육백 달란트로 입혔으니,

⑨ 못 중수가 오십 금 세겔이요, 다락들도 금으로 입혔더라,

⑩ 지성소 안에 두 구룹의 형상을 새겨 만들어 금으로 입혔으니,

⑪ 두 구룹의 날개 길이가 모두 이십 규빗이라 좌편 구룹의 한 날개는 다섯 규빗이니, 전 벽에 닿았고 그 한 날개도 다섯 규빗이니, 우편 구룹의 날개에 닿았으며,

⑫ 우편 구룹의 한 날개도 다섯 규빗이니, 전 벽에 닿았고 그 한 날개도 다섯 규빗이니, 좌편 구룹의 날개에 닿았으니,

⑬ 이 두 구룹의 편 날개가 모두 이십 규빗이라, 그 얼굴을 외소로 향하고 서 있으며,

⑭ 청색 자색 홍색실과 고운 베로 문장을 짓고 그 위에 구룹의 형상을 수놓았더라,

⑮ 전 앞에 기둥 둘을 만들었으니 고가 삼십 오 규빗이요, 각 기둥 꼭대기의 머리가 다섯 규빗이라,

⑯ 성소 같이 사슬을 만들어 그 기둥 머리에 두르고 석류 일백 개를 만들어 사슬에 달았으며,

⑰ 그 두 기둥을 외소 앞에 세웠으니 좌편에 하나요, 우편에 하나라, 우편 것은 야긴이라 칭하고 좌편 것은 보아스라 칭하였더라.

● 4장

① 솔로몬이 또 놋으로 단을 만들었으니, 장이 이십 규빗이요, 고가 십 규빗이며,

② 또 바다를 부어 만들었으니 직경이 십 규빗이요, 그 모양이 둥글며 그 고는 다섯 규빗이요, 주위는 삼십 규빗 줄을 두를 만하며,

③ 그 가장자리 아래에는 돌아가며 형상이 있는데 매 규빗에 소가 열씩 있어서 바다 주위에 둘렸으니 그 소는 바다를 부어 만들 때에 두 줄로 부어 만들었으며,

④ 그 바다를 열 두 소가 받쳤으니, 셋은 북을 향하였고 셋은 서를 향하였고 셋은 남을 향하였고 셋은 동을 향하였으며 바다를 그 위에 놓았고 소의 뒤는 다 안으로 두었으며,

⑤ 바다의 두께는 한 손 넓이만 하고 그 가는 백합화의 식양으로 잔 가와 같이 만들었으니, 그 바다에는 삼천 밧을 담겠으며,

⑥ 또 물두멍 열을 만들어 다섯은 우편에 두고 다섯은 좌편에 두어 씻게 하되 번제에 속한 물건을 거기 씻게 하였으며 그 바다는 제사장들의 씻기를 위한 것이더라,

⑦ 또 정식을 따라 금으로 등대 열을 만들어 외소 안에 두었으니 좌편에 다섯이요, 우편에 다섯이며,

⑧ 또 상 열을 만들어 외소 안에 두었으니 좌편에 다섯이요, 우편에 다섯이며 또 금으로 대접 일백을 만들었고,

⑨ 또 제사장의 뜰과 큰 뜰과 뜰문을 만들고 놋으로 그 문짝에 입혔고,

⑩ 그 바다는 전 우편 동남방에 두었더라,

⑪ 후람이 또 솥과 부삽과 대접을 만들었더라, 이와 같이 후람이 솔로몬왕을 위하여 하나님의 전에서 하는 일을 마쳤으니,

⑫ 곧 기둥 둘과 그 기둥 꼭대기의 공 같은 머리 둘과 또 기둥 꼭대기의 공 같은 기둥 머리를 가리우는 그물 둘과,

⑬ 또 그 그물들을 위하여 만든바, 매 그물에 두 줄씩으로 기둥 위의 공 같은 두 머리를 가리우게 한 사백 석류와,

⑭ 또 받침과 받침 위의 물두멍과,

⑮ 한 바다와 그 바다 아래 열 두 소와,

⑯ 솥과 부삽과 고기 갈고리와 여호와의 전의 모든 그릇들이라, 후람의 아비가 솔로몬왕을 위하여 빛난 놋으로 만들 때에,

⑰ 왕이 요단 평지에서 숙곳과 스레다 사이의 차진 흙에 그것들을 부어 내었더라,

⑱ 이와 같이 솔로몬이 이 모든 기구를 심히 많이 만들었으므로 그 놋 중수를 능히 측량할 수 없었더라,

⑲ 솔로몬이 또 하나님의 전의 모든 기구를 만들었으니, 곧 금단과 진설병 상들과,

⑳ 내소 앞에서 규례대로 불을 켤 정금 등대와 그 등잔이며,

㉑ 또 순정한 금으로 만든 꽃과 등잔과 화젓가락이며,

㉒ 또 정금으로 만든 불집게와 주발과 숫가락과 불 옮기는 그릇이며 또 전 문 곧 지성소의 문과 외소의 문을 금으로 입혔더라,

● 5장

① 솔로몬이 여호와의 전을 위하여 만드는 모든 것을 마친지라, 이에 그 부친 다윗이 드린 은과 금과 모든 기구를 가져다가 하나님의 전 곳간에 두었더라,

② 이에 솔로몬이 여호와의 언약궤를 다윗성 곧 시온에서 메어 올리고자 하여 이스라엘 장로들과 무든 지파의 두목 곧 이스라엘 자손들의 족장들을 다 예루살렘으로 소집하니,

③ 칠월 절기에 이스라엘 모든 사람이 다 왕에게로 모이고,

④ 이스라엘 장로들이 다 이르매 레위 사람이 궤를 메니라,

⑤ 궤와 회막과 장막 안에 모든 거룩한 기구를 메고 올라가되 제사장과 레위 사람들이 그것을 메고 올라가매,

⑥ 솔로몬 왕과 그 앞에 모인 이스라엘 회중이 궤 앞에 있어 양과 소로 제사를 드렸으니, 그 수가 많아 기록할 수도 없고 셀 수도 없었더라,

⑦ 제사장들이 여호와의 언약궤를 그 처소로 메어 들였으니, 곧 내전 지성소 그룹들의 날개 아래라,

⑧ 그룹들이 궤 처소 위에서 날개를 펴서 궤와 그 채를 덮었는데,

⑨ 그 채가 길어서 궤에서 나오므로 그 끝이 내전 앞에서 보이나 밖에서는 보이지 아니하며 그 궤가 오늘까지 그곳에 있으며,

⑩ 궤 안에는 두 돌판 외에 아무것도 없으니, 이것은 이스라엘 자손이 에집트에서 나온 후 저희와 언약을 세우실 때에 모세가 호렙에서 그 안에 넣은 것이더라,

⑪ 이 때에는 제사장들이 그 반차대로 하지 아니하고 스스로 정결케 하고 성소에 있다가 나오매,

⑫ 노래하는 레위 사람 아삽과 헤만과 여두둔과 그 아들들과 형제들이 다 세마포를 입고 단 동편에 서서 제금과 비파와 수금을 잡고 또 나팔 부는 제사장 일백 이십인이 함께 서 있다가,

⑬ 나팔부는 자와 노래하는 자가 일제히 소리를 발하여 여호와를 찬송하며 감사하는데 나팔 불고 제금 치고 모든 악기를 울리며 소리를 높여 여호와를 찬송하여 가로되, 선하시도다, 그 자비하심이 영원히 있도다, 하매, 그 때에 여호와의 전에 구름이 가득한지라,

⑭ 제사장이 그 구름으로 인하여 능히 서서 섬기지 못하였으니, 이는 여호와의 영광이 하나님의 전에 가득함이었더라..

● 6장

① 그 때에 솔로몬이 가로되, 여호와께서 캄캄한데 계시겠다, 말씀하셨사오나,

② 내가 주를 위하여 거하실 전을 건축하였사오니, 주께서 영원히 거하실 처소로소이다, 하고,

③ 얼굴을 돌이켜 이스라엘의 온 회중을 위하여 축복하니, 때에 이스라엘의 온 회중이 서 있더라,

④ 왕이 가로되, 이스라엘 하나님 여호와를 송축할지로다, 여호와께서 그 입으로 나의 부친 다윗에게 말씀하신 것을 이제 그 손으로 이루셨도다, 이르시기를,

⑤ 내가 내 백성을 에집트 땅에서 인도하여 낸 날부터 내 이름을 둘 만한 집을 건축하기 위하여 이스라엘 모든 지파 가운데서 아무 성읍도 택하지 아니하였으며 내 백성 이스라엘의 주권자를 삼기 위하여 아무 사람도 택하지 아니하였더니,

⑥ 예루살렘을 택하여 내 이름을 거기 두고 또 다윗을 택하여 내 백성 이스라엘을 다스리게 하였노라, 하신지라,

⑦ 내 부친 다윗이 이스라엘 하나님 여호와의 이름을 위하여 전을 건축할 마음이 있었더니,

⑧ 여호와께서 내 부친 다윗에게 이르시되, 네가 내 이름을 위하여 전을 건축할 마음이 있으니, 이 마음이 네게 있는 것이 좋도다,

⑨ 그러나 너는 그 전을 건축하지 못할 것이요, 네 몸에서 낳은 네 아들, 그가 내 이름을 위하여 전을 건축하리라, 하시더니,

⑩ 이제 여호와께서 말씀하신대로 이루시도다, 내가 여호와의 허하신대로 내 부친 다윗을 대신하여 일어나서 이스라엘 위에 앉고 이스라엘 하나님 여호와의 이름을 위하여 전을 건축하고,

⑪ 내가 또 그곳에 여호와께서 이스라엘 자손으로 더불어 세우신 언약 넣은 궤를 두었노라,

⑫ 솔로몬이 여호와의 단 앞에서 이스라엘의 회중을 마주 서서 그 손을 펴니라,

⑬ 솔로몬이 이왕에 놋으로 대를 만들었으니, 장이 다섯 규빗이요, 광이 다섯 규빗이요, 고가 세 규빗이라, 뜰 가운데 두었더니, 저가 그 위에 서서 이스리엘의 회중 앞에서 무릎을 꿇고 하늘을 향하여 손을 펴고,

⑭ 가로되, 이스라엘 하나님 여호와여, 천지에 주와 같은 신이 없나이다, 주께서는 온 마음으로 주의 앞에서 행하는 주의 종들에게 언약을 지키시고 은혜를 베푸시나이다,

⑮ 주께서 주의 종 내 아비 다윗에게 허하신 말씀을 지키시되, 주의 입으로 말씀하신 것을 손으로 이루심이 오늘날과 같으니이다,

⑯ 이스라엘 하나님 여호와여, 주께서 주의 종 내 아비 다윗에게 말씀하시길, 네 자손이 자기 길을 삼가서 네가 내 앞에서 행한 것 같이 내 율법대로 행하기만 하면 네게로 좇아 나서 이스라엘 위에 앉을 사람이 내 앞에서 끊어지지 아니하리라, 하셨

사오니, 이제 다윗을 위하여 그 허하신 말씀을 지키시옵소서,

⑰ 그런즉, 이스라엘 하나님 여호와여, 원컨대 주는 주의 종 다윗에게 하신 말씀에 대하여 확실하게 하옵소서,

⑱ 하나님이 참으로 사람과 함께 땅에 거하리이까? 하늘과 하늘의 하늘이라도 주를 용납지 못하겠거든 하물며 내가 건축한 이 전이리오까?

⑲ 그러나 나의 하나님 여호와여, 종의 기도와 간구를 돌아보시며 종이 주의 앞에서 부르짖음과 비는 기도를 들으시옵소서,

⑳ 주께서 전에 말씀하시기를, 내 이름을 거기 두리라, 하신 곳, 이 전을 향하여 주의 눈이 주야로 보옵시며 종이 이곳을 향하여 비는 기도를 들으시옵소서,

㉑ 종과 주의 백성 이스라엘이 이 곳을 향하여 기도할 때에 주는 그 간구함을 들으시되, 주의 계신 곳 하늘에서 들으시고 들으시사, 사하여 주옵소서,

㉒ 만일 어떤 사람이 그 이웃에게 범죄하므로 맹세시킴을 받고 저가 와서 이 전에 있는 주의 단 앞에서 맹세하거든,

㉓ 주는 하늘에서 들으시고, 행하시되, 주의 종들을 국문하사 악한 자의 죄를 정하여 그 행위대로 그 머리에 돌리시고 의로운 자를 의롭다 하사, 그 의로운대로 갚으시옵소서,

㉔ 만일 주의 백성 이스라엘이 범죄하여 적국 앞에 패하게 되므로, 주께로 돌아와서 주의 이름을 인정하고 이 전에서 주께 빌며 간구하거든,

㉕ 주는 하늘에서 들으시고, 주의 백성 이스라엘의 죄를 사하시고, 그와 그 열조에게 주신 땅으로 돌아오게 하옵소서,

㉖ 만일 저희가 주께 범죄함을 인하여 하늘이 닫히고 비가 없어서 주의 벌을 받을 때에 이곳을 향하여 빌며 주의 이름을 인정하고 그 죄에서 떠나거든,

㉗ 주는 하늘에서 들으사, 주의 종들과 주의 백성 이스라엘의 죄를 사하시고, 그 마땅히 선한 길을 가르쳐 주옵시며, 주의 백성에게 기업으로 주신 주의 땅에 비를 내리시옵소서,

㉘ 만일 이 땅에 기근이나 온역이 있거든 곡식이 시들거나 깜부기가 나거나 메뚜기나 황충이 나거나 적국이 와서 성읍을 에워싸거나 무슨 재앙이나 무슨 질병이 있든지 무론하고,

㉙ 한 사람이나 주의 온 백성 이스라엘이 다 각각 자기의 마음에 재앙과 고통을 깨닫고 이 전을 향하여 손을 펴고 무슨 기도나 간구를 하거든,

㉚ 주는 계신 곳 하늘에서 들으시며 사유하시되 각 사람의 마음을 아시오니, 그 모든 행위대로 갚으시옵소서, 주만 홀로 사람들의 자손들의 마음을 아시나이다,

㉛ 그리하시면 저희가 주께서 우리 열조에게 주신 땅에서 사는 동안에 항상 주를 경외하며 주의 길로 행하리이다,

㉜ 주의 백성 이스라엘에 속하지 않은 이방인에게 대하여도 저희가 주의 큰 이름과 능한 손과 펴신 팔을 위하여 먼 지방에서 와서 이 전을 향하여 기도하거든,

㉝ 주는 계신 곳 하늘에서 들으시고, 무릇 이방인이 주께 부르짖는대로 이루사, 땅의 만민으로 주의 이름을 알고, 주의 백성 이스라엘처럼 경외하게 하옵시며, 또 내가 건축한 이 전을 주의 이름으로 일컫는 줄을 알게 하옵소서,

㉞ 주의 백성이 그 적국으로 더불어 싸우고자 하여, 주의 보내신 길로 나갈 때에 저희가 주의 빼신 이성과 내가 주의 이름을 위하여 건축한 전 있는 편을 향하여 여호와께 기도하거든,

㉟ 주는 하늘에서 저희의 기도와 간구를 들으시고 그 일을 돌아 보옵소서,

㊱ 범죄치 아니하는 사람이 없아오니, 저희가 주께 범죄하므로 주께서 저희에게 진노하사, 저희를 적국에게 붙이시매, 적국이 저희를 사로잡아 땅의 원근을 물론하고 끌어간 후에,

㊲ 저희가 사로잡혀 간 땅에서 스스로 깨닫고, 그 사로잡은 자의 땅에서 돌이켜 주께 간구하기를, 우리가 범죄하여 패역을 행하며 악을 지었나이다, 하며,

㊳ 자기를 사로잡아 간 적국의 땅에서 온 마음과 온 뜻으로 주께 돌아와서 그 열조에게 주신 땅과 두의 빼신 성과 내가 주의 이름을 위하여 건축한 전 있는 편을 향하여 기도하거든,

㊴ 주는 계신 곳 하늘에서 저희의 기도와 간구를 들으시고, 저희의 일을 돌아 보옵시며, 주께 득죄한 주의 백성을 용서하옵소서,

㊵ 나의 하나님이여, 이제 이곳에서 하는 기도에 눈을 드시고, 귀를 기울이소서,

㊶ 여호와 하나님이여, 일어나 들어가사, 주의 능력의 궤와 함께 주의 평안한 처소에 계시옵소서, 여호와 하나님이여, 원컨대 주의 제사장으로 구원을 입게 하시고, 또 주의 성도로 은혜를 기뻐하게 하옵소서,

㊷ 여호와 하나님이여, 주의 기름부음 받은 자에게서 얼굴을 돌이키지 마옵시고, 주의 종 다윗에게 베푸신 은총을 기억하옵소서.

● 7장

① 솔로몬이 기도를 마치매, 불이 하늘에서부터 내려와서 번제물과 제물들을 사르고 여호와의 영광이 그 전에 가득하니,

② 여호와의 영광이 여호와의 전에 가득하므로 제사장이 그 전에 능히 들어가지 못하였고,

③ 이스라엘 모든 자손은 불이 내리는 것과 여호와의 영광이 전에 있는 것을 보고, 돌로 단장된 바닥에 엎드려 경배하며, 여호와께 감사하여 가로되, 선하시도다, 그 인자하심이 영원하도다, 하니라,

④ 이에 왕과 모든 백성이 여호와 앞에 제사를 드리니,

⑤ 솔로몬왕의 드린 제물이 소가 이만 이천이요, 양이 십 이만이라, 이와 같이 왕과 모든 백성이 하나님의 전의 낙성식을 행하니라,

⑥ 때에 제사장들은 직분대로 모셔 서고, 레위 사람도 여호와의 악기를 가지고 섰으니, 이 악기는 전에 다윗왕이 레위 사람으로 여호와를 찬송하려고 만들어서 여호와의 인자하심이 영원함을 감사케 하던 것이라, 제사장은 무리 앞에서 나팔을 불고 온 이스라엘은 섰더라,

⑦ 솔로몬이 또 여호와의 전 앞뜰 가운데를 거룩히 구별하고, 거기서 번제물과 화목제의 기름을 드렸으니, 이는 솔로몬의 지은 놋단이 능히 그 번제물과 소제물과 기름을 다 받아들일 수 없었기 때문이었더라,

⑧ 그 때에 솔로몬이 칠일 동안 절기를 지켰는데 하맛 어귀에서부터 에집트의 강에 이르기까지 온 이스라엘의 온 회중이 모여 저와 함께 하였더니,

⑨ 제 팔일에 무리가 엄숙한 성회를 여니라, 제단의 낙성식을 칠일 동안 행한 후 이 절기를 칠일 동안 지키니라,

⑩ 칠월 이십 삼일에 왕이 백성을 그 장막으로 돌려 보내매, 백성이 여호와께서 다윗과 솔로몬과 그 백성 이스라엘에게 베푸신 은혜를 인하여 기뻐하며 마음에 즐거워하였더라,

⑪ 솔로몬이 여호와의 전과 왕궁을 필역하고 무릇 그 심중에 여호와의 전과 자기의 궁궐에 어떻게 만들고자 한 것을 다 형통하게 이루니라,

⑫ 밤에 여호와께서 솔로몬에게 나타나사, 이르시되, 내가 이미 네 기도를 듣고 이곳을 택하여 내게 제사하는 전을 삼았으니,

⑬ 혹 내가 하늘을 닫고 비를 내리지 아니하거나 혹 메뚜기로 토산을 먹게 하거나 혹

염병으로 내 백성 가운데 유행하게 할 때에,

⑭ 내 이름으로 일컫는 내 백성이 그 악한 길에서 떠나 스스로 겸비하고 기도하여 내 얼굴을 구하면 내가 하늘에서 듣고 그 죄를 사하여 그 땅을 고칠지라,

⑮ 이곳에서 하는 기도에 내가 눈을 들고 귀를 기울이리니,

⑯ 이는 내가 이미 이 전을 택하고 거룩하게 하여 내 이름으로 여기 영영히 있게 하였음이라, 내 눈과 내 마음이 항상 여기 있으리라,

⑰ 네가 만일 내 앞에서 행하기를 네 아비 다윗 같이 하여 내가 네게 명한 모든 것을 행하여 내 율례와 규례를 지키면,

⑱ 내가 네 나라 위를 견고케 하되, 전에 내가 네 아비 다윗과 언약하기를, 이스라엘을 다스릴 자가 네게서 끊어지지 아니하리라, 한대로 하리라,

⑲ 그러나 너희가 만일 돌이켜 내가 너희 앞에 둔 율례와 명령을 버리고 가서 다른 신을 섬겨 숭배하면,

⑳ 내가 저희에게 준 땅에서 그 뿌리를 뽑아내고, 내 이름을 위하여 거룩하게 한 이 전을 내 앞에서 버려 모든 민족 중에 속담거리와 이야기거리가 되게 하리니,

㉑ 이 전이 비록 높을지라도 무릇 그리로 지나가는 자가 놀라 가로되, 여호와께서 무슨 까닭으로 이 땅과 이 전에 이 같이 행하셨는고? 하면,

㉒ 대답하기를 저희가 자기 열조를 에집트 땅에서 인도하여 내신 자기 하나님 여호와를 버리고 다른 신에게 부종하여 그를 숭배하여 섬기므로 여호와께서 이 모든 재앙을 저희에게 내리셨다, 하리라, 하셨더라.

● 8장

① 솔로몬이 여호와의 전과 자기의 궁궐을 이십년 동안 건축하기를 마치고,

② 후람이 자기에게 준 성읍들을 다시 건축하여 이스라엘 자손으로 거기 거하게 하니라,

③ 솔로몬이 가서 하맛소바를 쳐서 취하고,

④ 또 황야에서 다드몰을 건축하고 하맛에서 모든 국고성을 건축하고,

⑤ 또 윗 벧호른과 아래 벧호른을 건축하되, 성과 문과 문빗장이 있게 하여 견고한 성읍을 삼고,

⑥ 또 바알랏과 자기에게 있는 모든 국고성과 모든 병거성과 마병의 성들을 건축하고, 솔로몬이 또 예루살렘과 레바논과 그 다스리는 온 땅에 건축하고자 하던 것을

다 건축하니라,

⑦ 무릇 이스라엘이 아닌 헷 족속과 아모리 족속과 브리스 족속과 히위 족속과 여부스 족속의 남아 있는 자,

⑧ 곧 이스라엘 자손이 다 멸하지 못하였으므로 그 땅에 남아있는 그 자손들을 솔로몬이 역군을 삼아 오늘날까지 이르렀으되,

⑨ 오직 이스라엘 자손은 솔로몬이 노예를 삼아 일을 시키지 아니하였으니, 저희는 군사와 장관의 두목과 그 병거와 마병의 장관이 됨이라,

⑩ 솔로몬왕의 공장을 감독하는 자가 이백 오십인이라 저희가 백성을 다스렸더라,

⑪ 솔로몬이 파라오의 딸을 데리고 다윗성에서부터 저를 위하여 건축한 궁에 이르러 가로되, 내 아내가 이스라엘 왕 다윗의 궁에 거하지 못하니, 이는 여호와의 궤가 이른 곳은 다 거룩함이니라, 하였더라,

⑫ 솔로몬이 낭실 앞에 쌓은 여호와의 단 위에 여호와께 번제를 드리되,

⑬ 모세의 명을 쫓아 매일에 합의한대로 안식일과 월삭과 정한 절기 곧 일년의 세 절기 무교절과 칠칠절과 초막절에 드렸더라,

⑭ 솔로몬이 또 그 부친 다윗의 지시를 쫓아 제사장들의 반열을 정하여 섬기게 하고, 레위 사람에게도 그 직분을 맡겨 매일에 합의한대로 찬송하며 제사장들 앞에서 수종들게 하며 또 문지기로 그 반차를 쫓아 각 문을 지키게 하였으니, 이는 하나님의 사람 다윗이 전에 이렇게 명하였음이라,

⑮ 제사장과 레위 사람이 국고일에든지 무슨 일에든지 왕의 명한바를 다 어기지 아니하였더라,

⑯ 솔로몬이 여호와의 전의 기지를 쌓던 날부터 준공하기까지 범백을 완비하였으므로 여호와의 전이 결점이 없이 필역하니라,

⑰ 때에 솔로몬이 에돔 땅의 바닷가 에시온게벨과 엘롯에 이르렀더니,

⑱ 후람이 그 신복에게 부탁하여 배와 바닷길을 아는 종들을 보내매, 저희가 솔로몬의 종과 함께 오빌에 이르러, 거기서 금 사백 오십 달란트를 얻고 솔로몬왕에게로 가져왔더라.

● 9장

① 스바 여왕이 솔로몬의 명성을 듣고 와서 어려운 문제로 솔로몬을 시험코저하여 예루살렘에 이르니, 심히 많은 수행원과 향품과 많은 금과 보석을 약대에 실었더라,

저가 솔로몬에게 나아와 자기 마음에 있는 것을 다 말하매,

② 솔로몬이 그 묻는 말을 다 대답하였으니, 솔로몬이 어려워서 대답지 못한 것이 없었더라,

③ 스바 여왕이 솔로몬의 지혜와 그 건축한 궁과,

④ 그 상의 음식물과 그 신복들의 좌석과 그 신하들의 시립한 것과 그들의 공복과 여호와의 전에 올라가는 층계를 보고 정신이 혼미하였으나,

⑤ 왕께 고하되, 내가 내나라에서 당신의 행위와 당신의 지혜에 대하여 들은 소문이 진실하도다,

⑥ 내가 그 말들을 믿지 아니하였더니, 이제 와서 목도한즉 당신의 지혜가 크다 한 말이 그 절반도 못되니 당신은 내가 들은 그 명성을 능가하나이다,

⑦ 행복되도다, 당신의 사람들이여, 복되도다, 당신의 이 신복들이여, 항상 당신의 앞에 서서 당신의 지혜를 들음이로다,

⑧ 당신의 하나님 여호와를 송축할지로다, 하나님이 당신을 기뻐하시고, 그 위에 올리사, 당신의 하나님 여호와를 위하여 왕이 되게 하셨도다, 당신의 하나님이 이스라엘을 사랑하사, 영원히 견고하게 하시려고 당신을 세워 저희 왕을 삼아 공과 의를 행하게 하셨도다, 하고,

⑨ 이에 저가 금 일백 이십 달란트와 심히 많은 향품과 보석을 왕께 드렸으니, 스바 여왕이 솔로몬왕께 드린 향품 같은 것이 이 전에는 없었더라,

⑩ (후람의 신복들과 솔로몬의 신복들도 오빌에서 금을 실어 올 때에 백단목과 보석을 가져온지라,

⑪ 왕이 백단목으로 여호와의 전과 왕궁의 층대를 만들고, 또 노래하는 자를 위하여 수금과 비파를 만들었으니, 이 같은 것들은 유다 땅에서 전에는 보지 못하였더라,)

⑫ 솔로몬왕이 스바 여왕의 가져온대로 답례하고, 그외에 또 저의 소원대로 무릇 구하는 것을 주니, 이에 저가 그 신하들로 더불어 본국으로 돌아갔더라,

⑬ 솔로몬에게 연간 들어온 금의 양이 육백 육십 육 달란트 였으며,

⑭ 그 외에 또 상인들과 무역상들이 가져온 것이 있고 아라비아 왕들과 그 나라 방백들도 금과 은을 솔로몬에게 가져온지라,

⑮ 솔로몬왕이 쳐서 늘인 금으로 큰 방패 이백을 만들었으니, 매 방패에 든 금이 육백 세겔이며,

⑯ 또 쳐서 늘인 금으로 작은 방패 삼백을 만들었으니, 매 방패에 든 금이 삼백 세겔이

라, 왕이 이것들을 레바논나무 궁에 두었더라,

⑰ 왕이 또 상아로 큰 보좌를 만들고 정금으로 입혔으니,

⑱ 그 보좌에는 여섯 층계와 금 족대가 있어 보좌와 연하였고, 앉는 자리 양편에는 팔걸이가 있고 팔걸이 곁에는 사자가 하나씩 섰으며,

⑲ 또 열 두 사자가 있어 그 여섯 층계 좌우편에 섰으니, 아무 나라에도 이같이 만든 것이 없었더라,

⑳ 솔로몬왕의 마시는 그릇은 다 금이요, 레바논나무 궁의 그릇들도 다 정금이라, 솔로몬의 시대에 은을 귀히 여기지 아니함은,

① 왕위 배들이 후람의 종들과 함께 다시스로 다니며, 그 배가 삼년에 일차씩 금과 은과 상아와 잔나비와 공작을 실어옴이더라,

② 이와 같이 솔로몬왕이 부와 지혜가 있었고 지구의 모든 왕들을 능가하였더라,

③ 그 땅의 모든 왕들이 하나님께서 솔로몬의 마음에 주신 지혜를 들으며 그 얼굴을 보기 원하여,

④ 각기 예물을 가지고 왔으니, 곧 은 그릇과 금 그릇과 의복과 갑옷과 향품과 말과 노새라, 해마다 정한 수가 있었더라,

⑤ 솔로몬의 병거 매는 말의 외양간이 사천이요, 마병이 일만 이천이라, 병거성에도 두고 예루살렘 왕에게도 두었으며,

⑥ 솔로몬은 유브라데강에서부터 팔레스타인 땅과 에집트 경계까지의 모든 왕들을 관할하였더라,

⑦ 왕이 예루살렘에서 은을 돌 같이 흔하게 하고, 백향목을 평지의 뽕나무 같이 많게 하였더라,

⑧ 솔로몬을 위하여 에집트와 각국에서 말들을 내어 왔더라,

⑨ 이 외에 솔로몬의 시종 행적은 선지자 나단의 실로 사람 아히야의 예언과 선견자 잇도의 묵시 책 곧 잇도가 느밧의 아들 여로보암에게 대하여 쓴 책에 기록되어 있느니라,

⑩ 솔로몬이 예루살렘에서 온 이스라엘을 다스린지 사십년이라,

⑪ 솔로몬이 그의 조상들과 함께 잠들어, 그 부친 다윗의 성에 장사되고, 그 아들 르호보암이 대신하여 왕이 되니라.

● 10장

① 르호보암이 세겜으로 갔으니, 이는 온 이스라엘이 저로 왕을 삼고자 하여 세겜에 이르렀음이더라,

② 느밧의 아들 여로보암이 전에 솔로몬왕의 얼굴을 피하여 에집트로 도망하여 있었더니, 이 일을 듣고 에집트에서부터 돌아오매,

③ 사람들이 보내어 여로보암을 부르니, 여로보암과 온 이스라엘이 와서 르호보암에게 말하기를,

④ 왕의 부친이 우리의 멍에를 무겁게 하였으나 왕은 이제 왕의 부친이 우리에게 시킨 고역과 메운 무거운 멍에를 가볍게 하소서, 그리하시면 우리가 왕을 섬기겠나이다, 하매,

⑤ 르호보암이 대답하되, 삼일 후에 다시 내게로 오라, 하니, 백성들이 가니라,

⑥ 르호보암왕이 그 부친 솔로몬의 생전에 그 앞에 모셨던 노인들과 의논하여 가로되, 너희는 어떻게 교도하여 이 백성에게 대답하게 하겠느뇨? 하니,

⑦ 대답하여 가로되, 왕이 만일 이 백성을 후대하여 기쁘게하고 선한 말을 하시면 저희가 영영히 왕의 종이 되리이다, 하니라,

⑧ 그러나 왕이 노인의 조언한 것을 버리고 그 앞에 모셔있는 자기와 함께 자라난 소년들과 의논하여,

⑨ 그가 그들에게 말하기를, 너희는 우리가 이 백성에게 어떻게 대답하도록 조언 하겠느냐? 이 백성이 내게 말하기를 왕의 부친이 우리에게 메운 멍에를 가볍게 하소서, 하였느니라, 하니,

⑩ 함께 자라난 소년들이 왕께 고하여 가로되, 이 백성들이 왕께 고하기를, 왕의 부친이 우리의 멍에를 무겁게 하였으나 왕은 우리를 위하여 가볍게 하라, 하였은즉, 왕은 대답하시기를 나의 새끼손가락이 내 부친의 허리보다 굵으니,

⑪ 내 부친이 너희로 무거운 멍에를 메게 하였으나, 이제 나는 너희의 멍에를 더욱 무겁게 할지라, 내 부친은 채찍으로 너희를 징치하였으나 나는 전갈로 하리라, 하소서,

⑫ 삼일 만에 여로보암과 모든 백성이 르호보암에게 나아왔으니, 이는 왕이 명하여 이르기를, 삼일만에 내게로 다시 오라, 하였음이,라

⑬ 왕이 포악한 말로 대답할새, 노인의 조언을 버리고,

⑭ 소년들의 조언을 따라 그들에게 대답하여 말하기를, 내 부친은 너희의 멍에를 무

겁게 나는 더 할지라, 내 부친은 채찍으로 너희를 징치하였으나 나는 전갈로 하리라, 하니라,

⑮ 왕이 이같이 백성의 말을 듣지 아니하였으니, 이 일은 하나님께로 말미암아 난 것이라, 여호와께서 전에 실로 사람 아히야로 느밧의 아들 여로보암에게 고한 말씀을 응하게 하심이더라,

⑯ 온 이스라엘이 자기들의 말을 왕이 듣지 아니함을 보고 왕에게 대답하여 가로되, 우리가 다윗과 무슨 관계가 있느뇨? 이새의 아들에게서 얻을 상속분이 없도다, 이스라엘아 각각 너희 장막으로 돌아가라, 다윗이여 이제 너는 네 집이나 돌아보라, 하고, 온 이스라엘이 그 장막으로 돌아가니라,

⑰ 그러나 유다 성읍들에 사는 이스라엘 자손에게는 르호보암이 그 왕이 되었더라,

⑱ 르호보암왕이 공세를 감독하는 하도람을 보내었더니, 이스라엘 자손이 저를 돌로 쳐죽인지라, 르호보암왕이 급히 수레에 올라 예루살렘으로 도망하였더라,

⑲ 이에 이스라엘이 다윗의 집을 배반하여 오늘날까지 이르니라,

● 11장

① 르호보암이 예루살렘에 이르러 유다와 베냐민 족속을 모으니 택한 용사가 십 팔만이라, 이스라엘과 싸워 나라를 회복하여 르호보암에게 돌리려 하더니,

② 여호와의 말씀이 하나님의 사람 스마야에게 임하여 가라사대,

③ 솔로몬의 아들 유다왕 르호보암과 유다와 베냐민의 이스라엘 무리에게 고하여 이르기를,

④ 너희는 올라가지 말라, 너희 형제와 싸우지 말고 각기 집으로 돌아가라, 이 일이 내게로 말미암아 난 것이라 하셨다, 하라, 하신지라, 저희가 여호와의 말씀을 듣고 여로보암을 치러 가지 아니하였더라,

⑤ 르호보암이 예루살렘에 거하여 유다 땅에 방비하는 성읍들을 건축하였으니,

⑥ 곧 베들레헴과 에담과 드고아와,

⑦ 벧술과 소고와 아둘람과,

⑧ 가드와 마레사와 십과,

⑨ 아도라임과 라기스와 아세가와,

⑩ 소라와 아얄론과 헤브론이니 다 유다와 베냐민 땅에 있어 견고한 성읍이라,

⑪ 르호보암이 이 모든 성읍을 더욱 견고하게 하고 장관을 그 가운데 두고 양식과 포

도주를 저축하고,

⑫ 각 성읍에 방패와 창을 두어 심히 강하게 하니라, 유다와 베냐민이 르호보암에게 속하였더라,

⑬ 온 이스라엘의 제사장과 레위 사람이 그 모든 지방에서부터 르호보암에게 돌아오되,

⑭ 레위 사람이 그 향리와 산업을 떠나 유다와 예루살렘에 이르렀으니, 이는 여로보암과 그 아들들이 저희를 폐하여 여호와께 제사장의 직분을 행치 못하게 하고,

⑮ 여로보암이 여러 산당과 수염소 우상과 자기가 만든 송아지 우상을 위하여 스스로 제사장들을 세움이라,

⑯ 이스라엘 모든 지파 중에 마음을 오로지하여 이스라엘 하나님 여호와를 구하는 자들이 레위 사람을 따라 예루살렘에 이르러 그 열조의 하나님 여호와께 제사하고자, 한지라,

⑰ 그러므로 삼년 동안 유다 나라를 도와 솔로몬의 아들 르호보암을 강성하게 하였으니, 이는 무리가 삼년을 다윗과 솔로몬의 길로 행하였음이더라,

⑱ 르호보암이 다윗의 아들 여리못의 딸 마할릿으로 아내를 삼았으니, 마할릿은 이새의 아들 엘리압의 딸 아비하일의 소생이라,

⑲ 그가 아들들 곧 여우스와 스마랴와 사함을 낳았으며,

⑳ 그 후에 압살롬의 딸 마아가에게 장가 들었더니, 저가 아비야와 앗대와 시사와 슬로밋을 낳았더라,

㉑ 르호보암이 아내 십 팔과 첩 육십을 취하여 아들 이십 팔과 딸 육십을 낳았으나 압살롬의 딸 마아가를 모든 처첩보다 더 사랑하여,

㉒ 마아가의 아들 아비야를 세워 장자를 삼아 형제 중에 머리가 되게 하였으니, 이는 저로 왕이 되게 하고자 함이라,

㉓ 르호보암이 지혜롭게 행하여 그 모든 아들을 유다와 베냐민의 온 땅 모든 견고한 성읍에 흩어 살게 하고 양식을 후히 주고 아내를 많이 구하여 주었더라,

● 12장

① 르호보암이 나라를 견고하게 세우고 스스로 힘을 강하게 하였으나 그가 여호와의 율법을 버렸고 온 이스라엘도 본 받은지라,

② 저희가 여호와께 범죄하였으므로 르호보암왕 오년에 에집트 왕 시삭이 예루살렘

을 치러 올라오니,

③ 저에게 병거가 일천 이백승이요, 마병이 육만이며, 에집트에서 그와 함께 온 백성은 헤아릴 수 없었으니, 루빔 사람들과 수김 사람들과 에티오피아 사람들이라,

④ 시삭이 유다의 견고한 성읍을 취하고 예루살렘에 이르니,

⑤ 때에 유다 방백들이 시삭을 인하여 예루살렘에 모였는지라, 선지자 스마야가 르호보암과 방백들에게 나아가 가로되, 여호와의 말씀이 너희가 나를 버렸으므로 나도 너희를 버려 시삭의 손에 붙였노라, 하셨다, 한지라,

⑥ 이에 이스라엘 방백들과 왕이 스스로 겸비하여 가로되, 여호와는 의로우시다, 하매,

⑦ 여호와께서 저희의 스스로 겸비함을 보신지라, 여호와의 말씀이 스마야에게 임하여 가라사대, 스스로 겸비하였으니, 내가 멸하지 아니하고 대강 구원하여 나의 노를 시삭의 손으로 예루살렘에 쏟지 아니하리라,

⑧ 그러나 저희가 시삭의 종이 되어 나를 섬기는 것과 열국을 섬기는 것이 어떠한지 알게 되리라, 하셨더라,

⑨ 에집트 왕 시삭이 올라와서 예루살렘을 치고 여호와 전 보물과 왕궁의 보물을 몰수히 빼앗고 솔로몬의 만든 금방패도 빼앗은지라,

⑩ 르호보암이 그 대신에 놋으로 방패를 만들어 궁문을 지키는 시위대 장관들의 손에 맡기매,

⑪ 왕이 여호와의 전에 들어갈 때마다 시위하는 자가 그 방패를 들고 갔다가 시위소로 도로 가져갔더라,

⑫ 르호보암이 스스로 겸비하였고 유다에 선한 일도 있었으므로 여호와께서 노를 돌이키사 다 멸하지 아니하셨더라,

⑬ 르호보암왕이 예루살렘에서 스스로 강하게 하여 치리하리라, 르호보암이 위에 나아갈 때에 나이 사십 일세라, 예루살렘 곧 여호와께서 이스라엘 모든 지파 중에서 택하여 그 이름을 두신 성에서 십 칠년을 치리하니라, 르호보암의 모친의 이름은 나아마라, 암몬 여인이더라,

⑭ 르호보암이 마음을 오로지하여 여호와를 구하지 아니함으로 악을 행하였더라,

⑮ 르호보암의 시종 행적은 선지자 스마야와 선견자 잇도의 족보책에 기록되어 있느니라, 르호보암과 여로보암 사이에 계속해서 전쟁이 있었더라.

⑯ 르호보암이 그의 조상들과 함께 잠들어 다윗성에 장사되고 그 아들 아비야가 대신

하여 왕이 되니라.

● 13장

① 여로보암왕 십 팔년에 아비야가 유다왕이 되고,

② 예루살렘에서 삼년을 치리하니라, 그 모친의 이름은 미가야라 기브아 사람 우리엘의 딸이더라, 아비야가 여로보암으로 더불어 싸울새,

③ 아비야는 택한바 싸움에 용맹한 군사 사십만으로 싸움을 예비하였고, 여로보암은 택한바 큰 용사 팔십만으로 그를 대적하여 전열을 갖추니라,

④ 아비야가 에브라임산 중 스마라임산 위에 서서 가로되, 여로보암과 이스라엘 무리들아 다 들으라,

⑤ 이스라엘 하나님 여호와께서 소금 언약으로 이스라엘 나라를 영원히 다윗과 그 자손에게 주신 것을 너희가 알 것이 아니냐?

⑥ 다윗의 아들 솔로몬의 신복 느밧의 아들 여로보암이 일어나 그 주를 배반하고,

⑦ 허영심이 가득한 자들과 벨리알의 자식들이 모여 좇으므로 스스로 강하게 하여 솔로몬의 아들 르호보암을 대적하나, 그 때에는 르호보암이 어리고 마음이 연약하여 능히 막지 못하였었느니라,

⑧ 이제 너희가 또 다윗 자손의 손으로 다스리는 여호와의 나라를 대적하려 하는도다, 너희는 큰 무리요, 또 여로보암이 너희를 위하여 신으로 만든 금송아지가 너희와 함께 있도다,

⑨ 너희가 아론 자손 된 여호와의 제사장과 레위 사람을 좇아내고, 이방 백성의 풍속을 좇아 제사장을 삼지 아니하였느냐? 무론 누구든지 수송아지 하나와 수양 일곱을 끌고 와서 자신을 거룩히 구분하기만 하면, 누구나 신이 아닌 자들의 제사장이 될 수 있게 하였도다,

⑩ 우리에게는 여호와께서 우리 하나님이 되시니, 그를 우리가 배반치 아니하였고, 여호와를 섬기는 제사장들이 있으니, 아론의 자손이요, 레위 사람들이 그들의 일을 돌보나니,

⑪ 그들이 조석으로 여호와 앞에 번제를 드리며 분향하고, 또 깨끗한 상에 진설병을 놓과 또 금 등대가 있어 그 등에 저녁마다 불을 켜나니, 우리는 우리 하나님 여호와의 계명을 지키나 너희는 그분을 배반하였느니라,

⑫ 하나님이 우리와 함께 하사, 우리의 머리가 되시고 그 제사장들도 우리와 함께하

여 경고의 나팔을 불어 너희를 공격하느니라, 이스라엘 자손들아, 너희 열조의 하나님 여호와와 싸우지 말라, 너희가 형통치 못하리라,

⑬ 여로보암이 유다의 뒤를 둘러 복병하였으므로 그 앞에는 이스라엘 사람이 있고 그 뒤에는 복병이 있는지라,

⑭ 유다 사람들이 돌이켜 보고, 자기 앞 뒤의 적병을 인하여 여호와께 부르짖고, 제사장은 나팔을 부니라,

⑮ 유다 사람들이 소리 지르매, 유다 사람들의 소리 지를 때에 하나님이 여로보암과 온 이스라엘을 아비야와 유다 앞에서 쳐서 패하게 하시니,

⑯ 이스라엘 자손이 유다 앞에서 도망하는지라, 하나님이 그 손에 붙이신고로,

⑰ 아비야와 그 백성이 크게 도륙하니, 이스라엘의 택한 병정이 죽임을 입고 엎드러진 자가 오십만 이었더라,

⑱ 그 때에 이스라엘 자손이 항복하고 유다 자손이 이기었으니, 이는 저희가 그 열조의 하나님 여호와를 의지하였음이라,

⑲ 아비야가 여로보암을 쫓아가서 그 성읍들을 빼앗았으므로 곧 벧엘과 그 동네와 여사나와 그 동네와 헤브론과 그 동네라,

⑳ 아비야 때에 여로보암이 다시 강성하지 못하고 여호와의 치심을 입어 죽었고,

㉑ 아비야는 점점 강성하며 아내 열 넷을 취하여 아들 스물 둘과 딸 열 여섯을 낳았더라,

㉒ 아비야의 남은 사적과 그 행위와 그 말은 선지자 잇도의 주석 책에 기록되니라.

● 14장

① 아비야가 그 열조와 함께 자매, 다윗성에 장사되고, 그 아들 아사가 대신하여 왕이 되니, 그 시대에 그 땅이 십년을 평안하니라,

② 아사가 그 하나님 여호와 보시기에 선과 정의를 행하여,

③ 이방 제단과 산당을 없이하고 주상을 훼파하며 아세라 상을 찍고,

④ 유다 사람을 명하여 그 열조의 하나님 여호와를 구하게 하며, 그 율법과 명령을 행하게 하고,

⑤ 또 유다 모든 성읍에서 산당과 태양상을 없이하매, 나라가 그 앞에서 평안함을 얻으니라,

⑥ 여호와께서 아사에게 평안을 주셨으므로 그 땅이 평안하여 여러해 싸움이 없은지

라, 저가 견고한 성읍들을 유다에 건축하니라,

⑦ 아사가 일찍이 유다 사람에게 이르되, 우리가 우리 하나님 여호와를 찾았으므로 이 땅이 아직 우리 앞에 있나니, 우리가 이 성읍들을 건축하고 그 주위에 성곽과 망대와 문과 빗장을 만들자 우리가 주를 찾았으므로 주께서 우리에게 사방의 평안을 주셨느니라, 하고 이에 저희가 성읍을 형통하게 건축 하였더라,

⑧ 아사의 군대는 유다 중에서 큰 방패와 창을 잡는 자가 삼십만이요, 베냐민 중에서 작은 방패를 잡으며 활을 당기는 자가 이십 팔만이라, 다 큰 용사더라,

⑨ 구스 사람 세라가 저희를 치려하여 군사 백만과 병거 삼백승을 거느리고 마레사에 이르매,

⑩ 아사가 마주 나아가서 마레사의 스바다 골자기에 진치고,

⑪ 그 하나님 여호와께 부르짖어 가로되, 여호와여 강한 자와 약한 자 사이에는 주 밖에 도와줄 이가 없사오니 우리 하나님 여호와여 우리를 도우소서, 우리가 주를 의지하오며 주의 이름을 의탁하옵고 이 많은 무리를 치러 왔나이다, 여호와여, 주는 우리 하나님이시니, 원컨대 사람으로 주를 이기지 못하게 하옵소서, 하였더니,

⑫ 여호와께서 구스(에티오피아) 사람을 아사와 유다 앞에서 쳐서 패하게 하시니, 구스 사람이 도망하는지라,

⑬ 아사와 그 좇는 자가 구스 사람을 쫓아 그랄까지 이르매, 이에 구스 사람이 엎드러지고 살아남은 자가 없었으니, 이는 여호와 앞에서와 그 군대 앞에서 패망하였음이라, 노략한 물건이 심히 많았더라,

⑭ 여호와께서 그랄 사면 모든 성읍 백성을 두렵게 하시니, 무리가 그 모든 성읍을 치고 그 가운데 있는 많은 물건을 노략하고,

⑮ 또 짐승 지키는 천막을 치고 양과 약대를 많이 이끌어 예루살렘으로 돌아왔더라.

● 15장

① 하나님의 신이 오뎃의 아들 아사랴에게 임하시매,

② 저가 나가 아사를 맞아 이르되, 아사와 및 유다와 베냐민의 무리들아 내 말을 들으라, 너희가 여호와와 함께하면 여호와께서 너희와 함께 하실지라, 너희가 만일 저를 찾으면 저가 너희의 만난바 되시려니와 너희가 만일 저를 버리면 저도 너희를 버리시리라,

③ 이스라엘에는 참 신이 없고 가르치는 제사장도 없고 율법도 없은 지가 이제 오래

였으나,

④ 그 환난 때에 이스라엘 하나님 여호와께 돌아가서 찾으매, 저가 그들의 만난바 되셨나니,

⑤ 그 때에 열국에 거한 모든 백성이 크게 요란하여 사람의 출입이 평안치 못하며,

⑥ 이 나라가 저 나라와 서로 치고 이 성읍이 저 성읍과 또한 그러하여 피차 상한바 되었나니, 이는 하나님이 모든 고난으로 요란케 하셨음이니라,

⑦ 그런즉, 너희는 강하게 하라, 손이 약하지 않게 하라, 너희 행위에는 상급이 있음이니라,

⑧ 아사가 이 말 곧 선지자 오뎃의 예언을 듣고 마음을 강하게 하여 가증한 물건을 유다와 베냐민 온 땅에서 제하고 또 에브라임 산지에서 빼앗은 성읍들에서 제하고 또 여호와의 낭실 앞 여호와의 단을 중수하고,

⑨ 또 유다와 베냐민의 무리를 모으고 에브라임과 므낫세와 시므온 가운데서 나와서 저희 중에 우거하는 자를 모았으니, 이는 이스라엘 사람들이 아사의 하나님 여호와께서 그와 함께 하심을 보고 아사에게로 돌아오는 자가 많았음이더라,

⑩ 아사왕 십 오년 삼월에 저희가 예루살렘에 모이고,

⑪ 그 날에 노략하여 온 물건 중에서 소 칠백과 양 칠천으로 여호와께 제사를 드리고,

⑫ 또 마음을 다하고 성품을 다하여 열조의 하나님 여호와를 차직로 언약하고,

⑬ 무릇 이스라엘 하나님 여호와를 찾지 아니하는 자는 대소 남녀를 무론하고 죽이는 것이 마땅하다 하고,

⑭ 무리가 큰 소리로 부르며 피리와 나팔을 불어 여호와께 맹세하매,

⑮ 온 유다가 이 맹세를 기뻐한지라 무리가 마음을 다하여 맹세하고 뜻을 다하여 여호와를 찾았으므로 여호와께서도 저희으 만난바가 되시고 그 사방에 평안을 주셨더라,

⑯ 아사왕의 모친 마아가가 아세라의 가증한 목상을 만들었으므로, 아사가 그 태후의 위를 폐하고, 그 우상을 찍고 빻아 기드론 시냇가에서 불살랐으니,

⑰ 산당은 이스라엘 중에서 제하지 아니하였으나 아사의 마음이 일평생 온전하였더라,

⑱ 저가 또 그 부친의 구별한 물건과 자기의 구별한 물건 곧 금과 은과 기명들을 하나님의 전에 드렸더니,

⑲ 이 때부터 아사왕 삼십 오년까지 다시는 전쟁이 없으니라.

• 16장

① 아사왕 삼십 육년에 이스라엘 왕 바아사가 유다를 치러 올라와서 라마를 건축하여 사람을 유다 왕 아사에게 왕래하지 못하게 하려 한지라,

② 아사가 여호와의 전 곳간과 왕궁 곳간의 은금을 취하여 다메섹에 거한 아람 왕 벤하닷에게 보내며, 가로되,

③ 내 부친과 당신의 부친 사이에와 같이 나와 당신 사이에 약조하자, 내가 당신에게 은금을 보내오니 와서 이스라엘 왕 바아사와 세운 약조를 깨뜨려서 저로 나를 떠나게 하라, 하매,

④ 벤하닷이 아사왕의 말을 듣고 그군대 장관들을 보내어 이스라엘 두어 성읍을 치되, 이욘과 단과 아벨마임과 납달리의 모든 국고성을 쳤더니,

⑤ 바아사가 듣고 라마 건축하는 일을 파하여 그 공역을 그친지라,

⑥ 아사왕이 온 유다 무리를 거느리고 바아사가 라마를 건축하던 돌과 재목을 수운하여다가 게바와 미스바를 건축하였더라,

⑦ 때에 선견자 하나니가 유다 왕 아사에게 나아와서 이르되 왕이 아람왕을 의지하고 왕의 하나님 여호와를 의지하지 아니한고로 아람왕의 군대가 왕의 손에서 벗어났나이다,

⑧ 구스 사람과 룹 사람의 군대가 크지 아니하며 말과 병거가 심히 많지 아니하더이까? 그러나 왕이 여호와를 의지한고로 여호와께서 왕의 손에 붙이셨나이다,

⑨ 여호와의 눈은 온 땅을 드루 감찰하사 전심으로 자기에게 향하는 자를 위하여 능력을 베푸시나니, 이 일은 왕이 망령되이 행하였은즉, 이 후부터는 왕에게 전쟁이 있으리이다, 하매,

⑩ 아사가 노하여 선견자를 옥에 가두었으니, 이는 그 말에 크게 노하였음이며 그 때에 아사가 약간의 백성들을 학대하였더라,

⑪ 아사의 시종 행적은 유다와 이스라엘 열왕기에 기록되니라,

⑫ 아사가 왕이 된지 삼십 구년에 그 발이 병들어 심히 중하나 병이 있을 때에 저가 여호와께 구하지 아니하고 의원들에게 구하였더라,

⑬ 아사가 위에 있은지 사십 일년에 죽어 그 열조와 함께 자매,

⑭ 다윗성에 자기를 위하여 파 두었던 묘실에 무리가 장사하되, 그 시체를 법대로 만든 각양 향 재료를 가득히 채운 상에 두고 또 위하여 많이 분향하였더라,

● 17장

① 아사의 아들 여호사밧이 대신하여 왕이 되어 스스로 강하게 하여 이스라엘을 방비하되,

② 유다 모든 견고한 성읍에 군대를 주둔하고 또 유다 땅과 그 아비 아사의 취한바 에브라임 성읍들에 영문을 두었더라,

③ 여호와께서 여호사밧과 함께 하셨으니, 이는 저가 그 조상 다윗의 처음 길로 행하여 바알들에게 구하지 아니하고,

④ 오직 그 부친의 하나님께 구하며 그 계명을 행하고 이스라엘의 행위를 좇지 아니하였음이라,

⑤ 그러므로 여호와께서 나라를 그 손에서 견고하게 하시매, 유다 무리가 여호사밧에게 예물을 드렸으므로 저가 부귀와 영광이 극하였더라,

⑥ 저가 전심으로 여호와의 도를 행하여 산당과 아세라 목상들도 유다에서 제거하였더라,

⑦ 저가 위에 있은지 삼년에 그 방백 벤하일과 오바댜와 스가랴와 느다넬과 마가야를 보내어, 유다 여러 성읍에 가서 가르치게 하고,

⑧ 또 저희와 함께 레위 사람 스마야와 느다냐와 스바댜와 아사헬과 스미라못과 여호나단과 아도니야와 도비야와 도바도니야등 레위 사람을 보내고 또 저희와 함께 제사장 엘리사마와 여호람을 보내었더니,

⑨ 저희가 여호와의 율법책을 가지고 유다에서 가르치되 그 모든 성읍으로 순행하며 인민을 가르쳤더라,

⑩ 여호와께서 유다 사면 열국에 두려움을 주사 여호사밧과 싸우지 못하게 하시매,

⑪ 팔레스타인 사람들 중에서는 여호사밧에게 예물을 드리며 은으로 공을 바쳤고, 아라비아 사람도 짐승떼 곧 수양 칠천 칠백과 수염소 칠천 칠백을 드렸더라,

⑫ 여호사밧이 점점 강대하여 유다에 견고한 채와 국고성을 건축하고,

⑬ 유다 각 성에 역사를 많이 하고 또 예루살렘에 크게 용맹한 군사를 두었으니,

⑭ 군사의 수효가 그 족속대로 이러하니라, 유다에 속한 천명부대장 중에는 아드나가 으뜸이 되어 큰 용사 삼십만을 거느렸고,

⑮ 그 다음은 장관 여호하난이니 이십 팔만을 거느렸고,

⑯ 그 다음은 시그리의 아들 아마시야니, 저는 자기를 여호와께 즐거이 드린 자라 큰 용사 이십만을 거느렸고,

⑰ 베냐민에 속한 자 중에 큰 용사 엘리아다는 활과 방패를 잡은 자 이십만을 거느렸고,

⑱ 그 다음은 여호사밧이라 싸움을 예비한 자 십팔만을 거느렸으니,

⑲ 이는 다 왕을 섬기는 자요, 이 외에 또 온 유다 견고한 성에 왕이 군사를 두었더라.

● 18장

① 여호사밧이 부귀와 영광이 극하였고 아합으로 더불어 인척 관계를 맺었더라,

② 두어해 후에 저가 사마리아에 내려가서 아합에게 나아갔더니, 아합이 그와 자기와 동행한 백성을 위하여 우양을 많이 잡고, 자기와 함께 라못길르앗에 올라가도록 그를 설득하니라,

③ 이스라엘 왕 아합이 유다 왕 여호사밧에게 이르되, 당신은 나와 함께 길르앗 라못으로 가시겠느뇨? 하니, 대답하되 나는 당신과 일반이요, 내 백성은 당신의 백성과 일반이니, 당신과 함께 싸우리이다, 하니라,

④ 여호사밧이 또 이스라엘 왕에게 이르되, 청컨대 먼저 여호와의 말씀이 어떠하신지 물어 보소서,

⑤ 이스라엘 왕이 이에 선지자 사백인을 모으고 저희에게 이르되, 우리가 길르앗 라못에 가서 싸우랴? 말랴? 저희가 가로되, 올라가소서, 하나님이 그 성을 왕의 손에 붙이시리이다,

⑥ 여호사밧이 가로되, 이 외에 우리가 물을 만한 여호와의 선지자가 여기 있지 아니하니이까? 하니,

⑦ 이스라엘 왕이 여호사밧에게 이르되, 오히려 이믈라의 아들 미가야 한 사람이 있으니, 저로 말미암아 여호와께 물을 수 있으나 저는 내게 대하여 길한 일은 예언하지 아니하고, 항상 흉한 일만 예언하기로 내가 저를 미워하나이다, 여호사밧이 가로되, 왕은 그런 말씀을 마소서, 하고,

⑧ 이스라엘 왕이 한 내시를 불러 이르되, 이믈라의 아들 미가야로 속히 오게 하라, 하니라,

⑨ 이스라엘 왕과 유다 왕 여호사밧이 왕복을 입고 사마리아 성문 어귀 광장에서 각기 보좌에 앉았고, 모든 선지자가 그 앞에서 예언을 하였는데,

⑩ 그나아나의 아들 시드기야는 철로 뿔들을 만들어 가지고 말하되, 여호와의 말씀이 왕이 이것들로 아람 사람을 찔러 진멸하리라, 하셨다, 하고,

⑪ 모든 선지자도 그와 같이 하여 예언하여 이르기를, 길르앗 라못으로 올라가서 승리를 얻으소서, 여호와께서 그 성을 왕의 손에 붙이시리이다, 하더라,

⑫ 미가야를 부르러 간 사자가 일러 가로되, 선지자들의 말이 여출일구하여 왕에게 길하게 하니, 청컨대 당신의 말도 저희 중 한사람처럼 길하게 하소서,

⑬ 미가야가 가로되, 여호와의 사심을 가리켜 맹세하노니, 내 하나님의 말씀하시는 것 곧 그것을 내가 말하리라, 하고,

⑭ 이에 왕에게 이르니, 왕이 저에게 이르되, 미가야야 우리가 길르앗 라못으로 싸우러 가랴? 말랴? 가로되, 올라가서 승리를 얻으소서, 저희가 왕의 손에 붙인바 되리이다, 하매,

⑮ 왕이 저에게 이르되, 여호와의 이름으로 진실한 것만 말하라고 내가 몇 번이나 너로 맹세케 하여야 하겠느냐?

⑯ 저가 가로되, 내가 보니 온 이스라엘이 목자 없는 양 같이 산에 흩어졌는데 여호와의 말씀이 이 무리가 주인이 없으니 각각 평안히 그 집으로 돌아갈 것이니라, 하셨나이다,

⑰ 이스라엘 왕이 여호사밧에게 이르되, 저 사람이 내게 대하여 길한 것을 예언하지 아니하고 흉한 것만 예언하겠다고 당신에게 말씀하지 아니하였나이까? 하니,

⑱ 미가야가 가로되, 그런 즉 왕은 여호와의 말씀을 들으소서, 내가 보니 여호와께서 그 보좌에 앉으셨고 하늘의 만군이 그좌우편에 모시고 섰는데,

⑲ 여호아께서 말씀하시길 누가 이스라엘 왕 아합을 꾀어 저로 길르앗 라못에 올라가서 주게 할꼬 하시니, 하나는 이렇게 하겠다 하고 하나는 저렇게 하겠다 하였는데,

⑳ 한 영이 나아와 여호와 앞에 서서 말하되, 내가 저를 꾀이겠나이다, 여호와께서 저에게 이르시되, 어떻게 하겠느냐? 하시니,

㉑ 가로되, 내가 나가서 거짓말 하는 영이 되어 그 모든 선지자의 입에 있겠나이다, 여호와께서 가라사대, 너는 꾀이겠고 또 이루리라 나가서 그리하라, 하셨은즉,

㉒ 이제 여호와께서 거짓말 하는 영을 왕의 이 모든 선지자의 입에 넣으셨고 또 여호와께서 왕에게 대하여 화를 말씀하셨나이다,

㉓ 그나아나의 아들 시드기야가 가까이 와서 미가야의 뺨을 치며 이르되, 여호와의 영이 나를 떠나 어디로 말미암아 가서 네게 말씀하더냐? 하매,

㉔ 미가야가 가로되 네가 골방에 들어가서 숨는 그 날에 보리라, 하니라,

㉕ 이스라엘 왕이 가로되, 미가야를 잡아 부윤 아몬과 왕자 요아스에게로 끌고 돌아

가서,

㉖ 말하기를, 왕의 말씀이 이 놈을 옥에 가두고 내가 평안히 돌아 올 때까지 고생의 떡과 고생의 물을 먹이라, 하라, 하니,

㉗ 미가야가 가로되, 왕이 참으로 평안히 돌아오시게 될진대 여호와께서 나로 말씀하지 아니하셨으리이다, 또 가로되, 너희 백성들은 다 들으지어다, 하니라,

㉘ 이스라엘 왕과 유다 왕 여호사밧이 길르앗 라못으로 올라가니라

㉙ 이스라엘 왕이 여호사밧에게 이르되, 나는 변장하고 군중으로 들어가려 하노니, 당신은 왕복을 입으소서 하고 ,이스라엘 왕이 변장하고 둘이 군중으로 들어가니라,

㉚ 아람 왕이 그 병거 장관들에게 이미 명하여 이르기를, 너희는 작은 자나 큰 자나 더불어 싸우지 말고 오직 이스라엘 왕과 싸우라, 한지라,

㉛ 병거의 장관들이 여호사밧을 보고 이르되, 이가 이스라엘 왕이라 하고 돌이켜 저와 싸우려 한즉, 여호사밧이 소리를 지르매, 여호와께서 저를 도우시며 하나님이 저희를 감동시키사, 저를 떠나가게 하신지라,

㉜ 병거의 장관들이 저가 이스라엘 왕이 아님을 보고 쫓기를 그치고 돌이켰더라,

㉝ 한 사람이 우연히 활을 당기어 이스라엘 왕의 갑옷 솔기를 쏜지라, 왕이 그 병거 모든 자에게 이르되, 내가 부상하였으니 네 손을 돌이켜 나로 군중에서 나가게 하라, 하였으나,

㉞ 이 날의 전쟁이 맹렬하였으므로 이스라엘 왕이 병거에서 스스로 부지하며 저녁 때까지 아람 사람을 막다가 해가 질 즈음에 죽었더라.

● 19장

① 유다 왕 여호사밧이 평안히 예루살렘에 돌아와서 그 궁으로 들어가니라,

② 그때에 하나니의 아들 선견자 예후가 나가서 여호사밧 왕을 맞아 말하기를, 왕께서 경건치 아니한 자를 돕고 여호와를 미워하는 자를 사랑하는 것이 가하니이까? 그러므로 여호와께로서 진노하심이 왕에게 임하였나이다,

③ 그러나 왕에게 선한 일도 있으니, 이는 왕이 아세라 목상들을 이 땅에서 없이하고 마음을 오로지하여 하나님을 찾음이니이다, 하였더라,

④ 여호사밧이 예루살렘에 거하더니, 나가서 브엘세바에서부터 에브라임산지까지 백

성들에게 가서 저희를 그 열조의 하나님 여호와께로 돌아오게 하고,

⑤ 또 유다 온 나라 견고한 성에 재판관을 세우되 성마다 있게 하고,

⑥ 재판관에게 이르되, 너희는 행하는 바를 조심하라, 너희의 재판하는 것이 사람을 위함이 아니요 여호와를 위함이니, 너희가 재판할 때에 여호와께서 너희와 함께 하실지라,

⑦ 그런즉 너희는 여호와를 두려워 하는 마음으로 삼가 행하라, 우리의 하나님 여호와께서는 불의함도 없으시고 편벽됨도 없으시고 뇌물을 받으심도 없으시니라,

⑧ 여호사밧이 또 예루살렘에서 레위 사람과 제사장과 이스라엘 족장 중에서 사람을 세워 여호와께 속한 일과 예루살렘 거민의 모든 송사를 재판하게 하고,

⑨ 저희에게 명하여 가로되, 너희는 여호와를 경외하고 충의와 성심으로 이 일을 행하라,

⑩ 무릇 어느 성읍에 거한 너희 형제가 혹 피를 흘림이나 혹 율법이나 계명이나 율례나 규례를 인하여 너희에게 와서 송사하거든 저희를 경계하여 여호와께 죄를 얻지 않게 하여, 너희와 너희 형제에게 진노하심이 임하지 말게 하라, 너희가 이렇게 행하면 죄가 없으리라,

⑪ 여호와께 속한 모든 일에는 대제사장 아마랴가 너희를 다스리고, 왕에게 속한 모든 일은 유다 지파의 어른 이스마엘의 아들 스바댜가 다스리고, 레위 사람들은 너희 앞에 관리가 되리라, 너희는 힘써 행하라, 여호와께서 선한 자와 함께 하실지로다, 하니라.

● 20장

① 그 후에 모압 자손들과 암몬 자손들이 므온 사람들과 함께 와서 여호사밧을 치고자 왔더라,

② 그때에 몇 사람이 와서 여호사밧에게 고하여 가로되, 큰 무리가 바다 저편 아람에서 왕을 치러 오는데 이제 하사손다말, 곧 엔디게에 있나이다, 하니,

③ 여호사밧이 두려워하여 여호와께로 낯을 향하여 간구하고 온 유다 백성에게 금식하라 선포하니라,

④ 유다 사람이 여호와께 도우심을 구하려 하여 유다 모든 성읍에서 모여와서 여호와께 간구하더라,

⑤ 여호사밧이 여호와의 전 새 뜰 앞에서 유다와 예루살렘의 회중 가운데 서서,

⑥ 가로되, 우리 열조의 하나님 여호와여, 주는 하늘에서 하나님이 아니시니이까? 이방 사람의 모든 나라를 다스리지 아니하시나이까? 주의 손에 권세와 능력이 있사오니, 능히 막을 사람이 없나이다,

⑦ 우리 하나님이시여, 전에 이 땅 거민을 주의 백성 이스라엘 앞에서 쫓아내시고 그 땅으로 주의 벗 아브라함의 자손에게 영영히 주지 아니하셨나이까?

⑧ 저희가 이 땅에 거하여 주의 이름을 위하여 한 성소를 건축하고 이르기를,

⑨ 만일 재앙이나 난리나 견책이나 온역이나 기근이 우리에게 임하면 주의 이름이 이전에 있으니 우리가 이 전 앞과 주의 앞에 서서 이 환난 가운데서 주께 부르짖은즉, 들으시고, 구원하시리라 하였나이다,

⑩ 옛적에 이스라엘이 에집트 땅에서 나올 때에 암몬 자손과 모압 자손과 세일산 사람을 공격하기를 주께서 원하지 아니하시므로, 이스라엘은 그들에게서 돌이켜 그들을 멸하지 아니하였나이다,

⑪ 보옵소서, 내가 말씀드리오니, 그들이 우리에게 어떻게 갚는지 보소서, 그들이 주님께서 우리에게 상속으로 주신 소유지에서 우리릴 쫓아내려고 왔나이다,

⑫ 우리 하나님이여 저희를 징벌하지 아니하시나이까? 우리를 치러오는 이 큰 무리를 우리가 대적할 능력이 없고 어떻게 할 줄도 알지 못하옵고 오직 주만 바라보나이다, 하고,

⑬ 유다 모든 사람은 그 아내와 자녀와 어린 자로 더불어 여호와 앞에 섰더라,

⑭ 여호와의 영께서 회중 가운데서 레위 사람 야하시엘에게 임하셨으니, 저는 아삽 자손 맛다냐의 현손이요, 여이엘의 증손이요, 브나야의 손자요, 스가랴의 아들이더라,

⑮ 야하시엘이 가로되, 온 유다와 예루살렘 거민과 여호사밧왕이여, 들을지어다, 여호와께서 너희에게 말씀하시기를, 이 큰 무리로 인하여 두려워하거나 놀라지 말라, 이 전쟁이 너희에게 속한 것이 아니여 하나님께 속한 것이니라,

⑯ 내일 너희는 마주 내려가라, 저희가 시스 고개로 말미암아 올라오리니, 너희가 골짜기 어귀 여루엘 들 앞에서 만나려니와,

⑰ 이 전쟁에는 너희가 싸울 것이 없나니, 항오를 이루고 서서, 너희와 함께한 여호와가 구원하는 것을 보라, 유다와 예루살렘아, 너희는 두려워말며 놀라지 말고, 내일 저희를 마주 나가라, 여호와가 너희와 함께 하리라, 하셨느니라, 하매,

⑱ 여호사밧이 몸을 굽혀 얼굴을 땅에 대니, 온 유다와 예루살렘 거민들도 여호와 앞

에 엎드려 경배하고,

⑲ 그핫 자손과 고라 자손에게 속한 레위 사람들은 서서 심히 큰 소리로 이스라엘 하나님 여호와를 찬송하니라,

⑳ 이에 백성들이 일찍이 일어나서 드고아 들로 나가니라, 나갈 때에 여호사밧이 서서 가로되, 유다와 예루살렘 거민들아 내 말을 들을지어다, 너희는 너희 하나님 여호와를 신뢰하라, 그리하면 견고히 서리라, 그 선지자를 신뢰하라, 그리하면 형통하리라, 하고,

㉑ 백성으로 더불어 의논하고 노래하는 자를 택하여 거룩한 예복을 입히고 군대 앞에서 행하며 여호와를 찬송하여 이르기를, 여호와께 감사하세, 그 자비하심이 영원하도다, 하게, 하였더니,

㉒ 그 노래와 찬송이 시작 될 때에 여호와께서 복병을 두어 유다를 치러 온 암몬 자손과 오압과 세일산 사람을 치시므로 저희가 패하였으니,

㉓ 곧 암몬과 모압 자손이 일어나 세일산 거민을 쳐서 진멸하고, 세일 거민을 멸한 후에는 저희가 피차에 살륙하였더라,

㉔ 유다 사람이 들망대에 이르러 그 무리를 본즉 땅에 엎드러진 시체뿐이요, 하나도 피한 자가 없는지라,

㉕ 여호사밧과 그 백성이 가서 적군의 물건을 취할새 본즉, 그 가운데에 재물과 의복과 보물이 많이 있는 고로 각기 취하는데 그 물건이 너무 많아 능히 가져갈 수 없을 만큼 많으므로 사흘 동안에 취하고,

㉖ 제 사일에 무리가 브라가 골짜기에 모여서 거기서 여호와를 송축한지라, 그러므로 오늘날까지 그곳을 브라가 골짜기라 일컫더라,

㉗ 유다와 예루살렘 모든 사람이 여호사밧을 선두로 줄거이 예루살렘으로 돌아왔으니, 이는 여호와께서 저희로 그 적군을 이김을 인하여 즐거워하게 하셨음이라,

㉘ 무리가 비파와 수금과 나팔을 합주하고 예루살렘에 이르러, 여호와의 전에 나아가니라,

㉙ 이방 모든 나라가 여호와께서 이스라엘의 적군을 치셨다 함을 듣고 하나님을 두려워한고로,

㉚ 여호사밧의 나라가 태평하였으니, 이는 그 하나님이 사방에서 저희에게 평강을 주셨음이더라,

㉛ 여호사밧이 유다왕이 되어 위에 나아갈 때에 나이 삼십 오세라, 예루살렘에서 이

십 오년을 치리하니라 그 모친의 이름은 아수바라 실히의 딸이더라,

㉜ 여호사밧이 그 부친 아사의 길로 행하여 돌이켜 떠나지 아니하고 여호와 보시기에 정직히 행하였으나,

㉝ 산당은 폐하지 아니하였으므로 백성이 오히려 마음을 정하여 그 열조의 하나님께로 돌아오지 아니하였더라,

㉞ 이 외에 여호사밧의 시종 행적이 하나니의 아들 예후의 글에 다 기록되었고 그 글은 이스라엘 열왕기에 올랐더라,

㉟ 유다 왕 여호사밧이 나중에 이스라엘 왕 아하시야와 교제하였는데 아하시야는 심히 악을 행하는 자이었더라,

㊱ 두 왕이 서로 결합하고 배를 지어 다시르로 보내고자 하여 에시온게벨에서 배를 지었더니,

㊲ 마레사 사람 도다와 후의 아들 엘리에셀이 여호사밧을 향하여 예언하여 가로되, 왕이 아하시야와 교제하는고로 여호와께서 왕이 지은 것을 파하시리라, 하더니, 이에 그 배가 부셔져서 다시스로 가지 못하였더라.

● 21장

① 여호사밧이 그 열조와 함께 자매, 그 열조와 함께 다윗성에 장사되고, 그 아들 여호람이 대신하여 왕이 되니라,

② 여호사밧의 아들 여호람의 아우 아사랴와 여히엘과 스가랴와 아사랴와 미가엘과 스바댜는 다 유다 왕 여호사밧의 아들이라,

③ 그 부친이 저희에게는 은금과 보물과 유다 견고한 성읍들을 선물로 후히 주었고 여호람은 장자인고로 왕위를 주었더니,

④ 여호람이 그 부친의 위에 올라 세력을 얻은 후에 그 모든 아우와 이스라엘 방백 중 몇 사람을 칼로 죽였더라,

⑤ 여호람이 위에 나아갈 때에 나이 삼십 이세라 예루살렘에서 팔년을 치리하니라,

⑥ 저가 이스라엘 왕들의 길로 행하여 아합의 집과 같이 하였으니, 이는 아합의 딸이 그 아내가 되었음이라, 저가 여호와 보시기에 악을 행하였으나,

⑦ 여호와께서 다윗의 집을 멸하기를 즐겨하지 아니하셨음은 이전에 다윗으로 더불어 언약을 세우시고, 또 다윗과 그 자손에게 항상 등불을 주겠다고 허하셨음이더라,

⑧ 여호람 때에 에돔이 배반하여 유다의 수하에서 벗어나 자기 위에 왕을 세운고로,

⑨ 여호람이 장관들과 모든 병거를 거느리고 출정하였더니, 밤에 일어나서 자기를 에워싼 에돔 사람과 그 병거의 장관들을 쳤더라,

⑩ 이와 같이 에돔이 배반하여 유다의 수하에서 벗어났더니, 오늘날까지 그러하였으며, 그 때에 립나도 배반하여 여호람의 수하에서 벗어났으니, 이는 저가 그 열조의 하나님 여호와를 버렸음이더라,

⑪ 여호람이 또 유다 여러 산에 산당을 세워 예루사렘 거민으로 음란하듯 우상을 섬기게 하고, 또 유다를 미혹케 하였으므로,

⑫ 선지자 엘리야가 여호람에게 글을 보내어 가로되, 왕의 조상 다윗의 하나님 여호와의 말씀이 네가 네 아비 여호사밧의 길과 유다 왕 아사의 길로 행치 아니하고,

⑬ 오직 이스라엘 열왕의 길로 행하여 유다와 예루살렘 거민으로 음란하듯 우상을 섬기게 하기를 아합의 집과 같이 하며 또 너의 아비 집에서 너보다 선한 아우들을 죽였으니,

⑭ 여호와가 네 백성과 네 자녀와 네 아내들과 네 모든 재물을 큰 재앙으로 치리라,

⑮ 또 너는 창자에 중병이 들고 그 병이 날로 중하여 창자가 빠져나오리라, 하셨다, 하였더라,

⑯ 여호와께서 팔레스타인 사람들과 에티오피아에서 가까운 아라비아 사람들의 마음을 격동시키사 여호람을 치게 하셨으므로,

⑰ 그들이 올라와서 유다를 침노하여 왕궁의 모든 재물과 그 아들들과 아내들을 탈취하였으므로 말째 아들 여호아하스 외에는 한 아들도 남지 아니하였더라,

⑱ 이 모든 일 후에 여호와께서 여호람을 치사, 능히 고치지 못할 병이 그 창자에 들게 하였으므로,

⑲ 여러 날 후 이년만에 그 창자가 그 병으로 인하여 빠져나오매, 저가 그 심한 병으로 죽으니, 백성이 그 열조에게 분향하던 것 같이 저에게 분향하지 아니하였으며,

⑳ 여호람이 삼십 이세에 즉위하여 예루살렘에서 팔년을 치리하다가 아끼는 자 없이 세상을 떠났으며, 무리가 저를 다윗성에 장사하였으나 왕들의 묘실에는 두지 아니하였더라.

● 22장

① 예루살렘 거민이 여호람의 말째 아들 아하시야로 위를 이어 왕을 삼았으니, 이는

전에 아라비아 사람들과 함께 진영에 온 사람들의 부대가 그의 모든 형을 죽였기 때문이더라, 그러므로 유다의 여호람의 아들 아하시야가 다스리게 되었더라.

② 아하시야가 왕이 될 때에 나이 사십 이세라, 예루살렘에서 일년을 치리하니라, 그 모친의 이름은 아달랴라 오므리의 손녀더라,

③ 아하시야도 아합의 집 길로 행하였으니, 이는 그 모친이 꾀어 악을 행하게 하였음이라,

④ 그러므로 그가 아합의 집과 같이 여호와의 목전에 사악하게 행하였으니, 이는 그들이 그의 아버지의 죽음 후에 조언자들이 되어 그를 멸망에 이르도록 하였기 때문이라,

⑤ 아하시야가 아합의 집 조언을 따라 이스라엘 왕 아합의 아들 요람과 함께 길르앗 라못으로 가서 아람 왕 하사엘로 더불어 싸우더니, 시리라 사람들이 요람을 상하게 한지라,

⑥ 요람이 시리아 왕 하사엘과 싸울 때에 라마에서 맞아 상한 것을 치료하려 하여 이스르엘로 내려가서 방문하였더라,

⑦ 아하시야가 요람에게 가므로 해를 받았으니, 이는 하나님께로 말미암은 것이라, 아하시야가 갔다가 요람과 함께 나가서 임시의 아들 예후를 맞았으니, 그는 여호와께서 기름을 부으시고 아합의 집을 멸하게 하신 자더라,

⑧ 예후가 아합의 집을 징벌할 때에 유다 방백들과 아하시야의 형제의 아들들 곧 아하시야를 섬기는 자들을 만나서 죽였고,

⑨ 아하시야는 사마리아에 숨었더니, 예후가 찾으매, 무리가 예후에게로 잡아다가 죽이고 이르기를, 저는 전심으로 여호와를 구하던 여호사밧의 아들이라 하고 장사하였더라, 이에 아하시야의 집이 약하여 왕위를 지키지 못하게 되니라,

⑩ 아하시야의 모친 아달랴가 그 아들의 죽은 것을 보고 일어나 유다집의 왕의 씨를 진멸하였으나,

⑪ 왕의 딸 여호사브앗이 아하시야의 아들 요아스를 왕자들의 죽임을 당하는 중에서 도적하여 내고, 저와 그 유모를 침실에 숨겨 아달랴를 피하게 한고로 아달랴가 저를 죽이지 못하였더라, 여호사브앗은 여호람 왕의 딸이요, 아하시야의 누이요, 제사장 여호야다의 아내더라,

⑫ 요아스가 저희와 함께 하나님의 전에 육년을 숨어 있는 동안에 아달랴가 나라를 다스렸더라.

● 23장

① 제 칠년에 여호야다가 세력을 내어 백명부대장 곧 여로함의 아들 아사랴와 여호하난의 아들 이스마엘과 오벳의 아들 아사랴와 아다야의 아들 마아세야와 시그리의 아들 엘리사밧 등으로 더불어 언약을 세우매,

② 저희가 유다로 두루 다니며 유다 모든 고을로서 레위 사람과 이스라엘 족장들을 모아 예루살렘에 이른지라,

③ 온 회중이 하나님의 전에서 왕과 언약을 세우매, 여호야다가 무리에게 이르되, 여호와께서 다윗의 자손에게 대하여 말씀하신대로 왕자가 즉위하여야 할지니,

④ 이제 너희는 이와 같이 행하라, 너희 제사장과 레위 사람 곧 안식일에 입번한 자의 삼분의 일은 문을 지키고,

⑤ 삼분의 일은 왕궁에 있고, 삼분의 일은 기초문에 있고 백성들은 여호와의 전 뜰에 있을지라,

⑥ 제사장과 수종드는 레위 사람은 거룩한즉, 여호와의 전에 들어오려니와 그 외의 사람은 들어오지 못할 것이니, 모든 백성은 여호와의 명하신 바를 지킬지며,

⑦ 레위 사람은 각각 손에 병기를 잡고 왕을 호위하며 다른 사람이 전에 들어 오거든 죽이고, 왕의 출입할 때에 호위할지니라,

⑧ 레위 사람과 유다 무리가 제사장 여호야다의 모든 명한 바를 준행하여, 각기 수하의 안식일에 입번할 자와 안식일에 출번할 자를 거느리고 있으니, 이는 제사장 여호야다가 출번하는 자를 보내지 아니함이더라,

⑨ 제사장 여호야다가 하나님의 전 안에 있는 다윗왕의 창과 큰 방패와 작은 방패를 백명부대장들에게 주고,

⑩ 또 백성들로 각각 손에 병기를 잡고 왕을 호위하되, 전 우편에서부터 전 좌편까지 단과 전 곁에 서게 하고,

⑪ 그때에 그들이 왕자를 인도하여 내어 면류관을 씌우며 율법 책을 주고 세워 왕을 삼을새, 여호야다와 그 아들들이 저에게 기름을 붓고 모두 왕의 만세를 부르니라,

⑫ 아달랴가 백성들이 분주하며 왕을 찬송하는 소리를 듣고 여호와의 전에 들어가서 백성에게 이르러,

⑬ 보매, 왕이 전 문 기둥 곁에 섰고 장과들과 나팔수가 왕의 곁에 모셨으며, 국민들이 즐거워하여 나팔을 불며 노래하는 자는 주악하며 찬송을 인도하는지라, 이에 아달랴가 옷을 찢으며 외치되 반역이로다, 반역이로다, 하매,

⑭ 제사장 여호야다가 군대를 거느린 백명부대장들을 불러내어 명하여 가로되, 그녀를 대열 밖으로 끌어내고 그녀를 따르는 자는 누구든지 칼로 죽이라, 하였으니, 이는 제사장이 전에 말하기를, 그녀를 여호와의 전 안에서는 죽이지 말라, 하였기 때문이라,

⑮ 이에 사람들이 그녀에게 손을 대되, 그녀가 왕의 궁궐 옆 말이 다니는 문 입구에 이르러, 그들이 그녀를 거기서 죽이니라,

⑯ 여호야다가 자기와 뭇 백성과 왕의 사이에 언약을 세워 여호와의 백성이 되리라, 한지라,

⑰ 온 국민이 바알의 당으로 가서 그 당을 훼파하고 그 단들과 우상들을 깨뜨리고 그 단 앞에서 바알의 제사장 맛단을 죽이니라,

⑱ 여호야다가 여호와의 전의 직원을 세워 제사장 레위 사람의 수하에 맡기니, 이들은 다윗이 전에 그 직분을 나누어서, 여호와의 전에서 모세의 율법에 기록한대로 여호와께 번제를 드리며, 자기의 정한 규례대로 즐거이 부르고 노래하게 하였던 자더라,

⑲ 또 문지기를 여호와의 전 여러 문에 두어 무릇 아무 일에든지 부정한 자는 들어오지 못하게 하고,

⑳ 백명부대장들과 존귀한 자들과 백성의 방백들과 온 국민을 거느리고 왕을 인도하여 여호와의 전에서 내려와서 윗문으로 좇아 왕궁에 이르러 왕을 나라 보좌에 앉히매,

㉑ 그 땅의 온 백성이 즐거워하고 그들이 아달랴를 칼로 죽인 후에 그 성읍이 평온하였더라.

● 24장

① 요아스가 위에 나아갈 때에 나이 칠세라, 예루살렘에서 사십년을 치리하니라, 그 모친의 이름은 시비아라 브엘세바 사람이더라,

② 제사장 여호야다가 세상에 사는 모든 날에 요아스가 여호와 보시기에 정직히 행하였으며,

③ 여호야다가 왕으로 두 아내에게 장가들게 하였더니 자녀를 낳았더라,

④ 그 후에 요아스가 여호와의 전을 중수할 뜻을 두고,

⑤ 제사장과 레위 사람을 모으고 저희에게 이르되, 너희는 유다 여러 성읍에 가서 이

스라엘 무리에게 해마다 너희 하나님의 전을 수리할 돈을 거두되 그 일을 빨리 하라 하였으나 레위 사람이 빨리 하지 아니한지라,

⑥ 왕이 대제사장 여호야다를 불러 이르되, 네가 어찌하여 레위 사람을 시켜서 여호와의 종 모세와 이스라엘의 회중이 법막을 위하여 정한 세를 유다와 예루살렘에서 거두게 하지 아니하였느냐? 하니,

⑦ 이는 그 악한 여인 아달랴의 아들들이 하나님의 전을 깨뜨리고 또 여호와의 전의 모든 성물을 바알들에게 드렸음이었더라,

⑧ 이에 왕이 명하여 한 궤를 만들어 여호와의 전 문밖에 두게 하고,

⑨ 유다와 예루살렘에 반포하여 하나님의 종 모세가 광야에서 이스라엘에게 정한 세를 여호와께 드리라 하였더니,

⑩ 모든 방백들과 백성들이 기뻐하여 마치기까지 돈을 가져다가 궤에 던진지라,

⑪ 언제든지 레위 사람들이 궤를 메고 왕의 유사에게 가서 돈이 많은 것을 보면 왕의 서기관과 대제사장에게 속한 아전이 와서 그 궤를 쏟고 다시 그 처소에 갖다 두었더라, 때때로 이렇게하여 돈을 많이 거두매,

⑫ 왕과 여호야다가 그 돈을 여호와의 전 간역자에게 주어 석수와 목수를 고용하여 여호와의 전을 중수하며 또 철공장과 놋공장을 고용하여 여호와의 전을 수리하게 하였더니,

⑬ 공장들이 맡아서 수리하는 역사가 점점 진취되므로 하나님의 전을 이전 모양대로 견고케 하니라,

⑭ 필역한 후에 그 남은 돈을 왕과 여호야다가 앞으로 가져온고로, 그것으로 여호와의 전에 쓸 그릇을 만들었으니, 곧 섬겨 제사 드리는 그릇이며 또 숟가락과 금 은 그릇들이라 여호야다가 세상에 사는 모든 날에 여호와의 전에 항상 번제를 드렸더라,

⑮ 여호야다가 나이 많고 늙어서 죽으니 죽을 때에 일백 삼십세라,

⑯ 무리가 다윗성 열왕의 묘실 중에 장사하였으니, 이는 저가 이스라엘과 하나님과 그 전에 대하여 선을 행하였음이더라,

⑰ 여호야다가 죽은 후에 유다 방백들이 와서 왕에게 절하매 왕이 그의 말을 듣고,

⑱ 그 열조의 하나님 여호와의 전을 버리고 아세라 목상과 우상을 섬긴고로 이 죄로 인하여 진노가 유다와 이스라엘에 임하니라,

⑲ 그러나 여호와께서 선지자를 저에게 보내사, 다시 자기에게로 돌아오게 하려 하시

매, 선지자들이 저에게 경계하나 듣지 아니하니라,

⑳ 이에 하나님의 영이 제사장 여호야다의 아들 스가랴을 감동시키매, 저가 백성 앞에 높이 서서 저희에게 이르되, 여호와께서 말씀하시기를, 너희가 어찌하여 여호와의 명령을 거역하여 스스로 형통치 못하게 하느냐? 하셨나니, 너희가 여호와를 버린고로 여호와께서도 너희를 버리셨느니라, 하나,

㉑ 그들이 함께 꾀하고 왕의 명을 좇아 여호와의 전 뜰 안에서 돌로 쳐 죽였더라,

㉒ 요아스왕이 이와 같이 스가랴의 아비 여호야다의 배푼 은혜를 생각지 아니하고 그 아들을 죽였더라, 그가 죽을 때에 말하기를, 주님께서 이 일을 살펴보시고 갚아 주옵소서, 하니라,

㉓ 일주년 후에 시리아 군대가 요아스를 치려하여 올라와서 유다와 예루살렘에 이르러 백성 중에서 그 모든 방백을 멸절하고 노략한 물건을 다메섹왕에게로 보내니라,

㉔ 아람(시리아) 군대가 적은 무리로 왔으나 여호와께서 심히 큰 군대를 그 손에 붙이셨으니 이는 유다 사람이 그 열조의 하나님 여호와를 버렸음이라, 이와 같이 아람 사람이 요아스를 징벌하였더라,

㉕ 요아스가 크게 상하매, 적군이 버리고 간 후에 그 신복들이 제사장 여호야다의 아들들이 피로 인하여 모반하여 그 침상에서 쳐 죽인지라, 다윗성에 장사하였으나 열왕의 묘실에는 장사하지 아니 하였더라,

㉖ 모반한 자는 암몬 여인 시므앗의 아들 사밧과 모압 여인 시므릿의 아들 여호사밧이더라,

㉗ 요아스의 아들들의 사적과 요아스의 중대한 경책을 받은 것과 하나님의 전 중수한 사적은 다 열왕기 주석에 기록되니라, 그 아들 아마샤가 대신하여 왕이 되니라.

● 25장

① 아마샤가 위에 나아갈 때에 나이 이십 오세라, 예루살렘에서 이십 구년을 치리하니라 그 모친의 이름은 여호앗단이라 예루살렘 사람이더라,

② 아마샤가 여호와 보시기에 정직히 행하기는 하였으나 온전한 마음으로 행치 아니하였더라,

③ 그 나라가 굳게 서매, 그 부왕을 죽인 신복들을 죽였으나,

④ 저희 자녀는 죽이지 아니하였으니, 이는 모세 율법 책에 기록한대로 함이라, 곧 여

호와께서 명하여 이르시기를, 자녀로 인하여 아비를 죽이지 말 것이요, 아비로 인하여 자녀를 죽이지 말 것이라, 오직 각 사람은 자기의 죄로 인하여 죽을 것이니라, 하셨더라,

⑤ 아마샤가 유다 사람을 모으고 그 여러 족속을 따라 천명부대장과 백명부대장을 세우되 유다와 베냐민을 함께 그리하고 이십세 이상으로 계수하여 창과 방패를 잡고 능히 전장에 나갈만한 자 삼십만을 얻고,

⑥ 또 은 일백 달란트로 이스라엘 나라에서 큰 용사 십만을 삯내었더니,

⑦ 어떤 하나님의 사람이 아마샤에게 나아와서 이르되, 왕이여, 이스라엘 군대로 왕과 함께 가게 마옵소서, 여호와께서는 이스라엘 곧 온 에브라임 자손과 함께하지 아니하시니,

⑧ 왕이 만일 가시거든 힘써 싸우소서, 하나님이 왕을 대적 앞에 엎드러지게 하시리이다, 하나님은 능히 돕기도 하시고 능히 패하게도 하시나이다, 하니,

⑨ 아마샤가 하나님의 사람에게 이르되, 내가 일백 달란트를 이스라엘 군대에게 주었으니, 어찌할꼬? 하나님의 사람이 대답하여 여호와께서 능히 이보다 많은 것으로 왕에게 주실 수 있나이다, 하니라,

⑩ 아마샤가 이에 에브라임에서 자기에게 나아온 군대를 구별하여 고향으로 돌아가게 하였더니, 저희무리가 유다 사람을 심히 노하여 분연히 고향으로 돌아갔더라,

⑪ 아마샤가 담력을 내어 그 백성을 거느리고 염곡에 이르러 세일 자손 일만을 죽이고,

⑫ 유다 자손이 또 일만을 사로잡아 가지고 바위 꼭대기에 올라가서 거기서 밀쳐 내려뜨려서 그 몸이 부숴지게 하였더라,

⑬ 아마샤가 자기와 함께 전장에 나가지 못하게 하고 돌려 보낸 군사들이 사마리아에서부터 벧호른까지 유다 성읍을 엄습하고 사람 삼천을 죽이고 물건을 많이 노략하였더라,

⑭ 아마샤가 에돔 사람을 도륙하고 돌아올 때에 세일 자손의 우상들을 가져다가 자기의 신으로 세우고 그 앞에 경배하며 분향한지라,

⑮ 그러므로 여호와께서 아마샤에게 진노하사, 한 선지자를 보내시니, 나아가 가로되, 저 백성의 신들이 자기 백성을 왕의 손에서 능히 구원하지 못하였거늘, 왕은 어찌하여 그 신들에게 구하나이까? 하며,

⑯ 선지자가 오히려 말 할 때에 왕이 이르되, 우리가 너로 왕의 모사를 삼았느냐? 그

치라, 어찌하여 맞으려 하느냐? 하니, 선지자가 그치며 가로되, 왕이 이일을 행하고 나의 경고를 듣지 아니하니 하나님이 왕을 멸시하기로 결정하신줄 아노라, 하였더라,

⑰ 유다 왕 아마샤가 상의하고 예후의 손자 여호아하스의 아들 이스라엘 왕 요아스에게 사자를 보내어 이르되 오라, 서로 대면하자, 한지라,

⑱ 이스라엘 왕 요아스가 유다 왕 아마샤에게 보내어 이르되, 레바논 가시나무가 레바논 백향목에게 보내어 이르기를, 네 딸을 내 아들에게 주어 아내를 삼게 하라 하였더니, 레바논 짐승이 지나가다가 그 가시나무를 짓밟았느니라,

⑲ 네가 에돔 사람을 쳤다 하고 네 마음이 교만하여 자긍하는도다, 네 궁에나 편히 거하라, 어찌하여 화를 자취하여 너와 유다가 함께 망하고자 하느냐? 하나,

⑳ 아마샤가 듣지 아니하였으니, 이는 하나님께로 말미암은 것이라, 저희가 에돔 신들에게 구하였으므로 그 대적의 손에 붙이려 하심이더라,

㉑ 이스라엘 왕 요아스가 올라와서 유다 왕 아마샤로 더불어 유다의 벧세메스에서 대면하였더니,

㉒ 유다가 이스라엘 앞에서 패하여 각기 장막으로 도망한지라,

㉓ 이스라엘 왕 요아스가 벧세메스에서 여호아하스의 손자 요아스의 아들 유다 왕 아마샤를 사로잡고, 예루살렘에 이르러 예루살렘 성벽을 에브라임 문에서부터 성 모퉁이 문까지 사백 규빗을 헐고,

㉔ 또 하나님의 전 안에 오벧에돔의 지키는 모든 금은과 기명과 왕궁의 재물을 취하고 또 사람을 볼모로 잡아가지고 사마리아로 돌아갔더라,

㉕ 이스라엘 왕 요아하스의 아들 요아스가 죽은 후에도 유다 왕 요아스의 아들 아마샤가 십 오년을 생존하였더라,

㉖ 아마샤의 이 외의 시종 행적은 유다와 이스라엘 열왕기에 기록되어 있느니라,

㉗ 아마샤가 돌이켜 여호와를 버린 후로부터 예루살렘에서 무리가 저를 모반한고로 저가 라기스로 도망하였더니 모반한 무리가 사람을 라기스로 따라 보내어 저를 거기서 죽이게 하고,

㉘ 그 시체를 말에 실어다가 그 열조와 함께 유다 성읍에 장사하였더라.

● 26장

① 유다 온 백성이 웃시야로 그 부친 아마샤를 대신하여 왕을 삼으니 때에 나이 십륙

세라,

② 왕이 그 열조와 함께 잔 후에 웃시야가 엘롯을 건축하여 유다에 돌렸더라,

③ 웃시야가 위에 나아갈 때에 나이 십육세라, 예루살렘에서 오십 이년을 치리하니라, 그 모친의 이름은 여골리아라, 예루살렘 사람이더라,

④ 웃시야가 그 부친 아마샤의 모든 행위대로 여호와 보시기에 정직히 행하며,

⑤ 하나님의 묵시를 밝히 아는 스가랴의 사는 날에 하나님을 구하였고, 저가 여호와를 구할 동안에는 하나님이 형통케 하셨더라,

⑥ 웃이야가 나가서 팔레스타인 사람들과 싸우고 가드성과 야브네성과 아스돗성을 헐고 아스돗 땅과 블레셋(팔레스타인) 사람들 가운데 성읍들을 건축하매,

⑦ 하나님이 도우사 블레셋 사람과 구르바알에 거한 아라비아 사람과 마온 사람을 치게 하신지라,

⑧ 암몬 사람이 웃시야에게 조공을 바치매, 웃시야가 심히 심히 강성하여 이름이 에집트 변방까지 퍼졌더라,

⑨ 웃시야가 예루살렘에서 성 모퉁이 문과 골짜기 문과 성굽이에 망대를 세워 견고하게 하고,

⑩ 또 거친 땅에 망대를 세우고 물웅덩이를 많이 팠으니, 평야와 평지에 육축을 많이 기름이며 또 여러 산과 좋은 밭에 농부와 포도원을 다스리는 자를 두었으니, 농사를 좋아함이더라,

⑪ 웃시야가 또 싸우는 군사가 있으니, 서기관 여이엘과 영장 마아세야의 조사한 수효대로 왕의 장관 하나냐의 수하에 속하여 떼를 지어 나가서 싸우는 자라,

⑫ 족장의 총수가 이천 육백 명이니 모두 큰 용사요,

⑬ 그 수하의 군대가 삼십만 칠천 오백 명이라, 건장하고 싸움에 능하여 왕을 도와 대적을 치는 자며,

⑭ 웃시야가 그 온 군대를 위하여 방패와 창과 투구와 갑옷과 활과 물매 돌을 예비하고,

⑮ 또 예루살렘에서 공교한 공장으로 기계를 창작하여 망대와 성곽 위에 두어 살과 큰 돌을 발하게 하였으니, 그 이름이 원방에 퍼짐은 놀랍게 도우심을 얻어 강성하여짐이더라,

⑯ 저가 강성하여짐에 그 마음이 교만하여 악을 행하여 그 하나님 여호와께 범죄하되, 곧 여호와의 전에 들어가서 향단에 분향하려 한지라,

⑰ 제사장 아사랴가 여호와의 제사장 용맹한 자 팔십인을 데리고 그 뒤를 따라 들어가서,

⑱ 웃시야왕을 막아 가로되, 웃시야여, 여호와께 분향하는 일이 왕의 할바가 아니요, 오직 분향하기 위하여 구별함을 받은 아론이 자손 제사장의 할바니, 성소에서 나가소서 왕이 범죄하였느니 하나님 여호와께 영광을 얻지 못하리이다, 하니,

⑲ 웃시야가 손으로 향로를 잡고 분향하려다가 노를 발하니, 저가 제사장에게 노할 때에 여호와의 전 안 향단 곁 제사장 앞에서 그 이마에 문둥병이 발한지라,

⑳ 대제사장 아사랴와 모든 제사장이 왕의 이마에 문둥병이 발하였음으로 보고 전에서 급히 쫓아내고, 여호와께서 치시므로 왕도 속히 나가니라,

㉑ 웃시야 왕이 죽는 날까지 문둥이가 되었고, 문둥이가 되매, 여호와의 전에서 끊어졌고 별궁에 홀로 거하였으므로 그 아들 요담이 왕궁을 관리하며 국민을 치리하였더라,

㉒ 이 외에 웃시야의 시종 행적은 아모스의 아들 선지자 이사야가 기록하였더라,

㉓ 웃시야가 그 열조와 함께 자매, 저는 문둥이라 하여 열왕의 묘실에 접한 땅, 곧 그 열조의 묘실에 접한 곧 그 열조의 곁에 장사하니라, 그 아들 요담이 대신하여 왕이 되니라.

● 27장

① 요담이 위에 나아갈 때에 나이 이십 오세라 예루살렘에서 십 육년을 치리하니라, 그 모친의 이름은 여루사라 사독의 딸이더라,

② 요담이 그 부친 웃시야의 모든 행위대로 여호와 보시기에 정직히 행하였으나 여호와의 전에는 들어가지 아니하였고, 백성은 오히려 사악을 행하였더라,

③ 저가 여호와의 전 윗문을 건축하고 또 오벨성을 많이 증축하고,

④ 유다산 중에 성읍을 건축하며 수풀 가운데 견고한 영채와 망대를 건축하고,

⑤ 암몬 자손의 왕으로 더불어 싸워 이기었더니, 그 해에 암몬 자손이 은 일백 달란트와 밀 일만석과 보리 일만석을 드렸고, 제 이년과 제 삼년에도 암몬 자손이 그와 같이 드렸더라,

⑥ 요담이 그 하나님 여호와 앞에서 정도를 행하였으므로 점점 강하여졌더라,

⑦ 요담의 남은 사적과 그 모든 전쟁과 행위는 이스라엘과 유다의 열왕기에 기록되니라,

⑧ 요담이 위에 나아갈 때에 나이 이십 오세요, 예루살렘에서 치리한 지 십 육년이라,

⑨ 저가 그 열조와 함께 자매, 다윗성에 장사되고 그 아들 아하스가 대신하여 왕이 되니라.

● 28장

① 아하스가 위에 나아갈 때에 나이 이십 세라, 예루살렘에서 십 육년을 치리하였으나 그 조상 다윗과 같지 아니하여 여호와 보시기에 정직히 행치 아니하고,

② 이스라엘 열왕의 길로 행하여 바알들의 우상을 부어 만들고,

③ 또 힌놈의 아들 골짜기에서 분향하고, 여호와께서 이스라엘 자손 앞에서 쫓아내신 이방 사람의 가증한 일을 본받아 그 자녀를 불사르고,

④ 또 산당과 작은 산 위와 모든 푸른 나무 아래에서 제사를 드리며 분향한지라,

⑤ 그러므로 그 하나님 여호와께서 아람 왕의 손에 붙이시며, 저희가 쳐서 심히 많은 무리를 사로잡아 가지고 다메섹으로 갔으며, 또 이스라엘 왕의 손에 붙이시매, 저가 쳐서 크게 살륙하였으니,

⑥ 이는 그 열조의 하나님 여호와를 버렸음이라, 르말랴의 아들 베가가 유다에서 하루 동안에 용사 십 이만 명을 죽였으며,

⑦ 에브라임의 용사 시그리는 왕의 아들 마아세야와 궁내대신 아스리감과 총리대신 엘가나를 죽였더라,

⑧ 이스라엘 자손이 그 형제 중에서 그 아내와 자녀 합하여 이십 만명을 사로잡고, 그 재물을 많이 노략하여 사마리아로 가져가니,

⑨ 그곳에 여호와의 선지자가 있는데 이름은 오뎃이라, 저가 사마리아로 돌아오는 군대를 영접하고 저희에게 이르되, 너희 열조의 하나님 여호와께서 유다를 진노하신 고로 너희 손에 붙이셨거늘, 너희 노기가 충천하여 살륙하고,

⑩ 이제 너희가 또 유다와 예루살렘과 백성들을 압제하여 노예를 삼고자 생각하는도다, 너희는 너희 하나님 여호와께 범죄함이 없느냐?

⑪ 그런즉 너희는 내 말을 듣고 너희가 형제 중에서 사로잡아 온 포로를 놓아 돌아가게 하라, 여호와의 진노가 너희에게 임박하였느니라, 한지라,

⑫ 에브라임 자손의 두목 몇 사람 요하난의 아들 아사랴와 무실레못의 아들 베레갸와 살룸의 아들 여히스기야와 하들래의 아들 아마사가 일어나서 전장에서 돌아오는 자를 막으며,

⑬ 저희에게 이르되, 너희는 이 포로를 이리로 끌어들이지 못하리라, 너희의 경영하는 일이 우리로 여호와께 허물이 있게 함이니, 우리의 죄와 허물을 더하게 함이로다, 우리의 허물이 이미 커서 진노하심이 이스라엘에게 임박하였느니라, 하매,

⑭ 이에 병기를 가진 사람이 포로와 노략한 물건을 방백들과 온 회중 앞에 둔지라,

⑮ 이 위에 이름이 기록된 자들이 일어나서 포로를 맞고 노략하여 온 중에서 옷을 취하여 벗은 자에게 입히며 신을 신기며 먹이고 마시우며 기름을 바르고, 그 약한 자는 나귀에 태워 데리고 종려나무 성 여리고에 이르러, 그 형제에게 돌린 후에 사마리아로 돌아갔더라,

⑯ 그 때에 아하스왕이 앗수르 왕에게 보내어 도와주기를 구하였으니,

⑰ 이는 에돔 사람이 다시 와서 유다를 치고 그 백성을 사로잡았음이며,

⑱ 블레셋 사람도 유다의 평지와 남방 성읍들을 침노하여 벧세메스와 아얄론과 그데롯과 소고와 그 동네와 딤나와 그 동네와 김소와 그 동네를 위하고 거기 거하였으니,

⑲ 이는 이스라엘 왕 아하스가 유다에서 망령되이 행하여 여호와께 범죄하였으므로 여호와께서 유다를 낮추심이라,

⑳ 앗수르 왕 디글랏빌레셀이 이르렀으나 돕지 아니하고 도리어 괴롭혔더라,

㉑ 아하스가 여호와의 전과 왕궁과 방백들의 집에서 재물을 취하여 앗수르 왕에게 주었으나 유익이 없었더라,

㉒ 이 아하스왕이 고난 주에 있을 때에 더욱 여호와께 범죄하여,

㉓ 자기를 친 다메섹 신들에게 제사하여 가로되, 아람열왕의 신들이 저희를 도왔으니, 나도 그 신에게 제사하여 나를 돕게 하리라, 하였으나, 그 신이 아하스와 온 이스라엘을 망케하였더라,

㉔ 아하스가 하나님의 전의 기구들을 모아 훼파하고 또 여호와의 전문들을 닫고 예루살렘 구석마다 단을 쌓고,

㉕ 유다 각 성읍에 산당을 세워 다른 신에게 분향하여 그 열조의 하나님 여호와의 노를 격발케 하였더라,

㉖ 아하스의 이 외의 시종 사적과 모든 행위는 유다와 이스라엘 열왕기에 기록되니라,

㉗ 아하스가 그 열조와 함께 자매, 이스라엘 열왕의 묘실에 들이지 아니하고 예루살렘성에 장사하였더라, 그 아들 히스기야가 대신하여 왕이 되니라.

● 29장

① 히스기야가 위에 나아갈 때에 나이 이십 오세라 예루살렘에서 이십 구년을 치리하니라, 그 모친의 이름은 아바야라 스가랴의 딸이더라,

② 히스기야가 그 조상 다윗의 모든 행위와 같이 여호와 보시기에 정직히 행하여,

③ 원년 정월에 여호와의 전 문들을 열고 수리하고,

④ 제사장들과 레위 사람들을 동편 광장에 모으고,

⑤ 저희에게 이르되, 레위 사람들아 내 말을 들으라, 이제 너희는 성결케 하고 또 너희 열조의 하나님 여호와의 전을 성결케 하여 그 더러운 것을 성소에서 없이하라,

⑥ 우리 열조가 범죄하여 우리 하나님 여호와 보시기에 악을 행하여 하나님을 버리고 열굴을 돌이켜 여호와의 성소를 등지고,

⑦ 또 낭실 문을 닫으며 등불을 끄고 성소에서 분향하지 않으며, 이스라엘 하나님께 번제를 드리지 아니한고로,

⑧ 여호와께서 유다와 예루살렘을 진노하시고 내어버리사 두려움과 놀람과 비웃음거리가 되게 하신 것을 너희가 목도하는바라,

⑨ 이로 인하여 우리의 열조가 칼에 엎드러지며 우리의 자녀와 아내가 사로잡혔느니라,

⑩ 이제 이스라엘 하나님 여호와로 더불어 언약을 세워 그 맹렬한 노로 우리에게서 떠나게 할 마음이 내게 있노니,

⑪ 내 아들들아, 이제는 게으르지 말라, 여호와께서 이미 너희를 택하사 그 앞에 서서 수종들어 섬기며 분향하게 하셨느니라,

⑫ 이에 레위 사람들이 일어나니 곧 그핫의 자손 중 아마새의 아들 마핫과 아사랴의 아들 요엘과 므라리의 자손 중 압디의 아들 기스와 여할렐렐의 아들 아사랴와 게르손 사람 중 심마의 아들 요아와 요아의 아들 에덴과,

⑬ 엘리사반의 자손 중 시므리와 여우엘과 아삽의 자손 중 스가랴와 맛다냐와,

⑭ 헤만의 자손 중 여후엘과 시므이와 여두둔의 자손 중 스마야와 웃시엘이라,

⑮ 저희가 그 형제를 모아 성결케 하고 들어가서 왕이 여호와의 말씀대로 명한 것을 좇아 여호와의 전을 깨끗케 할새,

⑯ 제사장들도 여호와의 전 안에 들어가서 깨끗케 하여 여호와의 전에 있는 모든 더러운 것을 끌어 내어 여호와의 전 뜰에 이르매 레위 사람들이 취하여 바깥 기드론 시내로 갔더라,

⑰ 정월 초하루에 성결케 하기를 시작하여 그달 초파일에 여호와의 낭실에 이르고 또 팔일 동안 여호와의 전을 성결케하여 정월 십 육일에 이르러 마치고,

⑱ 안으로 들어가서 히스기야왕을 보고 가로되 우리가 여호와의 온 전과 번제단과 그 모든 기구와 떡을 진설하는 상과 그 모든 기구를 깨끗케 하였고,

⑲ 또 아하스 왕이 위에 있어 범죄할 때에 버린 모든 기구도 우리가 정돈하고 성결케 하여 여호와의 단 앞에 두었나이다 하니라,

⑳ 히시기야왕이 일찍이 일어나 성읍의 귀인들을 모아 여호와의 전에 올라가서,

㉑ 수송아지 일곱과 수양 일곱과 어린양 일곱과 수염소 일곱을 끌어다가 나라와 성소와 유다를 위하여 속죄 제물을 삼고 아론의 자손 제사장들을 명하여 여호와의 단에 드리게 하니,

㉒ 이에 수소를 잡으매, 제사장이 그 피를 받아 단에 뿌리고 또 수양을 잡으매, 그 피를 단에 뿌리고 또 어린양을 잡으매, 그 피를 단에 뿌리고,

㉓ 이에 속죄 재물로 드릴 수염소를 왕과 회중의 앞으로 끌어 오매, 저희가 그 위에 안수하고,

㉔ 제사장이 잡아 그 피로 속죄제를 삼아 단에 드려 온 이스라엘을 위하여 번제와 속죄제를 드리게 하였음이더라,

㉕ 왕이 레위 사람을 여호와의 전에 두어서 다윗과 왕의 선견자 갓과 선지자 나단의 명한대로 제금과 비파와 수금을 잡게 하니, 이는 여호와께서 그 선지자들로 이렇게 명하셨음이라,

㉖ 레위 사람은 다윗의 악기를 잡고 제사장은 나팔을 잡고, 서매,

㉗ 히스기야가 명하여 번제를 단에 드릴새, 번제 드리기를 시작하는 동시에 여호와의 시로 노래하고 나팔을 불며 이스라엘 왕 다윗의 악기를 울리고,

㉘ 온 회중이 경배하며 노래하는 자들은 노래하고 나팔 부는 자들은 나팔을 불어 번제를 마치기까지 이르니라,

㉙ 제사 드리기를 마치매, 왕과 그 함께 있는 자가 다 엎드려 경배하니라,

㉚ 히스기야왕이 귀인들로 더불어 레위 사람을 명하여 다윗과 선견자 아삽의 시로 여호와를 찬송하게 하매, 저희가 즐거움으로 찬송하고 몸을 굽혀 경배하니라,

㉛ 이에 히스기야가 일러 가로되, 너희가 이제 몸을 깨끗케 하여 여호와께 드렸으니, 마땅히 나아와 제물과 감사제물을 여호와의 전으로 가져오라, 회중이 드디어 제물과 감사제물을 가져오되 무릇 마음에 원하는 자는 또한 번제물을 가져오니,

㉜ 회중의 가져온 번제물의 수효는 수소가 칠십이요, 수양이 일백이요, 어린양이 이백이니, 이는 다 여호와께 번제물로 드리는 것이며,

㉝ 또 구별하여 드린 소가 육백이요, 양이 삼천이라,

㉞ 그런데 제사장이 부족하여 그 모든 번제 짐승의 가죽을 능히 벗기지 못하는고로 그 형제 레위 사람이 그 일을 마치기까지 돕고 다른 제사장의 성결케 하기까지 기다렸으니 이는 레위 사람의 성결케 함이 제사장들보다 성심이 있었음이라,

㉟ 번제와 화목제의 기름과 각 번제에 속한 전제가 많더라 이와 같이 여호와의 전에서 섬기는 일이 순서대로 갖추어지니라,

㊱ 이 일이 갑자기 되었을지라도 하나님이 백성을 위하여 예비하셨음을 인하여 히스기야가 백성으로 더불어 기뻐하였더라.

● 30장

① 히스기야가 온 이스라엘과 유다에 보내고, 또 에브라임과 므낫세에 편지를 보내어, 예루살렘 여호와의 전에 와서 이스라엘 하나님 여호와를 위하여 유월절을 지키라, 하니라,

② 왕이 방백들과 예루살렘 온 회중으로 더불어 의논하고 이월에 유월절을 지키려 하였으니,

③ 이는 성결케한 제사장이 부족하고 백성도 예루살렘에 모이지 못한고로 그 정한 때에 지킬 수 없었음이라,

④ 왕과 온 회중이 이 일을 선히 여기고,

⑤ 드디어 명을 발하여 브엘세바에서부터 단까지 온 이스라엘에 반포하여 일제히 예루살렘으로 와서 이스라엘 하나님 여호와의 유월절을 지키라, 하니, 이는 기록한 규례대로 오랫동안 지키지 못하였음이라,

⑥ 보발군들이 왕과 방백들의 편지를 받아가지고 왕의 명을 좇아 온 이스라엘과 유다에 두루 다니며 전하니 일렀으되, 이스라엘 자손들아, 너희는 아브라함과 이삭과 이스라엘의 하나님 여호와께로 돌아오라, 그리하면 저가 너희 남은자 앗수르 왕의 손에서 벗어난 자에게로 돌아오시리라,

⑦ 너희 열조와 너희 형제 같이 하지 말라, 저희가 그 열조의 하나님 여호와께로 범죄한고로 여호와께서 멸망에 붙이신 것을 너희가 목도하는 바니라,

⑧ 그런즉, 너희 열조 같이 목을 곧게 하지 말고 여호와께 귀순하여 영원히 거룩케 하

신 전에 들어가서 너희 하나님 여호와를 섬겨 그 진노가 너희에게서 떠나게 하라,

⑨ 너희가 만일 여호와께 돌아오면 너희 형제와 너희 자녀가 사로잡은 자에게서 자비를 입어 다시 이땅으로 돌아오리라, 너희 하나님 여호와는 은혜로우시고 자비하신지라, 너희가 그에게로 돌아오면 그 얼굴을 너희에게서 돌이키지 아니하시리라, 하였더라,

⑩ 이에 파발꾼들이 에브라임과 므낫세 지방 각 성에 두루 다녀 스불론까지 이르렀으나 사람들이 저희를 조롱하며 비웃었더라,

⑪ 그러나 아셀과 므낫세와 스불론중에서 몇 사람이 스스로 겸손하여 예루살렘에 이르렀고,

⑫ 하나님이 또한 유다 사람들을 감동시키사, 저희로 왕과 방백들이 말씀대로 전한 명령을 일심으로 준행하게 하셨더라,

⑬ 이월에 백성이 무교절을 지키려 하여 예루살렘에 많이 모이니 심히 큰 회중이더라,

⑭ 그들이 일어나 예루살렘에 있는 제단과 향단들을 모두 제하여 기드론 시내에 던지고,

⑮ 이월 십 사일에 유월절 양을 잡으니, 제사장과 레위 사람이 부끄러워하여 성결케 하고 번제물을 가지고 여호와의 전에 이르러,

⑯ 규례대로 각각 자기 처소에 서고 하나님의 사람 모세의 율법을 좇아 제사장이 레위 사람의 손에서 피를 받아 뿌리니라,

⑰ 회중에 많은 사람이 성결케 하지 못한고로, 레위 사람들이 모든 부정한 사람을 위하여 유월절 양을 잡아 저희로 여호와 앞에서 성결케 하였으나,

⑱ 에브라임과 므낫세와 잇사갈과 스불론의 많은 무리는 자기를 깨끗케 하지 아니하고, 유월절 양을 먹어 기록한 규례에 어긴지라, 히스기야가 위하여 기도하여 가로되, 선하신 여호와여 사하옵소서,

⑲ 결심하고 하나님 곧 그 열조의 하나님 여호와를 구하는 아무 사람이든지 비록 성소의 결례대로 스스로 깨끗케 못하였을지라도 사하옵소서, 하였더니,

⑳ 여호와께서 히스기야의 기도를 들으시고 백성을 고치셨더라,

㉑ 예루살렘에 모인 이스라엘 자손이 크게 즐거워하며 칠일 동안 무교절을 지켰고, 레위 사람들과 제사장들은 날마다 여호와를 칭송하며 큰 소리나는 악기를 울려 여호와를 찬양하였으며,

㉒ 히스기야는 여호와를 섬기는 일에 통달한 모든 레위 사람에게 위로하였더라, 이와 같이 절기 칠일 동안에 무리가 먹으며 화목제를 드리고 그 열조의 하나님께 감사하였더라,

㉓ 온 회가 다시 칠일을 지키기로 결의하고, 이에 또 칠일을 즐거이 지켰더라,

㉔ 유다 왕 히스기야가 수송아지 일천과 양 칠천을 회중에게 주었고, 방백들은 수송아지 일천과 양 일만을 회중에게 주었으며 성결케 한 제사장도 많았는지라,

㉕ 유다 온 회중과 제사장들과 레위 사람들과 이스라엘에서 온 온 회중과 이스라엘 땅에서 나온 나그네와 유다에 거한 나그네가 다 즐거워 하였으므로,

㉖ 예루살렘에 큰 기쁨이 있었으니 이스라엘 왕 다윗의 솔로몬 때로부터 이러한 기쁨이 예루살렘에 없었더라,

㉗ 그 때에 제사장들과 레위 사람들이 일어나서 백성을 위하여 축복하였으니, 그 소리가 들으신바 되고 그 기도가 여호와의 거룩한 처소 하늘에까지 상달하였더라.

● 31장

① 이 모든 일이 마치매 거기 있는 이스라엘 무리가 나가서 유다 여러 성읍에 이르러 주상을 깨뜨리고 아세라 목상을 찍으며, 유다와 베냐민과 에브라임과 므낫세 온 땅에서 산당과 단을 제하여 멸하고 이스라엘 모든 자손이 각각 자기들의 성읍으로 돌아갔더라,

② 히스기야가 제사장들과 레위 사람들의 반열을 정하고 각각 그 직임을 행하게 하되, 곧 제사장들과 레위 사람들로 번제와 화목제를 드리며, 여호와의 영문에서 섬기며 감사하며 찬송하게 하고,

③ 또 자기 재산 중에서 얼마를 정하여 여호와의 울법에 기록된대로 번제 곧 조석 번제와 안식일과 초하루와 절기의 번제에 쓰게하고,

④ 또 예루살렘에 거한 백성을 명하여 제사장들과 레위 사람들의 몫을 주어 저희로 여호와의 율법을 힘쓰게 하라, 한지라,

⑤ 왕의 명령이 내리자, 곧 이스라엘 자손이 곡식과 포도주와 기름과 꿀과 밭의 모든 소산의 처음 것을 풍성히 드렸고 또 모든 것의 십일조를 많이 가져왔으며,

⑥ 유다 여러 성읍에 거한 이스라엘과 유다 자손도 소와 양의 십일조를 가져왔고, 또 그 하나님께 구별하여 드릴 성물의 십일조를 가져왔으며 그것을 쌓아 더미를 이루었는데,

⑦ 삼월에 쌓기를 시작하여 칠월에 마친지라,

⑧ 히스기야와 방백들이 와서 더미를 보고 여호와를 송축하고 그 백성 이스라엘을 위하여 축복하니라,

⑨ 히스기야가 그 무더기에 대하여 제사장들과 레위 사람들에게 물으니,

⑩ 사독의 족속 대제사장 아사랴가 대답하여 가로되, 백성이 예물을 여호와의 전에 드리기 시작함으로부터 우리가 족하게 먹었으나 남은 것이 많으니, 이는 여호와께서 그 백성에게 복을 주셨음이라, 그 남은 것이 이렇게 많이 쌓였나이다, 하니라,

⑪ 그 때에 히스기야가 명하여 여호와의 전안에 방을 예비하라, 한고로 드디어 예비하고,

⑫ 성심으로 그 예물과 십일조와 구별한 물건을 갖다두고 레위 사람 고나냐는 그 일을 주관하고 그 아우 시므이는 다음이 되었더라,

⑬ 여히엘과 아사시야와 나핫과 아사헬과 여리못과 요사밧과 엘리엘과 이스마갸와 마핫과 브나야는 고나냐와 그 아우 시므이의 수하에서 보살피는 자가 되니, 이는 히스기야 왕과 하나님의 전을 관리하는 아사랴의 명한 바며,

⑭ 동문지기 레위 사람 임나의 아들 고레는 즐거이 하나님께 드리는 예물을 맡아 여호와께 드리는 것과 모든 지성물을 나눠 주며,

⑮ 그 수하의 에덴과 미냐민과 예수아와 스마야와 아마랴와 스가냐는 제사장의 성읍들에 있어서 직임을 맡아 그 형제에게 반열에 따라 무론대소하고 나눠 주되,

⑯ 삼세 이상으로 족보에 기록된 남자 외에 날마다 여호와의 전에 들어가서 그 반열대로 직임에 수종드는 자들에게 다 나눠 주며,

⑰ 또 그 족속대로 족보에 기록된 제사장들에게 나눠 주며 이십세 이상부터 그 반열대로 직임을 맡은 레위 사람들에게 나눠 주며,

⑱ 또 그 족보에 기록된 온 회중의 어린이와 아내와 자녀들에게 나눠 주었으니, 이 회중은 성결하고 충실히 그 직분을 다하는 자며,

⑲ 각 성읍에서 녹명된 사람이 있어 성읍 가까운 들에 거한 아론 아론 자손 제사장들에게도 나눠 주되, 제사장들의 모든 남자와 족보에 기록된 레위 사람들에게 나눠 주었더라,

⑳ 히스기야가 온 유다에 이같이 행하되, 그 하나님 여호와 보시기에 선과 정의와 진실함으로 행하였으니,

㉑ 무릇 그 행하는 모든 일 곧 하나님의 전에 수종드는 일에나 율법에나 계명에나 그

하나님을 구하고 일심으로 행하여 형통하였더라.

● 32장

① 이 모든 충성된 일 후에 앗수르 왕 산헤립이 유다에 들어와서 견고한 성읍들을 향하여 진을 쳐서 취하고자 한지라,

② 히스기야가 산헤립이 예루살렘을 치러 온 것을 보고,

③ 그 방백들과 용사들로 더불어 의논하고 성 밖에 모든 물 근원을 막고자 하매, 저희가 돕더라,

④ 이에 백성이 많이 모여 모든 물 근원과 땅으로 흘러가는 시내를 막고 이르되, 어찌 앗수르 왕들로 와서 많은 물을 얻게 하리요? 하고,

⑤ 히스기야가 세력을 내어 퇴락한 성을 중수하되, 망대까지 높이 쌓고 또 외성을 쌓고 다윗성의 밀로를 견고케 하고 병기와 방패를 많이 만들고,

⑥ 군대 장관들을 세워 백성을 거느리게 하고 성문 광장 자기에게로 무리를 모으고 말로 위로하여 가로되,

⑦ 너희는 마음을 강하게 하며 담대히 하고 앗수르 왕과 그 좇는 무리로 인하여 두려워 말며 놀라지 말라, 우리와 함께하는 자가 저와 함께 하는 자보다, 크니,

⑧ 저와 함께 하는 자는 육신의 팔이요, 우리와 함께 하는 자는 우리의 하나님 여호와시라, 반드시 우리를 도우시고 우리를 대신하여 싸우시리라, 하매, 백성이 유다 왕 히스기야의 말로 인하여 안심하니라,

⑨ 그 후에 앗수르 왕 산헤립이 그 온 군대를 거느리고 라기스를 치며 그 신복을 예루살렘에 보내어 유다 왕 히스기야와 예루살렘에 있는 유다 무리에게 고하여 이르기를,

⑩ 앗수르 왕 산헤립은 이같이 말하노라, 너희가 예루살렘에 에워싸여 있으면서 무엇을 의뢰하느냐?

⑪ 히스기야가 너희를 꾀어 이르기를, 우리 하나님 여호와께서 우리를 앗수르 왕의 손에서 건져내시리라 하거니와 이 어찌 너희로 주림과 목마름으로 죽게 함이 아니냐?

⑫ 이 히스기야가 여호와의 산당들과 단들을 제하여 버리고 유다와 예루살렘에 명하여 이르기를, 너희는 다만 한 단 앞에서 경배하고 그 위에 분향하라, 하지 아니하였느냐?

⑬ 나와 내 열조가 이방 모든 백성에게 행한 것을 너희가 알지 못하느냐? 열방의 신들이 능히 그 땅을 나의 손에서 건져 낼 수 있었느냐?

⑭ 나의 열조가 진멸한 열국의 그 모든 신 중에 누가 능히 그 땅을 나의 손에서 건지겠느냐?

⑮ 그런즉, 이와 같이 히스기야에게 속지 말라, 꾀임을 받지 말라, 저를 믿지도 말라, 아무 백성이나 아무 나라의 신도 능히 그 백성을 나의 손과 나의 열조의 손에서 건져내지 못하였나니, 하물며 너희 하나님이 너희를 내 손에서 건져내겠느냐? 하였더라,

⑯ 산헤립의 신복들도 더욱 여호와 하나님과 그 종 히스기야를 비방하였으며,

⑰ 산헤립이 또 편지를 써서 보내어 이스라엘 하나님 여호와를 욕하고 비방하여 이르기를, 열방의 신들이 그 백성을 내 손에서 구원하여 내지 못한 것 같이 히스기야의 신들도 그 백성을 내 손에서 구원하여 내지 못하리라, 하고,

⑱ 산헤립의 신하가 유다 방언으로 크게 소리질러 예루살렘 성위에 있는 백성을 놀라게 하고 괴롭게 하여 그 성을 취하려 하였는데,

⑲ 저희가 예루살렘의 하나님을 훼방하기를 사람의 손으로 지은 세상 백성의 신들을 훼방하듯 하였더라,

⑳ 이러므로 히스기야왕이 아모스의 아들 선지자 이사야로 더불어 하늘을 향하여 부르짖어 기도하였더니,

㉑ 여호와께서 한 천사를 보내어 앗수르 왕의 영에서 모든 큰 용사와 대장과 장관들을 멸하신지라, 앗수르 왕이 얼굴이 뜨뜻하여 그 고국으로 돌아갔더니, 그 신의 전에 들어갔을 때에 그 몸에서 난 자들(아들들)이 거기서 칼로 죽였더라,

㉒ 이와 같이 여호와께서 히스기야와 예루살렘 거민을 앗수르 왕 산헤립의 손과 모든 적국의 손에서 구원하여내사 사면으로 보호하시매,

㉓ 여러 사람이 예물을 가지고 예루살렘에 와서 여호와께 드리고 또 보물로 유다 왕 히스기야에게 드린지라 이 후부터 히스기야가 열국의 눈에 존대하게 되었더라,

㉔ 그 때에 히스기야가 병들어 죽게 된고로 여호와께 기도하매, 여호와께서 그에게 대답하시고 또 이적으로 보이셨으나,

㉕ 히스기야가 마음이 교만하여 그 받은 은혜를 보답지 아니하므로 진노가 저와 유다와 예루살렘에 임하게 되었더라,

㉖ 히스기야가 마음의 교만함을 뉘우치고 예루살렘 거민들도 그와 같이 하였으므로

여호와의 노가 히스기야의 생전에는 저희에게 임하지 아니하니라,

㉗ 히스기야가 부와 영광이 극한지라, 이에 은금과 보석과 향품과 방패와 온갖 보배로운 그릇들을 위하여 국고를 세우며,

㉘ 곡식과 새 포도주와 기름의 산물을 위하여 창고를 세우며 온갖 짐승의 외양간을 세우며 양떼의 우리를 갖추며,

㉙ 양떼와 많은 소떼를 위하여 성읍들을 세웠으니, 이는 하나님이 저에게 재산을 심히 많이 주셨음이며,

㉚ 이 히스기야가 또 기혼의 윗 샘물을 막아 그 아래로 좇아 다윗성 서편으로 곧게 인도하였으니, 저의 모든 일이 형통하였더라,

㉛ 그러나 바벨론 방백들이 히스기야에게 사자를 보내어, 그 땅에서 나타난 이적을 물을 때에 하나님이 히스기야를 떠나시고 그 심중에 있는 것을 다 알고자 하사, 시험하셨더라,

㉜ 히스기야의 남은 행적과 그 모든 선한 일이 아모스의 아들 선지자 이사야의 묵시책과 유다와 이스라엘 열왕기에 기록되니라,

㉝ 히스기야가 그 열조와 함께 자매 온 유다와 예루살렘 거민이 저를 다윗 자손의 묘실 중 높은 곳에 장사하여 저의 죽음에 존경함을 표하였더라. 그 아들 므낫세가 대신하여 왕이 되니라.

● 33장

① 므낫세가 위에 나아갈 때에 나이 십 이세라 예루살렘에서 오십 오년을 치리하며,

② 여호와 보시기에 악을 행하여 여호와께서 이스라엘 자손 앞에서 쫓아내신 이방 사람의 가증한 일을 본받아,

③ 그 부친 히스기야의 헐어버린 산당을 다시 세우며 바알들을 위하여 단을 쌓으며 아세라 목상을 만들며 하늘의 일월 성신을 숭배하여 섬기며,

④ 여호와께서 전에 이르시기를, 내가 내 이름을 예루살렘에 영영히 두리라, 하신 여호와의 전에 단들을 쌓고,

⑤ 또 여호와의 전 두 마당에 하늘의 일월 성신을 위하여 단들을 쌓고,

⑥ 또 힌놈의 아들 골짜기에서 그 아들들을 불 가운데로 지나게 하며 또 점치며 사술과 요술을 행하며 신접한 자와 박수를 신임하여 여호와 보시기에 악을 많이 행하여 그 진노를 격발하였으며,

⑦ 또 자기가 만든 아로새긴 목상을 하나님의 전에 세웠더라, 옛적에 하나님이 이 전에 대하여 다윗과 그 아들 솔로몬에게 이르시기를, 내가 이스라엘 모든 지파 중에서 택한 이 전과 예루살렘에 내 이름을 영원히 둘지라,

⑧ 만일 이스라엘 사람이 내가 명한 일 곧 모세로 전한 모든 율법과 율례와 규례를 지켜 행하면 내가 그들의 발로 다시는 그 열조에게 정하여 준 땅에서 옮기지 않게 하리라, 하셨으나,

⑨ 유다와 예루살렘 거민이 므낫세의 꾀임을 받고 악을 행한 것이 여호와께서 이스라엘 자손 앞에서 멸하신 열방보다 더욱 심하였더라,

⑩ 여호와께서 므낫세와 그 백성에게 이르셨으나 저희가 듣지 아니한고로,

⑪ 여호와께서 앗수르 왕의 군대 장관들로 와서 치게 하시매, 저희가 므낫세를 사로잡고 쇠사슬로 결박하여 바벨론으로 끌어 간지라,

⑫ 저가 환난을 당하여 그 하나님 여호와께 간구하고 그 열조의 하나님 앞에 크게 겸비하여,

⑬ 기도한고로 하나님이 그 기도를 받으시며 그 간구를 들으시사, 저로 예루살렘에 돌아와서 다시 위에 거하게 하시매, 므낫세가 그제서야 여호와께서 하나님이신 줄을 알았더라,

⑭ 그 후에 다윗성 밖 기혼 서편 골짜기 안에 외성을 쌓되, 생선문 어귀까지 이르러 오벨을 둘러 심히 높이 쌓고 또 유다 모든 견고한 성읍에 군대 장관을 두며,

⑮ 이방 신들과 여호와의 전의 우상을 제하며 여호와의 전을 건축한 산에와 예루살렘에 쌓은 모든 단을 다 성 밖에 던지고,

⑯ 여호와의 단을 중수하고 화목제와 감사제를 그 단 위에 드리고 유다를 명하여 이스라엘 하나님 여호와를 섬기라 하매,

⑰ 백성이 그 하나님 어호와께만 제사를 드렸으나 오히려 산당에서 제사를 드렸더라

⑱ 므낫세의 남은 사적과 그 하나님께 기도한 말씀과 선견자가 이스라엘 하나님 여호와의 이름을 받들고 권한 말씀이 모두 이스라엘 열왕의 행장에 기록되었고,

⑲ 또 그 기도와 그 기도를 들으신 것과 그 모든 죄와 건과와 겸비하기 전에 산당을 세운 곳과 아세라 목상과 우상을 세운 곳들이 다 호새의 사기에 기록되니라,

⑳ 므낫세가 그 열조와 함께 자매 그 궁에 장사하고 그 아들 아몬이 대신하여 왕이 되니라,

㉑ 아몬이 위에 나아갈 때에 나이 이십 이세라 예루살렘에서 이년을 치리하며,

㉒ 그 부친 므낫세의 행함 같이 여호와 보시기에 악을 행하여 그 부친 므낫세가 만든 아로새긴 모든 우상에게 제사하여 섬겼으며,

㉓ 이 아몬이 그 부친 므낫세의 스스로 겸비함 같이 여호와 앞에서 스스로 겸비치 아니하고 더욱 범죄하더니,

㉔ 그 신복이 반역하여 왕을 궁중에서 죽이매,

㉕ 국민이 아몬왕을 반역한 사람들을 다 죽이고 그 아들 요시야로 대신하여 왕을 삼으니라.

● 34장

① 요시야가 위에 나아갈 때에 나이 팔세라, 예루살렘에서 삼십 일년을 치리하며,

② 여호와 보시기에 정직히 행하여 그 조상 다윗의 길로 행하여 좌우로 치우치지 아니하고,

③ 오히려 어렸을 때, 곧 위에 있은지 팔년에 그 조상 다윗의 하나님을 비로소 구하고 그 십 이년에 유다와 예루살렘을 비로소 정결케 하여 그 산당과 아세라 목상들과 아로새긴 우상들과 부어만든 우상들을 제하여 버리매,

④ 백성이 왕의 앞에서 바알들의 단을 훼파하였으며 왕이 또 그 단 위에 높이 달린 태양상들을 찍어 내렸으며, 또 아세라 목상들과 아로새긴 우상들과 부어 만든 우상들을 빻아 가루를 만들어 거기 제사하던 자들의 무덤에 뿌리고,

⑤ 제사장들의 뼈를 단 위에서 불살라 유다와 예루살렘을 정결케 하였으며,

⑥ 또 므낫세와 에브라임과 시므온과 납달리까지 사면 황폐한 성읍들에도 그렇게 행하여,

⑦ 단들을 훼파하며 아세라 목상들과 아로새긴 우상들을 빻아 가루를 만들며 온 이스라엘 땅에 있는 모든 태양상을 찍고 예루살렘으로 돌아왔더라,

⑧ 요시야가 위에 있은지, 십 팔년에 그 땅과 전을 정결케 하기를 마치고, 그 하나님 여호와의 전을 수리하려 하여 아살랴의 아들 사반과 부윤 마아세야와 서기관 요아하스의 아들 요아를 보낼지라,

⑨ 저희가 대제사장 힐기야에게 나아가 전에 하나님의 전에 연보한 돈을 저에게 붙이니, 이 돈은 문을 지키는 레위 사람이 므낫세와 에브라임과 남아 있는 이스라엘 사람과 온 유다와 베냐민과 예루살렘 거민들에게서 거둔 것이라,

⑩ 그 돈을 여호와의 전 역사를 감독하는 자의 손에 붙이니, 저희가 여호와의 전에서

공사하는 자에게 주어 그 전을 수리하게 하되,

⑪ 곧 목수와 건축하는 자에게 붙여 다듬은 돌과 연접한 나무를 사며 유다왕들이 헐어버린 전들을 위하여 들보를 만들게 하매,

⑫ 그 사람들이 진실히 그 일을 하니라, 그 감독은 레위 사람 곧 므라리 자손 중 야핫과 오바댜요, 그핫 자손 중 스가랴와 무술람이라, 다 그일을 주장하고 또 음악에 익숙한 레위 사람이 함께 하였으며,

⑬ 저희가 또 담부하는 자를 관할하며 범백 공장을 동독하고 어떤 레위 사람은 서기와 관리와 문지기가 되었더라,

⑭ 그들이 여호와의 전에 연보한 돈을 꺼낼 때에 제사장 힐기야가 모세의 전한 여호와의 율법책을 발견하고,

⑮ 서기관 사반에게 일러 가로되, 내가 여호와의 전에서 율법책을 발견하였노라, 하고 그 책을 사반에게 주매,

⑯ 사반이 책을 가지고 왕에게 나아가서 복명하여 가로되, 왕께서 종들에게 명하신 것을 다 준행하였나이다,

⑰ 그들이 또 여호와의 전에 있던 돈을 쏟아서 감독자와 공장의 손에 붙였나이다, 하고,

⑱ 서기관 사반이 또 왕에게 고하여 가로되, 제사장 힐기야가 내게 책을 주더이다, 하고 사반이 왕의 앞에서 읽으매,

⑲ 왕이 율법의 말씀을 듣자 곧 자기 옷을 찢더라,

⑳ 왕이 힐기야와 사반의 아들 아히감과 미가의 아들 압돈과 서기관 사반과 왕위 시신 아사야에게 명하여 가로되,

㉑ 너희는 가서 나와 및 이스라엘과 유다의 남은 자를 위하여 이 발견한 책의 말씀에 대하여 여호와께 물으라, 우리 열조가 여호와의 말씀을 지키지 아니하고 이 책에 기록된 모든 것을 준행치 아니하였으므로 여호와께서 우리에게 쏟으신 진노가 크도다,

㉒ 이에 힐기야와 왕의 보낸 사람들이 여선지자 훌다에게로 나아가니, 저는 하스라의 손자 독핫의 아들 예복을 주관하는 살룸의 아내라, 예루살렘 둘째 구역에 거하였더라, 저희가 그에게 이 뜻으로 고하매,

㉓ 훌다가 저희에게 이르되, 이스라엘 하나님 여호와의 말씀으로 너희는 너희를 내게 보낸 사람에게 고하기를,

㉔ 여호와의 말씀이 내가 이곳과 그 거민에게 재앙을 내리되, 곧 유다 왕 앞에서 읽은 책에 기록된 모든 저주대로 하리니,

㉕ 이는 이 백성이 나를 버리고 다른 신에게 분향하며 그 손의 모든 소위로 나의 노를 격발하였음이라, 그러므로 나의 노를 이 곳에 쏟으매, 꺼지지 아니하리라, 하라, 하셨느니라,

㉖ 너희를 보내어 여호와께 묻게 한 유다 왕에게는 너희가 이렇게 고하라, 이스라엘 하나님 여호와의 말씀이 네가 들은 말을 의논컨대,

㉗ 내가 이곳과 그거민을 가리켜 말한 것을 네가 듣고 마음이 연하여 하나님 앞 곧 내 앞에서 겸비하여 옷을 찢고 통곡하였으므로 나도 네 말을 들었노라, 여호와가 말하였느니라,

㉘ 그러므로 내가 너로 너의 열조에게 돌아가서 평안히 묘실로 들어가게 하리니, 내가 이곳과 그 거민에게 내리는 모든 재앙을 네가 눈으로 보지 못하리라, 하셨느니라, 사자들이 왕에게 복명하니라,

㉙ 왕이 보내어 유다와 예루살렘의 모든 장로를 불러 모으고,

㉚ 이에 여호와의 전에 올라가매 유다 모든 사람과 예루살렘 거민과 제사장들과 레위 사람들과 모든 백성이 무론 노소하고 다 함께 한지라, 왕이 여호와의 전 안에서 발견한 언약책의 모든 말씀을 읽어 그들의 귀에 들리고,

㉛ 왕이 자기 처소에 서서 여호와 앞에서 언약을 세우되 마음을 다하고 성품을 다하여 여호와를 순종하고, 그 계명과 법도와 율례를 지켜 이 책에 기록된 언약의 말씀을 이루리라, 하고,

㉜ 예루살렘과 베냐민에 있는 자들로 다 이에 참가하게 하매, 예루살렘 거민이 하나님, 곧 그 열조의 하나님의 언약을 좇으니라,

㉝ 이와 같이 요시야가 이스라엘 자손에게 속한 모든 땅에서 가증한 것을 다 제하여 버리고 이스라엘 모든 사람으로 그 하나님 여호와를 섬기게 하였으므로 요시야가 사는 날에 백성이 그 열조의 하나님 여호와께 복종하고 떠나지 아니하였더라,

● 35장

① 요시야가 예루살렘 여호와 앞에서 유월절을 지켜 정월 십 사일에 유월절 어린양을 잡으니라,

② 왕이 제사장들에게 그 직분을 맡기고 여호와의 전에서 사무를 행하는 데 대하여

용기를 고무하였더라,

③ 또 여호와 앞에 구별되어서 온 이스라엘을 가르치는 레위 사람에게 이르되, 거룩한 궤를 이스라엘 왕 다윗의 아들 솔로몬의 건축한 전 가운데 두고 다시는 너희 어깨에 메지 말고 마땅히 너희 하나님 여호와와 그 백성 이스라엘을 섬길 것이라,

④ 너희는 이스라엘 왕 다윗의 글과 다윗의 아들 솔로몬의 글을 준행하여 너희 족속대로 반열을 따라 스스로 예비하고,

⑤ 너희 형제 모든 백성의 족속의 반열대로 또는 레위 족속의 반열대로 성소에 서서,

⑥ 스스로 성결케 하고 유월절 어린 양을 잡아 너희 형제를 위하여 예비하되, 여호와께서 모세로 전하신 말씀을 좇아 행할지니라,

⑦ 요시야가 그 모인 백성들에게 자기의 소유 양 떼 중에서 어린 양과 어린 염소 삼만과 수소 삼천을 내어 유월절 예물로 주매,

⑧ 방백들도 즐거이 희생을 드려 백성과 제사장들과 레위 사람들에게 주었고, 하나님의 전을 주장하는 자 힐기야와 스가랴와 여히엘은 제사장들에게 양 이천 육백과 수소 삼백을 유월절 제물로 주었고,

⑨ 또 레위 사람의 두목들 곧 고나냐와 그 형제 스마야와 느다넬과 또 하사뱌와 여이엘과 요사밧은 양 오천과 수소 오백을 레위 사람들에게 유월절 제물로 주었더니,

⑩ 이와 같이 섬길 일이 예비되었으니, 왕의 명을 좇아 제사장들은 자기 처소에 서고 레위 사람들은 그 반열대로 서고,

⑪ 유월절 양을 잡으니, 제사장들은 저희 손에서 피를 받아 뿌리고, 또 레위 사람들은 잡은 짐승의 가죽을 벗기고,

⑫ 그 번제물을 옮겨 족속의 반열대로 모든 백성에게 나누어 모세의 책에 기록된대로 여호와께 드리게 하고 소도 그와 같이 하고,

⑬ 이에 규례대로 유월절 양을 불에 굽고 그 나머지 성물은 솥과 가마와 남비에 삶아 모든 백성에게 속히 분배하고,

⑭ 그 후에 자기와 제사장들을 위하여 준비하니, 이는 아론의 자손 제사장들이 번제와 기름을 저녁까지 드리는고로 레위 사람들이 자기와 아론의 자손 제사장들을 위하여 준비함이더라,

⑮ 아삽의 자손 노래하는 자들은 다윗과 아삽과 헤만과 왕의 선견자 여두둔의 명한대로 자기 처소에 있고 문지기들은 각 문에 있고 그 직임에서 떠날 것이 없었으니, 이는 그 형제 레위 사람들이 저희를 위하여 예비하였음이더라,

⑯ 이와 같이 당일에 여호와를 섬길 일이 다 준비되매, 요시야왕의 명대로 유월절을 지키며 번제를 여호와의 단에 드렸으며,

⑰ 그 때에 모인 이스라엘 자손이 유월절을 지키고 연하여 무교절을 칠일 동안 지켰으니,

⑱ 선지자 사무엘 이후로 이스라엘 가운데서 유월절을 이같이 지키지 못하였고, 이스라엘 열왕도 요시야가 제사장들과 레위 사람들과 모인 온 유다와 이스라엘 무리와 예루살렘 거민과 함께 지킨 것처럼은 유월절을 지키지 못하였더라,

⑲ 요시야의 위에 있은지 십 팔년에 이 유월절을 지켰더라,

⑳ 이 모든 일 후 곧 요시야가 전을 정돈하기를 마친 후에 에집트 왕 느고가 유브라데 강 가의 갈그미스를 치러 올라온고로 요시야가 나가서 방비하더니,

㉑ 느고가 요시야에게 사자를 보내어 가로되, 유다 왕이여 내가 그대와 무슨 관계가 있느뇨? 내가 오늘날 그대를 치려는 것이 아니요, 나로 더불어 싸우는 족속을 치려는 것이라 하나님이 나를 명하사 속히 하라, 하셨은즉, 하나님이 나와 함께 계시니, 그대는 하나님을 거스리지 말라, 그대를 멸하실까 하노라, 하나,

㉒ 요시야가 몸을 돌이켜 떠나기를 싫어하고 변장하고 싸우고자 하여 하나님의 입에서 나온 느고의 말을 듣지 아니하고 므깃도 골짜기에 이르러 싸울 때에,

㉓ 활 쏘는 자가 요시야왕을 쏜지라, 왕이 그 신하에게 이르되 내가 중상하였으니, 나를 도와 나가게 하라,

㉔ 그 신하가 저를 병거에서 내리게 하고 저의 둘째 병거에 태워 예루살렘에 이른 후에 저가 죽으니, 그 열조의 묘실에 장사하니라, 온 유다와 예루살렘 사람들이 요시야를 슬퍼하고,

㉕ 예레미야는 저를 위하여 애가를 지었으며, 노래하는 남자와 여자는 요시야를 슬피 노래하니, 이스라엘에 규례가 되어 오늘날까지 이르렀으며 그 가사는 애가 중에 기록되었더라,

㉖ 요시야의 남은 사적과 여호와의 율법에 기록된대로 행한 모든 선한 일과,

㉗ 그 시종 행적은 이스라엘과 유다 열왕기에 기록되어 있느니라.

● 36장

① 국민이 요시야의 아들 여호아하스를 세워 그 부친을 대신하여 예루살렘에서 왕을 삼으니,

② 여호아하스가 위에 나아갈 때에 나이 이십 삼세라 저가 예루살렘에서 치리한지 석 달에,

③ 에집트 왕이 예루살렘에서 그 위를 폐지하고 또 그 나라로 은 일백 달란트와 금 한 달란트를 벌금으로 내게 하며,

④ 에집트왕 느고가 또 그 형제 엘리아김을 세워 유다와 예루살렘 왕을 삼고 그 이름 을 고쳐 여호야김이라 하고 그 형제 여호아하스를 에집트로 잡아 갔더라,

⑤ 여호야김이 위에 나아갈 때에 나이 이십 오세라, 예루살렘에서 십 일년을 치리하 며 그 하나님 여호와 보시기에 악을 행하였더라,

⑥ 바벨론 왕 느부갓네살이 올라와서 치고 저를 쇠사슬로 결박하여 바벨론으로 잡아 가고,

⑦ 느부갓네살이 또 여호와의 전 기구들을 바벨론으로 가져다가 바벨론에 있는 자기 신당에 두었더라,

⑧ 여호야김의 남은 사적과 그 행한 모든 가증한 일과 그 심술이 이스라엘과 유다 열 왕기에 기록되니라, 그 아들 여호야긴이 대신하여 왕이 되니라,

⑨ 여호야긴이 위에 나아갈 때에 나이 팔세라 예루살렘에서 석달을 치리하며 여호와 보시기에 악을 행하였더라,

⑩ 그해 봄에 느부갓네살이 사람을 보내어 여호야긴을 바벨론으로 잡아가고 여호와 의 전의 귀한 도구도 함께 가져가고 그의 숙부 시드기야를 세워 유다와 예루살렘 왕을 삼았더라,

⑪ 시드기야가 위에 나아갈 때에 나이 이십 일세라, 예루살렘에서 십 일년을 치리하 며,

⑫ 그 하나님 여호와 보시기에 악을 행하고 선지자 예레미야가 여호와의 말씀으로 일 러도 그의 앞에서 겸손하지 아니하였으며,

⑬ 느부갓네살왕이 저로 그 하나님을 가리켜 맹세케 하였으나, 저가 배반하고 목을 곧게 하며 마음을 강퍅케 하여 이스라엘 하나님 여호와께로 돌아오지 아니하였고,

⑭ 제사장의 어른들과 백성도 크게 범죄하여 이방 모든 가증한 일을 본받아서 여호와 께서 예루살렘에 거룩하게 두신 그 전을 더럽게 하였으며,

⑮ 그 열조의 하나님 여호와께서 그 백성과 그 거하시는 곳을 아끼사, 부지런히 그 사 자들을 그 백성에게 보내어 이르셨으나,

⑯ 그 백성이 하나님의 선지자들을 비웃고 말씀을 멸시하며, 그 선지자를 욕하여 여

호와의 진노로 그 백성에게 미쳐서 만회할 수 없게 하였으므로,

⑰ 하나님이 바벨로니아 왕의 손에 저희를 다 붙이시매, 저가 와서 그 성전에서 칼로 젊은 남자들을 죽였고 남녀 노소 구별없이 전혀 자비를 베풀지 아니하였더라, 하나님이 그들 전부를 느브가넷살에게 붙이시셨더라,

⑱ 또 하나님의 전의 대소 기명들과 여호와의 전의 보물과 왕과 방백들의 보물을 다 바벨론으로 가져가고,

⑲ 또 하나님의 전을 불사르며 예루살렘 성을 헐며 그 모든 궁실을 불사르며 그 모든 귀한 기명을 훼파하고,

⑳ 무릇 칼에서 벗어난 자를 저가 바벨론으로 사로잡아 가매, 무리가 거기서 바벨로니아 왕과 그 자손의 노예가 되어 페르시아 왕국의 통치할 때까지 이르렀더라,

㉑ 이에 토지가 황무하여 안식년을 누림같이 안식하여 칠십년을 지내었으니, 여호와께서 예레미야의 입으로 하신 말씀이 응하였더라,

㉒ 페르시아 왕 코레스 원년에 여호와께서 예레미야의 입으로 하신 말씀을 응하게 하시려고, 페르시아왕 코레스의 마음을 감동시키시매, 저가 온 나라에 공포도 하고 조서도 내려 가로되,

㉓ 페르시아 왕 코레스는 말하노니, 하늘의 신, 여호와께서 세상 만국으로 내게 주셨고, 나를 명하여 유다 예루살렘에 전을 건축하라 하셨나니, 너희 중에 무릇 그 백성된 자는 다 올라 갈지어다, 너희 하나님 여호와께서 함께하시기를 원하노라, 하였더라.

에스라

· 본 성경듣기는 QR코드 인식으로 들을 수 있습니다

● 1장

① 페르시아 왕 코레스 원년에 여호와께서 예레미야의 입으로 하신 말씀을 응하게 하시려고 페르시아 왕 고레스의 마음을 감동시키매 저가 온 나라에 공포도 하고 조서도 내려 가로되,

② 바사 왕 고레스는 말하노니, 하늘의 신 여호와께서 세상 만국으로 내게 주셨고, 나를 명하사 유다 예루살렘에 전을 건축하라 하셨나니,

③ 이스라엘의 하나님은 참 신이시라, 너희중에 무릇 그 백성된 자는 다 유다 예루살렘으로 올라가서, 거기 있는 여호와의 전을 건축하라, 너희 하나님이 함께 하시기를 원하노라,

④ 무릇 그 남아 있는 백성이 어느곳에 우거하였던지, 그곳 사람들이 마땅히 은과 금과 기타 물건과 짐승으로 도와주고, 그 외에도 예루살렘 하나님의 전을 위하여 예물을 즐거이 드릴지어다, 하였더라,

⑤ 이에 유다와 베냐민 족장들과 제사장과 레위 사람들과 므릇 그 마음이 하나님께 감동을 받고 올라가서 예루살렘 여호와의 전을 건축코자 하는 자가 다 일어나니,

⑥ 그 사면 사람들이 은그릇과 황금과 기타 물건과 짐승과 보물로 돕고 그 외에도 예물을 즐거이 드렸더라,

⑦ 고레스 왕도 여호와의 전의 그릇들을 가져왔으니, 이는 옛적에 느부갓네살이 예루살렘에서 옮겨다가 그들의 신들의 당에 두었던 것이라,

⑧ 바사 왕 고레스가 고지기 미드르닷을 명하여 그 그릇을 꺼내어 계수하여 유다의 통치자 세스바살에게 주었으니,

⑨ 그 수효는 금반이 삼십이요, 은반이 일천이요, 칼이 이십 구요,

⑩ 금대접이 삼십이요, 그보다 차한 은대접이 사백 열이요, 기타 다른 그릇들이 일천이니,

⑪ 금과 은으로 만든 모든 그릇들이 오천사백이요, 이 모든 것들을 세스바살이 사로잡힌 자들을 바벨론으로부터 예루살렘으로 데리고 올 때에 함께 가져왔더라.

● 2장

① 옛적에 바벨론 왕 느부갓네살에게 사로잡혀 갔던 자의 자손 중에서 놓임을 받고 예루살렘과 유다도로 돌아와 각기 본성에 이른 자,

② 곧 스룹바벨과 예수아와 느헤미야와 스라야와 모르드개와 빌산과 미스발과 비그왜와 르훔과 바아나등과 함께 나온 이스라엘 백성의 명수가 이러하니,

③ 바로스 자손이 이천 일백 칠십 이명이요,

④ 스바댜 자손이 삼백 칠십 이명이요,

⑤ 아라 자손이 칠백 칠십 오명이요,

⑥ 바핫모압 자손 곧 예수아의 요압 자손이 이천 팔백 십 이명이요,

⑦ 엘람 자손이 일천 이백 오십 사명이요,

⑧ 삿두 자손이 구백 사십 오명이요,

⑨ 삭개 자손이 칠백 육십명이요,

⑩ 바니 자손이 육백 사십 이명이요,

⑪ 브배 자손이 육백 이십 삼명이요,

⑫ 아스갓 자손이 일천 이백 이십 이명이요,

⑬ 아도니감 자손이 육백 육십 륙명이요,

⑭ 비그왜 자손이 이천 오십 륙명이요,

⑮ 아딘 자손이 사백 오십 사명이며,

⑯ 아델 자손 곧 히스기야 자손이 구십 팔명이며,

⑰ 베새 자손이 삼백 이십 삼명이요,

⑱ 요라 자손이 일백 십 이명이요,

⑲ 하숨 자손이 이백 이십 삼명이요,

⑳ 깁발 자손이 구십 오명이요,

㉑ 베들레헴 사람이 일백 이십 삼명이요,

㉒ 느도바 사람이 오십 륙명이요,

㉓ 아나돗 사람이 일백 이십 팔명이요,
㉔ 아스마웻 자손이 사십 이명이요,
㉕ 기랴다림과 그비라와 브에롯 자손이 칠백 사십 삼명이요,
㉖ 라마와 게바 자손이 육백 이십 일명이요,
㉗ 믹마스 사람이 일백 이십 이명이요,
㉘ 벧엘과 아이 사람이 이백 이십 삼명이요,
㉙ 느보 자손이 오십 이명이요,
㉚ 막비스 자손이 일백 오십 륙명이요,
㉛ 다른 엘람 자손이 일천 이백 오십 사명이요,
㉜ 하림 자손이 삼백 이십명이요,
㉝ 로드와 하딧과 오노 자손이 칠백 이십 오명이요,
㉞ 여리고 자손이 삼백 사십 오명이요,
㉟ 스나아 자손이 삼천 육백 삼십명이었더라,
㊱ 재사장들은 예수아의 집 여다야 자손이 구백 칠십 삼명이요,
㊲ 임멜 자손이 일천 오십 이명이요,
㊳ 바스훌 자손이 일천 이백 사십 칠명이요,
㊴ 하림 자손이 일천 십 칠명이었더라,
㊵ 레위 사람은 호다위야 자손 곧 예수아와 갓미엘 자손이 칠십 사명이요,
㊶ 노래하는 자들은 아삽 자손이 일백 이십 팔명이요,
㊷ 문지기의 자손들은 살룸과 아텔과 달문과 악굽과 하디다와 소배 자손이 보두 일백 삼십 구명이었더라,
㊸ 느디님 신하들은 시하 자손과 하수바 자손과 답바옷 자손과
㊹ 게로스 자손과 시아하 자손과 바돈 자손과
㊺ 르바나 자손과 하가바 자손과 악굽 자손과
㊻ 하갑 자손과 사믈래 자손과 하난 자손과
㊼ 깃델 자손과 가할 자손과 르아야 자손과
㊽ 르신 자손과 르고다 자손과 갓삼 자손과
㊾ 웃사 자손과 바세아 자손과 자손과 베새 자손과
㊿ 아스나 자손과 므우님 자손과 느부심 자손과
(51) 박북 자손과 하그바 자손과 할훌 자손과

㉒ 바슬롯 자손과 므히다 자손과 하르사 자손과

㉓ 바르고스 자손과 시스라 자손과 데마 자손과

㉔ 느시야 자손과 하디바 자손이었더라,

㉕ 솔로몬의 신복의 자손은 소대 자손과 하소베렛 자손과 브루다 자손과

㉖ 야알라 자손과 다르곤 자손과 깃델 자손과

㉗ 스바댜 자손과 하딜 자손과 보게렛하 스바임 자손과 아미 자손이니,

㉘ 모든 느디님 사람과 솔로몬의 신복의 자손이 삼백 구십 이명이었더라,

㉙ 델멜라의 델하르사와 그룹과 앗단과 임멜에서 올라온 자가 있으나 그 종족과 보계가 이스라엘에 속하였는지는 증거할 수 없으니,

㉚ 저희는 들라야 자손과 도비야 자손과 느고다 자손이라 도합 육백 오십 이명이요,

㉛ 제사장 중에는 하바야 자손과 학고스 자손과 바르실래 자손이니 바르실래는 길르앗 사람 바르실래의 딸 중에 하나로 아내를 삼고 바르실래의 이름으로 이름한 자라,

㉜ 이 사람들이 보계 중에서 자기 이름을 찾아도 얻지 못한고로 저희를 부정하게 여겨 제사장의 직분을 행치 못하게 하고,

㉝ 방백이 저희에게 명하여 우림과 둠민을 가진 제사장이 일어나기 전에는 지성물을 먹지 말라,하였느니라,

㉞ 온 회중의 합계가 사만 이천 삼백 육십명이요,

㉟ 그 외에 노비가 칠천 삼백 삼십 칠명이요, 노래하는 남녀가 이백명이요,

㊱ 말이 칠백 삼십 륙이요, 노새가 이백 사십 오요,

㊲ 약대가 사백 사십 오요, 나귀가 육천 칠백 이십이었더라,

㊳ 어떤 족장들이 예루살렘 여호와의 전터에 이르러, 하나님의 전을 그곳에 다시 건축하려고 예물을 즐거이 드리되,

㊴ 역량대로 역사하는 곳간에 드리니 금이 육만 일천 다릭이요, 은이 오천 마네요, 제사장의 옷이 일백 벌이었더라,

㊵ 이에 제사장들과 레위 사람들과 백성 몇과 노래하는 자들과 문지기들과 느디님 사람들이 그 본성들에 거하고 이스라엘 무리도 그 본성들에 거하였느니라,

● 3장

① 이스라엘 자손이 그 본성에 거하였더니 칠월에 이르러 일제히 예루살렘에 모인지

라,

② 요시닥의 아들 예수아와 그 형제 제사장들과 스알디엘의 아들 스룹바벨과 그 형제들이 다 일어나 이스라엘 하나님의 단을 만들고, 하나님의 사람 모세의 율법에 기록된대로 번제를 그 위에 드리려 할새,

③ 그들이 열국 백성을 두려워하여 단을 그 터에 세우고 그 위에 조석으로 여호와께 번제를 드리며,

④ 기록된 규례대로 초막절을 지켜 번제를 매일 정수대로 날마다 드리고,

⑤ 그 후에는 항상 드리는 번제와 초하루와 여호와의 모든 거룩한 절기의 번제와 사람이 여호와께 즐거이 드리는 예물을 드리되,

⑥ 칠월 초하루부터 비로소 여호와께 번제를 드렸으나 그 때에 여호와의 전 지대는 오히려 놓지 못한지라,

⑦ 이에 석수와 목수에게 돈을 주고 또 시돈 사람과 두로 사람에게 먹을 것과 마실 것과 기름을 주고, 바사 왕 고레스의 조서대로 백향목을 레바논에서 욥바 해변까지 수운하게 하였더라,

⑧ 예루살렘 하나님의 전에 이른지 이년 이월에 스알디엘의 아들 스룹바벨과 요사닥의 아들 예수아와 다른 형제 제사장들과 레위 사람들과 무릇 사로잡혔다가 예루살렘에 돌아온 자들이 역사를 시작하고 이십 세 이상의 레위 사람들을 세워 여호와의 전 역사를 감독하게 하매,

⑨ 이에 예수아와 그 아들들과 그 형제들과 갓미엘과 그 아들들과 유다 자손과 헤나닷 자손과 그 형제 레위 사람들이 일제히 일어나 하나님의 전에서 일꾼들을 감독하니라,

⑩ 건축자가 여호와의 성전의 기초를 놓을 때에 제사장들은 예복을 입고 나팔을 들고 아삽 자손 레위 사람들은 제금을 들고 서서 이스라엘 왕 다윗의 규례대로 여호와를 찬송하되,

⑪ 서로 찬송가를 화답하며 여호와께 감사하며 가로되, 여호와는 선하시고 그분의 인자하심이 이스라엘에게 영원하시도다, 하니, 모든 백성이 여호와의 전의 기초가 놓임을 보고 여호와를 찬송하며 큰 소리로 즐거이 부르며,

⑫ 그러나 제사장들과 레위 사람들과 족장들 가운데 여러 노인들은 첫 성전을 보았던 고로 이제 그들의 눈 앞에 이 전의 기초가 놓인 것을 보고 큰 소리로 울었고, 많은 사람이 기뻐서 크게 소리치므로,

⑬ 백성들이 기뻐서 지르는 소리와 백성들의 우는 소리를 분간할 수 없게 되었으니, 이는 백성들이 큰소리로 외치고 그 소리가 멀리까지 들리었기 때문이더라.

● 4장

① 이제 유다와 베냐민의 적들이 사로잡혀 갔던 자들의 자손이 이스라엘 하나님을 위하여 성전을 건축한다 함을 듣고,

② 스룹바벨과 족장들에게 나아와 이르되, 우리로 너희와 함께 건축하게 하라, 우리도 너희 같이 너희 하나님을 구하노라, 앗수르 왕 에살핫돈이 우리를 이리로 오게 한 날부터 우리가 하나님께 희생물을 드렸기 때문이라 때문이라, 하나,

③ 스룹바벨과 예수아와 기타 이스라엘 족장들이 이르되, 우리 하나님의 전을 건축하는데 너희는 우리와 상관이 없느니라, 바사 왕 고레스가 우리에게 명하신대로 우리가 이스라엘 하나님 여호와를 위하여 홀로 건축하리라, 하였더니,

④ 이로부터 그 땅 백성이 유다 백성의 손을 약하게 하여 그 건축을 방해하되,

⑤ 그들을 대적하는 조언자들을 고용하여 그들을 목적한 것을 좌절시키려 하였으니 페르시아 왕 코레스의 모든 날들과 페르시아 왕 다리오의 다스리는 때까지 그리하였고,

⑥ 또 아하수에로가 즉위할 때까지 저희가 글을 올려 유다와 예루살렘 거민을 고발하니라,

⑦ 아닥사스다 때에 비슬람과 미드르닷과 다브엘과 그 동료들이 바사 왕 아닥사스다에게 글을 올렸으니, 그 글은 아람 문자와 아람 방언으로 써서 진술하였더라,

⑧ 방백 르훔과 서기관 심새가 아닥사스다 왕에게 올려 예루살렘 백성을 고발한 그 글에,

⑨ 방백 르훔과 서기관 심새와 그 동료 디나 사람과 아바삿 사람과 다블래 사람과 아바새 사람과 아렉 사람과 바벨론 사람과 수산 사람과 데해 사람과 엘람 사람과,

⑩ 또 오스남발이 그 때에 데려와서 사마리아의 성읍에 정착시킨 위대하고 민족들의 나머지와 강 이편과 그 당시에 있던 나머지라,

⑪ 아닥사스다 왕에게 올린 그 글의 초본은 이러하니, 강 서편에 있는 신복들은

⑫ 왕에게 고하나이다, 왕에게서 올라온 유다 사람들이 우리의 곳 예루살렘에 이르러 이 패역하고 악한 성읍을 건축하는데 이미 그 지대를 수축하고 성곽을 건축하오니,

⑬ 이제 왕은 아시옵소서, 만일 이 성읍을 건축하며 그 성곽을 마치면 저 무리가 다시는 조공과 잡세와 부세를 바치지 아니하리니 필경 왕들에게 손해가 되리이다,

⑭ 우리가 이제 궁의 소금을 먹는고로 왕의 수치 당함을 참아 보지 못하여 보내어 왕에게 고하오니,

⑮ 왕은 열조의 사기를 살피시면 그 사기에서 이 성읍은 패역한 성읍이라, 예로부터 그 중에서 항상 반역하는 일을 행하여 열왕과 각 도에 손해가 된 것을 보시고 아실지라, 이 성읍이 훼파됨도 이 까닭이니이다,

⑯ 이제 감히 왕에게 고하오니, 이 성읍이 중건되어 성곽을 필역하면 이로 말미암아 왕의 강 서편 영지가 없어지리이다, 하였더라,

⑰ 그대에 왕이 방백 르훔과 서기관 심새와 사마리아에 거한 저희 동료와 강 서편 다른 땅 백성에게 조서를 내리니, 일렀으되, 너희는 평안할지어다,

⑱ 너희의 올린 글을 내 앞에서 낭독시키고,

⑲ 명하여 살펴보니 과연 이 성읍이 예로부터 열왕을 거역하며 그 중에서 항상 패역하고 모반하는 일을 행하였으며,

⑳ 옛적에는 예루살렘을 주재하는 큰 군왕이 있어서 강 서편 모든 땅도 주재하매, 조공과 잡세와 부세를 저에게 다 바쳤도다,

㉑ 이제 너희는 명을 전하여 그 사람들로 역사를 그치게 하여 그 성을 건축치 못하게 하고 내가 다시 조서 내리기를 기다리라,

㉒ 너희는 삼가서 이일에 게르리지 말라, 어찌하여 화를 더하여 왕들에게 손해가 되게 하랴? 하였더라,

㉓ 아닥사스다왕의 조서 초본이 르훔과 서기관 심새와 그 동료 앞에서 낭독되매, 저희가 예루살렘으로 급히 가서 유다 사람들을 보고 권력으로 억제하여 그 역사를 그치게 하니,

㉔ 이에 예루살렘에서 하나님의 전 역사가 그쳐서 바사 왕 다리오 제 이년까지 이르니라.

●5장

① 선지자들 곧 선지자 학개와 잇도의 손자 스가랴가 이스라엘 하나님의 이름을 받들어 유다와 예루살렘에 거하는 유다 사람들에게 예언하였더니,

② 이에 스알디엘의 아들 스룹바벨과 요사닥의 아들 예수아가 일어나 예루살렘 하나

님의 전 건축하기를 시작하매 하나님의 선지자들이 함께 하여 돕더니,

③ 그 때에 강 서편 총독 닷드내와 스달보스내와 그 동료가 다 나아와 저희에게 이르되, 누가 너희를 명하여 이 전을 건축하고 이 성곽을 마치게 하였느냐? 하기에,

④ 우리가 그들에게 이같은 방식으로 말하기를, 이 건축물을 짓는 자들의 이름이 무엇이냐? 하였더라,

⑤ 그러나 그들의 하나님의 눈이 유대 사람들의 장로들의 위에 계시므로, 그 문제가 다리오에게 이를 때까지는 그들이 유대 사람들을 중단시킬 수 없었으니, 그들이 이 문제에 관하여 편지로 답변을 보냈더라,

⑥ 강 서편 총독 닷드내와 스달보스내와 그 동료 강 서편 아바삭 사람이 다리오 왕에게 올린 편지의 사본이 이러하니라,

⑦ 그 글에 일렀으되 다리오 왕께 모든 평안이 있기를 비나이다,

⑧ 왕께서는 아셔야 하나이다, 즉 우리가 유다 지역의 위대하신 하나님의 성전에 나아가는 것을 아셔야 하나이다, 백성들은 큰 돌로 성전을 건축하고 벽은 통나무를 세워서 짓고 있습니다, 그 일은 열심히 진행되고 있으며 그들의 지시하에 신속히 진행되고 있습니다,

⑨ 우리가 그 장로들에게 물어 보기를, 누가 너희를 명하여 이 전을 건축하고, 이 성곽을 마치게 하였느냐? 하고,

⑩ 우리가 또 그들의 우두머리의 이름을 적어 왕에게 고하고자 하여 그 이름을 물은즉,

⑪ 저희가 우리에게 대답하여 이르기를, 우리는 천지의 하나님의 종이라 오랜 옛적에 건축되었던 전을 우리가 다시 건축하노라, 이는 본래 이스라엘의 위대하신 왕이 완전히 건축한 것이더니,

⑫ 우리 열조가 하늘에 계신 하나님을 격노케 하였으므로 하나님이 저희를 갈대아 사람 바벨론 왕 느부갓네살의 손에 붙이시매, 저가 이 전을 헐며 이 백성을 사로잡아 바벨론으로 옮겼더니,

⑬ 고레스가 바벨론의 왕이 되었을 때, 고레스 왕이 조서를 내려 하나님의 이 전을 건축하게 하고,

⑭ 또 느부갓네살의 예루살렘 하나님의 전 속에서 금 은 기명을 옮겨다가 바벨론 신당에 두었던 것을 고레스 왕이 그 신당에서 취하여 그 세운 총독 세스바살이라 이름한 자에게 내어주고,

⑮ 일러 가로되, 너는 이 그릇들을 가지고 가서 예루살렘 전에 두고 하나님의 전을 그 처소에 건축하라, 하매,

⑯ 이에 세스바살이 이르러 예루살렘 하나님의 전의 기초를 놓았으며 그 때로부터 지금까지 건축하여 오나 아직 끝내지 못하였느니라, 하였사오니,

⑰ 그러므로 이제 왕께서 좋게 여기시거든 거기 바벨론에 있는 왕의 보물 창고 안은 조사하시어 과연 고레스 왕이 예루살렘에 있는 이 집을 건축하라고 칙령을 내렸는지 보시고, 왕께서는 이 문제에 관한 왕의 기쁘신 뜻을 우리에게 보내주옵소서, 하였더라.

● 6장

① 이에 다리오 왕이 조서를 내려 서적 곳간 곧 바벨론에서 보물을 쌓아둔 곳에서 조사하게 하였더니,

② 메대도 악메다 궁에서 한 두루마리를 얻으니 거기 기록하였으되,

③ 고레스 왕 원년에 조서를 내려 이르기를, 예루살렘 하나님의 전에 대하여 이르노니, 이 전 곧 제사드리는 처소를 건축하되, 지대를 견고히 쌓고, 그 전의 고는 육십 규빗으로 광도 육십 규빗으로 하고,

④ 큰 돌 세 켜에 새 나무 한 켜를 놓으라, 그 경비는 다 왕실에서 내리라,

⑤ 또 느브갓네살이 예루살렘 전에서 취하여 바벨론으로 옮겼던 하나님의 전 금 은 그릇들을 돌려 보내어 예루살렘 전에 가져다가 하나님의 전 안 처소에 둘지니라, 하였더라,

⑥ 이제 강 서편 총독 닷드내와 스달보스내와 너희 동료 강 서편 아바삭 사람들은 그곳을 멀리하여,

⑦ 하나님의 전 역사를 막지 말고, 유다 총독과 장로들로 하나님의 이 전을 본처에 건축하게 하라,

⑧ 내가 또 조서를 내려서 하나님의 이 전을 건축함에 대하여 너희가 유다 사람의 장로들에게 행할 것을 알게 하노니, 왕의 재산 곧 강 서편 세금 중에서 그 경비를 이 사람들에게 신속히 주어 저희로 지체치 않게 하라,

⑨ 또 수용물 곧 하늘의 하나님께 드릴 번제의 수송아지와 수양과 어린양과 또 밀과 소금과 포도주와 기름을 예루살렘 제사장의 소청대로 영락없이 날마다 주어,

⑩ 저희로 하늘의 하나님께 향기로운 제물을 드려 왕과 왕자들의 생명을 위하여 기도

하게 하라,

⑪ 내가 또 조서를 내리노니, 무론 누구든지 이 명령을 변경하면 그 집에서 들보를 빼어내고 저를 그 위에 매어달게 하고 그집은 이로 인하여 거름더미가 되게 할지니라,

⑫ 만일 열왕이나 백성이 이 조서를 변개하여 손을 들어 예루살렘 하나님의 전을 헐진대 그곳에 이름을 두신 하나님이 저희를 멸하기를 원하노라, 나 다리오가 조서를 내렸노니, 신속히 행할지어다, 하였더라,

⑬ 다리오 왕의 조서가 내리매 간 서편 총독 닷드내와 스달보스내와 그 동료들이 신속히 준행한지라,

⑭ 유다 사람의 장로들이 선지자 학개와 잇도의 손자 스가랴의 권면함으로 인하여 전건축할 일이 형통한지라, 이스라엘 하나님의 명령과 바사 왕 고레스와 다리오와 아닥사스다의 조서를 좇아 전을 건축하여 완공하였더라,

⑮ 다리오 왕 육년 아달월 삼일에 전을 완공하였더라,

⑯ 이스라엘 자손과 제사장들과 레위 사람들과 기타 사로잡혔던 자의 자손이 즐거이 하나님의 전 봉헌식을 행하니,

⑰ 하나님의 전 봉헌식을 행할 때에 수소 일백과 수양 이백과 어린양 사백을 드리고, 또 이스라엘 지파의 수를 따라 수염소 열 둘로 이스라엘 전체를 위하여 속죄제를 드리고,

⑱ 제사장을 그 분반대로 레위 사람을 그 반차대로 세워 예루살렘에서 하나님을 섬기게 하되, 모세의 책에 기록된대로 하게 하니라,

⑲ 사로잡혔던 자의 자손이 정월 십 사일에 유월절을 지키되,

⑳ 제사장들과 레위 사람들이 일제히 몸을 정결케 하여 다 정결하매 사로잡혔던 자의 모든 자손과 자기 형제 제사장들과 자기를 위하여 유월절 양을 잡으니,

㉑ 사로잡혔다가 돌아온 이스라엘 자손과 무릇 스스로 구별하여 자기 땅 이방 사람의 더러운 것을 버리고, 이스라엘 무리에게 속하여 이스라엘 하나님 여호와를 구하는 자가 다 먹고,

㉒ 즐거우므로 칠일 동안 무교절을 지켰으니, 이는 여호와께서 저희로 즐겁게 하시고, 또 앗수르왕의 마음을 저희에게로 돌이켜 이스라엘의 하나님이신 하나님의 전 역사하는 손을 힘있게 하도록 하셨음이었느니라.

● 7장

① 이 일 후 바사 왕 아닥사스다가 위에 있을 때에 에스라라 하는 자가 있으니라, 저는 스라야의 아들이요, 아사랴의 손자요, 힐기야의 증손이요,

② 살룸의 현손이요, 사독의 오대손이요, 아히둡의 육대손이요,

③ 아마랴의 칠대손이요, 아사랴의 팔대손이요, 므라욧의 구대손이요,

④ 스라히야의 십대손이요, 웃시엘의 십 일대손이요, 북기의 십 이대손이요,

⑤ 아비수아의 십 삼대손이요, 비느하스의 십 사대손이요, 엘르아살의 십 오대손이요, 대제사장 아론의 십 륙대손이라,

⑥ 이 에스라가 바벨론에서 올라왔으니, 저는 이스라엘 하나님 여호와께서 주신바 모세의 율법에 익숙한 학사로서 그 하나님 여호와의 도우심을 입으므로 왕에게 구하는 것은 다 받는 자더니,

⑦ 아닥사스다 왕 칠년에 이스라엘 자손과 제사장들과 레위 사람들과 노래하는 자들과 문지기 들과 느디님 사람들 중에 몇 사람이 예루살렘으로 올라올 때에,

⑧ 이 에스라가 올라왔으나 왕의 칠년 오월이라,

⑨ 정월 초하루에 바벨론에서 길을 떠났고 하나님의 선한 손의 도우심을 입어 오월 초하루에 예루살렘에 이르니라,

⑩ 에스라가 여호와의 율법을 연구하여 준행하며 율례와 규례를 이스라엘에게 가르치기로 결심하였었더라,

⑪ 여호와의 계명의 말씀과 이스라엘에게 주신 율례의 학사인 학사겸 제사장 에스라에게 아닥사스다 왕이 내린 조서 초본은 아래와 같으니라,

⑫ 모든 왕의 왕 아닥사스다는 하늘의 하나님의 율법에 완전한 학사겸 제사장 에스라에게

⑬ 조서하노니, 우리 나라에 있는 이스라엘 백성과 저희 제사장들과 레위 사람들 중에 예루살렘으로 올라갈 뜻이 있는 자는 누구든지 너와 함께 갈지어다,

⑭ 너는 네 손에 있는 네 하나님의 율법을 좇아 유다와 예루살렘의 정형을 살피기 위하여 왕과 일곱 모사의 보냄을 받았으니,

⑮ 왕과 모사들이 예루살렘에 거하신 이스라엘 하나님께 성심으로 드리는 은금을 가져가고,

⑯ 또 네가 바벨론 온 도에서 얻을 모든 은금과 및 백성과 제사장들이 예루살렘 그 하나님의 전을 위하여 즐거이 드릴 예물을 가져다가,

⑰ 그 돈으로 수송아지와 수양과 어린양과 그 소제와 그 전제의 물품을 신속히 사서

예루살렘 네 하나님의 전 단 위에 드리고,

⑱ 그 나머지 은금은 너와 너의 형제가 선히 여기는 일에 너희 하나님의 뜻을 좇아 쓸 지며,

⑲ 네 하나님의 전에서 섬기는 일을 위하여 네게 준 그릇들도 예루살렘 하나님 앞에 드리고,

⑳ 그 외에도 네 하나님의 전에 쓰일 것이 있어서 네가 드리고자 하거든 무엇이든지 왕의 내탕고에서 취하여 드릴지니라,

㉑ 나 곧 나 아닥사스다 왕이 강 서편 모든 고지기에게 조서를 내려 이르기를, 하늘이 하나님의 율버의 학사겸 제사장 에스라가 무릇 너희에게 구하는 것은 신속히 시행 하되,

㉒ 은은 일백 달란트까지 밀은 일백 고르까지 포도부는 일백 밧까지 기름도 일백 밧 까지 하고 소금은 양을 정하지 말고 하라,

㉓ 무릇 하늘이 하나님의 전을 위하여 하늘의 하나님의 명하신 것은 삼가 행하라, 어 찌하여 진노가 왕과 왕자의 나라에 임하게 하겠느냐?

㉔ 내가 너희에게 이르노니, 제사장들이나 레위 사람들이나 노래하는 자들이나 문지 기들이나 느디님 사람들이나 혹 하나님의 전에서 일하는 자들에게 조공과 잡세와 부세를 받는 것이 불가하니라, 하였노라,

㉕ 에스라여, 너는 네 손에 있는 네 하나님의 지혜를 따라 네 하나님의 율법을 아는 자 로 행정관과 재판관을 삼아 강 서편 모든 백성을 재판하게 하고 그 알지 못하는 자 는 너희가 가르치라,

㉖ 무릇 네 하나님의 명령과 왕의 명령은 준행치 아니하는 자는 속히 그 죄를 정하여 혹 죽이거나 정배하거나 가산을 적몰하거나 옥에 가둘지니라, 하였더라,

㉗ 우리 열조의 하나님 여호와를 송축할지로다, 그가 왕의 마음에 예루살렘 여호와의 전을 아름답게 할 뜻을 두시고,

㉘ 또 나로 왕과 그 모사들의 앞과 왕의 권세 있는 모든 방백의 앞에서 은혜를 얻게 하 셨도다, 나의 하나님 여호와의 손이 나의 위에 있으므로 내가 힘을 얻어 이스라엘 중에 두목을 모아 나와 함께 올라 오게 하였노라.

● 8장

① 아닥사스다 왕이 위에 있을 때에 나와 함께 바벨론에서 올라온 족장들과 그들의

계보가 이러하니라,

② 비느하스 자손 중에서는 게르솜이요, 이다말 자손 중에서는 다니엘이요, 다윗 자손 중에서는 핫두스요,

③ 스가냐 자손 곧 바로스 자손 중에서는 스가랴니, 그와 함께 족보에 기록된 남자가 일백 오십명이요,

④ 바핫모압 자손 중에서는 스라히야의 아들 엘여호에내니 그와 함께한 남자가 이백 명이요,

⑤ 스가냐 자손 중에서는 야하시엘의 아들이니 그와 함께한 자가 삼백명이요,

⑥ 아딘 자손 중에서는 요나단의 아들 에벳이니 그와 함께한 남자가 오십명이요,

⑦ 엘람 자손 중에서는 아달리야의 아들 여사야니 그와 함께한 남자가 칠십명이요,

⑧ 스바댜 자손 중에서는 미가엘의 아들 스바댜니 그와 함께한 남자가 팔십명이요,

⑨ 요압 자손 중에서는 여히엘의 아들 오바댜니 그와 함께한 남자가 이백 십 팔이요,

⑩ 슬로밋 자손 중에서는 요시뱌의 아들이니 그와 함께한 자가 일백 육십명이요,

⑪ 베배 자손 중에서는 베배의 아들 스가랴니 그와 함께한 남가 이십 팔명이요,

⑫ 아스갓 자손 중에서는 학가단의 아들 요하난이니 그와 함께한 남자가 일백 십명이요,

⑬ 아도니감 자손 중에 나중된 자의 이름은 엘리벨렛과 여우엘과 스마야니 그와 함께한 남자가 육십명이요,

⑭ 비그왜 자손 중에서는 우대와 사붓이니 그와 함께한 남자가 칠십명이었느니라,

⑮ 내가 무리를 아하와로 흐르는 강가에 모으고, 거기서 삼일 동안 장막에 유하며 백성과 제사장들을 살핀즉 그 중에 레위 자손이 하나도 없는지라,

⑯ 이에 모든 족장 곧 엘리에셀과 아리엘과 스마야와 엘라단과 야립과 나단과 스가랴와 므술람을 부르고 또 명철한 사람 요야립과 엘라딘을 불러,

⑰ 가시뱌 지방으로 보내어 그곳 족장 잇도에게 나아가게 하고, 잇도와 그 형제 곧 가시뱌 지방에 거한 느디님 사람들에게 할 말을 일러주고 우리 하나님의 전을 위하여 수종들 자를 데려 오라 하였더니,

⑱ 우리 하나님의 선한 손의 도우심을 입고, 저희가 이스라엘의 손자 레위의 아들 말리의 자손 중에서 한 명철한 사람을 데려오고, 또 세레뱌와 그 아들들과 형제 십 팔명과,

⑲ 하사뱌와 므라리 자손 중에 여사야와 그 형제와 저의 아들들 이십명을 데려오고,

⑳ 또 느디님 사람 곧 다윗과 방백들이 주어 레위 사람에게 수종들게 한 그 느디님 사람 중 이백 이십명을 데려왔으니, 그 이름이 다 기록되었느니라,

㉑ 때에 내가 아하와강 가에서 금식을 선포하고 우리 하나님 앞에서 스스로 겸손하여 우리와 우리 어린것과 모든 소유를 위하여 평탄한 길을 그에게 간구하였으니,

㉒ 이는 우리가 전에 왕에게 고하기를, 우리 하나님의 손은 자기를 찾는 모든 자에게 선을 베푸시고 자기를 배반하는 모든 자에게는 권능과 진노를 베푸신다 하였으므로 길에서 적군을 막고 우리를 도울 보병과 마병을 왕에게 구하기를 부끄러워 하였음이라,

㉓ 그러므로 우리가 이를 위하여 금식하며 우리 하나님께 간구하였더니, 그 응낙하심을 입었느니라,

㉔ 그 때에 내가 제사장의 두목 중 십 이인 곧 세레뱌와 하사뱌와 그 형제 십인을 따로 세우고,

㉕ 그들에게 왕과 그의 모사들과 그의 방백들과 또 그곳에 있는 이스라엘 무리가 우리 하나님의 전을 위하여 드린 은과 금과 기물들을 달아서 주었으니,

㉖ 내가 달아서 저희 손에 준 것은 은이 육백 오십 달란트요, 은 기명이 일백 달란트요, 금이 일백 달란트며,

㉗ 또 금잔이 이십개라 중수는 일천 다릭이요, 또 아름답고 빛나 금 같이 보배로운 놋 그릇이 두개라,

㉘ 내가 저희에게 이르되, 너희는 여호와께 거룩한 자요, 이 그릇들도 거룩하고 그 은과 금은 너희 열조의 하나님께 즐거이 드린 예물이니,

㉙ 너희는 예루살렘 여호와의 전 골방에 이르러 제사장의 두목들과 레위 사람의 두목들과 이스라엘 족장 앞에서 이 그것들을 달기까지 삼가 지키라,

㉚ 이에 제사장들과 레위 사람들이 은과 금과 기명을 예루살렘 우리 하나님 전으로 가져가려 하여 그 무게대로 받으니라,

㉛ 정월 십 이일에 우리가 아하와강을 떠나 예루살렘으로 갈새, 우리 하나님의 손이 우리를 도우사 대적과 길에 매복한 자의 손에서 건지신지라,

㉜ 이에 예루살렘에 이르러 거기서 삼일을 유하고,

㉝ 제 사일에 우리 하나님 전에서 은과 금과 기명을 달아서 제사장 우리아의 아들 므레못의 손에 붙이니, 비느하스의 아들 엘르아살과 레위 사람 예수아의 아들 요사밧과 빈누이의 아들 노야다가 함께 있어,

㉞ 모든것을 다 계수하고 달아보고 그 무게를 당장에 책에 기록하였느니라,

㉟ 사로잡혔던 자의 자손 곧 이방에서 돌아온 자들이 이스라엘 하나님께 번제를 드렸는데, 이스라엘 전체를 위한 수송아지가 열 둘이요, 또 수양이 아흔 여섯이요, 어린양이 일흔 일곱이요, 또 속죄제의 수염소가 열 둘이니, 모두 여호와께 드린 번제물이라,

㊱ 무리가 또 왕의 조서를 왕의 관원과 간 서편 총독들에게 부치매, 저희가 하나님의 백성과 하나님의 전을 도왔느니라.

● 9장

① 이 일 후에 방백들이 내게 나아와 가로되, 이스라엘 백성과 제사장들과 레위 사람들이 이 땅 백성과 떠나지 아니하고, 가나안 사람과 헷 사람과 브리스 사람과 여부스 사람과 암몬 사람과 에집트 사람과 아모리 사람의 가증한 일을 행하여,

② 그들의 딸을 취하여 아내와 며느리를 삼아 거룩한 자손으로 이방 족속과 서로 섞이게 하는데 방백들과 두목들이 이 죄에 더욱 으뜸이 되었다, 하는지라,

③ 내가 이 일을 듣고 속옷과 겉옷을 찢고 머리털과 수염을 뜯으며 기가 막혀 앉으니,

④ 이에 이스라엘 하나님의 말씀을 인하여 떠는 자가 이 사로잡혔던 자의 죄를 인하여 다 내게로 모여 오더라, 내가 저녁 제사 드릴 때까지 기가 막혀 앉았더니,

⑤ 저녁 제사를 드릴 때에 내가 근심 중에 일어나서 속옷과 겉옷을 찢은대로 무릎을 꿇고 나의 하나님 여호와를 향하여 손을 들고,

⑥ 말하기를, 나의 하나님이여 내가 부끄러워 낯이 뜨뜻하여 감히 나의 하나님을 향하여 얼굴을 들지 못하오니, 이는 우리 죄악이 많아 정수리에 넘치고 우리 허물이 커서 하늘에 미침이니이다,

⑦ 우리의 열조 때로부터 오늘까지 죄가 심하매, 우리의 죄악으로 인하여 우리와 우리 왕들과 우리 제사장들을 열방 왕들의 손에 붙이사 칼에 죽으며 사로잡히며 노략을 당하며 얼굴을 부끄럽게 하심이 오늘날 같으니이다,

⑧ 이제 우리 하나님 여호와께서 우리에게 잠간 은혜를 베푸사 얼마를 남겨두어 피하게 하신 우리를 그 거룩한 처소에 박힌 못과 같게 하시고, 우리 눈을 밝히사, 우리로 종노릇 하는 중에서 조금 소성하게 하셨나이다,

⑨ 이는 우리가 비록 노예가 되었사오나 우리 하나님께서는 우리의 노예 생활 가운데서 우리를 버리지 아니하시고, 페르시아 왕들의 목전에서 우리에게 자비를 베푸사

어 우리를 소생시키시고 하나님의 전을 세우게 하시며 그 황폐하게 된 것들을 보수하게 하시고 유다와 예루살렘에 성벽을 주셨나이다,

⑩ 오 우리 하나님이시여, 이렇게 하신 후에도 우리가 주의 계명을 배반하였사오니, 이제 무슨 말씀을 하오리이까?

⑪ 전에 주께서 주의 종 선지자들로 명하여 이르시되, 너희가 가서 얻으려하는 땅은 더러운 땅이니, 이는 이방 백성들이 더럽고 가증한 일을 행하여 이 가에서 저 가까지 그 더러움으로 채웠음이라,

⑫ 그런즉, 너희 여자들을 저희 아들들에게 주지 말고, 저희 딸을 너희 아들을 위하여 데려오지 말며, 그들을 위하여 평강과 형통을 영영히 구하지 말라, 그리하면 너희가 왕성하여 그 땅의 아름다운 것을 먹으며 그 땅을 자손에게 유전하여 영원한 유업을 삼게 되리라, 하셨나이다,

⑬ 우리의 악한 행실과 큰 죄로 인하여 이 모든 일을 당하였사오니, 우리 하나님이 우리 죄악보다 형벌을 경하게 하시고 이만큼 백성을 남겨 주셨사오니,

⑭ 우리가 어찌 다시 주의 계명을 거역하고 이 가증한 일을 행하는 족속들과 인척 관계를 맺으리이까? 그리하오면 주께서 어찌 진노하사 우리를 멸하시고 남아 피할 자가 없도록 하시지 아니하시리이까? 이스라엘 하나님 여호와여 주는 의롭도소이다 우리가 남아 피한 것이 오늘날과 같사옵거늘 도리어 주께 범죄하였사오니, 이로 인하여 주 앞에 한 사람도 감히 서지 못하겠나이다.

● 10장

① 에스라가 하나님의 전 앞에 엎드려 울며 기도하며 죄를 자복할 때에 많은 백성이 심히 통곡하매, 이스라엘 중에서 백성의 남녀와 어린 아이의 큰 무리가 그 앞에 모인지라,

② 엘람 자손 중 여히엘의 아들 스가냐가 에스라에게 이르되, 우리가 우리 하나님께 범죄하여 이 땅 이방 여자를 취하여 아내를 삼았으나 이스라엘에게 오히려 소망이 있나니,

③ 곧 내 주의 교훈을 좇으며 우리 하나님의 명령을 떨며 준행하는 자의 의논을 좇아 이 모든 아내와 그 소생을 다 내어 보내기로 우리 하나님과 언약을 세우고 율법대로 행할 것이라,

④ 이는 당신의 주장할 일이니, 일어나소서, 우리가 도우리니, 힘써 행하소서, 하니,

⑤ 이에 에스라가 일어나 제사장들과 레위 사람들과 온 이스라엘에게 이 말대로 행하기를 맹세하게 하매, 무리가 맹세하는지라,

⑥ 이에 에스라가 하나님의 전 앞에서 일어나 엘리아십의 아들 여호하난의 방으로 들어가니라, 저가 들어가서 사로잡혔던 자의 죄를 근심하여 떡도 먹지 아니하며 물도 마시지 아니하더니,

⑦ 유다와 예루살렘의 사로잡혔던 자의 자손들에게 공포하기를 너희는 예루살렘으로 모이라,

⑧ 누구든지 방백들과 장로들의 훈시를 좇아 삼일 내에 오지 아니하면 그 재산을 적몰하고 사로잡혔던 자의 회에서 쫓아 내리라, 하매,

⑨ 유다와 베냐민 모든 사람이 삼일 내에 예루살렘에 모이니, 때는 구월 이십일이라 무리가 하나님의 전앞 광장에서 앉아서 이 일과 큰 비를 인하여 떨더니,

⑩ 제사장 에스라가 일어나서 저희에게 이르되, 너희가 범죄하여 이방 여자로 아내를 삼아 이스라엘의 죄를 더하게 하였으니,

⑪ 이제 너희 열조의 하나님 앞에서 죄를 자복하고 그 뜻대로 행하여 이 땅 족속들과 이방 여인을 끊어 버리라,

⑫ 회 무리가 큰 소리로 대답하여 가로되, 당신의 말씀대로 우리가 마땅히 행할 것이니이다,

⑬ 그러나 백성이 많고 또 큰 비가 내리는 때니 능히 밖에 서지 못할 것이요, 우리가 이 일로 크게 범죄하였은즉 하루 이틀에 할 일이 아니오니,

⑭ 이제 온 회중을 위하여 우리 방백들을 세우고 우리 모든 성읍에 이방 여자에게 장가든 자는 다 기한에 본성 장로들과 재판장과 함께 오게 하여 우리 하나님의 이 일로 인하신 진노가 우리에게 떠나게 하소서, 하나,

⑮ 오직 아사헬의 아들 요나단과 디과의 아들 야스야가 일어나 그 일을 반대하고 므술람과 레위 사람 삽브대가 저희를 돕더라,

⑯ 사로잡혔던 자의 자손이 그대로 한지라, 제사장 에스라가 그 종족을 따라 각기 지명된 족장 몇 사람을 위임하고 시월 초하루에 앉아 그 일을 조사하여,

⑰ 정월 초하루에 이르러 이방 여인을 취한 자의 일 조사하기를 마치니라,

⑱ 제사장의 무리 중에 이방 여인을 취한 자는 예수아 자손 중 요사닥의 아들과 그 형제 마아세야와 엘리에셀과 야립과 그달랴라,

⑲ 저희가 다 손을 잡아 맹세하여 그 아내를 보내기로 하고 또 그 죄를 인하여 수양 하

나를 속건제로 드렸으며,

⑳ 또 임멜 자손 중에는 하나니와 스바댜요,

㉑ 하림 자손 중에는 마아세야와 엘리야와 스마야와 여히엘과 웃시야요,

㉒ 바스훌 자손 중에는 엘료에내와 마아세야와 이스마엘과 느다넬과 요사밧과 엘라사였더라,

㉓ 레위 사람 중에는 요사밧과 시므이와 글라야라 하는 글리디와 브다히야와 유다와 엘리에셀이었더라,

㉔ 노래 하는 자 중에는 엘리아십이요, 문지기 중에는 살룸과 델렘과 우리였더라,

㉕ 이스라엘 중에는 바로스 자손 중 라먀와 잇시야와 말기야와 미야민과 엘르아살과 말기야와 브나야요,

㉖ 엘람 자손 중 맛다냐와 스가랴와 여히엘과 압디와 여레못과 엘리야요,

㉗ 삿두 자손 중 엘료에내와 엘리아십과 맛다냐와 여레못과 사밧과 아시사요,

㉘ 베배 자손 중 여호하난과 하나냐와 삽배와 아들래요,

㉙ 바니 자손 중 므술람과 말룩과 아다야와 야숩과 스알과 여레못이요,

㉚ 바핫모압 자손 중 앗나와 글랄과 브나야와 마아세야와 맛다냐와 브살렐과 빈누이와 므낫세요,

㉛ 하림 자손 중 엘리에셀과 잇시야와 말기야와 스마야와 시므온과,

㉜ 베냐민과 말룩과 스마랴요,

㉝ 하숨 자손 중 맛드내와 맛다다와 사밧과 엘리벨렛과 여레매와 므낫세와 시므이요,

㉞ 바니 자손 중 마아대와 아므람과 우엘과,

㉟ 브나야와 베드야와 글루히와,

㊱ 와냐와 므레못과 에랴십과,

㊲ 맛다냐와 맛드내와 여아수와,

㊳ 바니와 빈누이와 시므이와,

㊴ 셀레먀와 나단과 아다야와,

㊵ 막나드배와 사새와 사래와,

㊶ 아사렐과 셀레먀와 스마랴와,

㊷ 살룸과 아마랴와 요셉이요,

㊸ 느보 자손 중 여이엘과 맛디디야와 사밧과 스비내와 잇도와 요엘과 브나야더라,

㊹ 이상은 모두 이방 여인을 취한 자라 그 중에 자녀를 낳은 여인도 있었더라.

느헤미야

· 본 성경듣기는 QR코드 인식으로 들을 수 있습니다

● 1장

① 하가랴의 아들 느헤미야의 말들이라, 아닥사스다 왕 제 이년에 기슬르월에 내가 수산 궁에 있을 때의 일이라,,

② 나의 한 형제 중 하나가 두어 사람과 함께 유다에서 왔기에, 도피해 사로잡혀 가는 것을 면한 유대 유대 사람들과 예루살렘에 관하여 내가 그들에게 물었더니,

③ 그들이 내게 말하기를, 포로로 잡혀가는 것을 면하고 남아있는 자들이 그 지방에서 큰 고난과 능욕을 받고 있으며, 예루살렘의 성벽도 허물어졌고, 그 성문들은 불타버렸나이다, 하니라,

④ 내가 이 말을 듣고 앉아서 울고 수일 동안 슬퍼하며 하늘의 하나님 앞에 금식하며 기도하여,

⑤ 말씀드리기를, 오 하늘의 하나님 여호와여, 크고 두려우신 하나님이여, 주를 사랑하고 주의 계명을 지키는 자에게 언약을 지키시고 긍휼을 베푸시는 주께 간구하나이다,

⑥ 이제 종이 주의 종 이스라엘 자손을 위하여 주야로 기도하오며, 이스라엘 자손의 주 앞에 범죄함을 자복하오니, 주는 귀를 기울이시고 눈을 여시사 종의 기도를 들으시옵소서, 나와 나의 아비 집이 범죄하여,

⑦ 주를 향하여 심히 악을 행하여 주의 종 모세에게 주께서 명하신 계명과 율례와 규례를 지키지 아니하였나이다,

⑧ 옛적에 주께서 주의 종 모세에게 명하여 가라사대, 만일 너희가 범죄하면 내가 너희를 열국 중에 흩을 것이요,

⑨ 만일 내게로 돌아와서 내 계명을 지켜 행하면 너희 쫓긴 자가 하늘 끝에 있을지라

도 내가 거기서부터 모아 내 이름을 두려고 택한 곳에 돌아오게 하리라, 하신 말씀을, 이제 청컨대 기억하옵소서,

⑩ 이들은 주께서 일찍 큰 권능과 강한 손으로 구속하신 주의 종이요, 주의 백성이니이다,

⑪ 오 여호와시여, 이 당신의 종들의 기도와 당신의 이름을 경외하며 기뻐하는 종들의 기도에 귀를 기울여 주옵소서, 그리하여 이 사람 앞에 은혜를 주사 당신의 종이 잘 되게 하옵소서, 나는 왕의 술 관원이었나이다.

● 2장

① 아닥사스다 왕 이십년 니산월에 왕의 앞에 술이 있기로, 내가 들어 왕에게 드렸는데, 이 전에는 내가 왕의 앞에서 근심이 없었더니,

② 왕이 내게 이르시되, 네가 병이 없거늘 어찌하여 얼굴에 근심색이 있느냐? 이는 필연 네 마음에 근심이 있음이로다, 그 때에 내가 크게 두려워하여,

③ 왕께 대답하되, 왕은 만세수를 하옵소서, 나의 열조의 묘실 있는 성읍이 이제까지 황무하고 성문이 소화되었사오니, 내가 어찌 얼굴에 근심이 없사오리이까? 하매,

④ 왕이 내게 이르시되, 그러면 네가 무엇을 원하느냐? 하시기로, 내가 곧 하늘의 하나님께 묵도하고,

⑤ 왕에게 고하되, 왕이 만일 즐겨하시고 종이 왕의 목전에서 은혜를 얻었사오면, 나를 유다 땅 나의 열조의 묘실 있는 성읍에 보내어 그 성을 중건하게 하옵소서, 하였는데,

⑥ 그 때에 왕후도 왕의 곁에 앉았더라, 왕이 내게 이르시되, 네가 몇날에 행할 길이며 어느 때에 돌아 오겠느냐? 하고, 왕이 나를 보내기를 즐겨하시기로 내가 기한을 정하고,

⑦ 내가 또 왕에게 아뢰되, 왕이 만일 즐겨하시거든 강 서편 총독들에게 내리시는 조서를 내게 주사 저희로 나를 용납하여 유다까지 통과하게 하시고,

⑧ 또 왕의 삼림 감독 아삽에게 조서를 내리사, 저로 전에 속한 영문의 문과 성곽과 나의 거할 집을 위하여 들보 재목을 주게 하옵소서, 하매, 내 하나님의 선한 손이 나를 도우심으로 왕이 허락하고,

⑨ 군대 장관과 마병을 보내어 나와 함께하게 하시기로, 내가 강 서편에 있는 총독들에게 이르러 왕의 조서를 전하였더니,

⑩ 호른 사람 산발랏과 종 되었던 암몬 사람 도비야가 이스라엘 자손을 흥왕케 하려는 사람이 왔다 함을 듣고 심히 근심하더라,

⑪ 내가 예루살렘에 이르러 거한지 삼일에,

⑫ 내 하나님이 내 마음을 감화하사, 예루살렘을 위하여 행하게 하신 일을 내가 아무 사람에게도 말하지 아니하고 밤에 일어나 두어 사람과 함께 나갈새 내가 탄 짐승 외에는 다른 짐승이 없더라,

⑬ 그 밤에 골짜기 문으로 나가서 용정으로 분문에 이르는 동안에 보니 예루살렘 성벽이 다 무너졌고 성문은 소화되었더라,

⑭ 앞으로 행하여 샘문과 왕의 못에 이르르니 탄 짐승이 지나갈 곳이 없는지라,

⑮ 그 밤에 시내를 좇아 올라가서 성벽을 살펴 본 후에 돌이켜 골짜기 문으로 들어와서 돌아 왔으나,

⑯ 방백들은 내가 어디 갔었으며 무엇을 하였는지 알지 못하였고, 나도 그 일을 유다 사람들에게나 제사장들에게나 귀인들에게나 방백들에게나 그 외에 일하는 자들에게 고하지 아니하다가,

⑰ 후에 저희에게 이르기를 우리의 당한 곤경은 너희도 목도하는바라 예루살렘이 황무하고 성문이 소화되었으니 자 예루살렘성을 중건하여 다시 수치를 받지 말자 하고,

⑱ 또 저희에게 하나님의 선한 손이 나를 도우신 일과 왕이 내게 이른 말씀을 고하였더니, 저희의 말이 일어나 건축하자 하고 모두 힘을 내어 이 선한 일을 하려 하매,

⑲ 호른 사람 산발랏과 종이 되었던 암몬 사람 도비야와 아람 사람 게셈이 이 말을 듣고 우리를 업신여기고 비웃어 가로되, 너희의 하는 일이 무었이냐 왕을 배반코저 하느냐? 하기로,

⑳ 내가 대답하여 가로되 하늘의 하나님이 우리로 형통케 하시리니, 그의 종 우리가 일어나 건축하려니와 오직 너희는 예루살렘에서 아무 기업도 없고 권리도 없고 명목도 없다 하였느니라.

● 3장

① 때에 대제사장 엘리아십이 그 형제 제사장들과 함께 일어나 양문을 건축하여 성별하고 문짝을 달고 ,또 성벽을 건축하여 함메야 망대에서부터 하나넬 망대까지 성별하였고,

② 그 다음은 여리고 사람들이 건축하였고 또 그 다음은 이므리의 아들 삭굴이 건축하였으며,

③ 어문은 하스나아의 자손들이 건축하여 그 들보를 얹고 문짝을 달고 자물쇠와 빗장을 갖추었고,

④ 그 다음은 학고스의 손자 우리아의 아들 므레못이 중수하였고, 그 다음은 므세사벨의 손자 베레갸의 아들 므술람이 중수하였고 그 다음은 바아나의 아들 사독이 중수하였고,

⑤ 그 다음은 드고아 사람들이 중수하였으나 그 귀족들은 그 주의 역사에 담부치 아니하였으며,

⑥ 옛 문은 바세아의 아들 요야다와 브소드야의 아들 므술람이 중수하여 그 들보를 얹고 문짝을 달고 자물쇠와 빗장을 갖추었고,

⑦ 그 다음은 기브온 사람 믈라댜와 메로롯 사람 야돈이 강 서편 총독의 관할에 속한 기브온 사람들과 미스바 사람들로 더불어 중수하였고,

⑧ 그 다음은 금장색 할해야의 아들 웃시엘 등이 중수하였고 그 다음은 향품 장사 하나냐 등이 중수하되 저희가 예루살렘 넓은 성벽까지 하였고,

⑨ 그 다음은 예루살렘 지방 절반을 다스리는 자 후르의 아들 르바야가 중수하였고,

⑩ 하루맙의 아들 여다야는 자기 집과 마주 대한 곳을 중수하였고, 그 다음은 하삽느야의 아들 핫두스가 중수하였고,

⑪ 하림의 아들 말기야와 바핫 모압의 아들 핫숩이 한 부분과 풀무 망대를 중수하였고,

⑫ 그 다음은 예루살렘 지방 절반을 다스리는 자 할로헤스의 아들 살룸과 그 딸들이 중수하였고,

⑬ 골짜기 문은 하눈과 사노아 거민이 중수하여 문을 세우며 문짝을 달과 자물쇠와 빗장을 갖추고 또 분문까지 성벽 일천 규빗을 중수하였고,

⑭ 분문은 벧학게렘 지방을 다스리는 레갑의 아들 말기야가 중수하여 문을 세우며 문짝을 달고 자물쇠와 빗장을 갖추었고,

⑮ 샘문은 미스바 지방을 다스리는 골호세의 아들 살룬이 중수하여 문을 세우고 덮으며 문짝을 달며 자물쇠와 빗장을 갖추고 또 왕의 동산 근처 셀라 못 가의 성벽을 중수하여 다윗성에서 내려오는 층계까지 이르렀고,

⑯ 그 다음은 벧술 지방 절반을 다스리는 자 아스북의 아들 느헤미야가 중수하여 다

윗의 묘실과 마주 대한 곳에 이르고 또 파서 만든 못을 지나 용사의 집까지 이르렀고,

⑰ 그 다음은 레위 사람 바니의 아들 르훔이 중수하였고 그 다음은 그일라 지방 절반을 다스리는 자 하사뱌가 그 지방을 대표하여 중수하였고,

⑱ 그 다음은 그 형제 그일라 지방 절반을 다스리는 자 헤나닷의 아들 바왜가 중수하였고,

⑲ 그 다음은 미스바를 다스리는 자 예수아의 아들 에셀이 한 부분을 중수하여 성 굽이에 있는 군기고 맞은편까지 이르렀고,

⑳ 그 다음은 삽베의 아들 바룩이 한 부분을 힘써 중수하여 성 굽이에서부터 대제사장 엘리아십의 문에,

㉑ 그 다음은 학고스의 손자 우리야의 아들 므레못이 한 부분을 중수하여 엘이아십의 집 문에서부터 엘리아십 집 모퉁이에 이르렀고,

㉒ 그 다음은 평지에 사는 제사장들이 중수하였고,

㉓ 그 다음은 베냐민과 핫숩이 자기 집 맞은편 부분을 중수하였고,

㉔ 그 다음은 헤나닷의 아들 빈누이가 한 부분을 중수하되 아사랴의 집에서부터 성 굽이를 지나 성 모퉁이에 이르렀고,

㉕ 우새의 아들 발랄은 성 굽이 맞은편과 왕의 윗 궁에서 내어민 망대 맞은편 곧 시위청에서 가까운 부분을 중수하였고 그 다음은 바로스이 아들 브다야가 중수하였고,

㉖ (때에 느디님 사람은 오벨에 거하여 동편 수문과 마주 대한 곳에서부터 내어민 망대가지 미쳤느니라)

㉗ 그 다음은 드고아 사람들이 한 부분을 중수하여 내어민 큰 망대와 마주 대한 곳에서부터 오벨 성벽까지 이르렀느니라,

㉘ 마문 위로부터는 제사장들이 각각 자기 집과 마주 대한 부분을 중수하였고,

㉙ 그 다음은 임멜의 아들 사독이 자기 집과 마주 대한 부분을 중수하였고 그 다음은 동문지기 스가냐의 아들 스마야가 중수하였고,

㉚ 그 다음은 셀레먀의 아들 하나냐와 살랍의 여섯째 아들 하눈이 한 부분을 중수하였고,

㉛ 그 다음은 금장색 말기야가 함밉갓과 문과 마주 대한 부분을 중수하여 느디님 사람과 상고들의 집에서부터 성 모퉁이 누에 이르렀고,

㉜ 성 모퉁이 누에서 양문까지는 금장색과 상고들이 중수하였느니라,

● 4장

① 산발랏이 우리가 성을 건축한다 함을 듣고 크게 분노하여 유다 사람을 비웃으며,

② 자기 형제들과 사마리아 군대 앞에서 말하여 가로되 이 미약한 유다 사람들의 하는 일이 무엇인가 스스로 견고케 하려는가 제사를 드리려는가 하루에 필역하려는가 소화된 돌을 흙무더기에서 다시 일으키려는가 하고,

③ 암몬 사람 도비야는 곁에 섰다가 가로되, 저들의 건축하는 성벽은 여우가 올라가도 곧 무너지리라 하더라,

④ 우리 하나님이여 들으시옵소서 우리가 업신여김을 당하나이다, 원컨대, 저희의 욕하는 것으로 자기의 머리에 돌리사 노략거리가 되어 이방에 사로잡히게 하시고,

⑤ 주의 앞에서 그 악을 덮어 두지 마옵시며 그 죄를 도말하지 마옵소서, 저희가 건축하는 자 앞에서 주의 노를 격동하였음이니이다, 하고,

⑥ 이에 우리가 성을 건축하여 전부가 연락되고 고가 절반에 미쳤으니, 이는 백성이 마음들여 역사하였음이니라,

⑦ 산발랏과 도비야와 아라비아 사람들과 암몬 사람들과 아스돗 사람들이 예루살렘 성이 중수되어 그 퇴락한 곳이 수보되어 간다 함을 듣고 심히 분하여,

⑧ 다 함께 꾀하기를 예루살렘으로 가서 쳐서 요란하게 하자, 하기로,

⑨ 우리가 우리 하나님께 기도하며 저희를 인하여 파숫군을 두어 주야로 방비하는데,

⑩ 유다 사람들은 이르기를, 흙 무더기가 아직도 많거늘 담부하는 자의 힘이 쇠하였으니, 우리가 성을 건축하지 못하리라, 하고,

⑪ 우리의 대적은 이르기를, 저희가 알지 못하고 보지 못하는 사이에 우리가 저희 중에 달려 들어가서 살륙하여 역사를 그치게 하리라, 하고,

⑫ 그 대적의 근처에 거하는 유다 사람들도 그 각처에서 와서 열 번이나 우리에게 고하기를, 너희가 우리에게로 와야 하리라, 하기로,

⑬ 내가 성 뒤 낮고 넓은 곳에 백성으로 그 종족을 따라 칼과 창과 활을 가지고 서게 하고,

⑭ 내가 돌아본 후에 일어나서 귀인들과 민장과 남은 백성에게 고하기를, 너희는 저희를 두려워 말고 지극히 크시고 두려우신 주를 기억하고 너희 형제와 자녀와 아내와 집을 위하여 싸우라, 하였었느니라,

⑮ 우리의 대적이 자기의 뜻을 우리가 알았다 함을 들으니라, 하나님이 저희의 꾀를 폐하셨으므로 우리가 다 성에 돌아와서 각각 역사하였는데,

⑯ 그 때로부터 내 종자의 절반은 역사하고 절반은 갑옷을 입고 창과 방패와 활을 가졌고 치리자들 유다 온 족속의 뒤에 있었으며,

⑰ 성을 건축하는 자와 짐을 지우는 자들과 나르는 자들은 각각 한 손으로 일을 하며 한 손에는 병기를 잡았는데,

⑱ 건축하는 자는 각각 칼을 차고 건축하며 나팔 부는 자는 내 곁에 섰었느니라,

⑲ 내가 귀인들과 치리자들과 남은 백성에게 이르기를, 이 역사는 크고 넓으므로 우리가 성에서 나뉘어져 서로 떨어져 있으니,

⑳ 너희가 무론 어디서든지 나팔 소리를 듣거든 그리로 모여서 우리에게로 나아오라, 우리 하나님이 우리를 위하여 싸우시리라, 하였느니라,

㉑ 우리가 이같이 역사하는데 무리의 절반은 동틀 때부터 별이 나기까지 창을 잡았었으며,

㉒ 그 때에 내가 또 백성에게 고하기를, 사람마다 그 종자와 함께 예루살렘 안에서 잘 지니 밤에는 우리를 위하여 파수하겠고, 낮에는 역사하리라, 하고,

㉓ 내가 내 형제들이나 종자들이나 나를 좇아 파수하는 사람들이나 다 그 옷을 벗지 아니하였으며 물을 길으러 갈 때에도 기계를 잡았었느니라.

● 5장

① 때에 백성이 그 아내와 함께 크게 부르짖어 그 형제 유다 사람을 원망하는데,

② 어떤 이들은 말하기를, 우리와 우리 자녀가 많으니 곡식을 얻어 먹고 살아야 하겠다, 하고,

③ 어떤 이들은 말하기를, 우리의 밭과 포도원과 집이라도 전당 잡히고 이 흉년을 위하여 곡식을 얻자 하고,

④ 어떤 이들은 말하기를, 우리는 밭과 포도원으로 돈을 빚내어 세금을 바쳤도다,

⑤ 우리 육체도 우리 형제의 육체와 같고, 우리 자녀도 저희 자녀 같거늘, 이제 우리 자녀를 종으로 파는도다, 우리 딸 중에 벌써 종된 자가 있으나 우리의 밭과 포돈원이 이미 남의 것이 되었으니, 속량할 힘이 없도다,

⑥ 내가 백성의 부르짖음과 이런 말을 듣고 크게 노하여,

⑦ 중심에 계획하고 귀인과 민장을 꾸짖어 이르기를, 너희가 각기 형제에게 엄격한 이자를 얻는도다, 하고, 큰 집회를 열어 그들을 책망하여,

⑧ 그들에게 말하기를, 우리는 이방인의 손에 팔린 우리 형제 유다 사람들을 우리의

힘을 다하여 속량하였거늘, 너희는 너희 형제를 팔고자 하느냐? 하매, 저희가 잠잠하여 말이 없기로,

⑨ 내가 또 이르기를, 너희의 소위가 좋지 못하도다, 우리 대적 이방 사람의 비방을 생각하고 우리 하나님을 경외함에 행할 것이 아니냐?

⑩ 나와 내 형제와 종자들도 역시 돈과 곡식을 백성에게 취하여 주나니, 우리가 그 이식 받기를 그치자,

⑪ 그러즉, 너희는 오늘이라도 그 밭과 포도원과 감람원과 집이며 취한바 돈이나 곡식이나 새 포도주나 기름의 백분지 일을 돌려 보내라, 하였더니,

⑫ 저희가 말하기를, 우리가 당신의 말씀대로 행하여 돌려 보내고, 아무 것도 요구하지 아니하리이다, 하기로, 내가 제사장들을 불러 저희에게 그 말대로 행하리라는 맹세를 시키게 하고,

⑬ 내가 옷자락을 떨치며 이르기를, 이 말대로 행치아니하는 자는 하나님이 또한 이와 같이 그 집과 산업에서 떨치실지니, 저는 곧 이렇게 떨쳐져 빌지로다, 하매, 회중이 다 아멘, 하고 여호와를 찬송하고 백성들이 그 말한대로 행하였느니라,

⑭ 내가 유다 땅 총독으로 세움을 받을 때 곧 아닥사스다 왕 이십년부터 삼십 이년까지 십 이년 동안은 나와 내 형제가 총독의 녹을 먹지 아니하였느니라,

⑮ 이전 총독들은 백성에게 토색하여 양식과 포도주와 또 은 사십 세겔을 취하였고, 그 종자들도 백성을 압제하였으나 나는 하나님을 경외하므로 이같이 행치 아니하고,

⑯ 도리어 이 성 역사에 힘을 다하며 땅을 사지 아니하였고, 나의 모든 종자도 모여서 역사를 하였으며,

⑰ 또 내 상에는 유다 사람들과 민장들 일백 오십인이 있고, 그 외에도 우리 사면 이방인 중에서 우리에게 나아온 자들이 있었는데,

⑱ 매일 나를 위하여 소 하나와 살진 양 여섯을 준비하며 닭도 많이 준비하고 열흘에 한번씩은 각종 포도주를 갖추었나니, 비록 이같이 하였을지라도 내가 총독의 녹을 요구하지 아니하였음은 백성의 부역이 중함이니라,

⑲ 내 하나님이여, 내가 이 백성을 위하여 행한 모든 일을 생각하시고 내게 은혜를 베푸시옵소서.

● 6장

① 이제 산발랏과 도비야와 아라비아 사람 게셈과 그 나머지 우리의 대적이 내가 성

을 건축하여 그 퇴락한 곳을 남기지 아니하였다, 함을 들었는데, 내가 아직 성문에 문짝을 달지 못한 때라,

② 산발랏과 게셈이 내게 보내어 이르기를, 오라, 우리가 오노 평지 한 촌에서 서로 만나자 하니, 실상은 나를 해코자 함이라,

③ 내가 곧 저희에게 사자를 보내어 이르기를, 이제 큰 역사를 하니 내려가지 못하겠노라, 어찌하여 역사를 떠나 정지하게 하고 너희에게로 내려 가겠느냐? 하매,

④ 저희가 네번이나 이같이 내게 보내되, 나는 여전히 대답하였더니,

⑤ 산발랏이 다섯번째는 그 종자의 손에 봉하지 않은 편지를 들려 내게 보내었는데,

⑥ 그 글에 이르기를 ,이방 중에도 소문이 있고 가스무도 말하기를, 네가 유다 사람들로 더불어 모반하려 하여 성을 건축한다 하나니, 네가 그 말과 같이 왕이 되려 하는도다,

⑦ 또 네가 선지자를 세워 예루살렘에서 너를 들어 선전하기를, 유다에 왕이 있다, 하게 하였으니, 이 말이 왕에게 들릴지라, 그런즉 너는 이제 오라, 함께 의논하자 하였기로,

⑧ 내가 보내어 저에게 이르기를, 너의 말한바 이런 일은 없는 일이요, 네 마음에서 지어낸 것이라 하였나니,

⑨ 이는 저희가 다 우리를 두렵게 하고자 하여 말하기를, 저희 손이 피곤하여 역사를 정지하고 이루지 못하리라, 함이라, 이제 내 선을 힘있게 하옵소서, 하였노라,

⑩ 이 후에 므헤다벨의 손자 들라야의 아들 스마야가 두문불출하기로 내가 그집에 가니, 저가 이르기를 저희가 너를 죽이러 올 터이니, 우리가 하나님의 전으로 가서 외소 안에 있고 그 문을 닫자 저희가 필연 밤에 와서 너를 죽이리라, 하기로,

⑪ 내가 이르기를, 나 같은 자가 어찌 도망하여 나 같은 몸이면 누가 외소에 들어가서 생명을 보존하겠느냐? 나는 들어가지 않겠노라, 하고,

⑫ 깨달은즉, 저는 하나님의 보내신바가 아니라, 도비야와 산발랏에게 뇌물을 받고 내게 이런 예언을 함이라

⑬ 저희가 뇌물을 준 까닭은 나를 두렵게 하고 이렇게 함으로 범죄하게 하고 악한 말을 지어 나를 비방하려 함이었느니라,

⑭ 내 하나님이여 도비야와 산발랏과 여선지 노야다와 그 남은 선지자들 무릇 나를 두렵게 하고자 한 자의 소위를 기억하옵소서, 하였노라,

⑮ 성 역사가 오십 이일만에 엘룰월 이십 오일에 끝나매,

⑯ 우리 모든 대적과 사면 이방 사람들이 이를 듣고 다 두려워하여 스스로 낙담하였으니, 이는 이 역사를 우리 하나님이 이루신 것을 앎이니라.

⑰ 그때에 유다 귀인들이 여러 번 도비야에게 편지하였고, 도비야의 편지도 저희에게 이르렀으니,

⑱ 도비야는 아라의 아들 스가냐의 사위가 되었고, 도비야의 아들 여호하난도 베레갸의 아들 므술람의 딸을 취하였으므로 유다에서 저와 동맹한 자가 많음이라,

⑲ 저희들이 도비야의 선행을 내 앞에 말하고, 또 나의 말도 저에게 전하매, 도비야가 항상 내게 편지하여 나를 두렵게 하고자 하였느니라.

● 7장

① 성이 건축되매 문짝을 달고 문지기와 노래하는 자들과 레위 사람들을 세운 후에,

② 내 아우 하나니와 영문의 관원 하나냐로 함께 예루살렘을 다스리게 하였는데, 하나냐는 위인이 충성되어 하나님을 경외함이 무리에서 뛰어난 자라.

③ 내가 저희에게 이르기를, 해가 높이뜨기 전에는 예루살렘 성문을 열지 말고 아직 파수할 때에 곧 문을 닫고 빗장을 지르며 또 예루살렘 거민으로 각각 반차를 따라 파수하되 자기 집 맞은편을 지키게 하라, 하였노니,

④ 그 성은 광대하고 거민은 희소하여 가옥을 오히려 건축하지 못하였음이라.

⑤ 내 하나님이 내 마음을 감동하사 귀인들과 민장과 백성을 모아 그 보계대로 계수하게 하신고로 내가 처음으로 돌어온 자의 보계를 얻었는데 거기 기록한 것을 보면,

⑥ 옛적에 바벨론왕 느부갓네살에게 사로잡혀 갔던 자 중에서 놓임을 받고 예루살렘과 유다로 돌아와 각기 본성에 이른 자, 곧,

⑦ 스룹바벨과 예수아와 느헤미야와 아사랴와 라아마와 모르드개와 빌산과 미스베렛과 비그왜와 느훔과 바아나 등과 함께 나온 이스라엘 백성의 명수가 이러하니라.

⑧ 바로스 자손이 이천 일백 칠십 이명이요,

⑨ 스바댜 자손이 삼백 칠십 이명이요,

⑩ 아라 자손이 육백 오십 이명이요,

⑪ 바핫모압 자손 곧 예수아와 요압 자손이 이천 팔백 십 팔명이요,

⑫ 엘람 자손이 일천 이백 오십 사명이요,

⑬ 삿두 자손이 팔백 사십 오명이요,

⑭ 삭개 자손이 칠백 육십 명이요,

⑮ 빈누이 자손이 육백 사십 팔명이요,

⑯ 브배 자손이 육백 이십 팔명이요,

⑰ 아스갓 자손이 이천 삼백 이십 이명이요,

⑱ 아도니감 자손이 육백 육십 칠명이요,

⑲ 비그왜 자손이 이천 육백 칠명이요,

⑳ 아딘 자손이 육백 오십 오명이요,

㉑ 아델 자손 곧 히스기야 자손이 구십 팔명이요,

㉒ 하숨 자손이 삼백 이십 팔명이요,

㉓ 베새 자손이 삼백 이십 사명이요,

㉔ 하립 자손이 일백 십 이명이요,

㉕ 기브온 사람이 구십 오명이요,

㉖ 베들레헴과 느도바 사람이 일백 팔십 팔명이요,

㉗ 아나돗 사람이 일백 이십 팔명이요,

㉘ 벧아스마웻 사람이 사십 이명이요,

㉙ 기럇여아림과 그비라와 브에롯 사람이 칠백 사십 삼명이요,

㉚ 라마와 게바 사람이 육백 이십 일명이요,

㉛ 믹마스 사람이 일백 이십 이명이요,

㉜ 벧엘과 아이 사람이 일백 이십 삼명이요,

㉝ 기타 느보 사람이 오십 이명이요,

㉞ 기타 엘람 자손이 일천 이백 오십 사명이요,

㉟ 하림 자손이 삼백 이십명이요,

㊱ 여리고 자손이 삼백 사십 오명이요,

㊲ 로드와 하딧과 오노 자손이 칠백 이십 일명이요,

㊳ 스나아 자손이 삼천 구백 삼십명이었느니라,

㊴ 제사장들은 예수아의 집 여다야 자손이 구백 칠십 삼명이요,

㊵ 임멜 자손이 일천 오십 이명이요,

㊶ 바스훌 자손이 일천 이백 사십 칠명이요,

㊷ 하림 자손이 일천 십 칠명이었느니라,

㊸ 레위 사람들은 호드야 자손 곧 예수아와 갓미엘 자손이 칠십 사명이요,

㊹ 노래하는 자들은 아삽 자손이 일백 사십 팔명이요,
㊺ 문지기들은 살룸 자손과 아델 자손과 담문 자손과 악굽 자손과 하디다 자손과 소배 자손이 모두 일백 삼십 팔명이었느니라,
㊻ 느디님 사람들은 시하 자손과 하수바 자손과 담바옷 자손과,
㊼ 게로스 자손과 시아 자손과 바돈 자손과 르바나 자손과,
㊽ 하가바 자손과 살매 자손과,
㊾ 하난 자손과 깃델 자손과 가할 자손과,
㊿ 르아야 자손과 르신 자손과 느고다 자손과,
(51) 갓삼 자손과 웃사 자손과 바세아 자손과,
(52) 베새 자손과 므우님 자손과 느비스심 자손과,
(53) 박북 자손과 하그바 자손과 할훌 자손과,
(54) 바슬릿 자손과 므히다 자손과 하르사 자손과,
(55) 바르고스 자손과 시스라 자손과 데마 자손과,
(56) 느시야 자손과 하디바 자손이었느니라,
(57) 솔로몬의 신복의 자손은 소대 자손과 소베렛 자손과 브리다 자손과,
(58) 아얄라 자손과 다르곤 자손과 깃델 자손과,
(59) 스바댜 자손과 핫딜 자손과 보게렛하스바임 자손과 아몬 자손이니,
(60) 모든 느디님 사람과 솔로몬의 신복의 자손이 삼백 구십 이명이었느니라,
(61) 델멜라와 델하르사와 그룹과 앗돈과 임멜로부터 올라온 자가 있으나 그 종족과 보계가 이스라엘에 속하였는지는 증거할 수 없으니,
(62) 저희는 들라야 자손과 도비야 자손과 느고다 자손이라 도합이 육백 사십 이명이요,
(63) 제사장 중에는 호바야 자손과 학고스 자손과 바르실래 자손이니, 바르실래는 길르앗 사람 바르실래의 딸 중에 하나로 아내를 삼고 바르실래의 이름으로 이름한 자라,
(64) 이 사람들이 보계 중에서 자기 이름을 찾아도 얻지 못한고로 저희를 부정하게 여겨 제사장의 직분을 행치 못하게 하고,
(65) 방백이 저희에게 명하여 우림과 둠밈을 가진 제사장이 일어나기 전에는 지성물을 먹지 말라 하였느니라,
(66) 온 회중의 합계가 사만 이천 삼백 육십명이요,

(67) 그 외에 노비가 칠천 삼백 삼십 칠명이요 노래하는 남녀가 이백 사십 오명이요,
(68) 말이 칠백 삼십 륙이요 노새가 이백 사십 오요,
(69) 약대가 사백 삼십 오요 나귀가 육천 칠백 이십이었느니라,
(70) 어떤 족장들은 역사를 위하여 보조하였고 방백은 금 일천 다릭과 대접 오십과 제
사장의 의복 오백 삼십 벌을 보물 곳간에 드렸고,
(71) 또 어떤 족장들은 금 이만 다릭과 은 이천 이백 마네를 역사 곳간에 드렸고,
(72) 그 나머지 백성은 금 이만 다릭과 은 이천 마네와 제사장의 의복 육십 칠벌을 드렸
느니라,
(73) 이와 같이 제사장들과 레위 사람들과 문지기들과 노래하는 자들과 백성 몇명과 느
디님 사람들과 온이스라엘이 다 그 본성에 거하였느니라.

• 8장

① 이스라엘 자손이 그 본성에 거하였더니, 칠월에 이르러서는 모든 백성이 일제히 수문 앞 광장에 모여 학사 에스라에게 여호와께서 이스라엘에게 명하신 모세의 율법책을 가지고 오기를 청하매,
② 칠월 일일에 제사장 에스라가 율법책을 가지고 남자 여자 무릇 알아 들을만한 회중 앞에 이르러,
③ 수문 앞 광장에서 새벽부터 오정까지 남자 여자 무릇 알아 들을만한 자의 앞에서 읽으매, 뭇백성이 그 율법책에 귀를 기울였는데,
④ 때에 학사 에스라가 특별히 지은 나무 강단에 서매, 그 우편에 선 자는 맛디댜와 스마와 아나야와 우리야와 힐기야와 마아세요, 그 좌편에 선자는 브다야와 미사엘과 말기야와 하숨과 하스밧다나와 스가랴와 므술람이라,
⑤ 학사 에스라가 모든 백성 위에 서서 저희 목전에 책을 펴니 책을 펼 때에 모든 백성이 일어서니라,
⑥ 에스라가 광대하신 하나님 여호와를 송축하매 모든 백성이 손을 들고 아멘 아멘 응답하고 몸을 굽혀 얼굴을 땅에 대고 여호와께 경배하였느니라,
⑦ 예수아와 바니와 세레뱌와 야민과 악굽과 사브대와 호디야와 마아세야와 그리다와 아사랴와 요사밧과 하난과 블라야와 레위 사람들이 다 그 처소에 섰는 백성에게 율법을 깨닫게 하매,
⑧ 하나님의 율법책을 낭독하고 그 뜻을 해석하여 백성으로 그 낭독하는 것을 다 깨

닫게 하매,

⑨ 백성이 율법의 말씀을 듣고 다 우는지라, 총독 느헤미야와 제사장겸 학사 에스라와 백성을 가르치는 레위 사람들이 모든 백성에게 이르기를, 오늘은 너희 하나님 여호와의 성일이니 슬퍼하지 말며 울지 말라, 하고,

⑩ 느헤미야가 또 이르기를, 너희는 가서 살진 것을 먹고 단 것을 마시되, 예비치 못한 자에게는 너희가 나누어 주라, 이 날은 우리 주의 성일이니 근심하지 말라, 여호와를 기뻐하는 것이 너희의 힘이니라, 하고,

⑪ 레위 사람들도 모든 백성을 정숙케 하여 이르기를, 오늘은 성일이니 마땅히 종용하고 근심하지 말라, 하매,

⑫ 모든 백성이 곧 가서 먹고 마시며 나누어 주고 크게 즐거워하였으니, 이는 그 읽어 들린 말을 밝히 앎이니라,

⑬ 그 이튿날 뭇백성의 족장들과 제사장들과 레위 사람들이 율법의 말씀을 밝히 알고자 하여 학사 에스라의 곳에 모여서,

⑭ 율법책을 본즉 여호와께서 모세로 명하시기를, 이스라엘 자손은 칠월 절기에 초막에 거할지니라, 하였고,

⑮ 또 일렀으되 모든 성읍과 예루살렘에 공포하여 이르기를, 너희는 산에 가서 감람나무 가지와 들 감람나무 가지와 화석류나무 가지와 종려나무 가지와 기타 무성한 나무 가지를 취하여 기록한바를 따라 초막을 지으라, 하라, 하였는지라,

⑯ 백성이 이에 나가서 나무 가지를 취하여 혹은 지붕 위에 혹은 뜰 안에 혹은 하나님의 전 뜰에 혹은 수문 광장에 혹은 에브라임 문 광장에 초막을 짓되,

⑰ 사로잡혔다가 돌아온 회무리가 다 초막을 짓고 그 안에 거하니 눈의 아들 여호수아 때로부터 그 날까지 이스라엘 자손이 이같이 행함이 없었으므로 이에 크게 즐거워하며,

⑱ 에스라는 첫날부터 끝날까지 날마다 하나님의 율법책을 낭독하고 무리가 칠일 동안 절기를 지키고 제 팔일에 규례를 따라 성회를 열었느니라.

● 9장

① 그 달 이십 사일에 이스라엘 자손이 다 모여 금식하며 굵은 베를 입고 티끌을 무릅쓰며,

② 모든 이방 사람과 절교하고, 서서 자기의 죄와 열조의 허물을 자복하고,

③ 이 날에 사분지 일은 그 처소에 서서 그 하나님 여호와의 율법책을 낭독하고, 낮 사
분지 일은 죄를 자복하며, 그 하나님 여호와께 경배하는데,

④ 레위 사람 예수아와 바니와 갓미엘과 스바냐와 분니와 세레뱌와 바니와 그나니는
대에 올라서서 큰 소리로 그 하나님 여호와께 부르짖고,

⑤ 또 레위 사람 예수아와 갓미엘과 바니와 하삽느야와 세레뱌와 호디야와 스바냐와
브다히야는 이르기를, 너희 무리는 마땅히 일어나 영원부터 영원까지 계신 너희
하나님 여호와를 송축할지어다, 주여 주의 영화로운 이름을 송축하올 것은 주의
이름이 존귀하여 모든 송축이나 찬양에서 뛰어남이니이다,

⑥ 오직, 주는 여호와시라, 하늘과 하늘들의 하늘과 일월 성신과 땅과 땅위의 만물과
바다와 그 가운데 모든 것을 지으시고 다 보존하시오니, 모든 천군이 주께 경배하
나이다,

⑦ 주는 하나님 여호와시라, 옛적에 아브람을 택하시고 갈대아 우르에서 인도하여 내
시고 아브라함이라는 이름을 주시고,

⑧ 그 마음이 주 앞에서 충성됨을 보시고 더불어 언약을 세우사, 가나안 족속과 헷 족
속과 아모리 족속과 브리스 족속과 여부스 족속과 기르가스 족속의 땅을 그 씨에
게 주리라 하시더니, 그 말씀대로 이루셨사오니, 주는 의로우심이로소이다,

⑨ 주께서 우리 열조가 에집트에서 고난 받는 것을 감찰하시며 홍해에서 부르짖음을
들으시고,

⑩ 이적과 기사를 베푸사, 파라오와 그 모든 신하와 그 나라 온 백성을 치셨사오니, 이
는 저희가 우리의 열조에게 교만히 행함을 아셨음이라 오늘날과 같이 명예를 얻으
셨나이다,

⑪ 주께서 또 우리 열조 앞에서 바다를 갈라지게 하사, 저희로 바다 가운데를 육지 같
이 통과 하게 하시고 쫓아오는 자를 돌을 큰 물에 던짐 같이 깊은 물에 던지시고,

⑫ 낮에는 구름 기둥으로 인도하시고 밤에는 불 기둥으로 그 행할 길을 비춰셨사오며,

⑬ 또 시내산에 강림하시고 하늘에서부터 저희와 말씀하사 정직한 규례와 진정한 율
법과 선한 율례와 계명을 저희에게 주시고,

⑭ 거룩한 안식일을 저희에게 알리시며, 주의 종 모세로 계명과 율례와 율법을 저희
에게 명하시고,

⑮ 저희의 주림을 인하여 하늘에서 양식을 주시며 저희의 목마름을 인하여 반석에서
물을 내시고 또 주께서 옛적에 손을 들어 맹세하시고 주마 하신 땅을 들어가서 차

지하라 명하셨사오나,

⑯ 저희와 우리 열조가 교만히 하고 목을 굳게 하여 주의 명령을 듣지 아니하고,

⑰ 거역하며 주께서 저희 가운데 행하신 기사를 생각지 아니하고 목을 굳게 하며 패역하여 스스로 한 두목을 세우고 종 되었던 땅으로 돌아가고자 하였사오나 오직 주는 사유하시는 하나님이시라, 은혜로우시며 긍휼히 여기시며 더디 노하시며 인자가 풍부하시므로 저희를 버리지 아니하셨나이다,

⑱ 또 저희가 송아지를 부어 만들고 이르기를, 이는 곧 너희를 인도하여 에집트에서 나오게 하신 하나님이라 하여 크게 격노하시게 하였사오나,

⑲ 주께서는 연하여 긍휼을 베푸사 저희를 황야에 버리지 아니하시고 낮에는 구름 기둥으로 길을 인도하시며 밤에는 불 기둥으로 그 행할 길을 비취사 떠나게 아니하셨사오며,

⑳ 또 주의 선한 신을 주사 저희를 가르치시며 주의 만나로 저희 입이 끊어지지 않게 하시고 저희의 목마름을 인하여 물을 주시사,

㉑ 사십년 동안을 들에서 기르시되, 결핍함이 없게 하시므로 그 옷이 헤어지지 아니하였고 발이 부릍지 아니하였사오며,

㉒ 또 나라들과 족속들을 저희에게 각각 나누어 주시매, 저희가 시혼의 땅 곧 헤스본 왕의 땅과 바산 왕 옥의 땅을 차지하였나이다,

㉓ 주께서 그 자손을 하늘의 별 같이 많게 하시고 전에 그 열조에게 명하사 들어가서 차지하라고 하신 땅으로 인도하여 이르게 하셨으므로,

㉔ 그 자손이 들어가서 땅을 차지하되 주께서 그 땅 가나안 거민으로 저희 앞에 복종케 하실 때에 가나안 사람과 그 왕들과 본토 여러 족속을 저희손에 붙여 임의로 행하게 하시매,

㉕ 저희가 견고한 성들과 기름진 땅을 취하고 모든 아름다운 물건을 채운 집과 파서 만든 우물과 포도원과 감람원과 허다한 과목을 차지하여 배불리 먹어 살찌고 주의 큰 복을 즐겼사오나,

㉖ 저희가 오히려 순종치 아니하고 주를 거역하며 주의 율법을 등 뒤에 두고 주께로 돌아오기를 권면하는 선지자들을 죽여 크게 설만하게 행하였나이다,

㉗ 그러므로 주께서 그 대적의 손에 붙이사 곤고를 당하게 하시매, 저희가 환난을 당하여 주께 부르짖을 때에 주께서 하늘에서 들으시고 크게 자비를 베푸사, 구원자들을 주어 대적의 손에서 구원하셨거늘,

㉘ 저희가 평강을 얻은 후에 다시 주 앞에서 악을 행하므로 주께서 그 대적의 손에 버려 두사 대적에게 제어를 받게 하시다가 저희가 돌이켜 부르짖으매, 주께서 하늘에서 들으시고 여러번 자비를 발하사 건져내시고,

㉙ 다시 주의 율법을 복종하게 하시려고 경계하셨으나 저희가 교만히 행하여 사람이 준행하면 그 가운데서 삶을 얻는 주의 계명을 듣지 아니하고 주의 규례를 범하여 고집하는 어깨를 내어밀며 목을 굳게 하여 듣지 아니하였나이다,

㉚ 그러나 주께서 여러 해 동안 용서하시고 또 선지자로 말미암아 주의 신으로 저희를 경계하시되 저희가 듣지 아니하므로 열방 사람의 손에 붙이시고도,

㉛ 주의 자비가 크시므로 저희를 아주 멸하지 아니하시며 버리지도 아니하셨사오니 이는 여호와는 은혜로우시고 자비가 많으신 하나님이시기 때문이니이다,

㉜ 우리 하나님이여 광대하시고 능하시고 두려우시며 언약과 인자를 지키시는 하나님이여 우리와 우리 열왕과 방백들과 제사장들과 선지자들과 열조와 주의 모든 백성이 앗수르 열왕의 때로부터 오늘날까지 당한바 환난을 이제 작게 여기시지 마옵소서,

㉝ 그러나 우리의 당한 모든 일에 주는 공의로우시니, 우리는 악을 행하였사오나 주는 진실히 행하였음이니이다,

㉞ 우리 열왕과 방백들과 제사장들과 열조가 주의 율법을 지키지 아니하며 주의 명령과 주의 경계하신 말씀을 순종치 아니하고,

㉟ 저희가 그 나라와 주의 베푸신 큰 복과 자기 앞에 주신 넓고 기름진 땅을 누리면서도 주를 섬기지 아니하며 악행을 그치지 아니한고로,

㊱ 우리가 오늘날 종이 되었삽는데, 곧 주께서 우리 열조에게 주사 그 실과를 먹고 그 아름다운 소산을 누리게 하신 땅에서 종이 되었나이다,

㊲ 우리의 죄로 인하여 주께서 우리 위에 세우신 이방 열왕이 이 땅의 많은 소산을 얻고 저희가 우리의 몸과 육축을 임의로 관할하오니 우리의 곤란이 심하오며,

㊳ 우리가 이 모든 일을 인하여 이제 견고한 언약을 세워 기록하고 우리의 통치자들과 레위 사람들과 제사장들이 그 언약을 마음에 깊이 새겼나이다,

● 10장

① 그 인친 자는 하가랴의 아들 방백 느헤미야와 시드기야,

② 스라야 아사랴 예레미야,

③ 바스훌 아마랴 말기야,

④ 핫두스 스바냐 말룩,

⑤ 하림 므레못 오바댜,

⑥ 다니엘 긴느돈 바룩,

⑦ 므술람 아비야 미야민,

⑧ 마아시야 빌개 스마야니 이는 다 제사장이요,

⑨ 또 레위 사람 곧 아사냐의 아들 예수아 헤나닷의 자손 중 빈누이 갓미엘과,

⑩ 그 형제 스바냐 호디야 그리다 블라야 하난,

⑪ 미가 르홉 하사뱌,

⑫ 삭굴 세레뱌 스바냐,

⑬ 호디야 바니 브니누요,

⑭ 또 백성의 두목들 곧 바로스 바핫모압 엘람 삿두 바니,

⑮ 분니 아스갓 베배,

⑯ 아도니야 비그왜 아딘,

⑰ 아델 히스기야 앗술,

⑱ 호디야 하숨 베새,

⑲ 하립 아나돗 노배,

⑳ 막비아스 므술람 헤실,

㉑ 므세사벨 사독 얏두아,

㉒ 블라댜 하난 아나야,

㉓ 호세아 하나냐 핫술,

㉔ 할르헤스 빌하 소백,

㉕ 르훔 하삽나 마아세야,

㉖ 아히야 하난 아난,

㉗ 말룩 하립 바아나이었느니라,

㉘ 그 남은 백성과 제사장들과 레위 사람들과 문지기들과 노래하는 자들과 느디님 사람들과 및 이방 사람과 절교하고 하나님의 율법을 준행하는 모든 자와 그 아내와 그 자녀들 무릇 지식과 총명이 있는 자가,

㉙ 다 그 형제 귀인들을 좇아 저주로 맹세하기를 우리가 하나님의 율법을 좇아 우리 주 여호와의 모든 계명과 규례와 율례를 지켜,

㉚ 우리 딸은 이 땅 백성에게 주지 아니하고 우리 아들을 위하여 저희 딸을 데려오지

아니하며,

㉛ 혹시 이 땅 백성이 안식일을 물화나 식물을 가져다가 팔려 할지라도 우리가 안식일이나 성일에는 사지 않겠고 제 칠년마다 땅을 쉬게 하고 모든 빚을 탕감하리라 하였고,

㉜ 우리가 또 스스로 규례를 정하기를 해마다 각기 세겔의 삼분의 일을 수납하여 하나님의 전을 위하여 쓰게 하되,

㉝ 곧 진설병과 항상 드리는 소제와 항상 드리는 번제와 안식일과 초하루와 정한 절기에 쓸 것과 성물과 이스라엘을 위하는 속죄제와 우리 하나님의 전의 모든 일을 위하여 쓰게 하였고,

㉞ 또 우리 제사장들과 레위 사람들과 백성들이 제비 뽑아 각기 종족대로 해마다 정한 기한에 나무를 우리 하나님의 전에 드려서 율법에 기록한대로 우리 하나님 여호와의 단에 사르게 하였고,

㉟ 해마다 우리 토지 소산의 맏물과 각종 과목의 첫 열매를 여호와의 전에 드리기로 하였고,

㊱ 또 우리의 맏 아들들과 생축의 처음 난 것과 우양의 처음 난 것을 율법에 기록된대로 우리 하나님의 전으로 가져다가 우리 하나님의 전에서 섬기는 제사장들에게 주고,

㊲ 또 처음 익은 밀의 가루와 거제 물과 각종 과목의 열매와 새 포도주와 기름을 제사장들에게로 가져다가 우리 하나님의 전 골방에 두고 또 우리 물산의 십일조를 레위 사람들에게 주리라 하였나니 이 레위 사람들은 우리의 모든 성읍에서 물산의 십일조를 받는 자임이며,

㊳ 레위 사람들이 십일조를 받을 때에는 아론의 자손 제사장 하나가 함께 있을 것이요 레위 사람들은 그 십일조의 십분의 일을 가져다가 우리 하나님 전 골방 곧 곳간에 두되,

㊴ 곧 이스라엘 자손과 레위 자손이 거제로 드린바 곡식과 새 포도주와 기름을 가져다가 성소의 기명을 두는 골방 곧 섬기는 제사장들과 및 문지기들과 노래하는 자들이 있는 골방에 둘 것이라 그리하여 우리가 우리 하나님의 전을 버리지 아니하리라.

● **11장**

① 백성의 두목들은 예루살렘에 머물렀고, 그 남은 백성은 제비 뽑아 십분의 일은 거

룩한 성 예루살렘에 와서 거하게 하고, 아홉 구분은 다른 성읍에 거하게 하였으며,

② 무릇 예루살렘에 거하기를 지원하는 자들을 위하여 벽성들이 위하여 복을 빌었느니라,

③ 이스라엘과 제사장들과 레위 사람들과 느디님 사람들과 솔로몬의 신복의 자손은 유다 여러 성읍에서 각각 그 본성 본 기업에 거하였고 예루살렘에 거한 그 도의 우두머리은 이러하였으니,

④ 예루살렘에 거한 자는 유다 자손과 베냐민 자손 몇 명이라 유다 자손 중에는 베레스 자손 아다야니 저는 웃시야의 아들이요, 스가랴의 손자요, 아마랴의 증손이요, 스바댜의 현손이요, 마할랄렐의 오대 손이며,

⑤ 또 마야세야니 저는 바룩의 아들이요 골호세의 손자요, 하사야의 증손이요, 아다야의 현손이요, 요아립의 오대손이요, 스가랴의 육대손이요, 실로 사람의 칠대손이라,

⑥ 예루살렘에 거한 베레스 자손의 도합이 사백 육십 팔명이니 다 용사이었느니라,

⑦ 베냐민 자손은 살루니 저는 므술람의 아들이요, 요엣의 손자요, 브다야의 증손이요, 골라야의 현손이요, 마아세야의 오대손이요, 이디엘의 육대손이요, 여사야의 칠대손이며,

⑧ 그 다음은 갑배와 살래 등이니 도합이 구백 이십 팔명이라,

⑨ 시그리의 아들 요엘이 그 감독이 되었고, 핫스누아의 아들 유다는 그 다음 가는 자가 되어 성읍을 다스렸느니라,

⑩ 제사장 중에는 요야립의 아들 여다야와 야긴이며,

⑪ 또 하나님의 전을 맡은 자 스라야니 저는 힐기야의 아들이요, 므술람의 손자요, 사독의 증손이요, 므라욧의 현손이요, 아히둡의 오대손이며,

⑫ 또 전에서 일하는 그 형제니 도합이 팔백 이십 이명이요, 또 아다야니 저는 여로함의 아들이요, 블라야의 손자요, 암시의 증손이요, 스가랴의 현손이요, 바스훌의 오대손이며 말기야의 육대손이며,

⑬ 또 그 형제의 족장된 자니 도합이 이백 사십 이명이요, 또 아맛새니 저는 아사렐의 아들이요, 아흐새의 손자요, 므실레못의 증손이요, 임멜의 현손이며,

⑭ 또 그 형제의 큰 용사니 도합이 일백 이십 팔명이라, 하그돌림의 아들 삽디엘이 그 감독이 되었느니라,

⑮ 레위 사람 중에는 스마야니 저는 핫숩의 아들이요, 아스리감의 손자요, 하사뱌의 증손이요, 분니의 현손이며,

⑯ 또 레위 사람의 족장 삽브대와 요사밧이니, 저희는 하나님의 전 바깥 일을 맡았고,

⑰ 또 아삽의 증손 삽디의 손자 미가의 아들 맛다냐니, 저는 기도할 때에 감사하는 말씀을 인도하는 어른이 되었고, 형제 중에 박부갸가 버금이 되었으며 또 여두둔의 증손 갈랄의 손자 삼무아의 아들 압다니,

⑱ 거룩한 성에 레위 사람의 도합이 이백 팔십 사명이었느니라,

⑲ 성 문지기는 악굽과 달몬과 그 형제니 도합이 일백 칠십 이명이며,

⑳ 그 나머지 이스라엘 백성과 제사장과 레위 사람은 유다 모든 성읍에 흩어져 각각 자기 기업에 거하였고,

㉑ 느디님 사람은 오벨에 거하니, 시하와 기스바가 그 두목이 되었느니라,

㉒ 노래하는 자 아삽 자손 곧 미가의 현손 맛다냐의 증손 하사뱌의 손자 곧 미가의 현손 맛다냐의 증손 하사뱌의 손자 바니의 아들 웃시는 예루살렘에 거하는 레위 사람의 감독이 되어 하나님의 전 일을 맡아 다스렸으니,

㉓ 이는 왕의 명대로 노래하는 자에게 날마다 양식을 정하여 주는 것이 있음이며,

㉔ 유다의 아들 세라의 자손 므세사벨의 아들 브다히야는 왕의 수하에서 백성의 일을 다스렸느니라,

㉕ 향리와 들로 말하면 유다 자손의 더러는 기럇아바와 그 촌과 디본과 그 촌과 여갑스엘과 그 동네에 거하며,

㉖ 또 예수아와 몰라다와 벧벨렛과,

㉗ 하살 수알과 브엘세바와 그 촌에 거하며,

㉘ 또 시글락과 므고나와 그 촌에 거하며,

㉙ 또 에느림몬과 소라와 야르못에 거하며,

㉚ 또 사노아와 아둘람과 그 동네와 라기스와 그 들과 아세가와 그 촌에 거하였으니 저희는 브엘세바에서부터 힌놈의 골짜기까지 장막을 쳤으며,

㉛ 또 베냐민 자손은 게바에서부터 믹마스와 아야와 벧엘과 그 촌에 거하며,

㉜ 아나돗과 놉과 아나냐와,

㉝ 하솔과 라마와 깃다임과,

㉞ 하딧과 스보임과 느발랏과,

㉟ 로드와 오노와 공장 골짜기에 거하였으며,

㊱ 유다에 있던 레위 사람의 어떤 반열은 베냐민과 합하였느니라.

● 12장

① 스알디엘의 아들 스룹바벨과 및 예수아를 좇아 돌아온 제사장과 레위 사람은 이러하니라, 제사장은 스라야와 예레미야와 에스라와,

② 아마랴와 말룩과 핫두스와,

③ 스가랴와 르훔과 므레못과,

④ 잇도와 긴느도이와 아비야와,

⑤ 미야민과 마아댜와 빌가와,

⑥ 스마야와 요야립과 여다야와,

⑦ 살루와 아목과 힐기야와 여다야니 이상은 예수아 때에 제사장과 그 형제의 어른이 었느니라,

⑧ 레위 사람은 예수아와 빈누이와 갓미엘과 세레뱌와 유다와 맛다냐니, 이 맛다냐는 그 형제와 함께 찬송하는 일을 맡았고,

⑨ 또 그 형제 박부갸와 운노는 직무를 따라 저의 맞은편에 있으며,

⑩ 예수아는 요야김을 낳았고 요야김은 엘리아십을 낳았고 엘리아십은 요야다를 낳았고,

⑪ 요야다는 요나단을 낳았고 요나단은 앗두아를 낳았느니라,

⑫ 요야김 때에 제사장의 족장된 자는 스라야 족속에는 므라야요, 예레미야 족속에는 하나냐요,

⑬ 에스라 족속에는 므술람이요, 아마랴 족속에는 여호하난이요,

⑭ 말루기 족속에는 요나단이요, 스바야 족속에는 요셉이요,

⑮ 하림 족속에는 아드나요, 므라욧 족속에는 헬개요,

⑯ 잇도 족속에는 스가랴요, 긴느돈 족속에는 므술람이요,

⑰ 아비야 족속에는 시그리요, 미냐민 곧 모댜야 족속에는 빌대요,

⑱ 빌가 족속에는 삼무아요, 스마야 족속에는 여호나단이요,

⑲ 요야립 족속에는 맛드내요, 여다야 족속에는 웃시요,

⑳ 살래 족속에는 갈래요, 아목 족속에는 에벨이요,

㉑ 힐기야 족속에는 하사뱌요, 여다야 족속에는 느다넬이었느니라,

㉒ 엘리아십과 요야다와 요하난과 얏두아 때에 레위 사람의 족장이 모두 책에 기록되었고, 바사 왕 다리오 때에 제사장도 책에 기록되었고,

㉓ 레위 자손의 족장들은 엘리아십의 아들 요하난 때까지 역대지략에 기록되었으며,

㉔ 레위 사람의 어른은 하사뱌와 세레뱌와 갓미엘의 아들 예수아라 저희가 그 형제의 맞은편에 있어 하나님의 사람 다윗의 명한대로 반열에 따라 주를 찬양하고 감사하며,

㉕ 맛다냐와 박부갸와 오바댜와 므술람과 달몬과 악굽은 다 문지기로서 반열대로 문 안의 곳간을 파수하였나니,

㉖ 이상 모든 사람은 요사닥의 손자 예수아의 아들 요야김과 방백 느헤미야와 제사장 겸 서기관 에스라 때에 있었느니라,

㉗ 예루살렘 성곽이 낙성되니 각처에서 레위 사람들을 찾아 예루살렘으로 데려다가 감사하며 노래하며 제 금 치며 비파와 수금을 타며 즐거이 봉헌식을 행하려 하매,

㉘ 이에 노래하는 자들이 예루살렘 사방 들과 느도바 사람의 동네에서 모여 오고,

㉙ 또 벧길갈과 게바와 아스마웻 들에서 모여 왔으니, 이 노래하는 자들이 자기를 위하여 예루살렘 사방에 동네를 세웠음이라,

㉚ 제사장들과 레위 사람들이 몸을 정결케 하고 또 백성과 성문과 성을 정결케 하니라,

㉛ 이에 내가 유다의 방백들로 성 위에 오르게 하고 또 감사 찬송하는 자의 큰 무리를 두떼로 나누어 성 위로 항렬을 지어 가게 하는데 한 떼는 우편으로 분문을 향하여 가게 하니,

㉜ 따르는 자는 호세야와 유다 방백의 절반이요,

㉝ 또 아사랴와 에스라와 므술람과,

㉞ 유다와 베냐민과 스마야와 예레미야며,

㉟ 또 제사장의 자손 몇이 나팔을 잡았으니, 요나단의 아들 스마야의 손자 맛다냐의 증손 미가야의 현손 삭굴의 오대손 아삽의 육대손 스가랴와,

㊱ 그 형제 스마야와 아사렐과 밀랄래와 길랄래와 마애와 느다넬과 유다와 하나니라 다 하나님의 사람 다윗의 악기를 잡았고 학사 에스라가 앞서서,

㊲ 샘문으로 말미암아 전진하여 성으로 올라가는 곳에 이르러 다윗성의 층계로 올라가서 다윗의 궁 윗길에서 동향하여 수문에 이르렀고,

㊳ 감사 찬송하는 다른 떼는 저희를 마주 진행하는데 내가 백성의 절반으로 더불어 그 뒤를 따라 성 위로 행하여 풀무 망대 윗길로 넓은 곳에 이르고,

㊴ 에브라임 문 위로 말미암아 옛문과 어문과 하나넬 망대와 함메아 망대를 지나 양문에 이르러 감옥 문에 그치매,

㊵ 이에 감사 찬송하는 두 떼와 나와 민장의 절반은 하나님의 전에 섰고,

㊶ 제사장 엘리아김과 마아세야와 미냐민과 미가야와 엘료에내와 스가랴와 하나냐는 다 나팔을 잡았고,

㊷ 또 마아세야와 스마야와 엘르아살과 웃시와 여호하난과 말기야와 엘람과 에셀이 함께 있으며 노래하는 자는 크게 찬송하였는데 그 감독은 예스라히야라,

㊸ 이 날에 무리가 크게 제사를 드리고 심히 즐거워하였으니 이는 하나님이 크게 즐거워하게 하셨음이라 부녀와 어린 아이도 즐거워 하였으므로 예루살렘의 즐거워하는 소리가 멀리 들렸느니라,

㊹ 그 날에 사람을 세워 곳간을 맡기고 제사장들과 레위 사람들에게 돌릴 것 곧 율법에 정한대로 거제물과 처음 익은 것과 십일조를 모든 성읍 밭에서 거두어 이 곳간에 쌓게 하였노니 이는 유다 사람이 섬기는 제사장들과 레위 사람들을 인하여 즐거워함을 인함이라,

㊺ 저희는 하나님을 섬기는 일과 결례의 일을 힘썼으며 노래하는 자들과 문지기들도 그러하여 모두 다윗과 그 아들 솔로몬의 명을 좇아 행하였으니,

㊻ 옛적 다윗과 아삽의 때에는 노래하는 자의 두목이 있어서 하나님께 찬송하는 노래와 감사하는 노래를 하였음이며,

㊼ 스룹바벨과 느헤미야 때에는 온 이스라엘이 노래하는 자들과 문지기들에게 날마다 쓸것을 주되, 그 구별한 것을 레위 사람들에게 주고 레위 사람들은 그것을 또 구별하여 아론 자손에게 주었느니라.

● 13장

① 그 날에 모세의 책을 낭독하여 백성에게 들렸는데, 그 책에 기록하기를 암몬 사람과 모압 사람은 영영히 하나님의 회중에 들어오지 못하리니,

② 이는 저희가 양식과 물로 이스라엘 자손을 영접지 아니하고, 도리어 발람에게 뇌물을 주어 저주하게 하였음이라, 그러나 우리 하나님이 그 저주를 돌이켜 복이 되게 하셨다, 하였는지라,

③ 이제 그들이 이 율법을 듣고 섞여 사는 모든 사람들을 이스라엘로부터 분리하였더라,

④ 이전에 우리 하나님이 전 골방을 맡은 제사장 엘리아십이 도비야와 연락이 있었으므로,

⑤ 도비야를 위하여 한 큰 방을 갖추었으니, 그 방은 원래 소제물과 유향과 기명과 레위 사람들과 노래하는 자들과 문지기들에게 십일조로 주는 곡물과 새 포도주와 기름과 또 제사장들에게 주는 예물을 두었던 곳이더라,

⑥ 그 때에는 내가 예루살렘에 있지 아니하였느니라, 바벨론 왕 아닥사스다 삼십이년에 내가 왕에게 나아갔다가 며칠 후에 왕에게 말미를 청하고,

⑦ 예루살렘에 이르러서야 엘리아십이 도비야를 위하여 하나님의 전 뜰에 방을 갖춘 악한 일을 안지라,

⑧ 내가 심히 근심하여 도비야의 세간을 그 방 밖으로 다 내어 던지고,

⑨ 명하여 그 방을 정결케 하고 하나님의 전의 기명과 소제물과 유향을 다시 그리로 들여 놓았느니라,

⑩ 내가 또 알아 본즉, 레위 사람들의 받을 것을 주지 아니 하였으므로 그 직무를 행하는 레위 사람들과 노래하는 자들이 각각 그 자기들의 밭으로 도망하였기로,

⑪ 내가 모든 만장을 꾸짖어 이르기를 하나님의 전이 어찌하여 버린바 되었느냐? 하고, 곧 레위 사람을 불러 모아 다시 그 처소에 세웠더니,

⑫ 이에 온 유다가 곡식과 새 포도주와 기름의 십일조를 가져다가 곳간에 들이므로,

⑬ 내가 제사장 셀레먀와 서기관 사독과 레위 사람 브다야로 고지기를 삼고 맛다냐의 손자 삭굴의 아들 하난으로 버금을 삼았나니, 이는 저희가 충직한 자로 인정됨이라, 그 직분은 형제들에게 분배하는 일이었느니라,

⑭ 내 하나님이여 이 일을 인하여 나를 기억하옵소서, 내 하나님의 전과 그 모든 직무를 위하여 나의 행한 선한 일을 도말하지 마옵소서,

⑮ 그 때에 내가 본즉 유다에서 어떤 사람이 안식일에 술틀을 밟고 곡식단을 나귀에 실어 운반하며 포도주와 포도와 무화과와 여러가지 짐을 지고 안식일에 예루살렘에 들어와서 식물을 팔기로 그 날에 내가 경계하였고,

⑯ 또 두로 사람이 예루살렘에 거하며 물고기와 각양 물건을 가져다가 안식일에 유다 자손에게 예루살렘에서도 팔기로,

⑰ 내가 유다 모든 귀인을 꾸짖어 이르기를, 너희가 어찌 이 악을 행하여 안식일을 범하느냐?

⑱ 너희 열조가 이같이 행하지 아니하였으므로 우리 하나님이 이 모든 재앙으로 우리와 이 성읍에 내리신 것이 아니냐? 그런데도 너희가 오히려 안식일을 범하였으므로 이스라엘 위에 더 큰 진노를 가져오는도다, 하고,

⑲ 안식일 전 예루살렘 성문이 어두워 갈 때에 내가 명하여 성문을 닫고, 안식일이 지나기 전에는 열지 말라, 하고, 내 종자 두어 사람을 성문마다 세워서 안식일에 아무 짐도 들어 오지 못하게 하니,

⑳ 장사들과 각양 물건 파는 자들이 한두번 예루살렘성 밖에서 자므로,

㉑ 내가 경계하여 이르기를, 너희가 어찌하여 성 밑에서 자느냐 다시 이같이 하면 내가 잡으리라 하였더니, 그 후부터는 안식일에 저희가 다시 오지 아니하였느니라,

㉒ 내가 또 레위 사람들을 명하여 몸을 정결케 하고 와서 성문을 지켜서 안식일로 거룩하게 하라 하였느니라, 나의 하나님이여 나를 위하여 이 일도 기억하옵시고 주의 큰 은혜대로 나를 아끼옵소서,

㉓ 그 때에 내가 본즉, 유다 사람이 아스돗과 암몬과 모압 여인을 취하여 아내를 삼았는데,

㉔ 그 자녀가 아스돗 방언을 절반쯤은 하여도 유다 방언은 못하니, 그 하는 말이 각 족속의 방언이므로,

㉕ 내가 책망하고 저주하며 두어 사람을 때리고 그 머리 털을 뽑고 이르되, 너희는 너희 딸들로 저희 아들들에게 주지 말고, 너희 아들들이나 너희를 위하여 저희 딸을 데려오지 않겠다고 하나님을 가리켜 맹세하라 하고,

㉖ 또 이르기를, 옛적에 이스라엘 왕 솔로몬이 이 일로 범죄하지 아니하였느냐? 저는 열국 중에 비길 왕이 없이 하나님의 사랑을 입은 자라, 하나님이 저로 왕을 삼아 온 이스라엘을 다스리게 하셨으나 이방 여인이 저로 범죄케 하였나니,

㉗ 너희들이 역시 모든 악한 일들을 하는 것과 이방 여인들과 결혼 함으로써 우리 하나님께 불성실한 것게 대하여 우리가 꼭 들어야 하겠느냐?

㉘ 대제사장 엘리아십의 손자 요야다의 아들 하나가 호른 사람 산발랏의 사위가 되었으므로 내가 쫓아 내어 나를 떠나게 하였느니라,

㉙ 내 하나님이여 저희가 제사장의 직분을 더럽히고 제사장의 직분과 레위 사람에 대한 언약을 어기었사오니 저희를 기억하옵소서

㉚ 내가 내가 이와 같이 저희로 이방 사람을 떠나게 하여 깨끗하게 하고, 또 제사장과 레위 사람의 반열을 세워 각각 그 일을 맡게 하고,

㉛ 또 정한 기한에 나무와 처음 익은 것을 드리게 하였사오니, 내 하나님이여, 나를 기억하사 복을 주옵소서.

에스더

● 1장

① 이 일은 아하수에로 왕 때에 된 것이니 아하수에로는 인도에서부터 에티오피아까지 일벡 이십 칠 개의 도를 치리하는 왕이라,

② 당시에 아하수에로 왕이 수산 궁에서 즉위하고,

③ 위에 있은지 삼년에 그 모든 방백과 신복을 위하여 잔치를 베푸니, 페르시아와 메디아의 장수와 각 도의 귀족과 방백들이 다 왕 앞에 있는지라,

④ 왕이 여러날 곧 일백 팔십일 동안에 그 영화로운 나라의 부함과 위엄의 혁혁함을 나타내니라,

⑤ 이 날이 다하매, 왕이 또 도성 수산 대소 인민을 위하여 왕궁 후원 뜰에서 칠일 동안 잔치를 베풀새,

⑥ 백색 녹색 청색 휘장을 자색 가는 베줄로 대리석 기둥 은고리에 매고 금과 은으로 만든 걸상을 화반석 백석 운모석 흑석을 깐 땅에 진설하고,

⑦ 금잔으로 마시게 하니, 잔의 식양이 각기 다르고 왕의 풍부한대로 포도주가 한이 없으며,

⑧ 마시는 것도 규모가 있어 사람으로 억지로 하지 않게 하니, 이는 이는 왕이 모든 궁내 관리에게 명하여 각 사람으로 마음대로 하게 함이더라,

⑨ 왕후 와스디도 아하수에로 왕궁에서 부녀들을 위하여 잔치를 베푸니라,

⑩ 제 칠일에 왕이 주흥이 일어나서 어전 내시 므후만과 비스다와 하르보나와 빅다와 아박다와 세달과 가르가스 일곱 사람을 명하여,

⑪ 왕후 와스디를 청하여 왕후의 면류관을 정제하고 왕의 앞으로 나아오게 하여 그 아리따움을 뭇 백성과 방백들에게 보이게 하라 하니, 이는 왕후의 용모가 보기에

좋음이라,

⑫ 그러나 왕후 아스디가 내시의 전하는 왕명을 좇아 오기를 싫어하니, 왕이 진노하여 중심이 불 붙는듯하더라,

⑬ 왕이 사례를 아는 박사들에게 묻되 (왕이 규례와 법률을 아는 자에게 묻는 전례가 있는데,

⑭ 때에 왕에게 가까이 하여 왕의 기색을 살피며 나라 첫자리에 앉은 자는 바사와 메대의 일곱 방백 곧 가르스나와 세달과 아드마다와 다시스와 메레스와 마르스나와 므무간이라,)

⑮ 왕후 아스디가 내시의 전하는 왕명을 좇지 아니하니 규례대로 하면 어떻게 처치할꼬? 하니,

⑯ 므무간이 왕과 방백 앞에서 대답하여 가로되, 왕후 와스디가 왕에게만 잘못 할뿐 아니라 아하수에로 왕의 각 방백과 뭇 백성에게도 잘못하였나이다,

⑰ 아하수에로 왕이 명하여 왕후 아스디를 청하여도 오지 아니하였다 하는 왕후의 행위의 소문이 모든 부녀에게 전파되면 저희도 그 남편을 멸시할 것인즉,

⑱ 오늘이라도 바사와 메대의 귀부인들이 왕후의 행위를 듣고 왕의 모든 방백에게 그렇게 말하리니, 멸시와 분노가 많이 일어나리이다,

⑲ 왕이 만일 선히 여기실진대, 와스디로 다시는 왕 앞에 오지 못하게 하는 조서를 내리되, 페르시아와 메디아의 법률 중에 기록하여 변역함이 없게 하고 그 왕후의 위를 저보다 나은 사람에게 주소서,

⑳ 왕의 조서가 이 광대한 전국에 반포되면 귀천을 무론하고 모든 부녀가 그 남편을 존경하리이다,

㉑ 왕과 방백들이 그 말을 선히 여김지라 왕이 므무간의 말대로 행하여,

㉒ 각 도 각 백성의 문자와 방언대로 모든 도에 주서를 내려 이르기를, 남편으로 그 집을 주관하게 하고 자기 민족의 방언대로 말하게 하라, 하였더라.

● 2장

① 그 후에 아하수에로 왕의 노가 그치매, 와스디와 그의 행한 일과 그에 대하여 내린 조서를 생각하거늘,

② 왕의 시신이 아뢰되, 왕은 왕을 위하여 아리따운 처녀들을 구하게 하시되,

③ 전국 각 도에 관리를 명령하여 아리따운 처녀를 다 도성 수산으로 모아 후궁으로

들여 궁녀를 주관하는 내시 헤개의 손에 붙여,

④ 왕의 눈에 아름다운 처녀로 와스디를 대신하여 왕후를 삼으소서, 왕이 그 말을 선히 여겨 그대로 행하니라,

⑤ 도성 수산에 한 유대인이 있으니, 이름은 모르드개라 저는 베냐민 자손이니, 기스의 증손이요, 시므이의 손자요, 야일의 아들이라,

⑥ 전에 바벨론 왕 느브갓네살이 예루살렘에서 유다 왕 여고냐의 백성을 사로잡아 갈 때에 모르드개도 함께 사로잡혔더라,

⑦ 저의 삼촌의 딸 하닷사 곧 에스더는 부모가 없고 용모가 곱고 아리따운 처녀라 그 부모가 죽은 후에 모르드개가 자기 딸 같이 양육하였더라,

⑧ 왕의 조명이 반포되매 처녀들이 도성 수산에 많이 모여 헤개의 수하에 나아갈 때에 에스더도 왕궁으로 이끌려 가서 궁녀를 주관하는 헤개의 수하에 속하니,

⑨ 헤개가 이 처녀를 기뻐하여 은혜를 베풀어 몸을 정결케 할 물품과 일용품을 곧 주며 또 왕궁에서 의례히 주는 일곱 궁녀를 주고, 에스더와 그 궁녀들을 후궁 아름다운 처소로 옮기더라,

⑩ 에스더가 자기의 민족과 종족을 고하지 아니하니, 이는 모르드개가 명하여 고하지 말라, 하였음이라,

⑪ 모르드개가 날마다 후궁 뜰 앞으로 왕래하며 에스더의 안부와 어떻게 될 것을 알고자 하더라,

⑫ 처녀마다 차례대로 아하수에로 왕에게 나아가기 전에 여자에 대하여 정한 규례대로 열 두달 동안을 행하되, 여섯달은 몰약 기름을 쓰고 여섯달은 향품과 여자에게 쓰는 다를 물품을 써서 몸을 정결케 하는 기한을 마치며,

⑬ 처녀가 왕에게 나아갈 때는 그 구하는 것을 다 주어 후궁에서 왕궁으로 가지고 가게 하고,

⑭ 저녁이면 갔다가 아침에는 둘째 후궁으로 돌아와서 비빈을 주관하는 내시 사아스가스의 수하에 속하고, 왕이 저를 기뻐하여 그 이름을 부르지 아니하면 다시 왕에게 나아가지 못하더라,

⑮ 모르드개의 삼촌 아비하일의 딸 곧 모르드개가 자기의 딸 같이 양육하는 에스더가 차례대로 왕에게 나아갈 때에 궁녀를 주관하는 내시 헤개의 정한 것 외에는 다른 것을 구하지 아니하였으나 모든 보는 자에게 은혜를 얻었더라,

⑯ 아하수에로 왕의 칠년 시월 곧 데벳월에 에스더가 이끌려 왕궁에 들어와서 왕의

앞에 나아가니,

⑰ 왕이 모든 여자보다 에스더를 더욱 사랑하므로 저가 모든 처녀보다 왕의 앞에 더욱 은총을 얻은지라, 왕이 그 머리에 면류관을 씌우고 와스디를 대신하여 왕후를 삼은 후에,

⑱ 왕이 크게 잔치를 베푸니, 이는 에스더를 위한 잔치라, 모든 방백과 신복을 향응하고 또 각 도의 세금을 면제하고 왕의 풍부함을 따라 크게 상주니라,

⑲ 처녀들을 다시 모을 때에는 모르드개가 대궐 문에 앉았더라,

⑳ 에스더가 모르드개의 명한대로 그 종족과 민족을 고하지 아니하니 저가 모르드개의 명을 양육 받을 때와 같이 좇음이더라,

㉑ 모르드개가 대궐 문에 앉았을 때에 문 지킨 왕의 내시 빅단과 데레스 두 사람이 아하수에로 왕을 원한하여 모살하려 하거늘,

㉒ 모르드개가 알고 왕후 에스더에게 고하니, 에스더가 모르드개의 이름으로 왕에게 고한지라,

㉓ 그 일을 조사하여 사실이 밝혀지므로 두 사람을 나무에 달고 그 일을 왕의 앞에서 역대기의 책에 기록하였더라.

● 3장

① 그 후에 아하수에로 왕이 아각 사람 함므다다의 아들 하만의 지위를 높이 올려 모든 함께 있는 대신 위에 두니,

② 대궐 문에 있는 왕의 모든 신복이 다 왕의 명대로 하만에게 꿇어 절하되, 모르드개는 꿇지도 않고 절하지도 아니하니,

③ 대궐 문에 있는 왕의 신복이 모르드개에게 이르되, 너는 어찌하여 왕의 명령을 거역하느냐? 하고,

④ 날마다 권하되 모르드개가 듣지 아니하고 자기는 유다인임을 고하였더니, 저희가 모르드개의 일이 어찌 되나 보고자 하여 하만에게 고하였더라,

⑤ 하만이 모르드개가 꿇지도 아니하고 절하지도 아니함을 보고 심히 노하더니,

⑥ 저희가 모르드개의 민족을 하만에게 고한고로 하만이 모르드개만 죽이는 것이 경하다 하고, 아하수에로의 온 나라에 있는 유다인 곧 모르드개의 민족을 다 멸하고자 하더라,

⑦ 아하에수로 왕 십 이년 정월 곧 니산월에 사람들이 하만 앞에서 날과 달에 대하여

부르 곧 제비를 뽑으니, 십이월 곧 아달월을 얻은지라,

⑧ 하만이 아하에수로 왕에게 아로되, 한 민족이 왕의 나라 각 도 백성 중에 흩어져 거하는데 그 법률이 모든 백성들과 달라서 왕의 법률을 지키지 아니하나이다, 그러므로 그들을 용납하는 것이 왕에게 유익되 되지 아니하나니,

⑨ 왕이 옳게 여기시거든 조서를 내려 저희를 진멸하소서, 그러하시면 내가 은 일만 달란트를 왕의 일을 맡은 자의 손에 붙여 왕의 보물 창고에 드리리이다, 하니,

⑩ 왕이 반지를 손에서 빼어 유다인의 대적 곧 아각 사람 함므다다의 아들 하만에게 주며,

⑪ 이르되 그 은을 네게 주고 그 백성도 그리하노니, 너는 소견에 좋을대로 행하라, 하더라,

⑫ 정월 십 삼일에 왕의 서기관이 소집되어 하만의 명을 따라, 왕의 대신과 각 도 방백과 각 민족의 관원에게 아하수에로 왕의 이름으로 조서를 쓰되, 곧 각 도의 문자와 각 민족의 방언대로 쓰고 왕의 반지로 인치니라,

⑬ 이에 그 조서를 파발꾼들에게 부쳐 왕의 각 도에 보내니, 십이월 곧 아달월 십 삼일 하루 동안에 모든 유다인을 노소나 어린 아이나 부녀를 무론하고 죽이고 도륙하고 진멸하고 또 그 전 재산을 탈취하라, 하였더라,

⑭ 이 명령을 각 도에 전하기 위하여 조서의 초본을 모든 민족에게 선포하여 그 날을 위하여 준비하게 하라, 하였더라,

⑮ 파발꾼들이 왕의 명을 받들어 급히 나가매, 그 조서가 도성 수산에도 반포되니 왕은 하만과 함께 앉아 마시되 수산성은 혼잡스러웠더라.

● 4장

① 모르드개가 이 모든 일을 알고 그 옷을 찢고 굵은 베를 입으며 재를 무릅쓰고 성중에 나가서 대성 통곡하며,

② 대궐 문 앞까지 이르렀으니, 굵은 베를 입은 자는 대궐 문에 들어가지 못함이라,

③ 왕의 명령명이 각 도에 이르매, 유다인이 크게 애통하여 금식하며 곡읍하며 부르짖고 굵은 베를 입고 재에 누운자가 무수하더라,

④ 에스더의 시녀와 내시가 나아와 고하니 왕후가 심히 근심하여 입을 의복을 모르드개에게 보내어 그 굵은 베를 벗기고자 하나 모르드개가 받지 아니하는지라,

⑤ 에스더가 왕의 명으로 자기를 섬기는 내시 하닥을 불러 명하여 모르드개에게 가서

이것이 무슨 일이며 무슨 연고인가 알아 보라, 하매,

⑥ 하닥이 대궐 문 앞 성중 광장에 있는 모르드개에게 이르니

⑦ 모르드개가 자기의 당한 모든 일과 하만이 유다인을 멸하려고 왕의 보물창고에 바치기로 한 은의 정확한 수효를 하닥에게 말했으며,

⑧ 또 유다인을 진멸하라고 수산궁에서 내린 조서 초본을 하닥에게 주어 에스더에게 뵈어 알게하고, 또 저에게 부탁하여 왕에게 나아가서 그 앞에서 자기의 민족을 위하여 간절히 구하라, 하니,

⑨ 하닥이 돌아와 모르드개의 말을 에스더에게 고하매,

⑩ 에스더가 하닥에게 이르되 너는 모르드개에게 고하기를,

⑪ 왕의 신복과 왕의 각 도 백성이 다 알거니와 무론 남녀하고 부름을 받지 아니하고 안뜰에 들어가서 왕에게 나아가면 오직 죽이는 법이 있느니라, 왕이 그 자에게 황금 홀을 내미는 경우에만 그가 살리라, 그러나 내가 부름을 입어 왕에게 나아가지 못한지가 이미 삼십일이라, 하니라,

⑫ 그가 에스더의 말로 모르드개에게 고하매,

⑬ 모르드개가 그를 시켜 에스더에게 회답하되, 너는 왕궁에 있으니 모든 유다인 중에 홀로 면하리라 생각지 말라,

⑭ 이 때에 네가 만일 잠잠하여 말이 없으면 유다인은 다른데로 말미암아 놓임과 구원을 얻으려니와 너와 네 아비 집은 멸망하리라, 네가 왕후의 위를 얻은 것이 이때를 위함이 아닌지 누가 아느냐?

⑮ 에스더가 명하여 모르드개에게 회답하되,

⑯ 당신은 가서 수산에 있는 유다인을 다 모으고 나를 위하여 금식하되, 밤낮 삼일을 먹지도 말고 마시지도 마소서, 나도 나의 시녀로 더불어 이렇게 금식한 후에 규례를 어기고 왕에게 나아가리니, 죽으면, 죽으리이다,

⑰ 모르드개가 가서 에스더의 명한대로 다 행하니라,

● 5장

① 제 삼일에 에스더가 왕후의 예복을 입고 왕궁 안뜰 곧 어전 맞은편에 서니 왕이 어전에서 궁궐의 문을 마주보고 보좌에 앉았다가,

② 왕후 에스더가 뜰에 선 것을 본즉 심히 사랑스러우므로 손에 잡았던 금홀을 그에게 내어미니, 에스더가 가까이 가서 금홀 끝을 만진지라,

③ 왕이 이르되, 왕후 에스더여, 그대의 소원이 무엇이며 요구가 무엇이뇨? 나라의 절반이라도 그대에게 주겠노라, 하니,

④ 에스더가 가로되, 오늘 내가 왕을 위하여 잔치를 베풀었사오니 왕이 선히 여기시거든 하만과 함께 임하소서,

⑤ 왕이 가로되 에스더의 말한대로 하도록 하만을 급히 부르라 하고, 이에 왕이 하만과 함께 에스더의 베푼 잔치에 나아가니라,

⑥ 잔치의 술을 마실 때에 왕이 에스더에게 이르되, 그대의 소청이 무엇이뇨? 곧 허락하겠노라, 그대의 요구가 무엇이뇨? 나라의 절반이라 할지라도 시행하겠노라, 하니,

⑦ 에스더가 대답하여 가로되, 나의 소청 나의 요구가 이러하나이다,

⑧ 내가 만일 왕의 목전에서 은혜를 입었고 왕이 내 소청을 허락하시며 내 요구를 시행하시기를 선히 여기시거든, 내가 왕과 하만을 위하여 베푸는 잔치에 또 나아오소서, 내일은 왕의 말씀대로 하리이다,

⑨ 이 날에 하만이 마음이 기뻐 즐거이 나오더니 므르드개가 대궐 문에 있어 일어나지도 아니하고 몸을 움직이지 아니하는 것을 보고 심히 노하나,

⑩ 참고 집에 돌아와서 사람을 보내어 그 친구들과 그 아내 세레스를 청하여,

⑪ 자기의 부의 영광과 자녀가 많은 것과 왕이 자기를 들어 왕의 모든 방백이나 신복들보다 높인 것을 다 말하고,

⑫ 또 가로되, 왕후 에스더가 그 베푼 잔치에 왕과 함께 오기를 허락 받은 자는 나 밖에 없었고, 내일 도 왕과 함께 청함을 받았느니라,

⑬ 그런데도 유다 사람 므르드개가 대궐 문에 앉은 것을 보는 동안에는 이 모든 일이 내게 아무 가치가 없도다, 하니라,

⑭ 그 아내 세레스와 모든 친구가 이르되, 오십 규빗이나 높은 나무를 세우고 내일 왕에게 모르드개를 그 나무에 달기를 구하고 왕과 함께 즐거이 잔치에 나아가소서, 하만이 그 말을 선히 여기고 명하여 나무를 세우니라.

● 6장

① 이 밤에 왕이 잠이 오지 아니하므로 명하여 역대 일기를 가져다가 자기 앞에서 읽히더니,

② 그 속에 기록하기를, 문 지킨 왕의 두 내시 빅다나와 데레스가 아하수에로 왕을 모

살하려 하는 것을 모르드개가 고발하였다, 하였는지라,

③ 왕이 가로되, 이 일을 인하여 무슨 존귀와 관작을 모르드개에게 베풀었느냐? 시신이 대답하되, 아무 것도 베풀지 아니하였나이다, 하니라,

④ 왕이 가로되, 누가 뜰에 있느냐? 하매, 마침 하만이 자기가 세운 나무에 모르드개를 달기를 왕께 구하고자 하여 왕궁 바깥 뜰에 이른지라,

⑤ 시신이 고하되 하만이 뜰에 섰나이다, 왕이 가로되, 들어 오게 하라, 하니,

⑥ 하만이 들어오거늘 왕이 묻되 왕이 존귀케 하기를 기뻐하는 사람에게 어떻게 하여야 하겠느뇨? 하만이 심중에 이르되 왕이 존귀케 하기를 기뻐하시는 자는 나 외에 누구리요? 하고,

⑦ 왕께 아뢰되, 왕께서 사람을 존귀케 하시려면,

⑧ 왕의 입으시는 왕복과 왕의 타시는 말과 머리에 쓰시는 왕관을 취하고,

⑨ 그 왕복과 말을 왕의 방백 중 가장 존귀한 자의 손에 붙여서 왕이 존귀케 하시기를 기뻐하시는 사람에게 옷을 입히고 말을 태워서 성중 거리로 다니며 그 앞에서 반포하여 이르기를, 왕이 존귀케 하기를 기뻐하시는 사람에게는 이같이 할 것이라, 하게 하소서,

⑩ 이에 왕이 하만에게 이르되, 너는 네 말대로 속히 왕복과 말을 취하여 대궐 문에 앉은 유다 사람 모르드개에게 행하되, 무릇 네가 말한 것에서 조금도 빠짐이 없이 하라, 하니라,

⑪ 하만이 왕복과 말을 취하여 모르드개에게 옷을 입히고 말을 태워 성중 거리로 다니며 그 앞에서 반포하되 왕이 존귀케 하시기를 기뻐하시는 사람에게 이같이 할 것이라, 하니라,

⑫ 모르드개는 다시 대궐 문으로 돌아오고, 하만은 번뇌하여 머리를 싸고 급히 집으로 돌아와서,

⑬ 자기의 당한 모든 일을 그 아내 세레스와 모든 친구에게 고하매, 그 중 지혜로운 자와 그 아내 세레스가 가로되, 모르드개가 과연 유다 족속이면 당신이 그 앞에서 굴욕을 당하기 시작하였으니, 능히 저를 이기지 못하고 분명히 그 앞에 엎드러지리이다, 하니라,

⑭ 아직 말이 그치지 아니하여서 왕의 내시들이 이르러 하만을 데리고 에스더의 베푼 잔치에 빨리 나아가니라.

● 7장

① 왕이 하만과 함께 또 왕후 에스더의 잔치에 나아가니라,

② 왕이 이 둘째날 잔치에 술을 마실 때에 다시 에스더에게 물어 가로되, 왕후 에스더여, 그대의 소청이 무엇이뇨? 곧 허락하겠노라, 그대의 요구가 무엇이뇨? 곧 나라의 절반이라도 시행하겠노라, 하니,

③ 왕후 에스더가 대답하여 가로되, 왕이여, 내가 만일 왕의 목전에서 은혜를 입었으며 왕이 선히 여기시거든 내 소청대로 내 생명을 내게 주시고 내 요구대로 내 민족을 내게 주소서,

④ 나와 내 민족이 팔려서 죽임과 도륙함을 진멸함을 당하게 되었나이다, 만일 우리가 노비로 팔렸더면 내가 잠잠하였으리이다, 그래도 대적이 왕의 손해를 보충하지 못하였으리이다,

⑤ 아하수에로 왕이 왕후 에스더에게 일러 가로되, 감히 이런 일을 심중에 품은 자가 누구며 그가 어디 있느뇨? 하니,

⑥ 에스더가 이르되 대적과 원수는 이 악한 하만이니이다, 하니, 하만이 왕과 왕후 앞에서 두려워하거늘,

⑦ 왕이 노하여 일어나서 잔치 자리를 떠나 왕궁 후원으로 들어가니라, 하만이 일어나서 왕후 에스더에게 생명을 구하니, 이는 왕이 자기에게 화를 내리기로 결심한 줄 앎이더라,

⑧ 왕이 후원으로부터 잔치 자리에 돌아오니 하만이 에스더의 앉은 걸상 위에 엎드렸거늘, 왕이 가로되, 저가 궁중 내 앞에서 왕후를 강간까지 하고자 하는가? 이 말이 왕의 입에서 나오매 무리가 하만의 입을 싸더라,

⑨ 왕을 모신 내시 중에 하르보나가 왕에게 아뢰되, 왕을 위하여 충성된 말로 고발한 모르드개를 달고자 하여 하만이 고가 육십 규빗 되는 나무를 준비하였는데, 이제 그 나무가 하만의 집에 섰나이다, 왕이 가로되, 하만을 그 나무에 달라, 하매,

⑩ 모르드개를 달고자 한 나무에 하만을 다니 왕의 노가 그치니라.

● 8장

① 당일에 아하수에로 왕이 유다인의 대적 하만의 집을 왕후 에스더에게 주니라, 에스더가 모르드개는 자기에게 어떻게 관계됨을 왕께 고한고로 모르드개가 왕의 앞에 나아오니,

② 왕이 하만에게 거둔 반지를 빼어 모르드개에게 준지라, 에스더가 모르드개로 하만의 집을 주관하게 하니라,

③ 에스더가 다시 왕의 앞에서 말씀하며 왕의 발 앞에 엎드려 아각 사람 하만이 유다인을 해하려 한 악한 꾀를 제하기를 울며 구하니,

④ 왕이 에스더를 향하여 황금 홀을 내어미는지라 에스더가 일어나 왕의 앞에 서서,

⑤ 가로되, 왕이 만일 즐거하시며 내가 왕의 목전에 은혜를 입었고, 또 왕이 이 일을 선히 여기시며 나를 기쁘게 보실진대, 조서를 내리사 아각 사람 함므다다의 아들 하만이 왕의 각 도에 있는 유다인을 멸하려고 꾀하고 쓴 조서를 취소하소서,

⑥ 내가 어찌 내 민족의 화 당함을 참아 보며 내 친척의 멸망함을 참아 보리이까? 하니라,

⑦ 아하수에로 왕이 왕후 에스더와 유다인 모르드개에게 이르되, 하만이 유다인을 살해하려 하므로 나무에 달렸고, 내가 그 집으로 에스더에게 주었으니,

⑧ 너희는 왕의 명대로 유다인에게 조서를 뜻대로 쓰고 왕의 반지로 인을 칠지어다, 왕의 이름을 쓰고 왕의 반지로 인을 친 조서는 누구든지 취소할 수 없음이니라,

⑨ 그때 시완월 곧 삼월 이십 삼일에 왕의 서기관이 소집되고 무릇 모르드개의 시키는대로 조서를 써서 인도로부터 에티오피아까지의 일백 이십 칠도 유다인과 대신과 방백과 관원에게 전할새 각 도의 문자와 방언대로 쓰되,

⑩ 아하수에로 왕의 명의로 쓰고 왕의 반지로 인을 치고 그 조서를 역졸들에게 부쳐 전하게 하니, 저희는 왕궁에서 길러서 왕의 일에 쓰는 준마를 타는 자들이라,

⑪ 조서에는 왕이 여러 고을에 있는 유다인에게 허락하여 저희로 함께 모여 스스로 생명을 보호하여, 각 도의 백성 중 세력을 가지고 저희를 치려하는 자와 그 처자를 죽이고 도륙하고 진멸하고 그 재산을 탈취하게 하되,

⑫ 아하수에로 왕의 각 도에서 아달월 곧 십이월 십 삼일 하루 동안에 하게 하였고,

⑬ 이 조서 초본을 각 도에 전하고 각 민족에게 반포하고 유다인으로 예비하였다가 그 날에 대적에게 원수를 갚게 한지라,

⑭ 왕의 명이 심히 급하매, 역졸이 왕의 일에 쓰는 준마를 타고 빨리 나가고 그 조서가 도성 수산에도 반포되니라,

⑮ 모르드개가 푸르고 흰 조복을 입고 큰 금면류관을 쓰고 자색 옷을 가는 베 겉옷을 입고 왕의 앞에서 나오니, 수산의 성읍이 즐거이 부르며 기뻐하고,

⑯ 유다인에게는 영광과 즐거움과 기쁨과 존귀함이 있는지라,

⑰ 왕의 조명이 이르는 각 도 각 읍에서 유다인이 즐기고 기뻐하며 잔치를 베풀고 그 날로 경절을 삼으니 본토 백성이 유다인을 두려워하여 유다인 되는 자가 많더라.

● 9장

① 아달월 곧 십이월 십 삼일은 왕의 조명을 행하게 한 날이라, 유다인의 대적이 저희를 제어하기를 바랐더니, 유다인이 도리어 자기를 미워하는 자를 제어하게 된 그 날에,

② 유다인들이 아하수에로 왕의 각 도 각 읍에 모여 자기를 해하고자 하는 자를 죽이려 하니, 모든 민족이 저희를 두려워하여 능히 막을 자가 없고,

③ 각 도 모든 관원과 대신과 방백과 왕의 사무를 보는 자들이 모르드개을 두려워하므로 다 유다인을 도우니,

④ 모르드개가 왕궁에서 존귀하여 점점 창대하며 이 사람 모르드개의 명성이 각 도에 퍼지더라,

⑤ 유다인이 칼로 그 모든 대적을 쳐서 도륙하고 진멸하고 자기를 미워하는 자에게 마음대로 행하고,

⑥ 유다인이 또 도성 수산에서 오백인을 죽이고 멸하고,

⑦ 또 바산다다와 달본과 아스바다와,

⑧ 보라다와 아달리야와 아리바다와,

⑨ 바마스다와 아리새와 아리대와 왜사다,

⑩ 곧 함므다다의 손자요, 유다인의 대적 하만의 열 아들을 죽였으니, 그 재산에는 손을 대지 아니하였더라,

⑪ 그 날에 도성 수산에서 도륙한 자의 수효를 왕께 수효를 왕께 고하니,

⑫ 왕이 왕후 에스더에게 이르되, 유다인이 도성 수산에서 이미 오백인을 죽이고, 멸하고 또 하만의 열 아들을 죽였으니, 왕의 다른 도에서는 어떠하였겠느뇨? 이제 그대의 소청이 무엇이뇨? 곧 허락하겠노라, 그대의 요구가 무엇이뇨? 또한 시행하겠노라, 하니,

⑬ 에스더가 가로되, 왕이 만일 선히 여기시거든 수산에 거하는 유다인으로 내일도 오늘날 조서대로 행하게 하시고 하만의 열 아들의 시체를 나무에 달게 하소서, 하매,

⑭ 왕이 그대로 행하기를 허락하고 조서를 수산에 내리니 하만의 열 아들의 시체가

달리니라,

⑮ 아달월 십 사일에도 수산에 있는 유다인이 모여 또 삼백인을 수산에서 도륙하되, 그 재산에는 손을 대지 아니하였고,

⑯ 왕의 각 도에 있는 다른 유다인들이 모여 스스로 생명을 보호하여 대적들에게서 벗어나며 자기를 미워하는 자 칠만 오천인을 도륙하되, 그 재산에는 손을 대지 아니하였더라,

⑰ 아달월 십 삼일에 그 일을 행하였고 십사일에 쉬며 그 날에 잔치를 베풀어 즐겼고,

⑱ 수산에 거한 유다인은 십 삼일과 십 사일에 모였고 십 오일에 쉬며 이 날에 잔치를 베풀어 즐긴지라,

⑲ 그러므로 촌촌의 유다인 곧 성이 없는 고을 고을에 거하는 자들이 아달월 십 사일로 경절을 삼아 잔치를 베풀고 즐기며 서로 예물을 주더라,

⑳ 모르드개가 이 일을 기록하고 아하에수로 왕의 각 도에 있는 모든 유다인에게 무론 원근하고 글을 보내어 이르기를,

㉑ 한 규례를 세워 해마다 아달월 십 사일과 십 오일을 지키라,

㉒ 이 달 이 날에 유다인이 대적에게서 벗어나서 평안함을 얻어 슬픔이 변하여 기쁨이 되고 애통이 변하여 길한 날이 되었으니, 이 두 날을 지켜 잔치를 베풀고 즐기며 서로 예물을 주며 가난한 자를 구제하라, 하매,

㉓ 유다인이 자기들의 이미 시작한대로 또는 모르드개의 보낸 글대로 계속하여 행하였으니,

㉔ 곧 아각 사람 함므다다의 아들 모든 유다인의 대적 하만이 유다인을 진멸하기를 꾀하고 부르 곧 제비를 뽑아 저희를 죽이고 멸하려 하였으나,

㉕ 에스더가 왕의 앞에 나아감을 인하여 왕이 조서를 내려 하만이 유다인을 해하려던 악한 꾀를 그 머리에 돌려보내어, 하만과 그 여러 아들을 나무에 달게 하였으므로,

㉖ 무리가 부르의 이름을 좇아 이 두 날을 부림이라 하고, 유다인이 이 글의 모든 말과 이 일에 보고 당한 것을 인하여,

㉗ 뜻을 정하고 자기와 자손과 자기와 화합한 자들이 해마다 기록한 절기에 이 두 날을 연하여 지켜 폐하지 아니 하기로 작정하고,

㉘ 각 도 각 읍 각 집에서 대대로 이 두 날을 기념하여 지키되, 이 부림일을 유다인 중에서 폐하지 않게 하고 그 자손 중에서도 기념함이 폐하지 않게 하였더라,

㉙ 아비하일의 딸 왕후 에스더와 유다인 모르드개가 전권으로 글을 쓰고 부림에 대한

이 둘째 편지를 굳이 지키게 하되,

㉚ 화평하고 진실한 말로 편지를 써서 아하수에로의 나라 일백 이십 칠도에 있는 유다 모든 사람에게 보내어,

㉛ 정한 기일에 이 부림일을 지키게 하였으니, 이는 유다인 모르드개와 왕후 에스더의 명한바와 같이 유다인이 금식하며 부르짖는 것을 인하여 자기와 자손을 위하여 정한 바가 있음이더라,

㉜ 에스더의 명령이 이 부림에 대한 일을 견고히 하였고 그 일이 책에 기록되었더라.

● 10장

① 아하수에로 왕이 그 본토와 바다 섬들로 조공을 바치게 하였더라,

② 왕의 능력의 모든 행적과 모르드개를 높여 존귀케 한 사적이 메대와 바사 열왕의 일기에 기록되지 아니하였느냐?

③ 유다인 모르드개가 아하수에로왕의 다음의 권력자가 되고 유다인 중에 으뜸이 되어서, 그의 허다한 형제들에게서 인정을 받고, 그의 백성의 이익을 도모하며 그의 모든 종족에게 화평을 말하였더라.

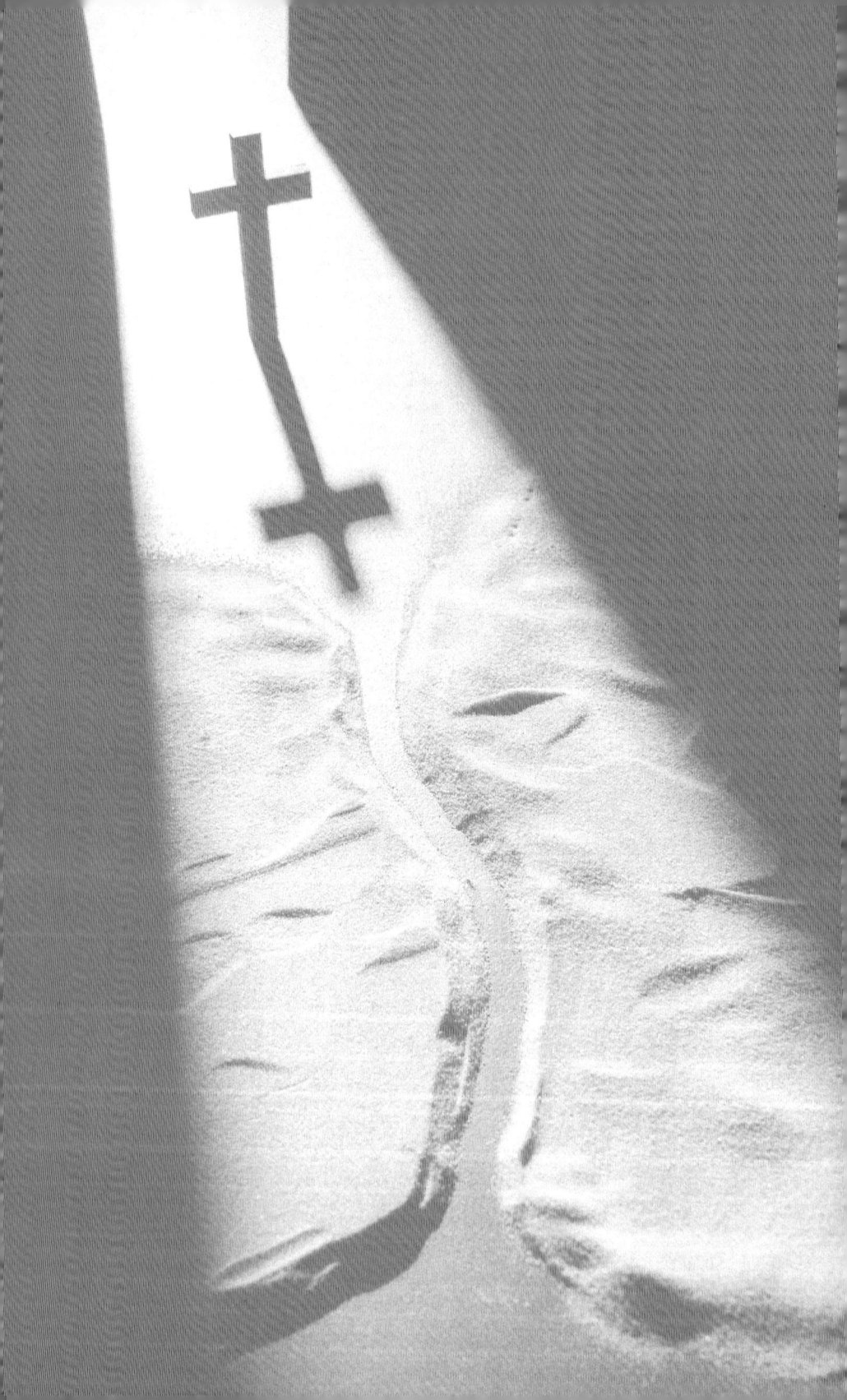

기독교성서연구원의 전현 위원들

정남덕 : 고려대 법대졸, 전 주식회사 신화기공 총괄이사

국승규 : 동국대학교 대학원 경제학 박사, 전 원광대학교 경영대학원장,
　　　　중앙도서관장 역임, 전문경영인(CEO)학회 부회장 역임
심희언 : 현재 ㈜ 시무텍 대표이사, ENT Trading 대표
김홍열 : 전 16대 해군참모총장
이영국 : 전 동화은행 지점장
이주봉 : 전 아주대 인문대학장
황동렬 : 전 경찰대학교 교수
구운회 : 전 수출입은행 북경지사장
고명회 : 현 학교법인 삼성학원 이사장
백용수 : 현 인하대학교 의과대학 교수
정호연 : 현 인천사랑병원 내과 소화기센터장

저작권 등록

1. 등록번호 | 제 C-2018-029210호

2. 저작물의 제호(제목) | 하나님의 숨소리

3. 저작물의 종류 | 2차적 저작물〉 어문

4. 저작자 성명(법인명) | 정남덕 인천광역시 중구 운남서로

5. 창작년월일 | 2017년 12월

6. 등록년월일 | 2018년 10월 29일

7. 등록사항 | 저작자: 정남덕
| 창작 : 2017. 12

〈저작권〉 제53조에 따라 위와 같이 등록되었음을 증명합니다.

2018년 10월 30일

한국저작권위원회